滨江微村志（上）

西兴卷

杭州高新区（滨江）地方志编研室
杭州高新区（滨江）档案馆　编

方志出版社

图书在版编目（CIP）数据

滨江微村志 / 杭州高新区（滨江）地方志编研室，杭州高新区（滨江）档案馆编. -- 北京 : 方志出版社，2024. 11. -- ISBN 978-7-5144-6282-1

Ⅰ. K295.55

中国国家版本馆CIP数据核字第2024RU3593号

责任编辑：王娜

责任校对：张玉霞

责任印制：梅中英

出 版 者：方志出版社

地　　址：北京市朝阳区潘家园东里 9 号（国家方志馆4层）

邮　　编：100021

网　　址：http://www.zgfzcb.cn

发　　行：方志出版社图书营销中心（010-67110500）

印　　刷：杭州捷派印务有限公司

开　　本：787毫米×1092毫米　1/16

印　　张：58

字　　数：920千字

版　　次：2024年11月第1版

印　　次：2024年11月第1次印刷

定　　价：298.00元（上、中、下三册）

主　　编　汪　栾

副 主 编　单敏军　张　烨

执行主编　楼渭球

首席编辑　来妙龙

参编人员　占监楼　来玉兰

　　　　　张素菡　夏秋阳

序

村落是传统文化的根基所在，积淀着人类发展演变的历史与文明。但同时，快速的城市化也伴随着村落文化的大量流失，一些村落相继消失，村落文化不断消亡。如何留住乡音、乡风、乡思，继承传统文化精华，挖掘历史资源，成为极其重要的工作。

滨江区设区时有 29 个建制村，现已全部撤村建居，整村拆迁，成为“消失的村庄”。随之而来，乡村历史渊源、乡土文化地标、村庄民俗风情面临损毁和消失危机。因此，记录乡愁，留住根脉，迫在眉睫。中共中央、国务院印发的《乡村振兴战略规划（2018—2022 年）》，提出“实施乡村经济社会变迁物证征藏工程，鼓励乡村史志修编”。滨江区编修《滨江微村志》，是村志编修形式的创新，是乡村历史文化的精华和浓缩，也是一项乡村传统文化的抢救性工程。

《滨江微村志》旨在较为全面、客观、系统记述滨江区设区时 29 个建制村的历史和现状，凸显“微”字，形于微、立于志、重于村，微言大义，微而厚重。重点反映每个村的历史沿革、人口变迁、自然风光、特色产业、名胜古迹、乡风民俗、名人乡贤等。调查基本村情为保护抢救、传承保存、延续传统文脉提供历史依据，为满足农民文化需求，培育爱乡、爱国情怀提供学习范本。

《滨江微村志》参照《地方志书质量规定》，在坚持志体的前提下，体裁运用、篇目设置、资料选择等作适当创新；以记载村域范围内的微观事物为主，详区、街道志之所略。根据不同类型村的特点，有重点地记述域内自然、政治、经济、文化、社会、生态建设的历史与现状，重在突出“名”和“特”，从而达到执简驭繁、文约事丰、便于阅读、利于传播的目的。体例采用纲目体，横分门类，纵述史实。篇目设置不求面面俱到，力求分类科学、主线清晰、特色鲜明。基本篇目是概述、基本村情、村庄建设、村域经济、社会事业、生活民情。

把根留住，既是我们的职责，更是我们不变的初衷。生养我们的家园，在岁月中消失了原有的模样，而我们期望铭记家园的乡情，将同本志一起永远留在乡人的记忆中。

编　者

2024 年 3 月

凡 例

一、全志以马克思列宁主义、毛泽东思想、邓小平理论、“三个代表”重要思想、科学发展观、习近平新时代中国特色社会主义思想为指导，坚持辩证唯物主义和历史唯物主义的立场、观点和方法，客观、系统、准确记述滨江设区时全部 29 个建制村的历史发展进程，传承和抢救乡土历史文化，为探索从农村到城市发展经验提供历史智慧和现实借鉴。

二、全志上限追溯至事物发端，下限断至撤村建居。因每个村撤村建居时间不同，所以下限时间略有不同。

三、全志分西兴卷、长河卷、浦沿卷 3 册。全志采用章节体结合条目体，共设 29 编，各册设一村一编。各编设概述。编下一般设章、节、目 3 个层次，章下设无题小序。为着重反映各村地方特点，体现各村的“名”与“特”，各编因事制宜设专记。

四、中华人民共和国成立以前以历史朝代纪年，括注公元纪年，但涉及中国共产党党史内容只采用公元纪年；中华人民共和国成立后以公元纪年。

五、数字用法、标点符号用法分别采用国家标准《出版物上数字用法》(GB/T 15835—2011)、《标点符号用法》(GB/T 15834—2011)，计量单位采用国家技术监督局 1993 年 12 月发布的《量和单位》系列国家标准，考虑到社会使用习惯，全书中“亩”不作统一换算。

六、全志所列历史数据采用历史文献资料。资料来源主要由承编单位根据史籍、谱牒、方志、档案、年鉴、刊、普查资料汇编、调查访问等收集整理提供。初稿均由各村审查确认，以保证资料的真实性。

七、照片除个人拍摄署名外，各部门单位拍摄、搜集和提供的照片按提供单位署名。

西兴卷

襄七房村
庙后王村
马湖村
西兴村
协同村
共联村
星民村
七甲闸村

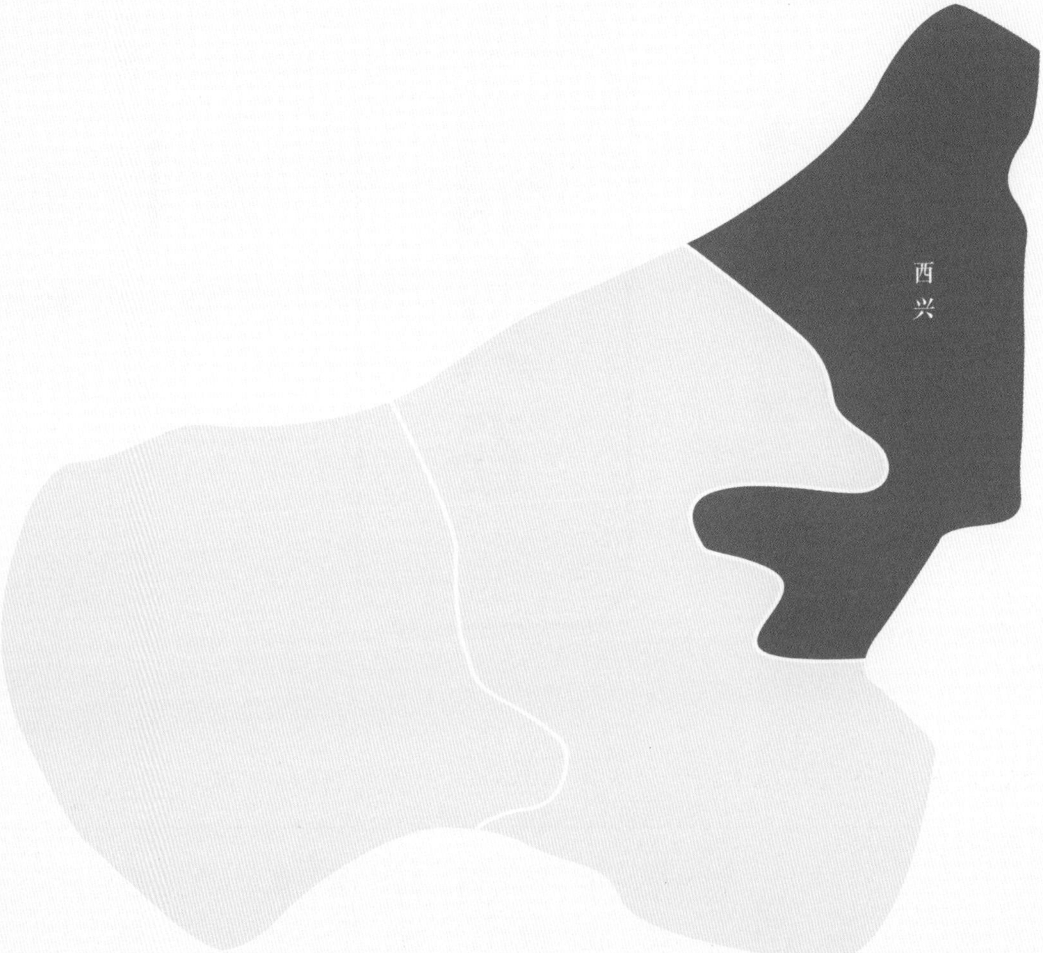

西兴街道在滨江区的位置

西兴全景

1. 2009年9月，西兴大桥 （胡鉴 摄）

2. 2021年8月，滨江物联网小镇 （杨清福 摄）

城市建设

1

2

3

1. 2008年6月，杭州奥体中心原址——村庄旧貌 （谭启晓 摄）

2. 2010年3月16日，杭州奥体中心打桩基试压 （谭启晓 摄）

3. 2014年，建设中的杭州奥体中心 （林志刚 摄）

4. 2018年，杭州奥体中心亮灯 （楼颖 摄）

人民生活

1

2

3

4

1. 20世纪50年代西兴境域农居 （傅水生 摄）

2. 20世纪60年代西兴境域农居 （傅水生 摄）

3. 20世纪70年代西兴境域农居 （傅水生 摄）

4. 20世纪90年代西兴境域农居 （傅水生 摄）

5. 2010年，星民村撤村建居安置小区 （星民社区 供图）

产业发展

1. 20世纪70年代，西兴马湖大队捕捞队在白马湖上撒网捕鱼 （董光中 摄）
2. 20世纪80年代，西兴村民制作灯笼 （董光中 摄）
3. 20世纪80年代，西兴村民摘棉花 （区志编研室 供图）
4. 2004年3月，顺坝围垦水果基地 （区志编研室 供图）
5. 2004年11月，东江围垦蔬菜基地 （区志编研室 供图）

3

4

5

总目录

西兴卷·目录

长河卷·目录

浦沿卷·目录

西兴卷·目录

概　览

西兴街道位于浙江省杭州市滨江区东部，为中共滨江区委、滨江区人民政府驻地。境域东南与杭州市萧山区盈丰街道、北干街道、城厢街道毗连；西与长河街道接壤；北临钱塘江，与杭州市上城区隔江相望，有西兴大桥（钱江三桥）与江北钱江新城连接。境域面积14.95平方千米(其中水面0.6平方千米）。白马湖位于境域南部。浙东运河（又名萧绍运河、西兴官河）、解放河、北塘河（旧称大寨河）流经全境。沪昆铁路杭州绕行线（原浙赣铁路萧山段）横贯境域。风情大道、西兴路、江陵路、江南大道、滨康路、滨安路等城市主干道纵横交错。2012年，杭州地铁1号线开通，贯穿西兴全境，境域内设滨康路、西兴、滨和路、江陵路4个站。

西兴历史悠久。春秋末期，越国大夫范蠡在此筑城，称“固陵”。秦行郡县制，境域属会稽郡。因地处会稽郡西，六朝时改称西陵。后，吴越王钱镠以“陵非吉语”，改名西兴，一直沿用。北宋太平兴国三年（978），属萧山县夏孝乡。元至元十六年（1279），实行都图制，境域属萧山县三都，设西兴场（管理盐务）。明、清承袭元制。清宣统二年（1910），称西兴乡。民国19年（1930），为建制镇。中华人民共和国成立后，西兴境域分属西兴乡、西陵乡、江边新乡、协同乡。人民公社初期，分属长河公社西兴管理区、城北公社协同管理区。1961年7月，分属西兴公社、由夏公社。1965年，撤销由夏公社，协同、共联、星民、胜利（七甲闸村）4个大队划入西兴公社。同年12月，为纪念毛泽东主席视察西兴，改称东方红公社。1981年，复称西兴公社。1984年5月，改设西兴乡，次年4月，建西兴镇。1996年5月，划入杭州市西湖区，同年12月，划归滨江区，辖襄七房、庙后王、马湖、西兴、协同、共联、星民、七甲闸8个建制村及1个居民村。2003年12月3日，撤镇设街道，称西兴街道。街道办事处驻官河路1号。

西兴是历史上钱塘江古海塘(西江塘、北海塘）交接处。塘外是沙土平原，种植棉麻与蔬菜；塘南为水网平原，种植水稻等粮油作物，素为农业大镇。中华人民共和国成立后，发展社会主义集体经济，农业生产条件不断改善，主要农作物、畜禽养殖持续稳产高产。20世纪80年代初，实行家庭联产承包责任制后，调整种植业、养殖业结构，发展多种经营。滨江区成立后，实行土地承包使用权流转机制，开展集约经营，发展都市型效益农业，形成蔬菜、水果、豆制品、休闲观光四大特色。其中“祖名”牌豆制品系列产品获农业部金奖，并被认定为浙江省绿色农产品；“晶龙”牌蜜梨获浙江省农产品金奖、绿色放心营养标志产品等称号。后随城市化进程，境域土地被大量征用，农用地大幅减少，仅剩域外围垦飞地。

西兴手工业可溯源至宋代的灯笼、元代的盐场、明清时期的“瓦窑头”(砖瓦业）。民国时有铁作、木作、泥作与草包编织造等，但基础薄弱。20世纪60年代，西兴社队工业起步。20世纪70年代后期起，社队工业快速发展，主要有自行车、五金、化纤、砖瓦等行业，涌现了“西泠”牌电冰箱、“杭艺”牌石材、“皇冠王”牌自行车、“铁陵”牌链条、“明蕾”牌针织服装等多个著名产品。这一时期，境域内还驻有浙江省纺织品进出口公司之江棉纺织厂、浙江印染整理总厂等省市属地方国营企业。1987年，西兴镇以集体工业为主体建成“亿元镇”，次年成为“双亿元镇”。滨江区成立后，西兴镇（街道）改造传统工业，发展高新技术企业。奥体博览城、物联网产业园等全区重要的产业平台，坐落境内。杭州海康威视数字技术股份有限公司、杭州聚光科技股份有限公司等一大批高科技规模企业入驻境域，西兴成为高新产业发展的核心区。

西兴自古商旅繁盛。晋代，西兴官河开通后成为浙东运河起点。历朝历代，浙东的大批漕粮、棉花、山货运至西兴官河，再越钱塘江北输各地。清康熙二十八年（1689），康熙帝再次南巡至绍兴祭禹，由西陵渡口往返。当时的盛况被名家画手付诸笔端，以成《康熙南巡图》叙事长卷。画卷中，西兴之地的钱塘江、西陵渡、铁陵关、浙东运河、集市和巷陌依次展现，足显其时西兴“舟车辐辏无虚日”之繁华景象。鸦片战争后，西兴成为连接对外通商口岸宁波的重要通道。日本、朝鲜等东亚诸国和中东等国家的使臣、商贾和货物，从宁波上岸改乘内河船只至西兴后越江北进。晚清至民国前期，西兴官河沿岸仅转运货物的过塘行就有七十二爿半，供商贾歇息、洽谈生意的茶店达32家。中华人民共和国成立后，集体、国营商业得到发展。1984年后，商业联营体、个体商店等遍及各村。2003年撤镇建街后，传统商贸业向现代商贸服务业转变。浙江中财招商投资集团、星耀城、香溢大厦等著名金融、商贸服务综合体落驻境域。电子商务、现代金融、房地产业等强劲发展。

西兴曾经风云激荡。2500年前的春秋末期，“固陵”便是越国关防重镇。越大夫范蠡在境域南白马湖建军港“泊大船军”，人称“范港”。吴越互伐，在西兴均有交战。东汉时，孙策欲图会稽，郡守王朗与之在西陵多次鏖战。唐末，浙东裘甫起义，揭开推翻唐王朝农民战争序幕，遣5000名起义军屯守西陵。南宋诸帝归葬“六陵”，皆经西兴入绍兴。清康熙帝、乾隆帝入越祭禹，往返均驻跸西兴。近代，太平军曾在襄七房文慧堂设军帅府。清末，辛亥革命志士王金发常到西兴宣讲反清革命。鉴湖女侠秋瑾灵柩经西兴归葬杭州西泠桥畔。民国5年（1916），革命先驱孙中山经西兴往返杭州、绍兴，谋划护国运动。民国14年（1925），西兴各界群众集会游行，募捐声援上海“五卅惨案”遇难工人。1927—1928年，中共地下党领导襄七房、庙后王、马湖、湖头陈（属萧山区）一带农友，开展轰轰烈烈的农民运动。时，境域建有中共襄七房支部、湖头陈支部。1928年，西兴汽车工人开展革命斗争，纪念八一南昌起义一周年。1937年12月，杭州沦陷，西兴成为抗日前线，中共领导下的萧山县抗日政工队在西兴一带开展各种形式的抗日救亡活动。1940年西兴沦陷，抗日政工队等在西兴开展敌后斗争，先烈用鲜血谱写了民族正气之歌。

西兴历史文化积淀深厚。勾践被迫入吴，群臣祝别固陵，夫人吟“乌鸢歌”，千古催泪。谢灵运诗寄西陵，留魏晋遗风。作为“浙东唐诗之路”的主要起点，李白、杜甫、白居易等以及后世宋、元名家王安石、苏轼、陆游、萨都剌等，众多诗人，皆经西兴官河，入剡溪、游四明、登天台。他们在西兴泊庄亭驿、登铁岭关、观钱江潮……留下许多瑰丽诗篇。清乾隆帝驻跸西兴，题《渡钱塘江》七言律诗一首。后人将此诗勒石刻碑，立于旧时铁岭关外。深厚的文化历史积淀，并不妨碍西兴人接受新文化、新思潮的激情。清光绪三十二年（1906），襄七房来氏族人发起成立长河乡私立初等小学堂，经费由来氏义学田租拨给，校长来绍元。横贯新旧两个历史时期的当代书、画、印“三绝艺人”来楚生（襄七房人）即曾就读于该校。清光绪三十三年（1907），西兴村有田氏兄弟，得辛亥革命志士王金发资助，创立西兴乡新民初等小学校，即杭州市西兴实验小学前身。

境内古妆亭、西兴驿、御码头、龙图庙、石姥祠、西陵渡、古海塘、屋子桥等众多古迹或遗址尚存。西兴境域明清建筑错落有致，别具古风；曲径流水，小桥掩映；高堂深宅，画梁雕栋。仅襄七房村，尚存翰林第、金义堂、文慧堂等5处，已被列入杭州市历史建筑名录予以保护。2013年大运河西兴码头与过塘行建筑群被列为全国重点文物保护单位，2014年又被联合国教科文组织列入世界遗产名录。始于南宋盛于明清的西兴灯笼，其制作工艺被列入浙江省非物质文化遗产名录。西兴盘纽扣、挑花带等传统制作工艺被列入杭州市非物质文化遗产名录。大名鼎鼎的杭州王星记扇庄，即为西兴石门堂人王星斋于清光绪元年（1875）开设。

2003年，西兴建制镇撤销，改设西兴街道。下辖原襄七房、庙后王、马湖、西兴、协同、共联、星民、七甲闸8个建制村及1个居民村（西陵社区），自2005年开始至2013年，8个建制村先后改设城市社区并陆续完成整村拆迁，昔日乡村已成历史记忆。这8个村，有的已逾千年历史，有的则不足百年，有的是革命老区村，经济、社会、人文、风物各有异同。

襄七房村

襄七房村地处西兴街道西南部，面积0.86平方千米。东起聚业路，西至江虹路，南邻庙后王村，北至滨安路。

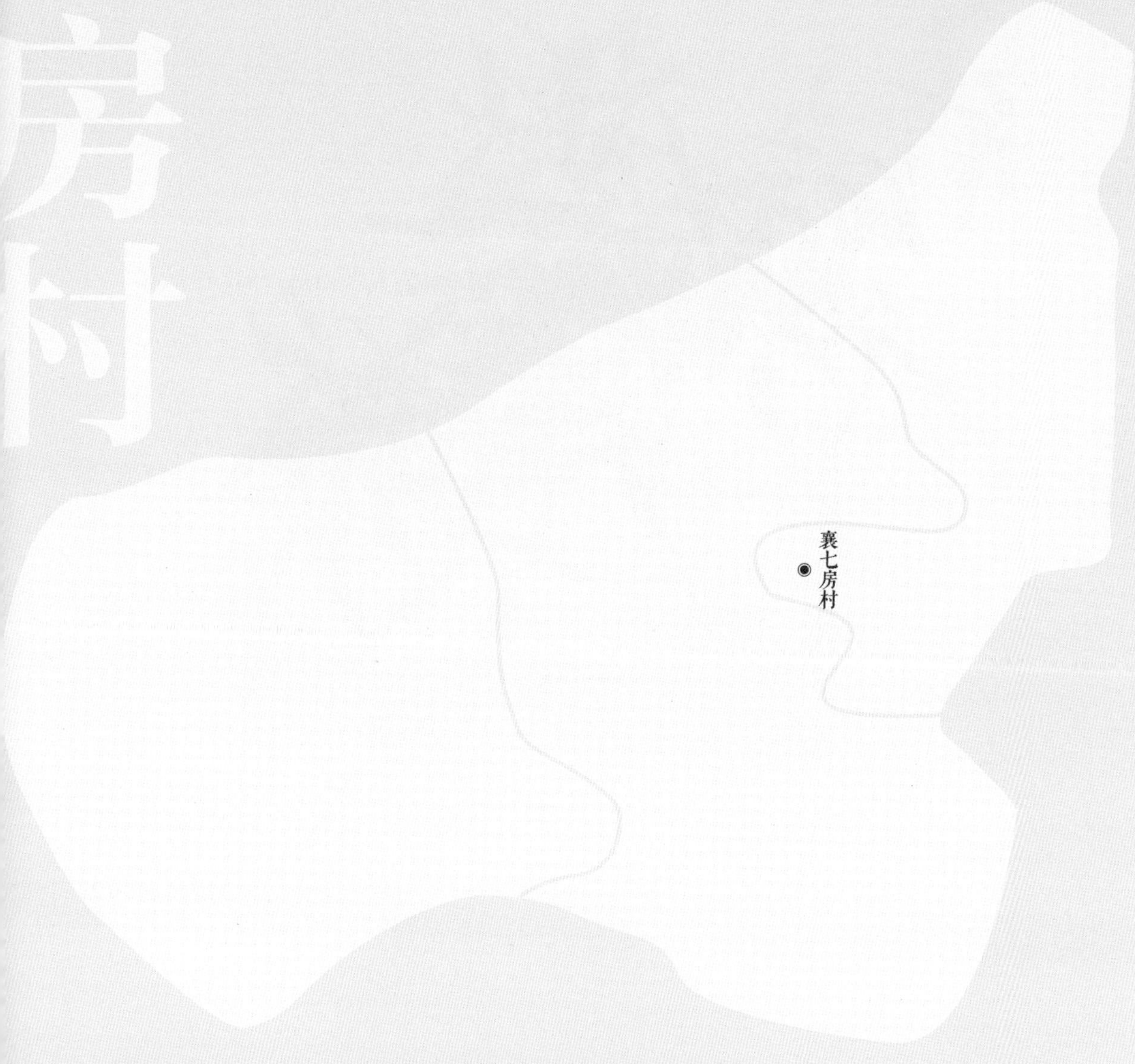

襄七房村在滨江区的位置

来楚生　竹石图

第一编　襄七房村

概　述

襄七房村地处西兴街道西南部，面积0.86平方千米。东起聚业路，西至江虹路，南邻庙后王村，北至滨安路。

襄七房村域宋时属萧山夏孝乡。明代，长河来氏第11世来萼安迁此发族。民国19年（1930），称襄庄。村域属萧山县第一区。民国36年（1947），属江边乡。1949年5月萧山解放，6月，在襄七房成立江边乡人民政府，驻地襄七房。1961年，襄七房大队划归西兴公社。1984年称襄七房村。1996年12月划属滨江区，2007年，撤村建居成立襄七房社区。

历史上，襄七房村域以种植水稻为主，兼种大麦、小麦等。中华人民共和国成立初，襄七房村种植业基本格局未变。20世纪60年代后期开始，粮、棉、麻等主要农作物持续稳产高产。1983年后，推行家庭联产承包责任制。1997年后，土地征用加快，至2007年撤村建居时，仅剩耕地214亩（含围垦154亩），种植蔬菜、苗木。

襄七房村集体工业起步于1963年，先后创办过各类企业10多家。2003年，村级工业企业产值共计4379.05万元。村民年人均纯收入8447元，几乎全部来自第二、第三产业。

村域从20世纪50年代通邮开始，电力、通信、水利、道路、广播、电视、公用建筑不断改善，绿化改水、治污改厕，各个时期村庄建设不断发展。20世纪90年代开始新农村建设，村民新建住房统一规划、统一式样。

清光绪三十三年（1907），创立襄庄小学堂（襄七房小学的前身）。1956年，襄七房开办初级小学，1972年附设初中班。1993年，村集体投资23万元，建造3层小学教学楼600平方米。1969年后，襄七房农村合作医疗事业不断发展。2003年，全体村民或加入滨江区新型合作医疗，或参加杭州市城镇居民基本医疗保险。

2007年，襄七房社区建立，襄七房村结束了近千年的乡村历史，踏上了建设现代城市新区的新起点。

第一章　基本村情

襄七房村地处西兴街道西南部，面积0.86平方千米。襄七房村域宋时属夏孝乡。元、明、清行都图制，村域属三都三图。民国17年（1928），称襄庄。民国19年（1930），属萧山县第一区。民国28年（1939），属东岳区江边乡。民国29年（1940）1月至民国34年（1945）8月，受日伪统治。民国36年（1947），属江边乡。1949年5月萧山解放。6月，在襄七房成立江边乡人民政府，襄七房属江边乡。1958年2月，江边乡大部并入长河乡。1961年，襄七房大队划归西兴公社，1966年1月襄七房大队改称红心大队，1981年5月恢复原名襄七房大队。1984年，改称襄七房村。1996年12月划属滨江区，2007年，撤村建居，成立襄七房社区，有人口1621人、姓氏百余个，来、赵为大姓，两姓总人口占全村人口的56%。

第一节　区位　地貌　村落

地理位置

襄七房村地处西兴街道西南部，村域东起聚业路，西至江虹路，南邻庙后王社区，北至滨安路。

土壤河流

襄七房村属西兴街道南部水网平原区。土壤系湖海沉积物，土层较厚，为水稻土，以黏粒为主。土壤腐殖质含量较高，保肥蓄水性强，排灌便利，旱涝有靠，适宜种水稻，是鱼米之乡。水稻为主要农作物，兼种豆麦、油菜。村域主要河流有3条。

村域直河（一） 位于襄七房村西南部，全部在村域范围内，长270米，南北向，流经杭州信成机械有限公司，至南环路。

村域直河（二） 位于襄七房村中南部，全部在村域范围内，共两段，一段长150米，另一段长100米。南北向，流经滨康小区、滨康二苑。

铁路河 因紧邻浙赣铁路，故名。河长4.7千米，起自信诚路，止于西陵路。河宽25米，水域面积11.75万平方米。河岸绿地面积2万平方米。襄七房村域段长300米，流经杭州友俐橡塑制品有限公司、滨康二苑等地。

自然村

历史上，各地乡人至襄七房境域开发江涂，围地垦殖，聚居形成多个村落。村落主要有襄七房、季家里、镬底池、墩郎陈。

襄七房　历史上，襄七房是长河来氏分支聚居地之一。明宣德年间（1426—1435），长河来氏11世来恩，号萼安，始迁该地开荒拓土，为襄七房来氏最早开拓者。传至13世来一贯时，子孙繁衍，蔚为大族。因来一贯排行“襄七”，故人们尊称为“襄七公”，当地来氏被称为“襄七房头”。久而久之，“襄七房”便作地名称呼。另有一说是来氏11世第七房的后人曾去襄阳为官，常想念家乡。“想”与“襄”谐音，遂有“襄七房”。襄七房大队（村、社区）由此得名。1949年6月至1958年2月，江边乡人民政府驻襄七房。2007年后，为襄七房社区居民委员会驻地。

季家里　东靠火烧畈，西至襄七房，南依墩郎陈，北邻长河街道江一村，有1个村民小组，16户100人。分别住在西江塘南北两侧，建村约有250年历史。2003年土地被征用建设为滨康路。

季家里只有一户季姓，另有胡、陈等姓。季姓人家系清乾隆年间（1736—1795）迁居到此。后又有他姓灾民陆续到此安家。乾隆四十一年（1776），西江塘决口，村域春粮无收。季氏好客睦邻，帮助村民共度灾荒，乡人尊之。故，250年来这个村子一直叫“季家里”。

镬底池　位于襄七房村东部，古西江塘南侧。东起争妍路，西达机耕路，南靠新农村路，北至滨康路。该自然村历史可追溯至北宋时期（960—1127）。此处原有一池塘，状似锅底。“锅”当地人称“镬”，故称其为“镬底池”，村以池命名。2003年有4个村民小组，约800人，来姓居多，另有赵姓、张姓等。2004年，土地被征用，建设为滨康路、滨康小区。

墩郎陈　东靠火烧畈，西至襄七房，南依潮大房（属庙后王村），北傍西江塘。该自然村已有200多年历史，原为西江塘南一块高地（当地民间称高地为“墩”），面积约10亩。明隆庆年间（1567—1572），长河乡贤来端蒙捐田购置此墩作为义冢地，收葬潮水冲来的人畜尸体，周边乡人也可在这里安葬逝者。清嘉庆元年（1796），白马湖边湖头陈村一陈姓人家在此搭寮居住。后来又有其他人家陆续迁居到此，渐成村落。因村在“墩上”（当地方言“墩郎头”），首迁到此户主姓陈，故村名为“墩郎陈”。2004年，有住户17户80人。大多是来姓，也有陈姓、阮姓等。2004年，土地征用建造为滨康路。

第二节　建置沿革

行政区划

襄七房村域宋时属夏孝乡。明宣德年间（1426—1435），长河来氏11世来恩，号萼安，始迁该地开荒拓土，为襄七房来氏最早开拓者。13世来一贯时，子孙繁衍，蔚为大族。因来一贯排行“襄七”，族人尊称其“襄七公”，当地来氏称之“襄七房头”，久而久之，“襄七房”便作地名称呼。明正德年间（1506—1521）改称襄庄。清雍正七年（1729），改属墩上（郎）庄，属萧山县三都三图。

民国17年（1928），村域属萧山县第二区，称襄庄。民国19年（1930），属萧山县第一区。民国28年（1939），属东岳区江边乡。民国29年（1940）1月至民国34年（1945）8月，受日伪统治。民国36年（1947），属江边乡，乡政府设在村域。村域设2个保，襄七房自然村为第13保，镬底池、季家里为第14保。

1949年5月萧山解放，6月，江边乡人民政府在襄七房成立，管辖襄七房、庙后王、张家西、镬底池及长河镇长二村的双庙、田里来、开田坂等村。1955年，成立长一高级农业生产合作社，包括襄七房、镬底池、庙后王、张家西、朝大房等自然村，属长河区。1956年起，江边老乡和江边新乡合并为江边乡，襄七房属江边乡。1958年2月，江边乡大部分被并入长河乡。1958年10月建立长河人民公社（大公社），实行“政社合一”，下辖长河、西兴、西陵、江边等10个管理区，襄七房大队属江边管理区。

1961年，调整、缩小人民公社规模，襄七房大队被划归西兴公社。1965年12月，西兴公社改名为东方红公社，不久，襄七房大队改称红心大队。1981年，东方红公社恢复原名西兴公社。同年5月，红心大队恢复原名襄七房大队。1984年，撤销人民公社建制，西兴公社改设西兴乡，襄七房大队改称襄七房村。

1996年5月，西兴、长河、浦沿三镇被划入杭州市西湖区，村域属杭州市西湖区西兴镇。1996年12月，以西兴、长河、浦沿三镇地域成立滨江区，村域属杭州市滨江区西兴镇。2007年6月撤村建居，成立襄七房社区。

中共基层组织

20世纪20年代，襄七房村是中共地下党的活动据点之一（1990年，杭州市民政局批复庙后王村为革命老区村）。1927年9月至1929年6月，建立中共襄七房党支部，有党员11人，书记来尔谷（1928年4月起）。支部常在张家西（属庙后王村）的“红坟头”、六和庙等地开会，组织农民参加农民协会，反对反动政府横征暴敛，要求惩办土豪劣绅，实行减租；反对警察拘捕农民协会领导人，营救被捕人员，捣毁警察局。1930年，白色恐怖严重，村域党、团（1928年建有共青团襄七房支部）组织停止活动。

1949年6月，在襄七房成立江边乡人民政府。1953年9月，建立中共江边乡党支部，书记为戴阿花。1961年，襄七房大队划归西兴公社，建立中共襄七房大队党支部。1966年，襄七房大队更名为红心大队，1981年，红心大队复名襄七房大队，大队党支部相应更名。1984年称中共襄七房村党支部。2007年6月，襄七房村改设城市社区，中共襄七房村党支部改称中共襄七房社区党支部。

村民自治组织及经济管理组织

1949年中华人民共和国成立后，萧山县各地建立村行政委员会和农民协会（农会），组织农民参加土地改革、剿匪反霸、镇压反革命、抗美援朝等运动，负责村级行政管理。时，襄七房村所属的江边老乡农民协会主任先后为王成贤、来悟根、吴桂荣。1953年开始互助合作运动。1954年，村域建有全胜、革新、建新等初级农业生产合作社。1955年并入长一高级农业生产合作社，村域的集体生产、分配和行政管理主要由高级社管理委员会负责。人民公社时期，实行“政社合一”的管理体制，襄七房（红心）大队管理委员会（革命委员会）行使辖区范围的生产安排、行政和集体经济管理职能。1984年，撤销人民公社体制，襄七房大队改设襄七房村，建立村民委员会，为村民自治组织，负责村级事务和村级集体经济管理。村民委员会设主任、副主任和委员若干人，由村民代表大会选举（后改由村民直接选举）产生，每届任期3年。1991年，成立襄七房村经济合作社，负责村级集体资金、资产、资源运行管理和保值增值，任期与换届与村民委员会同步。2007年，襄七房村改设襄七房社区，建立社区居民委员会。

第三节　人口　姓氏

人口变动

自然变动　民国及以前，襄七房村域经济落后，村民生活水平低下，医疗条件较差，婴儿存活率不高，长寿老人较少，人口的自然变动处于高出生、高死亡状态。中华人民共和国成立后，村民生活条件不断改善，医疗水平日益提高，襄七房村域人口自然变动出现高出生、低死亡的状态。1961年，襄七房大队总人口1400人，出生25人，死亡15人。1978年，红心（襄七房）大队总人口1464人，出生28人，死亡15人。此后，人口出生率得到有效控制，人口素质不断提高，人口自然变动情况呈低出生、低死亡状态。1984年，襄七房村人口自然增长率为负数。此后，人口自然增长率一直维持在较低水平，1995年，出生20人，死亡16人；2000年，出生17人，死亡11人。2007年撤村建居时，总人口1621人，同年出生14人，死亡6人。

机械变动　20世纪60—70年代，襄七房大队人口机械变动女性以婚嫁为主，男性以招工、参军、入学为主。另有知识青年下乡、返城等机械变动。一般年份迁出人数口多于迁入人数。1978年，红心大队迁出24人，迁入9人。20世纪80年代中期开始，随着襄七房村经济的发展，人口迁入迁出数的差距逐步缩小。1995年，迁入6人，迁出11人。村域划属滨江区后，随着城市化建设的加快和村民福利待遇的大幅度提升，女性外嫁和大学生入学不愿将户籍迁出，迁出人口逐年下降，而迁入人口有所增加。2003年，迁入28人，以婚迁和投靠亲人为主；迁出7人。2007年，迁入23人，迁出3人。

人口构成

农业人口与非农业人口　1961年，襄七房大队总人口1400人，其中农业人口1101人，非农业人口299人。非农业人口主要为驻村域粮站、学校、供销社、铁路等部门的员工及其家属等，不参加集体经济分配，仅列入户籍管理（后划归相应单位和部门管理）。1978年，红心（襄七房）大队总户数391户，其中非农业户16户。1984年，襄七房村总人口数为1472人，其中非农业人口为46人。非农业人口主要组成为外地迁入非农业人口、招工征地“农转非”人员、职工居民家属、落实政策人员、军队转业人员。1995年，总人口1458人，其中非农业人口32人。2000年后，随着土地被征用，“农转非”人员大量增加，加上退休职工、城区到村域落户人员、回村大中专毕业生等，非农业人口逐渐超过农业人口。2007年，襄七房村改制社区时，总人口1621人，其中农业人口120人，非农业人口1501人。

性别构成　20世纪50—60年代，襄七房村域男性人口均多于女性人口，造成这种情况的主要原因是长期以来重男轻女传统观念的影响。20世纪70年代中期至90年代初期，女性人口数开始多于男性人口数，主要原因是生育观念更新，生男生女都一样；村民平均寿命提高，特别是65周岁以上女性人数明显多于男性人数。1984年，全村男性人口717人，女性755人。20世纪90年代中期至21世纪初，男性人口与女性人口的差距呈下降趋势。1995年，男性716人，女性742人，性别比为96.50（女=100，全书同）。2000年，男性839人，女性853人，性别比为98.36（女=100）。

年龄构成 20世纪70年代开始，计划生育工作被列为村（大队）工作的重点内容之一，襄七房村（大队）人口的年龄构成从年轻型人口逐渐向成年型人口转变。1995年，襄七房村16周岁以上人口1178人，16周岁及以下288人。2000年，总人口1692人。其中，14周岁及以下儿童279人，占总人口的16.5%；青年及中年（15～64周岁）1268人，占总人口的74.9%；老年人（65周岁及以上）145人，占总人口的8.6%。此后，老龄人口增长进一步加快。

文化构成 民国及以前，襄七房村域居民文化程度普遍较低。中华人民共和国成立初，不少青壮年到扫盲班、夜校学习文化。后随着集体经济和村域教育事业的发展，村民受教育程度逐年提高。经统计，至1991年，襄七房村域考上大学的青年有17人，考上中专的有21人。1995年，全村实有劳动力980人，包括大学学历2人、中专8人、高中85人、初中472人。2000年，6周岁及以上少年、青年、壮年共有1579人。其中，小学文化程度666人，占总人数的42.2%；初中文化程度665人，占总人数的42.18%；高中和中专程度109人，占总人数的6.9%；大学及以上4人，占总人数的0.25%。村民的整体文化程度明显提高。2006年，全村有在校学生260人。

姓氏

据1994年统计，襄七房村1462人中有姓氏79个，百人以上大姓有2个，依次为来、赵，共有819人，两姓总人口占全村人口的56.02%。其中来姓最多，有710人，总人口占全村人口的48.56%。

来姓 萧山来姓祖籍河南鄢陵。南宋嘉泰二年(1202)，来廷绍出知绍兴府，途中得病，卒于萧山祇园寺，葬湘湖方家坞。其长子师安守墓，卜居长河“冠山之阳”繁衍发族，尊来廷绍为长河(萧山）来氏始祖。元末明初，渐为长河大姓，并分支于周围的浦沿、闻堰、西兴及萧山北干等地。襄七房来姓于明宣德年间（1426—1435）迁移至村域，主要聚居在襄七房、季家里、镬底池、墩郎陈。

赵姓　传说西周著名御车者造父平乱有功，周穆王封其于赵城，子孙以城为氏，遂姓“赵”。自南宋起，先后从河南省和浙江省绍兴迁入萧山的赵氏主要有5支。1994年，萧山区有赵氏近2.3万人，为萧山大姓之一。襄七房赵姓于清朝时从杜湖村迁入，主要聚居在镬底池。

第二章　村庄建设

明代至民国，襄七房村域乡人大部分居所为砖木结构的平瓦房，一些较为贫困的农户住草舍。村中官宦富绅人家宅第比较考究，粉墙黛瓦，多由两进院落组成，中式石库墙门，两侧有高大的封火山墙，外墙或有石壁峭墙。院落、廊檐均为青石板铺地。门楣窗棂饰有精美砖雕、木雕。

20世纪50年代，村域开邮路，始水利。20世纪60年代，接电力，通广播。20世纪70年代，农业机械化快速发展。20世纪80年代，新建村级集体组织办公用房。进入20世纪90年代，村庄建设驶上快车道。1994年开始，襄七房村实施新农村规划。2000年后，城市化水平不断提高，城市道路通畅亮丽。撤村建居前襄七房村进入浙江省小康示范村行列。

第一节　新农村建设

20世纪50年代末60年代初，襄七房大队的村容村貌建设主要是平整土地、挑平坟堆、填平池塘，改观了村庄面貌，增加土地面积20多亩。

1992—1993年，投资30万元，建造环村水泥道路，全长1500米，宽4～6米。村里有4条道路从南到北达西江塘后，往东到叉口（固有地名）与03省道连接，往西、西北通向长河、浦沿。1994年，投资14万元建水泥路2条，全长8000米。1999年，投资12万元建水泥路4条，长1000米。2000年，投资11万元，建水泥路5条，长1000米。

1997年，全村道路装上路灯。2000年，在1000米新建村道边砌起花坛种上花草。投资4万余元，建造公共厕所2处。2002年，建造公共厕所7处，垃圾房10处。村域内新建住宅区洁净亮丽，有滨康小区、滨康苑、兴业嘉园等。2003年，襄七房村实施“百村示范、千村整治”工程，兴修村庄道路，新建公厕，清理卫生死角，拆除露天粪坑，改建室内户厕，清除道路堆积物，整治村内“牛皮癣”(非法张贴或涂写的小广告），改建新建垃圾箱、站；新增绿地，开展河道清淤保洁，拆除违章建筑，刷新房屋立面，规范户外广告等，村容村貌大为改善，达到“布局优化、路面硬化、村庄绿化、卫生洁化、河道净化”目标。2005年，襄七房村成功申报为浙江省小康示范村。

交通

1967年，萧闻公路通车，从闻堰经襄七房村域到西兴叉口，连接03省道。至2007年撤村建居时，经襄七房村域的主要公路如下：

南环路　东起风情大道，西折北至闻涛路。襄七房村域段长约500米，沿途经杭州信成机械有限公司、滨康二苑。

江晖路　北起闻涛路，南抵南环路（向南延伸至白马湖路段，称江晖南路）。襄七房村域段长约400米，沿途经杭州美苑、万福中心、滨康小区。

江虹路　北起闻涛路，南达南环路（南延至白马湖路段，称江虹南路）。襄七房村域段长约600米，沿途经华为技术有限公司杭州研究所、康悦香庄。

江淑路　襄七房村域段长约1100米，沿路经华为技术有限公司杭州研究所、兴耀科技园、海康威视一期、万福中心、滨康小区、滨康农贸市场、滨康二苑。

聚园路　东起江陵路，西至江虹路。襄七房村域段长约200米，沿途有滨康小区、滨康二苑、创之海科技园。

聚工路　南起南环路，北至滨安路。襄七房村域段长约650米，沿途有浙江新大集团、浙江苏泊尔家电制造公司、盛大科技园、春风集团、龙威大厦、兴业嘉园、创伟科技园。

聚业路　南起南环路，北至滨安路。襄七房村域段长约700米，沿途有浙江新大集团、春风集团、兴业嘉园、杭州茂源实业有限公司、魔方公寓、创之海科技园。

水利

20世纪50年代末至80年代初，襄七房大队加强排灌设施建设，建起陈家桥机埠等；开展园田化农田水利建设，实现沟、渠、路配套。1984年，襄七房村投入7万元，改造农业设施，建设永久性渠道。1988年、1993年，先后投资5.8万元，修建永久性渠道1200米。1995年，投资4万余元，在红旗畈建永久性渠道1000多米。1998年投资1万余元，新添机泵2台。

公用事业

供电供水 1960年，襄七房村域始通电，村民用上电灯，抽水、碾米用上电力。1993年，投资40万元，进行农用电和村民照明电整网。1991—1992年，村集体投入资金30.7万元，农户每户承担300元，为全村农户接通自来水，结束了喝池水、河水、“天落水”（天然雨水）、井水的历史。

广播电视 1956年，襄七房村域安装第一只有线广播，地址在粮站对面。1989年，投资4万元，进行广播线路整网，为农户安装动圈喇叭。1998年，有线广播入户率为80%以上，村广播室达到甲级播音室标准。2003年，有线电视与有线广播共缆传输入户。

邮电通信 20世纪50年代初，村民拍发电报到西兴邮电所或长河邮电所。1955年，村域小店设立邮政信箱，电报收件由邮政投递员投送到村。1957年，襄七房老学堂村级集体组织办公室二楼安装第一部电话机（手摇）。20世纪80年代后，电话机开始增多，电报锐减。1995年，襄七房村有电话机36部、“大哥大”（移动电话）12只。2007年，村域青壮年手机拥有量人均超过1部，互联网宽带普及入户。

办公用房 20世纪50年代，襄七房村级集体组织的办公地点为襄七房老学堂，面积约为100平方米。1958年，在老学堂底层边屋开设保健室。1982年，新建大队办公大楼（三层），总投资6.7万元，占地面积600多平方米，建筑面积2000多平方米。1984年初，襄七房村委会由老办公室搬入新建办公大楼。1986年购买长弄堂私房7间，作为村里储备粮仓库。1999年，建立村老年活动室。

村民建房

20世纪60年代末70年代初，红心大队（襄七房村）开始出现社员新建住房。1974年，镬底池自然村陈岳庆家建起三开间二层楼新房，是为红心（襄七房）大队乃至东方红公社（西兴街道）最早新建二层楼的社员家庭之一。此后至1993年，襄七房村约70%的农户翻建了二层半以上的住房。1997年，襄七房村开始规划、建设新农村，新农村点分别位于季家里、镬底池。至2003年，有23户在新农村点建房。同年，襄七房村获评全国防灾救灾示范点。此后，根据滨江区农村多层住宅建设规划，襄七房村农户家庭不再建房，统一入住农村多层住宅小区（农民公寓）。至2007年撤村建居，襄七房村已有425户农户入住农村多层住宅小区。

第二节　土地使用

土地制度

中华人民共和国成立前，襄七房村域大多数土地被地主、富农或官绅占有，多数贫困农民缺田少地。

中华人民共和国成立后，1950年10月，村域开展土地改革，没收地主、富农（襄七房村域共有地主17户、富农1户）多占的土地，分配给缺地农民，人人平等，实现“耕者有其田”。合作社和人民公社时期，村域土地归集体所有，由集体按照国家农业种植计划安排、组织生产和经营。1983年起，推行家庭联产承包责任制，农户以家庭为单位，按人口或劳动力比例向村集体经济组织承包土地等生产资料和生产任务，自主经营。其收益除按合同规定上缴一部分给集体及缴纳国家税金外，其余全部归农户。1997年，村域土地实行第二轮承包，为有偿承包。同时推出承包土地使用权流转机制，开展土地集约经营、适度规模经营。后随城市化进程，襄七房村土地被大量征用，至2006年，全村家庭承包经营的农户数37户，承包经营耕地面积60亩。

土地利用

襄七房村域土地类型可分耕地、园地、宅基地、工矿用地、交通用地及未利用土地等。耕地多为水田，有少量旱地。1956年，农民土地收归高级社集体耕种。为解决村民日常蔬菜用地，高级社允许各生产小队将社员房前屋后零星杂地分给社员自由种植，称自留地。1964年，襄七房大队共有耕地1018亩，其中水田656亩、旱地362亩。1978年，红心（襄七房）大队村域共有耕地1007亩，其中水田645亩、旱地362亩。1984年，襄七房村村域耕地共有1001.5亩，其中水田649亩。1995年，耕地面积1208亩，均为水田。随后土地被征用，耕地逐年减少。2003年，耕地总面积减至341亩，其中水田270亩、旱地71亩。2007年，全村耕地总面积214亩(含围垦154亩)，均为水田。

土地征用

1991年6月后，襄七房村被征用土地执行萧山市土地管理的补偿规定。2000年7月后，执行滨江区土地补偿费用标准。襄七房村一般项目的土地补偿标准为每亩2.03万元，城市基础设施项目补偿标准为每亩1.74万元。一般项目安置补助费用标准为每亩4.68万元，城市基础设施项目安置补助费用标准为每亩4.68万元。2001年，襄七房村第一批农户拆迁，共计7户。2002年，第二批农户拆迁，土地用于建造滨康小区和滨康二苑。2003年，滨江区建设农村多层住宅小区项目，征用襄七房村土地148.1亩。滨江科技经济园浙赣线南区块建设，征地面积21.95亩。2004年1月，因滨康路建设，襄七房村农户第三批拆迁；同年12月，因江虹路建设，襄七房村第四批农户拆迁。2005年，第五批农户拆迁，土地用于南环路建设；同年，襄七房村取得土地征用补偿费41万元。2006年，取得土地征用补偿费31万元。

第三节　围垦土地

20世纪60—80年代，襄七房村（红心大队）组织劳动力先后参加5次围垦。

宁围、新街围垦

1967年冬，围垦区域为钱江农场北，原萧山宁围镇外江。所围土地由东方红公社（西兴街道）建立“八二二”农场。1969年毁于潮水。

1968年冬，围垦区域为原萧山新街镇9号坝外。1971年，所围土地因江塘塌落全毁。

东江、顺坝围垦

1976年冬，参与东江十四工段围垦土地，红心大队（襄七房村）获得土地78亩。至1978年，红心大队共有东江围垦土地154亩。

1986年1月，参与顺坝围垦，历时7天。共围垦土地200亩，后用于西兴镇3家镇办企业建立农业车间。

1986年11月，参加东江“五万二千亩”围垦，历时10天，共计围垦土地1002亩。后于1987年11月成立西兴农场。

第三章　村域经济

襄七房村农业以种植粮食作物为主，主要为稻谷、大麦、小麦、玉米等。养殖业有猪、牛、羊、鸡、家兔、鱼。设滨江区后，随着土地被征用，粮食、经济作物播种面积大幅减少，2007年，仅剩214亩耕地（含围垦），种植蔬菜、苗木。

村域工业起步于20世纪60年代初期，2003年，实现产值4379.05万元。同年，投入166.46万元，获得标准厂房土地5413.36平方米。

中华人民共和国成立初，政府即在襄七房村域设立国营粮库、粮站。1951年，长河供销社在襄七房设棉花收购站。1982年后，村域个体商贸服务业兴起。21世纪初，出现一定规模的超市、酒店。2007年，襄七房村村级商业饮食业、服务业、运输业收入497万元。

第一节 农业

种植业

粮食作物 村域主要粮食作物有稻谷、大麦、小麦、玉米等。1961年，襄七房大队粮食作物播种面积1714亩，总产量257.25吨。1964年，粮食播种面积1674亩，总产量343.2吨，平均亩产比1961年增长36.7%。1978年，村域粮食种植面积1758亩，总产量583.65吨，平均亩产比1964年增长61.9%。推行家庭联产承包责任制后，农户生产积极性高涨，1984年，襄七房村粮食播种面积增加到2302亩，总产量782吨，比1978年增长34%。1995年，粮食播种面积2398亩，总产量877吨，比1984年增长12%。2003年后，因土地征用，农作物播种面积锐减，粮食作物面积为30亩，总产量17吨。2007年，粮食作物面积为55亩，总产量26吨。

蔬菜水果 1964年，襄七房大队蔬菜收获面积82亩，总产量36.8吨。1978年，种植蔬菜72亩，其中番茄30亩，总产量19.05吨。1995年，襄七房村蔬菜种植面积258亩，总产量426吨；西瓜26亩，总产量52吨。此后发展城郊服务型农业，2003年，蔬菜播种面积增加到1069亩，总产量4276吨，是1995年的10倍多。此后，土地被征用，种植业减退。2007年，蔬菜播种面积399亩，总产量1189吨。西瓜播种面积23亩，总产量63吨。

经济作物 襄七房大队主要经济作物为棉花、络麻、油菜。部分年份种植过烟叶、甘蔗等。

1964年，襄七房大队棉花收获面积163亩，总产量19.05吨。1984年，襄七房村在围垦种植棉花134亩，总产量6吨。1995年，仍在围垦土地种植棉花38亩，总产量3吨。此后不再种植。

1964年，襄七房大队络麻播种面积166亩，总产量47吨。1978年，村域络麻播种面积240亩，总产量94.3吨。1984年，襄七房村村域及围垦共种植络麻250亩，总产量105.6吨。1995年以后不再种植络麻。

1964年，襄七房大队油菜籽收获面积121亩，总产量7吨。1978年，红心大队（即襄七房大队）油菜播种面积140亩，总产量18.1吨。1984年，襄七房村播种油菜135亩，总产量12.9吨。1995年种植油料作物119亩（含围垦58亩），总产量10吨。此后不再种植。

另外，1964年，襄七房大队曾有烟叶收获面积16亩，总产量2.3吨，均为烤烟。1995年种植甘蔗20亩，总产量60吨。此后，村域基本不再种植经济作物，2003年农村经济年报中已不再记录。

2003年，襄七房村苗木种植面积为682亩，苗木销售额410万元。后因土地减少，2007年，苗木播种面积减至156亩，销售额145万元。

养殖业

历史上，襄七房村域养殖业品种有猪、牛、羊、鸡、鸭、兔、鱼等。中华人民共和国成立后实行农业集体化，猪被列为牲畜饲养业之首，除家庭养殖外，生产队、生产大队均先后办过畜牧场。其他畜禽养殖只限于村民家庭，以自家食用为主，不成规模。改革开放后，养殖专业户异军突起，开展适度规模经营，养猪、养鸡、养鸭、养鱼等养殖业空前发展。

生猪 20世纪50年代中期，买苗猪可向信用合作社或银行贷款，襄七房村域农户家庭养猪逐渐增多。1961年，襄七房大队生猪年末存栏总头数196头，全为社员家庭饲养。1964年，生猪饲养量340头。20世纪60年代后期开始，集体和社员家庭一起参与，养猪业快速发展。1978年，出栏肥猪数295头，生猪年末存栏数796头，全年生猪饲养量1091头，是1964年的3.2倍多。此后，生猪养殖业相对稳定。1984年，全村生猪饲养量921头，1995年为852头。2002年后，滨江区开始禁养限养畜禽。2003年，襄七房村生猪饲养量为620头。

牛、羊 1961年，襄七房大队有山羊53只、绵羊4只；水牛年末存栏9头，全为耕牛。1964年，山羊合计15只，水牛年末存栏数11头，其中耕牛10头。1978年，羊年末存栏数3头，水牛年末存栏总头数5头，均为耕牛。1984年后，未见有襄七房村养牛、养羊的统计资料。

禽、兔 1961年，襄七房大队社员饲养家禽815羽，家兔73只。1978年，家兔年末存栏91只(长毛兔85只）。1984年，襄七房村年末存栏家兔124只(长毛兔114只）。同年，家禽年末存栏2359羽，禽蛋产量1227.5千克。1995年，家禽年末存栏2300羽，年内出栏3200羽，禽肉产量5250千克。另有专业户饲养鹌鹑3万羽，鹌鹑蛋产量15.1吨。2003年，出栏鸡3960羽、鸭3140羽，禽肉产量11吨。年末存栏家禽1300羽。此后，村域成为畜禽禁养区域。

淡水鱼　1961年，襄七房大队养鱼面积7亩，其中湖泊养鱼1亩，池塘养鱼6亩，产鱼2000千克。1984年，2个集体渔场有淡水鱼养殖面积12亩，产鱼1750千克。至2007年撤村建居时，境域已无淡水鱼集中养殖。

第二节　工业

发展过程

20世纪50年代中期至90年代初期，襄七房大队（村）绝大部分农户家里有草包编织机或草绳机。草包远销太原、大同、包头、石家庄等地，是农户家庭一项重要经济收入。1991年，46岁的戴成花一人打草包6000多个，获净利4000多元，获评西兴镇农家女能手。后因麻袋、塑料袋、塑料绳兴起，逐步取代草包、草绳，村域草包、草绳的生产量开始日渐减少。这一时期，襄七房村域手工业另有服装加工、打铁、修车、食品加工、泥木工等。

襄七房村域集体工业起步较早。1963年，创办再生油脂化工厂，利用工业油、食用油废料，提炼制造成“代桐油”，运销江苏、嘉兴等地，供造船、修船用，利润较高，后停办。1965年，办起废花厂，将服装厂的废布角料加工成棉絮后发放给农户，由妇女用手摇纺车纺成纱，赚取加工费。后，废花厂被兼并。1976年下半年，投资1.7万元，创办萧山喷烘漆厂（浙江皇冠王自行车厂之前身），是东方红公社创办队办企业较早的大队之一。

1984年，襄七房村接管亏损1万多元、产品滞销的襄七房小学校办日用五金厂，投资2600元，增加设备，更新产品，生产自行车轴档、辊轴、中轴，改厂名为西兴自行车零件厂。1993年，襄七房村还办有西兴印刷厂、西兴机械厂、西兴自行车泥板厂、西兴精细化工厂、金达化工厂等8家企业（含公司1家）。1997年7月，原有村办企业转制为私营企业。

2003年，襄七房村级工业企业总产值为4379.05万元，销售产值4394.8万元。有杭州信成机械有限公司、杭州西兴自行车泥板厂、杭州锦达化工厂、杭州福明机电设备有限公司、杭州祖乔车业有限公司、杭州星光机电有限公司、杭州金丰印刷家具五金厂、杭州裕德机械厂8家村级企业。其中杭州星光机电有限公司产值最高，为2651.46万元。杭州信成机械有限公司员工最多，有75人。2007年，襄七房村列入统计对象的4家工业企业总产值8099万元。4家企业分别为杭州信成机械有限公司、杭州锦达化工厂、杭州福明机电设备有限公司、杭州星光机电有限公司。其中，杭州星光机电有限公司的产值最高，为7103.72万元；员工数也最多，有240人。

企业选介

浙江皇冠王自行车厂　原名萧山喷烘漆厂。1976年，由红心大队（襄七房村）投资1.7万元创办，初创时职工20多人，与杭州自行车总厂协作，为总厂油漆自行车零件。1986年起，生产自行车前后泥板，以后逐年发展，生产各种自行车零件和五金喷烘漆加工。1990年，有固定资产57万元、流动资金50多万元。1993年，改厂名为浙江皇冠王自行车厂，并创办萧山信成工贸实业公司；引进法国欧米格自动喷漆流水线1套，自行车整车装配流水线1条。同年，经中国轻工总会批准，工厂获各种规格自行车生产许可证。厂区占地面积1100平方米，厂房850平方米，同时到萧山湘湖边租用厂房6000平方米。1993年，有固定资产255万元，产值592万元，利润18.8万元，上缴国家税金23万元，有职工172人，厂长陈春水。1999年，工厂从萧山湘湖迁入萧山经济技术开发区。

杭州江南自行车配件有限公司　创建于1981年，原为襄七房小学校办厂，名襄七房日用五金厂。1984年由村委会接管，改名西兴自行车零件厂。1991年改名江南自行车配件厂。1996年企业改制为私营企业，称杭州江南自行车配件有限公司，生产自行车零件及静电喷漆加工，有从业人员80人。2003年，改名为杭州信成机械有限公司，有员工75人。

第三节　商贸服务业

民国及以前，襄七房村域有走村串户的货郎担，售卖日用小商品，或有手工匠人修补鞋袜、磨刀磨剪、编竹席、修钟表等。村民商品交易主要到长河集镇或西兴集镇。

中华人民共和国成立后，从20世纪50年代中期起，国家对粮、棉、油实行统购统销，对生猪等主要农副产品实行派购。1956年，私营商业实行社会主义改造后，村域设有1家供销合作商业代销店。由于物资缺乏，大部分日用必需品凭票、凭证供应。20世纪80年代，个私工商业恢复，村域部分农户加入商业服务业行列。20世纪90年代初，商品购买取消票证，全部敞开供应；

村域外来人口增多，餐饮业发展较快，饭店、面馆、小吃店等相继开业；运输业、服务业崛起。1995年，襄七房村运输业收入22.82万元，服务业收入69.38万元。21世纪初，村域出现一定规模的超市、酒店、农贸市场，主要有供销社超市、红邦大酒店、襄七房农贸市场等。2007年，襄七房村村级第三产业收入近500万元。

集体商贸服务业

国营粮库（站） 中华人民共和国刚成立，萧山县人民政府财粮科即在襄七房设立长河支库，1951年3月，改建为长河区粮库，为萧山县10个区粮库之一。1953年建立襄七房粮站，地址在襄七房225号。1954年至1955年4月，是萧山县粮食部门7家自营收购点之一。1957年起，除收购外，开始销售粮食，是全县14家粮食购销站之一。1964年1月起，该粮站归西兴粮管所管理。1984年，襄七房粮站占地面积4259平方米，其中仓库1823平方米，门市部71平方米，仓库容量1865吨，食用油池容量45吨。1992年5月后，该粮站归口城北粮管所管理。1997年后，襄七房粮站被私人购买。

商业 1951年，长河供销合作社在襄七房设棉站，方便棉农投售棉花。1956年，实行私营商业社会主义改造，个私商业全部进入供销社或合作商店。长河供销社在襄七房村域设有代销店1家，地址位于原朝西墙门。经销商品有日用品、五金机电、猪肉、禽蛋、蔬菜等。代销店利润全部上缴供销社，3名营业人员工资由供销社下拨。

20世纪50年代后期开始，为兼顾公平，粮、油以及棉布、胶鞋、肥皂、火柴、煤油、五金产品等日用品，糖、烟、酒等大宗副食品实行凭票、凭证供应。20世纪60年代末，合作商店（组）再度并入供销社，1972年恢复。不久，村域成立红心合作商店。1984年，成立西兴商业联营公司。同年末，红心合作商店依旧归于西兴供销社。此后，市场上商品日渐丰富，相继取消凭票供应。1994年，襄七房村购买西兴供销社小店3间。同年，襄七房农贸市场有营业用房22间，并投入23万元用于市场中间摊位搭建。

个私商贸服务业

20世纪80年代初个私工商业恢复后，襄七房村陆续有一些村民及外来人员开办修车铺、打铁店、中小农具销售部，开设饲料店、快餐店、肉店、衣物修补店、机械电焊修理店、杂货店等。镬底池自然村的陈春水购置大卡车，从事汽车运输。1997年后，随着城市化的推进，居民服务业进一步发展，美容美发店、搬家公司和家政服务中心逐步增多。2000年后，个体商店、摊位、小超市、饭店、电动车出售商店在村域应有尽有，多种经济成分、多种经营方式相辅相成。2007年，襄七房村劳动力中，从事批发、零售贸易业73人，住宿和餐饮业17人，交通运输仓储业及邮电通信业36人，信息传输、计算机服务和软件业8人。同年，全村运输业收入71万元，商业饮食业收入48万元，服务业收入378万元。

第四章　社会事业

民国时，襄七房村域办有小学。村域缺医少药，病疫殇人。村域素有演社戏的习俗，村民普遍爱看绍剧和越剧。

民国3年（1914），村域来氏族人创立长河乡私立初等小学堂，即襄七房小学的前身。民国35年（1946），为完全小学。1993年，襄七房村集体投资23万元，建造3层小学教学楼，面积600平方米。

村域幼儿教育始于1959年，以阿源大嫂为园长开办幼托所，1963年停办。

村域妇女保健开始较早，1951年，襄七房人来伏珍从杭州回到故乡长河，在白虎弄开私人接生诊所，以全新的产科知识与技术服务乡里。1969年始，襄七房农村合作医疗事业不断发展。2003年，全体村民加入滨江区新型合作医疗。2007年，村域失地农民参加杭州市城镇居民基本医疗保险。至此，村民各类医保实现应保尽保。

村域群众文化、群众体育设施从无到有。村域艺术文化事业繁荣，名人辈出，“三绝艺人”（绘画、书法、篆刻）来楚生即襄七房人。村域具有浓厚的古建筑文化，始建于晚清的砖木结构传统民居建筑群蔚为壮观，或是大户人家的宅院，或为大臣致仕后颐养天年的府邸。尚存金义堂、文慧堂、翰林第等5处，被列为杭州市历史建筑予以保护。

第一节　教育　医疗　科技

教育

幼儿教育　20世纪50年代末，为响应浙江省关于“队队创办幼托机构”，解放妇女劳动力的要求，襄七房村域开办幼儿园。1963年停办。20世纪80年代初，襄七房小学附设幼儿园。1998年，文花幼儿园开办，位于襄七房自然村，班级3个，幼儿86人，教职工7人，其中专任教师5人。

中小学教育 民国3年（1914），襄七房来氏族人来祖烈、来焕文、来福诒、来福吉等发起，创办襄庄小学堂（曾名长河乡私立初等小学堂、长河崇实两等小学堂）。学堂有学田50亩作经费来源，凡来姓子弟入读，免缴学杂费。学校设校董会，首任校长来绍元。民国11年(1922)11月，改学堂为学校。小学修业期限为6年（4年初小、2年高小）。民国35年（1946），学校改称江边乡中心国民学校，校长马孟乔，有高小班1个、初小班4个，下辖国民学校6所。1949年5月，滨江区境域解放，学校改称长河区第二中心小学。1958年，江边乡建制撤销，学校改称襄七房小学，1966—1981年，随襄七房大队改名红心大队而改名为红心小学。1993年，村集体投资23万元，建造3层小学教学楼，面积600平方米。1999年9月，襄七房小学并入西兴镇中心小学。

20世纪60年代末以前，襄七房村域小学毕业生就读初中须报考长河初级中学或萧山、杭州的中学。1972年，红心（襄七房）小学增设初中班，20世纪80年代初停办，学生入读西兴公社中学。1989年，襄七房村普及九年制义务教育。

成人教育 民国23年（1934），襄七房村设有县立襄庄民众学校。该校被评为省优良民众学校，有学员74人，毕业71人，占学员数的95.9%，4位老师获得省级奖励。

中华人民共和国成立后，20世纪50年代初，襄七房村域农民响应政府号召，参加夜校、冬学、识字班学习，村域学校师生开展送字牌、识字卡片、包教包会等扫盲教学活动。20世纪60年代后，依托共青团、民兵连、俱乐部等组织，加强扫盲教学，巩固扫盲成果。1985年，随西兴镇实现无文盲目标。20世纪80年代初开始，村域部分青年参加各级成人教育机构举办的农函大、萧山燎原广播电视学校、电大、成人自学考试、学历证书考试等学习、考试，获相应的结业、毕业证书等学历文凭。滨江区成立后，随着城市化进程，襄七房村域的成人教育重点转向岗位技术培训、失地农民就业再就业职业技术培训，并将外来务工人员的职业技术培训纳入成人教育范畴。市民学校、老年大学等新形式也为成人教育注入新内容、新气象。

医疗保健

医疗机构　1958年，襄七房大队在老学堂楼下边屋开设保健室。1969年，建立红心大队合作医疗站。1984年改称襄七房村卫生保健室。1996年，襄七房村卫生室为甲级卫生室，面积60平方米；有主治医生2人，药品120多种。2004年，村卫生室纳入西兴街道卫生服务中心统一管理，并改名为襄七房村卫生服务站，有房屋2间100平方米，设有诊疗室、药库、药房、输液室；有接诊病床1张、躺椅4张；有医务人员2人，均为全科医生。至2007年撤村建居时，襄七房村卫生服务站正常运行。

合作医疗　20世纪60年代末，村域建立合作医疗制度，由大队公益金拨付部分资金作为合作医疗基金，社员看病自负50%医药费。1976年开始实行公社、大队联办合作医疗制度。1983年，实行家庭联产承包责任制后，村卫生室（原大队合作医疗站）改由医务人员个人承包经营。20世纪90年代初恢复合作医疗制度，村民自愿报名参加，在缴纳一定的合作医疗基金后可按规定比例报销医药费。村集体每年安排一定资金用于合作医疗医药费报销。2003年起，村民参加滨江区以大病统筹医疗为主的新型合作医疗制度。至2006年，村民新型合作医疗参保率达99%以上。同年底，村域征地“农转非”人员参加杭州市城镇基本医疗保险。此后，村民参加以新型合作医疗为重点的各类医保实现应保尽保。

居民保健　20世纪50年代初，襄七房人来伏珍从杭州回到故乡，在长河白虎弄开设接生诊所，以全新的产科技术服务乡里。1953年，襄七房村域实行新法接生，开展产前检查、产后访视和孕妇保健。1958年，根据公社要求，大队培养1名新法接生员。20世纪60年代后期起，村域产妇大多到医院住院生产。20世纪80年代起，结合计划生育工作，开展全村妇女的妇科检查、更年期普查和妇科病诊治。孕产妇纳入西兴卫生院孕产妇管理系统，建卡立账开展围产期保健。

20世纪50年代初开始，村域开展婴幼儿“四防”（防疳、防百日咳、防腹泻、防麻疹）。20世纪70年代末开始，村合作医疗站（保健站、卫生室）配合上级防疫部门，为村域儿童接种疫苗。2004年，儿童“五苗”（卡介苗、脊髓灰质炎疫苗、百白破疫苗、麻疹疫苗和乙肝疫苗）计划免疫接种接近100%。

2003年，全村中小学生接受健康检查。2004年，全村60周岁以上老年人接受免费健康检查。2006年，为参加新型农村合作医疗的村民免费提供健康体检，并建立健康档案。

农业科技

20世纪70年代起，红心（襄七房）大队建立农科队，负责农业新品种、新技术、新栽培方法的示范试验和推广，帮助、指导各生产队的农作物病虫害防治、新肥药的应用。各生产队大多配有技术员。1984年，浙江农业大学教授王兆千等专家到襄七房农科队蹲点，试验培育水稻、油菜、小麦新品种。实行家庭联产承包责任制后，土地分包到户，农科队撤销。村域农业科技的示范、推广主要由科技示范户承担。

第二节　文化　体育

群众文化

中华人民共和国成立前，襄七房村域最主要的群众文化活动是看戏文，村域或邻近村坊有庙会或戏文演出，村民观者踊跃。亦有村民趁上长河、西兴集镇购物、办事之际，到茶馆听说书，听“的笃班”演唱等。

中华人民共和国成立后，20世纪50年代初期，襄七房村组织青年农民扭秧歌、唱新词，欢庆翻身解放，歌颂新社会新生活。20世纪60—70年代中期，大队俱乐部（文宣队）自编自排小节目，学唱革命歌曲、现代戏等，为社员演出。其间，露天电影最受社员欢迎。1973年东方红（西兴）公社电影放映队成立后，时常到红心大队（襄七房村）放映电影。20世纪80年代初，农村实行家庭联产承包责任制后，村民收入提高，又可自由支配时间，青年人常去长河或西兴集镇乃至县城影剧院看电影。其间，大队（村）团支部与公社（镇）文化站联手，设立流动图书借阅点。20世纪80年代末至90年代，录像放映、卡拉OK、影碟机、家庭影院等兴起，文化活动开展以家庭和村民相互邀约为主。20世纪90年代后期，有村民进入文化市场，其中有2人在村里办起电子游戏房（室）。村集体加强公共文化设施建设，建起录像放映室、图书阅览室等。2007年，襄七房村有图书室40平方米、电子阅览室25平方米、综合活动室250平方米，其他公共文化设施200平方米。

体育

学校体育　民国时期，滨江区境域内有部分学校开设体操课程，内容主要为运动游戏，村域襄庄小学堂（后改称江边乡中心国民学校）在列。中华人民共和国成立初期，襄七房村域小学改称长河区第二中心小学，开设体育课。

1954年起，小学推行广播体操。1966—1976年，红心小学（襄七房小学）体育课改为军体课。1979年起，学校开始推行学生体育达标活动，并实行“两课、两操、两活动”制度，即每周两节体育课，每天做广播体操和眼保健操，每天有晨间活动和课外活动。1996年滨江设区后，襄七房小学组队参加每年一届的全区中小学生田径运动会，取得较好成绩。2003年，村域小学生（在读西兴镇小）体育达标率为99%。

社会体育　中华人民共和国成立前，襄七房村域村民体育活动很少，主要是下棋、打扑克或者到池塘游泳等。中华人民共和国成立后，村域体育活动主要在青年人中开展，通过民兵连、共青团支部、俱乐部等机构，进行军体训练、组队参加上级机构举办的体育活动等。20世纪80年代，随着村级经济的发展，村民业余生活日益丰富，体育项目有篮球、乒乓球、康乐球、棋类、扑克、拔河等。1994年，襄七房村集体投入7万元建造健身房2个、篮球场1个。1996年，在村农贸市场内开辟老年活动场所。1998年起，襄七房村组队参加西兴镇（街道）历届全民运动会。1999年，建立村老年活动室。进入21世纪后，襄七房村引导村民参与滨江区全民健身活动，村集体累计投入资金18万元，建成面积700平方米的健身苑（点），购置羽毛球、乒乓球桌、跑步机等多样运动健身设施和器材。2007年撤村建居时，有健身小广场2500平方米。

第三节　历史建筑

明代以来，襄七房村域经济、人文逐渐发展。到清代，多有科举入仕者及富商邑绅等在村域建造豪华宅第。世事沧桑，此类建筑多已湮毁，尚存几处已被列为杭州市历史建筑予以保护，村域昔日丰富的建筑文化仍可窥斑见豹。

襄七房40号建筑

建于清代晚期，木结构传统民居建筑。房屋已经过修缮，较好地恢复了原有的风貌特色。建筑由两进院落组成，小青瓦屋顶，中式石库墙门，粉墙黛瓦，两侧有高大的封火山墙。二进院落间有一座砖雕门楼，花饰精美，上书“永思修慎”四字。院落、廊檐均为青石板铺地。修缮后，原有的花格木门窗、木楼板和木楼梯均得到恢复。已被列为杭州市历史建筑予以保护。

文慧堂

始建于清代。“文慧堂”称谓由来已久，但具体来历不明。清咸丰十一年

（1861），太平军将领来薪传曾在此设“军帅府”。此建筑共二进，沿一条东西向轴线而建。第一进坐西朝东，二层木构，屋顶硬山造，覆小青瓦，脊端起翘，平面呈南北长、东西短的矩形，面阔9间。西立面外墙下肩施石壁峭墙，整个院落的主入口为骑楼式门楼，两侧有砖雕和柱础。明间一层是过廊，两侧各置4间，房门皆东向。第一进东檐带南、北厢楼，面阔10间，二层木构。第二进坐东朝西，平面矩形，面阔3间，进深4间。总体布局基本保存，主体建筑尚完整，具有鲜明的地域特征，已被列为杭州市第五批历史建筑予以保护。

襄七房粮站建筑群

位于襄七房225号，在直河西侧，建于清代晚期，为传统民居建筑群。此处房屋原由多进院落组成，仅存一进。建筑平面呈“L”形，院落面积较大。外墙粉白，条石基座带有石雕漏花窗。檐廊处青石板铺地，檐下雕刻精细。院内建筑均为二层青瓦屋顶楼屋，保留着原有的木楼板和木楼梯。此建筑群原是大户人家所建的宅第，中华人民共和国成立后移作粮站使用。已被列为杭州市第五批历史建筑予以保护。

翰林第

建于清代。户主为清代中期村域来氏家族一名进士，曾任翰林院庶吉士，坊间称其宅第为翰林第。翰林第门前曾有旗杆石、上马石。整座建筑沿南北向轴线共三进。第一进坐南朝北，二层木构，屋顶硬山造，覆小青瓦，脊端起翘。面阔9间，南立面外墙下肩，有3块横石板拼接的“石壁峭墙”，横石板上有花、草、鹿、鸟等镂空石雕。南墙居中为主入口，两侧各4间，房门北向。东、西厢楼为两层木构，厢楼间为院墙，院墙居中处施一砖雕门楼。第二进位于门楼北侧，坐北朝南，面阔3间，进深4间。第三进坐北朝南，面阔3间。主体建筑基本保存，具有鲜明的地域特征，已被列为杭州市历史建筑予以保护。

襄七房158号、159号建筑群

建于清代中晚期，为传统民居建筑群。青砖空斗外墙，存二进。158号为一进院落，三合院布局，中式石库墙门，院内石板铺地，檐廊下雕刻精美。院内为二层木结构楼屋，青瓦屋顶，花格木窗，木楼梯和木地板保存完好。159号内有一进院落，平面呈方形，院内房屋已改造，仅保留了入口的砖雕门楼。为当代著名书画印“三绝艺人”来楚生故居，已被列为杭州市历史建筑予以保护。

第五章　生活民情

襄七房村域历史久远，自明代始，即有望族大姓聚居。官宦人家、乡绅富户宅第考究，多为墙门屋。绝大多数住户以砖木结构的平瓦房为主。贫苦农民以租种地主土地为生，收入微薄。有为数不多的乡人外出以士、工、商为业。

中华人民共和国成立后，村域贫苦农民分得土地，生活有了保障。农业社会主义集体化后，村域农户收入不断增加。1964年，红心大队社员年终人均经济分配现金收入62元。1978年，社员年终人均经济分配现金收入121元。实行家庭联产承包责任制后，农业增效，个体私营经济发展，1984年，襄七房村村民年人均纯收入502元。20世纪90年代后，第二、第三产业成为主业，村民年人均纯收入快速增加，2000年，年人均纯收入为6902元。2007年，村民年人均纯收入1.12万元。

村域民风淳朴，礼仪风俗、方言俚语与萧山中片（含城区）基本一致。长期农耕实践，有些农谚略具地域特色。

第一节　村民收入与生活变化

村民收入

中华人民共和国成立后，20世纪50年代经过土地改革和互助合作时期，襄七房村域农业生产基本得到恢复和发展。20世纪60年代后，襄七房大队社员生活逐年改善。1964年，社员年终人均经济分配现金收入62元，人均口粮236.5千克。20世纪70年代初开始，社队企业兴起，社员收入明显提高。1978年，红心大队社员年终人均经济分配现金收入121元，是1964年的2倍；人均口粮350千克，是1964年的1.42倍。实行家庭联产承包责任制后，农业经济效益提高。镇村企业发展加快，多数社员成为企业员工，工资成为村民主要收入来源。1984年，襄七房村村民年人均纯收入502元，是1978年的4.15倍；人均口粮446.5千克，是1978年的1.33倍。进入20世纪90年代，特别是镇、村企业转制后个体私营经济快速发展，村域劳动力大批转向第二、第三产业。村民收入呈现多来源、多层次结构，除在各类企业就业外，还有一部分人从事个体运输、工商服务等。2000年，襄七房村村民年人均纯收入6902元，2003年增长为8447元。同年，实行“农转非”人员养老保险，人均投保2.4

万元，参保率98%。2007年，村民年人均纯收入达到1.12万元。

生活变化

衣着　中华人民共和国成立前，黑色、蓝色是村域居民服饰的主色调，男女老少常年服装补丁压补丁。中华人民共和国成立后，襄七房村村民生活逐渐好转，20世纪50年代至60年代初，男子流行中山装，面料流行卡其、灯芯绒。20世纪60年代末至70年代，年轻人以军便装为时尚。20世纪80年代起，男性开始系领带，穿西装，女青年穿裙子随处可见。进入21世纪，服装面料讲究高档，人们追求新潮，衣着服饰更多追求个性化。

饮食　中华人民共和国成立前，襄七房村域虽为稻作区，但地少人多，生产落后。贫苦百姓“糠菜半年粮”，不能果腹，吃到白米饭算是“幸福追求”。中华人民共和国成立后，20世纪50年代中期起粮食定量供应。此后用粮水平逐年提高。20世纪70年代末开始，社员饮食消费主要支出由主粮逐步转向副食品。进入20世纪90年代，村民餐桌鸡鸭鱼肉荤腥不断。高档酒水、营养补品长年不断，有机食品成为时尚。

住房　中华人民共和国成立前，村域农户住房以砖木结构的平房为主，一些贫困人家住草舍。乡绅富户及官宦人家宅第比较考究，多为墙门屋，马头墙高耸，斗拱构筑极为讲究，饰有精美石雕、砖雕、木雕。中华人民共和国成立后，没收地主的部分多余房屋分配给无房的贫苦农民。1968年，红心大队（襄七房村）始有社员自建新房（均为平房）。1974年，始现新建楼房，至1993年，村域约70%的农户翻建两层半以上住房。2000年后，滨江区开始实施农村多层住宅建设，襄七房村村民不再自行建房。村域内农民公寓拔地而起，居住环境不逊城区，人均面积远超城市普通居民。

出行　民国时期，村域乡人出行基本靠双脚，富裕人家外出办事、看病就医乘坐便轿。村中富人出门办事有坐黄包车者。

中华人民共和国成立后，20世纪60年代中期，途经襄七房村域的萧闻公路通行公交班车。20世纪70年代后期开始，自行车逐步普及，除代步外，还用来驮货载人，时为农户最便捷的运输工具。20世纪80年代后期，摩托车风靡村域。1995年，襄七房村有汽车12辆、摩托车53辆、三轮卡车1辆、自行车1450辆。进入21世纪，电瓶车取代自行车，小轿车开始走进村域普通家庭并日益增多，公交穿梭、出租车便捷，村民出行方式变得丰富多样，出远门坐飞机已是平常事。

第二节 民情风俗

20世纪90年代中期以前，襄七房村域一直为萧山县（市）属地，村民祖先大多来自长河、西兴以及萧山中片(包括县城）及附近一带，生产生活习俗、俚语方言、宗教信仰世代传承。20世纪90年代后期村域划归滨江区后，随着城市化进程，大量外地人口涌入，也能见到各地的一些生活习俗。

习俗

襄七房村域居民的生产生活习俗、礼仪交往习俗、四时八节习俗等与西兴、长河一带及萧山中片稻作区人们相同。如四时八节习俗：过年时，杀年猪、做年糕、酿新酒、掸尘祭灶、祝福祀神、吃年夜饭、发压岁钱；春节时，祭天地、放鞭炮、穿新衣、走亲戚、放年假、看戏文；清明裹青团，扫墓祭祖；端午裹粽子、插菖蒲、吃五黄；立夏吃豆尝鲜、小孩称重；七月十二裹青饺祭野鬼；七月卅日插地香祭地藏菩萨；八月中秋看望岳丈送月饼；九月重阳孝敬老人奉豆糕等，与滨江区及萧山中片稻作区的人们无甚差别。

俚语

襄七房村域素为稻作区，不少农谚体现水田稻作特色，如“吃了谷雨饭，天晴落雨要出畈”“小满麦子黄，绣花女子出闺房（帮忙割麦子)”“处暑弗露头(指稻头)，割来喂老牛”等。襄七房村域外出从业谋生者较多，讲究人际交往，俚语中多有体现，如“好看白话勿当真、嫌憎才是真买主”“求人须求大丈夫，帮人就要帮到底”“铜钿挣不完，人情要用完（须珍惜)”等。村域乡人素以耕读传家，多有读书劝学的俚语，如“理漏趁天晴，读书趁年轻”“满身珍珠玛瑙，及勿来聪明头脑”“活到老，学到老，还有三分未学好”等。

民间信仰

村域曾有多个庙宇，至2007年撤村建居时，已不见踪迹。村民多有信佛者，除曾有个别信徒入长河冠山寺为“居士”外，无其他正式教徒。但常有老年人聚桌念佛、进庙宿山之举。村域无道教徒，然居民、农户有丧葬祭祀之事，多会邀约“土道士”诵经文以祭奠亡灵或追悼故魂。村域有个别居民信奉基督教，会到长河、西兴参加教会活动。

宗谱

村域来姓系萧山望族长河来氏分支，藏有清光绪二十六年（1900）修编的《萧山来氏家谱》55册。《萧山来氏家谱》前后历经4次纂修：第一次于明万历四十六年（1618）由来斯行（进士，明福建右布政使）纂修；第二次于清康熙二十年（1681）由来集之（进士，明太常寺少卿）纂修；第三次于清光绪二十六年（1900）由来鸿瑨（举人，清内阁中书）纂修，即襄七房来氏家族所藏之55册本。第四次于民国11年（1922）由来杰（拔贡）纂修，终使“体例完整，无愧绍述”。全书230万字，60册。萧山档案馆藏59册（失佚1册）。记载萧山来氏家族从北宋元祐三年（1088）至民国11年（1922）间800多年历史，分文献、世系、行传三大部分，史料全面，内容丰富，对研究滨江、萧山乃至南宋以来中国历史发展有重要参考价值。

第三节　历史人物

襄七房村域居民中，来姓为第一大姓，明代落脚村域时，来氏已是萧山望族。襄七房来氏秉承“书务必读，田务必耕”之祖训，世世代代耕读传家、礼仪续脉，历代多有俊良贤才，翘楚达人。本节选记部分如下：

来学醇　字若思，号西峰，生乾隆五十一年（1786）。自幼博闻强识，笃志好学，秉性正直，卓尔不群。嘉庆十八年（1813）顺天乡试中举，考取咸安宫教习。嘉庆二十五年（1820）中进士，钦点翰林院庶吉士，授职检讨，历官武英殿协修。

来福诒　襄七房人。清光绪二十八年（1902）中举人。先后在杭州女子师范、安定中学（茅盾曾在该校就读）任教。民国18年（1929）充任杭州市首届西湖博览会秘书。著有《遽庐存稿》(已佚)、《中国古代文学史》(手稿)等。

来尔谷　生于清光绪二十六年（1900），襄七房人。早年毕业于长河崇实小学，书香门第，家业颇丰。来尔谷从小受启蒙思想教育，年轻时受萧山衙前农民运动影响，思想进步。民国15年（1926），来尔谷结识了长河来宝坤等进步青年，在中共萧山地下党的组织领导下，投入农民运动。民国16年（1927）6月，来尔谷当选为萧山西区农民协会负责人之一。不久，中共长河乡区域支部成立，来尔谷为支部领导成员之一。同年9月，中共襄七房支部成立，来尔谷任书记，有党员11人，带领农友开展农民运动。民国17年（1928）2月，长河警察所借故逮捕长河农民协会负责人来柱臣，来宝坤组织农友300多人，包围警察所。来尔谷闻讯即刻组织农友支援，救出来柱臣，并将警察所长戴上高帽，押至长河街上示众。3月21日，反动当局逮捕了来宝坤。当晚，来尔谷及襄七房党支部和

农民协会组织农友与湖头陈等村农友一起，在白马湖伏击反动警察，救出来宝坤。民国19年（1930），白色恐怖严重，支部与上级党组织失去联系，停止活动。

来楚生　清光绪三十年（1904）生，原名稷勋，字初生、初升，号然犀、木人、负翁等，襄七房人，书法家、画家、篆刻艺术家（详见本节专记《书画印“三绝艺人”来楚生》）。

来　虔　民国4年（1915）生，襄七房人，来福诒次子。浙江大学机械系毕业，曾任浙江大学、上海交通大学、西安交通大学教授；原国家教委《机械原理》教材编审组组长、全国机械原理教学研究会主任委员。主编《机械工程手册》第4卷（机械工业出版社出版），著有《瞬心线共轭曲线机构》（高等教育出版社出版）等书，与儿子来学嘉合译《运动学》。

来汝福　民国6年（1917）生，襄七房人。民国26年（1937），日本侵略军迫近杭州，就读浙江大学土木工程系的来汝福，毅然投笔从戎，奔赴国难。经校长竺可桢推荐，到重庆中央陆军军官学校学习。结业后，先后任职于独立工兵第三团、第五团等，转战于九江一带，抗击日本侵略军。其间，来汝福用日记形式记录日本侵略军暴虐、军民抗战，以及修桥炸桥、断路修路等实况和自己的感受。部分日记用英文书写，共有17册，定名《辙迹》。抗战后来汝福离开军队。1949年后，先后在大庆油田、鸡西市水利局等处工作。1952年10月1日，受邀到北京天安门观礼台参加国庆观礼。1963年2月，当选为黑龙江省安达市第二届人民代表大会代表。

来汶阳　民国32年（1943）生，襄七房人。1968年毕业于浙江美术学院（中国美术学院）。1977年入浙江丝绸工学院（浙江理工大学）筹建艺术设计学院。中国美术家协会会员，教授。历任浙江省高等院校画会副会长，浙江理工大学服装与艺术学院常务副院长，纺织部美术教育委员会副主任委员，浙江省美术家协会理事，浙江省第八、第九届政协委员。为享受国务院政府特殊津贴的人员。

专　记

书画印“三绝艺人”来楚生

来楚生（1904—1975）原名稷勋，字初生，更字初升，号然犀、木人、负翁、非叶、楚凫、一枝颐等。襄七房人，故居襄七房159号（保护完好）。来楚生用自己的一方印鉴概括生平："生于鄂渚，长于浙水，游于沪渎"（《来楚生评传》，李仲芳著，天津人民美术出版社出版）。

清光绪三十年（1904）1月6日，来楚生出生于武昌。民国3年（1914），来楚生11岁，全家从武昌迁回襄七房，就读于襄庄小学。13岁时父亲病逝，来楚生在族人帮助下，就读于萧山仓桥小学。那里的学习环境让他萌发了艺术种子，每当闲暇，他便默默摆弄石头，刻画狗、牛、猪等动物，绘画包公、诸葛亮等戏剧人物，尤喜刻印。小学毕业后，得堂婶资助，入读杭州崇文中学。

民国13年（1924），来楚生如愿进入上海美术专门学校，艺术生涯由此真正开始。同年，潘天寿到上海美专任教，两人亦师亦友，关系甚密。来楚生的绘画、书法深受潘天寿影响。民国16年（1927），上海艺专毕业后来楚生回到萧山。很快，他的绘画、书法、篆刻，在萧山小有名气。民国17年（1928），来楚生与临浦赵鼎新绸布庄千金赵芳薇结婚。民国22年（1933）迁居杭州，以书面篆刻为业。民国23年（1934）《楚生印存》成书，潘天寿篆刻题首："楚生印存，廿三年寿署。"樊羲臣行楷题曰："篆刻搜秦汉，挥毫学宋元，楚生学弟天资敏悟，自幼同参画神，兼习篆刻，亦超妙绝伦。"其间，来楚生加入西泠印社。民国26年（1937），杭州沦陷。民国27年（1938），来楚生携家辗转到上海，在新华艺专、上海美专教授篆刻、国画等课，以字画为生。

来楚生书、画、印三者俱佳。书法宗秦、汉、魏、晋、唐，效法明清诸家，正、草、隶、篆皆工，尤以草、隶冠绝一时。其篆书融石鼓、金文为一体，刚健婀娜，气酣神畅；其画工于花鸟，师承八大山人，兼具赵（之谦）、吴（昌硕）画风，取众家之长，熔铸腕底，自成一家。治印尤为著名，其篆刻承秦汉印章之传统，取远古玺，富有笔情刀趣。尤以肖形印独树一帜，图像多变，形态可爱，集书法、美术、雕刻于一体，是明清以来各大流派之集大成者。同行赞之"吴越才子多刻印，君登当代最高楼"。先后出版《楚生印稿》《然犀室印存》《肖形印存》三集印谱，被誉为书画印"三绝艺人"。

中华人民共和国成立后，来楚生历任上海中国画院画师、中国美术家协会会员、上海中国书法篆刻研究会常务理事、上海文史馆馆员等。著有《来楚生画集》《来楚生书法集》《来楚生篆刻集》等。晚年，来楚生抱病创作，奋勉不辍。1975年2月5日，来楚生在上海家中溘然长逝，享年72岁。

庙后王村

庙后王村地处西兴街道西南部，面积0.9平方千米。东临滨文河，西濒张家西直河，南与马湖村相连，北至滨康路。

庙后王村在滨江区的位置

来楚生　金桂

第二编　庙后王村

概　述

庙后王村地处西兴街道西南部，面积0.9平方千米。东临滨文河，西濒张家西直河，南与马湖村相连，北至滨康路。

庙后王村历史悠久，北宋时称范港里，属萧山县夏孝乡。明宣德年间（1426—1435）形成庙后王村，已有500多年乡村史。清代，属萧山县三都三图。民国时期，村域分属江边乡第12保、第14保。1949年5月起，庙后王村域属江边乡人民政府管辖。1958年10月，属长河人民公社江边管理区。1961年，划归西兴公社。1965年12月，西兴公社改名为东方红公社，庙后王大队改名为红旗大队。1981年1月，恢复原名庙后王大队。1984年，改称为庙后王村。1996年12月划属滨江区，2005年，撤村建居，成立庙后王社区。

历史上，庙后王素为稻作区。村域种植业以粮食作物为主，主要为稻谷、大麦、小麦、玉米等。20世纪80年代前期实行家庭联产承包责任制后，庙后王村种植业发展加快，涌现出多个专业大户。

庙后王村集体工业起步于20世纪70年代初，此后庙后王村办企业持续发展，1996年，工业收入433.04万元。村民年人均纯收入4716元，几乎全来自第二、第三产业。

村域自20世纪50年代通邮开始，电力、通信、水利、道路、广播、电视、公用建筑不断改善，绿化改水，治污改厕，各个时期村庄建设与时俱进。2004年，庙后王村被滨江区授予“推进城乡一体化建设先进单位”称号。

民国时，庙后王村域办有小学，时称第十二保校。1964年，庙后王村初级小学开办，1968年建成完小。1969年，红旗（庙后王）大队开启合作医疗事业，2003年，全体村民或加入滨江区新型合作医疗，或参加杭州市城镇居民基本医疗保险。

2005年，庙后王村改设社区，结束570多年的乡村史，踏上建设现代城市新区的新起点。

第一章　基本村情

庙后王村北宋时属萧山县范港里。明宣德年间（1426—1435），西兴人王琮入赘范港村胡氏，此后子孙繁衍成村。明清时期，村域属萧山县三都三图。民国时，村域分属江边乡第12保、第14保。1949年5月起，村域属江边乡。1958年10月起，属长河公社江边管理区。1961年，划归西兴公社，为庙后王大队。1984年，改称为庙后王村。1996年12月，属滨江区。2005年，有人口1518人，姓氏百余个，王、来为大姓，两姓总人口占全村人口的48.7%。同年，撤村建居，成立庙后王社区。

第一节　区位　地貌　村落

区位

庙后王村位于西兴街道西南部，东临滨文河，西濒张家西直河，南与马湖村相连，北至滨康路。

土壤

村域为水网平原，排灌便利，适宜种水稻。土壤系湖海相沉积物，土层较厚，为水稻土，以黏粒为主，腐殖质含量较高，保肥蓄水性强，主要种植豆麦、油菜、水稻。其中水稻一年两熟，为主要农作物。

河道水域

村域地表水表现形式主要有河道、池塘、浜。

张家西直河　长河街道与西兴街道的界河，南起白马湖，北至滨文路173号。河长850米，河面平均宽17米。庙后王村域段长370米，沿河现有杭州友俐橡塑制品有限公司、浙江省邮电印刷股份有限公司等单位。

庙后王河　在西兴街道南部，庙后王村西部。因流经庙后王村，故名。南起西白马湖，北经庙后王村至铁路河。河长2.09千米，河面宽20米，河岸绿地面积2.4万平方米。庙后王村域段长480米（该段河道已填埋）。

铁路河　位于西兴街道南部，白马湖北部，起自信诚路，止于萧山区界(西陵路），因紧邻浙赣铁路而名。河长4.7千米，河面宽25米，河岸绿地2万平方米。庙后王村域段长约1千米，沿河有杭州友俐橡塑制品有限公司、滨康二苑、浙江路达车辆配件有限公司、浴宝科技园、祖名豆制品股份有限公司等。

烂泥塘池　水深2米，有水面1亩，用以养鱼、灌溉。

老浜　水深2.5米，有水面3亩，用以灌溉。

铜桥浜　水深2.5米，有水面2亩，用以灌溉。

自然村

庙后王村域原有庙后王、张家西、石板庄、潮大房4个主要自然村。

庙后王　庙后王自然村位于浙赣铁路南，面积0.27平方千米。明宣德年间（1426—1435），西兴人王琮入赘范港村胡家，繁衍发族，形成村落。因村落位于六和庙后，故名庙后王。有4个村民小组、594人，大多姓王，另有来、顾、何、黄、汤、章、詹、吴、邱、徐、李、叶、孙、赵等姓氏。2002—2005年，土地被征用，用于支持滨江科技城建设。

张家西　张家西自然村位于庙后王村西侧，张家西直河以东，浙赣铁路以南。面积0.22平方千米。清代，此处有张姓人家比较兴旺，香火堂颇具规模。因地处庙后王之西，故称张家西。有4个村民小组、309人，村民多姓来、王、汪、张、金、庞等。2002—2005年，土地被征用，用于支持滨江科技城建设。

石板庄　石板庄自然村位于浙赣铁路南，面积为0.14平方千米。清康熙、乾隆时期，有王姓人家自庙后王徙居于此，所建住所里里外外都铺上石板，连墙基也是石板。故，乡人称其为石板庄。有1个村民小组、190人，多为王姓，另有汤姓、顾姓等。王姓早先从庙后王村迁徙而至，有300多年历史。2002—2005年，土地被征用，用于支持滨江科技城建设。

潮大房　又称“赵大房”，东靠“火烧畈”，南依浙赣铁路，西傍襄七房村，北邻墩郎陈（属襄七房），面积0.27平方千米。明末清初，有杜湖村（属萧山区）赵姓大房举家迁此晒盐。乡人聚居，称此处为“赵大房”。此后，赵家发迹，迁居他处。而此处常受潮患，且方言“赵”“潮”同音。久而久之，“赵大房”成了“潮大房”，有3个村民小组、583人。多数为来姓，另有钱、姜、华、王、戴、裴、徐、林、吴、周、朱、虞等姓。2002—2005年，土地被征用，用于支持滨江科技城建设。

第二节　建置沿革

行政区划

庙后王村历史悠久，古名范港村。北宋时属萧山县夏孝乡范港里，相传

2500年前，越国大夫范蠡在此建固陵港，后人称之为“范港”，因而名范港村。湖边有六和庙，为纪念唐时治水英雄石瑰所建。时，庙后有农户数家。明宣德年间（1426—1435），西兴人王琮入赘范港村胡氏，后子孙繁衍成村，因地处六和庙后，故名庙后王。至清代，村域属萧山县三都三图。

民国19年（1930），村域属萧山县第一区。民国36年（1947），庙后王、石板庄、张家西3个自然村属江边乡第12保，潮大房（赵大房）属第14保。

1949年5月，萧山解放，建立人民政府；6月，庙后王村属江边乡管辖。1955年，成立长一高级农业生产合作社，村域属于该社，属长河区。1958年10月，建立长河人民公社，村域属长河公社江边管理区。1961年，调整人民公社规模，潮大房、张家西、石板庄、庙后王4个自然村组成庙后王大队，划归西兴公社管辖。1965年12月，西兴公社改名为东方红公社。不久，庙后王大队改称红旗大队。1981年1月，东方红公社恢复原名西兴公社。同年5月，红旗大队恢复原名庙后王大队。

1984年，撤销人民公社体制，西兴公社改设西兴乡，庙后王大队改称庙后王村。1996年5月，庙后王村随西兴镇划入杭州市西湖区。1996年12月，由西兴、长河、浦沿三镇区域组成滨江区，村域属杭州市滨江区西兴镇。2005年4月撤村建居，成立庙后王社区。

中共基层组织

1927年秋至1929年夏初，村域张家西的红坟头曾是中共襄七房党支部的活动据点，党支部在此发动、领导农民运动（1990年，杭州市民政局批复庙后王村为革命老区村）。1953年9月，建立中共江边新乡党支部，支部书记戴阿花（庙后王人）。时，村域属江边新乡。1955年，庙后王与襄七房、镬底池等其他6个自然村联合成立长一高级农业合作社，建立中共长一高级社党支部，属长河区。1961年，庙后王大队划归西兴公社。同年4月，建立中共庙后王大队党支部。1965—1981年，西兴公社改称东方红公社，庙后王大队更名红旗大队，中共支部相应更名。1984年，政、社分设，中共庙后王大队党支部改称中共庙后王村党支部。2005年4月，改称中共庙后王社区党支部。

村民自治组织及经济管理组织

1949年5月，萧山解放后，随即建立各级人民政府。各地建立村行政委员会和农民协会（农会），负责村级行政管理，组织农民开展土地改革、剿匪反霸、镇压反革命、抗美援朝等运动。庙后王村所隶属的江边新乡农民协会首任主任为来关春(庙后王人)。1952年前后，开展互助合作运动，创办互助组、低级社。1954年，村域建有五星、金星、群益、群力、联群、联合等7个初级农业生产合作社，组织安排生产，代行部分行政职能。1955年，各初级社并入长一高级社，村域的集体生产、分配和行政管理主要由高级社管理委员会负责。人民公社时期，实行“政社合一”的管理体制，庙后王（红旗）大队管理委员会（革命委员会）行使辖区范围的生产安排、集体经济分配和行政管理职能。1984年，撤销人民公社体制，庙后王大队改设庙后王村，建立村民委员会，为村民自治组织，负责村级事务和村级集体经济管理。村民委员会设主任、副主任和委员若干人，由村民代表大会选举(后改由村民直接选举）产生，每届任期3年。1991年，成立庙后王村经济合作社，负责村级集体资金、资产、资源运行管理和保值增值，任期、换届与村民委员会同步。2005年4月，庙后王村改设庙后王社区，建立社区居民委员会。

第三节　人口　姓氏

人口变动

自然变动　中华人民共和国成立前，庙后王村域经济落后，村民生活水平低下，医疗条件极差，婴儿存活率低，长寿老人少，人口自然变动处于高出生、高死亡状态。

中华人民共和国成立后，人们生活条件不断改善，科学技术和医疗水平日益提高，政府鼓励生育。庙后王村域人口自然变动呈现高出生、低死亡状态。1961年，出生27人，死亡17人。1964年，出生45人，死亡12人。20世纪70年代后，实行计划生育，人口素质不断提高，人口自然变动情况出现低出生，低死亡的状态。1978年，出生15人，死亡5人，人口自然增长率7.7‰。此后，“少生、优生、优育”的新生育观念，逐渐被村民理解和接受，人口出生率明显下降。1984年，出生11人，死亡5人，人口自然增长率4.5‰。1996年，出生12人，死亡4人，人口自然增长率5.9‰ 。2000年，出生16人，死亡14人，人口自然增长仅2人。

机械变动　20世纪70年代，村域经济相对薄弱，迁出人口一般多于迁入人口。其中，女性人口变动以婚嫁为主，男性人口变动以招工、入学、参军为多。1978年，迁入3人，全部为县内迁入；迁出13人，其中12人迁出县外。

1984年，迁入4人，迁出9人。1996年，市区内迁入3人，迁出8人；省内迁出13人，省外迁出1人。此后，随着滨江区城市建设进程，庙后王村经济发展加快，村民福利待遇大幅度提高，婚嫁女大多不愿迁往相对比庙后王落后的地区，村域人口迁入与迁出数的差距缩小。

人口构成

农业人口与非农业人口　20世纪60—70年代，庙后王村域大队绝大部分为农业人口，只有零星非农业人口。其中，1961年，总人口921人，农业人口890人；1964年，总人口1099人，农业人口1095人；1978年，总人口1306人，总户数306户，其中仅2户为非农业户。进入20世纪80年代，因招工、土地征用、职工居民家属落实政策等原因，庙后王村非农业人口有所增加。1984年，总人口1320人中，非农业人口增至16人，农业人口为1304人。1996年，总人口1356人，其中非农业人口18人，占总人口的1.33%；农业人口1338人，占总人口的98.67%。2000年前后，土地被征用，村民由农民转为居民（即“农转非”）。随着“农转非”人员的增加，加上退休职工、回乡大中专学生，全村非农业人口迅速超过农业人口。2003年，全村总人口1439人，其中非农业人口为1430人，农业人口9人。

性别构成　20世纪50年代至60年代初期，庙后王村域男性人口数均多于女性人口数。1961年，总人口921人，其中男性471人，女性450人。20世纪70年代中期至90年代初期，女性人数逐渐超过男性人数。1978年，男性641人，女性665人。1996年，总人口1356人，其中男性664人，女性692人。2000年，总人口1356人，其中女性680人，男性676人。主要原因为女性比男性长寿，65岁以上老年人口中，女性明显多于男性。

年龄构成　中华人民共和国成立后，随着社会经济的快速发展，劳动强度的降低，人民生活条件的不断改善，农村医保的实行和医疗条件的不断完善，村域长寿老人数量不断增加，人均年龄不断增长。20世纪70年代初期开始实行计划生育，特别是20世纪70年代后期，计划生育工作列入村级工作的重点内容之后，村域人口出生率得到严格控制，人口的年龄构成从年轻型逐渐向成年型转变。20世纪90年代后，向老龄化社会行进。1993年，庙后王村总人口1340人，60周岁以上人口有190人，占14.18%。2000年，庙后王村域总人口1584人。其中15～64周岁1161人，占总人口的73.3%。65周岁以上老年人125人，占总人口的7.89%。此后，老龄人口增长进一步加快。

文化构成　民国及以前，因经济等原因，村民文盲居多，仅少数人家子弟能入读私塾、保校。

中华人民共和国成立后，庙后王村域不少青壮年参加扫盲班、夜校学习文化。随着经济的不断发展，村域教育事业得到相应的发展，村民受教育程度逐年提高。2000年，全村6周岁及以上人口1471人，包括小学文化程度642人、初中514人、高中和中专109人、大学及以上9人。初中以上文化程度人口占42.96%。2005年，全村农村义务教育年龄段在校学生205人。

姓氏

据1994年统计，庙后王村13个村民小组447户，有人口1319人，分属83个姓氏，百人以上大姓有2个（王氏、来氏），王氏主要聚居在庙后王、石板庄自然村，有322人；来氏主要聚居在张家西、潮大房自然村，为320人。王、来两姓总人口占全村人口的48.7%。10人以下的姓氏有55个，其中31个姓各有1人。

王姓　自南宋起，迁入萧山的王氏主要有8支，分别聚居于临浦、所前、浦阳、进化、城厢、西兴、衙前等镇的一些村落，为萧山县第一大姓。庙后王村王姓先祖最早于宋代由山东王家村迁入萧山，已传40世。明宣德年间(1426—1435)，西兴王氏后裔王琮由西兴入赘范港村胡氏，为庙后王村域王姓始迁祖。

来姓　萧山来姓祖籍河南鄢陵。南宋嘉泰二年（1202），始祖来廷绍出知绍兴府，途中得病，卒于萧山祇园寺，葬湘湖方家坞。其长子来师安守墓，卜居长河“冠山之阳”。元末明初，繁衍发族，渐为长河大姓，并分支丁长河周围的浦沿、闻堰、西兴及萧山北干等地，是为萧山望族。庙后王村域来姓从长河迁移而至，主要聚居在张家西、潮大房。

第二章　村庄建设

明代至民国，庙后王村域乡人住房大部分为砖木结构的平瓦房，一些较为贫困的农户住草舍，少数乡绅富户、官宦人家住楼房。考究人家的宅邸由两进院落组成，石壁峭墙，石库墙门，粉墙黛瓦，封火山墙高耸。院落廊檐青石板铺地，门楣窗棂饰以砖、石、木雕。20世纪60年代，村域始建水利，通电话，接广播。进入20世纪90年代，村庄建设驶上快车道，全村改造农村厕所，建造统一的集体垃圾坑、垃圾房等。2000年后，村域公共设施不断增加。城市道路通畅亮丽。

第一节 新农村建设

20世纪80年代，庙后王村结合精神文明建设，广泛开展环境“脏、乱、差”整治和“四旁”（村旁、路旁、河旁、屋旁）绿化。进入20世纪90年代，新农村建设进入快速发展期。1992年，安装自来水，彻底改变饮用水依靠河、池的状况。1995年，全村平坟，遗骸迁至公墓。1997年，改造农村厕所，拆填露天茅坑，建造农户室内卫生间及三隔式化粪池。1998年清除农户门前垃圾坑，建造统一的集体垃圾坑、垃圾房。1998年起逐步硬化全村各自然村内道路，建设小菜场及老年活动室等各类公共服务设施。2002年，在西兴镇率先实行“袋装垃圾”试点。向全村450多家农户每家发放塑料垃圾桶。村内购置3辆垃圾收集车，落实3名专职人员，负责清运生活垃圾。2003年起投入“百村示范、千村整治”活动。2005年，基本接近“规划优化、道路硬化、水体净化、路灯亮化、卫生洁化、村庄绿化”的目标。

交通

浙赣铁路　浙赣铁路村域段长1000米，东西向，横穿村域中部，铁路部门曾在村域设立工房。沿路有杭州友俐橡塑制品有限公司、杭州长河发电设备有限公司、江晖大厦、浴宝科技园、滨江供电分公司等单位。

南环路　建于2000年。东起风情大道，西折北至闻涛路。路面宽40米，总长9400米，贯穿滨江区东、西。因位于高新工业园区以南，故名南环路。庙后王村域段长度约为1000米，位于村域中北部，途经滨康二苑、杭州路达车辆配件有限公司、祖名豆制品股份有限公司等单位。

聚园路　东起江陵路，西至江虹路，长3100米，宽26米，地处工业园，故名。建于2001年，2003年5月命名。庙后王村域内长750米，位于村域北部，东西向，途经滨康二苑、滨康小区、创伟科技园、杭州茂源车业有限公司等。

庙后王路　东起越城巷，西至楚天路，总长1409米，宽20米，2012年命名。庙后王村域段长约800米，东西向，途经杭州长河发电设备有限公司、江晖大厦、浴宝科技园。

江晖路　北起闻涛路，南至南环路，名江晖路（往南延伸至白马湖路段，称江晖南路）。长5753米，宽55米。南北走向，建于2001年。庙后王村域段长约1000米，位于村域中部，南北向，途经滨康小区、滨康二苑、江晖大厦、中国移动通信集团浙江有限公司滨江分公司、杭州市气象局等单位。

滨文路　东起江陵路，西至闻涛路。长9200米，宽44米。2002年命名。庙后王村域段长约1000米，位于村中南部，途经杭州活水工业园、中晟集团、杭州市气象局、中国移动通信集团浙江有限公司滨江分公司等。

水利

庙后王村域水利建设始于20世纪50年代农业集体化后。1961年，庙后王大队农田开始用柴油机抽水灌溉。20世纪70年代初开始，水利建设重点为农田园田化建设，实现沟、渠排灌设施配套，机耕路畅通。至20世纪80年代前期农业实行家庭联产承包责任制时，有农用灌溉机船3只、机房1座。1994年，修理渠道3条1500米，清理排水沟3条1500米，建永久性渠道1条、340米及排水沟1条、100米，修理机埠5个、机泵2台。1997年起改流动机船为永久性灌溉泵房，建设永久性渠道。此后，建设永久性农田沟渠成为水利建设重点。至2000年，共修建渠道2380米。2005年，铁路河得以疏浚。

公用事业

电力　1961年，庙后王大队始通电，社员家庭逐步用上电灯。后，农田灌溉、脱粒、碾米等逐步用上电力。20世纪70年代前期开始，队办工业兴起，用电扩容增量。1994年，投资30多万元，对全村农电、照明线路进行全面整网。1996年，全村用电量570万千瓦时。

广播电视　1963年，庙后王大队接通有线广播。1967年，购买第一台扩音机，安装高音喇叭。1977年，全村第一台黑白电视机出现在农户家庭。1994年，对全村广播网络进行整顿，村民家庭广播入户率、通响率达到或超过萧山市广播电视部门规定的标准。1995年，全村有电视机510台，其中彩电231台。2003年，有线电视与有线广播共缆传输入户。

村庄道路　1976年，红旗畈路开通，为村域连接域外的主要道路。1993年，村集体投资10多万元，扩宽铁路道口至萧闻公路道路，两边砌石。同年，推进村庄道路硬化，浇筑水泥路。1994年，拓宽村域镇级道路1条、400米（砂石路），修理村道路2条、600米。2000年，修建村路1190米。至2001年，庙后王村所有自然村道路全部硬化。

邮电通信　1951年前，庙后王村村民拍发电报要到西兴或长河的邮政机构办理。1955年西兴邮电局设立，村域电报由邮政投递员送到村中代销店或村民家中。1962年，庙后王大队第一部电话机安装在大队办公室。1995年，全村有电话机27部、移动电话（“大哥大”）2只、传呼机40只。此后，村域中、青年村民移动电话逐渐普及。2006年，村委会开始用电脑办公，宽带互联网开始进入村民家庭。

改水改厕　1992年，村集体投资25万元，全村接通自来水管道，村民喝上自来水，彻底改变几百年来吃河水、雨水或井水的状况。2000年后，改厕工作得以加强，逐步提升卫生设施，消灭露天茅坑，建设公共厕所。农户家中设立独立卫生间，提升文明程度。

公共用房　中华人民共和国成立初，庙后王村域集体组织办公地点设在庙后王自然村的乐山堂，面积约40平方米。后，办公地点几经搬迁，但均为临时处所。1972年，红旗大队（即庙后王大队）建造二层楼办公用房，面积450平方米，包括大队办公室、医务室、粮食加工及农资服务站、农机水利库房、代销店等。2003年，占地面积666.67平方米的村委会办公楼及卫生服务站、幼儿园等附属设施建设项目申请立项（撤村建居后的2009年，庙后王社区新建综合办公楼，位于滨康小区28幢，面积4000多平方米）。

村民建房

20世纪70年代，红旗大队有少数社员修整或改建住宅，大多为平屋。20世纪80年代初期开始，庙后王村农户住房由原来的砖木结构平房逐渐翻建成两层砖混结构楼房。1995年起逐步建造三楼及以上别墅式砖混结构或框架结构楼房。1999年，庙后王村开始规划建设新农村，新农村点分别设在潮大房自然村南、张家西自然村等处。至2003年，有21户在新农村规划区内建房。2004年，庙后王村第一批征地拆迁户安置在滨康小区。2005年，庙后王村被杭州高新开发区党工委、杭州市滨江区委授予年度“城建工作先进单位”称号。

第二节　土地使用

土地制度

中华人民共和国成立前，庙后王村域大多数土地为地主、富农或官绅所占有，贫困农民缺田少地。1949年5月，西兴解放。1950年10月，庙后王村域开展土地改革运动。1951年，土地改革完成，庙后王村划定2户地主、1户富农，按每人保留1.2亩的政策，没收地主、富农多余土地，分配给无田缺地的农户。贫、雇农每人得地0.8亩。田地稍多的家庭，也将多余部分交由农会分给缺地农户。

高级社、人民公社时期，村域土地归集体所有。土地由集体按照国家下达的计划安排农作物种植，组织生产。1983年后，推行家庭联产承包责任制，村集体将土地等按人口或劳动力比例分包给农户，以家庭为单位自主经营。经营收入除按合同规定上缴一部分给集体及缴纳国家税金外，其余全部归农户。1996年，庙后王村与农户签订农业承包合同432份，承包耕地1087亩。1997年，村域土地实行有偿承包，并实行承包土地使用权流转机制，开展适度规模经营。2003年后，因城市建设征用，土地锐减。同年，全村农业承包合同仅1份，承包金9.61万元。土地交由承包大户开展农业集约经营。

土地类别及利用

庙后王村域土地类型可分耕地、园地、宅基地、交通用地及未利用土地等。1953年，建立初级农业生产合作社后，村域集体耕地面积291亩。1956年高级社建立后，土地归由高级社集体耕种，为解决社员日常蔬菜用地，高级社允许各生产队社员利用房前屋后零星杂地种植，称“自留地”。1964年，庙后王大队有集体耕地964亩。1996年，庙后王村有耕地总面积1145亩，其中水田1087亩、旱地58亩。2005年，有耕地总面积149亩，均为水田。

土地征用

20世纪60年代末70年代初，浙赣铁路钱塘江南至萧山段11千米建成双轨时，曾征用红旗大队（庙后王村）部分土地。按《国家建设征用土地办法》规定，给予红旗大队土地补偿费。

1996年滨江区成立后，城市化建设加快推进。1999年，第一期西兴工业园区在庙后王村征地。2000年7月后，滨江区土地补偿费用标准分为一般项目和城市基础设施项目两类。庙后王村一般项目的土地补偿标准为每亩2.03万元，城市基础设施项目补偿标准为每亩1.74万元。一般项目安置补助费用标准为每亩4.63万元，城市基础设施项目补助费用标准与之等同。此后至2001年，第二期西兴工业园区在庙后王村域征地。2002—2003年，庙后王村域涉及江晖路、滨文路、庙后王河等项目征地。2003年，潮大房自然村拆迁七区块用于滨康二苑多层住宅建设。2003年，农业户籍村民大部分转为非农业户籍。同年，庙后王村取得土地征用补偿费38.5万元。2005年，庙后王村涉及滨江区科技园区征地、拆迁。至此，村域内地1400多亩土地全部征用完毕，450多户农民房屋全部拆除，1300多名农业人口全部转为非农业人口。同年，庙后王村被撤销，改设庙后王社区，500多年村庄史就此结束。

第三节　围垦土地

湘湖围垦

1966年，红旗大队（庙后王村）组织社员参加东方红公社（西兴公社）统一指挥的湘湖滩涂围垦（与时城厢镇湘湖大队联合开展）。此次围垦自1966年4月开始，分3期进行，到10月结束。所围土地于1967—1970年逐步耕种水稻。1971年底，此块土地用于东方红公社砖瓦厂（后称西兴砖瓦厂）建设，1999年后，为杭州乐园。

钱塘江围垦

1967年冬，组织劳力参加钱江农场北、萧山县宁围公社外江围垦区域钱塘江滩涂围垦，所围土地由东方红公社（西兴街道）建立“八二二”农场（为纪念毛泽东主席1959年8月22日视察西兴，故名），1969年毁于潮水。

1968年冬，参加钱塘江9号坝外江涂围垦。所围土地1971年因受大潮冲刷，江塘塌落，全毁。

1974年初，参与10工段至12工段外围海涂围垦。9月，垦区被9号台风和钱塘江大潮冲塌。

1976年冬，参与东江14工段围垦，所围土地1978年春开始耕种。至1980年，庙后王村共有围垦土地158亩，以种植水稻为主。

1986年1月，参与顺坝围垦，历时7天。所围土地后用于西兴镇3家镇办企业建立农业车间。

1986年11月，参加东江“五万二千亩”围垦，历时10天，共计围垦土地1002亩。1987年11月，西兴镇在该块土地建立西兴农场。

第三章　村域经济

庙后王村以种植业以粮食作物为主，主要为水稻、大麦、小麦。20世纪

50年代后期开始，依靠社会主义的优越性和集体经济的力量，村域农业生产条件不断改善，粮、棉、麻等主要农作物持续稳产高产，养殖业仍以家庭经营为主。20世纪80年代前期家庭联产承包责任制实施后，庙后王村农业种植业、养殖业取得新的发展。其间，涌现了一批种养业专业户、重点户。随着土地被征用，粮食和经济作物播种面积大幅减少，至2005年撤村建居时，仅剩耕地149亩，种植粮食、蔬菜、瓜果。

庙后王村域工业起步于20世纪70年代。20世纪90年代中期，庙后王村集体企业先后转制为私营企业，村域工业持续发展。1996年，全村工业收入433.04万元。

第一节　农业

种植业

粮食作物　庙后王村域主要粮食作物有小麦、大麦、水稻、玉米、豆类、番薯等。20世纪60年代初三年困难时期过后，庙后王大队农业生产复苏，1964年，粮食收获面积2144亩，总产量485.75吨，比1961年增长60%。此后，粮食持续稳产高产，1978年，播种面积2145亩，总产量733.45吨。1984年，庙后王村内地粮食播种面积2326亩，总产量921.9吨；围垦粮食播种面积120亩，总产量22.42吨。同年，全村粮食总产量比1978年增长28.75%，家庭联产承包责任制成效显现。这一时期，还涌现多家种粮专业户。其中仅金柏坤一户，1983—1985年，连续3年每年向国家交粮食5吨以上。1996年，庙后王村粮食种植面积2333亩，总产量1003吨，比1984年略有增加。此后，耕地减少。2005年，粮食播种面积下降至203亩，总产量81吨。

蔬菜瓜果　庙后王村域蔬菜瓜果品类有马铃薯、西瓜、甘蔗、番茄等。1964年，庙后王大队集体种植的瓜类面积5亩。1976—1982年，生产队蔬菜种植以番茄、蘑菇为主。1984年，庙后王村内地蔬菜瓜果种植面积60亩，其中瓜类种植面积15亩，产量22.5吨。甘蔗种植面积10亩，产量200吨。蔬菜种植专业户金关木，1984—1993年在承包田里科学套种蔬菜，每年收入超万元，其中1993年达到1.8万元。

1996年，滨江区成立后，发展城郊服务型效益农业，庙后王村扩大瓜果蔬菜（含菜用瓜）生产，当年蔬菜种植面积132亩，总产量473吨；瓜类（全部为西瓜）种植面积28亩，总产量155吨；甘蔗种植面积25亩，总产量113吨。2005年，蔬菜瓜果播种面积194亩（全部为围垦土地），总产量587吨（其中西瓜播种面积25亩，总产量105吨）。

经济作物

庙后王村域经济作物主要有油菜、棉花、络麻、烟叶等。

油菜 1964年，油菜播种面积154亩，总产量6.45吨。1978年，播种面积201亩，总产量17.5吨，比1964年增长71.3%。1984年，播种面积211亩（含围垦21亩），总产量11.08吨。1993年，国家粮油市场放开取消凭票供应后，庙后王村油菜种植面积开始减少。1996年，种植面积比1993年减少12%。2000年后，仅有零星种植。2005年，已不再列入统计年报。

络麻 1978年，络麻播种面积70亩，总产量19吨。1984年，播种面积35亩（其中围垦5亩），总产量11.35吨。1986年，国家不再统购络麻，庙后王村不再有络麻生产。

棉花 1984年，棉花种植面积12亩，总产量0.8吨。1996年，种植面积75亩，总产量5吨。此后，很快退出种植。

烟叶 1960年，政府恢复烟叶种植计划。1964年，庙后王大队烟叶收获13亩，总产量1.6吨，均为烤烟。1965年，市场卷烟供应不再紧张，庙后王大队烟叶种植很快消失。

养殖业

生猪 1961年，庙后王大队年末生猪存栏数40头，全为社员家庭饲养。1964年，年终生猪存栏头数169头，全年内出售肥猪109头，社员自宰肥猪77头，全年饲养量355头。1970年办起集体畜牧场后，在发展集体养猪的同时，还为社员家庭养猪提供苗猪，全大队生猪生产迅速发展。1978年，出栏肥猪数271头，年末存栏数376头，全年饲养量647头，是1964年的1.82倍，平均每户2.12头。1984年，庙后王村生猪出栏数489头，年末存栏数262头，全年饲养量954头，比1978年增长47.45%。1996年，生猪年末存栏总头数218头，年内肥猪出栏头数603头，全年饲养量821头。后因城市化发展，2002年开始，滨江区禁养限养畜禽。2005年，庙后王村生猪饲养量降至450头。

牛、羊 1961年，庙后王大队有山羊52头、绵羊2头，全为社员家庭饲养。水牛12头，全部为耕牛。1964年，饲养山羊11头，绵羊7头，全为社员家庭饲养。水牛年末存栏数19头，全部为耕牛。1970年后，拖拉机逐渐替代耕牛。1978年，水牛年末存栏数降至7头，全部为耕牛，其中能繁殖的母牛有2头。1984年，羊年末存栏数12头，全年羊出栏数8头，产绵羊毛90千克。1996年，村域无见养羊，但仍有农户饲养耕牛，总数3头。

禽、兔　1961年，庙后王大队饲养家禽937羽、家兔106只。1964年，饲养家禽957羽、家兔56只。实行家庭联产承包责任制后，农户经营自由，家禽养殖业得到发展。1984年，全村禽蛋产量5.88吨，年末存栏家禽2535羽。这一时期，庙后王村出现多个家禽养殖重点户、专业户。养鸡专业大户任和胜出席萧山县“两户”（重点户、专业户）表彰大会。1996年，全村家禽饲养量9800多羽，出产禽肉11吨、禽蛋21吨。2002年后，滨江区禁养限养畜禽，庙后王村家禽养殖逐渐消退。

淡水鱼　1961年，庙后王大队淡水鱼养殖面积15亩，均为湖泊养殖，淡水鱼产量750千克。1996年，淡水鱼养殖面积8亩，全部为内塘养殖。淡水鱼产量2.4吨，品种主要为草鱼、鲢鱼、鳙鱼（胖头鱼）、鳊鱼、鲫鱼。

第二节　工业

发展过程

庙后王村域集体工业起始于20世纪70年代初。1972年，红旗大队（庙后王村）创立大队麻线厂，位于庙后王自然村乐山堂大厅。厂房由王家祠堂构成，占地面积500平方米。负责人王有根，工人人数20人。1973年，先后创办大队袜子厂、玻璃厂。1974年大队麻线厂歇业。1979年，红旗大队贷款8万元筹建红旗抛光五金厂，1980年投产。1981年改称西兴抛光五金厂（杭州路达车辆配件厂前身）。1986年，创办集体企业塑料制品厂。

20世纪90年代中期开始，集体企业相继转制为私营企业，推动村级工业的持续发展。1996年，庙后王村级工业收入433.04万元。其中，车辆配件厂主营业务收入304.72万元，净利润0.02万元。路达公司主营业务收入77.24万元，净利润2.35万元。烘喷漆厂主营业务收入51.08万元，净利润1.89万元。

至2000年，庙后王村共有5家村级企业，分别为萧山自行车轴档钢碗厂、双九车辆实业公司、西兴纺织器材厂、西兴邮电安装工程队、杭州西兴丝网彩印小轮车零件厂。

企业选介

萧山自行车轴档钢碗厂　前身为1980年红旗大队创办的红旗抛光五金厂，1991年更名为萧山自行车轴档钢碗厂。1997年，由村办集体企业转制为私营企业，生产自行车及配件，厂址在庙后王自然村。2002年7月组建为杭州路达车辆配件厂。注册资金1500万元。经营范围包括制造、加工自行车以及轴辊、轴皮、轴档、线刹，小五金；自有房屋租赁、物业管理等。

双九车辆实业公司　与杭州市五交化公司家电部联营企业，包括西兴塑料制品厂、双九车辆厂。

杭州西兴丝网彩印小轮车零件厂　前身为村办西兴丝网彩印厂，1994年1月，转制为私营企业。1997年12月，注册为杭州西兴丝网彩印小轮车零件厂。2003年1月，组建杭州西兴彩印车业有限公司，注册资本1000万元。经营范围包括制造、加工自行车及配件、童车、小五金；其他印刷品印刷（不含出版物、包装装潢印刷品印刷）。

第三节　商贸服务业

民国及以前，庙后王村域偶有货郎担入村售卖小商品，亦有流动匠人到村头坊间临时设摊理发、补锅、补碗、磨刀剪、补鞋子、编竹席、爆米花等。大宗商品买卖须到长河或西兴街市。

中华人民共和国成立后，国家对粮、棉、油实行统购统销，对生猪等主要农副产品实行派购。1956年，私营商业实行社会主义改造后不久，供销社（合作商业）在庙后王村域设代销店。

20世纪80年代初，恢复个私工商业，庙后王村域商贸业兴起。20世纪90年代，随着商品取消票证全部敞开供应和外来人口的增多，村域多家小商店、小吃店、小修理店等相继开业。1995年，庙后王村交通运输业收入129.81万元，商业饮食业收入19.13万元，其他服务业收入50.67万元。21世纪初，随着滨江区城市建设发展，出现一定规模的超市、酒店、农贸市场。其中，康庭酒店是代表。2005年，村域交通运输仓储业、邮电通信业从业人员38人，批发、零售贸易业从业人员9人，住宿餐饮业从业人员25人。运输业收入280万元，商业饮食业收入129万元，服务业收入172万元。

集体商贸服务业

20世纪50年代末人民公社成立后不久，供销社（合作商店）在庙后王大队设代购代销店，由大队负责管理。1972年，代购代销店设在大队集体建造的办公楼内，经营商品有日用品、五金机电、肉禽蛋、副食品等，代购代销店有3名营业人员。1982年开始，庙后王大队对代购代销店实行“三定一奖赔”责任制，即定人员、定营业额和利润、定报酬，利润超额有奖，完不成须赔。这一时期，大队（村）有部分劳力外出从事劳务、装卸、运输等服务业，其中仅在火车站的劳务人员就有12人。庙后王社区成立后，建造滨康小区小菜场，建筑面积约为300平方米。

个私商贸服务业

1982年后，随着国家恢复个私工商业以及市场和物价的逐步放开，庙后王村村民及外来人员从事商贸业者逐渐增多，地点或在村内或在村外，或在西兴、长河集镇，或到萧山城区。开设的店铺有修车铺、农机及中小农具销售部、饲料店、机械电焊修理店、杂货店、快餐店、小吃部、小超市、建材五金店等。1995年，庙后王村设有菜市场，有村民在此临时、散点式摆摊经营。

滨江区成立后，随着城市化的推进，服务业进一步拓展，村域有美容、理发、搬家、保姆、钟点工、居家养老等服务项目。2000年后，个体商店、摊位、超市、饭店散布村域，形成多种经济成分、多种经营方式并存的商贸服务业格局。

第四章　社会事业

民国时，庙后王村域办有小学。村域旧有“乐山堂”，其建筑之精美辉煌可比肩长河的“九厅十三堂”。1964年，庙后王村域开办初级小学。1969年，建成完小后，一度办有初中班。1985年，庙后王村随西兴镇实现“无文盲乡”。

1967年，庙后王大队建立卫生保健站，1969年起实行农村合作医疗。滨江区成立后，庙后王村域加强公共文体设施建设，实现文体设施“五个一”工程全覆盖。2003年后，全体村民或加入新型合作医疗或参加杭州市城镇居民基本医疗保险。

第一节 教育 医疗 科技

教育

幼儿教育 1958年“大跃进”时期，落实浙江省“社社队队都建立托幼组织，以解放农村妇女劳动力”的要求，庙后王大队自不例外。1991年，庙后王村幼儿园创办，地点位于“乐山堂”附房，共1个班级。

中小学教育 民国37年（1948），庙后王村域有第十二保校，1个初小班，学生33人，教职员1人。

1964年9月，创办庙后王小学。学校设在王家祠堂，为初小。高年段学生分别入读相邻不远的襄七房小学或马湖小学。1969年后，红旗小学（原庙后王小学）办成完全小学，校长来关富（任职至1981年）。学龄儿童入学率93%。1978年，红旗大队（庙后王村）建造新的小学校舍。其时，红旗大队小学共有6个班级，有教师15人。1983年起，庙后王大队（村）建立学校师生教学奖励制度。1986年后，庙后王村小学被撤销，村域学龄儿童分别就近入读襄七房小学或马湖小学。

20世纪70年代以前，村域小学毕业生升读中学，须报考萧山县第五初级中学（长河初中）或萧山县城的萧山中学。20世纪70年代初，红旗大队小学附设初中班（称“戴帽”初中），学制2年。时，红旗小学教师队伍扩大到20人。后，“戴帽”初中停办，学生就读于东方红公社中学（西兴中学）。

成人教育 民国18年（1929），萧山县设立民众教育委员会和识字运动委员会，在西兴镇开办民众学校，有成人扫盲识字班，庙后王村域有个别村民参加学习。

中华人民共和国成立后，人民政府重视农民文化教育，庙后王村域与各地一样，兴起扫盲热潮。扫盲教育的形式主要有识字班、夜校、冬学、送识字卡片、包教包学等。1964后，利用俱乐部等继续开展扫盲教学，巩固扫盲成果。20世纪70年代初，在全日制学校的辅导下，组织社员学文化，巩固扫盲成果。1985年，庙后王村随西兴镇实现“无文盲乡”。这一时期开始，村域有部分青年参加萧山燎原电视广播学校、电大、农函大等业余教育学习、考试，或参加上级成人文化技术学校组织的各类成人教育的教学活动。2000年后，村域成人教育逐步转向学历文凭教学考试、职业技术教育、失地农民就业再就业技能培训等。

医疗

合作医疗　1966年以前，庙后王大队（红旗大队）配备卫生员，农忙时节到田间开展巡回保健服务。1967年，建立大队保健站，配备专职医务人员2人和一定的医疗器具。1969年起，实行农村合作医疗，保健站改称大队合作医疗站。1976年开始，实行公社、大队联办合作医疗制度。实行家庭联产承包责任制后，合作医疗继续，1983年出台规定，村民在保健站看病自付挂号费0.05元，医药费减半，独生子女医药费全部由村集体支付。1986年开始，村民缴纳1元钱合作医疗基金，就可按照规定比例（独生子女全额）报销医药费。此后，村集体每年安排一定资金用于合作医疗医药费报销。1998年，滨江区加强村级医务室规范化建设与管理，庙后王村卫生室达到甲级卫生室标准。2000年，获评滨江区先进卫生室。2003年起，村民参加滨江区以大病统筹医疗为主的新型合作医疗制度。同年，村卫生室改称庙后王社区卫生服务站，纳入西兴街道社区卫生服务中心统一管理。2004年，庙后王社区卫生服务站有房屋10间，设有诊疗室、药库、药房、输液室等；有急诊病床1张、躺椅10张；医务人员3人，其中乡村医生（全科医生）2人，注册护士1人。至2005年撤村建居，全村村民参加新型合作医疗人数1500多人。同年，村集体经济为全村参加新型合作医疗的人员投入参保金1万元。

医疗保健　20世纪50年代初，村域开始实行新法接生，开展产前检查、产后访视和孕妇保健。20世纪60年代后期起，村域产妇多数到医院住院生产。20世纪80年代起，结合计划生育工作，为全村妇女开展妇科检查、更年期普查和妇科病诊治。村域孕产妇全部纳入西兴卫生院孕产妇管理系统，建卡立账开展围产期保健。1990年，庙后王村妇女新法接生率100%，住院接生率100%，产妇、婴儿得到安全保障。

20世纪50年代初开始，村域开展婴幼儿“四防”（防疳、防百日咳、防腹泻、防麻疹）。20世纪70年代末开始，大队合作医疗站（保健站、村卫生室）配合上级防疫部门，为村域儿童接种疫苗。2004年，村域儿童“五苗”计划免疫接种率达100%。

2003年，全村中小学生接受健康检查。2004年，全村60岁以上老年人接受免费健康检查。

农业科技

20世纪70年代起，红旗（庙后王）大队建立农科队，负责农业新品种、新技术、新栽培方法的示范试验和推广，帮助、指导各生产队的农作物病虫害防治、新肥药的应用，为各生产队配备技术员。1982年，庙后王大队农科队有队员12人，并有一名大队管委会成员负责农科工作。实行家庭联产承包责任制后，土地分包到户，农科队被撤销。村域农业科技的示范、推广主要由科技示范户承担。其间，大队（村）向多种经营专业户赠送《萧山农科报》等农业科普资料。

第二节　文化　体育

群众文化

中华人民共和国成立前，庙后王村域最重大的文化活动是看戏和庙会。每当正月，村坊里大多会有年规戏（社戏）。社戏剧种主要为绍剧，间或有越剧。村中王家祠堂，村东（与马湖村交界处）六和庙，时有祭祀活动或庙会，村民争相参与、观看。平日里，有村民借上长河、西兴集镇购物、办事之际，忙里偷闲，去茶馆听说书，往观“小歌班”“的笃班”演出。

中华人民共和国成立后，20世纪50年代初期，庙后王村农会以及妇女团体，组织青年农民扭秧歌、唱新曲、贴标语、出板报，宣传《中华人民共和国婚姻法》和土地改革，宣传抗美援朝。20世纪60—70年代中期，大队俱乐部（文宣队）自编自排小节目，学唱革命歌曲、现代戏等，为社员演出。结合政治时事，宣传“农业学大寨”，宣传好人好事。这一时期，露天电影最受社员欢迎，1973年，东方红（西兴）公社电影放映队成立后，按排片计划时常到红旗大队（庙后王村）放映电影。20世纪80年代实行家庭联产承包责任制后，村民可以自由支配业余时间，年轻人常结伴去长河、西兴、萧山等地影剧院看电影。这一时期，大队（村）团支部、俱乐部在公社（镇）文化站帮助下，设立流动图书借阅点。20世纪80年代末至90年代，录像放映、卡拉OK、影碟机等兴起，文化活动的开展以家庭和村民相互邀约为主。20世纪90年代前期，庙后王村绝大多数农户家庭安装动圈喇叭，村广播室达到甲级广播室标准。2003年，实现有线广播、有线电视共缆传输进村入户。

群众体育

民国及以前，庙后王村域村民体育活动很少，主要是象棋、西瓜棋、扑克。民国后期村域虽有小学校，但基础和师资极其薄弱，没有体育课程。村中少年儿童自发开展一些跳绳、捉迷藏、打水漂、抽陀螺、滚铁环等体育活动。

中华人民共和国成立后，很长一个时期，村域体育活动主要在青年人中开展，通过民兵连、共青团支部、俱乐部等机构，进行军体训练、组队参加上级机构举办的体育活动等。1969年，红旗大队完小（庙后王小学）建成后，学校体育教育走上正轨，开设体育课。开展课间广播体操、眼保健操等活动，还经常组织师生开展多项体育比赛等。20世纪80年代后，随着村级经济的发展，村民业余生活日益丰富，村民体育项目增多，如乒乓球、康乐棋、台球、扑克、拔河等。

滨江区成立后，庙后王村群众体育得到快速发展。1998年开始，庙后王村组队参加西兴镇（街道）历届全民运动会。2001年，庙后王村在滨江区首届全民运动会"石头过河"项目中获得第三名。此后，村民陆续加入滨江区倡导的全民健身活动，广场健身舞、晨练晚跑等活动广泛开展。

文体设施

滨江区成立后，庙后王村进一步加强公共文体设施建设，先后建成图书室80平方米、电子阅览室50平方米、综合活动室650平方米等。村集体累计投入10万元，建成面积200平方米的健身苑，购置20多种运动健身设施和器材，开辟乒乓球活动室、羽毛球活动场地等。后，庙后王村图书室、电子阅览室、综合活动室、健身小广场等文体活动场所逐渐增加到1780平方米。

第三节　诗文　宗谱

庙后王村域历史久远，历朝历代多有文人骚客留诗吟咏。村域王姓、来姓均为萧山望族，自古多有名人贤达。所留宗谱堪称萧山、滨江地区珍贵的历史典籍。本节略选一二，予以记述。

范港存诗

庙后王村域历史可追溯至春秋时期，相传春秋末越国大夫范蠡在白马湖区域筑军港，即固陵港。后人为纪念范蠡，称此港为"范港"。宋代，白马湖一带村落均属范港村，庙后王村域各自然村在列。范港千古有名，历代文人骚客多有游历凭吊之人，留下不少诗作辞赋，为庙后王村留下文化传承。如在唐天宝年间（742—756）曾任集贤院直学士、礼部员外郎的诗人崔国辅游历西陵，留下五言诗《宿范浦》：“月暗潮又落，西陵渡暂停。村烟和海雾，舟火乱江星。路转定山绕，塘连范浦横。鸱夷近何去，空山临沧溟。”民国《萧山县志稿》称：范浦或许就是范港。

南宋诗坛四大家之一的范成大，号石湖居士，其《石湖居士诗集》（卷三二）中有《范村雪后》一诗：“习气犹余烬，钟情未湿灰。忍寒贪看雪，讳老强寻梅。熨贴愁眉展，勾般笑口开。直疑身健在，时有句飞来。”范村即范港村之省称，在西兴老街西南3千米，包括庙后王、张家西、石板庄、潮大房等自然村。

王氏宗谱

谱名《萧山庙后王氏宗谱》，清雍正初，王广文延请毛观龄草创；乾隆、嘉庆年间（1736—1820），王楚材续辑。以上均为手书。道光十四年（1834），王瑞周成稿正式付梓。光绪年间（1875—1908），王伯平续修，因故中途停辍。民国13年（1924），第16世王乃锡续修，至民国16年（1927）告成。宗谱为三槐堂木活字本，共6卷，浙江图书馆藏。诗文卷一收录有《萧山王氏宗谱跋》，岳飞撰；《太尉文正王公神道碑铭》，北宋至和三年（1056）欧阳修撰；《仲仪王公赞并序》《三槐堂铭》《清虚堂记》，北宋熙宁十年（1077）苏轼撰。卷二《顺命王公传》，来宗道撰；《澄怀王公传》，来集之撰；《寿安王公暨朱孺人合传》，来集之撰；《士法王公暨捷三公两代合传》，清道光元年（1821）来珩撰；《瑞周王公暨来宜人像赞》，道光三十年（1850）汤金钊撰；《王氏义田碑记》，汤金钊撰；《声远王公暨来、傅太宜人像赞》，清光绪九年（1883）进士张预撰。

《萧山庙后王氏宗谱》编修者治谱严谨，对历代所修宗谱作细致校订，保留旧谱记述原貌。除专设《勘误》一文外，在散见的讹误处用小字作注，注明正确写法及其依据。该谱卷一收录岳飞、欧阳修、苏轼等人所撰序跋、碑记等文章，为萧山别姓宗谱所少见。上述作者与王氏先祖先后同朝为官，交谊颇深。

第五章　生活民情

庙后王村域历史久远，明代以来即有大姓聚居，乡绅富户宅第比较考究，多为墙门屋。大多数农户以砖木结构的平瓦房为主，贫苦农民以租种地主土地为生，收入低微，生计艰难。

中华人民共和国成立后，人民生活逐步提高。1964年，庙后王大队社员年终人均经济分配现金收入62元。1978年，红旗大队（即庙后王大队）社员年终人均经济分配现金收入100元。1984年，庙后王村村民年人均纯收入675元。20世纪90年代后，第二、第三产业成为主业，村民年人均纯收入快速增加。2000年，年人均纯收入为6778元。2005年撤村建居，村民年人均纯收入9708元。

村域民风淳朴，礼仪风俗、方言俚语与萧山中片稻作区基本一致。古时村域贴近钱塘江滩涂，些许俚语带有地域特色。

第一节　收入与生活变化

村民收入

中华人民共和国成立后，庙后王村域经过土地改革和农业互助合作，农业生产基本得到恢复和发展。1961年，庙后王大队社员年终人均经济分配现金收入62元。后，社员收入逐步提高，但速度缓慢。改革开放后，社员收入水平明显提升。1978年，社员年终人均经济分配现金收入100元。此后，社队工业发展加快，不少社员变为企业职工，报酬与企业的经济效益直接挂钩，年终人均经济分配现金收入明显增加。1984年，全村年人均纯收入675元。20世纪90年代中期，镇、村企业转制后，个体私营经济快速发展，村域劳动力大批转向第二、第三产业。村民收入呈现多元化、多层次结构，除在镇村企业就业外，还有一部分从事个体运输、工商服务等，有的还到村外的企事业单位工作。1996年，村民年人均纯收入4716元。至2000年，年人均纯收入上升到6778元，2003年上升至8241元。2005年，庙后王撤村建居，村民年人均纯收入9708元。

粮食分配

1955年起，庙后王村域严格实行国家粮食定产、定购、定销政策。20世纪60年代初人民公社食堂解散后，庙后王大队社员口粮数额按人口年龄段确定（以岁定粮）。集体生产的粮食（稻谷、春粮）按人口定量分配后，多余部分称超产粮，绝大部分按劳动工分（含土肥投入折算工分）分配，个别年份还有其他的粮食，如番薯、马铃薯等。1961年，庙后王大队社员平均口粮每人129千克。1964年，社员平均口粮每人234千克。1978年，社员人均口粮

390千克。1984年，村民人均口粮281千克。此后，实行家庭联产承包责任制，口粮田分包到户。

生活变化

衣着 中华人民共和国成立前，庙后王村域除个别大户人家能有绸缎、洋布服饰外，绝大多数成年人能穿两条土布团团裤过冬已很不错，补丁压补丁为常服。出门办事，甚至结婚拜堂，或租或借一件长衫也算是“绷个体面”。小孩儿能够在正月初一穿上一身新衣令人羡慕。

中华人民共和国成立后，村域乡人生活水平由慢到快逐步改善。20世纪60年代前后，男子流行中山装，布料以卡其、灯芯绒为好；20世纪70年代前后，军便装流行；20世纪80年代起，男性开始系领带，穿西装，女青年穿裙子随处可见；20世纪90年代，毛呢、裘皮、羽绒或丝绸服饰增多。进入21世纪，衣着注重品牌，而且更多追求个性化，面料则讲究高档或返璞归真。

饮食 庙后王村为稻作区，米饭为主食，辅以杂粮。村域地少人多，素为缺粮区。

20世纪60年代前，粮食仍然紧缺，不少家庭不得不以杂粮瓜菜充饥。20世纪60年代后期起，用粮情况开始好转。家庭联产承包责任制后，农业持续高产丰收，村民第二、第三产业收入大幅度增加。且又市场开放，物资供应逐年丰富。村民饮食消费支出重点由主食转向副食。进入20世纪90年代，村民饮食消费中，营养保健品比重开始提高。进入21世纪，高档酒水、高级滋补品、休闲食品进入寻常家庭。日常餐食讲究绿色、有机。

住房 中华人民共和国成立前，庙后王村域大多数农户住房以砖木结构的平瓦房为主，有少数2层楼房。一些贫困人家住草舍。乡绅富户宅第比较考究，墙门屋，马头墙，有精美木雕石雕。著名建筑“乐山堂”，堪与长河老街的“九厅十三堂”比肩。

20世纪70年代以前，庙后王农户住房基本以传统木结构老房子为主，有少数人家搭建新屋或辅房。改革开放后，社员收入增加，建房热潮兴起，至20世纪90年代初，全村90%的农户翻建住房（大多是2层半楼房）。此后，开始逐步翻建三层以上的“别墅楼”。1993年，有17户村民获批建房土地440平方米。2001年起，滨江区开始在部分地区实施农村多层住宅建设，庙后王村纳入建设范围。农户不再自行建房，陆续入住农民公寓楼，住房面积、居住环境甚至比城区大多数市民更多、更好。

出行　中华人民共和国成立前，村域新娘结婚乘坐花轿，富裕人家看病就医乘坐便轿。其余出行基本全靠双脚。后，“黄包车”面世，乘坐者多为村中富人或途经村域的南北客商。货物运输多走水路（渡白马湖、过湘湖），木船为主要运载工具。20世纪60年代，两轮人力钢丝车成为主要运输工具。20世纪70—80年代，自行车普及，除代步外，大多还用来驮货，成为村民最便捷的交通运输工具。20世纪80年代后期，摩托车十分时髦。1995年，庙后王村有汽车4辆、摩托车35辆、三轮卡车8辆、自行车990辆。进入21世纪，电瓶车逐渐取代脚踏自行车，小轿车开始普及。

第二节　民情风俗

庙后王村域历史悠久，自形成村落以来直至1996年，560多年间一直为萧山属地。乡人早先也大多来自附近西兴、长河或萧山中片核心地区。村域与萧山中片地区一样属于稻作农耕区域，生产生活方式、礼仪风尚习俗、方言谣谚俚语、宗教祭祀奠礼，基本别无二致。但因古时村域贴近钱塘江滩涂，乡人祖祖辈辈博弈江潮、刮盐垦荒等生产生活实践，也留下些许地域特色。

习俗

庙后王村域居民的生产生活习俗、礼仪交往习俗、四时八节习俗、婚丧嫁娶习俗等与西兴、长河一带稻作区及萧山中片核心区块人们相同。如婚丧嫁娶旧俗：凡男婚女嫁，大致都得经过说媒、出帖、合八字、定亲、拣日子、发行嫁、迎亲、拜堂、办喜酒、闹房、回门等基本程序。21世纪后，还加上穿婚纱、倒香槟、切蛋糕等西式婚礼的内容。若有丧白之事，大多经过送终、报丧、守灵、穿孝、哭丧、入殓、出殡、进椁、做七等。虽习俗相同，但因家境不同，排场大小各有差异。赤贫人家没有棺椁，只能将遗体掩埋在江塘高墩，草草了事。除遗体火化，骨灰归葬公墓外，其余过程，习俗依旧。

俚语

庙后王村乡人方言、语音与长河一带别无二致，如：把文盲说成“白墨先生”；称遇事推却之人为“洋铁大布衫”；喻办事老是照旧，没有改变为“老方一贴”；称好高骛远、做事不踏实为“悬空八只脚”等。村域素为水稻耕作区，不少农谚体现水田稻作特色，如“清明孵谷籽，谷雨做秧田”“梅季勿搁田，勿可怨老天”“立秋勿拔草，处暑勿长稻”“处暑根头摸一摸（耘田），一把烂泥一把谷”等。村域曾多有农妇养蚕，有农谚“立夏穿棉袄，蚕娘该倒灶”。村域北部潮大房自然村，古为钱塘江滩涂，乡人有歇后语：“钱塘江里捞斧头——呒有把柄。”乡人素以耕读传家，多有读书劝学的俚语，如“有田勿耕谷仓虚，有书勿读子孙愚”“勿怕腹中空，只怕勿用功”等。

信仰

庙后王村与马湖村交界处有六和庙，素来香火颇盛。村民中多有信佛者，但无正式佛教徒。平日里，村中老年人常有聚桌念佛之举。遇庙会或某菩萨、尊神生辰忌日，会有老人去六和庙或长河冠山寺诵经念佛甚至“宿山”（通宵念佛）。

清代，村域张家西自然村有张氏香火堂颇具规模（已无存）。传说有张姓道士远近闻名，曾将法事做到杭州城区官宦人家。又传其后裔迁居双庙（属长河街道长二村）后，仍有以“道士”为业者。直至20世纪60年代，“双庙道士”在长河、浦沿一带仍小有声名。至2005年撤村建居时，庙后王村域无道教徒，唯居民、农户有丧葬祭祀之事，会邀约道士诵经文，以祭奠亡灵或追祭故魂。

第三节　历史人物

王旦（957—1017）《萧山庙后王氏宗谱》尊其为家族四世祖，生于后周显德四年（957）。北宋景德三年（1006）拜相，并监修《两朝国史》。王旦掌权18年，为相12年，深得真宗信赖。北宋天禧元年（1017），王旦去世，享年61岁。获赠太师、尚书令兼中书令、魏国公，谥号“文正”。真宗临丧哀恸，为其辍朝三日，并诏令京城内十日不得举乐。北宋乾兴元年（1022），仁宗即位，王旦配享真宗庙庭，仁宗亲题其碑首为“全德元老”。北宋至和三年（1056），史馆修撰欧阳修奉仁宗诏，作《太尉文正王公神道碑铭》。理宗时，王旦位列昭勋阁二十四功臣之一。王旦有文集20卷，已佚。《全宋诗》及《全宋文》录有其作品。

王廷瑞、王廷献（生卒年不详）　清顺治二年（1645）十一月，南明监国鲁王朱以海在长河冠山筑坛拜将，领明军与已进入杭州城区的清军隔江对峙，史称划江之战。时，庙后王人王廷瑞、王廷献集结乡民，投鲁王帐下抗击清军。鲁王授王廷瑞都司职、王廷献指挥职。二人多次领兵渡江与清军作战。后，王廷瑞因战负伤，未久伤发身亡。其抵御外敌的气节、决心，为后世传颂。

戴阿花（1931—1958） 女，庙后王村人。1951年11月参加革命，1952年12月至1953年7月为江边新乡副乡长，1957年2月至1958年3月为中共长河乡委员会副书记。1958年3月18日，遭反革命分子杀害。戴阿花归葬后，墓前立有光荣烈士墓碑。

专 记

庙后王草包、草绳

草包、草绳是庙后王村域的传统农副产品。草包分包袋、散片两种，前者大多用于装罐泥土、废料等，例如抗洪抢险的时候，用草包装泥土加固堤坝；后者多用于砖瓦生产过程中土坯的遮盖和新浇筑的水泥路面保护，也用来包裹移植苗木枝干。冬天下雪地面结冰，铺上用稻草编成的草包散片可以防滑；给冰天雪地里的蔬菜盖上一层草包散片则可防冻。草绳在传统农业生产中主要用于瓜豆搭棚结架、裹缠树木越冬等。草绳作为商品，更多用作包装绳，如陶瓷器出厂时，包上厚厚的草包散片，缚以粗细不同的草绳，以防运输过程中的破损。

庙后王村及附近白马湖周边一带素为水稻种植区，编织草包草绳的原料——稻草来源充足。民国时期，村域即有农户编织草包卖钱。中华人民共和国成立后，草包编织作为农户家庭副业，一直延续下来。人民公社初期，“大伙隆干活，大食堂吃饭”，农户家庭编织草包一度中断。20世纪60年代初得以恢复，庙后王大队草包机逐渐增多。这一时期，铁木结构、齿轮传动的脚踏草绳机传入长河、西兴一带，用脚踏草绳机制作草绳，质量好，出绳快，且自行绕成团，减轻了劳动强度，庙后王农户购置者多。20世纪60年代至90年代初，编织草包、制作草绳成为庙后王农户最主要的家庭副业，有80%的农户家庭拥有草包机或草绳机，有“吃饭靠种稻、用钱靠织包”的俗语。这一时期，每逢稻子收割完毕，庙后王的男人们便四出采购稻草，车装船载，运入家中。一年到头，每逢农闲或雨雪天不能出工，每当夜幕降临，村域内男女老少无不忙碌于制作草包草绳。无论走到何处，都能听到机声一片。

20世纪90年代后，新材料代替了草包草绳，庙后王村编织草包草绳成为历史记忆。

马湖村

马湖村位于西兴街道南部，面积1.21平方千米。东面为萧山区湖头陈村，西与长河街道汤家桥村相邻，南靠白马湖，北贴长河街道。因位于白马湖边，故称马湖村。

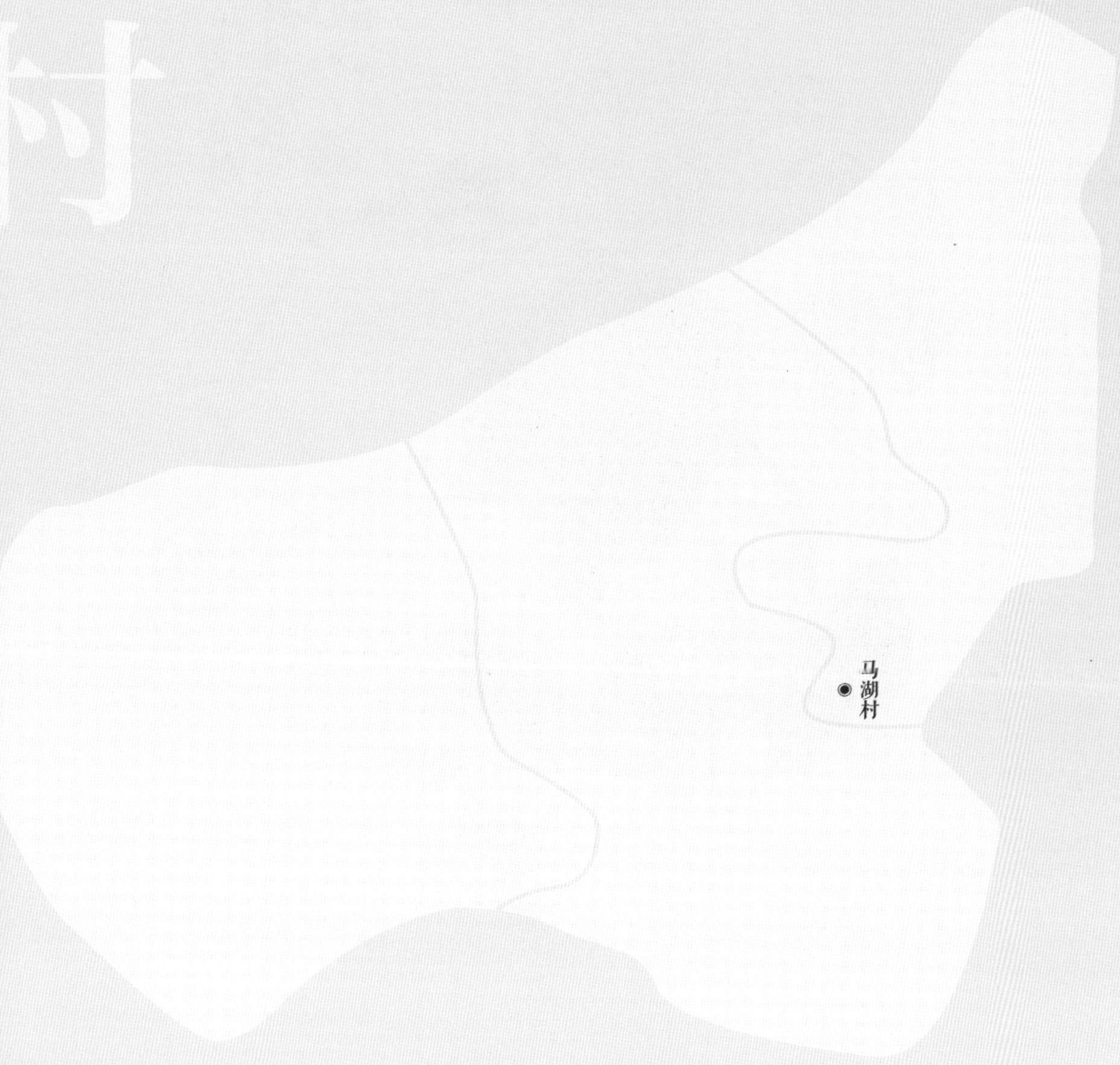

马湖村在滨江区的位置

来楚生　芙蓉

第三编　马湖村

概　述

马湖村位于西兴街道南部，面积1.21平方千米。东边是东白马湖旁的萧山区湖头陈村，西与长河街道汤家桥村相邻，南靠白马湖，因位于白马湖边，故称马湖村。

马湖村大族聚居，历史悠久。自宋时有乡人徙此垦殖以来，已有970多年历史。先后形成詹家里、俞家里、夏家里、傅家里、坂里孙、坂里陈6个主要自然村。宋时，村域属萧山县夏孝乡。元明清时期，属萧山县三都一图。民国36年（1947）属西兴镇第7、8保。中华人民共和国成立后，属西陵乡。1955年称白马湖村。1961年后称西兴（东方红）公社马湖大队。1984年改称马湖村。1996年12月划属滨江区。2011年改设马湖社区。

历史上，马湖村以种植水稻为主，兼种大麦、小麦等。民国初期曾种植“四都烟叶”，为萧山特产之一。中华人民共和国成立初，马湖村域种植业基本格局未变。20世纪60年代后期开始，粮、麻等主要农作物持续稳产高产。1964—1986年，通过围垦，获地近409亩。2006—2008年，马湖村80%的土地被征用。至2011年撤村建居，仅剩耕地508亩，种植蔬菜、瓜果。

村域集体工业起步于1975年，先后创办过各类企业10多家。1984年工业产值总计82.28万元。20世纪90年代，工业发展势头强劲，工业门类多样化，涉及五金、建材、化工、纺织等行业。2009年，工业总产值从2006年的1200.29万元提升至1.15亿元，是2006年的9.59倍。

从20世纪50年代村域通邮开始，公共事业建设与时俱进，不断发展。进入20世纪90年代，村庄建设驶上快车道，全村4400米主要道路逐步建成水泥路。1994年，开始实施新农村规划。2000年后，向城市化发展，城市道路通畅亮丽。

民国及以前，马湖村域社戏（年规戏）素有传统，剧种为绍剧和越剧。中华人民共和国成立初，村域文化活动逐渐发展。20世纪60年代后，俱乐部、文宣队、篮球架、排球场逐步建立，文体活动有队伍、有场所。20世纪70年代电影常入村。20世纪80年代，流行讲故事。进入20世纪90年代，歌舞演唱、运动健身、文艺创作兴起，文体活动丰富多彩。

民国末期，村域办有初级小学。1950年创办西陵小学，1964年办起高小，1986年，学龄儿童入学率99.5%。1994年，重建完小教学楼1800平方米，有12间教室。

村（大队）医务室始建于1958年。1969年10月，改称马湖大队合作医疗站，实施合作医疗制度。2005年，村民合作医疗参加率近90%。至2007年，村集体投入村民医保参保资金43.48万元。

2011年，马湖村改设马湖社区，结束近千年乡村历史，村民变为城市居民。

第一章　基本村情

马湖村位于西兴街道南部，面积1.21平方千米，东面是萧山区，西南面是风景秀丽的白马湖和越王城山，北面紧贴长河街道及滨文路。宋代，即有乡人徙此定居，先后形成詹家里、俞家里、夏家里、傅家里、坂里孙、坂里陈6个主要自然村。宋时，村域属萧山县夏孝乡。元、明、清属萧山县三都一图。民国晚期，属西兴镇第7、8保。

1949年6月，村域属西陵乡。1955年，称白马湖村。1956年，随西陵乡并入西兴乡。1958年，为长河公社西兴管理区白马湖生产队。1961年后，称西兴（东方红）公社马湖大队。1984年，改称马湖村。1996年12月，划属滨江区。2011年，改设马湖社区，有15个村民小组，2700多人，近百个姓氏，俞、夏、傅、詹、孙、来为大姓。

1956年，建立中共白马湖村党支部。1956年起，高级社、生产大队管理委员会（革命委员会）负责生产和行政管理。1984年，建立村民委员会。1991年，成立村经济合作社，负责集体资产运行管理。2001年，成立中共马湖村委员会，2011年，改称中共马湖社区委员会，下设5个党支部，有党员143人。

第一节　区位　地貌　村落

地理位置

村域位于西兴街道南部，东边是萧山区城厢街道湖头陈村；西与长河街道汤家桥村相邻；南靠白马湖，与湘湖越王城山隔水相望，经白马湖中长堤，过马湖桥，连接长河街道傅家峙村；北面紧贴长河街道及滨文路。东北距西兴集镇2.5千米。

土壤

马湖村属西兴街道南部水网平原区，土壤系湖海沉积物，土层较厚，为水稻土，以黏粒为主，腐殖质含量较高，保肥蓄水性强，排灌便利，适宜种水稻。主要种植水稻、豆麦、油菜等。

河道

太庙桥河　位于村域北部，滨文路以南，原村域范围内叫傅家河，2011年太庙桥河名启用后傅家河名废止。村域范围内段长2千米。

坂里孙河　位于白马湖北部，以流经坂里孙村而得名，系人工河，2010年开挖，沟通钱塘江与白马湖水域。该河南起白马湖，纵贯马湖村中部，北至铁路河，全长11.8千米，村域范围段长3千米，河宽25米。水域面积2.95万平方米。河岸绿地面积3.6万平方米，沿河种植柳、桂花等树木，岸边还建有廊架、亭、亲水平台等。

铁路河　因紧邻浙赣铁路，故名铁路河。起自信诚路，止于萧山区界（西陵路），河道总长4.7千米，河宽25米，水域总面积11.75万平方米，河岸绿地面积2万平方米。村域内段长2千米。

庙后王河　位于庙后王村西部。因流经庙后王村，故名。该河南起西白马湖，经马湖村、庙后王村、江陵路，北至铁路河，河宽20米，马湖村范围段长1000米。

池、浜

长池　位于夏家里，水深2.5米，水面4亩，原用于养鱼、灌溉。已无存。

大池　位于夏家里，水深3米，水面6亩，原用于养鱼、灌溉。已无存。

魏家池　位于傅家里，水深3米，水面1.8亩，原用于灌溉。已无存。

大房池　位于夏家里，水深3米，水面0.25亩，原用于洗涤。已无存。

俞家浜　位于俞家里，与东白马湖相连，水深1.5米，水面3亩。尚存。

里詹家浜　位于詹家里，水深1.5米，水面1.3亩。已无存。

外詹家浜　位于詹家里，水深2米，水面0.7亩。已无存。

大房浜　位于夏家里，水深1米，水面2亩，原主要用于灌溉。已无存。

自然村

马湖境内共有詹家里、俞家里、夏家里、傅家里、坂里孙、坂里陈6个自然村。民国3年（1914）《萧山县志》有傅家里、俞家里、夏家里、詹家里的村名记载。

詹家里　位于马湖村南部，东接俞家里，西邻长河街道汤家桥村，南靠长河街道傅家峙村，北边靠傅家里、夏家里。因南宋状元詹骙幼子詹纯居此发族，以姓氏为村名。1949年曾为西陵乡人民政府驻地。村内大姓为詹、魏。征地拆迁后，所征土地现为村集体留存地。

俞家里　位于马湖村南面，东临东白马湖，西邻詹家里，南靠越王城山。据历代口口相传，宋代，有俞氏族人从诸暨次坞搬迁至此，村以姓氏得名。俞、张、蔡为村内大姓。现为工业园区，少部分土地为村集体留用。

夏家里　东起马湖新村，西达江晖路，南邻詹家里，北至滨文路。相传西晋孝子夏方后裔居此发族，故名。2003—2004年，开始征地拆迁，拆迁后的土地以改建安置房为主，另有部分土地为工业园区。

傅家里　东起马湖新村，西达江晖路，南邻詹家里，北至滨文路。傅家里与夏家里过去总称为夏傅家。中华人民共和国成立前，村域人口并不拥有马湖村土地，以读书、做生意、收地租（土地在外村）为主。1962年，夏傅家分成2个村。征地拆迁后，土地用于建设马湖新村。

坂里陈　位于马湖村东面。东邻萧山区湖头陈村，西达夏家里，南抵俞家里，北至西兴村。居民中主要姓氏为李、孙。2003—2005年，完成征地拆迁，征用土地改建为工业园区。

坂里孙　与坂里陈均位于村东面。东邻坂里陈村，西达夏家里，南抵俞家里，北至西兴村。居民中主要姓氏为孙、李、葛、叶。2003—2004年，开始征地拆迁，征用土地后建成工业园区。

第二节　建置沿革

行政区划

马湖村旧称詹俞夏傅，此地原为4个小村，即詹家里、俞家里、夏家里、傅家里，后连成一个村子，故名。因位于白马湖边，后俗称马湖村。

北宋太平兴国三年（978），萧山全县有15个乡、110个里。夏孝乡下辖

8个里。马湖村域时属夏孝乡，与庙后王村域等同为范港里。元至元十六年(1279)，改乡、里为都、图。夏孝乡为三都，马湖村域隶属三都一图。明至清末，仍沿元制。民国《萧山县志稿》有傅家里、俞家里、夏家里、詹家里村名记载。民国18年（1929），村域属萧山县第二区。民国36年（1947），属西兴镇第7、8保。

1949年5月5日，萧山解放。6月，建立西陵乡人民政府，村域属西陵乡，乡政府设詹家里。1955年称白马湖村。在1956年、1957年农业合作化运动中，白马湖村域内新华、民联、互爱、建新等初级社合并成立高级社，称西兴一社。1956年，白马湖村（西兴一社）随西陵乡并入西兴乡。1958年10月，建立长河人民公社，村域为白马湖大队。1959年底，属长河公社西陵管理区。1961年7月，缩小公社行政区域，西陵管理区被撤销，建立西兴人民公社，白马湖大队属西兴公社。1965年12月，西兴公社改称东方红公社，白马湖大队名称不变。1966年6月，改白马湖大队为马湖大队。1984年，撤社建乡，改马湖大队为马湖村。1996年5月，西兴、长河、浦沿3个镇划入杭州市西湖区，马湖村属西湖区西兴镇。1996年12月，以西兴、长河、浦沿3个镇属地成立滨江区，马湖村属滨江区西兴镇。2011年2月撤村建居，成立马湖社区。

中共基层组织

1954年3月，马湖村属西陵乡，建立中共西陵乡党支部，书记为来汉通。1956年2月，西陵乡并入西兴乡。同年10月，中共马湖村党支部建立，首任书记来焕正。1959年，中共白马湖大队党支部书记为闻碧君。1968年，马湖大队革命委员会取代马湖大队党支部。1970年，大队党支部恢复。1984年，撤社建乡，中共马湖大队党支部改称中共马湖村党支部，2001年成立中共马湖村委员会。2011年，改称中共马湖社区委员会，下设5个党支部。

村民自治组织与经济管理组织

20世纪50年代初，萧山县下属各村农民协会（农会）与村行政委员会负责村级行政管理，开展土地改革、剿匪反霸、镇压反革命、抗美援朝等运动。马湖村所在的西陵乡农民协会的主任先后为詹子法、章浩然。20世纪50年代中后期，农业生产合作社（初级社、高级社）负责生产和经济管理，并逐步取代村行政委员会负责行政管理；20世纪50年代末人民公社成立后至1984年，生产大队管理委员会(革命委员会）负责行政和集体经济管理。1984年，撤销“政社合一”的人民公社体制，马湖大队改为村，建立村民委员会（每届任期3年），为村民自治组织，并负责村级经济管理。1991年，马湖村经济合作社建立，设管理委员会（任期及换届与村民委员会同步），负责村级集体资产、资金、资源的运行管理。2011年，马湖村改设城市社区，成立社区居民委员会。

第三节　人口　姓氏

人口数量

自然变动　中华人民共和国成立前，马湖村域经济落后，村民生活水平低下，医疗条件极差，婴儿存活率不高，长寿老人很少，人口的自然变动呈高出生、高死亡的状态。中华人民共和国成立后，马湖村村民生活条件不断改善，医疗水平日益提高，人口自然变动情况出现高出生、低死亡的状态。1954年，村域总人口1600人，1958年增加到1700人。1961年，马湖大队出生49人，死亡27人。1968年，马湖大队出生60人，死亡10人。20世纪70年代后，加强计划生育，人口素质不断提高，人口自然变动情况出现低出生，低死亡的状态。1978年，出生36人，死亡15人。1996年，出生24人，死亡7人。2003年，出生42人，死亡21人。

机械变动　20世纪50—60年代，马湖村（大队）人口机械变动主要原因是户籍迁移。20世纪60年代初国家处三年困难时期，原在外工作的人回村，迁入人口增多。1961年总人口1741人，1964年增加到1873人。20世纪70年代，马湖大队经济相对薄弱，迁出人口一般多于迁入人口。女性人口机械变动以婚嫁为主，男性人口机械变动以招工、入学、参军为多。1978年，迁入8人，迁出26人。后随着马湖村经济社会的发展，村民的福利待遇不断改善，迁入与迁出大体相当。1984年，迁入12人，迁出13人。滨江区成立后，实行同城待遇，马湖村村民迁出地多在滨江区域内其他更为发达的村，迁出原因以婚嫁、入学、务工为主。进入21世纪，随着马湖村域经济的快速发展，迁入人口增加，迁出人口大幅减少。2003年，迁入66人，迁出11人。迁移原因主要为婚嫁，但外嫁女一般不愿将户口迁出，因此迁入人数远多于迁出人数。

人口构成

农业人口与非农业人口　1961年，马湖总人口1741人，其中非农业人口为77人。1968年，马湖大队总户数为409户，其中非农业户有6户。1978年，马湖大队总人口2264人，总户数511户，均为农业人口。1984年，总人口2314人，非农业人口19人。1996年马湖村划归滨江区时，总人口2487人，农业人口为2468人，非农业人口19人，非农业人口仅占总人口的0.77%。2003年，西兴镇撤镇建街道。同年，马湖村非农业人口超过农业人口，全村参加分配的2594人中，农业人口只有968人。至2011年，马湖村3049人，几无农业人口。

性别构成 1961年，马湖大队总人口1741人，其中男性882人，女性859人。此后，一直至1996年，除个别年份外，绝大多数年份村域男性人口均多于女性人口，主要原因是长期以来受重男轻女传统观念的影响，但差别程度呈现逐年下降趋势。1996年，全村男性人口1244人，女性人口1243人，相差仅1人。此后，随着生育观念更新，生活改善，且女性普遍比男性长寿，女性人数逐步超过男性人数。2011年，马湖村男性1364人，女性1685人，女性人数比男性人数多23.53%。

年龄构成 1976年后，马湖村（大队）人口年龄构成从年轻型逐渐向成年型转变。特别是城市化之后，随着社会经济的快速发展，劳动强度的降低，人民生活条件的不断改善，农村医保的实行，医疗条件的不断完善，境域长寿老人数量不断增加，人口年龄构成逐步走向老龄化。2000年，儿童少年(0～14周岁)541人，占总人口的18.5%；青年及中年(15～64周岁)2109人，占总人口的72.4%；老年（65周岁以上）264人，占总人口的9.1%。

文化构成 民国及以前，马湖村域乡民文化程度普遍较低。中华人民共和国成立后，随着经济社会的不断进步，村域教育事业相应发展，村民受教育程度逐年提高。1996年，全村在校中小学生360人。2000年，6周岁及以上人口识字率达91%，总人数有2436人。其中小学1343人，初中898人，高中和中专180人，大学及以上15人。

姓氏

1994年，马湖村有村民731户、2461人。有姓氏88个，百人以上大姓有6个，分别为孙、来、俞、夏、傅、詹，共有1464人，六姓总人口占全村人口的59.49%。其中夏姓、詹姓最多，分别有413人、387人，主要聚居在詹、俞、夏、傅自然村。10人以下的姓氏有60个。

夏姓　据《白马湖夏氏家谱》载，结合夏氏家谱及老人回忆，白马湖夏氏在南宋时由萧山县螺峰（螺山）迁徙而来，已传至32世。至2011年撤村建居时，马湖村夏氏家族录入家谱的有180户、1035人。

詹姓　白马湖詹氏始祖詹纯，系南宋淳熙二年（1175）状元詹骙（祖籍遂安）的幼子。南宋淳熙年间（1174—1189），詹纯宦游萧山，喜见县西白马湖山清水秀，遂于湖畔北甸定居发族，渐成村落，村以姓名，称詹家里，已有830多年历史。明清时此地多有砖瓦窑，亦称“瓦窑头詹家”。詹氏子孙繁衍26世20个房派。马湖村聚集的有大房、二房、四房、又四房（官禄墙门）、西河头、老二房、窑头房、西兴老街，共计8个。

傅姓　萧山傅氏祖籍原为金华。南宋嘉熙四年（1240），从诸暨直埠迁居萧山欢潭乡傅家。元初，15世祖析居城厢镇北街弄。据清道光九年（1829）《萧山傅氏宗谱》及清同治十三年（1874）《萧山马湖傅氏宗谱》载，马湖傅氏始迁祖为仁二，又名仁，字世德。元末明初时（1368年前后），自萧山北街（萧山城区北干山下北街弄）向西游历至湘湖，并携家人定居于湘湖之西、白马湖之北。后，子孙繁衍，成为村落，遂以姓名村，称傅家里。马湖傅氏族人多有经商之人，部分族人往来金华（浙中地区）、粤东（广东）等地做生意而发达。

孙姓　萧山孙氏为三国孙权后裔。至南宋，富春孙氏活动较为平稳，随着人口繁衍，向四周扩展。元初，萧山湘湖孙氏始祖曾五从富阳龙门迁来萧山，定居于湘湖北岸。发族后向马湖村、湖头陈的坂里孙、长河的塘子堰等地分支析居。

来姓　萧山来姓祖籍河南鄢陵。南宋嘉泰二年（1202），始祖来廷绍出知绍兴府，赴任途中病殁于萧山祇园寺，葬湘湖方家坞。长子师安守墓，卜居长河“冠山之阳”。元末明初，来氏逐渐发族为长河大姓，并分支于周围的浦沿、闻堰、西兴及城北等地。

俞姓　据《西兴地名故事》载，俞姓本姓姬，西周武王姬发后裔，其中一支南迁浦江。唐天祐三年（906），浦江姬姓人为避战乱，逃至萧山楼塔，改姓为俞。后人口增多，部分俞氏后裔迁居诸暨次坞发族。明成化年间（1465—1487），有俞开基兄弟三人从次坞携家定居白马湖畔，繁衍成村。村以姓为名，称俞家里。

第二章　村庄建设

宋元至民国，马湖村域乡人住宅大部分为砖木结构平瓦房，一些较为贫困家庭住草舍，少数乡绅富户宅第考究，多为墙门屋，马头墙高耸，有精美木雕石雕。村域大多数土地被地主占有，众多农户成为佃农、长工。土地改革前，长河、西兴、浦沿一带最大的地主傅导先即是马湖村人，占有土地1000多亩。

中华人民共和国成立初，村域农民分得田地，自主耕种。1956年村域建立高级社后，土地集体所有、集体经营。1961年后，土地经营以生产队为基本单位。1964—1986年，通过围垦，获地409亩。1983年，全村土地实行家庭联产承包责任制经营。后土地陆续被征用，2011年仅存438亩，其中围垦208亩。

20世纪50年代，村域开邮路，始大兴水利。20世纪60年代，接电力，通广播。1968年开始，有社员新建住房。20世纪70年代，农业机械化快速发展，马湖大队农机站被评为萧山县农机战线先进集体。20世纪80年代，建村集体办公用房。20世纪90年代，村庄建设驶上快车道，村先后投资近100万元，将全村4400米主要道路逐步建成水泥路，实现对内各自然村相互连接，向外连接03省道。1994年开始，马湖村实施新农村规划。2000年后，村域公共设施不断增加，城市道路畅通。

第一节　新农村建设

民国时期，马湖村域大多数农户以砖木结构的平瓦房为主，有少量二层楼房，贫困人家住草舍。乡绅富户宅第比较考究，多为墙门屋。

中华人民共和国成立后，人民生活逐步改善。1968年开始，马湖大队有社员新建住房。至1978年，村民所建房均为平房。20世纪80年代初，得大队办马湖砖瓦厂投产之利，村民获取建筑材料变得容易，开始出现二层自建房；20世纪90年代开始，翻建为三至五层的楼房。1979—1993年，马湖村规划并实施在新农村集中建房。14年间，70%以上农户翻建房屋，原来破旧、低矮、阴暗的住房，变成了宽敞明亮的各式“小洋楼”。设滨江区后，1998年开始推行“百村示范、千村整治”活动，2003年起，实施多层农民公寓房建设，马湖村域高楼大厦拔地而起，“城中村”逐步消失，农民住房与大多数市民居没有区别。

交通

傅家桥　横跨村域傅家浜，连接村道。长3米，高4米。始建于清代，1995年由马湖村重建。因横跨傅家浜，故名傅家桥。该桥于2015年拆除。

铁路三号桥　横跨村域段西兴河，连接村道。长8米，宽10米，高8米。水泥结构。始建于1958年，1965年由铁路部门重建，称铁路三号桥。

夏家桥　横跨夏家浜，连接夏家里村道。长5米，宽4米，高5米。水泥结构。原为木排桥，名木桥。始建年代不详。后更名为夏家浜桥。1990年后重建。因跨夏家浜，故名。1986年拆除。后，由机耕桥取代。

太庙桥　也称“塔桥”，位于六和庙东坟园河上。相传唐末吴越王钱镠改建石姥祠为六和庙后，又在庙边建塔，起名六和塔（已毁），以与江北六和塔呼应。庙、塔建成后，再在河上建桥，由长石条砌筑而成。桥长20米，宽30米，高7米，砖石结构，横跨坟园河，已历1000多年，保存完好。1990年，由马湖村重新修缮。

三房桥　始建年代不详，原为木桥，架在夏家河上，为夏氏三房浜通向大房浜的桥梁，因交汇处曾有深潭，故此桥被乡人称作“夏家村的龙鼻梁”。现为水泥平桥。

马湖桥　位于詹家里村南。明万历年间（1573—1620）里人公建，清同治八年（1869），傅鼎乾集资重修。据《白马湖詹氏宗谱》载：“詹家里村南的‘新塘江埏（堤）’像一条玉带，将白马湖分成东西两半。堤上北有马湖桥，南有新塘桥”，两桥均毁于20世纪60年代后期。

村域直路　未命名，始建于民国，石板路。位于村域中部偏东，俞家西面，詹家东面，由南往北穿过村域，至03省道叉口站。全长2400米，宽度约为6.5米。2018年后被新塘桥路取代。

江陵路　南起南环路，北至闻涛路。长4620米，宽44米。南北走向，首字取“江”，地处西陵，故名。始建于2002年，2003年命名。村域段长约1700米。途经浙江环茂自控科技有限公司、杭州祖名食品有限公司等企业。

南环路　东起风情大道，西折北至闻涛路。总长9400米，宽40米。因位于高新工业园区以南，且贯穿滨江区东西，故名。建于2000年。村域段总长约700米。途经杭州祖名食品有限公司、滨江区动物卫生监督所等。

庙后王路 东起越城巷，西至楚天路。总长1409米，宽20米。村域段总长约为600米。途经杭州通灵自动化股份有限公司。

滨文路 东起江陵路，西至闻涛路。总长9200米，宽44米。东西走向，首字取“滨”，该路贯穿滨江高教园区，取滨江文化繁荣之意，2002年命名。村域段长约1000米，途经坂里孙河、杭州通灵自动化股份有限公司。

江晖南路 南起南环路，北至闻涛路，名江晖路。往南延伸至白马湖路，称江晖南路。长5753米，宽55米。南北走向，建于2001年。村域段长约800米，途经月桂河、白鹤苑等。

越城巷 南起萧山区界，北至庙后王路，村域段长500米，宽16米。途经杭州通灵自动化股份有限公司。

白马湖1号路 东起长河街道区域界，西经江晖南路至马湖社区，村域段长500米，宽15米，途经白鹤苑。2011年建成。

水利

1957年，马湖村建水泵站，开始机械灌溉。20世纪50年代末到70年代初，马湖大队逐步推进农田水利建设，开展平坟堆、填池塘、调整田块、建机耕路等，投入劳动力15万工（1人1天的工作量称为“1工”）以上，使沟、渠、路配套，实现田块一样长、南北一个向、高低一样平的园田化。实现抽水、灌溉、耕田全面机械化。1982年以来，累计投入20万余元，建造永久性“三面光”渠道（砖砌水泥糊面）2600米。1982—1993年，累计投入36万元，用于整修机耕路。

公用事业

电力 1961年，新安江电力抵达白马湖大队。1982年，为企业（即马湖砖瓦厂）送电。1984年，马湖村进行电力整网，增加变电容量，电线杆均为8米、10米杆。1991—1993年，村集体投入35万元，电线杆提升为12米杆，电线改为16毫米的铝线。1993年，随着村办企业的发展和群众生活水平的提高，用电量急剧增加，对全村范围的电力线路再进行整改。2000年，全村低压电力线路总长1.5万米，高压电力线总长2000米。

广播电视 1953年，村域开始安装有线广播。1962年，马湖大队建起广播室，配备扩音机，在主要地段装有高音喇叭，主要用于播发会议通知以

及大队、生产队有关事项等。后，有线广播进入农户家庭，高音喇叭逐步淘汰。20世纪70年代初，超过50%社员家庭安装舌簧喇叭。1992年，村集体投资10万元，对全村广播线路进行整网。2015年城市化后民房拆迁，村民居住进小区，有线广播消失。

1998年12月，开始建设有线电视网。2002年后，数字有线电视普及农户家庭。

邮电通信　中华人民共和国成立初，西兴设有邮政代办所。1955年，村域设立邮政信箱，邮递员开始到村投递报刊邮件，村民邮件投递不再出村。20世纪80年代中期，报刊邮件投送到户。

20世纪50年代，村民拍发电报要到长河或西兴邮政局（所）办理。1955后，电报收件由邮递员送到村民手中。后随电话机普及，电报收发量锐减。

中华人民共和国成立后，马湖村是西陵乡人民政府驻地，20世纪50年代后期，设有电话总机，周围单位电话通过此总机转接萧山县邮电局总机。1980年，境域大队办公室出现马湖大队的第一部电话机。1995年后，电话机大量进入村民家中，始有村民购置电脑。2011年后，电脑及互联网基本普及农户家庭。

供水　20世纪90年代前，村民主要饮用水是白马湖水。1992年，马湖村投资48万元，接通自来水。1993年，开始有村民家庭安装水表，此后，饮用水条件迅速改善。随着村民进入小区居住，用水由滨江区水务公司管理。

道路建设　1990—1993年，马湖村投资60万元，建成从村中到03省道西兴叉口站水泥路，全长2400米，宽6.5米。投资25万元，进行环村水泥路建设，全长2000米，宽3～4米，使各自然村主要道路相互连接。2003年，投入150万元，将各自然村道路全部浇成水泥路面，在重要十字路口安装缓冲带，在道路两侧种上绿植。

公共用房　20世纪50年代，马湖村利用没收的地主楼房5间（占地面积400平方米）作为公共用房。底层为供销社代销店、村医务室以及理发室等，楼上作村（大队）办公用房。1982年，建立大队农药、化肥服务站，建造房屋100平方米。1996年，村办公室迁入。2003年，马湖小学撤销，并入西兴实验小学，原校舍作为村办室及公共用房，直至2011年撤村建居。2004年，改善村卫生室、治保调解室设施，新建1500平方米的停车场。

第二节　土地使用

土地制度与经营

民国及以前，马湖村域绝大多数土地被地主、富农或官绅占有，多数贫困农民缺田少地。另有地主在外村、外乡占有土地。民国末，长河乡最大地主傅导先即是马湖村人，占有土地1000多亩，全家妻妾子女6人，人均占有土地160多亩。

中华人民共和国成立后，1950年10月，马湖村域开展土地改革，按政策划定地主6户、富农3户。政府和农会将地主、富农多余的土地分给缺地、无地的贫苦农民，真正实现"耕者有其田"。高级社和人民公社时期，村域土地归集体所有。此后，土地一直由高级社、公社、大队、生产队经营。1983年后，推行家庭联产承包责任制，村（大队）将集体土地等按人口或劳动力比例分给农户家庭自主经营，土地集体所有制不变。农户除按合同规定上缴给集体相关费用，缴纳国家税金、完成征购定购任务外，其余收益全部归自己。1997年，村域土地实行有偿承包，承包款每亩30元。此后土地陆续被征用，至2006年，马湖村家庭承包经营耕地共558亩。

集体耕地与自留地

1956年，马湖村农民土地收归高级社集体耕种，为解决村民日常蔬菜用地，高级社允许各生产小队将社员房前屋后零星杂地分给社员种植，称"自留地"。1964年，白马湖大队集体耕地面积1367亩。1996年，马湖村集体耕地总面积1540亩，均为水田。后因城市建设征用土地，耕地逐步减少。至2006年，全村土地总面积568亩，其中，558亩为耕地，10亩为林地。

土地征用

1980年10月，马湖大队为建设马湖砖瓦厂，初次征用土地89.17亩，其中厂外道路2.03亩。建厂后至1990年，又累计征用该村土地44.63亩，用于扩建厂房、扩大生产。2000年7月后，滨江区土地补偿费用标准分为一般项目和城市基础设施项目两类。马湖村一般项目的土地补偿标准为每亩2.03万元，城市基础设施项目补偿标准为每亩1.74万元。一般项目安置补助费用标准为每亩4.75万元，城市基础设施项目补助费用标准与之相同。2004年，马湖村完成滨文路、滨江区科技园、兴南变电所、浙江万轮车业集团有限公司等建设征地1084亩，拆迁农户221户。2006—2008年，是马湖村被征地最多的3年。至2008年，全村近80%的土地被征用，农作物种植面积大幅度减少。2009年5月后，执行《滨江区征收集体所有土地补偿实施办法》，马湖村水田、旱地青苗补偿标准为每亩2200元，一般地上附着物补偿标准为每亩2500元。

第三节　围垦土地

1966—1986年，马湖大队（村）先后6次组织劳力参加湘湖围垦、东江“五万二千亩”围垦、城北区“一万五千亩”围垦、顺坝“四千亩”围垦4个区块的围垦。

湘湖围垦

1966年初，马湖大队参与东方红公社和城厢镇联合组织的湘湖滩涂围垦，共围地2600多亩，马湖大队分得200亩。后，该土地用于创办东方红公社砖瓦厂（西兴砖瓦厂）。1995年，砖瓦厂关停，被开发为杭州乐园。

钱塘江围垦

1968年底至1969年初，马湖大队参与东江“五万二千亩”围垦中的8工段围垦。后围垦区域被潮水冲垮。1973年下半年，参与东江“五万二千亩”围垦中的6工段围垦。后围垦区域被潮水冲垮。1974年下半年，参与东江“五万二千亩”围垦中的6工段围垦，以及城北区“一万五千亩”围垦中的14工段围垦。14工段围垦取得成功，分给马湖大队土地209亩。后由公社统一收储，用作农作物种植和畜牧养殖。1986年1月，参与顺坝“四千亩”围垦。马湖村参与人数约200人，分得的土地后来转让给镇办企业，企业按照3.7元每平方米向村进行补偿。1986年11月，参与东江“五万二千亩”围垦，参与人数354人，是马湖村参与人员最多的一次围垦。马湖村分得土地，不久又收归西兴镇。

第三章　村域经济

民国及以前，马湖村域农业基本处于原始耕种状态，生产落后。养殖业主要有猪、牛、鸡、鸭。南宋至民国，灯笼编织一直是马湖村域的传统手工业。民国时期，沿湘湖各村大多手工烧制砖瓦，马湖村域詹家里在列。抗日战争时期，村域出现草包编织作坊。

中华人民共和国成立初，农业种植业基本格局未变，主要种植稻谷、大麦、小麦、玉米、蚕（豌）豆等。养殖业涉及猪、牛、羊、鸡、兔、鱼。农业集体化后，依靠社会主义集体经济优越性，村域农业生产条件不断改善，粮、麻、油等主要农作物按国家计划种植。20世纪60年代后期开始，水利条件改善，抵抗自然灾害能力增强，粮、麻、油菜等主要农作物持续稳产高产。20世纪80年代开始，随着马湖砖瓦厂创立，村域经济建设驶入快车道。草包、草绳生产等传统手工业，发展规模居西兴全镇之首。2003年，马湖村开拓工业发展思路，引进外来企业，做好服务企业和壮大村级集体经济文章，实现工业产值3221.85万元，利润700.8万元。这一时期，随着土地减少和发展效益农业，粮食和经济作物播种面积大幅度减少，转向种植蔬菜、瓜果。与此同时，村域商贸服务业发展较快。2003年，商业饮食业收入115.67万元，运输业收入191.36万元。

第一节　农业

种植业

民国及以前，马湖村域农业种植主要为稻谷、大麦、小麦、玉米、蚕(豌)豆等，生产落后。民国初期曾种植烟叶。中华人民共和国成立后，种植业基本格局未变。农业集体化后，主要农作物按照国家计划种植。20世纪60年代末开始，持续稳产高产。实行家庭联产承包责任制后，积极发展“一优两高”农业。20世纪90年代后期，主要种植蔬菜水果，发展城郊服务型效益农业。后随土地征用，种植业迅速消退。

粮食作物　境域主要粮食作物有稻谷、大麦、小麦、玉米、蚕（豌）豆等。1961年，白马湖大队粮食播种面积1310亩，总产量578.6吨。1978年，粮食播种面积3011亩，总产量1129.5吨，是1961年的1.95倍。1982年，马湖大队投入资金2万元，建立优良种稻繁殖基地和农业示范方24亩，推广科学种田。1983年，马湖大队科技示范户李传先种植1.49亩稻田套播蚕豆，亩产185.8千克。实施家庭联产承包责任制后的1984年，马湖村粮食播种面积3587亩（含围垦208亩），总产量1757.6吨。这一时期，涌现出多个种粮大户。

1996年，马湖村域划入滨江区，粮食作物播种面积3065亩，总产量1270

吨。后受土地征用等因素影响，马湖村农作物播种面积大幅缩减。2003年，粮食播种面积220亩，总产量122吨。2011年，马湖村撤村建居当年，粮食总产量113吨。

蔬菜水果 马湖村域蔬菜品种有番茄、蚕（豌）豆，水果品种有西瓜。1996年，蔬菜（含菜用瓜）播种面积623亩，总产量2492吨。瓜类播种面积38亩，总产量152吨，全为西瓜。2003年，蔬菜播种面积1415亩（内地1039亩、围垦376亩），总产量4245吨。果用瓜播种面积40亩，总产量200吨，全为西瓜。2011年，蔬菜播种面积429亩，总产量1282吨。果用瓜播种面积79亩，总产量235吨，全为西瓜。

经济作物 马湖村域经济作物主要有油菜、棉花、络麻（生麻）、烟叶、花生、芝麻等。1964年，白马湖大队经济作物总播种面积274亩，其中烟叶种植面积52亩，总产量6350千克，全为烤烟。油菜籽播种面积222亩，总产量11吨。1971年，浙江省取消萧山县的烟叶种植计划，从此，马湖村域内烟叶绝迹。1978年，络麻播种面积130亩，总产量37.5吨。油菜播种面积290亩，总产量25.25吨。芝麻播种面积2.5亩，总产量250千克。1984年，络麻播种面积65亩，生麻总产量为22.15吨。油菜播种面积204亩，总产量为23.25吨。1996年，油菜播种面积267亩，总产量26吨。棉花播种面积41亩，总产量3吨。此后经济作物种植减少，2003年农业年报中已不再记录。

养殖业

历史上，马湖村域养殖业以猪、牛羊、鸡鸭、家兔、鱼为主。中华人民共和国成立初，受饲料的制约，除养猪外，其他养殖均发展缓慢。农业集体化后，为解决农业肥源和社会用肉，养猪业列为畜牧业之首，除家庭养殖外，生产队、生产大队均先后办过畜牧场。其他家禽家畜仍局限于农户家庭，以自家食用为主，不成规模。改革开放后，养殖专业户异军突起，养猪、养鸡、养鸭、养鱼等养殖业空前发展，出现适度规模经营。

生猪 白马湖大队1961年生猪年末存栏数216头，全为农户家庭饲养。1978年，集体畜牧场和社员家庭全年生猪饲养量1108头，是1961年的5.13倍。实行家庭联产承包责任制后，农户发展多种经营，生猪饲养量增加。1984年，全年生猪饲养量1628头。1996年，接近2000头。2003年，达到2600头。此后，滨江区禁养限养畜禽，养猪业很快消退。

牛、羊 1961年，白马湖大队有水牛12头，全部为成年耕牛，由生产队集体饲养。1964年水牛年终存栏20头，其中耕牛16头。1978年，马湖大队水牛年末存栏13头，均能耕作。实行家庭联产承包责任制后的1984年，水牛年末存栏4头。1996年，未见养牛数据。

1961年，白马湖大队有山羊51只、绵羊20只，全为社员家庭饲养。1964年，山羊合计33只，全为社员私养。1996年，羊出栏16只，全为山羊，羊肉产量为240千克。后，村域不再养羊。

家禽 1961年，白马湖大队有家禽465羽（鸡459羽）。1984年，马湖村家禽饲养量5100羽，禽蛋产量1.8吨。1996年，家禽年饲养量达到9000羽，禽肉产量为10.5吨，禽蛋产量为5吨。此后，有养殖大户发展规模养殖，2003年，出栏家禽2万羽（鸡9000羽、鸭1.1万羽），全年禽肉产量30吨，禽蛋产量22吨。年末存栏肉禽4000羽、蛋禽1000羽。此后，畜禽养殖逐渐衰退。

淡水鱼 实行家庭联产承包责任制后，马湖村出现一些专业水产养殖户。1984年，淡水鱼养殖面积10亩，捕捞鱼总产量3吨，淡水鱼放养鱼种数6000万尾。1996年，淡水养殖面积为22亩。淡水产品产量合计10吨，其中鱼类8吨，虾、蟹类2吨。鱼类品种主要为草鱼、鲢鱼、鲫鱼、鳊鱼、鲤鱼、革胡子鲶等。2003年，鱼类产量合计18吨。

第二节 工业

马湖村域工业至少可追溯到南宋时期的灯笼制作。明清时期，湘湖边砖瓦制造业兴起，马湖村域詹家里有“瓦窑头”之称。民国时期，村域草包编织业兴旺一时。20世纪70年代中后期，马湖大队开始创建队办企业。1984年，村域内共有6家村办企业，涉及建材、化工、服装、电子、农副产品加工等行业。1984年，全村工业产值82.28万元，成为西兴乡（镇）村办工业不可忽视的力量。20世纪90年代，马湖村办工业发展势头强劲。1993年，村办企业有马湖砖瓦厂、振兴泡花碱厂、杭州第二羊毛衫萧山分厂、萧山越王服装厂、杭州曲轴总厂三分厂、西兴马湖草制品厂6家。1999年，均转制为个私企业。2002年，个体企业总产值为34.56万元，其中五金加工业异军突起，产值25.92万元；杂用品加工业产值为8.64万元。2003年后，马湖村开拓工业发展思路，引进外来企业，做好服务，工业发展进入新时期。村域内有企业8家，实现产值3221.85万元，利润700.8万元。后因马湖砖瓦厂（滨江砖瓦有限公司）、水荣自行车配件公司不再纳入村级工业统计范畴，工业总产值下滑。

2006年，马湖村有7家村级企业，涉及五金、皮具、纺织等行业。工业总产值1200.29万元，比2005年增长5.57%。2009年，境域村级企业缩减至4家，而总产值大幅度上升，为1.15亿元，是2006年的9.58倍。

传统手工业

砖瓦制造业　明嘉靖年间（1522—1566），湘湖一带砖瓦业有数百家之多。至清康熙时期，湘湖砖瓦业已闻名全省。民国时期，沿湘湖各村有大小土窑63窑，手工烧制砖瓦。马湖村域詹家里，有“瓦窑头”之称。中华人民共和国成立后，马湖村民参加砖瓦社（组）从事砖瓦生产。1979年，马湖砖瓦厂开始筹建，1982年6月投产。

灯笼制作业　西兴竹编灯笼是马湖村一带传统手工艺品，兴于宋代盛于晚清至民国时期，多系家庭妇女手工编织而成，产品制作精细，有大小各种规格，销往本省金华、兰溪、桐庐及安徽、江西等外省。20世纪50年代后，手电筒普遍应用，西兴灯笼业逐渐衰落，但这一传统工艺仍未失传。20世纪90年代，马湖村60周岁以上老年妇女中，仍有70人还在编制灯笼竹壳，产品销往浙江省义乌和安徽屯溪等地。2007年，西兴灯笼制作技艺被列入浙江省非物质文化遗产代表性项目名录。

草制品业　主要产品草包和草绳，用稻草编织而成。抗日战争时期，马湖村一带兴起编织草包（烟包）为主的草制品手工业。有的农户雇佣妇女编织，办起作坊，开始用简单的木制脚踏草包编织机。制作的草包除了用于包装，还供钱塘江围堤筑堰之需。中华人民共和国成立后，草包草绳生产得到发展。1955年以后，马湖村90%农户家里备有草包编织机或草绳机，草包机声日夜不息，是当地村民家庭副业收入主要来源。20世纪60—80年代，草包草绳进一步扩大生产。西兴供销社专门在马湖村域设站收购，年收购草绳12.5吨、草包1500万个左右。除在本地销售外，还远销甘肃、内蒙古、山西、河北等。据1991年的统计，西兴镇共有草包机1315台，草绳机101台。其中，马湖村770户人家，有草包机650台，几乎占全镇一半。后，塑料编织袋、塑料绳兴起，草包、草绳业日渐衰退。1993年，马湖全村仅收购草包38万个。此后更少，不久绝迹。

企业简介

马湖砖瓦厂　1982年6月10日开工投产，位于白鹤苑南苑区域范围内，厂区面积6.67公顷，泥塘13.33公顷，鼎盛时期有员工350人。1984年产值45.27万元。1986年8月开始，与浙江建材二厂技术合营，产品质量在萧山乡镇砖瓦厂属第一。1993年，马湖砖瓦厂被评为萧山市一级企业。1999年12月，经过清产核资，以标的529万元公开拍卖转制，是西兴镇最后转制的一家集体企业。转制后称杭州滨江建材有限公司，2000年年产红砖4000多万块，产值600万元，公司总占地面积22.87公顷，建筑面积1.08万平方米，固定资产382万元。

振兴泡花碱厂　1983年创办，位于马湖砖瓦厂内，厂区面积约为1000平方米。1984年产值4.99万元，鼎盛时期年产值约为200万元。2002年，产值70.66万元，销售产值70.54万元。

马湖草制品厂　1979年创办，位于马湖村委旧驻地（原马湖小学）对面，厂区面积约1000平方米，1984年产值22.8万元。草制品生产点遍及各家各户，产品外销至省外区域（湖南、东北为主），村民家庭得利最大。

杭州马湖制衣厂　1984年创办，位于马湖村委会旧址（原马湖小学）内。建厂初衷为解决妇女就业问题，主营业务为服装加工。1988年，产值9.22万元。2002年，总产值0.85万元。2005年，企业产值50万元，销售额50万元。2006年产值与2005年持平。

第三节　商贸服务业

民国及以前，马湖村民商品买卖要到西兴或长河街市。中华人民共和国成立后，20世纪50年代中期开始，国家对粮、棉、油实行统购统销，对生猪等主要农畜产品实行派购。1956年，私营商业实行社会主义改造，生产资料实行计划分配。由于物资缺乏，很长一个时期，大部分日用消费品凭票供应。20世纪80年代初，改革商业体制，鼓励农民经商。生猪价格放开，允许个体屠商购销。1984年，马湖村从事商业饮食业、服务业有10人，从事交通运输业和邮电业有19人，商业饮食业、服务业从业劳动力整体占全部劳动人口的2.2%。

20世纪90年代，商品全部敞开供应。外来人口增多，餐饮业迅速发展，各类饭店、面馆、小吃店等相继开业。1995年，马湖村商业饮食业收入19.71万元，服务业收入21.98万元。1997年农村经济年报显示，马湖村有70人从事商贸业、餐饮业、交通运输业。村民家庭经营收入统计中，商贸业、饮食业、服务业、运输业收入为118.07万元，占家庭经营总收入的14%。21世纪初，随着滨江区城市建设发展，出现一定规模的超市、酒店、农贸市场，主要有西兴合作商店马湖分店、马湖农贸市场等。2003年，村域商贸服务业从业人员中，交通运输仓储业、邮电通信业50人，批发、零售贸易业10人，餐饮业2人。运输业收入191.36万元，商业饮食业收入115.67万元。

集体商贸业

中华人民共和国成立后，国家对私营、个体商业采取保护、扶助政策，打击投机倒把活动，平抑物价，稳定市场。1956年私营商业社会主义改造后，组建成合作商店或生产社组。其时，供销社在马湖村域设代购代销店1家，经销商品有日用品、五金电器、猪肉、副食品等。代购代销店从业人员3人，利润全部上缴供销社，人员工资由供销社下发。

20世纪80年代前，大宗副食品、大宗日用品须凭票或凭证向供销社或代销店购买。1984年，终止生猪派购政策，允许个体屠宰商购销，一些村民开起了猪肉铺。此后，市场上商品日渐增多，各种票证相继取消。1990年，马湖大队建造农贸市场，地址位于夏家里，建筑面积约300平方米。2003年，对农贸市场进行拓建、装修。

私营商贸服务业

20世纪80年代初，国家允许并鼓励待业青年、闲散居民和农村富余劳动力从事商业、服务业。市场和物价逐步开放，商品渠道畅通，商业随之日益繁荣。马湖村域内一些村民及外来人员开设修车铺，农用机械及中小农具销售部，以及饲料店、快餐店、肉店、补衣店、机械电焊修理店、杂货店、小超市等。1997年，随着城市化的推进，居民服务业进一步发展，美容美发店、搬家公司和家政服务中心逐步增多。2000年后，个体商店、摊位、超市、饭店遍布村域。

第四章　社会事业

民国时，马湖村域办有小学。村域缺医少药，病疫殇人。村域有上演“社戏”（年规戏）传统，詹家里等聚族而居村落的宗祠建有戏台。没有戏台的，就在晒场、道地临时搭建，俗称“草台”，村民普遍爱看绍剧和越剧。

中华人民共和国成立初，村域文化活动开展扭秧歌，唱新词等活动。20世纪60年代后，俱乐部、文宣队等，文体活动有队伍、有场所。20世纪70年代，电影常入村。20世纪80年代，故事会、舞龙举办较多。进入20世纪90年代，歌舞演唱、运动健身开始流行。

1950年，创办马湖小学。1964年，办起高小。村域幼儿教育始于1958年。1981年后马湖村小开始附设幼儿园。1986年，马湖村学龄儿童入学率99.5%。1994年，投资100万元，重建完小教学楼，建筑面积1800平方米。成人教育始于1955年，利用祠堂开展扫盲教育。1964年，马湖村扫盲夜校在当时的城北区范围内较为知名。20世纪80年代后，单纯的扫盲教育被农技班取代。21世纪后，成人教育主要转向岗位技术培训和失地农民就业、再就业技术培训。

村（大队）医务室始建于1958年。1964年，村医务室由上级医疗机构派驻医务人员。1969年10月开始，实施合作医疗制度，大队卫生室改称为合作医疗站。2005年，马湖村2700多村民中参加合作医疗2376人。2011年，村民合作医疗等医保基本实现应保尽保。

第一节　教育与医疗保健

教育

幼儿教育　始于1958年，马湖生产队办起农忙托儿所。20世纪60年代初进行调整。1968年，幼儿园停办。1978年后，马湖幼儿园恢复。1981年4月，西兴镇中心小学附设幼儿班，之后不久，马湖小学开始附设幼儿园。设滨江区后，依照国家教委颁布的《幼儿园工作规程》，学制和班级管理逐渐规范。

小学教育　民国37年（1948），村域建有第六、七保保校，校长傅作士，校址位于傅家里，有2个班，学生85人，教职人员2人；同年，村域还建有第八、九保保校，校长陈子均，有1个初级班，教职人员1人，学生人数不详。

中华人民共和国成立后，1950年创办马湖小学（时称西陵小学），接受村和乡中心学校的“双重领导”。1958年，马湖村创办完小。1964年，建造马湖小学。至1986年，有5个班级，247名学生，校舍建筑面积有500平方米，藏书量2003册，学龄儿童入学率99.5%。1994年，投资100万元，重建完小教学楼1800平方米，有教室12间。2002年，改称西兴实验小学马湖分校。2003年撤销分校，师生并入西兴实验小学。

中学教育　1956年，萧山县第五初级中学（长河初级中学）建办后，马湖村域小学毕业生就读初中大多报考该校。20世纪60年代末，马湖小学办有初中班，俗称“戴帽初中”，学制2年。1982年起，包括马湖小学在内，西兴公社各小学的“戴帽初中”全部停办，学生入读西兴中学。

成人教育　20世纪50年代中期，马湖村利用祠堂开始进行全村扫盲教育。20世纪60年代中期再次开展扫盲。1964年，马湖村扫盲夜校成绩出色，在滨江区域一带较为知名。20世纪70—80年代持续扫盲教育，20世纪80年代后单纯的扫盲教育被农技班等取代。历史上，村域开展扫盲教育活动不少于5次。滨江区成立后，马湖村域成人教育逐渐适应城市化发展需求，开展岗位职业技术培训、农民职称培训等。21世纪后，重点转向失地农民就业、再就业技术培训等。

医疗保健

医疗机构　马湖村（大队）医务室（卫生室）始建于1958年，1964年驻有上级医疗卫生机构派出的医务人员。1969年10月，大队卫生室改称为马湖大队合作医疗站，实施合作医疗制度。1992年，推行初级卫生保健制度，90%以上村民参加集资统筹医疗，初级卫生保健全面达标。1996年，马湖村卫生室共有2名医卫人员，医疗设备有高压消毒锅、血压计、听诊器等。

2004年，滨江区改革村卫生室管理运行机制，马湖村卫生室改名为马湖社区卫生服务站，纳入西兴街道社区卫生服务中心一体化管理。服务站有房屋3间（约100平方米），设有诊疗室、药库、药房、输液室，有急诊病床2张、躺椅8张，医务人员3人（均为乡村医生）。2005年，马湖村2700多名村民中参加合作医疗人数2376人。2005—2007年，全村投入村民医保参保资金43.48万元。2006年底开始，村域征地“农转非”人员全部参加杭州市城镇基本医疗保险。2011年，村民合作医疗等医保基本实现应保尽保。

妇幼保健　旧时，马湖村域婴儿出生，由接生婆土法接生。中华人民共和国成立后，20世纪50年代初，推广新法接生，村域产妇一定程度能够得到产前检查、产后访视。同一时期，村域婴幼儿童开始接受疫病预防接种。1958年，西兴公社各大队培养1名接生员，学习新法接生。1963年后，西兴卫生院设妇产科，马湖大队孕产妇就诊方便许多。1967年起，推广住院接生，马湖大队产妇大多上公社卫生院生产。大队合作医疗站有女医务人员负责本大队孕产妇的围产期保健服务。与此同时，合作医疗站积极配合上级医疗防疫机构为属地儿童注射防疫“四苗”（卡介苗、麻疹疫苗、脊髓灰质炎疫苗、百白破三联菌苗。后，加乙肝疫苗，统称为“五苗”）。20世纪80年代起，村域孕产妇全部被纳入镇卫生院孕产妇管理系统，接受产前检查和围产期保健。1990年，实现新法接生率100%，住院接生率100%。

第二节　文化　体育

群众文化

民国及以前，马湖村最主要文化活动是看戏，每年正月里演年规戏。宗祠和庙宇是演社戏的主要场所，辖区内詹家里等聚族而居村落的宗祠建有戏台。没有戏台的，就在晒场、道地临时搭建，俗称“草台”。村民爱看绍剧和越剧，20世纪30年代，名演员傅全香、袁雪芬等曾到长河、西兴集镇演出，马湖村民踊跃前往。

20世纪50年代始，马湖村域群众可在马湖村域不定期观看露天电影，成为马湖村（大队）群众最欢迎的文化娱乐形式。1973年，东方红公社成立电影放映队，经常到马湖大队（村）放映露天电影。1974年，马湖大队购置投影机，供社员群众观看，为当时东方红公社5台投影机之一。20世纪80年代初，农村实行家庭联产承包责任制后，村民劳作自由，手头也开始宽裕，不少年轻人去长河集镇或西兴集镇乃至县城的影剧院看电影。这一时期，村域讲故事活动开展出色。村故事员朱叶祥成为萧山县民间文艺研究会会员，并在杭州市故事大赛上获奖，《杭州日报》发表通讯《故事员的故事》，介绍朱叶祥的事迹。20世纪90年代后，电视剧、卡拉OK、家庭影院等新的文化娱乐形式兴起。

滨江区成立后，马湖村在发展新兴文化活动的同时，注重传统文化活动。2003年2月，马湖村为欢度新春佳节，邀请临安板桥越剧团到村里演出《甘露寺》《包公怒斩陈世美》等一批传统戏，每天下午开演直到晚上11点结束。村域文化设施建设加快，先后建立电脑室、阅览室、俱乐部等。2009年底，实现社区（村）文体设施“五个一工程”全覆盖。马湖村有图书室40平方米，电子阅览室40平方米，综合活动室100平方米。

体育

学校体育　中华人民共和国成立初期，马湖小学有简单的体育教育（主要是队列、跑步等），但没有专设课程和老师，亦无体育设施。1954年起，推行广播体操。1966—1976年，学校的体育课改为军体课。1996年，滨江区设立后，马湖小学每年参加区中小学生田径运动会，常年开展学生体育达标工作。2003年，马湖小学学生体育达标率为99.3%，高于全区平均达标率1.2个百分点。150名学生中有120人获得优秀，优秀率80%。

群众体育　20世纪60年代前，马湖村（大队）群众体育活动较少，比较普遍的活动有象棋、陆战棋、扑克牌、拘“车马炮”等。最广泛的活动当是到白马湖或村中池塘、河浜游泳嬉戏。20世纪60年代后，马湖大队主要通过共青团、民兵连、俱乐部，组织青年社员开展体育活动。20世纪80年代初，实行家庭联产承包责任制后，村民劳作自由，体育生活日益丰富，项目有篮球、乒乓球、康乐球、台球、棋类、扑克、拔河等。滨江区成立后，马湖村注重群众体育设施建设，陆续有篮球场、乒乓球室、羽毛球场等。先后建成健身苑点、健身小广场合计面积1180平方米，并购置各种运动健身设施和器材，推动全民健身活动的开展。

第三节　古迹与文化遗产

庙宇祠堂

六和寺　原名石姥祠，位于白马湖村域。相传2500年前为越国宗庙，故又称太庙。越王勾践五年（前492），勾践夫妇入吴为奴，文种等大臣在此饯行。西晋时（265—317），改称“夏孝子祠”，祀孝子夏方。内设忠存堂、忠孝堂、五圣堂。唐咸通年间（860—874），改名为石姥祠。民国《萧山县志稿》载：唐长庆年间（821—824），“有石瑰者，见民苦潮害，奋力筑堤以捍水势，祁寒剧暑不辍，功未就竟死于潮，复为神。咸通中，官为立庙（石姥祠），封潮王”。五代十国时，吴越国王钱镠改建石姥祠，命名为六和庙，以与江北六和塔南北呼应。20世纪60年代末期，六和庙毁坏严重。1987年后，民间集资将庙宇修葺一新。2013年，被批准为民间宗教信仰活动点。

詹氏宗祠　位于村域詹家里自然村。始建于清乾隆二十五年（1760），由詹氏大房分支萧山县城派第16世裔孙詹玉书出资修建。原詹氏宗祠规模为平房6间，分前后两进。中以围墙围合，前有照壁，正门上悬“詹氏宗祠”描金匾额。左旗杆，右池塘，左右石雕镂窗，占地面积620平方米。宗祠于清同治年间（1862—1874）由族裔詹小保修缮一次。20世纪60年代末，前三间拆建为厂房，后三间移作学校教室，后又改为碾米场，但拱顶抬梁、方形石柱、石板地坪、木雕牛腿等均保存完好。2012年，詹氏宗祠在原址重修。

非物质文化遗产

西兴剪纸　区级工艺类“非遗”项目，传承人马湖村夏彩仙。相传宋高宗赵构定都杭州，带来许多北人。北人有剪纸贴窗的习俗，随之传入西兴。南宋时西兴灯笼正值兴旺期，灯笼上除了用笔写字、绘画外，贴上剪纸，更觉漂亮。逐渐，逢年过节，婚嫁寿诞，乡人都喜欢剪花剪字，贴在门窗和嫁妆上。请年菩萨（祝福）的祭品上，也通行贴上一幅剪纸。样式有文字、人物、走兽、虫鱼、花卉等，最简单的是剪元宝。需要的材料为红纸、上蜡彩色手工纸，工具为剪刀、刻刀，以及刻刀下面衬垫的“羊膏板”，创作时剪纸人胸中有图，成形在手。

西兴竹编灯笼　为省级传统技艺类非物质文化遗产项目。马湖村域是西兴灯笼的主产地，传承人夏阿三、俞吾泉即为马湖村人。西兴竹编灯笼可追溯至西晋。西兴濒钱塘江，自古为南北要津，官宦商贾过往频繁，夜行需照明用具。沿江多风，西兴灯笼业便应运而生。其兴盛当于南宋及后。南宋定都临安（杭州）后，相传朝廷的许多宫灯都出自西兴。民间商贸繁荣，对西兴竹编灯笼的需求越来越大。明清至民国时期，西兴街上除过塘行外，最多的是灯笼店。民国《萧山县志稿》载：“灯笼，西兴相近各村妇女皆以此营生，通销全省。”西兴灯笼样式多，品种全，用途由单纯的照明灯逐渐发展成装饰灯、喜庆灯等。祠堂、庙宇、宅第等悬挂大型西兴竹编灯笼，以示富丽庄严。还有民间庆元宵的元宵灯，婚娶用的子孙灯，上学用的科第灯，出殡用的材头（棺材头）灯等。民国《萧山县志稿》称，西兴灯笼有“广壳、香圆、单丝、双丝、方圆、大小便行诸品”。龙凤灯大可两人合抱，供寺院用；高灯、子孙灯、白洋灯为红白喜事用；家用的有纱灯和纸灯，一般富裕人家用纱灯，贫困人家用纸灯；还有祭祖拜佛时与纸钱一起焚烧的佛灯等。

西兴竹编灯笼多系家庭妇女手工制作。工艺流程分6步。第一步剖竹劈篾。竹篾粗细因灯大小而定，细可如发，粗则似筷。第二步编制灯壳。形于脑中，全凭手感。第三步糊纸着色。选用上好桃花纸，用面粉糨糊粘在灯壳上，待干，用水性颜料着色。第四步画图写字。根据需要而定，有画上去的，有贴剪纸的。第五步涂抹桐油。用熟桐油，以棉丝团蘸浸，均匀涂于灯壳（一般涂两遍），近年都用清漆代熟桐油。第六步做底盘。圆木盘一块，正中置一铁钉（插蜡烛用），圆木直径两端插入铁丝，铁丝上端伸出灯笼壳，扭一个圈，以便提挂。

20世纪80年代初，西兴尚有200多人编织灯笼。2000年前后，马湖村、西兴街上还有10多位老年妇女在制作灯笼竹壳，并培养传承人。2007年西兴灯笼被列入浙江省非物质文化遗产代表性项目名录。2009年成立“西兴灯笼传统工艺与民俗文化传承”实验项目领导小组。之后每年举办培训班，指导兴趣爱好者制作西兴灯笼。

第五章　生活民情

自宋代以来，白马湖区域村落多为大姓聚居，住房以砖木结构的平瓦房为主。乡绅富户宅第比较考究，多为墙门屋。大多数农民缺地少田，收入低微。

中华人民共和国成立后，马湖村域贫苦农民分得土地。农业集体化后，生活有了保障。20世纪70年代后社队企业发展，经济收入增加。1978年，马湖大队社员年终人均经济分配现金收入102元。1984年，村民人均收入增长较快，为511元。20世纪90年代后，第二、第三产业成为主业，村民人均收入快速增加，1996年为4802元。2011年，达到16879元。

村民衣食住行发生巨大变化。20世纪60年代口粮初步保证，20世纪70年代基本吃饱，20世纪80年代荤腥上桌，20世纪90年代讲究营养，21世纪注重有机健康；20世纪50年代穿土布，20世纪60年代穿蓝卡其，20世纪70年代穿的确良，20世纪80年代穿西装，20世纪90年代戴金佩玉，21世纪配名牌包。村民从20世纪70年代开始自建房，20世纪80年代得马湖砖瓦厂之利大量出现二层自建房，20世纪90年代普遍翻新，出现三至五层楼房。2000年后，一户家庭多套房子。出行方面，20世纪70年代自行车随处有，20世纪80年代摩托车出风头，20世纪90年代小轿车争风头，21世纪坐飞机出国游。

村域民风淳朴，礼仪风俗、方言俚语与萧山中、南片稻作区基本一致。长期农耕实践，也形成一些独具地域特色的乡谚俚语。

第一节　村民生活

村民收入

中华人民共和国成立后，马湖村域经过土地改革和互助合作化运动，农业生产得到恢复和发展。1961年，马湖大队社员年终人均经济分配现金收入74元，社员人均口粮197千克。后经三年困难时期，1964年，社员年终人均经济分配现金收入缩减至46元，但人均口粮提高到240.5千克。改革开放后，1978年，社员年终人均经济分配现金收入102元，社员人均口粮375千克。1983年后，实行家庭联产承包责任制，镇村工业发展较快，许多社员变为企业职工，报酬与企业的经济效益直接挂钩。特别是镇、村企业转制后，个体私营经济快速发展，村民劳动力大批转向第二、第三产业。村民收入呈现多层次结构，除在村级企业就业外，还有一部分从事个体运输、工商服务等。有的还到村外的企事业单位工作。1984年，村民年人均纯收入为511元，是1978年的5倍多。1996年，马湖村域归属滨江区时，村民年人均纯收入4802元。2003年，村民年人均纯收入8170元，其中家庭收入5112元，个私企业收入1349元。2005年，村民年人均纯收入13514元。2011年，农村集体经济收益成员人均所得16879元。

生活变化

衣着 中华人民共和国成立前，黑色、蓝色是村域乡人服饰的主色调。男性只穿两条土布团团裤过冬，俗称“冻大儿子饿大囡”；女性上穿土布斜襟棉袄，下系蓝色布裙；小孩衣服“新大旧二破阿三”为常态成俗。

中华人民共和国成立后，马湖村域农民生活逐渐好转，20世纪70年代，村中男子流行中山装、军便装，妇女喜欢花布袄、春秋衫。布料流行灯芯绒、的确良。20世纪80年代起，服装发生革命性变化，男性开始系领带，穿西装，女青年穿裙子随处可见。进入21世纪，服装面料讲究高档，人们追求新潮，服装不仅具有遮体御寒的功能属性，还追求个性化。

饮食 马湖村地处稻区，稻米饭为主食，辅以杂粮。域内地少人多，素为缺粮区。中华人民共和国成立前，富裕人家尚能维持一干一稀（一饭一粥）。贫苦农民“糠菜半年粮”，吃到白米饭较少。

中华人民共和国成立后，村域农民生活开始好转，但粮食总体仍然紧缺。尤其是三年困难时期，不少家庭三餐难以保证。20世纪70年代，用粮情况好转，农闲时早、晚粥，中午饭；农忙时早、中饭，晚粥。1982年后，实行家庭联产承包责任制，市场开放，物资供应逐年丰富，粮食可以自由买卖，吃白米饭渐渐成为平常事。进入20世纪90年代，鱼肉鸡鸭蛋餐桌不断。偶尔煮一次米粥改一下口味，会掺入红枣、绿豆、桂圆、白木耳等，成为营养食品。

住房　民国及以前，马湖村域大多数农户住的是砖木结构的平瓦房，两层楼房为数不多。一些贫困人家住草舍。乡绅富户宅第比较考究，多为墙门屋，马头墙高耸，有精美木雕、石雕。

中华人民共和国成立后，马湖村村民生活不断改善，1968年，开始有村民新建住房。至1978年，村民新建房均为平房。20世纪80年代初，马湖砖瓦厂投产后，村民获取建筑材料变得容易，建造二层楼房者迅速增加；20世纪90年代开始，新建住宅多为三至五层楼房。1979—1993年，全村70%以上农户翻建住宅，有的还不止一次。2000年后，滨江区实施多层农民公寓建设。2007年开始，马湖村村民陆续搬迁至白鹤苑等安置房小区，居住环境、居住条件大幅提升。

出行　民国时期，村域乡人出行基本全靠双脚。结婚时新娘乘坐花轿，富裕人家看病就医乘坐便轿；有村中富人，或途经马湖村的南北客商乘坐"人力车"（又称为"黄包车"）。货物运送多走水路，渡白马湖、湘湖，以木帆船为主；陆路运输主要靠肩挑手扛，偶有牛车。

20世纪60年代，人力钢丝车成为村域农户短途运输的主要交通工具。20世纪70—80年代自行车普及，除代步外，大多还用来驮货载人，为村民最便捷的交通工具。20世纪80年代后期，摩托车变得风靡。1995年，马湖村村民有汽车10辆、摩托车40辆、三轮卡车5辆、自行车1400辆。进入21世纪，电瓶车取代自行车，小轿车开始普及，公交、出租车穿街走巷，人们的出行方式变得丰富、便捷。

第二节　宗谱　民俗

宗谱

马湖村现有宗谱代表作3本，分别为《白马湖夏氏家谱》《萧山马湖傅氏宗谱》《萧山马湖詹氏宗谱》。

《白马湖夏氏家谱》　谱籍地马湖村夏家里自然村。2014年纂修，夏水洪主编，横排打印1册。谱前由序、凡例、夏姓传说、夏孝子故事、人物名录以及五圣堂、六和庙、三房桥、夏家桥等照片组成。主体为三房第16世至23世系列，大房夏朝能等各支房系列，二房夏锡荣、夏锡林等支房系列，三房夏育英等支房系列，四房夏徐毛等支房系列。记事从第16世起，至2014年12月底第33世。由于无老谱可续接，编纂者遍访萧山、富阳、绍兴等地夏氏宗人，依据祖辈口口相传，参互考订，认定马湖夏家里夏氏是南宋时从萧山螺峰夏家桥（属衙前镇）迁徙而来，已传至第33世。

《萧山马湖傅氏宗谱》 谱籍地马湖村傅家里自然村。清同治十三年（1874）重修，敦裕堂木活字本，不分卷，共6本，浙江图书馆藏。第一本为源流考、敕命、传略、赞；第二本为家传；第三本至第六本为各房图纪。马湖傅氏宗谱原与临浦横山傅合谱，迁居马湖后，由先代族人手录成编。道光九年（1829）"从横山旧谱中录入，不复增损一字，仍其旧以付刊"。

《萧山马湖詹氏宗谱》 谱籍地马湖村詹家里自然村。清光绪二年(1876)修辑，报本堂木活字本，浙江图书馆藏，共12卷。卷一谱序、凡例、传赞、行述、墓图、字母、世系图；卷二卷三系图；卷四至卷十二行传。宗谱创于清道光十年（1830）。光绪二年（1876），16世孙、族长詹鉴主事重修。

民俗

马湖村域自宋代有先人落脚以来，约950年为萧山县所辖。各姓乡人大多来自萧山中片或南片地区，故岁时节庆、祈神祭祖、礼仪风俗、方言土话、农谚俚语与萧山中片、南片稻作区基本一致。但长期农耕实践，也形成一些独具地域特色的乡谚俚语。

俚语"湖埏田" 沿湖边缘的田。马湖村农民，在西白马湖中绿洲上种植水稻的田叫"湖埏田"。因在湖的边缘，故称。埏字，边际之义。

谚语"五云山上起阵云，詹俞夏傅一半份" 阵云：积雨云。五云山，在钱塘江北九溪，为西湖群山中第三座大山，水汽充沛；詹、俞、夏、傅是马湖村域内四姓聚居的一个自然村。

第三节 名产 名人

名产

夏孝樱桃 白马湖一带旧称夏孝乡，北宋太平兴国三年（978），为萧山15个乡之一。宋以降，夏孝樱桃即见于史籍。雍正《浙江通志》引宝庆《会稽续志》："樱桃出萧山夏孝乡。"乾隆《绍兴府志》引嘉靖《浙江通志》："萧山，樱桃名樱珠。"又引万历《绍兴府志》："有大小二种，萧山者胜。"夏孝樱桃果实小，红似玛瑙，形若珍珠，晶莹可爱。肉质细软，味鲜美甘甜，略酸，被视为果中珍品。元赵子渐在《萧山赋》中说"夏里莹点朱之樱，佳山坼如拳之栗”，前者即指晶莹红润的夏孝樱桃。马湖村域乡人素来有“立夏尝三新”之俗，樱桃是不可缺少的一“新”。

马湖步鱼　俗称土步鱼，白马湖一带特产。土步鱼冬季潜伏湖底，桃花水涨时游出水面，其时鱼肉饱满鲜嫩。落油镬，将春笋与土步鱼和锅烹煮，佐以姜、蒜、葱、酒、糖、盐等，即是滨江区传统名菜“春笋步鱼”。1956年浙江省认定的36个杭州名菜里，就有“春笋步鱼”，它与“龙井虾仁”“东坡肉”齐名。

草包、草绳　白马湖地区的草包、草绳，用稻草编织。草包分两种，一为包袋，一为散片。草绳主要用作包装绳，给瓜豆搭棚，裹缠树木越冬，以及用作编草包的经绳等。1955年以后，村里几乎每家都有草包机或草绳机。20世纪60年代至80年代初，西兴供销社专门在村域詹家里设站收购，年收购草包1500万个左右、草绳12.5吨。20世纪90年代后，玻纤编织袋、塑料绳代替草包、草绳。编织草包、草绳成了马湖人的记忆。

名人

夏方（生卒年不详）　字文正，西晋永兴范港村（马湖村域）人，晋代著名孝子。据明清《萧山县志》记载，夏方14岁时，村里瘟疫流行，父母伯叔及弟侄辈中有13人相继染病去世。夏方一边照顾病人，一边安葬亡者，毫无怨言。《萧山县儒学志》载：“方夜则号哭，昼则负土，凡十七而葬毕。”每完葬，夏方则在墓侧筑草庐守坟，坟边种植松柏。三国东吴时期，夏方官拜仁义都尉（略低于将军的文职武官），后升迁至五官中郎将。朝会时，他从不乘车，行走必让路于人。到晋代，夏方为高山令。据记载，百姓有犯事应加捶挞者（杖刑），夏方则对着受杖人泣而诲之，且不予加杖，上下无不感动，自此高山境内犯科之人日少。夏方在官3年，州举秀才。辞官还家后，仍孝行乡里，老孺称颂。卒年87岁。北宋太平兴国三年（978），萧山推行乡里制，在西兴、长河一带设夏孝乡，即以“夏方孝行名（乡）”。

傅仲芳（1896—1963）　原名翼翰，马湖村人。保定陆军军官学校第八期步科毕业。早年加入孙传芳部队，任排、连、营长，第四集团军特务团团长。民国17年（1928）归附国民革命军，任第十一师参谋处长、团长、旅长，第十八军六十七师师长，第五军第五十九师师长。民国24年（1935）年4月授陆军少将，民国26年（1937）5月授陆军中将。抗日战争爆发后，历任贵州省保安处长、第九十九军军长、第二十四集团军副总司令。参加第二、第三、第四次长沙会战和湘西会战。1949年到台湾，1963年病逝。

专　记

“瓦窑头”——马湖制砖业

马湖村域，明末清初即有乡人烧制砖瓦。村域有詹家里自然村，分外詹家和里詹家，外詹家村民多有以烧制砖瓦为业者。因而，旧时乡人称外詹家为“瓦窑头”（烧窑制瓦的地方），其烧制砖瓦已有400多年历史。工艺流程如下：取泥，在白马湖滩涂翻去表面沙土层，用长锹（长约0.7米、上装有“T”形木柄）取黏土，一层一层往下取，挖得越深土质黏性越好；练泥，将黏土运到岸上练泥场，人踩牛踏反复捣练，直至黏韧；做坯，将练好的泥放入不同尺寸的木框里，用特制的工具手工制成各种砖瓦泥坯；烧窑，将晒干的砖瓦泥坯，进窑层层环形架空叠放，用木柴昼夜焙烧，需掌握好火候；焖窑，砖瓦泥坯焙烧七昼夜后，往窑顶浇水冷却；出窑，一周后打开窑门，便可取出青灰色的砖瓦成品。马湖一带砖瓦的品种很多，砖有尺八方、尺六方、尺四方、大堂、灶面、双堂、老大延陵、大延陵、中延陵、五斤头、四斤头、棒磓砖、双砖、双开、砖箦、洋砖等，瓦片有板瓦、筒瓦、定瓦、时瓦、长稍、尺筒、半升筒、天沟筒、止水桶、狗头瓦、钉套、墙孔、狮子、龙腰、将军瓦、屋脊瓦、花边滴水等。砖瓦烧制工序环环相扣，十分辛苦，且技术性强，全凭老辈人口传心授，操作不好会出废窑，前功尽弃。清末民国初，白马湖周边围湖造田，加之丁湘湖的制砖业兴盛，马湖村域外詹家的制砖业因规模小而逐渐衰退，当地乡民弃窑务农。

中华人民共和国成立后，马湖村有不少村民通过参加砖瓦社（组）从事砖瓦生产。1982年6月，马湖砖瓦厂投产。1986年，马湖砖瓦厂与浙江建材二厂技术合营，产品质量在萧山各乡镇砖瓦厂中居第一位，1993年被评为萧山市一级企业，生产的“九五”红砖被评为萧山市优质产品。这一时期，砖瓦是紧缺商品，也是马湖砖瓦厂快速发展的鼎盛时期，工厂占地面积20公顷左右，员工达300多人，产品供不应求。制砖业为集体增加积累，为村民剩余劳动力解决出路，增加经济收入，更直接满足村民建造房屋用砖的需要。

2000年以后，随着城市化进程加快和环境保护加强，滨江区境域内砖瓦厂先后关停。马湖砖瓦厂和“瓦窑头”一样，成为历史的记忆。

西兴村

西兴村为西兴集镇所在地，面积2.5平方千米。东南、东北分别与萧山区城厢街道杜湖村、北干街道荣星村为邻，西接长河街道江一村，南与萧山区城厢街道湖头陈村接壤，北挨北塘河、协同村。

西兴村在滨江区的位置

来楚生　荷包花

第四编　西兴村

概　述

西兴村东距萧山老城区4.5千米，西北距滨江区人民政府驻地2.5千米。村域坐拥西兴官河与西兴老街，历史文化积淀深厚，辖区内龙图庙、义井等多处尚在，铁岭关、日船埠等遗迹依稀。

历史上，西兴村域属萧山县（市）。1949年5月，村域解放后，属西兴乡。人民公社化后，称西兴大队。1965年12月，易名东方红公社东方红大队。1981年复名西兴大队。1984年改设西兴村，1996年底划属滨江区。有15个自然村共13个村民小组。2000年，有人口3225人，其中少数族20人。

西兴村域为稻作区，耕地最多时有1247亩。20世纪60年代初实行春粮、早稻、晚稻“三熟制”种植，同时引种络麻等经济作物。20世纪80年代初实行家庭联产承包责任制后，早、晚稻亩产和生猪饲养量创历史新高，奶牛养殖、鹌鹑养殖兴盛一时。1997年实行第二轮土地承包后，推行土地使用权流转和农业集约经营、规模经营。后土地被大量征用，2000年后耕地迅速减少，农业人口256人，仅种植蔬菜。

1976年，东方红大队办起铝丝网厂，为第一家村办工业企业。1981年，金属压延厂投产，后又办起萧山链条总厂等6家企业。1997年，组建浙江威陵集团，1998年改制为股份制有限公司，为杭州市百强企业。2006年，全村工业总产值19.7亿元。

西兴村域怀拥西兴老街与官河，商贸业、运输业素有传统。1972年，东方红大队成立搬运队，1990年，有村民购车成为运输专业户，后又有村民创办运输公司。开店经商者更多。1998年，村办西兴农贸市场重建后投运，2001年被评为省“星级文明规范市场”。

依靠集体经济的力量，公共设施建设以及文教科技、卫生体育事业不断发展，村民生活品质大幅度提高。2006年，年人均纯收入10546元。村民建房规划有序，村容村貌焕然一新。2005年，成功申报为省级示范村。

2007年6月，西兴村改设西兴社区，古老乡村转变为城市新区，小康农民开启向文明市民的历史嬗变，西兴村迎来新的振兴。

第一章　基本村情

西兴村位于古西江塘、北海塘南，由15个自然村落组成，怀拥千年古镇西兴和浙东运河起点——西兴官河。土壤以黏粒土为主，主要种植水稻、络麻、蔬菜等。域内河、浜错综，利于灌溉舟楫。村域古为春秋越地，属萧山县辖区。中华人民共和国成立前，生产落后，民生凋敝，村庄发展迟滞。

中华人民共和国成立后，西兴村域从11个互助组、8个初级社到建成益丰高级社、西兴（东方红）大队，再到改革开放后建立村民委员会，村（大队）党、政组织带领村民（社员）发展生产，建设家园，村域面貌日新月异。1996年，西兴村划属滨江区，历经10年的城市化进程后，于2007年6月改设西兴社区。

第一节　区位　地貌　村落

地理位置

西兴村西北距滨江区政府驻地2.5千米，东距萧山老城区4.5千米，面积2.5平方千米。南与萧山区城厢街道湖头陈村接壤，北挨北塘河、协同村，西接长河街道江一村，东南、东北分别与萧山区城厢街道杜湖村、北干街道荣星村为邻。西兴街道办事处坐落于村域板桥头北。

地形地貌

村域属平原地形。土壤系湖海沉积物，土层较厚，为水稻土，以黏土为主，腐殖质含量较高，保肥蓄水性强，主要种植水稻、豆、麦、油菜等。水系构成以河、浜为主，主要有花园徐河、西兴河、蒋家桥河、绕板桥河、卖鱼桥河、鱼王乐河、杨家桥小河、善庆庄河、龙图庙河、王家斗、董家坛河、菜园桥河等。另有官河（浙东运河西兴段）自西向东与西兴老街并行横贯村域。

自然村

西兴村是千年古村，春秋时为越国门户。千百年来，五湖四海各姓家族聚集于此，形成不少自然村落。村域自然村共15个，其中以姓氏命名的村有7个，以建筑物命名的有7个，另有董家坛村于20世纪80年代消失。

花园徐　该自然村初为花园，东面花园为里花园，西面花园为外花园。因徐姓聚居，故名里花园徐、外花园徐，统称花园徐。相传虞姬曾居此沐足，有池塘称俞（虞）家池。2002年，有141户、496人，此后，土地被征用，为春晖小学以及官河锦庭、滨安小区等的居民住宅区。

善庆庄　据1987年版《萧山县志》所载，元亡时宁波府内千余蒙古兵丁向明军乞降为奴，称“堕民”，不列“四民”（士、农、工、商），不得与“四民”通婚，更不入科举，是为明太祖定制。有流落西兴者聚居成庄，无田产，以拾荒、换破烂、婚丧杂役等为业，中有迫于生计者或失德行，当地人教化其归善，名其村为善心庄。数百年间，备受社会歧视。中华人民共和国成立后，反对社会歧视，改善心庄为善庆庄。1975年，又改名为建新村，根据萧山县的安排，建新村有15户90人迁移至新围公社闸北村、联新村定居。2002年，善庆庄共有村民81户、246人。此后，土地被征用，建为滨安小区、龙湖天曜城。

蒋家塔　蒋姓聚居地。清代，此处建有蒋家庵。后，庵周边有乡人临河建宅聚居，名“蒋家埭”。民国前期，通省级公路，有汽车站附设修理厂。因厂区用水，筑一水塔（高20～30米）。方言“埭”与“塔”近音，村名遂成“蒋家塔”。2002年，有村民56户、191人。此后，土地被征用，建为官河锦庭、龙湖天曜城。

塘头街　位于西兴老街西南角。萧山的古海塘，以西兴塘为最早。西江塘、北海塘均为西兴塘的延伸。顾名思义，“塘头”乃海塘之起点，“头”在当地方言中有“起始”之意。此处塘埂边有平地，地势较高，涨潮时不易淹没，便有民宅、小店陆续兴建于此，分列两边，中间留有街路，故名“塘头街”。街路由石板铺成。2002年，有村民101户、346人。此后，土地被征用，建为鑫都汇、奥迪4S店、赛诺菲（杭州）制药有限公司。

石门塘　有东、西石门塘之分。初称斜桥村，以村边有斜桥而名。斜桥其实不斜，为正南向。因两块石板（上有石刻）仿佛斜卧在小河上，故名斜桥。石门塘北临官塘河，南依有戽河。后，有王姓人家迁入，戽称王家戽，村名塘下王。村中长者称：自小岳桥（属萧山区城厢街道杜湖村）至塘下王村中央，旧有石墙门（牌坊）10座，故又名十门塘，亦称石门塘。此后，滨江区地名办定其名为“石门塘”。2002年，有村民67户、182人，另有“农转非”

人员60人。后，土地被征用，现为金色钱塘小区、悦庭酒店、风情大道、滨康路地铁站。

坟里陈 别称“坟里城”“维里陈”。此处原为坟茔之地，平坟后村民聚居以成村庄，故名坟里陈。2002年，有村民101户、346人。征地拆迁后，建成启越府（二期）。

扇骨场 位于西兴官河北岸，原为杭州王星记扇商堆晒扇骨子的场地，故名“扇骨场”，后演变成自然村。2002年，有村民40户、142人。此后，土地被征用后，建为官河小区、龙湖天曜城、西兴路、公共停车场。

韩家里 为韩、孙、杨、王、周姓乡人聚居之地，以姓名村，称韩家里。2002年，有村民67户、182人。土地被征用后，建为新东方大厦，另剩西兴地铁站北面为待开发土地。

曹家庄 因曹姓乡民聚居得名。此村穿插在花园徐里面，多有徐姓、周姓村民，现曹姓人家仅2户。2002年，有村民27户、204人，土地被征用后，建为官河锦庭、春晖小学、海威大厦。

董家坛 村边有河，名董家河。因修筑浙赣铁路，把河切成两片，近村段河道其形若坛，故名董家坛。原有住户7户、41人，规模较小，由萧山城东涝湖村迁入。后又有周、吴等姓人家陆续迁入。村域大姓为韩、周。20世纪80年代末已全部迁离，村落消失，仅剩地名。

日船埠头 中华人民共和国成立前，西兴官河有客运快船在此为埠，此类快客船早出晚归，航程不过夜，故此处名“日船埠头”。后，该处住户多为西兴集镇（属西陵社区）居民。西兴村村民只有余法根1户5人。此后，土地被征用，为龙湖天曜城、地铁滨康路站。

陈家弄 因陈姓人家聚居而得名。弄长184米，最宽处2.7米。西兴村村民与西兴集镇（属西陵社区）居民混居于此。2002年，有村民30户90人，另有“农转非”人员23人。土地被征用后，为龙湖天曜城、地铁滨康路站。

花厅 周姓人家居住为主。早年周姓人家有人做过大官，在此建起花厅，遂以花厅为地名。2002年，有村民45户、133人。此后，土地被征用，建为云厦连园。

施家弄 因施姓人家居住于此，故称施家弄。全长104米，宽1.6米。此处住户，西兴村村民与西兴集镇（属西陵社区）居民大致各半。2002年，有村民45户133人。此后，土地被征用，建为云厦连园。

六眼井　此处有一大深井，建时上置石井栏六眼（尚存三眼），故此地称六眼井。西兴村有十数户村民与西兴集镇（属西陵社区）居民混居于此。村域以来姓、赵姓为大姓，另有王姓、傅姓。2002年，有村民95户333人。此后，土地被征用，为龙湖天曜城、玲珑府。

板桥头　此处有座桥叫板桥始于清代，桥宽4～5米，长5～6米，体量不大，刚好可以开行卡车。2002年，有村民67户182人，另有“农转非”人员60人。此后，土地被征用，现为悦庭酒店、金色钱塘小区、风情大道。

第二节　建置沿革

行政区划

西兴古称固陵、西陵。西兴村域春秋末为越国属地，西汉时属余暨县。三国吴黄武年间（222—229）改余暨为永兴。唐天宝元年（742）改永兴为萧山，村域属之。北宋太平兴国三年（978），始有境域行政建制之记载，西兴村域时属夏孝乡。元、明至清末，行都图制，村域属三都。清雍正七年（1729），村域为三都八图，清宣统二年（1910），属西兴乡。

民国17年（1928），推行村里制，村域称西兴里，属萧山县第二区。民国21年（1932），为第一区第九镇。民国23年（1934），实行保甲制，村域属东岳区西陵乡。民国36年（1947），村域分属西兴镇第5、第6保。

1949年5月，境域解放。6月，成立西兴乡人民政府，西兴村属西兴乡。1954年，在原有11个农业生产互助组的基础上，村域先后创办起8个初级农业生产合作社，分别为蒋家塔的新春社、花园徐的新生社、板桥头的新华社、韩家里的伟丰社、坟里陈的民丰社、陈家弄的联众社、扇骨场的星火社和七村社。1956年底，各初级社合并成立益丰高级农业生产合作社，社长徐寿铨。1958年，长河人民公社（大公社）成立。人民公社实行军事化管理，村域为西陵管理区第四连，后改称西兴四社。1959年，村域为长河公社西兴管理区西兴大队。1961年，长河大公社分成西兴、长河、浦沿、山河、闻堰5个小公社，村域为西兴公社西兴大队。1965年12月，为纪念毛泽东主席1959年8月22日视察西兴，西兴人民公社改名为东方红人民公社，西兴大队同时改名东方红大队。1981年，复称西兴人民公社西兴大队。1984年，撤销政社合一的人民公社体制，建立乡级政权，村域为西兴乡西兴村，1985年改称西兴镇西兴村。1996年5月，随西兴镇划属杭州市西湖区。1996年12月，西兴村随西兴镇划归滨江区。2003年12月，西兴镇改设西兴街道，西兴村隶属。2007年6月，西兴村改设西兴社区。

基层组织

中共基层组织　1954年，西兴村域王泉根、徐世昌、戴阿土3人先后加入中国共产党，为中华人民共和国成立后西兴村域最早的共产党员。1956年，中共西兴村（益丰高级社）支部成立，书记王泉根。1958年人民公社成立后，中共西兴大队支部建立。1965年12月，改名为中共东方红大队支部。1966年1月，朱德委员长到东方红公社视察、调研农村工作和农民生活情况，时任东方红大队党支部书记王泉根参加座谈会并向朱德委员长汇报介绍大队情况。1966年之后党组织活动基本停止。1970年，党组织活动恢复正常。1981年，东方红大队复名为西兴大队，党支部相应更名。1984年，撤销人民公社体制，中共西兴大队支部改称为中共西兴村党支部。1995年，中共浙江省委书记李泽民到西兴村调研农村经济和党建工作情况。1998年，中共西兴大队党支部改建为中共西兴村委员会，书记陈生根。2000年，获评杭州市基层先进党组织。2006—2007年撤村建居时，社区党委下属5个党支部（滨安、迎春、湘云、链条、股经社）、1个党总支（威陵党总支，下设3个党支部）。

行政管理组织　中华人民共和国成立初，西兴村域有五联村、六村、七村、八村共4个村农民协会（简称“农会”）。1954年，村域各初级社兼管部分行政事务。1956年，村域成立高级社，生产、分配、行政管理基本一体。1958年，全面实行政社合一的人民公社体制，西兴生产大队管理委员会履行行政管理职能。大队管理委员会设大队长、副大队长，由社员代表大会选举产生，或由公社管理委员会任命。1966年之后，大队革命委员会取代大队管理委员会。1980年，大队革命委员会取消，恢复大队管理委员会。1984年，撤销人民公社，西兴大队改设西兴村，建立村民委员会，为村民自治组织，村民委员会设主任、副主任、委员等，由村民代表大会选举（1990年起改由村民直接选举）产生，每3年换届1次，已历8届。

经济管理组织　中华人民共和国成立后农业合作化初期，村域初级社（高级社）负责各业生产和社员分配，管理集体经济。1961年起，村域集体经济管理由大队管理委员会(革命委员会）负责，生产队为基本核算、分配单位。1991年，西兴村经济合作社成立，设管理委员会，组成人员有社长、副社长及委员若干人，具体负责全村集体资产、资源、资金的运营管理和保值增值。重大决策由村党委（党支部）、村民委员会、村经济合作社商量决定或交社员代表大会确定。西兴村经济合作社每届任期3年，换届选举与村民委员会同步，已历6届。村经济合作社制定财务管理制度共7章24条，并由村民代表大会选举产生民主理财小组和监督小组，审查、监督村经济合作社的一切经济事项。2006年，西兴村村级集体资产4959万元，组级集体资产1256万元。

第三节　人口　姓氏

人口

民国及以前，未见西兴村域人口统计资料。据长者所述，村域生产落后，民生贫弱，人丁不旺。

中华人民共和国成立后，党和人民政府注重民生，发展生产。20世纪50年代初，政府鼓励生育，西兴村域人口迅速增长。至1965年，西兴大队有户籍人口1781人。20世纪70年代后期，20世纪50年代初出生的人口进入生育期，加上居民平均寿命延长，人口增长幅度较大。1977年，西兴大队（时称东方红大队）户籍人口2113人，比1965年增长18.64%。此后，大力推行计划生育。20世纪80年代，村域户籍人口数量开始下降，1987年为1864人，比1977年下降近12%。进入20世纪90年代，村域户籍人口又有回升。1996年，西兴村划属滨江区时，户籍人口为2020人。此后，因城市化建设加快和村域经济富裕、社会繁荣，外来创业就业落户人口、高等院校毕业生回乡人口增加，婚嫁、入学人口则大多不愿外迁。2006年，全村户籍人口2214人，比1996年增长近10%。但随着土地征用，大量农业人口转为非农业人口，至2007年撤村建居时，农业人口仅存256人。

20世纪70年代，村域户籍人口中，初中文化程度以上者仅10数人（包括中专学历1人）。2000年，6周岁以上户籍人口中，小学文化程度1172人、初中1226人、高中和中专375人、大学及以上139人。

村域户籍人口男女性别比一直稳定。1975年统计，女性占户籍总人口的52.68%，2002年为54.43%。女性人数多于男性人数的主要原因是女性普遍比男性长寿。

村域户籍人口中老年人增多。2000年，0～5周岁255人，6～14周岁339人，15～64周岁2616人，65周岁及以上288人。2002年，60周岁以上老人有262人，占户籍人口的12.66%，高于滨江区平均水平。

村域户籍人口劳动力主要来源于人口的自然成长。外地劳动力的输入主要为婚嫁入籍的女性劳动力。1965年，西兴大队有劳动力689人，占总人口的39%。1981年增加到1418人，占总人口的68%。增长的主要原因为20世纪50—60年代初生育高峰期出生的人口进入劳动年龄阶段。20世纪90年代开始，由于土地被征用，安置进入企业、工厂的“农转非”人员全是劳动力，因而西兴村户籍人口劳动力大幅度减少，1992—2002年减少295人。但外来务工、就业劳动力逐年增加。2002年，外来务工、就业劳动力1073人，超过村域户籍劳动人口。2006年，西兴村劳动力为1291人，占总人口的56.8%；外来务工、就业劳动力2950人，其中来自省外的劳动力为2793人，超过村域户籍总人口。

姓氏

西兴村共有姓氏120多个。徐姓人数最多，有400多人。100人以上的为张、陈、王三姓。50～100人的有周、孙、来、韩、胡、沈、俞、杨八姓。上述12姓多为村域世居村民，其先人当为各村落的拓荒者。全村650多户家庭，户主姓氏63个。

各自然村主要姓氏分布：花园徐以徐姓为主，另有饶姓、邱姓等；韩家里，除韩姓外，有王、周、潘、夏等姓；陈家弄，以孙、俞、陈、张诸姓为主；施家弄，以章姓、王姓、田姓为主；坟里陈，除陈姓外，有汤、於、韩等姓；石门塘、板桥头，以王姓、张姓、汪姓为主，还有孙、戴、詹、童、来、徐、蔡诸姓；花厅、塔弄，以周姓为主；善庆庄，以张、陈、胡、俞、苏等姓为主；日船埠头，以余姓为主；扇骨场，以杨姓、陈姓为主；塘头街，以杨姓为主，另有傅、金、徐、戴、陈、沈、胡等姓。

第二章　村庄建设

西兴村域地处西兴集镇周围，中华人民共和国成立前，土地属个人私有，各自然村一直处于农耕状态，生产落后，民居陋旧，村容萧然。村域曾有县道、公路穿越，交通除集镇官河外，大多依赖小河、小船、小路。村域有清代所建十几座石板桥，无其他基础设施。

中华人民共和国成立后，西兴村域建立和巩固社会主义集体经济制度，保障农田水利、桥梁机埠、公路交通、邮政电力等不断发展。特别是改革开放后，社队工业壮大集体经济的力量，基础设施巩固提高。20世纪80年代初，实行家庭联产承包责任制后村民放开手脚发家致富。村民建房规划有序，城市公交四通八达，村容村貌焕然一新。

第一节　新农村建设

历史上，西兴集镇虽自古繁华，但到集镇周围垦荒耕种或落脚谋生的穷苦农民居所随隅而建，渐成村落，自是无序。至民国末，村庄面貌凌乱破旧。

中华人民共和国成立后，西兴村随着集体经济的发展和公共设施的兴建，村庄建设、村容村貌逐步改善。20世纪60年代初三年困难时期过后，人们生活明显好转，开始有少数家庭建造新屋。改革开放后，社队工业崛起，农民收入增加，建房家庭迅速增加。20世纪80年代至90年代初，各自然村新建楼房随处可见。但因缺乏总体规划，只见新农居，不见新农村。进入20世纪90年代，西兴村开始编制村庄规划，内容包括村民住宅、公共活动场所、交通道路建设等，并按规划开展村庄道路整修、河道整治、改善用水条件、推进村庄卫生保洁和村民庭院绿化。1993—1994年，西兴村连续两年被中共萧山市委、市人民政府评为文明村。

1998年后，新一轮村庄规划由滨江区人民政府组织各镇负责编制。根据规划，西兴村在拆除违章建筑的基础上，设置新农居点3个。村民新建楼房集中在农居点，两户联建，统一布局、统一楼高、统一式样。这一时期，村容村貌不断改观。村域新建起公共厕所，增设垃圾箱20多只，并落实专职保洁队伍。投资近10万元，整修村庄水泥道路和增绿护绿，其中新增绿化面积800平方米。投资40多万元，改造断头浜，植树绿化，建成公园，村容村貌整洁焕然，村民家庭洁净文明，全村有五好文明家庭254户、星级家庭19户。2000年，西兴村被中共杭州市委、市政府命名为“社会主义新农村建设示范村”。2001年起，滨江区停止农民自建住宅，西兴村开始建设农村多层住宅。2003年，西兴村加入“百村示范、千村整治”工程行列后，村容村貌更上一层楼。全村逐步实现布局优化、道路硬化、卫生洁化、村庄绿化、河道净化。2005年成功申报为省级“社会主义新农村建设示范村”。

交通水利

道路 民国14年（1925），萧绍公路萧山段建成，村域至萧山城东转坝通车。民国24年（1935），村域至临浦黄包车路开通，为县道。民国37年（1948）2月，县道开通萧山县城至西兴长途汽车，月余后停业。

中华人民共和国成立后，104国道（1992年后称03省道）自西向东穿越西兴村域。1959年，此路开行杭州至萧山公交15路（后称315路）车，村域设西兴站。1967年，萧山县城至闻堰公路开通客运班车，经停西兴村域。1968年，村域北部原北海塘（西兴塘）修成公路。村域旧有南北向3米宽小弄名仓弄，1987—1989年，镇、村合力将其扩建成长750米、宽18米的公路，称固陵路，为村域内南北向主要道路，并成为西兴集镇最为繁华的商业街。滨江区成立后，西兴村域城市道路建设加快。2002—2003年，村域西部江陵路、南部滨康路先后开通。2004年，村域东部西兴路开建。2005年，村域段03省道拓宽为城市道路，称滨安路。至2006年，村域经停公交车有301路、315路、322路、326路、522路、320路等。

河流 北塘河曾名大寨河，因地处北海塘之北，并与北海塘平行，故名北塘河。系1977年人工开挖的排灌、航运河。西起江边排灌站，东至萧山坎山红星桥，长24千米。西兴村域段长750米，流经西兴农贸市场、十甲河、河畔花园区域。龙图庙河起始于龙图庙，至三眼桥。村域段长约300米，流经燕语林森、云厦连园区域。后河过三眼桥与龙图庙河相连，村域段长500～600米，流经陈家弄区域。西兴直河位于村域南部，村域段长700～800米，流经玲珑府、官河锦庭区域。西兴横河位于村域南部，村域段长500米，流经龙湖天曜城、鑫都汇区域。坟里陈直河位于村域南部，村域段长700～800米，流经花园徐、坟里陈、善庆庄区域。

桥梁 西兴村域旧有桥梁15座，多为清代所建的石桥。20世纪60年代，村东端板桥翻建为水泥桥。后，陆续又有蒋家塔桥、善庆庄桥、董家坛桥、卖鱼桥等先后翻建为混凝土结构桥。仍为石桥的有坟里陈的绕板桥、傅家桥；石门塘的斜桥、王家斗桥；后河上的三眼桥。20世纪70年代，花园徐外花园北侧新建杨家桥（混凝土结构）；2000年，陈家弄南新建东杨家桥（混凝土结构）。

清代石桥中，原有外花园徐小桥、万隆桥、菜园桥、董家坛小桥、龙图庙小桥等，或因征地拆迁，或水面成陆，已无存。

水利　1956年，农业合作化时期，西兴村域修建抽水机埠17座，以柴油机为动力抽水灌溉。人民公社成立后，1962—1963年，又修建机埠12座。1983年，实行家庭联产承包责任制后，购置流动抽水机船4艘，再增设机埠1座。1996年10月，新建西兴村闸，为排灌两用闸。历年来，村(大队）不断新建、修整渠道，至2007年撤村建居，全村有渠道4480米，全部为“三面光”标准渠道。

公用事业

邮政　清光绪十六年（1890），西兴设有邮政代办所，民国延续。抗日战争时期曾一度断邮。中华人民共和国成立后，西兴邮电所（邮政支局）业务不断发展。西兴村域乡民寄邮件、拍电报自得近水楼台之利。

电信　西兴电话始于民国27年（1938）。时，萧山县政府为加强沿江军防而架设的电话线路通达西兴。1958年，西兴邮电所安装电话总机。此后，西兴村（大队）装有电话。20世纪70年代后期起，西兴大队（东方红大队）队办企业陆续开始安装电话。村域家庭电话始于1982年，第一户为12生产队胡来荣。1996年，第五组村民陈乃娥成为购置电脑第一户。这一时期，村域电话、传呼机、小灵通、手机、宽带网，与时俱进，迅速发展。2007年，全村家庭电话普及率超90%。

电力　西兴最初通电为民国15年（1926）。同年，萧山县城有“永安电气公司”用柴油发电机拖带100千瓦发电机发电，下半年将电力送到西兴、长河一带。民国26年（1937）10月，因日本侵略军飞机轰炸，线路毁坏殆尽，电厂停业，西兴断电。西兴村域再次用上电力已是中华人民共和国成立后。20世纪60年代初，西兴大队接入萧山电网，有100千伏安变压器1台，用于抽水灌溉、稻谷加工和社员家庭照明。20世纪80年代，电力线路接入田畈，用于机械脱粒。1993年，全村电力线路整网，变压器增至3台共250千伏安。2001年再次整网，并免费为农户安装“一户一表”。至2002年，全村共有变压器20台8450千伏安（包括企业用电量），其中农户照明用电线路12.5千米，农业灌溉、机械脱粒用电线路8.6千米。

供水　自古以来，西兴村域乡人饮用水主要为河水，少数家庭饮用井水。

1984年，利用萧山第二水厂距村域不足1千米的区位优势，村集体投资10万元，用一年多时间，埋设管道5180米，全村650户家庭接入萧山自来水厂供水，入户率100%。

办公用房　西兴村最早的村集体办公地点于1955年设立，位于青年路与固陵路交岔口，系庵堂改建。包括财务室、医疗卫生室、村干部办公室、会议室等，整体占地面积约为300平方米。1984年，搬到位于滨安路155号的办公地点，为3层建筑。2000年，建成村农资服务站，面积167平方米；建成粮食加工场，面积254平方米。2003年，扩建位于滨安路155号的村综合楼，建成后高7层，总建筑面积2269平方米。至2007年撤村建居时，一直沿用。

第二节　土地使用

土地制度

中华人民共和国成立前，西兴村域多数土地为地主、富农或官绅占有。除少部分自耕农外，多数贫困农民缺田少地，不得不成为佃户。

中华人民共和国成立后，1950年冬，西兴村域开始土地改革，土地按人口平均分配给农户，并由萧山县人民政府颁发土地证。1951年后，开展农业生产互助合作。至1954年，全村共有互助组11个。此后，村域逐步建立起8个初级农业生产合作社，农户以土地入股，生产经营由合作社统一安排，社员以土地股、农具股以及劳动工分参加合作社分配，但土地仍为农民私有。1956年，村域8个初级社联合组建成益丰高级农业生产合作社。除少量社员自留地外，土地全部归高级社集体所有、集体经营，社会主义集体土地所有制初步建立，为国家农作物种植计划的落实提供保证，为农田改造和水利建设奠定基础，村域29座抽水机埠中有17座为高级社时期所建造。

1958年后，西兴大队大规模平整土地，开展园田化建设，农业水利化、机械化等得以发展，集体土地所有制不断巩固。1971年，西兴大队（时称东方红大队）有集体耕地1247亩，比1951年增长13.4%。生产经营持续发展。1961年，西兴大队粮食总产量为405吨，1982年达到805吨。

土地政策及利用

20世纪80年代开始，土地经营体制逐步改革，西兴大队先是推行“四定一奖”（定作物面积、产量、劳力、完成率，超产全奖）的生产责任制。1982

年后，全大队13个生产队全部实行以家庭联产承包责任制为主的统分结合双层经营体制（第一轮土地承包），扩大农民对土地的自主经营权，极大地调动生产积极性。1983—1990年，早、晚稻年平均亩产944千克，是1970—1977年的1.47倍。滨江区成立后，1997年，全村实行第二轮土地家庭联产承包责任制。1999年，延长土地承包期，村经济合作社与农户重新签订土地承包合同，农户领到土地承包使用权证，并实行土地使用权流转机制，推动土地规模经营、集约经营，改变种植结构，提高土地产出率。

土地征用

西兴村域分布于西兴集镇周边，因集镇建设和社队工业发展，土地被征用相对多于其他村（大队），1976—1996年共被征用土地280.95亩。1996年滨江区成立后，城市化加速。西兴村被征用土地急剧增加，仅2002年一年就被征用348.1亩，是1997年前20年间被征用土地总和的1.24倍。至2006年，全村尚存耕地344亩，其中包括围垦地159亩。

第三节　围垦土地

湘湖围垦

1966年，东方红公社与城厢镇湘湖大队联合开展湘湖围垦，分3期进行。东方红大队（西兴村）组织劳力全程参加，分得的土地逐步耕种水稻。1971年底，东方红公社砖瓦厂在湘湖围垦创办，土地用于工厂建设。

钱塘江围垦

东方红大队参与钱塘江边的东江、顺坝等围垦工程。其中1970年冬，出动100多人，参与军民联围10万亩的围垦工程。1977年，出动100多人，搭乘手扶拖拉机参与东江“两万五千亩”联合围垦，围得第21工段土地。后该片土地被征用。东方红大队最初分得围垦土地为107亩，1980年增加至162亩。1980年之后，西兴村不再参与围垦。

第三章　村域经济

民国及以前，西兴村域农业种植唯有早稻，产量低。极少数家庭有耕牛或偶尔养猪。村中有木匠、泥水匠和灯笼、蚊香制作的手工业者。乡人除持鱼虾菜蛋上街市售外，开店事商者寥寥。从事脚班、拉车、挑脚、抬轿者颇多。

中华人民共和国成立后，农业合作化时期，改变单一的早稻种植，引种络麻、油菜等经济作物。20世纪60年代初开始推行麦、早稻、晚稻“三熟制”。20世纪70年代初期起，农业长期稳产高产。1983年，村域生猪饲养量1707头，为历史最高。20世纪90年代中期，奶牛养殖、鹌鹑养殖颇有成就。1996年，村域划入滨江区后，发展城郊服务型农业，蔬菜种植成为主要农业。随着城市发展，2001年始，村域土地征用加速，农业骤减。2006年，种植业仅蔬菜收入2万元。2002年后，滨江区禁养限养畜禽。

1976年，东方红大队办起铅丝网厂，是第一家队办工业企业。1981年，金属压延厂正式投产，为村域工业发展新起点。1988年，兴办萧山链条配件厂（后更名为萧山链条总厂）。1997年，组建浙江威陵集团公司，1998年改制为股份制私营企业，为杭州市百强企业。2006年，西兴村村级工业总产值19.7亿元。

1982年，个体私营工商业恢复后，村民纷纷加入商贸服务运输业。同年，西兴大队在集镇古海塘边建成西兴农贸市场。1999年1月，分2期在原址重建农贸市场，共有摊位584个，营业用房227间，2001年西兴农贸市场被评为省“星级文明规范市场”。2006年，西兴村商贸服务业、运输业收入为584万元。

第一节　农业

西兴村域为传统的稻作区，主要粮食作物为水稻、春粮，并有少量夏秋杂粮。主要经济作物内地有络麻、油菜，围垦种植棉花、西瓜。1979年后，发展城郊服务型农业，内地蔬菜种植大幅度增产增效。20世纪80年代初，西兴村生猪饲养量创历史新高。20世纪90年代前期，奶牛养殖、鹌鹑养殖出现专业大户。2001年后，土地大量被征用，村域农业急剧消退。2006年，村民农业收入仅存蔬菜一项。

种植业

水稻　民国时期，西兴村域生产条件低劣，只能种植早稻。品种为农民自选自繁，长期以细秆光籼、生稻为主。中华人民共和国成立后，村域走上农业集体化道路。20世纪60年代初开始，机械灌溉使得水利条件大为改善，西兴村域开始实行春粮、早稻、晚稻“三熟制”种植。1961年，早稻亩产为232.5千克，晚稻亩产为196千克。1984年，早、晚稻亩产双超500千克。2001年，晚稻亩产再创历史新高，为557千克。同年，因土地减少，种植结构调整，早稻已不再种植。

大麦 西兴村域种植大麦始于20世纪50年代初。20世纪60年代实施“三熟制”后，大麦作为前茬作物，又为弥补口粮不足，种植面积增加。1961年仅110亩，1973年跃升至500亩。实行家庭联产承包责任制后，1985年达到523亩。20世纪90年代后，粮食市场放开，大麦作为口粮质量较差，种植面积迅速下降，1998年后不再种植。

小麦 既可作社员口粮，又可替代稻谷充交公粮，20世纪50年代开始种植。1962年，西兴大队小麦面积近200亩。土地集体经营时期，面积基本稳定。20世纪80年代，家庭联产承包责任制实行以后，农民自主种植，小麦面积减少，改种其他收益较高的经济作物，1996年仅种植3亩。

蚕豆 村域蚕豆种植历史可追溯到民国以前，有统计资料则始于1961年。正值三年困难时期，为弥补粮食缺口，西兴大队种植蚕豆262亩。后随农业恢复，蚕豆不再成为主粮，种植面积减少，1963年以后，大部分年份70～80亩，平均亩产为100千克，1996年后不再种植。

夏秋杂粮 西兴村域夏秋杂粮有玉米、番薯、黄豆等，因多为旱作，一般在沥水的埂塘和杂边地上种植，面积不多。1990年后，作为休闲食品仅见于个别家庭的自留地。

络麻 村域络麻种植始于20世纪60年代初，是为稻、麻轮作试验，种植不多。1965年，扩大到62亩，此后一直保持在60亩上下。20世纪80年代前，大多年份亩产200～250千克。实行家庭联产承包责任制后，亩产上升到300～350千克，1984年达到374千克，为历史最高年。1990年后不再种植。

油菜 村域油菜种植始于20世纪50年代中期，每年根据国家计划安排种植面积。1961—1973年，西兴大队年均油菜种植面积为155亩。1974—1992年，大部分年份种植面积在220亩以上。1992年后，国家放开粮油市场，西兴村油菜面积迅速减少。1999年，仅为16亩，此后不再种植。

蔬菜 村域乡民种植蔬菜，原为自产自食，真正成为产业是在国家放开计划种植后。1993年，西兴村农户在承包地上种植蔬菜81亩，总产量200多吨。1996年，滨江区成立后，发展城郊服务型农业，西兴村蔬菜种植面积迅速扩大到162亩，品种趋向名优高档。2001年，种植结构调整为“一稻(晚稻)一菜”，蔬菜面积达581亩，总产量超过1500吨。此后村域耕地被大量征用，蔬菜面积减少。2006年，村民农业收入仅存蔬菜一项。

棉花、西瓜　西兴村内地素无棉花、西瓜种植。国家放开种植计划后，围垦部分土地改种棉花、西瓜。棉花种植面积最多为1995年的95亩，1999年后不再种植。西瓜种植面积最多为1993年的81亩，2002年后基本不再种植。

养殖业

耕牛　民国及以前，西兴村域有少数富裕家庭饲养耕牛，用于土地耕耙和车水灌溉。中华人民共和国成立后，合作化时期耕牛入社。20世纪60年代初，西兴大队每个生产队都有耕牛，最多年份为1968年的27头。20世纪70年代起，拖拉机逐步取代耕牛。20世纪80年代家庭联产承包责任制实行后，仍有部分农户养有耕牛，主要为自家耕用，亦间或出租。2001年尚有耕牛8头。此后不再统计。

奶牛　村域饲养奶牛始于20世纪80年代初。1981年，西兴大队建奶牛场。1984年，奶产量为23吨。最高年份为1992年的30吨。1996年，11组村民张正林、韩月娥夫妇养奶牛10头，韩月娥因此被评为萧山市农家女能手。2000年，全村牛奶产量22.5吨，2001年骤减至5吨。此后不再饲养。

生猪　民国及以前，村域养猪仅限于少数富裕人家，大多数农户生计艰难，无力养猪。农业合作化时期，人民政府鼓励养猪，村域养猪始有较大发展。现存最早统计资料为1961年，西兴大队生猪饲养量为180头。此后，提倡“猪多肥多粮多”，1983年生猪饲养量1707头，为历史最高。滨江区成立后，城市建设和环境保护力度加大，村域养猪逐渐减少。2001年，全村出栏生猪仅481头。2006年，农民家庭经营情况调查统计已无畜产品收入。

家禽　西兴村农户家庭养鸡养鸭是为传统，多为取蛋。亦有部分农户有养鹅习惯。凡此，均为农户自家食用，未成规模。形成规模的为鹌鹑养殖。1995年，第八组村民戴国祥饲养鹌鹑3.5万羽（第一茬），38天后下蛋，每天产蛋390千克。1997年，同组村民詹凤珍饲养鹌鹑1.3万羽，成为当年度“杭州市新家庭示范户”。2001年后，城市化进程加快，环境保护凸显，村域家禽养殖锐减。2006年，村域已无禽产品收入。

第二节　工业

发展过程

西兴村域怀拥西兴集镇，得古镇繁华之地利，历代都有村人借此为泥水匠、木匠者，也有制作灯笼、蚊香的手工业者，可谓村域工业之始萌。

村域现代意义上的工业起始于20世纪70年代中期。1976年，东方红大队（西兴村）办起铅丝网厂，有简易厂房8间，职工10多人，年生产铅丝网2000多匹。1977年初，办起锯板厂。1980年下半年，大队向银行贷款8万元，买入杭州长征轧钢厂几台旧机器，并向电力部门争取到280千伏安变压器1台。挑选20多名社员，筹办金属压延厂。1981年3月，工厂正式投产，当年产值80万元，利润6万余元。1982年，西兴铅丝网厂的铅丝网产品注册为“六角”牌商标，钢直尺注册为“红天”牌商标，并扩大生产。同时增设新车间，生产家具配件合页。当年实现产值190万元、利润15.3万元。1985年，西兴金属压延厂改称浙江省轻工金属材料改制厂。同年办起天竺筷厂、服装厂和灯具厂，当时全村有企业6家。1988年，采用“母鸡孵蛋”的办法，利用浙江省轻工金属材料改制厂的产品以及业务渠道等资源，办起萧山链条配件厂，1990年更名为萧山链条总厂。1992年，西兴村到北京举行发展村级经济新闻发布会，扩大村的知名度，拓展产品销路。同年，全村工业产值突破千万元，利润突破百万元。1993年，产值跃升至3000万元，利润达到381万元。1994—1995年，企业转制。西兴锯板厂、西兴服装厂、西兴铅丝制品厂、西兴电动机修理组、西兴灯具厂分别通过动产拍卖、不动产租赁或全部买断等办法，先后转制为私营企业，生产销售进一步发展。1996年，村工业实现销售总产值8347万余元，利润总额490万余元，发放职工工资418万余元。

1996年滨江区成立后，西兴村工业迎来新的改革和更大的发展。这一时期，西兴村机械、机电类企业发展加快。比较有代表性的有伟丰机械、鸿宇机械、林兴机械、林英机械、宝庆机电等。其中杭州东陵机械有限公司生产的自行车车架经中国自行车协会检验确认为信得过产品，高档山地车、避震自行车出口东南亚和欧美市场。

因土地、环保等原因，西兴村另有不少村民将企业办在村外、镇外、区外。2002年，产值2000万元以上在外企业有4家：杭州萧山恒泰制管有限公司（4000万元）、杭州星光机械有限公司（2100万元）、杭州振强车业有限公司（2050

万元）、杭州警卫电子机械制造有限公司（2000万元，含出口产值1500万元）。

企业选介

海威控股集团　1997年初，浙江威陵金属集团有限公司、杭州威陵钢管有限公司、杭州威陵钢家具有限公司、宁波西陵工贸有限公司等骨干企业联合组建成浙江威陵集团公司，走强强联合之路、扩大规模经营。1998年5月，公司转制为股份制私营企业。1998年、1999年，浙江威陵集团公司被评为杭州市百强企业和杭州市文明单位。1998—2001年，浙江威陵集团公司获滨江区强优企业称号。作为主导产品的各类优质碳素钢结构冷轧钢带全都采用国家标准；室外沙滩椅、躺椅、室内工作椅、休闲椅、旅行椅系列，出口到欧美、大洋洲；“威陵”牌各种型号直缝圆形高频架行和异型钢管等畅销市场。2001年，全公司总产值4.02亿元，利润1472万元，职工1113人。2002年，公司投资3000万元，扩建厂房3万平方米，增添新设备，全公司实现产值6.04亿元，利润1701万元，上缴税金1700万元。2004年，成立海威控股集团，以投资控股的方式控股威陵集团和海威置业，发展方向分别偏向于实业制造和房地产开发。2006年，全公司实现产值22.9亿元，比2005年增长38.63%，利润7732.29万元，上缴税金4700万元。

杭州铁陵链条总厂　20世纪90年代，杭州铁陵链条总厂（前身为1988年西兴村创办的萧山链条配件厂，1998年转制后称杭州铁陵链条总厂）是全国链条行业中设施最齐全的企业之一，各种链条生产能力每年200万米。产品符合国际标准，1995年后连续多年被中国进出口公司定为免检产品，外销东南亚国家和地区，内销黑龙江、吉林、沈阳、广州、昆明等地。1998年，杭州铁陵链条总厂从浙江威陵集团公司分离，转制为私营企业。2000年，杭州铁陵链条总厂被评为浙江省产品质量创优企业、链条行业标准化工作先进单位。2002年，创产值805万元，利润7.8万元。2006年，创造产值726.89万元，利润45.15万元。

第三节　商贸服务业

变迁过程

西兴集镇自古繁华，西兴村域坐拥官河（浙东运河西兴源头）和西兴老街，商贸业、服务业自得其利。自古以来，村人携鱼虾螺蛳、鸡鸭菜蛋至老街，或摆摊设点市售，或串巷走弄兜卖。位于集镇的自然村，村人沽酒置货，自上店肆，素来方便；离集镇稍远的花园徐等自然村，或有零星小店坐商，或有货郎匠担串村。民国时，板桥头有棉花行，专事棉花收购。全面抗战爆发前，西兴村域有不少乡民在集镇从事运输服务业。乡民或入脚班为过塘行装卸货物，或跑单脚替集镇店铺配送商品，或拉黄包车、抬乌壳轿载客送客。另有少数富裕人家购置木船出租给乡人从事水运。日本侵略军占领西兴后，商贸服务业顷刻凋敝，脚夫大多失业。抗日战争胜利后，商贸业虽有复兴，然举步维艰。民国后期时局动荡，商户纷纷歇业，殃及村域从业村民。

中华人民共和国成立后，脚班并入运输公司，从业村民随之。1955年后，木船入社，不再为私人所有。1956年，商业社会主义改造完成后，西兴村域商贸业由供销社和合作商店经营，稍远一些的自然村设有代销店，虽为数不多，但交易公平。20世纪60年代以后很长一个时期，社员农副产品上市交易受限，从商更难，村级及以下商贸服务业发展甚微。1972年，东方红大队成立搬运队，有员工40多人，在西兴集镇和附近萧山火车站专事搬运服务。

中共十一届三中全会后，随着改革开放的深入，西兴村商贸服务业迅速崛起。1982年，西兴大队用7000多平方米土地，在集镇古海塘边建成西兴农贸市场，主营农副产品，兼营小百杂货等。20世纪80年代初，个体工商业恢复。村民王幼根家庭自制蛋糕自行销售，是为新生事物。104国道蒋家塔自然村公路边上个体饭店开张；随即又有村民开设西陵饭店。村民利用地理条件，纷纷加入商贸服务业，或开餐饮店，或设修车铺，或售卖烟酒副食品，或经营水暖零配件，或从事录像放映，或从事洗涤业，或办运输队。1990年，第11组村民孙国水购得“跃进”牌汽车，成为全村汽车运输第一人。此后，杭州晓明运输公司成立，公司为村域最大的私营专业运输公司。至20世纪90年代中期，西兴集镇商业街上、主要公路边、农贸市场内，由西兴村村民经营的各类店铺和服务网点不胜枚举。

西兴农贸市场

1997年10月，西兴村投资1200万元，新征土地1公顷，在1982年所建农贸市场原址重建、扩建新的西兴农贸市场。一期工程1998年2月交付使用，建筑面积4855平方米，一楼店面104间，楼上店面72间；有钢棚3840平方米，钢棚内摊位464个。二期工程于1999年1月交付使用，建筑面积1803平方米，钢棚203平方米；底层店面26间，楼层店面25间，楼层经营小百货。至此，西兴农贸市场总建筑面积1.15万平方米，摊位584个，营业用房227间，场内设停车场3处2400平方米。2000年，农贸市场销售额5710万元。2001年，西兴农贸市场被浙江省工商行政管理局评为星级文明规范市场。2003年，成为“杭州市区食品安全示范农贸市场”。2006年，西兴村农民家庭及村集体运输业收入131万元，商业饮食业收入99万元，服务业收入354万元。

第四章　社会事业

民国时期，西兴集镇文化活动常有。几家药店设有坐堂郎中。镇上有新民初等小学堂，村域有西兴基督教福音堂附设培德小学。绝大多数乡人生计艰难，无暇文化娱乐，无钱延医赎药，无力送儿入学。

中华人民共和国成立后，西兴村文化事业不断发展。幼儿教育从无到有，至2007年撤村建居时有幼儿园4家。1985年，基本实现无文盲村。1994年，基本实现普及九年制义务教育。2002年起，成人教育重点转向就业再就业培训。

20世纪70年代，建有大队（村）农科队、生产队（村民小组）农科组，配备农技员。家庭联产承包责任制实行后，农技工作转向培育科技示范户。20世纪80年代后期起，村域企业引进科技人才，培养技术队伍，攻克技术难题，提高产品科技含量和市场竞争力。

1969年，大队（村）合作医疗站（保健站）建立。1978年起，社员（村民）就医可报销医药费50%。2000年起，合作医疗集资款逐年增加，村民就医委托给西兴镇卫生院。

20世纪60—80年代，大队（村）俱乐部（文宣队）、青年民兵之家、阅览室、文体活动室活跃。20世纪90年代，由村民创作的广播剧《我与扬子鳄同岁》获浙江省“五个一工程”奖。2001年，建成村民健身游乐公园。2005年，村图书室获评“万家社区图书室援建和万家社区读书活动”全国先进。

第一节　教育　科技　医疗

教育

幼儿教育　民国及以前，西兴村域无幼儿教育机构。中华人民共和国成立后，20世纪50年代末开始，为解决妇女参加集体生产劳动的后顾之忧，西兴大队先后举办农忙托儿所、幼儿园，1966年后停办。1973年开始逐步恢复，但时办时停。1982年，办起大队幼儿园，设施简陋。1994年，西兴村加大对幼儿园投入力度，加强师资力量，添置教学器具。1995—1998年，村幼儿园连续4年获评镇“先进幼儿园”。1996年后，村域民办幼儿园兴起，主要有：丽华幼儿园，1996年创办，园区占地面积650平方米，有教师6人，入园幼儿150多人；贝贝幼儿园，1999年创办，园区占地面积350平方米，有教师5人，入园幼儿60多人；小星星幼儿园，1999年经滨江区教育局批准，为民办非企业法人单位，建筑面积600平方米，有教师9人，入园幼儿190人。3家幼儿园，虽为民营，均按教育部制定的《幼儿教育指导纲要》授课。2000年，村幼儿园用于改善教学设施的投资3.28万元。

中、小学教育 西兴村域小学教育可追溯到清光绪三十三年（1907）正月，何灿、田廷黻、田廷躁、王炳章等人办起西兴乡新民初等小学堂，校址设在明化寺观音殿。民国初期，殿宇倾废，迁至铁陵关附近，改校名为私立铁陵关小学堂。民国21年（1932），时西兴基督教福音堂附设培德小学，抗战时期改名德育小学。中华人民共和国成立后，1951年底，两校由政府教育主管部门接收。其中培德小学定名为西兴镇板桥小学。1963年，板桥小学转为西兴工农小学（西兴大队办）。1963年，创办西兴工农小学耕读班。1972年，工农小学有1—5年级5个小学班（五年制），附设初中班1个（二年制），全校有学生200多人。1979年，工农小学停办，学生全部转入东方红公社中心小学（西兴中心小学）和东方红公社中学（西兴中学）。自此，西兴村不再办有中、小学校。1994年，全村随西兴镇基本实现普及九年制义务教育。

成人教育 民国18年（1929），萧山县民众教育委员会在西兴镇办有民众学校，开设成人扫盲识字班，时西兴村域有乡人参加学习。中华人民共和国成立后，1950年，西兴村域办有冬学、夜校等，开展扫盲教学。1964年，西兴大队办有扫除文盲学习班。1972年，东方红大队（即西兴大队）举办农民夜校，组织社员学文化。1985年，西兴村实现基本无文盲村。此后，陆续有村民参加浙江广播电视大学、农函大、萧山燎原广播电视学校、西兴镇成人文化技术学校等成人教育机构举办的学习、培训。1996年，村人口学校成立。村域划归滨江区后，成人教育主要转向岗位培训。2002—2005年，土地被大量征用，西兴村多次组织失地农民参加素质培训和就业再就业培训等。

科技

农业科技　20世纪50年代合作化时期和人民公社初期，西兴村农业科技活动主要是引进良种。当时，引进“矮脚南特”“莲塘早”等早稻新、优品种，取代种植几十年的生稻、细秆光籼等老品种，增产效果明显。20世纪60年代初，打破传统种植模式，试验成功春粮、早稻、晚稻“三熟制”，粮食大幅度增产。20世纪70年代，成立大队农科队，开辟试验田。部分生产队也建立试验田，设有农技员，融入与区、公社配套的农技网络，主要从事农作物新品种的引进，新农药、新化肥、新技术的推广应用。家庭联产承包责任制实行后，农科队解散，农业科技工作转向培育科技示范户，1987年，周宝法户被评为浙江省“科技示范户”。在示范户的帮助带领下，全村农业一直稳产高产，2001年，晚稻平均亩产557千克，创历史新高。

工业科技　西兴村工业科技活动起步于1989年。同年，村办萧山链条厂从国有大厂请来工程师、技术员8人，以此为骨干，培训、组建技术队伍，开展工艺和科技攻关，生产的35种链条各项技术指标全部符合国家标准，2000年，萧山链条厂被评为浙江省产品创优企业。杭州威陵钢家具有限公司拥有一批高水平的工艺设计师，通过技术革新，产品全部出口到欧美市场。浙江威陵集团公司“九五”期间累计技改投入6380万元，2001年后又投入5000多万元。公司拥有一支由20多人组成的科技队伍，成功攻克铁离子分离等多个技术难题，推动生产发展和环境保护。

医疗

民国时期，西兴老街先后有惠济和、延春堂、万寿山等药店，均有郎中坐堂。村域乡人就诊近便，但因生活穷困艰辛，延医赎药困难。

中华人民共和国成立后，人民政府十分重视医疗保健事业。西兴街上，20世纪50年代有联合诊所，20世纪60年代初迁入省水利水电工程局职工医院，1964年建立公社卫生院，西兴村人就医方便。1969年，推行农村合作医疗，东方红大队（西兴村）建立合作医疗站。1970年5月，改名为大队医务室。主要任务是小病诊治、接种疫苗等，并且到社员家中、田间地头为社员服务。1978年，实行合作医疗报销制度，时称“一家有病千家帮，一人有病千人助”。社员每人（年）交付集资费2元，在大队医务室就医可报销医药费

50%。至1987年，因人口增长，药品涨价等原因，集资费调整为每人每年10元。2000年，针对村民生活水平和医疗保健需求提高，村医务室的硬件设备和医疗技术明显跟不上村民需求的实际情况，将村民就医全盘委托给西兴镇卫生院。村民每人（年）交费20元，村集体补贴80元，村民在镇卫生院就医可报销医药费50%。2002年，调整为村民每人（年）交费30元，村集体补贴110元，合计140元。村民在西兴卫生院就医仍可报销医药费50%。

第二节 文化 体育

群众文化

民国及以前，西兴村域各自然村几无文化活动，但西兴集镇文化活动较多，除社戏、庙会外，老街上茶馆说书、艺人坐唱等长年不断。20世纪30年代，越剧名家袁雪芬、傅全香等都曾献演西兴。抗日战争前期，省教育厅曾在西兴集镇放映《台儿庄歼灭暴敌》等抗日影片，省图书馆还在西兴设立“前哨巡回文库”。西兴村域怀拥集镇，村民文化活动便有近水楼台之利。

中华人民共和国成立后，西兴村民除参与、接受集镇文化活动外，还组建秧歌队、锣鼓队，歌唱新社会、新生活。1964年，建立大队俱乐部。后，俱乐部改名“毛泽东思想文艺宣传队”（简称“文宣队”），学唱“样板戏”和革命歌曲等，向社员群众献演自编自导的小节目。这一时期，有线广播进入社员家庭，成为文化娱乐的重要载体。1976年后，文宣队复称俱乐部。1983年，根据萧山县统一部署，西兴大队设文化员。20世纪80年代中期起，村域几名文学青年时有作品发表于镇、县文艺刊物。1991年，村民徐建荣创作的电视剧《贺龙元帅》在中央电视台播出。1998年，徐建荣创作的广播剧《我与扬子鳄同岁》获浙江省“五个一工程”奖。1999年后，有线电视普及。2001年，投资万余元创办村图书室。2005年，西兴村图书室在民政部、中央文明办、国家新闻出版署、国家广电总局联合举办的“万家社区图书室援建和万家社区读书活动”中获评全国先进。

体育

民国时期，西兴村域有走高跷、西瓜棋、象棋等民间体育娱乐活动。有组织的群众性体育活动始于中华人民共和国成立后。20世纪50年代初，组织青年参加秧歌队，既为文化活动，也可以健身。20世纪60年代初期，西兴大队工农小学开有体育课，直至1979年学校停办并入公社学校，其间校园乒乓球活动火热。这一时期，大队青年体育活动结合民兵训练开展。20世纪80年代，在俱乐部（青年民兵之家）设有文体活动室。1998年，西兴村组队参加西兴镇首届全民运动会，获团体总分第五名。2001年，投资50万元，在龙图庙（王夫人庙）附近建成占地面积4000平方米的村民健身游乐公园，配备休闲桌、椅和各类健身器材和儿童游乐器。村民在村域绿地和居住区绿化点跳健身舞、练太极剑、玩健身器等。

第三节　文物与旅游资源

古迹遗址

西兴村各自然村或与西兴古镇共生，或依古镇而存，村域历史文化积淀深厚，尚存龙图庙、三眼桥等历史建筑以及铁岭关、日船埠等历史遗迹，另有区级“非遗”项目2项。

铁岭关遗址　铁岭关又名铁陵关、西陵关。位于西兴村域塘头街。《萧山文化志》载，铁岭关为吴越王（钱镠）所筑。历代多有修葺。20世纪60年代铁岭关尚存，后被拆除。2007年，仅存关基条石2段、直柱2根。

三眼桥　位于村域固陵路东，横跨后河。此桥清代即有，始建年代不详。单孔平梁石桥，跨宽4米，桥面用4块条形石板拼成，宽约2米。桥面护栏已失。桥墩石块叠砌连接河岸。固陵路拓宽另建新桥后三眼桥停用，保存完好。

龙图庙　又称王夫人庙，坐落于塘头街自然村。前后两进，一进为清同治年间（1862—1874）重建原貌，为大殿，供奉龙图公包拯；二进为当代重修，即王夫人庙，供奉元代割股保堰献身江堤的烈女王夫人。明时，庙为江潮所毁，万历三十年（1602）重修。至清乾隆年间（1736—1795），讹为龙图庙。乾隆六十年（1795）改正，复称王夫人庙。咸丰十一年（1861）为战火所毁。清同治年间（1862—1874），里人在旧址建龙图庙。又有里人田霖继妻曹氏，购龙图庙地基后重建王夫人庙。光绪十三年（1887），两庙合一，均称龙图庙。殿前有过街凉亭，塘头街穿亭而过。亭左角竖碑一块，上镌“宋勒龙图阁大学士”，左刻“光绪十三年建立，光绪三十年立石方四柱”字样。

六眼井　位于六眼井自然村，村以井名。原有取水井栏6个，故称六眼井，后3个损毁。现存3个井栏，石质、外形，各具不同。井壁用规整块石交错叠砌，水深7米，能蓄水60吨。开凿时间说法有二：一说凿于晋代，浙东运河开通后，驿站须用大量淡水，故凿此井；另说建于清代，康熙帝绍兴祭禹途中，驻跸西兴，凿此井用水。

义井 位于施家弄自然村田姓宅院内。井栏形制古朴，内圆，外廓呈八边形，壁面镌有“义井”“武泉畅鸣通达”“万历丙申年造”等字样。井下壁面用规整的薄石板菱形叠砌。此井因处于宅院内，保护得当，井水仍能饮用。

日船埠 位于日船埠头自然村。曾为水陆中转码头，旁有存放货物之仓行，乡人多有在码头从事“脚班”者。村以埠名，尚存“陈光记行界”石碑。

古西兴驿 西兴驿又称固陵驿、西陵驿，唐时名樟亭驿，宋朝名日边驿（嘉泰《会稽志》），习惯上称西兴驿。其历史之久，规模之盛，为萧山古代四驿之首，其余三驿为渔浦驿、梦笔驿、钱清驿（时属萧山）。

西兴驿为浙东入境首站，西通省城、中隔钱江，计程15千米；东达绍兴驿，计程约60千米；离山阴蓬莱驿，计程90千米，中无腰站。据民国重修《浙江通志稿·驿站附录》载，凡京外各省发往宁波、绍兴、台州（临海）三府公文，由仁和县武林驿递至西兴驿接收挂号，拨夫转递蓬莱驿。宁、绍、台三府发省城及萧山县公文，由蓬莱驿递至西兴驿接收，拨夫赴省并分投萧山县城内外各镇。发省城以外公文，也由西兴驿驰送武林驿接收并转递下站。清光绪年间（1875—1908），各地邮局先后成立，驿站大减。西兴驿因地处水陆要冲，延至清宣统三年（1911）最后裁撤。

西兴驿址在西兴浙东运河南岸。元至正二十五年（1365），萧山县主簿海牙重建，有厅3间，厅东有桥房1间，厅西有茶房1间，川堂1间，后轩3间，厨房3间，左右厢房共6间，谯楼3间。厅西北为官廨，计11间。设驿丞1人、典赞1人，领水夫90人。中船10只，俱系官造。明嘉靖三十五年（1556），萧山县令魏堂重修西兴驿，设驿丞1人、撰典1人。统领水夫98人，岸夫96人，馆夫12人，有站船11艘，正、副铺陈（床位）42个。

非物质文化遗产

西兴茶馆说书 滨江区级说书类“非遗”项目，传承人俞金荣，西兴村人。主要曲目有《包公陈州散粮》《打銮驾》《抲落帽风》等。声腔与流派属杭帮文化——杭州评话。服装道具为长衫一件，纸扇一把，惊堂木一块。演出场地主要是茶馆。

西兴挑花线绷　滨江区级民间游戏类“非遗”项目，讲述人徐阿狗，西兴村人。游戏方法是将花线或细绳两头连接成圈，一人套在双手上，手指穿插，绷开线绳，使线绳的结构成几何花样，另一人将此花样挑过去，并挑出不同花样，若一方无法挑开绳圈挑成花样或散成一个圈者为输。

第五章　生活民情

民国及以前，西兴村域大多数农民或为佃农，或在集镇打短工谋生，收入微薄，难以温饱。村民居住多为破旧平屋，也有部分草舍。出行全凭双腿。

中华人民共和国成立后，西兴村域农民分得土地，走上社会主义集体化道路，收入不断增加，村民年人均纯收入从1965年的68元上升到2006年的10546元。

随着时代的进步，村民生活发生巨大变化。中华人民共和国成立前，人们吃饭半饥不饱，穿衣土布旧衫，居住陋屋草舍，出行赤脚草鞋。21世纪，饮食讲绿色健康，穿着讲品牌时尚，住所为洋楼、别墅，出门有轿车、公交。村域民风淳朴且不失活泼，方言习俗与萧山老城区及中片地区几乎无异，农谚俚语体现水稻耕作传统和集镇市井气息。

第一节　收入与消费

收入与分配

中华人民共和国成立前，西兴村域大多数农民缺田少地，收入低下。善庆庄自然村村民几无寸土，收入根本没有保证。

中华人民共和国成立后，实施土地改革，西兴村域农民分得田地，收入有了保证。合作化、人民公社化后，农民收入有了集体经济提供的根本保证。20世纪60年代初，西兴大队社员收入相对偏低，1965年，社员年终人均经济分配现金收入68元。此后，生产稳定发展，收入逐步提高，1979年为改革开放第一年，全大队年终人均经济分配现金收入120元。农业实行家庭联产承包责任制后，农民积极性、创造性得到充分发挥，1984年年人均纯收入提升到418元。此后，村办工业发展加速，很快成为村集体经济和村民收入的主要来源。1991年，村民年人均纯收入跃上千元台阶，达1386元。这一时期，个私工商业、服务业活跃，成为村民收入又一重要来源。1998年，人均年纯收入达到5794元。此后，村域产业结构不断适应城市化进程，人均年纯收入随之水涨船高，2002年超过8100元，2006年达到10546元。

粮油分配　1955年起，西兴村域严格实行国家粮食定产、定购、定销政策。20世纪60年代初人民公社食堂解散后，西兴大队社员口粮数额按人口年龄段确定（以岁定粮）。社员粮食可分配总量由两部分组成，绝大部分为集体生产的粮食，以实物分配；少量为国家统销粮，凭粮票向国家粮站购买。1970—1981年，大队设有储备粮仓，以备荒年。集体生产的粮食，在完成国家交售任务及留取种粮、饲料粮、储备粮和其他用粮后，其余作为社员口粮，大部分按人口定量分配，少部分按劳动工分（含土肥投入结算工分）分配。1965年，西兴大队社员人均口粮为278千克，1979年达426千克。1961—1982年，西兴大队每年都完成国家油菜籽交售任务，完成任务后余下部分作为社员口油分配。此后实行家庭联产承包责任制，不再有粮油分配之说。

其他生活资料分配　1954年，棉布实行凭票供应，西兴村村民每人每年可领到布票8米，后减为5.3米。20世纪60年代初，受三年困难时期影响，棉花严重缺乏，1963年布票一度减为0.6米。此后恢复到5.3米，棉絮、蚊帐、毛巾、汗衫等棉织品也得折收布票，直至1983年。20世纪60年代初开始，社员的食糖、烟、酒等副食品定量分配、凭票购买。煤油、肥皂、火柴、胶鞋、毛线等日用品一度也得凭证或凭票购买。自行车、缝纫机等凭票供应但分配到大队的数量极少。改革开放后，市场逐步放开，商品日益丰富，各类票证陆续取消。1993年，粮票作为最后票证退出历史舞台。

生活变化

中华人民共和国成立前，西兴村域绝大多数农民缺吃少穿，难以温饱；住房多为破旧平屋，几代相传，数代同堂，也有住草房者；除个别富裕人家有小木船外，村民出行全靠双脚。中华人民共和国成立后，村民逐渐走向温饱；改革开放后，村民衣、食、住、行发生巨大变化；20世纪末，村民生活进入小康，开始迈向富裕。

饮食　1949年前，村域农民除少数自耕农外，大多数贫苦农民成为佃户，生产的粮食交租后所剩不多，无地农民更是艰难。有拉车、挑脚、抬轿、打零工者，今日揽了活尚有米钱，却不知明日怎么开锅。中华人民共和国成立后，

20世纪50年代初村域农民分得土地，吃饭有了保障。集体化后，除20世纪60年代初三年困难时期吃粮困难外，20世纪70年代后吃饱问题基本解决，1979年，社员用粮水平人均达到426千克。20世纪90年代，村民餐桌已然丰富。后，又由荤腥满桌逐渐转向时鲜高档。进入21世纪，饮食讲究营养保健。

衣着　民国及以前，穿暖对于西兴村域大多数村民可谓是奢求，小孩过年时能穿上土布新衣已着实令人羡慕。中华人民共和国成立后，20世纪50年代至70年代初，社员生活好转，但还是吃饱第一，再加棉布凭票购买，穿衣比较勉强，补丁衣服仍为人们生活俭朴的标志。20世纪70年代后期，化纤服装流行，村中有年轻人外穿腈纶运动服自觉"帅气"。20世纪80年代初，经济宽裕，村民穿衣不再满足于棉布化纤，毛呢服装成为成年男女之必备。20世纪90年代，村民视野开放，西装、夹克、牛仔裤、连衣裙、羽绒服等，五花八门。进入21世纪，村里不少年轻人的衣柜里已是品牌专卖店衣服，年轻人穿着打扮高档时尚。

住房　20世纪60年代中后期，社员生活好转，少数农户始建新房，1967年，社员沈金木成为草舍改瓦房的第一户。其时，社员建房多为平房，砖木结构，木桁条与水泥桁条混用，后全部用水泥桁条。经济条件差的农户，也有用竹竿做椽子。20世纪70年代末，有社员家庭始建楼房，搁一层预制板。20世纪80年代中期，农户建房多采用2层预制板，个别农户建3层楼。20世纪90年代，绝大部分新建住宅为3层楼，并出现3楼平台，有的为别墅式楼房，采用砖混结构，按6级抗震标准设计。外墙采用高档缸砖、瓷砖，屋面采用琉璃瓦。室内装饰用花岗岩、木地板，厨卫装修更为考究，有的还建起假山，配上花木盆景。2001年后，滨江区推行农村多层住宅建设，西兴村村民不再自行建房。

出行　民国时期，西兴村域乡人出行全靠双脚，虽然拉黄包车的乡人颇多，但能坐黄包车者少。中华人民共和国成立后，1959年开通杭州至萧山县城公交15路车，设有西兴站，西兴大队社员始有公交出行。20世纪60年代中后期，开始有自行车，但自行车凭票供应，为数不多。20世纪70年代后期，自行车开始普及，成为村民主要出行工具。1981年2月，第11生产队张正林成为西兴大队第一个购置摩托车的人。1992年，村民张凤兴购得桑塔纳轿车，成为全村拥有私家轿车第一人。此后，摩托车、轿车很快增多。至2002年，

全村有汽车149辆、摩托车280辆。村民的自行车基本被电动车取代。这一时期，经停村域的公交车共有6路，与杭州及萧山城区基本接轨。坐飞机出省、出国（境）旅游者已不鲜见。

第二节　民俗风情

习俗禁忌

西兴村域历史上一直隶属萧山，四时八节，祭祖拜神，婚丧嫁娶，生诞寿庆，饮食起居，服饰装扮，亲朋往来，称谓礼仪，占验卜兆，避讳禁忌等乡风民俗与萧山中片稻作区基本无别。但因为村域与西兴集镇共生共存历史悠久，多了市井气息。如有在集镇店铺谋生的村民，无论尚为学徒或已出师，忌在店堂门口打呵欠、伸懒腰、靠门框，意会赶跑生意；忌在柜台内肩背朝外，否则，是对顾客不敬；忌打扫店堂时从内向外打扫，扫地应从外往里，意为金银财宝扫进不扫出。村域有善庆庄自然村，村民先人据说为北方元蒙后裔，有些老辈人还保留一些北人的生活和称谓习俗。如男戴狗皮帽，女穿横布裙；遇年长者称其为“相公”，见小男孩称之为“小官人”。

方言俚语

西兴村域乡人方言，皆为萧山方言。而萧山方言向以长河话以及萧山县城及中片一带的语言为基准。西兴村域至迟在宋代即为长河（时称夏孝乡）辖区，又东邻县城。因而方言俚语与萧山县城及中片地区大同小异。村域有不少农谚，是长期稻粱耕作的产物，如“麦头齐，谷落泥”，意即麦头出齐了，秧谷子要下田了；“下豆不壅灰，明年要后悔”，意即播下蚕豆种必须撒上草木灰。另因村域与集镇相拥，部分俚语中自然反映出街市生活的影响。如“听了的笃班，女人不烧饭，男人不出畈”（西兴街上曾常有“的笃班”演唱，人们常听入迷）。如村域多有在集镇做木匠、泥水匠者，就有俚语“木匠最怕仰天凿，泥水顶怕四旮旯（墙旮旯）”。如“街上棒槌挂三年，弗会走路会开口”，意即久居街市，见多识广，笨人也会变聪明等。

信仰

佛教　佛教传入西兴为唐末，历代兴衰无常。民国时期，西兴村域已无佛教寺庙。然信佛者颇多，村域有不少中老年人信佛。

道教　道教祀神，水神崇拜是西兴道教活动的突出现象，村域塘头街自然村有龙图庙（王夫人庙）即为供奉元代“割股保堰”的王夫人而建，明、清以至当代历有重修或重建。2007年，香火仍旺，常有庙会。

基督教　民国初期，基督教传入西兴集镇，建有西兴福音堂。中华人民共和国成立后，一度成为西兴公社（镇）公署。西兴福音堂位于西兴村域六眼井自然村，1983年重建，村民中基督教徒甚少。

专　记

“西兴村之第一”背后的故事

第一台电视机

西兴村第一台电视机，“诞生”于1973年，这是一台9英寸的日产日立黑白电视机。彼时尚未改革开放，要想购买一台进口的电视机必须得有侨汇券。

这台电视机的主人徐德荣是西兴村二组的人，年轻时曾在北京参军服役，担任过毛泽东主席、周恩来总理的临时保卫工作，曾参与保卫毛泽东主席检阅红卫兵，立过二等功。正是由于这段经历，徐德荣得以结识一位陈姓浙江同乡，这位同乡答应为徐德荣提供侨汇券。

徐德荣退役后在浙江省交通机械修理厂担任轮胎修理工人，每个月的工资仅有36.5元，而电视机折合成人民币需450元。徐德荣为了买电视机，勤勤恳恳在家里养起了猪，4头猪共卖出200多元。凑齐电视机款后，通过这位陈姓老乡，徐德荣获得了50张侨汇券，实现了购买电视机的梦想。

徐德荣家有了电视机，一下子成了村里的焦点，每晚聚在他家看电视的人少说也有20～30人。天气晴朗的时候，徐德荣就将电视机拿到家门口的空地上，这样就能容纳百来号人观看。从此好多年，无论酷暑严冬，每晚徐德荣家总是挤满大人小孩。当时大家最爱看的是新闻节目，了解国内外的大事。

如今，乡亲们聚集在徐德荣家看电视的场景，已经成为历史。但这台小小的黑白电视机，曾经给大家带来了无数的快乐，帮助大家看到了外面的精彩世界，在大家心中永远留下了美好的记忆。

第一家个私企业

1976年，一个偶然的机会，在浙江省电力修理厂做工的西兴村人王幼根结识了从杭州永洪食品厂过来的工人，并且有机会可以从他们那儿学到制作糕点的技术，便萌发了自己办个小厂制作糕点的念头。于是，王幼根就一边学习技术，一边筹集资金。不久，他筹集了5000元启动资金，花3000元从宁波永洪食品厂买回烘烤箱，在后河头自己家中创立了西兴村第一家个私企业——西兴食品厂，招募6名工人开工制作糕点，主要生产蛋糕、面包、月饼等。大队也积极支持，将原本用于农业灌溉的电接通给了王幼根的食品厂。

此后，每天一大早，王幼根便将新鲜出炉的一箱箱糕点运往附近的各家副食品店，甚至销到钱塘江对岸的杭州城站火车站。由于糕点新鲜，质量、口感都比较好，价格又便宜，很受人们喜爱。1978年，王幼根西兴食品厂并入公社办的西兴联营食品厂，成为社办企业。

虽然，王幼根西兴食品厂只存在2年多，但不少当年吃过王幼根家糕点的人至今仍回味无穷，对他敢为人先的精神赞赏有加，也对当时东方红（西兴）大队给予王幼根的支持给予称赞。

第一辆村民自购小轿车

1992年，第十一组村民张凤兴购置了一辆桑塔纳轿车。虽然此前村里的集体企业已经有了3辆小轿车，但村民个人拥有小轿车，张凤兴还是第一人。

20世纪80年代以前，国家并不允许私人购买汽车，特别是轿车。后来，政策层面的松动和人们的勤劳致富，使得购买私人轿车成为可能。20世纪70—80年代，张凤兴在社办企业连续担任了12年的车间主任，积累了丰富的生产和管理经验。此后他追赶改革开放的浪潮，创办了西兴村的热处理厂。在1992年，花18万元从上海大众公司买来一辆桑塔纳轿车。说起购买轿车的缘由，张凤兴坦承主要是为公司业务拓展用，开车出去洽谈业务既方便又有派头，能为企业撑面子；也是为了增加自己的收入。车子买来后，张凤兴白天忙企业，晚上开车跑出租。

2000年，张凤兴创办了杭州自凤车业有限公司，主营自行车、摩托车、汽车配件。2003年，这辆桑塔纳轿车已过了10年车龄，处于报废的边缘，张凤兴把它换成了奥迪轿车。截至采访时，张凤兴已开上了他人生中的第四辆轿车。

协同村

协同村地处西兴街道中东部，村域面积1.12平方千米。东邻萧山区北干街道兴议村，西与共联村接壤，南临古塘路，北临建设河，与七甲闸村毗连。

协同村在滨江区的位置

来楚生　荷荫

第五编　协同村

概　述

协同村地处西兴街道中东部，村域面积1.12平方千米。东邻萧山区北干街道兴议村，西与共联村接壤，南临古塘路，北临建设河，与七甲闸村毗连。

民国末，村域属萧山县由夏乡第11保。1949年5月，萧山解放，7月，成立协同乡，改第11保为协同村。1958年，隶属于城北人民公社。1961年7月，为由夏公社协同大队。1965年，划入西兴公社。1984年4月，改名协同村。1996年12月，划属滨江区。有人口4428人，姓氏百余个。2013年11月，改设城市社区。

村域耕地原为钱塘江滩涂，经历代乡人垦种而成，以种植棉花、络麻、大小麦、杂粮为主。养殖业主要有猪、羊、家禽。20世纪80年代初，实行家庭联产承包责任制实行后，种植结构逐步调整，发展多种经营。20世纪90年代开始，发展蔬菜瓜果和花卉苗木生产。1996年归属滨江区后，村域土地陆续被征用，农业逐年消退，至2013年改设城市社区时，村域农业以蔬菜种植为主，但面积不足高峰时的一半。

协同村集体工业起步于1960年，先后创办过各类企业10多家。2013年，村级工业收入达7亿元。20世纪80年代初个私工商业恢复后，协同村域商业饮食业、服务业、运输业等第三产业逐年发展。2013年，村域仅农民家庭经营的第三产业收入就超过800万元。

20世纪50年代，协同村域开邮路，通广播，通电话；20世纪60年代，接通电力。20世纪90年代初，接通萧山自来水。95%以上的村民建造有两层半以上的楼房。滨江区成立后，村域城市化进程加快，2003年起实施“百村示范、千村整治”工程。至2013年，多数村民入住多层住宅安置小区。

协同小学始创于1949年，1958年扩展成完小。20世纪70年代初至80年代初，设有初中班。1989年，普及九年制义务教育。2004年，学校并入闻涛小学。至2003年，全体村民基本加入区新型合作医疗，2006年后，失地农民参加杭州市城镇居民基本医疗保险。

2013年，协同社区建立，150多年乡村历史宣告结束。

第一章　基本村情

协同村地处西兴街道中部，村域原为钱塘江滩涂，清咸丰年间（1851—1861），已有农户自萧山头蓬迁此开荒耕种。清光绪二十八年（1902），南沙大堤筑成后，各地农民纷至开荒垦种。民国末，村域属萧山县由夏乡第11保。1949年5月，萧山解放；7月，成立协同乡，改第11保为协同村。1955年，成立2个初级农业生产合作社。1956年，为协同高级社。1958年，隶属城北人民公社。1961年7月，改称由夏公社协同大队。1965年，并入西兴公社。1984年4月，改名协同村。1996年12月，划属滨江区。2013年11月，改设城市社区。有人口4428人，姓氏百余个。大姓为王、陈、朱、张、周、徐，占全村人口的36.2%。

第一节　区位　地貌

地理位置

协同村东邻萧山区北干街道兴议村，西接共联村，南临古塘路（原北海塘）。北临建设河，与七甲闸村毗连。西兴路从北到南，穿村而过达北塘河，往南与滨康路相接。村北有建设河沟通解放河，向东经萧山区宁围、新街等地可达东江。

土壤

境域土壤为钙质潮土，俗称“沙土夜潮地”，系钱塘江泥沙淤积而成。土壤含沙率高，呈盐碱性，易渗水。土壤发育因受江湖顶托及盐分聚凝作用，属回溯沉降的浅海泥沙，熟化程度低于古江塘以南。以种植棉花、络麻、大麦、小麦为主。

河道水域

北塘河　原名大寨河，位于协同村南。1977年开挖，河面宽30～35米，水深2.5米，全长24千米。村域范围内长1100米，自西向东，流经迎春南苑、协同十七组、协同桥、北塘河桥、协同二组，进入萧山区北干街道。

协同中心河　连接北塘河与解放河，河宽15米，总长1700米。

建设河　位于协同村北，以人工开凿建设而得名。南起解放河，向北又折东，再北至建设河排灌闸口。河道总长1.61千米，河宽36.5米。村域范围段长650米。自西向东，流经解放桥、协同十二组、协同十一组、协同大桥、协同十组、解放河桥。

农令池　水深1.5米，水面1亩，用以灌溉。

第二节　建置沿革

行政区划

1949年5月，萧山解放；7月，成立协同乡，改原由夏乡第11保为协同村，取其“协力同心，建设家园”之意。1950年初，成立协同乡人民政府，辖协同、七甲闸、共联、星民以及属萧山区北干街道的兴议、明星等村。

20世纪50年代农业合作化初期，协同村域至少有5个互助组。1955年，在此基础上建立2个初级农业生产合作社。1956年，建立协同高级农业生产合作社，当时七甲闸村等曾并入协同高级农业生产合作社。不久，仍以村为单位建立高级农业生产合作社，七甲闸村等分出。1958年10月，成立人民公社，协同乡撤销，协同高级农业生产合作社改称协同生产大队。1959年7月，萧山县各公社下设管理区，协同生产大队受辖城北人民公社协同管理区。1961年7月，调整人民公社规模，撤销协同管理区，协同生产大队改属长河区由夏公社。1965年调整公社区域，协同大队划归西兴公社（1965年12月至1981年称东方红公社）。1984年，人民公社体制撤销，西兴公社改设西兴乡，协同大队改设协同村。1985年，西兴乡改称西兴镇，协同村隶属关系不变。

1996年5月，杭州市区划调整，村域属杭州市西湖区西兴镇。1996年12月，以西兴、长河、浦沿三镇区域组建滨江区，村域属杭州市滨江区西兴镇。2003年12月，滨江区撤镇建街，协同村属西兴街道。2013年11月，协同村改设协同社区，隶属西兴街道不变。

中共基层组织

中华人民共和国成立后，1954年，建立中共协同乡支部，书记边更生。1956年，升格为总支部，书记夏荣钊。同年10月，建立中共协同村党支部，有党员10人。1958年，设立城北人民公社协同大队。1959年，成立中共协同大队党支部，书记茅康泉。1965年，调整公社区域，协同大队划归西兴公社。

中共协同大队党支部隶属中共西兴（东方红）公社委员会。1968年，成立协同大队革命委员会，取代大队党支部，实行一元化领导。1970年，党支部恢复。1984年，协同大队改设协同村，中共协同大队支部改称中共协同村党支部，隶属中共西兴乡（镇）委员会。2003年12月，西兴镇改设西兴街道，中共西兴镇委员会称中共西兴街道工作委员会，中共协同村党支部隶属。2009年7月，中共协同村党支部升格为中共协同村委员会，下属1个党总支部、5个党支部。2013年，中共协同村委员会改称中共协同社区委员会。

行政和经济管理组织

1949年5月，萧山解放，废除保甲制；7月，建立协同乡，原由夏乡第11保改设协同村。1950年初，成立协同乡人民政府，乡长金张元，乡政府驻地为协同小学草房。这一时期，萧山县各地建立村行政委员会和农民协会（农会），负责村级行政管理。10月，协同乡农民协会成立，主任吴金标。时，协同村受辖于协同乡。1954—1956年，村域各初级农业生产合作社负责安排集体生产和经济管理，代行部分行政管理职能。1956年，协同乡人民政府改称协同乡人民委员会。时，协同高级农业生产合作社建立，负责村域集体生产和经济管理，高级社管理委员会基本取代村行政委员会。人民公社成立后，实行“政社合一”管理体制，设城北人民公社协同管理区，协同大队受辖。1961年，建立协同大队管理委员会，管理本大队各项公共事业建设和行政事务，负责集体经济的管理，大队管理委员会由社会员代表大会选举产生或由公社任命（1968—1980年，大队革命委员会取代大队管理委员会）。1984年，撤销人民公社，恢复乡（镇）、村建制，成立协同村村民委员会，为村民自治组织，负责村级行政事务与集体经济管理。村民委员会由村民代表大会(后由村民直接)选举产生，每届任期3年。1991年，协同村经济合作社建立，设管理委员会（任期及换届与村民委员会同步），负责村级集体资产、资金、资源的运行管理。2013年，协同村村级集体资产总额2.19亿元。同年，撤销协同村，建立协同社区，村民委员会完成历史使命，社区居民管理委员会建立。

第三节　人口　姓氏

人口变动

自然变动　中华人民共和国成立前，社会动荡，战乱不止。协同村域生产落后，乡人生活水平低下，更无医疗保障，婴儿存活率不高，老人长寿者甚少。人口的自然变动呈高出生、高死亡的状态。

中华人民共和国成立后，社会安宁和平，协同村乡人生产生活条件不断改善。20世纪50—60年代，迎来人口出生高峰期，加上医疗水平日益提高，人口自然变动情况出现高出生、低死亡的状态。1964年，协同大队出生人口63人，死亡11人。20世纪70年代后期起，计划生育工作加强，人口自然变动呈低出生、低死亡状态。1984年，协同村出生人口23人，死亡13人，人口自然增长率4‰。后随计划生育政策调整，人口自然增长率略有回升。1996年，总人口2682人，出生36人，死亡8人，人口自然增长率10‰。2005年，出生42人，死亡19人，人口自然增长率7.8‰。2013年，出生37人，死亡12人，人口自然增长率7.3‰ 。

机械变动　20世纪50—60年代，村域人口机械变动主要原因为行政区划的变更。20世纪70年代，沙地区吃粮困难，经济相对薄弱，村域迁出人口年份多于迁入人口。女性人口变动以婚嫁为主，男性人口变动以招工、入学、参军为多。1978年，协同大队迁入10人，迁出39人。1989年起，随着协同村经济快速发展，村民的福利待遇不断改善。特别是1996年12月划属滨江区后，城市化建设的加快，并且与杭州主城区实行同城待遇，婚嫁女和大学生不愿迁出，迁出人口迅速下降，而迁入人口不断增长。2005年，域外迁入46人，迁出仅4人。2013年，迁入40人，迁出18人。

人口构成

农业人口与非农业人口　1961年，协同大队农业人口1553人，非农业人口10人。1978年，全大队总人口2515人，均为农业户籍。1984年，受招工、土地征用、职工居民家属落户、落实政策等因素影响，非农业人口增加。同年，总人口2481人中，非农业人口25人。1996年，协同村归属滨江区后，随城市化发展，土地被征用，非农业人口逐渐增多。2000年，协同村农业人口2732人，非农业人口60人。2005年，农业人口1837人，非农业人口1113人。2013年，撤村建居时，协同村农业人口998人，仅占总人口的2.25%。

性别构成　20世纪60年代以来，总体上协同村域男性人数多于女性人数。1961年，总人口1563人中，男性809人，女性754人，男女性别比107.29（女=100，下同）。1978年，男性1289人，女性1222人，性别比

105.48。1984年，男性1252人，女性1229人，性别比101.87。1996年，男性1412人，女性1270人，性别比111.18。2000年，男性1406人，女性1386人，性别比101.44。2013年，撤村建居，总人口4428人，男性2323人，女性2105人，性别比110.36。

年龄构成 中华人民共和国成立后，人民生活条件不断改善，农村医疗保障持续完善，协同村域长寿老人增加，人均年龄增长。特别是1976年后，计划生育工作加强，村民少生优生，村域人口年龄构成从年轻型逐渐转向成年型。2000年第五次全国人口普查统计显示：协同村总人口中，14周岁及以下儿童688人，占总人口比例17.2%；15～64周岁人口2989人，占74.8%；65周岁及以上老人319人，占8%。2006年，协同村户籍总人口3271人，劳动年龄段(青壮年）人口1875人，占57.3%。2013年，全村户籍人口3442人，劳动年龄段（青壮年）人口2008人，占58.3%。

文化构成 民国时期，经济落后，社会动荡。协同村域乡人文盲居多，识字者甚少。中华人民共和国成立后，不少青壮年参加扫盲班、夜校学习文化。随着经济的不断发展，村域教育事业得到相应的发展，村民受教育程度逐年提高。1995年，总人口2134人，其中初中以上文化程度960人。2000年，高中和中专文化程度有169人，大学及以上2人。2005年，农村义务教育在校学生人数358人。

姓氏

1994年，协同村有村民2626人，姓氏114个。百人以上的大姓有6个，依次为王、陈、朱、张、周、徐，共950人，六姓总人口占全村人口的36.2%，其中以王姓最多。萧山、西兴一带王姓，多系北宋监察御史王祐第6世孙王性后裔。协同村域王姓，最早于清咸丰年间（1851—1861）由萧山头蓬迁入，以开荒种地为生。民国15年（1926）前后，萧山坎山杨墅下有王姓迁入协同村域，从事垦种、养蚕。另有王姓从诸暨、绍兴、萧山螺山等地迁入。1994年，村域王姓231人，为第一大姓，王姓总人口占全村人口的8.8%。

1996年滨江区成立后，各地人口不断进入村域，姓氏又有新的增加，其中包括少数民族姓氏。2000年，第五次全国人口普查数据显示，村域有少数民族人口40人，他们大多采用汉语姓氏，但也有部分保留本民族姓氏。

第二章　村庄建设

民国及以前，村域道路皆为泥路，交通十分不便。乡人分散居住，均为草舍，没有整体村落。20世纪50年代，村域开邮路、通广播、通电话。20世纪60年代，接入电力。20世纪90年代初，接通自来水。截至1991年，全村已有95%以上的农户建有两层半以上的楼房。1996年，协同村划属滨江区后，村庄建设驶上快车道。2003年，开始实施“百村示范，千村整治”活动，推动村庄环境面貌焕然一新，村庄加快向城市化发展。2013年，建成城市社区。

第一节　新农村建设

20世纪60年代末以前，协同村域的村庄建设主要为村民住所建筑，皆为草舍。直头舍居多，茅草或稻草盖成，草舍内用络麻秆或其他秸秆隔断，再糊上纸或年画等。受土地、水源（池塘）、道路等制约，选址散乱无序。20世纪60年代末，有少数农户开始建造瓦房，均为小平屋。20世纪70年代中期，社员建房迅速增加并出现楼房，建造区域主要规划在中心河两侧。20世纪80年代中后期开始，协同村持续开展文明村建设，村域道路和村域美化工作不断向前推进。这一时期，农户建房多为楼房。至1991年，全村已有95%以上的农户建有2层半以上的楼房。20世纪90年代中后期，开始实施新农村建设规划，农户建房集中在新农居点，集中连片，统一规格设计，统一配套道路、给排水、电力、通信以及广播电视网络。2000年，安排村级集体资金17万元用于村道建设，其中包括青年路、同心路共1150米水泥路面的浇筑和穿村道路的拓宽改造。2003年起，实施“百村示范、千村整治”工程，全村逐步实现“布局优化、路面硬化、村庄绿化、卫生洁化、河道净化”。此后，随着城市化进程加速，村民陆续入住多层住宅小区。村域高楼林立，城市道路四通八达，昔日乡村嬗变为现代城市社区。

道路交通

西兴路　南起南环路，北至闻涛路，长5480米，宽44米，因西兴古镇而得名。协同村域范围内长1900米，路经协同第十二组、协同第十一组、协同第八组、协同第六组、湘云雅苑、协同第二组。

风情大道 北接西兴大桥、机场快速路，南过湘湖景区至亚太路后与临浦快速路相接，双向六车道。路西为滨江区境域。协同村域范围段长2400米，经协同十组、协同九组、协同村卫生服务站、湘云雅苑、协同二组。

月明路 东起风情大道，西至江汉路。路长2200米，宽20米，建于2001年。2003年5月命名为月明路，喻义“月明好行路”。协同村域范围段长720米。

滨和路 东起风情大道，西至时代大道，总长3748米，宽44米。建于2003年，2004年命名，寓意滨江安定和谐。协同村域范围内长680米，沿路有咪咪幼儿园、湘云雅苑。

江汉东路 原名迎春路，建于2001年，2011年改称现名。北起闻涛路，南折东至江陵路（此段名江汉路），向东至西兴路，称江汉东路。全路总长3600米，宽26米。村域范围段长630米。沿路有迎春东苑、迎春小区、钱塘滨和花园、西兴派出所、咪咪幼儿园、协同第十五组、湘云雅苑。

滨兴路 东起风情大道，西至信诚路，长4600米，宽55米。2003年命名，意喻滨江兴盛。村域段长630米。路经迎春小区、协同第十五组、湘云雅苑。

阡陌路 南起北塘路，北至闻涛路。总长3225米，宽26米。2011年命名，因此间原有纵横交错的村间小路，故名。协同村域范围段长810米。沿路有迎春东苑、迎春小区、迎春南苑。

北塘路 东起风情大道，西折北至江汉路，长约1500米，宽20米。因南有北塘河故名。村域段长为620米，路经迎春南苑、协同第十七组、协同第二组。

水利

协同村域农业水利起步于20世纪50年代后期农业集体化后，20世纪60年代初接入新安江水电站电力，实现电力灌溉。1973年，协同大队有排灌机埠2座，另有灌溉水泵2台。1978年，排灌机埠增加为3座，配备柴油抽水机1套，电力抽水机2套（65千瓦）。1984年，又增加灌溉水泵2台。同年，村域南部北塘河河床得以加深加宽，塘渣河坎被改成石驳河坎。1994年，修理、疏通主渠沟7800米，新建永久性排水沟1650米，梳理其他各类排水沟2万余米。2000年，安排25万元集体资金用于水利建设，其中包括中心河道砌石护坎、蔬菜基地水利设施配套、低洼田改造以及防汛抢险、沟渠清理等。后随村域土地征用，农业逐年消退，农田水利设施以维护为主。2004年，村域南部北塘河坎塌损严重处得以修复。2010年，北塘河完成护岸。2012年，村域内建设河完成清淤整治。

公用事业

电力　20世纪60年代初，新安江水电站电力抵达西兴，分线向协同大队延伸。自此，协同大队抽水、碾米用上电力。电灯进入社员家中，结束了祖祖辈辈点菜油灯、煤油灯的历史。20世纪70年代开始，队（村）办工业不断发展，协同大队（村）电力几经扩容增量。1992年，对全村范围的电力线路进行整改。1996年，协同村农业用电量、村级工业用电量、村民家庭用电量共475万千瓦时。2013年，全村用电量达到1005万千瓦时（主要为居民家庭用电量），是1996年的2.12倍。

邮政电信　中华人民共和国成立后，村民可到西兴邮政代办所、电讯代办所寄发邮件、电报。1956年，协同初级社开始订阅报刊并设立邮箱，邮递员开始到村投递报刊邮件。村民寄信可以不再出村，寄邮包、发电报仍需到西兴集镇。20世纪70年代始，邮件当天到达（到大队）率100%。20世纪80年代初期，邮件报刊当天可达农户家中。2000年，滨江区有邮路6条，其中一条为西兴—协同村。

1957年11月，协同高级社安装村域第一台电话机。20世纪90年代初，电话开始进入村民家庭，电报锐减。1995年，协同村共有电话机21台，传呼机15只。20世纪90年代末“小灵通”流行，但很快被手机取代。此后，村财会、妇女和计划生育、劳动保障等部门开始用电脑办公。2000年后，手机拥有量逐步增加。2013年，中青年村民持有手机人均超过1部，电脑和互联网基本普及村民家庭。

广播电视　1957年6月，协同村域安装第一只广播喇叭。20世纪60年代后期开始，有线广播陆续普及到多数社员家庭。20世纪70年代后期至80年代中期，社员家庭简易的纸质压电喇叭逐渐被替换成舌簧喇叭。20世纪80年代后期，逐步向动圈喇叭升级。1997年，协同村成为动圈喇叭村，村播音室成为甲级播音室。1974年，协同大队始有社员家庭购买黑白电视机。1995年，协同村共有电视机725台，其中彩电314台。1998年后，有线电视开始接入村域。2002年后，出现数字电视，实现数字有线电视与数字有线广播共缆传输入户。此后，城市化进程加快了农户拆迁，村民陆续入住多层住宅小区，有线电视配套入户，有线广播减少。

供水　1991年，协同村接入萧山市第二自来水厂自来水。年底，自来水安装工程结束，彻底改变祖祖辈辈喝河水、井水的历史。1995年后，村民建房集中在新农居点，统一配套供水。后，村民陆续入住农村多层住宅小区，用水由滨江区水务公司管理，一户安装一个水表。

村办公房　1950年初成立协同乡人民政府，辖协同、七甲闸、共联、星民以及原城北办事处所属的兴议、明星等村。乡政府驻地在原协同小学，位于滨和路以北，协同路以东。当时是5间朝南的草舍，面积500平方米。协同乡撤销后，成为村（大队）办公用房。20世纪60年代末，协同大队大会堂建成，同时设有村办公室、会计室、合作医疗站等，均为砖瓦房（平房），位于村小学南侧。

第二节　土地使用

土地制度与经营

民国时期，土地属私人所有、私人经营。协同村域少数地主、富农占有较多土地。除却部分自耕农，不少贫困农民缺田少地，成为佃农，备受剥削。

中华人民共和国成立后，1950年10月，协同村域开展土地改革，按政策划定1户地主、2户富农。政府没收地主、富农的多余土地，分配给缺地农民。部分土地较多的自耕农也将多余土地交由政府、农会统一分配给缺地农民。土地改革结束，村域农民人人平等分得土地，开始自主经营。农业合作化初期，村域有5个互助组，农户互相自愿组合，取长补短，为帮工性质，但土地仍为私有，归家庭个人经营。1955年，村域有2个初级农业生产合作社，农户将土地折股入社交由初级社经营，参加劳动、分配，但土地为农户家庭所有性质不变。1956年协同高级农业生产合作社建立，土地全部入社，归集体所有，由高级社按照国家计划安排种植。社员以劳动工分参加年终分配，实现按劳分配，土地集体所有制就此确立。人民公社成立后，集体土地所有制得以进一步巩固。1961年后，集体土地以生产队为单位开展种植、经营。1983年后，推行家庭联产承包责任制，集体土地按人口或劳动力比例发包给农户，以家庭为单位自主经营，其经营收入除按合同规定上缴一部分给集体及缴纳国家税金外，其余全归农户。1997年，村域土地实行有偿承包，承包款每亩30元。

随后，土地承包期延长并推行使用权流转机制，推动土地集约经营、规模经营。2005年，颁发土地承包经营权证472份，直至土地被国家征用，集体土地转为国有土地。

土地类别

协同村域土地类型主要分耕地、宅基地、交通用地及未利用土地等。1953年，村域耕地面积为2228亩。1956年，农民土地收归高级社集体所有，为解决社员日常蔬菜所需，高级社允许各生产小队将社员房前屋后零星杂地分给社员自主耕种，称“自留地”。人民公社化初期，土地平调，兴办公共食堂，自留地收归集体。20世纪60年代初，食堂解散并确立以生产队为基本生产、核算单位，社员家庭重新按人口分得自留地，但土地性质为集体所有。1964年，集体耕地面积为2222亩。此后，通过围垦，集体耕地增加。1996年，全村耕地面积2619亩（含域外围垦，下同）。因土地由农户承包经营，自留地已列入承包田内。2005年，协同村有集体耕地1935亩。2013年，集体耕地减至1007亩（含围垦320亩）。

土地征用

20世纪80年代以前，协同大队除队办企业建设、公共事业建设、农田水利建设、村庄道路建设等动用少量土地外，基本没有被上级单位征用土地。1985年后，土地被征用逐渐开始增多。同年12月，西兴供销社棉纺厂征用村域南部北塘河边土地；1986年，先后因建设萧山西兴五金厂、城北区食品站、西兴第二建筑工程队等，征用村域部分土地；1987年，建设西兴供销社麻站、萧山之江棉纺织厂、西兴信用社、西陵针织厂等征用村域土地；1988年，城北区农机水利站建设征用协同村域土地。至此，按照《国家建设征用土地办法》规定，协同村获得的土地补偿费标准为该耕地征用前3年平均产值的4～5倍，非耕地按耕地的50%补偿。

1992—1996年，协同村域先后有西兴邮电局、杭州弹簧垫圈厂、萧山工艺刺绣被服厂、西兴电器五金厂、钱江三桥建设、西兴蔬菜集散点建设等项目征用土地。这一时期，协同村获得的征用耕地补偿费，根据萧山市土地管理规定，补偿标准沿用1988年执行的标准。

2001年4月，协同村开始农房拆迁。2005年5月，湘云雅苑项目（十四区块农村多层住宅建设）开始拆迁征地。同年，协同村被征用土地668亩，主要用于市级经济适用房、农村多层住宅建设和城市道路（西兴路）建设。2011年，协同村拆迁农户203户，涉及人口679人。2012年11月，湘云雅苑开始安置拆迁户；2013年12月，撤销协同村，建立协同社区（2015年，协同完成整村拆迁）。

第三节　围垦土地

域内围垦

协同村域土地原本即为围垦江滩而成。19世纪初，钱塘江尚有5千米江面，南岸江水到达铁陵关外北海塘边。后，江道北移，江面日窄，退至1.5千米，古海塘外大片滩涂成陆。时萧山东片及江北海宁县有坍江毁地的农户，沾亲带故迁入此处落户垦种，亦有海塘内稻作区农户在此开荒辟地者。经几代人艰苦努力，形成古海塘外西兴街道境域沙地约7500亩，其中协同村域约2200亩。

域外围垦

中华人民共和国成立后，20世纪60年代后期开始，协同村多次组织劳力参加域外江涂围垦。主要有1967年冬，参加钱江农场北原萧山宁围镇外江滩涂围垦，所围土地由东方红公社（西兴街道）建立“八二二”农场，1969年毁于潮水；1968年冬，参加9号坝外围垦，所围土地1971年因江塘塌落全毁；1974年初，参与第12工段围垦，9月，遭9号台风袭击，垦区土地被潮水冲毁；1976年冬，参与东江第14工段围垦，所围土地于1978年春开始耕种；1977年，参加开挖大寨河（北塘河）与义蓬区换工，由义蓬区代围15工段围垦一期，后又参加第三期工程，至1978年底，协同大队共分得域外围垦土地349亩；1986年1月，参与顺坝围垦，历时7天，所围土地后用于镇办杭州轴皮厂、西兴砖瓦厂、西兴粮油加工厂建办农业车间；1986年11月，参加东江5.2万亩围垦，历时10天，所围土地于次年建办西兴镇农场以及3家镇办企业农业车间。

1983年前，协同大队围垦土地由生产队、大队集体经营。实行家庭联产承包责任制后，由农户(后由专业大户）承包经营。初期主要种植春粮、油菜、棉花。后，发展蔬菜瓜果苗木等多种经营及水产养殖、畜禽养殖等。至2013年，协同村共有域外围垦土地320亩，由专业大户承包，开展集约经营。

第三章　村域经济

协同村域耕地均为沙土旱地，曾经只能种植棉麻、旱粮，农业结构单一，生产落后。村域除有个别铁匠，没有工业。农产品销售和商品交易多上西兴集镇。因离集镇较近，亦有缺地农民在集镇以做挑脚、脚班谋生。

中华人民共和国成立后，主要农作物产量逐年稳步提高。生猪等养殖业发展加快。实行家庭联产承包责任制后，特别是20世纪90年代初国家取消指令性种植计划后，种植业、养殖业迅速走向多种经营。20世纪90年代后期，发展城郊服务型农业，经济效益明显提高。2000年后，随着土地被征用，农业逐渐消退，2013年仅剩部分蔬菜行业和域外围垦农业。

协同村域集体工业起步于20世纪60年代初，先后创办过各类企业10多家。20世纪80年代初个私工商业恢复后，从事商贸业等第三产业的村民陆续增多。21世纪开始，村域内高新技术产业、现代服务业发展凸显。2013年，村级工业收入超7亿元。村域农民家庭经营的商业饮食业、运输业、服务业收入超800万元。昔日乡村农业经济嬗变为现代都市经济。

第一节　农业

协同村域耕地素为旱地砂壤土，以种植棉花、络麻及春秋旱粮为主，兼种油料作物。20世纪70年代，灌溉条件改善，开始种植水稻。实行家庭联产承包责任制后，特别是国家取消指令性种植计划后，农户按市场导向发展花卉苗木、蔬菜瓜果等多种经营。20世纪90年代后期，城郊型服务农业崛起，经济效益明显提高。后因土地征用，至2013年，农业仅剩少量蔬菜种植。

协同村养殖业以养猪、养禽为主，20世纪60年代末开始发展加快。20世纪80年代末后，养殖专业户、重点户成为养殖业生力军。2002年因城市发展，协同村域纳入畜禽禁养区范围，畜禽养殖消退。这一时期，域外围垦水产养殖业兴起。2013年，淡水产品合计157吨。

种植业

粮食作物　20世纪60年代末以前，协同大队地域主要粮食作物有小麦、大麦、玉米、番薯等。1961年，粮食播种面积为331亩，总产量为153.4吨。1964年，粮食播种面积为419亩，总产量为249.85吨，比1961年增长

62.9%。20世纪60年代末，灌溉条件极大改善，协同大队开始种植早、晚稻，番薯等杂粮面积减少。1969年，全大队粮食播种面积1422亩，总产粮292.3吨，平均亩产205.5千克。1978年，粮食作物的播种面积为1244.6亩，总产量372.49千克，平均亩产299千克，比1969年增长45.5%。实行家庭联产承包责任制后，粮食生产再上新台阶。1984年，协同村村域粮食作物播种面积1257亩，平均亩产416千克，比1978年增长39.1%。1995年，粮食播种面积扩大到2501亩，总产量858吨，比1984年增长64%。2000年后，随着村域土地被征用，粮食播种面逐年减少。2005年仅为447亩，总产量131吨。2013年，由于花卉苗木面积减少，粮食作物面积扩大至867亩，总产量322吨。

经济作物　村域经济作物主要有棉花、络麻、油料。

1961年，协同大队棉花播种面积为1441亩，总产量为46.1吨，平均亩产32千克。1978年，棉花播种面积1484亩，总产量73.45吨，平均亩产49.5千克，比1961年增长54.7%。实行家庭联产承包责任制后，农户生产积极性高涨。1984年，棉花播种面积扩大到1812亩，总产量184.6吨，平均亩产101.9千克。棉花指令性种植计划取消后，1995年，棉花播种面积减半，仅924亩，总产量64吨。

1961年，协同大队油菜播种面积为200亩，油菜籽总产量为4.6吨，平均亩产23千克。1978年，油菜播种面积128亩，油菜籽总产量15.05吨，平均亩产117.5千克，比1961年提高4.1倍。花生播种面积25亩，总产量4.95吨，平均亩产198千克。此后，油料作物种植面积、单产变化基本稳定。1984年，协同村油菜播种面积130亩，油菜籽总产量15.56吨，平均亩产119.5千克。20世纪90年代初，粮油市场开放，油菜播种面积下降，1995年为106亩，油菜籽总产量10吨。而花生作为休闲食品，播种面积不降反升，1995年为38亩，总产量4吨，2005年为75亩，总产量14吨。

1961年，协同大队络麻播种面积628亩，总产量127.15吨，平均亩产202.5千克。1978年，播种面积442亩，总产量140.85吨，平均亩产318.5千克，比1961年增长57.3%。1984年，协同村络麻播种面积493亩，总产量183.15吨，平均亩产371.5千克，比1978年增长16.6%。此后国家取消络麻统购，协同村基本不再种植络麻。

蔬菜水果　协同村域农户素有种植蔬菜水果（包括蔬菜、番茄、西瓜、甘蔗等）的传统。20世纪80年代以前，所产蔬、果主要为农家自用。实行家庭联产承包责任制后，蔬菜水果作为多种经营，发展为商品生产，以市售为主。1984年，全村蚕（豌）豆播种面积96亩，总产量23.73吨；番茄播种面积154亩，总产量100.1吨。1995年，蔬菜（含菜用瓜）播种面积4767亩，总产量1.72万吨；西瓜80亩，总产量120吨；甘蔗播种面积60亩，总产量216吨。2005年，蔬菜播种面积4791亩，总产量1.48万吨。后因土地被征用，种植面积逐年减少。2013年，种植蔬菜2060亩，总产量6592吨。另有草莓27亩，总产量116吨。

养殖业

生猪　1961年，协同大队生猪饲养量441头。1964年，生猪饲养量恢复到600头。此后，养猪业稳步发展。1978年，生猪全年饲养量772头。20世纪90年代初，养猪专业户、重点户涌现。1995年，全年生猪饲养量1186头。2002年后，城市禁养、限养畜禽，协同村属禁养区，生猪养殖迅速消退，2005年，全年饲养量160头。后，村域内不再养猪。

羊　协同村域养羊数不多，1961年养羊47头。1964年，饲养量130头。此后，逐年下降，1978年年末存栏数6头，全部为绵羊。1995年后无饲养。

家禽　协同村域养鸡、养鸭素有传统，肉、蛋基本为农户自家食用。20世纪80年代后期出现养禽专业户、重点户，开始有一定的规模养殖。1995年，协同村养禽4.3万羽，出产禽肉95吨、禽蛋180千克。2002年后，城市建设禁养限养畜禽。2005年，协同村家禽饲养量降至2.5万羽。此后迅速消退。

淡水产品　2005年，协同村淡水产品合计123吨。其中，鱼类87吨，品种主要有草鱼、鲢鱼、鲫鱼、鳊鱼、鲤鱼、河鳗、黑鱼；另有蟹、鳖36吨。2013年，淡水产品合计157吨。其中，鱼类97吨，蟹、鳖60吨。

第二节　工业

发展过程

协同村域集体工业起始于20世纪60年代。1962年，创办了协同弹簧厂、农具修配站。1969年12月，协同打铁社与东方红公社机电站、西兴五金厂合并成立东方红公社农机厂，后发展为杭州自行车轴皮厂（杭州万轮集团前身）。

进入20世纪70年代后，协同大队（村）先后创办了多家集体工业企业，主要有：协同针织厂创办于1972年，1988年职工人数130人，创产值1806万元，1993年资产总计22.72万元；协同五金厂创办于1974年，1988年创产值17.7万元，职工人数95人，固定资产净值71万元，1986年8月，改名为杭州江滨车业有限公司，1988年更名为杭州自行车零件七厂一分厂，主要生产自行车车架；萧山县针织服装三厂（杭州明蕾制衣厂）1984年创建，主要生产针织内衣；西兴印花工艺厂1989年创办；宁波海威车业总公司1993年下半年在原有杭州江滨车业有限公司工厂基础上组建，1994年实现产值326万元。

1994年，协同村村办工业实现产值630万元，销售收入总额544万元。1996年后，村办企业转制为个私企业，同年，村级工业收入882万元。进入新世纪，村域工业发展加快。2003年，协同村级工业产值6131万元，比10年前大幅增长。此后随城市化发展，村域工业快马加鞭。2013年，协同村改设城市社区当年，村级工业总产值达7亿元，比10年前增长10.4倍。

企业选介

杭州明蕾制衣厂　前身为萧山县针织服装三厂，1984年建成并开工生产，主要加工、生产以纯棉针织面料为主的各式服装，旗下品牌有TSCHUMO初摸、萌蕾等。1996年后，转制为私营企业。2001年，组建为杭州明蕾针织服装有限公司，经营项目：织造、加工、针织服装、坯布、绣花、批发、零售服装服饰。公司拥有自营进出口资格，开展企业自产产品的出口业务和本企业所需的机械设备、零配件、原辅材料的进口业务等。有厂房面积3万平方米，总资产8500万元，员工1200人；拥有进口大圆机104台，进口缝纫设备800台；主要生产、经营高质量的单面汗布、螺纹棉毛布、网眼布、竹节布、各类提花布、色织彩条、绒布、楼梯布、毛圈布、牛津布、华夫格、法国螺纹、健康布等。服装产品涉及男装、女装、童装，尤其以T恤为突出，实现面料供给与服装制造的一体化生产。在款式自主设计的基础上，公司还承接服装加工业务，有300多款颇具流行元素的服装款式供客户选择。年营业额、出口额均在1亿元以上。

杭州华源豆制品有限公司　前身为萧山市华源豆制品厂。1994年4月创建于协同村域北塘河边，系独资个私企业，创业人蔡祖明。注册资本10万元，职工20多人。1997年8月，注册资金增加到50万元，添置了先进的不锈钢生产设备，企业产品质量进一步提高，销售范围扩展到富阳、绍兴、德清等地。同年，成为杭州市12家“放心”豆制品生产企业之一。1998年8月，投资700万元建造新的生产大楼，增加新的生产流水线，全部器具换成不锈钢材质。企业引进一批大、中专毕业生，通过技术创新，开发出“祖名”牌四大系列产品200多品种。1999年，“祖名”牌豆制品系列产品被评为杭州市优质农产品，获农业部金奖。“祖名”商标是西兴镇第一个市级注册商标。2000年8月，企业通过ISO 9002国际质量体系认证，成为浙江省豆制品行业首家通过认证的企业。2000年1月，企业更名组建为杭州华源豆制品有限公司，注册资本增至188万元。2002年，被评为杭州市农业龙头企业、中国豆制品著名品牌二十强之一。2004年，“祖名”被评为浙江省名牌产品商标，“祖名”牌豆制品被认定为浙江省绿色农产品。2005年，“祖名”被认定为浙江省著名商标，20个品种通过中国绿色食品标识使用认定。产品畅销江、浙、沪、赣、鄂、桂等省（自治区），出口英国、德国、美国、日本、澳大利亚等国家，2007年出口交货值500万元，是浙江省唯一一家豆制品生产出口企业。公司投资6亿元，在黑龙江建立10万亩大豆订单生产基地，并在江苏扬州、浙江省安吉县建立豆制品生产加工基地。

第三节　商贸服务业

民国及以前，协同村域有货郎担游走坊间售卖针头线脑、香烟糖果之类的小商品，无商业、服务业专业门店或场所。乡人出售农副产品、购买粮油以及大宗日用品须上西兴或附近集市。村域有剃头匠、白铁匠、木匠、铜匠、篾匠、裁缝等各色手工匠人穿村走户提供服务，亦有部分缺地村民在西兴集镇或码头从事挑脚、拉车、搬运等运输服务。

中华人民共和国成立初，协同村域商贸业、服务业形态基本不变。20世纪50年代中期，国家对粮、棉、油实行统购统销，对生猪等主要农副产品实行派购。20世纪60年代初期，供销社（合作商业）在协同大队设立代购代销店，地址位于第10生产队协同大桥旁。这一时期，村域商业形态、商业渠道比较单一。物资相对匮乏，粮油以及糖、烟、酒、棉布、肥皂、铁丝、煤油等大宗商品凭票或凭证供应。社员农副产品可上集市自由交易，但不允许短途或长途贩卖。

20世纪80年代初，国家恢复个私工商业，特别是农业实行家庭联产承包责任制后，劳动力解放。协同村村民利用靠近集镇、公路的优势，开店摆摊，涉及行业包括日用百货、建材装潢、餐饮肉食、五金配件、服装鞋帽、车辆机械电焊修理、农机配件及中小农具销售、粮油饲料及农资化肥供应、文化娱乐等。20世纪80年代末，甚至有部分村民辞去镇村企业工作，加入商贸业、服务业行列。

跨入21世纪后，滨江区城市建设进一步推动协同村运输业、商贸服务业的发展。催生一定规模的超市、酒店和新型农贸市场。2005年，协同村运输业收入249万元，商业饮食业收入110万元。这一时期，家政中介、图文广告、养生保健、物业管理、文体娱乐、科技咨询等新兴服务业在村域随处可见。2009年，协同村有5户农户合伙，与滨江区供销社有限公司联手，成立杭州赐恩粮食专业合作社，为农户测土配方供应化肥、农药，采购、销售农户种植的粮食蔬菜，提供产前、产中、产后“一条龙”式现代种植技术咨询服务和产品销售服务。2013年，协同村改设城市社区，村域农民家庭经营的运输业收入512万元，商业饮食业收入157万元，服务业收入135万元。

运输服务

20世纪80年代，有村民购置中巴车，从事“招手即停”的客运服务。1990年，协同大队运输队收入2.7万元。1993年，村运输队业务收入增加到44.8万元。个体运输业发展迅猛，1995年，协同村有运输汽车17辆（其中客运中巴、小车11辆），拖拉机和三轮卡车31辆。同年，协同村农户家庭经营的运输业收入、服务业收入共225万元。

西兴蔬菜集散市场

20世纪90年代，有贩销农副产品经历和经验的村民全力贩销蔬菜，凭此发家致富，而且带动更多村民加入此行，协同村成了远近闻名的蔬菜运销村。1996年，西兴镇因势利导，在协同村靠近西兴集镇地段兴建了建筑面积600平方米的西兴蔬菜集散市场。2000年底，蔬菜吞吐量在滨江区首屈一指，与星民村大致相当。

第四章　社会事业

民国及以前，协同村域几乎没有文化教育机构，乡人文盲居多。村民文体活动主要是闲暇时下象棋，玩扑克等，或趁上集镇购物、办事之际，听一会茶馆说书或艺人演唱。西兴集镇多有寺庙，遇有庙会，离集镇稍近的村域乡人不乏往观者。村域缺医少药，乡人一旦染病，家境尚好人家会到西兴或附近集镇求医赎药，大多数贫困农民唯有祈神问卦，听天由命。

中华人民共和国成立初，村域建立协同乡小学。人民公社初期，始办幼儿班。协同小学由初小发展为完小。20世纪70年代初至80年代中期，小学附设初中班。20世纪80年代末，九年制义务教育普及。2004年，学校并入闻涛小学。与此同时，村域内公办、民办幼儿园并举，幼儿入园率100%。成人教育重点转为农民就业再就业培训、岗位职业技术培训，并涌现了市民学校等新型成人继续学习机构和形式。

1969年，协同大队建立合作医疗制度，社员小病诊治不出队。1976年，加入社队联办合作医疗。实行家庭联产承包责任制后，合作医疗站改称村卫生保健室，1992年达到甲级标准。2003年后，实行以大病统筹医疗为重点的新型合作医疗。2006年后，征地“农转非”人员纳入杭州市城镇基本医疗保险。2012年，村民合作医疗等各类医保实现应保尽保，建立健康档案，疫病防治、孕产妇与婴儿保健、妇科病普查、村民体检与时俱进落实到位。

20世纪50年代初，协同村域青年农民扭秧歌，唱新词。此后各个时期，俱乐部、文宣队、露天电影、新闻报道、文艺创作、图书借阅、故事演讲，卡拉OK、家庭影院、录像放映、台球棋牌、网络游戏、广场排舞、全民健身等，群众文体活动逐步发展，走向现代都市新形态。

第一节　教育与农业科技

教育

幼儿教育　协同村域幼儿教育始于20世纪50年代末人民公社化初期，20世纪60年代初停办。20世纪60年代末至70年代期间，部分年份农忙时节，由大队妇代会牵头举办临时幼儿班。20世纪80年代初，新办协同大队幼儿园，由协同小学附设并负责教学管理。这一时期，协同村域有西兴镇办针织内衣厂开设幼托班，招收职工子女。2001年，滨江区贯彻国务院《社会力量办学条例》，鼓励发展民办幼儿园。2003年协同村域有民办咪咪幼儿园，园址位于协同村4组，有3个班级，幼儿99人，教职员工6人，其中专任教师3人。2010

年，杭州市人民政府机关幼儿园在村域设立新州分园，规模为10个班级。

小学教育 中华人民共和国成立后，1949年10月，协同乡人民政府开办协同小学，为初小。1952年，建立协同乡小学，校舍为18间茅草屋。农业集体化后，生产、生活稳定，读高小的学生相应增加，1958年，协同乡小学由初小扩展至完小。同年，学校签署扶贫协议，凡极贫农户家庭儿童入学免收学费。1959年，学校名称为城北人民公社协同中心小学。1965年，学校随协同大队划属西兴（东方红）公社。20世纪70年代初，学校改建为瓦屋。1986年，协同小学共有5个班级，175个学生。有专任教师8人，民办教师2人。校舍面积692平方米，藏书1250册。1989年，协同小学翻建12间教室的3层教学楼。同年，协同村随西兴镇普及九年制义务教育。1994年，村域学龄儿童入学率100%。2000年，协同村安排教育支出7万元。2003年12月，滨江区调整学校布局和规模，优化优质教育资源配置，改协同小学为杭州市西兴实验小学（原西兴镇中心小学）协同分校。2004年秋，杭州市闻涛小学（浙江省义务教育一类学校）新开，西兴实验小学协同分校撤销，并入杭州市闻涛小学。

初中教育 20世纪60年代中期前，协同大队内小学毕业生升读初中主要报考萧山县第四中学（长山初中），或报考萧山中学。1965—1967年，村域协同桥头办有东方红公社第一农业中学。1968年秋，东方红公社初级中学（西兴中学）创办后，招收协同大队小学毕业生。20世纪70年代初，协同小学附设初中班，时称“戴帽初中”，学制为2年，基本实现应届小学毕业生人人能升读初中。1978年，初中班学制改为3年。20世纪80年代初，初中班停止招生（村内小学毕业生升读西兴中学），在读学生就读至毕业后，初中班停办。

成人教育 中华人民共和国成立后，20世纪50年代初，协同乡设立夜校、冬学、识字班等开展扫盲教学。协同小学老师除兼职扫盲教学外，还发动学生当“小先生”，教家长识字，并开展送字牌、识字卡片、包教包会等活动。20世纪60年代后，大队团支部、俱乐部、妇代会等把扫盲教学和巩固扫盲成果列为工作内容之一。1985年，西兴镇实现无文盲镇，协同村随列。20世纪80年代初开始，村域部分青年参加萧山燎原广播电视学校、农函大、电大、成人教育自学考试、学历证书考试等学习、考试，获得相应的结业、毕业证书等。

滨江区成立后，城市化进程加快，协同村土地被大量征用，成人教育重点转向失地农民就业再就业职业技术培训、岗位技术培训，并将外来务工人员的职业技术培训纳入成人教育统筹范围。市民学校、老年大学等成为村民业余教育、继续教育的新载体，教学内容更加适应城市化要求。

农业科技

20世纪70年代，萧山县形成县、区、社、队四级农业科技推广网络。协同大队建立农科队，融入网络。大队革委会（后恢复为管委会）1名成员负责农科工作。1978年，协同大队农科队有成员32人，有生产队农科组6个，成员53人，主要开展农作物新品种、新技术、新肥药的试验推广和病虫害的防治研究。实施家庭联产承包责任制后，农科队被撤销。村建立肥药种子站，配有农技员为承包户提供农技服务。同时确定多个科技示范户，承担农业科技的推广应用。其中试验推广的棉花优良品种"中棉12号"得以大面积栽培，获得高产稳产。有的科技示范户成为西兴镇科学技术协会成员，分别参加农技植保、多种经营等不同学组的活动。1996年后，协同村发展城郊型服务农业，一些科技示范户科学种菜取得较好经济效益，为周围农户提供技术示范和高产榜样。2011年，协同村参加滨江区实施的"百场千户"科技示范工程，增强农业科技示范的辐射效能。

第二节　医疗与健康保障

医疗机构

1969年10月，协同大队建立合作医疗制度。大队合作医疗站有"赤脚医生"（指20世纪60—70年代农村义务农义行医的医务工作人员）长年坐诊，为社员提供最基本的医疗诊治，做到"小病不出大队"，农忙时节还到田间地头开展巡回诊疗。平日里，但凡社员有需要，"赤脚医生"不分早晚，随时出诊。实行家庭联产承包责任制后，合作医疗站改称卫生保健室，由乡村医生承包经营。1992年，协同村卫生室为甲级卫生室，有3名医务人员，其中乡村医生1名，有从医经历20年。卫生室面积50平方米，医疗设备有高压锅、血压器、听诊器等。常备药品200多种，有开展输液的条件和书写医疗文书资质。

2004年，滨江区全面改革基层医疗管理运行机制，村级卫生保健室改由街道社区卫生服务中心一体化管理，协同村卫生保健室改名为"西兴街道协同村卫生服务站"。服务站有房屋3间(60多平方米)，设有诊疗室、药库、药房、输液室，有乡村医生2人。

合作医疗

1969年，协同大队建立合作医疗制度，合作医疗基金在大队集体公益金中列支。社员小病不出大队，由“赤脚医生”诊治，自负50%医药费。如需到上级医疗机构看病，由大队合作医疗站开具书面证明，按规定比例报销医疗费。1976年，东方红公社实行社队联办合作医疗制度，提取社办企业集体积累的部分资金，充实合作医疗基金。实行家庭联产承包责任制后，合作医疗一度停歇，20世纪90年代初恢复。1992年，协同村90%以上村民参加集资统筹合作医疗，村集体每年安排几万元作为合作医疗报销基金（2000年医疗卫生支出3万元）。村民自愿报名参加合作医疗并缴纳一定数额的基金后，按照相关规定，小病小比例、大病大比例报销医药费。

2003年，滨江区推行以大病统筹医疗为重点的新型合作医疗保障制度，参保村民大病住院最高可报销3万元医疗费，门诊费用在支付一定的基数后，按比例递增报销25%～45%。2005年，全村有2800多人参加合作医疗，参保率98.5%。2006年底开始，村域征地“农转非”人员全部参加杭州市城镇基本医疗保险。2008年，新型合作医疗参保村民门诊费用报销比例提高。2012年，村民合作医疗实现应保尽保。

防疫保健

中华人民共和国成立后，防疫工作加强。20世纪50年代初至70年代后期，协同大队先后消灭古典型霍乱、天花、回归热、斑疹、伤寒、白喉。1978年起，大队合作医疗站配合公社卫生院为全大队儿童接种“四苗”（卡介苗、麻疹疫苗、脊髓灰质炎疫苗、百白破三联疫苗），20世纪80年代后期改为接种“五苗”（增加乙肝疫苗）。20世纪90年代初，基本消灭灰脊髓炎、钩端螺旋体病。20世纪90年代后期起，村保健站（卫生室）配合上级医疗卫生机构，开展各类肠道传染病、呼吸道传染病的防治。2003年后，做好“非典”、高致病性禽流感等预防工作。2009年，重点防治手足口病等。

20世纪50年代，协同村域开始推行新法接生。20世纪60年代后期，协同大队产妇基本上都在医院（卫生院）待产。20世纪70年代初，开展妇女防癌普查。20世纪80年代起，孕产妇纳入公社（乡、镇）卫生院的孕产妇产前检查及围产期保健管理系统。1990年，实现新法接生率100%，住院接生率100%。2003年后，村域孕、产妇保健卡建卡率100%。这一时期，在做好西兴村育龄妇女定期妇科疾病普查的基础上，把外来妇女的计划生育与保健纳入管理。

2002年开始，对村域60周岁以上老年人进行免费体检。2003年，全村小学生参加健康体检。2006年，参加合作医疗的村民进行体检并建立健康档案。2011年，60周岁以上老年人健康档案纳入滨江区“多位一体”电子档案动态管理，建档率80%以上。2013年，全村20～64周岁妇女接受妇科常见病普查。

第三节　文化　体育

群众文化

民国及以前，协同村域偶有乡人趁去西兴或附近集镇购物办事之际，到茶馆听一会说书或艺人演唱。基督教徒会到教堂听唱诗班吟唱。镇上寺庙若有庙会，村域乡人亦有往观参与者。

中华人民共和国成立后，20世纪50年代初，协同乡农民扭秧歌、打锣鼓、唱新曲，宣传《中华人民共和国婚姻法》，宣传抗美援朝。人民公社初期，黑板报、墙报、宣传画成为文化活动的重要内容。20世纪60年代中期，大队俱乐部建立。20世纪60年代末大队大会堂建成后，成为社员文化活动主要场所。1973年，东方红公社电影队成立后，常到协同小学操场放映露天电影。大队建立报道组，向公社、县广播站投送稿件。20世纪80年代，村域有文学爱好者在公社、县文艺刊物上发表作品。村团支部联合镇文化站，设立图书流动借阅点。进入20世纪90年代后，西兴影剧院建成，村域露天电影减少，村民多往影剧院观看电影。其时，录像放映时兴，卡拉OK流行，家庭影院受宠。滨江区成立后，村域文化市场兴起。1997年，西兴镇文化站录像室在村域创办；1999年，又在村域创办西兴镇文化站娱乐室。进入21世纪，随着城市化进程，歌舞演唱、电影院线、艺术沙龙、电竞游戏、网络文学、排舞街舞、文化走亲等逐渐增多，村民文化生活日趋多样化、时尚化。

体育

群众体育　20世纪60年代以前，协同大队社员的体育活动主要是农闲时间、节日期间下象棋、打扑克等。20世纪60年代后，社员家庭自行车开始增多，除了作为交通工具，还成了年轻人的“体育游戏项目”，单手上下车、左右上下车、双手放把骑行、慢骑、单车定位等，年轻人各显其能，互相比试。

也有乒乓球爱好者用门板作临时球台，互相对抗。比较规范的体育活动当数民兵训练中的列队、跑步、投掷、匍匐行进等项目。团支部、民兵连、妇代会联手或单独，组织人员或参加上级举办的拔河、游泳、自行车慢骑、接力跑等比赛，或与兄弟大队、单位开展友谊比赛。20世纪70年代初大队大会堂、学校操场建成后，成为社员（村民）文体活动的主要场所。20世纪80年代后，康乐球、台球活动受欢迎，村域靠近西兴集镇的北塘河边曾有多张台球桌，生意不错。1998年开始，协同村组队参加历届西兴镇全民运动会，总体成绩较好。进入21世纪，村民积极参与滨江区的全民健身活动，村集体落实资金、场地，新建健身小广场、综合活动室等1300平方米，并配置多种运动健身设施和器材。

学校体育　中华人民共和国成立初期，协同小学开设体育课，内容主要是列队、跑步、投掷以及一些简单的游戏活动。1954年起，推广广播体操。20世纪60年代初，协同完小体育课趋向规范。1968—1976年，体育课改为军体课。20世纪70年代初，办学条件改善，学校体育教学内容增多（包括田径、球类、趣味类）。1979年起，开展“两课两操两活动”（每周有两节体育课，每天有广播操、眼保健操，晨间活动、课外活动）。1996年滨江区成立后，协同小学组队参加每年一届的全区中小学生田径运动会。2003年，学生体育达标率98.9%，超过全区平均达标率。2004年，学校并入杭州市闻涛小学。

第四节　非物质文化遗产

协同村域乡人素来勤劳智慧，富有创造力。村域虽只有百余年历史，却留下杭州市级、滨江区级非物质文化遗产各1项。

西兴盘纽扣

杭州市级织染缝纫类非物质文化遗产，传承人为协同村村民俞菊花。

西兴一带妇女中多有缝制衣衫的能手，盘纽扣是缝制衣服中技术性强、难度较大的工艺。用布条缝制、盘缀的各式纽扣，美观实用，既是扣子又是装饰，特别是大襟衣服和花式旗袍上，盘缀纽扣非常讲究。俞菊花从小跟母亲学做衣服，学做盘纽扣，特别是成家后，除自己全家的衣服纽扣自己盘外，为亲戚朋友也做了不少，一直做了三四十年。

盘纽扣所需材料是布和线。盘时，先把布摊平，沿布边的45度斜剪成一条条布条（也可用零碎布），根据所盘纽扣需要的大小，纽扣大的剪宽一些，纽扣小的剪窄一些。把剪好的布条折成4层或6层，将边折进内里。然后左手拉住折好的布条，右手用针线一针针缝制。若布条太厚，缝制人右手中指套一个形似戒指的“顶针”（多为铜质，上有麻点状微凹），抵住针尾把针线顶扎进去，缝成带子。将缝好后的带子(现此类带子可从商店购买）打成“核桃结”等各种花结，再盘缝成所需图案，最后缀在衣服上。女性衣襟上，旗袍上，高档客衣上，缀上这种手工盘的纽扣显得好看而又高贵典雅。

西兴拉白糖

滨江区级农畜产品加工类非物质文化遗产，传承人为协同村村民王光田。

“拉白糖”，又名“扯拔糖”，原料为白糖、柠檬、麦芽、水及其他水果汁。是王光田岳父家世代祖传的手艺，有100多年历史。1973年王光田从岳父处传承，做了10多年。其间，他每天晚上制作“拉白糖”，白天走村串巷去卖。一天一般做10～15千克，最多做25千克，做多少卖多少。

工艺流程：首先按水和糖各半的比例，配好一锅糖水，加入香蕉汁、柠檬汁、姜汁等其他佐料。把锅放在灶上加热，将糖水煎成糖浆。然后把煎好的糖浆放入冷锅，等冷却后用手拉扯。量小（10～15千克）用两根棍子挑着拉，量大（20～25千克）则需要挂在大钩子上扯拉，反复扯拉一直拉到糖色变白。拉白后用手搓成一根根糖条，再用剪刀剪成一粒一粒“糖豆”即成。“拉白糖”香甜可口，深受儿童喜欢。

第五章　生活民情

中华人民共和国成立前，协同村域生产落后，绝大多数农民收入低微，缺吃少穿，生计艰难；住房皆为草舍，数代同堂；出行全凭双腿，穿草鞋走泥路。

中华人民共和国成立后，土地改革使得村域贫苦农民生产生活有了根基。农业集体化后，农民收入不断提高。1964年，协同大队社员年终人均经济分配现金收入96元。20世纪70—80年代，社队企业发展，社员收入快速增加。1984年，年人均纯收入792元。进入20世纪90年代，第二、第三产业成为主业，村民人均纯收入不断跃上新台阶。2013年，协同村改设城市社区，村民年人均纯收入为2.27万元。

村域民风淳朴，礼仪习俗、方言俚语融汇东片沙地区、中片稻作区为一体，还保留一些来自海宁的元素。宗教信仰与萧山地区别无二致。村域“西兴盘纽扣”“拉白糖”制作已有百年历史，分别为杭州市级、滨江区级非物质文化遗产。

第一节　收入与生活变化

村民收入

民国时期，协同村村域大多数农民缺田少地，收入低下，生活无保障。部分缺地农民只得去集镇、码头做苦力为生。

中华人民共和国成立后，土地改革分田分地使得协同村域农民有了收入基础。合作化、人民公社化后，随着集体经济的发展，社员（村民）经济收入有了基本保障。1961年，社员年终人均经济分配现金收入86元。1964年，增至96元。此后，协同大队农业持续稳定发展以及集体企业兴起，集体经济和社员收入稳步提高，1978年，社员年终人均经济分配现金收入为111元。20世纪80年代初开始，集体工业进一步发展。家庭联产承包责任制极大地调动了农民积极性，生产发展带动了村民收入的明显提高。1984年，协同村村民年人均纯收入上升至792元。此后，村办工业发展加速，很快成为村集体经济和村民收入的主要来源。1996年，村民年人均纯收入5325元，比1984年增加5.72倍。这一时期，个私工商业、服务业活跃，成为村民收入又一重要来源。此后，村域产业结构不断适应城市化进程，年人均纯收入随之水涨船高。2000年，村民年人均纯收入7000多元。2005年为9678元。2013年，协同村改设城市社区，村民年人均纯收入为2.27万元。

粮食分配

20世纪60年代初人民公社食堂解散后，协同大队社员口粮数额按人口年龄段确定（以岁定粮）。可分配的社员粮食总量由两部分组成，一部分为集体生产的粮食，以实物分配；另一部分为国家统销粮，凭粮票向国家粮站购买。1961年，协同大队社员人均口粮为201千克。1964年，社员人均口粮245千克。

1970—1981年，协同大队设有储备粮制度，以备荒年。集体生产的粮食，留取种粮、饲料粮、储备粮和其他用粮后，其余作为社员口粮，大部分按人口分配，少部分按劳动工分（含土肥投入结算工分）分配。1978年，社员人均口粮247.5千克。实行家庭联产承包责任制后，村民口粮集体分配部分以口粮田形式分给村民承包，国家供应部分仍按人口定量分给粮票。1984年，村民人均口粮349.5千克。1993年，国家取消粮票、油票，敞开粮油市场，不再有粮油分配。

生活变化

民国时期，协同村域绝大多数农民缺吃少穿，难以温饱；住房多为破旧草舍，几代相传，数代同堂；除个别富裕人家出门有人抬轿之外，村民出行全靠双脚。中华人民共和国成立后，村民逐渐走向温饱；改革开放后，衣、食、住、行发生巨大变化。20世纪末，生活逐渐步入小康。

饮食　协同村所属的沙地区曾不产稻米，粮食作物以麦、粟、薯为主。村民最常吃的主食是麦糊饭、番薯饭，或大麦糊，或番薯块掺入适量籼米烧煮，粗糙难咽。麦夹头、麦饼（糕）算是上品。20世纪70年代以后，灌溉条件改善，沙地亦可种植水稻，协同村缺粮情况缓解，三餐白米饭的日子逐渐增多。1978年，社员用粮水平人均达到247.5千克。20世纪90年代后，随着收入增加，饮食结构由“吃饱型”转向“吃好型”“营养型”，肉、禽、鱼、蛋、奶等副食品消费增加，主粮消费减少，番薯、芋艿、玉米、老南瓜反受青睐。

衣着　中华人民共和国成立前，村域乡人服装款式以斜襟衫、团团裤为主角，面料为黑色或蓝色土布。“新三年、旧三年、缝缝补补再三年”是为常态，仅个别富绅穿长衫马褂，是为身份标志。中华人民共和国成立后，人民生活逐渐好转。20世纪50—60年代，村域青年男女以穿中山装、列宁装为时尚，卡其布、灯芯绒是为高档面料。20世纪60年代末开始，军便装风靡。涤纶（的确良）、腈纶面料十分时髦。20世纪80年代起，男性开始系领带，穿西装，女性穿裙子随处可见。20世纪90年代，皮革、羽绒、丝绸服装渐觉稀松平常，戴金佩玉者常见。进入21世纪，村民衣着更是追求新潮、品牌。

住房　中华人民共和国成立前，协同村所属沙地片乡人住所几乎全是草舍，多为直舍、“火筒舍”，“三间横舍朝东南”是为“刚司”（富裕）人家。20世纪60年代中期后，渐渐出现新盖瓦屋，皆为平房小屋。20世纪70年代，盖有少量楼屋。20世纪80年代，农户建房兴起高潮。至1991年，协同村95%以上的村民建造有两层半以上的楼房。20世纪90年代后期，新农村建设开始，村域内出现成片样式一致的新楼房。2000年始，村民不再自建住房，陆续入住农村多层住宅（大多数家庭拥有两套以上），有的还在萧山城区或杭州老城区购有住宅。

出行　中华人民共和国成立前，协同村域乡人出行全靠双脚，村中富人、过往客商偶有坐轿或坐“黄包车”者。20世纪50年代末开始，村域乡人可到附近西兴集镇乘坐公交15路车进杭州城区。20世纪60年代后期至80年代，自行车逐步普及，成为村民最便捷的交通运输工具。20世纪80年代后期，摩托车变得流行。20世纪90年代初，村民开始购买汽车。1995年，协同村村民有汽车17辆、摩托车35辆。进入21世纪，电瓶车取代自行车。小轿车逐步普及。村域内公交便捷，出租车穿梭，村民出行十分方便。

第二节　习俗俚语与信仰

协同村域早先乡人，大多来自萧山东片沙地区，部分来自西兴、长河一带水田区，习俗风尚、方言俚语、宗教信仰总体与萧山别无二致，略有沙地区与稻作区之区别。虽先前乡人中有少部分为江北海宁因坍江而失地来此落户者，然百余年来其风尚习俗已与其他乡人融为一体，仅在个别语音等方面留有些许痕迹。

习俗风尚

村域乡人中，祖籍为萧山东片沙地者人数居多，绝大多数习俗传承自祖籍地，与祖籍为稻作区的乡人稍有区别。如节日看望长辈，除春节外，祖籍为沙地区的村民对端午节看望岳父母相当重视，而祖籍为稻作区的村民中秋节看望岳父母形式特别隆重。祭祀，祖籍为沙地区者祀张夏（张老相公）为水神，祖籍为稻作区的则祭黄山、西南。上坟扫墓，除清明节外，来自沙地区者冬至上坟比较多，来自稻作区的则会在大年初一“拜坟年”。稻作区搡的年糕形状为圆形，酿的酒是糯米酒；来自沙地区者，做的年糕为条形，酿酒大多用粟、麦、六谷（玉米）制酒，称“烧酒”。有少数村民早先自西兴善庆庄迁入，因历史上祖辈没有田地，故不擅长农桑耕作，而善于经商行贩。

方言俚语

滨江区方言，原本就是以长河一带以及萧山中片地区方言为正宗的“萧山话”。但因历史、地域等原因，“萧山话”中有“里畈话”与“沙地话”之区别，协同村域亦然。村域年长者更明显一些。如祖上来自里畈的村民，曾称有钱人家主人为“店王”，而来自沙地区的人则称其为“刚司”。男孩，来自里畈的村民称其为“小鲤花”，来自沙地区的人多称之为“小伙子”，而来自善庆庄的村民则素向称男孩为“小官人”。村域俚语，有不少体现沙地区的耕作特色。如村域素来种植棉花、蔬菜，便有农谚“夏至西北风，十个铃子九个空”“干锄棉花湿锄麻，雾露小雨锄芝麻”“北风呼呼响，萝卜日夜长”等。

信仰

中华人民共和国成立前，西兴集镇上寺庙颇多。协同村域离集镇较近，乡人有信佛者常去镇上寺庙诵经礼佛。村域中年长者信佛者为数不少，仍有人参与镇上龙图庙等的佛事活动。村域无寺庙，活动主要是老妇人聚桌念佛等。村域无道教活动场所和道教徒。村民家中若遇丧祭之事，则请七甲闸村或邻近的萧山北干街道兴议村等处的道士做些法事活动。民国17年（1928），西兴基督教堂派人到协同村域传教，并举行礼拜日活动。民国19年（1930），村域教众参与捐资建造草房，设立协同福音堂。1958年后，教众礼拜日聚会活动停止。1979年后，教众聚会活动恢复。至2013年，协同村域基督教信众聚会主要场所为集镇上的西兴福音堂和位于七甲闸村域的协同福音堂。

专　记

从小小豆芽菜到蔬菜集散市场

20世纪70年代初，小小豆芽菜居然使协同大队在萧山城北区一带“名噪一时”。

那时，虽然协同大队社员的生活比以前有了很大的改善，但除了年终分配，平日里总难有现金收入。当时有几户社员利用络麻地里的畦沟搞起了孵豆芽菜的小副业，把畦沟挖深，把刚发了芽的绿豆铺在沟底，撒上细土，每天淋水保持湿润，6～7天后，豆芽菜长成，社员们就拿到集市去销售。几家试身，众人效法，很快，第十四、十五、十六等生产队有七八十家农户都孵起了豆芽菜。

实行家庭联产承包责任制后，农户们自主经营，大家放开手脚发展多种经营。特别是滨江区成立后，发展城郊服务型农业，蔬菜种植成了协同村农业主体。蔬菜多了，销售问题来了，村党支部、村委会把村民的蔬菜如何更好地销售出去当作为群众办实事的重要工作来抓。经过调查发现，不仅协同村的农户存在蔬菜销售渠道不畅的问题，附近沙地村种菜较多，同样存在这一问题。经过分析，村“两委”认为，协同村紧贴西兴集镇，固陵路商业街直通村域，交通十分方便，在北塘河与固陵路交接处村域又有一小片未曾开发的杂地，在此开设一个蔬菜集散市场肯定可行。

1997年初，报经杭州市计划委员会批复同意，村党支部、村委会向杭州市土地管理局申请用地3300平方米，自筹资金25万元，建造西兴蔬菜集散市场。集散市场有600平方米交易用房，配套水泥地坪的户外交易场所、停车场以及车辆进出道路，安排责任心强并相对熟悉蔬菜生产和销售行情的4名村民担任管理员，并与区、镇有关部门联系，落实好集散市场四周的道路交通和治安维护等工作。

集散市场开张后，每天清晨天色放亮以及下午两三点钟这两个时段，协同村的菜农们就会把自家生产的各色蔬菜车驮肩扛送到这里，四邻的蔬菜运销户、零售户则从这里进好货销售到西兴、长河、湘湖等地以及萧山、杭州城里。很快，协同村有个蔬菜集散市场就传播开来了，西兴镇共联、七甲闸、星民等村，以及附近长河的江一村，萧山的兴议、明星、荣星、荣庄等村的农户也都纷纷把自家生产的蔬菜送到这里，头脑活络的还把外地的蔬菜运销到这里赚取差价。有的农户还联系上山东等地的蔬菜供应商，把大批北方蔬菜引进集散市场。通过集散市场，协同村的菜农们还引进了香菜等多个蔬菜新品种，取得了较好的经济效益。据这一时期担任协同村党支部书记的董永根介绍，从1997年到2002年期间，每天到协同村蔬菜集散市场参加交易活动的有200～300人次，年均交易量1100吨左右，西兴蔬菜集散市场成了滨江区以及萧山区北干街道一带较大的蔬菜集散市场。

共联村

共联村地处西兴街道中部偏西，面积1平方千米。东邻协同村，西与长河街道江一村毗连，南至铁陵关，北连星民村。

共联村在滨江区的位置

来楚生　甜椒

第六编　共联村

概　述

共联村地处西兴街道中部偏西，面积1平方千米。东邻协同村，西与长河街道江一村毗连，南至铁陵关，北连星民村。

民国初期，共联村域尚是钱塘江滩涂。后，有萧山东片、钱塘江北海宁以及附近西兴、长河等地农户陆续迁此垦种。农户们共同联合以抗潮洪盐碱，故名此地为“共联”。民国末期，村域属萧山县由夏乡第10保。1949年5月，萧山解放，不久成立协同乡，共联村域受辖协同乡。1958年，为共联大队。1965年，划入西兴（东方红）公社。1984年，改设共联村。1996年5月，划属杭州市西湖区，12月划属滨江区。2013年12月，改设城市社区，有人口4500多人，姓氏百余个。

村域耕地均为沙地，以种植棉花、络麻、大麦、小麦、杂粮为主。农业集体化后生产条件改善，主要农作物长期稳产高产。通过围垦，增加耕地405亩。养殖业主要为养猪。实行家庭联产承包责任制后，种养业趋向多样化、高效益。20世纪90年代中期开始发展城郊服务型农业，大量种植蔬菜瓜果。后因征地拆迁，种养业不断压缩，至2013年，仅剩部分蔬菜面积。

共联村域工业起步于1960年，先后创办过各类企业15家。2004年，村级工业总产值1.2亿元。此后随着城市化进程，村域商业饮食业、运输业、服务业等第三产业快速发展，成为主导产业。2005年，商业饮食业收入1.14亿元，是工业收入的2.07倍。2013年，全村33%以上劳动力从事第三产业。

1993年，共联村被中共萧山市委、萧山市人民政府评为文明村。此后，新农村建设亮眼，村民新建住房统一规划、统一式样。水、电、路、广播电视网络统一通达各户。2001年起，共联村实施农村多层住宅建设。至2013年，村民大多入住迎春小区等住宅小区（2014年实施整村拆迁）。

村域文化事业从无到有，不断发展壮大。1950年，开办共联小学。1967—1985年，开设初中班。2004年，学校并入杭州市闻涛小学。1996年，建成甲级村卫生室。2006年后，征地“农转非”人员全部参加杭州市城镇基本医疗保险。2012年，村民新型合作医疗等各类医保实现应保尽保。

2013年，共联村结束近百年的乡村历史，改设共联社区。区域内城市道路四通八达，地铁、公交快捷便利；物联网产业基地、吉利汽车科技有限公司、浙江吉利控股集团、欧乐（杭州）汽车科技有限公司、杭州骏宝行汽车销售服务有限公司等一大批高新技术企业、高端制造业、服务业企业比肩接踵。

第一章　基本村情

共联村地处西兴街道中部偏西。民国时期，有渡口用木船摆渡到钱塘江对岸，称“十甲渡”。20世纪80年代中期，有“十甲公路”北起星民村域原杭州汽车轮渡码头，往南经共联村域到西兴叉口与杭萧公路连接，现为江陵路。

民国初，共联村域还是钱塘江滩涂，早先村民大多为萧山东片、钱塘江北海宁因遭坍江毁地迁此开荒垦种之人，也有来自附近西兴、长河等地的垦荒者。民国末，村域属萧山县由夏乡第10保。中华人民共和国成立后，属协同乡。1954年，成立多个初级农业生产合作社。1956年后，建立高级农业生产合作社。1958年，人民公社化后，成立共联大队。1965年，划入西兴（东方红）公社。1984年，改设共联村。2013年12月，改设城市社区，有人口4500人，姓氏百余个，陈、徐、李、倪、沈、俞为大姓，六姓总人口占全村人口的27.5%。

第一节　区位　地貌

区位

共联村位于西兴街道中部偏西，钱塘江古江塘北。东邻协同村，西临十甲河，与长河街道江一村毗连，南至北塘河及铁陵关，北至江南大道，连接星民村。

土壤

村域土壤为钙质潮土，系钱塘江泥沙淤积而成，土壤含沙率高，呈盐碱性，易渗水，俗称“沙土夜潮地”。土壤发育因受江湖顶托及盐分聚凝作用，为回溯沉降的浅海泥沙，熟化程度稍低于古江塘以南。主栽棉花、络麻、大小麦。

河道水域

建设河　位于西兴街道北部，临近钱塘江，以人工开凿建设而得名。建设河南起解放河，向北又折东，再北至建设河排灌闸口。河宽36.5米、长1.61千米，流经共联村域约1000米。

北塘河 原名大寨河，开挖于1977年。西起江边排灌站，东至萧山区坎山红星桥。河宽30～35米，水深2.5米，全长24千米。西兴街道境内流经共联、协同两村，长1.8千米，共联村域段长约680米。

十甲河 位于西兴街道西部。南起北塘河，北至解放河。总长1.82千米，宽35米。在共联村域中西部与解放河沟通。向东，过协同村，经萧山区宁围、新街等地可达东江。

未命名河 位于定安桥下，早先为滩涂，后引入钱塘江水。1965年前后只剩下部分河段，1970—1971年河道填平。后，种植茭白。

八甲沟 全部位于共联村境内，发端于村域东，由南至北，长约1100米，宽约12米。

九甲沟 与其他村有交集，发端于村域西。南北向，长1100米，宽约12米。

任家池 水深2.5米，水面1.5亩，用于排灌。

第二节 建置沿革

行政区划

清末，共联村域为钱塘江滩涂。民国初期，有萧山东部以及江北海宁因钱塘江坍江而田淹家毁的农民，亦有附近西兴、长河一带缺地农户，为觅生计，迁徙至此开荒耕种。为新建美好家园，迁居户共同联合，相互协作，故把居住地起名为“共联”。民国末期，属萧山县由夏乡第10保。

1949年5月，萧山解放。7月，建立协同乡人民政府，共联村域受辖于协同乡。1950年10月，成立村农会，进行土地改革。1951年开始互助合作运动，先后建立起18个互助组。1954年后，各互助组合并组建为4个初级农业生产合作社。1956年，成立共联、共和2个高级农业生产合作社，1957年后2社合并，称共联高级社，即后来的共联大队。

1958年9月，村域为萧山县城北人民公社共联大队，1959年7月，属城北公社协同管理区。1961年，缩小人民公社规模，撤销协同管理区，共联大队隶属由夏人民公社。1965年，调整公社区域，共联大队划归西兴公社（同年12月改名为东方红公社，1981年复称西兴公社），共联大队一直隶属西兴。

1984年，撤销人民公社体制，恢复乡（镇）建制，共联大队改设西兴乡共联村，1985年改称西兴镇共联村。1996年5月，西兴、长河、浦沿3个镇划入杭州市西湖区，村域随之。1996年12月，以西兴、长河、浦沿3个镇区划成立滨江区，村域属杭州市滨江区西兴镇。2003年12月，西兴镇改设西兴街道，共联村属之。2013年12月，撤销共联村，建立共联社区，隶属西兴街道不变。

中共基层组织

1954年，建立中共协同乡党支部，书记边更生。共联村域党的活动由协同乡党支部领导。1956年下半年，村域建立中共党支部，有党员7人，首任党支部书记高宝庆。至1958年人民公社成立前，村域党的组织隶属协同乡党总支。

1958年，设立城北人民公社共联大队。1959年，成立中共共联大队党支部。1961年7月，共联大队属由夏人民公社，中共由夏人民公社共联大队党支部属中共西兴区委管辖。1965年，调整公社区域，共联大队划归西兴公社，中共共联大队党支部隶属中共西兴公社（年底改称东方红公社）委员会。1968年，成立共联大队革命委员会，实行“党政一元化”领导，取代大队党支部，1970年党支部恢复。

1984年，撤销人民公社，恢复乡村体制，中共共联大队党支部改称为中共共联村党支部，隶属中共西兴乡（镇）委员会。2000年，中共共联村党支部升格为总支部。2009年，组建为中共共联村委员会，下设10个村民小组党支部和3个联合支部。2013年12月，共联村改设城市社区，中共共联村委员会改称中共共联社区委员会。

行政与经济管理组织

1949年5月，萧山解放后，随即建立各级人民政府，各地建立村行政委员会和农民协会（农会），负责村级行政管理。共联村域受辖于协同乡。1950年10月，协同乡农民协会成立，主任吴金标。1955—1956年，村域创办低级农业生产合作社，除组织、安排农业生产外，代行部分行政管理职能。高级农业生产合作社建立后，高级社管理委员会负责集体生产的安排以及集体经济的管理分配，并基本取代村级行政委员会的职能。人民公社成立后，实行“政社合一”管理体制，共联大队管理委员会行使辖区行政事务和各项公共事业建设管理，负责集体经济的管理。大队管理委员会由大队长、副大队长、委员若干人组成，由社、会员代表大会选举产生或由公社任命（1968—1980年，大队革命委员会取代大队管理委员会）。1984年，改公社为乡，改大队为村，共联村成立村民委员会，为村民自治组织，负责村级集体事务与经济管理。村民委员会设主任、副主任和委员若干人，由村民代表大会（后由村民直接）选举产生，每届任期3年。1991年，建立共联村经济合作社并设管理委员会，负责村级集体资产、资金、资源的管理和保值增值，任期及换届与村民委员会同步。2013年底，撤销村建制，建立共联社区居民管理委员会。

第三节　人口　姓氏

人口数量

自然变动　民国时期，共联村域经济落后，医疗条件极差，婴儿存活率不高，长寿老人很少。人口的自然变动处于高出生、高死亡的状态。

中华人民共和国成立后，人民安居乐业，共联村域村民生活、医疗条件不断改善，人口自然变动情况呈现出高出生、低死亡的状态。1964年，出生51人，死亡16人，人口自然增长率为15.1‰；20世纪70年代后，实行计划生育，人口出生率得到有效控制，人口素质不断提高，人口自然变动呈低出生、低死亡状态。1984年，出生29人，死亡16人，人口自然增长率仅为4.5‰。此后人口出生率继续下降，2000年出生34人，死亡26人，人口自然增长率低至2.3‰。

机械变动　1954年，共联村域总人口2740人。农业集体化后，村域耕地调整、人口迁出。1958年总人口减少到2610人。20世纪60年代初期，原在外工作的人员回乡，人口迁入增多。20世纪70—80年代，共联大队迁出人口一般多于迁入人口。1978年，迁入11人，迁出41人。1984年，迁入12人，迁出22人。人口迁出原因中女性以婚嫁为主，男性以招工、入学、参军为主。20世纪90年代起，特别是1996年划入滨江区后，城市化建设加快，共联村经济、社会快速发展，村民福利待遇不断改善，婚嫁女和大学生入学不愿外迁，迁出人口逐年下降。1996年，迁出21人。2000年，迁出仅6人，迁入15人。

人口构成

农业人口与非农业人口　1964—1978年，共联大队户籍人口全为农业人口。1978年，全大队664户2917人，均为农业人口。1984年，受招工、土地征用、职工居民家属迁入、落实政策等因素影响，共联村有非农业人口19人，占总人口的0.65%。直至20世纪90年代后期，这一构成变化不大。1996年，总人口3345人，其中非农业人口仅为23人，占总人口的0.69%。

20世纪90年代末开始，因土地被征用，“农转非”人员增加。2000年，总人口3422人，其中非农业人口197人，占总人口的5.76%。当年增加的163名非农业人口中，161人为土地征用后“农转非”人员。此后，土地征用“农转非”加速，至2013年撤村建居，共联村总人口5466人中，农业人口410人，仅占7.5%。

性别构成 1961年，村域总人口1957人，其中，男性965人、女性992人。此后至20世纪80年代前期，男性人数均多于女性人数。1984年，男性1474人，女性1441人。

20世纪90年代中期开始，男性人数少于女性人数。1996年，男性1647人，女性1698人，性别比为97。2000年，男性1669人，女性1714人。2013年，男性2660人，女性2806人，性别比为94.8。主要原因是女性平均寿龄比男性长，65周岁以上女性人数明显多于男性人数。

年龄构成 中华人民共和国成立后，共联村域经济快速发展，人们生活水平不断提高，农村医疗条件不断完善，村民人均年龄不断增长。1976年后，计划生育工作加强，人口出生率得到严格控制，共联村人口的年龄构成从年轻型逐渐向成年型转变。2000年，总人口3777人。其中：14周岁及以下儿童768人，占总人口的20.3%；青年及中年（15～64周岁）2735人，占总人口的72.4%；老人（65周岁及以上）274人，占总人口的7.3%。此后，老龄人口增长进一步加快。2002—2013年，全村有百岁老人4人，数量居滨江区各村（社区）第一位。

文化构成 民国时期，经济落后，时局动荡，共联村域乡人普遍为文盲，能识文断字者很少。中华人民共和国成立后，村域不少青壮年参加扫盲班、夜校，学习文化。随着经济、社会的不断发展，村域教育事业得到相应的发展，村民受教育程度逐年提高。1995年，共联村劳动年龄段人群中，初中以上文化程度有961人，占总劳力36%。2000年，共联村15～64周岁人口共2735人，初中以上文化程度的占53.6%，其中295人为高中或中专学历，63人为大学及以上学历。

姓氏

1995年，共联村3275名村民中，有姓氏121个，陈、徐、李、倪、沈为大姓，均有百人以上。10人以下的姓氏有51个，其中只有1人的姓氏有25个。

陈姓　共联村域陈姓何时由何处迁入无考，至1994年，全村陈姓272人，为第一大姓，占总人口的8.3%。

徐姓　共联村域徐姓大多来自萧山东片沙地区。1994年，全村徐姓160人，为第二大姓，占全村人口的4.9%。

李姓　村域李姓有的于清道光年间（1821—1850）从长河迁入；也有的于清同治年间（1862—1874）从萧山头蓬或绍兴迁入。1994年，共联村李姓有148人，为第三大姓，占全村人口的4.5%。

倪姓　从绍兴安昌地区倪家铺迁至萧山钱塘江南岸滩涂开垦的倪氏已历100多年，传7世，主要居住在萧山东片沙地区的党山、益农、党湾、义盛等镇(乡)。共联村域倪姓当由上述诸地陆续迁入。1994年，全村有倪姓115人，为第四大姓，占全村人口的3.5%。

沈姓　萧山沈氏有多支，渊源不一。其中昭东长巷沈氏系北宋时由苏州长巷迁入，已传36世。长巷沈氏又有分支析居于萧山东片沙地区瓜沥镇的大园、东恩；坎山镇的工农、张神殿；党山镇的大池沈、沙北村等地。此外，瓜沥镇另有一支沈氏则由绍兴沈家庄迁入。共联村域沈氏多由萧山东片地区迁入。亦有自萧山所前迁入者。1994年，全村有沈姓107人，为第五大姓，占全村人口的3.3%。

第二章　村庄建设

民国及以前，共联村域乡人临水搭寮、沿路筑舍，皆为草房。村域道路全是泥路。民国时期，乡人可由“十甲渡”乘木船渡钱塘江往返杭州。中华人民共和国成立后，共联村域交通日趋通畅。村域有十甲河与解放河沟通，向东可达萧山区东江。江陵路（原十甲公路）北往南经共联村域，到西兴叉口与杭萧公路连接。另有新筑的阡陌路、滨和路、滨兴路、江汉路等城市道路贯穿村域。

20世纪50—60年代，村域开邮路、通广播、通电话、接电力；20世纪70年代，扩建村集体办公用房；80年代，村域“四旁”（宅旁、村旁、路旁、水旁）绿化兴起；20世纪90年代，接通自来水。1996年后，实施新农村建设规划。2003年起，实施“百村示范、千村整治”工程，通过3年努力，基本实现“布局优化、路面硬化、村庄绿化、卫生洁化、河道净化”的目标。

第一节　新农村建设

民国及以前，共联村域乡人居所几乎全是草舍。有少数殷实人家建的是横舍，绝大多数农户建的是直舍或“火筒舍”，用茅草或稻草盖成。草舍内用络麻秆或其他秸秆隔断，有的人家裱糊上纸张、图画，用作内室与堂前的墙。受土地、水源（池塘）、道路等制约，所建草舍选址无序，无自然村落。

20世纪50年代后期，开展迁坟上山，平整高地，填部分沟、池为耕地。1958年初，共联高级社发动社员开展以大扫除、清理畜禽厩肥和污泥臭水为主要内容的环境大整治活动，308户社员中有305户参加活动，改善了村庄环境面貌，积聚了大量土杂肥。20世纪70年代，逐渐有社员建筑瓦房，但无整体规划。1976年，共联大队利用生活垃圾制沼气，用于合作社医疗站内的燃气和照明，也改善了环境。20世纪80年代初，村域“四旁”（宅旁、村旁、路旁、水旁）绿化兴起。其中，1984年全村“四旁”植树1万余株。20世纪80年代中期起，共联村把美化环境作为村庄建设的主要内容之一。1992年，家家用上了自来水。此后，全村结合文明村庄、文明单位、文明家庭创建活动，不断开展环境整治，清理卫生死角，改善村容村貌，先后获评萧山市卫生示范村、萧山市文明村。

滨江区成立后，共联村结合城市建设，陆续拆除违章违法建筑，实施新农村规划建设。2001年后，实施农民多层住宅建设。村域道路和村域美化工作不断向前推进。2003年起，实施“百村示范、千村整治”工程，通过3年努力，基本实现“布局优化、路面硬化、村庄绿化、卫生洁化、河道净化”的目标。

交通

十甲渡　因位于十甲区域，故称“十甲渡”。民国时期，有木船可渡客到钱塘江北。此渡于1970年前后消失。

共联桥　位于十甲河，1996年，由共联村出资50%造价并负责建造，西兴镇政府财政补贴总造价的50%。

十甲路　位于村域西侧。1957年开挖建设河（十甲河）时，将挖起的泥土堆积成泥埂路，称十甲路。1986年春，泥埂路建为十甲公路，连接钱塘江汽车轮渡南码头。2002年，十甲公路拓宽改建为城市主干道。2003年，定名为江陵路，路宽14～15米。村域段长1100米，沿路有浙江吉利控股集团有限公司、杭州骏宝行汽车销售服务有限公司、杭州奥保行汽车销售服务有限公司、杭州滨江保时捷中心、迎春北苑、迎春小区、迎春南苑。

固陵北路　南起南环路，北至闻涛路，总长5480米，宽44米。因西兴古称固陵而得名。村域范围段长度约为800米。

物联网街　东起协同路，西至江陵路。总长1200米，宽26米。2012年命名。村域范围段长约1000米。沿途有浙江吉利控股集团有限公司、杭州海康威视数字技术股份有限公司、感知公园、芯图大厦、海威新界、中威大厦。

阡陌路　南起北塘路，北至闻涛路。总长3225米，宽26米。因此间原有纵横交错的村间小路，故名阡陌路（2011年命名）。村域范围段长约1000米，沿路有浙江吉利控股集团有限公司、杭州海康威视数字技术股份有限公司、迎春东苑。

滨和路　东起风情大道，西至时代大道，总长3748米，宽44米。建于2003年，2004年命名。村域段长约1400米，沿路有迎春北苑、迎春东苑。

滨兴路　东起风情大道，西至信诚路，长4600米，宽55米，2003年命名。村域范围段长680米，沿路有迎春小区、迎春南苑。

江汉路、江汉东路　原名迎春路。北起闻涛路，南折东至江陵路，名江汉路。向东至西兴路，名江汉东路。建于2001年，2011年命名为江汉路。总长3600米，宽26米。村域范围段长620米。沿途有中赢康康谷、迎春小区。

水利

中华人民共和国成立前，共联村域土地全为沙土旱地，灌溉十分困难且蓄水条件极差。20世纪50年代农业合作化后，公共水利建设起步。1957年，高级社先后组织社员参加十甲河（建设河）、解放河的开挖，主要用于农田灌排。1960年开始用电力抽水灌溉。1961年，政府在共联村域西南端建设西兴闸，调节流经村域的十甲河（建设河）、解放河的水量。20世纪70年代初开始，水利建设逐步走向沟、渠、路配套。1973年，共联大队有抽水机埠2个、排灌用水泵5台。1984年，排灌机埠增加到4个，增添3套喷灌机械。这一时期，村域内2300多亩耕地全都成为旱涝保收的水浇地（水田）。至1993年，全村有大小机埠5个，纵横排水沟7000多米，其中两面砌石排水沟800多米。1999年，村域内十甲河、解放河得以疏浚。此后，城市建设和土地征用加快，农业逐渐消退，共联村农田水利设施以维护保养为主。

公用事业

电力　1960年，共联大队接入新安江水电站电力，抽水、碾米用上电力，电灯进入社员家中。1992年，共联村对全村范围的电力线路进行整改。1996年全村实际用电量为53万千瓦时。此后，村级工业发展用电增加，而更多的是各类家电迅速普及带来的村民家庭用电增加。2000年，全村用电量228.6万千瓦时，绝大部分为村民家庭用电。2013年，撤村建居，全村用电量达510万千瓦时，是2000年的2.23倍。

广播电视　1957年，共联高级社办公室安装有线广播。进入20世纪70年代，有线广播（大多为纸质的“压电喇叭”）逐步普及到大多数社员家庭。20世纪80年代初开始，“压电喇叭”升级为舌簧喇叭。20世纪90年代后，被更为高级的动圈喇叭（音箱）逐渐取代。1980年，各生产队已有黑白电视机。1995年，全村有电视机870台（半数为彩色电视机），占常住农户数的81.3%。1998年后，有线电视与有线广播共同入户。2000年，村广播室达到甲级播音室标准。2003年后，普及数字有线电视（与有线广播共缆传输）。随着城市化建设加快，村民入住多层住宅小区，有线广播减少，有线电视入户率90%。

邮电通信　民国时期，共联村域几乎不通邮。中华人民共和国成立后，西兴设立邮政代办所和电讯代办所，村民可往寄发邮件电报。1955年，共联初级社开始订阅报刊并设立邮政信箱。邮件、电报由邮递员投送到村。村民寄发信件不必出村，寄邮包、发电报仍需上西兴集镇。1957年，共联高级社办公室安装第一台电话机。20世纪70年代开始，邮件100%当天到达大队。20世纪80年代初期，邮件报刊当天可达农户家中。20世纪90年代初，电话开始进入村民家庭，电报锐减。1995年，全村有电话35台，移动电话（大哥大）2台，传呼机45只。同年，共联村委会及相关工作部门开始用电脑办公、记账。此后，村民手中“小灵通”一度流行。2000年后，手机逐渐开始普及。至2013年撤村建居时，中青年村民手机拥有量人均超过1部，电脑和互联网基本普及村民家庭。

供水　1992—1993年，共联村投资60多万元，接通萧山第二自来水厂的自来水，彻底改变了村民长期用水不卫生的状况。1996年后，随着村民进入小区居住，用水由滨江区水务公司管理，实现水表“一户一表”。

公共用房　20世纪50年代初，共联村域各级组织的办公用房主要借用村民住所。1956年，村办公室位于共联高级社第5生产队，共一间办公用房，内有2张办公用桌。1961—1971年，共联大队村办公用房（含大队合作医疗站）位于十甲河边靠近共联小学处，包括2间办公用房，面积约40平方米。1975年，共联大队扩建办公用房，为一栋2层楼房，共10间，整体面积约为200平方米（含大队办公室、会议室、财务会计室、工业企业办公室、档案室、医务室等）。2005年，村老年活动室搬迁并扩建为“星光老年之家”。2008年后，村办公室搬入位于迎春东苑1号的办公地点。

村民建房

20世纪70年代中期以前，社员建房不多，都在自留或老宅基上建造，均为小平房。20世纪70年代后期起，社员建房越来越多。至1993年，全村99%以上的村民家庭建造砖混结构的2层半以上楼房。1996年后，农户建房经批准均安排在新农居点内。所有准建农户新房的落地建筑面积、地基高低、房屋高度、楼层、门窗规格、道地大小均统一标准，按图施工。自来水、电力线路、地下水道、地面道路以及有线广播电视网等由村集体负责通达到户。村民新建房屋者原有老宅拆除，地基由村集体收回。1998年后，停止村民建房审批。2000年，共联村建设集中性过渡房，以备农户住宅大面积拆迁。2001年，实施农村多层住宅点建设，500亩农村多层住宅用地涉及的146户拆迁户全部腾房。至2013年，村民大多入住农村多层住宅小区（迎春小区等）。

第二节　土地使用

土地制度

民国及以前，共联村域除部分自耕农外，地主、富农占有多数土地，不少贫苦农民不得不靠租种地主土地为生，一年收成，交够地租，所剩无几。无地农民只能靠打零工、作挑脚维持生计。

1950年，共联村域开展土地改革运动，没收地主、富农（地主2户、富农1户）的多余土地，分配给缺地、无地农户，部分自耕农也将自己的多余土地交由土改工作队、农会分配给缺地乡亲。自此，村域农民自主经营自己的土地，生产得以逐步恢复。不久，党和政府号召农民走互助合作之路，村域建立起18个互助组，土地仍由家庭经营，互助组成员相互帮工，收益找补。1954年前后，村域建起4个初级农业生产合作社，土地（作为股份）由初级社集体经营，农户按土地股份和劳动工分参加年终结算与分配。

1956年，共联村域建立高级农业生产合作社，土地全部入社，归集体所有，由高级社按照国家计划安排农作物种植，组织社员参加集体生产劳动，实行按劳分配，集体土地所有制基本建立。1958年10月，建立人民公社，社会主义集体土地所有制进一步确立。人民公社初期，土地等主要生产资料实行“平均主义、无偿调拨”，生产经营一度实行军事化管理。1961年后，确立“三级所有、队为基础”方针，共联大队土地由各生产队根据国家计划安排种植，开展生产经营，实施经济分配。1983年，实行土地家庭联产承包责任制，由承包农户按照国家法规政策和承包合同安排种植和生产经营。1997年后，共联村实行土地第二轮承包并延长承包期，同时推行土地使用权流转机制，相对实行土地集约经营。这一时期，土地集体所有制始终不变，直至21世纪后村域土地全部为国家所征用。

土地类别

村域土地类型可分耕地、园地、宅基地、交通用地及未利用土地等。耕地分为集体耕地和社员自留地。

集体耕地　1961年，确立人民公社以生产队为基本核算单位时，共联大队耕地面积2483亩。1964年，耕地面积减少至2273亩。1978年，集体耕地面积与1964年大致持平，为2248亩，当年度内虽新增耕地9亩，但因受水利建设、国家征用、社队基建占用等，整体仍减少了25亩。1984年，集体耕地共计2683亩（其中围垦土地409亩）。1996年，耕地面积减少87亩，用于镇村企业建设、农民建房、道路建设等。2000年，经浙江省测绘大队勘测，共联村域所有土地（含宅基、水面、堤埂等）共2380亩（其中围垦地405亩）。后城市建设征地迅速增加，2006年，集体耕地面积仅1108亩（含围垦）。

村民自留地　1956年，高级社建立后土地归集体所有，允许各生产小队将社员房前屋后零星杂地，分给社员种植蔬菜，以解决日常生活所需，称“自留地”。全社共分自留地185亩。人民公社初期推行公共食堂，社员自留地全部收归集体。1961年，公共食堂解散，缩小人民公社规模，以生产队为基本核算单位，重新分配社员自留地。1964年，共联大队有社员自留地196亩。此后直至1996年，共联村村民自留地基本维持在这一水平。1997年土地实行第二轮承包后，不再有自留地一说。

土地征用

1970年以前，共联大队基本没有国家、集体征用土地。1970年以后，下乡知青宿舍建设和社队企业建设动用少量土地。1996年，共联村域因学校、公共用房建设、集体企业用地、农民建房、道路建设等动用土地87亩。此后，城市化进程加快，村域土地开始被大面积征用。

2001年，共联村拆迁146户农户，腾出500亩土地用于农村多层住宅建设。2002年，拆迁农户230多户征地420多亩，用于7个项目的建设。2003年，滨江区核准共联村村级留用地79.65亩，用于发展第三产业。2004年，共联村完成吉利集团、欧洲品牌汽车城、区经济适用房建设等12个征迁项目，拆迁农户170户，交地160多亩。2006年，在上年已交地150亩的基础上，又拆迁农户92户，征地70亩用于欧乐品牌城项目建设。此后，共联村域土地又多次被征用，其中2013年撤村建居当年被征用163.73亩土地，用于西兴主题公园、市人才专项房、社区留用地、西兴北单元等项目建设以及河道整治和道路建设等（2014年，共联村实现整村拆迁，村属土地仅剩域外围垦飞地）。

第三节　围垦土地

域内围垦

共联村域土地原为钱塘江滩涂，民国初期，始有萧山东片等地农户搬迁至此开荒垦种，繁衍生息。1949年5月至1993年，村民在村北钱塘江边，克服重重困难，几经反复，围取并耕种滩涂76亩。后因国家建设需要被征用。

域外围垦

村民参加域外海涂围垦始于1971年，分九号坝、顺坝、东江“五万二千亩”等区块，先后参加多次围垦，1971—1986年，跨时16年。1971年，共联大队发动社员参与东方红公社（西兴街道）组织的顺坝围垦，出动劳力700～800人，后垦区域被潮水冲垮。1976年，参与东江“五万二千亩”围垦中的第14工段、第15工段围垦。共联大队参与人数1000～1200人。1979

年下半年，参与东江“五万二千亩”围垦中的第8、第10、第12工段围垦。共联大队出动劳力1000多人，分得土地389亩。后由西兴街道统一向外租赁发包给农户种植，种植以经济作物为主，粮食作物为辅。1986年下半年，参与东江“五万二千亩”围垦，共联村参与人数1000多人。所围土地由西兴镇分给镇办企业的农业车间使用，并未分给共联村。

第三章　村域经济

共联村域种植业以棉花、络麻、油料等经济作物为主，兼种大小麦、杂粮。20世纪70年代后随水利改善，开始种植水稻。集体化后，村域养殖业(主要为养猪）发展加快。1972年，共联大队各生产队都有畜牧场，大队畜牧场成为当时东方红公社的第一个“百猪场”。20世纪90年代后期，共联村发展城郊服务型农业，成为滨江、萧山乃至杭州城区重要的蔬菜供给地之一。21世纪初开始，土地逐渐被征用，种植业持续消退，截至2013年撤村建居，共联村农业最具代表性的蔬菜，播种面积1131亩，仅为高峰时的50%。

共联大队集体工业起步于20世纪60年代初，先后创办过各类企业15家。1996年，共联村村级工业、建筑业收入2019.59万元，商贸服务业、运输业收入663.8万元。此后，随着城市化进程，共联村域商饮、运输、服务等第三产业快速发展，成为主导产业。2005年，商业饮食业收入1.14亿元，是工业收入的2.07倍。

第一节　农业

共联村域历史上素为旱作地区，主要种植棉花、络麻等经济作物，兼种春粮、夏秋杂粮等。20世纪50年代农业合作化以后，严格按照国家计划安排作物种植。20世纪60年代后，加强水利建设，开展科学防治农作物病虫害，生产不断发展，1968年，共联村被杭州市委组织部评为“江南大寨”。20世纪70年代，兴办集体畜牧场，养猪业快速发展。1983年后，主体农业稳固提高，多种经营起步。国家指令性种植计划取消后，共联村调整种植结构，变单一的棉、麻生产为多种经营，涌现了一批种养业专业户、重点户。滨江区成立后，发展城郊服务型农业，共联村域成为重要的城市蔬菜生产基地之一。2001年后，随着土地被征用，耕地迅速减少。

种植业

粮食作物　境域主要粮食作物有小麦、大麦、蚕（豌）豆、水稻、番薯、玉米、黄豆等。1961年，粮食播种面积317亩，总产量184.4吨。1978年，粮食播种面积1506亩，总产量503.65吨。1983年，开始实行家庭联产承包责任制。1984年，粮食播种面积1716亩，总产量508.5吨。其中：村域粮食播种面积1247亩，总产量418.9吨；围垦粮食播种面积469亩，总产量89.6吨。

1996年，粮食播种面积2887亩(含围垦314亩)，总产量768吨。2000年，粮食作物播种面积2807亩（含围垦845亩），总产量为844吨。随后数年，村域土地陆续被国家征用，种植面积进一步缩小，截至2013年撤村建居，粮食播种面积仅为824亩（主要在围垦），总产量为274吨。

经济作物　境域经济作物主要有棉花、络麻、油菜。

1961年，共联大队棉花播种面积1427亩，总产量39.95吨。1964年棉花获得高产，播种面积1424亩，总产量78.3吨，平均亩产皮棉55千克。此后，棉花生产一直稳定，1978年平均亩产50.25千克。1984年，共联村棉花播种面积1703亩（含围垦），总产量185.35吨，平均亩产高达108.85千克。1996年，棉花面积减少，仅为856亩，总产量56吨。此后，逐渐退出种植。

1961年，共联大队络麻播种面积626亩，总产161.3吨。1964年，播种面积592亩，总产量188.6吨，平均亩产318.58千克，比1961年提高23.64%。此后，络麻生产稳步提高，1978年，播种面积487亩，平均亩产345.5千克，比1964年提高8.4%。实行家庭联产承包责任制后，1984年，共联村络麻播种面积547亩，平均亩产376.5千克，比1978年又提高9%。1986年后，国家取消络麻统购，络麻很快退出种植。

1961年，共联大队油菜播种面积210亩，平均亩产36.5千克。1964年，播种面积220亩，平均亩产68千克，是1961年的1.86倍。1978年，播种面积115亩，平均亩产128.25千克，是1964年的1.89倍。1984年，共联村油菜播种面积扩大到256亩，1996年，更是扩大到329亩（均为围垦土地）。后随着国家放开粮油市场，播种面积下降，2000年仅125亩，总产量11吨。

蔬菜瓜果　境域蔬菜瓜果品种有番茄、胡瓜（黄瓜俗称）、玉米、荸荠、藕、蘑菇、葡萄、桃、柑橘、西瓜、甘蔗等。1978年，番茄播种面积200亩，总产量113.2吨。玉米播种面积8亩，总产量1950千克。1984年，集体耕地未种植蔬菜瓜果。社员自营部分，种植蔬菜350亩，西瓜总面积80亩，甘蔗总面积80亩。1991年，共联村种植胡瓜500亩左右。村酱菜厂收购鲜瓜660吨，腌制后出口日本，创汇36.8万美元。1996年，蔬菜（含菜用瓜）播种面积2994亩，总产量1.5万吨。其中，鲜蘑菇80平方米，产量600千克；全村有果园20亩，水果总产量31.5吨，其中柑橘15吨，桃子7.5吨，葡萄9吨。同年，甘蔗播种面积100亩，总产量800吨。此后，蔬菜、水果种植面积继续扩大，2000年，种植蔬菜（含菜用瓜）5659亩，总产量2.26万吨（其中食用菌10亩，产量10吨）。种植柑橘、桃、葡萄等25亩，总产量5吨。另有甘蔗面积100亩，总产量800吨。此后，土地被征用，蔬菜、水果种植逐渐减少。2013年，蔬菜（含菜用瓜）播种面积1131亩，总产量3619吨。未种植水果。

养殖业

生猪 1961年，共联大队发动社员养猪，当年生猪饲养量325头。1964年，全年饲养880头，每户平均2头。1972年，共联大队各生产队都办有养猪场，大队畜牧场生猪饲养规模超百头，人称“百猪场”。1978年，全大队生猪饲养量1143头，平均每户1.7头。家庭联产承包责任制实行后，集体畜牧场取消，养猪业以农户家庭为主，并涌现了多个养猪专业户、重点户。村民翁小土1983年养肉猪41头、母猪1头，被评为萧山县养猪标兵，年底，出席全县“两户”（重点户、专业户）先进代表会议并受到表彰。1984年，共联村全年生猪饲养量1648头。此后，养猪业继续发展，1996年，全年饲养量1987头。2000年，达到2095头。2002年，滨江区划定畜禽限养、禁养区域，共联村域在列，养猪业就此消退。

羊、兔 村域农户素有养羊传统。1961年，共联大队共养羊100头。1964年，养羊169头。1978年，羊年末存栏15头，全为绵羊。此后，养羊业徘徊不前。1996年，全村年内出栏羊47头，产羊肉705千克。2000年，饲养量25头，全为山羊。1978年，共联大队家兔年末存栏24只，均为长毛兔。1984年，家兔年末存栏50只，均为长毛兔。后未见发展。2002年后，村域禁养畜禽。

家禽 共联村域家禽养殖史较久，农户几乎家家养鸡（鸭），或取蛋，或食肉，多为农户自用。真正成为商品生产始于20世纪80年代后，劳动力解放，农户经营自由，家禽养殖成为村民家庭经营的重要副业。1984年，家禽饲养量6300多羽，禽蛋产量10吨，并且涌现出一些养禽专业户、重点户。1996年，共联村出产禽肉36吨，鸡（鸭）蛋12.5吨。另有鹌鹑饲养量5.5万羽，其中出栏4万羽，产鹌鹑蛋5吨。2000年，共联村鸡（鸭）饲养量3.4万羽，其中出栏2.4万羽，产肉36吨，产蛋8吨。2002年后，村域禁养畜禽。

蚕、蜂　1972年，共联大队办起大队桑蚕队。1996年，桑园总面积50亩，均为本年采摘面积。饲养蚕种102张，蚕茧总产量2.4吨。此后，蚕业衰落。

1984年，共联村有农户放养蜜蜂35箱，蜂蜜产量1.85吨。1996年，蜂蜜产量3吨，蜂王浆产量350千克，年末有蜜蜂130箱。2000年，出产蜂蜜15吨、蜂王浆300千克、蜂蜡50千克，年末有蜜蜂150箱。此后因技术欠缺，效益欠佳，不再继续养蜂。

水产　实施家庭联产承包制后，共联村出现了多个水产养殖户。1996年，淡水养殖面积75亩。淡水产品产量合计12.5吨，其中草鱼2吨，鲢鱼5吨，鳊鱼1吨，蟹4.5吨。

第二节　工业

发展过程

1960年，共联村开办农产品加工厂。1973年，在十甲河边村办公室旁创办五金厂。厂区占地面积为1333.3平方米，主营业务为车床加工，自行车配件，属自行车企业的配套工厂，发展顶峰时产值为600万元。同一时期，在大队最南端的古江塘边（铁岭关处）办起农具修理厂，后来改为修车行、制面店等，后又作为运输队驻地。1976年，开办联营酒厂、多味瓜子厂等。1978年，创办共联五金厂。1979年，共联大队队办企业共有职工17人，总产值1.04万元，利润总额1138元，固定资产总值8988元。后引进外地技术人员与投资，创建共联家具厂。1982年后，创办蔬菜加工厂、绣花厂、装潢厂等。1984年，创办铸造厂、家具厂。1986年，从温岭县引进一家家具厂。1992年，引进长河镇江三村创办的硅酸钠厂（后改称杭州雪松实业有限公司）。1996年，共联村3家村级集体企业（蔬菜加工厂、五金厂、运输队）转制为私营企业。同年，共联村村级工业（含建筑业）收入2019.59万元。2004年，村级工业企业完成产值1.2亿元，销售收入1.15亿元，利润250万元。2013年，共联村改设城市社区。同年，域内有物联网芯片基地、杭州吉桥汽车科技有限公司、浙江吉利控股汽车销售有限公司、欧乐（杭州）汽车科技有限公司等企业。

企业选介

杭州雪松实业有限公司　前身为创建于1992年的萧山市硅酸钠厂，1996年更名为杭州雪松实业有限公司。创办初期，主要产品为泡花碱（硅酸钠）、淀粉、白炭黑等。按照环保部门要求，关闭淀粉车间。1998年底，公司投资1400万元从台湾引进全自动七层纸板生产线和德国产罗兰彩印机，填补了滨江区包装行业的空白。公司生产的纸箱包装品、泡花碱，在杭州、萧山、余姚等地占有较大的市场份额。白炭黑远销温州鞋业、农药业和兽药业市场。公司下属企业萧山市雪松燃料公司主要经营煤炭，1999年销售收入1067万元，创利税49万元。2000年，杭州雪松实业有限公司产值4023万元，利润90万元，占地面积1.87公顷，建筑面积8400平方米，职工226人，为滨江区重点骨干企业。

杭州鑫荣蔬菜有限公司　位于共联村域十甲路东侧，法定代表人金小荣。公司原名西兴蔬菜加工厂，创办于1982年3月。1987年上半年，与日本天津大荣公司、松冈食品株式会社合作。1988年，日商投资500万元，在工厂安装日本产食品加工清洗流水线设备，提高产品质量，提升产值与效益。1998年3月，工厂由村办集体企业转制为个体私营企业，改称杭州鑫荣蔬菜有限公司，同时，挂松冈株式会社的牌子，主要生产腌制胡瓜、菜心、萝卜等。公司发展订单农业，帮助农户种植胡瓜、蔬菜500多亩，增加农户收入。2002年，杭州鑫荣蔬菜有限公司固定资产660万元，占地面积0.51公顷，建筑面积5600平方米。销售收入300万元，利税30万元，创汇40多万美元。

第三节　商贸服务业

变迁过程

民国时期，共联村域偶有货郎担、剃头担、铜匠、白铁匠、补碗匠、篾匠等走卖各色小商品、提供相关服务。另有部分村民在西兴集镇、十甲渡等处以挑脚、拉车、搬运货物为业。

20世纪50年代初，建立农村供销合作社，随后实行工商业社会主义改造，共联村域的生产资料供应和棉、麻等主要农产品收购由供销合作社承担，农户粮油等大宗生活资料、副食品以及日用五金百货商品可到西兴集镇的国营粮站、供销社门市部和合作商业门店购买，其中粮、油、布等大部分生活必需品和烟酒糖等主要副食品须凭票或凭证购买。20世纪60年代初，供销社（合作商业）在共联大队设有代销店。农户家庭自产的蔬菜、蛋、禽等农副产品则自行挑到集镇沿街售卖，有少部分农户利用自行车短途运销自产或邻居所产蔬菜。受政策限制，直至20世纪80年代初，商贸业态基本没有变化发展。

1982年，国家恢复个体工商业后，即有社员申请开个体小店。1984年，共联村个体商业服务业从业劳动力10人，另有外出从事服务业（农村五匠等）14人。同年，全村集体（包括代销店、修车行、水作组、面店、粮食加工场）以及新经济联合体和农户家庭服务业（包括运输业）收入41.6万元。1999年初，共联村杭州雪松实业有限公司出资2500万元买下萧山新世纪广场C座二、三楼层商业房，开办萧山市凯旋门餐饮娱乐有限公司，公司集餐饮服务和娱乐于一体，当年营业额850万元，利税67万元。

2000年，全村第三产业从业人员240人，运输业、商业饮食业等收入296.7万元。村民外出劳务服务收入大幅度增加，达620.86万元。此后，村域城市化进程加快，推动了第三产业发展，2004年，共联村商业饮食业收入6256万元，服务业收入319万元。2005年，运输业收入175万元，商业饮食业收入1.14亿元（是工业收入的2.07倍）。此后，在传统商贸业、饮食业、服务业持续发展的同时，物业、家政、广告、中介、文印、娱乐、保健、美容、汽车销售与修理等服务业新业态发展迅速，其中包括杭州骏宝行汽车销售服务有限公司等商贸服务型企业。年报显示，2013年，共联村从事第三产业的有730人。

劳务运输服务

1980年，在西兴铁岭关附近创办共联运输队，劳务运输服务输出至杭州城区。1996年，共联村从事商业、餐饮、交通、邮电、金融、运输、外出劳务服务等第三产业的劳动力377人，收入727.97万元。2000年后，随着滨江区城市基础设施建设日益完备，共联村为城市建筑业服务的运输业开始衰退。

第四章　社会事业

民国时期，共联村域附近一带曾有过私塾，但贫苦农民无力送子弟入读。20世纪50年代前期有2所小学。1967—1985年，共联小学附设初中班；1987年，新建教学楼；2003年，更名为西兴实验小学共联分校；2004年，并入杭州市闻涛小学。

1969年，共联大队实行合作医疗制度。2004年，村民新型合作医疗参保率98.5%。2006年后，征地“农转非”人员全部参加杭州市城镇基本医疗保险。2012年，村民合作医疗等各类保险实现应保尽保。

第一节　教育与农业科技

幼儿教育

共联村域幼儿教育始于20世纪50年代末人民公社初期。时，浙江省号召各社各队都建立托幼组织，解放农村妇女劳力，共联大队幼儿园应时创办，20世纪60年代初停办。1979年，共联小学附设幼儿园，共有1个班级42名幼儿，教师2人。2013年，共联村域内有迎春幼儿园（8个班级270多名幼儿，29名教职员工）、共联幼儿园（6个班级150多名幼儿，22名教职员工）2所。

中小学教育

共联村域现代学校教育起始于中华人民共和国成立后，1950—1956年，共联村域有2所小学（共联小学、共和小学）。共联高级社建立后，合称共联小学。小学学制为六年制，有5个班级，学生194人，专任教师10人，民办教师4人，校舍（草房）1199平方米，藏书量1450册。1967年以前，共联小学毕业生升读初中，须报考萧山县第四中学（长山中学）、萧山县第五中学（长河中学）或萧山中学。1967年秋，共联小学开设初中班（称“戴帽初中”），学制2年，此后每年秋季招收初中生。1970年，共联小学拆除原有草舍改建3排瓦房（平房），有10多间教室。1985年，共联小学附设初中班并入西兴镇初级中学，停止初中招生。1987年，共联村投资12万元，建造12间标准教室、面积1306平方米的小学教学楼，并创办校工厂，时为西兴镇规模较大的村级小学之一。1989年，共联村随西兴镇普及九年制义务教育。1992年，共联小学建立实验室，实验设备符合标准化要求。2003年12月，滨江区调整学校布局和规模，优化教育资源配置，共联小学成为杭州市西兴实验小学分校。2004年秋，西兴实验小学共联分校撤销，并入新开办的杭州市闻涛小学（浙江省义务教育一类学校）。

成人教育

20世纪50年代初，共联村域农民积极参加夜校、冬学、识字班学习。村域学校师生开展送字牌、识字卡片、包教包会等活动，扫盲教学开展得轰轰烈烈。20世纪60年代后，大队团支部、俱乐部等发挥各自特色，联手加强扫盲教学，巩固扫盲成果。1985年，西兴镇实现无文盲目标，共联村在列。20世纪80年代初开始，村域部分青年参加各级成人教育机构举办的农函大、萧山燎原广播电视学校、电大、成人教育自学考试等学习、考试，其中不乏获得相应的结业、毕业证书等学历文凭者。

滨江区成立后，城市化进程加快，随着土地被征用，共联村域的成人教育重点转向失地农民就业再就业职业技术培训、岗位技术培训，并将外来务工人员的职业技术培训纳入成人教育统筹范围。市民学校、老年大学等成为村域群众业余教育、继续教育的新载体，学习课程与内容与时俱进，更加适应城市化要求。

农业科技

共联村的农业科技起步于20世纪60年代初。1963年，省、市有关科研机构的昆虫专家在共联大队蹲点，开展农作物昆虫研究，指导农民开展农作物害虫防治，其中包括物理治虫，提高农作物收成。1964年，共联大队棉花平均亩产皮棉55千克，约是1961年的2倍。其中，虫害防治功不可没。直至20世纪70年代初，共联大队的田间地头，尚按网格化布局，均匀设置虫蛾“诱杀灯”。

1978年，共联大队有大队农科队1个，农科队员13人，试验田20亩，主要负责农业新品种、新肥药、新技术的试验、示范，并帮助指导各生产队推广应用。19个生产队也都建有农科组，有农科组成员38人。20世纪80年代初，共联大队引进日本胡瓜，邀请供销社技术人员和日本专家到地头进行科技攻关。实行家庭联产承包责任制后，土地分包到户，农科队撤销，取而代之的是一支农业科技示范户队伍，农业科技推广主要由科技示范户承担。1983年，第7生产队张恩光种植蚕豆1.34亩，经专家实地验收平均亩产267.15千克，成为科学种豆的高产典型。1996年后，共联村发展城郊型服务农业，一些科技示范户科学种菜取得较好效益，对周围农户示范作用明显。2007年，共联村创立科普宣传园地，向村民普及生产生活科技知识。

第二节　医疗与健康保障

医疗机构

1969年，共联大队建立大队合作医疗站，配备最基本的医疗器具和基本药物，由“赤脚医生”常年坐诊，为社员提供最基本的医疗诊治，做到“小病不出大队”。“赤脚医生”不分早晚，只要社员有需要，全天候随时出诊，农忙时节还到田间地头开展巡回诊疗。实行家庭联产承包责任制后，大队合作医疗站改称共联村卫生保健室，由乡村医生承包经营。1996年，共联村卫生室被评定为甲级卫生室，3名乡村医生均接受过上级医院培训。卫生室用房面积70平方米，设门诊室、输液室、注射室等，药品种类150多种。医疗设备包括病床2张、观察床1张、观察凳1张等。

2004年，滨江区全面改革基层医疗管理运行机制，建立街道社区卫生服务中心，共联村卫生保健室人员配置、医疗业务全部纳入西兴街道社区卫生服务中心，共联村卫生保健室改名为共联社区卫生服务站。

合作医疗

1969年，共联大队建立合作医疗制度，大队在集体公益金中安排部分资金作为合作医疗基金。社员小病由大队“赤脚医生”诊治，社员自负50%医药费，到公社卫生院或上级医院看病，须有大队合作医疗站的转院证明，可按规定享受合作医疗基金支付的医药费。1976年，采取社队联办合作医疗，社办企业在集体积累中支付部分合作医疗费用，以减轻大队负担。家庭联产承包责任制实行后，一度停止合作医疗医药费报销制度。20世纪90年代初合作医疗恢复，村集体每年安排4万元左右预算资金作为合作医疗报销基金，村民自愿报名参加合作医疗并缴纳一定额度的基金后，按照小病小比例、大病大比例的相关规定报销医药费。

2003年，滨江区推行以大病统筹医疗为重点的新型合作医疗保障制度，共联村90%以上农户参保，2004年参保率98.5%。参保村民缴纳一定的合作医疗基金后，大病住院最高可报销3万元医疗费，门诊费用在支付一定的基数后，按比例递增报销25%～45%。2006年底开始，共联村征地“农转非”人员全部参加杭州市城镇基本医疗保险。2008年，新型合作医疗参保村民门诊费用报销比例有新的提高。2012年，村民合作医疗等各类医保实现应保尽保。

防疫保健

中华人民共和国成立后，人民政府加强防疫工作。20世纪50年代初至70年代后期，共联村域和附近地区一样，先后消灭古典型霍乱、天花、回归热、斑疹、伤寒、白喉。1978年起，大队合作医疗站配合公社卫生院为全大队儿童接种“四苗”（卡介苗、麻疹疫苗、脊髓灰质炎疫苗、百白破三联疫苗）。20世纪80年代后期又增加接种乙肝疫苗（统称“五苗”）。20世纪90年代初，已不见有灰脊髓炎、钩端螺旋体病。20世纪90年代后期起，村保健站（卫生室）配合上级医疗卫生机构开展各类肠道传染病、呼吸道传染病的防治。2003年后，做好“非典”、高致病性禽流感等的预防工作。2009年，重点防治手足口病等。

20世纪50年代，村域开始推行新法接生。20世纪60年代后期，共联大队产妇大多在医院做产。20世纪70年代初，开展妇女防癌普查工作。20世纪80年代起，孕产妇基本纳入公社（乡、镇）卫生院的孕产妇产前检查及围产期保健管理系统。1990年，实现新法接生率100%，住院接生率100%。2003年后，村域孕、产妇保健卡建卡率100%。这一时期，在做好共联村育龄妇女定期妇科疾病普查的基础上，把外来妇女的计划生育与保健纳入管理。

2002年开始，对村域60周岁以上老年人进行免费体检。2003年，全村小学生参加健康体检。2006年，免费对参加合作医疗的村民进行体检并建立健康档案。2011年，60周岁以上老年人健康档案纳入区级“多位一体”电子档案进行动态管理，建档率80%以上。2013年，全村20～64周岁妇女接受妇科常见病普查。

第三节　文化　体育

民国时期，共联村域基本没有文化、体育活动。偶有村民趁去西兴集镇购物办事之际，忙中偷闲看一回“小歌班”等演出，或到茶馆听说书。西兴塘头街龙图庙等若有庙会，村域乡人亦有往观或参与者。乡人中喜爱象棋、扑克、麻将者颇多。孩童、少年常以捉迷藏、抽陀螺、跳绳等为乐。中华人民共和国成立后，党和各级政府十分重视农村文化体育事业的发展，共联村域群众文体生活逐步走向繁荣。

群众文化

20世纪50年代初，共联村域青年男女扭秧歌、唱新曲、敲锣鼓，欢庆解放，宣传《中华人民共和国婚姻法》、宣传抗美援朝。20世纪60年代初，共联大队创办俱乐部，编、演一批反映农村新面貌的文艺小节目。1973年东方红公社电影队建立后，按照排片计划，常到共联大队放映电影。20世纪80年代初开始，大队团支部、民兵连、俱乐部开展图书借阅、黑板报、学习室等活动。这一时期，大队有文学爱好者在公社、县文艺刊物上发表作品，大队报道组积极向公社、县广播站投送新闻稿件。20世纪80年代中期，卡拉OK等成为村域青年人喜爱的文化活动形式。20世纪90年代后，电视机普及，村域不少家庭购置录像机、放像机、家庭影院，村民家庭文化活动相对丰富。进入21世纪，村域逐渐成为城市新区，村民文化活动趋向科技化，更具时代感。不少村民，特别是年轻人热衷于电子游戏、城市院线、网络文学、艺术沙龙等。2007年，共联村自办一份《月报》，分时事政治、法律宣传、共联视窗、文化宣传4个板块。2008年，浙江省暨杭州市“4·23”世界读书日及“农家书屋”授牌仪式在村域迎春小区举行。2013年后，共联村有图书室30平方米、电子阅览室15平方米、其他公共文化设施140平方米。

群众体育

20世纪60年代以前，共联村域没有体育设施，村民自发的体育活动主要是农闲时间及节日期间下象棋、打扑克、走陆战棋等。也有乒乓球爱好者削一块木板作球拍，卸一扇门板作临时球台，互相“切磋”球技。20世纪60—80年代初期，大队民兵连结合军事训练，组织青年民兵开展队列、跑步、投掷等军体项目的活动，还与团支部、俱乐部联手，组织人员或参加上级相应机构举办的拔河、游泳、自行车慢骑、接力跑等赛事，或与兄弟大队、单位开展友谊比赛。村小学操场建成后，常能见到社员打羽毛球、掷篮球的身影。进入20世纪90年代，有年轻人相互邀约滑旱冰、练武术等。1998年，共联村组队参加西兴镇首届全民运动会。2001年，共联村夺得滨江区首届全民运动会趣味接力赛第一名。此后至2013年撤村改建为社区，又连续参加6届西兴镇全民运动会。这一时期，共联村积极参与滨江区的全民健身活动，动员村民根据自身特点，参加各类健身锻炼。村集体落实资金、场地，新建健身小广场、综合活动室等750平方米，并配置多种运动健身设施和器材。

学校体育

中华人民共和国成立初，共联村域小学设有体育课，但内容简单，主要是队列训练、跑步等，无专职体育老师。1954年起，小学推行广播体操。1968—1976年，学校的体育课改为军体课，此后体育课恢复正常。1979年起，开展学生体育锻炼达标活动。1987年，共联村投资12万元新建小学，增加体育活动场所和体育教学设施。这一时期，学校多次举办田径运动会。1996年滨江区成立后，每年举办一届全区中小学生田径运动会，共联小学组队参赛。2003年，滨江区有3所小学学生体育达标率为100%，共联小学占据一席，总人数135人中，有112人获得优秀。2004年秋，共联小学被撤销，并入杭州市闻涛小学。

第五章 生活民情

民国时期，共联村域绝大多数农民收入低微，缺吃少穿。住房多为破旧草舍，几世相传，数代同堂。贫苦农民以租种地主土地为生，难以温饱。

中华人民共和国成立后，农民生活有了保障。1964年，共联大队社员年终人均经济分配现金收入85元。20世纪70年代后，社队企业发展，社员收入增加。20世纪90年代后，第二、第三产业成为主业，村民人均收入快速增加。2006年，村民年人均纯收入为1.08万元。

村域民风淳朴，礼仪风俗、方言俚语多源自萧山东片沙地区，但由于地处沙地区与稻作区交会的地理环境，长期的社会生活、人际交往以及部分生产方式的变更，也融入了许多稻作区的风物人情。

第一节 收入与生活变化

村民收入

民国时期，共联村域大多数农民缺田少地，收入低。另有部分农民以挑脚、搬运、做、打零工为业，生计艰难。

中华人民共和国成立后，通过土地改革，共联村域农户家家有田有地，收入有了根基。农业合作化、人民公社化后，社员收入有了集体经济提供的根本保证。1961年，社员年终人均分配现金73元。1964年，增至85元。此后，生产稳定发展，收入逐步提高，1978年达到109元。1984年，年人均纯收入上升到618元。此后，村办工业发展加速，很快成为村集体经济和村民收入的主要来源，1996年，年人均纯收入4949元，是1984年的近8倍。这一时期，个私工商业、服务业成为村民收入又一重要来源。此后，村域产业结构不断适应城市化进程，年人均纯收入随之水涨船高。2000年，村民年人均纯收入7268元。2006年，村民年人均纯收入突破万元，达1.08万元。2013年撤村建居，村民年人均纯收入达2.28万元。

粮食分配

1955年起，共联村域严格实行国家粮食定产、定购、定销政策。20世纪60年代初人民公社食堂解散后，共联大队社员口粮数额按人口年龄段确定（以岁定粮）。社员粮食可分配总量由两部分组成，一部分为集体生产的粮食，以实物分配；另一部分为国家统销粮，凭粮票向国营粮站购买。1961年，共联大队社员人均口粮为189.5千克。1964年，社员人均口粮250.5千克。

1970—1981年，大队设有储备粮仓，以备荒年。集体生产的粮食，在留取种粮、饲料粮、储备粮和其他用粮后，其余作为社员口粮，大部分按人口定量分配，少部分按劳动工分（含土肥投入结算工分）分配。1978年，社员人均口粮269.5千克。1984年，社员年人均口粮288千克。实行家庭联产承包责任制后，不再有粮食分配之说。

生活变化

饮食　20世纪70年代以前，共联村所属的沙地区不产稻米，粮食作物以麦、豆、薯为主。村民最常吃的是番薯饭、麦粞饭（大麦脱壳，碾片晾干，掺入少量籼米烧煮，麦腥重，粗糙难咽）。麦夹头（面疙瘩）、麦镬烧（状若煎饼）堪称上品。20世纪70年代以后，沙地区扩种水稻成功，共联大队缺粮情况缓解，三餐白米饭的日子逐渐增多。1978年，社员用粮水平人均接近270千克。20世纪90年代后，随着生活质量的提高，肉、禽、鱼、蛋、奶增加，饭量减少。

衣着　中华人民共和国成立前，男人大多只穿两条团团裤过冬；女性上穿土布斜襟棉袄，下系蓝色布裙；小孩穿红、绿对襟土棉袄，幼儿上穿棉衣或单衣，下穿单裤。中华人民共和国成立后，百姓生活逐渐好转，20世纪50—60年代，男子流行中山装、列宁装。20世纪60—70年代，军便装流行，布料以的确良、灯芯绒为好。20世纪80年代起，男性开始系领带，穿西装。进入21世纪，服装讲究品牌，面料讲究高档或返璞归真，款式追求新潮。

住房　20世纪60年代以前，共联村域农户居所全是草舍，直筒舍居多，家庭较好的人家住横舍。各家草舍之间相距较远，是为防火。进入20世纪60年代，横舍逐渐增多，人们追求“三间横舍朝东南，前面一个潭（为防火），后面一个园（种竹防风）”。20世纪60年代后期渐渐出现新盖瓦房，但都是平屋。20世纪70年代始有楼房。20世纪80年代，村民兴起建房高潮，草房逐渐消失。20世纪90年代后期共联村实施新农村建设规划，农户新建楼房定点成片，样式一致。2001年后实施农村多层住宅建设。2013年，大部分村民入住迎春小区等农民安置公寓。

出行　民国时期，共联村域乡人出行基本全靠双脚，村中富人，或途经村域的南北客商有乘坐“黄包车”者。20世纪70—80年代，自行车普及，除代步外，大多还用来驮货，可载上100千克左右的农副产品，为农户最便捷的运输工具。1986年，钱塘江汽车轮渡南岸码头设在村北星民村域，共联村村民过江十分便捷。1995年，全村有汽车27辆、摩托车210辆，平均每5户人家就有1辆摩托车，拥有量位居全镇各村之首。进入21世纪，电瓶车取代自行车，小轿车开始逐步普及。公交、出租车穿梭。2012年，杭州地铁在村域设站（滨和路站），村民的出行方式更为丰富便捷。

第二节　民情风俗

共联村域不足百年历史，村民祖上多为来自萧山东片沙地区的垦荒农民，风尚习俗、宗教信仰、方言俚语基本传承自萧山东片地区。虽然长期以来，在滨江区域与稻作区乡人共同的生产建设实践，以及相互通婚等社会交流下，民情风俗已大致融汇一体，但仍然明显保留传承了许多萧山东片沙地区的特色。

习俗风尚

共联村作为西兴街道沙地区的4个村之一，四时节庆习俗、礼仪风俗与协同、星民、七甲闸村别无二致。春节、清明、端午、立夏、中秋、重阳、冬至、过年等主要节日与稻作区基本相同，但相当一部分在具体的形式和内容上明显传承自萧山东片沙地区，体现出生产生活特色。如过年做年糕，与西兴街道南片稻作村的圆形“铜锣年糕”不同，共联村域的年糕多做成条形。稻作区的年糕以糯米粉和粳米粉为主，共联村域的年糕则大多以二粟（夏玉米）、打粟（高粱）替代糯米。春节，稻作区村落大姓会在宗祠戏台演社戏，共联村域没形成宗姓聚居，没有祠堂戏台一说。端午节，共联村乡人备上礼品看望长辈亲戚素有传统，且比稻作区更为郑重。“冬至大如年”，共联村域乡人在冬至来临时节扫墓祭祖称为“上年坟”，而稻作区乡人“上年坟”则多选在正月初一。稻作区盛行冬至做麻团，但共联村域不产糯米，此俗自然清冷。设席宴客，稻作区村落烹红烧“扣肉”（走油肉）为上品，共联等沙地村农户以上红烧蹄膀为隆重。

方言俚语

共联村域乡人方言俚语固然属萧山方言，但萧山方言由于历史传承以及人们生产生活实践的不同，也有片区差异。共联村域大多乡人的方言当属萧山东片沙地区方言。而西兴街道稻作区乡人方言属长河方言（亦为萧山方言之“正宗”）。如称谓：伯父、叔父，稻作区乡人按排行称呼“大伯、二伯、小伯”，共联村域多有乡人称“大爹、二爹、小爹”；舅妈，共联村域称呼“妗姆”，稻作区人称呼“娘妗”；面对妻子的姐妹，共联村人与稻作区人一样，都按排行称她们为大姐、二姐或小妹。而向别人说到妻姐、妻妹时，稻作区人称她们为“姨娘”，共联村人大多称她们为“姨母”。

村域种植棉花历史较久，有农谚“清明早、小满迟，立夏下花（棉花）正当时”“夏至西北风，十个铃子九个空”（气温低，棉铃不饱满）等。村域盛产络麻，有歇后语“络麻梗当拐杖——弗牢靠”。乡人祖上来自萧山东沙地区，离绍兴较近，有歇后语“山阴弗管，会稽弗收——通弗管”等。

信仰

共联村域中老年人信佛者较多，特别是一些老妇人，常有聚桌念佛之事，或为超度亡魂，或为纪念某菩萨生日，或为还愿祈福，但无正式佛教徒，也无寺庙。村民家庭中或有丧祭之事，也有请“道士”诵经文等，但无正式道教徒。民国初期，基督教传入西兴。民国17年（1928），西兴基督教会到附近协同、七甲闸传教，共联村域亦有信徒。1958年后，教会停止活动直至1978年恢复。1983年、1985年，西兴福音堂、协同福音堂先后重建，村域信徒做礼拜前往。2000年，浙江神学院及浙江省基督教培训中心在共联村域建成投用。2011年，升格为高等基督教院校，当年开设四年制神学本科。

专　记

西兴挑花带编织

村域有杭州市级非物质文化遗产项目——西兴挑花带编织。传承人为共联村农妇王秋花。

编织挑花带作为滨江区民间一项手工技艺，历史颇久。滨江区域内沙地盛产棉花，共联村域为主产区之一。这一带农妇大多会纺纱织布，编织带子。旧时妇女们的围裙、裤带、包袱带等都是妇女们自己纺线、染色，自己编织。特别是姑娘出嫁前，要编织带子，有宽带、细带、彩带、黑白带，有平板带、挑花带等。人们将带子编织的好坏作为衡量新娘子能干与否的标准之一，因而姑娘们从小就学习挑花带编织。挑花带美观精致，既是带又是装饰品。20世纪80年代后期，与共联村毗连的长河江一村还曾组织妇女编织“和服带”出口日本。

编织挑花带工艺流程为用纺车把棉絮纺成纱，将纱用虎头车绞成股，然后入锅用小麦粉糨糨好。糨好后洗净，晾干，染成所需颜色。把配好各种颜色的纱线一根根地穿入筘齿，固定线头，装好梭子，配好梭线。织带时，一头固定在凳上，一头固定在腰间。双手轮换拿梭提筘，梭子来回穿织，带筘上下提拉，带子便渐渐长起。若织挑花带，则用梭尖挑出各种花样。

星民村

星民村位于西兴街道北部，面积2.6平方千米。东邻七甲闸村，西与长河街道江一村接壤，南以解放河为界与共联村相连，北靠钱塘江。

星民村在滨江区的位置

来楚生　攀枝图

第七编　星民村

概　述

星民村位于西兴街道北部，面积2.6平方千米。东邻七甲闸村，西与长河街道江一村接壤，南以解放河为界与共联村相连，北靠钱塘江。

清末民国初，星民村域为钱塘江滩涂。早先村民大多为萧山东片等地坍江毁地后迁移来此开荒垦种者，以王、李、沈、高等姓为主。民国末，村域隶属萧山县由夏乡。中华人民共和国成立后，1950年，村域隶属协同乡。1958年10月后，称城北人民公社星民大队。1965年，划归西兴人民公社。1984年，改为西兴乡星民村。1996年，随西兴镇划属滨江区。2013年，改设星民社区。

星民村域农作物素来以棉花、络麻、大麦、小麦等为主，20世纪60年代末始种水稻。家庭联产承包责任制实行后，发展多种经营，村民逐步转向蔬菜、苗木种植，农业收入快速增长。1993年，全村农业总产值762.06万元，比1978年增长25.4倍。20世纪90年代，星民村集体企业发展势头强劲，行业涉及纸箱包装、自行车零件、餐饮服务、市政工程建设等。1999年，工业总产值894.27万元，比1979年增长200多倍。1968年，星民大队有一家合作商业代销店，1998年建造星民农贸市场。进入21世纪，商贸服务业个私、集体、合伙一起发展，缤纷农贸市场、汽车4S店等一批高档次、现代化的商业服务设施、商业综合体逐步建立，第二、第三产业成为村域经济主体。2012年，星民村村民人均收入几乎全部来自第二、第三产业，达1.58万元，是1978年年终现金分配收入的132倍。

文化事业从无到有不断发展。20世纪50年代末创办星民小学，20世纪70年代初创办星民初中。20世纪80年代末，九年制义务教育基本普及。1978—2001年，星民村（星民大队）有多个农业科技项目分别获得省、市科研成果奖、科技进步奖。20世纪60年代建立星民大队保健站，创办合作医疗。至2007年，全体村民人人享有基本医疗保障。同年，星民村被授予“杭州市文化示范村”称号。

随着城市化的不断推进，星民村经济社会建设日新月异。村域内江南大道、滨盛路、江陵路、闻涛路、丹枫路等城市主干道路纵横交错。人们收入丰裕，社会和谐安宁，民风积极向上。2005年，星民村被浙江省委、省政府评为“全面小康建设示范村”。2007年，星民村获评全国民主法治示范村。2009年，获评全国文明村。2013年，星民村成为滨江区首个完成整村拆迁的村。村民入住设施完善、环境优美的农村多层住宅小区。同年，星民村撤村建居，百年乡村成为现代化城市社区。

第一章　基本村情

星民村位于西兴街道北部。土壤由钱塘江泥沙冲击而成，俗称“沙土夜潮地”。民国前期，星民村域内始有人烟集聚。民国10年(1921)，此地属“丰围”第八、第九、第十甲。民国36年（1947），属由夏乡第13保。中华人民共和国成立后，1950年，村域属协同乡管辖。1956年，为星民高级农业生产合作社。1958年后，为城北人民公社星民大队。1965年后，属西兴人民公社，1984年起称星民村。1996年12月，划归滨江区。全村下辖13个村民小组，有户籍人口2349人，分属100多个姓氏，百人以上的姓氏有4个，依次为高、王、李、沈。2013年11月，改设西兴街道星民社区，有户籍人口2977人。

第一节　区位　地貌

区位

星民村位于西兴街道北部，临近西兴大桥（钱江三桥）。东邻七甲闸村，西与长河街道江一村接壤，南以解放河为界与共联村相连，北靠钱塘江。总面积2.6平方千米。

土壤

村域土壤为钙质潮土，为钱塘江泥沙冲击而成。土壤含沙率高，呈盐碱性，易渗水。土壤因系江湖顶托及盐分聚凝作用而回溯沉降的浅海泥沙，发育、熟化程度稍低于古江塘以南。以种植棉花、蔬菜为主，间以豆麦、水稻、瓜果、竹笋等。

河道

解放河　亦称建设河，位于星民村域南部。开挖于1957年，由西兴闸

至萧山区新街镇，全长14.27千米，河面宽28米，水深1.5米。村域范围段长1100米，由西入村，东出进入七甲闸村。

新开建设河 位于星民村北部。开挖于2002年，由丹枫路至钱塘江，河面宽30米，两侧预留有15米的绿化带。村域范围段长1200米，由南向北，经水电社区，通钱塘江。

第二节 建置沿革

行政区划

星民村域地处滨江区北面沙地片，为滨江区境内最早开荒区域之一。据中华人民共和国成立后第一任星民村党支部书记胡阿虎等老干部回忆，民国7年（1918），星民村域始有人烟聚集，区域李家园地势最高，成为最早开荒垦种的“园”（乡人开垦江涂时、直横围成的一方土地，叫作“园”）。民国10年（1921），星民村与西兴街道的七甲闸村、共联村、协同村以及长河街道江一村同属“丰围”（明末清初，钱塘江淤涨，南沙成陆，围垦成地，自西往东，形成昌、泰、丰、宁、盛、盈“六围”），星民村地处“丰围”中段，属“丰围”第八、第九、第十甲。

民国23年（1934），推行保甲制，乡、镇以下为保甲，星民村域属萧山县东岳区由夏乡。民国36年（1947），进行乡镇编并，县以下不再设区，星民村域依旧属由夏乡，为第13保，下设15甲。

1949年5月，萧山解放，废除保甲制，星民村域改称为第十三村，隶属由夏乡。1950年初，成立协同乡，星民村与协同村、共联村、七甲闸村等村区域同属协同乡。不久成立村农会，定名为星民村。1951年开始组织互助组。1955年建立多个初级农业生产合作社，1956年合并组建为星民高级农业生产合作社。人民公社初期，成立星民大队，1959年7月后，属城北人民公社协同管理区。1961年，缩小人民公社规模，星民大队属由夏人民公社。

1965年，调整公社区域，星民、协同、共联、七甲闸4个大队从由夏公社划入西兴人民公社（1965年12月至1981年，曾改名东方红人民公社）。1984年人民公社撤销，改称为西兴乡星民村。1985年，为西兴镇星民村。

1996年5月，杭州市区划调整，西兴、长河、浦沿3个镇划入杭州市西湖区，村域属杭州市西湖区西兴镇。1996年12月，以西兴、长河、浦沿3个镇区划成立滨江区，村域属杭州市滨江区西兴镇。2013年11月，撤村建居，成立星民社区。

中共基层组织

1957年下半年，成立中共星民村党支部委员会，胡阿虎为书记。人民公社化后，1959年，成立中共星民大队党支部。1966年，成立星民大队革命委员会，取代党组织。1968年，星民大队革命委员会被杭州市委组织部评为“江南大寨”。1984年，撤销人民公社体制，恢复乡（镇）、村建制，星民大队改设星民村，中共星民大队支部改称星民村党支部，隶属中共西兴乡委员会。2009年，建立中共星民村委员会，下辖1个党总支、6个党支部，共有党员95人。先后获得浙江省农村基层组织“先锋工程”建设“五好”村党组织、市级和区级先进基层党组织等称号。

行政和经济管理组织

1949年5月，星民村域隶属协同乡。同年，成立村“农民协会”，负责村域土地改革等重大工作以及各项事务管理，时称“一切管理归农会”。1956年，星民高级农业生产合作社建立，行使生产经营、经济和行政管理职能。人民公社建立后，星民大队管理委员会负责行政和大队集体经济管理。1966年，成立星民大队革命委员会，取代大队党支部、管委会，实行“党政一元化”领导。1980年，取消星民大队革命委员会，恢复星民大队管委会。1984年4月，撤销人民公社，恢复乡（镇）、村建制，星民大队改设星民村，建立村民委员会，为村民自治组织，并负责村级集体经济运行管理。村民委员会由村民代表大会选举（后由村民直接选举）产生，每届任期3年。1991年，建立星民村经济合作社，负责村级集体资产、资源、资金运行管理和保值增值。村经济合作社设管理委员会，任期与换届选举同村民委员会。

第三节　人口　姓氏

人口

自然变动　中华人民共和国成立前，星民村域经济落后，村民生活水平低下，医疗条件极差，婴儿存活率不高，长寿老人很少。人口自然变动呈高出生、高死亡的状态。中华人民共和国成立后，村民生活不断改善，医疗水平日益提高，人口自然变动情况出现高出生、低死亡状态。1956年村域总人口1016人，1966年为1631人，10年间增长60.5%。同年，出生人口59人，死亡11人，自然增长率29.4‰。20世纪70年代后，计划生育工作加强，“少生、优生、优育”逐渐被村民理解和接受，人口素质（包括健康水平）提高，人口自然变动情况呈低出生、低死亡的状态。1978年，星民大队总人口1874人，出生28人，死亡11人，人口自然增长率为9‰。2013年，星民村改设社区，户籍人口2977人，当年出生45人，死亡12人，人口自然增长率11‰。

机械变动　1956年，星民高级社总人口1016人。1958年人民公社成立后因地域调整，星民大队总人口减为510人。20世纪60年代初期，原在外工作的乡人回村务农，人口迁入增多。20世纪70年代，星民大队迁出人口多于迁入人口。男性人口变动以招工、求学外迁为多；女性人口变动以婚嫁为主，由于沙地区生产生活条件相对较差，外嫁人口多于嫁入人口。20世纪80年代，随着村域经济和社会建设逐步发展，外迁人口与迁入人口逐渐持平。进入20世纪90年代，星民村经济快速发展。特别是滨江区建立后实行同城待遇，城市化建设加快，村民福利待遇大幅提高，女子外嫁和大学生入学不愿迁出户籍，迁出人口逐年下降，而迁入人口剧增。2013年，迁出2人，迁入68人。

农业人口与非农业人口　1961年，总人口1285人，农业人口1281人，4名非农业人口系在家或在校的学生。1984年，有退休职工等非农业人口共16人。1996年，农业人口2298人，非农业人口13人。2000年前后，土地被征用的村民，由农民转为居民，即称“农转非”。随着“农转非”人员增加，加上退休回乡人员、由城市入村居住的创业就业人员、回乡大中专学生等，全村非农业人口逐渐增多。2013年农业人口392人，非农业人口2585人，非农业人口是农业人口的6.59倍。

性别构成　1957年，星民高级社总人口1127人，其中男性580人，女性540人，男性比女性多7.4%。直至20世纪70年代中期，除个别年份外，村域男性人数绝大多数年多于女性人数，造成这种情况的主要原因是长期来重男轻女的传统的观念。20世纪70年代后期，生男生女都一样的观念普遍被社员（村民）接受，而且生活和医疗条件极大提高，人均寿命延长，长寿女性多于男性，村域女性人口数量逐渐超过男性，1996年，女性人数超过男性人数近5%。2003年，村属劳动力资源总数357人，男性172人、女性185人，女性人数超过男性人数7.6%。此后，村域女性人数一直多于男性人数。

年龄构成　1976年后，计划生育工作被列为星民大队的重点工作内容，人口出生率开始得到严格控制，年龄构成从年轻型人口逐渐向成年型人口转变。1996年，16周岁以上1733人，占人口总数74%。随着社会经济的快速发展，劳动强度的降低，人们生活条件改善，医疗条件不断完善，村域长寿老人数量不断增加，村民平均年龄不断增长。2000年，星民村14周岁以下未成年人口占总人口的19.3%，15～64周岁人口占70.8%。65周岁以上老人占全村总人口的9.9%，此后，基本徘徊在这一比例。

文化构成 民国时期，星民村域乡人大多是文盲。中华人民共和国成立后，不少青壮年参加扫盲班、夜校，学习文化。随着经济的不断发展，村域教育事业得到相应的发展，村民受教育程度逐年提高。1986年，村域初中及以上文化程度人口占18.5%，小学文化人口占70.3%。2000年，小学及初中文化程度人口占77.2%，高中（中专）及以上占11.5%（其中大学及以上28人）。

姓氏

星民村域乡姓氏以高、王、沈、李等为主。1940—1955年，70%的村民从萧山东片、绍兴迁移至此。后，不断有外来人口迁入。外来迁入人口来源主要有三：一为西部省、区嫁入的女性或上门女婿；二为广西、湖南等地的外来务工人员；三为武警医院及驻地部队军人配偶及子女。由于迁入人口原籍地域广泛，故星民村人口姓氏繁多。

2012年，全村有姓氏近120个，百人以上的大姓有4个，依次为高、王、李、沈。4个姓氏人口占全村总人口的近25%。

高姓 南宋时，居山东渤海郡的高氏随宋高宗赵构南迁，居浙江绍兴、海宁等处。萧山高姓大多从绍兴、海宁等地迁入，主要居住在南阳、河庄、瓜沥等地一些村落。星民村域内高姓来自萧山南阳一带，至2013年撤村建居时，为村域第一大姓。

王姓 星民村域王姓，最早的于清咸丰年间（1851—1861）由萧山头蓬迁此落脚垦种；有的于民国15年（1926）左右从坎山杨墅下迁来，以垦地、养蚕为业；还有的从诸暨、绍兴、萧山螺山等地迁徙入村。至2013年撤村建居时，王姓为村域第二大姓。

李姓 萧山全境李氏近4万人，为萧山大姓之一，计有4支。其中所前李氏明代起发族，先后向周围分支析居，已传39世。星民村域李姓最早何时由何处迁入无考，至2013年撤村建居时，李姓为村域第三大姓。

沈姓　萧山全境有沈氏5.6万余人，为萧山大姓之一。星民村域沈姓最早迁入年份、迁自何处均无考。至2013年撤村建居时，为村域第四大姓。

第二章　村庄建设

星民村域自民国前期有农户落脚以来，乡人搭建草舍茅屋以作居所。各家各户的草舍，隔开相应距离较远，因此村域没有自然村落形态，总体面貌散乱无序。集体化期间，星民村通过多次围垦，先后获得土地共595亩。

20世纪50年代，村域挖解放河，改善农田灌溉。1986年，村域设有钱塘江汽车轮渡南岸码头。进入21世纪，全村实现“路面硬化、村庄绿化、卫生洁化、河池净化”，村庄建设融入城市发展。2005年，星民村获评浙江省“全面小康建设示范村”。2009年，星民村获评全国文明村。2013年，星民村改设星民社区，向现代城市新社区迈进。

第一节　新农村建设

村容村貌

民国及以前，星民村域农户居住多为草舍，用茅草盖成已属考究。草舍内用络麻秆或芦苇秆隔断，糊上纸、贴上画，即为房间与堂前间隔的墙。

20世纪50年代后期，村庄面貌发生的最大变化是迁坟上山，平整高地，填部分池塘为耕地。20世纪60年代中后期，逐渐有社员建筑新房，虽须报经大队、公社审批后方可建造，但无整体规划。这一时期村域面貌变化较为明显的是泥路改成塘渣路。20世纪70年代初，村域“四旁”（宅旁、村旁、路旁、水旁）绿化兴起。20世纪80年代中期起，开展文明村建设。1991年，全村100%村民用上了自来水。1998年开始，星民村规划新农村建设，实施农户集中建房。2001年，建成全区首个农村多层住宅小区。1998年，投资250万元，将全村10千米左右的主要道路浇筑成沥青或水泥路面，同时加大道路绿化及灯光美化工作的投入。2001年，投资300多万元，浇筑主要道路水泥路面13.5千米。2002年，在顺坝垦殖场投资200万元，用于浇筑主要道路水泥路面。

2003年起，星民村参与“百村示范、千村整治”工程，投资5.5万元，在村域主要道路和外来人口居住集中处安装路灯165盏，主干道亮灯率100%；

全村生活垃圾袋装化率100%，全村范围内的294只露天茅厕全部拆除，村民家庭100%建造三格式无害化卫生户厕；小区清洁能源（天然气）利用率100%；通过3年努力，星民村实现“布局优化、路面硬化、村庄绿化、卫生洁化、河道净化”。2005年，星民村被中共浙江省委、浙江省人民政府评定为“全面小康建设示范村”。

2006年，星民村同步推进道路拓宽、村域绿化、河道净化。投资450万元，将全村11条计7.5千米主要道路拓宽到5～6米并硬化路面，村域主干道硬化率100%；投资468万元，对小区内4万平方米绿化进行全面整治（重种）；在3.2千米长的村主干道和2个农居小公园内种植绿化带3600平方米；动员村民开展庭院绿化。同年，全村绿化总面积达4.56万平方米。截至2007年，村里先后投资73万元，建造公厕13个、封闭式垃圾房35所，购置塑料垃圾桶160只；落实19名保洁人员，定路、定量、定时对全村道路、菜场、公厕进行保洁；购置2辆垃圾清运车，垃圾统一清运到街道垃圾中转站集中作无害化处理；落实好村民环境卫生“门前三包”；落实专职人员，在缤纷小区及新农村，每周喷药3次，以灭杀苍蝇和蚊子。同年，杭州市委、市政府命名星民村为社会主义新农村建设标兵村。2009年，村域主要道路两侧基本配种绿化，绿化率40%；投资65万元，对未拆除部分农居点进行生活污水、雨污分流纳管处理，全村生活污水纳管率95%；落实2名保洁人员对境内河道进行漂浮物打捞；投入4万多元，对全村2500米小河道、15口池塘和1.5万米排灌沟渠进行泥浆泵疏浚淤泥。同年，星民村被评为全国文明村。

村民建房

20世纪60年代中期，星民大队始有社员在自留地或老宅基上建造新房。1965年开始，农户建造房屋须按县城建局规划，报公社审批。20世纪70年代后期起，社员建房越来越多。进入20世纪90年代后，星民村所有准建的农户住房，落地建筑面积均按统一标准，并严格按图施工，式样统一，地盘高低统一，房屋高度统一，楼层面统一，门窗规格统一，道地大小统一。自来水管道、照明动力线路管道、地下排水道、地面道路以及有线广播电视网络等由村集体负责通达到户。2001年开始，星民村个人建房停止，纳入滨江区农村多层住宅和农民公寓的统一建设，至2009年，全村70%以上的农户入住缤纷小区。2013年，星民村实施整体拆迁，全村农民住宅全部拆除，238户农户100%入住缤纷小区和缤纷西苑，成为滨江区第一个完成整村拆迁的村。

交通

钱塘江汽车轮渡　1985年，杭州市人民政府为缓解钱塘江大桥车流拥堵、安全隐患严重的状况，决定建设钱塘江汽车轮渡。南码头位于星民村域，北码头在清泰门外观音塘。8月，工程动工，总投资1576万元。1986年3月20日正式通航，有渡轮8艘、消防工作艇1艘，日均渡运机动车2500余辆。南码头与杭甬、杭温等公路相接，北码头连通杭徽、沪杭等公路。自此，货运汽车全从汽车轮渡过江，不再经行钱塘江大桥，减轻大桥的运载负荷，还缩短运程15千米。1997年2月，钱江三桥（西兴大桥）建成，汽车轮渡完成历史使命。

西兴大桥　又称钱江三桥，在钱塘江大桥（钱江一桥）与彭埠大桥（钱江二桥）之间，南堍位于星民村境内。主桥全长1280米，纵向由两座相同布局而又独立的六空一联、混凝土灌注桩基础的独塔单索面斜拉桥组成。桥面宽29.5米，六车道，中央设分隔带，外侧各设1.5米的观光人行道。1994年2月开建，1996年底建成，1997年2月通车。

九甲桥　1963年建造，位于建设河上靠近星民村域中间位置，桥面长30米，宽3米，为石拱桥。

解放桥　1980年建造，位于星民村与七甲闸村的交界处，桥面长30米，宽3米，为水泥拱桥。

十甲路　江陵路的“前身”，位于村域西侧。1957年，开挖建设河（又称十甲河）时，把挖起的泥土堆积成堤埂，形成泥埂路，称十甲路。1986年春，泥埂路建为十甲公路，连接钱塘江汽车轮渡南码头。2002年，十甲公路拓宽改建为城市主干道，2003年定名为江陵路。

江南大道　2002年11月竣工，路宽60米，全长6.5千米。中间绿化带隔离，两边绿化带各宽25米。行道树以香樟为主，常年绿树成荫。村域段西接江陵路，与建设河平行，南与共联村相接，长1082米。沿路有缤纷小区、地铁江陵路站及停车场、武警浙江总队医院等。

滨盛路　东起西兴大桥，西至南环路，长8689米，宽44米，2004年建成命名。村域段长约2200米。

江陵路　南起南环路，北至闻涛路，长4620米，宽44米，2002年建成，

2003年命名。村域段长约1100米。沿路有香溢大厦、武警医院等。

西兴路　南起南环路，北至闻涛路，长5480米，宽44米，村域段长约1100米，沿路有缤纷北苑、缤纷西苑、杭州星民浙石加油站等。

丹枫路　东起飞虹路，西至江晖路，长2200米，宽20米，建于2000年，2003年5月命名。村域段长约1500米（有园圃375米），

通和路　南起江南大道，北至闻涛路，长910米，宽26米，建于1999年，2001年1月命名。村域段长250米。

水利

1957年，星民高级社组织社员参与开挖解放河，用于农田灌溉。1965年，星民大队在建设河九甲桥边建造抽水机埠头。1987—1988年，星民村在2000亩土地内修整出25千米长的排水沟渠与8个节制闸，构建起“旱时可引灌，洪时可排涝”的水利系统。从1988年开始，逐步投资兴修永久性农田水利设施。1991年开始，陆续修建石砌排水沟和“三面光”排渠道4000多米，建造节制闸6座。至1999年，全村累计投入600多万元，新建两边砌石排水沟及“三面光”沟渠2.5万余米；修筑机耕路13.5千米；修建排灌机埠5座，安装排涝泵2台，更新灌水泵1台、水泵3台；新建8米跨度桥梁1座；石砌池塘25个。修建后，达到“24小时降雨量150毫米田间不积水，100天不雨不见旱情”的标准。

2001年，又建造小闸7处、机埠2处。2004年，村级集体先后投资758万元，用于硬化机耕路15条计12.5千米，建造排灌机埠3座、节制闸3座，以及“三面光”沟渠建设和池塘石砌等。

公用事业

电力　1965年，星民大队安装50千伏安变压器，大队及部分农户通电。1988年，星民村新增2台变压器（总量130千伏安），并实施全村电力线路整网。2000年8月，纳入城市电网，变压器容量增至1825千伏安，完成全村电网改造。2013年，全村用电量572万千瓦时。

广播电视　1957年，村域安装第一只有线广播，收听萧山人民广播站节目。2000年，有线广播整网入户率75%，有线电视安装入户率82%。

邮政电信　1950年，西兴设有邮政代办所，星民村域为该所投递点。1955年，星民初级社设立邮政信箱。1989年，村里安装第一部程控电话。20世

纪，互联网开始进入村域，2010年，建成杭州市市级示范互联网站。至2013年撤村建居时，村域成年人手机拥有量人均超过1部，宽带互联网普及农户家庭。

供水　20世纪80年代前，境域村民主要饮用水是池塘水、“天落水”（天然雨水）、钱塘江水。1991年，村投资并组织农户集资35万元，接通萧山市第二自来水厂的自来水，全村100%村民家庭用上自来水。

燃气　至2007年，星民村农户全部使用清洁能源天然气。

公共用房　20世纪50年代初，村域基本上没有专门的办公用房，一般设在村民家中。1967年，建造星民大队大会堂。同年，星民小学茅草屋改建成平房。1984年，开始在原5组丰产坊土地上建造1200平方米村级集体厂房。1989年，建造350平方米的2层6间楼房，作为村民委员会办公楼。2010年，星民村村民服务中心获“杭州市社区服务中心示范型”称号。

第二节　土地使用

土地制度与经营

民国时期，星民村域贫困农民缺田少地。1949年5月，西兴解放。1950年10月，村域开展土地改革运动，没收地主、富农的多余土地，分给缺地农民。高级社、人民公社时期，村域土地归集体所有，由集体按照国家计划，统一安排、组织生产。1983年后，推行家庭联产承包责任制，星民大队（村）将集体土地及生产任务等按人口或劳动力比例承包给农户家庭自主经营。农户经营收入除按合同规定上缴一部分给集体及缴纳国家税金外，其余全部归己，但土地集体所有制性质不变。1997年，村域土地实行有偿承包，承包款每亩30元。后，村域土地因城市建设被大量征用，2006年，家庭承包经营的农户数417户，承包村域耕地242亩。2010年，家庭承包经营的农户数357户，承包耕地面积159亩。2013年，家庭承包经营的农户数172户，承包经营耕地面积减至70亩。

土地类别及利用

村域土地类型有耕地、园地、宅基地、交通用地及未利用土地等。1956年，农户土地归由高级社集体耕种，为解决村民日常吃菜，高级社允许各生产小队将社员房前屋后零星杂地分配给社员用于种植蔬菜，称“自留地”。1956年，村域有土地1453.48亩（包括集体耕地1381亩，国有荒地117.48亩）。

1978年，星民大队有耕地面积1370亩。1996年，全体耕地有1276亩，其中村域949亩，围垦223亩（主要用于发展蔬菜、瓜果生产），自留地104亩。后因土地征用，2003年，村域耕地减至250亩，围垦223亩、自留地104亩不变。2010年，村集体所有农用地总面积382亩。

土地征用

1994年1月至1996年2月，星民村有3次被征用土地，征用面积150.54亩，按人土比享受每月130元的安置生活补助费。1996年，因西兴大桥（钱江三桥）接线公路和附属设施建设需要，杭州市政府在星民村实施征地，并拆迁纸箱厂和拉丝五金厂厂房。拆迁补偿资金部分补助给村民，部分留作村集体资金。2000年7月后，滨江区土地补偿费用标准分为一般项目和城市基础设施项目两类。星民村一般项目的土地补偿标准为每亩4.8万元，城市基础设施项目补偿标准为每亩4.2万元。一般项目安置补助费、城市基础设施项目补助费每亩均为5.47万元。截至2001年，星民村总征地面积1620亩，尚剩540亩土地。

2009年5月后，执行《滨江区征收集体所有土地补偿实施办法》，星民村蔬菜地青苗补偿标准为每亩4500元，一般地上附着物补偿标准为每亩2500元。2009年，星民村835户农户中有586户实施拆迁，70%以上的农户入住缤纷小区，全村剩余土地全部被列入2010年征迁计划。2010年，星民村集体经济组织留地安置指标以2002年统计年报中的农业人口（含“农转非”人员）为基数，按每人15平方米（净地面积）确定。至2013年，星民村成为滨江区首个完成整体拆迁的村。

第三节　围垦土地

民国初期，星民村域还在钱塘江滩涂上，各地农户迁此筑塘围涂，开垦成地。通过围垦，村域逐渐形成。村民大规模参加江涂、海涂围垦始于中华人民共和国成立后，分南沙大堤、顺坝、东江3个区块。

南沙大堤围垦

据《萧山围垦志》记载，星民村组织社员参与南沙大堤围垦，所涉堤段为江边轮渡码头至七甲闸。1950—1951年，围得土地225亩（该部分土地1987年与省水利厅在顺坝的1127亩围垦土地对调）。同期，星民村另围得土地193亩。1961年，星民大队又围得土地90亩。以上围涂造地，共建临江堤塘1201米。

1969年，星民大队组织劳力在钱塘江四号坎两边围起1040米围垦大堤，增加102亩土地。1991年，村委会在此块围垦土地上投资35万元，结合堤塘修建，开挖鱼塘78亩。截至1993年，星民村在村北的钱塘江滩涂经过多次围垦，先后共围得土地595亩。另有南解放河疏河堆土区以及南沙大堤护塘杂地100多亩（产权为国有），1997年亦由星民村统一发包管理。

顺坝围垦

顺坝围垦地处时萧山城北区临钱塘江区块。1986年后，星民村先后参与顺坝围垦共3次，分得土地1150亩。

1987年，星民村将域内丰产坊225亩土地交给省水利水电工程局，以1亩换5亩的方式，换取省水利厅在顺坝的1127亩围垦土地。通过调换，村级集体净增土地925亩，并获得111万元开发资金。1988年，在顺坝创立村办星民垦殖场。

东江围垦

20世纪70—80年代，星民村共参加4次东江围垦。1974年，参加东江第12工段围垦，所得土地后被潮水冲毁；1976年，参加第14工段围垦，有400～500人参与，获得土地98.3亩；1978年，参加第15工段围垦，获得土地130亩；1986年11月，参加第10工段围垦，获得土地102亩。1991年，东江围垦土地全部种植棉花，实行专业户承包。1997年，东江围垦土地除承担粮食订购合同任务的承包户外，其余土地继续由村统一发包，按年度签订承包合同到户。

第三章　村域经济

星民村域农业基本为原始耕作。从1987年开始，种植业就从原先主要种植棉、麻逐渐向种植蔬菜发展。滨江区成立后，杭州市政府在星民村建立800亩蔬菜基地。星民村抓住机遇，农业种植结构调整走在全区前列。

村域工业起步于20世纪70年代。20世纪90年代，工业门类涉及车配、五金、工艺品等行业。1995年后，集体企业逐步完成经营机制转换。1999年，工业总产值894.27万元，是1979年工业总产值的293倍。2003年后，境域合作合资企业兴起，进入工业发展的新时期，其中村级工业实现产值4088.39万元。2013年，村级工业经济收入6903万元，占全村总收入的16.3%。

村域商业服务业与工业同期发展。20世纪80年代，随汽车轮渡启用，村域办起渡口饭店。1996年划属滨江区后，随着城市建设发展，先后创办一批高档次、现代化的商业服务设施、综合商业体，如星耀城、缤纷农贸市场等。2013年，全村商业饮食业收入2.91亿元，服务业收入200万元，商业饮食业收入占全村总收入的近70%。

第一节　农业

历史上，星民村域农业以种植棉麻为主。20世纪80年代后，国家取消指令性种植计划。星民村地处沿江，交通发达。早期部分村民系杭州市蔬菜种植基地江干区四季青公社迁移而来，素有种菜传统。从1987年开始，村域农业就从原先的棉麻种植为主逐步向蔬菜生产发展，至1995年，全村的所有耕地都种上了蔬菜。

1996年滨江设区后，星民村土地被陆续征用。部分村民向上海浦东郊区、萧山种鸡场、宁围镇小围垦和西兴镇襄七房村等地承包土地321亩，发展苗木种植以及高档水产和畜禽养殖。至20世纪90年代末，村域大多数农户成了蔬菜种植专业户。另有外出发展种植业、养殖业15户，1999年总产值328万元，利润98.5万元，户均利润6.5万余元。同年，全村农业总产值1453.7万元。此后，土地减少更快，又有部分村民转向外地承包土地。2009年，有23户农户外出承包土地1860亩，发展苗木、蔬菜瓜果生产或水产养殖。至2010年，村域70%以上土地被征用，仅剩500多亩耕地，用于种植蔬菜。

种植业

计划经济时期，星民大队（村）以种植棉花、络麻、粮食为主。1956年，合作社耕地1381亩全部种植棉麻，117.48亩国有荒地亦由合作社开垦并种植饲料。1988年1月，星民村在顺坝围垦1127亩土地上，建立集约经营的顺坝垦殖场，种植水果、蔬菜，养殖水产。由此，星民村种植业从单一的棉麻种植，逐步转向蔬菜、瓜果生产。滨江区成立后，杭州市政府在星民村建立800亩蔬菜基地。2003年，全村蔬菜单项收入1441万元，占全村农业总收入的92%。

粮食作物　村域主要粮食作物有大麦、小麦、水稻等。1957年，粮食播种面积672亩，粮食总产量111.8吨。1966年，粮食种植面积扩大到915亩，总产量239.6吨。20世纪70年代，开始种植水稻。1978年，粮食播种面积

894亩，总产量356.4吨。20世纪80年代初实施家庭联产承包责任制后，种植业趋向多样化。1986年，粮食产量244吨。1996年，粮食种植面积2078亩，总产量583吨。后，土地减少，2013年粮食播种面积505亩，总产量113吨。

蔬菜水果　1957年，星民高级社集体种植的蔬菜面积48亩。1966年，星民大队种植蔬菜面积略有下降，为43亩，主要品类为芋艿、甘蔗、瓜类。1989年，星民村100亩蔬菜地被列为萧山市蔬菜基地。1996年，随着围垦地区的开发，蔬菜面积扩大到2615亩，产量9961吨。

滨江区成立后，1998年，杭州市政府在星民村建立800亩蔬菜基地，发展大棚蔬菜，带动全村蔬菜种植的发展，全村的耕地基本成为蔬菜地。2003年，全村蔬菜收入1441万元，占全村农业总收入的92%，人均蔬菜收入5313元。2004年，星民村共种植蔬菜1235亩（市级蔬菜基地800亩，包括无公害蔬菜基地270亩，放心菜示范基地206亩）。同年，星民村被确定为“杭州市都市农业市级示范村”。

星民村的水果生产主要在顺坝围垦的星民垦殖场。1998年，垦殖场投资120万元引进日本梨棚架栽培技术，对蜜梨栽培技术进行改造，并注册“晶龙”牌蜜梨的商标。同年，有78吨蜜梨进入新加坡、意大利等国际市场，“晶龙”牌蜜梨获浙江省首批农产品银奖。1999年，“晶龙”牌蜜梨生产规模扩大至300亩，总产量近400吨。2001年，“晶龙”牌蜜梨被中国国际农业博览会组委会授予金奖。2003年，垦殖场建成优质蜜梨基地600多亩。同年，“晶龙”牌蜜梨被认定为浙江省绿色食品。2004年，“晶龙”牌蜜梨被评为浙江省名牌产品，总产量5000多吨。2007年，星民垦殖场及其“晶龙”牌蜜梨等产品参加杭州市暨台湾优质农产品迎新春大联展、香港美食博览会、浙江省农业博览会等展会。2012年8月，在浙江省精品水果展销会上“晶龙”牌蜜梨旗下的翠冠梨获得金奖，圆黄梨获得优质奖。

经济作物　村域经济作物主要有棉花、络麻、油菜等。20世纪50年代中期农业合作化后，开始按国家计划指令，集体安排种植。

1966年，棉花种植面积855亩，皮棉总产量59.6吨；进入20世纪70年代，出现黄萎病等毁灭性的病害，棉花产量下降。1978年，棉花播种面积851亩，总产量44.6吨。1984年，棉花播种面积853亩，总产量99.4吨，平均亩产116.5千克，比1978年增产122.5%。20世纪90年代末开始，村域耕地被陆续征用，种植业主要转向蔬菜，棉花面积逐年减少。

1966年，络麻种植面积348亩，生麻总产量118.5吨；1978年，络麻播种面积348亩，总产量161.2吨；1984年，络麻播种面积374亩，总产量162.9吨。20世纪90年代初，国家不再收购络麻，星民村不再种植络麻。

1966年，油菜播种面积52.4亩，总产量3.66吨；1978年，油菜播种面积68亩，总产量9.3吨；1984年，播种面积62亩，总产量7.75吨。20世纪90年代初，国家放开粮油市场，星民村油菜种植逐年减少直至消失。

养殖业

历史上，星民村域畜牧业以养猪、养羊、养鸡为主。农业集体化后，猪被列为牲畜饲养业之首。除家庭养殖外，生产队、生产大队均先后办过畜牧场。其他家禽家畜只局限于村民家庭中，以农户自己食用为主，不成生产规模。家庭联产承包责任制实行后，农业劳动力解放，养殖业迅速发展，并开展适度规模经营。20世纪90年代末，有不少农户外出发展水产养殖和畜禽养殖。2002年后，因城市建设，村域禁养限养畜禽。

生猪　1957年，村域养猪36头。1966年，村域生猪存栏头数607头，全年饲养量957头，平均每户饲养量3头。1978年年末存栏数488头，全年饲养量799头，平均每户饲养1.9头。1996年，境域生猪年末存栏215头，全年饲养量676头。2002年后，因城市建设，村域禁养限养畜禽。2003年，星民村年末存栏生猪15头，全年饲养量仅55头。后不再列入统计。

牛羊　1957年，村域养羊56头。1966年，羊存栏头数150头，其中山羊11头，绵羊139头。1996年，牛年末存栏48头（非耕牛），羊年末存栏总数13头。2003年后，不再养牛、养羊。

家禽　1957年，村域养鸡864羽，鸭、鹅190羽。1993年，家禽饲养量33.6万羽，其中，供应市场32.2万羽，折算成禽肉486吨。1996年，村域家禽年末存栏1.1万羽，年内出栏只数6.2万羽。2002年后，因城市建设，村域禁养限养畜禽。2003年，星民村家禽年末存栏降至3000羽。后不再统计。

水产　村域濒临钱塘江，素来就有村民以捕鱼为业。1978年，星民大队有渔业专业劳动力6人，拥有专业渔船（木船）3艘、农用机动船2艘，捕捞鱼总量4.78吨。1996年，星民村有淡水养殖面积260亩，淡水水产品合计167.4吨。此后，又有多家农户在外地承包鱼塘养殖河蟹155亩，鳖、鱼等58

亩。2003年，渔业产品合计248吨。后无见统计。

桑蚕　1978年星民村有桑园20亩，蚕茧总产量500千克。后无见统计。

第二节　工业

发展过程

星民村域集体工业起步于20世纪70年代后期。时，星民大队主要有几家劳动密集型企业。其中大队办东方红锯板厂，1979年度实现产值5616元，利润1122元。同年，全大队工业产值3.04万元。20世纪80年代，村域相继出现纸箱厂、自行车零件厂等。

进入20世纪90年代，村域工业发展势头强劲，行业门类涉及自行车配件、五金、工艺品、农产品加工等行业。1999年工业总产值894.27万元。2000年，村域共有6家个体私营企业，实现工业总产值1377.46万元。2002年，企业数量上升至9家，以生产五金机械、工艺品等产品为主，有固定资产959万元，职工232人。同年，创产值3543万元，利润103万元，上缴国家税收160万元。2003年后，随着滨江区城市化推进，村域工业进入发展的新时期。传统工业关停、外迁，合作合资企业兴起，集团经济和高科技产业经济开始逐步成为经济龙头。2003年，星民村村级工业产值合计9.78亿元。

企业选介

杭州西兴星民自行车零件厂　1986年成立，位于渡口饭店北面。占地面积2000平方米，员工25人。1998年，创办第二家自行车零件厂。2000年，实现产值178.26万元，销售额181.98万元。2003年，实现产值324.39万元，销售额285.7万元。

杭州滨江果业股份有限公司　1988年成立，地址位于顺坝垦殖场，占地面积75.13公顷，公司董事长胡金龙，人员规模约为50人，2003年产值108.91万元。

杭州西陵管道安装有限公司　1990年成立，有厂房面积300平方米，主营业务为市政管道，公司人员规模100～200人。2000年，实现产值390万元，销售额359万元。2003年，实现产值257.7万元。

杭州中旭金属制品有限公司　1999年成立，地址在村北水电一处围墙西，厂房面积2400平方米，占地面积6000平方米，公司人员规模50多人。

2000年，实现产值591.04万元，销售额581.53万元，利润37.43万元。2003年，实现产值1558.32万元，销售额1535.88万元。

杭州宝龙电器有限公司　2000年成立，公司厂房面积约300平方米，占地面积667平方米，主要生产取暖器、灯具，公司人员规模为10人左右。2000年，实现产值96万元，销售额90万元。2003年，实现产值159万元，销售额155万元。

杭州功德利工艺品有限公司　2009年成立，地址在原星民小学教学楼内，占地面积1200平方米。2000年，实现产值113.41万元，销售额113.41万元。2003年，实现产值638.25万元，销售额638.25万元。

杭州柏金车业配件有限公司　2009年成立，地址位于中旭金属制品有限公司北面，闻涛路以南，建设河以东。占地面积4000平方米，公司人员规模约为30人，2003年，实现产值501.1万元，销售额488.3万元。

杭州迪生车业有限公司　2009年成立，公司人员规模约为30人。2003年，实现产值208万元，销售额208万元。

第三节　商贸服务业

民国时期，村民主要从事农业生产，商品买卖要到西兴街市。偶有走村串户的货郎担，到村域兜售日用小商品等。中华人民共和国成立后，20世纪50年代中期，实行私营工商业社会主义改造。1968年，星民大队设有第一家合作商业代销店。20世纪80年代，改革商业体制，鼓励个体私营工商业，商业服务业开始发展。1984年，全村从事交通运输业29人，商业、饮食业、服务业14人。

20世纪90年代，外来人口增多，餐饮业迅速发展，各类饭店、面馆、小吃店等陆续增多。1995年，星民村运输业收入34.74万元。1996年，星民村从事交通运输业、仓储业、邮电通信业共31人；批发、零售贸易业、餐饮业共15人。20世纪90年代末，另有从事蔬菜运销的专业户17户。1999年，共贩运本地蔬菜2500吨，获利135万元。

随着滨江区城市建设发展，21世纪初，村域出现几家一定规模的超市、酒店、农贸市场等。2003年，全村从事交通运输仓储业及邮电通信业共20人，批发、零售贸易业29人，餐饮业7人。2004年，全村运输业收入127万元，商业餐饮业收入207万元，服务业收入356万元。这一时期，村域商贸业、服务业除了传统的商品零售、饮食经营等以外，广告装潢、家政护理、中介租赁、教育培训、文化服务等新型服务项目应有尽有。2011年，农民家庭经营情况统计，全村村民家庭经营的商业饮食业、运输业、服务业收入超1429万元，占家庭经营总收入的42.7%。与此同时，星民浙石加油站、马自达4S店、东风本田4S店等一批现代化服务型产业集群相继开业，第三产业成为村域产业第一支柱。2013年，全村商业饮食业收入2.91亿元，服务业收入200万元，商业饮食业、服务业合计收入约占全村总收入的70%。

集体商贸业

中华人民共和国成立后，国家对粮、棉、油实行统购统销，对生猪等主要农副产品实行派购。1968年，供销社（合作商业）在星民大队开设第一家代销店，社员购物方便许多。

20世纪80年代后，市场商品日渐增多，各种票证相继取消。1998年，星民村集体投资40万元，在村委会旁建造第一个农贸市场，建筑面积4000平方米。2000年，市场批发吞吐量在西兴镇内处于领先地位，与协同村农贸市场相当。2007年，该市场搬至缤纷小区。2011年，位于缤纷西苑17、18号商铺（第二层）的缤纷农贸市场开业，营业面积3600平方米，设有66个商铺、摊位。

2007年8月，滨江区供销社有限公司出资2.8万元，与星民村谢耀水等17户农户联合成立滨江区西陵果蔬专业合作社，为入社农户提供市场信息，引进果蔬新品种、新技术；组织技术辅导和培训，推行标准化生产和品牌化经营；从事产品的储藏、加工、销售以及其他所需的服务。

私营商贸服务业

1982年后，个私工商业恢复。星民村一些村民及外来人员在村域开办修车铺、农用机械及中小农具销售部，开设饲料店，餐饮店，肉店，各种修理店，杂货店，副食品店等。1986年，位于村域的钱塘江汽车轮渡启用，在丰产坊（汽渡码头东约250米处）创办的渡口饭店，鼎盛时期员工近20人，经营业务包括堂食用餐和酒店住宿。1997年，随着城市化的推进，居民服务业进一步发展，美容美发店、搬家公司和家政服务中心逐步增多，为村民提供全方位家庭服务。2000年后，各类私营商店、摊铺、超市、饭店、专卖店遍及村域主要路段和居住小区。

商业综合体

2011年，由杭州兴耀控股集团有限公司与星民村合作的商业综合体星耀城开建，占地面积4.76万平方米，总建筑面积近26万平方米，49%为销售型物业，51%为村集体持有物业。业态形式主要包括精品商业街区、写字楼、星级酒店、酒店式公寓、超五星级影院等。星耀城分两期开发，一期占地面积2.94万平方米，总建筑面积15.83万平方米（星耀城一期于2014年6月交付）。

第四章　社会事业

星民村域民国时期曾有过私塾，但贫苦农民无力送子弟入读。村域缺医缺药，无文体设施。

中华人民共和国成立后，幼儿教育、学校教育、成人教育不断发展提高。20世纪50年代初开始扫盲教育。20世纪50年代末创办星民小学，20世纪70年代初创办星民初中。20世纪80年代末，九年制义务教育基本普及。自20世纪60年代初星民大队保健站建立始，合作医疗、村级公费医疗、新型合作医疗、城乡居民基本医疗保险，逐步发展。2007年，村民合作医疗等各类医保参保率100%，人人享有基本医疗保障。

20世纪50年代，俱乐部、文宣队、电影放映、卡拉OK、校园体育、全民健身、文化运动会等群众文体活动与时俱进，传统与现代融合。进入新世纪，文化设施投入力度持续加大。科教卫体各项文化事业不断向前发展，乡村文化形态逐步转向现代城市文化形态。星民村先后获评杭州市文化示范村、滨江区群众文化先进集体等。

第一节　教育与农业科技

教育

幼儿教育　20世纪50年代末，星民生产大队曾开设托儿所。进入20世纪90年代，萧山教育局颁布《村办幼儿园基本要求》，星民村将幼儿教育列为教育事业发展重点，1995年办起幼儿园。

2002年，村办幼儿园由专任教师承包经营，园名为星民幼儿园。截至

2007年，星民幼儿园有教育楼425平方米，户外教学活动场所505平方米。规模为4个班级，共有入园儿童118人，村域适龄幼儿入园率100%。

中小学教育 中华人民共和国成立后，20世纪50年代初，星民村域办有初级小学，由村中原有私塾改建而成，称星民小学。1958年，城北人民公社出台政策，小学学杂费由高级社集体支付。同年，邻近的共联大队、协同大队办起完小，星民大队初小学生升读高小就近选择。小学毕业生升读初中，报考萧山县第四初级中学（长山初中）或第五初级中学（长河初中）。1972年，星民学校小学开办初中班（称“戴帽初中”），20世纪80年代初并入共联小学初中班。1988年，星民村重新建造有6间标准教室的村小学教学楼，普及九年制义务教育。1994—2000年，扩建村小学校舍800平方米，建造教工宿舍，增设电脑20台，购置钢琴等乐器，组建管弦乐队。2003年，星民小学改设西兴实验小学星民分校。2004年秋，滨江区统一划定各小学的教育服务区，撤销西兴实验小学协同分校、星民分校、共联分校，星民分校并入新开办的杭州市闻涛小学。

成人教育 民国18年（1929）起，萧山县设立民众教育委员会和识字运动委员会，在西兴开办民众学校，有成人扫盲识字班，星民村域有人旁听。

中华人民共和国成立后，1950年，星民村开办冬学、民校、夜校，开展扫盲。1964年，星民村开办扫盲夜校。1979年，扫盲工作重点放在扫除12～40周岁群众、干部、党团员文盲，星民村办起成人夜校、冬学。20世纪80年代后，星民村的成人教育以文化、技术补习为主，同时重点扫除17～45周岁青壮年文盲、半文盲。1985年4月，星民村17～45周岁青壮年非文盲率87%，随西兴镇通过“基本无文盲乡”验收。这一时期，村域有青年参加萧山燎原广播电视学校以及镇成人文化技术学校等上级成人教育机构的学习培训。1996年，滨江建区后，扫盲工作与巩固九年制义务教育结合起来开展。进入21世纪，星民村成人教育重点转向失地农民就业培训、岗位技术培训。2005年，星民村设立滨江区老年大学教学点。滨江区社区学院成立后，星民村随之建立市民学校。截至2009年，星民村市民学校累计举办各类培训11期，利用市民学校、现代远程教育点，针对不同对象开展各类培训。2010年，滨江区社区学院被授予滨江区示范市民学校称号。

农业科技

1978年，星民大队参与的东方红公社农技站“稻麦主要病害综合防治”

项目获省级科研成果三等奖。1983年2月14日，西兴公社科学技术协会成立，下设农技植保、畜牧养殖、多种经营、医疗卫生等11个学组。星民村范围内的协会成员，参加各自对口的科普培训，带动村民普及科技知识。家庭联产承包责任制实行后，星民村农业科技工作重点转向培养和扶持科技示范户，通过科技示范户带动村民应用种养业新品种、新技术。2001年，星民垦殖场的“梨优质丰产技术推广与标准梨园建设示范”项目通过浙江省科技进步奖评审。2002年，星民垦殖场“梨优质丰产技术推广与标准梨园建设示范”项目获2001年度杭州市科学技术进步奖二等奖。2005年，星民村设立科技阅览室。2007—2008年，星民村获评滨江区科普工作先进集体。

第二节　医疗与健康保障

医疗保障

20世纪60年代初，星民大队保健站建立。1969年9月，星民大队办起合作医疗，社员小病诊治不再出村。1976年后，实行公社大队联办合作医疗制度。1983年，家庭联产承包责任制后，合作医疗一度停办。1990年后，合作医疗制度恢复，由村民自愿报名参加。1998年后，采取合作医疗基金向“村民筹集一点，村级集体经济补贴一点”的方法，实施基本合作医疗与村民大病统筹医疗相结合的制度。同年，按户每人一次性交纳25元作合作医疗基金。凡参加合作医疗者均可在本年度享受星民村医疗站内门诊药费60%的报销；骨折病人可享受在外院骨伤科门诊药费30%的报销；住院病人（含产妇）享受在5000元以内医药费（含治疗费、化验费等）30%的报销。参加大病统筹医疗的，按户每人在参加合作医疗的基础上再交纳10元医疗集资费，当年住院病人可享受一次性住院费在5000元以上部分50%的报销。1998年，全村参加合作医疗报销和大病统筹的有723户，占全村总农户的91.3%，村民共筹集资金5.57万元。此后，每年年初，村两委会确定村民合作医疗集资额度，然后由妇女组长落实到户收取，逐年提高村民医药费报销额度。2007年，村民新型合作医疗、城镇基本医疗保险等各类医保参保率100%。2010年，星民村获“杭州市健康单位”称号。

医疗机构

20世纪60年代初，建立星民大队卫生保健站。1969年9月，改称星民大队合作医疗站。1973年，沈天仁成为星民大队合作医疗站（卫生保健站）“赤脚医生”，另有1名医务人员负责配药、输液。时，保健站设有门诊室、输液室，添置显微镜、高压消毒器等设备，门诊量每天100多人次（不含“赤脚医生”到村民家中出诊）。1986年，星民村保健站被萧山县卫生局评定为甲级保健站，并被命名为“文明保健站”。后，村保健站统一更名为村卫生医务室。

1995年3月，越南卫生部考察团到访星民村卫生室。4月，经联合国儿童基金会要求，星民村卫生室接待印度尼西亚国家计委副主任考察。2000年，英国全科医学专家、博士大卫·科林托梅等专家学者到星民村卫生医务室参观访问，对星民村卫生医务室的医疗服务给予赞赏。

2004年1月1日起，星民村卫生医务室更名为西兴街道社区卫生服务中心星民社区服务站，纳入西兴街道社区卫生服务中心统一管理，自负盈亏，自主经营。2007年，星民村整体拆迁，新建缤纷小区，星民社区服务站迁至缤纷住宅区，更名为缤纷社区卫生服务站。2008年，缤纷社区卫生服务站被评为西兴街道和滨江区先进单位。

第三节　文化　体育

民国时期，星民村域几无群体性文化活动，偶有村民到西兴集镇或邻近村落听说书、看庙会等。体育活动仅限于游泳、象棋、扑克之类以及儿童游戏等。中华人民共和国成立后，群众文体活动才得以不断发展。

群众文化

20世纪50年代初，星民村域青年农民扭秧歌、唱新词，庆祝解放。20世纪60年代中、后期，以共青团员和青年民兵为骨干，组建起俱乐部（文宣队）。20世纪70年代末，星民大队团支部借助东方红公社文化站图书室藏书，设立大队图书站。20世纪70年代中期，东方红公社电影队成立后，常到星民大队放映露天电影，直至20世纪90年代，电影一直是最受群众欢迎的文化活动。

滨江区成立后，星民村域城市化进程加快，村民文化娱乐活动趋向现代化、都市化。2004年，星民村组建广场舞蹈队，并为舞蹈队购置音响设备，聘请舞蹈老师。2005年，村集体投资100多万元，对小区内中心会所进行装修，设立市民学校、科普阅览室、电子阅览室、健身室、多功能厅、老年活动室等，每天免费为村民开放。其中，科普阅览室每年添置书籍的费用在万元以上。2007年，星民村创立《星民月报》，设时事政治、法律宣传、星民视窗、文化宣传4个板块。同时，长期以板报、宣传资料、图片展、文艺演出等形式，丰富村民群众文化生活。同年，星民村被授予“杭州市文化示范村”称号。2008年起，星民村阅览室与杭州市图书馆开通一证通，村民借阅图书更为方便。2010年，村投入200万元新建文化活动中心，配有老年活动室、图书室、电脑学校、宣传长廊等设施。同年，星民村获评2009—2010年度滨江区群众文化工作先进集体。

群众体育

20世纪50—70年代，星民村村民农闲时间下下象棋、打打扑克，或者到江河里游泳嬉水。青年民兵结合训练开展一些军体活动。20世纪70年代，村小学（含初中）开设体育课。20世纪80年代，常参与公社（乡、镇）组队参加上级举办的运动会。1998年10月，西兴镇举办首届全民运动会，星民村代表队获得团体总分第一名。2003年，星民小学学生体育达标率100%，体育达标综合得分为全区各小学第二名。2004年，西兴街道举行第三届全民运动会，星民村代表队获得拔河比赛第一名，并再次获得团体总分第一名。2005年，星民村先后获评浙江省、杭州市城市体育先进社区。2010年，在新建的文化活动中心中开设健身房、乒乓球室等并配置相应设施。2013年，在驻地解放军某部的帮助下，投资60多万元建起占地面积500平方米的文体中心，建有健身房、乒乓球室、台球桌和篮球场等，在节假日组织各种友谊比赛。

第五章　生活民情

民国时期，星民村域贫困农民或靠租种地主土地，或晒盐，或以外出做脚班苦力为生，收入微薄。农户住房均为草舍。村域不能种植水稻，主食以麦糊饭、番薯杂粮为主。

中华人民共和国成立后，星民村生产不断发展，经济分配多劳多得，粮、油等生活资料分配兼顾公平，村民生活水平不断提高。20世纪70年代以后，星民所属的沙地区扩种水稻成功，缺粮情况缓解。20世纪80年代后，工业和第三产业成为村民收入主渠道，人均收入快速增长。1993年，村民年人均纯收入比1984年增加7.32倍。2012年，村集体可支配资金1731万元，村民年人均纯收入超过1.58万元。

村域民风淳朴，礼仪习俗、方言俚语基本传承自萧山东片沙地区，兼有部分绍兴“印记”，还融入一些钱塘江北岸四季青一带的传统。宗教信仰与萧山其他地区无甚差别。

第一节　收入与生活变化

村民收入

民国时期，星民村域乡人齐心协力围得李家园少量土地，大多数农民缺田少地，收入低下，生活无保证，不少乡人只能通过晒盐或外出做苦力等方式获取微薄收入。

中华人民共和国成立后，土地改革分田分地使得村域农民收入有了根基。农业合作化、人民公社化后，农民收入有了集体经济提供的根本保证。20世纪60年代初，星民大队社员收入相对偏低，1961年，社员年终人均经济分配现金收入105元。此后，收入逐步提高，但增速缓慢，1978年为120元。实行家庭联产承包责任制后，农户积极性、创造性得到充分发挥。1984年，星民村年人均纯收入提升到476元。此后，村办工业发展加速，很快成为村集体经济和村民收入的主要来源。1993年，年人均纯收入上升至3958元，比1984年增加7.32倍。这一时期，个私工商业、服务业活跃，成为村民收入重要来源之一。1998年，年人均纯收入6271元。此后，村域产业结构不断适应城市化进程，年人均纯收入随之水涨船高，2010年，村民年人均纯收入突破万元大关，达12086元。2012年，星民村村民年人均纯收入增至15845元。

粮食分配

1955年起，星民村域严格实行国家粮食定产、定购、定销政策。20世纪60年代初，人民公社食堂解散后，星民大队社员口粮数额按人口年龄段确定（以岁定粮）。

20世纪60年代末至80年代初，星民大队建有储备粮制度和储备粮基金，以备荒年。集体生产的粮食，在留取种粮、饲料粮和其他用粮后，其余作为社员口粮，大部分按人口定量分配，少部分按劳动工分（含土肥投入结算工分）分配。1964年，星民大队社员人均口粮为276千克，1978年达305千克。1983年后，实行家庭联产承包责任制，不再有粮食分配，储备粮由国家粮库负责。

生活变化

民国时期，星民村域绝大多数农民缺吃少穿，难以温饱。住房多为破旧草舍。除个别富裕人家出门或坐轿或坐“黄包车”，村民出行全靠双脚。

中华人民共和国成立后，村民逐渐走向温饱；改革开放后，衣、食、住、行发生巨大变化，20世纪末，村民逐渐富裕起来。

饮食　星民村域是沙地区，曾不产稻米。粮食作物以麦、黍、薯为主。麦粞饭、麦夹头、麦糊涂、六谷（玉米）糊涂、番薯饭等便是村民主食。20世纪70年代以后，灌溉条件改善，星民村域开始种植水稻，缺粮情况缓解。1978年，社员用粮水平人均达到305千克。20世纪90年代后，随着生活质量的提高，主食结构由“吃饱型”向“吃好型”“营养型”转变。

衣着　中华人民共和国成立前，村域乡人服饰比较简单。男人只穿两条团团裤过冬；女性上穿土布斜襟棉袄，下系蓝色布裙；小孩穿红、绿对襟土棉袄。村民外出劳作常穿草鞋，在家常穿木拖鞋。

中华人民共和国成立后，人们生活逐渐好转。20世纪50—60年代，男子流行中山装，妇女改大襟袄为对襟衫，年轻人流行列宁装。布料以卡其、灯芯绒为好。20世纪70年代初，军便装风靡。20世纪80年代后，男青年西装革履，女青年穿裙子随处可见。皮衣男女各异、羽绒服老少咸宜。进入21世纪，服装面料讲究高档，款式追求新潮。

住房　民国及以前，星民村域农户住房全是草舍，有横舍和直筒舍之分，直筒舍居多。舍与舍之间相距较远，为的是防火避灾。中华人民共和国成立后，人们生活逐步好转。20世纪60年代后，星民大队渐渐出现新盖瓦屋，都是平屋。20世纪70年代末，出现少量楼屋。20世纪80年代起，村民建房掀起高潮，草房逐渐消失。20世纪90年代后期，规划、建设新农村，星民村域出现成片样式一致的新楼房。滨江区成立后，2001年开始推行农村多层住宅建设，星民村村民开历史先河，建成全区首个多层农民公寓，至2013年，村民全部入住农村多层住宅小区。

出行　民国时期，星民村域乡人出行基本全靠双脚，村中富人也是难得坐轿，或途经村域的南北客商有乘坐“人力车”（又称为“黄包车”）者。货物运输早期以牛车为主。20世纪50年代，有些农户添置独轮车。20世纪60年代两轮钢丝车比较普遍。20世纪70年代中期自行车开始普及，除代步外，大多还用来驮货，不少村民用自行车满载蔬菜过轮渡去杭州城区售卖。1986年，汽车轮渡开通后，南岸码头设在星民村域，村民往返杭州城区十分方便。20世纪80年代后期，摩托车风靡一时。1995年，星民村村民有汽车16辆、摩托车220辆、三轮卡车10辆、自行车2200辆。进入21世纪，电瓶车替代自行车。小轿车开始逐步普及农户家庭。

第二节　习俗俚语与信仰

习俗风尚

星民村域主要的节庆习俗、生活习俗、礼仪习俗与萧山主城区、中片地区以及滨江区南部稻作区基本相同。但因星民村域乡人，早先大多来自萧山东片沙地区，部分来自江北杭州城郊农村，带来一些原住地的习俗特色。以过年为例：星民村等沙地区农户的年夜饭，大多会有一碗“八宝菜”，而稻作区农户的年夜饭，大多无“八宝菜”。新春，家中来客，星民村等沙地区农户会端上一碗“元宝茶”，茶水中循俗置金橘、蜜枣等，寓有团圆、如意、甜蜜幸福等祝愿。

方言俚语

据曾经多年担任星民村村民委员会主任的谢耀水老人等介绍，星民村域俚语方言来源有三：一是绍兴，因早期有村民自靠近萧山最东边的党山迁徙而至，而他们的祖先主要来自绍兴的钱清、柯桥；二是杭州上城，主要来自四季青的五福村等地；三是萧山沙地，主要来自萧山头蓬、义蓬、长沙、河庄一带。星民村域主体保存上述原住地俚语方言的同时，也融入和接纳萧山及滨江稻作区俚语方言的一些成分。但有些俚语直接来源于长期的生产和社会生活实践以及受所处地理环境，为星民等沙地村独有，如沙地区农民居住的草舍，不仅怕火，也怕风、怕雨。有谚语“南风转北飑，横舍都吹倒，直舍像马跑”“晴天十八个日头（房顶有漏洞），雨天十八个钵头（漏雨接水）”即为例。

信仰

星民村域老年人中虽多有信佛者，但无佛教徒或出家人。佛事活动主要是聚桌念佛、进香祈福之类。佛事活动的邀约发起人，称作“佛头”，不属于任何宗教组织或团体。村域无道教徒，农户家中若有丧葬祭奠之事，会请邻近七甲闸等村的道士做法事。民国中期，基督教传入村域。现有部分村民为基督教徒，其中还有受洗礼者。聚会礼拜活动多在协同福音堂举行，也有部分教徒到集镇上的西兴福音堂聚会。

专　记

全国优秀乡村医生沈天仁

沈天仁，男，1955年2月出生，中共党员，星民村缤纷社区卫生服务站医生。1973年，沈天仁担任星民大队卫生保健站“赤脚医生”，从此扎根基层，一干就是50年。在村民心中，沈天仁是一名乡亲们的全天候健康守护者。几十年来，不论刮风下雨、严寒酷暑，还是节假休息、深夜梦中，只要有人一声喊、一个电话，沈天仁总是二话不说立即出诊，而且从不收取出诊费。

有一年除夕夜，正是万家吃团圆饭的时候。一位村民急匆匆地跑到沈天仁家，说妻子肚子痛得走不了路。沈天仁二话不说，放下碗筷，拎上时刻准备好的出诊箱立即出门。凛冽寒风阻挡不了他治病救人的脚步，平时20多分钟的路程，他一路奔跑仅用10分钟便赶到了。经初步诊断，他怀疑患者是宫外孕，采取一些临时措施后，要求家属立即送上级医院治疗。正是他的迅速和果断，才使患者的宫外孕及时得到确诊并顺利完成手术。第二天，他仍放心不下，亲自到患者家中询问情况，家属感激地拉着他的手，连连道谢。

在最基层医疗岗位工作的半个世纪中，沈天仁立足本职，从点滴做起，医疗技术精益求精，对村民的健康服务更是尽心尽职。特别是在村保健站转换为社区卫生服务站以后，他创新工作思路，调整工作重心，在保障基础医疗的同时，做好做实慢性病防治、推进家庭医生签约服务等工作。他带领卫生服务站的同事们与村域内患有高血压、糖尿病的乡亲们签约并为他们建立健康档案，落实定期随访制度，详细掌握签约患者的血压、血糖波动情况。对于长期未去卫生室就诊的签约人，沈天仁就利用下班时间进行电话或者入户随访。在社区的支持下，沈天仁还利用周末时间为居民做健康讲座和进行义诊，真正将卫生健康送到群众身边。

沈天仁始终不忘共产党人的宗旨。作为最基层的乡村医生，他把践行为人民服务的宗旨勤勤恳恳落实在守护群众健康、解除群众疾患的实际行动中。1992年，沈天仁被卫生部评为优秀乡村医生。2007年，沈天仁被评为“杭州市平民英雄”。2008年，沈天仁当选为浙江省人大代表。2010年，沈天仁被评为全国劳动模范。

七甲闸村

七甲闸村地处西兴街道北部，面积1.2平方千米。东邻萧山区盈丰街道合丰村，西连星民村，南接协同村，北至水电社区。

七甲闸村在滨江区的位置

来楚生　荷香千里

第八编　七甲闸村

概　述

七甲闸村地处西兴街道北部，面积1.2平方千米，户籍人口2310人。东邻萧山区盈丰街道合丰村，西连星民村，南接协同村，北至水电社区。

民国末期，村域属萧山县由夏乡第12保。1949年5月，萧山解放；7月，成立协同乡，村域为协同乡七甲闸村。1950年，更名为胜利村。1959年，称城北公社协同管理区胜利大队。1961年7月，更名为由夏公社胜利大队。1965年划入西兴（东方红）公社。1981年，改名七甲闸大队。1984年，改设七甲闸村。1996年12月，划属滨江区。有姓氏百余个，王姓、陈姓人数最多，占全村人口数的13.4%。2011年2月，改设七甲闸社区，有户籍人口2310人。

七甲闸村域耕地均为沙地。农业集体化后，村域农业生产条件不断改善，主要农作物为棉花、络麻、麦、水稻，产量逐步走向高产稳产。20世纪50—70年代，通过围垦，增加耕地370亩。养殖业主要为猪、羊、家禽。农业实行家庭联产承包责任制后，逐步调整种养业结构，发展蔬菜、苗木、畜禽和水产养殖等多种经营。划属滨江区后，随着村域内土地被征用，种植业、养殖业逐渐消退。2011年，撤村建居，七甲闸村农作物种植面积仅650亩且主要在围垦。

七甲闸大队（村）集体工业起步于20世纪70年代后期。1984年有集体企业5家。这一时期，个私工厂、个私商贸业兴起。进入20世纪90年代，第二、第三产业成为村域经济主体。2006年，全村工业产值突破1亿元。2010年，村级集体经济收入1亿元，村民人均收入1.4万元，几乎全部来自第二、第三产业。

20世纪50年代，村域通邮、通广播、通电话；20世纪60年代，接入电力。20世纪70—80年代，水利建设与农业科技不断发展。20世纪80年代，农户建房兴起，至1992年，绝大部分农户建有两层半或三层半的砖混结构楼房。滨江区成立后，村庄建设驶上快车道。2003年起，实施“百村示范、千村整治”工程。2004—2006年，七甲闸村先后获评杭州市文明村、杭州市绿化示范村、杭州市卫生示范村和浙江省卫生村。2007年，七甲闸村获评杭州市全面建设小康示范村。

村域小学教育始于1950年。1976年秋，村办胜利中学开学，1977年增设高中班。1969年设立胜利大队合作医疗站，实行合作医疗制度。2009年，村民分别参加各类医疗保险，投保率达100%。

2011年2月，七甲闸村改设七甲闸社区，踏上建设现代城市新区的起点。

第一章　基本村情

七甲闸村地处西兴街道北部，面积1.2平方千米。村域临钱塘江有百年古渡“七甲渡”，1996年，钱江三桥（西兴大桥）建成后停渡。

村域原为钱塘江滩涂，清末民国初始有绍兴、萧山东片等地农户搬迁此开荒垦种。民国末属萧山县由夏乡第12保。1949年5月，萧山解放；7月，村域为协同乡七甲闸村。1950年，更名胜利村。1958年，为城北人民公社胜利大队。1961年7月，改称由夏人民公社胜利大队。1965年划入西兴（东方红）公社。1981年，改称七甲闸大队。1984年，改称七甲闸村。1996年12月，划属滨江区。2011年2月，改设城市社区，有户籍人口2310人，姓氏百余个，王、陈两姓人数居前两位。

第一节　区位　地貌

区位

七甲闸村域位于杭州市滨江区西兴街道北部，东邻萧山区盈丰街道合丰村，西连星民村，南接协同村，北至水电社区。

地貌

村域土壤为钙质潮土，为钱塘江泥沙冲击而成。土壤含沙率高，呈盐碱性，易渗水，俗称“沙土夜潮地”。以种植棉花、络麻、蔬菜为主，间以豆麦、水稻、瓜果、竹笋等。

河道水域

解放河　又称建设河，以人工开凿建设而得名。河道由南向北又折东，再北至建设河排灌闸口，河道总长1.61千米，河宽36.5米。水域面积5.88万平方米。河岸绿地面积13.5万平方米。七甲闸村域段位于村南，长约750米，

自西向东，流经七甲闸村四组、三组、协同福音堂。

利民河　位于西兴街道北部与萧山区交界处，南起前解放河，北至钱塘江。七甲闸村域段长1.9千米，位于村东，南北向纵贯村域，流经机场高速路、江南大道、七甲闸弄、飞虹路至钱塘江。

周家池　位于七甲闸村内，水深1.5米，至2011年撤村建居时有水面6.5亩。

第二节　建置沿革

行政区划

民国末，村域为萧山县由夏乡第12保。1949年5月，萧山、西兴解放，废除保甲制。7月，成立协同乡人民政府，村域受辖协同乡。1950年，改村名为“胜利”。1954年，村域有8个互助组，1956年组建为8个初级农业生产合作社。1956年，并入协同高级农业生产合作社。1957年，仍以村为单位成立农业生产合作社，称胜利高级社。1958年10月，建立人民公社，实行“政社合一”，协同乡人民政府撤销，村域为城北公社胜利大队。1959年7月，属城北人民公社协同管理区管辖。1961年，调整公社规模，撤销管理区，胜利大队隶属由夏人民公社。1965年，并入西兴公社。同年，西兴公社改名为东方红公社。1981年，东方红人民公社恢复原名——西兴人民公社，胜利大队因与萧山县其他大队重名，改名为七甲闸大队（因地处原七甲一带，旁有大闸，故名）。1984年4月，撤社建乡，改设西兴乡七甲闸村。1996年5月，随西兴镇划入杭州市西湖区。1996年12月，以西兴、长河、浦沿3个镇地域成立滨江区，村域属杭州市滨江区西兴镇。2003年，滨江区撤镇建立街道，七甲闸村隶属西兴街道。2011年2月，撤销七甲闸村，改建为七甲闸社区，隶属依旧。

中共基层组织

1954年建立中共协同乡党支部，书记边更生。时，村域属协同乡，村域党的活动受中共协同乡党支部领导。1957年下半年，建立中共胜利高级社党支部，书记冯友根。1959年，村域属城北人民公社胜利大队，成立中共胜利大队党支部。1961年，调整公社规模，胜利大队属西兴区由夏人民公社，党的组织属中共西兴区委管辖。1965年，调整公社区域，胜利大队划归西兴公社，中共胜利大队党支部受中共西兴公社（后改称东方红公社）委员会管辖。1981年，东方红公社复名西兴公社，胜利大队改名为七甲闸大队，中共七甲闸大队党支部隶属中共西兴公社委员会。1984年，中共七甲闸大队党支部改称中共七甲闸村党支部，隶属中共西兴乡（镇）委员会。2003年，滨江区撤镇建立街道，中共七甲闸村党支部受中共西兴街道工作委员会领导。2010年，中共七甲闸村党总支部下辖5个党支部，共有党员75人。2011年，中共七甲闸村党总支部改称中共七甲闸社区党总支部。

村民自治组织与经济管理组织

中华人民共和国成立后，1950年，萧山各地建立村行政委员会和农会组织。同年，胜利村（七甲闸村）成立村农民协会，与村行政委员会一起负责村级行政管理，领导、开展土地改革和支援抗美援朝、镇压反革命等运动。1954年，村域建立初级农业生产合作社，安排生产和管理经济分配等，并行使部分行政管理职能，村农民协会自行消失。1956年至1958年9月，村域由高级农业生产合作社负责安排农业生产，管理集体经济和社员分配，行使行政管理职能。此后建立人民公社，实行“政社合一”的行政和经济管理体制。1961年，调整公社规模后，胜利大队成立管理委员会管理行政事务和集体经济，负责公共事业建设，并以生产队为基本核算单位，组织农业生产，负责社员经济分配。1968年，大队革命委员取代大队管理委员会。1981年，大队管理委员会恢复。1984年，建立七甲闸村村民委员会，为村民自治组织，并负责村级集体经济管理。村民委员会设主任、副主任、委员，每届任期3年，由村民代表大会选举产生，1990年后，改由村民直接选举产生。1991年，七甲闸村经济合作社建立，负责全村集体资产、资源、资金的运行管理和保值增值。村经济合作社设管理委员会，任期、换届与村民委员会同步。2011年，七甲闸村改设城市社区，村民委员会完成历史使命，成立七甲闸社区居民委员会。

第三节　人口　姓氏

人口变动

自然变动　民国时期，七甲闸村域经济落后，乡人生活水平低下，医疗条件极差，婴儿存活率不高，长寿老人很少。人口自然变动呈高出生、高死亡状态。

中华人民共和国成立后，村民生活不断改善，医疗水平日益提高，人口自然变动转向高出生、低死亡状态。1978年，出生26人，死亡13人。此后，倡导一对夫妇只生一个孩子，人口出生减少。人口自然变动进入低出生、低死亡状态。1984年，出生19人，死亡10人。1990年后，人口出生有所增加。1995年，出生33人，死亡11人。此后，“少生、优生、优育”的新生育观念被村民普遍接受，人口出生率明显下降，而生活水平和医疗条件进一步提高，长寿人口增加。2000年，全村人口出生17人，死亡4人。2006年，全村人口自然增长率6‰。

机械变动 1954年，胜利村（七甲闸村）境域内总人口1750人。后因行政区划变动以及集体土地调整，1958年胜利大队人口减少1000人。20世纪60年代初，原在外工作的人回大队落户，1964年总人口增至1257人。20世纪70年代，村域人口迁出多于迁入。女性人口迁出以婚嫁为多，男性人口迁出以招工、入学、参军为主。1978年，迁出22人，迁入仅5人。20世纪80年代，随着村域经济的发展，特别是1996年村域划属滨江区后实行同城待遇，城市化建设加快，村民福利待遇不断改善，婚嫁女和大学生入学不愿将户籍迁出，迁出人口逐年下降，而外来创业、就业、置业以及婚嫁落户人口迅速增加。1995年，七甲闸村年末户籍人口为1875人，至2011年改设社区时，年末户籍人口增至2310人。

农业人口与非农业人口 1978年，胜利大队总人口1675人，总户数381户，全为农业人口。1984年，七甲闸村总人口1673人，非农业人口共5人。此后非农业人口数量一直没有增加，至1995年，总人口比1984年增加202人，非农业人口仍为5人。2000年前后，土地被征用的村民，由农民转为城市居民。随着“农转非”人员的增加，加上退休职工、城市下放人员、回乡大中专学生，全村非农业人口很快超过农业人口。至2011年，七甲闸村户籍人口2310人，农业人口15人。

性别构成 20世纪50年代至60年代初期，胜利大队男性人数少于女性人数。1961年，男性529人，女性553人，性别比为95.7（女性=100）。20世纪70年代中期至80年代，男性人数仍少于女性人数，但差距有所缩小。1984年，七甲闸村总人口1673人，男性831人，女性842人，男女性别比为98.7。进入20世纪90年代后，村域男性人数少于女性人数状况更加突出，主要体现在65周岁以上女性人数明显多于男性人数，女性平均寿龄长于男性。1995年，男性908人，女性967人，性别比降至93.9，2000年降为92.1。此后稍有回升，主要原因为迁入人口中男性多于女性。2011年，七甲闸村改设社区，年末性别比95.8。

年龄构成 20世50年代初，政府鼓励生育，至20世纪70年代中期，形成人口出生高峰期。这一时期，胜利大队的人口年龄构成一直处于年轻型状态。20世纪70年代末开始，计划生育工作加强，特别是提倡一对夫妇只生一个孩子，胜利大队（七甲闸村）人口出生率明显下降，人口年龄构成从年轻型逐渐转向成年型。至1995年，全村总人口数为1875人，其中16周岁以上1487人，占到了总人口数的79.3%。此后，人口结构逐步向老龄化转变。2000年，七甲闸村总人口1987人，其中65周岁以上老人有168人，占总人口的8.45%。此后，村域老龄人口占比变化不大。

文化构成 民国时期，村域经济落后，村民文化程度普遍较低。中华人民共和国成立后，不少青壮年参加扫盲班、夜校，学习文化。随着经济、社会的不断发展，村域教育事业得到相应的发展，村民受教育程度逐年提高。1995年，总人口1877人，其中初中到大学文化程度的有614人。2000年，初中到大学文化程度的有679人，其中大学及以上有11人。

姓氏

据1995年萧山市相关部门统计，七甲闸村有村民小组13个，村民612户1834人。全村有姓氏116个。百人以上大姓有2个，依次为王、陈，两姓总人口占全村人口的13.4%。其中以王姓最多，有127人，占全村人口的6.9%。陈姓119人，为第二大姓，占全村人口的6.5%。10人以下的姓氏有12个。至2011年，村域姓氏及各姓人数占比情况变化甚微。

第二章　村庄建设

民国时期，七甲闸村域乡人临水搭寮、择隅筑舍，散乱无序。村域道路皆为泥路。村北钱塘江有七甲渡，用木船渡客到对岸。村域多数农户缺田少地，有的成为佃农、雇农。

20世纪50年代，开挖前解放河、七甲直河，建胜利闸等。村域开邮路，通广播，通电话。20世纪60年代，接通电力。2007年后，数字有线电视、手机、电脑和互联网基本普及村民家庭。

20世纪80年代，村民建房兴起，至1992年，村民全都建造2层半或3层半的砖混结构房屋。20世纪90年代初，村域接通自来水。1997年，西兴大桥（钱江三桥）落成后，村域城市道路四通八达。至2007年，七甲闸村基本实现“布局优化、路面硬化、村庄绿化、卫生洁化、河道净化”。七甲闸村先后获得省卫生村、市文明村、市园林绿化示范村等称号。

2011年，七甲闸村撤村建居。

第一节　新农村建设

村容村貌

民国及以前，七甲闸村域的村庄建设主要为村民住所建筑，皆为草舍，用茅草或稻草盖成。受土地、水源（池塘）、道路等制约，选址无序。村容村貌破旧脏乱。

中华人民共和国成立后，七甲闸村域不断推进村庄建设。1960年，电力接通。1992年，接通自来水。1994年，投资167万元，铺设沥青村道3480米。1996年，村域划入滨江区后，推进城市化建设，村容村貌不断出新。2002—2004年，投资80万元，对全村主要道路进行修复，浇筑沥青路面。至2006年，全村4100米村庄道路硬化率100%。

2002—2004年，七甲闸村投资45万元用于垃圾及粪便清运、公厕及垃圾坑的建造、茅坑拆除和环境保洁等，并购置垃圾箱安置于农户居住点。2005年，投资建设垃圾坑54只、垃圾箱40只、公共厕所8座，落实专业保洁公司实施村庄保洁。2006年底，村卫生厕所普及率近100%，并建有公共厕所8座。

2004年，建造占地面积1.6万平方米的七甲闸村村民公园，在园区周围配套绿化面积1.2万平方米。2005年，面积为1.05万平方米的建设河休闲生态林工程开始实施。至2006年，全村绿化面积为3.92万平方米，绿化覆盖率31.6%，村民人均占有绿地18.6平方米。全村河道落实常年保洁管理率100%。村域基本实现“布局优化、路面硬化、村庄绿化、卫生洁化、河道净化”。这一时期，七甲闸村先后获得浙江省卫生村、杭州市文明村、杭州市卫生村示范村、杭州市园林绿化示范村等称号。2010年，七甲闸村再次通过杭州市文明村复评。

交通

江南大道　东起萧山机场专用道，西至钱塘江大桥，建于2002年。全长10.54千米，宽110米。全路双向六车道，中间有绿化隔离带。七甲闸村域段长约1000米，沿途经滨江交警大队二中队、七甲闸村四组、七甲闸村三组、协同福音堂（教堂）等单位。

滨盛路　东起西兴大桥，西至南环路，全长8689米，宽44米，东西走向，2004年命名。七甲闸村域段长约1200米。

飞虹路　南起七甲河，北至闻涛路，全长1280米，宽50米，濒临钱塘江，2011年命名。七甲闸村域段长约680米。

扬帆路　南起七甲河，北至闻涛路，全长1480米，宽26米，2011年命名。七甲闸村域段长850米。

七甲闸弄　东起飞虹路，西至扬帆路，长330米，宽20米。以七甲闸得名。

水利

中华人民共和国成立初期，七甲闸村域开掘前解放河、七甲直河等。1954年6月，建七甲闸（又名利民闸）。七甲闸位于七甲闸村东北侧，排水量为每秒16立方米，由政府投资建造，主要功能为排涝和灌溉，直接改善西兴及周边棉麻区的排灌条件。1973年，萧山县在村域建成七甲闸排灌站。1991年，改建并更新配套设施，排灌流量为每秒33.4立方米。

20世纪90年代，七甲闸村域水利事业进一步向前发展。1994—2000年，共投资105万元，建永久性渠道4810米。

2002—2004年，先后共投入65万元，对全村3个机埠作修整改良，实现排灌一体化，建成第10、11组排水沟和丰产坊排水沟以及其他多项小型水利工程。2003年，滨江区政府在村域新建解放河闸，设计流量为每秒51.37立方米。此后，土地征用增多，七甲闸村农业逐步衰退，农田水利设施以维修为主。

公用事业

电力　1960年，胜利大队接通电力，电灯逐渐进入社员家庭；1978年以后，队办工业发展，用电量增加。1995年，七甲闸村农村用电量（工业用电、农业用电）合计335万千瓦时。2002—2004年，实施亮灯工程，总投资5万元，对全村主要道路安装路灯。2005年，全村用电量580万千瓦时，比1995年增长73.1%，主要原因为居民家庭用电量增加。

邮政　中华人民共和国成立后，西兴设立邮政代办所，村民可往寄发邮件电报。1955年，村域初级农业生产合作社开始订阅报纸，邮递员将报纸、信件投递到村域小店。后设立邮政信箱，村民投寄信件不用再出村。20世纪70年代始，邮件当天到达大队率100%。20世纪80年代初期，邮件报刊当天可达农户家中。1990年，村域开通邮政快件业务。2000年，滨江区有邮路6条，其中一条为西兴—协同，七甲闸村域属此邮路范围。

电信　20世纪50年代末，村域始通电话。发电报须上集镇电讯代办所。20世纪90年代初开始，电话进入村民家庭，电报锐减。1995年，七甲闸村村民有电话机26只、移动电话（“大哥大”）3部、传呼机20只。同年，村委会以及村财会、妇女和计划生育、劳动保障等部门开始用电脑办公、记账。20世纪90年代末，“小灵通”流行，但很快被手机取代。2000年后，手机拥有量逐步增加。2011年，中青年村民人均持有手机超过1部，电脑和互联网基本普及村民家庭。

广播电视　20世纪60年代初，胜利大队始有广播。20世纪70年代，有线广播逐步普及到大多数社员家庭。20世纪80年代初开始，广播喇叭由简易的“压电喇叭”升级为舌簧喇叭。20世纪90年代后，更新为高级的动圈喇叭（音箱）。20世纪80年代初，电视机进入村民家庭。1995年，全村有电视机615台，达到户均1台，其中33%为彩色电视机。1998年后，有线电视与有线广播共同入户。2002年，对500多户村民家庭的广播进行整网维修，达到户户通响。后城市化建设加快，村民入住多层住宅小区，有线广播不再。2007年，村域有线数字电视安装入户444户，普及率95%。

供排水、燃气　1992年6月，七甲闸村投资23.6万元，从萧山市第二自来水厂，接通自来水，改善饮用水条件。2004年，自来水入户率100%，饮用水安全卫生覆盖人口100%。至2007年，排水管网人口覆盖率100%，村民家庭天然气清洁能源应用率100%。

公共用房　20世纪70年代初，胜利大队大会堂建成。1993年，在七甲闸村第7组建造3层半、570平方米的村民委员会办公楼。2009年11月，因杭州奥体中心建设，七甲闸村临时办公地址搬迁至缤纷小区8－1幢商铺房。2009年，投资108万元建成星光老年之家，建筑面积1200平方米。2011年，星光老年之家搬迁至缤纷北苑23幢。

村民建房

20世纪60年代以前，村域农户住房均为草舍，直筒舍居多，家境较好的建有横舍。20世纪60年代末至70年代中期，有少部分社员在自留地或老宅基地上新建瓦房，均为平屋。20世纪70年代后期起，社员建房越来越多，部分为楼房。20世纪80年代早期，村民建房竣工面积7.15万平方米。至1992年，全村农户先后都建起两层半或三层半的砖混结构楼房。1996年，七甲闸村开始规划建设新农村，新农村规划区设在钱江三桥以南位置。至2003年，有152户农户在新农村规划区内建房，全村新农村建设资金超过2128万元。此后至2010年，全村有550户入住农村多层住宅安置小区，占村民总户数的81%。

第二节　土地使用

土地制度

民国时期，村域地主、富农占有大量土地，以出租为主要经营方式。众多缺地农户成为佃农，备受田主剥削。部分自耕农以家庭为单位自主经营。

中华人民共和国成立后，1950年10月，七甲闸村域实行土地改革。没收地主（1户）、富农（2户）的多余土地，分配给缺地、无地农户。自耕农中部分富余土地也交由农会分配给缺地农户。土地改革结束，村域农户人人平等拥有自己的土地，自主经营。1954—1956年，村域建立8个初级农业生产合作社，社员土地折股入社，由初级社经营。社员以劳动工分和土地股份参与分配，但土地仍属农户私有。1956年，初级社合并组建为高级社建立后，土地归集体所有，由集体经营，社员按劳动工分参与经济分配，土地集体所有制基本确立。1958年，人民公社建立后，土地集体所有制进一步巩固，但土地一度被无偿平调。1961年后，胜利大队土地以生产队为单位负责经营，直至1983年推行家庭联产承包责任制，将集体土地按人口或劳动力比例分给农户自主经营。1997年，七甲闸村实行土地第二轮承包，并延长土地承包期，推行承包土地使用权流转机制，开展土地适度规模经营、集约经营。2006年，七甲闸村家庭承包经营的农户数653户，村域承包耕地827亩，直至土地被国家征用。

土地类别

村域土地类型可分耕地、园地、宅基地、交通用地及未利用土地等。耕地分为集体耕地和社员自留地。1956年，高级社建立后，农民土地归属集体经营，为解决村民日常蔬菜用地，高级社允许各生产小队将社员房前屋后零星杂地分给社员种植，称“自留地”。人民公社初期，实行公共食堂制度，社员自留地收归集体。20世纪60年代初，公共食堂解散，社员家庭重新按人口分得自留地。1978年，胜利大队集体耕地总面积1296亩，社员自留地99亩。至1995年，七甲闸村集体耕地总面积1643亩(含围垦249亩)，农户自留地仍为99亩。1997年，实行第二轮土地承包后，不再有“自留地”一说。此后，因城市建设征用土地，七甲闸村集体耕地逐年减少，至2011年，全村农作物播种面积634亩。

土地征用

20世纪70年代以前，村域很少被征用土地。1977年，东方红公社因扩建公社畜牧场，征用胜利大队（七甲闸村）土地18.57亩。1997年1月，西兴大桥（钱江三桥）建成通车，因公路建设需要，七甲闸村第一批村民征迁。征用耕地补偿费标准为该耕地征用前3年平均产值的3～5倍，非耕地按耕地的50%补偿。2000年7月后，滨江区土地补偿费用标准分为一般项目和城市基础设施项目两类。七甲闸村一般项目的土地补偿标准为每亩4.8万元，城市基础设施项目补偿标准为每亩4.2万元。一般项目安置补助费用标准和城市基础设施项目补助费用标准均为每亩3.69万元。2008年，七甲闸村管辖缤纷北苑安置小区，奥体中心拆迁村民回迁入住该小区。同年，杭州奥体中心项目累计交地87.06公顷。2009年，推进村辖区内星民加油站以东项目、农村多层住宅五区块三期扩面、钱江三桥闻涛七号区块项目征迁。执行《滨江区征收集体所有土地补偿实施办法》，七甲闸村水田、旱地青苗补偿标准为每亩4500元，一般地上附着物补偿标准为每亩2500元。2010年，确定七甲闸村集体经济组织留用近50亩。同年，因国家道路建设，七甲闸村有围垦土地13.34亩被征用。2011年撤村建居，村域有550户农户拆迁交地。

第三节　围垦土地

域内围垦

20世纪50—70年代，胜利大队（七甲闸村）在钱塘江南沙大堤外江涂围垦共8次（20世纪50年代、20世纪60年代各3次，20世纪70年代2次），其中1961年围得土地57亩，1963—1964年围地229亩，共建临江大堤总长862米，后对大堤进行抛石护坡。此后，又在20世纪70年代围涂2次。前后8次围垦，每次出动500多人。其间，围了坍，坍了再围，几经反复，共获得土地370多亩，逐渐开垦成为良田、鱼塘。后，这些土地又分别用于杭州汽车轮渡码头建设，钱江三桥（西兴大桥）建设以及省水电基地扩充建设等。

域外围垦

20世纪60年代后期至80年代中期，胜利大队（七甲闸村）分别参加东方红公社、城北区、萧山县先后发动组织的萧山宁围外江滩涂围垦、9号坝外围垦、第12工段围垦、第15工段围垦一期（与义蓬区换工开挖大寨河）和三期围垦、顺坝围垦、东江“五万二千亩”亩围垦等多次围垦。其中9号坝外围垦、第12工段围垦土地后被潮水冲毁。顺坝围垦、东江“五万二千亩”围垦土地由西兴镇开办农场或交由镇办企业开设农业车间。1978年，东方红公社农业统计年报显示，胜利大队有围垦面积369亩。1983年前，围垦土地由生产队、大队集体经营。土地承包后，由农户（后由专业大户）承包经营，初期主要种植春粮、油菜、棉花。后，发展蔬菜瓜果苗木等多种经营及水产养殖、畜禽养殖等。1995年，全村有围垦土地249亩。2011年，七甲闸村改设社区，村域农业几近消亡，围垦成为农业主场。

第三章　村域经济

民国时期，七甲闸村域经济结构单一，除却种植业和少量养殖业，没有工业、商贸业、服务业。20世纪60年代末以后，棉花、络麻、麦、稻等主要农作物长期稳产高产，畜禽养殖集体和农户家庭并举，发展迅速。1996年，村域划属滨江区后，发展城郊服务型农业，成为杭州市“菜篮子”工程绿色蔬菜基地。进入21世纪，城市建设大量征用村域内土地，耕地迅速减少。

七甲闸村集体工业起步于1978年。1984年，有5家企业，村企业总收入3.45万元。进入20世纪90年代，第二、第三产业取代农业成为经济主体。2010年，全村90%以上劳动力从事工业、建筑业和第三产业。

第一节　农业

种植业

七甲闸村域耕地素来以种植棉花、络麻为主，兼种春粮、油菜和秋杂粮。20世纪70年代后，开始种植水稻。20世纪80年代中期起，由棉、麻种植转向多种经营，发展蔬菜、苗木生产。20世纪90年代后，种植业以蔬菜为主。21

世纪开始，随着土地被征用，种植业迅速消退。

粮食作物　20世纪70年代以前，村域主要粮食作物有小麦、大麦、蚕（豌）豆番薯等。1961年，胜利大队粮食播种面积182亩，总产量74.15吨。20世纪70年代初，开始种植水稻。1978年，粮食播种面积799亩，总产量282.05吨。1984年，发展多种经营，粮食种植面积减少为682亩，总产量233.45吨。1995年，粮食种植面积1226亩，总产量350吨。2011年，粮食作物合计播种面积100亩（单季晚稻55亩、小麦45亩），总产粮39吨。

蔬菜水果　村域蔬菜品种有番茄、玉米等。1978年，番茄播种面积103亩，总产量83.75吨。玉米播种面积25亩，总产量5.55吨。1995年，蔬菜（含菜用瓜）面积2105亩，总产量1.68万吨，瓜类总面积50亩，总产量135吨。柑橘园面积46亩，总产量30吨。甘蔗总面积50亩，总产量150吨。这一时期，村域种植业以蔬菜为主。2004年，全村蔬菜种植收入1180万元，占种植业收入的95.2%。后因土地征用，蔬菜播种面积逐年减少。2011年，仅剩92亩。

经济作物　村域经济作物主要有棉花、络麻、油菜、花生等。棉花：1978年播种面积808亩，总产量39.95吨；1984年种植面积810亩，总产量90.7吨；1995年种植面积540亩，总产量32吨。络麻：1978年播种面积332亩，总产量120.8吨；1984年种植面积356亩，总产量135.25吨。油菜：1978年播种面积48亩，总产量6.85吨；1984年种植面积62亩，总产量6.25吨。花生：1978年播种面积17亩，总产量8.15吨；1984年播种面积24亩，总产量3.75吨；1995年播种面积50亩，总产量14吨。此后，经济作物面积逐渐减少，2011年，农业年报仅见苗木种植面积165亩，未有其他经济作物记载。

养殖业

生猪　1961年，人民公社食堂解散后，社员家庭养猪恢复，胜利大队全年生猪饲养305头。1964年，胜利大队全年生猪饲养507头，比1961年增长66.23%。20世纪60年代末开始，集体畜牧场发展，至1978年，胜利大队有大队畜牧场1个，生产队畜牧场13个。集体畜牧场饲养母猪69头，所产仔猪供畜牧场和社员家庭饲养，全大队生猪饲养量716头，比1964年增长41.2%。实行家庭联产承包责任制后，集体畜牧场取消，农户家庭养猪激增。1984年，全年饲养量1010头，比1978年又增长41.1%。此后还涌现养猪专业户、重点户。1995年，七甲闸村生猪饲养量1143头，比1984年增长13.2%。2002年后，村域列为畜禽禁养区域，养猪业迅速消退。

羊、兔　1961年，胜利大队全年羊饲养量299头，1964年为387头。后随滩涂荒地开垦成良田，养羊逐年衰退。1978年，年末羊存栏数41头，均为绵羊；家兔存栏49只（长毛兔37只）。1984年羊饲养量仅为17头，产羊毛90千克；存栏家兔15只。进入20世纪90年代后，村域不再饲养羊、兔。

家禽　村域素有养禽（鸡、鸭）传统，禽蛋禽肉多为农家自食，产量波动不大。土地承包后，鼓励发展家庭养殖业，1984年，村域禽蛋产量10.2吨，年末存栏家禽2535羽。此后，村域家禽养殖迅速发展，涌现多个家禽养殖专业户、重点户，其中还有几户农户办起鹌鹑养殖场。1995年，七甲闸村家禽饲养量为6000羽，禽蛋产量3.08吨。2002年后，村域禁养畜禽。

桑蚕　1978年，胜利大队有桑园面积70亩，均为当年采摘面积。饲养蚕种128张（分春蚕、夏蚕、秋蚕3季），蚕茧总产量2.95吨。

第二节　工业

发展过程

村域集体工业始于1978年。1981年，创办七甲闸大队五金厂。此后，村办企业、个体企业发展较快，先后建立村办萧山公路修建队、萧山链条总厂一分厂等企业。通过招商引资，又有杭州浴宝电器有限公司入驻七甲闸村，至1984年，全村共5家企业，总收入3.45万元。1987年，创办七甲闸村链条厂，解决村域富余劳动力就业问题。

1995年，七甲闸村共4家村办企业，分别以转制、拍卖方式，转为私营企业。同年，工业收入211.94万元，建筑业收入1086.18万元。2002—2004年，七甲闸村级企业累计完成产值2.48亿元，平均每年递增44%，完成销售产值1.14亿元，平均每年递增6%，实现利润2249万元，年均递增44%。

2006年，七甲闸村村级工业年产值首次突破亿元，达1.04亿元。利润270多万元。2007年，村内有工业企业5家，以不锈钢家具及金属加工为主。2008年，村域工业继续稳健向前发展，工业总产值达1.64亿元，2011年，全村工业、建筑业从业劳动力912人，占全村劳动力总数的76%。

企业选介

杭州浴宝电器有限公司　前身为20世纪90年代初村民赵全甫出资创办

的七甲闸五金厂。1995年7月，在萧山老火车站租用邮电局房子办起浴宝电器有限公司，主要产品为浴室中取暖、照明用的“浴宝”。村域划归滨江区后，1997年，公司把在萧山的企业归并到七甲闸村，改名为杭州力宝健身器材有限公司，并保留“浴宝电器”牌子。1998—1999年建造新厂房，占地面积2000平方米，建筑面积5500平方米，主导产品转为健身运动器材和钢家具，采用日本产的焊接机、中国台湾地区产的弯管机等先进生产设备，产品全部销往欧美地区。2000年，公司总资产800万元，职工200人，为区级重点骨干企业。

杭州钱潮公路工程有限公司 前身为七甲闸村土石方工程队，1984年5月创办，位于西兴镇十甲桥附近。1988年，改称萧山市公路修建工程队，主要从事沥青路、水泥路浇筑工程。1995年，由村办集体企业转制为私营企业，改名杭州钱潮公路工程有限公司，注册资本7000万元，经营范围包括铺油路、水泥路、碎石路，修建水闸，砌石驳岸，园林绿化等，法定代表人戴荣潮。

第三节 商贸服务业

民国时期，七甲闸村域为小农经济业态，没有商贸服务业。偶有货郎担、剃头担、铜匠担、篾匠、裁缝师傅等游走村间售卖小商品、提供修修补补等服务。村民出售农副产品、购买粮油以及大宗日用品须上西兴或附近集市，或过七甲渡去江北购买。

集体商贸业

中华人民共和国成立初，国营粮食部门整肃市场，保障货源。七甲闸村域作为缺粮区，村民不再担心粮价飞涨。20世纪50年代中期，国家对粮、棉、油实行统购统销，对猪肉等主要农副产品实行派购。村域主要农产品由供销合作社、国营食品公司统一收购，生产资料实行计划分配。20世纪60年代初，供销社(合作商店）在村域设立代销店，方便社员购物。由于物资缺乏，粮油、棉布、糖烟酒、煤油、肥皂、小五金等大部分生活商品凭票、凭证供应，保障公平和物价稳定。20世纪80年代以前，农户自产农副产品可以自由交易，但不允许收购后返销运销。

私营商贸服务业

20世纪80年代初，国家恢复个私工商业，市场和物价逐步开放，商品渠道畅通。七甲闸村域商贸服务业日益发展。一些村民及外来人员在村域或附近开设修车铺、农机配件和中小农具销售部、饲料店、小卖部、肉摊、杂货店、小超市、五金水暖零件店等。进入20世纪90年代，村域外来人口增多，餐饮业迅速发展，各类饭店、面馆、小吃店等相继开业。1995年，七甲闸村村民家庭经营的运输业、服务业收入112.74万元，其他收入122.37万元。

村域划属滨江区后，随着城市化的推进，居民服务业进一步发展，美容美发店、家政服务、中介服务、广告美图、文化娱乐、健康保健、物业管理、卫生保洁、金融保险、邮电通信等新型服务业快速发展。2000年，村集体出资新建农贸市场100多平方米。2006年，村域商贸业、服务业从业劳动力90人。2011年，第三产业从业人员175人，占全村总劳力的14.6%。

第四章　社会事业

民国时期，七甲闸村个别家境较好孩子曾入读私塾，绝大部分乡人为文盲。村域缺医少药，文化活动缺乏。

20世纪60年代后，文体活动有队伍、有场所。20世纪90年代，录像放映、歌舞演唱、运动健身、家庭影院等，文体活动丰富多彩。进入21世纪，健身苑点、村民公园、星光老年之家、缤纷文体活动中心等逐步建设，群众文体从乡村形态跨入城市形态。

1950年，七甲闸村域办有胜利小学。1989年，七甲闸村普及九年制义务教育。1985年，随西兴镇通过“基本无文盲乡”验收。2007年，村市民学校融入滨江区社区教育网络，开展“全民终身学习周”等活动。

1969年，胜利大队建立合作医疗制度。20世纪90年代村卫生保健室达到甲级标准，2009年，全体村民分别参加各类医疗保险的投保率100%。

第一节　教育与农业科技

教育

幼儿教育　20世纪50年代末，响应浙江省“队队创办幼托机构，解放农村妇女劳动力”的号召，胜利生产队（七甲闸村）办农忙托儿所。20世纪60年代初停办。此后，由大队妇代会、学校联手，举办农忙托幼班。20世纪80年代初，胜利大队幼儿园开办，由胜利小学附设并管理。1984年，改称七甲

闸村幼儿园，村域适龄幼儿基本入园。2008年9月，占地面积3601平方米的缤纷幼儿园开园招生，全园共有12个班级，全村适龄幼儿入园率100%。

小学教育 中华人民共和国成立后，1950年，村域组建胜利小学，校舍为草房，贫苦农民子女才有了读书就学的机会。课桌凳由学生自带，农业合作化后由集体置办。由于经济落后等原因，适龄儿童（尤其是女童）入学率很低；1965年，胜利大队在原有学校的基础上，办起耕读小学班（半耕半读）。1970年后，学校由草房改建为瓦房。1986年，七甲闸小学共有3个班级，学龄儿童入学率98.8%，有专任教师2人、民办教师2人。校舍面积720平方米，藏书量480册。1989年，七甲闸村随西兴镇普及九年制义务教育。1990年，七甲闸村重新建造有6间标准教室的小学教学楼。1997年，滨江区优化教育布局，七甲闸村小学撤销，师生分别并入西兴中心小学和协同小学。2002—2004年，七甲闸村用于文化教育投资17万元，每年六一国际儿童节、教师节对学校师生进行慰问。2004年开始，七甲闸村学龄儿童入读闻涛小学。2007年，全村学龄儿童入学率100%。

中学教育 1968年以前，胜利大队小学毕业生升读初中，必须报考当时的萧山县第四中学（长山初中）、萧山县第五中学（长河初中），或报考县城萧山中学。此后，入读东方红公社中学（西兴中学）。1976年，胜利大队创办胜利中学（初中），学制2年，胜利大队小学毕业生全部入读，同时接收附近协同、星民等大队小学毕业生。1977年9月，在初中班的基础上办起高中班1个。1981年后，胜利中学不再招生，在校学生陆续毕业后，胜利中学自行停学。此后，胜利大队（七甲闸村）小学毕业生主要升读西兴中学。

成人教育 中华人民共和国成立后，重视农民文化教育。1950年，七甲闸村开办冬学、民校、夜校等，教村民识字。学校师生还开展包教包学，送识字卡片等活动。1964年，工农教育重点是扫盲，胜利大队开办扫盲夜校。1979年，扫盲工作重点放在扫除12～40周岁群众、干部、党团员文盲。1980年后，重点扫除17～45周岁青壮年文盲、半文盲。1985年4月，七甲闸村17～45周岁青壮年非文盲率87%，同年，西兴镇通过“基本无文盲乡”验收。1996年滨江区成立后，扫盲工作与九年制义务教育结合开展。

20世纪80年代初开始，胜利大队陆续有青年社员参加上级成人教育机构举办的各类教育活动，参加电大、高等教育自学考试等的学习，有的还获得专业技术证书和相应的学历文凭。1996年，滨江区成立后，适应城市化建设和产业转移需要，七甲闸村域成人教育活动重点转向岗位技术培训、职业技能培训，村域的外来务工人员也纳入成人教育培训统筹范围。后，又有村民参加镇成人文化技术学校的中专财会班、大专经济管理班等的学习。2000年后，组织村民参加农民素质培训、富余劳动力培训、失地农民就业培训以及农函大的学习。2006年12月，七甲闸村设立市民学校，融入滨江区社区教育网络，开展“全民终身学习周”活动和多种形式的成人业余教育。

农业科技

20世纪60年代中期，胜利大队（七甲闸村）农业科技工作主要内容为农作物病虫害防治。这一时期，棉铃虫危害严重，在上级农技部门和供销社相关技术人员的帮助下，大队落实人员帮助各生产队采用化学农药防治和“灯诱”灭杀等物理防治方法，使棉铃虫危害得到有效控制。20世纪70年代，胜利大队建立农科队，融入萧山县、区、公社、大队四级农业科技推广网络。1978年，胜利大队农科队有成员23人，13个生产队全部建有农科组，有成员131人，全大队农技人员数量居全公社第一位。主要开展农作物新品种、新技术、新肥药的试验推广和病虫害的防治研究。土地承包后，农科队取消，改建为肥药、种子站，配有农技员为承包户提供服务。生产队农科组解散，取而代之的是科技示范户队伍，部分科技示范户成为西兴镇科学技术协会成员，分别参加农技植保、多种经营等不同学组的活动。20世纪90年代初，组织农技人员和部分科技示范户等参加萧山燎原广播电视学校或农函大学习。1996年，滨江区成立后，发展城郊型服务农业，七甲闸村不少科技示范户科学种菜经济效益明显，并主动为周围农户提供技术示范。2011年，滨江区“百场千户”科技示范工程启动，七甲闸村积极响应。

第二节　医疗与健康保障

医疗机构

1969年，胜利大队合作医疗站建立，位于第7生产队属地。合作医疗站有“赤脚医生”负责日常门诊，社员小病不出大队。“赤脚医生”全年基本无休，无论早晚，社员有病随时出诊。1992年，合作医疗站改称七甲闸村卫生保健室。1996年，七甲闸村卫生保健室被评定为甲级卫生室。卫生室用房面积87平方米，有药品种200多种，医务人员3人。医疗设备有手提消毒锅、手术补灯、防尘罩等，一般小手术器械齐全，有开展输液的条件，能规范书写医疗文书。2003年，新增部分设施和医疗器具。2004年，滨江区全面改革基层医疗管理运行机，村卫生室改名为西兴街道七甲闸村卫生服务站，归属西兴街道社区卫生服务中心一体化管理。

合作医疗

1969年9月，胜利大队合作医疗制度建立，经费从大队集体公益金中列支，“赤脚医生”由大队给予“误工”工分作为报酬。1976年，东方红公社（西兴街道）实行社队联办合作医疗制度，从社办企业集体积累中划拨部分资金，充实合作医疗基金。合作医疗制度建立后，社员小病不出村，由合作医疗站“赤脚医生”诊治，社员支付少量医药费；到上级医疗机构就诊，凭大队合作医疗站出具的转院手续，可按规定比例报销医药费。20世纪80年代初，土地实行承包后，合作医疗一度停办，20世纪90年代初恢复。1992年，七甲闸村90%以上村民参加集资统筹医疗。村集体每年安排一定资金作为合作医疗基金（2002—2004年集体用于医疗支出18万元）。2003年，实施大病统筹医疗为主的合作医疗制度，村民自愿报名并缴纳少量钱款作为合作医疗基金，即可加入合作医疗（大病统筹医疗），按规定报销医药费，后报销额度逐年增大。2006年后，村域征地“农转非”人员全部参加杭州市城镇基本医疗保险。2007年，村民参加新型合作医疗率96.97%。2009年，村民参加少儿医保、老年医保、城镇居民医保、新型农村合作医疗保险的投保率100%。

防疫保健

中华人民共和国成立后，人民政府十分重视农村疫病防治。20世纪50年代初开始，七甲闸村（胜利大队）开展爱国卫生运动，开展疫病预防接种。至20世纪70年代后期，古典型霍乱、天花、回归热、斑疹、伤寒、白喉等先后消灭。1978年起，大队合作医疗站配合上级防疫机构为全大队儿童接种卡介苗、麻疹疫苗、脊髓灰质炎疫苗、百白破三联疫苗，20世纪80年代后期又增加接种乙肝疫苗。20世纪90年代初，已不再有灰脊髓炎、钩端螺旋体病。20世纪90年代后期起，村保健站（卫生室）加强各类肠道传染病、呼吸道传染病的防治。1998年，随西兴镇实现初级卫生保健全面达标。2003年后，做好“非典”、高致病性禽流感等的预防工作。2009年，重点防治手足口病等。

20世纪50年代开始，村域推行新法接生。20世纪60年代后期，胜利大队产妇一般在医院生产。20世纪70年代初，开展妇女防癌普查。20世纪80年代起，孕产妇基本纳入公社（乡、镇）卫生院的孕产妇产前检查及围产期保健管理系统。1990年，实现新法接生率100%、住院接生率100%。2003年后，村域孕、产妇保健卡建卡率100%。这一时期，在做好七甲闸村育龄妇女定期妇科疾病普查的基础上，把外来妇女的计划生育与妇科疾病普查纳入管理。

2002年开始，对村域60周岁以上老年人免费进行体检。2003年，全村小学生参加健康体检。2006年，对全村参加合作医疗的村民进行体检并建立健康档案。2009年，在村办星光老年之家开设医疗康复室、谈心救助室等。2011年，村域60周岁以上老年人健康档案建档率80%以上，并纳入滨江区"多位一体"电子档案动态管理。

第三节　文化　体育

中华人民共和国成立前，七甲闸村域乡人农闲时有人下象棋、玩扑克、搓麻将等。集镇或附近村庄有庙会，年轻人也会赶去看热闹。孩童、少年则以捉迷藏、抽陀螺、跳绳等为乐。中华人民共和国成立后，党和各级政府十分重视农村文化体育事业发展，随着经济和社会的进步，七甲闸村域群众文体生活不断丰富，文体设施不断更新、增添，2004—2009年，村集体用于文化体育场所和设施建设的资金60万余元，群众文体生活从乡村形态跨入城市形态。

群众文化

中华人民共和国成立后，20世纪50年代初，七甲闸村域农民组织秧歌班、锣鼓队，填新词，唱小曲，宣传土地改革和抗美援朝，宣传《中华人民共和国婚姻法》。20世纪50年代中后期，出墙报、黑板报等，宣传农业合作化等。1964年后，胜利大队俱乐部建立，编演一些小节目，宣传新人新事新风尚等。1968年，俱乐部改称"毛泽东思想文艺宣传队"（文宣队），学唱"样板戏""语录歌"和革命歌曲。配合时事政治和"农业学大寨"，创作、表演一些小节目。20世纪70年代初，大队大会堂建成后成为社员主要的文体活动场所。1973年，东方红公社电影队建立后，经常到胜利大队放映电影。20世纪70年代后期开始，大队团支部、俱乐部、民兵连开展图书借阅、黑板报、学习室等活动。20世纪80年代实行家庭联产承包责任制后，村民有钱有闲，年轻人结伴去集镇或城里的影剧院看电影。进入20世纪90年代后，西兴影剧院建成，村域露天电影减少，卡拉OK、录像放映、家庭影院流行，成为村民文化活动的新宠。进入21世纪，村域逐渐成为城市新区，乡村传统文化逐渐向城市新型文化转变。不少村民，特别是年轻人热衷于电竞游戏、城市院线、网络文学、艺术沙龙等。村里也先后建起图书室20平方米、电子阅览室10平方米、其他公共文化设施300平方米。2006年，新增文化娱乐活动场所1处。2009年，村老年活动室建成为杭州市星光老年之家，内设图书阅览室、电子阅览室、聊天室、多功能厅等文化活动室。

群众体育

20世纪60年代初开始，胜利大队民兵连、俱乐部、团支部成为村域群众体育活动的主要组织者，但活动不多，项目甚少。比较正规的体育活动当属结合民兵训练开展的队列、跑步、泅渡、投掷等。逢重要节日或纪念活动，也与其他大队开展一些拔河、游泳以及趣味类体育的友谊比赛。其间，社员自发的体育活动主要还是象棋、扑克、游泳等项目。20世纪60年代后期，自行车开始增多，除了作为交通运输工具，还成了年轻人的“体育”项目。20世纪70年代大队小学操场、大队大会堂成为社员体育活动的好去处，乒乓球、篮球、羽毛球、飞镖等活动较多。20世纪80年代后，康乐棋、台球等颇受欢迎。1998年，西兴镇举办首届全民运动会，七甲闸村组队参赛。此后，历届镇(街道）运动会，七甲闸村都组队参加，总体成绩不错。进入21世纪，滨江区开展全民健身活动，广场舞、排舞、健身操等大量开展，七甲闸村村民参与者踊跃。村集体落实资金、场地，新建健身小广场、综合活动室等。2005年，建造面积为6000平方米的健身苑。2006年，新增体育健身场所1处1300平方米，并配置30多种运动健身设施和器材。另有缤纷东苑百姓健身房、篮球场等体育活动场所。2009年，又建成面积750平方米的杭州市农村星光老年之家，设有健身室、乒乓球室、棋牌室等体育活动室。

学校体育

20世纪50年代初，村域胜利小学有简单的体育课，内容主要是队列、跑步和一些传统体育游戏。1954年起，小学推行广播体操。1968年后，体育课改军体课。1976年后，胜利小学、胜利中学（20世纪80年代前期停办）体育课恢复正常，内容有田径、球类等。1979年起，围绕学生体育锻炼达标活动，开展“两操”（广播操、眼保健操）、“两课”（每周2节体育课）、“两活动”（晨间活动、课外活动）。1990年，七甲闸村重新建造小学教学楼，增加体育活动场所和体育教学设施。1997年，村小学停办，师生分别并入西兴中心小学和协同小学。

第五章　生活民情

民国及以前，七甲闸村域生产低下，绝大多数农民缺吃少穿，温饱无着；住房多为草舍，数代同堂；村民出行皆凭赤脚草鞋。七甲渡有木船可渡江。

中华人民共和国成立后，农民收入不断提高。1978年，社员年终人均经济分配现金收入为108元。1995年，年人均纯收入为4505元。滨江区成立后，城市化进程加速，村域经济发展迅速，2010年，年人均纯收入超过1.4万元。

村域民风淳朴，礼仪风俗、方言俚语与萧山东片沙地区基本一致。长期农耕实践，有些许农谚略具地域特色。村域无寺庙，然中老年人群中素来不乏信佛之人。民国中期，基督教传入村域并建有福音堂（草房）。1985年后，福音堂几度更新重建。

第一节　收入与生活变化

村民收入

中华人民共和国成立后，七甲闸村域经过土地改革和农业互助合作，农业生产基本得到恢复和发展。20世纪50年代末人民公社初期，一度实行供给制，未见经济分配资料。1961年，确立以生产队为基本核算单位，胜利大队社员年终人均分配现金收入90元，此后一直在这一水平徘徊。20世纪70年代后，社队企业兴起，农民收入增加，1978年，社员年终人均分配现金收入108元。进入20世纪80年代，社队企业发展加快，农业增产农民增收。1984年，七甲闸村村民年人均纯收入715元。进入20世纪90年代，工业成为经济支柱，农业发展多种经营。1995年，年人均纯收入达到4505元，是1984年的6.3倍。

1996年，滨江区成立后，随着城市化进程加快，七甲闸村发展城郊服务型农业，经济效益明显提高。特别是进入21世纪后，第二、第三产业迅速崛起，村民收入大幅度增加。2004年，村民年人均纯收入9585元。2006年，年人均纯收入突破达1万元，2008年为1.28万元。2010年，村民年人均纯收入超过1.4万元，是滨江区成立前1995年的3.1倍多。

口粮分配

1955年起，七甲闸村域严格实行国家粮食定产、定购、定销政策。20世纪60年代初人民公社食堂解散后，胜利大队社员口粮数额按人口年龄段确定（以岁定粮）。可分配的社员粮食总量由两部分组成，一部分为集体生产的粮食，以实物分配；另一部分为国家统销粮，凭粮票向国家粮站购买。1964年，胜利大队社员人均口粮为243.5千克，1978年达279.5千克。

1970年初至1981年，大队设有储备粮仓，以备荒年。集体生产的粮食，在完成国家交售任务及留取种粮、饲料粮、储备粮和其他用粮后，其余作为社员口粮，大部分按人口定量分配，少部分按劳动工分（含土肥投入结算工分）分配。1984年实行家庭联产承包责任制后，粮油不再分配。

生活变化

中华人民共和国成立后，七甲闸村域农民逐渐走向温饱；改革开放后，衣、食、住、行发生巨大变化，20世纪末，生活进入小康，开始迈向富裕。

衣着　中华人民共和国成立前，黑色、蓝色土布是村域乡人服饰的主调。中华人民共和国成立后，村域乡人生活逐渐好转。20世纪50—60年代，男子流行中山装、青年装，妇女改大襟衫为小襟衫，布料以卡其、灯芯绒为高档。20世纪70年代军便装风靡。20世纪80年代起，服装发生革命性变化，男性开始系领带，穿西装，女性佩戴金银首饰，女青年穿裙子随处可见。进入21世纪，服装面料讲究高档，款式追求新潮。

饮食　七甲闸村所属的沙地区曾不产稻米，粮食作物以麦、粟、薯为主。麦糊涂、麦粞饭是村民的主食。20世纪70年代以后，七甲闸所属的沙地区试种水稻成功，缺粮情况缓解，三餐白米饭的日子逐渐增多。20世纪70年代末，社员用粮水平年人均接近300千克。20世纪90年代后，饮食结构由“吃饱型”向“吃好型”“营养型”转变，饭量减少，肉、禽、鱼、蛋、奶的分量增加，滋补食品、高档酒水逐渐增加。

住房　20世纪60年代以前，七甲闸村域农户居所几乎全是草舍，直舍居

多，家境较好的人家住的是有横舍。“前面一个潭（为防火），后面一个园（种竹防风），三间横舍朝东南”，是该时期村域农户的“理想”之一。20世纪60年代中后期，胜利大队渐渐出现新盖瓦屋，都是平屋。20世纪70年代，有少数人家盖上了楼屋。20世纪80年代后建造的几乎都是楼房。至1992年，全村农户都先后建起两层半或三层半的砖混结构楼房，草房逐渐消失。1996年，七甲闸村开始规划建设新农村，至2003年，有152户农户在新农村规划区内建房。同年，全村用于新农村建设资金累计超过2128万元。此后至2010年，全村有550户入住农村多层住宅安置小区，占村民总户数的81%

出行　民国时期，七甲闸村域乡人出行基本全靠双脚，村中少数富人出门有坐轿或坐“黄包车”者。20世纪60年代中期，胜利大队自行车开始增多，20世纪70年代后期基本普及家家户户。自行车除代步外，大多还用来驮货，可载上百来千克农副产品，为农民最便捷的运输工具。20世纪80年代后期，摩托车崭露头角。1995年，七甲闸村有汽车6辆、摩托车16辆、三轮卡车3辆、自行车1450辆。进入21世纪，电瓶车取代自行车，小汽车开始普及，拥有2辆以上小汽车的家庭已不在少数。村域公交穿梭不断，人们的出行十分便捷。

第二节　习俗与方言俚语

习俗

七甲闸村作为西兴街道沙地区的4个村之一，与协同村、星民村、共联村的风尚习俗基本没有差别。主要节日习俗与稻作区基本相同，但也有一部分节庆风俗因历史和社会环境不同，有某些区别。如春节，稻作区村落宗族大姓会在宗祠戏台公演社戏，春、秋两季会开祠堂门率众祭祖。而七甲闸村域由于历史较短，乡人来自不同地区，没有宗姓聚居成族的社会形态，故无不在祠堂公演社戏、合族祭祖之俗。因不产糯米，冬至做麻团少于稻作区。婚丧嫁娶、建房祝寿等的礼俗虽与稻作区基本相同，但也有部分比稻作区简约。如村域农户建居算是大事，自当择吉动工，但落成庆典比稻作区农户建房上梁要简约一些。不过，到了20世纪60年代以后，村域农户新建瓦房的越来越多，新屋落成后上梁庆典之礼俗及隆重比稻作区“有过之而无不及”。村域有部分乡人信奉基督教，若遇家人亡故，没有哭丧念佛放焰口之举。

方言俚语

七甲闸村域乡人早先大多来自萧山东片地区，方言俚语基本传承自萧山东片沙地区，与古海塘南稻作区村民有少许差别。如称呼伯父、叔父，按排行呼为“大爹、二爹、小爹”；称前方为“南头”。村域老年人称咸鸭蛋为“盐鸭子”，把垃圾雅称为“腌臜”等。民国及以前，村民都居住草舍，谑称为“雕空椽子（竹竿）细盖瓦（茅草）”。草房怕火，故有谚语“贼偷一半，火着全完”。与稻作区不同，村域为沙地旱作区，某些农谚体现沙地农作物种植特点。如：“小满种薯用箩担，芒种种薯拎菜篮，夏至种薯像鸡蛋。”“六月十二一声响，棉花剩根梗”（意为农历此日打雷，预示棉花歉收）。村域多种芥菜，有农谚“八月种芥，大晒篮拎破；十月种芥，小钵头腌芥（歉收）”等。

第三节　宗教信仰

道教

七甲闸村域历史不算久远，未见有道观庙宇之史料记载，但有村民信奉道教，甚至以做道士为业。据《西兴镇志》载，村域有一韩姓人家，家藏道教信符，以道士为职业已历5世。20世纪50—70年代，此类活动一度消失。20世纪70年代末，宗教政策进一步落实后，村域道士做法事等活动一度再兴。后随殡葬改革深入，此类活动日渐式微。

佛教

村域无佛教寺、庵，亦无正式佛教徒，但中老年人群中素来不乏信佛之人。佛事活动多应事主邀约，或聚桌念佛，或与道士法事活动一起诵经超度亡灵。也有一些人会到镇上或邻近庙宇宿山还愿，烧香礼佛。

基督教

民国17年（1928），西兴基督教福音堂派人到协同村、七甲闸村域传教。民国19年（1930），教徒们自行集资在七甲闸村域建立“协同福音堂”（草房6间），时称“小七甲福音堂”。1958年后，基督教聚会活动停止，福音堂草房改办为公共食堂。1979年后，基督教聚会活动恢复。1985年，经萧山县、西兴镇两级人民政府批准，教徒自行集资，在村域重建“协同福音堂”。为砖木结构，四开间，建筑面积330平方米。1995年，为让道机场公路建设，福音堂南迁300米重建，建筑面积为600平方米。2000年，协同福音堂名下有教徒1000多人，其中受洗礼者约为30%（后因城市建设，2015年协同福音堂再度搬迁重建，建筑面积为1.1万平方米）。

专　记

百年沧桑七甲渡

七甲渡，位于七甲闸村与萧山区盈丰街道交界的七甲湾。清光绪十六年（1890），杭州上天竺寺木刻印刷的导游图中已见七甲渡详细标注。民国时期，七甲渡是萧山城北与杭州江干交往的水上通道。1949年5月以前，船户各自驾船摆渡，载客载货，皆为私渡。

中华人民共和国成立初，萧山成立船民协会。钱塘江南岸七甲渡、八甲渡（星民村与七甲闸村交界处）、九甲渡（星民村域）、十甲渡（共联村附近）共有渡船30多艘，每船载重3～4吨。船户农闲撑船，农忙种地，个体经营，自负盈亏。不久，七甲、八甲、九甲渡合并为一渡，定名七甲渡，两岸各筑有码头（北岸在杭州清泰门外观音塘），有渡船31艘，从业人员130人。

土地改革时，规定“撑船的不种地，种地的不撑船”，经整顿每船保留2人，共有船工62人，仍为个体经营，自负盈亏。1958年，成立钱塘江航运队，船与船工一并入股。时有船工60人，盈丰和西兴各占50%。行政管理属杭州钱江航运管理所，治安管理归杭州水上派出所。1959年后，改名为萧山航运队，所得利润盈丰公社得60%，西兴（东方红）公社得40%，职工报酬多劳多得。1961年，改由城北人民公社管理。1963年，城北公社撤销，业务管理归萧山县西兴区手工业联社，行政管理属盈丰人民公社。1984年5月，更名为萧山第二航运公司。

这一时期，七甲渡有渡轮1艘（钢质双机轮，350个客位），机船1艘（钢质机船），客驳3艘（钢质，861个客位），客流量多时每天4000人次，一般为每天3000人次。有职工89人，其中渡工50人。1990年，渡客82.5万人次，载货7.6万吨。1996年底，钱江三桥（西兴大桥）建成，七甲渡停运。

附　录

西兴居民村（西陵社区）

中华人民共和国成立后，萧山废除保甲制，建制镇和乡驻地（自然镇）以居民（相对于农民）自然居住地人口设立居民区，也称居民村（相对于乡村）。1984年，萧山县有3个镇、64个乡（其中自然镇35个，为区乡驻地，居住着居民），下设76个居民区。居民区建立居民委员会（简称“居委会”），居委会成员一般为3至5人，设主任、副主任和委员，由居民代表选举产生，每届任期3年，可以连选连任。内设民事调解、治安保卫、社会福利、公共卫生等工作线，由居委会成员分工负责。居委会下设居民小组。西兴称为西兴乡(镇)居民区，成立居民委员会。1989年，西兴镇居民区分设4个居民区。同年，《中华人民共和国城市居民委员会组织法》发布，确定居委会是“居民自我管理、自我教育、自我服务的基层群众性自治组织”，对居委会任务、组织设置、工作经费来源、业务指导关系等作出明确规定，使居委会工作纳入法制化轨道。1996年12月，划归滨江区。2001年11月，西兴居民区成立社区，定名西陵社区。

西陵社区位于西兴街道中部，东起风情大道与萧山区接壤，西邻江陵路与长河街道为邻，南靠滨安路与西兴村相连，北依北塘河与协同村隔河相望，面积1.3平方千米。社区居委会位于人民路18号。2000年，有居民小组27个、899户、1950人，其中女性1063人。2015年，有户籍人口15514人，流动人口16115人。

西陵社区是西兴集镇中心，居省城杭州和县城萧山之间，浙东运河以此为起点，所以历来是沟通外江与内河的中转码头。境内有长1.5千米、宽1.6米至2.5米的老街，旧时坊肆栉比，商贾云集。自清末至民国初年，老街单是过塘行就有72爿半，茶店32家，随之而兴的是饭店、旅馆业。社区旧有街道为石板铺砌，高低不平，雨天多积水。其他道路普遍狭窄，路面多为条石或砂石。1984年后改成水泥路，埋设排水管道。1987—1989年，西兴居民区参与投资100万余元，建成长750米、宽18米的固陵路，自南而北，成为西兴主要商业街道。同时，改造自东到西的老街1.5千米，埋设地下排水管道。居民住宅多为晚清遗存，属单层砖结构。居民区有生活居住用地23.5公顷，人均用地32.95平方米，其中居民住宅建筑面积7.17万平方米。集镇平均每人居住面积为10.04平方米。20世纪80年代开始，房屋建筑向中、高层发展（居民住房仍以私宅翻建为主，并逐步向商品房发展）。地铁、公交车均在社区境内设站。北塘河水运发达，交通方便。

中华人民共和国成立后，西陵社区商贸服务业发展较快。1951年3月，西陵乡建立供销社。次年3月，并入长河区供销社。1961年，从长河人民公社供销部分出，建立西兴供销社。1963年，改称西兴供销站。1965年，建立西兴供销社。1978年以前，供销社发展比较缓慢，店面多数是老屋，经营设施差，货源充足。1983年，西兴供销社改革体制，完成清理股金和增资扩股工作。1993年，在西兴汽车站旁新建办公营业大楼1幢。有商业公司、饮食商店、工农商店和西兴综合商店等。2000年，西陵社区固陵路以及老街的个私商店（不包括供销社的店）共有89 家，其中修理业5户、饮食业5户、商品零售业56户、手工业7户、服务业16户。西陵社区也是萧山城北片区的经济中心。1992年5月以前，有西兴派出所、城北人民法庭、西兴财税所、西兴工商所、城北房管站、西兴镇中心信用社、中国农业银行萧山支行西兴办事处等企事业单位。

西陵社区地处钱塘江南岸、浙东运河之头，自古以来交通便利，曾是浙东唐诗之路主要起点。历代文人骚客、诗词大家如李白、杜甫、白居易、王安石、苏轼、秦观、陆游、萨都剌等，或宦游，或诗旅，都曾驻足此地，留下吟咏诗篇。古运河西兴码头与过塘行建筑群于2013年3月被国务院确定为全国重点文物保护单位；2014年6月，入选联合国教科文组织公布的世界遗产名录。

滨江微村志（中）

长河卷

杭州高新区（滨江）地方志编研室
杭州高新区（滨江）档案馆 编

方志出版社

长河卷

江一村
江二村
江三村
长一村
长二村
长河村
山一村
张家村
汤家井村
塘子堰村
傅家峙村
汤家桥村

长河街道在滨江区的位置

俯瞰长河

1. 复兴大桥夜景 （杜剑挥 摄）

2. 江一公园 （滨江区委宣传部 供图）

长河今昔

1

2

1. 中国动漫博物馆 （王川 摄）

2. 2018年，滨江公园远眺 （滨江区委宣传部 供图）

3. 20世纪70年代末，长河镇江边苗禽市场 （董光中 摄）

4. 1978年，长河江边轮渡码头 （陈保治 摄）

城市建设

1. 2003年，江三村一角 （汤懿 摄）

2. 2014年，江三村同一角 （汤懿 摄）

3. 2002年12月，江二村路边饭店拆除 （张奇凡 摄）

4. 2002年12月，江二村原03省道 （张奇凡 摄）

5. 2018年10月，中兴立交桥 （张奇凡 摄）

3

4

5

人文长河

1

2

3

4

1. 农转居安置房之白马湖小区 （林榕兴 摄）
2. 中国网络作家村 （楼颖 摄）
3. 2017年8月，长河老街之来小钦故居 （余林龙 摄）
4. 2020年9月，长河农民协会旧址之法华禅院俯瞰图 （山二社区 供图）

长河卷·目录

概　览

长河街道位于浙江省杭州市滨江区中部，东接西兴街道，西连浦沿街道，南及萧山湘湖景区，北临钱塘江，与杭州市上城区隔江相望。东北距滨江区政府3.9千米。辖区总面积30.47平方千米，其中陆地面积29.37平方千米、水域面积1.1平方千米。

境域古为越地，早在吴越国时期就有村落。越大夫范蠡筑固陵港于傅家峙、包家湾。周敬王二十八年（前492），吴越开战，越国凭南部傅家峙山筑台拒吴。北宋太平兴国三年（978），以三国吴时孝子夏方命名，为夏孝乡。南宋初期，金兵南侵，北人纷纷南渡。河南鄢陵人来廷绍，为北宋刑部侍郎来之邵之曾孙，于南宋嘉泰二年（1202），以直龙图阁学士进阶宣奉大夫出知绍兴府事，上任途中病逝于萧山，其子居长河守墓，子孙繁衍，始形成自然镇。元至元十六年（1279），改乡为都，与西兴合称三都。清同治二年（1863）至光绪年间（1875—1908）设镇（自然镇），以境内长河命名。民国19年（1930），始设建制镇，称长河镇。1949年5月，设长河区，区府驻长河自然镇。1958年10月，改称长河人民公社。1985年6月，复称长河镇。1996年5月9日，划入杭州市西湖区；同年12月12日，隶属滨江区。2003年12月3日，撤镇建街，称长河街道。

长河自然环境优越。长河因河而名，此河源于湘湖，似一条蛟龙从群山湖泽中跃出，由南而北蜿蜒伸展。上游东耸象山，西峙狮峰，浜内一座圆圆的石井山四面临水，如镶嵌在这蛟龙尾端的明珠。河流穿过碧波荡漾的白马湖，九曲盘旋跨进月湾潭，经泽河、槐河直至龙潭头，全长约3千米。槐河，开凿于明末清初，北起龙潭头，流经槐街，出财神桥与泽河汇合，长约1千米。境域南高北低，南部山脉绵延，树木繁茂。美女山海拔221米，为境域制高点。钱塘江自西而东擦境北而过，具舟楫之利。境南有弄堂河、沿山河、塘子堰河、汤家桥河，境北有北塘河，纵横交叉，总长6.8千米，均属钱塘江水系。境内气候四季分明，温暖湿润，日照充足，为宜居乐业之地。

长河是传统农业大镇。境内土地肥沃，河道纵横。地表土质以西江塘为界，塘南是白马湖流域平原区，以黏性土壤为主，宜栽水稻等粮油作物；塘北是沿江平原，为沙地潮土，适种棉麻等经济作物。至1996年末，全境有耕地1293.33公顷，海涂围垦地201.07公顷。主要作物有水稻、棉花和络麻，兼有大小麦、蚕豆、甘蔗及蔬菜。同年，总产粮食1.16万吨、棉花（皮棉）245吨、络麻（熟麻）102吨、油菜籽291吨、茶叶55吨；饲养生猪1.96万头，出售家禽44.69万羽。滨江区成立后，上通市场、下联农户和基地，农业市场化进程加快，粮、棉、麻生产逐年缩减，具有地区特色的花卉、苗木、果蔬、水产养殖明显增长。至2015年，农业总产值6192万元，为2014年的80%，村民年人均纯收入3.1万元。

境域内工业萌芽于晚清时期。汤和懋酒坊开设于清光绪二十年（1894）前后，年酿黄酒4000多缸，远销大江南北。民国26年（1937），抗日战争前夕，有作坊3家、纸厂1家。1958年，人民公社大办工业，长河有农机厂、服装厂、糖酒厂等企业13家，职工近千人。1979年始，社办企业和个私企业快速发展。1987年，长河镇成为萧山县“亿元镇”。

长河东邻西兴运河，南通湘湖，北濒钱塘江，因交通条件优越，早在明代就形成集镇格局。清道光年间（1821—1850），镇上有来源远杂货店、仁号盐行等店铺。清末民国初，更是店铺毗连，百贾云集。南货店有七八家，其中周源南货店双开店面，资金雄厚，南北货品档次齐全，物美价廉。咸春堂药店、养元和药店、亦广堂药店享誉四邻。茶店有龙泉园、第一楼、金乐园等。酱园店知名的有大昌分号、宋文盛分号。酒店、点心店有十来家，以王大娘酒店最有名。至1949年，长河街市有大小商店120多家。镇域有个江边村，当年颇为繁盛，因为它离钱塘江比较近，南星桥过来的轮渡渡口就在这里，而且还建有火车站和汽车站。民国15年（1926）2月，江边至绍兴的浙江第一条省道——萧绍公路建成。浙江省道路局在江边村建起公路客车站，每天有18趟车开往萧山、绍兴。民国20年（1931）7月，杭江铁路（杭州至江山线）江边至诸暨县通车。彼时，钱塘江大桥尚未建成，始发站设在江边。从杭州到金华、衢州的旅客，必须通过钱江轮渡到达江边才能乘坐火车。江边成为水陆交通重要枢纽，饭铺、旅店接邻，茶肆、酒馆毗连，车来人往，商贾贩客川流不息，人称“小上海”。

长河农村盛产烟叶、棉花等。其烟叶色泽黄亮，因产烟地属萧山四都，故名

“四都烟叶”，颇受沪杭等地烟厂（坊）的欢迎。清同治年间（1862—1874），有来锡茂开设的源泰烟行。清末民国初有广盛、恒康、孔生茂等以收购烟叶为主的地货行。抗日战争胜利后，长河烟业最为兴盛，时有烟行50多家，与西兴共建烟业同业公会，年输出烟包5万余件（每包100千克），烟业一度成为长河街市的一大特色。

古镇长河，历史悠久，多古宅、古桥、古木、古井，历史建筑毗连。长河老街1.98平方千米内，以官职名及科举成就命名的宅第有进士第、尚书第、天官第、大夫第、中宪第、世科第等，“九厅十三堂”是其中的代表。慎俭堂（永锡墙门）、光裕堂、慎友堂、居之安等23幢古宅被列为杭州市历史建筑予以保护。2002年至2015年末，长河街道先后投入2000万余元，修复危旧房屋230多间，抢救性修缮荷花池、光裕堂、山下里10号等700多平方米的历史建筑及文物保护点。2005年，长河老街被列为杭州市八大历史街区之一，后又升格为浙江省历史文化街区。

长河名胜古迹众多。冠山寺建筑规模恢宏，历时700多年。南宋咸淳元年（1265）夏，净法禅师化缘到冠山，在此筑一简易庵庙，取名“西隐庵”，以示其隐居于萧山之西的意思。后西隐庵扩建，改称“云岩寺”。当时，寺西有“西方殿”，寺前有“雪心池”（尚存）。据清代来禹志《冠山志》记载，冠山寺有天王殿、大雄宝殿、三圣殿，还有藏经阁、蓬莱阁、天凤阁、议法部、鼓楼、钟楼、普济亭、白云堂、客堂等建筑。经历代修缮，清代晚期达到鼎盛，殿阁宏伟，气度不凡，僧侣云集（有僧众300多人），香火鼎旺。山门有楹联“隔院钟声八百杵，绕山村落万千家”。

长河留有众多红色遗迹。1927—1928年，长河境域内不少村庄在中共萧山县委领导下，成立地下党组织，发起农民运动，实施“二五减租”、策划农民武装暴动，红色革命风云激荡。经杭州市民政局批准为革命老区村的有长河、长一、长二、江三、江二、江一、山一、汤家桥、塘子堰、傅家峙、汤家井、张家村、街道居民村13个村。长河农民协会旧址被确认为杭州市级文物保护点，主要有坤记理发店、来宝坤故居、新塘庵、朱天庙等。坤记理发店位于长河街道财神桥西侧，坐北朝南，面对泽街，曾是长河地区中共地下党的联络站。理发店临街面河，交通方便、便于集散。店旁有小弄，可通来宝坤（中共六大代表）故居。来宝坤在此以理发为掩护，领导农民运动。来宝坤故居位于长河街道天官社区，周有围墙，闹中取静，隐蔽性较好。新塘庵位于长河街道傅家峙社区东侧，建于蟒蛇山北山岭上，面临白马湖。朱天庙位于山一社区石荡河山上。此几处都是中共地下党和长河农民协会重要活动地点。

长河民间自古耕读并举，兴学重教。明清时期，境内有石淙书院、龙潭书屋、眉林书屋、绿香山馆，虽在乡间僻巷却有众多的社学、义学，读书人之多，在萧山地区首屈一指。境内来氏家族人文荟萃，簪缨相继，明清两朝出贡生97人、举人54人、进士24人。故坊间有“无来不出榜”之说。长河自古地灵人杰，明清时期，从内阁大学士、礼部尚书到知县、教谕等有大小官员387人，民间称之“三石六斗芝麻官”，还涌现出250多名诗人、文学家、经学家、史志学家。如率领族人抗击倭寇的来端蒙、来端操兄弟，廉于官、惠于民、肃于家的来三聘，清四部（礼部、吏部、工部、户部）尚书汤金钊，著述收入《四库全书》的来斯行，累官至太常寺少卿、著作宏富的来集之，个人编纂《萧山县志稿》的来裕恂，组建长河农民协会的中共六大代表、革命烈士来耀先（来宝坤），当代核电专家吴观星，无线电遥控专家钱为民等。

滨江区成立后，长河镇传统产业逐渐向高新技术产业转变。2002年，杭州高新区与滨江区两区合一，两区优势叠加，高新技术产业发展空间有效扩展。长河镇不断优化发展环境，推动创新创业。2008年起，先后创立白马湖生态创意城、互联网经济产业园等产业平台，实施高新技术产业集聚发展。城市建设进入快车道，集镇建设纳入城区规划。2013年，开始村庄整体拆迁，完成从乡村到城市的嬗变。近年来，长河街道响应区委、区政府提出的“建设天堂硅谷、打造硅谷天堂”战略目标，坚持发展数字经济，全力打造“天堂硅谷”。

江一村位于长河街道东北部，东靠西兴铁岭关，西连江二村，南邻襄七房村，北濒钱塘江，面积4.3平方千米。1956年，为江边乡第一高级农业生产合作社，简称“江一社”，因而得名。

江一村在滨江区的位置

来楚生　兔子花

第九编　江一村

概　述

江一村位于长河街道东北部，东靠西兴铁岭关，西连江二村，南邻襄七房村，北濒钱塘江，面积4.3平方千米。1956年，为江边乡第一高级农业生产合作社，简称“江一社”。1958年，为长河人民公社江一生产大队，1984年后，为长河乡（镇）江一村。1994年时，境域辖头图园、朱家园、蒋家园、洪家园、何阿香园、牛车路园、五图园、汪家园、八图园、莫家园10个自然村。全村1713户5491人，姓氏134个，其中徐姓最多。2007年6月，撤销江一村，改设江一社区。

境域历史上以种植棉花、络麻为主。1949年，全村植棉1590亩，总产量21.5吨。20世纪70年代开始，江一村创办起村办企业，农业开始向工业、副业方向发展。1990年，种植业总产值2854万元，工业总产值4533万元。1998年，随着城市化进程的推进，江一村土地先后被国家征用，农业逐渐退出。

江一村素有尊师重教之风，20世纪50年代起，逐年加大对教育的投入力度，新建和改建、扩建校舍，增添教育设施，改善办学条件，加强教师队伍建设。1989年，翻建江一村完小，由平房改成楼房。2004年，滨兴学校建立，设小学部和初中部。江一村重视文化建设，全村文化体育娱乐设施逐渐完善，村民的业余文化生活日益丰富多彩。

中华人民共和国成立后，江一村通过土地改革，农民分到土地，生活得到保障。农业合作化后，村民依靠集体经济，生活逐步改善。改革开放后，村民生活水平明显提高。20世纪90年代，许多村民住上多层楼房。2002年，江一村村民年人均纯收入9204元。2007年，村民年人均纯收入12643元。

村域主要道路有江晖路、江虹路、滨兴路、江南大道等，主要小区有春波小区、春波东苑、春波南苑、江虹小区丹香苑等。

第一章　基本村情

江一村位于长河街道东北部。东靠西兴铁岭关，西连江二村，南邻襄七房村，北濒钱塘江。面积4.3平方千米，常住人口7433人。辖地原是钱塘江故道，明末清初，江道北移，沙涂淤涨成陆，经百年垦殖，遂成棉麻之乡。1950年，为萧山县长河区江边老乡。1956年，为江边乡第一高级农业生产合作社，简称“江一社”。1958年，为长河人民公社江一生产大队，1984年后为长河乡（镇）江一村。1994年，全村1713户5491人，姓氏134个，徐姓人口最多。2007年6月，撤村建居，成立江一社区，有春波小区、春波东苑、春波西苑、春波南苑、江虹小区丹香苑、滨兴东苑等新建住宅区。

第一节　区位　地貌　村落

地理位置

江一村地处钱塘江复兴大桥（钱江四桥）东侧2千米处的江边，清初属“泰围（少部分属丰围）”。东连西兴街道西兴村，西接江二村，南邻襄七房村，北濒钱塘江。面积4.3平方千米。

土质地貌

境域土壤为钙质潮土，俗称“夜潮地”。表部沉积物主要为亚砂土和粉细沙，颗粒均匀，结构疏松，保水、保肥能力差，水、盐升降速度快，土质相对贫瘠。土质由灰黄色、灰色粉土质，重亚砂土和深灰色淤质粉土质组成，厚30～40米，含沙量高，略呈盐碱性，属沙土平原地区，耕地2788亩，以种植棉花、络麻为主。主要河流为钱塘江、北塘河。

钱塘江　钱塘江流经江边码头后，在境域北部擦境而过，流经境域约2千米，往东流向西兴街道星民社区。

北塘河　原名永久河，又称大寨河。西起江边排灌站，东至坎山红星桥，是钱塘江南岸最大的人工河流。流经村域约2千米。

自然村

1990年，江一村辖头图园、朱家园、蒋家园、洪家园、何阿香园、牛车路园、五图园、汪家园、八图园、莫家园10个自然村，36个村民小组。有1663户5272人。

头图园 位于长河街道办事处驻地东北2.1千米，有211户661人，建村始于清光绪年间（1875—1908），以任氏为大姓。聚落沿西江塘北侧呈块状分布。村民以做豆腐、发豆芽等买卖为副业。村以埂得名，村边原有一条头图埂（民国时期土地图号为一图，俗称“头图”），故名头图园。该地原为任氏早期垦种，故又称任家园。

朱家园 位于长河街道办事处驻地东北3.4千米，有168户507人，以朱氏为大姓，沈氏为次。聚落沿萧杭公路东北侧呈块状分布。村民以做小生意为副业。村内以朱氏为大姓，故名。

蒋家园 位于长河街道办事处驻地东北2.6千米，有241户733人，以将氏为大姓，王姓为次。聚落沿西江塘北呈块状分布。村民以经商为副业。村以蒋姓聚居而名。

洪家园 位于长河街道办事处驻地东北2.8千米，有138户476人，以陈姓为大姓，张氏为次。聚落沿萧杭公路南侧呈块状分布。村民以做小工、小生意为副业。

何阿香园 位于长河街道办事处驻地东北3.8千米，有153户483人，以何氏为大姓。聚落沿大路北呈块状分布。中华人民共和国成立前该地为何阿香垦种，故名。

牛车路园 位于长河街道办事处驻地东北3.5千米，有103户329人，以张、郭、赵姓居多。聚落沿北塘河北侧呈带状分布。村民以做小生意为副业。村以路得名，村东原为古西兴码头，人车往来多，以牛车为载物交通工具，称牛车路，故名牛车路园。

五图园 位于长河街道办事处驻地东北3千米，有63户227人，以王、朱、马、洪姓为多。聚落沿永久河北呈带状分布。民国时期村被划为“泰围五图”，故名。该地曾由村民马阿增、朱洪梅首垦，故又名马阿增园、朱洪梅园。

汪家园 位于长河街道办事处驻地东北3千米，有146户486人，以汪姓居多。聚落沿萧杭公路南北呈块状分布。村民以做小生意为副业。村内汪氏聚居，故名。

八图园 位于长河街道办事处驻地东北3千米，有249户870人，以徐、王姓居多。聚落沿萧杭公路南北呈块状分布。村民以做小贩及做小工为副业。

该村民国时土地号为八图，故名。

莫家园 位于长河街道办事处驻地东北4千米，有150户490人，以莫氏为大姓。聚落沿莫家埂呈带状分布。村民以做小工、做小生意为副业。村内莫氏聚居，故名。

第二节 建置沿革

行政区划

北宋太平兴国三年（978），村域属萧山县夏孝乡。元至元十六年（1279），村域属三都。清宣统二年（1910），村域属长河乡。民国17年（1928），村域属双庙村。民国18年（1929），村域属第二区长河里双庙联合村。民国21年（1932），村域属萧山县第一区双庙乡。民国23年（1934），村域属萧山县东岳区江边乡。民国36年（1947），村域属萧山县江边乡。1949年5月，属长河区钱江乡。1956年3月，村域属长河区江边乡。1956年10月，农业合作化高潮中，建立江边乡第一高级农业生产合作社（简称“江一社”）。1958年3月，江边乡并入长河乡，村域属长河区长河乡。1958年10月，人民公社化运动中，长河区改名为长河人民公社，高级社改名为生产大队。村域属长河公社长河管理区（后改为江边管理区）管辖，全称为长河人民公社江一生产大队（简称“江一大队”）。1971年2月，村域属城北区长河公社。

1984年3月，恢复乡、镇建制，改公社为乡，改大队为村。江一大队称江一村，属城北区长河乡。1985年6月，长河乡改为镇级建制，村域属城北区长河镇。1992年5月，萧山市撤区扩镇并乡，城北区被撤销，村域属萧山市长河镇。1996年5月，杭州市区划调整，西兴、长河、浦沿3个镇划入杭州市西湖区，村域属杭州市西湖区长河镇。1996年12月，西兴、长河、浦沿3个镇单独成立滨江区，村域属杭州滨江区长河镇。2000年6月，杭州市高新技术产业开发区与滨江区合并，江一村归杭州高新区（滨江）管辖。2003年12月，滨江区撤镇建立街道，江一村属长河街道。2007年6月，撤销江一村建制，改设江一社区，有住宅小区春波小区、春波东苑、春波西苑、春波南苑、江一社区一区、江一社区二区、江一社区十五区。

基层组织

中共基层组织 1956年，江一村域第一个党支部建立，有党员8人，书记周炳贤。2007年，江一村党支部有党员170人。江一村党支部在村经济发展、社会进步、城市化建设等方面发挥领导核心作用。

村民自治组织 1949年5月，江一村域设村级行政委员会。第一任村长吴桂荣。1955年11月，村域组织起8个初级农业生产合作社。1956年10月，江一村高级农业生产合作社建立。1958年10月，江一村高级农业合作社改名为江一村生产大队。生产大队既是生产组织，又是行政组织，设管理委员会。1968年6月，江一大队革命委员会成立，取代管理委员会。1978年10月，江一大队管理委员会重新建立。1984年4月，江一村村民委员会成立，由主任、副主任和委员若干人组成。每届任期3年。由村民代表大会（后由村民直接）选举产生。

经济管理组织 1984年，江一村成立经济合作社。村经济合作社是全村的集体经济组织，在村党支部的领导下，负责管理该村的各行业的生产和经营。村经济合作社常设机构是合作社管理委员会，成员由社员大会或社员代表大会选举产生，由正、副社长和委员共5～7人组成，社长由村党支部书记担任。每届任期3年，换届选举与村民委员会同步。2001年，村级集体资产总额4000万余元，全村可用资金400万余元。2003年，村级集体可用资金为380万元。2007年，村级集体可用资金475万元。

第三节 人口 姓氏

人口

民国及以前，村域经济落后，村民生活水平低下，医疗条件极差，新生婴儿存活率不高，长寿老人较少。人口的自然变动呈高出生、高死亡的状态。新中国成立以后，村民生活条件不断改善，科学技术日新月异，医疗水平日益提高，人口自然变动情况出现高出生、低死亡的状态。1949年，村域有人口607户2580人，其中男性1208人、女性1372人。1957年，江一社总人口2803人，其中男性1422人、女性1381人，共585户。1961年，江一生产大队有21个生产队，694户3394人。1964年，第二次全国人口普查，江一大队3857人，其中男性1928人、女性1929人；80周岁以上23人，90周岁1人；按文化程度统计，高中4人，初中27人，高小125人，文盲1559人。1982年，江一大队1226户5034人，其中男性2486人、女性2548人。1990年，江一村5250人。

2001年，江一村有1825户5919人，其中男性2922人、女性2997人，包括大学生32人。2007年，全村人口6447人。2008年，全村人口6385人。

姓氏

1994年，江一全村1713户5491人，姓氏134个，徐姓最多，有418人，其次周姓372人，沈姓316人，张姓261人，陈姓251人，王姓228人，任姓214人，吴姓214人，朱姓206人，来姓178人，俞姓149人，莫姓148人，黄姓143人等。2010年，江一村徐姓人口485人，周姓人口400人，沈姓人口378人。

周姓　境域周姓中，有的于清道光年间（1821—1850）从长河周家园迁入，有的于清同治年间（1862—1874）从萧山头蓬、绍兴迁入。以开荒种地为生，由于沙地较多，因此多数人生活还可以；土地较少的则以挑脚抬轿、拉黄包车为业。1994年，境域周姓372人，为第二大姓。2010年，周姓人口400人。

沈姓　长河沈姓多从萧山方向迁入，其中一支于清道光年间（1821—1850）由萧山义桥迁入江二村老火车站定居，另一支于民国初从萧山坎山杨墅河迁入长河沿江一带，围垦江涂。2010年，江一村沈姓人口378人，主要分布在第10组、第11组、第12组、第31组、第33组。

第二章　村庄建设

中华人民共和国成立初，江一村域通过土地改革，贫苦农民分到土地，生活有了保障。20世纪60—70年代，全村安装上电灯、广播。随着城市化建设加快推进，大量集体土地转为建设用地，农民转为市民。长河撤镇建街后，传统商贸业迅速向现代商贸服务业转变，高档宾馆、酒店、品牌餐饮、超市、便利店等遍布村域。江一村土地征用主要用于建设江南大道、滨江区行政中心。主要道路有江晖路、江虹路、滨兴路、江南大道等。主要小区有春波小区、春波东苑、春波南苑、江虹小区丹香苑等。

第一节　新农村建设

中华人民共和国成立前，境域百姓生活困苦，村容萧条。20世纪50年代，村民依靠集体经济，生活逐步改善。改革开放后，村落经济发展突飞猛进。

20世纪80年代，村民陆续将草房改建为平房。1998年，随着城市化进程的推进及滨江新区建设的需要，江一村土地先后被国家征用，种植业退出历史舞台，农民告别土地，过上城市市民的生活。2001年10月，滨兴小区开工建设，总面积19.03万平方米，可安置1080户，其中商铺107间。12月，占地面积35.4公顷、计68万平方米建筑面积的春波小区完工，可安置2600户。2003年10月，滨兴小区东苑建成，总面积为5.46万平方米，有536套住房。

交通

1987年5月，钱江轮渡接线公路十甲桥至塘下金段建成，江一村段计700米。1997年5月，杭州长江实业有限公司经理汤忠海（江一村人）出资8万元，修建叉口至北塘河边的一条长500米的乡村道路正式投入使用。1999年，江一村河北六图埂全线1千米，做成沥青路面。后，全村4.5千米村一级道路也改造为沥青路面，提升村级道路的质量。

江晖路 1998年1月，江晖路开工兴建，全长4.66千米，村域2.9千米。2002年4月，完工通车。

江虹路 2000年10月，江虹路开工兴建，全长3.7千米，宽44米。江一村域2千米。2001年11月，完工通车。

滨安路 2001年10月，滨安路开工建设，全长4千米，宽40米，在村域1.8千米。

滨兴路 2002年1月，滨兴路动工，全长3千米，宽55米。村域1.6千米。2003年7月，完工通车。

中兴路 2003年12月30日，滨江区政府举行中兴路（江南大道）竣工通车仪式。中兴路全长4.41千米，宽110米，是滨江建区以来第一条连接钱塘江大桥、西兴大桥、复兴大桥的道路。江一村域段穿越北塘河南地段。

地铁 杭州地铁一号线滨江区段长11.7千米。2007年3月28日开工建设。江一村域段穿越北塘河南地段700米。

排灌站、北塘河 1975年4月，江边钱江排灌站建成。江一大队受益面积以1982年为例是3128亩，其中水田51亩、旱地3077亩。1977年12月1—8日，发动1500多名民工挖掘北塘河（原名大寨河），全长24千米，流经江一大队。江一大队每天投入劳动力1500工，按当时公社下达的土方任务2.35万立方米，连续8天进行挖掘，共投入劳动力12439工。

公用事业

电力 20世纪60年代前，境域照明工具主要是菜油灯、煤油灯或蜡烛。1961年，新安江水电站电力抵达长河，分线向各个自然村落延伸，把电送到各家各户。1972年，进行第一次电力整网，主要是增大变压器容量，更换电线杆和外线，主干线用方形实心水泥杆作电线杆。1993年，随着村办企业的发展和群众生活水平的提高，用电量急剧增加，对全村范围的电力线路进行整改。同年，全村实现24小时供电。

广播电视 1953年，境域开始安装有线广播。1957年，长河广播站建立，各村仅有一只喇叭广播。1958年人民公社成立后，广播线路通到各个生产大队，再从大队通向各生产队。20世纪60年代中期后，江一大队的6个片，各安装1只25瓦的高音喇叭。大队部设有控制台，有扩音机1台、录音机1台、电唱机1只。每天除按上级规定的播音时间播放外，再编播江一新闻、农科知识、会议通知和文艺、戏曲类节目。20世纪70年代后，江一大队建立广播站。1975年起，江一大队普及广播，广播入户率98%。2000年后，随着居民拆迁，广播逐渐减少。

20世纪70年代初期，黑白电视机开始进入农村，江一大队社员王金龙家最早拥有电视机。后来，第14、15生产队集体购买黑白电视机各1台，供社员集体观看。20世纪80年代中后期，村民开始购买彩色电视机。20世纪90年代初，开始有线电视网的建设。1996年后，有线电视线路接入低压线桩。1998年8月，江一村筹措5万元安装有线电视，建设有线电视网。2010年后，全村普及有线电视。

通信 1951年前，村民发电报要到长河或西兴邮政局（所）办理。1955年，长河设长河邮电局，电报由邮政投递员送到村民手中。20世纪80年代后，由于电话机的普及，电报的收发量锐减。

1964年，境域会计室安装第一部电话机。1987年后，电话机进入百姓家中。1999年，村里有第一部手机，当时称“大哥大”（移动电话）。2007年，每户家庭均有电话1部、手机1部。

1998年，境域企业开始使用电脑。2007年，互联网得到普及，每户家庭均有1台电脑。

邮政 中华人民共和国成立之初，长河设有邮政代办所。1955年，设长河邮电局。村民寄信要去长河或西兴。农业合作社初期，信件、报纸等由邮递员送至初级社、高级社，再由初级社或高级社分发。1963年后，村民寄信不再去长河或西兴，村民或生产队所订阅的报纸、杂志由邮递员送到各生产队。村民寄、取邮包，需自己去长河邮局办理。

供水　20世纪80年代前，境域村民主要饮用水是池塘水、“天落水”（天然雨水）、钱塘江水。1992年11月15日，江一村与萧山自来水厂签订供水合同，开始安装自来水管，村民每户出资500元。12月，经全村各企业捐助，村民群众集资开展的自来水安装工程北塘河河北片竣工通水，北塘河河南片集体自来水龙头通水。1993年12月，全村自来水安装工程全部竣工通水。1996年后，随着村民进入小区居住，用水由水务公司管理。2005年，村集体出资20万元为村民安装自来水“一户一表”。

村办公房　20世纪50年代初，境域办公用房一般设在村民家中。1958年10月，长河人民公社成立后，江一大队建造大队办公用房（草房），村民称“大队舍”。1965年后，随着组织机构逐步完善和村级经济发展，在五图里新建大队办公用房，平房（瓦房）6间，面积150平方米。1967年，办公用房向西扩展，增建4间平房，作为合作医疗站等用房。同年，新建江一大会堂，面积350平方米，砖木结构。1986年5月，在沙田园、人民路东面新建办公用房，房屋2间，面积40平方米。2007年，新建党群活动中心，地址在江晖路与滨兴路交叉口西北侧，面积600平方米。

第二节　土地使用

土地制度

中华人民共和国成立前，江一村域绝大部分土地被地主、富农或官绅占有，多数贫困农民缺田少地。1949年5月，长河解放。1950年10月，境域开展土地改革运动，把地主阶级的多余土地分配给缺地农民。在高级社和人民公社时期，境域土地归集体所有，集体经营。1983年推行家庭联产承包责任制后，农户以家庭为单位，向村集体经济组织承包土地等生产资料和生产任务，村集体将土地等按人口或劳动力比例分给农户自主经营，其经营收入除按合同规定上缴一部分给集体及缴纳税金外，全部归于农户。1997年12月，开展新一轮土地承包责任制，承包期限为5年。江一村与农户签订的承包合同1345

份，承包土地3046亩，上缴承包金7万元。1999年9月，按照中央提出的延长土地承包期30年不变的政策，与农民签订延包合同，发放“承包权证”。江一村500多户农户领到“承包权证”。

土地利用

1956年，农民土地收归集体耕种，为解决村民日常蔬菜用地，高级社允许各生产小队将社员房前屋后零星杂地分配给社员作为自留地。1998年起，因滨江区城市化建设需要，开始征用该村土地。同年，该村将村域内所有耕地、池塘、道路、堤埂等全部丈量，初步核实总面积为5763.67亩。2002年，用地面积6.83公顷。

土地征用

1958年1月始，《国家建设征用土地办法》规定，土地补偿费标准为该耕地征用前3年平均产值的4～5倍，征用非耕地的按耕地的50%补偿。1991年6月后，根据萧山市土地管理规定，征用耕地补偿费标准为该耕地征用前3年平均产值的3～5倍，征用非耕地按耕地的50%补偿。1998年，滨江区开发中兴花园、江一路等项目，征用江一村耕地521.8亩；1999年，建造区政府办公大楼，征用61.6亩。

2000年7月后，滨江区土地补偿费用标准分为一般项目和城市基础设施项目两类。江一村一般项目的土地补偿标准为每亩2.64万元，城市基础设施项目补偿标准为每亩2.31万元。江一村青苗补偿费用标准为每亩1650元。地上附着物分一般地上附着物补偿和重大地上附着物、苗木补偿，其中，一般地上附着物按每亩2500元的标准一次性补偿。重大地上附着物、苗木由街道会同被征地单位、建设单位进行现场清点、核实、确定后报区国土分局，由国土分局按政策规定审核确定补偿金额，经区政府批准后补偿落实到所有权人。江一村一般项目安置和城市基础设施项目补助费用标准均为每亩5.32万元。

2001年，开发“活水宽带”、中兴花园二期等项目，江一村被征用土地1492.5亩。2002年，开发“集团总部配套产业基地”“液晶板面”等项目，征用684.1亩。2003年，开发“多层一区块”“中兴江一地块”等项目，征用941.9亩。2004年，开发“多层三区块南扩”“500亩以南”等项目，征用557.5亩。2005年，开发“现代通讯”“总部地块”等项目，征地370.7亩。

2006年，开发“现代通讯”等项目，征用221.7亩。2007年，建造秋水路等项目，征用4.3亩。至2007年底，全村有土地总面积5763.63亩，已征用土地4856.13亩，余地未征907.5亩。

第三节　围垦土地

南沙大堤外围垦

中华人民共和国成立初，江一村域各级组织发动农户在钱塘江南沙大堤外围垦，大堤结构为复式斜坡土堤抛石护坡。1969年10月，江一大队组织大围。该地段是红山沿江，出动1400人，围起500亩土地。由于是小段围垦，后续抛塘等工作没有跟上，1971年，美女坝“东风头子”塌江后，所围土地沉入江中。11月，长河公社组织“九号坝”外围垦，其中江一村出动1200人，围起土地2200亩，实际分得土地360亩。

顺坝围垦

1970年11月18—25日，军垦农场与原萧山市城北区联合组织顺坝围垦，城北区所属的8个公社参加。江一大队有200人参与该次围涂工程，分得土地73.7亩。1986年1月3—9日，城北区委组织顺坝4000亩围垦，江一村派出1000人参与，分得土地140亩。1989年1月31日至2月5日，省水利厅与城北区联合组织顺坝1200亩围垦。江一村派出800人参加。截至该次围垦，江一村前后共参加11次围垦工程，投入劳动力10.5万工，分得土地630亩。1996年，杭州市区划调整，长河镇划入滨江区；1997年，为处理历史遗留问题，经滨江区政府与萧山市政府协商并签订协议，将顺坝围垦土地划归萧山市。

萧山大围垦

20世纪70年代东江围垦，又称第12工段围垦，由萧山县统一指挥，长河公社组织下属大队共参加4期，分一围（又称“老围”）、二围（又称“新围”），围于1974年、1976年、1977年、1978年。1974年3月19—26日，萧山县组织进行为期7天的5万亩围涂工程，江一大队出动1200人参与。8月，受台风影响和潮水侵袭，该滩涂全部沉入江中。8月20日，受台风影响的小围垦堤塘被潮水吞没。后，江一大队发动党员、团员1000多人抢险围堤，保住74亩土地。1976年12月10—17日，由城北区组织下属8个公社参加东江1.5万亩围垦，江一大队派出1000人参加围涂工程，后分得土地191亩。1977年12月2—8日，萧山县组织义蓬区11个公社和其他5个公社，同益农围垦指挥部所属公社一起，围得毛地2.6万亩，与城北区换工开掘大寨河（江一大队参加），城北区分得毛地2.3万亩，江一大队分得毛地230亩。1978年12月21—29日，由萧山县围垦指挥部组织，义蓬、城北两区8.8万人参加东江五至八工段2.3万亩围涂工程，江一大队出动劳动力1029人每日参与该次围涂工程。该工程是给义蓬区的还工工程，城北区未分得土地。另，1986年11月23—29日，萧山县组织东江外第11工段“五万二千亩围垦”。江一村出资9万元，雇用上虞县人出力完工，后长河镇得到土地1009.6亩。1991年，江一村土地承包金最高每亩40元。1992年，农户开始承包东江围垦土地。1999年后，承包户相继退出。

第三章　村域经济

江一村境域是典型的钱塘江南沙地区，由钱塘江冲积而成，沙性土壤，略呈碱性，宜种经济作物。棉花、络麻种植历史悠久。1949年，村域植棉1590亩，总产量21.5吨。20世纪70年代开始，江一大队（村）创办企业，村域经济开始向工、副业方向发展。大批农民办企业，当工人，搞三产，做老板，全村工业产值比例逐年攀升。1986年，种植业总产值1126万元，工业总产值756万元。1988年，江一村村办企业有印染厂、服装厂、工具厂、纱线厂、织带厂、木钻厂、旅游品厂、环保器具厂产、停车场等10家，还有家庭联户企业汽配厂、皮件厂2家。1990年，种植业总产值2854万元，工业总产值4533万元。2001年，工业总量快速增长，总产值达到10.09亿元。2006年，工业产值22亿元，在全街道各村中名列前茅。域内知名企业有杭州江南丝绸集团有限公司、浙江万利工具集团有限公司等。

第一节　农业

江一村境域是典型的钱塘江南沙地区，由钱塘江冲积而成，沙性土壤，略呈碱性，宜种经济作物。棉花、络麻种植历史悠久。粮食作物(大小麦、玉米、小米等）种植始于清雍正年间（1723—1735）。1961年，江一大队种植春粮

2899亩，占总耕地面积的93%，是历史上种植面积最大的一年；1985年，家庭联产承包责任制实行后，全村播种1140亩，占总耕地面积的39.32%，是历史上种植面积最小的一年。1996年后，土地被国家征用，农民向城市居民转化，全村除围垦尚有种植外，内地不再种植。

种植业

粮食种植　境域主要粮食作物有小麦、大麦、玉米、水稻等。江一村域水稻生产，1964—1992年经历过3个阶段。1964—1966年为起步阶段，江一大队种植的水稻每年不上百亩，总产量不上20吨；1967—1982年为第二发展阶段，全大队水稻面积每年500～900亩，总产从20吨跃升至200吨，村民以吃春粮为主转移到以吃稻米为主，生活品质得到明显提高；1983—1992年为全盛阶段，种植面积每年1000亩以上，总产量500吨以上，并从生产常规粳稻向香粳稻、杂交稻发展，从大户种植向优质稻基地种植发展。1996年后，土地被国家征用，农民向城市居民转化，全村除围垦尚有种植外，内地已结束水稻种植的历史。2007年后，境域土地被国家征用，粮食种植退出历史舞台。

蔬菜种植　境域蔬菜品种有青菜、菠菜、芹菜、冬瓜、洋葱、茄子、大白菜、包心菜等。20世纪50年代，农业集体化以前，村民种植蔬菜主要是为了自给，少量到集市出售。20世纪50年代末至80年代初，由生产队集体种植，经简单加工后，作为商品运往萧山、杭州等地出售，小部分分配给社员食用。时生产队大量种植菜瓜（黄瓜），每年夏天起产，社员挑运至杭州南星桥，卖给大同酱园，腌制成酱瓜，运往苏州、上海等地。同时种有黄金瓜、雪瓜、梨瓜等甜瓜，运往城里销售，是集体经济重要收入。到20世纪80年代，家庭联产承包责任制实行后，村民进村办企业或外出打工，收入颇丰，种植蔬菜积极性降低，面积锐减，虽仍有人种植，但以自给为主。20世纪90年代后期，发展城郊服务型农业，江一村蔬菜种植一度恢复发展。后随城市化推进，土地被征用，蔬菜种植消退。2002年，全村有蔬菜面积1860亩，总产量4408吨。2003年，种植面积下降至1208亩，总产量下降至2899吨。2004年，种植面积减至400亩，总产量减至960吨。

经济作物　境域经济作物主要有棉花、络麻、油菜。

1949年，亩产皮棉只有13.5千克，全村域共植棉1590亩，总产仅为

21.5吨；1950年，亩产皮棉16.5千克，总产26.24吨。1954年，种植面积1600多亩，占总耕地的50%以上。随着种子的改良、农业科技的应用，产量逐年提高。1955年，植棉1687亩，单产皮棉31.5千克，总产达53吨。1978年后，种植1583亩，亩产66千克，总产104吨。1984年，种植1209亩，亩产达114.5千克，总产138.43吨。1985—1987年，长河镇以市场为导向，调整种植结构，减少棉花种植面积，江一村棉花种植面积减少到800亩左右。1999年后，随着棉花市场开放，棉花价格降低，又受农业产业结构调整影响，棉花种植面积和总产量逐年下降。至2002年，全村仅在围垦地区种植160亩，亩产71千克，总产量11吨，村域基本没有棉田。2003年后，棉花不再种植。

旧时，江一村域曾大量种植络麻，但生产落后，产量不高。中华人民共和国成立后，发展较快，大致经历以下几个阶段：1949—1957年，种植面积少、产量低，每年种植1000～1200亩，亩产140～200千克，最高产量1955年，亩产225千克。1958—1963年，国家增加粮食产量，缩减络麻面积，每年种植800亩左右，但单位产量明显提高，亩产上升到285～325千克。1964—1970年，种植面积恢复至1000亩以上，亩产突破350千克。1971—1980年，种植面积下降至1000亩以下，亩产在350千克上下浮动。20世纪80年代后，承包到户，亩产提高到450千克左右，但种植面积逐年减少。1988年，年种植仅存788亩。1992年后，化纤工业兴起，络麻生产受到严重冲击，加上络麻从种植到收获，劳动强度大，沤麻造成水质污染严重。至1992年，全村种络麻687亩。2000年，络麻退出种植历史。

1970—1982年，江一大队种植面积100～200亩。家庭联产承包责任制推行后，油菜的种植和村民自身食用油需求紧密相关，种植面积显著增多。1983—1992年，年种植面积突破300亩。1992年，种植面积629亩，总产达44.03吨，是历史上产量最高的年份。2000年后，不再种植油菜。

养殖业

江一村域的养殖业以猪、鸡为主。农业集体化后，为解决肥源和社会用肉，养猪业被列为畜牧业之首，政府重视，政策支持，除家庭养殖外，生产队、生产大队都办有畜牧场。1971—1980年，江一大队养猪事业发展平稳，生猪年饲养量基本保持在2000头以上，最高年份为1971年、1979年，分别饲养

2464头、2974头，户均数达2.8头、2.6头。1981年后，由于村民进社队企业、外出打工做生意、拉车搞运输的人增多，家庭养猪逐年减少，1981年全大队生猪饲养量还有2179头，户均1.9头，至1986年剩下1883头，户均养猪仅为1.2头。饲养数虽然下降，但畜牧业收入却逐年提高，1974年，全大队畜牧业收入为1183元，1984年达到21.29万元，增加近180倍。1981年9月，在养猪业萎缩的情况下，大队调整养猪政策，在内地总土地中提出“0.8%土地作为饲料用地”，以刺激养猪业发展。20世纪80年代后期，出现多个养猪专业户。20世纪90年代末，进行适度规模养殖。2001年，7组村民褚木根，养殖生猪及珍珠鸡，创效益135万元；15组养猪大户周木水，养殖生猪1220头，创效益65.9万元。

江一村域除养猪外，其他家禽家畜主要由农户家庭饲养。村域养羊历史较早，可追溯到1963年，但由于缺乏草料，未有发展。有些社员之所以养羊，是因为羊可抵养猪的任务数，但数量不多。20世纪80年代初，改革开放后，养禽、养兔、养鱼、养蟹等渐渐兴起。1992年是淡水养殖最好的一年，全年有养殖水面47亩，水产品总量43.5吨，总产值17.15万元，养殖品种有青鱼、草鱼、鲢鱼、鳙鱼、鲫鱼、鳊鱼、鲤鱼等。

第二节　工业

发展过程

江一村工业起源于20世纪80年代。1980年10月2日，江一印花厂建成投产。1987年，杭州木钻厂萧山分厂建成投产，当年创汇59.4万元，获利6.2万元。1988年，江一村村办企业有印染厂、服装厂、工具厂、纱线厂、织带厂、木钻厂、旅游品厂、环保器具厂等10家，汽配厂、皮件厂2家家庭联户企业。实现工业产值3102万元，上缴税金38万元。工业产值占全镇村办企业经济总量的41.3%。

1992年，江一村村办企业产值达1.1亿元，成为长河镇首个亿元村。1995年，浙江万利工具集团有限公司拥有自营出口权，并被列为国家第十四批机电产品出口基地。1995年10月10日，杭州长江洗染有限公司生产的消毒剂、消洗剂，在国家科委主办的中国技术产品交易博览会上获金奖。1999年12月，浙江万利工具集团有限公司转为民营企业，注册资金5000万元。2001年，江一村工业总量快速增长，总产值10.09亿元。全村企业有固定资产1.05亿元，所有者权益1.56亿元，资产负债率61.1%。

知名企业与产品

杭州江南丝绸集团有限公司　创办于1980年10月2日，由江一村委投资8万元，厂名为萧山县长河公社江一印花厂，第一任厂长阮金牛。1983年3月13日，全厂31名党员、班组长以无记名投票方式，推选张泉根为厂长，并实行风险承包。同年12月，更名为萧山丝绸印花厂。1986年，企业总产值2553万元，占当年全镇工业总产值的1/3。1987年1月1日，工厂更名为杭州江南印染厂。1990年，产值1000万元，利润108万元。1995年，组建杭州江南丝绸集团有限公司。1997年12月，企业转换经营机制，公司拍卖，张泉根中标为受买方。2001年，公司完成5000万余元的自营出口业务，出口服装10万件，印染布23.51万米，创汇144万美元，被滨江区列为重点骨干企业。

浙江万利工具集团有限公司　1987年4月，由江一村办的杭州木钻厂萧山分厂建立（同时又挂一块“萧山之江工具厂”的牌子），生产机用和手工两种木工钻，主要用于钻眼凿榫，产品出口国外。1990年，与湖南机械进出口集团公司联营。1994年成立集团公司，改名为浙江万利工具集团有限公司。1995年，拥有自营出口权，并被国家列为第十四批机电产品出口基地。1999年12月，设立浙江万利进出口有限公司。1998年，浙江万利工具集团有限公司与3家外商企业合资经营。产值由开始时300万元逐步上升至8000万元，出口从几百万美元上升到1000万美元。同年，集团公司总产值达到2.31亿元，实现销售收入2.25亿元，创利税470万元，出口创汇1800万元，其中自营出口580万元。1999年12月，集团公司转为民营企业，注册资金5000万元。公司生产、经营金刚石锯片系列，木工工具系列和橡塑制品系列，系长河镇主要出口创汇企业，其木工工具生产能力居全国之首。2005年，新厂房迁入滨江长河工业园区，占地面积50亩，建筑面积4万平方米，总资产1.5亿元，职工1500人，年产值18亿元，出口创汇2亿美元。

杭州美时丽制衣有限公司　原为江一服装加工厂，创办于1975年，是一家村办企业。办厂之初，仅有15名职工，12台缝纫机。开业初，为闻堰内衣厂、杭州红光服装厂加工劳保用品。1984年，与凯星西装厂实行紧密型联营，规模渐渐扩大，职工增至180人，年产值达到50万元。1992年，与香港永利公司合作，成立杭州江利制衣有限公司。1994年，与香港美时年公司合资，成立杭州美时丽制衣有限公司。1997年，企业转制，由村办企业转为私营企业。2006年，投入1200万元，在长河工业园区（二期）新建厂房1.6万平方米。

杭州长江创业投资有限公司　公司于2007年创立，是在杭州长江实业有限公司基础上发展起来的一家有限公司。杭州长江实业有限公司创建于1998年，下辖杭州长江洗染有限公司、杭州长江精细化工公司、杭州长江精细化工厂3家企业。杭州长江精细化工有限公司于1990年成立，是在江一化学助剂厂的基础上发展起来的企业，主要从事纺织印染助剂的生产和销售，主导产品为纺织印染助剂、工业助剂、消泡剂及消毒药水等。杭州长江精细化工厂主要从事精细化工产品的技术改造，为客户提供纺织印染助剂的技术推广和应用服务，并设计开发适用于市场要求的纺织助剂产品。杭州长江洗染有限公司于1993年成立，拥有筒染、印花、段染3个分公司。筒染分公司主要从事白厂丝、绢丝、涤纶丝、棉纱以及晴一涤、晴一棉等染色整理，其中真丝筒子染色项目弥补省内空白。印花分公司拥有全套瑞士印花设备及各类面料的染色、砂洗生产设施，其中“天丝”面料染整技术处于国内领先地位。段染分公司主要经营各类纱线的七彩段染色，其牢度等指标已与国际接轨，并向国际品牌提供原材料。

第三节　商贸服务业

1949年前，因土地贫瘠、旱涝频繁，江一村域村民生活贫困。农户生产棉花加工织成的棉布（土布），以自己穿用为主，也有到集市出售，换取生活所需的各种用品。1953年，粮食实行统购统销，根据生产情况实行定额购销，统购数字一般3年不变。1956—1976年，私营商业实行社会主义改造，生产资料实行计划分配。由于物资缺乏，日用消费品一律凭票供应。20世纪80年代，改革商业体制，鼓励农民经商，商品呈现繁荣景象。生猪价格放开，允许个体屠商购销。20世纪90年代，商品取消票证，全部敞开供应。外来人口增多，餐饮业迅速发展，各类饭店、面馆、小吃店等相继开业。21世纪初，随着滨江区城市建设发展，出现一定规模的超市、酒店、农贸市场。

集体商贸业

20世纪50年代初，国家对私营、个体商业采取保护政策，打击投机倒把活动，平抑物价，稳定市场，对私营、个体商业实行扶助改造方针。1956年，实行私营商业社会主义改造，大部分个体私营商户、小商小贩组建成合作商店和合作小组。1958年，进行私营工商业社会主义改造，个体私营小店合并为合作商店，隶属于长河供销社。

20世纪60年代，江一大队设有1家供销社代购代销店，安排2个人，1个月盘点1次，利润全部上缴供销社，人员工资由供销社下拨。合作商店规模较小，1人营业，散落在各个自然村落。合作商店由供销社提供货源，主要供应糕点、糖果、烟酒等日用品，大部分凭票供应。1959—1962年，胶鞋、肥皂、火柴、棉毛衫裤、汗衫等29种商品实行凭票供应，铝锅、搪瓷等8种商品凭出售农副产品奖券供应。销量较大的香烟，同样凭票供应。1978年，长河新粮站建成并开始营业，为江一大队售粮带来方便。1984年，终止生猪派购政策，价格放开，市场放开，允许个体屠宰商购销。1989年，江一村建造农贸市场，地址在原304国道旁，面积300平方米。1995年，规范屠宰市场，设立定点屠宰场，屠宰点随即取消。合作商店解散或拍卖。2003年，新建农贸市场，建筑面积2200平方米。2004年3月，建设商业步行街“星光大道”。步行街南始于江南大道，北至钱塘江畔，全长900米，总用地7万平方米，建筑面积15万平方米。

私营商贸业

1978年后，国家允许并鼓励待业青年、闲散居民和农村富余劳动力从事商业、服务业。市场和物价逐步开放，商品渠道畅通，商业随之日益繁荣昌盛。境域一些村民及外来人员在此设修车铺、农用机械、中小农具销售部，开设饲料店、快餐店、卖肉店、修补店、机械电焊修理店、杂货店、小超市等。1984年，一些村民开起猪肉铺，向农户收进毛猪，自宰自销。个体商业迅速发展，市场上商品日渐增多，各种凭票供应的票证相继取消。1997年，随着城市化的推进，居民服务业迅速发展，美容美发店、搬家公司和家政服务中心逐步增多，为居民提供美容、理发、搬家、保姆、钟点工、居家养老等家庭服务。2000年后，个体商店、摊位、超市、饭店遍布小巷，形成多种经济成分、多种经营方式并存的现象。2007年，境域有食品经营户60户，餐饮服务单位42家。

第四章　社会事业

民国37年（1948），江一村域设有国民小学。20世纪50—60年代，农村主要通过文艺宣传队、露天电影等开展群众文化活动。20世纪80年代，村域俱乐部设阅览室、乒乓球室、棋类室、广播室。1989年，投资19万元翻建江一村完小，由平房改成楼房。20世纪90年代，由于电视机普及、卡拉OK流行、网络文化兴起，电影放映渐趋减少。滨江区成立后，传统文化活动与新兴文化活动相融合，新的文化形式得到发展。2000年12月，江一小学教育楼竣工。2004年，杭州市滨兴学校建立，设小学部和初中部。长河街道社区卫生服务中心在江一村设卫生服务站，服务站设有诊疗室、药库、药房、输液室。

第一节　教育　医疗

教育

幼儿教育　1958年，江一大队所属生产队根据生产需要，在农忙时节组织临时托儿所、幼儿班，由年老体弱的社员负责照看孩子，生产队适当补贴工分。1981年后，江一大队创办小规模幼儿园，组织有文化的年轻妇女担任老师和保育员。幼儿园老师自制教具、玩具，自编游戏和幼儿节目，教育小孩子。至1982年，长河公社10所幼儿园中，江一大队的幼儿园是规模较大的大队一级幼儿园。至2008年4月，江一村境内有幼儿园4所，其中江一村村民办（承包）2所（江一幼儿园、文星幼儿园），外单位（村）办幼儿园2所（滨兴幼儿园、春波幼儿园）。合计建筑面积6306平方米，在园幼儿814人，教职员工81人。

江一幼儿园，1989年，原江一小学校址搬迁，在江一小学原址建办江一幼儿园。幼儿园建成后，由村民汪林娜承包，每年向村缴纳一定的费用，村在水、电及设施等方面给予帮助支持，幼教人员使用、师资培训、幼教设备筹备等方面由汪林娜负责。至2008年4月，江一幼儿园有建筑面积600平方米，在园幼儿150人，教职工8人，各班均配备彩色电视机、影碟机、录音机、功放机、空调、饮水机等。

文星幼儿园，1996年4月28日，村民胡福荣在位于红一村14组的自家宅院办起文星幼儿园。至2008年4月，文星幼儿园有滑梯3个、空调4台、风琴1台、彩色电视机4台、饮水机3台。文星幼儿园采取低收费的方式，以方便周边幼儿及外来民工的幼儿就近入园。暑假期间开设困难班，接收双职工夫妻的子女入园。除提供中饭和下午点心外，对有特殊困难的幼儿还提供平安晚餐。

滨兴幼儿园，2004年9月，由江二村村民办的原钱江幼儿园更名为滨兴幼儿园，迁入新落成的位于江一村境内的滨兴小区。滨兴幼儿园占地面积1800平方米，建筑面积2100平方米，在园幼儿280人，教职员工28人。滨兴幼儿园是杭州市乙级幼儿园，配备多功能厅、美术室、舞蹈房、空调卧室、大型活动室及大、中、小型玩具等，有电脑10台、钢琴3架、电子琴3架、电视机2台、DVD机2台、投影机1台、大型完整厨房设施1套。

春波幼儿园，2005年创办，系杭州笑笑幼儿教育集团跨区域的连锁幼儿园，位于江一村域春波小区。全园共10个班级，园内设有亲子室、舞蹈室、美工室、架子鼓室、幼儿生活操作室、民俗游戏区等。每班均设有独立的活动室、午睡室、餐厅、洗手间。各班配有2名专职教师和1名体育老师。幼儿园以“动漫”和“早期阅读”为特色，开展丰富的主题和实践活动，促进幼儿身心健康发展。

中小学教育　旧时，境域有私塾。民国37年（1948），村域设有国民小学，有一间教室，进行复式教学。中华人民共和国成立初期，江一村域有1所初级小学，隶属于长河区中心辅导学校。校舍为几间破草舍，有2名教师。1971年9月，江一小学开始附设初中班（称“戴帽初中”），学制2年，首届招生48人，校名改为江一学校。同年，江一学校有1～6年级共13个班级，在校学生643人，在校教职员工15人，其中公办教师3人、民办教师12人；初中班有初一年级1个班学生49人，初二年级1个班学生35人。1979年，学制改革，初二年级学生分流，9人考入高中，16人读初三，余下的毕业生进入社会工作。至1984年8月，初中部只设初一、初二年级，初三年级学生转至江二学校初中部。1988年后，萧山县教育局决定撤销江一完小附设的初中班，在读的初中学生转入江二初中就读，江一学校校名恢复为江一小学。1989年，投资19万元翻建江一村完小，由平房改成楼房。2000年12月，因江晖路建设而异地迁建的新江一小学竣工并通过验收，总投资400万元。2004年9月，滨江区属九年一贯制学校——杭州滨兴学校建立，设小学部和初中部，江一村的初中学生280多人及在江一村务工的外来民工子女进入该校初中部就读。初中毕业后考入高中的学生，一般在杭州市长河高级中学就读，也有的学生到浦沿、西兴及萧山、杭州等地的高中、中专、技校就读。2006年，学校投入资金650万元，用于配套设施建设，其中包括灯光球场、配套用房等6230平方米。

成人教育　20世纪50年代，境域创办农民业余识字班，又称夜校。课程以语文、农技和时事为主。1982年起，村俱乐部业余夜校举办技术培训班，有裁剪班、农技班，一期为3～5个晚上。1990年起，以脱产学习为主，集中15天时间，把文盲、半文盲的青少年集中起来举办扫盲班，进行识字教学，强制性学会1500个字。2000年后，业余夜校是村民特别是青年人参加活动最多的地方，设有识字班、高小班，常年办2～3个班，一般由初中生老师教高小班，高小生老师教识字班。夜校里订有教育计划和教育纪律，不但可以学文化，也可以学习科学种田的知识，有时请公社农技部门的技术人员，讲解棉花、络麻、水稻等栽培技术，以及施肥、病虫害防治等技术。

医疗

医疗机构　1952年，境域派人参加萧山县农村卫生员培训。1958年，组建简易卫生室。1959年，有村民参加萧山县接生员培训。1964年在大队部旁边，利用1间不到20平方米的草舍，组建起江一大队卫生室，仅有2张破旧桌子、1条长凳、1只木头出诊箱、几副玻璃管注射器，1把剪刀，1把钳子等器具，只能对一般的小病、小伤痛进行简单的治疗、包扎。1968年，大队卫生室的医生、卫生员一律改称为“赤脚医生”，待遇以记工分为主，收入相等或略高于一般社员。1969年10月，大队卫生室改称为大队合作医疗站，实施合作医疗制度。1985年，江一村医疗站医务人员增加到5人，其中3人为乡村医师、2人为乡村卫生员，全年门诊1.57万人次，出诊858人次，进药3.63万元，转院外报销936.05元，医疗站内报销1.25万元，各项收入合计9299.51元。江一村医疗站的医疗卫生人员全部参加城北区、长河镇乡村医生工作者协会，根据协会规章，实行门诊处方、门诊日志、收款收据、收费标准、购药凭证的“五个统一”。1996年，江一村卫生室面积100平方米，药品150种，医生3人。

2003年，卫生室改名为卫生服务站，由长河街道社区卫生服务中心一体化管理。卫生服务站地址位于江晖路与滨兴路交叉口西北侧，有房屋10间，面积200平方米，设有诊疗室、药库、药房、输液室。2007年，江一村卫生服务站设有内科室、外科室、中医针灸科、药房、注射室、输液室（内有输液病床10张）、病房（内有病床2张）、急诊抢救室（内有抢救病床2张）及资料室、值班室，建筑面积226平方米。有医务人员7人，能基本治疗一般的常见病、多发病，处理一些小手术。

传染病防治　20世纪50年代初，传染病是村民疾病和死亡的主要原因。境域成立“爱国卫生运动”领导小组、传染病防治工作协调小组，贯彻“预防为主”的方针，通过消灭“四害”［苍蝇、蚊子、老鼠、麻雀（后改臭虫）］、“改水”、“改厕”，初步改善卫生条件，对传染病病人进行个例调查，对学生进行健康检查，落实以免疫接种和疫情控制为主导的综合性防治措施，传染病发病率和病死率大幅度下降。1976年，江一大队基本上消灭姜片虫病。1983年，消灭血吸虫病。1988年，基本消灭疟疾。1992年后，江一村基本消灭脊髓灰质炎（俗称“小儿麻痹症”）。1997年，达到消除碘缺乏病的标准。2000年后，医疗站发现患者，采取相应医疗措施控制疫情，及时转上级医院治疗，并向镇、区、市医疗卫生、疾病防控部门报告。

妇幼保健　1953年，江一村域妇幼保健工作重点推广新法接生，开展产前检查，产后访视，孕期保健，婴幼儿童预防接种等，防止产褥感染与脐带风，减少妇婴死亡率。1959年，长河公社卫生保健部门要求妇女生产产前检查、新法接生、住院接生均达到100%，至1961年，江一大队基本达标。1983年，江一大队医疗站配合县卫生防疫部门，把儿童“四苗”（百白破三联菌苗、卡介苗、麻疹活疫苗和脊髓灰质炎疫苗）接种与儿童保健相结合，实行儿童保健日制度。1987年，把每月1次2天的儿童保健日改为每月3次4天。1989年起，1～3周岁儿童系统管理率为76.7%，4～7周岁儿童系统管理率为85%。1992年后，儿童管理率提高到85%左右，并逐步完善体弱儿童管理办法。2000年后，协助和配合上级医疗卫生部门，做好妇科病查治、孕产妇系统管理、高危妊娠管理、婴幼儿保健等妇幼保健各项工作。

合作医疗　1969年，江一大队参加合作医疗的社员，每人每年交纳医疗费2元，其中1元由大队公益金中开支，专款专用，不足部分由大队给补。

20世纪80年代后，长河镇医管会成立，规定医药费报销70%，自己负责30%；慢性病人需要长期服药者，医药费报销50%；妇女难产者医疗费报销70%。1994年起，江一村实行以大病互助合作的风险型村民合作医疗保健制度，重点解决村民患大病、重病医药费负担过重问题。合作医疗基金采取村民个人、村、镇政府共同筹资的方法，逐年增加报销额度。1998年，按户每人一次性交纳25元作为合作医疗资金。凡参加合作医疗者均可在1998年度享受村医疗站内门诊药费60%的报销，骨折病人可享受在外院骨伤科门诊药费30%的报销，住院病人（含产妇）享受在5000元以内医药费（含治疗费、化验费等）30%的报销。参加人病统筹医疗，按户每人在参加合作医疗的基础上再交纳10元医疗集资费，当年住院病人可享受一次性住院费在5000元以上部分50%的报销。不参加合作医疗者不享受。2003年，按户每人每年36元（“五保户”、特困户、残疾人的个人缴纳部分由村集体资金支付）作为合作医疗资金，长河镇政府以每人每年10元的标准资助，滨江区政府以每人每年10元的标准资助，合计每人每年为56元。凡参加合作医疗者均可在该年度享受境域医疗站内门诊药费65%左右的报销，对住院期间符合报销范围的费用实行分级分段定额报销制度。镇卫生院一次性住院医疗费用报销标准：1001～5000元报销20%，5001～10000元报销30%，10001～30000元报销35%，3万元以上报销40%。人均年度累计最高报销额为2万元。

第二节　文化　体育

文化

文化设施　1958年，江一生产大队在大队部旁边建起简易篮球场和乒乓球室等活动场所。1966年，江一大队在江一印花厂厂址建起大会堂，面积约500平方米。大会堂内建有简易舞台，配备有扩音、播音、照明设备和其他文化、体育设施，可开展文艺演出、开会等大型活动，是大队俱乐部的主要活动场所，也是全大队社员，特别是年轻人的主要文化活动中心。20世纪80年代起，江一大队域内社队（乡镇）企业重视企业文化建设，企业在厂区内建起篮球场、乒乓球室、棋牌室、电视室、阅览室等文化、体育活动场所和设施，开展多种形式的文化、体育活动和联欢活动。2003年，加大对群众文艺活动的投入，实现“五个一”工程，即一个老年(少儿）活动室，一个电子阅览室(图书馆），一个集健身、娱乐、教育等多功能综合活动室，一个宣传窗，一个室外文体活动场所。2007年，江一村俱乐部的图书室有图书1000多册，书籍由俱乐部自己购买，也有向上级图书馆借阅，主要有三大类：第一类是文艺作品，如小说《红岩》《青春之歌》《林海雪原》《野火春风斗古城》等；第二类是农业科学技术知识，农作物的栽培、病虫害防治、家禽家畜疾病防治等；第三类是健康保健与卫生。

文化活动　20世纪50年代，境域农会组织农民业余宣传队，配合政府发动群众，为土地改革、抗美援朝、镇压反革命运动营造声势，形式多样，如张贴宣传标语，出黑板报表扬好人好事，以及敲锣鼓、扭秧歌等。每逢重大节日和新春传统佳节，还组织文艺爱好者演出文艺节目，如唱革命歌曲、方言快板等。其内容主要是歌颂农民翻身得解放，宣传党和政府的方针、政策等。1964年，江一大队俱乐部成立。俱乐部十分活跃，自编节目，除该大队外还应邀到其他大队演出，受到广泛好评。1967年，江一大队毛泽东思想文艺宣传队（简称“文宣队”）成立。文宣队的节目大多现编现写，短小精悍，不少都是在生产大队和社员身边所发生事情的基础上加工、提炼而成的。表演形式有越剧清唱、独唱、三句半、对口词、相声、小品、双簧、故事等。农闲时节，或天气晴好的晚上，文宣队到各生产队、自然村去巡回演出，虽然演出场地十分简陋，演出水平也不是很高，但很受社员群众的欢迎，成为当时江一大队一道亮丽的风景。

1953年后，电影开始面向农村放映。萧山县电影放映队利用村域的空地和3个村校的操场，不定期放映露天电影。每场电影收费10～20元，由村（生产大队）集体支付，村民不用买票，免费观看。电影放映前，一般都放映幻灯片，电影队自己编制幻灯片，宣传党的方针、政策、时事、农业科学技术知识和村里的新人新事，然后放映一些新闻简报和科技短片，村民们从中了解到一些国际国内大事和科技知识。20世纪80年代后，萧山城里和长河、西兴、浦沿等镇相继建起上等级的影剧院，吸引不少村民，特别是年轻人前去观看。20世纪90年代后期，有线电视进村入户，农村业余文化生活呈现丰富多彩的局面，露天电影随之逐步消失。

体育

学校体育 中华人民共和国成立初，村域学校设体育课。1952年，学校为贯彻毛泽东主席“发展体育运动，增强人民体质”题词精神，加强学生体育活动训练。1954年，推行第一套少年儿童广播体操。1958年，开始突出勤工俭学，学校体育活动逐渐被劳动所替代。20世纪60年代，学校体育课改为军体课，对学生实行军事基本操练，取代原有的田径、球类运动项目。1977年起，学校体育活动逐步正常，重视体育课教学质量，保证学生每天有1小时以上的体育锻炼时间。20世纪80年代起，注重体育课教学质量，组织学生进行跳高、跳远、跑步、掷铅球等田径活动，开展跳牛皮筋、转呼啦圈、套圈、踢毽子等趣味活动，定期进行达标测试和视力检查。2000年后，学生每年参加滨江区中小学运动会，进行各种体育项目比赛。

群众体育 20世纪80年代前，群众性体育活动较少。20世纪80年代后，随着村级经济的发展，村民生活日益丰富，体育项目有篮球、乒乓球，康乐球、棋类、扑克、拔河等。1993年起，妇女们成立江一村健身队，开展健身活动。长河镇文化站专门组织其他村的妇女代表，来江一村开现场会，观看江一村健身队的健身表演，并在各村推广。1995年，江一村购买20面腰鼓，正式成立江一村腰鼓队，有队员20多人，经常开展排练和演出活动。1998年，长河镇第六届全民运动会举行，江一村有20名运动员参赛。1998年4月，在滨江区举办的全区健身球比赛中，江一村代表队获得全区一等奖。2002年起，30多名妇女以春波小区为活动中心，开展交谊舞、排舞、健身球、健身操、木兰拳、木兰扇等健身活动，并于2004—2007年分别获得市、区相关比赛的第三名或三等奖。2006年4—6月，滨江区举行第一届社区运动会，江一村组建队伍参加比赛。2007年，有村民健身活动场所500平方米，购置10多种健身器材，建设乒乓球活动室、羽毛球活动场地。

第五章 民情风物

民国及以前，江一村境域村民大多无地或少地，加上遭受连年的战乱和社会动荡、物价暴涨，还有苛捐杂税的重压和洪涝干旱等自然灾害的危害，村民生活大多比较贫困。中华人民共和国成立后，村民生活得到逐步改善。20世纪70年代前，农村居民收入主要依靠农业生产从集体分配得到实物和现金两种收入。20世纪80年代中期起，随着农村经济的发展，农业商品化程度不断提高，收入由单一结构逐渐向多元化转变，家庭经营收入和工资性收入大幅度增长。1990年，江一村农民年人均纯收入1449元。滨江区成立后，境域经济快速发展，居民收入进一步提高。居民消费明显向教育文化娱乐、交通通信、医疗保健和城市居住等方面倾斜。大多数家庭拥有高档电器，部分村民还有小轿车，基本达到小康生活水平。2002年，江一村村民年人均纯收入9204元。2007年，村民年人均纯收入1.26万元。主要名特物产为络麻。历史名人有烈士平锡成、汪水法、周阿真。

第一节　收入与消费

村民收入

中华人民共和国成立后，境域经过土地改革和互助合作时期，农业生产得到恢复和发展。农村居民收入来源主要依靠农业生产从集体分配得到实物和现金两种收入。1955年，江一村域社员年终人均经济分配现金收入64元。1979年，江一大队的总收入108.07万元，社员年终人均经济分配现金收入149元。1983年，全大队总收入167万元，社员年终人均经济分配现金收入342元。1983年后，实行家庭联产承包责任制，村民先后进入第二、第三产业，由社员变为企业职工，报酬与企业的经济效益直接挂钩，特别是镇、村企业转制后，个体私营经济快速发展，村民劳动力大批转向第二、第三产业。村民收入呈现多层次结构，除在村级企业就业外，还有一部分从事个体运输、工商服务等，有的还到村外的企事业单位工作。1990年，江一村村民年人均纯收入1449元。滨江区成立后，农村工薪收入、财产性收入、转移性收入占比增加，经营性收入下降。2002年，江一村村民年人均纯收入9204元。2007年，村民年人均纯收入1.26万元。

粮油分配

1955年起，村域严格实行国家粮食定产、定购、定销政策。20世纪60年代初人民公社食堂解散后，江一大队社员口粮数额按人口年龄段确定（以岁定粮）。社员粮食可分配总量由两部分组成，绝大部分为集体生产的粮食，以实物分配；少量为国家统销粮，凭粮票向国家粮站购买。1965年，社员人均口粮228千克。1970—1978年，大队设有储备粮仓，以备荒年。集体生产的粮食，在完成国家交售任务及留取种粮、饲料粮、储备粮和其他用粮后，其余作为社员口粮，大部分按人口定量分配，少部分按劳动工分（含土肥投入结算工分）分配。1979年，社员人均口粮426千克。1983年，实行家庭联产承包责任制，江一村不再进行粮油分配。

村民消费

中华人民共和国成立后，农民生活得到不断改善。居民计划供应口粮，1956年起，实行以人定量，定量标准按工种、年龄大小分等核定，1963年，江一村人均口粮250千克。20世纪60—70年代，中青年男子一般穿中山装、列宁装，妇女改大襟衫为小襟衫，出现两用衫。当时布料质地为纯棉，以卡其、灯芯绒等为上乘。1970—1983年，社员用粮水平变化相对比较平稳，最低的是1975年，人均口粮232.5千克；最高的是1981年和1982年，达到321.5千克。此后，生活大幅度改善，有民谣说："吃讲营养、穿讲漂亮，住讲宽敞，用讲排场，走讲车辆。"2000年，江一村有汽车117辆、空调370台、各式彩电1275台、黑白电视机712台、各种冰箱1038台、洗衣机1022台、摩托车845辆。21世纪初，境域新建许多三层及三层以上的住宅楼，采用钢筋混凝土结构，还浇筑地梁、圈梁、固梁。外观也较为讲究，有"一"字形尖顶的、"工"字形、"7"字形的，有的房顶为琉璃瓦楼檐、外墙贴彩色马赛克，室内铺设彩色水磨石板、油漆木地板、大理石板或彩色地砖。楼内卧室、厅堂、会客室、厨房、卫生间、浴室、自来水设施配套，普遍装有电话机和空调。楼前天井用围墙圈合，并设进院总门和门台。2008年，全村（社区）有小轿车、普通家用车、载货汽车计200辆。

第二节　民俗　风物

方言

江一村境域的方言符合1987年版《萧山县志》所列萧山方言的29个声母、45个韵母、6个声调的体系。江一村域方言中有一系列双音节复合形容词，往往是第一个词来形象化地修饰第二个音节那个形容词，合起来表示同一个意思，起着强调、加深的作用。比如：滚圆，像滚的球或轮子那样圆；石硬，像石头那样硬；粉嫩，像粉做那样嫩（一般形容一个人长得年轻，皮肤白皙）；滴绿，像水滴那样绿，包含嫩绿的意思；碧绿，像碧玉那样绿；金光，像金子发出的光；烂潮，像动植物腐烂时流出水分那样潮湿；席滑，像竹席那样光滑；墨暗，像墨一样黑暗，伸手不见五指；煞亮，像闪电一刹那那样亮；雪亮，像雪反射光那样亮；粉碎，像粉末那样碎；冰冷，像冰那样冷；火热，像火一样热；飞快，像飞鸟那样快。

信仰

江一村信佛教的群众不少。据不完全统计，全村信奉佛教的有5000多人，但村内没有寺院，也无庙堂存在。2008年，全村6385人，约有90%的人信奉佛教、道教。

20世纪80年代后，长河基督教堂恢复重建。江一村域基督教信徒到江二村域的耶稣园自然村等地开展宗教活动。2007年，江一村有基督教信徒200人左右。

名特物产

络麻　长河种植络麻，始于清末民国初，时称“青麻”。民国《萧山县志稿》载：“青麻，产沙地，有洋种、本种之别。四月种，八月剥，运销外洋，用途颇广。”江一村域为主产区之一。本种络麻植株矮小，纤维质量差，产量低，自民国35年（1946）引进洋麻（印度麻）后，逐渐被淘汰。洋麻，主要是黄麻和红麻。20世纪50—60年代，主要品种为荚豆种黄麻，后被产量更高的红麻“青皮3号”取代。萧山是全国重点产麻区，长河为萧山主要麻乡，江一村域是主栽区之一。1970—1980年，年种植面积约1000亩。

专　记

北塘河

原名东永久河，又名大寨河。西起江边排灌站，东至萧山区党山镇前兴村，流经长河、西兴、新街、瓜沥、党山等镇，全长36.2千米，水深2.5米，是钱塘江南岸萧山境内最大人工河流。该河开挖历经四个阶段：最早开挖于1957年，时值农业合作化高潮时期，长河、西兴两地为改变沙地片饮水、排灌困局，开挖该条河流，名为永久河。该河长河境内段长3千多米，流经长一、江三、江二、江一4个村，向东流经西兴街道共联村、协同村2个村进入萧山区。初建时河面窄、河床浅，无法满足沿途农田的排灌需求。1973年11月，城北区公所组织西兴、长河、浦沿3个公社的群众，结合农田基本建设，对该河全线整治，加宽加深，渐成规模。

1977年12月，萧山县为改善围垦地区的水质、解决当地饮水、灌溉的困难，在"农业学大寨"运动中，组织千余农民，到长河镇钱塘江边建造引水工程江边排灌站，并加宽加深永久河河道。工程历时1年，竣工后河面宽33米，河底宽9米，河深3.5米，主要地段用塘渣驳坎。时钱塘江水可直达坎山等地，长河镇和南沙地区近60万亩农田受益。该工程被看成"农业学大寨"的成果，故河名为"大寨河"。

1984年12月，萧山县为发展航运，再次组织群众对大寨河进行整治，加深河床，使内河船只可直抵围垦地区。至此，该河既能排灌又能航运。

大寨河竣工后，横穿江一村域，域内长2千余米，成为江一村域与村外通航的唯一水路。往西过江边排灌站可进入钱塘江，往东去西兴、萧山、湘湖、绍兴与浙东水域相通，时有小划船、机帆船等出入。后来随着水上运输业的发展，过往船只吨位越来越大。20世纪80年代中期后，村民造房用的材料，由船运抵江一村域河边上岸。参加顺坝、东江围垦人员的物资、器材，也从江一村桥头运往东江。东江围垦收获的农副产品运回江一桥头上岸。

江二村位于长河街道北部，东连江一村，西靠钱江四桥，南邻长河历史街区，北依钱塘江，面积4.2平方千米。明末清初，地域为钱塘江滩涂盐场、牧地，后经历代乡人开发江涂，围地垦殖，聚居成村。

江二村在滨江区的位置

来楚生　林间

第十编　江二村

概　述

江二村位于长河街道北部，面积4.2平方千米。明末清初，地域为钱塘江滩涂盐场、牧地，后经历代乡人开发江涂，围地垦殖，聚居成村。

粮食作物主要有小麦、大麦、水稻等。20世纪60—70年代，工业开始出现，以手工业作坊为主。20世纪80年代初，实施家庭联产承包责任制后，种植业趋向多样化。经济作物主要有棉花、络麻、油菜等。农村的富余劳动力大量转向工业及第三产业。1986年，江二大队有生产队34个，总人口4778人，耕地面积3631亩，种植业总产值253.78万元。20世纪90年代，推行企业改制，引进多家内资、台资企业，涉及建筑、建材、五金、玻璃、纺织等行业。1996年，有村办企业18家，工业总产值1.02亿元。此后，由于推进城市化建设，大片土地被国家征用，境域传统工业外迁，开始出现集团经济和高科技产业，浙江中南建设集团等公司成为经济发展的龙头。21世纪初，个私商业和服务业蓬勃兴起，出现一定规模的超市、酒店、农贸市场以及一批高档次、高品位的写字楼。

中华人民共和国成立初期，江二村域有3所初级小学。1967年，江二小学附设初中1个班级，学制2年。1967年，江二小学附设初中班。1983年，学校恢复小学六年制学制，校舍建筑面积为980平方米。2003年，村域建立长河街道滨兴社区卫生服务站。2004年，江二小学并入滨兴学校。主要历史遗址有东洋东路、钱江汽车站。

中华人民共和国成立初，江二村域通过土地改革，农民分到土地，生活有了保障。农业合作化后，村民依靠集体经济，生活逐步改善。20世纪60—70年代，农户家庭安装上电灯、广播。改革开放后，村民生活水平明显提高。20世纪90年代，许多村民住上三层以上楼房。进入21世纪，闻涛路、江虹路、江南大道、时代大道等城市主干道穿越村域；社区商业街、中南建筑装饰材料市场等建成，商品丰富，贸易繁荣。2005年，村民年人均纯收入1.35万元，大多数家庭拥有高档电器，许多村民还有小轿车。

第一章　基本村情

江二村位于长河街道北部，总面积4.2平方千米。历史上，境域村民聚居开发江涂，围地垦殖，形成村落。1956年10月，境域建立江边乡第二高级农业生产合作社。人民公社时期，建立长河公社江二大队。1984年3月，江二大队改称江二村，隶属城北区长河乡。1995年，有村民小组34个，村民1682户5290人，全村有姓氏98个，百人以上大姓有15个。1999年，有15个自然村。2000年前后，土地被征用的社员由农民转为居民，加上退休职工、城市下放人员、回乡大中专学生，全村非农业人口逐渐增多。2005年4月，滨江区撤销江二村建制，设立江二社区。

第一节　区位　地貌　村落

地理位置

境域位于杭州市滨江区长河街道北部，东连江一村，西靠钱江四桥，南邻长河历史街区，北依钱塘江，总面积4.2平方千米。

地形地貌

土壤　境域属平原，地势南高北低。土壤为钙质潮土，俗称“夜潮地”。表部沉积物主要为亚砂土和粉细沙，颗粒均匀，结构疏松，保水、保肥能力差，水、盐升降速度快，土质相对贫瘠。土质由灰黄色、灰色粉土质、重亚砂土和深灰色淤质粉土质组成，厚30～40米。含沙量高，略呈盐碱性，适应种植棉花、络麻。

钱塘江　钱塘江流经江边码头后，在境域北部擦境而过，向东进入江一村境域北面。钱塘江流经境域1.7千米。

北塘河　原名永久河，又叫大寨河。东至坎山红星桥，西起江边排灌站，全长24千米，是钱塘江南岸最大人工河流。江二段经江二村域农场园、耶稣园、汤家园、式图园等地段，东接江一大队，全长1.5千米。

自然村

历史上，境域村民聚居开发江涂，围地垦殖，形成村落，后在时代变迁中，逐渐淘汰。1980年，江二大队所属自然村有耶稣园、农场园、汤家园、小园、羊前圩、周家园、陈家园、萧家园、六和堂、水地园、头图园、式图园、三图园、三圩里。大队管理委员会驻陈家园。1999年，有15个自然村和34个村民小组，依次为式图园（头图园）的第1组、第25组，耶稣园的第2组、第3组、第27组，农场园的第4组、第5组，老码头的第6组，红中园（五十六弓头）的第7组、第8组、第9组，周家园的第10组、第11组，汤家园的第12组、第28组，荡方园的第13组、第26组，大园的第14组、第29组，羊前圩的第15组、第30组、第16组，三圩里的第17组、第18组，拾排里的第19组、第20组、第32组、第33组，红新园（葛家园）的第21组、第22组、第23组，军民园（三图园）的第24组、第34组，小章家的第31组。

羊前圩（含小坪） 羊前圩位于西江塘北，东接江一村，西靠三圩里，含第15组、第16组、第30组。原住民以来、周、任等姓氏为主，其余多数是移民。明清时期，羊前圩属三都南沙泰围。清宣统二年（1910），废除南沙六围，羊前圩划入长河乡。1949年5月，萧山县设长河区。1950年10月，建江边老乡、钱江乡，羊前圩属江边老乡四正村。1984年，撤社建乡，属萧山县长河乡江二村。1996年，有耕地313亩，后被国家征用。2003年，为滨江区长河街道江二村第15组、第16组、第30组。

三圩里 三圩里东连红旗路，西靠章家湾塘，南临西江塘，北接葛家园，含第17组、第18组。村落居民早先多为移民，李、富、汪、陈、盛、王、夏等为大姓。明清时，三圩里属三都南沙。清宣统二年（1910），废除六围，三圩里划入长河乡。1949年5月，成立长河区。1950年10月，建江边老乡、钱江乡，三圩里属钱江乡五村。1984年，属萧山县长河乡江二村。1996年，有耕地214亩，农户91户271人。2000年起，三圩里土地先后被国家征用，村民已转为市民。该处有著名企业浙大中控技术有限公司及和瑞置业、华业南岸晶都小区等。2003年，为滨江区长河街道江二村第17组、第18组。

小章家 小章家位于西江塘北，东邻红旗路，西接章家湾塘，31村民小组所在地。小章家历史较长，源出长河蓝田章（庄），历史上由章家里章姓裔孙移居于此而形成村落，故称小章家。明末清初，该地已成沙涂，章家里人越过老塘（西江塘），到此垦殖，后散居于塘边，属三都南沙泰围。清宣统二年（1910），废除南沙六围，小章家划入长河乡。1949年5月，设长河区。1950年10月，建江边老乡、钱江乡，小章家属钱江乡第五村。1984年，属萧山县长河乡江二村。1996年，小章家有耕地71亩，农户34户102人。后在城市化建设中，土地全被征用。此地是长河农副产品批发市场和华业南岸晶都商住区一部分。2003年，为滨江区长河街道江二村第31组村民小组。

拾排里 拾排里东接章家湾塘，西靠长江路，南邻沪昆铁路杭州绕行线（浙赣铁路），北连葛家园（萧家园），含第19组、第20组、第32组、第33组村民。村落名称起于1958年人民公社化初期，时提倡军事化管理，村落按军队编制，公社为“营”，大队为“连”，生产队为“排”，时江二大队（连）共13个“排”，该村落排行第十，故名“拾排里”。明末清初，为三都泰围，属西兴场管辖，先是灶地，村民以刮淋制盐为业，后经开垦，成为熟地。清宣统二年（1910），划归长河乡。1949年5月，成立长河区。1950年10月，建江边老乡、钱江乡，拾排里属钱江乡六正村。1984年，属萧山县长河乡江二村。2003年，属滨江区长河街道江二村。是长河农副产品批发市场所在地。

葛家园 葛家园东连红旗路，西邻江三村，南靠拾排里，北接三图园。因葛姓移居历史较长，人数又多，故名。明末清初时，葛家园一带属南沙泰围，为灶地，盐民在此刮淋煎盐。清宣统二年（1910），划归长河乡。1949年5月，长河设区。1950年10月，建江边老乡、钱江乡，葛家园属钱江乡第五村。1984年，属萧山县长河乡江二村。1999年，有村民163户583人，耕地320亩。此后，在城市化建设中，土地全被征用。2003年，属滨江区长河街道江二村。村民转为市民。阿里巴巴（中国）网络技术有限公司、网易（杭州）网络技术有限公司等在此落户。

大园 大园东邻江一村，西倚汤家园，南接羊前圩，北靠周家园，含第14组、第29组村民，王、胡、徐、童、来是村落中大姓。来、陈为世居，其余多是移民。清至民国年间，有坎山一带坍江处农户先后移居于此，因垦殖面积较大，聚居人口较多，故称“大园”。明清时，大园属三都，多为灶地，盐民在此刮淋煎盐，晚清时土地成熟。清宣统二年（1910）划归长河乡。1950年10月，大园属江边老乡四正村。1984年，属萧山县长河乡江二村。1996年，有耕地147亩，72户210人。后来，土地陆续被国家征用，农民全部转为市民。2003年，为滨江区长河街道江二村第14组、第29组。境内有东忠科技软件区、滨兴小区等。

汤家园 汤家园位于红旗路东，大园西，老火车路南，羊前圩北，村落内有第12组、第28村民小组。明末清初，钱塘江北移，江南成陆，即有此滩涂，时为灶地，供盐民制盐。清同治三年（1864），清政府将南沙官地出售于民，长河周边富绅、商贾相继购买，转租给穷苦农民垦种。时河兜里汤姓大户买入最多，南起西江塘，北至钱塘江大片滩涂，全被汤氏购去，转租给农民垦种，故名“汤家园”。清宣统二年（1910），泰围划入长河乡。1950年10月，汤家园属钱江乡第五村。1984年，属萧山县长河乡江二村。1997年，属滨江区长河镇江二村。2003年，属长河街道江二社区。

荡方园 又称“塘方园”“炮台前”，位于三图园东，红旗路西，03省道南，葛家园北，含第13组、第26组村民。塘方园原住民多为来、任、陈、王、徐等姓。明末清初时，荡方园属三都泰围，盐民在此制盐，归西兴场管辖。清宣统二年（1910），划入长河乡。民国19年（1930）2月，杭江铁路在此地动工兴建，因江边地势低洼，易受潮洪冲击，便于路基两侧挖塘取土，抬高路基。工程建成后，路基两边挖出许多池塘，该类池塘村民叫“塘方”，“塘方”周围村落称之“塘方园”。民国22年（1933），钱塘江大潮冲毁了江边火车站和铁路，杭江铁路被迫南移至西江塘边，老火车路基成为通道。中华人民共和国成立后，为保卫钱塘江大桥，解放军高炮部队某连，在老火车路基上修筑高炮工事，长期驻扎，因荡方园位于高炮部队之南，故又称“炮台前”。1949年5月，荡方园属钱江乡六正村。1984年，属萧山县长河乡江二村。2003年，属滨江区长河镇江二村。2005年，为长河街道江二社区第13组、第26组。

三图园 三图园东连荡方园，西靠长江路，南接葛家园，北邻03省道，村落内有第24组、第34组村民。明末清初时，此为南沙泰围，多为灶地，刮淋煎盐，属西兴场管辖。清宣统二年（1910），划归长河乡。1950年10月，三图园属长河区钱江乡第五村。解放军某部高炮连进驻此处，并在老火车路路基上修建工事，故又称“炮台园”。解放军与当地百姓建立深厚感情，为表达鱼水之情，故又改名为“军民园”。1984年，属萧山县长河乡江二村。2003年，属滨江区长河街道江二村。2005年，属长河街道江二社区。

周家园 周家园东邻江一村，西至汤家园，南接大园，北跨03省道，含第10组、第11组村民，聚落沿萧杭公路呈带状分布。原住民以来姓为主，其他多数自民国前后从绍兴、坎山等地迁入。移民中周姓最多。园名来源说法有二：一是明末清初南沙六围形成后，各地穷苦农民相继到此围垦，其中周姓居多，村落以此命名；二是西兴商人周大泉，于清末民国初购入这块沙地，故名周家园，后租给当地农民耕种。明末清初，周家园属南沙泰围，为煎盐灶地，归西兴场管辖。清宣统二年(1910)，清政府将六围划入附近乡镇，周家园属长河乡。1949年5月，长河设区。1950年10月，建江边老乡、钱江乡，周家园属江边老乡四正村。1984年，属萧山县长河乡江二村。2003年，属滨江区长河街道江二村。2005年，属长河街道江二社区。境内有滨兴学校、滨兴小区等。

汤家园五十六弓头　汤家园五十六弓头南邻03省道，北连耶稣园，东靠式图园，西接老码头，含3个村民小组。明末清初时，为钱塘江滩涂，供盐民制盐，属三都泰围。清同治三年（1864），清政府将南沙官地出售于民，长河河兜里汤姓大户买入此片沙地，转租给穷苦百姓垦殖。相传有“五十六弓通清江”之说，即南起西江塘，北至钱塘江，横跨五十六弓（1弓为5尺，约93.33米），全为汤氏土地，总称“汤家园”。该地分南北两块，南片称“汤家园”，北片称“五十六弓头”。清宣统二年（1910），泰围划入长河乡。1950年10月，汤家园五十六弓头属江边老乡第四村。1984年，属萧山县长河乡江二村。1996年12月，杭州市区域调整，属滨江区长河镇江二村。2005年，属长河街道江二社区。

老码头　老码头东接汤家园五十六弓头，西连江边码头，南靠03省道，北倚农场园，因在江边码头东面，并与码头紧紧相连，故名。明末清初时，是南沙泰围一部分，归西兴场管辖。境内以水木塘（清代马塘）为界，塘北是草荡，清兵在此牧马：塘南是灶地，供盐民刮淋煎盐。清宣统二年（1910），划归长河乡。1950年10月，老码头属钱江乡六副村。1984年，属长河乡江二村。1996年12月，区划调整，长河镇划入滨江区。2005年，滨江区长河街道江二社区。

式图园　式图园北靠南沙大堤，南接北塘河，东邻江一村，西连耶稣园，含125村民小组。明末清初时，旗营在此牧马，称南沙泰围，属西兴场管辖。头图、式图，是清代对该块土地的区划名称，并以式图为主，故称“式图园”，也叫“头图园”。清末民国初，坎山一带坍江处灾民携家带口，到此开荒、租种土地，故村中多为移民，其中王、沈、李、汪、陈、周等姓氏人口最多。清宣统二年（1910），划入长河乡。1950年10月，式图园属江边老乡四副村。1984年，属长河乡江二村。1996年12月，区划调整，属杭州市滨江区长河镇。2005年，属长河街道江二社区。

耶稣园　耶稣园东靠式图园，西连农场园，南接汤家园五十六弓头，北临钱塘江，含23个村民小组。明末清初时，耶稣园是泰围一部分，清政府旗营在此牧马。清宣统二年（1910），划入长河乡。村落形成时间较晚，1945年前，此处为荒滩。据老人们回忆，民国34—37年（1945—1948），宁围乡有位叫许宗财的财主，购买该片300多亩荒滩，后出租给农户耕种。据说，因为许宗财是基督教虔诚信徒，租种者也须信仰耶稣才出租。坎山、宁围等地基督教信仰者纷纷迁入租种，至1949年初，已有三四十户，聚居而成村落，故名耶稣园。1950年10月，耶稣园属江边老乡四副村。1984年，属长河乡江二村。2005年，为滨江区长河街道江二社区。

农场园　农场园北接南沙大堤，东连耶稣园，西、南紧靠江边码头。清兵旗营在此牧马。清宣统二年（1910），划入长河乡。村落形成时间较晚，抗日战争时期为荒滩。据老人回忆，民国35年（1946），蜀山至党湾一带坍江，沿江农民无法生存，时由原萧山县牵头，会同新湾、河庄等27户坍江农户，联合租下该片340亩毛地。为能争取到省农业厅“贷种贷肥”的政策优惠，办起“泰围农场”，村口道上竖有台门，上书“泰围合作农场”6个大字；成立农场理事会，组织场员挑土防洪，精心试种“洋棉”、红麻（又称“印度麻”）。故称此为“农场园”。1950年10月，农场园属钱江乡六副村。1984年，属长河乡江二村。1997年，属滨江区长河镇江二村，有第4组、第5组。2005年，属滨江区长河街道江二社区。境内有锦绣江南、白金海岸、春江时代等居住小区。

第二节　建置沿革

行政区划

北宋太平兴国三年（978），村域属萧山县夏孝乡。元至元十六年（1279），村域属三都。清宣统二年（1910），村域属长河乡。民国18年（1929），村域属萧山县第二区长河里双庙联合村。民国21年（1932），村域属萧山县第一区双庙乡。民国23年（1934），村域属萧山县东岳区江边乡。民国36年（1947），村域属萧山县江边乡。1950年10月，村域属长河区钱江乡。1956年3月，钱江乡与江边老乡合并，建立江边乡，村域属长河区江边乡。1956年10月，农业合作化高潮中，建立江边乡第二高级农业生产合作社（简称“江二社”）。1958年3月，江边乡并入长河乡，村域属长河区长河乡。1958年10月，人民公社化运动中，长河区改名为长河人民公社，高级社改名为生产大队。村域属长河公社长河管理区（后改为江边管理区）管辖，全称为长河人民公社江二生产大队(简称“江二大队”)。1971年2月，村域属城北区长河公社。

1984年3月，改公社为乡，改生产大队为村。江二大队称江二村，属城北区长河乡。1985年6月，长河乡改为镇级建制，村域属城北区长河镇。1992年5月，萧山市撤区扩镇并乡，城北区撤销，村域属萧山市长河镇。1996年5月，杭州市区划调整，西兴、长河、浦沿3个镇划入杭州市西湖区，村域属杭州市西湖区长河镇。1996年12月，西兴、长河、浦沿3个镇单独成立滨江区，村域属杭州市滨江区长河镇。2000年6月，杭州高新技术产业开发区与滨江区合并，江二村归杭州高新区（滨江）管辖。2003年12月，滨江区撤镇建街道，江二村属长河街道。2005年4月，滨江区撤销江二村建制，设立江二社区。住宅小区、农居点有滨兴小区、滨兴北苑、滨兴西苑、滨兴东苑、江虹小区、丹香苑、老码头、周家园。

基层组织

中共基层组织　1958年10月，江二大队第一个党支部建立，有12名党员，书记丁永兴。1989年，江二村党支部有党员68人。2004年，有9个党小组，党员122人。江二村党支部在村经济发展、社会进步、城市化建设等方面起着领导核心作用。

村民自治组织　1949年5月，江二村域成立村行政委员会，第一任村长郑炳成。1955年11月，村域有14个初级农业生产合作社。1956年10月，建立江二高级农业生产合作社。1958年10月，江二高级农业合作社改名为江二生产队。1961年3月，江二生产队改名为江二生产大队。生产大队既是生产组织，又是行政组织，设大队管理委员会。1968年6月，江二大队革命委员会成立，取代大队管理委员会。1978年10月，江二大队管理委员会重新建立。1984年4月，江二村村民委员会成立，由主任、副主任和委员7人组成，每届任期3年，由村民代表大会选举产生。1990年后，村民委员会由村民直接选举产生。

经济管理组织　1991年，江二村成立经济合作社。村经济合作社是全村的集体经济组织，在村党支部的领导下，负责管理该村各行业的生产和经营。村经济合作社常设机构是合作社管理委员会，成员由社员大会或社员代表大会

选举产生，由正、副社长和委员共5～7人组成，社长由村党支部书记担任，每届任期3年。2007年，经济合作社收入397万元。

第三节 人口 姓氏

人口数量

自然变动 民国及以前，由于经济落后，江二村境域村民生活水平低下，医疗条件极差，婴儿存活率不高，长寿老人较少。人口的自然变动呈高出生、高死亡的状态。中华人民共和国成立以后，村民生活条件不断改善，医疗水平日益提高，人口自然变动情况出现高出生、低死亡的状态。1953年，江二村出生87人，死亡16人；1963年，出生186人，死亡20人。20世纪70年代后，实行计划生育，人口素质不断提高，人口自然变动情况出现低出生、低死亡的状态。1971年，出生82人，死亡32人；1980年，出生36人，死亡21人。随着“少生、优生、优育”的新生育观念逐渐被村民理解和接受，21世纪初，人口出生率明显下降。2005年，全村出生71人，死亡28人。

机械变动 20世纪50—60年代，境域人口机械变动主要是乡（镇）、村地域调整。第一次是20世纪50年代末的耕地调整、人口迁出。1954年总人口2740人，1958年减少到2610人。第二次是20世纪60年代初期人口的迁入，原在外工作的人回村，人口增多。1961年，总人口3100人，1966年，增加到4033人。20世纪70年代，沙地区经济相对薄弱，迁出人口一般多于迁入人口。女性人口变动以婚嫁为主，男性人口变动以招工、入学、参军为多。1979年，迁入37人，迁出103人。1989年起，随着江二村经济的快速发展，村民的福利待遇不断改善，特别是划为滨江区实行同城待遇后，城市化建设的加快，非农业人口剧增，婚嫁女和大学生不愿迁出，迁出人口逐年下降。2000年，迁入68人，迁出38人。2005年，迁入41人，迁出4人。

人口构成

农业人口与非农业人口 1964年，境域成立城市下放人员组成的集体户，共有非农业人口21人。1978年后，家属及子女在农村的国家机关、企业单位的职工退休后，子女可顶职，户口对迁。1984年，由退休职工等组成非农小组，共有非农业人口38人。2000年前后，土地被征用的村民，由农民转为居民，即称“农转非”。随着“农转非”人员的增加，加上退休职工、城市下放人员、回乡大中专学生，全村非农业人口逐渐增多。2004年，非农业人口首次超过农业人口。

性别构成 1952年，境域总人口2631人，其中男性1368人、女性1263人。20世纪80年代末，男性人口数均多于女性人口数。1990年，总人口5011人，其中男性2498人、女性2513人。20世纪90年代中期至21世纪初，男性人口数均少于女性人口数，且呈现下降趋势。65周岁以上女性人数多于男性人数，平均寿龄女性比男性长。2005年，总人口6274人，其中男性3041人，女性3233人。

年龄构成 1976年后，计划生育工作列入村级工作的重点内容之一，村人口出生率得到严格控制，村人口的年龄构成从年轻型人口逐渐向成年型人口转变。1990年，学龄前儿童（0～6周岁）543人，占总人口的10.83%。学龄儿童（7～12周岁）318人，占总人口的6.34%。20世纪末至21世纪初，老龄人口数的增长进一步加快。城市化之后，随着社会经济的快速发展，劳动强度的降低，人民生活条件的不断改善，农村医保的实行，医疗条件的不断完善，境域长寿老人数量不断增加，人均年龄不断增长。

文化构成 旧时，因经济等原因，村民文化程度普遍较低。中华人民共和国成立后，不少青壮年参加扫盲班、夜校学习文化。随着经济的不断发展，境域教育事业得到相应的发展，村民受教育程度逐年提高。1964年，境域12岁以上不识字的有1527人，占总人口的38.43%；初识字169人，占4.25%，两项合计占42.68%；初小为622人，占15.65%；高小为201人，占5.06%；初中81人，占2.08%；高中11人，占0.28%。20世纪80年代后，村民委员会改善办学条件，普及九年制义务教育，适龄儿童入学率100%。1985年，12～40周岁少年、青年、壮年共有2907人，其中文盲、半文盲236人，占总人数的8.12%；在校生231人、小学文化1677人、初中文化655人、高中文化108人，合计2671人，占总人数的91.89%。村民的整体文化程度大幅度提高。2000年，6周岁以上5877人中不识字的为790人，扫盲班46人，合计836人；高中及高中以上为733人。

姓氏来历

境域原住民以周、来、章、丁、汤等大姓为主。明洪武年间（1368—1398）后，不断有外地人迁入，全村人口分布呈现以姓氏为聚落的格局。1995年，有村民小组34个，村民1682户5290人，全村有姓氏98个，百人以上大姓有15个，依次为周、王、来、俞、徐、葛、沈、邵、陈、童、高、曹、汤、张、李，共有2446人，15个姓总人口占全村人口的46.2%。其中周氏最多，有278人，占全村人口的5.3%。10人以下的姓氏有12个，依次为郭、罗、董、蒙、姜、郁、鲍、缪、熊、苏、滕、瞿，其中瞿姓仅1人。

徐姓　江二村徐姓中，一支在清光绪年间（1875—1908）从坎山杨墅下迁入，以做搬运工（挑脚）为生，种田为辅。另一支从萧山城北俞家潭、塘湾井亭徐等处迁入。2005年，境域徐姓363人，为第一大姓，占全村人口的5.7%，主要聚居在第6组、第7组、第11组、第14组、第21组、第22组、第23组、第30组。

王姓　境域王姓中最早的在清咸丰年间（1851—1861）从萧山头蓬迁入，以开荒种田为生。有的于民国15年（1926）左右从坎山杨墅下迁入，以开荒种地和养蚕度日。还有从绍兴、萧山螺山等地迁入。2005年，境域王姓343人，为第二大姓，占全村人口的5.4%，主要聚居在第1组、第2组、第13组、第14组、第16组、第30组。

第二章　村庄建设

1950年，江二村域通过土地改革，农民分到土地，生活有了保障。农业合作化后，村民依靠集体经济，生活逐步改善。1960—1970年，全村安装上电灯、广播。1992年，开始集资安装自来水。1994年，把办公用房从红旗路西搬到红旗路东，建造“7”字形三层砖混结构的办公大楼。滨江区成立后，随着城市化建设加快推进，大量集体土地转为建设用地。至2009年，全村3236亩耕地中，除村级留用地140亩外，其余3096亩土地全被国家征用。传统商贸业迅速向现代商贸服务业转变，高档宾馆、酒店、品牌餐饮、超市、便利店等遍布村域。主要道路有104国道、长江路、红旗路、江南大道、时代大道等。

第一节　新农村建设

中华人民共和国成立后，通过土地改革，农民分到土地，生活得到保障。改革开放后，村落经济发展突飞猛进。20世纪80年代，村民陆续将草房改建成平房。20世纪90年代，村民纷纷翻建楼房。2000年后，许多村民住上三层以上的楼房，生活基本实现小康。进入21世纪，村域先后建有闻涛路、江虹路、江南大道、时代大道，以及社区商业街、浙江中南建筑装饰材料市场等。

交通

萧杭公路 曾为104国道的一段。境域段西起江边码头的长江路（时代大道）口，经汤家园、周家园，止于“五七路”口，全长1.4千米。1996年后，随着城市建设的推进此路基本被废除，江二村段仅剩吴记饭店至长河路一段。

长江路 原称“东洋车路”，从长河旗杆墙门头至萧杭公路止，分南、北二段。其中北段北起萧杭公路，南至沪昆铁路杭州绕行线（浙赣铁路萧山段），全长2千米，是江二村与江三村的分界线。该路原为泥路，宽2～3米。1958年，对该路进行拓宽，路面铺上砂石。1987年，长河镇投资27万元，征用沿路所属生产队土地，拓宽15米，并把路取直，路面硬化。2003年，改建为时代大道，道路仅剩铁路至滨康路一段。

红旗路 红旗路建于1958年，北起耶稣园与南沙大堤相接，南至老塘埠头和萧闻公路相连，全长约4千米，路面宽6米，是贯穿江二村境域南北的中心大道。1993年投入80万元，对红旗路进行全面拓宽，路面铺上石子。2002年，在原路址上修筑起一条四车道等级公路，直通长河，起名长河路。

五七路 五七路在江二村头图园境内。1967年，头图园建立萧山县五七干校（后改省五七干校），此路因通向干校主干道而得名。该路总长约1千米，南与萧杭公路相交，北至南沙大堤。其中萧杭公路至五七桥段为江二村与江一村的分界线，五七桥北段均属江二村。2000年被废，在原址上改建为江虹路。

横一路 西起长江北路，经农场园、耶稣园与南沙大堤相接，长约1千米，宽4米。

横二路 西起长江北路，经三图园、荡方园、汤家园、东至周家园，长1.5千米，宽4米。

横三路 西起长江北路，经葛家园、汤家园至大园，全长800米，宽4米。

横四路 西起长江北路，经拾排里、三里、羊前圩好，与江一村相连，全长1.5千米，宽4米。

北塘河路 位于北塘河北，西起江边控制闸，经农场园、五十六弓头，至头图园，与江一村段相接，全长1.5千米，宽4米。

江二桥 建于1977年，坐落在境域中心。水泥沉井桥墩，钢筋混凝土大

梁，混凝土浇制桥面，为双曲拱桥。长40多米，宽4米，钢筋水泥栏杆。连接南北红旗路，能通行拖拉机、农用车，人流量、车流量较大。2000年，在城市化建设中拆除。

闻涛路 位于村域北，2002年动工，2005年通车。东起西兴大桥（钱江三桥），西至钱塘江大桥(钱江一桥），其中钱塘江大桥至复兴大桥(钱江四桥）段由防洪大堤改建而成，复兴大桥至西兴大桥段在大堤下，与大堤并行。境域段处于复兴大桥与“钱王射潮”雕塑之间，路与堤相距30米，间隔带建有多个公园，长2千米，西连江三村，经农场园、耶稣园，东接江一村。

江南大道 1998年开工，2002年11月完工，路宽60米，全长6.5千米，中间绿化带隔离。两边有各宽25米的绿化带，常年绿树成荫。行道树以香樟为主。境域段长约1.8千米，西接中兴立交，横跨北塘河，东与江一村相接。

滨和路 2002年1月开工，2003年6月完工，宽44米，西起长河路，过汤家园、周家园，东至江虹路，进江一村域内。境域段长800米，沥青路面。中间以花坛隔离，植有金边黄杨等观赏性花木，行道树以香樟为主。路两侧为住宅小区、超市、酒店、学校等，村委办公楼坐落于西端的丁字路口。

滨康路 东接萧山风情大道，西至伟业路，长7千多米，宽55米，2003年5月建成。中间花坛为隔离带，沥青路面。西接江三村，经拾排里、小章家后、羊前圩，东连江一村，境域段约长1.7千米，行道树以香樟为主，并间有桂花树。道路两侧为批发市场、商住区、企业集团总部等，标志性建筑有浙江中南集团办公大楼，华业南岸晶都。

长河路 南接南环路，北至闻涛路，长约3千米，宽44米。2000年9月开工，2005年12月完工。中间有花坛隔离，沥青路面。该路是在原红旗路路址上改建，是贯穿境域的南北大通道，与闻涛路、滨盛路、江南大道、滨和路、滨兴路、滨安路、滨康路相交。行道树以香樟为主。道路两侧均为商住区、高科技企业、酒店和大型专业市场等。

时代大道 由长江北路码头线改建而成，分上下两层，上层为高架线，下层为时代大道，2005年9月通车。下层全长2.5千米，两边植有绿化带，总宽160米，行道树以香樟为主。高架线在时代大道上层，北与中河高架相通，南入冠山隧道，长约3千米，在境域的江南大道、滨安路各设有2个进出口。

长河路跨北塘河桥 2002年建成。桥墩和桥台采用钻孔灌注桩，上部结构空心梁柱。长约110米，宽44米。

江南大道跨北塘河桥（中兴桥） 2002年建成。桥两端有1条水泥浇筑鲤鱼为标记，上书“中兴桥”，中间隔钻孔灌注桥墩和桥台，上部结构采用较大预应力空心梁板，两桥并行。长约120米，宽60米。

公用事业

电力 20世纪60年代前，境域照明工具主要是菜油灯、煤油灯或蜡烛。1961年，新安江电力抵达长河，江二大队用木头、毛竹立桩，主线沿红旗路排布，分线向各个自然村落延伸，把电送到各家各户。1只变压器安装在荡方园部冬仁舍后，容量100千伏安。境域输电线路总长8千米。1972年，进行第一次电力整网，主干线改用方形实心水泥杆作线杆，更换线路7千米，变压器容量扩大为150千伏安。1993年，随着村办企业的发展和群众生活水平的提高，用电量急剧增加，对全村范围的电力线路进行整改。有变压器6只，总容量400千伏安，统一用空心圆柱水泥杆接入各村民小组。2000年，全村电力线路35千米。

广播电视 1953年，境域开始安装有线广播。1958年，长河建立广播站，广播线路架到各个生产大队。1969年，江二大队建立广播室。20世纪70年代初，60%社员家庭安装舌簧喇叭。广播室配备扩大机，在主要地段装有高音喇叭。1981年，喇叭更新换代，把舌簧、压电换成动圈喇叭。后来，随着电视的迅速普及，城市化后民房的拆迁，对广播的需求减少，居住进小区后广播消失。20世纪70年代末，境域各个生产队开始有黑白电视机。20世纪80年代中后期，村民开始购买彩色电视机。20世纪90年代初，开始有线电视网的建设。1996年后，有线电视线路接入低压线桩，初装费440元，每月收视费10元。2007年后，出现数字电视，安装费为550元，每月收视费14元。

通信 1951年前，村民发电报要到长河或西兴邮政局（所）办理。1955年，长河设长河邮电局，电报由邮政投递员送到村民手中。20世纪80年代后，由于电话机的普及，电报的收发量锐减。

1964年，境域会计室安装第一部电话机。1987年后，电话机进入百姓家中。1991年，村里有第一部手机。2006年，境域有电话1602部、手机3214部。

1998年，境域开始拥有电脑，仅在企业中使用，共5台。2004年，电脑得到普及，村民家中有101台。

邮政　中华人民共和国成立之初，长河设有邮政代办所。村民寄信要去长河或西兴。农业合作社初期，信件、报纸等由邮递员送至初级社、高级社，再由初级社或高级社分发。1963年后，长河邮电局在江二小店设有信箱，由小店代销邮票，村民寄信不再去长河或西兴。村民或生产队所订阅的报纸、杂志，由邮递员送到各生产队。村民寄、取邮包，需自己去长河邮局办理。

供水　20世纪80年代前，境域村民主要饮用水是池塘水、“天落水”（天然雨水）、钱塘江水。1971年，开掘永久河，河水成为村民主要饮用水源。1988年，浦沿联合自来水厂建成，萧山第二自来水厂输水管沿03省道穿村而过。1992年，境域开始集资安装自来水管，村民每户出资500元。1996年后，随着村民进入小区居住，用水由水务公司统一管理，一户安装一个水表。

水利　1996年，境域在钱塘江南侧建有排灌闸站。排灌闸站安装水泵2台，配电动机2台（260千瓦），排灌流量每秒4.2立方米，变压器2台（500千伏安），主要功能是用于航运和排灌，归萧山区钱塘江灌区排灌处管理。

村办公房　20世纪50年代初，境域办公用房一般设在村民家中。1958年10月，长河人民公社成立后，江二大队在萧杭公路南50多米的红旗路边，建造大队办公用房（草房），村民称“大队舍”，横舍4间1披，200多平方米。东边1间为财务室，中间2间作会议室，西边一间前半间是长河邮电所临时总机，后半间是医务室。1965年起，大队办公用房南移至100多米处的老火车路上，建平房（瓦房）4间，140多平方米。1971年，修建江二大会堂，建筑面积400平方米，砖木结构。随后在西边建一小屋作播音室，并在前后两房之间建造房屋，形成四合院。1996年12月，在红旗路东建成“7”字形三层砖混结构的新办公大楼，总投资140多万元。办公楼前为一层平屋，分别为医务室、商店和农资服务站。2004年，因长河路拓宽，拆除西、南部分建筑。

第二节　土地使用

土地制度

封建土地所有制　明末清初，钱塘江淤涨，南沙成陆，围垦蜂起，始有“六围”（昌围、泰围、丰围、宁围、盛围、盈围）。江二村域位于泰围，北面临江。近江处，筑有马塘，塘南为灶地，塘北是马地。灶地面积较大，由盐民制盐；马地沿江，水草丰茂，归杭州清兵（绿营）放牧。灶地和马地归萧山县署管辖，时称“官地”。清同治三年（1864），官府开始“召民买官地”，即以较低地价卖给农民垦殖，然后以亩课税。垦户出价买入后，“永远给照成业”，自行经营。民国12年（1923），浙江沙灶地垦放局（民国时期设立的专事勘丈、清理沙田的办事机构，民国16年更名为“浙江沙田局”）经分户清丈，查实面积后，按照土地等级定出地价，售地于民，后又因反对，中途停废。民国17年（1928），浙江省沙田局将南沙官地除制盐、道路、河流及特需者外，均售于民。多数为西兴周氏、襄七房来氏、长河来氏、周氏、汤氏等地主豪绅所买，改称“民地”，为私人所有，出租牟利。

农民土地所有制　1950年10月，村域开展土地改革运动，没收地主、富农的多余土地分配给缺地少田的贫苦农民，人人平等，实现“耕者有其田”。这一时期，含土地改革、互助组、初级社3个阶段，自1950年至1956年，历时7年。

集体土地所有制　20世纪50年代中后期高级社时期，境域土地归集体所有，农民把“土地证”交给集体，集体土地所有制基本建立。人民公社时期，集体土地所有制得以巩固。20世纪80年代初期，推行家庭联产承包责任制后，农户以家庭为单位，向村集体经济组织承包土地等生产资料和生产任务，村集体将土地等按人口或劳动力比例分给农户自主经营，其经营收入除按合同规定上缴一部分给集体及缴纳税金外，全部归于农户，但集体土地所有制始终不变。

土地类别与利用

境域土地属钱塘江下游海湾堆积平原。约4000年前，此地是浅海湾，由于上承山洪，下纳海潮，海湾逐渐萎缩，形成渔浦湖，钱塘江与之连为一体。之后，随着气候转暖，钱塘江北移，渔浦湖逐渐萎缩，湖周形成大片水网平原，村民在此围湖造田，辟地垦种。境域土地类型可分耕地、宅基地、工矿用地、交通用地及未利用土地等。

集体耕地　20世纪50—60年代，境域归属过钱江乡、江边乡、长河乡（公社），范围作过多次调整，规模由大变小，耕地由多到少。1949年，有耕地4054亩，到1965年减少到3060亩。1966—1985年，由于开河挖渠、社队企业发展用地等原因，耕地从3060亩减少到2770亩。后因境域调整减少

1212亩，又因江边围垦、土地平整等原因增加218亩，两者相抵，实际减少994亩，与1965年比减少9.48%。1986—1997年，由于顺坝、东江围垦计入国家计划面积，加上家庭联产承包责任制推行后各村土地丈量后的面积升溢，1986年，全村耕地面积增加861亩，比1985年增长21.2%。由于乡镇企业兴起、农民建房、道路建设等加剧，这一时期内地土地仍减少274亩。1998年，由浙江省测绘大队勘测，江二境域所有土地（含宅基、水面、堤埂等）共5530亩。随着城市化建设进程加快，土地陆续被征用，至2009年，全村土地从5530亩减少到605亩。

村民自留地、宅基地 1956年，农民土地收归集体耕种，为解决村民日常蔬菜用地，高级社允许各生产小队将社员房前屋后零星杂地，按人均0.04亩比例，分给社员种植，全社共分124.15亩。1961年，大队将原来人均0.04亩调整为0.07亩，共分配自留地233.2亩。同时，归还原收归集体的竹园地给农户。全大队共分配250.4亩(含居民10.15亩)，占大队总耕地的7.36%。1979年，大队对社员自留地进行调整，从250亩扩大到530亩（含宅基地）。之后，境域不再分配自留地。20世纪90年代，农户私人建房的用地标准（包括主房、道地、辅房等），按现有人口计算，占用耕地为1～3口之家75平方米，4～5口之家110平方米，6人以上含6人125平方米，占用非耕地或老屋拆建的农户，可按耕地的最高限额相应补加10%杂地宅基地面积。1993—1999年，境域建房户120户，平均每户占地面积250平方米。

征地拆迁

1996年12月，江二村境域归属滨江区。1998年，因建设中兴路、滨江消防大队、江虹路、中兴绿化带、通江路、沿江景观等工程，共征用境域土地109.85亩，其中国家征用103.35亩，集体用地6.5亩。1999年，因建设长河路、港澳世界、复兴大桥南接线、滨盛东区块等工程，共征用境域土地254.13亩，其中国家征用222.99亩，乡镇企业征用21.54亩，集体用地9.6亩。2000年，建设中兴路、江虹路、长河路等工程，共征用境域土地203.41亩，其中国家征用193.45亩，乡镇企业征用1.86亩，集体用地8.1亩。2003年，建设滨安路、东忠科技园等工程，共征用境域土地62.39亩，其中国家征用58.39亩，集体用地4亩。1998—2009年，全村3236亩耕地中，除村级留用地140亩外，其余3096亩土地全被国家、集体征用。

第三节 围垦土地

南沙大堤围垦

北宋时，境域尚为钱塘江一部分。南宋时，钱塘江主槽逐渐北移，江南开始淤涨，西江塘外出现部分沙涂，面积不大，涨坍无常。明末，江南淤塞成陆，因在钱塘江南，故称“南沙”。境域在南沙西部，临江是牧地，水草丰茂。牧地与西江塘之间的宽阔地带是灶地，灶丁在此刮淋煎盐。清光绪二十八年（1902），山阴、会稽、萧山三县在北海塘、西江塘外把农户们修筑的临江土堤加阔加高，连成一体，筑成南沙大堤。此后，沿江农民在大堤内大规模垦殖，种植棉花、络麻，以及各种蔬菜。

顺坝围垦

顺坝围垦又称先锋围垦或五堡围垦，分内线、外线两期进行。内线围于1970年11月，长河公社共围817.1亩；外线围于1986年冬，共围195亩。两期共1012.1亩，以先锋河为界，河南408.6亩，河北408.5亩，外线195亩。江二村在顺坝共有土地282.7亩，其中，蚕桑地90.2亩，河北补偿地192.5亩。围垦土地以种植春粮、棉花、络麻为主。顺坝土地于1990年承包给农户种植苗木。长河镇划入滨江区后，为处理历史遗留问题，经滨江区政府与萧山市政府协商并签订协议，将外线195亩土地划拨给萧山市农业开发公司；先锋河两边817.1亩土地全部划拨给萧山市财政局，建设浙江省体育训练中心。从此江二村在顺坝再无土地。

东江围垦

东江围垦又称第12工段围垦，距江二村约65千米，由萧山县统一指挥、长河公社组织所属大队共参加4期，分一围（老围）、二围（新围）。到1978年底，长河公社共围毛地2906亩，按投工多少分给12个村，江二大队得地460亩。1981年，围垦土地相继承包给承包大户耕种，大队每年向承包户收取承包金，每亩每年10～20元。1988年，29户村民共计承包土地453亩，上缴承包金5827.2元。1991年，每亩土地承包金最高每亩40元。1999年，承包户相继退出。2000年，村委会将东江土地收回，将部分土地(171.8亩）租赁给杭州林江休闲农庄有限公司经营休闲观光、种植养殖及农业开发等项目。

第三章　村域经济

境域是典型的钱塘江江南沙地区，沙性土壤，略呈碱性，宜种经济作物。棉花、络麻种植历史悠久。粮食作物（大小麦、玉米、小米等）始于清雍正年间（1723—1735），水稻种植始于1967年。20世纪60—70年代，工业开始出现，以手工业作坊为主。20世纪80年代初，农村的富余劳动力大量出现。1982年，劳动力逐步向其他产业转移，江二大队3167个劳动力中1238人从事工业、服务业、商业等行业。1985年，第二、第三产业从业劳动力首次超过第一产业从业劳动力。20世纪90年代，引进多家内资、台资企业，工业发展势头强劲。1996年，境域村办企业18家，工业总产值1.02亿元。进入21世纪，随着滨江区城市化推进，传统工业关停、外迁，集团经济和高科技产业经济开始逐步成为支柱。知名企业有浙江中南建设集团有限公司等。

第一节　农业

种植业

境域种植业历史，可追溯到明末清初，时西江塘（老塘）南农民，越过西江塘，在羊前圩、三圩里、小章家一带垦荒种植，试栽桑麦。民国时期，村民根据生活需要、市场需求，自发种植，以桑、烟、棉、麦为主。中华人民共和国成立初，种植业基本格局未变。

粮食作物　境域主要粮食作物有小麦、大麦、玉米、水稻等。1951年，粮食种植面积2093亩，总产量106.6吨。1962年，粮食种植面积2355亩，总产量519.9吨。20世纪80年代初，实施家庭联产承包责任制后，种植业趋向多样化。1984年，粮食种植面积2471亩。1996年，粮食种植面积4198亩，总产量4487吨。2002年，境域土地被国家征用，粮食种植退出历史舞台。

蔬菜水果　境域蔬菜品种有青菜、菠菜、芹菜、冬瓜、洋葱、茄子、大白菜、包心菜等。1984年，种植蔬菜298亩，产量2007吨；种植水果57亩，产量124吨。1998年，随着围垦地区的开发，蔬菜面积扩大到3889亩，产量1.08万吨；水果面积200亩，产量1000吨。进入21世纪，土地被征用，种植蔬菜、水果逐渐减少。

经济作物　境域经济作物主要有棉花、络麻、油菜。1950年，棉花种植面积933亩，总产量15.4吨；络麻种植面积1296亩，总产量226.8吨。1960年，棉花种植面积1899亩，总产量102.45吨；络麻种植面积751亩，总产量263.1吨。油菜种植面积292亩，总产量14.75吨。1984年，棉花种植面积964亩，总产量118.75吨。络麻种植面积979亩，总产量418.05吨；油菜种植面积226亩，总产量29.95吨。1996年，棉花种植面积933亩，总产量55吨；络麻种植面积115亩，总产量52吨。油菜种植面积665亩，总产量55吨。进入21世纪，棉花、络麻、油菜种植面积逐渐减少。

养殖业

历史上，境域畜牧业以养猪、养鸡为主。由于受饲料的制约，养殖业发展迟缓。农业集体化后，为解决农业肥源和社会用肉，养猪业列为畜牧业之首，除家庭养殖外，生产队、生产大队均先后办过畜牧场。其他家禽家畜主要由村民家庭饲养。改革开放后，养殖专业户异军突起，养猪、养鸡、养鸭、养鱼等养殖业空前发展。

生猪　1963年，境域养猪户840户，生猪年末存栏577头。1979年，境域养猪户1074户，生猪年末存栏1490头。1996年，境域养猪户1735户，生猪年末存栏2765头。2003年，境域养猪户1840户，生猪年末存栏1976头。

牛羊　1957年，境域养牛38头，以黄牛为主。1966年，养牛45头。1968年，养羊394只。1972年，养牛14头。之后，由于缺乏草料、发展空间小，不再养牛。1985年，养羊22只。2002年，养羊48只。2003年后，不再养羊。

家禽　1985年，境域家禽存栏1.12万羽，禽蛋32.94吨。1995年，家禽存栏4.52万羽，禽蛋12.48吨。2003年，家禽存栏2.3万羽。

金鱼　实施家庭联产承包责任制后，境域出现多家金鱼养殖户。1980年，创办江二村第一个经济联合体——金鱼养殖场。金鱼养殖场由14户村民合伙投资500元，负责人柏金齐。金鱼池建于自留地上，开始仅为300平方米，第一次扩展到800平方米，后又扩展到1300平方米，大小鱼池从10多口扩展到115口。饲养品种有“鹤顶红”“狮头”“珍珠”“喜鹊花”“宝石眼”等。1986年，养殖场实现产值4.2万元。20世纪90年代，产品出口欧美国家，取得良好的经济效益。

第二节　工业

20世纪60年代，村域工业开始出现，以手工业作坊为主。20世纪70年代初，境域开始创建队办企业，最先创办的为江二农机五金厂和江二磨光厂。1987年，村内合作企业、个体企业有江二校办锯木厂、长河五金配件厂、江二钣金厂、长河江边袜机厂等4家，年产值35.14万元。20世纪90年代，引进多家内资、台资企业，工业发展势头强劲，工业门类多样化，涉及建筑、建材、五金、玻璃、纺织等行业。1996年，境域有村级企业18家，工业总产值1.02亿元（含私营企业528万元），利润10万元（含私营企业1万元），上缴税金81万元。其中，中富瓶厂产值7222万元，自行车泥板厂产值1162万元。由于众多企业经营不善，村办企业纷纷转换经营机制。2002年，城市化进程加快，境域村办企业先后易地搬迁。2003年后，境域高新技术企业兴起，进入工业发展的新时期。

手工业

粮食加工场　1962年，江二大队办起粮食加工场，社员称其为“磨粉机房”。加工场设在后汤家园，坐西朝东，有4间草房。1969年，加工场南迁到老火车路基旁，4间瓦房，面积200平方米，除加工饲料外，还磨面粉、米粉。后在城市化进程中因征地拆迁停止营业。

农机具修理组　1964年，成立农机具修理组，当时称“白铁组”，维修人员实行“工分制”，由大队作误工补贴，故收费低廉。实行家庭联产承包责任制后，白铁组解散。

长河废花厂　1968年8月，长河废花厂（萧山县第四棉纺织厂前身）在江一、江二、江三等6个大队设有发花点，时称“大队纺花组”。纺花组将废花发放给社员，由社员用纺车摇成毛线，可以获得加工费，称“摇羊毛花”。1982年，市场开放，物资丰富，纺花组停办。

知名企业与产品

江二农机五金厂　1974年4月，境域创办江二农机五金厂。农机五金厂设在老火车路的“大队舍”后，厂房200平方米，职工10多人。主要为生产队加工打稻机等农机具。1975年，农机五金厂转产生产制茶机，产品单一，业务量不多。1976年，五金厂装配一辆40座的大客车，用时8个月。1979年，全厂产值5万元，利润6000元。1982年，为生产“节柴灶”，企业增添设备，引

进技术，改厂名为萧山县节能设备二厂，员工30多人。1983年，企业将试制成功的节柴灶及节能水箱到临安等山区推广使用，取得明显节能效果。1985年1月，昌1型节柴灶水箱在全国能源设备展览会上展出，获得好评。1996年，工厂产值233.5万元，利润4万元。同年12月，工厂通过拍卖方式改制为私营企业。

江二预制场 1983年6月，江二大队在北塘河边建起江二预制场，投资8万元，占地面积7333平方米，年产水泥预制板800块。水泥桁条400根，职工25人。1984年，实现产值26万元，利润3.41万元。20世纪90年代，改制为私营企业。

长河床毯厂 1980年，江二大队投资5万元办起针织工艺厂。工厂设在原大队会堂，主要生产弹簧枕芯，职工10多人。1981年，针织工艺厂更名为长河床毯厂，转产床毯，产品主要销往江苏、上海。1984年，实现产值31.5万元，利润4.6万元。1990年，因纺织行业不景气，长河床毯厂停业。

浙江中南建设集团有限公司 浙江中南建设集团有限公司是最早落户江二村的大型企业集团，创建于1984年，是一家集建筑、装饰、幕墙、市政、钢结构、建材市场、房地产、卡通动漫于一体的多元化企业集团，占地面积33.33公顷。2001年，注册资金3.08亿元，年产值5亿元，职工近万人。2004年，斥资2亿元，成立中南卡通影视有限公司。2005年，500集大型动画片《天眼》在中央广播电视总台播出，并先后发行到美国、法国、西班牙等40多个国家。

杭州长河化工有限公司 公司前身是长河化工厂，为长河镇办企业，创建于1983年，位于钱塘江南岸，复兴大桥西侧。1994年，企业转制，改名为杭州长河化工有限公司。2000年，为保护环境，将钱塘江边化工基地逐渐外迁至萧山南阳经济开发区，并新建杭州禾新化工有限公司。2007年，又在长河工业园区新建杭州新业包装有限公司。至此，公司分滨江区和萧山区2个区块，滨江区占地面积2.3万余平方米，萧山区占地面积4.2万平方米，共有职工380多人，固定资产3200万元，年销售额1.5亿元。公司有中高级技术人员40多人，建有518平方米的实验、检验大楼，有10多台进口、国产液相色谱仪、气相色谱仪等检验仪器。公司主要生产农药原药、颗粒剂、粉剂、乳剂四大类13种产品。

第三节　商贸服务业

中华人民共和国成立前，因土地贫瘠、旱涝频繁，村民生活贫困，农民生产棉花加工织成的棉布（土布），以自己穿用为主，也有到集市出售，换取生活所需品。中华人民共和国成立后，1953年，粮食实行统购统销，以保障粮食供应和稳定粮价。1956年，私营商业实行社会主义改造，生产资料实行计划分配。由于物资缺乏，日用消费品大多凭票供应。20世纪50年代中期，始设长河供销社江边门市部，江边码头还有小饭店、酒店、茶店和烟杂店。20世纪60年代中期后，商品流通渠道受到国家政策严格限制与管辖。20世纪80年代，改革商业体制，鼓励农民经商。20世纪90年代，商品取消票证，全部敞开供应；外来人口增多，餐饮业迅速发展，各类饭店、面馆、小吃店等相继开业。21世纪初，随着滨江区城市建设发展，超市、酒店、农贸市场得到发展。

集体商贸业

中华人民共和国成立后，国家对私营、个体商业采取保护政策，打击投机倒把活动，平抑物价，稳定市场，对私营、个体商业实行扶助改造方针。1956年，大部分个体私营商户、小商小贩组建成合作商店和合作小组，由长河供销社管辖。供销社在境域设江二代销店，职工最多时有5人。经销商品有日用品、五金机电、猪肉、禽蛋、蔬菜等。合作商店代销点规模较小，散落在各个自然村落，货源由供销社提供。主要供应食盐、糕点、糖果、烟酒等日用品，大部分凭票供应。1984年，终止生猪派购政策，价格放开，市场放开，允许个体屠宰商购销。1987年，江二代销店转制为私营，自负盈亏。1995年，规范屠宰市场，设立定点屠宰场，屠宰点随即取消。合作商店解散或拍卖。

私营商贸业

1978年后，市场和物价逐步开放，商品渠道畅通，商业随之日益繁荣。境域一些村民及外来人员在此设有修车铺、农用机械及中小农具销售部等。1984年起，市场上商品日渐增多，各种票证相继取消。个体商业迅速发展。1997年后，随着城市化的推进，居民服务业迅速发展，美容美发店、搬家公司和家政服务中心逐步增多。2000年后，江二村域出现一定规模的超市、酒店、农贸市场，以及高档次、高品位的写字楼、大酒店，主要有社区商业街、中南建筑装饰材料市场、吴记饭店、安达饭店等。

第四章　社会事业

20世纪50年代初期，江二村域有3所初级小学。20世纪60年代，农村主要通过俱乐部、文艺宣传队、露天电影等开展群众文化活动。1967年，江二小学附设初中学制2年。1976年，四村小学、五村小学并入江二小学。1983年，江二小学恢复六年制学制，校舍建筑面积980平方米。20世纪90年代，村域电视机普及、卡拉OK流行、网络文化兴起，电影放映渐趋减少。滨江区成立后，传统文化活动与新兴文化活动相融合，新的文化形式得到发展。1993年，村域作者创作的新故事《意料之外的结局》获浙江省故事大奖赛二等奖、文化部群星奖铜奖。2003年，村卫生室改名为卫生服务站，由长河街道社区卫生服务中心一体化领导。2004年，江二小学并入滨兴学校。村域主要历史遗址有东洋车路、钱江汽车站。

第一节　教育　医疗

教育

幼儿教育　1958年，江二大队境域各生产队先后办起农忙托儿所，20世纪60年代初停办。江二学校增设学前班和幼儿班。20世纪90年代后，私人开始办幼儿园。其中，钱江幼儿园创办于1990年，位于江边老码头，2004年迁至滨兴小区，改名滨兴幼儿园，占地面积1436平方米，建筑面积2111平方米，为杭州市甲级幼儿园；聪明泉幼儿园创办于2000年，位于红中园74号，占地面积551平方米，建筑面积320平方米，最多时入园幼儿有130多人。

中小学教育　民国时期，江二村境域有5所私塾。民国37年（1948），境域农场园设江边乡第六保国民小学（即泰围国民小学）。时小学有1间教室，20多名学生，进行复式教学。中华人民共和国成立初期，江二村境域时有3所初级小学：四村小学、五村小学、六村小学，隶属于长河区中心辅导学校。1958年，六村小学改名为江二小学。1967年，江二小学附设初中，学制2年，学生30名。1976年，四村小学、五村小学并入江二小学。1983年，江二小学校恢复六年制学制，占地面积3200平方米，建筑面积980平方米。同年，初中学制改为三年制，江三小学、江一小学附设初中的三年级学生并入江二小学初中部，共3个年级12个班。1987年，学校被评为城北区先进完小。1988年，学校实行九年制义务教育。2004年，并入杭州滨兴学校。

成人教育　20世纪50年代，境域办起农民业余识字班。课程以语文、农技和时事为主。1982年，村俱乐部业余夜校举办技术培训班，有裁剪班2期，培训90人次；有农技班，一期为3～5个晚上。1990年，培训以脱产学习为主，集中15天时间，把文盲、半文盲的青少年集中起来举办扫盲班，强制性学会1500个字。滨江区成立后，江二村成人教育的任务和重点是岗位培训、实用技术培训、基础教育、初等和中等职业技术教育、社会文化和生活教育、法制和职业道德教育等。

医疗

医疗机构　1952年，村委派村民富天水参加萧山县农村卫生员培训。回村后，在村委会里用1张桌子和简单的医疗器械，开展卫生保健工作。1958年，组建简易卫生室。1959年，方银花参加萧山县接生员培训，回村后从事新法接生和妇幼保健工作。1965年6月，成立大队卫生室，由村民陈东顺负责。1968年，大队卫生室的医生、卫生员一律改称为“赤脚医生”。1969年10月，实施合作医疗制度。大队卫生室改称为江二大队合作医疗站，有医卫人员7人。1980年，萧山县进行乡村医生资格考试，江二村2人考试合格，获得乡村医生证书，其余医务人员统称乡村卫生员。2003年，村卫生室改名卫生服务站，服务站有房屋3间、150平方米，设有诊疗室、药库、药房、输液室，有急诊病床1张、躺椅25张，医务人员5人，其中全科医生1人、乡村医生1人、执业助理医生1人、临床医学大专毕业生1人、注册护士1人。

传染病防治　20世纪50年代后期，境域成立“爱国卫生运动”领导小组、传染病防治工作协调小组，贯彻“预防为主”的方针，通过消灭“四害”“改水”“改厕”，初步改善卫生面貌。对传染病病人实施个例调查，开展疫点处理；对学生进行健康检查，落实以免疫接种和疫情控制为主导的综合性防治措施，传染病发病率和病死率大幅度下降。1975年，发生传染病7种，患者共139人次；1986年，发生痢疾病1人；1997年，发生传染病4种14人；均得到及时处理。2000年后，传染病防治工作进一步加强，一旦发现病人，立即采取措施，均及时转往上级医院并向镇、区、市医疗卫生、疾病防控部门报告。

妇幼保健 20世纪50年代，村域开始推广新法接生，防止产褥感染与脐带风，减少妇婴死亡率。同时开展产前检查，产后访视，孕期保健，及婴幼儿童预防接种工作。1978年，萧山县医疗部门配合浙江省儿童保健院在境域开展儿童保健试点，为儿童做健康检查。2000年后，村医疗站协助和配合上级医疗卫生部门，做好妇科病查治、婚姻保健、孕产妇系统管理、高危妊娠管理妇婴保健工作。

合作医疗 1969年，境域参加合作医疗的社员，每人每年交纳医疗费2元，其中1元由大队公益金中开支，专款专用，资金不足部分由大队补足。20世纪80年代后，江二大队社员按规定医药费报销70%，自己负责30%；慢性病人需要长期服药者，医药费报销50%；妇女难产者医疗费报销70%。1994年起，实行大病互助合作的风险型村民合作医疗保健制度，重点解决村民患大病、重病医药费负担过重问题。合作医疗基金采取村民个人、村、镇政府共同筹资的方法，逐年增加报销额度。2003年，按户每人每年缴纳36元（“五保户”、特困户、残疾人的个人缴纳部分由村集体资金支付）作为合作医疗资金，长河镇政府以每人每年10元的标准资助、滨江区政府以每人每年10元的标准资助，合计每人每年为56元。凡参加合作医疗者均可在该年度享受境域医疗站内门诊药费的65%左右的报销，对住院期间符合报销范围的费用实行分级分段定额报销制度。人均年度累计最高报销额为2万元。2007年，江二村农村合作医疗收费31万元。

第二节 文化 体育

文化

文化设施 20世纪60年代中期，江二大队建立大队俱乐部，至20世纪80年代，设有阅览室、乒乓球室、棋类室、广播室、夜校等，并组建新闻报道组、黑板报抄写小组、业余文宣队等组织。1983年，俱乐部新增添连环画238册、各种报刊39种、乒乓球台1张、康乐球2副、电视机1台，以及羽毛球和其他棋类、扑克等20多件。活动场所面积有260平方米，有桌子、凳子10套，电视室有168个座位。2003年，加大对群众文艺活动的投入力度，实现一个老年（少儿）活动室，一个电子阅览室（图书馆），一个集健身、娱乐、教育等多功能综合活动室，一个宣传窗，一个室外文体活动场

所。2005年，电子阅览室有100平方米，2100多册书籍，由专人负责管理。健身器材有哑铃、跑步机、健力扩胸器等。

文化活动　20世纪50年代，境域农会组织农民业余宣传队，开展多种形式的文艺宣传。自编歌剧《兄妹管瓜》等节目，到各地演出，受到广泛好评。20世纪60年代中期后，组建毛泽东思想文艺宣传队，以唱“语录歌”“革命样板戏”为主，宣传“农业学大寨”和新人新事。1983年，大队新闻报道组由9位年轻人组成；俱乐部人员自编自演的《六唱计划生育好》《慰问亲人解放军》等文艺节目，广受好评。20世纪90年代，每逢双休日、节假日，俱乐部由团总支委员和文化员轮流值班，开放阅览室、乒乓球室、棋类室和电视机室，以丰富、活跃村民的文化生活。进入21世纪，村域落实开展群众性文化、体育活动的经费，经常举办适合农村实际的文体活动，村民呈现出和谐、团结、向上的新气象。

文学创作　20世纪80年代，境域文艺创作以来小钦、曹福亘、徐云泉3人最为知名。1983年，来小钦在《浙江日报》发表短篇小说《大小富万》；1984年，其小说《柳二婆婆》获省级创作奖。1980年，徐云泉搜集整理的民间故事《白莲花》，在杭州市故事赛讲会上获创作奖；1988年，徐云泉搜集和撰写的民间故事，在长河民间故事集《冠儿镇妖》中刊登的有21篇；1993年，徐云泉撰写的新故事《意料之外的结局》获浙江省故事大奖赛二等奖、文化部群星奖铜奖。20世纪90年代，曹福亘创作的民间故事《吝啬鬼借伞》发表在上海《故事会》上，收编于《中外幽默故事集锦》一书；创作的小小说《大伯还乡》获1999年萧山市举办的中华人民共和国成立50周年国庆征文三等奖。

体育

学校体育　中华人民共和国成立初，村域各校设体育课。1952年，学校为贯彻毛泽东主席“发展体育运动，增强人民体质”题词精神，加强学生体育活动训练。1954年，学校推行第一套少年儿童广播体操。1958年，学校体育活动逐渐被劳动所替代。1977年起，学校体育活动逐步正常，重视体育课教学质量，保证学生每天有1小时以上的体育锻炼时间。1987年，学生陈水军在萧山市中小学田径运动上，打破小学男子铅球萧山市（县）纪录。1994年，学生华雁在萧山市中小学田径运动会上获800米第二名、400米第一名；沈建飞获800米第四名、1500米第五名。1999年，学生周杭力在杭州市小学生运

动会上，获手榴弹投掷第一名、铅球第二名。2000年后，学生每年参加滨江区中小学运动会，进行各种体育项目比赛。

群众体育　20世纪80年代前，群众性体育活动较少。20世纪80年代后，随着村级经济的发展，村民生活日益丰富，体育项目有篮球、乒乓球，康乐球、棋类、扑克、拔河等。21世纪初，越来越多村民开始健身。2005年，有村民健身活动场所500平方米，购置10多种健身器材，建设乒乓球活动室、羽毛球活动场地。2006年4—6月，滨江区举行第一届社区运动会，江二社区组建队伍参加比赛。

第五章　民情风物

民国及以前，江二村境域村民大多无地或少地，加上战乱和社会动荡，还有苛捐杂税的重压和洪涝干旱等自然灾害的危害，村民生活大多比较贫困。不少村民被迫到江边码头和车站挑脚、抬轿、拉黄包车，以谋生计。

中华人民共和国成立后，村民生活得到逐步改善。20世纪70年代前，江二大队社员收入主要依靠农业生产，从集体分配得到实物和现金两部分。20世纪80年代中期起，随着农村经济的发展，农业商品化程度不断提高，收入的单一结构逐渐向多元化转变，家庭经营收入和工资性收入大幅度增长。1989年，江二村村民年人均纯收入1004元。滨江区成立后，境域经济快速发展，居民收入进一步提高。居民消费向教育文化娱乐、交通通信、医疗保健和城市居住等方面倾斜。大多数家庭拥有高档电器，许多村民还有小轿车，基本达到小康生活水平。2004年，年人均纯收入首次突破万元，达到1.05万元。村域土特产品有络麻、烟叶。

第一节　收入与消费

村民收入

中华人民共和国成立初，江二村境域时经过土地改革和互助合作化，农业生产基本得到恢复和发展。1958年，江二大队社员年终人均经济分配现金收入94元。20世纪60年代，由于自然灾害等原因，年终现金收入略有下降。20世纪70年代开始逐渐回升，1974年为95元。1983年，实行家庭联产承包责任制后，农民先后进入第二、第三产业，不少社员变为企业职工，报酬与企业的经济效益直接挂钩，特别是镇、村企业转制后，个体私营经济快速发展，村民劳动力大批转向第二、第三产业。村民收入呈现多层次结构，除在村级企业就业外，还有一部分从事个体运输、工商服务等，有的还到村外的企事业单位工作。1989年，年人均纯收入首次突破千元，为1004元。2004年，年人均纯收入首次突破万元，达到1.05万元。2005年，年人均纯收入1.35万元。

粮油分配

1955年起，村域实行国家粮食定产、定购、定销政策。20世纪60年代初人民公社食堂解散后，江二大队社员口粮数额按人口年龄段确定（以岁定粮）。1965年，社员人均口粮278千克。1970—1978年，江二大队设储备粮仓，以备荒年。集体生产的粮食，在完成国家交售任务及留取种粮、饲料粮、储备粮和其他用粮后，其余作为社员口粮，大部分按人口定量分配，少部分按劳动工分（含土肥投入结算工分）分配。1979年，社员人均口粮426千克。1983年实行家庭联产承包责任制，江二村不再进行粮油分配。

村民消费

服饰　民国以前，境域村民不分春夏秋冬，穿的是土布衫、土布鞋，男女老幼服装颜色以玄（黑）、青二色为主。20世纪50年代，男性服装为对开短襟，女性多为斜襟。20世纪60—70年代，中青年男子一般穿中山装、列宁装，妇女改大襟为小襟，出现两用衫，布料多数从商店买来，土布开始消失。1972年2月，境域社员共有毛线衣2321件、毛呢衣裤550件（条）、皮鞋393双、球鞋1686双、套鞋3266双、卫生衫1278件、卫生裤1581条、棉毛衫1779件。20世纪80年代，青年女子夏天开始穿裙子，青年男子系领带穿西装。20世纪90年代，流行夹克衫、西装、牛仔服装。进入21世纪，青年女性追求款式新潮，花色翻新。1990年，农村居民人均衣着支出50元。1995年，农村居民人均衣着支出190元。2006年，农村居民人均衣着支出438元。

饮食　20世纪50—60年代，境域不种水稻，村民用现金买米。当时农民穷困，以吃杂粮为主，常吃麦粞饭、大麦糊涂、南瓜粥、萝卜饭，还有番薯、玉米，“菜饭饱，布衣足，算享福”。20世纪70年代后，开始种少量水稻，村民饮食发生变化，一日三餐主食以大米为主。20世纪80年代，村民菜肴由传统的冬腌芥菜、大头菜开始，转向吃时鲜菜、炒菜。菜蔬的主要来源由自留地上种植转为农贸市场购买。20世纪90年代后，一般人家鲜鱼、河虾等荤菜也四季不断。先前过年请客“十碗头”算是高档，20世纪末，大多为20～30盘，有冷盘、热炒，“两全”（全鸡、全鸭），而且有甲鱼、湖蟹、鲍鱼等高档海鲜。喝的有白酒、黄酒、啤酒和各种饮料。2000年，村民年人均饮食消费为1390元。2006年，村民年人均饮食消费2418元。

住房　旧时，境域村民传统住房以草舍为主，只有少数砖木结构的堂屋。用茅草盖的草舍，使用寿命相对较长，但茅草成本较大，因此以稻草舍为主。20世纪60年代后期至70年代中期，有部分村民开始建造砖木结构的瓦房，面积不大，装饰简陋。20世纪70年代后期至80年代初期，随着社队企业的发展，村民收入的增加，村民开始建造二层半的楼房，为砖混结构。20世纪90年代初，境域新建许多三层及三层以上的住宅楼，采用钢筋混凝土结构，室内铺设彩色水磨石板、油漆木地板、大理石板或彩色地砖。楼内卧室、厅堂、会客室、厨房、卫生间、浴室、自来水设施配套，普遍装有电话机。1999年，江二村统一规划建设新农村，共建造140户住房。2000年后，不少村民建造起单家独院式的别墅式楼房。2001年起，建造多层住宅农民公寓安置拆迁户，大多数村民家庭有公寓房2～3套。2005年，大部分村民(1300多户）入住公寓楼。

用具　中华人民共和国成立前，一般村民家在正间安放八仙桌、长凳、独人凳、竹椅子等，富裕人家有靠背椅子。房间里一般放置雕花木床，床前放一块踏板，衣橱、木箱等。婚后女子大多还有一只装有镜子的梳妆箱。灶间有砖砌柴灶、铁镬、木制镬盖、碗盏橱、铜板盂、蒸笼、水缸、烧火凳、风箱等。此外，卫浴、打水、取暖用具有马桶、脚桶、浴桶、提水桶、木制脸盆或铜脸盆、铜脚炉，富裕人家还有火箱。20世纪60—70年代，以三联橱、五斗橱和新式板床为时尚。20世纪80年代后，时兴置办新式家具或组合家具，电视机也开始进入农户家庭。20世纪90年代后，寻常百姓家庭逐步用上燃气灶、电饭煲、电冰箱、不锈钢餐具和新型卫浴设备，沙发、空调、电脑成为新时尚。部分收入较高的家庭开始购置家用汽车作为代步工具。滨江区成立后，农村居民日用消费品逐步高档化。2000年，农村居民的家庭生活用品及服务的人均消费支出163元，每百户拥有电冰箱46台、洗衣机34台、空调器8台、彩色电视机86台。2005年，农村居民的家庭生活用品及服务的人均消费支出300元。2007年，农村居民每百户拥有摩托车50辆、汽车12辆。

第二节　方言　遗址　风物

方言

江二村域方言属越语系中萧山方言。与1987版《萧山县志》所列萧山方言的29个声母、45个韵母、6个声调的体系吻合。基本词汇与普通话无多大区别，但它有独特的一系列的动词、名词、形容词和应对呼告词，牢固不变地活在口语当中，如江二村人方言中有一系列双音节复合形容词，该类形容词往往是第一个词来形象化地修饰第二个音节那个形容词，合起来表示同一个意思，起着强调、加深的作用。如“粉碎”（不作动词用），意为“像粉末那样碎”；“喷香”，意为“很香，如香气喷发一般”，不是“喷发香气”；“铁青”，像铁那样青，青得发紫，一般形容面色；“乌黑”，像乌鸦的毛那样黑。

教堂

中华人民共和国成立前，萧山宁围乡耶稣教信徒许宗财在长河地段钱塘江边购入大片江滩荒地，向信仰耶稣的人出租，外地教徒纷纷移居这里，进而逐渐形成江二村域内自然村落——耶稣园。耶稣园原有1所教堂，有平房120平方米和辅房30平方米。1976年，被移作四村学校用房。1986年7月，村委会与教会代表协商，付给教会2250元和1立方米木料，用于重建教堂。1998年，滨江城市化建设启动后，耶稣园被拆迁。

遗址

东洋车路　民国25年（1936），长河仁号（经营棉布、杂货）业主来彼铨等集资1000银圆成立长河人力车公司，购入人力车（又叫“黄包车”）20辆；又出资购买土路1条（长河旗杆墙门到江边码头），长约2.5千米，宽2米。在土路基础上，建造人力车路（泥路），通行黄包车，村民习惯称此路为东洋车路。中华人民共和国成立后，人力车隶属长河工商联管理。1958年，取消人力车，但人力车路一直是长河老街通往江边渡口的要道。1987年，更名为长江路。2003年，时代大道及高架桥在此易建，遗迹无存。

好事大路　好事大路自西兴至江边。路建在这沙滩之上，夏无遮阳之树木，冬无避风之去处，一些大户富商在该路上设置茶汤，供路人免费享用，故人称“茶汤凉棚”。天雨路滑，行人难走，有做好事的人会撒砻糠于路其上，故此路称“好事大路”。从西兴运河上岸的货物、客商，除牛车驳运外，还有

人力运输，兴盛时期拉客运输的黄包车有300多辆。此路在不同时期多次加高，形成一条大路，宽4～5米。农业合作化初期，路上建有2座简易桥，一座在江一村域内，另一座在江二村域内（村民戴阿马家后面），桥宽3～4米，长约5米，用木跳板架成，后改用钢轨作梁，上铺石板。日伪时期，曾在此路的基础上修建简易公路。此路在江二村域内长1.5千米，从与江一村交界处起到江边东街止。1977年，掘永久河时被废。

老火车站 老火车站是民国前期杭江铁路的始发站。钱塘江大桥尚未建成时，杭江铁路始发站设在境域的江边码头。民国19年（1930）7月，江边码头到诸暨段建成通车。民国22年（1933）9月，钱塘江发生特大洪水，江边火车站站房被大水冲塌，线路内移，另建静江站（后改名为钱塘江站，位于浦沿街道境内）。同时，撤销修建在江边码头的火车站。1958年，该废弃车站被毁。

钱江汽车站 钱江汽车站是萧绍公路的始发站，是萧绍公路2个汽车总站之一（另一个站在绍兴）。中华人民共和国成立初，钱江汽车站有朝西的三间两层楼房，楼下为售票房、候车室、行李房，楼上则是职工宿舍，还附有食堂、停车场等。占地面积400平方米，建筑面积约300平方米。

特产

络麻 境域种植络麻始于清末民国初，是萧山县主要产麻区。境域选种黄麻品种较多，20世纪50年代初多为“英豆种”，后改种“圆果种”。1973年，从广东引进红麻“青皮3号”，具有秆直粗壮、抗病力强、适应性广、增产潜力大等优点，南种北移能延长营养生长期，有显著增产效果。1984年后，由于化纤工业兴起，络麻生产受到冲击，总产量下降。2002年，随着城市化推进，络麻结束种植历史。

烟叶 境域盛产烟叶，叶大而厚，用竹帘夹晒、呈赤褐色、脱水后，色泽黄亮，香味浓烈，是制作高级卷烟的原料，号称“四都烟叶”。民国7年（1918），在巴拿马国际烟叶赛会上，曾获一等奖。改革开放前，由于实行计划种植，受粮棉麻广泛种植影响，烟叶面积锐减。1962年，种植34亩，总产7.25吨烤烟。1963年，种植52亩，总产6.7吨烤烟。1964年，种植48亩，总产7.95吨烤烟。1965年，种植45亩，总产8.1吨烤烟。1966年后，烟叶退出种植舞台。

专 记

江边码头

江边码头旧称轮渡码头或大渡埠头，钱塘江复兴大桥建成前，是连接钱塘江南北水路交通的咽喉。

民国元年（1912），义渡收归省办，由专设机构钱江义渡局管理。至民国8年（1919），添置煤油轮2艘，民国9年（1920），又增轮船2艘。民国12年（1923），杭州、绍兴、宁波商绅合资捐柴油机船4艘。从此，钱江义渡全部实现轮渡。民国17年（1928）8月，钱江义渡局更名为杭绍线义渡办事处，归省公路局管理。时有轮船7艘，江船33艘，轮艇2艘，员工155人。民国17年（1928）7月，由省政府筹资修筑混凝土南北码头，民国18年（1929）5月竣工。北码头位于南星桥三廊庙，南码头在江边老汽车站北面，南北码头前沿各置铁趸船1艘。码头南北进出口处各竖水泥牌楼1座，额书“浙江第一码头”。民国20年（1931）1月，原杭绍线义渡办事处更名为浙江省建设厅钱江义渡办事处。后因深江北移，沙滩外涨，南岸码头西移。通过打木桩、铺木板、建木头栈桥，码头向江中延伸，再通过跳板上船过江。

民国26年（1937）12月，当局欲阻止日本侵略军南侵，将钱江渡轮全部沉没于富春江桐庐附近江底，钱塘江南北水上交通停运2年多。民国29年（1940）1月22日，萧山沦陷后，日伪当局设立钱江轮渡局，从日商上海内河公司租用轮船，继开钱江渡，开始收费。民国34年（1945）8月，抗战胜利，钱江渡由省交通管理处接收，更名为钱江轮渡所。并在木头栈桥进出口处，建红漆木头牌坊1座，以志抗日战争胜利，坊间称该处为“红牌坊”。民国36年（1947）3月，轮渡所移交给国民党杭州市政府管辖。时有轮船7艘、客船2艘、门桥船4艘、拖船18艘、木驳船4艘。轮渡码头至汽车站有一两千米，中华人民共和国成立前有32辆黄包车往返其间。

1949年5月，杭州、萧山解放，钱江渡由钱江航运公司经营。此时，木制栈桥破烂不堪，几成危桥，人民政府组织群众挑土运石，筑成泥塘1条，两边以石护坡。其后，渡运设施不断更新，两岸码头几次扩大。1995年，有铁质渡轮2艘、客位1000个，年完成渡运量250万人次，日最高渡运量2.5万人次。周边村民出入杭城或农副产品销售，都经轮渡往返。2004年10月，复兴大桥建成，钱江轮渡废止弃用。

江三村位于钱塘江南岸，东起时代大道，西至信诚路，南靠沪昆铁路杭州绕行线（原浙赣铁路萧山段），北依钱塘江，面积2.52平方千米。全村地形呈长方形，东西宽1.2千米，南北长2.3千米。

江三村在滨江区的位置

来楚生　端午即景

第十一编　江三村

概　述

江三村位于钱塘江南岸，南靠沪昆铁路杭州绕行线（原浙赣铁路萧山段），北依钱塘江轮渡码头（原浙江第一码头）。。1958年10月，为长河人民公社江三生产队。1961年4月，称为长河人民公社江三生产大队。1984年4月，改设长河乡江三村。1990年，江三村辖北塘头、横街埠头、王家园、傅家圩4个自然村。1996年，全村户数1368户，总人口4375人，200人以上姓氏有来姓、张姓、沈姓等。2007年6月，撤销江三村，设立江三社区。

中华人民共和国成立初期，江三村域主要种植棉花、络麻以及稻麦豆类等粮食作物，实行统购统销，国家给农民发粮票，村域农民吃粮凭票向国家购买。1978年，江三大队总收入70.57万元，上缴税金2.48万元。1996年，江三村经济总收入5573.22万元，上缴税金54.98万元，其中农业税19.39万元。进入21世纪，随着滨江城市化推进，传统工业关停、外迁，集团经济和高科技产业经济开始发展。2007年，全村农业收入258万元、渔业收入210万元、工业收入1.63亿元、建筑业收入300万元、运输业收入240万元、商业饮食业收入2261万元、服务业收入5097万元。

民国时期，村域设有长河乡国民学校初小1个班。20世纪50—60年代，村民主要通过文艺宣传队、露天电影等开展群众文化活动。20世纪80年代，江三大队俱乐部设有阅览室、乒乓球室、棋类室、广播室。1987年，江三小学有学生500多人，教师20多名。设滨江区后，江三村传统文化活动与新兴文化活动相融合。2003年1月，江三小学拆迁，在原址上重建杭州市博文小学；7月，长江爱心幼儿园建成。同年，建有长河街道江三村卫生服务站。境域有南沙大堤遗址、钱塘江大堤旅游景点。

中华人民共和国成立初，江三村域通过土地改革，农民分到土地，生活得到保障。农业合作化后，村民依靠集体经济，生活逐步改善。20世纪60—70年代，全村安装上电灯、广播。改革开放后，村民生活水平明显提高。滨江区成立后，城市化建设快速发展。村域被征用土地主要用于建设滨康路、滨安路、建业路、立业路、时代高架路，以及浙江连连科技有限公司、中国联合工程有限公司、杭州市博文小学、地矿建设大厦、浙江康恩贝制药股份有限公司、施强药业集团有限公司、华盛达广场等。2007年，全村年人均纯收入1.21万元，主要住宅小区有长江小区、长江西苑。

第一章　基本村情

江三村位于钱塘江南岸，西北距钱塘江大桥2千米。复兴大桥南端位于村域，江南大道横贯全村。村域总面积2.52平方千米，南靠沪昆铁路杭州绕行线（浙赣铁路萧山段），北依钱塘江轮渡码头（原浙江第一码头），水陆交通十分方便。1956年10月，村域为江边乡第三高级农业合作社（简称“江三社”）。1958年10月，江三社改设长河人民公社江三生产队。1961年4月，改名为长河人民公社江三生产大队。1984年4月，撤销江三村，建立江三社区。1990年，江三村辖北塘头、横街埠头、王家园、傅家圩4个自然村。1996年，江三村有村民小组26个，户数1368户，农村总人口4375人，主要姓氏有来姓、张姓、沈姓等。2007年6月，撤村建居，改设江三社区。

第一节　区位　地貌　村落

地理位置

江三村位于钱塘江南岸，与历史文化名城杭州隔水相望，西北距钱塘江大桥2千米，江南大道横贯全村。钱塘江复兴大桥（钱江四桥）南端位于村域。村域总面积2.52平方千米。村域南靠沪昆铁路杭州绕行线（原浙赣铁路萧山段），北依钱塘江轮渡船码头（原浙江第一码头）。全村地形呈长方形，东西宽1.2千米，南北长2.3千米，总面积2.52平方千米。

地形地貌

境域属平原地形。土壤为钙质潮土，俗称“夜潮地”。表部沉积物主要为亚砂土和粉细沙，颗粒均匀，结构疏松，保水、保肥能力差，水、盐升降速度快，土质相对贫瘠。土质由灰黄色、灰色粉土质、重亚砂土和深灰色淤质粉土质组成，厚30～40米。含沙量高，略呈盐碱性，属沙地平原地区，适应种植棉花、络麻。

境域主要河流有钱塘江等4条。

钱塘江 钱塘江流经江边码头后，在境域北部擦境而过，向东进入江二村、江一村段。

北塘河 原名永久河，又称大寨河。西起江边排灌站，东至坎山红星桥，全长24千米，是境域最大人工河流。

铁路河 全长3.18千米，东至区界，西起建业路，南靠沪昆铁路杭州绕行线（原浙赣铁路萧山段），北邻南环路，自西向东连通时代河、落霞河、越剑河、花园徐直河等7条河流，系沟通滨江区南北水系的重要通道。

永久河 西起浦沿排灌闸，东至江边排灌站，全长6.81千米，河宽20米，系人工两次开挖，第一次在1957年，第二次在1977年。

自然村

1990年，江三村辖北塘头、横街埠头、王家园、傅家圩4个自然村，26个村民小组，有1235户3968人。

北塘头 为江三村委会驻地。位于长河街道办事处驻地北偏西2.1千米，有102户344人，以周氏为大姓，傅氏、宋氏为次。聚落沿防洪塘南呈带状分布。村北有防洪塘，故名。

横街埠头 位于长河街道办事处驻地西北3.4千米，有73户231人，以汪氏为大姓，金氏为次。聚落沿萧杭公路两侧呈条状分布。多数村民以做小贩、做小工为副业。村中原有东西向的横路，称横街，直通钱塘江埠头，故名。

王家园 位于长河街道办事处驻地北2.8千米，有826户2780人，以王氏为大姓。聚落在萧杭公路东侧呈带状分布。村民以做小工为副业。因村以王氏聚居，故名。

傅家圩 位于长河街道办事处驻地西北1.5千米处，有234户713人，以傅氏为大姓。聚落在浙赣铁路北，呈带状分布。村民以做小贩为副业。因村以傅氏聚居，村北有堤塘，故名。

第二节 建置沿革

行政区划

北宋太平兴国三年（978），村域属萧山县夏孝乡。元至元十六年（1279），村域属三都。清宣统二年（1910），村域属长河乡。民国18年（1929），村域属第二区长河里双庙联合村。民国21年（1932），村域属萧山县第一区双庙乡。民国23年（1934），村域属萧山县东岳区江边乡。民国36年（1947），村域属萧山县江边乡。1950年10月，村域属长河区钱江乡。1956年3月，钱江乡与江边老乡合并，建立江边乡，村域属长河区江边乡。1956年10月，农业合作化高潮中，建立江边乡第三高级农业生产合作社（简称“江三社”），村域属江边乡江三社。1958年3月，江边乡并入长河乡，村域属长河区长河乡。1958年10月，长河区改名为长河人民公社，高级社改名为“生产大队”。村域属长河公社长河管理区（后改为江边管理区）管辖，全称为长河人民公社江三生产大队（简称“江三大队”）。1971年2月，村域属城北区长河公社。

1984年3月，改公社为乡，改生产大队为村。江三大队称江三村，属城北区长河乡。1985年6月，长河乡改为镇级建制，村域属城北区长河镇。1992年5月，萧山市撤区扩镇并乡，城北区撤销，村域属萧山市长河镇。1996年5月，杭州市区划调整，把西兴、长河、浦沿3个镇划入杭州市西湖区，村域属杭州市西湖区长河镇。1996年12月，以西兴、长河、浦沿3个镇成立滨江区，村域属杭州市滨江区长河镇。2000年6月，杭州高新技术产业开发区与滨江区合并，江三村归杭州高新区（滨江）管辖。2003年12月，滨江区撤镇建街道，江三村属滨江区长河街道。2007年6月，滨江区撤销江三村建制，设立江三社区，有住宅小区长江小区、长江西苑。

基层组织

中共基层组织 1927—1930年，长河沙地片成立外沙党支部（覆盖江一村、江二村、江三村），与国民党当局开展斗争，党支部成员由来阿本、来四泉、陶凤照、来丙奎、俞长友、曹传兴等组成。1956年，江三村域第一个党支部建立，党员15人，书记蒋瑞明。历任江三村（大队）党支部在境域经济发展、社会进步、城市化建设等方面起着领导核心作用。

村民自治组织 1950年10月，长河的沙地片分别建立钱江乡和江边乡（原）。江三村隶属于钱江乡的七村和八村，第一任村长汪金生。1956年10月，由七村的联心合作社、联合合作社、同心合作社、联强合作社，八村的联庄合作社、临江合作社、互联合作社、合心合作社、华兴合作社、盛兴合作社等13个低级合作社合并为江边乡（新）第三高级农业合作社，合作社设管理委员会，负责管理生产、分配和行政事务。1958年3月，江边乡并入长河乡。1958年

10月，成立长河人民公社，将第三高级农业合作社改名江三生产队。1961年4月，改名为长河人民公社江三生产大队，设立大队管理委员会负责管理行政和公共事务。1968年，大队革命委员会取代大队管理委员会。1978年，江三大队管理委员会重新建立。1984年4月，江三村村民委员会成立，由主任、副主任和委员7人组成，每届任期3年，由村民代表大会选举产生。1990年后，村民委员会由村民直接选举产生。

经济管理组织　1991年，江三村经济合作社成立。村经济合作社是全村的集体经济组织，在村党支部的领导下，负责管理江三村的农、副、工各业的生产和经营。村经济合作社常设机构是合作社管理委员会，成员由社员大会或社员代表大会选举产生，由正、副社长和委员共5～7人组成，社长由村党支部书记担任。每届任期3年，换届选举与村民委员会同步。1996年，江三村生产性固定资产原值1788.02万元，农村集体资产总额463.5万元。2007年，江三村农村集体经济收益合计2.62亿元，流动资产2.5亿元，固定资产878.42万元，流动负债2.36亿元，所有者权益2460.32万元，资本23.28万元，公积公益金1453.24万元。经济合作社收入311万元。

第三节　人口　姓氏

人口

民国及以前，人口的自然变动呈高出生、高死亡的状态。中华人民共和国成立以后，村民生活条件不断改善，人口自然变动情况出现高出生、低死亡的状态。1949年，村域总户数485户，总人口1795人，其中男性915人；出生75人，死亡18人。1957年，村域总户数464户，总人口2188人，其中男性1080人；出生88人，死亡25人。1978年，江三大队总户数861户，总人口3881人，其中男性1955人，女性1926人，迁入25人，迁出44人；出生63人，死亡12人。1987年，江三村总户数1163户，总人口3857人。1996年，江三村有村民小组26个，户数1368户，人口4361人，其中男性2158人，女性2203人。2007年，江三村农户1450户，农村人口5060人，农业生产户人口865人。

姓氏

1994年，江三村隶属长河镇。有村民小组26个，村民1233户4332人。全村有姓氏111个，其中来姓为多，有424人。2010年，江三村200人以上姓氏有来姓、张姓、沈姓、王姓、周姓。

来姓 商汤时，山东莱州有一分封诸侯小国——莱国，春秋时，被齐国所灭，国人便以国为姓，去草为“来”。萧山来氏尊来廷绍为始迁祖。来廷绍，河南鄢陵县咸平乡淮安里人，字继先，号平山，又号思洛子。南宋绍熙四年（1193）进士，嘉泰二年（1202）由直龙图阁学士、进阶宣奉大夫出知绍兴府，然未到府治而病逝于萧山祇园寺僧舍，埋骨于湘湖之东蜈蚣山，由浙东安抚使、著名词人辛弃疾撰写《墓志铭》。其长子来师安因守父墓而择居于冠山之南。之后繁衍发展，耕读并举，蔚为大族。1994年，江三村来姓人口424人。2010年，区域来姓人口506人，主要分布在第1组、第15组、第18组、第19组、第21组、第24组。

沈姓 隋朝时，浙江武康的沈姓成为当地望族。唐昭宗年间（889—904），进士沈天元官居杭州别驾（知州佐官），其家由湖州德清县金鸾乡迁居杭州马市街，传至第5世沈元用，由杭州迁居萧山航坞山北陈家坞，繁衍发族。南宋初年，京师（杭州）秘书省正字（校阅典籍的低级文官）沈文锡将家眷安置于萧山许贤一个小山村，后来子孙繁衍，形成沈村。长河沈姓多从萧山方向迁入，其中一支自清道光年间（1821—1850）由义桥迁入江边老火车站定居；另一支于民国初期从坎山杨墅河迁入。2010年，江三村沈姓人口248人，主要分布在第6组、第11组、第12组、第14组、第15组、第23组。

第二章 村庄建设

中华人民共和国成立初，江三村域通过土地改革，农民分到土地，生活得到保障。农业合作化后，村民依靠集体经济，生活逐步改善。20世纪60—70年代，全村安装上电灯、广播。1992年，开始集资安装自来水，村民每户出资500元。随着城市化建设加快推进，大量集体土地转为建设用地，农民转为市民。2000年后，许多村民住上三层以上的楼房，生活基本实现小康。撤镇建街后，传统商贸业迅速向现代商贸服务业转变，高档宾馆、酒店、品牌餐饮、超市、便利店等遍布村域。村域被征用的土地主要用于建设滨康路、滨安路、建业路、立业路、时代高架路，以及地矿建设大厦、华盛达广场等。主要道路有建业路、立业路、南川路、江南大道、时代大道等。主要住宅小区有长江小区、长江西苑。

第一节　新农村建设

村容村貌

民国及以前，村域百姓生活困苦，村容萧条。中华人民共和国成立后，逐步开始村庄建设。改革开放后，村域经济发展突飞猛进。20世纪80年代，村民陆续将草房改建成平房。2001年1月，江三村一区、二区新农村住宅建成。滨江区首个农民安置房（长江小区）开始建造。2003年9月，首批200多户拆迁户安置户搬进宽敞明亮的农民公寓。2005年，增加公共服务设施，投入15万元，以公开招标形式，再建5所公厕，方便广大村民，尤其是外来人口的生活。全村的道路、河道、水沟、厕所等公共场所的卫生保洁，通过招投标承包给物业公司，保持环境卫生整洁。

长江小区　东起时代大道，西邻立业路，南靠南环路，北达滨康路。占地面积5.38万平方米，建筑面积14.29万平方米。2002年，以路名命名。有社区办公用房和幼儿园。

长江西苑　东起长江小区，西连建业路，南靠南环路，北至滨康路。占地面积9.66万平方米，建面积2.8万平方米。位于长江小区西侧，故名。

交通

村域横向道路从北到南依次为江南大道、滨兴路、滨安路、怀德街、滨康路、南环路，纵向道路从东到西依次为时代大道、立业路、建业路、南川路。

建业路　南起南环路，北至闻涛路，建于1999年，2004年10月命名。沿路有仁苑、香溢公寓、长江西苑等住宅区和杭州热威机电有限公司、华业科技城等企业。

立业路　南起南环路，北至江南大道，寓意“建功立业”。沿路有杭州市博文小学、长河幼儿园长江分园、长江小区住宅区等。

南川路　南起天马路，北至永久河。以长河来氏“九厅十三堂”之一“南川堂”取名，2011年命名。

怀德街　东起时代大道，西至信诚路，2012年命名。沿街有康恩贝制药有限公司、杭州士兰微电子股份有限公司等企业。

江三桥　位于萧杭公路北，横跨永久河。长20米，宽2米。1955年建。

五号桥　横跨永久河，连接建业路。长25米，宽40米，高5.5米，为钢筋水泥桥。原路规划为五号路，遂有此名。

永久河拱桥　20世纪70年代初期，江三大队在永久河建造一座跨径20米的拱桥。2003年，该桥拆除改建为公路桥。

水利

机埠沟渠　1972年开始，江三大队（村）先后在永久河及其他地段建造抽水机埠9座，修建永久性渠道4818米，排水沟1985米。

江边闸　1954年建造，用于排涝灌溉。

北塘河闸　位于村域北钱塘江边。因该闸在北塘河上，闸以河得名。北塘河闸初建于1975年4月，是萧山区江边排灌站的检修闸。后因复兴大桥（钱江四桥）建设，2003年移位重建于今址，归萧山区钱塘江灌区管理处管理。北塘河闸2孔，设计流量每秒130.3立方米，主要功能是检修、防汛抗旱和调水配水。

江三小闸　位于村域北钱塘江边，因地处江三村，又是小型闸，故名。该闸为1孔，设计流量每秒45.2立方米。闸建于永久河上，是永久河灌溉、排涝、配水的控制闸，也是萧山区江边排灌站的检修闸。1975年4月建成。

江边排灌站　江边排灌站位于江三村境域内，归属萧山区管辖，全称萧山区钱塘江排灌总站，建成于1976年，是一座集排灌和航运为一体的重点水利枢纽工程，承担钱塘江灌区防汛抗旱及沟通钱塘江与萧绍水域水上交通的任务。后因复兴大桥与时代大道高架桥建成，江边排灌站仅存排灌功能。

公用事业

电力　1961年，新安江水电站电力抵达长河，分线向各个自然村落延伸，把电送到各家各户。1972年，江三大队进行第一次电力整网，主要是增大变压器容量，更换电线杆和外线，主干线用方形实心水泥杆作电线杆。1993年，随着村办企业的发展和群众生活水平的提高，用电量急剧增加，对全村范围的电力线路进行整改，全村实现24小时供电。2007年，江三村用电量850万千瓦时，其中，农业排灌用电量2万千瓦时。

广播电视　1953年，境域开始安装有线广播。1958年，长河建立广播站，广播线路架到各个生产大队。1969年，江三大队建立广播室。20世纪70年代初，广播室配备扩大机，在主要地段装有高音喇叭。1981年，喇叭更新换代。随着电视的迅速普及，城市化后民房的拆迁，村民对广播的需求渐渐减弱，后广播逐渐消失。20世纪70年代末，境域各个生产队开始拥有黑白电视机。20世纪80年代中后期，村民开始购买彩色电视机。20世纪90年代初，开始有线电视网络的建设。1996年后，有线电视线路接入低压线桩。2007年后，全村普及有线电视。

电影院　20世纪50年代，少数村民进城看电影。20世纪60—70年代，境域附近江二村驻军部队每周放1次电影，村民前往观看者甚多。20世纪80年代，村民到西兴、长河、萧山等影剧院看电影。20世纪90年代后，电视机普及，影碟机进入农家，村民看电影意愿逐渐下降。

通信　1951年前，村民发电报要到长河或西兴邮政局（所）办理。1955年长河设长河邮电局，电报由邮政投递员送到村民手中。20世纪80年代后，由于电话机的普及，电报的收发量锐减。

1964年，境域会计室安装第一部电话机。1987年后，电话机进入百姓家中。2007年，每户家庭均有电话1部、手机1部，互联网得到普及。

邮政　20世纪50年代初，村民寄信去长河集镇上的邮政代办所。农业合作社初期，信件、报纸等由邮递员送至初级社、高级社，再由初级社或高级社分发。1963年后，长河邮电局在村设有信箱，由小店代销邮票，村民寄信不再去长河或西兴。村民或生产队所订阅的报纸、杂志，由邮递员送到各生产队。村民寄、取邮包，需自己去长河邮局办理。

供水　20世纪80年代前，境域村民主要饮用水是池塘水、“天落水”（天然雨水）、钱塘江水。1988年，浦沿联合自来水厂建成，萧山第二自来水厂输水管沿萧杭公路（曾称“03省道”）道而过。1992年，境域开始集资安装自来水，村民每户出资500元。1996年后，随着村民进入小区居住，用水由水务公司管理，一户安装一只水表，计量收费。

村办公房　20世纪50年代初，境域基本上没有专门的办公用房，一般设在村民家中。1958年10月，长河人民公社成立后，江三大队建造大队办公用房（草房）。1965年后，随着组织机构逐步完善和村级经济发展，大队新建办公用房平房（瓦房）7间，面积300平方米。1980年，修建江三大队大会堂，地址北塘头，面积900平方米。20世纪80—90年代，村委会办公楼地址位于北塘头，房屋7间，面积700平方米。2007年，党群活动中心地址长江小区13幢与40幢之间的1楼，面积2200平方米。

第二节　土地使用

土地制度

中华人民共和国成立前，村域多数土地被地主、富农或官绅占有，贫困农民缺田少地。1949年5月，长河解放。1950年10月，境域开展土地改革运动，没收地主、富农多占的土地归农民所有。高级社时期，境域土地归集体所有，农民把“土地证”交给集体，土地集体所有制开始确立。人民公社化时期，土地集体所有制进一步巩固。推行家庭联产承包责任制后，在保持土地集体所有制的前提下，土地按人口或劳动力比例分给农户家庭承包并自主经营，其经营收入除按合同规定上缴一部分给集体及缴纳税金外，全部归农户。1997年，江三村土地承包面积2216亩。2007年，江三村家庭承包经营的农户数180户，承包经营耕地面积322亩。

土地类别及利用

境域土地类型可分耕地、宅基地、工矿用地、交通用地及未利用土地等。1956年，农民土地收归集体耕种。后为解决村民日常蔬菜用地，高级社允许各生产小队将社员房前屋后零星杂地分配给社员自由种植，称“自留地”。2007年末，江三村耕地面积323亩，其中水田185亩、旱地138亩，全是围垦土地。

土地征用

1958年1月开始，根据《国家建设征用土地办法》规定，江三大队土地补偿费标准为该耕地征用前3年平均产值的4～5倍，征用非耕地的按耕地的50%补偿。1991年6月后，根据萧山市土地管理规定，江三村被征用耕地补偿费标准为该耕地征用前3年平均产值的3～5倍，征用非耕地按耕地的50%补偿。1999年，江三村开始第一批农民房征地拆迁。2000年7月后，滨江区土地补偿费用标准分为一般项目和城市基础设施项目两类。江三村一般项目的土地补偿标准为每亩2.64万元，城市基础设施项目补偿标准为每亩2.31万元。江三村青苗补偿费用标准为每亩1650元。地上附着物分一般地上附着物补偿和重大地上附着物、苗木补偿。其中，一般地上附着物按征地总面积2500元每亩的标准一次性补偿到各村。重大地上附着物、苗木由街道会同被征地单位、建设单位进行现场清点、核实、确定后报区国土分局，由国土分局按政策规定审核确定补偿金额，经区政府批准后补偿到街道和村并逐一落实到所有权人。江三村一般项目安置和城市基础设施项目补助费用标准均为每亩5.32万元。

江三村自1996年划属滨江区以后，至2003年9月，已被征用土地2165亩，有3169人转为非农业人口，发放劳力安置费7600多万元。2007年，江三村取得土地补偿费362.9万元。被征用土地主要用于建设滨康路、滨安路、建业路、立业路、时代高架路，以及杭州市博文小学、地矿建设大厦、华盛达广场、优能科技园等。

第三节　围垦土地

南沙大堤外围垦

中华人民共和国成立初，江三村域农户在钱塘江南沙大堤外围得40亩土地。1961年，江三大队发动社员又围地51亩。1963年，再围土地得189亩。所围土地上共修筑临江堤塘1557米。堤塘结构为复式斜坡土堤抛石护坡。

顺坝围垦

顺坝围垦又称先锋围垦或五堡围垦，分内线、外线两期进行。内线围于1970年11月，长河公社共围地817.1亩；外线围于1986年冬，共围地195亩。两期共1012.1亩。江三大队（村）从顺坝围垦分得土地。1997年，为处理历史遗留问题，经滨江区政府与萧山市政府协商并签订协议，将包括江三在内的顺坝围垦土地划归萧山市，从此江三村在顺坝再无土地。

东江围垦

东江围垦又称第12工段围垦，由萧山县统一指挥，长河公社组织发动下属大队共参加4期围涂工程，时间分别为1974年、1976年、1977年、1978年。至1978年底，长河公社共得毛地2906亩，按投工多少分给12个村。1981年，江三大队围垦土地相继给承包大户耕种，村每年向承包户收取承包金，每亩每年10～20元。1991年，每亩土地承包金最高40元。1992年，村民王水土承包东江围垦土地300多亩，被评为萧山县围垦种粮大户和萧山县农业劳动模范。1999年后，承包户相继退出。该区块纳入临江工业园区。

第三章　村域经济

江三村域1949年粮食播种面积780亩，总产量103.15吨。1957年，粮食播种面积1138亩，总产量160.9吨。1978年，江三大队经济总收入70.57万元。上缴国家税金2.48万元。1985年，江三村第二、第三产业从业劳动力首次超过第一产业从业劳动力。1996年，全村经济总收入5573.22万元，上缴税金54.98万元，其中农业税19.39万元。进入21世纪，随着滨江城市化推进，传统工业关停、外迁，高科技产业逐渐发展。2007年，江三村农村集体经济收益合计2.62亿元。其中，农业收入258万元、渔业收入210万元、工业收入1.63亿元、建筑业收入300万元、运输业收入240万元、商贸饮食业收入2261万元、服务业收入5097万元、其他收入1544万元，总费用2.01亿元，全年净收入6110万元。上缴税金758万元，企业各项留利919万元。知名企业有杭州德意实业有限公司、浙江大学精细化工厂。

第一节　农业

境域土地由钱塘江泥沙淤积而成，沙性土壤，略呈碱性，是典型的钱塘江江南沙地区。棉花、络麻种植历史悠久，粮食作物有大麦、小麦、玉米、小米等，种植始于清雍正年间（1723—1735）。1978年，江三大队农业收入56.34万元、畜牧业收入2205元、渔业收入463元、副业收入3.48万元。1996年，江三村种植业收入565.89万元、畜牧业收入81.46万元。2007年，农业收入258万元、渔业收入210万元。

种植业

粮食种植　境域主要粮食作物有小麦、大麦、蚕（豌）豆、水稻等。1957年，粮食播种面积1138亩，亩产145.5千克。其中，小麦播种面积349亩，亩产85千克。大麦播种面积212亩，亩产110千克。蚕（豌）豆242亩，亩产87.5千克。晚稻播种面积300亩，亩产250千克。1978年，江三大队粮食播种面积1166亩，亩产320千克。小麦播种面积254亩，亩产271.5千克。大麦播种面积184亩，亩产175千克。蚕（豌）豆播种面积69亩，亩产177千克。水稻播种面积601亩，亩产366千克。1996年，粮食播种面积1522亩，亩产350千克。其中，稻谷播种面积1038亩，亩产437千克；小麦播种面积230亩，亩产212千克；大麦播种面积50亩，亩产110千克；蚕（豌）豆播种面积100亩，亩产115千克。2002年，江三村农作物总播种面积1650亩。其中粮食播种面积480亩，亩产416千克。稻谷播种面积290亩，亩产560千克。小麦播种面积140亩，亩产210千克。2007年，江三村农作物播种面积2465亩。其中水稻播种面积365亩，

亩产480千克。此后，境域土地被国家征用，粮食种植退出历史舞台。

蔬菜　境域蔬菜品种有青菜、菠菜、芹菜、冬瓜、洋葱、茄子、大白菜、包心菜等。1957年，江三高级社番茄播种面积35亩，亩产335千克。1996年，蔬菜播种面积1461亩，亩产1000千克。2002年，蔬菜播种面积950亩，亩产2340千克。2007年，蔬菜播种面积1120亩，亩产5000千克。此后，土地被征用，种植蔬菜逐渐减少。

经济作物　境域经济作物主要有棉花、络麻、油菜。1949年，境域棉花播种面积580亩，亩产20千克。1957年，棉花播种面积462亩，亩产44.5千克。络麻播种面积193亩，亩产325千克。1978年，江三大队棉花播种面积296亩，油菜籽亩产37.5千克。络麻播种面积408亩，亩产362千克。油菜播种面积122亩，油菜籽亩产92.5千克。20世纪80年代后，实施家庭联产承包责任制，种植业趋向多样化。1996年，油菜播种面积210亩，油菜籽总产量15吨。棉花播种面积133亩，亩产90千克。黄麻、红麻播种面积15亩，亩产552千克。甘蔗播种面积25亩，亩产5000千克。2002年，棉花播种面积70亩，亩产45千克。甘蔗60亩，亩产8000千克。西瓜播种面积40亩，亩产7000千克。苗木播种面积50亩，销售额35万元。2007年，甘蔗播种面积100亩，亩产10吨。苗木播种面积880亩，出售额440万元。此后，棉花、甘蔗种植面积逐渐减少。

养殖业

禽畜　历史上，境域畜牧业以养猪、养鸡为主。由于受饲料的制约，发展很慢。农业集体化后，为解决农业肥源和社会用肉，养猪业列为畜牧业之首。除家庭养殖外，江三生产大队、生产队均先后办过畜牧场。其他家禽家畜仅为村民家庭饲养。改革开放后，养殖专业户异军突起，养猪、养鸡、养鸭、养鱼等养殖业快速发展，并出现适度规模经营。1996年，江三村生猪存栏180头，出栏1450头，饲养量1630头。牛存栏3头，其中耕牛2头。家禽存栏5000羽，出栏1.2万羽。猪肉产量108.75吨，禽肉产量18吨，禽蛋产量2.7吨。淡水养殖面积13亩，均为内塘。淡水产品产量6吨。2002年，江三村生猪年末存栏数210头，年内肥猪出栏数1688头，全年饲养量1898头。家禽年末存栏数5000羽，其中肉禽4500羽，蛋禽500羽。年内出栏数1.7万只，其中鸡1.5万只、鸭2000只。肉类产量136吨，其中猪肉110吨、禽肉26吨。禽蛋产量2吨。

鱼类产量34吨，淡水养殖面积80亩。2007年，江三村生猪存栏680头，出栏1625头，饲养量2305头。猪肉产量114吨。养蜂箱数150箱。蜂蜜产量30吨，蜂王浆产量500千克。淡水产品产量130吨。

江三村捕捞组　明清时期，村域就有在钱塘江上捕鱼之人，生活贫苦。中华人民共和国成立后，渔民分到土地，大多转行务农，但仍有部分人农渔相兼。农忙时参加田间劳动，农闲时江上捕鱼。1972年，江三村捕捞组情况首次记入年报，有捕捞人员11人，渔船4只。此后逐年发展，1980年，捕捞人员增加至20人，木船17只。1986年，又增加到21人。捕捞人员持有江上作业捕捞证，配备滚钓船、游丝网等专业工具，捕捞的品种以鲻鱼、白条鱼为多。1989年，捕捞江鱼20吨、贝类30吨。此后，捕捞组情况与大队鱼塘合并统计，年报不另行记载。

第二节　工业

发展过程

20世纪60年代，江三大队工业开始出现，以手工业作坊为主。20世纪70年代初，开始创建队办企业。1975年4月，由大队投资3万元筹建的江三农机厂，是该村域最早的工业企业，有职工83人，是长河公社规模最大的队办农机企业。1978年，江三村有企业7户，有人数380人，总收入30.76万元，其中工业和手工业收入11.34万元。1979年，大队与长河供销社合资，在江边码头筹建长河联合酱菜厂，收购当地农副产品，加工生产酱瓜、酱菜、萝卜干等，由供销社运销沪杭各地。时有职工28人，固定资产仅14.4万元。1987年，产值54.7万元，利润2.5万元，被誉为“全镇投资少、创利高的企业”。1985年，村委会又投资5000元，集资2万元，建办萧山长河纺织器材厂，1987年与国营杭州纺织器材厂联营，专业生产“西泠”牌钢箱。因该产品“光洁度高，耐磨精用”而成为国内名牌产品，并出口泰国、日本。同年底，该厂有固定资产81.7万元，职工127人，总产值73万元，销售额68万元，创利11.5万元。1992年，更名为杭州江南纺织器材厂。1995年，企业拍卖转制，更名为杭州德意实业有限公司。1988年，江三村工业企业有7家：纺器厂、电器厂、酱菜厂、纸袋厂、建材厂针织厂、袜机厂，年产值554万元，利润34万元，税金23万元，分别占长河镇村办企业经济总量的7.4%、17.1%和9.4%；职工444人，发放工资53万元，年人均工资1194元。江三村以纺器厂和建材厂效益最好，2家企业总产值和利润分别占全村的62.5%和82.4%。纺器厂和针织厂又是出口创汇企业，全年出口创汇36万元，出口产品为钢筘和针织品。

1990年，江三农机厂倒闭，场地、设备转让给私营企业。1995年开始，村办企业先后转制。其中，德意实业和万祥纸品通过拍卖转为有限公司，万茂塑料通过拍卖转为公司制。至2001年，除浙大化工仍为村办企业外，其余10家均转为私营企业，分别是杭州德意实业有限公司、杭州万轮摩擦材料有限公司、杭州万茂塑料厂、杭州诚信车架厂、杭州阳光车业有限公司、杭州雄达五金工具厂、杭州华丽地板制造有限公司、杭州万祥纸制品有限公司、杭州长河印刷厂、江三加油站。同年，全年产值8751万元，利润176万元，税金392万元，分别占全镇村级工业经济总量的5.8%、8.2%和10.6%。有镇强优骨干企业3家：杭州德意实业有限公司、浙江大学精细化工厂和杭州万轮摩擦材料有限公司。有出口创汇企业3家：浙江大学精细化工厂、杭州雄达五金工具厂和杭州万轮摩擦材料有限公司，主要出口产品有依普黄酮、大豆黄酮、五金产品和刹车片。2003年，全村有企业9家：浙江大学精细化工厂、杭州德意实业有限公司、杭州万祥纸制品有限公司、杭州万茂塑料厂、杭州诚信车架厂、杭州阳光车业有限公司、杭州雄达五金工具厂、杭州华丽地板制造有限公司、江三加油站等，完成工业总产值1.1亿元，利润287万元，出口创汇1151万元，税金400万元，分别占全镇工业经济总量的2.29%、3.1%、0.67%、3.37%；有职工497人，年人均工资为9582元，与1988年比，职工人均工资增长8倍。2007年，江三村工业收入1.63亿元，建筑业收入300万元。

合作工业

20世纪70年代末80年代初，随着镇办工业、村办工业崛起，江三村涌现一批合作工业，有两种形式：由村民小组建办的“组办工业”和家庭户联办的“户联工业”。

江三村袜机针织厂　创办于1983年8月，职工6人，股东2人，股金4000元。主要产品有加工、针织。

江三振兴食品厂　创办于1985年1月，职工15人，股东4人，股金8000元。主要产品为副食品。

江三合作针织厂　创办于1983年11月，职工4人，股东3人，股金

2500元。主要产品为针织品。

江三合作服装厂　创办于1983年8月，职工42人，股东6人，股金1万元，经营服装加工、经销。

江三合作运输队　创办于1983年9月，职工8人，股东5人，股金9000元，经营运输业务。

江三汽车修配厂　创办于1983年7月，职工20人，股东8人，股金3040元，经营汽车、农机修理。

江三家具修理厂　创办于1983年1月，职工4人，入股1人，股金2000元，经营家具修理。

江三油桶加工厂　创办于1984年6月，职工55人，股东11人，股金1.04万元，经营油桶加工。

江三第二服装厂　创办于1984年1月，职工8人，股东4人，股金6000元，经营服装加工及经销。

江三五金模具厂　创办于1985年1月，职工17人，股东5人，股金2500元，主要产品为铸造用木模。

1985年，农业年报首次对合作工业进行记载，称“社员家庭工业”，分别以“户联办”和“组联办”统计。江三村“户联办”工业产值76万元，占全镇工业比例为5.4%。1996年，江三村合作企业、个体企业产值387万元，占全镇工业比例为1%。

知名企业与产品

杭州德意实业有限公司　公司前身是江三联合酱菜厂，原址江边码头，创建于1979年，是江三村与长河供销社联办企业。1983年，企业结构调整，被村办企业江三纺织器材厂兼并，转型生产纺机零件“西泠”牌钢筘。1985年企业更名为萧山县长河纺织器材厂；1987年与杭州纺织器材厂联营，更名为杭州纺织器材厂萧山分厂；1992年，又更名为杭州江南纺织器材厂。1995年，企业转制拍卖，成立杭州德意实业有限公司。1997年，公司与中国重型汽车厂挂钩，专业生产十字轴万向节总成、滚针等汽车零部件，有职工280多人。2002年，因复兴大桥建设需要，厂区迁至长河工业园，成立杭州德意万向节有限公司。公司占地面积1.41万平方米；有一支万向节设计、制造、质控的专业队伍，引进全自动推杆式热处理生产线、全自动数控夹具车床、全自动十字轴双端面磨床及全自动十字轴外圆无心磨床等高精尖设备。主要产品“YW”（意王）牌万向节十字轴总成系列，经中国汽车技术研究中心测试合格，并通过ISO—TS 16949国际质量体系认证。产品投放全国200多个专业市场，为全国各大汽车传动轴公司提供配套。企业获杭州市“重点骨干企业”“重合同守信用单位”“计量验收合格单位”等称号，为浙江省汽车工业总公司定点企业。

浙江大学精细化工厂　企业创建于1989年4月，注册资金50万元，是浙江大学材料与化工学院所属企业，在江三村域内。企业集教学、科研、中试基地于一体，承担着本科生教学实习基地与硕士、博士培养任务。有职工50人，其中有教授、博士生导师1人，副教授及高工3人，博士研究生1人、硕士研究生3人，有研究开发部及专业研究人员22人；专业覆盖精细化工、生物化工和化工机械、化工仪表、化学分析等领域。主要产品有化学合成法生产的医药中间体。企业有6个项目获省部级科技进步奖二、三等奖，有7项发明专利。2000年，“化学合成法生产异黄酮类产品”项目被列入国家火炬高新产业计划。高新产品丙酮酸盐进入天然产品市场，高新生物产品大豆异黄酮畅销欧美市场。2006年，企业用地转让给中国美术学院建造研发楼后，企业注销。

第三节　商贸服务业

中华人民共和国成立前，江三村域村民生活贫困，商贸业落后。农民生产棉花加工织成的棉布（土布），以自己穿用为主，也有到集市出售，换取生活所需的各种用品。1953年，国家实行粮食统购统销，稳定粮价，保障供给，江三村村民以市购口粮为主。1956年，实行私营商业社会主义改造，大部分个体私营商户、小商小贩组建成合作商店和合作小组。20世纪60年代，村域设供销社代销店1家。1970年，江三大队副业收入3.73万元，1976年，为14.72万元。1978年，江三大队交通运输收入13.62万元。1980年后，农村各小店分散经营，自负盈亏。恢复个体工商户登记营业后，江三大队有农户开设商饮服务业店铺。1984年，江三村副业收入49.36万元。1993年10月，建造江三加油站。1995年，合作商店解散或拍卖。1996年，全村运输业收入475.1万元，商业饮食业收入41.49万元，服务业收入340.04万元，其他收入278.55万元。1997年，随着城市化的推进，居民服务业迅速发展，主要有副食品百货商店、理发店、早餐店、裁缝店以及家政服务等项目。2002年，从事服务行业528人。2007年，运输业收入240万元，商业饮食业收入2261万元，服务业收入5097万元，其他收入1544万元。

滨江农副新产品综合市场

滨江农副新产品综合市场前身是江边农贸市场。始建于1982年，位于江边上码头江三村地段。市场有副食品、服装针织、饮食小吃、粮油豆制品、棉布化纤、农机五金、家具电器等17个门类商品，116家个体工商户。2000年，滨江农副产品综合市场落成，原江边农贸市场关闭，大部分商户迁入新市场经营。新市场位于江边上码头，萧杭公路与长江北路交叉口，1999年10月竣工开业。总投资1500万元，占地面积1.67公顷，建筑面积8000平方米。主体为框架2层结构，内设营业用房219间，农副产品销售散摊306个。市场以零售为主，兼营批发，由浙江中南集团投资控股，滨江农副产品综合市场管理公司管理。

农家饭店

欢乐饭店　创办于1982年12月（一说1984年），是萧杭公路长河段第一家路边饭店。有包厢20个，从业人员10人。

群乐饭店　1985年创建，坐落于江三村域萧杭公路边，有包厢36个，从业人员10人。

第四章　社会事业

民国37年（1948），江三村域设国民小学。20世纪50—60年代，村域群众文化活动主要通过文艺宣传队、露天电影等开展。20世纪80年代，大队俱乐部设有阅览室、乒乓球室、棋类室、广播室。1987年，江三村学校有学生500多人，教师20多人。20世纪90年代，电视机普及、卡拉OK流行、网络文化兴起，电影放映渐趋减少。设滨江区后，传统文化活动与新兴文化活动相融合，新的文化形式得到发展。1996年，村卫生室面积100平方米，有医生3人。2003年，改名为卫生服务站，纳入长河街道社区卫生服务中心一体化领导。服务站设诊疗室、药库、药房、输液室。2007年，江三村农村合作医疗收费26万元。2005年，在2个农居点内建立健身苑，安装各类健身器材。境域有南沙大堤遗址、钱塘江大堤旅游景点。

第一节 教育 医疗

教育

幼儿教育 1958年，境域各生产队先后办起农忙托儿所。1968年，幼儿园停办。1978年，大队幼儿园恢复，附设于小学内，接受小学管理。20世纪80年代，村民对孩子的教育日益重视，江三校增设学前班和幼儿班。20世纪90年代，私人开始办幼儿班。2003年7月，长江小学内长江爱心幼儿园建成。长江爱心幼儿园，位于村域时代大道与南环路交会处之西北部长江小区10幢，占地面积969平方米，建筑面积2093平方米。有6个教学班，在园幼儿182人，有教职工22人。

中小学教育 清代，境域设有私塾，规模不大，学生少则几人，多则十几人，几十人，以识字教育为主。招收学童年龄以五六岁至十二三岁居多。学塾通常一塾一师。民国37年（1948），村域设有国民小学，1间教室，复式教学。中华人民共和国成立初期，村域有1所初级小学，隶属于长河区中心辅导学校。校舍为几间破草舍，教师2人。1967年，江三小学附设初中班1个（称“戴帽初中”），学制2年，学生30人。1966—1976年，全村4个片，每个片都有学校。1971年，江三小学在原址上拆除部分草舍教室，建造北面一排9间平房。1976年，又建造南面一排平房。1983年，学校恢复小学六年制学制，初中学制改为3年制。1987年，南面的平房拆掉后，翻建楼房。同年，全校有学生500多人，教师20多人。1988年，学校实行九年制义务教育。2003年1月，江三小学拆迁，在原址上新建杭州市博文小学，为滨江区教育局直属的九年制义务教育学校，占地面积2.2万平方米，建筑面积1.17万平方米，绿地面积8810平方米。学校设计规模为24个班级。2007年，江三村在校学生数485人。

成人教育 20世纪50年代，境域办起农民业余识字班，又称夜校。课程以语文、农技和时事为主。20世纪80年代起，村俱乐部业余夜校举办技术培训班，有裁剪班、农技班，一期为3～5个晚上。1990年，集中15天时间，为文盲、半文盲的青少年集中举办扫盲班，脱产学习。2006年起，在村委会二楼开设市民学校、科普学校和人口计生学校，针对不同对象，开展学习。

医疗

医疗机构 1952年，派村民参加萧山县农村卫生员培训。1959年，有选派人员参加萧山县接生员培训，回大队后从事新法接生和妇幼保健工作。1960

年，成立大队卫生室。1968年，大队卫生室的医生、卫生员一律改称为“赤脚医生”，待遇以记工分为主，收入等同或略高于一般社员。1969年10月，大队卫生室改称为江三大队合作医疗站，实施合作医疗制度。1980年，萧山县进行乡村医生资格考试，大队合作医疗站有1人考试合格，获得乡村医生证书，改称乡村医生。1996年，江三村卫生室有面积100平方米、有药品150种、有医生3人。2003年，村卫生室改名卫生服务站，地址为江三社区办公楼一楼，有房屋3间、面积100平方米。服务站设有诊疗室、药库、药房、输液室，有急诊病床。

妇幼保健　20世纪50年代初，村域开始推广新法接生，防止产褥感染与脐带风，减少妇婴死亡率。同时还开展产前检查、产后访视、孕期保健及婴幼儿童预防接种工作。1967年起，推广住院接生。1978年，萧山县医疗部门配合浙江省儿童保健院在境域开展儿童保健试点，为儿童作健康检查，普遍服用驱虫药。20世纪80年代，妇女保健与计划生育工作结合进行，以确保妇女健康为原则，全面推行孕产期保健，推行妇科病普查普治。2000年后，村卫生室协助和配合上级医疗卫生部门，做好妇科病查治、孕产妇系统管理、高危妊娠管理等工作。

合作医疗　1969年，境域参加合作医疗的社员，每人每年交纳医疗费2元，其中1元由大队公益金中开支，专款专用，资金不足部分由大队给补。20世纪80年代后，境域规定医药费报销70%，自己负责30%；慢性病人需要长期服药者，医药费报销50%；妇女难产者医疗费报销70%。1994年起，实行以大病互助合作的风险型村民合作医疗保健制度，重点解决村民患大病、重病医药费负担过重问题。合作医疗基金采取村民个人、村、镇政府共同筹资的方法，逐年增加报销额度。2003年，按户每人每年36元（“五保户”、特困户、残疾人的个人缴纳部分由村集体资金支付）作为合作医疗资金，长河镇政府以每人每年10元的标准资助，滨江区政府以每人每年10元的标准资助，合计每人每年为56元。江三村村民凡参加合作医疗者均可在2003年度享受境域医疗站内门诊药费65%左右的报销，对住院期间符合报销范围的费用实行分级分段定额报销制度。

第二节　文化　体育

文化

文化设施　中华人民共和国成立前，境域内几无公共文化设施。中华人民共和国成立后，公共文化设施从无到有逐渐设建。20世纪70年代起，境域设立图书室或流动图书借阅点。20世纪80年代，大队俱乐部设阅览室、乒乓球室、棋类室、广播室、夜校等。1983年，俱乐部新增添连环画册、各种报刊、乒乓球台、康乐球、电视机，以及羽毛球和其他棋类等。2003年，加大对群众文艺活动的投入，建立老年（少儿）活动室，电子阅览室（图书馆），室外文体活动场所等。2005年，江三村先后投入10多万元，配备宣传窗、黑板报、文体活动室，购置电视机、放像机等活动器材，投资20多万元在2个农居点（不含长江小区）建立健身苑，安装各类健身器材30多件。群众各有所乐，养成健康文明的生活方式。2007年，电子阅览室有电脑12台，图书室有图书2000多册。

文化活动　20世纪50年代，境域农会组织农民业余宣传队。每逢重大节日和新春传统佳节，组织文艺爱好者演出文艺节目，如唱革命歌曲、方言快板等。20世纪60—70年代，组建毛泽东思想文艺宣传队，宣传毛泽东思想和无产阶级革命路线，配合形势编演小节目，开展宣传活动。20世纪90年代，每逢双休日、节假日，村委开放阅览室、乒乓球室、棋类室和电视机室，以丰富、活跃村民的文化生活。进入21世纪，村域落实开展群众性文化、体育活动的经费，经常举办适合农村实际的文体活动。2007年，从绍兴、余杭等地请越剧团为村民演出20场以上。

体育

学校体育　中华人民共和国成立初，村域学校设体育课。1952年，学校为贯彻毛泽东主席“发展体育运动，增强人民体质”题词精神，加强学生体育活动训练。1954年，学校推行第一套少年儿童广播体操。1958年，学校体育活动逐渐被劳动所替代。1977年起，学校体育活动逐步正常，重视体育课教学质量，保证学生每天至少有1小时的体育锻炼时间。20世纪80年代起，注重体育课教学质量，组织学生进行跳高、跳远、跑步、掷铅球等田径活动，开展跳牛皮筋、转呼啦圈、套圈、踢毽子等趣味活动，定期进行达标测试和视力检查。2000年后，学生每年参加滨江区中小学运动会，参加各类体育项目比赛。

群众体育　20世纪60年代后，俱乐部时常组织群众进行拔河、乒乓球、篮球、棋类等项目的体育比赛。20世纪80年代后，多次举办跳橡皮筋、踢毽子、套圈、投飞镖和自行车慢骑等趣味项目比赛。2005年，派出30多人参加

街道举办的第五届全民运动会的开幕式和各项比赛，获得团体第五名。2006年4—6月，滨江区举行第一届社区运动会，设乒乓球、拔河、中国象棋、登山、健身跑、室外健身器械、门球、太极拳（剑）、趣味运动、健身舞（操）10个项目，江三村组建队伍参加比赛。2007年，有村民健身活动场所350平方米，购置10多种健身器材，建设乒乓球活动室、羽毛球活动场地。

第五章　民情风物

中华人民共和国成立前，江三村境域村民大多无地或少地，村民生活大多比较贫困。中华人民共和国成立后，村民生活得到逐步改善。20世纪70年代前，农村居民收入主要依靠农业生产。20世纪80年代中期起，随着农村经济的发展，农业商品化程度不断提高，收入的单一结构逐渐向多元化转变。滨江区成立后，境域经济快速发展，居民收入提高。居民消费向教育文化娱乐、交通通信、医疗保健等方面倾斜。2007年，年人均纯收入12124.88元。主要名特物产为络麻、长河茉莉花。

第一节　收入与消费

居民收入

中华人民共和国成立后，境域经过土地改革和互助合作时期，农业生产基本得到恢复和发展。农村居民收入来源，主要依靠农业生产从集体分配得到实物和现金两种收入。1955年，社员年终人均经济分配现金收入64元。1978年，社员年终人均经济分配现金收入138元。1983年后，农民先后进入第二、第三产业，许多社员成为企业职工，报酬与企业的经济效益直接挂钩。特别是镇、村企业转制后，个体私营经济快速发展。村民除在镇、村级企业就业外，还有一部分从事个体运输、工商服务等，有的还到村外的企事业单位工作，收入呈现多层次结构。1990年，村民年人均纯收入1449元。设滨江区后，农户工薪收入、财产性收入、转移性收入占比增加，经营性收入下降。2002年，江三村村民年人均纯收入8773元。2007年，村民年人均纯收入1.21万元。

粮油分配

20世纪60年代初，人民公社食堂解散后，江三大队社员口粮数额按人口年龄段确定（以岁定粮）。社员粮食可分配总量由两部分组成，一部分为集体生产的粮食，以实物分配；另一部分为国家统销粮，凭粮票向国家粮站购买。1965年，社员人均口粮278千克。1970—1978年，大队设有储备粮仓。集体生产的粮食，在完成国家交售任务及留取种粮、饲料粮、储备粮和其他用粮后，其余作为社员口粮，大部分按人口定量分配，少部分按劳动工分（含土肥投入结算工分）分配。1979年，社员人均口粮426千克。1983年后，江三村不再进行粮油分配。

村民消费

饮食　村民历来省吃俭用，饮食素以大米为主，面食为辅。1959年，农民购买水产、食盐、鲜肉、棉布4项，人均支出83元。1978年，此项支出人均115元。改革开放后，随着经济的发展，收入的增加，农民的饮食消费逐渐由“吃得饱”向“吃得好”转化。1983年，农村居民人均食品消费支出320元。20世纪90年代后，村民生活水平持续提高，食品种类也呈现多样化趋势，逐渐由过去的自有产品转变为市场选购食品，由过去以素食为主转变为荤素有机搭配随意食用。2000年，村民人均饮食消费1390元。2006年，村民人均饮食消费2418元。

服饰　20世纪50年代以前，村民衣服主要靠手工一针一线缝制而成，成人单衣单裤与孩童衣着，一般由农家妇女自己缝制。20世纪60—70年代，中青年男子一般穿中山装、列宁装，妇女改大襟为小襟，出现两用衫。布料质地为纯棉，以卡其、灯芯绒等为上乘。20世纪80年代后，成品服装开始走俏，直接上商场试镜购衣成为常态，中高档成品服装也为普通村民所拥有。20世纪90年代，境域村民衣装渐和城里人一样，越来越显现出个性化。1990年，农村居民人均衣着消费50元。1995年，农村居民人均衣着支出190元。2006年，农村居民人均衣着支出438元。

住房　民国及以前，境域传统住房以草舍为主，只有少数砖木结构的堂屋。少数有条件的富裕人家，待子女将要成家时扩建或另建新房。中华人民共和国成立后，经过土地改革，耕者有其田，居者有其屋，缓解了贫苦农民的居住困难。20世纪60年代后，随着人口的快速增长和经济条件改善，许多村民翻建新房。20世纪80年代后，开始建造楼房。1985年，农村人均住房面积23.4平方米。1990年，农村住房多为钢筋混凝土结构，人均面积37.02平方米。21世纪初，村民建房不断提高档次，追求坚固、美观和舒适，建造不少框架结构楼房（以三层或四楼房屋居多）。2000年，农村的住房、电费、燃料消费人均支出为694元。2005年，人均支出为1140元。2007年，村民人均居住面积50多平方米。除了在农村建房外，不少村民还在城里购房居住。

用具　中华人民共和国成立前，一般村民家在正间安放八仙桌、长凳、独人凳、竹椅子等。灶间有砖砌柴灶、铁镬、木制镬盖、碗盏橱、铜板盂、蒸笼、水缸、烧火凳、风箱等。此外，卫浴、打水、取暖用具有马桶、脚桶、浴桶、提水桶、木制脸盆或铜脸盆、铜脚炉，富裕人家还有火箱。20世纪60—70年代，手表、缝纫机、收音机、电风扇等耐用消费品也逐渐进入农民家。20世纪80年代后，时兴置办新式家具或组合家具，电视机也开始进入农户家庭。1987年，农村居民每百户拥有电视机36台、收音机25台、缝纫机45台、自行车130辆、电风80台、手表192只。20世纪90年代后，寻常百姓家庭逐步用上煤气灶、电饭煲、电冰箱、不锈钢餐具和新型卫浴设备。部分收入较高的家庭开始购置家用汽车作为代步工具。设滨江区后，农村居民日用消费品逐步现代化。2000年，农村居民的家庭生活用品及服务人均消费支出163元，每百户拥有电冰箱46台、洗衣机34台、空调8台、彩色电视机86台。2005年，农村居民的家庭生活用品及服务人均消费支出300元。2007年，农村居民每百户拥有摩托车50辆、汽车12辆。

第二节　名物　特产

长河茉莉花

1974年，由长河供销社牵头，江二大队在杭州市西湖区金沙港村的帮助下，聘请该村黄师傅为辅导员，以该村茉莉花枝条为母苗，进行易地苗床扦插，成活后移栽于瓦盆，成为生产队重要副业门路。江二大队试种成功后，江三大队随即效法，向各生产队推开。家庭联产承包责任制实行以后，农民放开手脚，发展迅速，除承包户外，还出现一批种植专业种植大户。1987年，全乡种植茉莉花3.54万盆，总产鲜花115.14吨，总收入49.72万元。1988年后，茉莉花销售回落，种植面积缩小，鲜花产量降至98.9吨。全镇12个村中，江三村鲜花产量最高，达38.9吨，占全镇产量的近40%。1997年后，茉莉花茶市场滞销，茶厂不再收购鲜花。1999年，退出种植领域。

络麻

在萧山，黄麻、红麻，统称“络麻”。长河地域种植络麻，始于清末民初，时称“青麻”，江三村域为主产区之一。20世纪50年代中期起，络麻为国家统购物资，实行指令性计划种植，由供销社统一收购。江三村域时普遍种植荚豆黄麻，后因产量不及红麻，被红麻“青皮3号”取代，并随国家指令性种植面积逐年扩大，产量逐年增加。1975年，江三大队络麻种植面积2596亩，平均亩产296千克。1985年，是络麻种植最多的一年，为3704亩。

专　记

村之所倚的南沙大堤

南沙大堤又称防洪埂，穿越全村。大堤西起浦沿半山，经浦沿、长河、西兴至萧山区益农闸，全长85千米，是西江塘、北海塘以北的钱塘江临江大堤。大堤滨江段（浦沿半爿山至西兴七甲闸），全长20多千米，长河境内段长5216米。

民国《萧山县志稿》载:“新堤（南沙大堤前身）建于光绪二十八年，因二十七年六月，雨浃旬，南沙一带致成泽国，而沿海尤甚。经山（阴）、会（稽）萧（山）三邑士绅筹款赈抚，并驰书于京外各同乡，捐集银洋一万元，汇解到越，购粮于无锡，及运到，赈务已竣，遂议以工代赈，于绍萧沿海创筑大堤，长四千八百余丈，底厚（阔）三丈，面阔（宽）八尺，高一丈。需款六千余元，即以粜粮之价充之。二十八年冬开工，次年春竣工。计圈进绍县三江场粮地一千余亩，萧县日月等号生熟沙地二万余亩，此堤属萧山境者三千六百七十丈。”民国时期，大堤初成规模，但时有坍塌。民国30—34年（1941—1945），日本侵略军占境，大堤失修，长河段几被潮洪啮为平地。

中华人民共和国成立后，南沙大堤多有培修。然1956年12日强台风过境，长河段大堤遭受严重损毁，沿江村民蒙受重大损失。此后，政府发动群众，对大堤加高加固全面整修，堤顶高程达到10.2～12.2米，顶宽3～4米；外坡1：15～1：4，内坡1：15～1：3。20世纪60年代后，大堤外又陆续淤涨新涂，经逐年圈围，堤外又筑临江新堤即钱塘江标准堤塘。南沙大堤长河段因远离江道，退而成为备塘。

长一村位于长河街道中西部，东邻长河村和江三村，西与浦沿街道冠一村接壤，南依冠山，北至钱塘江大堤，面积2.5平方千米。

长一村在滨江区的位置

来楚生　小憩

第十二编　长一村

概　述

长一村位于长河街道中西部，面积2.5平方千米，属水网平原地区，河流纵横，宜种粮食作物。辖上新庙、祠堂前、花园周3个片区以及在联庄区域（临近钱江一桥）的棉场，共24个村民小组。1996年，全村1041户，总人口3372人。2006年，全村1105户，人口3746人，其中“农转非”人口2635人，主要姓氏有来姓、傅姓、周姓。2007年6月，长一村撤村建居，有长虹苑安置小区，花园周、上新庙、祠堂前3个片区以及棉场农居点。

长一村农作物有小麦、大麦、玉米、水稻、蔬菜。1978年，农业收入41.45万元，上缴税金1.14万元。20世纪70年代，长一村开始创办长一织布厂、长一农机厂、长一预制场等企业。20世纪80年代，长一织布厂、长一农机厂分别更名为杭州毛巾被单厂之江分厂、萧山纺织机械厂。1986年，企业规模不断扩大，在保留原萧山纺织机械厂的基础上，萧山纺织机械厂的铸造车间、铝制品车间、冶炼车间分别组建为萧山江南造纸机械厂、萧山第二铝制品厂、萧山炼铁厂。长一预制场更名为石英砂厂。从此，长一村经济快速增长，到1992年，工业产值突破亿元。民营企业与集体企业同步发展，达到10多家。1996年，商业饮食业收入126.93万元，服务业收入116.99万元。2007年，农业收入285万元。

中华人民共和国成立后，人民政府接收民国时期公立小学，改为村小。1950年起，举办冬学、民校，扫除文盲。1965年，小学入学率达80%以上。1986年，长一小学在花园周落成，占地面积1200平方米。1996年，长一村投资18.3万元建造村合作医疗站，面积216平方米。2002年，投资60万元新建老年活动室及配套设施。同年，长一小学新校舍建成，主体教学楼建筑面积5770平方米，设12个班，能容纳600名学生。2003年，合作医疗站改称为长河街道长一村社区卫生服务站。境域内有上新庙、长寿庵等历史古迹。“长河捞被胎”为杭州市级农畜产品加工类“非遗”项目。

20世纪50年代，依靠集体经济，村容村貌逐步改善。20世纪60年代，全村安装上电灯、广播。进入20世纪80年代后，村民陆续将瓦房改建成平房。1996年，村民年人均纯收入4751元。滨江区成立后，随着城镇化建设的发展，土地逐渐被征用。21世纪初，大多数家庭拥有高档电器，部分村民还有小轿车。2007年，全村年人均纯收入1.12万元。长一村历年获萧山市标兵村、浙江省科技星火示范村、杭州市小康示范村、杭州市文明村、杭州市卫生最佳村、杭州市科普示范社区等称号。

第一章　基本村情

长一村位于长河街道中西部。1956年，农业合作化高潮中，建祠堂前、花园周、上新庙3个高级农业生产合作社。1966年9月，祠堂前大队、花园周大队和上新庙大队3个大队合并，更名为长一大队。1984年3月，长一大队更名为长一村。1990年，长一村有花园周、上新庙、祠堂前3个片区，每个片区均有许多自然村落，村委会驻地上新庙。全村24个村民小组，有933户3103人，姓氏较多，主要有来、傅、周、华、赵、詹、郑、杨、陈、项等姓氏。有耕地1706亩，以种植水稻为主，其中围垦247亩。2000年前后，土地被征用，部分农业户口转为非农业户口（称“农转非”），外出工作的退休职工迁入的户口、城市下放人员的户口、回乡大中专学生的户口不断增加，全村非农业人口逐渐增多。2006年，长一村有村民1105户，人口3746人，其中“农转非”人员2635人。2007年6月，长一村撤村建居，有长虹苑安置小区、花园周、上新庙、祠堂前、棉场等农居点。

第一节　区位　地貌　村落

地理位置

长一村位于长河街道中西部，东邻长河村和江三村，西与浦沿街道冠一村接壤，南依冠山，北至钱塘江大堤（闻涛路），区域面积2.5平方千米。村民居住在浙赣线（铁路）南面至冠山一带，浙赣线北面一直到钱塘江大堤，耕地众多。

地形地貌

境域以西江塘为界，塘内（南部）为零星分布的低山丘陵，间有小块河谷平原，土质以红壤为主，肥力较高，适宜种植水稻、豆麦。塘外（北部）为平坦宽阔的钱塘江堆积平原，地势低洼，沙质土壤，盐分凝聚，以种棉花、络麻、油菜为主。境域内池塘遍布，水质较好，在自来水未供应之前，村民的日常用水依靠池塘，池塘还可用来蓄水与灌溉田地。村池塘位于上新庙片的有潮冲池、项家池、长池、周家大池、弯池、郑家池、桃子池、张家池、日清池、双连池、寺家大池等。位于祠堂前片的有双连池、老溪池、蛋池、华家大池、长溪池、赵家大池、后头池等。位于花园周片的有杨家大池、阎三王池、乡寺大池、徐家大池、花园池等。

华家大池　该池地处华家里，故名。水深3米，池水供居民饮用。

杨家大池　池以姓氏得名。水深2.5米，池水供居民饮用外，建抽水机埠，灌溉花园周片水稻。

蛋池　冠山北部，以其状如蛋而得名。水深3米，供居民饮用。

长溪池　在祠堂前片，南北方向，呈长条形，长约150米，宽20多米，原有抽水机埠，抽水灌溉祠堂前片浙赣线铁路以南水稻。

潮冲池　呈葫芦形，东西方向，水深4米，位于上新庙西侧，曾建有抽水机埠，抽水灌溉铁路以南上新庙片土地。

双连池1　位于上新庙，水深2.5米。

双连池2　位于祠堂前单家，西邻十间楼（冠二社区）。

阎三王池　位于花园周乡寺，水深2.5米。

自然村

长一村辖上新庙、祠堂前、花园周3个大自然村（又称片）及棉场（为长一村第17组），3个片下属各有多个自然村。长一村村民委员会驻地上新庙，后迁至花园周。长一村有24个村民小组，933户人家3103人；有耕地1706亩，其中围垦247亩，以种植水稻为主；有山林169亩，培育果树、茶树；有水面139亩，养殖淡水鱼。属沙土平原地区。

上新庙片隶属村庄　上新庙位于村东北部。有282户938人，聚落沿机耕路东呈带状分布，村中有一庙，故名。郑氏为大姓，还有项、杨、沈、来、戴、周、陈、裘、孙、王、张等姓氏。

郑家里为上新庙片最大自然村，以郑氏为大姓，位于上新庙片中部，南邻萧闻路，归属长一村第2组。

项家里临近上新庙，以项氏为大姓，归属长一村第4组。杨家里，位于上新庙片东北部，以杨氏为大姓，故名杨家里，归属长一村第3组。

沈家与项家相邻，以沈姓为主，与周家归属长一村第5组。

周家位于上新庙东南，与沈家归属长一村第5组。

六塘埠头坐落于萧绍海塘埠头（长一段），故名，以来氏为大姓，归属长一村第1组。

王家以溪沟为界，东边是郑家，西边是王家，有来、吴、王等姓氏，归属长一村第19组。

戴家位于上新庙片东南，归属长一村第20组。

花园周片隶属村庄　花园周片位于街道办事处驻地西南300米。有302户997人，聚落沿冠山北呈块状分布。有周、詹、杨、来、张、罗、方、夏、王等姓氏。

花园周位于花园周片东南，有124户385人，村东有一座大花园，村内周氏聚居，故名。

詹家位于花园周片西南，有77户234人，以詹氏为大姓。聚落沿大路东呈条状分布。村以詹氏聚居，故名。

里家园位于花园周片西，有45户180人，以来氏为大姓，詹氏为次。聚落在大路北呈条状分布。村民以种植蔬菜、养猪为副业。来氏先祖由乡寺迁入，定居成村。村内广种李树，故名李家园，后改称里家园。

乡寺位于花园周片中部，有44户133人，以来氏为大姓。聚落沿大池东呈块状分布。村西有个乡寺大池，村以池得名。

石壁下位于花园周片南，有12户65人，有夏、张、王来等姓氏。聚落沿冠山南呈带状分布。因村建于冠山石壁下，故名。

杨家位于花园周片南部，坐落于冠山脚下，以杨氏为大姓，故名。

祠堂前片隶属村庄　祠堂前片位于街道办事处驻地西1.4千米，有329户1070人。聚落沿大路北呈块状分布。因村建于祠堂前，故名。有傅、华、赵、蒋、虞、徐、盛、来、单、高、张、俞、王等姓氏。

祠堂前位于祠堂前片中心，有202户649人，以傅氏为大姓。聚落沿大路北呈块状分布。因村建于祠堂前，故名。傅氏26世迁入。

赵家弄位于祠堂前片西南，有51户174人，以赵氏为大姓。聚落在赵家机耕路东呈块状分布。村内以赵氏聚居，村中有条石板弄，故名。赵氏13世迁入。

华家位于祠堂前片东部，有76户247人，以华氏为大姓。聚落沿机耕路东呈条状分布。村内以华氏聚居，故名。

单家里位于祠堂前片东北部，北邻萧绍海塘，因此单姓居多，故名。

棉场又称“铁船沙”，位于钱江一桥附近，在联庄区域。因土地适合种植棉花，故称棉场。为方便生产和管理，独立组成生产队，归属长一大队，为长一大队第17小队。

第二节 建置沿革

行政区划

北宋太平兴国三年（978），村域属萧山县夏孝乡。元至元十六年（1279），村域属三都。清宣统二年（1910），村域属长河乡。民国18年（1929），村域属第二区长河乡。民国21年（1932），村域属萧山县第一区长河镇。民国23年（1934），村域属东岳区江边乡第9保。民国36年（1947），村域属萧山县江边乡。1949年5月5日，村域属长河区江边乡。1956年10月，农业合作化高潮期间，建立江边乡长一高级农业生产合作社（简称“长一社”），村域属长河公社。1958年3月，江边乡并入长河乡，村域属长河区长河乡。1958年9月，村域属长河公社长河管理区（后改为江边管理区）管辖，全称为长河人民公社冠一生产大队（简称“冠一大队”）。1961年，缩小人民公社规模，村域分为长河人民公社上新庙、花园周、祠堂前3个生产大队，1966年，3个大队合并，称长一生产大队，简称长一大队。1971年2月，村域属城北区长河公社。

1984年3月，改公社为乡，改生产大队为村。长一大队称长一村，属城北区长河乡。1985年6月，城北区撤乡建镇，长河乡改为镇级建制，村域属城北区长河镇。1992年5月，萧山市撤区扩镇并乡，城北区撤销，村域属萧山市长河镇。1996年5月，杭州市区划调整，把西兴、长河、浦沿3个镇划入杭州市西湖区，村域属杭州市西湖区长河镇。1996年12月，以西兴、长河、浦沿3个镇成立滨江区，村域属杭州市滨江区长河镇。2000年6月，杭州市高新技术产业开发区与滨江区合并，长一村归杭州市高新区（滨江）管辖。2003年12月，滨江区撤镇建街道，撤村建居，长一村称长一居民村，属滨江区长河街道。2007年6月，长一居民村改名为长一社区，有长虹苑1个住宅小区，花园周、上新庙、祠堂前以及棉场（临近钱江一桥）等农居点。

基层组织

中共基层组织 20世纪50—60年代，境域上新庙、花园周、祠堂前3个大队均建有党支部。首任党支部书记分别为杨咬脐、詹渭忠、傅宝仁。1966年，3个大队合并，称长一生产大队，简称长一大队。首任党组织书记周福林，后历任书记为沈德兴、郑兴法、陈国富、周叶春、来财棉、傅松乔、来永桥、方建国、来利东。1991年，党支部升格为党总支。2002年，党总支升格为党委。村基层党组织在村经济发展、社会进步、城市化建设等方面始终起着领导核心作用。

村民自治组织 1949年5月5日，村域属长河区江边乡。1956年10月，建立江边乡长一高级农业生产合作社（简称“长一社”），村域属长河公社。1958年3月，江边乡并入长河乡，村域属长河区长河乡。1958年9月，村域属长河公社长河管理区（后改为江边管理区）管辖。1961年，村域分为长河人民公社上新庙、花园周、祠堂前3个生产大队，首任大队长分别为郑寿昌、杨甫球、傅永仁。1966年，3个大队合并，建长一生产大队，简称长一大队，首任大队长傅永仁，1968年6月，长一村大队革命委员会成立，1971年2月，村域属城北区长河公社。1978年10月，长一村大队管理委员会重新建立。1983年底撤社建乡，改大队为村。1984年4月，长一村村民委员会成立，由主任、副主任和委员7人组成。每届任期3年，历任主任为周兴法、周叶春、傅松桥。2007年，撤村建居，历任主任为周士寅、来永桥、沈庆良、方建国。

经济管理组织 1991年，长一村成立经济合作社。村经济合作社常设机构是合作社管理委员会，成员由社员大会或社员代表大会选举产生，由正、副社长和委员5～7人组成。1996年，村、组集体（含企业）生产性固定资产原值2302.2万元，集体资产总额5494.34万元。2007年，长一村有流动资产3772万元，固定资产2510万元；流动负债4376万元，所有者权益1906万元，资本49万元，公积公益金1857万元；经济合作社收入386万元。

第三节　人口　姓氏

人口

1949年，长一村总户数有300户，总人口1265人，其中男性800人；出生25人，死亡9人。1957年，长一村总户数376户，总人口1510人，其中男性758人；出生56人，死亡10人。1978年，总户数744人，总人口3101人，其中男性1533人，女性1568人；迁入22人，迁出44人；出生50人，死亡22人。1993年起，由于征地拆迁，部分农业户口转为非农业户口。1996年，有村民小组24个，户数1041户，农村总人口3372人，农村户口3257人，其中男性1611人，女性1646人。2007年，长一村有1317户，4367人，其中，农业户口753人。2010年，长一社区总户数1105户，总人口3977人，其中男性1918人、女性2059人；0～15周岁578人，16～59周岁2704人，60周岁及以上695人。

姓氏

1994年，长一村有姓氏96个，其中来姓最多。2010年，长一村有131个姓氏，来姓人口最多，其次为傅姓，第三大姓为周姓。

来姓　宋末，长河来氏传至第9世来康顺（字励）、来冠山（字仪）兄弟时，分为六支（六房）。长一村来氏出自大支（大房）。1994年，长一村来姓有612人，主要聚居在花园周自然村。2010年，长一村来姓共有688人，主要在第1组、第3组、第12组、第13组、第14组、第18组、第19组。

傅姓　傅姓源于商朝武丁时期。萧山傅姓原籍义乌，五代末年迁居山阴县。至第7世傅国兴时，由山阴迁居诸暨直埠。南宋嘉熙四年（1240），又从直埠迁居萧山横山之阳，此后子孙繁衍，遂成村落，定名为横山傅。明初，第20世傅永宁见浦沿冠二村十间楼一带“左盼固陵，右挹西江”，环境幽雅，便

卜居定宅，先后又分支析居长一村等地发族繁衍。1994年，长一村傅姓有511人，主要聚居在祠堂前自然村。2010年，傅姓人口有552人，主要在第6组、第7组、第8组、第9组。

周姓 长河周铭慎一支，系其先祖于清时从萧山迁入，原住泰围外沙，后搬至长河镇上，择居于龙潭头槐河东，繁衍发族，族人聚居，后人称“周家园”。1994年，长一村周姓人口有286人。2010年，周姓人口332人，主要在第14组、第15组、第16组、第20组。

第二章　村庄建设

1949年，长一村有耕地面积1785亩。20世纪50年代农业合作化后，村民依靠集体经济，村容村貌逐步改善。20世纪60年代，全村安装上电灯、广播。20世纪80年代，村民陆续改建、新建住宅。20世纪90年代，村民纷纷翻建二三层楼房。1998年，投资27万元实施全村有线电视网及广播线路的安装。2000年，长一村一般项目的土地补偿标准为每亩2.03万元，城市基础设施项目补偿标准为每亩1.74万元。随着城市化建设加快推进，大量集体土地转为建设用地，农民转为市民。城市化后，通过村域主要道路有信诚路、南川路、滨文路。建造长虹苑，有多幢高层住宅楼，居民过上小康生活。

第一节　新农村建设

20世纪50年代，村民依靠集体经济，村容村貌逐步改善。改革开放后，村域经济发展突飞猛进。20世纪80年代，村民陆续将瓦房改建成平房。20世纪90年代，新建许多二三层楼房。1992年，长一村在花园周规划新农村居住点，实行用地面积、屋面高度、房屋结构等10个统一，曾成为萧山新农村建设样板。1996年，长一村投资25万元浇筑上新庙2号水泥路及祠堂前到西湘公路水泥路。1997年，投资7.8万元拓宽老塘，连通3个自然村的主要道路，并拓宽郑家到老塘的路段。2006年，投资10万元对全村路灯线路进行更换，增设路灯13盏。2007年，建设长虹苑住宅小区。长虹苑东起南川路，西达信诚南路，南靠滨文路，北至南环路，占地面积2.69万平方米，建筑面积9.23

万平方米，有5幢多层住宅楼。长一村多次获萧山市标兵村、浙江省科技星火示范村、杭州市小康示范村、杭州市文明村、杭州市卫生最佳村、杭州市科普示范社区等称号。

交通

滨江区设立后，城市化快速推进，新建设过境主要城市道路有滨文路、东冠路、冠山路、信诚南路、南川路等。

信诚路　南起南环路，北至闻涛路。往南延伸至冠山路与火炬大道相连，名信诚南路。全长4.18千米，宽40米，寓意“以诚取信”，建于1999年，2004年10月命名。路侧有省疾控中心、杭州优迈科技有限公司、浙江大华股份技术有限公司等高科技产业。

南川路　南起天马路，北至永久河，长2.9千米，宽12米，以长河来氏“九厅十三堂”之一“南川堂”取名。2011年命名。

滨文路　西起钱塘江标准塘（南沙大堤），东至风情大道，全长8.9千米，宽40～50米。原名青年路。双向四车道，中隔绿化带。2005年建成。

公用事业

电力　1960年，电力接通之后，照明逐渐进入村民家庭。1961年，新安江水电站电力抵达长河，分线向各个自然村落延伸，把电送到各家各户。1972年，进行第一次电力整网，主要是增大变压器容量。1996年，长一村用电量203万千瓦时，其中农用排灌用电量14万千瓦时、村办企业用电量125万千瓦时、农民家庭用电量64万千瓦时。1997年，投资5.6万元增设照明电线及改装村民的落火线。1998年，投资10万元增设新农村变压器1台。1999年，投资13万元新增上新庙80千伏安变压器1台，整改祠堂前及花园周自然村电网，基本解决全村用电矛盾。1999—2001年，对电力网络进行整改，变压器容量由原来的400千伏安增加到2200千伏安。“一户一表”费全部由村承担。2007年，长一村用电量689.1万千瓦时，其中，农业排灌用电量9878千瓦时。

广播电视　1953年，境域开始安装有线广播。1958年，萧山县在长河建立广播转播站，广播线路架到各个生产大队。1969年，建立长一大队广播室。20世纪70年代初，广播室配备扩音机，在主要地段装有高音喇叭。1981年，喇叭更新换代。1998年，投资27万元，实施全村有线电视网及广播线路的安装。20世纪90年代末，电视机普及迅速，有线广播逐渐消失。

20世纪70年代末，各个生产队开始有黑白电视机。20世纪80年代中后期，村民开始购买彩色电视机。20世纪90年代初，开始有线电视网建设。1996年后，有线电视线路接入低压线桩。2007年后，全村村民家庭普及有线电视。

通信　1951年前，村民发电报要到长河邮政局（所）办理。1955年，设长河邮电局，电报由邮政投递员送到村民手中。20世纪80年代后，电话机普及，电报收发量锐减。

20世纪60年代中期，大队会计室安装全大队第一部电话机。1987年后，电话机进入村民家中。20世纪90年代末，村里出现移动电话“大哥大”。2007年，村民家庭普及电话、手机。1998年，境域开始有个人电脑。2007年，互联网得到普及，个人电脑开始大规模使用。

邮政　中华人民共和国成立之初，长河设有邮政代办所。1955年，设长河邮电局。农业合作社初期，信件、报纸等由邮递员送至初级社、高级社，再由初级社或高级社分发。20世纪60年代末，长河邮电局在长一大队设有信箱，由小店代销邮票，社员寄信不再去长河。报纸、杂志，由邮递员送到各生产队。村民寄、取邮包，去长河邮局办理。

供水　20世纪80年代前，境域村民主要饮用水是池塘水、“天落水”（天然雨水）。1988年，浦沿联合自来水厂建成，萧山第二自来水厂输水管沿03省道而过。1992年，开始集资安装自来水，每户村民出资500元。1996年后，随着村民进入小区居住，用水由水务公司管理，一户安装一表，计量收费。

水利　20世纪60年代初，祠堂前、花园周大队与浦沿公社五一大队（冠一社区）合用一个抽水机埠，位于五一大队破塘缺。另有花园周杨家大池、上新庙溇沟、祠堂前长溇池等翻水机埠。1987年，长一村有排灌电动机1台。1996—1998年，投资10万元建设石砌排水沟700米，投资7万元新建西湘公路以南排水沟650米，投资5万元修建“三面光”渠道1千米，3年共计投入水利建设资金71.5万元。1999年，修复和新建“三面光”渠道1千米、小渠道600米，石砌排水沟1.2千米。1999—2001年，共投入水利建设资金70万元，新建“三面光”大渠道1千米、小渠道1.4千米，石砌排水沟2千米。后由于城市建设的需要，水利投资减少。

村办公房　20世纪50年代初，境域基本上没有专门的办公用房。1958年10月，长河人民公社成立后，建造大队办公用房。1965年后，随着组织机构逐步完善和村级经济发展，在上新庙建大队办公用房，有平房6间，面积300平方米。20世纪80—90年代，村委会办公楼地址位于花园周，有房屋15间，面积1000平方米；设有村委会办公室、会议室、活动室等。2007年，党群活动中心地址设在花园周，面积200平方米。

第二节　土地使用

土地制度

中华人民共和国成立前，境域土地被地主、富农或官绅占有，多数贫困农民缺田少地。1949年5月，长河解放。1950年10月，开展土地改革运动，没收地主阶级的土地归农民所有。在高级社和人民公社时期，土地归集体所有，农民把“土地证”交给集体。20世纪80年代，推行家庭联产承包责任制后，农户以家庭为单位，向村集体经济组织承包土地等生产资料和生产任务，在坚持土地集体所有制的前提下，村集体将土地等按人口或劳动力比例分给农户自主经营，其经营收入除按合同规定上缴一部分给集体及缴纳税金外，全部归农户。1996年，长一村承包耕地总面积1664亩，农业承包合同数981份，上缴各业承包金81.81万元。2007年，长一村家庭承包经营的农户数1户，承包经营耕地面积75亩。

土地类别及利用

境域土地类型可分耕地、园地、林地、宅基地、工矿用地、交通用地及未利用土地七类。1949年，长一村耕地面积1785亩。1956年，农民土地收归集体耕种，为解决村民日常蔬菜用地，高级社允许各生产小队将社员房前屋后留有零星杂地，作为“自留地”。1958年，有耕地面积1800亩。1978年，17个生产队有集体耕地1786亩、社员自留地132亩。1996年，有耕地1727亩（包括集体所有1644亩、自留地83亩），其中水田1423亩、旱地304亩。2007年，长一村有耕地75亩，均为旱地、围垦地。

土地征用

1999年，长一村被国家粮库征用土地151亩，被滨江工业园征用土地456亩。2000年7月后，滨江区土地补偿费用标准分为一般项目和城市基础设施项目两类。长一村一般项目的土地补偿标准为每亩2.03万元，城市基础设施项目补偿标准为每亩1.74万元。长一村一般项目安置和城市基础设施项目补助费用标准均为每亩5.64万元。长一村青苗补偿费用标准为每亩1450元。地上附着物分一般地上附着物补偿和重大地上附着物、苗木补偿。其中，一般地上附着物按征地总面积2500元每亩的标准一次性补偿到各村（社区）。重大地上附着物、苗木由街道会同被征地单位、建设单位进行现场清点、核实、确定后报区国土分局，由国土分局按政策规定审核确定补偿金额，经区政府批准后补偿到街道和村（社区），由街道和村（社区）逐一落实到所有权人。1999—2001年，国家征用长一村土地665亩，共下发安置费1737.8万元。2002年，长一村留用地面积5.34公顷。2002—2004年，完成03省道外征地335亩；完成滨文路建设的征地120亩，拆迁农户60户；完成东江围垦征地75亩；完成杭州长河高级中学征地74亩，拆迁农户10户；完成东冠路征地13亩和60户村民房屋丈量、评估工作；完成省疾控中心征地120亩。2007年，长一村取得土地补偿费204万元。长一村土地征用主要用于建设滨文路、信诚路、时代高架路等。

第三节　围垦土地

南沙大堤外围垦

南宋时，钱塘江主槽逐渐北移，江南开始淤涨，西江塘外出现部分沙涂，面积不大，涨坍无常。明末，江南淤塞成陆，成陆的沙地因在钱塘江南，故称“南沙”。清光绪二十八年（1902），山阴、会稽、萧山三县在北海塘、西江塘外把沙民们修筑临江土塂加阔加高，连成一体，筑成南沙大堤。此后，沿江农民大规模垦殖，带来养殖业的兴起。村民种植棉花、络麻，以及各种蔬菜，尤以萝卜、芥菜为多。1956年冬至1957年春，在铁船沙东的南沙大堤外侧，筑小堤530米（1961年春加高培厚），冠山乡冠一村（长河长一社区）围得临江沙涂45亩。

顺坝围垦

顺坝围垦又称先锋围垦或五堡围垦，分内线、外线两期进行。内线围于1970年11月，长河公社共围817.1亩，外线围于1986年冬，共围195亩。长一村在顺坝围垦分得土地40亩。1997年，经滨江区政府与萧山市政府协商并签订协议，将顺坝围垦土地划归萧山市，长一村在顺坝的土地一并转移。

东江围垦

东江围垦又称第12工段围垦，由萧山县统一指挥、长河镇组织领导，共5期。到1986年底，全镇共围毛地2906亩，按投工多少分给12个村，长一村分得地247.2亩，其中一围107.2亩、二围140亩。1981年，围垦土地相继承包给承包大户耕种，村每年向承包户收取承包金，每亩每年10～20元。1991年，土地承包金最高每亩40元。1999年后，承包户相继退出，土地归集体所有。

第三章　村域经济

境域主要粮食作物有小麦、大麦、玉米、水稻等。20世纪60—70年代，村办工业开始出现，以手工业作坊为主。实行家庭联产承包责任制后，农村的富余劳动力大量出现。1978年，长一大队总收入46.72万元。上缴税金1.41万元。有村办企业2户，人数98人，总收入9.61万元，固定资产总值3.26万元。20世纪80年代，改革商业体制，鼓励农民经商，商品经济呈现繁荣景象。20世纪90年代，境域知名企业主要有萧山纺织设备厂、杭州江南造纸机械有限公司等。1996年，长一村经济总收入5572.53万元，净收入1770.66万元。上缴税金182.77万元，其中农业税9.77万元。进入21世纪，个体商店、超市、饭店遍布小巷，形成多种经济成分、多种经营方式并存的现象。2007年，长一村工业收入3.57亿元，建筑业收入246万元。

第一节　农业

境域历史上主要粮食作物有小麦、大麦、玉米、水稻等。中华人民共和国成立初，根据市场需求自由种植。20世纪50年代中期开始，主要农作物按照国家计划种植。1978年，长一大队总收入46.72万元，包括农业收入41.45万元、牧业收入1945元、渔业收入3273元、副业收入4.51万元。1996年，种植业收入245.67万元，畜牧业收入78.59万元，渔业收入8.79万元。2007年，有农业、林业、畜牧业、渔业劳动力86人，农业收入285万元。

种植业

粮食作物　主要粮食作物有小麦、大麦、蚕（豌）豆、水稻等。1949年，粮食作物播种面积1468亩，亩产88.5千克。其中，小麦播种面积446亩，亩产37.5千克；大麦播种面积154亩，亩产40千克；蚕（豌）豆播种面积305亩，亩产30千克；水稻播种面积563亩，亩产175千克。1978年，长一大队粮食播种面积2830亩，亩产380.5千克。其中，小麦播种面积522亩，亩产228千克；大麦播种面积335亩，亩产209.5千克；蚕（豌）豆播种面积131亩，亩产179千克；水稻播种面积1724亩，亩产458.5千克；其他118亩。1996年，农作物总播种面积4548亩，其中粮食作物播种面积3218亩，亩产377千克，总产量1213吨。包括稻谷播种面积2684亩，亩产417千克。小麦播种面积250亩，亩产190千克。大麦播种面积150亩，亩产194千克。2007年，长一村农作物播种面积1200亩。此后，境域土地被国家征用，粮食种植逐渐退出历史舞台。

蔬菜　蔬菜品种有青菜、菠菜、芹菜、冬瓜、洋葱、茄子、大白菜、包心菜等。1957年，番茄播种面积239亩，亩产350千克。1996年，蔬菜播种面积700亩，亩产500千克。瓜类播种面积30亩，亩产5000千克。2007年，蔬菜播种面积480亩，亩产2100千克。

经济作物　经济作物主要有棉花、络麻、油菜。1949年，油菜播种面积110亩，油菜籽亩产45千克。1957年，油菜播种面积113亩，油菜籽亩产50千克。棉花播种面积420亩，亩产33.5千克。络麻播种面积407亩，亩产210千克。1978年，棉花播种面积44亩，亩产48.5千克。络麻播种面积661亩，亩产3862.5千克。油菜播种面积234亩，油菜籽亩产100.5千克。20世纪80年代后，实施家庭联产承包责任制，种植业趋向多样化。1996年，油菜播种面积320亩，油菜籽亩产84千克。棉花播种面积186亩，亩产70千克。甘蔗播种面积91亩，亩产5吨。进入21世纪，棉花、络麻、油菜种植面积逐渐减少。2007年，甘蔗播种面积70亩，亩产7.2吨。花卉苗木播种面积590亩，出售额590万元。茶园面积8亩，总产量1吨。果园面积7亩，其中柑橘面积3亩、葡萄园1亩、其他果园面积3亩。水果产量9吨，包括柑橘4吨、葡萄2吨。

养殖业

历史上，境域畜牧业以养猪、养鸡为主。中华人民共和国成立后，受饲料的制约，除养猪外，其他养殖均不发达。农业集体化后，为解决农业肥源和社会用肉，养猪业列为畜牧业之首，除家庭养殖外，生产队、生产大队均先后办过畜牧场。其他家禽家畜只在村民家庭中饲养。改革开放后，养猪、养鸡、养鸭、养鱼等养殖业空前发展。1996年，长一村生猪存栏451头，出栏1379头，全年饲养量1830头。有水牛1头。猪肉产量89.6吨。家禽存栏1.4万羽，出栏2万羽。禽肉产量30吨，禽蛋产量22吨。淡水养殖面积130亩，淡水产品产量22吨。2007年，长一村生猪存栏200头，出栏715头，饲养量915头。猪肉产量50吨。家禽存栏2000羽，出栏2.3万羽。禽肉产量35吨，禽蛋产量5吨，淡水产品产量21吨。

第二节　工业

发展过程

20世纪60年代，境域工业开始出现，以手工业作坊为主。20世纪70年代初，开始创建队办企业。1975年，长一大队投资7000元办长一织布厂，有职工13人。1980年，投资10万元办长一预制场，有职工21人。20世纪80年代起，长一集体企业不断发展，有萧山纺织机械厂、萧山江南造纸机械厂、萧山第二铝制品厂、萧山炼铁厂、长一石英砂厂、沪杭公司。至1992年，工业产值突破亿元。民营企业与集体企业同步发展，达到10多家。萧山炼铁厂和萧山江南造纸机械厂效益最好。1996年，萧山江南造纸机械厂、萧山炼铁厂、沪杭公司为镇重点骨干企业。其中沪杭公司是出口创汇企业，有企业职工1089人。

1996年后，集体企业开始转制，萧山江南造纸机械厂、萧山纺织设备厂、萧山第二铝制品厂通过股份合作，分别组建为杭州江南造纸机械有限公司、杭州长翼纺织机械有限公司、杭州万兴金属制品有限公司。萧山炼铁厂通过拍卖转为私营企业，组建为杭州江南冶炼有限公司。2003年，长一村7家企业，完成总产值2亿元，实现利润712万元，出口创汇1427万元，上缴税金982万元。有职工754人，年人均工资1万元。2007年，长一村有工业劳动力1933人、建筑业劳动力97人，工业收入35743万元，建筑业收入246万元。

知名企业与产品

杭州江南造纸机械有限公司　前身是长一农机厂，创办于1975年。时长一农机厂有管道车间、造纸机械车间和铝制品车间。1984年，农机厂改名为萧山纺织设备厂。1985年，进行产业结构调整，向生产造纸机械方向发展，企业又改名为萧山长河造纸机械厂。1987年，产值达501.9万元，创利46万元，成为全镇规模较大的村办企业。后因发展需要，先后更名为萧山市江南造纸机械厂、杭州江南造纸机械厂。1997年8月，转为股份合作制企业，组建有限公司，改名为杭州江南造纸机械有限公司。公司初创时期，主要生产部分造纸机械的零星配件及小型制浆设备，随着企业规模的不断扩大，技术改造逐年推进，先后成功开发各种长网圆网造纸机、圆网浓缩机、圆筒卷纸机以及水平卷纸机等，并能承接各种造纸机械的技术改造，实行产品设计、铸造、加工到安装调试一条龙生产与服务，产品远销全国20多个省（直辖市、自治区）。公司有职工200多人，固定资产1000万余元；有各种加工设备50多台（套），为浙江省轻工业技术装备企业，省内规模较大的造纸机械制造企业，建筑面积8000多平方米。2002年，企业投资1200万元，在长河工业园征地1.5万平方米，新建厂房1万平方米，至2003年建成新厂区。1996—2001年，为长河镇重点骨干企业，1999—2001年，为滨江区强优企业。

萧山纺织设备厂　萧山纺织设备厂建于1975年，前身是从长一农机厂分离出来。初开办时为5000元资金办起的一个铸工车间，1984年改名为萧山纺织设备厂。该厂主要产品有长74、K80整经车，可完成从铁末、钢材等原材料进厂，到整套的丝织机出厂，另外设管道车间、造纸机械车间、制品车间。1987年，有固定资产196.3万元，流动资金190.5万元；产值501.9万元，创造利润46万元。20世纪90年代后，纺织设备厂改制为私营企业。

第三节　商贸服务业

1949年前，因土地贫瘠、旱涝频繁，村民生活贫困，商业不发达。1953年，粮食实行统购统销，根据生产情况实行定额购销。1956—1976年，私营商业实行社会主义改造，生产资料实行计划分配。20世纪60—70年代，受国家的政策限制，商业管理界限严格，市场缺乏活力，给百姓生活带来影响。20世纪80年代，改革商业体制，鼓励农民经商，商品流通活跃。20世纪90年代，商品取消票证，全部敞开供应。随着外来人口增多，餐饮业迅速发展，各类饭店、面馆、小吃店等相继开业。1996年，长一村商业饮食业收入126.93万元，服务业收入116.99万元。21世纪初，随着滨江区城市建设发展，出现超市、酒店、农贸市场。2007年，长一村运输业收入264万元，商业饮食业收入413万元，服务业收入720万元。

集体商贸服务业

20世纪50年代初，国家对私营、个体商业采取保护政策，打击投机倒把活动，平抑物价，稳定市场，对私营、个体商业实行扶助改造方针。1956年，大部分个体私营商户、小商小贩组建成合作商店和合作小组。20世纪60年代，设供销社代销店1家，经销商品有日用品、五金机电、猪肉、禽蛋、蔬菜等。合作商店规模较小，1人营业，散落在自然村落。合作商店由供销社提供货源，主要供应糕点、糖果、烟酒等日用品，大部分凭票供应。20世纪60—70年代，受各种因素影响，货物供应紧张。1984年，终止派购政策，生猪价格放开，市场放开，允许个体屠宰商购销。1995年，规范生猪屠宰市场，设立定点屠宰场，屠宰点随即取消。20世纪90年代末，长一村在花园周建造农贸市场，面积2000平方米。

私营商贸服务业

1978年后，国家允许并鼓励待业青年、闲散居民和农村富余劳动力从事商业、服务业。市场和物价逐步开放，商品渠道畅通，商业随之日益发展。1996年，长一村运输业收入72.28万元。商业饮食业收入126.93万元，服务业收入116.99万元，其他收入104.64万元。1997年，随着城市化的推进，居民服务业迅速发展，美容美发店、搬家公司和家政服务中心逐步增多，为居民提供美容、理发、搬家、保姆、钟点工、居家养老等家庭服务项目。2000年后，个体商店、摊位、超市、饭店遍布村域。2007年，长一村从事交通运输仓储业及邮电通信业22人，批发、零售贸易业178人，住宿和餐饮业63人，其他非农行业67人。实现运输业收入264万元，商业饮食业收入413万元，服务业收入720万元，其他收入948万元。

第四章　社会事业

中华人民共和国成立前，境域国民学校设初小1个班。1950年起，举办冬学、民校，扫除文盲。1960年，成立大队卫生室。20世纪70—80年代，创建活动阵地，培养文艺骨干，配合各个时期中心工作，开展各种文化活动，丰富群众文化生活。村域建立大队俱乐部，设阅览室、乒乓球室、棋类室、广播室。1994年，基本普及九年义务教育、基本扫除文盲。1998年，小学班级10个，学生307人。2002年，长一小学新校舍建成，主体教学楼建筑面积5770平方米，设12个班级，容纳600名学生。2003年，境域合作医疗站，改名为长河街道长一村社区卫生服务站，实现“人人享有初级卫生保健”的目标。长河捞被胎是市级农畜产品加工类“非遗”项目。境域有上新庙、长寿庵等历史古迹。

第一节　教育　医疗

教育

幼儿教育　1958年，境域各生产队先后办起农忙托儿所。规定幼儿园学制3年，招收3～7周岁的幼儿。1968年，幼儿园停办，教职工或改行，或回队劳动。1978年，大队幼儿园恢复，附设于小学内，由小学管理。20世纪80年代，村民对孩子的教育日益重视，长一小学增设学前班和幼儿班。20世纪90年代，民办幼儿园逐渐兴起，管理主体随之多元化，业务上由长河镇中心幼儿园辅导。2007年，境域幼儿园有班级3个，在园幼儿95人。

中小学教育 清代，境域设有私塾。民国37年（1948），民国政府在长一村设有国民小学。中华人民共和国成立初，长一村域有1所初级小学，隶属于长河区中心辅导学校。20世纪60年代初，村域小学称冠山完小，校长方汪江，校址在当时的祠堂前大队长寿庵，冠三（东冠社区）、岩大房、冠一、冠二、联庄等地的学生也在此学习，冠山小学当时在社会上有很高的声誉，下设上新庙初小和花园周初小。1965年，小学入学率达80%以上。1967年，长一小学附设初中1个班级（称“戴帽初中”），学制2年，30名学生。1984年，学龄儿童入学率达98%以上。1986年，占地面积1200平方米的长一小学校园在花园周落成。1988年，长一学校投资12万元，建造4层教学大楼。1996—1998年，共计投入11.5万元教育资金，改善校舍和环境。1996年，在校中小学生255人。1998年，小学班级10个，学生307人，教师20人。2002年，长一小学新校舍建成，占地面积1.87公顷，主体教学楼建筑面积5770平方米，食堂占地面积500平方米，设计12个班级，可容纳600名学生就读，配套教室有电脑室、多媒体室及绘画、音乐、舞蹈、图书、实验室等。2002—2004年，投资80万元安装学校电教设备及报警系统，浇筑塑胶跑道。2007年，长一村有在校学生375人。

成人教育 20世纪50年代，境域办起农民业余识字班，又称夜校。课程以语文、农技和时事为主。1982年，村俱乐部业余夜校举办技术培训班。20世纪90年代，以脱产学习为主，集中15天时间，把文盲、半文盲的青少年集中起来举办扫盲班，进行识字教学。滨江区成立后，长一村成人教育的任务和重点是岗位培训、实用技术培训、基础教育、初等和中等职业技术教育、社会文化和生活教育、法制和职业道德教育等。

医疗

医疗机构 1958年，组建简易村级卫生室。1959年，选派人员参加萧山县接生员培训，回大队后从事新法接生和妇幼保健工作。1960年，正式成立大队卫生室。1968年，大队卫生室的医生、卫生员一律改称为“赤脚医生”。1969年10月，大队卫生室改称为大队合作医疗站，实施合作医疗制度。1984年，合作医疗站改称村卫生保健站。1996年，长一村投资18.3万元建造村合作医疗站，面积216平方米，有药品200多种。2003年，境域合作医疗站由长河街道社区卫生服务中心领导，改名为长河街道长一社区卫生服务站，地址为花园周中心路、新农村旁，房屋4间，200平方米。2005年，新建新农村合作医院。

传染病防治　20世纪50年代初，传染病是村民患病和死亡的主要原因。境域按照“预防为主”的方针，通过消灭“四害”“改水”“改厕”，改善卫生面貌。对传染病病人个例调查，对疫点进行处理，落实以免疫接种和疫情控制为主导的综合性防治措施，传染病发病率和病死率大幅度下降。20世纪70—80年代，境域出现痢疾、伤寒、流感等传染病。20世纪90年代后，实行严格的报告制度，医疗站发现患者后，除采取相应医疗措施控制疫情外，均及时转院并向镇、区、市医疗卫生、防疫部门报告。

妇幼保健　20世纪50年代初，开始推广新法接生，防止产褥感染与脐带风，减少妇婴死亡率。1967年起，推广住院接生。同时还开展产前检查，产后访视，孕期保健及婴幼儿童预防接种工作。20世纪80年代，妇女保健与计划生育工作结合进行，以确保妇女健康为原则，全面推行孕产期保健，推行妇科病普查普治。2000年后，医疗站协助和配合上级医疗卫生部门，做好妇科病查治、孕产妇系统管理、高危妊娠管理、妇婴保健等工作。

合作医疗　1969年，境域参加合作医疗的社员，每人每年交纳医疗费2元，其中1元由大队公益金中开支，专款专用。20世纪80年代后，境域规定医药费报销70%，自己负责30%；慢性病人需要长期服药者，医药费报销50%；妇女难产者医疗费报销70%。1994年起，实行以大病互助合作的风险型村民合作医疗保健制度，重点解决村民患大病、重病医药费负担过重问题。合作医疗基金采取村民个人、村、镇政府共同筹资的方法，逐年增加报销额度。1999年，长一村拿出2.7万元参加全镇合作医疗，减轻村民看病费用负担。2003年，按户每人每年缴纳36元（“五保户”、特困户、残疾人的个人缴纳部分由村集体资金支付）作为合作医疗资金，镇、区政府各以每人每年10元的标准资助，合计每人每年为56元。凡参加合作医疗者均可在该年度享受境域医疗站内门诊药费65%左右的报销，对住院期间符合报销范围的费用实行分级分段定额报销制度。

第二节 文化 体育

文化

文化设施 20世纪60—70年代，村域建立大队俱乐部，设阅览室、乒乓球室、棋类室、广播室、夜校等。1983年，俱乐部新增添连环画册、各种报刊、乒乓球台、电视机以及羽毛球等。2002—2004年，长一村投资60万元新建老年活动室及配套设施，占地面积830平方米。2007年，有100平方米的图书室。

文化活动 20世纪50年代，境域农会组织农民业余宣传队，每逢重大节日和新春传统佳节，组织文艺爱好者演出文艺节目。20世纪60—70年代，组建毛泽东思想文艺宣传队，宣传毛泽东思想。20世纪90年代，开放阅览室、乒乓球室、棋类室和电视机室，以丰富村民的文化生活。进入21世纪，村域经常开展群众性文化、体育活动，举办适合农村实际的文体活动。

体育

学校体育 中华人民共和国成立初，村域各校设体育课，由于设施简陋、条件有限，体育课主要开展跑步等活动。1952年，学校贯彻毛泽东主席“发展体育运动，增强人民体质”的题词精神，加强学生体育活动训练。1977年起，学校体育活动逐步正常，重视体育课教学质量。20世纪80年代起，注重体育课教学质量，组织学生进行跳高、跳远、跑步、掷铅球等，定期进行达标测试和视力检查。2000年后，学生每年参加滨江区中小学运动会，进行各种体育项目比赛。

群众体育 中华人民共和国成立初，境域建有简易体育活动场所，时常组织村民开展拔河、乒乓球、篮球等项目的体育比赛。20世纪80年代后，随着村级经济的发展，村民体育生活日益丰富，经常性地举办跳橡皮筋、踢毽子、套圈、投飞镖和自行车慢骑等趣味项目比赛。21世纪初，建有面积200多平方米健身场地，购置10多种健身器材，建设乒乓球活动室、羽毛球活动场地。2006年4—6月，滨江区举行第一届社区运动会，设乒乓球、拔河、中国象棋、登山、健身跑、室外健身器械、门球、太极拳（剑）、趣味运动、健身舞（操）10个项目，长一村组建队伍参加比赛。

第五章　民情风物

中华人民共和国成立前，村民大多无地或少地。中华人民共和国成立后，村民生活得到逐步改善。改革开放后，村民生活水平明显提高。20世纪80年代中期，居民消费特点由数量扩张向质量提高转变，膳食消费由温饱型向营养保健型转变，1996年，村民年人均纯收入4751元。滨江区成立后，境域经济快速发展，居民收入提高，居民消费向教育文化娱乐、交通通信、医疗保健和城市居住等方面倾斜。2007年，全村年人均纯收入1.12万元。境域名特产有冠山杨梅、浙江龙井茶叶。

第一节　收入与消费

村民收入

中华人民共和国成立后，境域经过土地改革和互助合作时期，农业生产基本得到恢复和发展。农村居民收入来源，主要依靠农业生产收入。1955年，长一村社员年终人均经济分配现金收入64元。1978年，社员年终人均经济分配现金收入138元。1983年后，实行家庭联产承包责任制，农民先后进入第二、第三产业，由社员变为企业职工，报酬与企业的经济效益直接挂钩，特别是镇、村企业转制后，个体私营经济快速发展，村民收入增长明显。1990年，村民年人均纯收入1449元。设滨江区后，农村工薪收入、财产性收入、转移性收入占比增加。1996年，村民年人均纯收入4751元。2005年，村民年人均纯收入首次突破万元大关。2007年，长一村居民年人均纯收入1.12万元。

粮油分配

1955年起，长一村域实行国家粮食定产、定购、定销政策。20世纪60年代初，社员口粮数额按人口年龄段确定（以岁定粮）。1970—1978年，大队设有储备粮仓。集体生产的粮食，在完成国家交售任务及留取种粮、饲料粮、储备粮和其他用粮后，其余作为社员口粮，大部分按人口定量分配，少部分按劳动工分（含土肥投入结算工分）分配。1979年，社员人均口粮426千克。1983年，实行家庭联产承包责任制后，长一村不再进行粮油分配。

村民消费

饮食　村民饮食以大米为主、面食为辅。改革开放后，随着经济的发展，收入的增加，村民的饮食消费逐渐转变。1983年，村民年人均食品消费支出320元。20世纪90年代后，村民生活水平持续提高，食品种类也呈现多样化趋势，由过去以素食为主转变为荤素有机搭配随意食用。2000年，村民年人均饮食消费为1390元。2006年，村民年人均饮食消费2400元。

服饰　民国时期，村民在衣着与被褥等用品上的消费很少。中华人民共和国成立后，土布织机逐步减少，世代相传的纺织机具及其工艺也逐渐失传，至20世纪60年代已完全消失。旧时做衣服主要靠手工一针一线缝制，成人单衣单裤与孩童衣服一般由农家妇女自己缝制。20世纪60—70年代，中青年男子一般穿中山装、列宁装，妇女改大襟为小襟，出现两用衫。布料质地为纯棉。20世纪80年代后，成品服装开始走俏。1980年，村民年人均衣着消费18元。1985年，村民年人均衣着消费49元。1990 年，村民年人均衣着消费50元。1995年，村民年人均衣着支出190元。2006年，村民年人均衣着支出430元。

住房　民国时期，村民少有盖新房的。中华人民共和国成立后，经过土地改革，住房逐步改善。20世纪60年代后，随着人口的快速增长，村民扩居迫切，农户逐渐开始翻建新房。20世纪80年代后，村民资金储蓄逐渐增多，开始建造楼房。1990年，农村年人均住房面积37.02平方米。1995年，农村居民年人均住房面积46.58平方米，农村建房进入升级换代阶段。1999年，长一村建房户数60户，平均每户占地面积250平方米。21世纪初，村民建房不断提高档次，追求坚固、美观和舒适，建造钢筋混凝土框架结构楼房（以三层或四楼房屋居多）。2000年，村民年人均居住消费支出694元。2005年，村民年人均居住消费支出1140元。2007年，村民人均居住面积50多平方米。除了在农村建房外，不少村民还在城里购房居住。

第二节　民俗　名产

民俗

长河捞被胎　系杭州市级农畜产品加工类“非遗”项目，传承人周木春，长一村人。弹被胎，俗称“撈被胎”，萧绍一带很早流行。“被胎师傅”带着特制的大弹弓、榔头等工具游走各村吆喝生意。西兴、长河、浦沿等地也有固定撈花店，顾客上门弹制棉胎。按乡俗，娶媳、嫁女都要做新棉被，或到有名的撈花店定制被胎，或请“被胎师傅”上门加工，所用皆为新棉花，考究的人家夹入一层丝绵。旧时，平常人家撈被胎新花旧花掺杂为用。日子过得紧的只是将老被胎弹一弹松再用，于是有些“被胎师傅”专司撈旧被胎。中华人民共和国成立后，人民生活得到改善，撈被胎生意一度很好，撈花店被胎师傅到处可见。20世纪90年代起，商店有成品棉被、羽绒被可售，撈被胎生意日渐衰退。

撈被胎所需材料主要是皮棉、棉线网、棉纱，工具是木弹弓、木榔头、门板、挑花竿、沙篮、小竹竿、木碾。加工时，首先把皮棉摊在门板上，将其弹松弹匀，叫“开生花”。其次，按棉被大小尺寸、摊平摊匀，再绕着门板来回走动着弹，将其弹匀；用竹编的网兜（俗称“筛篮”）将棉絮按平，使其相互粘连。第三步，在弹匀按平的棉被胎雏形上交叉绷上棉线，铺上线网罩住棉絮，使其固定。如果是婚嫁用的被胎，则网上红色双喜字。第四步，撈花师傅立在特制的圆形木盘（亦称为“醒”）上，在棉胎上来回碾动，使棉线网与花絮连成一体，令被胎平实牢固，被胎便成。

周木春父亲年轻时，到杭州拜师学弹棉花。周木春16岁时跟父学艺，掌握各种弹棉花、做被胎的技艺。周木春先后带出徒弟2人，均在外地独撑门面营业。至2013年，从事此行业的人越来越少，面临失传的可能。

名物

冠山杨梅　冠山杨梅历史悠久，南宋以降列为贡品。绝品“白水团”又称“水晶梅”，为萧山杨梅四大名品之一。冠山杨梅以产于长河冠山而得名。果色分红、白两种，果型大、核小，扁球形，黄白色者最纯正，柔软多汁，光亮润泽，甜酸适度，夏至后4～5天成熟。20世纪80年代后，村域实施生态农业，加强科学管理，产量质量均有明显提高。

专 记

冠山

冠山主体位于长一村，海拔161米，其脉发自西天目山，与吴山隔江相望。冠山的冠，在古代是一种装饰，用来束发，戴冠表示礼貌。冠由帽子又引申为形状像帽子的或在顶部的东西。帽子戴在头上，处于人体最高处，故引申为第一位、第一名等。

明代来集之《倘湖樵书》说："其山势似眠牛，正望之，前一层低，后一层高，似纱帽之形，故曰冠山。"

冠山原是江海中一岛，六朝时，山南称渔浦，山北即钱塘江。唐后，钱塘江北移，山下被村落环抱。南宋咸淳元年（1265）始，山上陆续有云岩寺、西隐庵、雪心亭、三友轩、涵虚亭、冠山寺、摩崖石刻等人文景观，先后出现"松风水月""洞天洗心""雨雾兼胜""燕窝天风""春云环山""凉涧并鸣""石峰迎潮""冠顶四望"冠山八景。

2017年，在冠山上建设生态公园，集生态、休闲、健身、文化、旅游、服务配套功能于一体，最大限度保留山石、植被等原始风貌，对游步道两侧增植红枫、鸡爪槭、紫薇等观赏性乔灌木5000多株，铺种春鹃、茶梅、南天竹等植被近2万平方米，形成一条错落有致、色彩亮丽、富有野趣的山林景观绿道。

长二村位于长河街道中东部，东临越剑河，西至长江中路，南靠乳泉路，北至南环路，面积1.1平方千米。

长二村在滨江区的位置

来楚生　凤仙蟾蜍图

第十三编　长二村

概　述

长二村位于长河街道中东部，面积1.1平方千米。1950年，属长河区长河乡。1996年，全村有761户，总人口2443人。2007年6月，长二村撤村建居，有风景蝶院、朗庭公馆2个住宅小区，双庙、下庄里、田里来、章家里4个农居点。

长二村农业作物有小麦、大麦、玉米、水稻、蔬菜。1996年，种植业收入211.57万元，工业收入259万元，建筑业收入35.51万元，运输业收入77.67万元，商业饮食业收入26.63万元，服务业收入42.78万元。2003年，完成工业总产值2532万元。2007年，长二村商业饮食业收入262万元，服务业收入328万元。

中华人民共和国成立前，境域国民学校设初小1个班。1996年，在校中小学生315人。2003年，合作医疗站改称长河街道长二村社区卫生服务站。境域有河兜里18号建筑群、双庙前23号建筑群旅游景点。河兜里人汤金钊为清嘉庆朝户部尚书、协办大学士，其府邸尚书第被列为杭州市历史建筑。

20世纪70年代，全村安装上电灯、广播。改革开放后，村民生活水平明显提高。20世纪80年代，村民陆续将草房改建成平房。1996年，村民年人均纯收入3140元。滨江区成立后，土地征用主要用于建设区科技工业园区、浙江中南建设集团钢结构有限公司、浙江中南幕墙股份有限公司、滨文路、长河路、江虹路等。大多数家庭新建三层及三层以上的住宅楼，采用钢筋混凝土结构。2007年，居民年人均纯收入7773.9元。

第一章　基本村情

长二村位于长河街道中东部。面积1.1平方千米。辖地历史悠久，古建筑恢宏。北宋太平兴国三年（978）称夏孝乡寺庄里。1950年，属长河区长河乡。1956年，建有长河乡章家里、双庙前2个高级农业生产合作社。1958年，建长河公社章家里大队和双庙前大队；1966年，两大队合并，更名为长二大队。1984年，改名为长河乡长二村。1994年，长二村有姓氏108个，其中来姓最多。1996年，村民小组18个，户数761户，农村总人口2443人。2000年前后，全村非农业人口逐渐增多。2007年6月，长二村撤村建居，有风景蝶院、朗庭公馆2个住宅小区，双庙、下庄里、田里来、章家里4个农居点。

第一节　区位　地貌　村落

地理位置

长二村位于长河街道中东部，东临越剑河，西至长江中路，南靠乳泉路，北至南环路。面积1.1平方千米。

地形地貌

境域以西江塘为界，塘内（南部）有小块河谷平原。土质以红壤为主，肥力较高，适宜种植水稻、豆麦。塘外（北部）为平坦宽阔的钱塘江堆积平原，地势低洼，沙质土壤，盐分凝聚，以种棉花、络麻、油菜为主。主要河流有越剑河。

越剑河　是长河街道和西兴街道界河，位于白马湖北部，曾名张家西直河，后将其重新命名为越剑河，以越王勾践在此带兵打仗的典故得名，于2011年命名。越剑河南起白马湖，北至滨文路173号，长850米，宽17米。

自然村

1990年，长二村辖田里来、曹家埭、开田畈、双庙、安十房、下庄里、章家里、河斗里8个自然村，村民委员会驻地双庙。有18个村民小组，698户2259人。有耕地1191亩，围垦土地178亩，以种植水稻为主。有村办企业2家，年产值100万元，利润5万元。

双庙　位于街道办事处驻地东北800米。有98户271人，以来氏为大姓，孔、汤为次。聚落沿长河火车站南呈带状分布。村民以经商为副业。因村头有2座庙，故名。

田里来　位于街道办事处驻地东北700米，有67户218人，以来姓、金姓居多。聚落沿长河镇东呈块状分布。该村来氏祖先在田畈中建房成村，故名。

曹家埭　位于街道办事处驻地东800米，有58户187人，以来氏为大姓，赵氏为次。聚落在曹家埭浜兜南呈块状分布。村民以经商为副业。因村中曹氏聚居，故名。

开田畈　位于街道办事处驻地东1.3千米。有82户288人，以来氏为大姓，聚落沿张家西直河（越剑河）西呈块状分布。村民多数人经商为副业。村始祖来氏由下庄里迁入，定居前畈里，命名为开前畈，后称开田畈（“前”与“田”谐音）。至2007年撤村建居时，已有700年。

安十房　位于街道办事处驻地东900米，有72户246人，以来氏为大姓。聚落在曹家埭河东侧呈块状分布。村始祖从安五房（浦沿东冠村）迁入，为第十房，故名。

下庄里　位于街道办事处驻地东北1千米，有135户476人，以来氏为大姓，汤、吴为次。聚落沿浙赣铁路南呈块状分布。村民以做小工为副业。村以庙得名。原村中有下庄庙，故名。至2007年撤村建居时，已有700多年。

章家里　位于街道办事处驻地东北700米，有154户488人，以章氏为大姓。聚落在长河火车站西呈块状分布。村民以制作草制品和种植茉莉花为副业。村中因章氏聚居，故名。明正统年间（1436—1449）始成村落。至2007年撤村建居时，已有550多年。

河兜（斗）里　位于街道办事处驻地东900米，有31户93人，以汤姓为主，来姓为次。聚落沿河呈块状分布。村民以做小工及经商为副业。因村中有个河兜，故名。

第二节　建置沿革

行政区划

北宋太平兴国三年(978)，村域属萧山县夏孝乡。元至元十六年(1279)，村域属三都。清宣统二年（1910），村域属长河乡。民国18年（1929），村域为双庙联合村，属萧山县第二区长河乡。民国21年(1932)，村域建双庙乡，属萧山县第一区。民国23年(1934)，村域属东岳区江边乡第10保、第11保、第12保。民国36年（1947），村域属萧山县江边乡。1949年5月，村域属长河区江边乡。1956年10月，建有江边乡章家里、双庙前2个高级农业生产合作社。1958年3月，江边乡并入长河乡，村域属长河区长河乡。1958年10月，长河区改名为长河人民公社（大公社），高级社改名为“生产大队”（简称“大队”），建立长河公社章家里大队和双庙前大队。1966年，章家里大队和双庙前大队合并，更名为长二大队。1971年2月，村域属城北区长河公社。

1984年3月，改公社为乡，改生产大队为村。长二大队称长二村，属城北区长河乡。1985年6月，城北区撤乡建镇，长河乡改为镇级建制，村域属城北区长河镇。1992年5月，萧山市撤区扩镇并乡，城北区撤销，村域属萧山市长河镇。1996年5月，杭州市区划调整，西兴、长河、浦沿3个镇划入杭州市西湖区，村域属杭州市西湖区长河镇。1996年12月，西兴、长河、浦沿3个镇单独成立滨江区，村域属杭州市滨江区长河镇。2000年6月，杭州高新技术产业开发区与滨江区合并，长二村归杭州高新区（滨江）管辖。2003年12月，滨江区撤镇建街道。2007年6月，滨江区撤销长河村建制，设立社区居民委员会，长二村改名为长二社区居民委员会，有风景蝶院、朗庭公馆2个住宅小区及双庙、下庄里、田里来、章家里4个农居点。

基层组织

中共基层组织　1956年，长二村域第一个党支部建立，有党员3人，书记来松林。2007年，长二村党委辖有6个党小组，党员120人。长二村党委在村经济发展、社会进步、城市化建设等方面起着领导核心作用。

村民自治组织　1949年5月，村行政委员会成立，第一任村长顾长顺。1953年11月，长二村域有6个初级农业生产合作社。1956年10月，建立长河乡章家里、双庙前2个高级农业生产合作社。1958年10月，建立长河公社章家里大队和双庙前大队。1966年，章家里大队和双庙前大队合并，更名为长二大队，设大队管理委员会。生产大队既是生产组织，又是行政组织。1968年6月，长二村大队革命委员会成立。1978年10月，长二村大队管理委员会重新建立。1984年4月，长二村村民委员会成立，由主任、副主任和委员7人组成，每届任期3年。

经济管理组织　1991年，长二村成立经济合作社。村经济合作社常设机构是合作社管理委员会，成员由社员大会或社员代表大会选举产生，由正、副社长和委员5～7人组成，社长由村党支部书记担任，每届任期3年。1996年，长二村、组集体（含企业）生产性固定资产原值265.75万元，农村集体资产总额261.6万元。2007年，长二村有流动资产1769.86万元，固定资产209.09万元；流动负债337.18万元，所有者权益1643.77万元，资本64.21万元，公积公益金944.35万元；经济合作社收入253.47万元。

第三节 人口 姓氏

人口

中华人民共和国成立前，由于经济落后，生活水平低，长寿老人较少。中华人民共和国成立后，村民生活条件不断改善，医疗水平日益提高，人口自然变动情况出现高出生低死亡的状态。1949年，长二村总户数386户，总人口1482人，其中男性771人；出生68人，死亡9人。1957年，长二村总户数386户，总人口1604人，其中男性814人；出生72人，死亡10人。1971年，长二大队无非农业人口。1978年，总户数555户，总人口2312人，其中男性1144人，女性1168人；迁入13人，迁出29人；出生35人，死亡9人。1996年，有村民小组18个，户数761户，农村总人口2443人，乡村人口2404人，其中男性1189人，女性1215人。2007年，长二村农户803户，农村人口2705人，均为农村社区住户人口数。2010年，长二村人口户数811户，人口2885人，其中男性1391人，女性1494人；0～15周岁428人，16～59周岁1948人，60周岁以上509人。

姓氏

1994年，长二村有姓氏108个，其中来姓最多，有781人，主要聚居在开田畈、安十房自然村。2010年，长二社区来姓人口有888人，主要在第1组、第2组、第3组、第7组、第11组、第17组、第18组。章姓人口主要在第9组、第10组、第14组、第15组，共有442人。第三大姓为汤姓，主要在第6组、第8组、第11组、第12组、第13组，有317人。

章姓 明正统二年（1437），章正四为避战祸，携家从福建浦城迁居萧山管村。后又从管村迁居三都长河境内，在冠山脚下开荒山、种薄田，安家立业。因居住在冠山脚下，人称“冠山章”（山一村章苏自然村），章正四是长河章氏始迁祖。其有两子，长名辛一，次名公一。后，见西江塘边有一低洼江涂积水难排，人称“烂田庄”，被人遗弃。章氏父子在此筑堤开沟、搭寮垦种，终获收成，长子辛一便定居于此。后又有附近来姓、汤姓乡人入此垦种，以成村落。民国初期，“烂田庄”改称为“蓝田章（庄）”。中华人民共和国成立后，又把蓝田章改名为“章家里”。章辛一便成章家里始迁祖。1994年，长二村章姓有372人。

汤姓　南宋时，河南汤阴县人汤鹏举，官至参知政事，护驾南渡，举家迁居杭州白马庙侧。汤鹏举有9个儿子，2人移家长河河兜里和进化大汤坞，成为两处的汤氏始迁祖。王炜常《山水人物》载：长河汤姓始迁祖汤思退(1117—1164)，处州青田县人，南宋绍兴十五年（1145）进士，绍兴三十一年（1161）出知绍兴府，“置别业于长河（河兜里）”，至4世汤立庵，于宁宗朝（1195—1224）出任会稽令，“退老于萧，即别业为休沐之所，因入籍焉”。汤氏传至13世，分为忠一、忠二、忠三3支（房）。其中忠二房21世孙奎瑜，字云玉，号怀山，自河兜迁居萧山城西万寿桥下街，经营小本生意。25世孙汤金钊（1772—1856），居河兜里，为清嘉庆四年（1799）进士，累官至户部尚书兼协办大学士，赏一品顶戴，加封太子太保，多有建树，享誉朝野，乡人称之“汤大人”。长河汤氏已传33世。1994年，长二村汤姓278人。2010年，汤姓人口317人，主要在第6组、第8组、第11组、第12组、第13组。

第二章　村庄建设

中华人民共和国成立前，村容萧条。1949年，长二村有耕地面积2030亩。20世纪60—70年代，全村安装上电灯、广播。20世纪80年代，村民陆续将瓦房改建成平房。20世纪90年代，村民纷纷翻建二三层楼房。1996年，长二村承包耕地总面积1286亩。2000年起，长二村土地征用开始增多。土地征用主要用于建设区科技工业园区、浙江中南建设集团钢结构有限公司、浙江中南幕墙股份有限公司、滨文路、长河路、江虹路等。2007年，长二村无家庭承包经营户。境域主要道路有长江路、乳泉路、南环路等，有多幢高层住宅楼。

第一节　新农村建设

中华人民共和国成立前，境域百姓生活困苦，村容萧条。中华人民共和国成立后，农民分到土地，生活有了保障。农业合作化后，村民依靠集体经济，生活逐步改善。改革开放后，村落经济发展突飞猛进，村民陆续将草房改建成平房。21世纪初，新建许多三层及三层以上的住宅楼，村民拥有轿车、摩托车，长江路、南环路四通八达，出行非常方便。2007年，新建住宅区朗庭公馆。

交通

长江路　南起井山坞路，北至滨康路，长3.9千米，宽24米。名称沿用老路名，建于1987年，于2004年10月命名。

滨文路　原名青年路，东至风情大道，西起钱塘江标准塘（南沙大堤），全长8.9千米，宽40～50米。双向四车道，中隔绿化带，2005年建成。滨文路在境域全长1千米，起点江虹路，终点长江路。

乳泉路　东起江虹南路，西至月湾路，长2千米，宽16米。因旧有乳泉井、乳泉村，沿用古地名，故称乳泉路，于2011年命名。

南环路　东起风情大道，西折北至闻涛路，全长8.54千米，宽40米，双向四车道，中隔2米绿化带。2004年1月开工，2005年建成。

浙赣铁路长河段　浙赣铁路横贯长河街道中部，横穿长一、长河、长二3个村，长河段长约3千米。在长二村下庄里，长河村老塘埠头各设铁路道口。1961年，长二村域内建长河火车站。浙赣铁路前身是“杭江铁路”，江边码头至江山县，建于民国19年（1930）。

四清桥　在长二村域内，位于曹家埭至安十房间。桥身为石砌平桥，跨径4米，面宽2.5米，荷载标准3吨。桥为1964年建造，故名。

振兴桥　位于长二村域内，二孔平桥，跨径4米，面宽3.5米，荷载5吨，建于20世纪90年代。

公用事业

电力　1960年，电力接通之后，照明逐渐进入村域。1961年，电力分线向各个自然村落延伸，把电送到各家各户。1972年，进行第一次电力整网，主要是增大变压器容量。1996年，农村用电量48万千瓦时，其中农用排灌用电量10万千瓦时、村办企业用电量9万千瓦时、农民家庭用电量29万千瓦时。2007年，长二村用电量196.36万千瓦时。

广播电视　1953年，境域开始安装有线广播。1958年，长河建立广播站。1969年，长二大队建立广播室。20世纪70年代初，广播室配备扩大机。1990年，农村广播喇叭入户率80%。村广播室可以收听中央、省、市、县电台的重要节目和部分文艺节目。进入21世纪，电视迅速普及，农房拆迁，有线广播迅速减少。

20世纪70年代末，境域各个生产队开始有黑白电视机。20世纪80年代中后期，村民开始购买彩色电视机。20世纪90年代初，有线电视网开始建设，电视机入户率46%。1996年后，有线电视线路接入低压线桩。2007年后，全村普及有线电视。

通信　1951年前，村民发电报要到长河或西兴邮政局（所）办理。1955年，设长河邮电代办所，电报由邮政投递员送到村民手中。20世纪80年代后，由于电话机的普及，电报收发很少。

20世纪60年代中期，境域始有集体安装电话机。1987年后，电话机进入百姓家中。1990年，农村综合通信网初步形成，农村电话每百人1.2部。2007年，境域电话、手机得到普及，互联网光纤通信铺开。

邮政　中华人民共和国成立初，长河设有邮政代办所。1963年后，长河邮政代办所在长二大队设有信箱，由小店代销邮票，村民寄信不再去长河。报纸、杂志，由邮递员送到各生产队。

供水　20世纪80年代前，境域村民主要饮用水是池塘水、“天落水”（天然雨水）。1988年，浦沿联合自来水厂建成。1992年，境域开始集资安装自来水，村民每户出资500元。1996年后，随着村民进入小区居住，用水由水务公司管理，实行“一户一表”，计量收费。

村办公房　20世纪50年代初，境域基本上没有专门的办公用房，一般设在村民家中。1958年10月，长河人民公社成立后，建造大队办公用房。1966年后，大队办公用房设在河斗18号，有平房（瓦房）5间、面积450平方米。80—90年代，村委会办公楼地址在双庙56号，为2层楼房、房屋5间、面积500平方米。2007年，长二村在原址翻建办公楼，总投资51万元，占地面积1300平方米，建筑面积1100平方米。

第二节　土地使用

土地制度

中华人民共和国成立前，长二村多数农民缺田少地。1949年5月，长河解放。1950年10月，境域开展土地改革运动，没收地主阶级多余土地归农民所有。在高级社和人民公社时期，境域土地归集体所有。20世纪80年代，推行家庭联产承包责任制后，土地仍为集体所有制。农户以家庭为单位，向村集体经济组织承包土地等生产资料和生产任务，村集体将土地等按人口或劳动力比例分给农户自主经营，其经营收入除按合同规定上缴一部分给集体及缴纳税金外，全部归农户。1996年，长二村农户承包耕地总面积1286亩，农业承包合同数682份，应上缴各业承包金6.81万元。2007年，长二村无家庭承包经营户。

土地类别及利用

境域土地类型可分耕地、宅基地、工矿用地、交通用地及未利用土地等。1949年，长二村有耕地面积2030亩。1956年，农民土地收归集体耕种，为解决村民日常蔬菜用地，高级社允许各生产小队将房前屋后零星杂地分配给社员，称“自留地”。1958年，有耕地面积1316亩。1967年，有耕地面积1233亩。1978年，14个生产队有集体耕地1211亩，社员自留地112亩。1984年，有耕地面积1206亩。1996年，有耕地面积1325亩，其中水田1095亩，旱地230亩；包括集体所有1286亩，自留地39亩。2007年，长二村土地总面积256亩，其中耕地66亩、其他190亩。

土地征用

1958年1月始，《国家建设征用土地办法》规定，土地补偿费标准为该耕地征用前3年平均产值的4～5倍，征用非耕地的按耕地的50%补偿。1991年6月后，根据萧山市土地管理规定，征用耕地补偿费标准为该耕地征用前3年平均产值的3～5倍，征用非耕地按耕地的50%补偿。2000年7月后，滨江区土地补偿费用标准分为一般项目和城市基础设施项目两类。长二村一般项目的土地补偿标准为每亩2.03万元，城市基础设施项目补偿标准为每亩1.74万元。长二村一般项目安置和城市基础设施项目补助费用标准均为每亩5.08万元。长二村青苗补偿费用标准均为每亩1450元。地上附着物分一般地上附着物补偿和重大地上附着物、苗木补偿。其中，一般地上附着物按征地总面积2600元每亩的标准一次性补偿到各村（社区）。重大地上附着物、苗木由街道会同被征地单位、建设单位进行现场清点、核实、确定后报区国土分局，由区国土分局按政策规定审核确定补偿金额，报经区政府批准后补偿到街道和村（社区），由街道和村（社区）逐一落实到所有权人。2002年，长二村留用地面积3.74公顷。2003年，长二村位于西江塘北的沙地被征用。2007年，杭高新工业项目征用长二村土地3.76亩。长二村土地征用主要用于建设区科技工业园区、浙江中南建设集团钢结构有限公司、浙江中南幕墙股份有限公司、滨文路、长河路、江虹路等。

第三节　围垦土地

顺坝围垦

顺坝围垦又称先锋围垦或五堡围垦，分内线、外线两期进行。内线围于1970年11月，全公社共围817.1亩，外线围于1986年冬，共围195亩。两期共1012.1亩。长二村分得顺坝围垦土地10亩。1996年12月，杭州市区划调整，长河镇划入滨江区；1997年，经滨江区政府与萧山市政府协商并签订协议，将顺坝围垦土地划归萧山市，长二村在顺坝的土地，同步划归萧山。

萧山大围垦

东江围垦又称第12工段围垦，由萧山县统一指挥、长河公社组织领导，共4期，分一围（又称老围）、二围（新围），分别围于1974年、1976年、1977年、1978年。到1978年末，全公社共围毛地2906亩，按投工多少分给12个村，长二大队得地177.9亩，其中一围得地77.9亩、二围得地100亩。1981年，围垦土地相继承包给承包大户耕种，集体每年向承包户收取承包金，每亩每年10～20元。1991年，每亩土地承包金最高每亩40元。1999年后，承包户相继退出。

第三章　村域经济

境域历来是粮、棉、麻和其他经济作物的综合种植区。1949年，村域粮食作物播种面积1214亩，总产量152.85吨。1957年，棉花播种面积217亩，总产量13.45吨。络麻播种面积179亩，总产量36.7吨。油菜播种面积129亩，油菜籽总产量6.5吨。20世纪60—70年代，工业开始出现，以手工业作坊为主。实行家庭联产承包责任制后，农村的富余劳动力大量出现。20世纪80年代，改革商业体制，鼓励农民经商。1996年，蔬菜播种面积693亩，总产量1386吨。2001年，企业有五金模具厂、金属材料厂、摩擦材料厂、富强化工厂、华兴机床厂等。2003年，全村7家私营企业完成工业总产值2532万元。随着滨江区城市建设发展，超市、农贸市场得到大发展。2007年，长二村实现商业饮食业收入262万元、服务业收入328万元。

第一节　农业

境域主要粮食作物有小麦、大麦、玉米、水稻等。1949年，村域耕地面积2030亩。1978年，实现农业收入25.48万元、畜牧业收入2572元、渔业收入462元。1996年，种植业收入211.57万元。2007年，土地总面积256亩，其中耕地66亩，其他190亩；农业收入138万元。

种植业

粮食作物　境域主要粮食作物有小麦、大麦、蚕（豌）豆、水稻等。1949年，村域有粮食作物播种面积1214亩，亩产126千克。其中，小麦播种面积210亩，亩产46千克；大麦播种面积156亩，亩产50.5千克；蚕（豌）豆播种面积85亩，亩产57千克；水稻播种面积763亩，亩产171千克。1978年，粮食播种面积2217亩，亩产327千克。其中：小麦播种面积300亩，亩产212.5千克；大麦播种面积277亩，亩产161.5千克；蚕（豌）豆播种面积84亩，亩产130.5千克；水稻播种面积1499亩，亩产384.5千克；其他57亩。1996年，农作物总播种面积3504亩，其中粮食作物播种面积2335亩，亩产376千克；包括稻谷播种面积1745亩，亩产422千克；小麦播种面积273亩，亩产315千克；大麦播种面积231亩，亩产195千克。进入21世纪，境域土地被国家征用，粮食种植逐渐退出历史舞台。2007年，长二村农作物播种面积524亩。

蔬菜水果　境域蔬菜品种有青菜、菠菜、芹菜、冬瓜、洋葱、茄子、大白菜、包心菜等。1957年，村域有番茄播种面积29亩，亩产395.5千克，总产量1.15吨。1996年，蔬菜播种面积693亩，亩产2吨，总产量1386吨；瓜类播种面积30亩，亩产2.5吨，总产量75吨。2007年，蔬菜播种面积475亩，亩产3吨，总产量1425吨。进入21世纪，土地被征用，种植蔬菜、水果逐渐减少。

经济作物　境域经济作物主要有棉花、络麻、油菜。1949年，村域有棉花播种面积53亩，亩产28.5千克；络麻播种面积124亩，亩产166.5千克；油菜播种面积79亩，油菜籽亩产33.5千克。1978年，棉花播种面积82亩，亩产43.5千克；络麻播种面积314亩，亩产363千克；油菜播种面积186亩，油菜籽亩产91千克。20世纪80年代后，实施家庭联产承包责任制后，种植业趋向多样化。1996年，棉花播种面积135亩，亩产76千克；油菜播种面积283亩，油菜籽亩产71千克；甘蔗播种面积28亩，亩产4吨；进入21世纪，棉花、络麻、油菜种植面积逐渐减少。2007年，长二村花卉苗木播种面积49亩，销售额8万元。

养殖业

历史上，境域畜牧业以养猪、养鸡为主。中华人民共和国成立后，由于受饲料的制约，除养猪外，其他养殖均不发达。农业集体化后，为解决农业肥源和社会用肉，养猪业被列为畜牧业之首，除家庭养殖外，生产队、生产大队均先后办过畜牧场。其他家禽家畜只局限于村民家中，以自己食用为主。改革开放后，养猪、养鸡、养鸭、养鱼等养殖业空前发展。1996年，生猪存栏396头，出栏829头，全年饲养量1225头，猪肉产量5.39吨。家禽存栏1.05万羽，出栏4.45万羽；禽肉产量6.68吨，禽蛋产量1.4吨；水牛2头；淡水养殖面积5亩，淡水产品产量3吨。2007年，长二村生猪存栏250头，出栏716头，饲养量966头，猪肉产量50吨，家禽存栏150只，出栏1600只，禽肉产量2吨。

农业综合开发

长二村开田畈现代粮食型农业示范园区，总面积1050亩，始建于1998年11月，于2000年10月完成，总投资197万元。园区建设坚持“适度超前，重在示范，突出科研，注重实效”的方针，使农田整治与路、渠、林、河、泵等基础设施建设和先进实用农技、农机配套，形成“农田成方，道路成框，渠道成网，绿树成行”的现代农业新格局，成为滨江区农业现代化建设的示范样板、杭州市级现代农业示范园区。园区内田块整齐平整，大小一致，南北朝向，便于机耕。排灌渠系完善，建有“U”形“三面光”灌溉渠9条，长4.83千米；新建主排水沟4条，长1.16千米；修建一般排水沟6条，长1.85千米。新建机埠1座，修建机埠3座，配套水泵4只，总功率35千瓦时。园区内道路畅通，新建6米宽柏油路主干道2条，长1.2千米，配置绿化带，栽种行道树3100棵；拓宽次干道9条，长4.47千米。机械设施配套，有旋耕式手扶拖拉机8台，大型收割机1台（套）。

第二节　工业

发展过程

20世纪60年代，境域工业开始出现，以手工业作坊为主。20世纪70年代初，开始创建队办企业。1976年，长二大队投资5000元，创办长二铝制品厂，是最早的村办工业，有职工20人。1978年，长二大队有队办企业2家，职工人数62人，总收入4.15万元，其中工业和手工业收入2.7万元。1988年，队办企业有铝制品厂和模具厂2家，工业总产值106万元，亏损12万元。1996年，队办企业仅剩模具厂1家，转制为私营企业，年产值80万元，创利2万元；有私营企业3家，年产值285万元，亏损15万元。同年，实现工业收入259万元，建筑业收入35.51万元。2003年，全村7家私营企业完成工业总产值2532万元，利润69万元，上缴税金83万元；有职工67人，年人均工资1.03万元。2007年，长二村实现工业收入1919万元，建筑业收入968万元。

知名企业与产品

滨江区成立后，长二村利用铁路以北、长兴路以南边角地带区位优势，引进企业，发展村属工业。2001年，私营企业有5家，除五金模具厂外，还有金属材料厂、摩擦材料厂、富强化工厂、华兴机床厂；产值增加到778万元（含个体企业127万元），完成利润20万元，上缴税金36万元。主要工业产品有模具、五金材料、化工产品等。其中富强化工厂效益较好。

第三节　商贸服务业

中华人民共和国成立前，商贸服务业不活跃。1953年，粮食实行统购统销，根据生产情况实行定额购销。1956年，实行私营商业社会主义改造，大部分个体私营商户、小商小贩组建成合作商店和合作小组。1978年，长二大队副业收入4.01万元，交通运输收入2730元。1980年后，允许个体商业户登记营业，农村各小店分散经营，自负盈亏，农民申请登记个体商业户（包括饮食、服务业）激增。20世纪90年代，商品取消票证，全部敞开供应。境域外来人口增多，餐饮业迅速发展，各类饭店、面馆、小吃店等相继开业。1996年，长二村运输业收入77.67万元，商业饮食业收入26.63万元，服务业收入42.78万元，其他收入223.72万元。2007年，长二村有建筑业劳动力60人，交通运输仓储业及邮电通信业45人，批发、零售贸易业16人，住宿和餐饮业12人，其他非农行业313人；实现运输业收入114万元，商业饮食业收入262万元，服务业收入328万元。

集体商贸业

中华人民共和国成立前，境域商业活动较少。20世纪50年代初，国家对私营、个体商业采取保护政策。1956年，组建合作商店或生产社组，个体商业全部进入长河公社供销社或合作商店。20世纪60年代，境域设一家供销社代购代销店，地址为双庙39号，经销商品有日用品、五金机电、猪肉、禽蛋、蔬菜等。代购代销店利润全部上缴供销社，人员工资由供销社下拨。合作商店代销点规模较小，散落在自然村落，主要供应糕点、糖果、烟酒等日用品，大部分凭票供应。20世纪80—90年代，合作商店解散或拍卖。1984年，终止生猪派购政策，生猪价格放开，市场放开，允许个体屠宰商购销。1995年，规范生猪屠宰市场，设立定点屠宰场，屠宰点随即取消。

私营商贸业

1978年后，国家允许并鼓励待业青年、闲散居民和农村富余劳动力从事商业、服务业。境域一些村民及外来人员开设饲料店、快餐店、卖肉店、修补店、杂货店等。1984年后个体商业迅速发展，市场上商品日渐增多，各种凭票供应的票证相继取消。1996年，境域实现商业饮食业收入26.63万元，服务业收入42.78万元。1997年，随着城市化的推进，居民服务业迅速发展，美容美发店、搬家公司和家政服务中心逐步增多。2007年，境域有食品经营户4户，餐饮服务单位2户。

第四章　社会事业

中华人民共和国成立前，境域国民学校设初小1个班。1964年开始，办简易小学（耕读小学），教师走村入户做“流扩生”工作。1968年，长二学校附设初中1个班级。1970年，长二小学初中班并入长河中学。20世纪70—80年代，创建活动阵地，培养文艺骨干，配合各个时期中心工作，开展各种文化活动，丰富群众文化生活。村域建立大队俱乐部，设阅览室、乒乓球室、棋类室、广播室。1985年，随着乡镇企业的发展，成人教育转向岗位培训，重点是替乡镇企业培训干部和职工。2003年，境域合作医疗站由长河街道社区卫生服务中心一体化领导，改名为长河街道长二村社区卫生服务站。实现“人人享有初级卫生保健”的目标。2007年，长二村收缴农村合作医疗保险费12万元。境域旅游景点有河斗18号建筑群、双庙23号建筑群。

第一节　教育　医疗

教育

幼儿教育　1958年，境域各生产队先后办起农忙托儿所，规定幼儿园学制3年，招收3～7周岁的幼儿。1968年，幼儿园停办，教职工或改行，或回队劳动。1978年，大队幼儿园恢复，附设于小学内，接受小学管理。20世纪80年代，村民对孩子的教育日益重视，长二学校增设学前班和幼儿班。20世纪90年代末，开始有私人开办的幼儿班。

中小学教育　清代，境域设有私塾，规模不大，招收学童年龄以五六岁至十二三岁居多。民国37年（1948），民国政府在长二村设国民小学。中华人民共和国成立初期，长二村域有1所初级小学，隶属于长河区中心辅导学校。1967年，长二小学附设初中1个班级（称“戴帽初中”），学制两年。1970年，长二小学初中班并入长河中学。1974年，长二学校重设初中班。1981年，初中班不再招新生。1982年秋，该校读初三的学生并入茅山中学。1987年，长二小学投资4.3万元，新建2层教学楼，有4间教室、1间活动室、1间办公室。1988年，学校实行九年制义务教育。1994年，小学适龄人口入学率、小学毕业生升学率均为99%。1996年，有在校中小学生315人。2004年9月，滨江区启动义务教育新课程改革，从小学一年级和三年级起始学科全面实施《杭州市义务教育新课程》。长二村中小学生课程按九年一贯制设置，小学阶段以综合课程为主，低年级（一、二年级）开设品德与生活、语文、数学、体育、音乐、美术等课程；中高年级（三至六年级）开设品德与社会、语文、数学、科学、外语、体育、音乐、美术、信息技术、劳动技术、综合实践活动等课程。2007年，长二村在校学生数为270人。

成人教育　20世纪50年代，境域办起农民业余识字班，又称夜校。课程以语文、农技和时事为主。1982年，村俱乐部业余夜校举办技术培训班，有裁剪班、农技班等，一期为3～5个晚上。1985年，随着乡镇企业的发展，成人教育转向岗位培训，重点是替乡镇企业培训干部和职工。20世纪90年代，

把文盲、半文盲的青少年集中起来举办扫盲班，进行识字教学。滨江区成立后，长二村成人教育的任务和重点转向村民岗位培训、实用技术培训、社会文化和生活教育、法治和职业道德教育等。

医疗

医疗机构　1958年，组建简易卫生室。1959年，选派人员参加萧山县接生员培训，回大队后从事新法接生和妇幼保健工作。1960年，正式成立大队卫生室，负责人章芝华。1969年2月，萧山县全面实行合作医疗制度。同年10月，大队卫生室改称长二大队合作医疗站，实施合作医疗制度。1980年，萧山县进行乡村医生资格考试，来成明、来土荣、来文荣考试合格。1996年，长二村卫生室面积76平方米，药品105种，医生3人。负责人来成明。2005年，境域合作医疗站改名为长河街道长二社区卫生服务站，地址为下庄过渡房，房屋3间，面积80平方米。服务站设有诊疗室、药库、药房、输液室、急诊病床。

传染病防治　20世纪50年代初，境域成立“爱国卫生运动”领导小组、传染病防治工作协调小组，贯彻“预防为主”的方针，减少传染病的发生。20世纪60—70年代，对传染病病人个例调查，进行疫点处理，对学生进行健康检查，落实以免疫接种和疫情控制为主导的综合性防治措施，传染病发病率和病死率大幅度下降。1986年，进行丝虫病人群检测，未检测到微丝蚴；建立肿瘤登记报告制度，做好肿瘤发病卡、死亡卡的上报工作。2000年后，医疗站发现传染病患者后，除采取相应医疗措施控制疫情外，均及时转院并向镇、区、市医疗卫生、防疫部门报告。

妇幼保健　20世纪50年代初，开始推广新法接生，减少妇婴死亡率。1967年起，推广住院接生。1978年，大队合作医疗站配合萧山县医疗部门联合浙江省儿童保健院在境域开展儿童保健试点，为儿童作健康检查，普遍服用驱虫药（俗称“糖丸”）。20世纪80年代，妇女保健与计划生育工作结合进行，以确保妇女健康为原则，全面推行孕产期保健，推行妇科病普查普治。2000年后，医疗站协助和配合上级医疗卫生部门，做好妇科病查治、孕产妇系统管理、高危妊娠管理、妇婴保健等工作。

合作医疗　1969年，境域参加合作医疗的社员，每人每年交纳医疗费2

元，其中1元由大队公益金中开支，专款专用，资金不足部分由大队给予补贴。20世纪80年代后，境域规定医药费报销70%，自己负责30%；慢性病人需要长期服药者，医药费报销50%；妇女难产者医疗费报销70%。1994年起，实行大病互助合作的风险型村民合作医疗保健制度，重点解决村民患大病、重病医药费负担过重问题。2003年，按户每人每年36元（“五保户”、特困户、残疾人的个人缴纳部分由村集体资金支付）作为合作医疗资金，长河镇政府、滨江区政府各以每人每年10元的标准资助，合计每人每年56元。凡参加合作医疗者均可在该年度享受境域医疗站内门诊药费65%左右的报销，对住院期间符合报销范围的费用实行分级分段定额报销制度。2007年，长二村收缴农村合作医疗保险费12万元。

第二节 文化 体育

文化

文化设施 20世纪60—70年代，村域建立大队俱乐部，设阅览室、乒乓球室、棋类室、广播室、夜校等。20世纪80年代，俱乐部新增添连环画册、各种报刊、乒乓球台、康乐球、电视机，以及羽毛球和其他棋类、扑克等。21世纪初，加大对群众文艺活动的投入力度，2003年，建有电子阅览室（图书室）50平方米，综合活动室100平方米。电子阅览室由专人负责管理。健身器材有哑铃、跑步机、健力扩胸器等。2007年，党群活动场所占地面积1000平方米。

文化活动 20世纪50年代，境域农会组织农民业余宣传队，开展形式多样的文艺活动。每逢重大节日和新春传统佳节，组织文艺爱好者演出文艺节目。20世纪60—70年代，组建毛泽东思想文艺宣传队（简称“文宣队”），以唱“语录歌”“革命样板戏”为主，宣传毛泽东思想。20世纪90年代，开放阅览室、乒乓球室、棋类室和电视机室，以丰富、活跃村民的文化生活。进入21世纪后，村域落实群众性文化、体育活动经费，经常举办适合农村实际的文体活动。

体育

学校体育 中华人民共和国成立初，村域各校设体育课。1954年，学校

推行第一套少年儿童广播体操。1958年，学校体育活动逐渐被劳动所替代。1977年起，学校体育活动逐步正常，重视体育课教学质量。20世纪80年代起，注重体育课教学质量，组织学生进行跳高、跳远、跑步、掷铅球等田径活动，开展跳牛皮筋、转呼啦圈、套圈、踢毽子等趣味活动，定期进行达标测试和视力检查。1990年，适龄学生达到《国家体育锻炼标准》人数占适龄学生总数的94%。2000年后，学生每年参加滨江区中小学运动会，进行各种体育项目比赛。

群众体育 中华人民共和国成立初，境域建有简易体育活动场所。20世纪80年代后，随着村级经济的发展，村民生活日益丰富，经常性地举办跳橡皮筋、踢毽子、套圈、投飞镖等趣味项目比赛。1983年，长二村组建女子篮球队，在乡、县各级比赛中成绩名列前茅。21世纪初，建有村民健身活动场所200平方米，购置10多种健身器材，建设篮球、羽毛球活动场地。2006年4—6月，滨江区举行第一届社区运动会，设乒乓球、拔河、中国象棋、登山、健身跑、室外健身器械、门球、太极拳（剑）、趣味运动、健身舞（操）10个项目，长二村组建队伍参加比赛。

第五章　民情风物

中华人民共和国成立后，村民生活得到逐步改善。改革开放后，村民生活水平明显提高。20世纪80年代中期，居民消费特点由数量扩张向质量提高转变。1996年，境域村民年人均纯收入3140元。滨江区成立后，境域经济快速发展，居民收入逐步提高。居民消费向教育文化娱乐、交通通信、医疗保健和城市居住等方面倾斜。2007年，全村年人均纯收入7773.9元。境域建有双庙、下庄庙，村民定期举行佛会。主要名特物产为古银杏，名人为汤金钊。

第一节　收入与消费

村民收入

中华人民共和国成立后，境域经过土地改革和互助合作时期，农业生产基本得到恢复和发展，农村居民收入得到提升。1955年，社员年终人均经济分配现金收入64元。1978年，社员年终人均经济分配现金收入138元。1983年后，实行家庭联产承包责任制，农民先后进入第二、第三产业，许多社员变为企业职工，报酬与企业的经济效益直接挂钩。村民收入呈现多层次结构，除在企业就业外，还有一部分从事个体运输、工商服务等。1990年，农民年人均纯收入1449元。设滨江区后，农村工薪收入、财产性收入、转移性收入占比增加。1996年，村民年人均纯收入3140元。2007年，长二村居民年人均纯收入7773.9元。

粮油分配

1955年起，村域实行国家粮食定产、定购、定销政策。20世纪60年代初人民公社食堂解散后，大队社员口粮数额按人口年龄段确定（以岁定粮）。1965年，社员人均口粮278千克。1970—1978年，长二大队设有储备粮仓。集体生产的粮食，在完成国家交售任务及留取种粮、饲料粮、储备粮和其他用粮后，其余作为社员口粮，大部分按人口定量分配，少部分按劳动工分（含土肥投入结算工分）分配。1979年，社员人均口粮426千克。1983年，实行家庭联产承包责任制后，长二村不再进行粮油分配。

村民消费

饮食　饮食以大米为主，面食为辅。1959年，农民购买水产、食盐、鲜肉、棉布4项，年人均支出83元。1978年，年人均支出115元。改革开放后，随着经济发展和收入增加，农民饮食消费逐渐转化。1983年，农村居民年人均食品消费支出320元。20世纪90年代后，村民生活水平持续提高，食品种类也呈现多样化趋势、由过去以素食为主转变为荤素有机搭配随意食用。2000年，村民年人均饮食消费1390元。2006年，村民人均饮食消费2418元。

服饰　民国时期，村民在衣着与被褥等用品上的消费很少。中华人民共和国成立后，土布织机逐步减少，世代相传的纺织机具及其工艺也逐渐失传，至20世纪70年代已完全消失。旧时做衣服主要靠手工一针一线缝制而成，成人单衣单裤与孩童衣服一般由农家妇女自己缝制。1970年后，境域社员在衣着与被褥等用品上的消费年人均30元。20世纪80年代后，成品服装开始走俏。20世纪90年代，境域村民衣着渐和城里人一样，服装样式众多。1990年，农村居民人均衣着消费50元。1995年，农村居民年人均衣着支出190元。2006

年，农村居民年人均衣着支出438元。

住房 民国时期，村民极少有盖新房的。20世纪60年代后，随着人口的快速增长，扩居迫切。20世纪70年代，许多社员翻建新房。20世纪80年代后，村民资金储蓄逐渐增多，开始建造楼房。1985年，农村人均住房面积23.4平方米。1987年，长二村建房户数39户，用地面积4.38亩。1990年，农村人均住房面积37.02平方米，以钢筋混凝土结构为主。1999年，长二村建房户数42户，平均每户占地面积250平方米。2000年，农村人均消费（含住房、电费、燃料，下同）支出为694元。2005年，农村居民人均居住消费支出1140元。2007年，村民人均居住面积50多平方米。除了在农村建房外，不少村民还在城里购房居住。

第二节 文物与景点

寺庙

双庙 位于长河街道长二村双庙街南侧，为两进三开间建筑，建于清乾隆年间（1736—1795），由张家祠堂与孔家祠堂隔街合建，故称“双庙”。清乾隆十七年（1752）始建，三开间砖木结构，雀替门窗，精美雕刻（即第二进）。清光绪年间（1875—1908），在原建筑前面，再建一庙，砖木结构，方石柱子（即第一进，临街）。庙宇年久失修，破损严重。庙内祀奉水神张夏。张夏，北宋人，景祐年间（1034—1038），受命改筑浙江海塘，后献身于护塘工地，死后被追封为宁江侯、护堤侯、静安公。民间称“张老相公”。

下庄庙 因庙址建在下庄里自然村而得名。始建于约清光绪二十九年（1903年，根据石柱所刻推测），占地面积500平方米，有土地殿、大佛殿等建筑。20世纪60—70年代，遭严重破坏。后被生产队改用为仓库，大殿做过翻砂厂、收麻站等。因年久失修，于20世纪80年代拆除。20世纪90年代后，民间集资局部修复，土地殿仍保持原貌，占地面积200平方米。

古建筑

下庄里建（构）筑物群 建于清末民国初，位于长二村下庄里自然村，为传统木结构院落式民居建筑群。建筑群东西布局，东侧为传统三进院落，西侧为二层单体建筑。立面为条石墙基，屏风式外墙。西侧建筑入口为门罩式，

青石门框，上书“垂裕后昆”。外墙窗户风格多样，一层为镂空花饰石窗，拱券式窗棚，二层内凹八字窗。院落内石板铺地，木桶扇门窗。下庄里建（构）筑物群为杭州市第五批历史建筑。

河斗18号建筑群　建于清代晚期，位于长二村河兜里自然村，为三合院式民居建筑，小青瓦双坡屋面，屏风式山墙，条石墙基，中式石库门。主体建筑坐北朝南，共三开间两层，东西为厢房，面向庭院处设有檐廊，木柱、牛腿均保存完好。河斗18号建筑群为杭州市第五批历史建筑。

河斗9号、10号建筑群　位于长二村河兜里自然村，建于清代中晚期，9号建筑原为轿房，为两开间二层建筑，小青瓦双坡屋面，马头山墙。主入口为砖雕青石台门，门上书“视履考祥”，背面上书“其旋元吉”。10号建筑原为厢房，外立面均改建。该处为清道光年间（1821—1850）吏部尚书汤金钊故居，亦称“尚书第”，是杭州市第五批历史建筑。

双庙23号建筑群　位于长二村双庙前自然村，三合院式民居建筑，建于清代晚期。户主为清代道光年间（1821—1850）协办大学士、吏部尚书汤金钊后裔。该建筑坐西北朝东南，入口为石库门，进内是天井，分南北2个院落，均为二层木结构，面阔三间，进深四间带廊，小青瓦，硬山造双坡屋面，有高大的封火墙和条石墙基。主体建筑与北面院落间有砖雕门楼，为公共进出台门。原建筑面积330平方米，仅存1座轿厅和后院落。建筑规模不大，但格局基本完整，雕刻精良，是萧山一带典型的传统民居建筑，为杭州市第五批历史建筑。

章家里40号建筑群　位于长二村章家里自然村，当地人称“大屋里”，建于清代中期。建筑群坐西北朝东南，原有正屋、小堂、柴屋三进。柴房已拆除，小堂东次间为火所毁。第一进建筑为四合院，一层三开间，石库门出入。主体建筑高两层，面阔7间，进深5间，前檐用轩廊，檐下牛腿雕刻精美。有东、西两厢楼，三开间，高二层。院落及室内均用青石板铺设，整个建筑由高大的围墙围合。小青瓦双坡屋面。建筑内部落地桶扇门，木花格窗，月梁、牛腿等木构件雕刻精美。据房主后人介绍，此房始建时占地面积4000.02平方米，建筑面积4000多平方米，由先迁祖章峙望建造。《萧山蓝田章氏宗谱》载：章氏早年从富春迁入，章峙望经商致富，见长河一带山水秀丽，于是择址蓝田，建房发族。此处建筑由51世孙章启承居住，为杭州市第五批历史建筑。

遗迹遗址

五圣堂谕禁碑　位于长二村章家里自然村，章氏五圣堂内。碑身镶砌于檐廊西墙壁上，名为“谕禁”之碑，立于清咸丰七年(1857）七月。碑身高1.4米，面宽0.5米。

章家里“树德堂”祠堂　位于长二村章家里自然村，建于清代。为一层三开间，砖木结构，正面檐下有“章氏宗祠”匾额（重修）。整个建筑由两幢房屋叠加而成，石库门入口，青瓦双坡屋面，屋脊两端翘起。进入院内，有一木板屏风相隔，顶上立一画额，上书“树德堂”三字。穿过院落，是二进房屋，屋内木柱、屋架保存完好。正面设佛龛，为村里宗族祭祀的地方。为杭州市第六批历史建筑。

第三节　宗谱　名人

夏孝汤氏家谱

《夏孝汤氏家谱》谱籍地长二村河兜里自然村。宗谱创修于元皇庆二年（1313），经元至正十四年（1354）、明洪武十二年（1379）、成化七年（1471）、万历五年（1577）、清雍正四年（1726）、乾隆三十八年（1773）、嘉庆二年（1797）、嘉庆十九年（1814）、道光四年（1824）、道光十八年（1838）重修。至清咸丰三年（1853）再度重修，主编汤金钊，良善堂木活字本，族裔珍藏，共6卷，其中卷一卷二为文献，卷三为系图，卷四至卷六为行传。民国18年（1929），《夏孝汤氏家谱》第十二次重修，汤聘之纂辑，共12卷，良善堂木活字本，浙江图书馆古籍部藏。

萧山蓝田章氏宗谱

《萧山蓝田章氏宗谱》谱籍地长二村章家里自然村。原谱清道光二十一年（1841）由章汝清创修，经民国19年(1930）重修。2011年修辑，主编章启承，树德堂珍藏，13卷。卷一为族训诗、像赞、序、记、彩照、艺文，卷二为传、表略、墓志、坟图，卷三至卷六为历世系图，卷七至卷十三为历世行传。

汤金钊

汤金钊（1772—1856），字敦甫，又字勖兹，谥号文端，祖籍长河河兜里。清乾隆五十九年（1794）举乡试第一，嘉庆四年（1799）进士、选翰林院庶吉士，授编修。嘉庆、道光朝重臣。历乾隆、嘉庆、道光、咸丰四朝，任职吏、户、礼、工四部尚书，一度为上书房总师傅。以“以民为重”著称朝野，乡老俱尊之为“汤大人”。汤金钊先祖汤思退，浙江青田县人，南宋绍兴三十一年（1161）出知绍兴府，后“置别业于长河（河兜里）”。至4世汤立庵，任会稽令，退老还萧，入籍长河，以别业为养老之所。传至22世忠二房奎瑜，自河兜迁至萧山县城万寿桥下街，是为汤金钊之高祖。汤金钊父汤清泉（1742—1823），名元裕，字益占，因金钊贵，诰封光禄大夫；汤金钊母系长河来济予之长女（1742—1808），诰封一品夫人。汤金钊为长河汤氏25世，其河兜里府第“尚书第”保存完好。

汤金钊秉性刚正，直言不讳，持法明慎，关心民瘼。内阁大学士任上，上疏反对增赋，主张疏浚运河，革除州县陋规减轻民负，深得道光皇帝赏识，钦赐头品顶戴。时英国鸦片大量输入，国人沉迷于烟，肌体羸弱，国库白银大量外流，朝廷财政陷入空前危机，汤金钊多次力陈皇上立规禁烟。清道光元年(1821)，汤金钊拟订惩治吸食、贩卖、窝藏鸦片的科律，经道光帝批准后，全国禁烟由此开始。清道光十九年（1839），钦差大臣林则徐虎门销烟，引发英军武装挑衅，为平事态，道光帝将林则徐革职查办，汤金钊挺身而出，为林则徐抗辩，并力推林则徐再次主事广东。汤金钊因此番逆“龙鳞”之举，招祸于身，被降职四级，至清咸丰四年（1854）才加封太子太保。

清道光四年（1824），西兴铁岭关口石塘为江潮冲去石篓20多步，塘身冲坍，灾及萧绍。时汤金钊正父亡在家服丧，便出任总理事，率众修筑江塘。自西兴龙口闸至塘头街，再至襄七庄（房）1000多米塘身，均以长石层叠，工程坚实。从此，钱塘江涨沙渐远，西兴一带西江塘不再有坍陷之患。

汤金钊治学严谨，著有《寸心知室存稿》六卷等。其书法秀润沉稳而有丰神，得颜真卿、褚遂良、赵孟頫气韵。

专　记

浙赣铁路

浙赣铁路是沟通浙江和江西的陆上交通大动脉，以浙江（浙）、江西（赣）两省简称命名。浙赣铁路前身为“杭江铁路”，由钱塘江码头至江山县。民国19年（1930）2月22日，江边火车站和铁路机务段落成。当时钱塘江大桥尚未建成，列车分节摆渡至南星桥站。始发站设于江边码头，这是长河地区最早的铁路和火车站。

浙赣铁路横穿长一、长河、长二3个村，长约3千米，在长二下章里、长河老塘埠头各设铁路道口。

民国22年（1933），江边火车站连同杭江铁路路基被钱塘江大潮冲毁，线路被迫内移，火车站迁至浦沿境内，名为静江站，后改为钱塘江站。民国26年（1937）9月26日，钱塘江大桥建成，始发站移至杭州城站，杭江铁路改称浙赣铁路，并与沪杭铁路接轨。民国26年（1937）12月23日，日本侵略军逼近杭州，国民党部队撤退时，炸断钱塘江大桥，从此浙赣铁路瘫痪。至民国36年（1947），全线恢复通车。1959年，长二村章家里建设长河火车站，可以客货两用。1972年，钱塘江至萧山段11千米修成复线，增强运输能力。1999年，铁路提速，长河火车站不再上下旅客，成为普通中转车站。2001年，公铁两用的钱塘江第二大桥通车，经过钱塘江大桥的火车明显减少，长河火车站被撤销。

随着高铁建设的发展，浙赣铁路的客运量减少，大多是普通绿皮火车经过该条线路。

长河村位于长河街道中部，东与长二村、天官社区相邻，西与长一村相连，南靠山一村，北至南环路，面积1.56平方千米。

长河村在滨江区的位置

来楚生　碧水紫鳞

第十四编　长河村

概　述

长河村位于长河街道中部，东与长二村、天官社区相邻，西与长一村相连，南靠山一村，北至南环路，面积1.56平方千米。1956年，为长河乡第三高级农业生产合作社。1961年，为长河人民公社长三生产大队。1981年，改称长河人民公社长河生产大队。1984年4月，称为长河村。1990年，辖沈家里、周家园、樟树园、桃家园、大河沿、山下里、咸家里、八亩园、作坊园、承裕堂10个自然村。1996年，全村734户，总人口2156人；有姓氏88个，其中来姓最多。2005年4月，撤村建居，成立长河社区。境内住宅小区或农居点有周家园、桃家园、汪家园、沈家里。

长河村属水网平原地区，河流纵横，土地肥沃。1949年，有耕地面积1037亩。1984年，有耕地面积1024亩。1978年，棉花播种面积296亩，总产量11.05吨。络麻播种面积408亩，总产量147.7吨，油菜播种面积122亩，油菜籽总产量11.3吨。村办工业起步较早，1996年，全村集体企业有服装厂、塑料厂、自行车配件厂等，实现产值2821万元。2005年，集体企业仅柳莺服饰1家，私营企业有恒鼎市政、服饰公司、自行车配件厂等8家，完成工业总产值1.49亿元。

中华人民共和国成立前，境域设有长河乡国民学校，设初小1个班。1960年，成立大队卫生室。1968年，长三学校附设初中1个班级。20世纪80年代，建有大队俱乐部。2003年，建有长河街道长河村卫生服务站。2005年，建成老年活动室800平方米，村民休闲娱乐中心1000平方米。境域有山下里17号、22号、24号、29号历史建筑以及光裕堂、会宗堂等旅游景点。

改革开放后，村民陆续开始新建住房。滨江区成立后，大多数家庭新建三层及三层以上的住宅楼。1996年，村民年人均纯收入4978元。2002年，全村年人均纯收入8976元。土地征用主要用于建设滨文路、南环路、时代大道和安置房。2003年，建设办公大楼，建筑面积1.5万平方米，总投资2000万元。境域建有下新庙、长河基督教堂。

第一章　基本村情

长河村位于长河街道中部。东与长二村、天官社区相邻，西与长一村相连，南靠山一村，北至南环路，面积1.56平方千米，常住人口2628人。1956年，称长河乡长三高级农业生产合作社，简称“长三社”。1961年4月，改名为长河人民公社长三生产大队。1981年10月，改名长河生产大队。1984年4月，改名长河村。2000年前后，土地被征用的村民由农民转为居民，加上退休职工、城市下放人员、回乡大中专学生，全村非农业人口逐渐增多。2005年4月，撤村建居，成立长河社区。社区原有19个自然村，后改为农村居民点，如沈家里、桃家园、汪家里、新安池、光裕堂、承裕堂、世科第、会宗堂、山下里等。境内人文底蕴丰厚，来氏为域内大姓，官邸光裕堂(又名“尚书第”)、会宗堂尚有遗存。

第一节　区位　地貌　村落

区位与地貌

长河村位于长河街道中部，东与长二村、天官社区相邻，西与长一村相连，南靠山一村，北至南环路。境域属平原地区。面积1.56平方千米。

槐河　在长河街道中部，西起时代河，向东南至月光河，贯穿长河古镇。因沿河多槐树，故名。岸上街道称槐街，又称横街。境域段河长1.86千米，宽15～20米。

新安池　东起槐河街，西至滨文路，长250米，宽50米，呈块状。

世科大池　在长河街道中部，长河村中部世科第自然村境域内。该大池以世科第自然村得名，有面积12亩，水深3.5米。池水供居民饮用。

自然村

1985年，长河村有白浒弄、百仁堂、承裕堂、光裕堂、荷花池、后墙门、会宗堂、进士第、乳泉村、山下里、沈家里、世科第、桃家园、大夫第、汪家里、咸宇里、新安池、樟树园、周家园19个自然村。1990年，长河村辖沈家里、周家园、樟树园、桃家园、大河沿、山下里、咸宇里、八亩园、作坊园、承裕堂10个自然村。

沈家里　位于原长河街道办事处驻地长河西北700米，有62户195人，以沈氏为大姓。聚落沿老塘南呈块状分布。村内以沈氏聚居，故名。

周家园　有28户87人，以周氏为大姓。聚落在横街东，呈块状分布。村民以经商为副业。村内以周氏聚居，故名。

樟树园　有127户346人，以来氏为大姓，聚落在天官路东南，呈块状分布，村民以经商为副业。村中原有1棵大樟树，故名。

桃家园　有34户112人，以来氏为大姓，黄氏为次。聚落在长江路西，呈块状分布。村民以种植蔬菜和做小工为副业。村中曾有一位陶员外，故村曾名陶家园；村南有一片桃园，陶氏衰落后，村名称为桃家园。

大河沿　有35户91人，以来氏为大姓。聚落在大河北，呈带状分布。村民以经商为副业。村庄沿大河而建，故名大河沿。

山下里　位于原长河街道办事处驻地南200米，有171户475人，以汤氏为大姓，蒋、来两姓为次。聚落在冠山北呈带状分布。村民以做泥工、木工为副业。该村坐落在冠山东北山麓，故名山下里。

咸字里　有57户156人，以来氏为大姓，沈氏为次。聚落在西湘（闻堰至长河）公路南，呈块状分布。村民以种植蔬菜为副业。原村中有一座咸笔堂，后人习惯称咸字里，村以此得名（含义无考）。

八亩园　有6户26人，以来氏为大姓。聚落在大夫第（巷）东南，呈块状分布，村民以养殖淡水鱼及外出做散工为副业。该村原只有八亩地，故名。

作坊园　有10户31人，以蒋氏为大姓，来、傅为次姓。聚落在西塘路南，呈块状分布。村民以做木工及小商贩为副业。村原开有几处作坊，故名。

承裕堂　有26户70人，以来氏为大姓。聚落在龙潭河西，呈块状分布。

第二节　建置沿革

行政区划

北宋太平兴国三年（978），村域属萧山县夏孝乡。元至元十六年（1279），村域属三都。清宣统二年（1910），村域属长河乡。民国18年（1929），村域属第二区长河里。民国21年（1932），村域属萧山县第一区长河镇。民国28年（1939），属东岳区长河乡。民国36年（1947），境域分属长河镇第4、第6、第7保。

1949年5月，村域属长河区江边乡。1956年10月，建立长河乡长三高级农业生产合作社（简称“长三社”）。1958年，村域属长河区长河乡。1958年10月，长河区改名为长河人民公社（称“大公社”），高级社改名为“生产大队”。村域全称为长河人民公社长三生产大队（简称“长三大队”）。1971年2月，村域属城北区长河公社。

1984年3月，改公社为乡，改生产大队为村。长三大队称长河村，属城北区长河乡。1985年6月，城北区撤乡建镇，长河乡改为镇级建制，村域属城北区长河镇。1992年5月，萧山市撤区扩镇并乡，城北区撤销，村域属萧山市长河镇。1996年5月，杭州市区划调整，西兴、长河、浦沿3个镇划入杭州市西湖区，村域属杭州市西湖区长河镇。1996年12月，以西兴、长河、浦沿3个镇区域成立滨江区，村域属杭州市滨江区长河镇。2000年6月，杭州高新技术产业开发区与滨江区合并，长河村归杭州高新区（滨江）管辖。2003年12月，滨江区撤镇建街道，长河村属滨江区长河街道。2005年4月，滨江区撤销长河村建制，设立长河社区，有农居点周家园、桃家园、汪家园、沈家里。

基层组织

中共基层组织　1958年，建立长三村域第一个党支部，有党员25人，书记黄水根。2005年，长河村党支部有4个党小组，党员35人。长河村党支部在村经济发展、社会进步、城市化建设等方面起着领导核心作用。

村民自治组织　1949年5月，村行政委员会成立，第一任村长沈荣兴。1955年11月，村域有6个初级农业生产合作社。1956年10月，长三村高级农业生产合作社建立。1958年10月，长三村高级农业合作社改名为长三村生产大队。生产大队既是生产组织，又是行政组织，设有管理委员会。1968年6月，长三大队革命委员会成立，取代大队管理委员会。1978年10月，长三村大队管理委员会重新建立。1984年4月，长河村村民委员会成立，由主任、副主任和委员7人组成，每届任期3年。

经济管理组织　1991年，长河村成立经济合作社。村经济合作社是全村的集体经济组织，在村党支部领导下，负责管理该村各行业的生产和经营。村经济合作社常设机构是合作社管理委员会，成员由社员大会或社员代表大会选举产生，由正、副社长和委员共5～7人组成，社长由村党支部书记担任，每届任期3年。1996年，乡村集体所得15.5万元，村民经营所得700.16万元，村民年人均纯收入6636元；村、组集体（含企业）生产性固定资产原值104.6万元，农民家庭经营生产性固定资产原值94万元，集体资产总额260万元。2002年，长河村经济合作社总收入58万元。2004年，村集体所有生产性固定资产原值382万元。

第三节　人口　姓氏

人口

中华人民共和国成立前，由于经济落后，村民生活水平低下，长寿老人较少。中华人民共和国成立以后，村民生活条件不断改善，医疗水平日益提高，人口自然变动情况出现了高出生、低死亡的状态。1949年，长三村境域有总户数295户，总人口1380人，其中男性700人；出生55人，死亡15人。1957年，境域总户数362户，总人口1544人，其中男性683人；出生62人，死亡15人。1964年，长三大队迁入人口8人，迁出5人。1971年，长三大队有非农业人口19户29人。1974年，迁入15人，迁出6人。1987年，长河村有748户，人口1942人，其中男性963人、女性979人。1988年，迁入7人，迁出4人。1994年，迁入8人，迁出18人。1996年，长河村总户数为734户，总人口2156人，其中非农业人口27人；男性1058人，女性1098人；出生29人，其中男性15人、女性14人；死亡16人，其中男性9人、女性7人；迁入市区16人，省外迁入6人。2002年，长河村有815户2935人，其中，外来住户75户，人口750人。

姓氏

1994年，长河村有姓氏88个，其中来姓最多，主要聚居在长河自然镇。2010年，长河村有131个姓氏，来姓人口最多，其次为汤姓，第三大姓为沈姓。

来姓　萧山来氏尊来廷绍为始迁祖。来廷绍，河南鄢陵县咸平乡淮安里人，字继先，号平山，又号思洛子。南宋绍熙四年（1193）进士，嘉泰二年（1202）由直龙图阁学士、进阶宣奉大夫出知绍兴府，然未到府治而病逝萧山

祇园寺僧舍，埋骨于湘湖之东蜈蚣山，由浙东安抚使、著名词人辛弃疾撰写墓志铭。其长子来师安因守父墓而择居于冠山之南，之后繁衍发展，耕读并举，蔚为大族。1994年，长河村来姓人口有929人，主要在第2组、第3组、第4组、第5组、第7组、第8组、第9组、第16组。

沈姓　唐昭宗（889—904）时期进士沈天元官居杭州别驾，其家由湖州市德清县金鸾乡迁居杭州马市街，传至第5世沈元用，由杭州迁居萧山航坞山北陈家坞，繁衍发族。南宋初年，京师（杭州）秘书省正字（校阅典籍的低级文官）沈文锡，将家眷安置于萧山许贤一个小山村，后来子孙繁衍，形成沈村。长河沈姓从萧山方向迁入，其中一支自清道光年间（1821—1850）由义桥迁入长河江边老火车站定居，另一支于民国初从坎山杨墅河迁入。1994年，长河村沈姓有136人，主要在第1组、第2组、第15组。2010年，长河村有沈姓人口119人。

第二章　村庄建设

1949年，长三村域有耕地面积1037亩。改革开放后，村级经济得到发展，村民生活逐步改善，村庄建设逐步推进。20世纪90年代，村民纷纷翻建二三层楼房。1996年，集体耕地1061亩，自留地55亩。随着城市化建设加快推进，大量集体土地转为建设用地，农民转为市民。被征用的土地主要用于建设滨文路、南环路、时代大道和安置房。2003年，长河村建设办公大楼，建筑面积1.5万平方米，总投资2000万元。

第一节　新农村建设

中华人民共和国成立后，村民生活逐步改善。改革开放后，村落经济发展突飞猛进。20世纪80—90年代，村民纷纷翻建楼房。2000年后，许多村民住上三层以上的“洋房”“别墅”，生活基本实现小康。至2005年，境域山青水绿、路宽景美，呈现出优美宜居的景象。

交通

时代大道　由原长江北路码头接线道路改建而成，分上下两层。2003年

3月动工兴建，2005年9月建成通车，历时2年。下层两边植有绿化带，总宽160米，行道树以香樟为主。上层为高架南接线，北与中河高架相通，南入冠山隧道。长河村境域全长1.5千米，起于铁路，终于冠山。

长江路　南起井山坞路，北至滨康路，长3.9千米，宽24米，建于1987年。2004年10月命名。沿路有长河街道办事处、长河卫生院、滨江区妇幼保健院、长河敬老院、聪聪幼儿园和白马湖生态创意城管理委员会、白马湖景区、傅家峙村、塘子堰村、白马湖公馆等。长河村境域全长1.1千米，起于铁路，终于乳泉路。

滨文路　西起钱塘江标准塘（南沙大堤），东至风情大道，全长8.9千米，宽40～50米，原名青年路。双向四车道，中隔绿化带，2005年建成。长河村境域段全长500米，起于长二村，终于长一村。

南环路　东起风情大道，西折北至闻涛路，双向四车道，中隔2米绿化带。2004年1月开工，2005年建成。

长河路　南起南环路，北至闻涛路，双向四车道，中隔2米绿化带，沥青路面。1994年通车。

时代大道穿铁桥涵　位于长河村汪家里之西，长51米，宽60米，重力式桥台结构。

长江路穿铁桥涵　位于长河村汪家里东侧，长55米，宽40米，重力式桥台结构。

长河路长河桥　位于长河路滨盛路交叉口南100米，长44.2米，宽44米。

公用事业

电力　1961年，电力分线向各个自然村落延伸，把电送到各家各户。1972年，进行第一次电力整网。1993年，随着村办企业的发展和群众生活水平的提高，用电量急剧增加，对全村范围的电力线路进行整改，全村实现24小时供电。1996年，长河村农村用电量43万千瓦时，其中，农用排灌用电量5万千瓦时、村办企业用电量25万千瓦时、家庭用电量13万千瓦时。2002年，长河村农村用电量65万千瓦时，其中农业排灌用电量3万千瓦时。

广播电视　1953年，境域开始安装有线广播。1958年，长河建立广播站。1969年，建立广播室。20世纪70年代初，广播室配备扩大机，安装高音喇叭。1981年，喇叭更新换代。后随着电视的迅速普及和城市化发展，有线广播逐渐减少。

20世纪70年代末，境域各个生产队开始有黑白电视机。20世纪80年代中后期，村民开始购买彩色电视机。20世纪90年代初，有线电视网开始建设。2005年后，全村普及有线电视。

通信　1964年，长三大队会计室安装第一部电话机。1987年后，电话机进入村民家中。1995年，村里有第一部手机，当时称“大哥大”。2000年后，电话、手机、互联网逐渐得到普及。

邮政　中华人民共和国成立之初，长河集镇上设有邮政代办所。1955年，设长河邮电局。1963年后，长河邮电局在长三大队设有信箱，由小店代销邮票。村民或生产队所订阅的报纸、杂志，由邮递员送到各生产队。

供水　20世纪80年代前，境域村民主要饮用水是池塘水、“天落水”（天然雨水）。1992年，境域开始集资安装自来水。1996年后，随着村民进入小区居住，用水由水务公司管理，一户安装一表，计量收费。

村办公房　20世纪50年代初，境域基本上没有专门的办公用房，一般设在村民家中。1965年后，随着组织机构逐步完善和集体经济发展，在天官第新建大队办公用房，房屋3间，面积120平方米。20世纪80—90年代，村委会办公楼地址为周家园，房屋4间，面积160平方米。2003年，长河村建设办公大楼，地址位于进士路以东，长江路以西，屏北路以南，滨文路以北，总用地面积6666.67平方米，总投资2000万元（包括征拆费用），资金自筹；分为办公用房350平方米、党员活动室400平方米、村“三委”会议室50平方米，多功能厅500平方米、大型会议室300平方米、中型会议室2个共400平方米、青少年活动中心500平方米、部分生活配套用房1400平方米、村属企业总部办公用房2.3万平方米。2005年，有党群活动中心面积1000平方米，地址为桃家园。

第二节　土地使用

土地政策

1949年5月，长河解放。1950年10月，境域开展土地改革运动，没收地主、富农多余土地分配给缺地农户。高级社和人民公社时期，境域土地归集体所有。推行家庭联产承包责任制后，在坚持土地集体所有制前提下，农户以家庭为单位，向村集体经济组织承包土地等生产资料和生产任务，村集体将土地等按人口或劳动力比例分给农户自主经营，其经营收入除按合同规定上缴一部分给集体及缴纳税金外，全部归农户。1996年，长河村有农业承包合同640份，上缴各业承包金4.34万元，承包耕地1063亩。2002年，长河村家庭承包经营443户，家庭承包经营耕地402亩。

土地利用

1949年，长河村域有耕地面积1037亩。1956年，农民土地收归集体耕种，为解决村民日常蔬菜用地，高级社允许各生产小队将社员房前屋后零星杂地分配给社员作为自留地。1984年，长三村有集体耕地面积1024亩。1996年，有集体耕地1061亩，自留地55亩。2002年，有耕地面积641亩，其中水田482亩，旱地159亩；封山育林面积72亩。

土地征用

1958年1月开始，根据《国家建设征用土地办法》规定，长三大队土地补偿费标准为该耕地征用前3年平均产值的4 ～ 5倍，征用非耕地的按耕地的50%补偿。1991年6月后，根据萧山市土地管理规定，长河村征用耕地补偿费标准为该耕地征用前3年平均产值的3 ～ 5倍，征用非耕地按耕地的50%补偿。2000年7月后，滨江区土地补偿费用标准分为一般项目和城市基础设施项目两类。长河村一般项目的土地补偿标准为每亩2.03万元，城市基础设施项目补偿标准为每亩1.74万元。长河村一般项目安置和城市基础设施项目补助费用标准均为每亩6.07万元。长河村青苗补偿费用标准为每亩1450元。地上附着物分一般地上附着物补偿和重大地上附着物、苗木补偿。其中，一般地上附着物按征地总面积2500元每亩的标准一次性补偿到位。重大地上附着物、苗木经街道会同被征地单位、建设单位进行现场清点、核实、确定后报区国土分局，由国土分局按政策规定审核确定补偿金额，报经区政府批准后补偿落实到所有权人。长河村被征用土地征用主要用于建设滨文路、南环路、时代大道和安置房。

第三节 围垦土地

顺坝围垦

顺坝围垦又称先锋围垦或五堡围垦，分内线、外线两期进行。内线围于1970年11月，长河公社共围817.1亩，外线围于1986年冬，共围195亩。两期共1012.1亩。以先锋河为界，河南408.6亩，河北408.5亩，外线195亩。长河村从顺坝围垦分得土地。1997年，经滨江区政府与萧山市政府协商并签订协议，将顺坝围垦土地划归萧山市，从此长河村在顺坝再无土地。

东江围垦

东江围垦又称第12工段围垦，由萧山县统一指挥、长河公社组织领导，共4期，分一围（又称老围）、二围（新围）。至1978年底，全镇共围毛地2906亩，长三村得地175.6亩，其中一围65.6亩、二围110亩。1981年，围垦土地相继承包给承包大户耕种，村每年向承包户收取承包金，每亩每年10～20元。1991年，每亩土地承包金最高每亩40元。1999年后，承包户相继退出。该区块纳入临江工业园区。

第三章 村域经济

境域主要粮食作物有小麦、大麦、玉米、水稻等。1957年，粮食播种面积1138亩，总产量160.9吨。20世纪60—70年代，工业开始出现，以手工业作坊为主。实行家庭联产承包责任制后，农村的富余劳动力大量出现。20世纪80年代，改革商业体制，鼓励农民经商，商品经济呈现繁荣景象。1996年，全村集体企业有服装厂、塑料厂、自行车配件厂等5家，职工235人，实现产值2821万元。同年，长河村各业总收入2786.93万元。其中，种植业收入287.19万元、林业收入3万元、畜牧业收入26.78万元、工业收入1959万元、建筑业收入271.28万元、商业饮食业收入121.22万元、服务业收入38.56万元、其他收入79.9万元。2002年，长河村总收入9125万元，其中，农业收入153万元、工业收入7468万元、建筑业收入421万元、运输业收入151万元、商业饮食业收入570万元、服务业收入288万元、其他收入74万元。2003年，集体企业仅柳莺服饰1家，私营企业有恒鼎市政、服饰公司、自行车配件厂等8家，完成工业总产值1.49亿元。个体商店、超市、饭店遍布，商贸业发达。

第一节 农业

境域主要粮食作物有小麦、大麦、玉米、水稻等。1949年，村域粮食播种面积780亩，总产量103.15吨。1978年，棉花播种面积296亩，总产量11.05吨；络麻播种面积408亩，总产量147.7吨；油菜播种面积122亩，油菜籽总产量113吨。1996年，种植业收入287.19万元，其中粮食收入177.85万元，蔬菜收入83.49万元，棉花收入17.8万元。

种植业

粮食作物　境域主要粮食作物有小麦、大麦、玉米、水稻等。1957年，粮食播种面积1138亩，亩产145.5千克，总产量160.9吨。其中：小麦播种面积349亩，亩产85千克；大麦播种面积212亩，亩产110千克；蚕（豌）豆242亩，亩产87.5千克；晚稻播种面积300亩，亩产250千克。1978年，长三大队粮食播种面积1166亩，亩产320千克，总产量373.2吨。其中：小麦播种面积254亩，亩产271.5千克；大麦播种面积184亩，亩产175千克；蚕（豌）豆播种面积69亩，亩产177千克；水稻播种面积601亩，亩产366千克。1996年，粮食播种面积1522亩，亩产350千克，总产量532吨。其中，稻谷播种面积1038亩，总产量454吨；小麦播种面积230亩，总产量49吨；大麦播种面积50亩，总产量6吨；蚕（豌）豆播种面积100亩，总产量12吨。2002年，长河村农作物总播种面积1650亩。其中：粮食播种面积480亩，总产量200吨；稻谷播种面积290亩，总产量163吨；小麦播种面积140亩，总产量29吨。2005年后，境域土地被国家征用，粮食种植逐渐退出历史舞台。

蔬菜水果　境域蔬菜品种有青菜、菠菜、芹菜、冬瓜、洋葱、茄子、大白菜、包心菜等。1957年，番茄播种面积35亩，亩产335千克。1996年，蔬菜播种面积1461亩，亩产1吨，总产量1461吨。2002年，蔬菜播种面积950亩，亩产2.34吨，总产量2223吨。2005年后，土地被征用，种植蔬菜、水果逐渐减少。

经济作物　境域经济作物主要有棉花、络麻、油菜。1949年，棉花播种面积580亩，亩产20千克。1957年，棉花播种面积462亩，亩产44.5千克；络麻播种面积193亩，亩产325千克。1978年，棉花播种面积296亩，亩产37.5千克；络麻播种面积408亩，亩产362千克；油菜播种面积122亩，油菜籽亩产92.5千克。20世纪80年代后，实施家庭联产承包责任制，种植业趋向多样化。1996年，长河村油菜播种面积210亩，油菜籽总产量15吨；棉花播种面积133亩，亩产90千克，总产量12吨；黄麻、红麻播种面积15亩，亩产552千克，总产量8吨；甘蔗播种面积25亩，亩产5吨，总产量125吨；茶园总面积16亩，全年茶叶总产量400千克。2002年，棉花播种面积70亩，亩产45千克，总产量3吨；甘蔗60亩，亩产8吨，总产量480吨；西瓜播种面积40亩，亩产7吨，总产量280吨；苗木播种面积50亩，销售额35万元。21世纪后，棉花、络麻、油菜种植面积逐渐减少。

养殖业

历史上，境域畜牧业以养猪、养鸡为主。中华人民共和国成立后，除养猪外，其他养殖均不发达。农业集体化后，为解决农业肥源和社会用肉，养猪业被列为畜牧业之首，除家庭养殖外，生产队、生产大队均先后办起畜牧场。其他家禽村民家庭自养。改革开放后，养猪、养鸡、养鸭、养鱼等养殖业空前发展，出现养殖专业户。1996年，长河村生猪存栏180头，出栏1450头，饲养量1630头；牛存栏3头，其中耕牛2头；家禽存栏5000羽，出栏1.2万羽；猪肉产量108.75吨，禽肉产量18吨，禽蛋产量2.7吨；淡水养殖面积13亩，均为内塘，淡水产品产量6吨。2002年，长河村生猪年末存栏数210头，年内肥猪出栏数1688头，全年饲养量1898头；家禽年末存栏数5000羽，其中肉禽4500羽，蛋禽500羽；年内出栏数1.7万羽，其中鸡1.5万羽，鸭2000羽；肉类产量136吨，其中猪肉110吨，禽肉26吨；禽蛋产量2吨；鱼类产量34吨，淡水养殖面积80亩。2005年后，不再进行养殖。

第二节　工业

发展过程

20世纪60年代，境域工业开始出现，以手工业作坊为主。20世纪70年代初，开始创建队办企业。随着镇办工业、村办工业兴起，合作工业也不断出现。合作工业有两种形式：村民小组办的“组办工业”和家庭户联办的“户联工业”。建于1975年的长三纸盒厂，是最早创办的大队企业，大队投资1000元，有职工20人。长河合作服装厂创办于1984年7月，有职工20人、股东3人、股金2000元，经营服装加工。长河耐火纤维材料厂创办于1984年11月，有职工39人、股东8人、股金8000元，主要产品为保温材料。1986年，几户村民集资创办长河节能材料厂，生产锅炉水管等保暖设备，并开展上门安装业务。1996年，全村集体企业有服装厂、塑料厂、自行车配件厂等5家，职工235人。同年，全村企业实现产值2821万元，含私营企业757万元；完成利润19万元，含私营企业13万元；上缴税金89万元。20世纪90年代后期，长河塑料厂、振兴自行车配件厂等企业通过资产拍卖等方式，均转制为私营企业。

2001年，全村工业企业有柳莺服饰、振兴自行车配件、恒鼎市政、长河塑料、长城皮件、金轮制衣等10家，此外，还有一批小型个体私营企业。主要产品有服装、自行车配件和塑料产品等。杭州柳莺服饰实业有限公司是区、镇级强优企业和出口创汇企业，2001年实现工业产值3329万元，占全村工业总量的72.8%，列全镇第九位；出口交货值2508万元，列全镇第三位。2002年，长河村生产性固定资产原值2192万元，其中，村组集体（含企业）1384万元、农民家庭经营385万元、个私经营423万元。村办企业总收入2885万元，上缴税金96万元。2003年，集体企业仅柳莺服饰1家，私营企业有恒鼎市政、服饰公司、自行车配件厂等8家，完成工业总产值1.49亿元，利润824万元，出口创汇4127万元，税金404万元，分别占全镇工业经济总量的3.1%、8.9%、2.39%、3.4%。企业有职工622人，年人均工资8424元。

知名企业与产品

杭州柳莺服饰实业有限公司　公司前身为长河柳莺服装厂，长河村村办企业，始建于1992年4月，位于长河镇龙潭头，占地面积1.55万平方米，建筑面积1.7万平方米，注册资金280万元，职工245人，是一家拥有自营出口权的服饰制作综合型企业，下辖服装厂、水洗免烫厂、拉链辅料厂三部分。公司生产的休闲类牛仔服装，出口国外。1995年，由村办企业转为股份合作制企业，改名为杭州柳莺服饰实业有限公司，以后又转为私营企业，总经理俞壮友。2003年，总产值4133万元，完成利润678万元，上缴税金76万元，占全镇工业经济总值的0.86%、7.3%、0.64%。同年，出口服装74.4万条（件），创汇4059万元。企业总资产2636万元。

长河冶炼厂 长河冶炼厂为长河村办企业，初期为翻砂工场，1984年试验利用工业上铁末废料冶炼正品铁块。当年试验成功投产，创产值150万元，利润32万元。1986年，因废铁料收购受限制，企业处于半停顿状态，企业转而购进大厂报废的车床加以修理后，加工轮毂；又创建塑料车间，自制塑料压机，生产泡沫包装塑料。1987年，利用富春江冶炼厂废料提取铝、铋试验成功。从废料中提取铋，填补省冶炼系统中的空白。铋为稀有元素，广泛应用于医药、化工、冶金、光导纤维等工业。同年，该厂有职工150人，固定资产80万元。1987年，实现产值180万元，创利18万元。20世纪90年代后，长河冶炼厂转制为私营企业。

第三节 商贸服务业

1949年前，境域商贸服务业稀少。1953年起，粮食实行统购统销，根据生产情况实行定额购销。由于物资缺乏，日用消费品一律凭票供应。20世纪80年代，改革商业体制，鼓励农民经商，商品交易逐年增多。20世纪90年代，商品取消票证，全部敞开供应。外来人口增多，餐饮业迅速发展，各类饭店、面馆、小吃店等相继开业。1996年，长河村商业饮食业收入121.22万元，服务业收入38.56万元，其他副业收入79.90万元。21世纪初，随着滨江区城市建设发展，商贸服务业开始兴盛。2002年，长河村有交通运输仓储业及邮电通信业劳动力20人，批发零售贸易业及餐饮业劳动力51人，其他非工业、农业劳动力43人；运输业收入151万元，商业饮食业收入570万元，服务业收入288万元，其他副业收入74万元。

集体商贸业

1956年，境域实行私营商业社会主义改造，大部分个体私营商户、小商小贩组建成合作商店和合作小组。1958年，个体私营小店合并为“合作商店”，隶属于长河供销社。20世纪60年代，长三大队设有一家供销社代销店，地址为会宗堂，经销商品有日用品、五金机电、猪肉、禽蛋、蔬菜等，有人员

2人。利润全部上缴供销社，人员工资由供销社下拨。

1959—1962年，胶鞋、肥皂、火柴、棉毛衫裤、汗衫等29种商品实行凭票供应，对铝锅、搪瓷制品等凭出售农副产品奖励券供应。销量较大的香烟，同样凭票供应。20世纪60—70年代，受多种因素影响货物供应紧张。1984年，终止派购政策，生猪价格放开，市场放开，允许个体屠商购销。

2005年，建设长河村商贸用房一幢，地址为滨江南环路北，纵一路东。商贸综合楼总用地面积1655平方米，总建筑面积3990.62平方米。

私营商贸服务业

改革开放后，国家允许并鼓励待业青年、闲散居民和农村富余劳动力从事商业、服务业。市场和物价逐步开放，商品渠道畅通，商业交易随之增多。个体商业迅速发展，市场上商品日渐增多，相继取消各种凭票供应的票证。1996年，长河村商业饮食业收入121.22万元，服务业收入38.56万元。1997年，随着城市化的推进，居民服务业迅速发展，美容美发店、搬家公司和家政服务中心逐步增多。2000年后，个体商店、摊位、超市、饭店遍布小巷，个体商业得到迅猛发展。2002年，长河村运输业收入151万元，商业饮食业收入570万元，服务业收入288万元。

第四章　社会事业

中华人民共和国成立前，境域国民学校设初小班1个。1964年开始，办简易小学（耕读小学）。20世纪70—80年代，创建文化活动阵地，培养文艺骨干，开展各种文化活动，丰富群众文化生活。1985年，随着乡镇企业的发展，成人教育转向岗位培训，重点是替乡镇企业培训干部和职工。1994年，完成基本普及九年义务教育、基本扫除文盲任务。2003年，境域合作医疗站由长河街道社区卫生服务中心一体化领导，改名为长河街道长河社区卫生服务站。2005年，建成老年活动室800平方米，村民健身中心500平方米，村民休闲娱乐中心1000平方米。境域有山下里17号、22号、24号、29号历史建筑以及光裕堂、会宗堂等旅游景点。

第一节　教育　医疗

教育

幼儿教育　1958年，境域各生产队先后办起农忙托儿所。1968年，幼儿园停办，教职工或改行，或回队劳动。1978年，大队幼儿园恢复，附设于小学内，接受小学管理。20世纪90年代，出现民办幼儿班。

中小学教育　民国37年（1948），民国政府在长河村村域设有国民小学。中华人民共和国成立后，村域有1所初级小学，隶属于长河区中心辅导学校。1967年，小学附设初中1个班级（称“戴帽初中”），学制两年。1983年，初中学制改为三年制。1988年，学校实行九年制义务教育。2004年秋起，滨江区启动义务教育新课程改革，从小学一年级和三年级起始学科全面实施《杭州市义务教育新课程》，课程按九年一贯制设置。

成人教育　20世纪50年代，境域办起农民业余识字班，又称夜校，课程以语文、农技和时事为主。1950年，为了培养地方干部，在区公所主持下，开办长河青年学习班，组织青年学习政治、文化，地址在长河村大夫第。冬学比较普遍，依托全日制学校，辅导成绩显著，境域山下里自然村办学积极分子陈玉珍（“称九斤”大妈）被评为萧山县冬学模范。1982年，村俱乐部业余夜校举办技术培训班。20世纪90年代，以脱产学习为主，把文盲、半文盲的青少年集中起来举办扫盲班，进行识字教学。滨江区成立后，长河村成人教育的任务和重点是岗位培训、实用技术培训、初等和中等职业技术教育等。

医疗

医疗机构　1958年，境域组建简易卫生室。1960年，正式成立大队卫生室。1968年，大队卫生室的医生、卫生员一律改称为“赤脚医生”，待遇以记工分为主。1969年10月，大队卫生室改称为长三大队合作医疗站，实施合作医疗制度。1996年，长河村卫生室有面积40平方米，药品110种，有医生2人，保健员1人，负责人金火生。2003年，境域合作医疗站改名为长河街道长河社区卫生服务站，地址为桃家园。服务站有房屋2间，120平方米，设有诊疗室、药库、药房、输液室、急诊病床，医务人员2人，其中全科医生李水香任站长。2005年，建成合作医疗站、妇女活动室800平方米。

妇幼保健　20世纪50年代初，境域开始推广新法接生。1967年起，推广住院接生。20世纪80年代，妇女保健与计划生育工作结合进行，以确保妇女健康为原则，全面推行孕产期保健，推行妇科病普查普治。2000年后，医疗站协助和配合上级医疗卫生部门，做好妇科病查治、孕产妇系统管理、高危妊娠管理等工作。

合作医疗　1969年，境域参加合作医疗的社员，每人每年缴纳医疗费2元，其中1元由大队公益金中开支，专款专用，资金不足部分由大队给予补助。20世纪80年代后，境域规定医药费报销70%，自己负责30%。1994年起，实行大病互助合作的风险型村民合作医疗保健制度，重点解决村民患大病、重病医药费负担过重问题。2003年，按户每人每年36元（“五保户”、特困户、残疾人的个人缴纳部分由村集体资金支付）作为合作医疗资金，长河镇政府、滨江区政府以每人每年10元的标准资助，合计每人每年为56元。凡参加合作医疗者均可在该年度享受境域医疗站内门诊药费65%左右的报销，对住院期间符合报销范围的费用实行分级分段定额报销制度。2007年，长河村农村合作医疗收费12万元。

第二节　文化　体育

文化

文化设施　20世纪60年代，村域建立大队俱乐部，设阅览室、乒乓球室、棋类室、广播室、夜校等。1983年，俱乐部新增连环画册、各种报刊、乒乓球台、康乐球、电视机，以及羽毛球和其他棋类、扑克等。2003年后，加大对群众文化设施的投入，建有图书室80平方米、电子阅览室50平方米，其中电子阅览室由专人负责管理。2005年，建成老年活动室(茶室、棋牌室等)800平方米，村民健身中心500平方米，村民休闲娱乐中心1000平方米。

文化活动　20世纪50年代，境域农会组织农民业余宣传队。每逢重大节日和新春传统佳节，组织文艺爱好者演出文艺节目，如唱革命歌曲、方言快板等。20世纪60—70年代，组建毛泽东思想宣传队，以唱“语录歌”“革命样板戏”为主，宣传毛泽东思想。20世纪90年代，开放阅览室、乒乓球室、棋

类室和电视机室，以丰富、活跃村民的文化生活。进入21世纪，村域落实开展群众性文化、体育活动的经费，经常性地举办适合农村实际的文体活动。

体育

学校体育　中华人民共和国成立后，学校贯彻“发展体育运动，增强人民体质”的方针，加强学生体育活动训练。1954年，学校推行第一套少年儿童广播体操。20世纪60—70年代，学校体育活动开展较少。1977年起，学校体育活动逐步正常，重视体育课教学质量，保证学生每天至少有1个小时的体育锻炼时间。20世纪80年代起，注重体育课教学质量，组织学生进行跳高、跳远、跑步、掷铅球等田径活动，定期进行达标测试和视力检查。2000年后，学生每年参加滨江区中小学运动会，进行各种体育项目比赛。

群众体育　20世纪60年代，境域建有大会堂兼作简易的体育活动场所。俱乐部时常组织群众参加拔河、乒乓球、篮球、棋类等体育比赛。20世纪80年代后，随着村级经济的发展，村民生活日益丰富，举办跳橡皮筋、踢毽子、套圈、投飞镖和自行车慢骑等趣味项目比赛。21世纪初，建有村民健身中心，购置10多种健身器材，建设乒乓球活动室、羽毛球活动场地。

第五章　民情风物

中华人民共和国成立前，境域农户大多生活困难。中华人民共和国成立后，村民生活得到逐步改善。改革开放后，村民生活水平明显提高。20世纪80年代中期，居民消费特点由数量扩张向质量提高转变。1996年，村民年人均纯收入4978元。滨江区成立后，境域经济快速发展，居民收入进一步提高，居民消费明显向教育文化娱乐、交通通信、医疗保健和城市居住等方面倾斜。2002年，全村年人均纯收入8976元。境域建有下新庙、长河基督教堂。主要名特物产为古槐，名人有来宗道。

第一节　收入与消费

村民收入

中华人民共和国成立后，境域经过土地改革和互助合作时期，农业生产基本得到恢复和发展。农村年居民收入，主要依靠农业生产。1955年，社员年终人均经济分配现金收入64元。1978年，社员年终人均经济分配现金收入138元。1983年后，实行家庭联产承包责任制，农民先后进入第二、第三产业，由社员变为企业职工，报酬与企业的经济效益直接挂钩，特别是镇、村企业转制后，个体私营经济快速发展，村民劳动力大批转向第二、第三产业，村民收入增加。1990年，农民年人均纯收入1449元。设滨江区后，农村工薪收入、财产性收入、转移性收入占比增加。1996年，村民年人均纯收入4978元。2002年，村民年人均纯收入8976元。2005年，长河村村民人均收入首次突破万元大关。

粮油分配

1955年起，村域实行国家粮食定产、定购、定销政策。20世纪60年代初人民公社食堂解散后，大队社员口粮数额按人口年龄段确定（以岁定粮）。1965年，社员年人均口粮278千克。1970—1978年，大队设有储备粮仓。集体生产的粮食，在完成国家交售任务及留取种粮、饲料粮、储备粮和其他用粮后，其余作为社员口粮，大部分按人口定量分配，少部分按劳动工分（含土肥投入结算工分）分配。1979年，社员年人均口粮425千克。1983年，实行家庭联产承包责任制后，长河村不再进行粮油分配。

村民消费

饮食　村民饮食以大米为主，面食为辅。1959年，农民购买水产、食盐、鲜肉、棉布4项，年人均支出83元。1978年，年人均支出115元。改革开放后，随着经济的发展，收入的增加，农民的饮食消费结构逐渐转化。1983年，农村居民年人均食品消费支出320元。20世纪90年代后，村民生活水平持续提高，食品种类也呈现多样化趋势，逐渐由过去的地头产品转变为市场选购食品，由过去以素食为主转变为荤素有机搭配随意食用。2000年，村民年人均饮食消费为1390元。2006年，村民年人均饮食消费2418元。

服饰　中华人民共和国成立前，长河村域居民衣着质地基本是土布。中华人民共和国成立后，土布织机逐步减少，传统的纺织机具及其工艺也逐渐失传，至20世纪70年代已完全消失。20世纪80年代后，成品服装开始走俏，直接上商场试镜购衣成为常态。1990年，村域居民年人均衣着消费50元。

1995年，村域居民年人均衣着支出190元。2006年，村域居民年人均衣着支出438元。

住房 民国时期，居民生活艰辛，村民极少盖新房。中华人民共和国成立之后，经过土地改革，耕者有其田，居者有其屋，缓解了贫苦农民的居住困难。20世纪60年代后，随着人口的快速增长，扩居迫切，至20世纪70年代，已有多数农户翻建新房。20世纪80年代后，村民收入增多，开始建造楼房。1985年，农村人均住房面积23.4平方米。1987年，长三村建房户数62户，建房面积5620平方米。1990年，农村人均住房面积37.02平方米，以钢筋混凝土结构为主。1999年，长河村建房户数52户，平均每户占地面积250平方米。2000年，农村年消费（含住房、电费、燃料，下同）支出为694元。2005年，农村居民居住人均消费支出1140元，村民人均居住面积50多平方米。

第二节 宗教 民俗

基督教

基督教于民国17年（1928）由西兴传入长河村域，时在西兴传教的加拿大女牧师汉福恩到长河传教，后买下山下里南山堂房屋3间，建立教堂，吸收教徒。民国22年（1933），汉福恩改建教堂，时称长河基督教堂，汉福恩住堂传道。民国37年（1948），邵雅各从富阳外汪村福音堂调入长河住堂。1953年，由来鉴林、韩爱团相继负责。1958年教会活动停止。1978年后，落实宗教政策，长河基督教堂恢复活动，在原址（山下里49号）进行修建，建筑面积增至500多平方米。至2005年，有基督教徒100多人。

狮子灯

长河狮子灯，即舞狮。制作时，先用毛竹片分四部分扎。一是扎头，二是用35厘米直径的竹圈扎身，三是用竹扎成脚，四是竹篾扎尾巴和屁股。狮子高1.5米，身子可伸缩。造型初成后，再在每个毛竹圈上粘皱纹纸切成细纸丝（意为狮毛），装裱后头上安装灯泡，系上杨梅球和铃铛。制作材料为毛竹、皱纹纸、灯泡、大绣球和铃铛。舞狮有文武之分，文狮温驯，武狮勇猛。舞动时，有抓痒、舔毛、打滚、抖毛等动作。

第三节　名物　古迹　名人

名物

古槐　槐树，也称国槐，在古代，植槐是等级地位的象征，门第显赫的标志。据《萧山来氏家谱》记载，明、清两朝，长河来氏出过24位进士、45位举人，387人在各地为官。乡人中举后都会在槐河边植国槐，久而久之，槐河两岸就槐荫匝地，形成独特的风景。

古迹

阔板桥　明万历三十二年（1604），来宗道中进士不久，于槐河上建石桥一座，起名“阔板桥”（保存完好），便于乡邻出行。

下新庙　建于清初，供奉北宋治水良吏、“潮神”张夏（张老相公），占地面积约1500平方米，1966—1976年被毁。1978年，宗教活动恢复后重建。2004年，因建设时代高架道路，庙址迁至冠山脚下（原石炮塘内），占地面积约600平方米，以念佛会居多。

山下里17号、22号、24号、29号建筑　位于村域山下里光裕堂老台门东侧，建于清代。整体建筑分前后两部分，17号、22号、24号建筑在前，坐北朝南，面对泽街，单层三开间，结构一般，29号居后，前后由天井相隔，围成院落，为典型“前店后宅”式民居布局。入口有石板踏步、条石门槛。西围墙处另设主入口，29号即从此进出。整个院落以青石板铺地，并有盆栽绿化。建筑为马头山墙，屋脊起翘，落地木门，木窗、雀替、牛腿构件均有纹饰。屋顶为硬山造，覆小青瓦。该建筑为长河地区传统民居代表。

光裕堂　位于山下里，为明天启年间（1621—1627）礼部尚书来宗道所建，故又称“尚书第”。堂名出自《三字经》“扬名声，显父母；光于前，裕于后”，旨在光宗耀祖，造福后代。原有三井两院，门楼上有“尚书第”门额，门前有石狮1对，大厅宽敞，布满雕饰。仅存木台门1座。光裕堂仅存建筑群位于山下里57号，原大厅堂屋仅存基座，院落入口有中式石门和门楼，主楼坐西朝东，两层七开间，即当地居民口中的“七间楼屋”。屋脊向两端翘起，木雕、砖雕俱存，呈清代建筑风格，具有较高的历史保护价值，为杭州市级历史建筑保护点。

会宗堂 位于山池旁，长河来氏最早的堂号。建于明正德元年（1506），堂名出自大房12世大宗来鹄。《萧山来氏家谱》卷一载：“君序承来氏大宗子，匾其堂曰会宗，兴礼让，时集群彦，宣揭康顺翁（来氏八世祖）训戒。”明嘉靖十六年（1537），云南嵩明州同知、来氏大房14世大宗来端蒙重修。重修后，占地面积更广，规模更为宏大。1953年毁于大火，仅存少量建筑和部分石础。

承裕堂 位于龙潭头，坐西朝东，面临槐河，背靠世科第，为明嘉靖益府引礼舍人、来氏大支13世来弘辉（字惟光，号南庄）所建。堂名“承裕”，含继承弘扬祖德之意。原有三进，门楼题额为“承裕堂”。据《萧山来氏家谱》记载：“承裕堂建造资金出自来弘辉之妻华氏”。华氏系义桥富豪之女。时来氏同族因急所需，将沙田500亩出卖，华氏出银2000两购得后，即营建“承裕堂”。承裕堂规模恢宏，全堂有柱子百余根。后仅存2个石门框和1方石板地基。

名人

来宗道 来宗道（1571—1638），字子由，号路然，明末长河人。明万历三十一年（1603）中举，次年中进士，授翰林院庶吉士。七次进阶，累官至礼部尚书、户部尚书、文渊阁大学士、太子太保，是长河来氏职位最高的官员。万历三十三年（1605），来宗道奉使肃藩，考察黄河，登临泰山、华山、嵩山，遍览胜迹。明天启元年（1621），补经筵讲官，开明理乱，敷陈恳切，深得熹宗皇帝器重。来宗道为官清廉俭朴，明天启六年（1626），为南京礼部尚书，次年又转北京礼部尚书，赴任仅带一只衣箱和数名仆童。天启七年（1627），以太子太保、礼部尚书兼东阁大学士，入阁参与机务。熹宗驾崩（1627）时，来宗道身为顾命大臣，拥立信王朱由检（崇祯）为帝。崇祯元年（1628），来宗道任户部尚书兼文渊阁大学士，行内阁首辅职，替崇祯皇帝批复奏章，揽承政务，官至一品，人称“阁老”。后因党争激烈，于明崇祯二年（1629）辞政还乡。来宗道居家后，乐为乡里奔走，撰写《西江塘条约碑记》等。崇祯十一年（1638），病故长河，享年68岁。

专　记

古道

官塘大路原是古代的省道。明清时期，由官方或民间集资，或有钱人独资修建堤塘、大路，民间均称之为官塘大路。长河境域以西江塘（当地人称“老塘”）为路基的大路，一直是乡人出行的主干道。堤塘高4～5米、宽3～4米，横亘东西。以长河老塘埠（钱塘江南岸最古的船埠）为中点，向西经浦沿杨家墩到浦沿镇，折南可抵萧山闻堰古镇；往东经襄七房，可达西兴古镇、萧山城区，时称“十里官塘”。当时西江塘塘面为泥地，雨天一身泥，晴天一身灰，行走艰难。

长河村怀抱长河集镇，除西江塘以外，与周边各村联通的还有7条次干道，一般路宽1米左右，长3～4千米。有的上铺石板（称“石板大路”），有的土石夯筑，也有少数段为泥路。大路的走向一般为沿山或临河。从村域山下里往西，经破塘缺、孔家岐、许家里（均属浦沿街道）可到浦沿鸡鸣山和萧山闻堰潭头。从水沟沿往南、转西南，经章苏、陈家河头、毛家沿、闻堰王家里，可达闻堰集镇；或到陈家河头再往南行，过王星桥至张家村，过汇龙桥右拐向西，经萧山凌家坞、沿山孔家、闸上桥可到闻堰镇。从闻堰镇溯江而上，西可到富阳、桐庐，南可到义桥、临浦，沿江而下可到杭州。过汇龙桥左拐弯向东，经汤家井，过芦花墩桥后向南，过河口孙，可到湘湖周边各地；向东北可去杨桥头、山郎戴、塘子堰、傅家峙等。从旗杆墙门往东，经双庙街可达襄七房、庙后王；过旗杆墙门（又称“漏底墙门”）向南经孙家埭、汤家桥，过海山桥、杨桥头、塘子堰，可到湘湖跨湖桥。从大河沿往南，经孙家埭，过汤家桥向东，沿汤家桥河而上，可达西兴白马湖边的马湖村；向西转南，过海山桥，可到杨桥头、塘子堰；往东北，可达傅家峙；向西可到汤家井、张家村，直到闻堰。从天官第向西北，经花园周、上新庙、祠堂前，过岩大房，到达浦沿。从老塘埠头向北，沿人力车路可到江边义渡埠头，过钱塘江到杭州南星桥。

以上长河古道，历史久的已延续数百年，有的古道上还建有凉亭，供路人歇脚、遮阳、躲雨、避风等。如海山桥凉亭、孙家埭凉亭、竹山桥凉亭、王星桥凉亭、汤家桥凉亭、延庆寺凉亭等，有的凉亭内还设神堂，供路人祭拜。

山一村位于长河街道西南部，冠山南麓，东起冠山社区，西接浦沿街道山二社区和闻堰街道长安村，南与张家村隔河相望，北和长一社区、天官社区隔山相对，面积2.5平方千米。

山一村在滨江区的位置

来楚生　芭蕉游鱼

第十五编 山一村

概 述

山一村位于长河街道西南部，冠山南麓，东起冠山社区，西接浦沿街道山二社区和闻堰街道长安村，南与张家村隔河相望，北和长一社区、天官社区隔山相对，面积2.5平方千米。火炬大道、白马湖路、时代大道途经村域，时代高架冠山隧道坐落村口，交通便利。

1956年4月，村域为山河乡胜利高级社。1959年7月，称长河人民公社山河管理区第一生产大队（简称“山一大队”）。1961年，为山河公社山一大队。1969年，并入长河公社。1984年3月，改名为山一村，辖章苏、柴家坞、陈家村、孔家里、鸡笼坞、毛家沿、爵家里、石荡河8个自然村。1996年，山一村有总户数985户，总人口3215人。2010年，山一村总人口3749人，以来姓最多。

山一村农业作物有小麦、大麦、玉米、水稻、蔬菜。1949年，耕地面积1589亩。山林盛产茶叶、杨梅、竹笋。1996年，全村有建机厂、杭发分厂、球铁厂、拉丝厂、皮件厂、材料厂、曲轴厂7家村办企业。2013年，全村工业收入2.94亿元，建筑业收入2458万元，服务业收入4411万元，其他收入1672万元。全村年人均纯收入2.18万元。

山一村位于冠山南麓，村庄洁净，环境幽静，有“天然氧吧”之称。1988年，山一村被联合国环境规划署评为环境保护“全球500佳”。21世纪初，山一村先后被评为杭州市卫生最佳村、杭州市园林绿化村、浙江省全面小康示范村、浙江省特色旅游村。2009年，山一村被中国村社发展促进会、亚太环境保护协会评为中国绿色村庄、中国百佳村庄网络。2010年，山一村被亚太旅游联合会、国际度假联盟组织、中华生态旅游促进会授予“中国低碳旅游示范地”称号。村域柴家坞、章苏、陈家村、孔家里4个自然村的500多幢农居型建筑改造而成的SOHO（居家办公）型建筑，时代特色鲜明，别具风格。

第一章　基本村情

山一村位于长河街道西南部，面积2.5平方千米。1949年6月，境域成立农会。1956年4月，建立山河乡胜利高级社。1961年，为山河公社山一大队，1969年，并入长河公社。1984年3月，改名为山一村。1990年，山一村有9个自然村。1996年，山一村有村民小组22个，总户数985户，总人口3215人。2010年，山一村来姓人口最多，其次为孔姓人口，第三大姓为张姓。2013年11月，撤销山一村，改设山一社区。社区居委会驻詹家湖1号。

第一节　区位　地貌　村落

地理位置

山一村位于长河街道西南部，冠山南麓，东北距滨江区政府驻地7千米。村域东和原汤家桥村域相邻，南与张家村相连，西接浦沿街道山二社区和萧山区闻堰街道长安村，北和长一社区隔冠山相对。村域面积2.5平方千米。

地形地貌

境域为水网平原与山地交接界地带。水网平原地区，河流纵横，宜种粮食作物。山体成分主要是熔岩、火山碎屑岩、砂岩。较大河流有流光河等3条。

流光河　位于白马湖西南，流经村域。该河寓意时光如流水，警示要珍惜宝贵时光，故命名流光河。该河曾是小砾山输水河的一段，后属白马湖规划河道，被命名为流光河。河长2.61千米，宽50米。河北侧峰峦耸秀，青木森森。

冠北河　在长河街道中部，位于西白马湖北部。河环绕冠山北麓，故名冠北河。冠北河的一部分曾是长河，而环绕冠山北面向西折的河流部分是白马湖规划河流，故重新命名为冠北河。冠北河东起湖西路，西至火炬南道675号。河长3.7千米，均宽15米。河道西侧峰峦耸秀，绿荫浓郁。

冠山　其形似冠，故名。山呈东北—西南走向，山顶海拔161米，与杭州凤凰山夹江竞秀。山南麓大部属山一村，山上有云岩寺、雪心池、分翠亭、涵虚亭、冠山亭、乳泉和残存的摩崖古迹。

自然村

1990年，山一村有9个自然村，分别是毛家沿、孔家里、石荡河、爵家里、柴家坞、鸡笼坞、陈家村、章苏村、安坞。村民委员会驻地毛家沿。有

22个村民小组、944户3040人。

毛家沿　山一村村委会驻地，位于长河街道办事处驻地西南2.5千米，有200户651人，以张氏为大姓。村落沿毛家沿北呈块状分布。村落沿河而建，有毛姓聚居，故名毛家沿。后毛姓渐衰，村域无毛姓人家。

孔家里　位于长河街道办事处驻地南偏西2千米。有191户704人，以孔氏为大姓，王、张、来等为次。村落在詹家湖西呈块状分布，村民曾以编草制品为副业。据《孔氏家谱》记载，村域孔姓于明嘉靖二十九年（1550）由山东曲阜县迁入定居。

石荡河　位于长河街道办事处驻地西南2.1千米，有42户137人，以华氏为大姓。村落沿石荡河北、紫红岭南麓呈块状分布。村北山上开有石塘，村南有小河，故名石塘河，又称石荡河。村以河名。

爵家里　位于长河街道办事处驻地西南2.2千米，有59户178人。村落沿河南呈块状分布。村民曾以制作草制品为副业。以来氏为大姓，祖上曾有达官受封爵禄，故村名为爵家庄，后称爵家里。

柴家坞　位于长河街道办事处驻地南偏西1.2千米，有42户143人，以来氏为大姓。村落三面环山，呈块状分布。

鸡笼坞　位于长河街道办事处驻地西南1.4千米，有38户218人。村落沿冠山南麓呈条状分布。村位于山坞里，坞形似鸡笼，故名。

陈家村　位于长河街道办事处驻地南1.6千米，有258户615人。以陈氏为大姓，周、徐、单为次。村落沿冠山南麓呈条状分布。因村内以陈氏聚居，故名。该村始建时为单个姓氏。

章苏村　位于长河街道办事处驻地南偏东1.9千米，有123户353人。以章、苏为大姓。村落在冠山东南麓呈条状分布。村域先有章氏从绍兴迁入，后苏氏相继迁入，两姓和谐相处，共建村落，故名章苏村。

安坞　位于长河街道办事处驻地南900米，有9户33人，以来姓居多，章姓为次。聚落在冠山南麓山坞中，呈条状分布。

第二节　建置沿革

行政区划

北宋太平兴国三年（978），村域属萧山县夏孝乡。元至元十六年（1279），村域属三都。清宣统二年（1910），村域属长河乡。民国18年（1929），村域属第二区长河里。民国21年（1932），村域属萧山县长河镇。民国23年（1934），长河镇辖31保，村域为第29保。民国34年（1945）9月，长河镇辖19保，村域为第2保。民国36年（1947），村域属长河镇第1保、第3保、第9保。

中华人民共和国成立后，1950年10月，山一村境域时属山河乡。1956年4月，在农业合作化高潮中，建立山河乡胜利高级农业生产合作社（简称“胜利社”），村域属山河乡胜利社。1958年10月，在人民公社化运动中，长河区改名为长河人民公社，高级社改名为生产大队。1959年7月，村域属长河公社山河管理区第一生产大队（简称“山一大队”）。1961年，为山河公社山一大队。1969年，山河公社撤销，山一大队并入长河公社。1971年2月，村域属城北区长河公社。

1984年3月，改公社为乡，改生产大队为村。山一大队称山一村，属城北区长河乡。1985年6月，长河乡改为建制镇，村域属城北区长河镇。1992年5月，萧山市撤区扩镇并乡，城北区撤销，村域属萧山市长河镇。1996年5月，杭州市区划调整，西兴、长河、浦沿3个镇划入杭州市西湖区，村域属杭州市西湖区长河镇。1996年12月，以西兴、长河、浦沿3个镇区域成立滨江区，村域属杭州市滨江区长河镇。2000年6月，杭州高新技术产业开发区与滨江区合并，山一村归杭州高新区（滨江）管辖。2003年12月，滨江区撤镇建街道，山一村属滨江区长河街道。2013年11月，滨江区撤销山一村村建制，设立社区居民委员会，山一村改名为山一社区居民委员会，社区居委会驻詹家湖1号，辖章苏村、陈家村、孔家里、毛家沿、石塘河、爵家里、柴家坞、鸡笼坞8个自然村。

基层组织

中共基层组织　1956年，山一村境域第一个党支部建立，书记陈水根。2013年，山一村党支部有7个党小组，党员145人。党支部在村经济发展、社会进步、城市化建设等方面发挥领导核心作用。

村民自治组织　1949年5月，境域村行政委员会成立。1956年10月，胜利高级农业生产合作社建立，社长沈玉庆。1958年10月，高级农业合作社改名为生产大队，生产大队既是生产组织，又是行政组织，设大队管理委员会。1961年，山河公社山一大队管理委员会成立。1968年6月，被大队革命委员会取代。1978年10月，山一村大队管理委员会重新建立。1984年4月，山一村村民委员会成立，由主任、副主任和委员7人组成，每届任期3年，由村民代表大会选举产生，1990年后由村民直接选举。

经济管理组织　1991年，山一村成立经济合作社。村经济合作社常设机构是合作社管理委员会，成员由社员大会或社员代表大会选举产生，由正、副社长和委员组成，社长由村党支部书记担任。每届任期3年，换届选举与村民委员会同步。2007年，经济合作社收入354.52万元。2013年，山一村经济总收入3.8亿元。

第三节　人口　姓氏

人口

民国及以前，人口的自然变动呈高出生、高死亡的状态。中华人民共和国成立后，村民生活条件不断改善，医疗水平日益提高，人口自然变动情况出现高出生、低死亡的状态。1949年，山一村域总户数387户，总人口1832人，其中男性916人；出生39人，死亡17人。1987年，山一村有户数898户，人口2959人，其中男性1463人，女性1496人。1996年，山一村有村民小组22个，总户数985户，总人口3215人；出生46人，死亡9人；非农业人口23人。2010年，山一村有总户数1016户，总人口3749人，其中男性1767人，女性1982人；迁入9人，其中省内迁入4人，省外迁入5人；迁往省外3人；18周岁以下745人，18～35周岁810人，36～60周岁1581人，60周岁以上613人；非农业人口3367人。2013年，山一村有22个村民小组，参与集体经济收入分配1013户，参与分配人口3575人；有非农户921户，农业人口269人。

姓氏

1994年，山一村有姓氏95个，其中来姓最多，有783人，主要聚居在毛家沿自然村。2010年，山一村来姓人口最多，其次为孔姓人口，第三大姓为张姓。2010年，山一村有127个姓氏，来姓人口主要在第3组、第7组、第12组、第15组、第16组，孔姓人口主要在第8组、第9组、第10组、第11组，张姓人口主要在第13组、第14组、第15组、第22组。

来姓　萧山来氏尊来廷绍为始迁祖。明宣德年间（1426—1435），来氏始入村域定居。1994年，山一村来姓有783人。2010年，来姓有872人。

孔姓　北宋末年，金兵南侵，宋高宗赵构南渡。孔子第48世孙孔端友、孔端思等，离开曲阜，南渡至杭州，孔端友定居衢州，肇开“南孔”之基。孔端思担任杭州府学教授，移家于钱塘县（杭州市）定南乡。端思后裔孔沁于明洪武初年，迁至萧山砾山之南。孔沁长孙克启与弟孔克创，又转徙山一村发族，并以打鱼为生。1994年，山一村孔姓469人。2010年，孔姓530人，多以务农为生。

张姓 山一村张氏源自河南大梁。宋高宗赵构南渡，大理寺丞、吏部尚书张善伯（字文业）于宋靖康二年（1127）护驾随行钱塘，后告老退隐，徙居萧山崇化里南河（萧山区城厢街道），为萧山张氏第一世。至第13世孙，张富（字大有）约于明天顺四年（1460）至明弘治十三年（1500）迁居长河华妃村，后繁衍发族，改华妃村为张家村。明代后，张家村张氏一支向东发展，迁居于山一村。1994年，山一村有张姓286人。2010年，有张姓322人。

第二章 村庄建设

中华人民共和国成立前，境域村容萧条。1949年，山一村有耕地面积1589亩。改革开放后，村域经济发展突飞猛进。20世纪80年代，村民陆续将瓦房改建成平房。20世纪90年代，村民纷纷翻建二三层楼房。1996年，山一村有农业承包合同978份，上缴各业承包金35.24万元，承包耕地1828亩。2007年，山一村土地总面积2380亩，其中，耕地539亩、园地70亩、林地1201亩、水面320亩，其他250亩。随着城市建设的发展，土地逐渐被征用。2009年，山一村水田、旱地征地补偿标准为每亩2200元，一般地上附着物补偿标准为每亩2500元。土地征用主要用于建设冠山隧道、时代高架路、白马湖路等，以及建设滨江自来水厂。境域主要道路有天马路、腾龙路、湖西路、白马湖路等。

境域环境优美，村民生态保护意识强。1988年，山一村被联合国环境规划署评为环境保护“全球500佳”；2010年，被亚太旅游联合会、国际度假联盟组织、中华生态旅游促进会授予“中国低碳旅游示范地”称号。

第一节 新农村建设

中华人民共和国成立前，村容萧条。中华人民共和国成立后，村民生活逐步改善，村庄建设逐步发展。20世纪60—70年代，全村安装上电灯、广播。

改革开放后，村域经济发展突飞猛进。20世纪80年代，村民陆续新建、改建住房。1987年，山一村建房98户，建房面积12.72亩。20世纪90年代，村民纷纷翻建楼房。1993—1999年，山一村建房户数13户，其中联建户数4户，平均每户占地面积250平方米。2000年后，许多村民住上三层以上的楼房。至2013年，境域到处是宽阔的马路，茂盛的树林，呈现出优美宜居的景象。

交通

中华人民共和国成立初，境域道路为泥路、砂石路。20世纪50—60年代，大搞农田基本建设，建设多条机耕路，路面宽度4米，沿路配套渠道，栽种水杉等树木。20世纪80年代，随着经济迅速发展，陆续改造道路，在原有基础上铺设水泥、沥青路面。20世纪90年代末，推进城市化建设，新建多条主干道路。

白马湖路　东起江晖南路，西至时代大道，长3.56千米，宽30米，因近白马湖而得名，建于2004年。境域段长1.7千米，起点为冠山隧道时代高架出口，终点为长江路口。

天马路　东起长江路，西至南川路，长2.55千米，宽20米，2011年命名。境域段长2千米，起点为时代大道天马路口，终点为腾龙路海山公园。

腾龙路　南起映翠路，北至白马湖路，长1.54千米，宽20米，寓小白龙腾飞之意，故名，2011年命名。境域段长900多米，起点为章苏村，终点为腾龙路海山公园。

湖西路　南起映翠路，北至白马湖路，长1.63千米，宽20米，位于白马湖西，故名，2011年命名。境域段长900多米，起点为柴家坞村口，终点为湖西路天马路口。

孔沿路　东起湖西路，西至南川路，长920米，宽9米，因近孔家里、毛家沿自然村，各取一字命名，2011年命名。

冠塘路　南起孔沿路，北至白马湖路，长920米，宽9米，因地处冠山南麓而名，2011年命名。

山一大桥　混凝土拱桥，跨径30米，面宽4米，荷载5吨，建于20世纪60年代。

公用事业

电力　20世纪60年代前，山一村境域照明工具主要是菜油灯、煤油灯或蜡烛。1961年，电力分线向各个自然村落延伸，把电送到各家各户。1972年，

进行第一次电力整网。1993年，随着村办企业的发展和群众生活水平的提高，用电量急剧增加，对全村范围的电力线路进行整改。各个自然村落实现24小时供电。1996年，山一村农村用电量93万千瓦时，其中，农业排灌用电量13万千瓦时、村办企业用电量25万千瓦时、农民家庭用电量50万千瓦时、其他用电量5万千瓦时。2007年，山一村用电量125万千瓦时，其中，农业排灌用电量3万千瓦时。

广播电视　1953年，境域开始安装有线广播。1958年，长河公社建立广播站，广播线路架到各个生产大队。1969年，山一大队建立广播室。20世纪70年代初，在主要地段装有高音喇叭。20世纪80—90年代，有线广播节目丰富，传播面广。后随电视的迅速普及，村民对广播的需求逐渐减弱，居住进小区后广播消失。

20世纪90年代初，开始有线电视网的建设。1996年后，有线电视线路接入低压线桩。2013年后，全村普及有线电视。

通信　1951年前，村民发电报要到集镇上长河邮政代办所办理。1955年设长河邮电局，电报由邮递员送到村民手中。20世纪80年代后，由于电话机的普及，电报的收发量锐减。1964年，长河大队会计室安装境域第一部电话机。1987年后，电话机进入百姓家中。1995年，村里有第一部手机，当时称“大哥大”。2013年，电话、手机得到普及。1998年，境域企业开始使用电脑。20世纪初，互联网建设逐步推广。2013年，互联网得到普及，多数家庭有个人电脑。

邮政　中华人民共和国成立初，长河设有邮政代办所。1955年，设长河邮电局。村民寄信要去长河集镇。农业合作社初期，信件、报纸等由邮递员送至初级社、高级社，再由初级社或高级社分发。1963年后，长河邮电局在邻村(张家村）设有信箱，由小店代销邮票，村民寄信不再去长河。报纸、杂志，由邮递员送到各生产队。村民寄、取邮包，自己去长河邮局办理。

供水　20世纪80年代前，境域村民主要饮用水是池塘水、“天落水”（天然雨水）。1988年，浦沿联合自来水厂建成。1992年，境域开始集资安装自来水，村民每户出资500元。1996年后，随着村民进入小区居住，用水由水务公司管理。

村办公房　20世纪50年代初，境域基本上没有专门的办公用房。1958年10月，长河人民公社成立后，建造大队办公用房。1965年后，在詹家湖1

号新建大队办公用房，房屋3间，面积100平方米。1966年，修建山一大会堂，面积500多平方米。20世纪80—90年代，村委会在大会堂北面建造办公楼，建筑面积约500平方米。2013年，党群活动中心地址为詹家湖1号，有办公楼及大会堂面积约1100平方米。

第二节　土地使用

土地制度

1950年10月，境域开展土地改革运动，没收地主、富农多余土地分配给缺地农民。在高级社和人民公社时期，境域土地归集体所有，集体经营。1983年，推行家庭联产承包责任制后，在坚持土地集体所有制的前提下，农户以家庭为单位，向大队（村）集体经济组织承包土地等生产资料和生产任务，大队（村）集体将土地等按人口或劳动力比例分给农户自主经营，其经营收入除按合同规定上缴一部分给集体及缴纳税金外，全部归农户。1996年，山一村有农业承包合同978份，上缴各业承包金35.24万元，有承包耕地1828亩。1997年，村域土地实行有偿承包，承包款每亩30元。2013年，山一村家庭承包经营耕地面积为150亩，签订耕地承包使用权流转合同25份，其中土地规模经营120亩。

土地类别及利用

境域土地类型可分耕地、园地、林地、宅基地、工矿用地、交通用地及未利用土地七类。1949年，境域有耕地面积1589亩。1956年，农民土地收归集体耕种，为解决村民日常蔬菜用地，高级社允许各生产小队将房前屋后零星杂地分配给社员作为自留地。1968年，山一大队有耕地面积1592亩。1996年，耕地面积有1895亩（含自留地80亩），其中水田1805亩，旱地90亩。山一村因离滨江区主城区远，开发较晚，至2003年，耕地面积变化不大。2003年后，白马湖景区开发启动，耕地被大量征用。2007年，山一村有耕地539亩、园地70亩、林地1201亩、水面320亩、其他250亩。2013年，山一村耕地继续减少，仅剩286亩，园地仍为70亩，林地减至1100亩，养殖水面仍为320亩。

土地征用

1991年后，山一村被征用耕地补偿费标准为该耕地征用前3年平均产值的3～5倍，征用非耕地按耕地的50%补偿。2000年7月后，滨江区土地补偿费用标准分为一般项目和城市基础设施项目两类。山一村一般项目的土地补偿标准为每亩2.03万元，城市基础设施项目补偿标准为每亩1.74万元。一般项目安置和城市基础设施项目补助费用标准均为每亩4.77万元。2007年，山一村取得土地补偿费374万元。2009年5月后，执行《滨江区征收集体所有土地补偿实施办法》，按照“以村（社区）定苗、统一补偿”的原则进行青苗补偿。山一村水田、旱地补偿标准为每亩2200元，一般地上附着物补偿标准为每亩2500元。2010年，山一村集体经济组织（社区居委会）留用地安置指标以2002年统计年报中的农业人口（含“农转非”人员）为基数，按15平方米1人为标准确定并留置。山一村被征用土地主要用于建设冠山隧道、时代高架路、白马湖路、滨江自来水厂等。

第三节　围垦土地

顺坝围垦

顺坝围垦又称先锋围垦或五堡围垦，分内线、外线2期进行。内线围于1970年11月，长河公社共围817.1亩，外线围于1986年冬，共围195亩。两期共1012.1亩。山一村顺坝围垦分得土地48亩。1996年，杭州市区划调整，长河镇划入滨江区；1997年，为处理历史遗留问题，经滨江区政府与萧山市政府协商并签订协议，将顺坝围垦土地划归萧山市。

东江围垦

东江围垦又称第12工段围垦，由萧山县统一指挥，长河公社组织各个大队参与共4期，分一围（又称老围）、二围（新围）。至1978年末，全公社共围毛地2906亩，按投工多少分给12个大队，山一大队共得地229.2亩，其中一围得地99.2亩、二围得地130亩。20世纪80年代，围垦土地相继承包给承包大户耕种，村每年向承包户收取承包金，每亩每年10～20元。1991年，每亩土地承包金最高每亩40元。1999年后，承包户相继退出。2013年，山一村东江围垦土地剩余108亩。

第三章　村域经济

境域主要粮食作物有小麦、大麦、水稻等。1949年，山一村域粮食播种面积1825亩，总产量117.7吨。1957年，村域粮食播种面积2341亩，总产量353.8吨。20世纪60—70年代，工业以手工业作坊为主。实行家庭联产承包责任制后，农村的富余劳动力大量出现。1978年，山一大队农业收入36.09万元、畜牧业收入5768元、渔业收入454元、副业收入4.55万元。有企业2家，人数461人，工业和手工业收入20.63万元，交通运输业收入1.45万元。1985年，第二、第三产业从业劳动力首次超过第一产业从业劳动力。1987年，村办企业萧山建筑机械厂职工有156人，利润13.6万元，经济效益在全镇村办企业中居领先地位。1996年，全村有建机厂、杭发分厂、球铁厂、拉丝厂、皮件厂、材料厂、曲轴厂7家。2007年，山一村实现农业收入527万元、林业收入81万元、畜牧业收入12万元、渔业收入145万元、工业收入1.41亿元、建筑业收入1704万元、商业饮食业收入470万元、服务业收入2628万元、其他收入120万元。2013年，山一村实现工业收入2.94亿元、建筑业收入2458万元、服务业收入4411万元、其他收入1672万元。知名企业有萧山建筑机械厂。

第一节　农业

山一村原以种植业为主，其模式主要是“麦—稻—稻”“豆—稻—稻”“油菜—稻—稻”的套种轮作。1984年，从保护生态环境和发展商品经济的要求出发，调整完善各业结构，使农业、林业、畜牧业、副业、渔业共同发展。1996年，山一村总收入2988.29万元，其中，种植业收入232.3万元、林业收入76万元、畜牧业收入81.56万元、渔业收入28万元。2007年，山一村有农村劳动力901人。

种植业

粮食作物　境域主要粮食作物有小麦、大麦、蚕（豌）豆、水稻等。1949年，村域粮食播种面积1825亩，亩产64.5千克，总产量117.7吨。其中：小麦播种面积248亩，总产量18吨；大麦播种面积286亩，总产量18.3吨；蚕（豌）豆播种面积328亩，总产量22.45吨；水稻播种面积963亩，总产量211.85吨。1978年，山一大队粮食播种面积3651亩，亩产388千克，总产量1418.3吨。其中，小麦播种面积196亩，总产量33吨；大麦播种面积579亩，总产量112.55吨；蚕（豌）豆播种面积152亩，总产量23.7吨；水稻播种面积2724亩，总产量1248.75 吨。20世纪80年代后，实施家庭联产承包责任制，种植业趋向多样化。1996年，山一村粮食播种面积3238亩，亩产434千克，总产量1406吨。其中，稻谷播种面积2958亩，总产量1353吨；小麦播种面积140亩，总产量23吨；大麦播种面积130亩，总产量29吨；蚕（豌）豆播种面积10亩，总产量1吨。进入21世纪，境域土地被国家征用，粮食种植逐步退出历史舞台。

蔬菜　境域蔬菜品种有青菜、菠菜、芹菜、冬瓜、洋葱、茄子、大白菜、包心菜等。1957年，村域番茄播种面积6.48亩，亩产350千克，总产量2.25吨。1996年，蔬菜播种面积1350亩，亩产1吨，总产量1350吨。2007年，山一村蔬菜播种面积235亩，总产量588吨。2013年后，土地被征用，蔬菜种植逐渐减少。

经济作物　境域经济作物主要有棉花、络麻、油菜。1957年，村域油菜播种面积314亩，油菜籽亩产48千克，油菜籽总产量154.7吨。1978年，山一大队络麻播种面积160亩，总产量60.5吨；油菜播种面积242亩，油菜籽总产量22.55吨。1996年，山一村油菜播种面积65亩，油菜籽总产量5吨；棉花播种面积175亩，总产量18吨；桂花总产量1吨；茶园总面积196亩，茶叶总产量18吨；果园总面积544亩，其中，柑橘园64亩、桃园28亩、杨梅园452亩。2007年，山一村有苗木500亩；茶园面积80亩，茶叶总产量7吨。2013年，封山育林面积500亩。

养殖业

历史上，境域畜牧业以养猪、养鸡为主。20世纪50年代初，由于受饲料的制约，除养猪外，其他养殖均不发达。农业集体化后，除家庭养殖外，生产队、生产大队均先后办过畜牧场。改革开放后，养猪、养鸡、养鸭、养鱼等养殖业空前发展，出现各种养殖专业户。1992年，山一村有蛋鸡5000羽，肉猪300头，总产值为34万元；水面养鱼400亩，产值9.7万元。1996年，山一村生猪存栏350头，出栏1555头，饲养量1905头；牛存栏5头，均为耕牛；羊存栏5只，均为山羊；家禽存栏6000羽，出栏1.75万羽；猪肉产量101.07吨，禽肉产量26.2吨，禽蛋产量9吨；淡水养殖面积400亩，淡水产品产量27吨。2007年，山一村生猪存栏165头，肥猪出栏986头，全年饲养量1151头；家禽存栏2350羽，肉禽2093羽，蛋禽257羽。年内出栏5781羽，鸡3010羽，鸭2771羽。同年，山一村肉类产量78吨，其中猪肉69吨、禽肉产量9吨；鱼类产量30吨。2013年后，养殖产量逐渐减少。

农业综合开发

20世纪50年代末，山一大队率先建立山林队，对境内山林进行管理和养护。1985年，实行专业队承包。1987年，山一村林场有专业人员128人，管理冠山南麓、柴家坞一带山林1185亩，经营茶园172.8亩、柑橘64亩、杨梅451.5亩、桃园28亩、板栗15亩、金橘5亩、梨园10亩、杉木56亩、松杂木50亩、毛竹园276亩、苗木9亩、柴山47.7亩。

1999年，山一村有农户991户，农业人口3250人，农业劳动力2198个；耕地面积2027亩，粮食总产量1157吨，亩产571千克。山林面积1185亩，农田林网23.3亩。有机耕路4条（全长2530米）。同年，山一村实现农业总产值1333.3万元。

第二节　工业

发展过程

山一村工业基础较好，发展较快，是南部稻作区的一面旗帜。建于1975年的萧山建筑机械厂是村内最早的集体企业。经济效益在全镇村办企业中居领先地位，被誉为全镇“建厂早、发展快的村办企业”。1988年，全村企业增加到5家：建机厂、冰箱厂、饲料厂、杭州发电设备厂萧山分厂（即“杭发分厂”）、饮料厂；实现工业产值549万元，利润39万元，上缴税金18万元，占全镇村属工业经济总量的7.3%、19.6%、7.4%；有企业职工322人，发放工资48万元，年人均工资1447元。冰箱厂经济效益较好，年产值340万元，利润28万元。至1996年，全村又新建球铁厂、拉丝厂、皮件厂、材料厂、曲轴厂5家企业；工业产值增加到1742万元（含私营企业345万元），利润29万元，上缴税金65万元；有职工256人，发放工资127万元，年人均工资4961元，其中以杭发分厂和皮件厂经济效益最好。1994—1998年，集体企业转制，杭发分厂先转为股份制，后改造为杭州发电设备有限公司；杭州兴安皮件厂、杭州长河标准拉丝厂、杭州长河球墨铸件厂、杭州建筑机械厂、杭州长河工艺印刷厂5家，通过动产拍卖、不动产租赁方式，改组为公司制，转为私营企业。

1996年，山一村工业收入2186.62万元，建筑业收入252.25万元。至2001年，全村私营企业增加到15家，其中，安达汽配、万达曲轴、轧箱机械、百仕纸品、工艺印刷、繁华机械、恒基机械、山一电子、山一机械等为新建企业，主要产品有汽车配件、纸制品、印刷品、电子配件、皮革品、铸铁和机械等。2003年，村内有长河电机、球墨铸铁、万达曲轴、标准拉丝、狮王建机、恒基五金等私营企业13家；完成工业总产值4321万元，利润166万元，出口创汇867万元，税金283万元，分别占全镇工业经济总量的0.90%、1.79%、0.50%、2.34%；有职工365人，年人均工资9808元。2007年，山一村有工业劳动力254人，建筑业劳动力249人。2013年，山一村有工业企业10家。

知名企业与产品

萧山建筑机械厂　萧山建筑机械厂前身是"山一农机厂"，1975年，由山一大队投资4000元建成。企业有较丰厚的技术储备和制造业基础，是长河建厂时间较早、生产业绩较好的队办企业之一，主要产品为建筑机械，有DG–720型立式拔丝机、HT–200型灰浆搅拌机等12种。建厂初期，有职工30人，年产值2.4万元，利润0.41万元。1987年，有职工156人，固定资产65万元，年产值148万元，利润13.6万元。20世纪90年代，由于中低端建筑机械市场饱和，企业发展受阻，产值利润逐年下滑，到1996年，全厂职工仅剩35人，年产值100万元，利润仅4万元。1997年，企业转为股份合作制，改名为杭州杭发电机设备有限公司。1998年，又转为民营企业。20世纪末，企业调整产业结构，与杭州发电设备厂挂钩，开始制造发电机零部件，改厂名为杭州发电设备厂长河分厂。2001年，产值上升至311万元，利润升至9万元。

DG–720型立式拔丝机　山一村萧山建筑机械厂生产的一种钢筋加工机械设备，用于对建材钢筋进行冷拔丝，具有坚固耐用，操作安全、方便等特性。1985年，在全国建筑设备展览会上获优秀产品奖。

TS–I型调式张拉机　山一村萧山建筑机械厂出品，是混凝土构件最佳张拉设备，具有体积小，移动方便、耗电量少、测力精确、可调节自控等特点。

第三节　商贸服务业

1949年前，村域商贸服务业较少。1953年，粮食实行统购统销，根据生产情况实行定额购销。1956年，私营商业实行社会主义改造，生产资料实行计划分配。20世纪80年代，改革商业体制，鼓励农民经商，商贸服务业开始发展。90年代，商品取消票证，全部敞开供应。外来人口增多，餐饮业迅速发展，各类饭店、面馆、小吃店等相继开业。1996年，山一村运输业收入103.87万元，商业饮食业收入27.69万元。2007年，山一村从业劳动力中，有交通运输仓储业及邮电通信业39人，批发、零售贸易业42人，住宿和餐饮业12人，其他非农行业153人；商业饮食业收入470万元，服务业收入2628万元，其他收入120万元。2013年，山一村实现服务业收入4411万元，其他收入1672万元。

集体商贸业

1956年，村域实行私营商业社会主义改造，大部分个体私营商户、小商小贩组建成合作商店和合作小组。1958年，个体私营小店合并为合作商店，隶属于长河供销社。20世纪60年代，境域设两家供销社代销店，分别是陈家村1家，孔家里1家，经销商品有日用品、五金机电、猪肉、禽蛋、蔬菜等，利润全部上缴供销社，人员工资由供销社下拨。合作商店规模较小，1人营业，散落在各个自然村落。合作商店由供销社提供货源，主要供应糕点、糖果、烟酒等日用品，大部分凭票供应。20世纪60—70年代，受多种因素影响货物供应紧张。1984年，终止派购政策，生猪价格放开，市场放开，允许个体屠宰商购销。20世纪90年代，合作商店解散或拍卖；建造临时农贸市场，地址在占家湖边，面积100平方米。

私营商贸服务业

1978年后，国家允许并鼓励待业青年、闲散居民和农村富余劳动力从事商业、服务业。市场和物价逐步开放，商品渠道畅通，商业随之日益繁荣昌盛。境域一些村民及外来人员在此开店，个体商业迅速发展，市场上商品日渐增多。1996年，山一村运输业收入103.87万元，商业饮食业收入27.69万元。1997年，随着城市化的推进，居民服务业迅速发展。2000年后，个体商店、摊位、超市、饭店增多。2013年，山一村服务业收入4411万元。

第四章　社会事业

中华人民共和国成立前，境域国民学校设初小1个班。中华人民共和国成立后，1950年起，举办冬学、民校，扫除文盲。1967年，小学附设初中1个班级，学制2年。20世纪80年代，山一学校建2层教学楼，有6间教室，附设初中班。1996年，在校中小学生220人。设滨江区后，村域设有100平方米的村医务室，配备3名医务人员。2001年后，村里组建队伍参加历届滨江区全民运动会。2003

年，境域合作医疗站改名为卫生服务站。2007年，山一村农村合作医疗收费16万元。境域有莢竹山桥、朱天庙、安山龙王土地庙、安山龙王土谷祠碑等古迹。

第一节 教育 医疗

教育

幼儿教育　1958年，境域各生产队先后办起农忙托儿所。1968年，幼儿园停办。1978年，大队幼儿园恢复，附设于小学内，接受小学管理。20世纪80年代，村民对孩子的教育日益重视，山一小学增设学前班和幼儿班。20世纪90年代后，民办幼儿园逐渐兴起。

中小学教育　清代，境域设有私塾。招收学童年龄以五六岁至十二三岁居多。民国37年（1948），民国政府在村域设1所国民小学。中华人民共和国成立初，村域有1所初级小学，隶属于长河区中心辅导学校。1967年，小学附设初中1个班级（称“戴帽初中”），学制2年。1983年，初中学制改为三年制。1988年，学校实行九年制义务教育。20世纪80年代，山一学校建2层教学楼，有6间教室，附设初中班。1983年，山一村等6个村集资在茅山麓造新校舍，命名茅山初中。山一学校初中班移到茅山初中。1996年，山一村在校中小学生220人。2004年秋起，滨江区启动义务教育新课程改革，从小学一年级和三年级起始学科全面实施《杭州市义务教育新课程》，山一村中小学生课程按九年一贯制设置。2013年，山一村在校学生356人。

成人教育　20世纪50年代，境域办起农民业余识字班。1982年，村俱乐部业余夜校举办技术培训班，有裁剪班、农技班。20世纪90年代后，以脱产学习提升学历为主。滨江区成立后，山一村成人教育的任务和重点是岗位培训、实用技术培训等。

医疗

医疗机构　1958年，境域组建简易卫生室。1969年10月，大队卫生室改称为大队合作医疗站，实施合作医疗制度，医务人员改称为“赤脚医生”。1971年，正式成立大队卫生室，由张永兴负责。1980年，萧山县进行乡村医生资格考试，考试合格者获得乡村医生证书，改称乡村医生，其余医务人员统称乡村卫生员。1996年，山一村卫生室用房100平方米，设有门诊室、药房、注射室、观察室，配有血压仪等，有药品300多种，属于甲级卫生室。2003年，卫生室改名为卫生服务站，地址詹家湖2号，房屋3间，面积150平方米，设有诊疗室、药库、药房、输液室，有急诊病床；有医生2人，护士2人。

传染病防治　20世纪50年代后，境域成立“爱国卫生运动”领导小组、传染病防治工作协调小组，贯彻“预防为主”的方针，落实以免疫接种和疫情控制为主导的综合性防治措施，传染病发病率和病死率大幅度下降。2000年后，执行严格的疾病上报制度，村卫生室发现患者后，除采取相应医疗措施控制疫情外，均及时转院并向镇（街道）、区、市医疗卫生、疾病防控部门报告。

妇幼保健　20世纪50年代初，境域开始推广新法接生，减少妇婴死亡率。1967年起，推广住院接生。1978年，在境域开展儿童保健试点，为儿童作健康检查，普遍服用驱虫药。20世纪80年代，妇女保健与计划生育工作结合进行，以确保妇女健康为原则，全面推行孕产期保健，推行妇科病普查普治。2000年后，卫生室协助和配合上级医疗卫生部门，做好妇科病查治、孕产妇系统管理、高危妊娠管理等工作。

合作医疗　1969年，境域参加合作医疗的社员，每人每年交纳医疗费2元，其中1元由大队公益金中开支，专款专用，资金不足部分由大队给予补。20世纪80年代后，境域规定医药费报销70%，自己负责30%；慢性病人需要长期服药者，医药费报销50%；妇女难产者医疗费报销70%。1994年起，实行以大病互助合作的风险型村民合作医疗保健制度，重点解决村民患大病、重病医药费负担过重问题。合作医疗基金采取村民个人、村、镇政府共同筹资的方法，逐年增加报销额度。2003年，按户每人每年36元（“五保户”、特困户、残疾人的个人缴纳部分由村集体资金支付）作为合作医疗资金，长河镇政府、滨江区政府各以每人每年10元的标准资助，合计每人每年为56元。2007年，山一村农村合作医疗收费16万元。

第二节　文化　体育

文化

文化设施　中华人民共和国成立前，山一村境域无公共文化设施。中华人民共和国成立后，村域公共文化设施从无到有，逐渐建设。20世纪70年代起，设立图书室或流动图书借阅点。20世纪80年代，村域建立大队俱乐部，设阅览室、乒乓球室、棋类室、广播室、夜校等。2003年，加大对群众文艺活动的投入力度，建有综合活动室250平方米，其中电子阅览室由专人负责管

理。2013年，图书阅览室有2000多册书籍。

文化活动　20世纪50年代，境域农会组织农民业余宣传队，开展形式各样的文艺节目。1956年，中共萧山县委制定《萧山县农村俱乐部发展规划》，境域开始创建俱乐部。俱乐部下设文娱组、书报组、宣传组等。20世纪60—70年代，组建毛泽东思想文艺宣传队，宣传毛泽东思想。20世纪90年代，开放阅览室、乒乓球室、棋类室和电视机室，以丰富村民的文化生活。进入21世纪，村域落实开展群众性文化、体育活动的经费，经常性地举办适合农村实际的文体活动。

体育

学校体育　中华人民共和国成立初，村域各校设体育课，由于设施简陋、条件有限、体育课主要是开展跑步、体操、跳高、跳远、跳绳、球类等活动。20世纪60—70年代，学校体育课改为军体课，对学生实行军事基本操练，取代原有的田径、球类运动项目。1977年起，学校体育活动逐步正常，重视体育课教学质量，保证学生每天至少有1小时的体育锻炼时间。20世纪80年代起，注重体育课教学质量，定期进行达标测试和视力检查。2000年后，学生每年参加滨江区中小学运动会，进行各种体育项目比赛。

群众体育　中华人民共和国成立初，境域建有简易体育活动场所，俱乐部时常组织群众开展拔河、乒乓球、篮球、棋类等项目的体育比赛。20世纪80年代后，随着村级经济的发展，村民生活日益丰富，举办跳橡皮筋、踢毽子、套圈等趣味项目比赛。21世纪初，建有村民健身活动场所260平方米，购置10多种健身器材，建设乒乓球活动室、羽毛球活动场地。2011年4月8日至8月6日，滨江区举行第二届社区运动会，山一村组建队伍参加比赛。

第五章　民情风物

民国及以前，山一村域村民收入微薄，生活消费水平很低。中华人民共和国成立后，村民生活不断改善，生存所需要的基本消费水平逐年提高。改革开放后，村民收入来源由集体统一分配为主向家庭经营收入为主转换。乡镇企业异军突起和农村富余劳动力进城务工经商，工资性收入占纯收入的比重大幅度上升。居民消费特点由数量扩张向质量提高转变，膳食消费由温饱型向营养保健型转变。1992年，村民年人均纯收入为1629元。1996年，村民年人均纯收入4879元。滨江区成立后，山一村境域经济快速发展，居民收入进一步提高。居民消费明显向教育文化娱乐、交通通信、医疗保健和城市居住等方面倾斜。2013年，全村年人均纯收入21845元。主要名特物产为浙江龙井茶。知名人物有烈士杨晓根、来如银。

第一节 收入与消费

村民收入

1955年，山一村社员年终人均经济分配现金收入64元。1978年，社员年终人均经济分配现金收入138元。1983年后，实行家庭联产承包责任制，村民先后进入第二、第三产业，由社员变为企业职工，报酬与企业的经济效益直接挂钩，特别是镇、村企业转制后，个体私营经济快速发展，村民劳动力大批转向第二、第三产业。村民收入呈现多层次结构，除在村级企业就业外，还有一部分从事个体运输、工商服务等，有的还到村外的企事业单位工作。1990年，村民年人均纯收入1449元。设滨江区后，农村工薪收入、财产性收入、转移性收入占比增加，经营性收入下降。1996年，山一村村民年人均纯收入4978元。2002年，村民年人均纯收入8976元。2007年，山一村村民年人均纯收入1.3万元。2013年，山一村村民年人均纯收入2.18万元。

粮油分配

1955年起，严格实行国家粮食定产、定购、定销政策。1965年，山一大队社员人均口粮278千克。1970—1978年，大队设有储备粮仓。集体生产的粮食，在完成国家交售任务及留取种粮、饲料粮、储备粮和其他用粮后，其余作为社员口粮，大部分按人口定量分配，少部分按劳动工分（含土肥投入结算工分）分配。1979年，社员人均口粮426千克。1983年后，实行家庭联产承包责任制，山一村不再进行粮油分配。

村民消费

饮食　村民饮食以大米为主，面食为辅。1978年，农民购买水产、食盐、鲜肉、棉布4项，人均支出115元。改革开放后，随着经济的发展，收入的增加，农民的饮食消费逐渐增加。1983年，农村居民人均食品消费支出320元。20世纪90年代后，村民生活水平持续提高，食品种类也呈现多样化趋势。2000年，村民人均饮食消费为1390元。2006年，村民人均饮食消费2418元。

2010年，村民人均饮食消费3333元。

服饰 民国时期，村民在衣着与被褥等用品上的消费很少。20世纪50年代，服饰还是比较单一。20世纪60—70年代，中青年男子一般穿中山装、列宁装，妇女改大襟为小襟，出现两用衫。20世纪80年代后，成品服装开始走俏，色彩、质地都开始提升。20世纪90年代，境域村民衣装渐和城里人一样，服装日新月异。1990年，村民年人均衣着消费50元。1995年，村民年人均衣着支出190元。2006年，村民年人均衣着支出438元。2010年，村民年人均衣着支出609元。

住房 旧时，村民多建瓦房，可延居几代人。中华人民共和国成立后，经过土地改革，缓解贫苦农民的居住困难。至20世纪70年代，多数村民翻建新房。20世纪80年代后，村民资金储蓄逐渐增多，开始建造楼房。1985年，村民人均住房面积23.4平方米。1987年，山一村有建房户数62户，建房面积5620平方米。1990年，村民人均住房面积37.02平方米，以钢筋混凝土结构为主。21世纪初，境域新建许多三层及三层以上的住宅楼，采用钢筋混上结构。2000年，村民的居住消费（含住房、电费、燃料，下同）支出为6940元。2005年，村民居住年人均消费支出1140元。2010年，村民居住年人均消费支出2600元。2013年，村民人均居住面积50多平方米。

用具 20世纪60—70年代，村民以三联橱、五斗橱和新式板床为时尚，手表、缝纫机、收音机、电风扇等耐用消费品也逐渐进入农民家。20世纪80年代后，置办新式家具或组合家具，电视机也开始进入农户家庭。20世纪90年代后，百姓家庭逐步用上燃气灶、电饭煲、电冰箱、不锈钢餐具和新型卫浴设备。部分收入较高的家庭开始购置家用汽车作为代步工具。1992年，全村有汽车1辆、三轮卡车1辆、摩托车16辆、电视机816台、电冰箱86台、洗衣机31台、收录机385台、放像机15台、脱排油烟机45台、电话机11部。

滨江区成立后，村民日用消费品逐步现代化。2000年，村民的家庭生活用品及服务年人均消费支出163元，每百户拥有电冰箱46台、洗衣机34台、空调8台、彩色电视机86台。2005年，村民的家庭生活用品及服务人均消费支出300元。2007年，村民每百户拥有摩托车50辆、汽车12辆。2010年，村民的家庭生活用品及服务年人均消费支出512元，百户拥有电冰箱98.1台、洗衣机85.1台、热水器84.5台、空调111.2台、彩色电视机186.3台；每百户家庭拥有汽车15.7辆、摩托车66.2辆。

第二节　文物与遗址

古桥

莱竹山桥　市级文物保护点，当地称“竹山桥”，位于山一村域竹山河（又称小砾山输水河）上。建造年代不详，明嘉靖十三年（1534）由来弘辉重建。明万历，清道光、光绪及民国时多次修葺。2006年，山一村再次进行维修。此桥为双墩平铺三孔石梁桥，桥长18.7米，面宽1.7米，桥高2.39米。东面桥石上镌正书题记：“大明嘉靖甲午六月望后日，益府引礼舍人来元七重建，济行人之便，乃义之所当为也。”西面桥石上亦镌有正书题记：“明嘉靖甲午六月望后日，益府引礼舍人来南庄重建，济行人之便，此乃义之所当为也。大清道光庚子七月，20世孙来端本重修。”北墩西面还有一块桥石，上携横书正楷题记：“□□后裔重修，八月吉日立。”该桥明万历《萧山县志》已见记载：“里人来弘辉创，孙来士建重修。凡桥道倾圮者，弘辉皆为修理，不惜所费。滨海不便夜渡，则悬灯以示之。且教子有方，睦族以礼，远近颂焉。巡按舒汀奖于旌善亭。”光绪年间(1875—1908）来弘辉后裔重修。桥南有亭，供行人歇息。清代长河先贤来骏题诗于亭：“最好披襟倘水边，花香鸟语满山前。石桥小小容人憩，还看青黄菜花田。”

莱竹山桥虽历经修葺，但基本保持明代风格，整体完好，是滨江区最早的有确切题记的石墩梁桥之一。2004年7月13日，莱竹山桥被列为杭州市第二批市级文物保护点。

寺庙

朱天庙　位于长河街道山一村域石荡河山上。始建年代不详，重建于民国4年（1915）。民国16—17年（1927—1928），是中共地下党和长河农民协会活动之处。1995—1996年经过修缮，占地面积461平方米，坐北朝南，由山门、左右厢房、大殿、天井组成四合院式建筑。山门面宽三间9.7米，进深4.4米，两坡硬山顶，明间有两扇高2.6米，宽1.6米木门，次间开窗，东、西均为山墙，南大门踏跺6级。东、西厢房面宽六间21米，进深3.25米，硬山两坡顶，三面砌墙，面对天井开门。大殿面阔10.56米，进深11.6米。硬山顶，明间面阔4.1米，前带廊。大殿东、西为砖墙，内为木墙，南为木质门窗。天井面阔12米，进深8.9米。朱天庙原称善慧寺，建筑恢宏，曾毁于大火。民国时期改建为朱天庙，供有朱天菩萨。朱天菩萨，相传为明末崇祯皇帝，民间有其善医百病之称。后经重修，山门上方悬“善慧寺”匾额。

安山龙王土地庙 始建于明泰昌元年（1620），供奉地方土地神。位于陈家河自然村。坐北朝南，为四合院建筑，正屋5间两进，后进已坍；另有厢房3间，占地面积约1000平方米。庙正门立匾额1块，上书“安山土谷”，相传为乾隆帝所赐。人民公社期间，改作生产队仓库。1978年后，村民自发集资修缮、改建，占地面积2000多平方米。2005年，改名为安山龙王寺。

遗迹遗址

安山龙王土谷祠碑 碑高1.45米，面宽0.5米，碑身砌入墙内，存放于村域安山龙王土谷祠（土地庙）门一侧。清咸丰七年（1857）立，来锡爵撰文，除个别字漫涣难辨外，其余基本完好。

来冠山墓 来冠山（生卒年不详），字仪，来励胞弟。墓在村域詹家坞境内，1958年开发山林、栽种李树时被毁。来冠山，来氏第8世，来氏6个房系中第四房、五房、六房始祖。

来汝贤墓 来汝贤（1502—1536），号菲泉，明嘉靖朝进士，天资聪慧，有神童之称，官至礼部精膳司主事。故居位于长河金魁墙门。墓在村域沈家山上，1980年毁，有墓志铭出土。

来集之墓 来集之（1604—1682），明崇祯十三年（1640）进士。南明太常寺少卿、兵科左给事中。墓在村域孔家墩田畈中，俗称“老爷坟”。1974年毁。来集之著作宏富，生前建慎俭堂（永锡墙门）。

第三节 名物 名人

名物

浙江龙井 长河南部多茗山，山林面积4183亩，大部位于湘湖北岸。山上林木葱茏空气清新，茶树满坡，盛产佳茗。20世纪50年代中期，长河茶农通过工艺改良，品质提纯，研发出新品“长河旗枪”(即一叶一芽）。1960年，“长河旗枪”改名为“长河龙井”。20世纪60—70年代，长河茶叶产量质量跌入低谷，1978年，又焕发生机，恢复炒制龙井。1980年，“长河龙井”被省物价委员会和省供销社联合命名为“浙江龙井”。1981年，“浙江龙井”被评为浙江省名茶之一。

长河生产的“浙江龙井”，形美、色翠、香郁、味醇、报新早，故有“五绝”之称。20世纪80年代后期，山一村林茶场在“浙江龙井”基础上，开发出“冠山芽峰”和“长河桂花茶”。1995年，长河镇确定山一村林茶场为桂花茶开发基地。“冠山芽峰”由春茶精制而成，其品质经浙江省茶叶学会鉴定“外形扁平挺直，色绿润；香高味鲜醇，汤色绿明亮；叶底全芽，城绿明亮”。

名人

杨晓根（1931—1953） 男，1931年出生，长河乡山一村人，1951年参加革命，1953年8月在朝鲜江源道金化郡牺牲，时为志愿军战士。

来如银（1933—1953） 男，1933年6月出生，长河乡山一村人，1951年参加革命，1953年7月在朝鲜江源道金化郡牺牲，时为志愿军战士。

专 记

山一村生态特色

山一村位于冠山南麓，毗邻白马湖和湘湖，素有“天然氧吧”之称，1988年被联合国评为生态保护“全球500佳”。此后，山一村先后获杭州市国际旅游访问点、杭州市生态文明村、杭州市市民最喜爱的乡村旅游点——醉美乡村、浙江省100佳美丽乡村、浙江省特色旅游村等多项称号。2009年，被中国村社发展促进会评为中国绿色村庄、中国百佳村庄网络。2010年，被亚太旅游联合会授予“中国低碳旅游示范地”称号。

2008年，山一村联合杭州白马湖生态创意城，结合社会主义新农村建设，对柴家坞39幢农居房进行低碳化改造，利用山一村典型的山清水秀，保留原有农居、延续山村肌理，将私密性较强的农居房变成极具弹性工作方式的SOHO工作室。农居SOHO吸引中国美术学院、中国山水画院、杭州西博公司、上海青道房、百乐设计机构、蓝石艺术、夏天岛工作室等创意团队和创意人士相继入驻，每年接待各类团队1万多人次。在柴家坞试点成功的基础上，山一村对章苏、陈家村、孔家里的500多幢农户进行了两期改造，村庄面貌焕然一新，呈现出一路一景观、一桥一文化、一河一公园的优美环境。

2011年始，山一村结合中国国际动漫节永久落户杭州白马湖畔，根据动漫节发展文化创意产业的需求，把山一村打造成适合文化创意者工作和居住的村落。“乡村，让城市更向往”的新理念在山一村得到充分体现，构建和谐幸福美好的新家园在山一村变为现实。

张家村位于长河街道西南部，东连汤家井村，西与萧山区闻堰街道凌家坞村相邻，南依美女山，北靠山一村，面积1平方千米。

张家村在滨江区的位置

来楚生　瓜鼠图

第十六编　张家村

概　述

张家村位于长河街道西南部，面积1平方千米，属水网平原地区，河流纵横，宜种粮食作物。1950年，张家村属长河区长安乡（萧山区闻堰街道）。1954年，成立山河乡张家村初级社；1955年10月，改为山河乡第三高级社（简称“山三社”）。1959年，为长河人民公社山河管理区山三大队；1961年，为山河公社山三大队。1969年2月，山河公社被撤销，山三大队并入长河公社；1981年改名为长河公社张家村大队。1984年3月，称张家村，属城北区长河乡。1996年12月，以西兴、长河、浦沿3个镇区域成立滨江区，村域属杭州市滨江区长河镇。2011年2月，张家村改名为张家村社区，属滨江区长河街道。

1949年，张家村境域有住户136户，人口506人。1957年，境域有集体耕地面积610亩，粮食作物有小麦、大麦、玉米、水稻等。20世纪80年代后，实施家庭联产承包责任制，种植业趋向多样化。1994年，全村有村民小组7个，村民310户1177人；有姓氏68个，其中张氏为多，有828人，聚居在张家村自然村。2002年，有家庭承包经营310户，家庭承包经营耕地696亩。集体资产总额240万元。2010年，张家村有工业企业10家，以制线、自行车配件、小五金为主要产品。主要道路有天马路、映翠路、湖西路。

中华人民共和国成立后，村民生活逐步改善。改革开放后，村民生活水平明显提高。1996年，村民年人均纯收入6636元。滨江区成立后，城市化进程带动农户收入增长加快。张家村自然环境优美，村民安居乐业，先后获评杭州市文明村、浙江省爱卫会卫生村、滨江区安全文明村、杭州市四星级民主法制社区等称号。2010年，全村年人均纯收入1.3万元。

第一章　基本村情

张家村地处长河街道南部片区，坐落于美女山脚下，距离长河街道(集镇)3千米。村旧名“华妃村”。明代，有张姓入住村域，逐渐成为大族，遂名张家村。1996年，张家村总户数320户，总人口1173人。2010年，有张姓人口866人、来姓人口49人、陈姓人口37人。2011年2月，张家村改名为张家村社区。

第一节　区位　地貌　村落

地理位置

境域位于长河街道西南部，东连汤家井村，西与萧山区闻堰街道凌家坞村相邻，南依美女山，北靠山一村，面积1平方千米。

地形地貌

境域为水网平原地区，河流纵横，宜种粮食作物。东南面有癞子山、狮子山。山体成分主要是熔岩、火山碎屑岩、砂岩，由昔日海中岛屿演化而来。土壤母质主要是江河(湖）冲积物和沉积物，土质较黏，土层深厚，多系青紫土，保肥蓄水性强。主要河流有流光河、映翠河、福瑞河等。

狮子山　在长河街道东南，西与美女山相望，南临湘湖。为连山（古名，亦称青山）之尾，因山状酷似一头卧狮，故名。海拔120米，面积12.8公顷，由志留系岩屑长石石英砂岩和泥盆系石英砂岩、含砾石石英砂岩构成。

美女山　也称画眉山，与主峰老虎洞山相连，海拔460米，山之北属张家村。

流光河　在白马湖西南。该河曾是小砾山输水河的一段。后因白马湖建设重新规划河道，将其命名为流光河，流光河长2.61千米，均宽50米，流经张家村。

映翠河　在白马湖南偏西。曾名沿山河，后因白马湖建设重新规划河道，将其命名为映翠河，以河两岸翠绿成荫而得名。河长1.96千米，河宽30米，流经张家村。

福瑞河　在西白马湖南偏西。曾名刺棱河，后因白马湖建设重新规划河道，将其命名为福瑞河，寓意送福献瑞。河长1.36千米，河宽60米。

回马河　在白马湖西南。该河曾名街道河，后因白马湖建设重新规划河道，将其命名为回马河，河名源于越王勾践骑马归来的典故。河长2.03千米，均宽80米。沿河两岸湖泊点点，远处青山叠翠，风光秀丽。

横池　位于张家村境域中部，南与萧山区闻堰街道相邻。湖形状按方向似横生（东西长），故名。湖面面积2000平方米，水深1.5米。

英家池 位于张家村境域中部，东与横池相望。1949年前，此湖为英姓人家的资产，故名英家池。湖面面积6333平方米，水深1.5米。用于灌溉、洗涤。

村名由来

张家村旧名华妃村。《萧山张氏家谱》载："张家村古名华妃村。直与汉之明妃（即王昭君）村遥遥相接，永垂不朽之名村也。"传说始皇三十七年（前210）十月，秦始皇南巡会稽祭禹，归途中行至连山（狮子山）欲渡钱塘江，时妃子华氏暴病身亡，葬于石井山（塘子堰境内）。明万历《萧山县志》载：石井山"上广下曲，秉烛入，不尽数十级，相传为妃子墓"。后人为纪念华妃，把石井山西南小村起名为"华妃村"。明宣德年间（1426—1435），有张富者自河南徙此定居，后人众族大，易名为张家村。

第二节 建置沿革

行政区划

北宋太平兴国三年（978），萧山全县设15个乡，110个里。村域属夏孝乡，元至元十六年（1279），改乡为都，改里为图。夏孝乡改称三都，村域属三都。清宣统二年（1910），清政府撤都图改为区乡建制，村域属萧山县西兴乡，民国初沿袭。民国18年（1929），推行乡里制，百户以上设村。村域属萧山县第二区长河乡。民国21年（1932），全县区划调整，改村所为乡公所，村域属萧山县长河镇。民国23年（1934），推行保甲制，村域为萧山县长河乡第29保。民国36年（1947），萧山县撤销区建制，进行乡镇并编，全县设12个镇、24个乡。西兴、长河单独设镇，张家村属长河镇第二保。

1949年5月5日，萧山解放，月底设长河区（大区）。1950年10月，长河区辖浦沿、临桥、长安、湘湖、黄山、东湖、新江边、老江边、钱江、冠山、山河、西陵12个乡和闻堰、长河、西兴3个镇。村域属长河区长安乡（萧山区闻堰街道）。1954年10月至1955年11月，村域组织多个初级社，隶属山河乡。1956年10月，建立山河乡第三高级社（简称"山三社"）。1959年，为长河人民公社山河管理区山三大队。1961年，缩小人民公社规模，撤销管理区，设山河公社，山三大队隶属。1969年2月，山河公社被撤销，山三大队并入长河公社。1971年2月，萧山县区划调整，设立城北区，长河公社隶属城北区。村域属城北区长河公社。1981年改名为长河公社张家村大队。

1984年3月，改公社为乡，改大队为村。山三大队改为张家村，属城北区长河乡。1985年6月，长河乡改为建制镇，村域属城北区长河镇。1992年5月，萧山市撤区扩镇并乡，城北区撤销，村域属萧山市长河镇。1996年5月，杭州市区划调整，将西兴、长河、浦沿3个镇划入杭州市西湖区，村域属杭州市西湖区长河镇。1996年12月，以西兴、长河、浦沿3个镇区域成立滨江区，村域属杭州市滨江区长河镇。2000年6月，杭州高新技术产业开发区与滨江区合并，张家村归杭州高新区（滨江）管辖。2003年12月，滨江区撤镇建街道，张家村属滨江区长河街道。2011年2月，撤销张家村建制，改设张家村社区，隶属长河街道。

基层组织

中共基层组织　1955年，张家村域第一个党支部建立，书记张妙忠。2010年，张家村党支部有3个党小组，党员62人。党支部在村域经济发展、社会进步、城市化建设等方面发挥领导核心作用。

村民自治组织　1949年5月，张家村村行政委员会成立，第一任村长张增寿。1955年11月，张家村组织起爱国社、建国社2个初级农业生产合作社。1956年10月，组建为山河乡第三高级社（简称“山三社”），高级社管理委员会取代原先的村行政委员会。1961年，成立山河公社山三大队，设大队管理委员会，负责集体经济和行政事务管理。1968年，山三大队革命委员会成立，取代管理委员会。1978年，大队管理委员会恢复，职责依旧。1981年改名为张家村大队管理委员会。1984年4月，张家村村民委员会成立，由主任、副主任和委员若干人组成。每届任期3年，由村民代表大会选举产生，1990年后由村民直接选举。

经济管理组织　1991年，张家村成立经济合作社。村经济合作社是全村的集体经济组织，在村党支部的领导下，负责管理该村的各行业的生产和经营。村经济合作社常设机构是合作社管理委员会，成员由社员大会或社员代表大会选举产生，由正、副社长和委员共5～7人组成，社长由村党支部书记担任。每届任期3年，换届选举与村民委员会同步。1996年，张家村集体所得15.5万元，农民经营所得700.16万元，村民年人均纯收入6636元，村、组集体（含企业）生产性固定资产原值104.6万元，农民家庭经营生产性固定资产原值94万元。集体资产总额260万元。2002年，张家村经济合作社总收入58万元。2007年，村组集体所有生产性固定资产原值382万元。经济合作社收入278万元。

第三节 人口 姓氏

人口

中华人民共和国成立以后，人民生活条件不断改善，医疗水平日益提高，张家村域人口自然变动情况出现高出生、低死亡的状态。1957年，山三高级社（张家村）总户数160户，总人口665人，其中男性334人；出生23人，死亡7人。1971年，山三大队（张家村，下同）有非农业人口1户1人。

20世纪70年代后，实行计划生育，人口素质不断提高，人口自然变动情况出现低出生、低死亡的状态。1978年，山三大队总户数230户，总人口1068人，其中男性542人，女性526人；迁入5人，迁出11人；出生11人，死亡4人。1985年，张家村总人口1114人，其中12～40周岁人口有620人；全村有文盲、半文盲人口87人，在校生49人，小学毕业人口221人，初中毕业人口101人，高中毕业人口13人。1987年末，张家村总户数340户，总人口1113人，其中男性551人，女性562人。1990年，张家村总人口1133人，其中汉族人口1129人、壮族人口4人；文化构成为中专3人、高中12人、初中174人、小学533人。1996年，张家村总户数320户，总人口1173人，包括非农业人口5人；总人口中男性580人，女性593人；出生7人（男性2人、女性5人），死亡6人（男性、女性各3人）。

21世纪初，“少生、优生、优育”的新生育观念，被村民理解和接受，人口出生率明显下降。2002年，张家村户数313户，人口1204人。2007年，张家村有7个村民小组，总户数323户，总人口1248人，其中，农业人口1019人、非农业人口229人。2010年，张家村村总户数323户，总人口1307人。其中，非农业人口1124人；男性632人，女性675人；18周岁以下253人，18～35周岁283人，36～60周岁557人，60周岁以上214人；出生11人，其中男性4人、女性7人；死亡10人，其中，男性9人、女性1人；迁入9人，其中省内迁入4人、省外迁入5人。

姓氏

1994年，张家村有村民小组7个，村民310户、1177人。全村有姓氏68个，其中张氏最多，有828人，聚居在张家村自然村。2010年，境域有姓氏89个，人口较多的有张姓、来姓、陈姓等。

张姓　村域张氏源溯河南大梁。大理寺丞、吏部尚书张善伯（字文业）于北宋靖康二年（1127）随驾南渡钱塘，后告老退隐，徙居萧山崇化里南河（属萧山区城厢街道），为萧山张氏第一世。至第13世孙，张富（字大有）于1460—1500年间迁居长河华妃村，后繁衍发族，改华妃村为张家村。2010年，境域有张姓866人，主要分布在第1组、第2组、第3组、第4组、第5组、第6组、第7组。

来姓　萧山来氏尊来廷绍为始迁祖。后裔由长河等地迁入张家村。2010年，境域有来姓49人，主要分布在第4组、第6组。

第二章　村庄建设

中华人民共和国成立后，张家村重视村庄建设。1957年，山三高级社总耕地面积610亩，社员自留地70亩。1997年，张家村村域土地实行有偿承包，承包款为每亩30元。2000年，张家村一般项目征用的土地补偿标准为每亩2.03万元，城市基础设施项目补偿标准为每亩1.74万元。2002年，张家村有家庭承包经营户310户，家庭承包经营耕地696亩。2010年，村民住上三层以上的楼房，生活基本实现小康。张家村主要道路有天马路、映翠路、湖西路。2011年2月，张家村改名为张家村社区，属滨江区长河街道。历年来，张家村先后获杭州市文明村、浙江省爱卫会卫生村、滨江区安全文明村、杭州市四星级民主法制社区等称号。

第一节　新农村建设

20世纪50年代初，通过土地改革，农民分到土地，生活水平得到了提升。改革开放后，村域经济建设突飞猛进。20世纪90年代，多有村民翻建楼房。1993—1999年，张家村建房户数33户，平均每户占地面积250平方米。2000年后，许多村民住上三层以上的楼房，生活基本实现小康。至2010年，境域马路宽阔，绿树繁茂，足显优美宜居之景象。

交通

20世纪50年代初，张家村境域道路尚为泥路、砂石路。20世纪60—70年代，结合农田基本建设，建设多条机耕路，路面宽度4米，沿路渠道配套，栽种水杉树木。20世纪80年代，随着村级经济发展，陆续改造各条道路，在原有基础上铺设水泥路面。20世纪90年代末，推进城市化建设，新建多条主干道路。2003年，新建绕村公路，从丰产畈路至凌家坞，全长400米，宽12米。用地面积5500平方米，投资200万元。

天马路　东起长江路，西至南川路，长2.55千米，宽20米。因路近白马湖，故名。

映翠路　东起井山坞路，西至萧山区界，长1.74千米，宽20米。沿路山水相映成趣，翠柳滴翠，生机盎然，故名。

湖西路　南起映翠路，北至白马湖路，长1.63千米，宽20米。位于白马湖西，故名。

回龙桥　横跨张家村内河，长15米，宽4米，高10米，为混泥土拱桥，建于2010年。因近回龙山，又在老回龙桥旧址建桥，故名。

新黄新桥　在张家村河上，与山一村相交，为混凝土双曲拱桥，跨径1米，桥面宽4米，荷载10吨。建于20世纪90年代，老黄新桥保留于旁。

寺延桥　跨越寺延河，桥址山河路利民桥交叉口西100米，长6.6米，宽10米。

公用事业

电力　20世纪60年代前，境域照明工具主要是菜油灯、煤油灯或蜡烛。1961年，电力抵达长河，分线向各个自然村落延伸。1972年，进行第一次电力整网。1993年，随着村办企业的发展和群众生活水平的提高，用电量急剧增加，对全村范围的电力线路进行整改，实现24小时供电。1996年，农村用电量46万千瓦时，其中，农用排灌用电量3万千瓦时、村办企业用电量7万千瓦时、农民家庭用电量30万千瓦时、其他用电量6万千瓦时。2002年，张家村农村用电量87万千瓦时，其中农业排灌用电量2万时。2007年，用电量

125万千瓦时，其中农业排灌用电量3万千瓦时。

广播电视 1953年，境域开始安装有线广播。1958年，长河公社建立广播站，广播线路架到各个生产大队。1969年，建立大队广播室。20世纪70年代初，广播室配备扩大机，在主要地段装有高音喇叭。1981年，喇叭更新换代，把舌簧、压电换成动圈喇叭。后因电视的迅速普及，村民对广播的需求渐渐减弱。20世纪90年代初，开始有线电视网的建设。1996年后，有线电视线路接入低压线桩。2010年后，全村普及有线电视。

通信 1951年前，村民发电报要到长河、西兴集镇上的邮电机构办理。1955年，在长河集镇设长河邮电局，电报由邮政投递员送到村民手中。20世纪80年代后，由于电话机的普及，电报的收发量锐减。1964年，大队会计室安装境域第一部电话机。20世纪90年代，电话机进入百姓家中。20世纪90年代中后期，村里出现移动手持电话，即“大哥大”。2010年，每户家庭均有电话，手机普及。1998年，境域企业开始使用电脑。21世纪初，网络设施建设迅速发展。2010年，互联网得到普及。

邮政 20世纪50年代初，张家村村民寄信要去长河集镇或西兴集镇。农业合作社时期，信件、报纸等由邮递员送至初级社、高级社，再由初级社或高级社分发。1963年后，长河邮电局在张家村设有信箱，由小店代销邮票，村民寄信不再去长河或西兴集镇。随着现代交通发展与通信方式日益丰富，邮政业务减少。

供水 20世纪80年代前，张家村村民主要饮用水是池塘水、“天落水”（天然雨水）。1988年，浦沿联合自来水厂建成，1992年，境域开始集资安装自来水。1996年后，随着村民进入小区居住，用水由水务公司管理。

水利 1987年，张家村有排灌电动机5台，总功率41千瓦；有农用水泵5台。

村办公房 1958年10月，长河人民公社成立后，张家村建造大队办公用房。1965年，山三大队（张家村）随着组织机构逐步完善和集体级经济发展，在张云华老地基新建大队办公用房，房屋2间，面积150平方米。1968年，修建大队大会堂，面积500平方米。20世纪80—90年代，村委会办公楼地址在张家村大会堂东面，房屋3间，面积250平方米。2010年，党群活动中心地址在村委会一楼，面积100平方米。

第二节　土地使用

土地制度

中华人民共和国成立前，张家村土地实行私有制度。1949年5月，长河解放。1950年10月，境域开展土地改革运动，没收地主阶级多占的土地分配给贫苦农民。在高级社和人民公社时期，境域土地归集体所有。推行家庭联产承包责任制后，保持土地集体所有制，农户以家庭为单位，向村集体经济组织承包土地等生产资料和生产任务，其经营收入除按合同规定上缴一部分给集体及缴纳税金外，全部归于农户。1997年，张家村土地实行有偿承包。2002年，张家村家庭承包经营户310户，家庭承包经营耕地696亩。2007年，张家村有家庭承包经营户310户，承包经营耕地600亩。

土地类别及利用

张家村境域土地类型可分耕地、园地、林地、宅基地、工矿用地、交通用地及未利用土地七类。1949年，村域有耕地面积680亩。1956年，农民土地收归集体耕种，高级社允许各生产小队将社员房前屋后零星杂地分配给社员作自留地。1957年，山三高级社有总耕地610亩，社员自留地70亩。1978年，有集体耕地606亩，社员自留地53亩。1996年，张家村有集体耕地696亩，自留地52亩。2002年，张家村有耕地714亩，均为水田，其中内地652亩、围垦96亩。2007年，张家村有耕地714亩，林地930亩。

土地征用

1991年6月后，张家村被征用耕地补偿费标准为该耕地征用前3年平均产值的3～5倍，征用非耕地按耕地的50%补偿。2000年7月后，滨江区土地补偿费用标准分为一般项目和城市基础设施项目两类。张家村一般项目的土地补偿标准为每亩2.03万元，城市基础设施项目补偿标准为每亩1.74万元。张家村一般项目安置和城市基础设施项目补助费用标准均为每亩4.27万元。2009年5月后，执行《滨江区征收集体所有土地补偿实施办法》，按照“以村（社区）定苗、统一补偿”的原则进行青苗补偿。张家村水田、旱地补偿标准为每亩2200元。一般地上附着物补偿标准为每亩2500元。2010年，张家村集体经济组织（社区居委会）留地安置指标以2002年统计年报中的农业人口（含“农转非”人员）为基数，按15平方米（净地面积）每人为标准确定。当年征地面积315.07亩，拆迁农户46户、企业1家。张家村被征用土地主要用于建设映翠路、湖西路、阳光家园、杭州二中白马湖学校、浙江省杭州湖畔学校、杭州国际学校、大丰杭州文创总部。

第三节　围垦土地

张家村参加海涂大围垦始于1968年，分九号坝、顺坝、东江、“五万二千亩”4个区块，先后参与8次。1978年，山三大队（张家村）有围垦海涂面积70亩，粮食播种面积69亩，亩产49.5千克，总产量3.4吨。

顺坝围垦

顺坝围垦又称先锋围垦或五堡围垦，分内线、外线2期进行。内线围于1970年11月，长河公社共得地817.1亩，外线围于1986年冬，共得地195亩。两期共得地1012.1亩。张家村顺坝围垦分得土地15亩。1997年，经滨江区政府与萧山市政府协商并签订协议，将顺坝围垦土地划归萧山市，张家村的顺坝土地划走。

萧山大围垦

东江围垦又称第12工段围垦，由萧山县统一指挥，长河公社发动下属各大队，共参与4期，分一围（又称老围）、二围（新围）。至1978年底，长河公社共围毛地2906亩，按投工多少分给12个大队。1981年开始，张家村大队（村）围垦土地相继承包给承包大户耕种，大队（村）每年向承包户收取一定承包金，每亩每年10～20元。1991年，每亩土地承包金最高每亩40元。1999年，承包户相继退出。

第三章　村域经济

境域主要粮食作物有小麦、大麦、水稻等。20世纪60—70年代，工业开始出现，以手工业作坊为主。实行家庭联产承包责任制后，农村的富余劳动力大量出现。1978年，山三大队（张家村）总收入15.68万元。1982年，劳动力逐步向其他产业转移。1985年，第二、第三产业从业劳动力首次超过第一产业从业劳动力。2002年，张家村域生产性固定资产原值为428万元，其中，村组集体（含企业）117万元、农民家庭经营192万元、私人经营119万元，集体资产总额240万元。2003年，张家村有工业企业10家，以制线、自行车配件、小五金为主要产品。全村村民主要收入来源为服务业（五匠）及企业所得。2007年，村域个私经营总收入2138万元，总费用1857万元，净收入281万元，税收84万元，外来人员带走劳务收入31万元，企业各项留利95万元，乡村集体所得35万元，村民经营所得36万元。

第一节 农业

1957年，山三高级社耕地面积610亩，社员自留地70亩。1978年，有耕地面积606亩，社员自留地53亩。1996年，张家村有农业劳动力109人，林业劳动力25人，畜牧业劳动力5人，渔业劳动力8人；种植业收入68.7万元，其中，粮食收入47.7万元、棉花收入5万元、茶叶收入16万元。2002年，张家村有耕地748亩，均为水田，其中，内地652亩、围垦96亩；农作物总播种面积1234亩。2002年，张家村有农业劳动力84人，林业劳动力11人，渔业劳动力6人。2007年，张家村有农业、林业、畜牧业、渔业劳动力91人，渔业收入15万元。

种植业

粮食作物 境域主要粮食作物有小麦、大麦、蚕（豌）豆、水稻等。1949年，村域粮食播种面积847亩，亩产161千克，总产量129.85吨。其中，小麦播种面积102亩，亩产46千克；大麦播种面积79亩，亩产48.5千克；蚕（豌）豆播种面积121亩，亩产43千克；水稻播种面积545亩，亩产213千克。1978年，粮食播种面积1509亩，亩产344千克，总产量519.25吨。1996年，粮食播种面积1232亩，亩产412千克，总产量507吨。其中，稻谷播种面积1143亩，亩产427千克，总产量490吨；小麦播种面积45亩，亩产210千克，总产量9吨；大麦播种面积34亩，亩产206千克，总产量7吨；蚕（豌）豆播种面积10亩，亩产55千克，总产量1吨。2002年，张家村耕地面积748亩，均为水田，其中内地652亩，围垦96亩；农作物总播种面积1234亩，其中粮食播种面积436亩，亩产479千克，总产量209吨。粮食面积中有稻谷366亩，亩产530千克，总产量194吨；小麦70亩，亩产210千克，总产量15吨。

2010年后，境域土地被国家征用，粮食种植退出历史舞台。

蔬果花木 境域蔬菜品种有青菜、菠菜、芹菜、冬瓜、洋葱、茄子、大白菜、包心菜等。1996年，蔬菜播种面积71亩，总产量290吨。瓜类11亩，亩产总产量50吨。2002年，蔬菜播种面积340亩，总产量952吨。西瓜播种面积32亩，总产量88吨。花卉苗木播种面积386亩，其中，花卉150亩，苗木236亩；花卉园艺出售额350万元，其中，花卉150万元，苗木200万元。2007年，张家村蔬菜播种面积235亩，总产量588吨；苗木播种面积1550亩，苗木出售额775万元。2010年后，土地被征用，蔬菜、水果种植面积逐渐减少。

经济作物 张家村境域经济作物主要有棉花、茶叶、油菜。1949年，村域有油菜播种面积130亩，油菜籽亩产43千克，总产量15.2吨。1978年，有桑园面积14亩；茶园面积70亩，茶叶总产量1.75吨；有山林面积300亩，毛竹蓄积量1000株；封山育林面积52亩；种植桃子5亩，其他水果10亩。20世纪80年代后，实施家庭联产承包责任制，种植业趋向多样化。1996年，有油菜77亩，油菜籽总产量7吨；棉花播种面积38亩，总产量2吨；茶总面积100亩，茶叶产量4.1吨。2002年，有油料（花生）播种面积4亩，总产量1吨；棉花播种面积36亩，总产量2吨。2007年，茶园面积80亩，茶叶总产量7吨。2010年后，茶叶种植面积逐渐减少。

养殖业

历史上，张家村境域养殖业以养猪、养鸡为主。中华人民共和国成立后，村域养殖业有所发展，但由于受饲料等的制约，除养猪发展较快外，其余域均起色不大。改革开放后，养猪、养鸡、养鸭、养鱼等养殖业空前发展。

生猪 1978年，山三大队（张家村）生猪年末存栏数310头，出栏数198头，全年饲养量508头。1996年，生猪存栏163头，肥猪出栏243头，全年饲养量406头，猪肉产量15.8吨。2002年，张家村生猪年末存栏数195头，年内肥猪出栏数143头，全年饲养量338头。2007年，生猪存栏165头，肥猪出栏986头，全年饲养量1151头。猪肉产量69吨。

牛 境域养牛以养耕牛为主。1978年，牛年末存栏4头，均为耕牛。1996年，牛存栏2头，均为耕牛。2002年，牛存栏数4头。2003年后，由于缺乏草料、发展空间小，不再养殖。

家禽　1996年，张家村域家禽存栏9800羽，出栏1.3万羽；禽肉产量19.5吨，禽蛋产量700千克。2002年，家禽年末存栏数2730羽，其中肉禽1166羽、蛋禽1564羽；年内出栏数4916羽，其中鸡2821羽、鸭2095羽。2007年，家禽存栏2350羽，其中肉禽2093羽、蛋禽257羽；年内出栏5781羽，其中鸡3010羽、鸭2771羽。禽肉产量9吨。

水产　1978年，山三大队（张家村）渔场面积有100亩，产量4.5吨。1987年，有鱼塘105亩，放养家鱼3.6万尾，产鱼12吨。1996年，淡水养殖120亩，其中内塘20亩、外荡100亩，淡水产品产量20吨。2001年，张家村水产养殖大户承包村鱼塘200亩，养殖鲢鱼，产值10万元。2002年，有鱼类产量20吨，淡水珍珠产量200千克，淡水养殖面积200亩。2007年，鱼类产量为30吨。

山林开发

1999年，张家村有山林队专业人员35人，管养美女山北坡山林391亩，经营茶园69亩、柑橘13亩、杨梅62亩、板栗80亩、金橘5亩、葡萄1亩、杉木45亩、松杂木70亩、毛竹30亩、苗木4亩、柴山42亩。

第二节　工业

发展过程

20世纪70年代初，山三大队（张家村）先后成立队办企业山三砖瓦厂和山三五金厂。20世纪80年代，随着市场竞争加剧，微小村办企业产销不畅，资金周转不灵，先后倒闭。1986年之后，张家村家家户户加工草绳、草包。1996年后，村办企业通过股份合作、拍卖等方式，实施产权制度改革。至2000年，村办企业转制工作基本完成。2002年，张家村有工业劳动力189人、建筑业劳动力40人。2003年，村内企业有长河制线、明达车业、华伊包装3家，工业总产值560万元，利润22万元，税收40万元，职工42人，年人均工资1.62万元。2007年，有工业劳动力254人，工业收入2647万元；建筑业劳动力249人，建筑业收入317万元。2010年，境域有私营企业10家。

企业与产品

张家村工业起步较早，以小微企业为主，效益欠佳。1974年，山三大队投资7万元，建立山三砖瓦厂，职工30人。同年，大队投资1000元建立山三五金厂，职工11人。1978年，队办企业生产砖1万块、土瓦5万张、平瓦6万张。

1980年，大队投资1万元建立山三预制场，职工13人。1985年1月，张家村创办建筑机具厂，职工14人，股东3人，股金6000元，主要产品是夹尖。1985年，张家村个体企业产值为3万元。至1988年，村办企业有五金厂、食品厂、砖瓦厂、预制场4家，工业总产值57万元，年终亏损5万元；有职工153人，年人均工资918元。1996年，张家村有工业劳动力267人，其中镇办工业劳动力180人、村办工业劳动力52人、村以下工业劳动力35人，建筑业劳动力160人。村办企业有五金厂、石粉厂、开采队3家，工业总产值161万元（其中私营企业40万元），实现利润16万元，上缴税金12万元，以开采队效益最好。同年，村办企业萧山长河棉纺厂以30万元拍卖给杭州长河制线厂。

2000年，村办企业长河五金机械厂以10万元拍卖给杭州利美服装厂，杭州之江石英化工厂以50万元拍卖给杭州长河轻纺机械有限公司。2001年，全村有私营企业杭州明达车业有限公司、杭州长河制线厂、杭州龙申皮件厂、杭州华伊包装袋厂4家，其中杭州龙申皮件厂是出口企业，主要产品是自行车配件，包装袋、制线和出口票夹。2010年，全村有杭州万茂机械、杭州福力五金、杭州博亚纺织等8家工业企业。

第三节　商贸服务业

1953年，境域粮食实行统购统销，根据生产情况实行定额购销。1956—1976年，私营商业实行社会主义改造。20世纪80年代，改革商业体制，鼓励农民经商，商品呈现繁荣景象。20世纪90年代，商品取消票证，全部敞开供应。1996年，张家村从事交通运输、仓储业及邮电通信业劳动力26人，批发、零售贸易业、餐饮业劳动力10人。2002年，张家村从事交通运输仓储业及邮电通信业劳动力42人，批发零售贸易业及餐饮业劳动力32人，其他非农行业劳动力376人。2007年，从事交通运输仓储业及邮电通信业39人，批发、零售贸易业42人，住宿和餐饮业12人，其他非农行业153人；商业饮食业收入133万元，服务业收入522万元，其他收入85万元。

集体商贸服务业

中华人民共和国成立初期，国家对私营、个体商业采取保护政策，打击投机倒把活动，平抑物价，稳定市场，对私营、个体商业实行扶助改造方针。1956年，实行私营商业社会主义改造，大部分个体私营商户、小商小贩组建成合作商店和合作小组。1958年，个体私营小店合并为合作商店，隶属于长河供销社。20世纪60年代，设有供销社代购代销店1家，经销商品有日用品、五金机电、猪肉、禽蛋、蔬菜等，代购代销店安排2个人，利润全部上缴供销社，人员工资由供销社下拨。合作商店代销点规模较小，货源由供销社提供，主要供应糕点、糖果、烟酒等日用品，大部分凭票供应。1978年，山三村有饲料粉碎机3台、碾米机1台、茶叶机1台、轧花机1台，主要为社员生活提供服务。1984年，派购政策终止。1987年，张家村征购稻谷54吨。1990年，张家村建造农贸市场，位于沿山河南面，面积300平方米。20世纪90年代，农村代购代销店由个人承包经营。1995年，规范屠宰市场，设立定点屠宰场，屠宰点随即取消。

私营商贸服务业

1978年后，国家允许并鼓励待业青年、闲散居民和农村富余劳动力从事商业、服务业。市场和物价逐步开放，商品渠道畅通，个体商业迅速发展，市场上商品日渐增多，相继取消各种凭票供应的票证。1997年，随着城市化的推进，居民服务业迅速发展。2010年，境域有食品经营户3户、餐饮服务单位1户。

第四章　社会事业

中华人民共和国成立前，境域设有长河乡第二保国民学校设初小1个班。1960年，正式成立大队卫生室。20世纪80年代，村域建立大队俱乐部，设阅览室、乒乓球室、棋类室、广播室。1996年，张家村有在校中小学生78人。2003年，境域合作医疗站由长河街道社区卫生服务中心一体化领导，改名为长河街道张家村社区卫生服务站。2007年，张家村农村合作医疗收费7万元。

第一节 教育 医疗

教育

幼儿教育 1951年6月，村域始有幼儿教育。1956年，村域有集体办的托儿所。20世纪60—70年代，幼儿园停办。改革开放后，村域幼儿园相继恢复。附设于小学内，由小学管理。教师报酬以农业工分为主，经费由生产大队开支。1989年起，贯彻国家教委颁发的《幼儿园工作规程（试行）》，对3周岁以上学龄前幼儿实施保育和教育，学制3年。1996年，村域幼儿园（班）设三年制，按3周岁至未满4周岁，4周岁至未满5周岁，5周岁至未满6周岁编班，学制与班级管理渐趋规范。2001年起，幼儿园学制由3年下延至4年，即托班、小班、中班和大班。

中小学教育 民国37年（1948）2月，境域有长河乡第二保国民学校，设初小班1个，有学生46人，教师1人，校长沈达夫。同年9月，增至2个班级，学生86人。1949年5月，滨江区境域解放，长河区公所接管学校，恢复和整顿小学，废除旧的教育体制。1950年，村域设立1所小学。小学实行5年一贯制，取消分段制。1957年，增设劳动课，开办小农场，加强劳动教育。20世纪60年代，山三大队办起简易小学（耕读小学），办学形式为半日制，即半日读书、半日参加劳动。1976年，山三小学附设初中班，1983年并入茅山初中。20世纪80年代末，小学学制实行6年制。1992年起，小学试行浙江省义务教育新课程。1996年，张家村有在校中小学生78人。2007年，张家村有在校学生248人。

医疗

医疗机构 1958年，组建简易卫生室，选派社员1人参加萧山县接生员培训，回社后从事新法接生和妇幼保健工作。1959年，成立大队卫生室。1969年10月，大队卫生室改称为山三大队合作医疗站，实施合作医疗制度。1980年，萧山县进行乡村医生资格考试，医疗站1人经考试合格，获得乡村医生证书，改称乡村医生。1996年，村卫生室（医疗站）有房屋3间、120平方米，设有诊疗室、药库、药房、输液室，有急诊病床1张、躺椅2张。2003年，境域合作医疗站由长河街道社区卫生服务中心领导，村卫生室改称卫生服务站，地址为村委北面，有房屋3间，面积150平方米，设有诊疗室、药库、药房、输液室、急诊室，有医生2人。

妇幼保健 20世纪50年代初，村域开始推广新法接生。同时还开展产前检查，产后访视，孕期保健，及婴幼儿童预防接种工作。1967年起，推广住院接生。1978年，为儿童作健康检查，普遍服用驱虫药。20世纪80年代，张家村妇女保健与计划生育工作结合进行，以确保妇女健康为原则，全面推行孕产期保健，推行妇科病普查普治。2000年后，卫生室（医疗站）协助和配合上级医疗卫生部门，做好妇科病查治、婚姻保健、孕产妇系统管理、高危妊娠管理妇婴保健等工作。

合作医疗 1969年，山二大队参加合作医疗的社员，每人每年交纳医疗费2元，其中1元由大队公益金中开支，专款专用，资金不足部分由大队给予补。20世纪80年代后，张家村凡参加合作医疗的村民，医药费报销70%，自己负责30%。1994年起，实行以大病互助合作的风险型村民合作医疗保健制度，重点解决村民患大病、重病医药费负担过重问题。合作医疗基金采取村民个人、村、镇政府共同筹资的方法，逐年增加报销额度。张家村村民大多参加这一新型合作医疗。2003年，按户每人每年36元（“五保户”、特困户、残疾人的个人缴纳部分由村集体资金支付）作为合作医疗资金，长河街道、滨江区政府各以每人每年10元的标准资助，合计每人每年为56元。凡参加合作医疗者均可在该年度享受境域医疗站内门诊药费65%左右的报销，对住院期间符合报销范围的费用实行分级分段定额报销制度。2007年，张家村农村合作医疗收费7万元。

第二节 文化 体育

文化

文化设施 20世纪50年代，张家村只有简陋的文化活动场所。20世纪60—80年代，山三大队建立俱乐部，并逐渐增设阅览室、乒乓球室、棋类室、广播室、夜校等。1983年，俱乐部新增添连环画册、各种报刊、乒乓球台、电视机，以及羽毛球等。2003年，加大对群众文艺活动的投入，建设老年（少儿）活动室、电子阅览室（图书馆）等，其中电子阅览室由专人负责管理。2010年，图书室有1000多册书籍。

文化活动 民国时期，村民在元宵节舞龙灯、走马灯，祈祷一年的风

调雨顺、五谷丰登。中华人民共和国成立后，乡里剧团和秧歌队常到村里编演节目。20世纪90年代，每逢双休日、节假日，村开放阅览室、乒乓球室、棋类室和电视机室，以丰富、活跃村民的文化生活。进入21世纪，村域落实开展群众性文化、体育活动的经费，经常性地举办适合农村实际的文体活动。

体育

学校体育　中华人民共和国成立初，由于设施简陋、条件有限、体育课主要是开展跑步、体操、跳高、跳远、跳绳等活动。1958年，学校体育活动逐渐被劳动所替代。1977年起，学校体育活动逐步恢复正常，保证学生每天至少有1小时的体育锻炼时间。20世纪80年代起，注重体育课教学质量，组织学生进行跳高、跳远、跑步、掷铅球等田径活动，定期进行达标测试和视力检查。2000年后，学生每年参加滨江区中小学运动会，进行各种体育项目比赛。

群众体育　1959年，村域原有井堂庙改作会堂，兼作简易的体育活动场所。1964年，山三大队俱乐部建立后，组织群众开展拔河、乒乓球、篮球、棋类等项目的体育比赛。20世纪80年代后，举办跳橡皮筋、踢毽子、套圈、投飞镖和自行车慢骑等趣味项目比赛。21世纪后，村民重视身体健康，经常在公园、大礼堂进行歌舞活动。

第五章　民情风物

中华人民共和国成立后，村民生活逐步得到改善。改革开放后，村民生活水平明显提高。1996年，村民年人均纯收入6636元。滨江区成立后，城市化进程带动村民经济收入大幅度增长，大多数家庭拥有高档电器，安装电话机，成年人随身携带手机。不少村民还拥有摩托车、小轿车，基本达到小康生活水平。2010年，全村年人均纯收入1.3万元。

第一节　收入与消费

村民收入

中华人民共和国成立初期，张家村经过土地改革和农业互助合作，农业生产基本得到恢复和发展。1955年，初级社时期，社员年终人均经济分配现金收入64元。1978年，社员年终人均经济分配现金收入138元。1983年后，实行家庭联产承包责任制，农民先后进入第二、第三产业，由社员变为企业职工，报酬大幅增加。1987年，年人均纯收入增至882元。1990年，年人均纯收入1449元。滨江区成立后，城市化建设推动农村工薪收入、财产性收入、转移性收入占比增加，人均纯收入不断增长。1996年，张家村村民年人均纯收入6636元，2002年，达到9070元。2007年，达到1.22万元。2010年，达到1.3万元。

粮油分配

1955年起，村域严格实行国家粮食定产、定购、定销政策。1965年，社员年人均口粮278千克。1970—1978年，山三大队设有储备粮仓。集体生产的粮食，在完成国家交售任务及留取种粮、饲料粮、储备粮和其他用粮后，其余作为社员口粮，大部分按人口定量分配，少部分按劳动工分（含土肥投入结算工分）分配。1979年，社员年人均口粮426千克，食用油则由集体以油菜籽榨油后，按人口计划定量分配。1983年，实行家庭联产承包责任制，张家村不再进行粮油分配。

村民消费

饮食 村民饮食以大米为主，面食为辅。1978年，年人均支出115元。改革开放后，随着经济的发展，收入的增加，张家村农民的饮食消费逐渐向“吃得好”转化。1983年，村民年人均食品消费支出320元。20世纪90年代后，村民生活水平持续提高，食品种类也呈现多样化趋势，由过去以素食为主转变为荤素有机搭配随意食用。2000年，村民年人均饮食消费为1390元，2006年增至2418元。2010年，增至3333元。

住房 民国时期，居民生活艰辛，村民极少有盖新房。中华人民共和国成立后，没收地主的多余房屋分配无房的贫苦农民居住。20世纪80年代后，村民开始建造楼房。1985年，张家村人均住房面积23.4平方米。1990年，为37.02平方米，房屋以钢筋混凝土结构为主。21世纪初，村民建房不断提高档次，追求坚固、美观和舒适。2005年，村民年人均居住消费支出1140元。2010年，此项支出为2600元。2011年，村民人均居住面积50多平方米。

用具 村民用具随着时代的前进与时俱进。1987年，张家村农户有摩托车3辆、电视机86台、收录机78台、电冰箱6台、缝纫机216辆、自行车430辆、电风扇300台、手表800只、照相机1台。20世纪90年代后，村民家庭逐步用上燃气灶、电饭煲、电冰箱、不锈钢餐具和新型卫浴设备，沙发、席梦思、空调、电脑成为新时尚。滨江区成立后，城市化进程加快，农村居民日用消费品逐步高档化。2000年，张家村农户家庭生活用品及服务人均消费支出163元，每百户拥有电冰箱46台、洗衣机34台、空调8台、彩色电视机86台。2005年，农户家庭生活用品及服务人均消费支出300元。2007年，每百户拥有摩托车50辆、汽车12辆。2010年，村民家庭生活用品及服务人均消费支出512元，每百户拥有电冰箱95台、洗衣机82台、热水器83台、空调110台、彩色电视机180台，每百户家庭拥有汽车14辆、摩托车65辆。

第二节　宗谱　古迹

《萧山张氏宗谱》

谱籍地长河张家村。清光绪二十五年（1899）纂修，百忍堂木活字本，族裔珍藏。内页刊“萧山沿山张氏宗谱”（张家村在长河东南癞子山北，故名沿山张氏）。该谱共6卷。卷一为诰敕、凡例、序跋、传、表、记、志，卷二、卷三为系图，卷四至卷六为行传。另有总公簿一册。迁居张家村前，萧山县城崇化里张氏第11世张子俊根据叔翁口授和族中搜集，辑成《萧山张氏族谱》初稿。后其侄子张晟在此基础上修成《张氏家谱》，请84岁高龄的魏骥（萧山人，曾任明正统朝南京吏部尚书）作序。清咸丰十一年（1861）因战乱，张家村各房派草谱毁坏过半。光绪年间（1875—1908），第23世、太学生张惠邦（1845—1898），偕族人追叙本支，旁搜博考，手录《萧山张氏宗谱》谱稿，稿成人去。翌年（己亥年）付梓。

据记载，张氏为轩辕黄帝之后裔，因始制弓矢，子孙赐姓张，以清河（河北）为郡望。南宋初，河南大梁人张善伯（1056—1139），随驾宋高宗南渡，官历校书郎、大理寺丞、吏部尚书，徙居萧山崇化里南河，为萧山张氏始迁祖。第9世张钢（1322—1408），明代乡大宾，为守父墓迁居龟山之阳，称居（龟）山张（萧山区城厢街道东湘社区）。第13世张富，字大有，行茂十，由居（龟）山张迁居华妃村，发族后村民为张家村，为张家村始迁祖。张家村张氏仍继崇化里行第，后裔析居四周。第14世即张家村第2世张圆徙居张家里，第16世张文画徙居姚家坞，第21世、太学生张雄秀徙居东湖塘，太学生张雄文徙居庙后王。清光绪二十五年（1899）修谱时，张氏已传至第26世，即张家村第14世。

井堂庙

井堂庙位于张家村域内，因庙基南临水井，故名。始建于明永乐年间（1403—1424），相传是河南西堡随迁人群传入。原址在张家村桥里井边，面积约500平方米。1959年，改作大队会堂，后又改为小学校舍。迁至美女山下，占地面积约800平方米。

第三节 名物 名人

桂花茶

张家村是长河桂花茶的主产地之一。桂花茶选用上等夏秋茶（也有春茶）为坯料，采收八月的金桂、银桂，用特种技术窨制而成。外形扁平光直，色泽翠绿，汤色绿明，滋味醇爽，香气清雅芬芳。该茶具有明目提神、消食除腻、利尿解毒、减肥健美的功效，是花茶中的珍品。2000年，在杭州市农产品展销及新技术新品种交易会上，获杭州市人民政府颁发“优质农产品金奖”；2001年，在日本中国茶协会国际名茶品评会上获“国际名茶金奖”；2002年，在中国精品名茶博览会上，获“中国名茶精品博览会金奖”。2002年4月，在杭州市首届春茶节上，被杭州市茶业协会、杭州市农业局评为“杭州十大名茶”，与“西湖龙井”、千岛玉叶齐名。长河桂花茶已形成“开发有基地、生产有标准、销售有品牌、管理有协会”的良好条件，初步实现产业化生产和规范化管理，张家村等7个林茶场成为滨江区优质茶叶生产基地。

张富

张富（生卒年不详），字大有，明正统年间（1436—1449）由萧山龟山张（萧山区城厢街道东湘社区）迁居长河华妃村发族，易村名为张家村。张富为张家村始祖，生五子为双泉、仰泉、越泉、龙泉、圆泉，生一女嫁傅家。

第14世（即张家村二世）孙为张富幼子张圆泉，行孝五，迁居邻村张家里（萧山区闻堰街道山河村小张家），成为沿山孔小张家的始祖。第16世孙张文画，字文华，行长五，徙居邻村姚家坞（萧山区闻堰街道山河村姚家坞），成为沿山孔姚家坞张氏的始祖。

专 记

美女山

美女山位于长河街道西南部与萧山闻堰街道交界处，在汤家井和张家村两个村境域内。南麓濒临湘湖，主峰与老虎洞山相连，海拔143.8米。美女山，当地百姓叫画眉山（也称华眉山）。民国《萧山县志》载："湘湖四面皆山，其北侧有青山、画眉山、越王城山。"画眉，是一种鸟名，身上部绿褐色、下部棕黄色，腹部乳白色，头、后颈和背部有黑褐色斑纹，有白色眼圈，叫的声音很好听。相传原此山森林茂盛，自然生态环境极佳，是画眉栖息繁衍的好地方。山下百姓常见画眉出入，常闻画眉悦耳动听的叫声，古称"画眉山"。那么为何又称"华眉山"呢？这与其山北麓的张家村有关。张家村古名华妃村。华妃系秦始皇宠妃。据载：公元前210年，秦始皇出游至会稽山祭大禹，归途中有妃子病卒，埋葬塘子堰井山湖中的珠山。由于妃子墓在珠山（又名石井山），皇上派专人前往守护，于是在离石井山不远的美女山北麓住下，繁衍发族逐成村庄，因妃子姓华，故名华妃村。又因美女山形如华妃之眉，故称"华眉山"。其实"画"与"华"为同音，所以，画眉山被叫作华眉山也在情理之中。那么又为何称"美女山"呢？美女山树木葱茏，云雾缭绕，相传有美女隐居佛院，修渡成仙，故称"美女山"。另说，找到最佳位置，远远望去，山峰相连，酷似一位长发披肩、鼻梁高挺、首东脚西，挺胸仰卧的美女，故名美女山。

由于美女山是块风水宝地，因而建有许多坟墓和寺庙。美女山南麓有一处叫美女山凹的山坞内，筑有明代长河来氏著名孝子来衡的墓。美女山北麓的延庆寺，建于南宋淳祐元年（1241），原建有天王殿、大雄宝殿、后大殿三院，僧房数十间，鼎盛时，有僧500多人。《长河镇志》载："延庆寺俗称前王寺，在张家村，背依美女山，面临街道河，原有三进，外加厢房……”几经废复，后复建大佛殿，整修中殿、膳房等。延庆寺依山傍水，环境清静，为文人墨客宴游之地，寺前曾有“古聚贤桥”可见一斑。元末时，华克勤（字无逸，萧山人）在此隐居读书，明洪武十年（1377），举贤良方正，任山西布政使，后出使日本国。山南有“后王寺”，又称“柳王寺”，佛会接踵，香火颇盛。明代长河先贤来励《游后王寺》：“芒鞋款款步苍台，无限尘襟一笑开。云气千峰还梵苑，雨华双树落经台。鹤驯自识巢边数，僧老浑忘世上埃。徒倚栏杆诗兴远，不须岩雨更频催。”“雨华双树落经台”句中的“双树”指庙前大路边两棵主干粗大（要3个成人手拉手，才能勉强抱住）古樟树，虽历经沧桑，仍枝稠叶茂，生机勃勃，只是庙宇之规模远远不及旧貌。

美女山之“美女”头枕山形奇特，岩石向左右两边翘起，如大雁落水，雄鹰扑食，十分壮观，俗称“老鹰扑食”。远远望去，又如一把太师椅，风水极佳。“老鹰扑食”对面，又有一山，山顶呈圆形，中间低，四周高，成鸟窝状，俗称“天鹅孵蛋”。据说明代在天鹅孵蛋山西麓有一条柳塘河（因两岸堤上栽有柳树，故名），河西岸山坡上有一座土地庙，叫“柳塘庵”。当时有位“黄竹山公”（嘉靖朝曾任工部主事），听了风水先生“葬在柳塘庵上三代相，埋在柳塘庵边上三代将”的话，于是大兴土木，拆庙填河，引起天怒，这天雷电交加，打掉“老鹰扑食”山头的一只“翅膀”。黄竹山公感到“民怨沸腾，天理难容”，立即采取补救措施，雇佣民工，在天鹅孵蛋山坞里重修柳塘庵，同时在天鹅孵蛋山东麓与陆家山西麓之间开凿新河，重建堰坝，引湘湖水灌溉农田，解决百姓干旱之苦。堰称塘子堰，河名塘子堰河，后有塘子堰村。于是，“填煞柳塘坝，开通塘子堰”的故事代代相传。

汤家井村位于滨江区的最南端，东邻塘子堰村，西邻张家村，南与美女山、狮子山相依，北接汤家桥村、山一村，面积1.4平方千米。

汤家井村在滨江区的位置

来楚生　芭蕉小鸟

第十七编　汤家井村

概　述

汤家井村位于滨江区的最南端，面积1.4平方千米。1955年，为汤家井初级社。1958年，为沿山生产大队。1961年，为汤家井大队。1968年，为红卫大队。1981年，复为汤家井大队。1984年，为汤家井村。下辖汤家井、河口孙、石板庄、王家滩、杨桃弄、湖里王、狮子山、陈家埠8个自然村。1996年，汤家井村总户数311户，总人口1140人，其中非农业人口9人。

境域是典型的水乡平原稻作区。1949年，有耕地面积608亩。1978年，有集体耕地644亩。20世纪80年代初期，实行家庭联产承包责任制后，村域出现大量富余劳动力。大队投资1426元筹建红卫五金厂，投资3770元筹建红卫鞋底厂。2003年，村内有福泰工具、科发电子等私营企业9家，完成工业总产值1062万元。2010年，全村经济总收入5569万元。其中，农业收入750万元、工业收入2591万元、建筑业收入132万元、运输业收入143万元、商业饮食业收入60万元、服务业收入1531万元、其他收入274万元。在经济发展的同时，汤家井村的村庄建设不断推进，所有道路均为沥青路面或水泥路面，在主要道路上安装路灯，完善公共厕所建设。在入村口建设沿河公园，建立村民健身点，汤家井村被评为杭州市级卫生示范村。2011年2月，汤家井村被撤销，成立汤家井社区。

第一章　基本村情

汤家井村位于长河街道南部，东邻塘子堰村，西连张家村，南与美女山、狮子山相依，北连汤家桥村。面积1.4平方千米。1949年6月，境域成立农会。1955年，为汤家井初级社。1961年，为汤家井大队，1968年，为红卫大队。1981年，复为汤家井大队。1984年，为汤家井村。1996年，辖8个自然村，总户数311户，总人口1140人，其中来姓人口最多。2011年2月，汤家井村被撤销，成立汤家井社区。

汤家井村注重环境保护，山清水秀，全村所有道路都浇好沥青路面或水泥路面。全体村民100%参加新型农村合作医疗。2003年、2004年被评为区级卫生先进单位，2006年被评为杭州市级卫生示范村。

第一节　区位　地貌　村落

地理位置

汤家井村位于滨江区的最南端，东邻塘子堰村，西邻张家村，南与萧山区接壤，北接汤家桥村和山一村，面积1.4平方千米。

地形地貌

境域为水网平原地区，河流纵横，宜种粮食作物。全村内地有耕地631亩，以种植水稻为主。主要山峰为狮子山，山体成分主要是熔岩、火山碎屑岩、砂岩，由昔日海中岛屿演化而来，有山林736亩，以培育茶林、果木为主。主要河流有映翠河等3条。

狮子山　在汤家井村，西与美女山相望，南临湘湖，并延伸至萧山区，为古连山（青山）之尾，因山状酷似一卧狮，故名。清康熙《萧山县志》卷五：“狮子山，高峦耸起，曰连山，长冈九里。《旧经》云：秦始皇欲置石桥渡浙江。石柱数十列于江际，今山址去江数里，无考。”狮子山海拔120米，面积12.9公顷，东北麓有狮子山休闲农庄。明代王守仁《狮子山》诗：“残暑须还一雨清，高峰极目快新晴。海门潮落江声急，吴苑秋深树脚明。烽火正防长骑入，羽书愁见朔云横。百年未有涓埃极，白发今朝又几茎？”

映翠河　位于白马湖南偏西。曾名沿山河，后因白马湖建设重新规划河道，将其命名映翠河，以河两岸翠绿成荫而得名。映翠河东起塘子堰河，向西南至滨江区和萧山区交界处。河长1.96千米，河宽30米，流经汤家井村。

流光河　在长河街道南部，白马湖西南。流光河东起长江路，西至时代大道323号，河长2.61千米，河均宽50米，过汤家井村。

福瑞河　位于白马湖南偏西。河长1.36千米，河宽60米，过汤家井村。

汤家井　山坡上、下有2口古井，村因井而名。当地称山坡上井为“上顶头井”，水深5米，蓄水量约1吨，矿泉水质，为村民饮用水；山下井称“下底头井”，水深5米，蓄水量约2吨，矿泉水质，村民饮用水。开凿时间失考。村中戴姓、来姓居多，当地传称上顶头井为戴氏所挖，又名“戴家井”，下底头井为来姓所开，亦称“来家井”。

自然村

1990年，汤家井村辖河口孙、杨桃弄、石板庄、湖里王、大王家滩、小王家滩、汤家井、狮子山8个自然村，有8个村民小组，308户1109人。

河口孙 汤家井村委会驻地，位于长河街道办事处驻地东南2.9千米，有19户72人，以孙氏为大姓。聚落沿天鹅孵蛋山西麓呈块状分布。村民曾以编织草包为副业。该村原建于河口旁，以孙氏聚居，故名。

杨桃弄 位于长河街道办事处驻地东南3.6千米，有21户87人，以夏氏为大姓，孙姓为次。夏姓约清咸丰年间（1851—1861）从西兴夏家里迁入定居成村，有130多年。聚落三面环山呈块状分布。因村落位于癞子山与狮子山之间山岙处，形似长弄，两旁原多植杨梅、桃树，故名杨桃弄。

石板庄 位于长河街道办事处驻地东南2.2千米，有16户64人，以傅氏为大姓，聚落三面环山呈块状分布。村民以杨梅、茶叶生产为副业。相传，村域来姓始居者石块砌成庄屋，发族成村后，故名石板庄。

湖里王 位于长河街道办事处驻地东南3.5千米，有17户66人，以傅姓居多，汪姓为次。聚落在狮子山北麓呈块状分布。村域副产为茶叶、杨梅。村落原为王氏聚居，后衰亡。因村落在湘湖北侧，故名湖里王。

大王家滩 位于长河街道办事处驻地东南3.7千米，有9户25人，以夏氏为大姓。聚落在狮子山北麓呈块状分布。村民多数为乡镇企业职工。村建于湘湖滩旁，且对面有个小王家滩，故名大王家滩。

小王家滩 位于长河街道办事处驻地南3.6千米，有7户29人，以孙姓居多，傅姓为次。聚落沿狮子山北麓呈块状分布。村民部分曾以编织草包为副业，部分在村办、乡办企业中工作。该地原为王家小房所建坟庄屋，并在滩涂旁，故名小王家滩。

汤家井 位于长河街道办事处驻地东南2.7千米，有106户718人，以来姓居多，依次为戴姓、凌姓、姚姓。聚落沿癞子山北麓呈带状分布。早期河兜里汤氏遣人在此筑坟庄、开山地，凿井取水，人称汤家井，村以井命名。村内有井18口。

狮子山 位于长河街道办事处驻地东南4千米，有6户28人，周姓居多。聚落沿狮子山南麓呈块状分布。村民多数在乡办、村办企业工作。村以山得名，因村北有狮子山，故名。

2011年2月，汤家井村改设汤家井社区后，河口孙、湖里王、狮子山、石板庄、汤家井、王家滩、杨桃弄等自然村成为农居点。

第二节　建置沿革

行政区划

北宋太平兴国三年(978)，萧山全县设15个乡，110个里。村域属夏孝乡，元至元十六年（1279），改乡为都，改里为图。夏孝乡改称三都，下辖11图。村域属三都十图。清宣统二年（1910），清政府撤都图改为区乡建制，萧山县划为1个区、28个乡，村域属西兴乡。

民国18年（1929），推行乡里制，百户以上设村，村域属萧山县第二区长河乡。民国21年（1932），全县区划调整，长河改设长河镇，村域属萧山县长河镇。民国23年（1934），推行保甲制，长河撤镇改为乡，村域属萧山县长河乡。民国36年（1947），萧山县撤销区建制，进行乡镇并编，长河又改乡为镇。村域属长河镇第二保。

中华人民共和国成立后，1950年10月，汤家井村域属西陵乡。1955年，汤家井初级社成立。1956年4月，农业合作化高潮中，建立西陵乡汤家井高级农业生产合作社（简称“汤家井高级社”）。1958年10月，人民公社化运动中，长河区改名为长河人民公社（简称“大公社”），汤家井村域属长河公社沿山生产大队。1959年，村域属长河人民公社西陵管理区沿山大队。1961年3月，撤销大公社，原长河大公社分成5个小公社，村域为山河公社汤家井生产大队。1968年，汤家井大队改名为红卫大队。1969年2月，山河公社撤销，红卫大队并入长河公社。1971年2月，萧山县区划调整，设立城北区，长河公社隶属城北区。村域属城北区长河公社。1981年，红卫大队改为汤家井大队。

1984年3月，改公社为乡，改大队为村。汤家井大队称汤家井村，属城北区长河乡。1985年6月，长河乡改为建制镇，村域属城北区长河镇。1992年5月，萧山市撤区扩镇并乡，城北区撤销，村域属萧山市长河镇。1996年5月，杭州市区划调整，将西兴、长河、浦沿3个镇划入杭州市西湖区，村域属杭州市西湖区长河镇。1996年12月，以西兴、长河、浦沿3个镇所辖区域成立滨江区，村域属杭州市滨江区长河镇。2002年6月，杭州高新技术产业开发区与滨江区合并，汤家井村归杭州高新区（滨江）管辖。2003年12月，滨江区撤镇建街道，汤家井村属滨江区长河街道。2011年2月，滨江区撤销汤家井村，改设汤家井社区，仍属滨江区长河街道。

基层组织

中共基层组织　1955年，汤家井村域第一个党支部建立，有党员10人，书记来培兴。2010年，汤家井村党支部下辖4个党小组，有党员43人。

村民自治组织　1949年5月，境域成立村行政委员会，第一任村长凌近木。1955年11月，境域有3个初级农业生产合作社。1956年10月，境域高级农业生产合作社建立。1958年10月，汤家井高级农业合作社隶属沿山生产大队。生产大队既是生产组织，又是行政组织。1961年，村域为山河公社汤家井大队，成立大队管理委员会，负责集体经济和行政事务管理。1968年，汤家井大队改为红卫大队，成立大队革命委员会取代管理委员会。1978年10月，红卫大队管理委员会重新建立。1981年，红卫大队改名汤家井大队。1984年4月，汤家井村村民委员会成立。

经济管理组织　1991年，汤家井村成立经济合作社。1996年，汤家井村经济总收入527.23万元，净收入367.13万元。2007年，农村集体经济收益合计3272.11万元，全年净收入1104.36万元。2010年，经济总收入5569万元，净收入2508万元。

第三节　人口　姓氏

人口

中华人民共和国成立以后，村民生活条件不断改善，人口逐渐增加。1978年，红卫大队有5个生产队，总户数240户，总人口1093人，其中，男性529人、女性564人，迁入2人、迁出15人，出生12人、死亡15人。1996年，汤家井村总户数311户，总人口1140人，其中，非农业人口9人；男性584人、女性556人；出生20人，其中男性10人、女性10人；死亡3人，其中男性2人、女性1人；迁入市区1人、省内迁入1人、省外迁入1人；迁往市区3人、迁往省内4人。乡村实有劳动力876人，其中男劳动力474人、女劳动力402人。21世纪初，“少生、优生、优育”的新生育观念，被村民广泛接受，人口出生率明显下降。2010年，汤家井村总户数335户，总人口1316人。

其中，非农业人口1291人；男性640人、女性676人；18周岁以下263人、18～35周岁284人、36～60周岁544人、60周岁以上225人；出生22人，其中男性14人、女性8人；死亡8人，其中男性3人、女性5人；迁入8人，其中省内迁入5人、省外迁入3人；迁往省内1人。村民小组8个，农村从业人数710人，其中男劳动力365人、女劳动力345人。

姓氏

分布 1994年，汤家井村有村民小组8个，村民309户1145人。全村有姓氏67个，其中来氏为多，有285人，主要聚居在汤家井自然村。2010年，境域姓氏有89个，人口较多的姓氏：来姓319人，主要分布在第1组、第3组、第6组、第7组、第8组；戴姓299人，主要分布在第1组、第2组、第6组、第7组；孙姓110人，主要分布在第4组、第5组。

戴姓 萧山戴氏始迁祖为戴姓第40世孙、南朝齐的戴僧静。戴僧静破北魏军有功，受封为建昌侯，累官至高平（江苏境内）太守，后始居萧山道源里，为萧山始迁祖。该村戴姓在从清道光年间（1821—1850）从萧山章潘桥村迁入。2010年，汤家井有戴姓299人，主要分布在第1组、第2组、第6组、第7组。

第二章 村庄建设

中华人民共和国成立后，村域重视村庄建设。20世纪80年代后，村民陆续建造新房。2010年，汤家井村被征地面积35.66亩。境域主要道路为腾龙路、天马路、映翠路等。

第一节 新农村建设

中华人民共和国成立后，村民依靠集体经济，生活逐步改善。20世纪60—70年代，村容村貌逐步发展。改革开放后，村落经济发展加快。20世纪80—90年代，村民纷纷翻建楼房。至2011年，境域马路宽阔，环境优美。

交通

腾龙路 南起映翠路，北至白马湖路，长1.54千米，宽20米，寓小白龙腾飞之意，故名，2011年命名。沿路有长河中心幼儿园冠山园区、白马湖小学等。腾龙路境域段长1千米，起点映翠路，终点输水河桥。

天马路 东起长江路，西至南川路，长2.55千米，宽20米，路近白马湖，故名，2011年命名。天马路境域段长800米，起点在善言路口湘北桥，终点在华数支路。

映翠路 东起井山坞路，西至萧山区界，长1.74千米，宽20米，沿路山水相映成趣，翠柳滴翠，生机盎然，故名，2011年命名。映翠路境域段长1.2千米，起点在映翠桥，终点在善言路口。

汤堰路 南起萧山区界，北至映翠路，地处塘子堰、汤家井两社区交界处，故名，长1.36千米，宽9米。汤堰路境域段长1.3千米，起点在映翠路，终点在越王路。

环塘路 南起汤堰路，北至汤堰路，为"U"字形路，因环古地名柳塘而建，故名。长1.1千米，宽9米，2011年命名。环塘路境域段全长900米。

南滨路 南起汤堰路，北至环塘路，为"U"字形路。位于滨江区最南端，濒临湘湖，故名。南滨路境域段长400米。

河口桥 位于长山河与深河交界处，连接汤家井村村道。长10米，宽6米，高5米，为石拱桥，1988年重建。因位于深河河口，故名。

丰产桥 横跨刺梭河，连接汤家井村至张家村村道。长20米，宽12.5米，1978年修建，1999年重建。

公用事业

电力 20世纪60年代前，汤家井村民照明工具主要是菜油灯、煤油灯或蜡烛。1961年，电力分线向各个自然村落延伸。1972年，进行第一次电力整网。1993年，对全村范围的电力线路进行整改，实现24小时供电。1996年，农村用电量57万千瓦时，其中农用排灌用电量5万千瓦时、村办企业用电量36万千瓦时、农民家庭用电量16万千瓦时。2010年，农村用电量125万千瓦时，其中农业排灌用电量3万千瓦时。

有线广播 1953年，境域开始安装有线广播。1958年，长河建立广播站，广播线路架到各个生产大队。1969年，建立广播室。1981年，喇叭更新换代。后随电视迅速普及以及城市化进程中民房拆迁，村民广播需求渐渐减弱。

有线电视 20世纪80年代中后期，村民开始购买彩色电视机。20世纪90年代初，开始有线电视网的建设。1996年后，有线电视线路接入低压线桩。2010年后，全村普及有线电视。

通信 1951年前，村民发电报要到长河、西兴集镇或出湘湖到萧山城区邮政机构办理。1955年设长河邮电局，电报由邮政投递员送到村民手中。20世纪80年代后，电报的收发量锐减。1987年后，电话机开始进入百姓家中。2010年，手机得到普及。1998年，境域开始拥有电脑。2000年后，推进网络设施建设。2010年后，互联网得到普及。

邮政 中华人民共和国成立初，长河、西兴集镇设有邮政代办所。村民寄信要去长河或西兴。1963年后，长河邮电局在村设有信箱，由小店代销邮票，社员寄信不再去长河或西兴。社员家庭或生产队所订的报纸、杂志，由邮递员送到各生产队。

供水 20世纪80年代前，境域村民主要饮用水是池塘水、“天落水”（天然雨水）。1992年，汤家井村开始集资安装自来水，村民每户出资500元，当年实现供水。1996年后，随着村民进入小区居住，用水由水务公司管理，实行“一户一表”，计量收费。

村办公房 20世纪50年代初，境域基本上没有专门的办公用房。1958年10月，长河人民公社成立后，建造大队办公用房。1965年，在河口孙新建汤家井大队办公用房，房屋4间，面积200平方米。1971年，修建汤家井大会堂，地址河口孙，面积200平方米。20世纪80—90年代后，汤家井村委会办公楼地址位于河口孙，面积250平方米。

第二节 土地使用

土地制度

中华人民共和国成立前，境域多数土地被地主、富农或官绅占有。1950年10月，境域开展土地改革运动，没收地主、富农多占的土地分配给缺地农户。1983年后，推行家庭联产承包责任制。1996年，汤家井村签订农业承包合同310份，承包耕地657亩，上缴各业承包金2.61万元。1997年，村域土地实行有偿承包，承包款每亩30元。2007年，有家庭承包经营户315户，承包经营耕地面积357亩。

土地类别及利用

汤家井村境域土地类型可分耕地、园地、林地、宅基地、工矿用地、交通用地及未利用土地七类。1956年，农民土地收归集体耕种。2003年后，白马湖景区开发启动，汤家井村耕地被大量征用。2010年，汤家井集体所有农用地总面积1210亩，其中，耕地46亩、园地64亩、林地800亩、其他300亩。

土地征用

1991年6月后，汤家井村被征用耕地补偿费标准为该耕地征用前3年平均产值的3～5倍，征用非耕地按耕地的50%补偿。2009年5月后，执行《滨江区征收集体所有土地补偿实施办法》，按照“以村（社区）定苗、统一补偿”的原则进行青苗补偿。2010年，汤家井村集体经济组织留地安置指标以2002年统计年报中的农业人口（含“农转非”人员）为基数，按15平方米（净地面积）每人为标准确定。同年，全村被征用土地面积35.66亩，拆迁农户20户，企业1家。被征用土地主要用于建设腾龙路、映翠路、网易三期、华数集团、映翠雅苑小区。

第三节　围垦土地

顺坝围垦

顺坝围垦又称先锋围垦或五堡围垦，分内线、外线2期进行。内线围于1970年11月，长河公社共围得土地817.1亩，外线围于1986年冬，共得地195亩。两期共1012.1亩。汤家井村分得顺坝围垦土地15亩。1997年，经滨江区政府与萧山市政府协商并签订协议，将顺坝围垦土地划归萧山市，汤家井村在顺坝的土地同时划出。

萧山大围垦

东江围垦又称第12工段围垦，由萧山县统一指挥，长河公社镇组织下属大队共参加4期，分一围（又称老围）、二围（新围）。到1978年底，长河公社共得毛地2906亩，分配给12个生产大队。1981年，围垦土地相继承包给承包大户耕种，村每年向承包户收取承包金，每亩每年10～20元。1991年，每亩土地承包金最高每亩40元。1999年，承包户相继退出。

第三章　村域经济

20世纪60—70年代，境域开始有工业，以手工业作坊为主。1978年，汤家井村经济总收入23.23万元，包括农业12.99万元、林业1.16万元、副业6.16万元。1979年，大队投资1426元筹建红卫五金厂，投资3770元筹建红卫鞋底厂。20世纪80年代，实行家庭联产承包责任制后，各业经济加快发展。1985年，第二、第三产业从业劳动力首次超过第一产业从业劳动力。2003年，村内有福泰工具、科发电子等私营企业9家，完成工业总产值1062万元。2010年，经济总收入5569万元，包括农业收入750万元、工业收入2591万元、建筑业收入132万元、运输业收入143万元、商贸饮食业收入60万元、服务业收入1531万元、其他收入274万元，净收入2508万元，上缴税金57万元，企业各项留利50万元，人均所得14838元。全村资产总额3289万元，其中流动资产2337万元、固定资产952万元。

第一节　农业

汤家井村域属江南水乡平原稻作区。1978年，实现农业产值12.99万元、林业产值1.16万元、畜牧业1430元、渔业40元、副业6.16万元。1996年，有耕地面积687亩，其中水田656亩、旱地31亩。农作物总播种面积1412亩，其中粮食作物播种面积1202亩，总产量482吨。2010年，农业收入750万元。

种植业

汤家井村域主要种植粮食作物，有小麦、大麦、蚕（豌）豆、水稻等。1949—1957年，村域耕地面积600亩左右。1978年，有集体耕地644亩，社员自留地57亩；粮食播种面积1711亩，总产量545.8吨。其中：小麦播种面积52亩，总产量9.5吨；大麦播种面积239亩，总产量39.5吨；蚕（豌）豆播种面积63亩，总产量7.1吨；水稻播种面积1231亩，总产量479.45吨；油菜播种面积126亩，油菜籽总产量10.25吨。

1996年，汤家井耕地面积687亩，其中水田656亩、旱地31亩。农作物总播种面积1412亩，其中粮食作物播种面积1202亩，亩产401千克，总产量482吨。

2010年，农作物播种面积380亩，蔬菜播种面积160亩，苗木播种面积220亩。此后，境域土地被国家征用，种植业逐渐退出历史舞台。

养殖业

汤家井境域畜牧业以养猪、养鸡为主。中华人民共和国成立后，受各级政府鼓励，汤家井村域农业养殖业不断发展。20世纪70年代前后，集体畜牧场和社员家庭齐头并进，养猪业加快发展。家禽养殖主体则仍为社员家庭。改革开放后，养猪、养鸡、养鸭、养鱼等养殖业空前发展，并出现专业户。1996年，全村生猪存栏221头，出栏399头，年饲养量620头；羊存栏35只，出栏20只。猪肉产量25.94吨，羊肉产量300千克；家禽存栏2200羽，出栏1500羽；禽肉产量22.5吨，禽蛋产量70吨；淡水养殖面积80亩，淡水产品产量7吨。2010年，生猪出栏3300头，饲养量3300头；羊存栏1000只，出栏1000只；家禽（鸡）出栏1.1万羽；猪肉产量231吨，羊肉产量25吨，禽肉产量17吨。

第二节　工业

发展过程

20世纪60年代，汤家井村域始有工业，以手工业作坊为主。20世纪70年代后期，开始创建队办企业，以劳动密集型小微企业为主。由于底子薄，发展不是很快。1978年12月，红卫大队（即汤家井村）投资4000元组建红卫运输队，成为最早的队办企业。1988年，全村企业仅剩2家，工业总产值50万元。1996年，唯一一家村办集体企业汤家井建材厂，有职工209人，产值160万元，利润7万元，同年底，企业转制，成为私营企业，改名为杭州永顺建材有限公司。2010年，境域工业收入2591万元，建筑业收入132万元。

企业与产品

1996年，汤家井村有杭州永顺建材有限公司、阳光皮件厂、科发电子厂、宏泰车配厂、福泰工具有限公司、绿叶纸品厂、冠山矿泉水厂7家私营企业，创产值1027万元，实现利润40万元，出口创汇561万元，上缴税金77万元，主要工业产品有红砖、电子配件、五金工具、纸盒等。出口创汇企业有科发电子、阳光皮件、福泰工具3家，出口产品有接插件、分配器、皮革票夹、五金工具等。2003年，村内有福泰工具、科发电子等私营企业9家，完成工业总产值1062万元，利润31万元，出口创汇496万元，上缴税金56万元；有职工64人，年人均工资1.45万元。2010年，汤家井村有工业从业人员205人、建筑业从业人员125人。

第三节　商贸服务业

中华人民共和国成立后，汤家井村域的商品供应主要由长河供销社即合作商业供应，社员凭票购买。20世纪80年代，改革商业体制，鼓励农民经商，商品交易和服务业开始逐渐活跃。20世纪90年代，商品取消票证，全部敞开供应。1996年，汤家井村商业饮食业收入18.82万元，服务业收入4.95万元，其他收入79.48万元。2007年，商业饮食业收入19.11万元，服务业收入1188.64万元，其他收入36.22万元。2010年，村域从业交通运输仓储业及邮电通信业45人，信息传输、计算机服务和软件业53人，批发、零售贸易业152人，住宿和餐饮业25人；运输业收入143万元，商饮业收入60万元，服务业收入1531万元，其他收入274万元。

集体商贸业

1956年，实行私营商业社会主义改造，大部分个体私营商户、小商小贩组建成合作商店和合作小组。1958年，合作商店、合作小组归属于长河供销社管辖。20世纪60年代，长河供销社在秧田头设供销社代销店1家，经销商品有日用品、五金机电、猪肉、禽蛋、蔬菜等。1995年后，合作商店解散或拍卖。农村代购代销店由个人承包经营。2002年，汤家井村在河口孙建造农贸市场，面积250平方米。

私营商贸业

1978年后，市场和物价逐步开放，商品渠道畅通，商业随之发展。20世纪80年代后，个体商业迅速发展，市场上商品日渐增多。1997年，随着城市化的推进，居民服务业迅速发展。2000年后，个体商店、摊位、超市、饭店迅速增多。2010年，境域有食品经营户7户、餐饮服务单位1户。

第四章　社会事业

民国后期，汤家井村域设有国民小学（保校），设初小1个班。中华人民共和国成立初，村域有沿山小学。1960年，正式成立汤家井大队卫生室。20世纪70年代初，汤家井小学附设初中1个班级，学制2年。1996年，有在校中小学生220人。2003年，境域卫生服务站由长河街道社区卫生服务中心一体化管理。长期以来，汤家井村注重环境保护，村域山清水秀，2006年，被评为杭州市级卫生示范村。境域有狮子山、摩崖石刻等旅游景点及文物遗存。

第一节　教育　医疗

教育

幼儿教育　1958年，境域各生产队先后办起农忙托儿所。1968年，幼儿园停办。1978年，大队幼儿园恢复，附设于小学内，由小学管理。20世纪80年代，村小学增设学前班和幼儿班。20世纪90年代，私人开始办幼儿班。

中小学教育　清代，境域设有私塾。民国37年（1948），汤家井村域设有国民小学（保校）。中华人民共和国成立后，20世纪50年代初期，村域有西陵乡沿山小学，隶属于长河区中心辅导学校。20世纪70年代初，村域小学附设初中1个班级（称“戴帽初中”），学制2年。1983年，汤家井等6个村集资在茅山建造新校舍，创办茅山初中，汤家井学校初中班移到茅山初中。1984年，茅山初中被县教育局定为正式的初中。1988年起，推行九年制义务教育。1996年，汤家井村有在校中小学生70人，适龄儿童入学率100%。2004年秋起，从小学一年级和三年级起始学科全面实施《杭州市义务教育新课程》，课程按九年一贯制设置。2007年，汤家井村在校学生数185人。

医疗

医疗机构　1958年，组建简易卫生室。1960年，成立汤家井大队卫生室。1968年，大队卫生室的医生、卫生员一律改称为“赤脚医生”。1969年10月，大队卫生室改称为大队合作医疗站，实施合作医疗制度。1980年，汤家井村2名医务人员经考试合格，获得乡村医生证书，改称乡村医生。1996年，村卫生室被评定为甲级卫生室，面积72平方米，有门诊室、药房、注射室、观察室、有医生3人，配备有血压仪、高压锅等器械，有药品210种。2003年，村卫生室改名卫生服务站，由长河街道社区卫生服务中心领导，位于河口孙，有房屋4间，面积150平方米，设有诊疗室、药库、药房、输液室、急诊病床。

合作医疗　1969年，红卫大队参加合作医疗的社员，每人每年交纳医疗费2元，其中1元由大队公益金中开支，专款专用，资金不足部分由大队给予补。20世纪80年代后，汤家井村参加合作医疗的村民医药费报销70%，自己负责30%；慢性病人需要长期服药者，医药费报销50%；妇女难产者医疗费报销70%。1994年起，实行以大病互助合作的风险型村民合作医疗保健制度，重点解决村民患大病、重病医药费负担过重问题。汤家井村村民大多参加新型合作医疗。合作医疗基金采取村民个人、村、镇政府共同筹资的方法，逐年增加报销额度。2003年，按户每人每年36元（“五保户”、特困户、残疾人的个人缴纳部分由村集体资金支付）作为合作医疗资金，长河镇政府、滨江区政府各以每人每年10元的标准资助，合计每人每年为56元。凡参加合作医疗的汤家井村民均可在当年度享受境域卫生服务站内门诊药费65%左右的报销，对住院期间符合报销范围的费用实行分级分段定额报销制度。2007年，农村合作医疗收费6万元。

第二节　文化　体育

文化

文化设施　中华人民共和国成立后，公共文化设施从无到有逐渐建设。20世纪60年代中期，建立大队俱乐部；20世纪70年代起，境域设立图书室或流动图书借阅点；20世纪80年代，大队俱乐部设阅览室、乒乓球室、棋类室、广播室、夜校等。1983年，俱乐部新增文化设施。2003年，加大对群众文艺活动的投入力度，建有图书室20平方米，电子阅览室20平方米并由专人负责管理。2010年，有综合活动室80平方米，健身器材有哑铃、跑步机、健力扩胸器等。

文化活动　20世纪50年代，境域农会组织农民业余宣传队，组织文艺爱好者演出文艺节目。20世纪90年代，开放阅览室、乒乓球室、棋类室和电视机室，以丰富、活跃村民的文化生活。21世纪后，村域经常性地举办适合农村实际的文体活动。

体育

学校体育　中华人民共和国成立初，村域西陵乡沿山小学设体育课，主要开展跑步、体操、跳高、跳远、跳绳等活动。1958年，学校体育活动逐渐被劳动所替代。1977年起，学校体育活动逐步正常。20世纪80年代起，注重体育课教学质量，组织学生进行跳高、跳远、跑步、掷铅球等田径活动，定期进行达标测试和视力检查。2000年后，学生每年参加滨江区中小学运动会，进行各种体育项目比赛。

群众体育　20世纪60年代中期开始，汤家井大队（红卫大队）俱乐部时常组织群众开展拔河、乒乓球、篮球、棋类等项目的体育比赛。20世纪80年

代后，举办跳橡皮筋、踢毽子、套圈、投飞镖和自行车慢骑等趣味项目比赛。21世纪初，建有村民健身活动场所200平方米，购置10多种健身器材，建设乒乓球活动室、羽毛球活动场地。

第五章 民情风物

中华人民共和国成立后，村民生活得到逐步改善。改革开放后，村民生活水平明显提高。1996年，汤家井村村民年人均纯收入3583元。滨江区成立后，城市化进程推动农户收入增速加快，基本达到小康生活水平。2010年，全村年人均纯收入14838元。村里有百年古樟1棵，名人有来集之。

第一节 收入与消费

村民收入

中华人民共和国成立后，汤家井村域经过土地改革和互助合作时期，农业生产基本得到恢复和发展。1955年，社员年终人均经济分配现金收入64元。1978年，社员年终人均经济分配现金收入138元。1983年后，实行家庭联产承包责任制，农民先后进入第二、第三产业，由社员变为企业职工，报酬与企业的经济效益直接挂钩，特别是镇、村企业转制后，个体私营经济快速发展，村民收入不断增加。1990年，村民年人均纯收入1449元，1996年达到3583元，2007年达到1.04万元，2010年达到1.48万元。

粮油分配

1955年起，村域实行国家粮食定产、定购、定销政策。1965年，社员人均口粮278千克。1970—1978年，汤家井大队设有储备粮仓。集体生产的粮食，在完成国家交售任务及留取种粮、饲料粮、储备粮和其他用粮后，其余作为社员口粮，大部分按人口定量分配，少部分按劳动工分（含土肥投入结算工分）分配。1979年，社员人均口粮426千克，食用油则由集体以菜籽油榨油后，按人口定量分配。1983年后，实行家庭联产承包责任制，汤家井村不再进行粮油分配。

村民消费

饮食　汤家井村村民饮食以大米为主、面食为辅。1959年，农民购买水产、食盐、鲜肉、棉布4项，人均支出83元。1978年，此项人均支出115元。1983年，汤家井村人均食品消费支出320元。20世纪90年代后，村民生活水平持续提高，食品种类也呈现多样化趋势。2000年，村民人均饮食消费为1390元。2006年，村民人均饮食消费为2418元。2010年，村民人均饮食消费3333元。

用具　1992年，全村拥有汽车1辆、三卡1辆、摩托车16辆、电视机816台、电冰箱86台、洗衣机31台、收录机385台、放像机15台、油烟机45台、电话机11部。设滨江区后，农村居民日用消费品逐步高档化。2000年，农村居民的家庭生活用品及服务的人均年消费支出163元，每百户拥有电冰箱46台、洗衣机34台、空调8台、彩色电视机86台。2005年，农村居民的家庭生活用品及服务年人均消费支出300元。2007年，农村居民每百户拥有摩托车50辆、汽车12辆。2010年，农村居民的家庭生活用品及服务的人均消费支出512元，百户拥有电冰箱95台、洗衣机83台、热水器82台、空调110台、彩色电视机180台。每百户家庭拥有汽车15辆，摩托车60辆。

第二节　名物　名人

古樟树

汤家井村美女山下，有一棵百年古樟，屹立于映翠路中央。原来该树在河干路边，在滨江区城市化建设中，映翠路拓宽适遇该树，保护地标樟，施工时圈古樟在中央，道路向两边绕行，保留古樟。

来集之

曾隐居于此。来集之（1604—1682）又名镕，字元成，号倘湖，自幼勤学，弱龄即博通五经，又擅诗词古文。明崇祯八年（1635），礼部开特科举天下，以各学科廪生列高等者选取，集之举第一。崇祯十三年（1640）中进士，授安庆府推官，累官太常寺少卿兵科左给事中。著有《读易偶通》《易图亲见》《卦义一得》《春秋志在》《四传权衡》《倘湖文案》《南行偶笔》《南行载笔》《倘湖近刻》《倘湖诗余》《樵书初编》《樵书二编》等。此外，尚编有《女红纱》《碧纱笼》（合称“两纱”）和《蓝采和长安闹剧》《阮步兵陵廨啼红》《铁氏女花院全贞》（称“秋风三叠”）等杂剧。

专　记

狮子山

汤家井村域有狮子山，海拔120米，面积193亩。狮子山曾名连山，清康熙《萧山县志》（卷五）载："狮子山高峦耸起，曰连山。"后又俗呼连山为青山。《萧山水利志》载，秦始皇三十七年（前210）十一月，始皇巡会稽祭禹，回驾时，驻跸连山渡口，命在此建桥，"驱山塞海"以渡浙江。此渡口后人称之"秦皇渡"。《萧山文化志》载："秦皇渡，秦始皇东巡会稽回归的钱江渡口。在萧山县西陵二里的连山。"孔晔《会稽记》注云："连山在萧山长河镇，又名青山。"明万历《绍兴府志》亦载："秦始皇若置石桥渡浙江，石柱数十列于江际。"民国《萧山县志稿》亦载："连山，在县西二十里，旧经秦始皇若置石桥渡浙江，今石柱数十，列于江际。"

2000多年前要在钱塘江（浙江）上建桥，几乎是异想天开，秦始皇只能选择放弃，"在连山港口登船北趋"。可惜桥未建成，秦始皇却有一位华姓妃子在此染病身亡，葬于狮子山东麓的井山湖中石井山上（俗称"珠山"），在山顶凿井为墓，称"妃子墓"。

但是，有质疑者著文，认为旧志上记载的"狮子山高峦耸起，又名连山"有误，应写成"狮子山为连山的一部分"较为确切。狮子山不仅林木苍翠，怪石嶙峋，而且东麓井山湖，碧波荡漾，山岚缭绕，"晓共烟光浮绿水，暮连山色映青蒲。"早晚不同景色异，路人观之赞叹不已。明代哲学家、兵部尚书王守仁《狮子山》诗云："残暑须还一雨清，高峰极目快新晴。海门潮落江声急，吴苑秋深树脚明。"

塘子堰村位于长河街道南部，东起傅家峙村，西连汤家井村，南濒湘湖，北临白马湖，面积1.3平方千米。

塘子堰村在滨江区的位置

来楚生　秋艳

第十八编　塘子堰村

概　述

塘子堰村位于长河街道南端，由山郎戴、杨桥头、井山坞、塘子堰4个自然村组成。全村山上盛产茶叶、杨梅、竹木，地上主产水稻，湖河养鱼。主要道路有天马路、映翠路、长江路等。1959年，属长河人民公社西陵管理区沿山大队；1961年，为山河公社塘子堰大队，后改名红旗大队；1969年，为长河公社红旗生产大队。1978年，改名塘子堰生产大队。1984年，为塘子堰村。村域孙姓人口最多，其次为戴姓人口，第三为傅姓。

1949年，有耕地面积810亩。1978年，有耕地面积744亩。1988年，全村有砖瓦厂、玻仪厂、钢箔厂和运输队4家企业，工业总产值183万元。2003年，村内企业有江南铸造、新标电器等11家。2007年，有7个村民小组，总户数412户，总人口1540人，其中农业人口939人，非农业人口601人。有土地1540亩，其中耕地556亩、林地854亩、水田130亩。村组集体所有年末生产性固定资产原值607万元，农村集体经济收益合计5732万元，其中，农业收入175万元、畜牧业收入40万元、工业收入3666万元、建筑业收入377万元、商业饮食业收入901万元、服务业收入338万元。村民年人均纯收入1.11万元。2011年2月，塘子堰村被撤销，改设塘子堰社区。

第一章　基本村情

塘子堰村位于长河街道南部。东起傅家峙村，西连汤家井村，南濒湘湖，北临白马湖，面积1.3平方千米。1959年，属长河人民公社西陵管理区沿山大队；1961年，为山河公社塘子堰大队，后改名红旗大队；1969年，为长河公社红旗生产大队。1978年，改名塘子堰生产大队。1984年，为塘子堰村。1996年，有村民小组7个，总户数406户。2010年，村域孙姓人口最多，其次为戴姓人口，第三为傅姓。2011年2月，改设塘子堰社区，社区居委会驻马龙山38号。

第一节　区位　地貌　村落

地理位置

塘子堰村位于长河街道南部。东起傅家峙村，西连汤家井村，南濒湘湖，北临白马湖，面积1.3平方千米。

地形地貌

塘子堰境域为水网平原地区，河流纵横，宜种粮食作物。水系有长山河、杨桥河、大头河、塘子堰河，北通白马湖，南达湘湖，西通闻堰，水面面积500多亩，是水路交通要道。山脉由杜墩山、马弄山、陈洞空山、杨桥下山、陆家山、长山河山、天鹅孵蛋山、朝天狮子山、黄家坞山、横角子山、金家坞山、赵家坞山、高山坞山（海拔120米）、象山相连接，里湘湖中另有珠山（即石井山）。山体成分主要是熔岩、火山碎屑岩、砂岩，由昔日海中岛屿演化而来。

石井山　在长河街道南部偏东，西与纱帽山相望，在塘子堰境内，海拔21.2米。山四周被井山湖包围，山顶有石井，故名石井山。山形状似珍珠，又称珠山。清康熙《萧山县志》卷五：“石井山，上有一井，上广下曲，秉烛而入，不尽数十级。相传为妃子墓。”

福瑞河　在西白马湖南偏西。河长1.36千米，河宽60米，流经塘子堰村。

流光河　在白马湖西南。河长2.61千米，均宽50米，流经塘子堰村。

塘子堰河　在白马湖南部。因流经塘子堰村，故名。塘子堰河南起狮子山北麓，北至白马湖，河长1.11千米，宽50米。

映翠河　在白马湖南偏西。映翠河东起塘子堰河，向西南至滨江区和萧山区交界处，河长1.96千米，河宽30米，流经塘子堰村。

自然村

1990年，塘子堰有塘子堰、山郎戴、井山坞、杨桥头4个自然村。

塘子堰　位于长河街道办事处驻地东南3千米。有190户622人，以孙氏为大姓，钱氏为次。聚落沿河浜呈条状分布。村中有一座闸，闸旁有堰，名塘子堰，村以此得名。别名塘子沿（“堰”“沿”为地方谐音）。

山郎戴　位于长河街道办事处驻地东南2.6千米，有55户192人，以戴氏为大姓。聚落在哑家山西南麓呈条状分布。村坐落在哑家山西南麓，以戴姓聚居，故名。

井山坞　位于长河街道办事处驻地东南3.2千米，有78户245人，以俞氏为大姓，韩姓为次。聚落在石井山对面呈块状分布。村位于石井山对面的山坞里，故名。井山坞俞氏祖上于明嘉靖年间由义乌迁入。

杨桥头　位于长河街道办事处驻地东南2.8千米，有54户201人，以傅氏为大姓，张姓为次。聚落呈块状分布。村北有古桥，俗称“洋桥”。后“洋”改为“杨”，村在桥旁，以桥得名，称杨桥头。

第二节　建置沿革

行政区划

北宋太平兴国三年(978)，村域属萧山县夏孝乡城西里。元明清行都图制，塘子堰属三都七图。清宣统二年（1910），村域属西兴乡，民国初沿袭。民国18年（1929），村域属第二区西兴乡。民国21年（1932），村域属萧山县西兴镇。民国23年（1934）至民国29年（1940）1月，为长河乡第30保辖地。民国36年（1947），村域属西兴镇。

中华人民共和国成立后，1950年，塘子堰属长河区西陵乡沿山村。1951年，境域建立互助组，由汤家井、塘子堰、傅家峙，马湖、东湖村建沿山村农会，隶属西陵乡。1956年9月，成立山河乡，塘子堰村域属西陵乡第六高级社。1959年，属长河人民公社西陵管理区沿山大队。1961年1月，成立山河人民公社，为山河公社塘子堰大队，后改名红旗大队。1969年2月，山河公社被撤销，红旗大队并入长河公社。1971年2月，村域属城北区长河公社。1981年，红旗大队复名塘子堰大队。1984年，改设塘子堰村，属城北区长河乡。1985年6月，长河乡改为建制镇，村域属城北区长河镇。1992年5月，萧山市撤区扩镇并乡，城北区被撤销，村域属萧山市长河镇。1996年5月，杭州市区划调整，将西兴、长河、浦沿3个镇划入杭州市西湖区，村域属杭州市西湖区长河镇。1996年12月，以西兴、长河、浦沿3个镇所辖区域成立滨江区，村域属杭州市滨江区长河镇。2000年6月，杭州高新技术产业开发区与滨江区合并，塘子堰村归杭州高新区（滨江）管辖。2003年12月，滨江区撤镇建街道，塘子堰村属滨江区长河街道。2011年2月，撤销塘子堰村，设立塘子堰社区，辖井山坞、杨桥头、塘子堰、山郎戴等农居点。

基层组织

中共基层组织　塘子堰村是中国共产党早期组织的活动地，长河人来宝坤是中共六大代表（时改名来耀先，出席在苏联召开的中共六大），1927年前后，长期居住在井山坞戴正法老屋，领导农民运动。1957年，境域第一个党支部建立，有党员3人，书记杨友法。2010年，塘子堰村党支部有3个党小组，党员89人。

村民自治组织　1949年5月，境域村行政委员会成立，第一任村长戴裕金。1955年11月，境域有7个初级农业生产合作社。1956年10月，境域建立高级农业生产合作社，合作社管理委员会取代村行政委员会负责生产行政事务管理。1958年10月，村域属长河公社沿山生产大队，既是生产组织，又是行政组织。1961年，村域为山河公社塘子堰（后改名红旗）生产大队，建立大队管理委员会。1968年6月，大队革命委员会取代管理委员会。1978年10月，大队管理委员会重新建立。1981年改称塘子堰大队管理委员会。1984年4月，塘子堰村村民委员会成立。

经济管理组织　1991年，塘子堰村成立经济合作社。1996年，塘子堰村经济总收入1846万元，净收入747.38万元，上缴税金38.73万元，其中农业税3.49万元。2007年，农村集体经济收益合计5732万元，净收入2205万元。2011年，塘子堰村经济总收入1.2亿元。

第三节　人口　姓氏

人口

中华人民共和国成立以后，塘子堰村域人口逐步增长。1978年，红旗大队（塘子堰村）总户数292户，总人口1252人，其中男性610人，女性642人；迁入5人，迁出11人；出生10人，死亡16人。1996年，塘子堰村总户数406户，总人口1383人，其中男性682人，女性701人；出生15人，其中男性6人，女性9人。2007年，全村有7个村民小组，总户数412户，总人口1540人，其中农业人口939人，非农业人口601人。2010年，塘子堰村总户数414户，总人口1619人，其中男性768人、女性851人；全村非农业人口1549人；全村18周岁以下335人，18～35周岁326人，36～60周岁694人，60周岁以上264人；出生18人，其中男性10人、女性8人；死亡9人，其中男性6人，女性3人；迁入6人，其中省内迁入1人、省外迁入5人。

姓氏

1994年，塘子堰村有村民小组8个，村民有267户、873人。全村有姓氏59个，其中孙氏为多，有169人。2010年，境域有姓氏83个，仍是孙姓最多，有462人，分布在第4组、第5组、第6组；其次为戴姓187人，分布在第1组、第3组；第三为傅姓，为126人，分布在第2组。

孙姓　齐国陈敬仲之子孙书，因“伐莒有功”，齐景公赐姓孙氏，食邑于乐安。后，齐国内乱，孙书后人出奔吴国，孙武为吴将。后，孙武之子孙明食采丁富春（杭州市富阳区）。东汉末年，孙坚、孙策、孙权在富春发迹。至南宋，富春孙氏向四周发展，先后从富春龙门迁往萧山，共有6支。故萧山孙氏多为三国吴大帝孙权家族之后裔，聚居于城厢、闻堰、临浦、戴村、河上、浦阳、欢潭等乡镇。其中，湘湖孙氏发族后，向西兴马湖村、湖头陈村，长河的塘子堰村等地分支析居。2010年，塘子堰村域孙姓462人，分布在第4组、第5组、第6组。

傅姓　萧山傅姓原籍义乌，五代末年迁居山阴县。北宋时，傅氏第6世孙傅崧卿得中进士，授考功员外即兼太子舍人。至南宋绍兴元年（1131），以直龙图阁学出任绍兴府知府。至第7世傅国兴时，由山阴迁居诸暨直埠。传到11世傅巍，为避战乱，于南宋嘉熙四年（1240）又从直埠迁居萧山横山之南，此后子孙繁福，遂成村落，定名为“横山傅”。明初，第20世傅永宁，见今浦沿冠二村十间楼一带“左盼固陵，右挹西江”环境幽雅，便卜居定宅，先后又分支析居，至浦沿镇新生村、长河镇长一村、江三村、塘子堰村等地发族繁衍。2010年，境域傅姓126人，分布在第2组。

第二章　村庄建设

20世纪60年代，村民依靠集体经济，生活逐步改善。20世纪80年代，村民陆续新建住宅。20世纪90年代，村民纷纷翻建二三层楼房。1996年，塘子堰村签订农业承包合同404份，承包耕地884亩。同年，农村用电量108万千瓦时。2000年后，许多村民住上三层以上的楼房。2007年，有土地总面积1540亩，其中耕地556亩、林地854亩、水面130亩。2009年，塘子堰村被征用的水田、旱地补偿标准为每亩2200元，一般地上附着物补偿标准为每亩2500元。境域主要道路有天马路、映翠路、长江路等。

第一节 新农村建设

改革开放后，村落经济发展加快。2000年后，许多村民住上三层以上的“洋房”“别墅”，生活基本实现小康。2003年，全村公益设施投入100多万元，村内道路全都硬化，投入20多万元建造公厕9座。至2010年，主要道路有天马路、映翠路、长江路、井山坞路等。

交通

天马路　东起长江路，西至南川路，长2.55千米，宽20米。境域段起点在海山桥，终点在时代大道。

映翠路　东起井山坞路，西至萧山区界，长1.74千米，宽20米。境域段起点在井山坞路，终点在时代大道。

长江路　南起井山坞路，北至滨康路，长3.9千米，宽24米。境域段起点在滨康路，终点在井山坞路。

井山坞路　南起湘湖度假区，绕井山坞山，北折东至萧山区界。长3千米，宽9米，2011年命名。

塘子堰闸桥　横跨塘子堰村域塘子堰河，长5米，宽3米，高2米，水泥平桥。因位于原塘子堰自然村，故名。

青龙桥　位于塘子堰村域，横跨塘子堰河，长4米，宽3米，高2米，水泥平桥。始建于1960年，1988年重建。古时为吉祥地名。

胜利桥　位于塘子堰村域，横跨塘子堰河，连接村属杨桥头自然村村道，长15米，宽7.5米，高3米，水泥平桥。1970年修建，2001年重建。

三喜桥　位于塘子堰村域，横跨塘子堰河，连接塘子堰村自然村村道，长16米，宽6米，始建于清末，1970年重建。三喜桥原名三眼桥，石板砌成，有三孔，故名三眼桥。后因桥西狮子山南建长河砖瓦厂，石板桥不负重荷，改建为钢筋水泥平板桥。

新桥　位于塘子堰村域，混凝土平桥，跨径6米，面宽6米，荷载标准10吨，20世纪90年代建造。

新杨桥　位于塘子堰村域，混泥土拱桥，跨径20米，面宽4米，荷载5

吨，20世纪70年代建造。

公用事业

电力　20世纪60年代前，塘子堰村域照明工具主要是菜油灯、煤油灯或蜡烛。1961年，电力分线向各个自然村落延伸。1972年，红旗大队(塘子堰村)进行第一次电力整网。1993年，对全村范围的电力线路进行整改，全村实现24小时供电。1996年，塘子堰村用电量108万千瓦时，其中农用排灌用电量9万千瓦时，村办企业用电量76万千瓦时，农民家庭用电量23万千瓦时。2007年，用电量300万千瓦时，其中农业排灌用电量40万千瓦时。

有线广播　1953年，境域开始安装有线广播。1958年，长河公社建立广播站，广播线路架到各个生产大队。1969年，建立塘子堰大队广播室。20世纪70年代初，广播室配备扩大机，在主要地段装有高音喇叭。20世纪80年代，喇叭更新换代。之后，电视迅速普及，村民对广播的需求渐渐减弱，逐渐消失。

有线电视　20世纪90年代初，始有有线电视网的建设。1996年后，有线电视线路接入低压线桩。2010年后，全村普及有线电视。

通信　1951年前，村民发电报要到长河或西兴集镇上的邮电机构办理。1955年长河集镇设有长河邮电局，电报由该局投递员送到村民手中。20世纪80年代后，由于机关、企事业单位电话机的普及，电报的收发量锐减。1987年后，电话机开始进入百姓家中，2000年后，家用电话普及。2010年，手机、互联网普及。

供水　20世纪80年代前，境域村民主要饮用水是池塘水、“天落水”（天然雨水），1992年，境域开始集资安装自来水。1996年后，随着村民进入小区居住，用水由水务公司管理，实行一户一表，计量收费。

水利　1973年，建成塘子堰闸，北临白马湖。该闸建于塘子堰河上，故以河名闸。塘子堰闸1个孔，设计流量20.55米^3/秒。主要功能是防汛抗旱、调水配水。

村办公房　1965年后，红旗大队（塘子堰村）在杨桥头3号新建大队办公用房，房屋6间，面积800平方米。1978年，修建红旗大队大会堂，地址杨桥头3号，面积600平方米。20世纪80—90年代，塘子堰村委会办公楼地址位于井山路65号，有房屋10间，面积500平方米。2010年，党群活动中心在井山路65号，面积200平方米。

第二节　土地使用

土地制度

1950年10月，塘子堰村域开展土地改革，没收地主多占的土地分配给缺地农民。1983年后，推行家庭联产承包责任制，土地集体所有制性质不变。1996年，塘子堰村有农业承包合同404份；承包户上交各业承包金2.95万元，承包耕地884亩。1997年，村域土地实行有偿承包，每亩承包款30元。2007年，有家庭承包经营户384户，承包经营耕地684亩。

土地类别及利用

塘子堰境域土地类型可分耕地、园地、林地、宅基地、工矿用地、交通用地及未利用土地七类。1956年，农民土地收归集体耕种，为解决村民日常蔬菜用地，高级社允许各生产小队将社员房前屋后零星杂地分配给社员作自留地。2003年后，白马湖景区开发启动，塘子堰村耕地被大量征用。2010年，全村农用地总面积为930亩，其中耕地118亩、林地812亩。

土地征用

1991年6月起，塘子堰村被征用耕地补偿费标准为该耕地征用前3年平均产值的3～5倍，征用非耕地按耕地的50%补偿。2000年7月后，塘子堰村一般项目的土地补偿标准为每亩2.03万元，城市基础设施项目补偿标准为每亩1.74万元。一般项目安置和城市基础设施项目补助费用标准均为每亩4.77万元。2009年5月后，按照“以村（社区）定苗、统一补偿”的原则进行青苗补偿，塘子堰村水田、旱地补偿标准为每亩2200元，一般地上附着物补偿标准为每亩2500元。2010年，塘子堰村被征土地面积219.61亩，拆迁农户40户，企业2家。

第三节　围垦土地

顺坝围垦

顺坝围垦分内线、外线两期进行。内线围于1970年11月，长河公社共围得土地817.1亩，外线围于1986年冬，得地195亩。塘子堰村从顺坝围垦分得土地。1997年，经滨江区政府与萧山市政府协商并签订协议，将顺坝围垦土地划归萧山市，从此塘子堰村在顺坝再无土地。

东江围垦

东江围垦，分一围（又称老围）、二围（新围），工程由萧山县统一指挥，长河公社发动下属各大队共参加4期，分别为1974年、1976年、1977年，1978年。至1978年底，长河公社共得毛地2906亩，按投工多少分给12个大队。1981年，围垦土地相继承包给承包大户耕种。1991年，每亩土地承包金最高每亩40元。1999年后，承包户相继退出。

第三章 村域经济

塘子堰境域主要粮食作物有小麦、大麦、水稻等。棉花、络麻种植历史悠久。1949年，有耕地面积810亩。20世纪60—70年代，工业开始出现，以手工业作坊为主。1978年，有耕地面积744亩，粮食播种面积1859亩，总产量662.8吨。实行家庭联产承包责任制后，农村的富余劳动力大量出现。20世纪80年代，改革商业体制，鼓励农民经商。1988年，塘子堰村有砖瓦厂、玻仪厂、钢箔厂和运输队4家企业，总产值183万元。1996年，有耕地面积884亩，其中水田855亩、旱地29亩；农作物总播种面积2086亩，其中粮食作物播种面积1564亩，总产量673吨。20世纪90年代末，村办企业通过股份合作、拍卖等方式，实施产权制度改革。2003年，村内企业有江南铸造、新标电器等11家，完成工业总产值1238万元。2011年，农村经济总收入1.19亿元，其中农业收入34万元、林业收入95万元、工业收入5763万元、建筑业收入3896万元、商业饮食业收入932万元、服务业收入772万元、其他收入408万元。知名企业有杭州江南铸造厂、杭州江南机床厂、杭州长河钢玉砂厂。

第一节 农业

境域为水网平原地区，河流纵横，宜种粮食作物。1949年，有境域耕地面积810亩。1957年，有耕地面积1181亩。1978年，有耕地面积744亩。1978年，红旗大队（塘子堰村）有农业收入16.38万元、林业收入1483元、畜牧业收入2069元、渔业收入155元、副业收入45376元。1996年，全村经济总收入1846万元，其中种植业收入127.34万元、林业收入41.24万元、牧业收入39.66万元、渔业收入112万元。2007年，塘子堰村集体经济收益合计5732万元，其中农业收入175万元、畜牧业收入40万元。2011年，有农业、林业、畜牧业、渔业从业人员70人；农村经济总收入1.19亿元，其中农业收入34万元、林业收入95万元。

种植业

境域主要粮食作物有小麦、大麦、蚕（豌）豆、水稻等。1978年，有集体耕地744亩，社员自留地35亩；粮食播种面积1859亩，亩产356.5千克，总产662.8吨。

20世纪80年代后，实施家庭联产承包责任制，种植业趋向多样化。1996年，有耕地面积884亩，其中水田855亩、旱地29亩；农作物总播种面积2086亩，其中粮食作物1564亩，亩产430千克，总产量673吨。粮食作物中，稻谷1412亩，亩产457千克，总产量645吨；小麦92亩，亩产185千克，总产量17吨；大麦50亩，亩产210千克，总产量10吨。同年，油菜播种面积95亩，油菜籽亩产73千克，总产量7吨；棉花播种面积89亩，亩产72千克，总产量6吨；甘蔗播种面积10亩，亩产5.5吨，总产量55吨；蔬菜播种面积95亩，亩产2.1吨，总产量200吨；瓜类播种面积9亩，亩产4.1吨，总产量36吨。全村有茶园138亩、果园40亩。

2007年，塘子堰村土地总面积1540亩，其中耕地556亩、林地854亩、水面130亩。2010年，塘子堰村蔬菜产量1260吨、苗木种植800亩、产茶叶30吨、杨梅5吨，封山育林38.87公顷。2011年，农作物总播种面积1340亩（内地900亩，东江围垦440亩）。其中，蔬菜播种面积540亩，亩产3吨，总产量1620吨；苗木种植面积800亩；水果总产量5吨，均为杨梅。此后，境域土地被国家征用，种植业逐渐退出历史舞台。

养殖业

历史上，塘子堰境域畜牧业以养猪、养鸡为主。中华人民共和国成立后，由于受饲料等的制约，养殖业有所发展。改革开放后，养猪、养鸡、养鸭、养鱼等养殖业发展较快。1996年，塘子堰村生猪存栏326头，出栏487头，猪肉产量31.66吨，全年饲养量813头；家禽存栏5200羽，出栏8100羽；禽肉产量12.15吨，禽蛋产量14.28吨；淡水养殖面积74亩，淡水产品产量20吨。2011

年，生猪存栏50头，出栏250头，饲养量300头；家禽存栏3321羽，其中肉禽2821羽，蛋禽500羽；出栏8000羽，其中鸡4481羽、鸭3519羽；全年猪肉产量16吨，禽肉产量12吨，禽蛋产量5吨，鱼类产量400吨。

山林开发

实行家庭联产承包责任制前，塘子堰村山林队有专业人员53人，管养象山、珠山、马龙山等山林721亩，经营茶园127.7亩、柑橘19亩、杨梅30亩、板栗75亩、柿子2亩、杉术47亩、松杂木240亩、毛竹70亩、柴山110.3亩。

第二节　工业

发展过程

塘子堰村工业基础薄弱，以劳动密集型为主。1975年，红旗大队（塘子堰村）投资5000元，创办红旗玻璃厂，有职工30人。1980年10月，大队投资36.8万元，于井山坞珠山地块开建红旗砖瓦厂，1981年建成投产。到1988年，塘子堰村有砖瓦厂、玻仪厂、钢箔厂和运输队4家企业，总产值183万元，实现利润10万元，上缴税收17万元；有职工292人，发放工资32万元，年人均工资1094元。

1996年，全村除砖瓦厂、钢箔厂外，又新增电声配件厂、制罐厂、锻压厂、鞋底厂、铸造厂5家，实现产值1405万元，职工增加到347人，发放工资206万元（年人均5937元）。电声配件厂是出口创汇企业，年出口交货值350万元，占长河镇出口交货值的2.2%。1997年后，企业先后转制，通过拍卖、不动产租赁等方式，成立有限公司或公司制企业，转为私营企业3家：杭州江南铸造厂、杭州江南机床厂、杭州长河钢玉砂厂；歇业2家：江南电声厂、装饰材料厂；搬迁1家：江南制罐厂。至2001年，全村企业全部为私营企业，主要产品是红砖、电子配件、空调设备、铸件产品等。

2003年，为改善生态环境，杭州长河红旗砖瓦有限公司关停。村内企业有江南铸造、新标电器等11家，完成工业总产值1238万元，利润35万元，出口创汇498万元；有职工117人，年人均工资1万元。2007年，全村工业收入3666万元，建筑业收入377万元。2011年，塘子堰有工业从业人员350人，建筑业从业人员150人；工业收入5763万元，建筑业收入3896万元。

知名企业

塘子堰砖瓦厂建于1980年10月，时称红旗砖瓦厂，招工78人，由大队投资36.8万元。1981年，建成投产，全年生产“95”红砖510万块，职工增加到185人，有固定资产70.71万元。1987年，生产红砖1610.2万块，创产值107.82万元、利润9.57万元。1995年，企业投资14.5万元，新添挖掘机1台，改原来的人工挑泥为机械挖土；成立运输队，添置30台拖拉机搞运销，组织10台拖拉机送货上门，抓售后服务。企业年产值提高到208万元，利润30万元。1999年12月，企业转制，通过拍卖，受买方出资162万元买下该厂，创办杭州长河红旗砖瓦有限公司。

第三节　商贸服务业

1949年前，村民生产棉花加工织成的棉布（土布），以自己穿用为主，也有到集市出售；亦偶有茶、果等农副产品兜售于市，换取其他生活所需用品。1956年，国家实行私营商业实行社会主义改造，生产资料实行计划分配。20世纪80年代，改革商业体制，鼓励农民经商。20世纪90年代，商品交易开始活跃。1996年，塘子堰村实现商业饮食业收入16.25万元、服务业收入49.43万元、运输业收入46.5万元、其他收入3.3万元。2007年，实现商业饮食业收入901万元、服务业收入338万元、其他收入235万元。2011年，实现商业饮食业收入932万元、服务业收入772万元、其他收入472万元。

集体商贸业

1956年，大部分个体私营商户、小商小贩组建成合作商店和合作小组。1958年，个体私营小店合并为合作商店，隶属于长河供销社。20世纪60年代，村域设有1家供销社代销店，地址为井山路85号，经销商品有日用品、五金机电、猪肉、禽蛋、蔬菜等。合作商店规模较小，货源由供销社提供，主要供应糕点、糖果、烟酒等日用消费品。20世纪90年代，合作商店解散或拍卖转为私营。

私营商贸服务业

1978年后，市场和物价逐步开放，商品渠道畅通。塘子堰村域个体商业、服务业迅速发展。1996年，塘子堰村实现商业饮食业收入16.25万元、服务业收入49.43万元、运输业收入46.5万元。1997年后，随着城市化的推进，居民服务业迅速发展，美容、理发、搬家、保姆、钟点工、居家养老等家庭服务项目增多。2007年，全村实现商业饮食业收入901万元、服务业收入338万元。2010年，全村商贸服务业发展迅速，仅食品经营户就有23户。

第四章　社会事业

民国时期，境域有国民学校初小1个班。中华人民共和国成立后，教育、文化、卫生等各项社会事业得到发展。20世纪70年代，塘子堰学校有2层教学楼，4间教室。20世纪70—80年代，红旗大队创建活动阵地，培养文艺骨干，配合各个时期中心工作，开展各种文化活动，丰富群众文化生活。1994年，全村基本普及九年义务教育、基本扫除文盲任务。1996年，有在校中小学生220人。2003年，塘子堰村卫生室（合作医疗站）改名卫生服务站。2007年，村农村合作医疗收费7万元。境域旅游景点有冠山、白马湖、三眼桥等。

第一节　教育　医疗

教育

幼儿教育　1958年，境域各生产队先后办起农忙托儿所。1968年，幼儿园停办。1978年，大队幼儿园恢复，附设于小学内，由小学管理。20世纪80年代，塘子堰小学增设学前班和幼儿班。20世纪90年代，私人开始办幼儿班。

中小学教育　清代，境域设有私塾。民国37年（1948），村域设有国民小学。中华人民共和国成立初期，村域有沿山初级小学，隶属于长河区中心辅导学校。1967年，红旗大队小学附设初中1个班级（称“戴帽初中”），学制2年。20世纪70年代，学校有2层教学楼4间教室。1983年，塘子堰等6个大队集资在茅山麓造新校舍，定名茅山初中，塘子堰学校初中班移到茅山初中。1988年，学校实行九年制义务教育。1996年，塘子堰村有在校中小学生82人。2004年秋起，学校全面实施《杭州市义务教育新课程》。2007年，塘子堰村在校学生数184人。

医疗

医疗机构　1952年，选派人员参加萧山县农村卫生员培训，培训结束后回村服务。1958年，成立大队卫生室。1959年，派社员参加萧山县接生员培训。1968年，大队卫生室的医生、卫生员一律改称为“赤脚医生”。1969年10月，大队卫生室改称为红旗大队合作医疗站，实施合作医疗制度。1996年，塘子堰村卫生室面积70平方米，有门诊室、药房、注射室、观察室，配备血压仪、消毒高压锅等，药品180种，属于甲级卫生室，有医生2人。2003年，卫生室改称卫生服务站，由长河街道社区卫生服务中心一体化领导。卫生服务站地址为井山坞85号，有房屋5间，面积200平方米，设有诊疗室、药库、药房、输液室、急诊病床。2010年，卫生服务站有医生1人，护士1人。

妇幼保健　20世纪50年代初，塘子堰村域开始推广新法接生，降低妇婴死亡率。1967年起，推广住院接生。1978年，开展儿童保健，为儿童作健康检查，普遍服用驱虫药。20世纪80年代，塘子堰村把妇女保健与计划生育工作结合起来，以确保妇女健康为原则，全面推行孕产期保健，推行妇科病普查普治。2000年后，卫生室（卫生服务站）协助和配合上级医疗卫生部门，做好妇科病查治、孕产妇系统管理、高危妊娠理、妇婴保健等工作。

合作医疗　1969年，红旗大队（塘子堰村）参加合作医疗的社员，每人每年交纳医疗费2元，其中1元由大队公益金中开支，专款专用，资金不足部分由大队给予补。20世纪80年代后，实行社、队联办合作医疗，塘子堰大队社员医药费按规定报销70%，自己负责30%；慢性病人需要长期服药者，医药费报销50%；妇女难产者医疗费报销70%。1994年起，实行以大病互助合作的风险型村民合作医疗保健制度，塘子堰村绝大多数村民参加这一新型合作医疗。合作医疗基金采取村民个人、村、镇政府共同筹资的方法，逐年增加报销额度。2003年，按户每人每年36元（“五保户”、特困户、残疾人的个人缴纳部分由村集体资金支付）作为合作医疗资金，长河街道、滨江区政府各以每人每年10元的标准资助，合计每人每年为56元。凡参加合作医疗者均可在该年度享受境域医疗站内门诊药费65%左右的报销，对住院期间符合报销范围的费用实行分级分段定额报销制度。2007年，全村农村合作医疗收费7万元。

第二节　文化　体育

文化

文化设施　中华人民共和国成立前，境域内公共文化设施缺乏。中华人民共和国成立后，公共文化设施从无到有逐渐建设。20世纪60年代中期，红旗大队（塘子堰村）建立俱乐部。20世纪70年代起，设立图书室或流动图书借阅点。20世纪80年代，设有阅览室、乒乓球室、棋类室、广播室、夜校等。2000年后，加大对群众文艺活动的投入力度。2010年，塘子堰村有电子阅览室100多平方米，书籍1000多册，由专人负责管理。

文化活动　20世纪50年代后，境域农会组织农民业余宣传队演出文艺节目，如唱革命歌曲、方言快板等。20世纪90年代后，开放阅览室、乒乓球室、棋类室和电视机室。进入21世纪，塘子堰村落实开展群众文化体育活动的经费，经常性地举办适合农村实际的文体活动。

体育

学校体育　中华人民共和国成立后，学校加强学生体育活动训练。1958年后，学校体育活动逐渐被劳动所替代。1977年起，学校体育活动逐步正常，保证学生每天至少有1小时的体育锻炼时间。20世纪80年代起，注重体育课教学质量，组织学生进行跳高、跳远、跑步、掷铅球等田径活动，定期进行达标测试和视力检查。2000年后，学生各种体育项目比赛增多。

群众体育　1978年，红旗大队大会堂修建后，兼作简易的体育活动场所。20世纪80年代后，村民体育活动日益丰富，举办跳橡皮筋、踢毽子、套圈等趣味项目比赛。21世纪初，村民健身意愿增强，经常在公园、活动室锻炼身体。

第五章　民情风物

中华人民共和国成立后，村民收入持续增加，吃住等基本生活条件不断改善。1978年，红旗大队（塘子堰村）社员年终人均经济分配现金收入130元。进入20世纪80年代，不少社员变为企业职工，报酬与企业的经济效益直接挂钩。1983年后，实行家庭联产承包责任制，劳动力解放，更多村民进入第二、第三产业，20世纪90年代镇、村企业转制后，个体私营经济快速发展，村民就业渠道增加。1996年，塘子堰村村民年人均纯收入5171元。滨江区成立后，境域经济快速发展，村民收入进一步提高。2007年，村民年人均纯收入1.11万元，2011年超过2万元。村域主要名特物产有古樟。

第一节　收入与消费

村民收入

1955年，塘子堰村村民年人均纯收入64元。1978年，社员年终人均经济分配现金收入138元。1983年后，实行家庭联产承包责任制，农民先后进入第二、第三产业，由社员变为企业职工，报酬与企业的经济效益直接挂钩。农户收入呈现多层次、多元化结构。1990年，年人均纯收入1449元。滨江区成立后，村民工薪收入、财产性收入、转移性收入占比增加，收入也快速增长。1996年，村民年人均纯收入5171元，2007年达到1.11万元，2011年突破2万元。

村民消费

饮食　村民饮食以大米为主、面食为辅。1959年，村域农户购买水产、食盐、鲜肉、棉布4项，年人均支出83元。1978年，此项年人均支出115元。1983年，年人均食品消费支出320元。20世纪90年代后，村民生活水平持续提高，食品支出增加。2000年村民年人均饮食消费1390元，2006年为2418元。2010年达到3333元。

服饰　中华人民共和国成立后，人民生活逐步改善。至20世纪60年代中后期，塘子堰村除少数老年人外，土布衣衫基本消失，布料质地为纯棉，以卡其、斜纹、灯芯绒等为上乘。20世纪80年代后，服装款式、质地等开始多样化。20世纪90年代，村民衣装渐和城里人一样。1995年，村民人均衣着支出190元，2006年为438元。2010年，村民人均衣着支出609元。

第二节　文物　墓冢

出土文物

原始瓷豆　1989年6月9日，塘子堰村山林队在开发山林时，于越王城山西南山脚下的一座土墩墓中出土，属东周时期。豆高6厘米，口径14厘米，底径7.2厘米，圆唇、束颈、折腹，足跟外撇，足底内凹。胎体较厚，胎质疏松，胎色浅灰；内外施青釉，通体有缩釉现象，内底聚釉处呈墨绿色，并伴有细纹开片；颈部饰一周斜条锥刺纹；为当时萧山境内发现最早的原始瓷。与此器物同时出土的文物有70多件，基本器型有盂、豆、碟3种，均为东周时期先民的日常用具。

原始瓷盖盂 1989年6月，出土于塘子堰村的越王城山西南山脚下。该盂高18.8厘米，口径14厘米，底径13.2厘米。矮直口，丰肩，上腹丰盈，下腹收敛，平底。肩置二环，以供系绳。肩、腹部饰二周竖条纹。胎色青灰，胎壁较薄，器型规整。通体施青黄色釉，伴有缩釉现象。整体造型丰满，装饰精巧，工艺水平与成熟青瓷已十分接近，是东周时期原始瓷中的精品。

原始瓷双系带环罐 1991年1月4日，塘子堰村山林队在马龙山北的一座土墩墓中出土，同时出土有陶器30多件，属战国时期。原始瓷双系带环罐是其中之一，因肩有两系绳耳孔，故名。此类陶罐制作工艺极高，用轮制成型技术先拉坯成型，上釉后在120℃左右高温下烧制而成。器型规整，造型优美，器壁薄而坚硬，施釉及底，胎釉结合较好，为东周时期原始瓷器的代表。

原始青瓷盥器 1991年1月，在塘子堰村马龙山出土，属东周时期。此器物为古代盥器，由原始瓷烧制，其形似瓢，古人盥洗时用以舀水，一般与盘合用。据史料记载，周朝贵族家中行“沃盥之礼”时使用，工艺精致，罕见。

原始瓷鼎 1991年1月，出土于塘子堰村马龙山，属东周时期。古代一种炊器，盛行于商周时期。鼎是古代统治者作为权力的象征。东周至汉代，常用陶鼎作随葬品。此原始瓷三足鼎属于先民日常用品，胎体施釉较薄，晶莹润透，朴素美观，是原始瓷中的精品。

灰陶罐（盆） 1991年1月，在塘子堰村马龙山出土，属东周时期。该陶罐（盆）为泥质灰陶，敞口、平沿、圆腹、小平底，是古人盛酒的器具，工艺精湛，堪称陶罐的中上品。

印纹硬陶罐 1991年1月，在塘子堰村马龙山北出土，属东周时期。是先民用来盛放食物或汲水的器具，敞口、束颈、上腹鼓、下斜收、平底，上腰有对称横向条纹，器腹有回纹相间的纹饰，胎色灰暗，体壁薄而坚硬，外形美观，工艺精细，是硬陶制品中的代表。

米格纹硬陶瓮（坛） 1991年1月，出土于塘子堰村马龙山北侧，属东周时期。是古代盛酒、装水或盛放作物种子的容器。侈口、卷沿、短颈、圆肩、深腹、腹下敛收、平底，形体规整，实用美观，是东周时期典型硬陶器，较为罕见。

原始瓷钵 1991年1月，在塘子堰村马龙山北出土，属东周时期。钵体有印纹，属印纹硬陶。古人用来装载酒水或盛放食物。器型规整、形体优美，是原始瓷中难得之佳品。

名人墓冢

来宝坤墓 位于塘子堰社区井山坞内。水泥墓碑，由其子来水根、孙来文立。来宝坤即来耀先（1893—1935），1927年，以理发店为地下联络站，领导长河一带农民开展“二五减租”，与国民党当局作斗争。1928年6月，出席在苏联召开的中共第六次全国代表大会。1935年1月，在上海被国民党当局秘密杀害。1986年11月，被追认为革命烈士。

来宗道墓 位于塘子堰村井山坞山上，已毁。来宗道（1571—1638），明万历年间（1573—1620）进士。曾任熹宗朝礼部尚书、文渊阁大学士，崇祯朝内阁首辅，为长河来氏官阶最高者。

景点物产

象山 象山位于井山湖东畔，滨江与萧山两区交界处，南与越王路相接。望之酷如一头伸出长长鼻子的大象，故名。原象山脖子两边临湖，有两个湖湾，即井山湖的钱家湾和上湘湖的西山湾，后来演变为两个小山岙，成了果园和竹园，景色优美。狮子山和象山之间曾有一座三孔石梁桥，俗称“三眼桥”，史志上载“三善桥”或“三喜桥”，始建于明崇祯元年（1628），由长河来氏出资建造。

古樟 塘子堰山郎戴村有棵地标性樟树，树冠硕大浓密，树干要数人合抱，位于戴家山上。山郎戴村村民把该树敬为山神。

塘子堰村还有一棵百年古樟，耸立于杨桥头河边，树身倾向水面，枝叶低垂，与河水相映成趣，呼之为“亲水樟”。

专　记

井山湖和石井山

井山湖在塘子堰村南的井山坞中，四面环山，被苍松翠竹所抱，井山湖风景秀丽。湖纳湘湖之源，蓄群山之水，盈盈如碧玉。湖北通塘子堰河，与白马湖相接。白马湖、井山湖、湘湖犹如三颗璀璨明珠，从北往南镶嵌在滨江南面的群山之间。“湖光写出千峰秀，天影融成十里秋”，泛舟井山湖，趣味盎然；明代《永乐大典》编修魏骥诗云：“漾漾平湖趁晓风，推篷随处趣无穷。”20世纪80年代，“家家办厂，户户冒烟”，湘湖两岸，砖厂相望，砖窑相接。井山湖水也一度被抽干，成为红旗砖瓦厂挖泥制砖的工地。20世纪末，为改善生态环境，还湖于民，砖瓦厂停办，井山湖迷人风光又展现在世人面前。

石井山，在塘子堰村的井山坞内，海拔21.2米，四周被井山湖水包围。山顶有石井，故名石井山；山形似珍珠，又称“珠山”。井山坞、井山湖名由此而来。据方志记载，公元前210年，秦始皇出游至会稽山祭大禹，归途中有妃子病卒，埋葬于珠山，山顶石井即为妃子墓的墓道。墓道垂直往下，有石级数十，可提灯下察。明万历《萧山县志》载：连山旁有小山，号石井山，其井上广下曲，秉烛入，不尽数十级，相传为妃子墓。因妃子姓华，故墓北画眉山，又称“华眉山”“美女山”；华眉山东北的小山村起名为“华妃村”。南宋时，吏部尚书张善伯占籍萧山；明宣德年间（1426—1435）张善伯第13世孙张富从河南徙来，定居华妃村，因张氏人众族大，“华妃村”才易名张家村。

历代文人雅士对石井山多有赞叹，明代画家唐伯虎游历于此作《唐伯虎与祝枝山联句咏奇石》一诗：“嵯峨怪石倚云间，抛掷于今定几年。苔藓作毛因雨长，藤萝穿鼻任风牵。从来不食溪边草，自古难耕陇上田。恨杀牧童鞭不起，笛声斜挂夕阳烟。”

傅家峙村位于长河街道东南部，东接西兴街道马湖村，西邻塘子堰村，南靠越王城山，北濒白马湖，面积1.3平方千米。

傅家峙村在滨江区的位置

来楚生　雁来红

第十九编　傅家峙村

概　述

傅家峙村位于长河街道东南部，东接西兴街道马湖村，西邻塘子堰村，南靠越王城山，北濒白马湖，面积1.3平方千米。1956年8月，村域属山河乡第六高级农业生产合作社。1959年10月，称为长河公社西陵管理区沿山大队。1966年7月，称为山河公社五星大队。1985年4月，称为长河镇傅家峙村。1996年，有总户数266户，总人口899人。2010年，以苏姓人口最多。2011年2月，撤村建居，成立傅家峙社区。

傅家峙村域主要农作物有小麦、大麦、水稻。1949年，有耕地面积450亩。1957年，有耕地面积778亩。1978年，粮食播种面积1096亩，总产量370.15吨。1988年，全村企业有砖瓦厂、工艺厂、五金厂、包装袋厂4家，实现工业产值116万元。1996年，企业开始转制。2001年，全村有6家私营企业。2007年，有土地1750亩，其中耕地276亩，林地920亩，水面54亩，其他500亩。2010年，傅家峙村经济总收入5424.15万元。

中华人民共和国成立后，村民基本生活条件不断改善。改革开放后，经济快速发展，村民收入进一步提高。滨江区成立后，在城市化进程中，傅家峙村不断完善基础设施，全村所有道路实现路面硬化，全面完成改水改厕；实施河道整治工程，完成村中心火烛江河道清淤、砌坎施工，清洁美化沿河环境。沿村主要道路安装景观灯，村庄内安装路灯，实现夜晚亮化。被征用土地主要用于建设映翠路、白马湖公园二期，以及白马湖实验室总部基地。2006年，傅家峙村被评为杭州市小康示范村、浙江省小康示范村、浙江省卫生村等称号。2010年，全村年人均纯收入1.26万元。

第一章　基本村情

傅家峙村位于长河街道东南部，东接西兴街道马湖村，西邻塘子堰村，南靠越王城山，北濒白马湖，面积1.3平方千米。境域有沙坞山，傅家峙河。

1949年6月，境域成立农会。1954年10月，为傅家峙初级农业生产合作社。1956年8月，属山河乡第六高级农业合作社。1959年10月，属长河公社西陵管理区沿山大队。1961年9月，为山河公社傅家峙大队。1966年7月，为山河公社五星大队。1981年7月，为长河公社傅家峙大队。1985年4月，为长河镇傅家峙村。1996年，有村民小组8个，总户数266户，总人口899人，其中非农业人口3人。2010年，总户数279户，总人口1061人。村域以苏姓人口最多，其次为徐姓人口。2011年2月，撤销傅家峙村，改设傅家峙社区。

第一节　区位　地貌　村落

地理位置

傅家峙村位于长河街道东南部，东接西兴街道马湖村，西邻塘子堰村，南靠越王城山，北濒白马湖。面积1.3平方千米。

地形地貌

境域为水网平原地区，河流纵横，宜种粮食作物。山体成分主要是熔岩、火山碎屑岩、砂岩，由昔日海中岛屿演化而来。

沙坞山　位于白马湖东南、傅家峙村域内，为越王城山之延伸。海拔140米，面积110亩，以栽种茶叶为主。

鲶鱼坞　位于白马湖南、傅家峙村域内，与越王城山相连。山坞酷似张开的鲶鱼嘴，故名。别名鲶鱼嘴。海拔215米，面积313亩，以种植林木、茶桑为主。

蟒蛇山　位于傅家峙村域内。自南向北延伸到白马湖畔，是越王城山分支。山起起伏伏，形似蟒蛇，故名。

傅家峙河　在长河街道东南。以傅家峙自然村得名。河从傅家峙村东端至白马湖。河长380米，河宽5米，水域面积1900平方米。

自然村

1990年，傅家峙村辖傅家峙、包家湾2个自然村，有8个村民小组、241户828人。

傅家峙　位于长河街道办事处驻地东南，有179户625人。以傅姓为大姓。村民原以编织草袋、做泥水工为副业。村边小山与越王城山对峙，村中傅姓聚居，故名。民国《萧山县志》中有傅家峙村名记载。

包家湾　位于长河街道办事处驻地东南3千米。有62户203人。以朱氏为大姓，另有赵、戴等姓。聚落三面环山呈块状分布。因村落三面环山，北面临水，村被山水所包围，故名。在北宋太平兴国三年（978）建村。

第二节　建置沿革

行政区划

北宋太平兴国三年（978），村域属萧山县夏孝乡范港里。元至元十六年（1279），村域属三都七图。清宣统二年（1910），村域属西兴乡，民国初期沿袭。民国18年（1929），村域属第二区西兴乡。民国21年（1932），村域属萧山县西兴镇。民国23年（1934）至民国29年（1940）1月，属长河乡第27保。民国36年（1947），村域属西兴镇。

1949年5月，萧山解放。傅家峙村域属长河区西陵乡。1954年10月，为傅家峙初级农业生产合作社。1956年8月，属山河乡第六高级农业合作社。1959年10月，为长河公社西陵管理区沿山大队。1961年9月，为山河公社傅家峙大队。1966年7月，为山河公社五星大队。1969年2月，山河公社撤销，五星大队并入长河公社。1981年7月，五星大队恢复原名傅家峙大队。

1984年3月，恢复乡（镇）建制，改公社为乡，改大队为村。傅家峙大队改称傅家峙村，属城北区长河乡。1985年6月，长河乡改为建制镇，村域属城北区长河镇。1992年5月，萧山市撤区扩镇并乡，城北区撤销，村域属萧山市长河镇。1996年5月，杭州市区划调整，将西兴、长河、浦沿3个镇划入杭州市西湖区，村域属杭州市西湖区长河镇。1996年12月，以西兴、长河、浦沿3个镇所辖区域成立滨江区，村域属杭州市滨江区长河镇。2002年6月，杭州高新技术产业开发区与滨江区合并，傅家峙村归杭州高新区（滨江）管辖。2003年12月，滨江区撤镇建街道，傅家峙村属滨江区长河街道。2011年2月，撤销傅家峙村，改设傅家峙社区，社区居民委员会驻傅家峙150号，辖包家湾、傅家新村、傅家峙农居点。

基层组织

中共基层组织　1927年，境域第一个党支部建立，有党员8人，书记傅有才。2010年，傅家峙村党支部有2个党小组，党员48人。

行政管理组织　1949年5月，境域建有村行政委员会，第一任村长苏海潮。1955年11月，境域组织起1个初级农业生产合作社。1956年10月，境域属山河乡第六高级农业生产合作社，建立高级社管理委员会，负责集体生产和分配，并取代村行政委员职能。人民公社时期，生产大队既是生产组织，又是行政组织。1959年10月，傅家峙村域属长河公社西陵管理区沿山大队管理委员会领导。1961年9月，成立山河公社傅家峙大队，大队设管理委员会。1968年6月，傅家峙大队革命委员会成立，取代管理委员会。1978年10月，傅家峙大队管理委员会恢复。1984年4月，傅家峙村村民委员会成立，由主任、副主任和委员若干人组成，每届任期3年，由村民代表大会选举产生，1990年后，由村民直接选举产生。

经济管理组织　1991年以前，傅家峙村域集体经济管理由历届高级社、大队管理委员会（革命委员会）以及村民委员会负责。1991年，傅家峙村成立经济合作社。村经济合作社是全村的集体经济组织，在村党支部的领导下，负责管理该村各行业的生产和经营。2010年，全村经济总收入5424.15万元，净收入1182.43万元，上缴税金17.50万元；资产总额1517.35万元，其中固定资产534.63万元、流动资产982.72万元。

第三节　人口　姓氏

人口

中华人民共和国成立以后，人民生活条件不断改善，傅家峙村域人口自然变动情况不断增加。1978年，五星大队（傅家峙村）总户数199户，总人口845人，其中男性431人、女性414人；迁入4人，迁出7人；出生27人，死亡6人。1996年，傅家峙村总户数266户，总人口899人，包括非农业人口3人。其中男性453人、女性446人。有劳动力627人，其中男劳动力327人、女劳动力300人。2007年，有8个村民小组，总户数280户，总人口975人，其中农业人口548人、非农业人口427人。2010年，傅家峙村总户数279户，总人口1061人（男性527人、女性534人），包括非农业人口605人；有18周岁以下221人，18～35周岁214人，36～60周岁459人，60周岁以上167人；出生8人，其中男性7人、女性1人；死亡6人，其中男性2人、女性4人；迁入5人，其中省内迁入3人、省外迁入2人；农村从业人数564人，其中男劳动力305人、女劳动力259人。

姓氏

分布　2010年，傅家峙姓氏有82个，主要有苏姓201人，分布在第2组、第3组、第6组；徐姓106人，分布在第3组、第5组、第7组；来姓77人，分布在第2组、第7组。

徐姓　元朝时，定兴（属河北）张良45世孙张景哲任浙东海右道廉访使，居绍兴。张景哲长子张招生三子：长子素，次子寿，三子焘。当时为避“三丁抽成”之役，焘改姓徐，素改姓葛，寿仍姓张，所以谱载“三姓至今不通婚姻”。傅家峙徐姓是徐焘后裔。

第二章　村庄建设

20世纪50年代农业集体化后，村民依靠集体经济，生活逐步改善。20世纪60—70年代，全村安装上电灯、广播。20世纪80年代，村民陆续建造新房。20世纪90年代，村民纷纷翻建二三层楼房。2000年后，许多村民住上三层以上的楼房。2007年，全村土地总面积1750亩，其中耕地276亩，林地920亩，水面54亩，其他500亩。2009年，傅家峙村被征用的耕地、旱地补偿标准为每亩2200元，一般地上附着物补偿标准为每亩2500元。被征用土地主要用于建设映翠路、白马湖公园二期以及白马湖实验室总部基地。境域主要道路有井山坞路，主要桥梁有马龙山桥、机耕桥。

第一节　新农村建设

20世纪50年代农业合作化后，社员依靠集体经济，生活逐步改善。改革开放后，村域经济发展突飞猛进。20世纪80年代，村民陆续建造新房（多为平房）。20世纪90年代，村民纷纷翻建楼房。2002—2010年，傅家峙村累计投入462万元，不断完善基础设施。其中，投入资金197万元，完成全村道路路面硬化，硬化率100%；全面完成改水改厕，279户自来水已全部改水，改水率100%；拆除原散布全村的415只露天茅坑和简易棚厕，新建新颖美观、卫生达标的公厕8座、封闭式道路垃圾箱65只，全村生活垃圾实行市场化运作；每年投入6万元，用于清理河道、清扫道路、清运垃圾，实现垃圾定点收集、日产日清；实施河道整治工程，完成村中心火烛江河道清淤、砌坎施工，清洁美化沿河环境；以绿治脏、见缝插绿，道路绿化面积7000平方米；沿村主要道路安装景观灯，村庄内安装路灯，实现夜晚亮化。

交通

井山坞路　南起湘湖度假区，绕井山坞山，北折东至萧山区界，长3千米，宽9米。2011年命名。

马龙山桥　位于傅家峙村域，长7米，宽5米，高5米，为钢筋混凝土平桥，建于1983年。因连接马龙山，故名。

机耕桥　位于傅家峙村域，与傅家峙村湖田连接，长30米，宽5米，高10米，为拱桥，建于1976年。因用于村民入大湖田耕作，故名。

中德桥　原名忠德桥，位于傅家峙村域，长6米，宽5米，高5米，为平桥，1978年重建。

胜利桥　属傅家峙村，位于傅家峙村与塘子堰村之间，为混凝土平桥，跨径6米。

公用事业

电力　1961年，电力抵达长河集镇，分线向各个自然村落延伸。1972年，进行第一次电力整网。1993年，随着村办企业的发展和群众生活水平的提高，用电量急剧增加，对全村范围的电力线路进行整改，各个自然村落实现24小时供电。1996年，傅家峙全村用电量64万千瓦时，其中农用排灌用电量3万千瓦时、村办企业用电量40万千瓦时、农民家庭用电量21万千瓦时。2007年，用电量175万千瓦时，其中农业排灌用电量9万千瓦时。2010年，农村用电量178.5万千瓦时，其中农业排灌用电量9000千瓦时。

有线广播　1953年，境域开始安装有线广播。1958年，长河建立广播站，广播线路架到各个生产大队。1969年，建立广播室。20世纪70年代初，广播室配备扩大机，在主要地段装有高音喇叭。1981年，喇叭更新换代，把舌簧、压电换成动圈喇叭。后，电视迅速普及，城市化后民房拆迁，村民对广播需求渐渐减弱。

有线电视　20世纪90年代初，有线电视网开始建设。1996年后，有线电视线路接入低压线桩。2010年后，全村普及有线电视。

通信　1951年前，村民发电报要到长河或西兴集镇上的邮政代办所办理。1955年长河邮电局设立后，电报由邮政投递员送到村民手中。20世纪80年代后，由于机关、企事业单位电话机的增多，电报的收发量锐减。1987年后，电话机开始进入村民家中。1993年，村里有第一部手机，当时称“大哥大”。2010年，手机、互联网普及。

邮政　20世纪50年代初，村民寄信要去长河或西兴集镇上的邮政机构。农业合作社时期，信件、报纸等由邮递员送至初级社、高级社，再由初级社或高级社分发。1963年后，长河邮电局在村设有信箱，由小店代销邮票，村民寄信不再去长河或西兴，村民或生产队所订阅的报纸、杂志，由邮递员送到各生产队，村民寄、取邮包，仍需自己去长河邮局办理。

供水　20世纪80年代前，境域村民主要饮用水是池塘水、“天落水”（天然雨水）。1992年，塘子堰村开始集资安装自来水，村民每户出资500元。1996年后，村民进入小区居住，用水由水务公司管理，实行“一户一表”，计量收费。

村办公房　1958年10月，长河人民公社成立后，大队建造办公用房。1965年后，随着组织机构逐步完善和村级经济发展，扩建大队办公用房，地址为傅家峙自然村150号，有房屋3间，面积100平方米。1971年，修建村大会堂，面积150平方米。20世纪80—90年代，村委会办公楼地址仍为傅家峙自然村150号，房屋10间，面积200平方米。2010年，党群活动中心地址设在傅家峙自然村150号，面积300平方米。

第二节　土地使用

土地制度

1950年10月，境域开展土地改革运动，没收地主阶级多占的土地归农民所有。人民公社时期，土地集体所有制进一步巩固。1983年后，推行家庭联产承包责任制后，土地集体所有制性质不变，农户以家庭为单位，向村集体经济组织承包土地等生产资料和生产任务，村集体将土地等按人口或劳动力比例分给农户自主经营，其经营收入除按合同规定上缴一部分给集体及缴纳税金外，全部归于农户。1996年，傅家峙村签订农业承包合同232份，有承包耕地486亩，上缴承包金9700元。1997年，村域土地承包款每亩30元。2007年，有家庭承包经营226户，承包经营耕地276亩。2011年，家庭承包经营耕地面积276亩，有承包合同255份。

土地类别及利用

傅家峙境域土地类型可分耕地、园地、林地、宅基地、工矿用地、交通用地及未利用土地七类。1949年，境域有耕地面积450亩。1956年，农民土地收归集体耕种，高级社允许各生产小队将社员房前屋后零星杂地分配给社员做自留地。1978年，五星大队（傅家峙村）有集体耕地450亩，社员自留地15亩。1996年，有耕地486亩，均为水田。2003年后，白马湖景区开发启动，耕地被大量征用。2007年，土地总面积减至1750亩，其中耕地276亩、林地920亩、水面54亩、其他500亩。2010年，全村有耕地总面积276亩、林地920亩、养殖水面54亩。

土地征用

1991年6月开始，傅家峙村被征用耕地补偿费标准为该耕地征用前3年平均产值的3～5倍，征用非耕地按耕地的50%补偿。2000年7月后，滨江区土地补偿费用标准分为一般项目和城市基础设施项目两类。傅家峙村一般项目的土地补偿标准为每亩2.03万元，城市基础设施项目补偿标准为每亩1.74万元。一般项目安置和城市基础设施项目补助费用标准均为每亩4.77万元。2009年5月后，执行《滨江区征收集体所有土地补偿实施办法》，按照“以村（社区）定苗、统一补偿”的原则进行青苗补偿。傅家峙村水田、旱地补偿标准为每亩2200元，一般地上附着物补偿标准为每亩2500元，2010年，傅家峙村被征地面积262.79亩。同年，傅家峙村集体经济组织留地安置指标以2002年统计年报中的农业人口（含“农转非”人员）为基数，按15平方米（净地面积）每人为标准确定。村域土地征用主要用于建设映翠路、白马湖公园二期，以及白马湖实验室总部基地。

第三节　围垦土地

顺坝围垦

顺坝围垦分内线、外线两期进行。内线围于1970年11月，长河公社共得地817.1亩，外线围于1986年冬，共得地195亩。2期共1012.1亩。傅家峙村分得顺坝围垦土地63亩。1997年，经滨江区政府与萧山市政府协商并签订协议，将顺坝围垦土地划归萧山市，从此傅家峙村在顺坝再无土地。

东江围垦

东江围垦分一围（又称老围）、二围（新围）。工程由萧山县统一指挥，长河公社发动下属大队共参加4期。至1978年底，全公社共围毛地2906亩，按投工多少分给12个大队。1981年，围垦土地相继给承包大户耕种，村每年向承包户收取承包金，每亩每年10～20元。1991年，每亩土地承包金最高每亩40元。1999年后，承包户相继退出。

第三章　村域经济

傅家峙境域主要粮食作物有小麦、大麦、水稻等，兼种棉花、络麻、油菜等经济作物。1949年，有耕地面积450亩。1957年，有耕地面积778亩。20世纪60—70年代，工业开始出现，以手工业作坊为主。1978年，有耕地面积450亩，粮食播种面积1096亩，总产量370.15吨。20世纪80年代初实行家庭联产承包责任制后，农村的富余劳动力大量出现。这一时期，改革商业体制，鼓励农民经商。1996年，傅家峙村经济总收入为1582.19万元。20世纪90年代末，村办企业通过股份合作、拍卖等方式，实施产权制度改革。2007年，傅家峙村农业收入63.5万元、工业收入4941.5万元、建筑业收入140.2万元、运输业收入58.5万元、商业饮食业收入58.5万元、服务业收入97.9万元、其他收入56.6万元。2010年，经济总收入5424万元，其中农业收入32.5万元、工业收入4596.7万元、建筑业收入290万元、商业饮食业收入222.3万元、服务业收入116.8万元、其他收入165.7万元。知名企业有杭州丰汇建筑材料有限公司、杭州昌达金属有限公司。

第一节　农业

境域为水网平原地区，河流纵横，宜种粮食作物。1949年，有耕地面积450亩。1957年，有耕地面积778亩。1978年，傅家峙大队总收入12.75万元，其中，农业收入9.07万元、林业收入4899元、畜牧业收入760元、副业收入8820元、其他2.23万元。1996年，全村经济总收入1582.19万元，其中种植业收入70万元、林业收入15.5万元、畜牧业收入161.26万元。2007年，农业收入63.5万元。2010年，有耕地总面积276亩，林地920亩，养殖水面54亩，农、林、牧、渔业从业人员95人，农业收入32.5万元。

种植业

境域主要粮食作物有小麦、大麦、水稻等。1949年，油菜播种面积80亩，油菜籽亩产30千克，总产量2400千克。1978年，粮食播种面积1096亩，亩产338千克，总产量370.15吨。其中小麦播种面积48亩，亩产185千克，总产量8.9吨；大麦播种面积167亩，亩产172千克，总产量28.9吨；蚕（豌）豆播种面积35亩，亩产103.5千克，总产量3.6吨；水稻播种面积846亩，亩产389千克，总产量328.75吨。油菜播种面积93亩，油菜籽亩产75千克，总产量7吨。

20世纪80年代后，实施家庭联产承包责任制，种植业趋向多样化。1996年，农作物总播种面积1005亩，其中粮食作物播种面积879亩，亩产401千克，总产量353吨。粮食作物中，稻谷播种面积768亩，亩产435千克，总产量334吨；小麦播种面积62亩，亩产176千克，总产量11吨；大麦播种面积34亩，亩产180千克，总产量6吨。油菜播种面积25亩，油菜籽亩产80千克，总产量2吨。棉花播种面积53亩，亩产67千克，总产量4吨。蔬菜播种面积18亩，亩产1006千克，总产量18吨。瓜类播种面积12亩，亩产5002千克，总产量60吨。有茶园100亩、果园170亩。

2007年，土地总面积1750亩，其中耕地276亩、林地920亩、水面54亩、其他用地500亩。家庭承包经营户有226户，承包经营耕地面积276亩。2010年，农作物总播种面积736亩，均为苗木播种面积，苗木出售额736万元。茶园总面积100亩，茶叶总产量6吨。果园总面积100亩，杨梅产量7吨，果用瓜产量165吨。此后，境域土地被国家征用，种植业逐渐退出历史舞台。

养殖业

历史上，傅家峙村境域畜牧业以养猪、养鸡为主。20世纪60—70年代，养猪业发展较快，其他养殖业变化不大。改革开放后，养猪、养鸡、养鸭、养鱼等养殖业空前发展。1996年，生猪存栏144头，出栏337头，全年饲养量481头，猪肉产量17.16吨。水牛1头。家禽存栏2653羽，出栏8886羽。禽肉产量15.43吨，禽蛋产量918千克。淡水养殖面积54亩，淡水产品产量7吨。2010年，有养殖水面54亩。

山林开发

实施家庭联产承包责任制前，傅家峙村山林队有专业人员46人，管养黄泥塘山、越王城山、沙坞山等山林808亩，经营茶园120亩、杨梅51亩、青梅100亩、板栗100亩、梨树2亩、松杂木83亩、毛竹50亩、苗木50亩、柴山252亩。

第二节　工业

发展过程

傅家峙村工业起步较早，但发展缓慢。1974年，五星大队（傅家峙村）投资6万元，建办五星砖瓦厂，有职工35人，为全镇最早办的3个村办企业之一。1979年，又投资1万元，建办五星工艺厂，有职工15人。1988年，傅家峙村有砖瓦厂、工艺厂、五金厂、包装袋厂4家村办企业，实现工业产值116万元，利润2.9万元，上缴税金7万元；有企业职工160人，发放工资17万元，年人均工资1091元。其中以包装袋厂效益最好，当年产值54万元，利润1.8万元；工艺厂规模最大，有职工110人，创产值59万元，利润1万元。

1996年起，村办企业转制。至2001年，全村有6家私营企业。2003年，村内有丰伟建材、昌达金属、针织九厂等私营企业8家，完成工业总产值1496万元，利润37万元，出口创汇699万元，上缴税金75万元；有职工163人，年人均工资6564元。2007年，工业收入4941.5万元，建筑业收入140.2万元。2010年，傅家峙村有工业从业人员285人、建筑业从业人员53人；实现工业收入4596.73万元、建筑业收入290万元。

企业与产品

1996年，傅家峙境域有杭州丰汇建筑材料有限公司、杭州昌达金属有限公司、杭州针织九厂、杭州长河自行车零件厂、杭州长河纸塑包装印刷厂、杭州长河江南预制构件厂等，主要工业产品为红砖、自行车配件、针织衣裤、纸塑包装品、印刷品、小五金等；有外向型企业2家，即杭州针织九厂、杭州昌达金属有限公司。年出口交货值334万元，主要出口产品为针织服装和铁钉、衣钩等。同年，全村实现工业总产值1153万元，利润27万元，上缴税金56万元；有企业职工173人，发放工资110万元，年人均工资6358.38元。

第三节　商贸服务业

旧时，傅家峙村除偶有农户持少量农副产品兜售，换取生活所需品外，几无其他商贸事宜。1956年，实行私营商业社会主义改造，生产资料实行计划分配。由于物资缺乏，许多日用消费品按人头分配，凭票供应。20世纪80年代，改革商业体制，鼓励农民经商，商品交易日渐繁荣。20世纪90年代，商品取消票证。1996年，傅家峙村商业饮食业收入92.79万元，运输业收入8.66万元，其他收入253.3万元。2007年，商业饮食业收入58.5万元，服务业收入97.9万元，运输业收入58.5万元，其他收入56.6万元。2010年，傅家峙村有从业交通、运输仓储业及邮电通信业35人，信息传输、计算机服务和软件业22人，批发、零售贸易业38人，住宿和餐饮业5人，其他非农行业31人；商业饮食业收入222.33万元，服务业收入116.77万元，其他收入165.84万元。

集体商贸业

1956年，大部分个体私营商户、小商小贩组建成合作商店和合作小组。1958年，个体私营小店合并为“合作商店”，隶属于长河供销社。20世纪60年代，五星大队大桥头设有供销社代销店1家，经销商品有日用品、猪肉、禽蛋、蔬菜等。1984年，国家终止生猪派购政策，市场放开，允许个体屠宰商购销。1995年，规范屠宰市场，设立定点屠宰场，屠宰点随即取消。合作商店解散或拍卖。

私营商贸服务业

1978年后，国家允许并鼓励待业青年、闲散居民和农村富余劳动力从事商业、服务业。市场和物价逐步开放，商品渠道畅通，商业随之发展。1984年，个体商业迅速发展，市场上商品日渐增多，各种凭票供应的票证取消。1996年，傅家峙村商业饮食业收入92.79万元，运输业收入8.66万元，其他收入253.3万元。1997年，随着城市化的推进，居民服务业迅速发展。2000年后，个体商店、摊位、小超市、小饭店遍布。2010年，傅家峙村商业饮食业收入222.33万元，服务业收入116.77万元。

第四章　社会事业

1950年起，傅家峙村域举办冬学、民校，扫除文盲。20世纪60年代，傅家峙初级小学隶属于长河区中心辅导学校。1967年，小学附设初中1个班级，学制两年。20世纪70—80年代，五星大队（傅家峙村）创建文化活动阵地，培养文艺骨干，配合各个时期中心工作，开展各种文化活动，丰富群众文化生活。村（大队）俱乐部设阅览室、乒乓球室、棋类室、广播室。学校建2层教学楼，有6间教室，附设初中班。1994年，完成基本普及九年义务教育、基本扫除文盲任务。1996年，有在校中小学生220人。2003年，将境域卫生服务站纳入长河街道社区卫生服务中心一体化管理。2007年，傅家峙村农村合作医疗收费5万元。境域有湘湖、新塘庵等旅游景点。

第一节　教育　医疗

教育

幼儿教育　1958年，境域各生产队先后办起农忙托儿所。1968年，幼儿园停办。1978年，大队幼儿园恢复，附设于小学内，由小学管理。20世纪80年代，村学校增设学前班和幼儿班。20世纪90年代后，民办幼儿园逐渐兴起，业务上由镇中心幼儿园辅导。

中小学教育　清代，境域设有私塾，规模不大，招收学童年龄以五六岁至十二三岁居多。中华人民共和国成立初期，村域有1所傅家峙初级小学，隶属于长河区中心辅导学校。1967年，小学附设初中1个班级，学制2年。1983年，初中学制改为三年制；傅家峙村等6个村集资在茅山麓造新校舍，命名茅山初中。傅家峙学校初中班移到茅山初中。1988年，学校实行九年制义务教育。1996年，有在校中小学生60人。2004年秋起，滨江区启动义务教育新课程改革，傅家峙村域学校全面实施《杭州市义务教育新课程》。2007年，傅家峙村有在校学生数83人。2010年，有在校中小学生155人。

成人教育　20世纪50年代，境域办起农民业余识字班，又称夜校。课程以语文、农技和时事为主。1982年，村俱乐部业余夜校举办技术培训班。1990年，举办扫盲班，进行识字教学。2000年后，傅家峙村成人教育以岗位培训、实用技术培训为主。

医疗

医疗机构　1958年，傅家峙村成立大队卫生室。1969年10月，五星大队卫生室改称为“大队合作医疗站”，实施合作医疗制度。1996年，傅家峙卫生室共44平方米，有门诊室、药房、注射室等，有药品300多种，有医生2

人。2003年，村卫生室改名卫生服务站。由长河街道社区卫生服务中心一体化管理。卫生服务站位于傅家峙自然村150号，有房屋3间，面积100平方米。服务站设有诊疗室、药库、药房、输液室、急诊病床。

妇幼保健　20世纪50年代初，开始推广新法接生，减少妇婴死亡率。1967年起，推广住院接生。1978年，开展儿童保健，为儿童作健康检查并实行计划免疫。20世纪80年代，傅家峙村妇女保健与计划生育工作结合进行，以确保妇女健康为原则，全面推行孕产期保健，推行妇科病普查普治。2000年后，做好妇科病查治、孕产妇系统管理、高危妊娠管理、妇婴保健等工作。

合作医疗　1969年，境域参加合作医疗的社员，每人每年交纳医疗费2元，其中1元由大队公益金中开支。1980年后，傅家峙村村民按规定医药费报销70%，自己负责30%。1994年起，实行以大病互助合作的风险型村民合作医疗保健制度，傅家峙村村民大多参加这一新型合作医疗。合作医疗基金采取村民个人、村、镇政府共同筹资的方法，逐年增加报销额度。2003年，按户每人每年36元（“五保户”、特困户、残疾人的个人缴纳部分由村集体资金支付）作为合作医疗资金，街道、区两级政府各以每人每年10元的标准资助，合计每人每年为56元。凡参加合作医疗者均可在该年度享受境域医疗站内门诊药费65%左右的报销，对住院期间符合报销范围的费用实行分级分段定额报销制度。2007年，农村合作医疗收费5万元。

第二节　文化　体育

文化

文化设施　中华人民共和国成立后，公共文化设施逐渐建设。20世纪70年代起，境域设立图书室或流动图书借阅点。20世纪80年代，村（大队）俱乐部设阅览室、乒乓球室、棋类室、广播室。2005年、2006年，投入100万元资金，新建老年活动室1个、公园式健身点2处、标准篮球场1个，利用建筑垃圾，在沿白马湖岸边建立休闲景观平台6处，为村民提供娱乐、健身的活动场所。

文化活动　20世纪50年代，每逢重大节日和新春传统佳节，组织文艺爱好者演出文艺节目，如唱革命歌曲、方言快板等。20世纪60—70年代，结合时事政治，编演小节目，开展文艺宣传。20世纪90年代，开放阅览室、乒乓

球室、棋类室和电视机室，以丰富、活跃村民的文化生活。进入21世纪，经常举办适合农村实际的文体活动。

体育

学校体育　中华人民共和国成立初，村域体育课，由于设施简陋、条件有限，主要是开展跑步、跳远、跳绳等活动。20世纪50年代，学校体育活动逐渐被劳动所替代。1977年起，学校体育活动逐步正常。20世纪80年代起，注重体育课教学质量，组织学生进行跳高、跳远、跑步、掷铅球等田径活动，开展跳牛皮筋、转呼啦圈、套圈、踢毽子等趣味活动，定期进行达标测试和视力检查。2000年后，学生每年参加滨江区中小学运动会，进行各种体育项目比赛，并获得多项荣誉。

群众体育　20世纪50—60年代，群众经常开展拔河、乒乓球、篮球、棋类等项目的体育比赛。20世纪80年代后，跳橡皮筋、踢毽子、套圈、投飞镖和自行车慢骑等趣味项目比赛增多。2000年后，村民经常在公园、活动室锻炼身体。

第五章　民情风物

中华人民共和国成立后，村民收入增加，吃住等基本生活条件不断改善。1978年，社员年终人均经济分配现金收入138元。1983年后，实行家庭联产承包责任制，农民先后进入第二、第三产业。20世纪90年代，镇、村企业转制后，个体私营经济快速发展。1996年，傅家峙村年人均纯收入4869元。滨江区成立后，城市化推动傅家峙村域经济快速发展，村民收入进一步提高。生活消费向教育文化娱乐、交通通信、医疗保健和城市居住等方面倾斜。2010年，全村年人均纯收入1.26万元。

第一节　收入与消费

村民收入

中华人民共和国成立后，境域经过土地改革和互助合作时期，农业生产基本得到恢复和发展。1955年，村民年人均纯收入64元。1978年，社员年终人均经济分配现金收入138元。1983年后，实行家庭联产承包责任制，报酬与企业的经济效益直接挂钩。20世纪90年代，镇、村企业转制后，个体私营经济快速发展。1990年，农民年人均纯收入1449元。滨江区成立后，傅家峙村村民工薪收入、财产性收入、转移性收入占比增加。1996年，村民年人均纯收入4869元，2007年增至9541.95元，2010年达到1.26万元。

粮油分配

20世纪60年代初，人民公社食堂解散后，傅家峙大队社员口粮数额按人口年龄段确定（以岁定粮）。社员粮食可分配总量由两部分组成，绝大部分为集体生产的粮食，以实物分配；少量为国家统销粮，凭粮票向国家粮站购买。1965年，社员年人均口粮278千克。1979年，社员年人均口粮426千克，社员食用油，则由集体将油菜籽榨油后，按计划定量分配。1983年，实行家庭联产承包责任制，傅家峙村不再进行粮油分配。

村民消费

饮食　村民饮食以大米为主，面食为辅。1959年，村民购买水产、食盐、鲜肉、棉布4项，年人均支出83元。1978年，此4项年人均支出115元。1983年，村民年人均食品消费支出320元。20世纪90年代后，村民生活水平持续提高，食品种类也呈现多样化趋势。

服饰　中华人民共和国成立后，村域农户生活逐步改善。体现在服饰上，土布逐步减少，纯棉、灯芯绒等越来越多，质地不断变好。样式上，从中山装、列宁装、成品服装，越来越多样化。20世纪90年代后，境域村民衣装渐和城里人一样，越来越显现出穿着的个性化。

住房　中华人民共和国成立后，村民住房条件逐年改善。20世纪50—60年，居住原来的平房。20世纪60年代后期至70年代，农民收入进一步提高，多数村民翻建新房。20世纪80年代后，开始建造楼房，以钢筋混凝土结构为主。21世纪初，村民建房不断提高档次，追求坚固、美观和舒适，建造钢筋混凝土框架结构楼房（以三层或四楼房屋居多）。随着拆迁加快，村民开始住进多层房、高层房。

第二节　文物古迹

寺庙

新塘庵　位于傅家峙社区东侧，建于蟒蛇山北山岭上，面对白马湖。占

地面积105.6平方米，坐南朝北，面阔3间12米，进深8.8米，砖木结构，硬山坡顶，穿斗式梁架，始建年代不详。旧时，东、西白马湖间筑有堤塘，称“新塘”，塘中有桥，称新塘桥；塘南山上建庵，称新塘庵。民国16—18年（1927—1929），是长河农民协会活动据点。20世纪70年代起，为萧山县湘湖渔场驻地，保存完好。

文物遗址

石器　1989年初，在傅家峙村蟒蛇山（又称“安基山”）南出土新石器时期的石斧。斧高14厘米，刃长17厘米，宽5.5厘米。7000年前先民的原始砍伐工具。

来裕恂墓　位于傅家峙村包家湾山上，石桌、石碑、墓冢均保存完好。来裕恂（1873—1962），长河人。曾任萧山县劝学长、绍兴县县长、浙江省政府咨议，个人编修《萧山县志稿》。中华人民共和国成立后，受聘为浙江省文史馆馆员。著有《汉文典》《春秋通义》《中国文学史》《易经通论》《萧山县志稿》《匏园诗集》《匏园诗集续编》等。

张称孙墓　张称孙（生卒年不详），曾任南宋理宗朝宝章阁待制。墓在傅家峙山南龟山上，俗称“王坟头”。张称孙去世后被封为靖王，谥忠献。其父驸马都尉、长兴县主张复初，封永固王。张称孙葬龟山后，其后人留此守墓，子孙繁衍，遂成村落，名龟山张，亦称居山张（萧山区城厢街道）。20世纪50年代，其墓及墓前石人、石马尚存，1966年被毁。

何世学墓　何世学（生卒年不详），明常州府丞。墓在傅家峙村大黄坞山上。1984年，墓存碑毁。

来斯行墓　墓在傅家峙蛇山上，已毁。来斯行（1567—1634），明万历间进士，福建右布政使，有《经史典奥》67卷和《槎庵小乘》41卷存世。建长河百顺（仁）堂。

专　记

城山

越王城山又名城山，海拔 140米，南坡为萧山区，北坡属滨江区长河街道，傅家峙村境域内。据明嘉靖《萧山县志》载：“其山中卑四高，宛如城堞，吴王伐越次查浦，勾践保此拒吴，名越王城，又名越王台。”山以此得名。山前有两峰，对峙如门，名为“马门”；山上有泉，深不盈尺，冬夏不竭，名为“佛眼泉”；山半有池，名曰“洗马池”。相传池中产“嘉鱼”，越拒吴时，吴意越兵乏水，以盐鱼为馈，越取双鱼答之，遂解围去。遗址尚存。

越王城山西北麓傅家峙、包家湾一带，吴越时期为越国军港，称“大船军”，史书称“固陵军港”。据《百位名人与萧山》一书称：“现越王城山西北麓，是越国的水军基地，称固陵军港……勾践于周敬王二十四年（前496）起兵拒吴，周敬王二十六年再次出兵拒吴，三十六年出兵助吴攻齐，三十八年兴兵伐吴，而后十年又三次兴兵伐吴，上述七次大规模的军事活动都是从固陵军港出发的……以后越国北上争霸，攻占琅琊，从固陵港出发的戈船（海船）就有300艘。”

在古代，傅家峙一带还是重要的出海港埠。秦时，有方士徐福率数千人船队，出海东瀛求仙，就是从这里出发的。据《杭州研究》之《徐福出海求仙之谜及启航港埠新考》一文称：“秦始皇三十七年（前210），始皇南巡会稽，徐福在萧山再次上告秦始皇，请求从会稽固陵（包家湾一带）出海求仙药，始皇同意他带领数千童男童女和射手、百工等从会稽之固陵港出海，然而徐福这次出海到日本后，‘止，王，不返’。”《后汉书·东夷传》亦载：“会稽海外有东鳀人，分为二十余国。又有夷洲及澶州，传言秦始皇使徐福将童男童女数千人入海求蓬莱仙不得，徐福畏诛，不敢还，遂止此洲，世世相承，有数万家……”日本的《徐福墓碑文》刻有这样的文字：“熊野者，皇国极南之地，横出于大瀛海中，放船于吴越地者，遭风箭激，则必来于此。”

汤家桥村位于长河街道中南部，东起江虹路，西连冠山公园，南濒白马湖，北至乳泉路，面积1.3平方千米。

汤家桥村在滨江区的位置

来楚生　红菊

第二十编 汤家桥村

概 述

汤家桥村位于长河街道中南部，东起江虹路，西连冠山公园，南濒白马湖，北至乳泉路。面积1.3平方千米，由汤家桥、孙家埭、水沟沿、高山田4个自然村落组成。主要道路有长江路、白马湖路、乳泉路等，有冠山、白马湖等旅游景点。1957年，为西陵乡第四高级农业生产合作社。1958年，为汤家桥大队。1965年，为东风大队。1984年，为汤家桥村。2011年，撤村建居，为长河街道汤家桥社区。

1949年，村域有耕地面积1149亩。1957年，有耕地面积1236亩。1980年起，村集体相继创办缝零厂、皮件厂、机箱厂、磨料厂、预制厂、油厂等。实现工业总产值545万元、利润45万元。1996年，汤家桥村总户数660户，总人口2163人，其中非农业人口14人。2006年，汤家桥村有企业17家，实现产值1.8亿元，其中工业产值1.63亿元，出口交货值1亿元，利润408万元，上缴税金749万元。2010年，汤家桥村总户数637户，总人口2565人，其中非农业人口2366人；运输业收入125万元，商业饮食业收入55万元，服务业收入350万元。

进入21世纪，汤家桥村社会各项事业协调发展，实现农田水利永久化，村庄道路实现硬化。村民安装有线电视及数字电视，接通自来水“一户一表”，全村主要道路安装路灯。新农村建设步伐加快，特别是农民多层住宅建设的加快发展。开设老年活动室、村民电子阅览室、科普宣传橱窗。建成占地面积近10亩的文化休闲公园和占地面积1.5亩的村民健身公园，安装各类健身器材。2004年，汤家桥村被评为省级“文明村”。2010年，全村年人均纯收入1.88万元，基本达到小康生活水平。

第一章 基本村情

汤家桥村位于长河街道中南部，东起江虹路，西连冠山公园，南濒白马湖，北至乳泉路。面积1.3平方千米。1949年6月，境域成立农会。1957年，为西陵乡第四高级农业生产合作社。1958年，为长河人民公社汤家桥生产大队。1965年，为山河公社东风大队。1969年，并入长河公社。1984年3月，改名为汤家桥村。1990年，辖汤家桥、水沟沿、孙家埭、海山桥4个自然村。1996年滨江设区时，有村民小组11个，户数660户，农村总人口2163人。2010年，汤姓人口最多，其次为来姓人口，第三大姓为沈姓。2011年2月，撤销汤家桥村，成立汤家桥社区。

第一节　区位　地貌　村落

地理位置

汤家桥村东起江虹路，西连冠山公园，南濒白马湖，北至乳泉路。面积1.3平方千米。

地形地貌

境域为水网平原地区，宜种粮食作物。山体有茅山等。山体成分主要是熔岩、火山碎屑岩、砂岩。

月光河　在白马湖北偏西。曾名汤家桥河，以汤家桥村得名。后，属白马湖规划河道，重新命名为月光河。

荷花池　在汤家桥社区境内。因池内原有较多荷花，故名。

茅山　白马湖西，汤家桥社区境内。又名猫山。海拔15米，面积1.47公顷，为一低矮小丘，由石炭系泥岩构成。茅山蕴藏少量煤炭，但无开采价值。清乾隆《萧山县志》卷五载："冠山之麓有茅山，天启七年，一夕光气插天，石壁明彻如镜，逾月渐晦。"

自然村

1990年，汤家桥村辖4个自然村，分别为汤家桥、水沟沿、孙家埭、海山桥。有11个村民小组，有632户2047人。

汤家桥　位于长河街道办事处驻地东南1千米。有328户1167人，以汤氏为大姓。聚落沿河呈带状分布。村民多数曾以编织草制品为副业。村内以汤氏聚居，村东有桥名"汤家桥"。村以桥得名，至2011年撤村建居时，已传至31世。

孙家埭　位于长河街道办事处驻地东南600米。有71户264人，以孙氏

为大姓。聚落沿河呈块状分布。村由东、北两桥出入，村民以木、石工为副业。村建在河堤旁，内以孙氏聚居，故名孙家埭。

水沟沿　位于长河街道办事处东南，聚落呈块状分布。因村沿水沟而建，故名水沟沿。以来氏为村落大姓。

海山桥　位于长河街道办事处驻东南1.7千米。有6户24人，以汤氏为大姓。聚落在海山桥北侧呈块状分布。村南建有古桥，名“海山桥”，村以桥名。

第二节　建置沿革

行政区划

汤家桥村境域历史悠久，境内茅山遗址属新石器时代遗址，为杭州市文物保护点。汤家桥村落史可追溯至元初。元朝，长河望族汤氏汤改三定居于此，后发族成村。元明清行都图制，村域属萧山县三都十图。清宣统二年（1910），属长河乡，民国初沿袭。民国18年（1929），属萧山县第二区长河里。民国36年（1947），村域分属长河镇第一保、第四保。中华人民共和国成立后，1950年，汤家桥境域属长河区西陵乡。1957年，为西陵乡第四高级农业生产合作社。1958年，为长河人民公社汤家桥大队。1961年，为山河公社汤家桥大队，1965年改名为东风大队。1969年山河公社撤销，东风大队并入长河公社。1981年，复名汤家桥大队。1984年，改称为汤家桥村。1985年，有高山田、海山桥、水沟沿、孙家埭、汤家桥5个自然村。2011年2月，改设汤家桥社区，有高山田、水沟沿、孙家埭、汤家桥等4个住宅小区（农居点）。社区居民委员会驻风景蝶院17—19号。

基层组织

中共基层组织　1927年10月，由来宝坤（后改名为来耀先）发起建立汤家桥村党支部，有党员35人，书记汤吾林。2011年，汤家桥村党委下辖6个党支部，有党员134名。

村民自治组织　1949年5月，萧山解放。6月，汤家桥村域内分别设汤家桥村行政委员会（沈芳林、汤校忠曾任村长）和农会（汤和尚、汤小来曾任主任）、水沟沿村行政委员会（村长来树连）和农会（主任来顺林）。1954年3月，汤家桥村域开展农业合作化，先后建立联盟社（社长汤先荣）、联明社（社长汤校正）、联新社（社长汤云葵）、联丰社（社长来裕春）、联欢社

（社长来校云）、联工社（社长来仁庆）、群建社（社长汤校兴）7个初级农业生产合作社。1956年9月，农业合作化高潮时期，村域内的联盟社、联明社、联新社、联丰社、联欢社、联工社、群建社7个初级农业合作社合并，成立西陵乡第七高级农业生产合作社（简称“西陵七社”），书记汤小来，社长汤先荣、汤小来。1958年10月，更名为汤家桥生产大队，书记汤先荣，大队长张志根。1966年，更名为东风大队，设大队管理委员会。1968年，成立东风大队革命委员会，取代大队管理委员会。1978年，恢复大队管理委员会。1984年3月，东风大队更名为汤家桥村，建立村民委员会，为村民自治组织。村民委员会由主任、副主任和委员若干人组成，由村民代表大会选举产生，每届任期3年，1990年后由村民直接选举产生。

经济管理组织　1991年，汤家桥村成立经济合作社。村经济合作社常设机构是合作社管理委员会，成员由社员大会或社员代表大会选举产生，由正、副社长和委员若干人组成。社长由村党支部书记担任。每届任期3年，换届选举与村民委员会同。1996年，汤家桥村集体经济总收入3831.03万元，净收入1308.21万元，上缴税金43.5万元；有生产性固定资产原值1586万元。农村集体资产总额1706万元。2007年，农村集体经济收益合计2.28亿元，总费用1.53亿元，净收入7467.5万元，上缴税金1015万元；集体资产总计4322万元，流动负债1876万元，所有者权益2446万元。2010年，村办企业收入1.72亿元。

第三节　人口　姓氏

人口

中华人民共和国成立后，村民生活条件不断改善，医疗水平日益提高，人口自然变动情况出现高出生低死亡的状态。1978年，汤家桥总户数509户，总人口2079人，其中男性1062人、女性1017人；迁入16人，迁出22人；出生40人，死亡13人。1996年，汤家桥村总户数660户，总人口2163人，其中男性1059人、女性1104人；出生19人，其中男性8人、女性11人；死亡3人，其中男性2人、女性1人；迁入市区3人，省内迁入3人，省外迁入2人；迁往市区4人，迁往省内2人，迁往省外2人。有村民小组11个，实有劳动力1530人，其中男劳动力755人、女劳动力775人。

21世纪初，“少生、优生、优育”的新生育观念被村民理解和接受，人口出生率明显下降。2007年，有村民小组11个，总户数631户，总人口2320人，其中农业人口251人，非农业人口2069人。2010年，汤家桥村总户数637户，总人口2565人，包括非农业人口2366人。其中，男性1234人、女性1331人；18周岁以下513人，18～35周岁570人，36～60周岁1042人，60周岁以上440人；出生22人，其中男性14人、女性8人；死亡19人，其中男性13人、女性6人；迁入5人，其中省内迁入2人、省外迁入3人。迁往省外4人。

姓氏

分布 汤家桥村原住民以汤姓、来姓、沈姓、张姓等大姓为主，元世祖至元年间（1271—1294）以来，汤氏从河兜里定居汤家桥，人丁兴旺，终成大族。村民大多以同族聚集而居。第1—7组是汤姓的聚集地，居汤家桥自然村；第8组居孙家埭自然村；第9—11组是来姓的聚集地，居水沟沿自然村。1994年，汤家桥村有村民552户2156人。全村有姓氏84个，其中汤氏为多，有1227人，主要聚居在汤家桥自然村。2010年，境域总人口2565人，分属115个姓氏，包括汤姓908人、来姓460人、沈姓184人。

汤姓 南宋绍兴三十一年（1161），汤氏南迁一世祖汤鹏举子孙汤思退出知绍兴府。南宋隆兴元年（1163），汤思退"置别业于长河（双庙前）"，为长河汤氏始迁祖。汤思退曾官拜参知政事擢枢密使，掌管全国军事。后金兵渡淮南侵，汤思退遭罢被贬，卒后归葬处州青田原籍，其子孙繁衍，为长河大族。元世祖至元年间（1271—1294），汤思退四世孙汤攺三定居汤家桥（汤家庄），为长河汤家桥汤氏始祖，卒后葬长河海山西面。生三子汤伯宣（大房祖）、汤伯亨（二房祖）、汤伯真（三房祖）。自此，汤氏人文鼎盛，商贾迭出，在长河一带经商置业，富甲一方。《萧山汤氏宗谱》序载："…萧之汤氏，巨族也。其先世为处州河南青田人。自思退公出知绍兴，创别业于萧，越二世而成。公又为会稽令，解组后退居别业，入籍萧山焉。厥后二十余传，其子孙居处汤家庄（汤家桥），可谓盛矣。"2010年，汤家桥村有汤姓908人，为村域第一大姓。

来姓 南宋嘉泰二年（1202），朝散郎、直龙图阁学士来延绍（字继先，号平山，别号思洛子），以宣奉大夫出任绍兴府知府，未到任而病逝于萧山衹园寺僧舍，葬湘湖方家坞。其长子来师安守墓，始居长河冠山东麓。后，生息繁衍，蔚为大姓。元末明初，来氏"六支"创立，其中第三支（三房）居于水

沟沿，其后裔一直居住在汤家桥水沟沿自然村。2010年，境域有来姓460人，分布在第8—11组。

第二章　村庄建设

中华人民共和国成立前，汤家桥境域村容萧条。改革开放后，村容村貌得到快速发展。1949年，村域耕地面积1149亩，1957年为1236亩，1978年为1103亩。1996年，签订农业承包合同591份，承包耕地1232亩。2000年后，许多村民住上三层以上的“洋房”“别墅”。2007年，因建设项目大量征地，耕地仅剩95亩，另有林地131亩，水面50亩。2009年，村水田、旱地征用补偿标准为每亩2200元。一般地上附着物补偿标准为每亩2500元。2010年，社会各项事业协调发展，实现农田、水利永久化，村庄道路实现硬化。村民安装数字有线电视，自来水实现“一户一表”，全村主要道路安装路灯。

第一节　新农村建设

民国及以前，汤家桥境域生产落后，村容建设较少。中华人民共和国成立初，通过土地改革，贫苦农民分到土地，生活得到改善。改革开放后，村落经济发展加快。20世纪80年代，村民陆续修建新房。2000年后，许多村民住上三层以上楼房，生活基本实现小康。至2011年，境域内马路宽阔，树林茂盛，尽显优美宜居景象。

交通

长江路　南起井山坞路，北至滨康路，长3.9千米，宽24米，沿用老路名。建于1987年，2004年10月命名。汤家桥境域段起点自月湾潭，终点至海山桥。全长1.5千米。

白马湖路　东起江晖南路，西至时代大道，长3.56千米，宽30米，因近白马湖而得名，建于2004年。境域段长900米，起点自白马湖社区，终点至长江路。

乳泉路　东起江虹南路，西至月湾路（规划名），长2千米，宽16米。旧有乳泉井、乳泉村，沿用旧有地名，2011年命名。境域段长550米，起点自江虹路，终点至长江路。

水沟沿路 南起水沟沿，北至泽街，长350米，宽2.5米。民国时就有水沟沿地名，路以此名。

飞虹新桥 横跨白马湖，连接汤家桥社区村道，长12米，宽2米，1980年12月建。因近老飞虹桥，故名。

海山桥（老） 横跨海山河，连接汤家桥村至塘子堰社区村道。长25米，宽12米，高6米，钢筋水泥桥，1994年建。原有海山桥自然村，故名。

海山桥（新） 在老海山桥旁边。长18米，宽8米，高4米，水泥平桥，2000年建。

汤家桥 横跨汤家河，连接长河村村道。长5米，宽4米。建于清宣统三年（1911），以河名桥。

木桥 横跨河斗至汤家河，连接汤家桥村村道。长3.5米，宽3米，建于清光绪二十七年（1901）。

汤家桥新桥 连接长河与汤家桥村域。长5米，宽5米，高5米，钢筋水泥桥。始建于1955年，1966年重建。位于汤家桥村，故名。

孙家桥 位于长河街道汤家桥社区。长7米，宽4米，高3米。民国13年（1924）始建，1970年重建。因位于孙家埭自然村，故名。

油车桥（一） 横跨汤家河。长5米，宽4米，高6米，水泥桥，建于1985年。因位于汤家桥油厂旧址，故名。

油车桥（二） 长6米，宽4米，高5米，石板桥，建于1960年。位于汤家桥油厂旧址，故名。

公用事业

电力 20世纪60年代前，汤家桥村境域照明工具主要是菜油灯、煤油灯或蜡烛。1961年，新安江水电站电力抵达长河，分线向各个自然村落延伸，把电送到各家各户。1972年，进行第一次电力整网。1991年9月，投资15万元，整改全村电力线路，其中动力线路8.4千米、照明线路5.9千米。1993年，随着村办企业的发展和群众生活水平的提高，用电量急剧增加，对全村范围的电力线路再次进行整改，实现24小时供电。1996年，汤家桥村用电量250万千瓦时，其中农用排灌用电量10万千瓦时、村办企业用电量200万千瓦时、农民家庭用电量40万千瓦时。2007年，用电量420万千瓦时，其中，农业排灌用电量4万千瓦时。

广播电视 1953年，境域开始安装有线广播。1958年，长河公社建立广播站，广播线路架到各个生产大队。1969年，建立东风大队广播室。20世纪70年代初，广播室配备扩大机，在主要地段装有高音喇叭。1981年，喇叭更新换代，将舌簧、压电换成动圈喇叭。后因电视的迅速普及，城市化后民房的拆迁，村民对广播需求渐渐减弱，居住进小区后全部弃用。20世纪90年代初，开始有线电视网的建设。1996年后，有线电视线路接入低压线桩。2010年后，全村普及有线电视。

通信　1951年前，村民发电报要到长河邮政代办所办理。1955年设长河邮电局后，电报由邮政投递员送到村民手中。20世纪80年代后，由于电话机的增多，电报的收发量锐减。1964年，汤家桥大队会计室安装境域第一部电话机。1987年后，电话机开始进入村民家中并在2000年后迅速普及。2000年后，互联网建设起步并逐步得到普及。

邮政　中华人民共和国成立初，村民寄信要去长河或西兴集镇上的邮政代办所。农业合作社时期，信件、报纸等由邮递员送至初级社、高级社，再由初级社或高级社分发。1963年后，长河邮电局在村设有信箱，由小店代销邮票，社员寄信不再去长河或西兴集镇。社员或生产队所订阅的报纸、杂志，由邮递员送到各生产队。村民寄、取邮包，仍需去长河邮局办理。

供水　20世纪80年代前，境域村民主要饮用水是池塘水、“天落水”（天然雨水）或白马湖水。1992年，境域开始集资安装自来水，村民每户出资500元。1996年后，随着村民进入小区居住，用水由水务公司管理，水表安装入户。2006年，全村共投资163万用于自来水工程改造，全面实行“一户一表”，计量收费。

村办公用房　1958年10月，长河人民公社成立后，开始有大队办公用房。1969年，东风大队大会堂建成，面积2000平方米。1980年，新建汤家桥村3层办公大楼，房屋8间，总建筑面积900平方米。1991年8月，汤家桥村2层综合服务楼竣工，总建筑面积500平方米，投资额8.3万元。2010年，设党群活动中心，位于汤家桥，面积60平方米。2011年6月，汤家桥社区3层办公大楼竣工启用，总投资155万元。

第二节　土地使用

土地制度

1950年前，汤家桥村域土地大多被地主、富农或官绅占有，贫困农民缺田少地。1950年，开始土地改革，汤家桥村域没收地主、富农多占的土地分配给缺地农民。高级社时期，村民以土地入社，土地归集体所有。1983年后，推行家庭联产承包责任制后，土地集体所有制性质不变，农户以家庭为单位，向村集体经济组织承包土地等生产资料和生产任务，村集体将土地等按人口或劳动力比例分给农户自主经营，其经营收入除按合同规定上缴一部分给集体及缴纳税金外，全部归于农户。1996年，汤家桥村签订农业承包合同591份，承包耕地1232亩，应上缴承包金2.12万元。1997年，村域土地实行有偿承包，承包款为每亩30元。2007年，有家庭承包经营的农户数70户，承包经营耕地面积95亩。到2010年，汤家桥村无耕地。

土地类别及利用

汤家桥村域土地类型可分耕地、园地、林地、宅基地、工矿用地、交通用地及未利用土地七类。1956年，农民土地收归集体耕种，为解决村民日常蔬菜用地，高级社允许各生产小队将社员房前屋后零星杂地分配社员作自留地。1949—2003年，村属耕地面积变化不大。2003年后，白马湖景区开发启动，耕地被大量征用。2007年，汤家桥村土地总面积276亩（耕地95亩、林地131亩、水面50亩）；2010年，降至180亩（园地30亩、林地100亩、养殖水面50亩），村域已无耕地。

土地征用

1991年6月后，汤家桥村被征用耕地补偿费标准为该耕地征用前3年平均产值的3～5倍，征用非耕地按耕地的50%补偿。2000年7月后，滨江区土地补偿费用标准分为一般项目和城市基础设施项目两类。汤家桥村一般项目的土地补偿标准为每亩2.03万元，城市基础设施项目补偿标准为每亩1.74万元。一般项目安置和城市基础设施项目补助费用标准均为每亩4.77万元 。

2009年5月后，执行《滨江区征收集体所有土地补偿实施办法》，按照“以村（社区）定苗、统一补偿”的原则进行青苗补偿。汤家桥村水田、旱地补偿标准为每亩2200元。一般地上附着物补偿标准为每亩2500元。2010年，汤家桥村集体经济组织留地安置指标以2002年统计年报中的农业人口（含“农转非”人员）为基数，按15平方米（净地面积）每人为标准确定。当年征地面积166.62亩，拆迁农户70户，企业1家。汤家桥村被征用土地主要用于建设长江路、萧闻公路、长河工业园区以及凤凰苑、鸿雁苑、孔雀苑、冠山小区安置区块、白马湖生态创意城等。

第三节　围垦土地

顺坝围垦

顺坝围垦又称先锋围层或五堡围垦。内线围于1970年11月，长河公社共得地817.1亩；外线围于1986年冬，共得地195亩，2期共得地1012.1亩。汤家桥村分得顺坝围垦土地29亩。1997年，经滨江区政府与萧山市政府协商并签订协议，将顺坝围垦土地划归萧山市。从此汤家桥村在顺坝再无土地。

东江围垦

又称第12工段围垦，由萧山县统一指挥，长河公社发动下属大队共参加4期。到1978年末，长河公社共得毛地2906亩，按投工多少分给东风大队（汤家桥村）。1981年后，围垦土地相继承包给承包大户耕种，大队（村）每年向承包户收取一定承包金，每亩每年10～20元。1991年，每亩土地承包金最高40元。1999年，承包户相继退出。

第三章　村域经济

1949年，汤家桥村域有耕地面积1149亩。1957年，有耕地面积1236亩。1978年，有耕地面积1103亩，粮食播种面积2363亩，总产量801.1吨。实行家庭联产承包责任制后，农村的富余劳动力大量出现。1996年，全村实现工业产值3677万元，利润138万元。2010年，农民家庭经营收入2922万元，其中农业收入190万元、林业收入20万元、畜牧业收入250万元、工业收入1650万元、建筑业收入257万元、运输业收入125万元、商业饮食业收入55万元、服务业收入350万元、其他收入25万元。

第一节　农业

1978年，汤家桥大队农业收入23.06万元，畜牧业收入3087元，渔业收入60元。1987年，汤家桥村山林队有专业人员7人，管养海山、茅山等山林103亩，经营茶园30亩、松杂木10亩、毛竹3亩、柴山60亩。2010年，实现农业收入190万元，林业收入20万元，畜牧业收入250万元。

种植业

村域主要粮食作物有小麦、大麦、水稻等。1949年，油菜播种面积230亩，占耕地面积的20%，油菜籽亩产55千克，总产量12.65吨。1978年，有集体耕地1103亩，社员自留地55亩。小麦播种面积169亩，亩产158.5千克，总产量26.8吨；大麦播种面积344亩，亩产177千克，总产量60.95吨；蚕（豌）豆播种面积63亩，亩产122.5千克，总产量7.65吨；水稻播种面积1787亩，亩产394.5千克，总产量705.7吨；络麻播种面积170亩，亩产363千克，总产量61.75吨；油菜播种面积260亩，油菜籽亩产83.5千克，总产量21.65吨。

20世纪80年代后，实施家庭联产承包责任制，种植业趋向多样化。1996年，耕地面积1217亩，其中水田1166亩、旱地51亩。农作物总播种面积3044亩，其中粮食作物播种面积2393亩，占耕地面积的78.6%，亩产400千克，总产量958吨。粮食作物播种面积中：稻谷2055亩，亩产457千克，总产量898吨；小麦138亩，亩产217千克，总产量30吨；大麦80亩，亩产236千克，总产量19吨，其他粮食作物120亩。油菜播种面积211亩，油菜籽亩产135千克，总产量28吨。棉花播种面积74亩，亩产130千克，总产量10吨。甘蔗种植面积10亩，亩产5吨，总产量50吨。蔬菜播种面积170亩，亩产4吨，总产量680吨。瓜类播种面积33亩，亩产5吨，总产量165吨。有茶园29亩、果园31亩。

后因土地被征用，至2007年，汤家桥村仅剩耕地95亩、林地131亩、水面50亩。2010年，农作物总播种面积220亩，仅为1996年的7.2%。其中：蔬菜播种面积190亩，亩产3吨，总产量57吨；苗木播种面积30亩，苗木出售额30万元。林地中，有茶园面积30亩，茶叶总产量1吨；果园面积30亩，均为柑橘园，总产量5吨。此后，境域土地继续被国家征用，种植业不再存在。

养殖业

历史上，汤家桥村域畜牧业以养猪、养鸡为主。中华人民共和国成立后，政府鼓励养猪。改革开放后，养猪、养鸡、养鸭、养鱼等养殖业空前发展。1996年，生猪存栏122头，出栏1051头，全年饲养量1173头。猪肉产量68.3吨。家禽存栏1.3万羽，出栏4.09万羽。禽肉产量61.35吨，禽蛋产量40吨。淡水养殖面积100亩，淡水产品产量27吨。2010年，家禽存栏3800羽，其中肉禽2800羽、蛋禽1000羽；出栏6000羽，其中鸡1500羽、鸭4500羽；禽肉产量9吨，禽蛋产量1.5吨。

第二节　工业

发展过程

汤家桥村域工业起步早，基础好，发展稳健，是长河境域稻区工业经济最发达的村庄。东风油厂（即“汤家桥油厂”）是该村乃至全镇最早的作坊企业，建于1810年，由村民汤聘珍独资建办，时称陈懋油坊。以牛力牵引榨油木机，为周边村民加工菜油。中华人民共和国成立后，油坊由村接管。1965年3月，汤家桥大队投资1万元，对油坊进行改扩建后，一直由大队（村）集体经营。

1975年，大队投资2万元，筹建东风农机修造厂，有职工20人，以生产和维修农机具、草绳车为主。1976年，该厂与杭州缝纫机厂合作，专业生产缝纫机零件，改名为东风缝纫机零件厂。1982年11月，又改名为萧山长河缝纫机零件厂。1984年，又改名为中国标准缝纫机公司长河缝纫机零件厂。1980年6月，大队又筹建萧山工艺皮件厂，起初用人造革生产各式皮包，销沪杭各地。1987年转产，专业生产外销羊皮皮夹，有职工134人，固定资产19.05万元，流动资金62.87万元，产值146.08万元，创利11.06万元，为长河镇首家从内销走向外贸的企业。1988年，汤家桥村有村属企业7家：缝纫机零件厂、皮件厂、机箱厂、磨料厂、预制厂、长河缝纫机零件厂和油厂；工业总产值545万元，利润45万元，上缴税金35万元，分别占全镇村办工业经济总量的6.6%、20.5%和14.3%；有职工300人，发放工资67万元，年人均工资2261元。企业以缝纫机零件厂和皮件厂为效益最好，产值占全村工业经济总量的86.8%，利润占91.3%。

1996年，汤家桥村实现工业产值3677万元，利润138万元，税金290万元。企业职工增至1007人，发放工资728万元，年人均工资7228元，比1988年增长3.2倍。全村企业总资产2400万元，总负债1206万元，资产负债率为50.2%，经营情况良好。1998年开始，村办企业先后转制。杭州潇汕皮件有限公司和标准工业集团杭州机械有限公司率先转为股份制企业，后又改建为有限公司。杭州西湖缝纫机设备配件有限公司与杭州长河缝纫机零件有限公司分别于1998年、1999年通过拍卖，改制为有限公司。杭州磨料磨具厂和杭州长河汤家桥水泥预制厂于1997年由工厂制改造为公司制。长河油厂通过拍卖转为私营企业。

2001年，汤家桥村有村属企业及私营企业12家。其中，外向型企业6家，实现出口交货值5937万元，比1996年增长1.9倍。2003年，村内集体企业（股份合作）有潇汕皮件、中标机械，私营企业有伟华皮业、缝纫机设备配件公司、缝制设备、助剂公司等14家。同年，全村工业总产值1.13亿元，利润605万元，出口创汇5550万元，上缴税金727万元；有职工1719人，年人均工资1.16万元。2007年，汤家桥村工业收入2.09亿元，建筑业收入270.65万元。2010年，工业收入1650万元，建筑业收入257万元。

知名企业与产品

杭州潇汕皮件有限公司　为长河街道皮制品行业龙头企业。前身是汤家桥大队企业东风皮件厂，创办于1980年4月。占地面积1.22万平方米，建筑面积5325平方米。以生产手提皮包和双肩书包为主，产品内销。1986年起企业涉足外贸。1987年，引进先进工艺和设备，改产当时市场空白的皮“票夹”，企业逐渐做大。1989年，更名为萧山工艺皮件服装厂，生产皮件和服装。1990年，公司成为萧山市出口创汇先进集体，更名为萧山皮件厂。为进一步扩大国际市场，引进当时最先进的自动加油和高速机开料设备，提高生产效率和产品质量。1993年，公司被评为杭州市文明单位。1995年，公司又被评为杭州市重点骨干乡镇企业。1996年，杭州市区划调整，萧山皮件厂更名为杭州潇汕皮件厂。1998年，公司转制为股份合作制企业，更名为杭州潇汕皮件有限公司，来信源任董事长、总经理。同年，公司获得国家技术监督局颁发的“企业标准化水平”证书，经对外经济贸易部批准，企业取得自营进出口权，主要出口产品为真皮皮夹。2003年，有企业职工800多人，实现产值3301万元，完成税金92万元，出口创汇3274万元。

标准工业集团杭州机械有限公司　前身为1975年东风大队创办的长河东风农机修造厂，以修理、制造农机具和草绳车为主。后与杭州缝纫机厂合作，生产家用缝纫机零件。1988年，与国有企业中国标准缝纫机公司（标准工业集团）合作，改名为中国标准缝纫机公司杭州联营厂，专业生产各系列缝纫机零部件。1998年，转制为股份制企业，由汤庆裕控股，改企业名为标准工业集团杭州机械有限公司。公司占地面积1.25万平方米，建筑面积8600平方米，固定资产原值1540万元，有精密模锻、金切加工、气冲压及模具制造等各类设备530多台（套），配有高精度检测仪器，技术力量雄厚，能生产各种系列缝制机械零部件600多种，并与日本、韩国等国缝制机械生产企业建立多年协作关系。公司产品获1995年第三届北京国际金属展览会锻件展品一等奖。公司为中国缝制机械零部件重点生产企业、中国缝制机械协会会员和理事单位、浙江省缝纫机协会常务理事单位。1996年，产值为1078万元，创利润35.9万元。2001年，实现产值1980万元，创利润168万元。2003年，产值升至3301万元。

杭州伟华皮业有限公司　为汤家桥村民营出口企业。前身是1996年4月创建的杭州市锦达皮件厂，2001年1月改为杭州伟华皮业有限公司。企业创办之初，有10多名职工，全部工序以手工为主。2001年有净资产800万元，各类技术人才和生产工人650多名，有缝制设备、卸料设备和铲皮设备等200多台（套），其中有全电脑进回双针车、高台车等先进设备。主要产品是出口票夹及其他皮制品，以电脑、机械生产为主，100%出口。2001年，企业出口交货值2400万元，创利税280多万元。2003年，产值2276万元。

第三节　商贸服务业

中华人民共和国成立后，由于物资缺乏，日用消费品大多凭票供应。20世纪80年代，鼓励农民经商，商品交易开始繁荣。20世纪90年代，餐饮业迅速发展。1996年，汤家桥村运输业收入90万元，商业饮食业收入23.6万元，服务业收入122.46万元，其他收入22.02万元。2007年，运输业收入30.93万元，商业饮食业收入116万元，服务业收入963.56万元，其他收入458.96万元。2010年，运输业收入125万元，商业饮食业收入55万元，服务业收入350万元，其他收入25万元。

集体商贸业

1956年，实行私营商业社会主义改造，大部分个体私营商户、小商小贩组建成合作商店和合作小组，隶属于长河供销社。20世纪60年代，长河供销社在汤家桥油作坊设供销社代销店1家，有日用品、猪肉、禽蛋、蔬菜等，货源由供销社提供。1984年，终止生猪派购政策，价格放开，市场放开，允许个体屠宰商购销。合作商店解散或拍卖。

私营商贸服务业

中华人民共和国成立前，境域有走村串户的货郎担，售卖白糖，修补鞋袜，磨刀磨剪，还有编竹席，爆米花，修钟表等。1978年后，国家允许并鼓励待业青年、闲散居民和农村富余劳动力从事商业、服务业。1984年，一些村民开起了猪肉铺，向农户收进毛猪，自宰自销。个体商业迅速发展，市场上商品日渐增多。1997年，居民服务业迅速发展，美容美发店、个体商店、小吃店等逐步增多。

第四章　社会事业

民国时，汤家桥村域设有长河乡国民学校，设初小1个班。中华人民共和国成立后，各项社会事业得到充分发展。1960年，成立大队卫生室。1967年，小学附设初中班。20世纪80年代后，教育、文化、卫生等迅速发展。1996年，有在校中小学生220人。2003年，村卫生室改名为卫生服务站，由长河街道社区卫生服务中心一体化领导。2007年，村民农村合作医疗收费11万元。境域有冠山、白马湖等旅游景点。

第一节　教育　医疗

教育

幼儿教育　1958年，境域各生产队先后办起农忙托儿所。1968年，幼儿园停办，教职工回队劳动。1978年，大队幼儿园恢复，附设于小学内，由小学管理。20世纪90年代，私人开始办幼儿班。1992年10月，汤家桥村投资10万元，建设占地面积933.34平方米、建筑面积600平方米的汤家桥村幼儿园。

中小学教育　清代，境域设有私塾。民国37年（1948），村域设有国民小学。中华人民共和国成立初期，村域有初级小学。20世纪70年代，汤家桥小学附设初中班（称“戴帽初中”）。1983年，汤家桥村等6个村集资在茅山麓造新校舍，命名茅山初中，汤家桥学校初中班移到茅山初中。1988年，学校实行九年制义务教育。1996年，有在校中小学生185人。2007年，汤家桥村在校学生数为250人，适龄学生入学率、巩固率均为100%。

成人教育　20世纪50年代，境域办起农民业余识字班，课程以语文、农技和时事为主。1990年，以脱产学习为主。滨江区成立后，成人教育的任务和重点是岗位培训，实用技术培训及基础教育、初等和中等职业技术教育等。

医疗

医疗机构　1958年，境域组建简易卫生室。1960年，成立大队卫生室。1968年，大队卫生室的医生、卫生员一律改称“赤脚医生”。1969年10月，大队卫生室改称大队合作医疗站，实施合作医疗制度。1996年，村卫生室面积为115平方米，有门诊、药房、注射室等。有药品200多种，有医生2人，属于甲级卫生室。2003年，村卫生室改称卫生服务站，由长河街道社区卫生服务中心一体化领导，设有诊疗室、药库、药房、输液室、急诊病床。

妇幼保健　20世纪50年代初，开始推广新法接生。1967年起，推广住院接生。20世纪80年代，妇女保健与计划生育工作结合进行，推行妇科病普查普治，同时普遍开展儿童计划免疫工作。2000年后，医疗站协助和配合上级医疗卫生部门，做好妇科病查治、孕产妇系统管理、高危妊娠管理等工作。

合作医疗　1969年，东风大队参加合作医疗的社员，每人每年交纳医疗费2元。20世纪80年代后，汤家桥村（大队）参加合作医疗的人员按规定医药费报销70%，自己负责30%；慢性病人需要长期服药者，医药费报销50%；妇女难产者医疗费报销70%。1994年起，实行以大病互助合作的风险型村民合作医疗保健制度。合作医疗基金采取村民个人、村、镇政府共同筹资的方法，逐年增加报销额度。2007年，农村合作医疗收费11万元。2010年，镇卫生院一次性住院医疗费用报销标准：1001—5000元报销20%，5001—10000元报销30%，10001—30000元报销35%，30000元以上报销40%。人均年度累计最高报销额为2万元。

第二节　文化　体育

文化

文化设施　中华人民共和国成立前，境域内公共文化设施极少。中华人民共和国成立后，公共文化设施从无到有逐渐建设。20世纪70年代起，境域设立图书室或流动图书借阅点。20世纪80年代，大队俱乐部设阅览室、

棋类室、广播室等。2002—2007年，全村累计投入70多万元，先后建成占地面积1.5亩的村民健身公园和占地面积近10亩的文化休闲公园，安装健身器材，开设老年活动室、村民电子阅览室、科普宣传橱窗。2010年，有图书室10平方米，综合活动室20平方米，其他公共文化设施80平方米。

文化活动　20世纪50年代，境域农会组织农民业余宣传队。每逢重大节日和新春传统佳节，组织文艺爱好者演出文艺节目，如唱革命歌曲、方言快板等。20世纪60—70年代，组建毛泽东思想文艺宣传队。20世纪90年代，每逢双休日、节假日，开放阅览室、乒乓球室、棋类室和电视机室，以丰富、活跃村民的文化生活。进入21世纪，经常性地组织文艺活动、科普讲座、休闲活动等，丰富广大村民业余生活，普及科学文化知识，着力提高村民群众的综合素质。每当清晨和傍晚，村民休闲健身和集体歌舞等业余文化活动活跃。

体育

学校体育　中华人民共和国成立初，由于设施简陋、条件有限，体育课主要是开展跑步、体操、跳高、跳远、跳绳等活动。1958年后，学校体育活动逐渐被劳动所替代。1977年起，学校体育活动逐步正常，重视体育课教学质量，保证学生每天至少有1小时的体育锻炼时间。20世纪80年代起，注重体育课教学质量，组织学生进行跳高、跳远、跑步、掷铅球等田径活动，开展跳牛皮筋、转呼啦圈、套圈、踢毽子等趣味活动，定期进行达标测试和视力检查。2000年后，学生每年参加滨江区中小学运动会，举行各种体育比赛。

群众体育　20世纪50—60年代，村集体时常组织村民开展拔河、乒乓球、篮球、棋类等项目的群众性体育比赛。20世纪80年代后，随着村级经济的发展，村民生活日益丰富，举办跳橡皮筋、踢毽子、套圈、投飞镖和自行车慢骑等趣味项目比赛。2000年后，建有村民健身活动场所500平方米，购置10多种健身器材，建设乒乓球活动室、羽毛球活动场地。

第五章　民情风物

中华人民共和国成立后，汤家桥境域村民生活不断改善。改革开放后，村民生活水平明显提高。1996年，村民年人均纯收入5263元。2010年，全村人均纯收入1.88万元。主要名特物产有长河桂花茶。

第一节 收入与消费

村民收入

中华人民共和国成立后，汤家桥村域农村居民收入来源，主要依靠农业生产从集体分配得到实物和现金两种收入。1955年，社员年终人均经济分配现金收入64元。1978年，社员年终人均经济分配现金收入138元。进入20世纪80年代，许多村民成为企业职工，报酬与企业的经济效益直接挂钩。实行家庭联产承包责任制后，农户自主经营，劳动力得到解放，大批转向第二、第三产业。村民收入呈现多层次结构，除了在村域各类企业就业外，还有相当一部分人从事个体运输、工商服务等，有的还到村外的企事业单位工作。1990年，村民年人均纯收入1449元。1996年，村民年人均纯收入5263元。滨江区成立后，城市化进程加快，汤家桥村村民工薪收入、财产性收入、转移性收入增加，总收入大幅增长。2007年，村民年人均纯收入1.3万元，2010年增至1.88万元。

粮油分配

20世纪60年代初，人民公社食堂解散后，汤家桥大队社员口粮数额按人口年龄段确定（以岁定粮）。社员粮食可分配总量由两部分组成，绝大部分为集体生产的粮食，以实物分配；少量为国家统销粮，凭粮票向国家粮站购买。1965年，社员人均口粮278千克。集体生产的粮食，在完成国家交售任务及留取种粮、饲料粮、储备粮和其他用粮后，其余作为社员口粮，大部分按人口定量分配，少部分按劳动工分（含土肥投入结算工分）分配。1979年，社员人均口粮426千克，社员食用油则由集体将油菜籽榨油后，按计划分配。1983年，实行家庭联产承包责任制，不再进行粮油分配。

村民消费

饮食　村民饮食以大米为主、面食为辅。1959年，社员购买水产、食盐、鲜肉、棉布4项，年人均支出83元。1978年，此项人均支出115元。改革开放后，随着经济的发展，收入的增加，村民的饮食消费结构转化。1983年，社员年人均食品消费支出320元。20世纪90年代后，村民生活水平持续提高，食品种类也呈现多样化趋势。2000年，村民年人均饮食消费为1390元，2006年为2418元，2010年为3333元。

服饰　中华人民共和国成立前，村民在衣着与被褥等用品上的费用年人均10元。中华人民共和国成立后，村民生活水平不断提高，土布服饰逐渐减少。旧时做衣服主要靠手工一针一线缝制而成，成人单衣单裤与孩童衣着，一般由农家妇女自己缝制。20世纪60—70年代，中青年男子一般穿中山装、青年装、军便装，妇女喜爱花布衫。20世纪80年代后，成品服装开始走俏。1990年，境域居民年人均衣着消费50元。1995年，居民年人均衣着支出190元。2006年，居民年人均衣着支出430元。2010年，居民年人均衣着支出610元。

住房　旧时，多数村民生活艰辛，极少有盖新房。中华人民共和国成立初，经过土地改革，耕者有其田，没收地主部分房屋分配给贫苦农民，以缓解居住困难。20世纪80年代后，境域村民资金储蓄逐渐增多，开始建造楼房。1985年，境域农村人均住房面积23.4平方米。1990年，人均住房面积37.02平方米，新建房屋以钢筋混凝土结构为主。21世纪初，村民建房追求坚固、美观和舒适，建造钢筋混凝土框架结构楼房（以三层或四楼房屋居多）。2005年，居民居住年人均消费支出1140元。2010年，农村居民居住年人均消费支出2600元。2011年，村民年人均居住面积50多平方米。

第二节　宗谱　文物

汤氏宗谱

汤氏宗谱全称萧山汤氏宗谱，自清道光二十年（1840）开始编撰，光绪十五年(1889）重修。在汤家桥发现的汤氏宗谱前后经过50年分两次编纂而成，是长河继来氏家谱后的第二套古籍家谱。汤氏家谱是一部汤氏家族兴旺发展历史的珍贵档案，对研究长河及滨江的历史发展有着重要的参考价值。

《萧山汤氏宗谱》为六卷，共700多页，10万余字，体例完备，纲目清楚，内容丰富。每卷长30厘米，宽20厘米左右，宣纸刻本。每卷封面左上角竖刻繁体“萧山汤氏宗谱”，第一卷内页右上角书有宋体“光绪己丑年重修”，中间刻有篆体“源远流长”，左下角辑有“敦睦堂珍藏”。汤氏宗谱历经风风雨雨，由汤氏后裔、27世孙汤水道精心保存，保存在汤家桥村档案室。

黑陶罐

1994年3月，在汤家桥村海山上出土，罐体呈属东汉时期。广口、短颈、双耳、圆腹、平底、黑胎、无釉，肩上饰有对称双耳，制作工艺比东周时期的陶罐更为复杂。为东汉时期大户人家的陪葬品。

连弧纹镜

1994年3月，在汤家桥村海山上出土，属东汉时期。为东汉时期女子化妆整容用具。镜背制有弧纹，内外两圈相连，工艺较为复杂，称连弧纹镜。

铜釜

1994年3月，在汤家桥村海山上出土，属东汉时期，古代炊具。其形敛口，圆底，盛行于东汉，是先民用以蒸煮食物的器具，用铜制作而成，故名。

五铢钱

1994年3月，在长河汤家桥村海山上出土，属东汉时期。五铢钱，源于西汉，两汉时期广为流通，是中国钱币史上使用时间最长的货币。自西汉至东汉上下400年内，五铢钱一统天下。此次出土有500多枚。

专　记

来端操与兴胜塔

来端操（1526—1592），字节仲，来端蒙胞弟。年轻时，倜傥不羁，喜射奕，自兄弟联合抗倭后，明朝廷授鸿胪寺丞，后升任山东布政司，未到40岁就谢官告退。回家后，和睦宗族、周济贫困，与兄端蒙志同道合。

为镇钱塘江水患，来端操出资千金，于汤家桥村造兴胜塔以镇海潮，塔高十余丈。塔旁又建书屋“百十槛”以教化乡里子弟。晚年更致力于公益，“病者药之、饥者粥之”，无钱埋葬者给以棺材和坟地。又捐田50亩做学田支持贫穷孩子读书求学。乡人尊之“惠念五（音）太公”。

附　录

长河居民村（天官社区）

长河集镇居民（即非农业人口）多为经营个体商贸服务业或在全民、集体企事业单位工作的职工、干部，多数集中在长河集镇或江边车船码头，少数在国家行政机关、学校、医院、银行等工作。居民集中居住在长河集镇上的居民村。1965年至1969年2月，辖地为长河镇，后并入长河公社，为长河居民村。1987年后，为长河镇党委、政府驻地。2001年12月，成立天官社区。社区居委会驻天官路40号。因明天启年间（1621—1627），长河来氏裔孙来方炜考中进士，后官至吏部员外郎，为官两袖清风，一身正气，时人称之“真吏部”，乡里则尊为“来天官”。其府邸尊为“天官第”，府前大道称“天官路”，一直沿用，社区由此得名。

天官社区位于长河街道中部，地处古镇中心的天官第，东起长二村，南至汤家桥村，西、北邻长河村，面积1.0平方千米。1971年，居民村有670户2772人。1987年，居民村有1333户3365人。2010年，居民社区有57户1219人。2015年，居民社区常住人口1329人。域内有长江路、双庙路、天官路、山下里路、水沟沿路、泽街，有山池、保源池、大安池3处水池。槐河、泽河流经社区，河上有阔板桥、财神桥、镇东桥、镇龙桥4座古桥。

长河居民村村办工业起步最早，发展缓慢。1956年，镇上就有铁器、木器、竹器、圆木、服装、制鞋、机修、建筑、综合等10个手工业合作社、4个劳动服务站。1969年，竹、木、铁等9个合作社合并，成立长河农机制造社，后成立长河轻工机械厂；机修社单独建厂，即长河机械厂。1971年，居民村4个劳动服务站合并，组建长河综合厂；服装组改建为长河雨衣厂。1988年，居民村有企业3家：雨衣厂、综合厂、经营部。企业总产值98万元，完成利税7万元，职工120人，发放工资12万元。到1996年，只剩1家企业，30名职工，产值89万元，处于亏损状态。

域内自南宋时形成自然镇以来，人烟稠密，商业繁荣。清时有烟行50多家，有杂货店、南货店、酒酱店、药店、茶店、饮食店、花轿行、食用油店、锡箔店、柴行等。至中华人民共和国成立前，有大、小商店120多家。中华人民共和国成立后，集体商贸服务业以供销合作社商店为主。1982年，国家允许个体户登记营业，域内开店设摊增多。1983年1月，长河镇政府将部分槐街河面铺设水泥预制板，改建为长河农贸市场。1984年，又架设钢架雨棚。1986年9月，二期工程竣工，利用河道建造市场，被推崇为“水上市场”。市场建有水泥柜台，以供商贩售货。市场内按肉类、水产、豆制品、禽蛋、水果蔬菜等种类划分地段，改善了集市环境。20世纪90年代，为保护古镇建筑，老街市场整体外迁。

天官社区是长河集镇中心区域，境内明清建筑鳞次栉比，被列入杭州市历史建筑予以保护的有10多处，其中“九厅十三堂（部分）”和慎友堂、居之安、小桥弄地方银行等建筑最具影响。天官社区人文底蕴丰厚，明清时曾有龙潭书屋、眉林书屋、绿香山馆3所书院；来天球等24名文武进士，来日升等54名文武举人，来宗道、来集之等387名大小官吏司职全国各地，故坊间有“三石六斗芝麻官”“无来不出榜”之说。民国16—17年（1927—1928），中共六大代表来耀先（来宝坤）以理发店为掩护，在此领导农民运动。老街上有革命历史纪念馆、农民协会旧址等革命遗迹。

天官社区是长河镇文化机构集中区域。1979年，在天官第建造新影剧院，建筑面积1609平方米，座位1492个，长河文化站、广播站、摄影组均设在院内。长河文化站于1979年1月建立。1980年，试办文化中心。1987年，图书室藏书2200册。1957年，建立萧山县有线广播长河转播站。1976年，成立电影放映队。到21世纪初，文化站、广播站等文化影响力都已减弱。

滨江微村志（下）

浦沿卷

杭州高新区（滨江）地方志编研室
杭州高新区（滨江）档案馆 编

方志出版社

浦沿卷

新生村
浦联村
杨家墩村
联庄村
东冠村
冠二村
冠一村
岩大房村
山二村

浦沿街道在滨江区的位置

浦沿全景

1. 20世纪80年代，钱塘江大桥　（王锦荣 摄）

2. 20世纪80年代初，钱塘江大桥南岸（浦沿全景）（郑继英 摄）

城市建设

1. 2020年，滨江宝龙城夜景　（陈权 摄）

2. 2007年6月，杭州电化集团旧址　（阿江 摄）

3. 2022年8月，在杭州电化集团旧址上建成的沿江公园　（阿江 摄）

杭电化集团
2

3

村落变迁

1. 20世纪70年代，东冠老瓦房 （东冠社区 供图）

2. 20世纪90年代，东冠新农村住宅 （东冠社区 供图）

3. 1999年建造的岩大房民宅 （岩大房社区 供图）

1. 2012年6月，山二社区全貌　（山二社区 供图）

2. 2023年11月，山二社区回迁安置小区山秀景苑全貌　（山二社区 供图）

社会生活

1985年12月，浦沿镇某村民的婚礼场景（组图）（阮晓 摄）

1. 21 世纪初，杨家墩商业街改造前　（杨家墩社区 供图）

2. 2015年，杨家墩商业街改造后　（杨家墩社区 供图）

浦沿卷·目录

概 览

浦沿街道位于浙江省杭州市滨江区西部，东与长河街道接壤，南与萧山区闻堰街道毗连，西、北濒临钱塘江，与西湖区、上城区隔江相望。境域面积26.8平方千米（其中水域0.31平方千米）。境内东南部有少量低山小丘（回龙山、鸡鸣山），其余为平原。钱塘江自西向北环抱境域，江面开阔，天水一色。境域有水久河、新浦河、山北河、浦沿河、冠三河、弄堂河等（皆为人工河），总长13.64千米，尽显灌溉舟楫之利。沪昆铁路杭州绕行线（原浙赣铁路萧山段）横贯境域，设钱塘江站，旧名静江站，民国20年（1931）6月投用。境北上沙埠，钱塘江大桥（钱江一桥）巍峨苍劲横跨江北；境西新生村，之江大桥（钱江七桥）宛若彩虹，跨江与320国道和杭新景高速公路相连。境域内江南大道、滨康路、闻涛路、滨文路、火炬大道、信诚路、东信大道等城市主干道纵横交错，03省道（104国道）横贯境域。

浦沿古为越地。《越绝书》卷八：“句践将降，西至浙江，待诏入吴，故有鸡鸣墟。”鸡鸣墟即浦沿境域东南鸡鸣山。三国吴黄武间，改余暨县（萧山旧称）为永兴县，设县治于长兴乡（浦沿境内）。北宋太平兴国三年（978），境域属长兴乡。元代属萧山四都。明清承袭。清道光十一年（1831）地名称浦堰，清光绪八年（1882）改作浦沿。民国17年（1928），称浦沿里。民国19年（1930）建浦沿乡。中华人民共和国成立初，境域先后分属浦沿乡、塘外乡、临桥乡、冠山乡。1955年，境域周来兴高级农业生产合作社成为中共浙江省委批准的萧山县首批4个高级社之一。1958年10月，境域分属长河人民公社浦沿管理区、冠山管理区。1961年，改称浦沿人民公社。1984年5月，复称浦沿乡。次年4月，称浦沿镇。1996年5月，划归西湖区；12月，隶属滨江区，辖浦联、新生、杨家墩、联庄、东冠、岩大房、冠一、冠二、山二9个村及1个居民村。2003年12月，浦沿镇改设浦沿街道，街道办事处驻东冠路501号。

历史上，浦沿镇素为萧山的农业大镇。境域耕地以西江塘为界，塘内以水田为主，种植水稻等粮油作物；塘外是沙土，种植棉麻、蔬菜与花卉苗木。民国时期，境域所产“四都烟叶”获巴拿马太平洋万国博览会烟叶一等奖；“四都萝卜干”“四都冬菜”等土特产远销杭州、苏州、上海。20世纪50年代初，境域杭州兴艺苗圃为萧山县第一家持有工商营业执照的花卉苗木企业；农业生产条件不断改善，山林得以开发利用，主要农作物和畜禽养殖持续稳产高产。1987年，萧山县政府召开现场会，推广新生大队千亩棉花丰产试验田的经验。1985年和1986年，国际麻类组织官员、联合国粮农组织官员先后到联庄村考察络麻生产情况。实行家庭联产承包责任制后，农户自主权扩大，调整种、养业结构，发展多种经营。滨江区成立后，实行土地承包使用权流转机制，开展集约经营，发展都市型效益农业，涌现杭州之江园林绿化艺术有限公司、杭州农茂食品有限公司等多家省、市、区级农业龙头企业。后随城市化进程，境域土地被大量征用，耕地迅速消退。

浦沿工业起源于清代的手工业。清乾隆年间（1736—1795），境域已有铁制轧花机（时称“洋车”）将籽棉加工成皮棉；道光年间（1821—1850），塘里曹自然村酿酒作坊颇具规模；同治年间（1862—1874），浦沿老街上正兴铁铺生意兴隆。民国时期，除了在浦沿老街、长河老街，境域还有乡人在杭州开设铁作铺、锡箔作坊（雇工几百人）、木鱼加工场（产品曾出口日本和东南亚地区）；乡人林长清在上海杨浦创办绮霞绸厂，规模列沪上同行前茅。境域内现代意义上的工业始于20世纪50年代，省水文地质勘测大队、省地质局机械修配厂落驻孔家岐（属山二村）。1959—1973年，杭州龙山化工厂、杭州电化厂、杭州油脂化工厂先后入驻浦沿，为浦沿带来发展现代工业的理念。1962年，浦沿公社第一家队办工厂新联大队胶木五金厂投产；1966年，利用杭州电化厂工业废料创办浦沿公社煤渣砖厂；1969年，浦沿公社农机厂建立。至1980年，境内社队企业涉及水泥、日用五金、化纤织物、球墨铸铁、汽车修配等行业。1986年，全镇工业总产值1.04亿元，为萧山县第二个亿元镇；1993年，成为省综合经济实力百强乡镇。同年，钱江外商台商投资区之江区块在浦沿境域设立。滨江区成立后，杭州高新软件园、信雅达科技股份有限公司、智慧新天地等一大批高新技术产业平台和企业入驻浦沿。

浦沿商贸业发达。清代中叶，浦沿境域西江塘已成官塘大路，又有上沙渡、中沙义渡、沙浪沆埠、半爿山码头等多处渡、埠通达钱塘江对岸，客商过往频繁，商贸业初现繁盛。集镇老街“泥鳅街”虽短而狭，但石板铺路，米行、丝店、铁铺、酱酒、冥器，各色店铺毗连，两旁屋檐相吻。同一时期，境域东的岩大房街市（街路由石板铺成）生意兴隆，有酒店、米店、茶店、铁匠店、油烛锡箔店、中药店等。清嘉庆年间（1796—1820），又有许姓人家迁居岩大房街市西南，建造宅邸商铺，开店经营米、酒。其后裔皆以开店为业，形成村落名为“新店里”。此后，浦沿境域商贸业一直繁盛。直至全面抗日战争爆发，境域成为抗敌前线，商事衰落。民国29年（1940），境域沦陷，街市凋敝。抗战胜利后逐渐恢复。中华人民共和国成立后，集体、国营商业迅速发展。1982年后，个体商店、合伙联营店（铺）逐渐遍及各村。滨江区成立后，传统商贸业向现代商贸服务业转变，高档宾馆、品牌餐饮、大型超市等遍布辖区，2011年实现营业收入180.54亿元，居滨江区三街道之首。

浦沿境域乡人自古尚义崇礼，家国情怀深厚。明代，蒋家里人蒋国恩凿开村南黄山，建闸潴水，四邻田畴受益。清代，来氏、虞氏、许氏等大姓，素有家训族规教范子孙，宗谱典籍褒扬贤良。境域中沙渡是钱塘江上有文字记载的最早“义渡”，为清康熙三十五年（1696）四都二图（冠二村）乡贤来森所建。其后，祖孙三代承传，舍资护渡。境域法华禅院为红色遗址，是1927—1928年中共孔家峧党支部、汤家里党支部及其领导的农民协会活动场所。1937年底，日本侵略军占领杭州，国民政府军炸断钱塘江大桥，退守江南，浦沿成为抗战前线，境域民众与守军同仇敌忾，奋勇抗敌。中华人民共和国成立后，又有志愿军、解放军烈士徐芳中、陈胜金、汪吾昌、傅银钊、蒋万元、汤关富等英名传世。1966年，钱塘江大桥守卫连战士蔡永祥为保卫列车和大桥，在大桥南端（联庄地段）英勇牺牲。

浦沿历史悠久，人文积淀丰富。2500年前，越王勾践在境域鸡鸣墟“待诏入吴”。村域古为钱塘江水道，回龙山下有霜江大湖（存小水浜），为钱塘江通航港湾；山上有纤道，纤道转角处山石曾留有纤绳磨嵌之痕迹。境域紫红岭出土的青瓷四系罐、青瓷双系罐等文物，为东晋时先人生活器具。唐代，境域西江塘已有雏形。半爿山，古为观潮胜地，颇如北宋许道宁所作《高秋观潮图》所绘之景。南宋时，鸡鸣山南麓建有慈济寺，有香客往来。乡人耕读传家，清代仅来家墙门一处就出过18名太学生。境域除了不少庙宇宗祠，还有十五间头、百柱墙门、来家墙门等多处民居，马墙高耸，青砖黛瓦，石壁峭墙，画梁雕栋。境域有浦沿马灯糊制，为杭州市“非遗”项目；浦沿宣卷、浦沿绞面、浦沿“连响棒”、浦沿腌缸白菜、浦沿布龙灯等系区级“非遗”项目。

中华人民共和国成立后，浦沿的教育、文化事业快速发展。20世纪50年代后期，新生高级社幼儿园为萧山县规模最大的农村幼儿园，引得印度、泰国、越南、菲律宾、柬埔寨等13个国家华侨代表团到访参观。1959年，苏联代表团参观浦沿“青年红专学校”（时任浙江大学校长周荣鑫为名誉校长）。1985年，浦沿镇开始实施普及九年制义务教育，1994年基本实现。2000年，滨江高教园区在境域建成，浙江中医药大学、浙江警察学院等6所高校相继落驻。其间，又有杭州第二中学滨江校区在浦沿建成投用。浦沿文化中心于1980年成立，为浙江省首个公社文化中心，1981年获评全国农村群众文化工作先进单位并在北京举行的表彰会上介绍经验。1989年，镇文化站获评全国先进文化站。1999年，浦沿镇被评为浙江省东海文化明珠工程，建有小草文学社、之江诗画学会、映山红音乐之友协会、晨曦摄影协会、影视评论小组、电声乐队等一批群众文化团体。2003年，浦沿获评杭州市文化特色乡镇。

20世纪80年代，作为萧山经济最发达的乡镇之一，浦沿的村镇规划与建设名列前茅。1989年，浦沿镇获评浙江省村镇建设文明集镇；1995年，被确定为全国城镇（集镇）建设综合改革试点镇。滨江区成立后，村镇建设被纳入城市建设规划。1997年，东冠村被中共浙江省委、省人民政府命名为浙江省社会主义新农村建设示范村。1999年，浦沿镇被中央文明委表彰为全国创建文明村镇工作先进单位。2003年6月，浦沿镇下辖的9个村中，联庄村率先改设城市社区。是年底，浦沿镇改设浦沿街道。2004—2013年，冠二、杨家墩、岩大房、东冠、新生、浦联、山二、冠一8个村依次改设城市社区，并陆续实施整村拆迁，昔日乡村已成历史。

这些逝去的村庄，有的已历千年沧桑，有的不足百年风云，经济、社会、人文、风物各有异同。

新生村

新生村位于浦沿街道西北部，东隔新浦河与杨家墩村为邻，西北紧依钱塘江，南与浦联村相接，面积4.5平方千米。

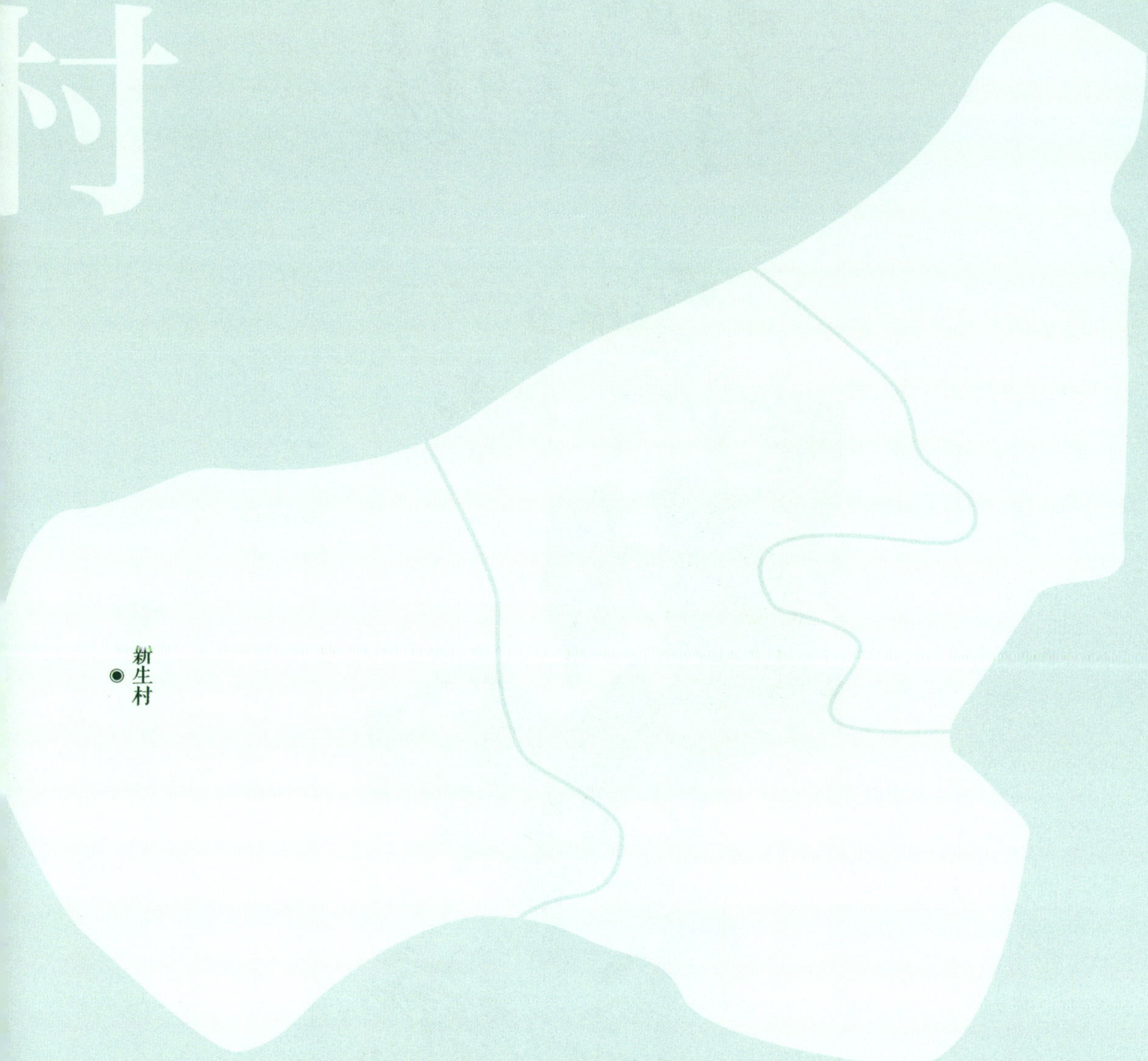

新生村在滨江区的位置

来楚生　银星海棠

第二十一编　新生村

概　述

新生村位于浦沿街道西北部，西北紧依钱塘江，南接浦联村，面积4.5平方千米。村域西江塘外为轻咸沙土，塘内为潮土。河流均为人工河，池塘系钱塘江潮水冲刷而成。自元代有乡人落脚后，至清光绪四年（1878），域内先后形成潘家里、陆家潭等10个自然村。1996年以前，境域一直隶属萧山县（市），民俗风情与萧山一脉相承。1996年12月，滨江区设立，属滨江区。2010年，有常住人口18646人，其中户籍人口9688人，分属185个姓氏。

中华人民共和国成立前，新生村域农业落后。有为数不多的手工业作坊和商铺船埠，因社会动荡，兴衰无常。中华人民共和国成立后，新生村境域党政管理组织健全，带领村民发展经济，兴办各类公共事业。农业（特别是棉、麻和花卉苗木）生产一直是萧山农村的佼佼者。改革开放后，新生大队（村）农业稳步提高，集体工业兴起。20世纪80年代，个私工商业复苏。家庭联产承包责任制解放农业劳动力，村民就业和经济收入多元化。20世纪90年代，工业成为新生村经济支柱。这一时期，住房建设加快，村民建房进入新农村点。滨江区成立后，城市化进程起步，随着土地被大量征用，农业转移到围垦区域，或到外地开辟花卉苗木基地，实施集约经营。21世纪，第三产业发展迅速。拆迁农户陆续入住安置公寓。境域内城市道路公共交通四通八达，商品楼盘林立，乡村成为城市，农民成为市民。2011年，改设城市社区。

第一章　基本村情

新生村域自元延祐年间（1314—1320）起逐渐形成村落，至清光绪四年（1878），域内先后形成潘家里、陆家潭等10个自然村。中华人民共和国成立后，境域分属浦沿、塘外、临桥三乡。历经初级社、高级社，1958年人民公社化后称为新生大队。1984年5月，改称为萧山县浦沿乡新生村。1996年12月，为滨江区浦沿镇新生村。元、明时期，境域人口不足百人，后不断增加。至

2010年，全村常住人口18646人，其中户籍人口9688人，分属185个姓氏。2011年2月，改设浦沿街道新生社区。

第一节　区位　地貌　村落

区位

新生村位于浦沿街道西北部，杭州之江大桥东端。东隔新浦河与杨家墩村为邻，西北紧依钱塘江，南与浦联村相接。面积4.5平方千米。

地貌

村域土地以西江塘为界分塘内、塘外（乡人俗称“老坎内、老坎外”）。塘外属杭州湾堆积平原，土质含沙量高，为轻咸沙土。塘内主要为海积平原，为潮土，因耕作年份稍长于塘外咸沙土，黏粒含量略高。

河道水域

分江、河、池等。村域内池塘大多由钱塘江潮水冲刷而成，民国时有135个。1950年起，经多次平整土地和园田化建设，大部分面积不大的池塘填平成地，至2011年尚存27个。

钱塘江　村域西北紧依钱塘江（沿岸约5千米），虽具舟楫渔捞之利，也屡罹潮洪坍江之患。1998年，筑就抗百年一遇潮洪之钱塘江标准塘。

永久河　东起长河街道长一村，西至新生村鲶鱼嘴浦沿排灌闸。河面宽26米。浙赣铁路萧山段（沪昆铁路杭州绕行线）东至长一村段为1957年开挖，时名前解放河。1977年开挖铁路西至鲶鱼嘴段，长1.8千米。

新浦河　南接浦沿河，北起永久河。1985年开挖，河面宽24米，流经新生村段长1.3千米。因成河迟于浦沿河，故名新浦河。

陆家潭大池　陆姓乡民所挖，因池北建有五圣堂庙宇，亦称五圣堂大池。

沙浪沈大池　清光绪年间（1875—1908）形成，后又逐渐挖深扩大。

八姆（亩）大池　民国初期，塘里曹8户人家出资利用原有水塘扩建而成，面积8亩并由该8家主妇轮流管理，故有此池名。

七甲大池　位于七甲自然村南，因在七甲自然村内，故名七甲大池。

东大池　明弘治十五年（1502），虞氏乡人利用原有水塘扩建而成。

店池　约清咸丰十一年（1861），乡人虞守堂视直浦沟边永平庵为热闹之地，便就近挖水池4亩，并于挖池所成之土堆上建屋，开设仁源米店，水池遂称店池。

村落

新生村境域自元延祐年间（1314—1320）有垦种者落脚始，至清光绪四年（1878），先后形成潘家里、陆家潭、沙浪沈、横塘里、沙浪虞、塘里曹、塘外曹、高家里、七甲、八甲10个自然村。另有一甲至六甲诸村为钱塘江涨坍所毁。2011年，新生村改设社区，自然村成为居民小区。

陆家潭　位于境域中部。南宋时，有河南陆氏兄弟定居萧山北干街道荣联村陆家潭。后，其弟后裔于元延祐年间（1314—1320）迁居新生村西江塘内落户，为落户境域第一姓，故村名为陆家潭，已有近700年历史。

潘家里　位于境域最南端。民国以前，其东南角有河浜名木勺斗（无存），为境域乃至长兴乡、浦沿乡之水运枢纽。木勺斗埠头由浦沿乡绅孙阿正筑就，却由潘姓人家（潘有顺）管理，故名潘家里。潘氏居此已有400多年。虽有郭姓早于潘氏落脚于此，但郭氏繁衍不盛，后不再续。

塘里曹　处于境域中心位置。清康熙五十五年（1716），有林氏落脚于此，称林家里。乾隆十四年（1749）曹氏落户后，曹姓人口渐超林姓。道光年间（1821—1850），又有部分塘外曹氏为避江潮迁入塘内。民国时将林家里与塘里曹合称为塘里曹。

塘外曹　位于村域之西。清乾隆十四年（1749），曹氏25世尔昌、尔忠前后落户境域西江塘外，渐成村落名塘外曹。

横塘里（含林家里）　旧称大陈里。位于村域西南角，东临西江塘，西靠南沙大堤，连接南沙大堤和西江塘之间有一土塘横架村中，称横塘，遂成村名。清乾隆元年（1736），施氏人家最先落脚此地。

沙浪沈　位于村域西端，紧靠钱塘江，南沙大堤穿越村落。明末清初，为钱塘江边沙墩。清康熙三十九年（1700），虞氏先人由浦沿楼下虞迁此垦荒，繁衍发族。道光二十一年（1841），又有吴氏由萧山沙里吴到此垦种、繁衍。清代，沙浪沈称“沙上沈”，民国24年（1935）称“沙浪深”，中华人民共和国成立后正名为沙浪沈。

沙浪虞（含大来家）　地处村区中心，由大来家、华家道地、傅家等小村组成。明弘治十五年（1502），虞氏先人到此定居，后成村落。1957年前，有“直浦沟”将村落分成两块，沟西居民虞姓为主，沟东居民来姓最多，称大来家。1958年新生大队建立，沙浪虞为大队驻地。

高家里（含小来家）　位于村区中部东侧。早期有施姓先人居住。该处原为钱塘江滩涂，清同治年间（1862—1874），杭州高义泰布庄高姓老板向萧山县府购得此地，出租给农民垦种，故名高家圩，后称高家里。

七甲　位于村区西北角，濒临钱塘江，坐落于鲶鱼嘴鳑鲏上，与杭州六和塔隔江相望。清晚期，周边乡人陆续迁此垦荒，渐成村落，有吴、杨、劳、陈、叶等姓氏20多个。其中，吴氏约于清同治五年（1866）由湘湖窑里吴迁此；傅氏约在清光绪四年（1878）由冠二村十间楼傅家迁居而至。

八甲　位于村区东北角，由小八甲、大八甲和九甲组成。因排列顺序八甲，是为村名。村中乡民皆为各地到此垦荒者，有姓氏16个。其中萧氏于清咸丰八年（1858）、来氏于清光绪十六年（1890）均由长河迁入。地域原为清军杭州城旗营骑兵放牧滩地，曾属钱塘江北仁和县管辖，称仁和牧地。宣统元年（1909）划属萧山。

第二节　建置沿革

元、明、清时期实行都图制，新生村境域属萧山县四都。民国时期，乡里制、都图制、保甲制，纷杂反复，民国36年(1947)，属长兴乡第12～18保。1955年，新生高级社建立，走上社会主义集体化道路，是为萧山县首批4个高级社之一。村域群众在基层党政组织的带领下，发展生产，建设家园。历经人民公社、乡镇重置、村民自治，1996年12月，滨江区成立，新生村属滨江区，2011年，改设城市社区。

区划设置

元代，改长兴乡为四都，新生村境域属四都。明、清沿袭。至清光绪四年(1878)，域内已有潘家里、陆家潭、沙浪沈等10个自然村，皆属四都。宣统二年（1910），四都又改称长兴乡。民国初期，县以下复以都、图重新编排。新生村境域仍属四都。民国17年（1928）实行村里制，境域分属萧山县第二区浦沿里、外沙里。民国23年(1934)，推行保甲制。各自然村编为浦滨(外沙)乡第16～19保。次年，浦滨乡复称长兴乡。民国28年（1939）属萧山县东岳区长兴乡。民国36年（1947），村域大部分属长河镇第16～18保，小部分属闻堰镇。

中华人民共和国成立初，村域先后分属浦沿乡、临桥乡（1950年增设）、塘外乡(1952年增设)。1952年，陆家潭、潘家里、塘里曹为浦沿乡十六正村；横塘里、林家、塘外曹为塘外乡十六副村，沙浪虞为十七正村，高家里为十七副村，沙浪沈为十八正村，七甲为十八副村；八甲为临桥乡十九副村。1953年，村域先后成立16个初级农业生产合作社。1955年，合并初级社，先后建起新生社、浦一社、新生二社、近桥社4个高级农业生产合作社。其中新生社为中共浙江省委批准的萧山县首批4个高级社之一，新生村村名由此而来。1958年9月，以长河区范围设立长河人民公社，新生社改名为长河公社新生生产队。1961年，长河公社分成5个公社，新生生产队改称浦沿公社新生生产大队。1984年5月撤销人民公社后，改称浦沿乡（镇）新生村。1996年5月，随浦沿镇划属杭州市西湖区。12月，滨江区成立，属滨江区。2011年2月，撤销新生村，改建为新生社区。

基层组织

中共基层组织　1951年，中共党员来文斌由部队复员回乡；下半年，虞宝来成为第一个在新生村域入党的中共党员。1954年10月，浦沿、临桥、塘外三乡建立中共党支部，陆续吸收一批积极分子入党，村域党员分属上述3个党支部。1956年5月，新生高级社建立中共党支部，社长周来兴任书记。1958年10月，改称长河公社浦沿管理区新生大队党支部。1961年改称浦沿公社新生大队党支部。虞宝焕任书记。1966年后，党组织活动停顿。1969年8月经过整党整风，党组织活动恢复。1986年1月，新生村党支部改称为新生村党总支，下属14个党支部（10个自然村党支部、4个企业党支部）。2011年2月，新生村改设新生社区，党总支改称为新生社区党（工）委。

行政管理组织　民国前，境域未有行政建制记载。民国时推行保甲制，境域各保设保、甲长。1949年5月，各自然村均建立农民协会(简称“农会”)，管理村务。20世纪50年代初，境域各村建立行政委员会，设村长。1954年，取消村长制，实行代表主任制，各初级社社长均为代表主任。1956年，新生高级社建立，替代村。1958年9月，实行“政社合一”的人民公社体制，公社下属生产大队设管理委员会（简称“大队管委会”）。1961年，浦沿公社新生大队管委会建立。1968年，新生大队革命委员会建立，取代党支部、管委会。1978年，大队革命委员会取消，新生大队社员代表大会选举产生大队管委会。1984年，人民公社改设乡（镇），新生大队改设新生村，由村民代表大会选举产生村民委员会（简称“村委会”），为村民自治组织。村民委员会设主任、副主任、委员若干人。至2011年4月，新生村村民代表大会、村民委员会共历7届。

经济管理组织 1955年，新生高级社建立，高级社管理委员会负责合作社经济管理。人民公社时期，新生大队管委会（1968—1978年为大队革命委员会）为集体经济管理机构。1984年起，村集体经济由村民委员会负责管理。1991年12月，新生村经济合作社由村民代表大会选举产生，负责集体土地以及资源、资产、资金管理以及财务管理。至2011年，新生村经济合作社共历6届。1993年，新生村建立股份合作制性质的农村合作基金会制度（简称“基金会”），由农户代表、村民小组长、村“三委会”代表共87人组成股东代表大会，推荐、选举产生董事会。股东大会每年召开1次。股金按人口的40%、农龄的60%比例分给股东，每年按股分红。

生产队（村民小组） 1958年，新生大队有生产队34个。1968年，实行公社、大队、生产队三级所有，以站（自然村）为队，原34个生产队合并为11个生产队。1971年又分设为30个生产队。1981年，有37个生产队。生产队设队长、副队长、妇女队长，均由社员选举产生。1984年4月，新生大队改设新生村，生产队改称为村民小组。村民组长大多为原生产队长。此后，村民组长由村民选举产生。1958年人民公社化后，新生大队虽设置34个生产队为基本单位，但自然村中仍有一些公共财产资源的管理、分配等事项。于是，以自然村为单位设站，类似生产大队的派出机构，共10站。设站长、副站长，站长一般由大队管委会成员兼任。

第三节 人口 姓氏

元、明两代，新生村境域人口不足百人。清末有上千人。民国时期，人口继续增长。中华人民共和国成立后，一度鼓励生育，人口增长加快。1959年，新生大队户籍人口3925人，1961年增长到4185人。20世纪60年代后期起实行计划生育，境域人口年增长率一直保持在10‰左右。2010年，全村常住人口18646人。有户籍人口9688人，户籍人口分属185个姓氏，100人以上姓氏22个。全村有畲族、土家族、侗族等少数民族人口10多人。

人口构成

性别构成 民国时期，境域人口男性多于女性。中华人民共和国成立后，重男轻女的观念逐渐被摒弃，男女比例趋于平衡。1961年，新生大队男性人口2457人，女性2516人。后男性人口一直少于女性。2010年，男性人口3982人、女性4410人。

年龄构成 中华人民共和国成立前，社会动荡，民生艰难，村域60周岁以上人口很少。中华人民共和国成立后，生活和健康水平不断提高。2010年，新生村劳动年龄段（青壮年）人口5545人，占常住人口的64%；60周岁以上人口1500多人，占全村常住人口的17%。

职业构成 1965年，新生大队农业劳动力占比96.4%。20世纪70年代起，社队工业兴起，职业状况开始改变。20世纪80年代初，个体工商业发展，新生村农业劳动力占比剧减至38%，服务业劳动力占比猛增至39%。此后，镇村工业发展较快，1991年工业劳动力占比91.8%。2010年，农业劳动力占比下降至17%，工业劳动力占比为33.5%，第三产业劳动力占比高达43.8%。

户籍构成 1964年，新生大队总人口5162人，仅15人为非农业户口。20世纪80年代，因土地征用，新生村非农业人口增加至60多人，并一直稳定至20世纪90年代初。此后，征地加快，1994年非农业户口迅速增加到3459人，占全村总人口的47.85%。2010年，非农业人口占总人口的79.04%。

民族构成 1982年第三次全国人口普查，新生大队6557人，均为汉族。2000年以后，陆续有畲族、土家族、侗族、布依族等少数民族婚嫁入籍。

人口流动

民国及以前，村域人口流动主要是垦种迁徙和婚嫁，流动范围很小。中华人民共和国成立后至20世纪90年代，人口流动主要仍为婚嫁，其余为兵役、招生、提干、精简和土地征迁招工。其间，20世纪50年代末有10多人支援宁夏。20世纪60年代后期至20世纪70年代末，有120多名知识青年下乡插队，后返城。20世纪90年代，外来就业务工等外来人口大量进入村域。至2000年，全村外来人口2175人，为户籍人口的近30%。此后，因新生村经济社会发展加快，婚嫁人口、招生人口大多不再外迁。外来暂住人口迅速增加。2010年，新生村域户籍人口仅占常住人口的52%。

主要姓氏

新生村户籍人口中，有姓氏185个，其中100人以上的有22个，其源流及分布状况，以落户境域时间为序，简记如下：

陆姓　为落户境域第一姓。南宋时，有陆氏兄弟自河南迁入萧山，定居北干街道荣联村陆家潭。元延祐年间（1314—1320），其弟由陆家潭迁居新生村域西江塘内落户，繁衍为陆五十一房，至2011年撤村建居时，已传28世，350多人。

虞姓　为虞舜后裔。元至正二十三年（1363），义乌五都华溪里商人虞芽，携妻、子到杭，途经萧山，病殁，葬浦沿回龙山南坡。其次子元贞就近筑屋守墓，繁衍发族，尊虞芽为萧山虞氏始祖，后在回龙山下形成坂里虞、楼下虞两村落。约明弘治十五年（1502），第6世虞球，由"楼下井头徙居塘外直浦头（即沙浪虞）"，为新生村虞氏一支；另一支，清光绪年间（1875—1908），楼下虞虞氏兄弟先后徙居沙浪沇，繁衍发族。至2011年撤村建居时，新生村虞氏已传24世，有1280人，为村域第一大姓。

戴姓　以南朝齐永兴（萧山）人戴僧静为第一世。戴僧静累官至淮南太守，受封为建德侯。南宋时，第24世戴纲，"迁居苎萝乡蒋桥村西"。明代，戴纲第8世孙志轩、志江兄弟，分迁至萧山戴村镇上戴、下戴。清康熙四十五年（1706），戴村戴姓15世迁至新生村域陆家潭，乾隆二十五年（1760）迁居沙浪沇。至2011年撤村建居时，全村有戴姓160多人。

来姓　萧山（长河）来氏后裔，以南宋朝散郎直龙图阁学士、河南鄢陵人来廷绍为始祖。清康熙五十年（1711）前后，长河来氏会宗堂第18世来殿飚，儿子来文明、来公旦，落户新生地域西江塘内，为新生村来氏第一支。另一支来自闻堰祥大房，为长河来氏大房百顺堂后裔，清代落脚境域。清末民国初，来氏在新生境域形成大来、小来两家主要集聚点。至2011年撤村建居时，已繁衍至29世，830人，为村域第二大姓。

曹姓　北宋时，河北灵寿人曹光庭曾知山阴县（绍兴属内），卒后埋骨越地。子美韶守父墓留居山阴。美韶子曹烝，奉父命守桃源（属萧山区浦阳镇）下邓（谐音下定）别墅，为曹氏迁萧始祖。曹烝子曹夔，后定居史村曹（属萧山区蜀山街道）。清乾隆十四年（1749）前后，史村曹惇叙堂鼎二公甫二房第25世尔昌、尔忠落户新生地域西江塘外。后，部分曹氏迁入西江塘内。新生村曹氏至

2011年撤村建居时，传至34世，440多人。

华姓 源自萧山渔浦华氏。始迁祖华镇为北宋元丰二年（1079）进士、朝奉大夫，由会稽迁居渔浦（属萧山义桥镇）。传至第11世华克勤（闻堰潭头华氏始祖），举山西布政使，后奉明太祖朱元璋诏，出使日本。清乾隆十六年（1751），闻堰潭头华氏一支，撑船至沙浪沈落户，是为新生村华氏之初。至2011年撤村建居时，有130多人。

周姓 为北宋理学家周敦颐后裔。周氏世居道州营道（湖南道县），宋室南渡时，随驾迁居临安（杭州）。萧山周氏来源有二，均系南宋后由诸暨迁入。新生村周氏于清嘉庆十四年（1809）由诸暨沿浦阳江撑船至沙浪沈，落脚发族。至2011年撤村建居时，有100多人。

韩姓 北宋末年，宰相韩琦曾孙韩膺胄，知饶州府（江西上饶），安家于峡下里（萧山区义桥峡山头），是为湘南（湘湖之南）韩氏第一世。新生村韩氏，于清道光十八年（1838）由义桥峡山头迁居陆家潭，至2011年撤村建居时，已繁衍7世，180多人。

吴姓 尊春秋时吴国第二位国君仲雍为始祖，夫差为第21世。新生村沙浪沈吴氏，约于清道光二十一年（1841）由萧山沙里吴（蜀山街道沙里吴村）迁入，至2011年撤村建居时，已繁衍7世，约100人；八甲、九甲吴氏，为浦沿汤家里吴氏延河堂一支，约于清同治二年（1863）入域，至2011年撤村建居时，已繁衍6世，20多人；约同治五年（1866），又有萧山湘湖窑里吴吴氏到七甲开荒，至2011年撤村建居时，已繁衍至5世，70多人。

陈姓 祖籍河南颍州，宋室南渡后迁入义乌、诸暨、东阳一带。宋末元初，有诸暨陈姓迁入萧山临浦柏山陈，立树德堂。清道光年间（1821—1850），树德堂柏山陈派21世陈寅照迁居新生村域塘里曹。后又有其堂弟及同派陈氏子孙徙入。清光绪年间，另有树德堂东山陈派22世陈有亨由闻堰东山陈迁入潘家里。至2011年撤村建居时，有430多人。

张姓 新生村张氏，其中一支来自西湖区双流镇吴浦。约清咸丰四年（1854），有吴浦张氏因钱塘江坍江迁居横塘里；后有一房又迁居塘里曹。至2011年撤村建居时，有190多人。

杨姓 九甲杨姓于清咸丰七年（1857）由六甲迁居而至，已有150多年。而七甲杨氏则源自上虞。清末，上虞崧厦人杨占金在湖州做长年。清宣统元年

（1909），迁居七甲垦荒，至2011年撤村建居时，有190人。

徐姓 由杨家墩迁入。据长者传述，约清咸丰八年（1858）前后，徐氏由绍兴迁至浦沿杨家墩，再由杨家墩迁至七甲。至2011年撤村建居时，有150多人。

孔姓 主要居于七甲、八甲、九甲。村中耆老称，约清同治四年（1865）前后，孔氏先人由浦沿庙下里迁居此地开荒。至2011年撤村建居时，有140多人。

叶姓 由闻堰叶家里迁入。明嘉靖年间（1522—1566），有叶氏从绍兴竹园童迁居闻堰荷叶池（萧山区闻堰街道叶家里），为萧山永思堂叶氏。约清同治年间（1862—1874），永思堂叶氏三房11世叶筱堂等迁居陆家潭，至2011年撤村建居时，已传至15世，140多人。

傅姓 萧山傅氏尊五代（907—960）末傅衍为始祖。11世傅巍迁居萧山区临浦镇横山傅村，为始迁祖。明天顺年间（1457—1464），20世傅舍从萧山县北干山之阳迁至荷溪（中沙），定居于祠堂前（属长河街道长一村，此处曾建有傅氏祠堂，故名祠堂前）。傅舍之子、21世傅祯向西析居十间楼（属冠二村）。清光绪四年（1878），有十间楼傅姓迁至七甲垦荒，至2011年撤村建居时，已繁衍5世，260多人。

黄姓 南宋绍兴年间（1131—1162），诸暨县孝义乡人黄槻官两浙提举，定居萧山县竹塘村（又名埭上村，萧山区蜀山街道史家桥、新庄、老屋一带），为萧山竹塘（埭上）黄氏始祖。清光绪五年（1879），竹塘黄第24世黄福寿迁居陆家潭，后又移居潘家里繁衍发族。至2011年撤村建居时，已传5世，近150人。

汤姓 河南官员汤鹏举随宋高宗赵构南渡至杭，官参知政事。其孙汤之退知绍兴府，建别业于萧山夏孝乡双庙前河斗里（长河街道河斗里）。河斗里汤氏第七世汤改三，再迁汤家桥（属长河街道），至清光绪十五年（1889），已传28世。新生村汤氏似为其一支，先迁入横塘里，后又分居高家里。至2011年撤村建居时，已传至32世，430多人。

金姓 迁自萧山义桥北坞。北坞金氏有“活金死刘”（生前姓金，葬后以刘姓祀）之说：金氏原为汉刘之后。西晋立，刘氏为避“诛刘之诏，乃去卯刀改姓金”，晋亡后复姓刘。然至明弘治十八年（1505），宦官刘瑾专权，镇压异己。明正德五年（1510），刘瑾被凌迟，朝廷又欲诛天下金、刘二姓。为避祸，明后期，有金氏一支从四川辗转至浙江钱塘县六和塔下，后再迁北坞。清光绪二十六年（1900）前后，北坞合莫堂金氏15世（七甲金和尚之父）撑船至七甲落户繁衍。至2011年撤村建居时，已传至19世，有110多人。

汪姓 新生村汪氏何时迁自何地无考。然萧山汪氏有二支：一为瓜沥大义汪氏、浦阳桃源汪氏，二是闻堰街道东汪汪氏。前支于后晋天福三年（938）由绩溪（属安徽）徙四明（宁波），南宋时再由四明迁入萧山。后者则于明中叶由歙县（属安徽）徙萧山。至2011年撤村建居时，有130多人。

褚姓 据2000年褚云皎编纂的萧山《南阳镇志》记述，“褚氏从海宁褚石堰迁入，明代新围有褚家浦，至今都有200多年的历史”。新生村褚氏何时迁居入籍无考，但至少有7代历史。至2011年撤村建居时，有140多人。

孙姓 新生村孙姓以女性居多，为富阳龙门孙氏后人，大多由萧山闻堰黄山村婚嫁入籍。明初，龙门孙氏第12世孙表迁入黄山村，至2011年撤村建居时，已繁衍至26世，有100多人，多为女眷，故未成族群。

第二章　村庄建设

新生村境域自元代有人落脚以至民国，村民住所多为茅棚草舍，凌乱无序。土地多被地主占有，大多数农民缺地少田。村域内虽有船埠水运可入钱塘江，但陆路交通不畅，更少有公共设施。

中华人民共和国成立后，新生村域农民实现“耕者有其田”。社会主义公有制确立后，依靠集体的力量，整地造田，培塘围圩，兴修水利。路、桥、邮、电、广播、电视、自来水、互联网等公共设施建设不断推进。住房建设规划有序，新农村整齐亮丽。家庭联产承包责任制推行后，深化土地经营制度改革，发展集约化现代农业。进入21世纪，新生村内外道路四通八达，城市公交成为流动风景。村域内公寓林立，昔日乡村成为现代化城市社区。

第一节　新农村建设

村容村貌

元、明以来，新生村境域乡民住所，依江塘、水沟择隅而建，以草舍为主，鲜见瓦房。至民国时，陆家潭大路东有林姓大户，建有两层五间两弄高大楼房，大墙门飞檐翘角，配以厢房小屋10多间，兼有道地百余平方米。

1950年，土地改革时没收地主部分房屋分配给村中无房农民。20世纪50年代以后，人们安居乐业，部分劳动力富余的家庭在自留地或原房基上新建平房。20世纪60年代后，新生大队为节约用地，对建房用地进行规划布局和适当调控。20世纪70年代开始，社员建房由大队、生产队统一规划，并经社员大会或社员代表大会通过，报公社批准及县土管部门备案。1984年，新生村有175户农户申请建房，村委会在制定1985—1990年各项用地规划中，安排居住用地25.44万平方米。

滨江区成立后，1997年，新生村确定新农村区块规划：第一区块设在南塘圩，安排农户133户；第二区块在八甲南面高新技术开发区用地区域内，安排非农业户54户。同年底，又划定1.72公顷土地作为“农居点”，安排70户村民建房。1999年，通过对抛荒滩涂整理，改造出7.33公顷可耕地，置换成八甲、高家里、潘家里、陆家潭、沙浪沈5个新农村点建房用地。至2002年底，有170户村民在各新农村点建成新房。

多层住宅建设

2000年后，农民单院独户和两户联建住宅停止审批，开始打破村组界限，建设农民公寓（农村多层住宅）。2006年，新生村第一个农民公寓浙新小区1～3期竣工，有高层、小高层、多层住宅楼34幢，总建筑面积1.96万平方米，地下室4万平方米。另有公共设施建筑550平方米，公园绿地和体育健身场地500平方米。至2010年，在政府征用的新生村土地上，矗立起钱江湾花园、贺田尚城、风尚蓝湾等高层、小高层商品楼盘10多个，建筑面积124万平方米。

第二节　基础设施

民国及以前，新生村境域陆路交通不畅，船埠水运寥落。钱塘江有堤缺修，潮洪难防，涝渍无排。饮水、灭火，全凭池塘。20世纪50年代，挖河筑路建涵闸；20世纪60年代，通邮通电通广播；20世纪70年代，造机埠，建渠道，通公交；20世纪80年代，引入自来水，普及电话机；20世纪90年代，建成钱塘江标准塘。有线电视普及全村，无线网络联通全球。进入21世纪，村域有7.8千米城市道路、10多条公交线经过。

道路交通

新生村境域内，道路主要有：

官塘路　原西江塘。据清康熙朝萧山知县姚文熊撰《萧山潭头碑记》所载，康熙十六年(1677)，此路已是“五马可以并行”。清光绪二十八年(1902)南沙大堤新生境域段形成，亦成为官塘路一部分。中华人民共和国成立后，塘路逐渐拓宽加固。1998年，改建成可抗百年一遇洪灾的标准塘。

丰产路　全长2千米，宽5米。1959年填平直浦沟而成，原路两侧为棉、麻等农作物，期望高产而将此路定名为丰产路，为新生大队南北向的主要道路。1994—1995年，改成水泥路。后因建设之江大桥，此路分为两段：南段800米为陆家潭塘埠至杭新景高速公路，北段1千米自杭新景高速公路至东信大道。

西江塘路　全长3千米，原为明洪武初（1368—1378）兴筑的西江塘新生村域段。塘宽历代多有变化，约5米。1995年东段浦沿路至陆家潭塘埠拓宽至7～8米，并将全路硬化成水泥路面。

竹园塘路　东起浦沿路，西至丰产路，全长1.5千米，宽6米。原系清代逐渐形成的一条堤塘，堤塘两侧栽有竹园。20世纪70年代后，竹园逐步退化，至1978年全成泥塘。1998年筑成水泥路。

西大路　长700米，宽5米。明洪武初陆姓人家落户此地后，此路逐渐形成。因在潘家自然村西侧，故称西大路。1994年建成水泥路。

东信大道　东起浦沿路，西至闻涛路，长150米，宽36米，双向四车道。

六和路　南起东信大道，北至闻涛路，长1.05千米，宽50米，双向六车道。

坚塔路　西起新浦路、东至浦沿路，长517米，红线宽度28米，双向两车道。设有坚塔路公交站，为175路、177路等公交线路始末站。

滨文路　由青年路拓宽改建，为杭州东西向主要城市道路。全长1.95千米，宽40米。原为田间小路，1985年拓为6～7.6米宽机耕路。因团员青年义务参加筑路，故名青年路。1995年，拓宽至26米，路面铺碎石。2005年，政府投资将此路拓宽至40米，双向四车道，命名为滨文路，并向西延伸至钱塘江标准塘（闻涛路）。此路途经新生村域的公交线路有10条。

新生路　东起西浦路，西至闻涛路，长665米，宽32米，双向两车道。

新浦路　南起浦沿镇前路，北至八甲竹园塘路，长2.49千米，宽20米。

途经此路公交线有2条。

新和路　东起六和路，西至闻涛路，长1千米，宽20米，双向两车道。

桥梁　船埠

钱塘江大桥　位于新生村北端，北跨钱塘江，为钱塘江上第一桥。民国23年（1934）8月开建，民国26年（1937）9月建成，3个月后炸断以阻日本侵略军南进。中华人民共和国成立后全面修复。

之江大桥　东端位于新生村，跨钱塘江后西接302国道、之浦路，为杭新景高速路延伸线。2008年开建，2013年竣工。

新浦桥　跨陆家潭河，2006年建。

坚塔桥、九甲桥　跨新浦河，分别建于2004年、2009年，皆为钢筋水泥桥，砌青石护栏。

原直浦沟上有3座桥：

前木桥　永平庵旁，独木桥，建于清代。

后木桥　六甲庙旁，民国初建，后称有福桥。

昌安桥　竹园塘边石板桥，建于民国初。1959年，直浦沟填平，3座桥均废。

直浦沟渡　南起直浦沟钱塘江出口处，北到杭州闸口小桥头（白塔岭东），曾是钱塘江大桥未建时水上运输热线。抗战时期钱塘江大桥炸断，该渡仍然热络。中华人民共和国成立后钱塘江大桥全面修复，该渡停用。

沙浪沈船埠　约筑于清嘉庆八年（1803）至咸丰六年（1856）。乡人借此船埠，运销土货至杭州城区和富阳、桐庐等地。中华人民共和国成立后，新生村曾建有7艘木船的船队，凭该埠开展外江运输。至20世纪80年代，陆路交通便捷，该埠废弃。

木勺斗　由钱江潮冲积而成。民国初，筑有石埠，南通浦沿河，北连直浦沟可入钱塘江，时为当地最为繁盛的“活水码头”。中华人民共和国成立后，陆路交通发展，该船埠停歇。1986年已填为平地。

林家船埠　原为清代修筑的林家里挑水坝，乡人将其作为船埠，往外运销“四都冬菜”等农产品。直至20世纪80年代，陆路交通便捷而废弃不用。

江塘　水利

西江塘　新生村域段筑于明代，长1.68千米。清代，西江塘外南沙大堤筑成。中华人民共和国成立后，南沙大堤不断加高培厚，该段西江塘成为备塘。

1998年，南沙大堤建成百年一遇标准塘，该段西江塘名存实亡，成为村中一条通道。

南沙大堤　明末清初形成维形，清光绪二十八年（1902）全线筑成。新生村段长3.5千米。1956年遭12号强台风袭击，坍塌严重。灾后，人民政府组织群众全面修复加固加宽，并分期分段抛石防坍。后，南沙大堤外又有3次筑堤围涂，南沙大堤80%成为备塘。1997年历经“9·7”洪灾后，于1998年建成百年一遇的标准堤塘，堤顶置有高0.6米的挡浪墙及不锈钢扶栏，堤面建成彩色跑道，为钱塘江沿江景观带之一。铁船沙围堤、七甲外圩堤、沙浪沈圩堤、林家外圩堤、梅子塘、铁塔圩堤于1958—1970年间先后建成，总长4.2千米。1998年，6条堤塘均与南沙大堤合一。

横塘　清乾隆十四年（1749）前后，曹氏落户村境域西江塘外，为御潮护村而建。东接西江塘、西连南沙大堤，长约600米，初宽5米，高3米。后南沙大堤稳固，塘堤瘦身。1958年平整为村内道路，1984年筑成水泥路面。

排灌　民国时期，新生村境域直浦沟北端有一涵洞，高家圩有永福庵涵洞可排涝。中华人民共和国成立后，新生村（大队）新开排灌河道2条：新浦河、永久河（见第一章第一节）。新建外江涵洞（闸）12座，1998年南沙大堤建成标准塘后，仅存2座：棉场外江涵闸（1976年建）、南沙大堤放水涵洞（1983年建）。

村域建有排涝机埠11座：陆家潭机埠、飞机场机埠、八十亩机埠、塘里曹机埠、七甲圩排涝机埠、新生（水泥厂）排涝机埠、七甲机埠、八甲机埠、沙浪虞机埠、税地圩机埠、高家圩机埠。至2011年撤村建居时，除新生（水泥厂）排涝机埠仍在使用外，其余皆因土地征用或用途变更而废弃。

全村有排涝渠道8.9千米，均建于20世纪50—80年代。

公共事业

电力　20世纪60年代初，新生大队通电，主要用于农业排灌和社员家庭照明。20世纪70年代中期，田间脱粒始用电力。20世纪90年代工业用电进入高峰，1995年工业用电有380伏线路643档1.95万米。同一时期，居民生活用电量快速增加，用电线路总长超过工业用电，有2.51万米。后，产业结构调整以及工厂外迁，2003年全村工业用电设施仅存1座24千伏安变压器。

供水　明清时期形成的10多个池塘一直以来是居民的饮用水源。20世纪

70年代，推广挖井取水。1982年，横塘里部分村民引入附近杭州油脂化工厂自来水。1988年，浦沿、长河两镇联办的联合水厂管道通达新生村。至1999年，全村1659家农户、20家村办企业均用上自来水。2010年，基本实现居民用水“一户一表”规范化管理。

消防　20世纪70年代，新生大队集体企业开始配备灭火器等消防设备。1997年，200名职工以上单位均有义务消防队。2004年，各自然村及新浦路沿路设置消防栓。至2011年撤村建居时，全村公路及主要道路沿线有消防栓35支。

邮政　1955年，浦沿邮政代办所设立，新生村邮件委托村民代送。1960年，新生大队办公楼设有邮箱。1989年后，省市报纸由镇上报刊发行站投递到户，其他报刊及邮件仍由邮局递寄。2000年后，家庭电话普及，邮件骤减。2004年起，普通邮件、网购商品大多由快递公司投递。信件与贵重物品递寄仍交邮局。

电信　1960年，新生大队装有电话1台。1984年，有村办企业电话7台。1988年，社员家庭开始安装电话。拍发电报仍须到镇上或进城。后，电话普及，电报消失。1990年后，“大哥大”（移动电话）、BP机（寻呼机，亦称传呼机）、小灵通（无线市话）等开始流行村域。2000年，全村使用手机者300多人。2001—2004年，村域内先后设立中国移动通信基站、浙江电信小灵通基站、中国铁通营业站。至2011年撤村建居时，全村有固定电话2300多台，成年人手机持有量人均超过1部。

广播电视　1964年，陆家潭塘埠设置高音喇叭。1968年，建立大队广播室，各自然村均安装高音喇叭。1969年，开始在社员家庭里安装有线广播，1997年有线广播入户率98%。1980年，新生大队始有电视机1台（12英寸），作为奖品奖给先进生产队。1985年，37个生产队中11个有电视机。同年，沙浪沈王水荣购得全村首台彩色电视机（12英寸金星牌）。1995年，基本普及有线电视。2010年，村民家庭普遍拥有电视机1～3台。

互联网　1992年3月，新生小学校办企业购入全村第一台电脑。随后，一些规模较大的村办企业用上电脑。20世纪90年代后期，电脑进入家庭。2000年，全村互联网终端用户3638户。至2010年，村民家庭平均拥有电脑超过2台。

公园　村域内有塘外曹小公园（800平方米）、沙浪虞小公园（1300平方米），用花岗石、园林地砖或草坪砖铺装，砌花坛种绿植，安装健身器材，沙浪虞小公园设有篮球场。沙浪沈大池，四周砌石，池边建有花坛，安装路灯。

第三节　土地使用

民国及其以前，新生村境域少数地主豪绅占有多数土地，大多数农民缺田少地，生产落后。中华人民共和国成立后，开展土地改革，土地一度私有。经20世纪50年代中末期农业合作化、人民公社化，确立集体土地所有制，土地集体经营，村域农业耕作条件、抗灾能力提高。20世纪80年代起，家庭联产承包责任制的建立，土地承包期的延长和承包使用权的流转，土地经营制度的改革，催生集约化经营的现代农业。随着土地被国家建设快速征用，至21世纪，新生村进入城市化行列。

土地所有制

封建土地所有制　新生村境域自元代有人落脚，直至民国，土地皆为乡人合力围钱塘江滩涂而成。上千亩土地中，属于围圩者的占20%，大部分土地被封建当局以“召买”方式，卖给富商豪绅。如杭州高义泰布庄、宁波慈溪烟店、浦沿悦大南货店等皆各自购得上百亩土地。有陆姓大户，拥有昌围（浦沿）一带牧地千余亩、耕牛近百头。民国期间，因灾患、战乱，虽有富豪将部分土地变卖给附近农民，但始终是少数地主占有多数土地，大多数农民少地、无地。

实现“耕者有其田”　1950年秋，新生村开始土地改革，没收地主富农的多余土地，分配给缺地无地农民。1951年底，全村土地改革结束，农民家家户户领到盖有萧山县人民政府县长印章的红色土地证，“耕者有其田”得以实现。1953年，境域先后成立伴工组、互助组。后组建12个初级社，农户以土地入股，所有权仍为农户家庭。

集体土地所有制　1955年9月，境域内周来兴初级社等3个初级社合并成立新生高级社（新生社），为萧山县首批4个高级社之一，县政府奖给永久牌自行车1辆。后又建立浦一社、新生二社、近桥社。农民土地转为合作社集体所有，土地公有制基本建立。1958年人民公社化后，社会主义集体土地公有制进一步巩固，一直不变。

土地经营制度

中华人民共和国成立前，地主豪绅拥有村域大量土地，经营方式或雇长工，或租给农民垦种，盘剥佃农、雇农；自耕农则以家庭经营为主。

中华人民共和国成立后，土地改革使农户分得土地，自主经营。初级社时，入社农户土地由初级社集体经营。高级社、人民公社化后，除少量社员自留地外，土地皆由集体经营。1961年后，土地经营以生产队为基本单位。依靠集体力量，生产条件不断提高。但长期的平均主义倾向，影响村民积极性。

1983年，新生大队实行“统一经营、联产到劳责任制”，主要农作物单产、总产均有较大增加。不久，全面实行家庭联产承包责任制。1989年，坚持土地属集体所有不变、承包期限不变、农户承包的土地不变。1990年起，实行“土地有偿承包责任制”，承包费主要用于增添农业机械以及农田水利设施建设和维护。1997年开展第二轮土地承包，推行“两田制”（按人口承包口粮田、按劳动力承包责任田）。1999年，完善第二轮土地承包责任制，以5年为间隔，延长土地承包期至30年，向农户发放土地承包经营权证。并推行承包土地使用权流转机制，开展土地集约经营。

土地征用

1972年，杭州电化厂、杭州油脂化工厂扩建，征用新生大队土地0.8亩。此后至20世纪90年代，国家征地很少，仅1976年、1987年两次征地不足2.8亩。1974年，社队企业开始征用集体土地，1982年，新生大队被社队企业征用土地126亩，至1997年新生村共有356.95亩土地为乡镇企业所征用。其间，另有51.73亩为乡镇道路建设所征用。1992年开始，国家征地迅速增加，同年10月，萧山经济技术开发区在钱江大桥南设立钱江外商台商投资区，新生大队一次性被征用土地2094亩。之后，随着杭州城市跨江拓展，国家征用新生村域土地逐年增加。至1994年3月，钱江投资区累计征用新生村土地6010.77亩。同年8月，澳门浙江集团有限公司征用新生土地68.26亩开发房地产，自此开始，新生地块又陆续有土地被征用开发房地产。至2010年，全村仅剩集体耕地850亩。

征地补偿方法主要有青苗费补偿、劳动力“农转非”安排就业补偿、货币补偿、人口“农转非”结合货币补偿等，至2011年，新生村征地“农转非”人口5082人。

第四节　围垦土地

区内围垦

自元延祐年间（1314—1320）陆姓先人落脚，至民国37年（1948），诸姓乡人齐心勠力，围圩造地共3.3平方千米，村域面积大多系围垦滩涂所得。

1949—1956年间，村域段南沙大堤经中国人民解放军驻军与群众多次合力抢修、砌护，得以稳固，结束了自清光绪二十八年（1902）以来堤内圩地涨坍不定的状势。农业集体化后，新生高级社（大队）先后在村域一带进行多次围圩。1957年秋，新生高级社在钱塘江大桥东侧悬空墩外围起500米堤塘。1958年春，长河区组织浦沿、冠山、闻堰等乡部分高级社将此堤塘加高加固，围地1409.54亩。人民公社成立后，该地块为长河公社棉场（该地有一铁船沉江，故亦名铁船沙）。1961年，新生大队分得其中413亩。1962年春，新生大队在七甲自然村南沙大堤外围涂115.19亩，被称为七甲外圩。在林家南沙大堤外围地80亩，即林家外圩（亦称"80亩头"）；同年，在沙浪沈南沙大堤外二次围圩，得土地35.11亩、63.15亩，分别称沙浪沈前圩、沙浪沈后圩。1972年春，与联庄大队合作在鲶鱼嘴围圩111亩（后称"铁塔圩"）。

萧山围垦

1970年开始，新生大队参与萧山县及城北区公所组织的顺坝和大江东的江涂围垦，分得土地790.68亩（其中顺坝176.76亩、东江613.92亩）。大队农科队提留72亩，其余分配给各生产队。1979年，该两处围垦土地实行定人员、定产量指标，包收入、开支、利润，超利润给予奖励的经营办法。1990年开始，围垦土地主要由重点户或专业大户承包。2002年后，由杭州之江园林绿化艺术有限公司经营。

第三章　村域经济

中华人民共和国成立前，新生村域小农经济生产落后。工业有酿酒、打铁、锡箔等小作坊。商贸业起步于清道光年间(1821—1850)，均为小店小摊。中华人民共和国成立后，农业社会主义集体化优越性推动生产发展，主要农产品产量屡创历史新高。实行家庭联产承包责任制后，农民积极性、创造性充分发挥，花卉苗木生产独树一帜，现代农业发展迅速。20世纪70年代后，村办工业兴起，逐渐成为村级经济支柱。20世纪90年代，转换企业经营机制，私营、合伙、股份合作，各类企业竞争发展，2010年新生村列入统计范围的26家规模以上企业，总资产15.41亿元。20世纪80年代起，商贸服务业迅速发展，至2010年，200多户村民成为个私商户，4条商业街（铺）店家林立，超市商场日夜营业。服务业由传统走向多样化、时尚化。

第一节　农业

新生村境域，自元代有乡人落脚以来，即事农耕。农民单家独户经营，无力抗争自然，生产落后。中华人民共和国成立后，境域农业产生二次飞跃：农业集体化后，集中力量办大事，改变了几百年来的落后生产条件，粮、棉、麻、猪、鱼等主要农副产品产量屡创历史新高，新生大队(村）多次被评为省、市、区（县）农业先进单位；实行家庭联产承包责任制后，农民积极性提高，效益农业、品牌农业、集约化经营，新生村农业逐步走向现代化。

粮食作物

新生村境域粮食作物主要为水稻、春粮和杂粮。

水稻　民国及以前，新生村域灌溉十分艰难，水田面积很少，仅能种植早稻，亩产150～200千克。中华人民共和国成立后，20世纪50年代后期，村域内走上农业集体化道路，排灌设施和耕作条件不断改善，1966年试种晚稻；20世纪70年代，“双季稻”全面实行。1989年，全村早、晚稻播种面积共4083亩，总产量1642.5吨，均为历史最高。1996年后，国家粮食市场开放，新生村土地大量被征用，水稻不再种植。

大麦、小麦　元代起作为主粮种植。20世纪70年代后，稻米成为主粮，大、小麦面积逐渐减少。20世纪80年代，国家粮食部门鼓励小麦生产，实行家庭联产承包责任制后农民种植自主权增加。1985年小麦面积扩大到1564亩，为历史最高。1992年后因土地征用，面积逐渐减少，2000年后不再种植。

蚕豆　20世纪60年代初，作为辅粮，蚕豆种植面积较大，1963年为738亩。后逐渐减少，2000年后，只是村民自留地上偶有所见。

玉米（俗称“六谷”）、**小米** 西江塘内清代就有种植。抗战前后，民生凋敝，充作主粮。20世纪80年代后，仅自留地上有少量种植。

番薯 1958年开始利用杂地种植。20世纪70年代初，种植面积320亩。1976年后水稻面积扩大，番薯面积锐减。20世纪80年代后成为休闲食品，偶见于村民自留地。

经济作物

新生村境域大宗经济作物为棉花、络麻、油菜、花卉苗木、烟叶、蔬果等。

棉花 清乾隆年间（1736—1795），有来姓人家落脚村域即种棉花，品种俗称“杜棉”，产低质劣。抗战胜利后，引进美国棉花，俗称“洋棉”。但因种子、技术匮缺，仍以“杜棉”为主。1954年起，新生村域开始大面积种植棉花，成为萧山县主要产棉区之一。1978年，新生大队建成千亩棉花丰产方。实行家庭联产承包责任制后，农民科学种棉积极性提高。1984年，全村1460亩棉花总产皮棉137.95吨，亩产高达94.5千克。1984年后，棉花种植逐渐减少。

络麻 明末清初即为新生村域主要农作物之一，品种为本地麻。20世纪50年代开始，国家下达络麻计划种植，新生村络麻面积一直稳定在1000亩左右，1978年高达1298亩，平均亩产492千克。1957前，境域农户投售的络麻以晒干生麻为主。此后以浸洗麻（白麻）为主。1975年后推广“挖塘浸洗”以降低池塘水质污染。20世纪90年代，取消络麻种植计划，新生村络麻种植面积迅速减少，1995年后，不再种植。

油菜 民国时期村域就有种植。1959年，油菜种植被列入国家计划，新生大队的油菜种植面积扩大，此后一直保持在300亩左右。1995年，种植计划取消，油菜面积946亩，为历史最高年份。此后不再种植。

烟叶 境域烟叶种植始于明清时期，时，境域属四都，故称“四都烟叶”。民国7年(1918)，“四都烟叶”获巴拿马太平洋万国博览会烟叶一等奖。这一时期，种植面积近百亩。20世纪50年代，仍有少量种植。1960年后一度扩种，并改晒烟为烤烟。1965年，产烤烟7.3吨，此后不再种植。

蔬菜 民国时，境域“四都冬菜”享誉杭州。中华人民共和国成立之后，蔬菜由合作社、生产队集体种植并销售。20世纪60年代前，为集体经济收入的重要组成部分。20世纪80年代后，市场活跃，蔬菜经济效益较好，种植面积扩大，1989年，种植面积7862亩（含复种面积），为历史之最。

瓜果　20世纪50年代后期，新生社（大队）集体种植雪瓜、黄金瓜，销往附近集市和杭州城区。20世纪70年代开始种植西瓜，主要在顺坝、东江围垦。境域种甘蔗，民国即有，历史较长，产量甚微。20世纪90年代后，种植花卉苗木经济效益更高，瓜果种植消退，1995年后，瓜果仅在村民自留地上种植。

畜禽养殖

明代初期，新生村域乡人即饲养鸡鸭；清代有农户养猪；民国时代，畜禽养殖无发展。中华人民共和国成立后，新生村畜禽养殖业历经近半个世纪的不断发展，至20世纪末在城市化进程中消退。

生猪　1954年，新生初级社建办畜牧场，饲养生猪30头。1956年，几乎户户养猪。1963年，新生大队生猪存栏量为浦沿公社各个大队之首。1978年，34个生产队均有畜牧场。大队畜牧场增加到4个，其中“百猪场”1个。1979年，生猪饲养量4294头，户均3.2头。家庭联产承包责任制推行后，集体畜牧场停办，生猪饲养以社员散养和专业户饲养为主，1992年饲养量为4540头，创历史新高。进入21世纪，新生村快速走向城市化，养猪量锐减。2007年，不再养猪。

牛、羊　1964年，新生大队开始养耕牛，至1975年有6头，同年购入拖拉机后，不再养牛。1965年，发动社员养羊，主为积肥，兼收羊毛。1966年饲养量418头，大队畜牧场还委托省农业局从新疆空运进2头公羊，以改良品种。1971年后，羊毛价格下跌，饲养量逐年下降，1978年后不再养羊。

禽类　以鸡、鸭为主，主要为农户散养。1954年，新生初级社畜牧场兼业养鸡，饲养量上百羽。20世纪80年代初，出现温室养鸡专业户。1992年，全村家禽饲养量1.29万羽。进入21世纪，城镇化步伐加快，注重环境保护，养鸡业逐年消退。至2008年，新生村不再有人养鸡。20世纪50年代，境域有几户农户放养鸭群。20世纪60年代后，养鸭以集体畜牧场为主。20世纪70年代后期，出现饲养蛋鸭为主的专业户。沙浪虞吴志凤，依靠养鸭成为队里的“冒尖户”，草舍换成瓦房。1982年，吴志凤被浦沿公社评为先进养鸭专业户，事迹登上《杭州日报》。20世纪80年代后期开始，潘家里、沙浪沈等自然村出现饲养鹌鹑、鸽子的专业户。1997年，沙浪沈还有村民饲养鹦鹉。

水产捕养

民国及以前，新生村域内池塘由族人或自然村居户所有。春季放养鱼苗，品种为鲢鱼、鳙鱼（包头鱼）。春节前捕捞后，在族内或自然村内按人头分配。中华人民共和国成立后，鱼塘由集体管理。20世纪80年代开始，鱼塘实行承包经营，因工业污染鱼池，养鱼量减少。

民国时期，村域就有乡人在钱塘江以捕鱼为生。1958年，新生大队建立捕捞队，时有3艘木船，28名捕鱼手。1978年，捕捞队船只增至4艘，添置1800米长大网1张，当年创下一网捕得1.9吨鲢鱼的纪录；捕捞范围也从钱塘江大桥水域扩大到富春江富阳县城段水域。1978年起，每年须完成政府下达的9吨鲜鱼派购任务。实行家庭联产承包责任制后，捕捞队解散。此后，20多名渔工凭渔政部门核发的捕捞证下江捕捞。

第二节　工业

新生村境域清代就有酿酒、打铁、锡箔等私人作坊。民国后期，乡人林长清等在上海开办丝绸厂。20世纪70年代之后，新生大队队办工业兴起，多个产品跨出国门。改革开放后，新生村人创业热情高涨。20世纪90年代起，新生村无论是镇、村企业转制后的私营企业，还是找准市场新办的私营企业，大多经营得红红火火。2010年，新生村列入统计范围的26家规模以上企业，总资产15.41亿元。

作坊工业

清乾隆年间（1736—1795），新生村境域有乡人用铁制轧花机（时称“洋车”）将籽棉加工成皮棉。至民国末，有轧花机、弹花机20多台。清道光年间（1821—1850），有陈氏落户塘里曹，带入其祖传的酿酒技术，开设酒作坊。清同治年间（1862—1874），有乡人在浦沿集镇开设卢正兴铁铺，资本丰厚，人称“打十万”。民国时，来家里人来炳盛在杭州城区红石板巷开铁作铺，还配置3台机床，作铁器精加工；乡人虞阿初在杭州下城开设锡箔作坊，雇工几百人；虞马元在杭州中山中路开设木鱼加工场（店），所制木鱼名“同心木鱼”，行销杭州城区及普陀山诸多寺院，并出口日本和东南亚地区。民国37年（1948），唐里曹人林长清在上海杨浦创办绮霞绸厂，规模列沪上同行前茅，1958年公私合营为上海第二丝织厂。

集体工业

新生大队（村）集体工业起步于20世纪70年代初。1972年，创办新生五金螺丝厂，1984年发展成为萧山金属餐具厂，1990年被命名为萧山“七五”时期标兵企业。1973年投产水泥预制构件厂，1986年产量居萧山县同行业之首。1976年，新生大队招用外地师傅，开办服装拼线厂。1978年，利用附近杭州油脂化工厂的优势，创办化工厂。1979年，创办知青酒厂，1989年改名之江酒厂。1982年，新办浦沿表带厂。1985年，浦沿新生钣金厂扩建为杭州萧山工业搪瓷厂。至1985年，新生村有村办企业10家，1996年增至21家，年总产值6090.47万元。这一时期，新生村集体工业企业不少产品具较高的知名度。1987年，村办萧山县浦沿灯具配件厂生产的两种产品获全国首届创新灯具展玉兔杯奖。同年，村办萧山金属餐具厂生产的不锈钢调羹被商业部评为“最佳消费品”。1989年，村办杭州之江酒厂生产的“中华美酒”获全国首届民用产品展览会精英奖；隆达牌浓香型白酒获全国1992优精品博览会特别奖。1990年，村办杭州凯飞搪瓷厂生产的搪瓷产品出口到沙特阿拉伯。

这一时期，新生大队（村）域内还有公社（镇）办企业2家：浦沿磷肥厂，1975年建办，后更名萧山精细化工厂（1996年转制为杭州钱潮化工有限公司）；浦沿水泥厂，1985年更名浙江省之江水泥厂，1992年被命名为萧山市特级企业（1998年转制为私营企业）。

私营企业

1996年，村域内原镇、村企业转制后均为私营企业。后，又有多家私营企业开办。2000年城市化推进后，一批外省、市人士凭借新生村优越的地理条件和投资环境在村域建办企业。至2010年，村域内有各类私营企业近400家。行业涉及化工、铸造、机械、建筑工程、房地产、农产品加工、食品等。其间，有10多家规模较大的企业，考虑到环境保护和用地成本，转移到萧山、安吉、长兴等地设立分厂或整体搬迁，成为省、市、区的骨干企业。其中，杭州钱潮化工有限公司于1996年被对外经济贸易部批准为自营出口企业。新生村人在长兴县创办的浙江长兴前进机械有限公司被列入全国首届铸造行业百强企业榜单。杭州友联妆材有限公司于2010年全资收购一家日本化妆品贸易型公司。杭州农茂食品有限公司于2011年被杭州市人民政府授予“杭州市十佳农产品加工企业”“杭州市十佳都市农业示范园区”称号。2010年，新生村工业总产值4.85

亿元。列入统计范围的规模以上企业资产合计15.41亿元。

第三节　商贸服务业

新生村域商贸业起步于清道光年间（1821—1850）的小店小摊。中华人民共和国成立之初，浦沿供销社在村域设立下伸店。20世纪80年代改革开放之后，村域内个私商贸业发展迅速，4条商业街上，超市商行林立，与现代城市别无二致。服务业更新换代，由传统走向现代、时尚。作为第三产业的商贸服务业已占新生村经济的50%左右。

个私商贸业

清道光年间（1821—1850），塘里曹陈氏始祖陈寅照，边耕种，边开设米行。清咸丰十一年（1861），沙浪虞人虞守堂在直浦沟边挖水池4亩，在挖起的泥堆上建屋开设米店。清同治年间（1862—1874），虞传寿走钱塘江，贩运金华、衢州等“上八府”木头至嘉兴、湖州等“下三府”。清光绪十六年（1890）前后，木勺斗成为城乡货物集散地，各色商贾齐集，人称“小梁山”。民国时期，乡人在杭州、长河、浦沿等地开设的米行就有6家，有的还兼开烟行。也有迫于生计，挑卖私盐者。沙浪沈人王水荣，少年时将本地的棉花、土布拿到富阳、桐庐，换回茶叶、笋干等山货，贩卖到杭州。乡人虞芝渭等5人合股，用外江船做生意，将本地的大蒜、蚕豆运到富阳、桐庐；将富阳、桐庐的番薯运到诸暨，换回稻谷。七甲、八甲村多有小商小贩，将“四都冬菜”、甘蔗、萝卜、竹笋等卖到杭州。塘里曹人来雪标，收购本地黄豆，销往诸暨、浦阳江一带。这一时期，村域永平庵商店集聚，经营油、盐、酱、醋等生活用品和毛巾、牙膏、牙刷等日用小百货，以及咸鲞、咸鳑、猪头肉之类。

1956年，国家对私营工商业进行社会主义改造，新生村境域无私营商业。20世纪80年代初，改革开放深入，个私商业恢复。1983年8月，华静媛、王水荣等18户成为首批个体工商户。至20世纪80年代末，增加到56家。1991年，华静媛出席全国个体劳动者协会代表大会暨全国先进个体户表彰大会，受到李鹏等党和国家领导人的接见并合影留念。20世纪90年代，集体商业转换经营机制，个体工商户进一步增加。2000年之后，外地务工、就业人员涌入新生村或周边区域，生活、生产用品消费量大增，又有一批村民成为个体工商户。也有部分外地人员抓住商机，租房开店。至2010年，新生村个体工商户

200多家，另有3户村民开设贸易公司，经营纺织服装。

集体商贸业

1956年，新生村域常年开设的小店分别改组为合作商店或合作小组。1958年，先后并入供销社，成为供销社的下伸店。在原有经营商品基础上，兼营国家分配给新生大队农民的计划商品和紧俏物资。其时，七甲自然村酱油阿松店被改为供销社百杂货小店后，还手推小车到各家各户让社员用鸡蛋、鸭蛋换售百杂货商品。1968年，浦沿供销社七甲副百门市部开设，同时担任送肥下乡任务。汪伏安永平庵小店成为供销社下伸店之后，还兼营收购旧铜烂铁等废品。后，迁至大会堂东，更名为新生代销门市部。1985年，改由村办之江酒厂经营部承包。林友根经营的曹家小店改为浦沿供销社下伸店之后，成为西江塘内塘里曹、横塘、陆家潭农户的购物中心。20世纪80年代后期，供销社下伸店撤销。

街铺商市

陆家潭商业街　清代，陆家潭东濒木勺斗船埠，常有客商在此停靠货船，歇脚购物，渐成商业小街。民国初期，小街上有米行、茶店、豆腐店、理发店、百杂货店、“洋车店”（轧花）、棺材行等。中华人民共和国成立后，陆家潭商业街逐渐衰落。

丰产路商业街　此处原有小店，1958年，改为浦沿供销社下伸店。1962年后，又有理发店、修理铺、馄饨店陆续开张。1981年，有4位村民合伙开起饭店，商业气氛渐浓。1989年，路边又添棋牌室、百杂货小店等。2000年，原有中心小店增加店面60平方米，改成小超市。2003年，村委会在丰产路两边筑建商铺68间，全由村民租赁开店，商业街形成。后，中国电信、中国联通、华数电视、中通快递、中财管道、美团外卖、天安药店等相继落户。2010年，杭州华联超市开业，面积500平方米。

七甲路商业街　1968年，浦沿供销社在此开设副百门市部。20世纪80年代，有自行车修理店、百杂货小店、小吃店。2000年后，外来务工者大量流入，当地村民抓住商机，争相开设商铺。2008年，落户七甲最早的安徽籍陈姓民工，开设“不越雷池话吧”，供民工与同家乡亲人通话，生意火爆。2010年后，自七甲起开设的店铺延伸至八甲、九甲，长达千余米，有大小店铺百余家，每到夜晚，整条街灯火通明，生活用品、生活服务应有尽有。

农贸市场　1997年6月，新生村投资52万元，在村中心位置建成回廊式农贸市场，面积3124平方米，38间固定店面出让给本村村民经营。

服务业

餐饮　新生村境域的餐饮服务最早为茶店。清代，有朝廷潘姓巡官在永平庵开设茶店，供商贾歇脚，洽谈生意。民国时期，直浦沟西前木桥北端，六甲庙旁，直浦沟仓安桥东，七甲竹园塘南，沙浪沈南沙大堤西，竹园塘飞机场等处，都先后有过茶店。中华人民共和国成立后，陆家潭、沙浪虞、沙浪沈等自然村仍有茶室，规模缩小。20世纪80年代开始，茶室配备有烧煤的开水炉，供应热水。1981年，陈利兴等4人开设第一家上规模的饭店。2006年1月，志成大厦建成，部分面积开设“哨兵海鲜楼”。2008年后，有外地民工先后在丰产路商业街开设重庆麻辣烫、火锅店、江西土菜馆、云南过桥米线店等。

修配　20世纪60年代初，新生大队在永平庵小店旁设立修理站，安排3名修理人员，修理钢丝车、自行车、喷雾机、打稻机等。20世纪80年代之后，此类个体修理店铺增多。进入20世纪90年代，家电修理业兴起。2000年后，手机修理、电动自行车修理生意繁忙。

洗护　20世纪60年代前，除林家里有1家理发店，常有外村剃头担到境域串村走户。后，永平庵、八甲路又各有理发店开设。20世纪80年代开始，理发店增多，服务项目由单一理发增加到染发烫发、面膜美容等。2002年，陆家潭塘埠曾开有浴室。2010年，丰产路商业街先后开设3家自助洗衣吧。

广告　2000年，境域有杭州恒达广告设计有限公司，2008年，该公司中标北京奥运会新闻发布中心的标牌、标识制作业务。2003年，杭州信立传媒广告有限公司开张，从业报纸、广播电视媒体的广告拓展。后，合作媒体扩大至浙江卫视、湖南卫视、江苏卫视和东方卫视等。

金融　1954年，境域各村落分属的浦沿、塘外、临桥3个乡，均建立信用合作社。1975年，浦沿信用社在新生村设立信用服务站，1996年，更名为浦沿信用社新生分理处，2005年，改设杭州联合农村合作银行浦沿支行新生分理处。2000年，有村民在浦沿街开设金源典当，2010年搬入江南文苑。

租赁　2000年后，商贸业的兴起以及外地人口大量涌入新生村，房屋租赁业迅速旺起。2004年，沿滨文路的村集体几十套商铺陆续出租。2006年4月，利用村级留用地自主开发的新生综合大厦，整楼招商出租，合同期20年。该大厦有17层，总建筑面积4.8万平方米。同年，拆迁安置房浙新小区分配给村民入住。至2010年，该小区600多户将余房出租，全村房屋租赁年收入约1亿元。

第四章　社会事业

民国及以前，新生村境域有过私塾，开过小学，贫家子弟无钱入读。村中有过一两个土郎中，医疗保健缺乏。部分自然村有演年规戏习俗，其他文化活动甚少。

中华人民共和国成立后，文化事业不断发展进步、巩固提高。20世纪80年代基本扫除文盲，20世纪90年代，九年制义务教育全面普及。农业科技从20世纪50年代后期起步，一直领先萧山全县。21世纪，建成现代设施农业科技示范园，工业科技申请多项国家专利。20世纪50年代以后，先后成立秧歌队、俱乐部、文宣队、报道组、文化室，从露天电影发展到有线电视、家庭影院、互联网络；成立卫生室、保健站、合作医疗站、妇幼保健站，发展群众体育。至21世纪，村民人人享有基本医疗保障。群众文体活动丰富多彩，历史文化遗存得到有效保护。

第一节　教育　科技

清乾隆十八年（1753），沙浪虞人虞明诚为太学生。民国时期，新生村境域有过多家私塾，亦办过小学。中华人民共和国成立后，新生村教育事业发展较快，幼儿教育成绩斐然；20世纪80年代成为基本无文盲村；20世纪90年代，九年制义务教育全面普及。至2010年，从新生村走出大专学历以上毕业生670人，其中硕士、博士25人。新生大队（村）的农业科技活动一直在县（市、区）内领先，并获得多项优秀成绩。工业领域多个项目申请国家专利，有的获省科技进步奖。

幼儿教育

1957年，新生高级社开办幼儿园。全社5～7周岁200多名幼儿实行全托，时为萧山县规模最大的农村幼儿园之一。同年6月，中共中央政治局委员林伯渠视察新生幼儿园。1958年，新生幼儿园获“省级幼托先进集体”称号。1960年1月，印度、泰国、越南、菲律宾、柬埔寨等13个国家华侨代表团参观新生幼儿园和学校。

1984年，新生幼儿园与新生小学合用教学大楼，入园幼儿220人。陆家潭幼儿园与陆家小学合办共管，入园幼儿50多人。1995年，来家里有私立“小天使幼儿园”，入园幼儿32人。1998年下半年，新生村投资85万元，新建新生幼儿教学楼，可接纳400名幼儿。1999年初，成立新生村幼儿家长学校。2000年，幼托教育事业开始向低龄化延伸。2007年，高家里有私立幼儿园，亦名“小天使”，入园幼儿80人。2008年，新建新生村幼儿园，2009年，入园幼儿数290人，先后获市乙级幼儿园和省三级幼儿园资格。

小学教育

民国27年（1938），日本侵略军盘踞杭州，村域七甲公办小学歇学，学童无处入学。来家里人来史炳在家设塾，收亲朋子弟40多人入读，民国30年（1941）前后停歇。民国32年（1943），七甲来者佛设塾以教自家小孩，后移塾七甲劳家和八甲陈田根茶馆，陆续接收附近学童几十人。抗日战争胜利后，民国35年（1946），来者佛赴任钱塘江大桥监工，学塾停办。其时，外出逃难的村民陆续返乡，学童上学无着。七甲人陈晋泰向萧山县教育局申请获准，在七甲办起1所公立小学，称“第十八保校”。其时，有第十四、十五、十六、十七保校，均为初小班。腾草舍为教室，砍舍旁的树木做课桌凳。民国后期，村域另有高家里书馆、六甲庙书馆、陆家潭学馆、来家里学馆等4家私塾。入读学童不多，且一般就读两三年即辍学回家种地，或去学生意、当学徒。

1951年，陆家潭、沙浪虞、沙浪沈、高家里、曹家里、七甲等自然村先后办起6所小学堂。1955年，塘外乡合并各自然村的小学，在长兴庵创办1所完全小学，学生100多人。1958年，新生大队自筹资金新建教学大楼（亦称“新洋房”），除长兴庵留部分学生外，余均搬入“新洋房”，有1～6年级学生300多人。1964年，办有“耕读小学”，半天读书，半天回家劳动；学生学龄差别大，女生居多。1966年，新生小学均为高小班，初小班在各自然村。1968年底至1969年4月，贫下中农管理学校，9名“赤脚教师”走上讲台。1977年后，开始普及农村小学五年制教育。1978年，新生大队初小生全部免费上学。1989年，新建三层教学大楼，招收445名小学生和151名幼儿。1998年，投资15万元扩建新生小学操场。2003年，投资300多万元，新建1座集计算机、多媒体教室、室内塑胶运动场、食堂和餐厅于一体的综合教学大楼，总建筑面积3106平方米。同年，新生小学教职员工增至26人，学生422人（60多人为外来务工者子女）。2008年8月，新生小学改称滨文小学新生分校。

中学教育

20世纪60年代以前，新生村域小学毕业生升读初中大多报考长河初中（萧山县第五中学）。1969年5月，新生小学开设初中班，学制2年，首届初中学生30多人。后初中班移设在红专学校，设5个班级，有学生200多人，任课老师11人。1977年，初中班迁回新生小学本部。1984年，初中班从新生小学析出，并入浦沿初级中学。1989年，新生村在浦沿初级中学就读学生164人，1994年为278人。2001年4月，杭州第二中学在新生地域新建滨江校区。

成人教育

1950年后，浦沿、塘外、临桥三乡各自然村先后办起“冬学”，开展识字扫盲。1952年，“冬学”渐趋常年化，称农民夜校。采用包教包学、田头识字等方法，加快扫盲进度。1955—1960年，新生小学20多名全日制教师分别与11个自然村结对，帮助扫盲。组织学生或给父母、邻居送识字纸片，或对家长实行包教包学。1978年，新生大队重点扫除12～40周岁人群的文盲。1980年，开办业余学习与脱产学习两种脱盲班，规定完不成扫盲任务的不能评文明单位；扫盲对象不脱盲的不能评先进；已进社、队企业的文盲、半文盲职工，不脱盲的回队劳动，脱盲后再回厂复工。1985年，经上级有关部门验收，新生村为“基本无文盲村”。1990年为“国际扫盲年”，村里针对尚存在的199名文盲、半文盲，专门开办脱盲班。1997年，举办为期7天的集中扫盲，同年，新生村成为无文盲村。

科技活动

1957年，新生高级社辟出8000平方米土地建立小农场作为科研活动基地，试种荚头麻及引进棉花新品种等取得成功。1958年10月，长河区“青年红专学校”在新生大队建立，开展农业科学实验活动。名誉校长周荣鑫（时任浙江大学校长），科研队伍有96人。1959年，苏联经济代表团参观“青年红专学校”。1964年，红专学校停办，建立新生大队农科队，有农科人员40多人。科研项目主要是棉花良种的引进与培育，以及棉花、络麻高产栽培技术探索。1984年农科队停办，农业科研由科技示范户承担。花卉苗木的科研以新生苗圃为基地。

20世纪80年代开始，村域工业企业或有科技小组，或设研发中心，或与高校及科研机构展开科技合作。科技队伍建设不断加强，仅浙江宇业建设有限公司就拥有一支由248名中、高级职称人员组成的技术队伍。2008年后，杭州之江园林绿化艺术有限公司分别参与实施市、区级多个景观树种引种、栽培的科技项目。2010年，主持“绿冬·杭州市现代设施农业科技示范园”项目建设。

科技业绩

1957年，新生小农场试种荚头麻亩产达500千克（干麻），1959年入选省农业展览馆展品。同年，新生大队妇女“向秀丽”植棉小组棉花科研活动取得显著成绩。1960年，新生青年红专学校试验“土温床育棉苗”效果显著，在萧山全县推广，引来越南科技代表团参观考察。同年，曹杏花妇女植棉小组开展科学种棉试验，亩产籽棉达319千克，曹杏花获全国“三八红旗手”称号。1961年，植棉小组被评为浙江省妇女红旗集体。1962年，新生苗圃开展的法国梧桐、青桐、泡桐、楝树、无患子等籽播苗有性繁殖获得成功。1963年，新生大队科研小组获评省农业社会主义建设先进单位。1987年，新生大队千亩棉花丰产试验田，采用棉花新品种，实施科学新栽培，获得高产，萧山县政府召开现场会推广。20世纪80年代，新生苗圃对茶花采用萘乙酸激素渗浸，提高扦插成活率，增添高档苗木新品种。1992年，村办萧山建筑构件厂试制成功预应力空心桩，获浙江省科技进步三等奖。2000年，生产的轻型薄壁管桩获国家专利。2003年以后，村域浙江金丝通科技股份有限公司向国家知识产权局申报多项专利。

第二节　卫生　体育

民国时期，新生村境域仅有2名土郎中。中华人民共和国成立后，医疗卫生事业不断发展。20世纪50年代后期，新生大队卫生室、新生产院先后建立，并逐渐巩固提高。1968年建立合作医疗制度，社员医药费报销50%。2000年起，全面实行新型合作医疗制度，村民医疗待遇进一步提高。20世纪50年代起，群众体育活动广泛开展，20世纪60年代起学校体育兴起。21世纪，全民健身活动广泛开展，学校体育运动成绩名列滨江区前茅。

医疗站所

卫生服务站　1958年，新生大队在永平庵建立卫生保健室，在陆家潭大食堂处设立保健点。各生产队均配有保健员。1968年，大队卫生室改称为保健站。1986年，新生村保健站被萧山县卫生局命名为“文明保健站”。1988年，村投资35万元新建保健站，更新设施。2003年，滨江区卫生局授予新生村卫生保健站“先进卫生室”称号。2004年1月，村卫生保健站改名为卫生服务站，纳入浦沿街道卫生服务中心统一管理。2007年，新生卫生服务站站长汪建银被卫生部评为“全国优秀乡村医生”。

新生产院　1959年，新生大队设立幼儿保健室。1965年，移址潘家里，更名为新生产院，由长河医院妇产科回乡的来金花负责，实行新法接生。并对孕妇作孕期保健、产前检查、产后访视，开展婴儿防瘘、防百日咳、防腹泻、防麻疹等工作。除本大队外，邻村孕妇也到新生产院生产。1981年，新生产院对孕妇实行围产期保健并建卡存档；开展每两月一次的妇科病普查和更年期保健服务。1983年开始，配合村保健站做好儿童疫苗接种。1987年，推行儿童计划免疫保健。20世纪90年代，计划生育全面推进，孕妇逐渐减少，产院工作转向避孕指导、节育服务。1998年，新生村产妇生产和婴儿护理转入浦沿镇卫生院，产院停办。

陆柏春内科诊所　私营诊所，2005年7月，由浦沿中心卫生院退休医师陆柏春在陆家潭自己家里创办。门诊病人每天50人左右。

合作医疗制度

1969年，新生大队始办合作医疗，合作医疗基金在大队公益金中列支，社员在大队医疗站看病自己负责医药费50%。1976年始，合作医疗采取社队联办的方式，合作医疗基金部分资金由社队企业支付，社员医药费报销比例不变。1983年实行家庭联产承包责任制后，合作医疗停办，合作医疗站改称卫生保健站，由医务人员承包经营。1992年，合作医疗制度恢复，村集体每年安排相应资金作为合作医疗报销金，村民医药费按不同额度不同比例报销。2000年起，实行以大病统筹医疗为主的新型合作医疗。2006年后，失地农民参加杭州市城镇基本医疗保险。2010年，村民医疗保险基本实现应保尽保。

学校体育

20世纪60年代起，新生小学每周给各个班级安排1节体育课。1966—

1976年，改为“军训课”。20世纪70年代前期，设在“红专学校”的初中班自建篮球场、乒乓球室等体育场地与设施。1975—1977年，初中班学生长跑成绩连续3年名列萧山县教育系统前茅。20世纪80年代起，新生小学安排学生定期进行体育“达标”测试和视力检查。2000年之后，新生小学每年举办运动会。2002年，在中小学体育“达标”竞赛中，新生小学获滨江区先进集体称号。2005年，新生小学获滨江区第八届中小学田径运动会小学组女子团体总分第一名。2006年，在滨江区第九届中小学田径运动会上，新生小学获4个单项第一。2007年，在杭州市中小学生运动会上，新生小学4名运动员得185分，超过滨江全区所得总分的50%；同年，新生小学获滨江区第十届中小学生田径运动会团体总分第一。2008年，在杭州市中小学生运动会上，新生小学取得男子跳高冠军、女子铅球第一名、女子跳远第二名。2009年后，新生分校并入杭州市滨文小学，体育成绩不再单独统计。

群众体育

中华人民共和国成立初，新生村境域农民群众自发开展走高跷、滚铁环、跳绳、踢毽子、游泳、下象棋等传统体育活动。农业集体化后，在各级政府和集体组织的支持、引导下，广泛开展群众体育活动，1959年9月，新生大队接待苏联国家体育代表团考察。20世纪70年代开始，由大队俱乐部牵头，不定期地举办拔河、乒乓球、篮球、棋类等项目的体育比赛。选拔人员参加浦沿公社（乡、镇）举办的各项体育培训和体育赛事。1989年，新生村两委把群众体育工作列入年度计划，并确定1名党支部委员分管体育工作，配备1名专职与3名兼职体育工作管理人员。1993年，浦沿镇举办首届全民运动会，新生村参加5个项目的比赛，4个项目居前三名。进入21世纪，以中老年妇女为主体的广场舞团队逐步增加。村里出资分别在塘里曹公园、沙浪虞公园、新生公园和浙新小区广场4处建立固定健身场所，设置健身器材，沙浪虞公园设有篮球场。

第三节 文化

文化活动

民国及以前，新生村域自然村有请民间戏班子演年规戏的习俗。沙浪沈专门留5亩地以保障演戏费用。春节或庙会，一些村落会有舞龙灯活动。另有民间说唱“宣卷”，历史颇久。

中华人民共和国成立初，村农会组织农民群众开展业余文化活动，敲锣鼓、扭秧歌、打腰鼓、唱新歌等，庆贺翻身解放，宣传土地改革和抗美援朝等。1958年，成立新生绍剧团，演出《香罗带》《走潼关》《狸猫换太子》等传统剧目。20世纪60年代初，创办大队俱乐部，组织文艺爱好者自编自演文艺小节目。1964年，教唱革命歌曲。邀请绍剧名伶章艳秋作辅导，排练、演出越剧小戏《送郎参军》《拾皮夹》等，到附近解放军部队慰问演出。这一时期，新生大队有多个群文节目参加浙江省优秀节目汇报演出和杭州地区会演，在市、县群文刊物上发表。每逢春节，邀请外地剧团到大队大会堂演出。1966—1976年，大队俱乐部改名为“毛泽东思想文艺宣传队”（简称“文宣队”），有多个节目参加萧山县文艺会演、巡演并获奖。1983年后，大队俱乐部落实专管人员（文化员），创建乒乓球室、学习室、棋类室、电视室、篮球场和黑板报，举办乘凉晚会。大队图书室的藏书扩增至6000多册。

1963年，萧山电影放映队下乡到新生大队放映露天电影。1964年，大队大会堂落成，雨天放映电影改在室内。1975年后，浦沿公社电影放映队轮流到村放映。此外，附近解放军部队和杭州电化厂、杭州油脂化工厂放映露天电影，社员往观。2000年后，村民家庭有影碟机等放映设备，出现家庭影院。

文艺创作及文化娱乐

1970年，新生大队建立新闻报道组，至1976年，每年向县广播站发稿300多篇，被省、市报刊、电台录用100多篇。1981年，举办“白浪杯”新闻大奖赛，浦沿公社9个大队、5家社办企业以及驻军部队86名“土记者”参赛。1981—1993年，新生村（大队）办有《新生》月刊；2002年后，办有《新生报》。

20世纪90年代，新生村组建创作员、故事员、美术员和教歌员几支队伍。通过村文化室、青年民兵之家、老年活动室等载体，开展群众性文化活动。村里有多个文化专业户，经营电子游戏、台球、录像放映等活动。2000年后，随着有线电视的普及和网络文化的兴起，村民文化娱乐活动趋于家庭化、多样化。

第四节 文物与历史遗存

新生村有近700年历史，除镇级文物五圣堂外，尚存大成禅院（大成庙）、六甲庙等古迹和文化遗存。

古迹

五圣堂　坐落陆家潭潮冲大池岸边，始建于清同治四年（1865），庙宇不大，佛事甚旺。1967年横扫“四旧”(旧思想、旧文化、旧风俗、旧习惯)，庙宇屋顶“龙头”受损。1985年6月，五圣堂被萧山县文保部门批准为镇级文物保护单位。2002年，已成一堆破砖碎瓦。后，村民集资重建，佛事聚会恢复。

大成禅院（大成庙）　坐落沙浪沈，始建于清嘉庆七年（1802）。清咸丰六年（1856）毁于江潮。同年，乡人筹资重建，有庙宇4间。后几经修缮，最近一次为2008年。逢年过节，请剧团在此演戏文。

六甲庙　初建于民国初期的六甲自然村，曾毁于火灾。后由直浦沟几位撑船老大集资重建，为草舍庙。民国9年（1920）9月，六甲村江塘严重坍塌。七甲、八甲村民共同出资出力，把六甲庙搬迁至胜昌桥畔重建，为瓦房，有正屋3间偏房1间。2011年，因土地征迁，移址重建。

长兴庵　坐落沙浪虞，始建年代不详。民国时，为浦沿地域规模较大的庵堂之一。庵西边有约两亩道地，逢年过节在此搭台演戏。1952—1958年为新生小学驻地。1958年，在长兴庵的侧屋办过产院。“大跃进”时期，长兴庵拆除，木料建造新生大会堂。

永平庵　坐落来家里（直浦沟东），建于清康熙年间（1662—1722）。直至民国后期，永平庵一直是嘈杂之地。店铺虽多，然赌场、匪霸闹事也多，乡人不得安宁。中华人民共和国成立后，人民政府禁赌剿匪，永平庵方得祥和繁荣。1958年，大队卫生室开在永平庵厢房。曾办过扫盲夜校。1983年，开设大队豆腐店。后直浦沟填平，永平庵消失。

文化遗存

浦沿宣卷　已流传百余年。旧时人们走亲访友，近邻串门，有识文断字之人坐在一起宣卷。表演形式为一人宣唱，众人附和。若遇法事，专有道士宣卷，配以木鱼、铜锣伴奏。宣卷曲调易懂易学，内容多为劝人为善、孝敬长辈、和谐处事、祝愿国泰民安、宣扬因果报应等。2006年，成功申报为区级第一批“非遗”项目。

宗谱

村域几个大姓，有修家谱的传统。如虞氏于清道光十一年（1831）至民国时期，共修家谱4次，2008年开始第五次续修。陈姓原由萧山临浦柏山陈迁入，清代曾修家谱5次。进入21世纪，柏山陈续修第6次家谱，新生村陈氏热情参与。林氏无完整的家谱，村中林氏族人于1997年始，修纂林氏5～12世的世系图。

第五章　生活民情

中华人民共和国成立前，新生村境域生产落后，绝大多数农民饱受剥削压迫，缺吃少穿；10个自然村一大半为草舍村；乡人出门劳作全凭肩扛步担。中华人民共和国成立后，生产生活开始好转。农业社会主义集体化后，社员经济收入不断提高。改革开放后，市场放开，就业多元，居民收入大幅度提高。

700年来，新生村境域民风习俗，淳朴和畅。四时节庆，崇礼敬祖。方言土语传承历史积淀，生动睿哲。

第一节　收入与分配

村民收入

合作社时期，新生村域各合作社社员以土地入股和劳动投工参加分配，实际收入多少主要由合作社收成决定。人民公社化后，社员分配以全年劳动工分为主，每个社员的劳动工分由社员民主评定，一般男正劳动力每天为10个工分，女正劳动力是每天7个工分，年龄小的和60周岁以上是5个工分。社员投售给生产队的家肥亦可折算成工分，参加年终分配。1971年，全大队社员年终人均经济分配现金收入为103元。此后，凡户粮关系在生产队的企业职工、社队干部、民办教师、农村“五匠”（铁匠、木匠、铜匠、瓦匠、篾匠）都必须缴工资（现金）给生产队（俗称“买工分”），年终凭工分参加分配，客观上提高生产队的经济收入和社员分配，这政策一直实施到家庭联产承包责任制实行时止。1991年以后，收入主要来自第二、第三产业。2002年，劳动力总收入中，工业收入占82%。2009年，劳动力总收入中，第三产业收入占50.2%。2010年，全村人均纯收入1.43万元。

粮油分配

1955年国家实行粮食统购统销，社员（村民）口粮以人口年龄定量，以19～50周岁（壮劳动力）为例，男性每月折米19千克，女性为17.5千克。因境域为国家指令性计划棉麻种植区，故50%口粮由国家供应，凭粮票购买；50%为自产粮。自产粮分配：留取种子粮、储备粮、饲料粮，补足国家供应后不足部分口粮，其余按工分分配。1966年，新生大队社员人均口粮为256千克，随着生产发展，1980年为383千克，比1966年提高49.61%。实行家庭联产承包责任制后，按人口划定口粮田。人口油每人每年为1千克，主要为菜籽油，也有棉籽油。按劳分配部分根据年景而定。

其他生活资料分配

20世纪50年代初开始，面对物资不足，国家为兼顾公平，粮油以及许多生活必需品以人定量，凭票供应。1961年，先后列入以人定量凭票供应的除粮油外，还有棉布、主要针织品、食盐、肥皂、火柴、民用线、食糖、燃料、豆制品、猪肉、水产品、糕点、烟酒等。其间，为鼓励生产和农副产品投售，政府部门也奖励发放一些票证。20世纪80—90年代后，各种票证逐步取消。

第二节　村民生活

中华人民共和国成立后，新生村域居民生活水平不断提高。20世纪80年代改革开放之后，村域经济快速发展，居民生活进入小康。衣、食、住、行等与民国时期对比可谓是翻天覆地，与20世纪60年代相比也是大不一样。进入21世纪，新生村居民吃更讲营养，穿多求时尚，进门多住“洋楼”，出门多坐轿车。

衣着

中华人民共和国成立前，新生村境域除却少数地主富绅，绝大部分人家是土布衣衫补丁压补丁。新郎借身外套拜堂很常见。20世纪50—60年代，布票紧张，日常穿着仍以土布为主，新衣新鞋过年才有。20世纪70年代，

“为穿的确良，宁可米不量”为社员衣着生动写照。20世纪80年代，西装、夹克开始流行。20世纪90年代，男人西装革履是为标配，女子花裙首饰不算时髦。进入21世纪，缝纫店已成历史，洗衣房生意兴隆，服装讲究品牌、追求时尚。

饮食

历史上，新生村域沙地以种棉花、络麻为主，村民吃粮靠集市购买。大部分家庭食不果腹，糠菜半年粮。中华人民共和国成立后，国家供应半年口粮，吃饭问题基本解决，但难见鱼肉。20世纪60年代初，粮食趋紧。20世纪70年代，无愁吃饱；社员自家养猪，也有返销肉上餐桌。20世纪80年代始，鱼肉荤腥，长年不缺。20世纪90年代，吃饭讲排场，即便是原为素食的“豆腐饭”（丧事饭）也是大鱼大肉、鸡鸭海鲜。进入21世纪，营养搭配、保健养生由时尚转为常态。

住房

20世纪50年代初，境域10个自然村一大半为草舍村。即使有瓦房的村，亦绝大多数为平屋，几代人蜗居一处。20世纪60—70年代，农民新建住房逐年增多，但比较简陋。有些采用沙泥黄土垒墙，毛竹当桁条。20世纪80年代后期，出现三层楼。20世纪90年代造房采用框架结构，马赛克贴外墙。进入21世纪，出现别墅式小洋楼。2000年，陆家潭杨尧龙建楼房3间，铜制大门，室内花岗岩铺地，大理石贴墙，建有地下室，是这一时期村民新建住宅代表。2006年，浙新小区建成。村民入住现代化城市高楼，内室装修时尚考究。有村民在杭州、萧山城区买商品房。由两三代人同住一屋发展为一代人两三套房。

出行

历史上，新生村域人们出行除可入钱塘江下船外，其余均为徒步。1958年，大队购买1辆自行车，用于到杭州联系船队装运粪肥。1960年，沙浪沈自然村有3人分别购得“飞鸽”牌、“永久”牌自行车。1981年，全大队有自行车1134辆。1987年，始有村民购买汽车出行。至1994年，全村有摩托车40辆、汽车49辆。进入21世纪，不少人出远门办事、旅游乘坐飞机。至2010年，新生村70%以上的村民家庭拥有汽车，有2～3辆的家庭也不在少数。

第三节　民间信仰　习俗　俚语

民间信仰

明代开始，新生村域乡人为祈求太平，先后集资建有大成禅院、永平庵、五圣堂、六甲庙等寺庙，供奉观音大士、天医星菩萨、张老相公等，不分佛、道、地方神。村域中老年人信佛者颇多，五圣堂、大成庙、六甲庙仍常有佛事聚会，香火较旺。基督教于民国前期传入，教徒不多，教事活动则在萧山闻堰福音堂等处。

民国及以前，每逢清明、端午、农历七月十二、中秋、除夕等传统节日，境域虞姓、来姓等大族，或由族长发起，或同族人按户轮流，聚集族人祭祀祖先长辈。虞氏设有族田、来氏建立基金会，以保障祭祀资费。中华人民共和国成立后，此类族群祭祀活动消失，家庭祭祀一直延续。

习俗

新生村各村落，大多为元明以后萧山各地搬迁而至的移民聚居而成，其基本礼仪、传统节日、生活习俗与萧山稻作区基本一致。然长期以来耕作制度、谋生方法有所不同，因而稍有区别。如旧时，境域居民中开店、开作坊者多，端午、中秋，尤其是“冬至大如年”，此三节为店家索讨欠账及决定雇工的时日；正月初一，商肆休业。直至初五，拜祀财神，悬旌开张，称“开市”。正月初一，凡有邻居、朋友登门，必敬以茶，茶内置橄榄或金橘2枚，谓“元宝茶”，有的人家一直延续此俗。

俚语

新生村方言属江南吴语区太湖片临绍小片语系，与萧山方言（长河话）一致，保留着较多古汉语成分。在600多年的生产、生活中也逐渐形成一些与种植麦子、棉花相关的词语与俚语：“削断麦根，磨断磨心”“谷雨种棉花，要多三根叉”。境域八甲自然村，清代原为旗营牧地，曾划归钱塘江北仁和县管辖，称仁和牧地。仁和牧地东又有一块牧地属钱塘县管辖。因牧地难有收益，两县又皆在江北，自然疏于管理。故境域有“钱塘不收，仁和不管”之说，以成俗语，寓“呒有人管”之意。20世纪50年代开展扫盲，有新谚语“呒有文化吃苦头，拿着布票买馒头”。进入21世纪，生活水平提高，出现一些时尚新谚语，如“宁可三日无荤腥，勿可一餐无素菜”“一生难得老来俏”等。

专　记

新生村花卉苗木

民国12年（1923），新生村域内七甲农民陈志进利用村后梅子塘120亩沙滩地种植桃、梅、李、杏等，人称“陈桃园”。

中华人民共和国成立后，陈志进将土地改革分得的8.8亩土地，用于培育花卉苗木，并与八甲陈大富一起创办杭州兴艺苗圃，为萧山县第一家持有工商营业执照的花卉苗木企业。在陈志进的影响下，周边几家农户也开始在自留地上种植水杉、法国梧桐、枫杨等，销往江苏、安徽等地。1955年，新生高级社建立苗木场。1958年，新生大队将苗木场正名为新生苗圃，以繁育果苗、果树为主，并在《浙江日报》刊登广告，招引一些杭州市外的客户，产品销售至绍兴、宁波等地；后，繁育水杉、枫杨、法国梧桐等乔木，发往江苏、安徽境内长江以北一带，用于防护林建设。

20世纪70年代，新生大队每年销往苏北地区的水杉苗有五六个火车皮。在杭州市区承接“曲院风荷”景区等绿化土建工程，既推销花木，又解决剩余劳动力出路。20世纪80年代，新生村每年发往北方地区的苗木增加到三四十个火车皮。1995年，新生村在钱塘江大桥南端举办为期10天的全国花卉苗木展销会。1999年，建立千亩花卉苗木示范营销基地。时，全村已有苗木种植户948户，占总户数的41.6%。2002年，新生村域内杭州之江园林绿化艺术有限公司有2000多亩生产基地，苗木品种300多种，并在国家工商总局注册“绿冬”商标，其中“绿冬”牌亮叶忍冬和椤木石楠苗木分别被杭州市人民政府评选为“金奖”和“银奖”产品。2004年4月，基地被授予“全国质量信得过种苗基地”“浙江省花卉苗木生产示范基地”“浙江省无公害农产品产地”“杭州市现代设施农业科技示范园”“杭州市农业产业化基地”“杭州十佳农业示范园区”称号。2006年，新生村38户苗农合股组建苗木专业合作社，并建立起网上产品销售服务平台。至2010年，合作社每年苗木销售额1.8亿元。

浦联村

浦联村位于浦沿街道西南部，东至回龙山，西临钱塘江，南至龙山桥与萧山区闻堰街道黄山村相邻，北与新生村相接，面积4.2平方千米。

浦联村在滨江区的位置

来楚生　美人蕉

第二十二编　浦联村

概　述

浦联村坐拥浦沿集镇，东北距滨江区人民政府驻地7千米，北离钱塘江大桥2.5千米，面积4.2平方千米。

村域先民活动史可追溯到春秋时期。村域鸡鸣山即为春秋末越国的鸡鸣墟。村域最早行政区划记载为北宋太平兴国三年（978），属萧山县长兴乡鸡鸣里。元、明至清晚期，属萧山四都。清宣统二年（1910）复属长兴乡。至民国末期，隶属闻堰。中华人民共和国成立后，村域属浦沿乡。1957年建立浦联高级农业生产合作社，1961年为浦沿人民公社浦联生产大队。1984年改设浦联村，1996年12月隶属滨江区。2013年改设浦沿街道浦联社区。辖33个村民小组，户籍人口6984人，分属100多个姓氏。

土地私有制时期，村域小农经济生产水平低下。中华人民共和国成立后，农田水利和标准塘建设保障了农业旱涝保收，20世纪60年代中期起，农业持续稳产高产。20世纪80年代家庭联产承包责任制后，效益农业更是增产增收。20世纪90年代初开始，土地在城市建设中被大量征用，农业逐年消退，至2013年，仅存围垦有少量蔬菜种植。20世纪70年代，得村域杭州化工区“三大厂”的帮助，建成以化工为主的村属工业格局。2010年，实现产值8.71亿元，占全村总收入的50%以上。晚清至民国，有村人在浦沿集市“泥鳅街”开店营商或从业脚班运输。1952年组建浦沿搬运组，成为萧山农村最早的运输企业之一。2010年，全村运输业收入1.33亿元，仅次于工业收入。20世纪80年代，个私工商业恢复后，商贸业从业村民越来越多。滨江区建立后，催生现代服务业的发展，2013年，村民家庭商饮服务业收入超过1.78亿元，占家庭经营总收入的75.26%。2013年，村民年人均收入2.01万元，跨入富裕行列。

中华人民共和国成立后，村域文教卫生、公共事业、村庄建设不断发展。九年制义务教育全面普及，幼儿教育发展迅速，成人教育成绩突出。卫生疫病、医疗保健工作持之以恒。20世纪60年代建立合作医疗，2009年，新型合作医疗参保率100%，村民人人享有基本医疗保障。文体活动长盛不衰，文艺创作成绩瞩目，历史遗存得以保护传承。20世纪80年代开始，推进村庄道路、村容村貌建设，20世纪90年代初，先后成为杭州市、浙江省文明单位。滨江建区后，村庄建设向城市化迈进，新农村点农户联建房整齐划一，农民公寓高档时尚。城市道路、城市公交四通八达，公园、公厕、排污、绿化、停车场等城市公共设施基本完备。2013年浦联村改设浦联社区，昔日乡村蝶变为现代城市新区。

第一章　基本村情

浦联村位于浦沿街道西南部，怀拥浦沿自然镇，向为浦沿乡（公社、镇、街道）驻地。村域南部有少量低山，余皆为平原。钱塘江紧贴村域由西南流向北，河道皆为人工河，池塘系历史上钱塘江潮水冲坍西江塘时形成。

村域最早行政区划建置记载为北宋太平兴国三年（978），属萧山县长兴乡鸡鸣里。后，各姓乡人陆续徙此垦种聚居，至清晚期，形成楼下虞、蒋家里等10多个自然村落。元、明至清末，长兴乡改称四都，民国时复称长兴乡，村域一直隶属。中华人民共和国成立初，村域属长河区浦沿乡，1957年为浦联高级社，1961年为浦沿公社浦联大队，1984年起称浦联村。1996年12月属滨江区。2013年，改设浦沿街道浦联社区，辖33个村民小组。有户籍人口6984人，分属100多个姓氏。虞、蒋、来、汤、周、韩、王、吴、孙、孔、杨、张、华诸姓人口数占总人口80%以上。

第一节　区位　地貌　村落

区位

浦联村位于浦沿街道西南部，面积4.2平方千米。村域东至回龙山，西临钱塘江，南至黄山闸（龙山桥）与萧山区闻堰街道黄山村相邻，北与新生村相接，东北距滨江区人民政府驻地7千米，北离钱塘江大桥2.5千米。村域中有浦沿自然镇，初成于清代中期。

地貌

村域地形总体特征依山临江。西北部为杭州湾堆积平原，土壤以潮土为主。南沙大堤外为轻咸沙土。南部有少量低山，山地为黄泥沙土，山南为水田土。河道水域分钱塘江、人工河、池塘等。

鸡鸣山　又名鸡鸣墟，海拔28.1米。

回龙山　分属浦联、山二、东冠村，主峰海拔84.2米。

黄山岭　又称华家山，分属浦联村、闻堰街道，海拔57.2米。

半爿山　因山体伸入钱塘江中而名，海拔9.6米。

钱塘江　自半爿山入村域，由西南向北流向新生村。

山北河　西起村域华家庄，东流入山二村，接弄堂河。河长2.7千米，宽16米，流经村域500米。

汤家河　西起村域汤家里，东流入冠三河。长1.86千米，宽12米，流经村域615米，为村域主要排灌河。

浦沿河　又称大浦河。北接新浦河，南至华家庄。长1.76千米，宽15米。

新浦河　北起永久河，南接浦沿河，长2.53千米，宽20米，流经村域2.5千米。

高见黄大池（又称“后大池”）　面积28亩，深16米。清同治三年（1864）江潮冲坍西江塘后所成。

双岗大池　面积5.5亩，在双岗里。

火叉池　面积5亩，在富前路南。

庙下大池（亦称“庚圆大池”）　面积8亩，位于庙下南面。

墩郎桑大池　民国23年（1934）江潮冲塌西江塘所成，也称潮冲池。面积8.5亩，深6.5米。后为杭州电化厂征用。

横长池　面积3亩，位于汤家畈。

半脚池　面积3亩，在楼下虞。

村落

自元代有义乌虞氏落脚村域定居始，又陆续有其他各姓人士入域垦种聚居，渐成村落。至清晚期，较大的自然村有：

楼下虞　元至正二十三年（1363），义乌五都华溪里人虞芽携妻儿到杭州经商，途经萧山病殁，葬回龙山南（虞芽号龙山，遂称其所葬之山为回龙山）。其子守墓于此，繁衍发族，渐成村落，名楼下虞。后，子孙向外析居，又形成坂里虞、兰田虞、沙浪虞（属新生村）等村落。

王家里　元末，诸暨泰源有王姓者逃荒到此，落脚发族。后，有族人中举，遂筑王家旗杆墙门。并筑百柱墙门，有房屋10多间。

蒋家里　明弘治年间（1488—1505），诸暨牌头镇人蒋钧镕与堂兄立先、鲁传、佛三逃荒到此（里蒋）。后，佛三支迁河西（外蒋）。子孙陆续分居，各立堂名，里蒋为资训堂，辖前墙门、后墙门、小河岸、小村；外蒋为树德堂。

汤家里　清嘉庆年间（1796—1820），有汤凤山者从汤家桥（属长河街道）迁此。同姓名人汤金钊（嘉庆朝礼部侍郎，道光朝吏部、工部、户部尚书）曾为汤家里题过“仪表乡闾”“友爱延龄”2块匾额。

周家里　清嘉庆年间（1796—1820），周绍成从诸暨迁居落户。生十子。后与妻之姨父常姓都督发生争闹，六子远逃他乡，四子就地避躲，后成村落。

吴家里　清咸丰年间（1851—1861），义桥后坛村牧童吴志其与另几牧童放牛荒山，嬉戏“垒人堆”。吴志其不幸将一牧童压死，遂离家逃躲至杨家墩。后搬迁入域，勤劳谋生，建4间6椽平屋，娶妻汤氏，生三子，以姓名村。

庙下里　清代，此处南侧高墩有坛花庵、百花庵。高墩下坡处有几户人家。有蒋有川者与姑母相依为命，后从萧山义桥峡山头凤龙墩领养一女以慰寂寞。约清同治六年（1867）前，姑母又从义桥烂田庄招来一韩姓男子与领女成亲。蒋有川却因与姑母口角相争出走他乡。韩姓婚后相继生有十子。子孙繁衍，聚族而居，村名庙下里。香火堂称九进堂，为峡山韩姓分支。

华家庄　清光绪十八年（1892），长兴乡燕斗孙村（属闻堰街道）华继方迫于生计，迁庙下里。旋又徙庙下里之东落居，与樟根墙门内一姑娘成婚，丁口兴旺，聚族成村，名华家里。民国36年（1947）改称华家庄。

中华人民共和国成立初，浦联村域共有16个村落：楼下虞、汤家里、外蒋、里蒋、新堂屋，吴家里、周家里、王家里、庙下里、华家庄、坂里虞、杨家里、来家墙门、洞桥胡、朱家里、山南张。20世纪90年代，根据城镇建设规划，浦联村居民聚落向村域西北区块发展，原有的村落聚居形态开始逐渐打破，至2013年浦联村改设社区时，形成庙下新区、富前园、周家里、杨家、外蒋家、蒋家里、洞桥胡、坂里虞、华家庄、楼下虞、汤吴家、王家、来家墙门等农村居民点。

第二节　建置沿革

区划设置

村域先民活动史可追溯到春秋时期。村域鸡鸣山即为春秋末越国的鸡鸣墟。汉《越绝书》有载：“句践将降，西至浙江，待诏入吴，故有鸡鸣墟。”时，鸡鸣墟为钱塘江一渡口，过江即为吴地。北宋太平兴国三年（978）有鸡鸣里之记载；南宋咸淳年间（1265—1274），鸡鸣山南麓建有慈济寺，足证宋代时鸡鸣山一带已是人烟不稀。北宋太平兴国三年（978），村域属萧山县长兴乡鸡鸣里。元世祖至元十六年（1279），实行都图制，村域属萧山县四都。明、清沿袭元制，村域仍属四都。清宣统二年(1910)，四都复称长兴乡，村域属之。民国17年（1928）推行村里制，村域属第二区长兴村；民国19年（1930）改为乡镇制，村域属第一区浦沿乡；民国21年（1932），乡以下设闾、邻，村域各自然村设有闾长、邻长；民国23年（1934）行保甲制，村域属东岳区长兴乡，分9保47甲。保长由乡委任，甲长由村民轮流充任。民国36年（1947），长兴乡撤销，村域属闻堰镇。

1949年5月，废保甲制。9月，建长河区浦沿乡，村域属之。各自然村分属5个村：杨家里、来家墙门、洞桥胡、楼下虞、山南张为十二正村；华家庄、庙下里为十二副村；里蒋、外蒋、新堂屋为十三村；坂里虞、周家里、王家里为十四正村；汤家里、吴家里、朱家里为十四副村。1953年，村域先后建立明新、农新、援工、建华、建固、新华、联群、联工、永兴、永利、扩建、民利、晨光、新丰14个初级社。1956年5月，除新丰初级社外，其余初级社分别组合为浦二、浦三、浦四3个高级社。1957年5月，3个高级社、新丰初级社及部分单干户联合建立浦联高级社，社长孙顺贤。自此“浦联”定名。1958年10月，长河人民公社成立，浦联高级社改建为浦联生产队，辖49个生产小队。1959年5月，属长河人民公社浦沿管理区。12月，国务院授予浦联生产队全国农业社会主义建设先进单位奖状。1961年7月，缩小人民公社规模后，属长河区浦沿人民公社，称浦联生产大队（简称“浦联大队”）。1984年4月，浦沿人民公社改设浦沿乡（1985年称“镇”），浦联大队改称浦联村。1988年10月，中共中央政治局委员宋平视察浦联村。1990年，浦联村被命名为萧山市标兵村，1994年被命名为萧山市红旗村。1995年，省委、省政府命名浦联村为“小康示范村”（萧山共3家）。1996年5月，随浦沿镇划属杭州市西湖区，1996年12月，隶属滨江区。2003年12月，浦沿镇改设浦沿街道，浦联村隶属。2013年，改设浦联社区。

基层组织

中共基层组织　浦联村是革命老区村（1990年杭州市民政局命名），

1927年7—9月，村域汤家里自然村建有中共党支部，属中共萧山县西乡区委领导。党员有汤家良、汤永梅、汤阿龙、汤佐南、汤涛良、汤永良、华凤英、许来红等。会同中共孔家峧党支部，以法华庵、朱天庙、石塘下、回龙庵为集合活动地点，组织农民协会，与地主开展斗争。1930年初，与上级党组织失去联系，停止活动。

1951年，王正昌成为中华人民共和国成立后浦联村域最早加入中共的党员。1956年，村域3个高级社的党员组成中共浦二高级社党支部，书记虞汝春。1957年，3个社合并为浦联高级社，成立中共浦联高级社党支部。人民公社化后，建立中共浦联大队党支部。1968年9月，成立浦联大队革命委员会（简称“大队革委会”），实行“党政一元化领导”。1970年后，党支部恢复。

行政管理组织　中华人民共和国成立初，浦联村域分属5个村，建立村行政委员会，设村长、副村长，与村农会一起负责行政管理。1953—1955年，初级社取代村的部分职能。1956年，高级社管理委员会取代村行政委员会。1958年10月，实行“政社合一”的人民公社体制，建立浦联生产队，负责行政管理，队长王正昌（后改任大队长）。1961年成立浦联大队，大队管理委员会（简称“大队管委会”）主管行政事务和公共事业。1968年9月，成立浦联大队革委会，实行“党政一元化领导”，革委会主任蒋志瑜。1978年，革委会取消，恢复大队管委会。1984年，撤销人民公社，恢复乡（镇）、村建制，成立浦联村村民委员会（简称“村委会”），为村民自治组织。村委会设主任、副主任等，首任村委会主任虞立钧。村委会每届任期3年，由村民代表大会选举产生，1990年后，由村民直接选举产生。1994年，浦联村村民委员会被民政部评为全国模范村民委员会，为浙江省唯一一家。

经济管理组织　1953—1956年，村域先后建立14个初级社，负责生产管理和经济分配。1956年春至1958年9月，村域先有3个高级社，后合并组建为浦联高级社，由高级社管理委员会负责集体生产和经济管理。1961—1983年，大队管委会为集体经济管理主体，生产队为基本经济核算单位。1984年，村民委员会管理村级经济。同年，成立村合作基金会，统筹管理村级集体资产。1988年4月，成立村企合一的浦联实业总公司，经济运行并不很好，1989年下半年恢复村企分开。1990年12月，成立浦联村经济合作社，负责村级集体资产、资源、资金的运行管理和增值保值。经济合作社设管理委员会，由社长、副社长、委员组成。重大经济事项由村党总支、村委会、经济合作社共同决策，经村民代表大会通过后实施。村经济合作社每届任期3年，与村委会同时换届选举。1996年，浦联村集体资产总额7611.1万元，2013年1.98亿元。

村民代表大会　浦联村村民代表大会的前身为浦联大队社员代表大会。20世纪60年代后期至20世纪70年代初，召开社员大会多为政治活动。中共十一届三中全会后，社员代表大会趋于正常。1984年，社员代表大会更替为村民代表大会，村域重大事项均由村民代表大会通过并确定。2013年11月，浦联村改设浦联社区，村民代表大会成为历史。

生产队（村民小组）　浦联村村民小组原为浦联大队各生产队。1958年，浦联生产队（浦联大队前身）下隶49个生产小队，1959年改为27个。为便于管理，生产队与小队之间，以主要自然村为单位设7个“站”（相当于生产队派出机构）。1961年，浦联生产队改称浦联大队，以生产队（习惯称“小队”）为基本核算单位。至1965年，生产队55～59个。1965年底合并为30个。1969年扩大生产队规模，归并成12个。此后几经调整，至1982年共有生产队33个。1984年浦联大队改设浦联村，原33个生产队改建为33个村民小组，2013年改设浦联社区。

第三节　人口　姓氏

人口变动

自元末虞姓落脚村域直至20世纪50年代，未见村域的人口史料。但近600年间，唯知诸姓陆续迁入定居繁衍，无闻一姓举族结队外迁。

农业集体化后，户籍制度臻于规范。1961年，浦联大队户籍人口不足3000人，此后人口逐年增长，1969年为5000人，1978年增加到5305人。20世纪70年代后期，随着计划生育的推行和人们生育观逐步改变，人口数量开始下降。1980年，浦联大队的人口出生率仅为2.67‰，为历史最低年，并连续2年人口自然增长率出现负数。1982年全大队户籍人口下降为5082人。此后至1996年，户籍人口一直处于5100～5200人。

村域人口迁移，男性多于女性。女性多系婚嫁，男性基本为招工、参军。20世纪50年代末开始，浦联大队（村）人口迁出多于迁入。1960—1961年，约有20名“精简职工”迁回村域务农，1961年比1959年减少260人。1971—1994年，人口迁出多于迁入的有18年，迁出人口1693人，是迁入人口的1.83倍。迁入人口中，女性多于男性，多为婚嫁入籍。20世纪60年代末至20世纪80年代初，有一批下乡插队知识青年迁入迁出。20世纪70年代末开始，有部分国家机关、企事业单位退休人员迁回浦联定居。20世纪90年代后，土地征用增多，大量户籍人口就地“农转非”，但不外迁户口。

20世纪90年代末，特别是进入21世纪，村域户籍人口又开始增加，2007年为5466人，2013年为6984人。主要原因是村域经济社会发展较快，村民通婚圈扩大，婚嫁入籍人口增加。且外嫁女以及大、中专学生入学等户口不再外迁甚至回迁。另外，外来创业落户人口增加。

人口构成

性别构成 浦联村域人口性别构成男性少于女性，总体与其他村（社区）无多大差异。1968年，浦联大队男女性别比为95.29（女性为100，下同），至1994年，仅2个年份男性略多于女性。2010年第六次全国人口普查显示，浦联村男女性别比为94.55。

年龄构成 1965年，浦联大队16～65周岁年龄段人口为2316人，占当年全大队人口的52.96%；66周岁及以上年龄段人口为225人，占比5.15%。2000年第五次全国人口普查，浦联村15～64周岁年龄段人口占比74.18%，主要原因为外来人口中青壮年比例较高；65周岁及以上年龄段人口占比8.33%，而国际人口老龄化通行标准这一占比为7%。

文化构成 20世纪50—60年代，村域人口绝大多数为文盲、半文盲。20世纪70年代以后，高小生、初中生开始增多。1986年，浦联村高中、中专文化程度人口占比11%，但无大学文化程度人口。2000年第五次全国人口普查显示，浦联村高中及中专文化程度人口占比14.38%；大学及以上文化程度人口占比3.27%。

户籍构成 20世纪70年代前，浦沿自然镇非农业人口（含杭州化工区征地招工“农转非”人员）户粮关系纳入浦联大队管理，1968年全大队有非农业人口179人。后浦沿自然镇建制为居民委员会（居民村），户粮关系自行管理。1972年，浦联大队非农业人口为23人，1982年，增加到44人，此后10年间基本都在50人以内。增加的原因主要为国家机关、企事业单位退休人员迁回村里。1993年，因土地征用，就地“农转非”人口猛增120多人。此后这一现象持续，2003年，全村非农业人口接近2000人，2013年为4179人，占户籍人口近60%。

姓氏分布

2013年，浦联村有户籍人口6984人，分属100多个姓氏。姓氏主要来自元、明、清时期各地到村域拓荒定居者，其次来自婚嫁入域者，另有少部分来自20世纪末以后落户浦联的外来就业者。

村域人口中，百人以上的姓氏有13个，各姓人口数占村人口的80%以上。依次基本为虞、蒋、来、汤、周、韩、王、吴、孙、孔、杨、张、华。其中虞、王两姓为元代入域，其余各姓皆为明清时期迁于村域。多为一姓一个聚落，以姓氏名村，如楼下虞、汤家里、外蒋、里蒋、吴家里、周家里、王家里、华家庄、坂里虞、杨家里、来家墙门、洞桥胡、朱家里、山南张等。姓氏分布格局至少延续600多年。20世纪90年代村民住房建设由村统一规划，实施村民新居定点联建和农民公寓楼建设，传统的姓氏分布格局逐步开始打破，其中，富前路上三层联建村民住宅，25户户主由13个姓氏组成。2000年后，村民陆续入住农民公寓，更是多姓聚居。

第二章　村庄建设

自元末有史料记载以来，浦联村域各姓乡人聚族而居，多为草舍平屋，村庄散落无序。明末有蒋姓乡贤凿山建闸彪炳于史，然终难解水旱之患。数百年间江堤常塌，河桥失修，村路泥泞，唯民国后期有一县道过境，一度通车。

中华人民共和国成立后，村域走上社会主义集体化道路，土地集体所有、集体经营。通过多次围垦，增加土地850多亩。20世纪80年代实行家庭联产承包责任制，农户自主经营。20世纪90年代后期，土地承包使用权流转，实施集约经营。随着各个时期的经济发展，村庄建设日新月异。20世纪50年代初石砌江塘、开建机埠，至20世纪90年代建成百年一遇标准大堤，机埠涵闸、永久性沟渠配套。20世纪60年代初，村道全是泥路，村庄始通公交。20世纪50年代初村域通邮，20世纪60年代通电，始有广播、电话。至20世纪90年代末，有线电视、有线广播共缆传输入户。进入21世纪，移动电话成年人人手超过1部。互联网普及家庭。2013年全村用电2657万千瓦时。20世纪80年代普及自来水，开展“四旁”（屋旁、村旁、河旁、路旁）绿化，整治村容村貌，成为萧山县文明村。20世纪90年代初进而建成杭州市、浙江省文明单位。

村域划入滨江区后，各新农村点农户联建房、农民公寓整齐划一。村域内公园、停车场、路灯、公厕、垃圾箱，地下雨污管道等各类公共设施基本完备。全村实现路面硬化、村庄绿化、卫生洁化、河池净化，村庄建设融入城市建设。2013年，浦联村改设浦联社区，跨入现代城市社区行列。

第一节　村容村貌

浦联村域历史上为钱塘江滩涂，元末以后，各姓先人陆续入域拓垦，随机择隅，搭寮建屋，所成村落无序。村庄面貌虽随历史脚步，但发展缓慢，民国后期反显衰颓。中华人民共和国成立后，逐步开始美丽乡村建设。20世纪90年代后，增加投入，逐步向城市社区迈进。

乡村改造

中华人民共和国成立后，村庄面貌开始向好。20世纪50年代初期，村民开展爱国卫生运动，初改环境陋习。人民公社初期，平坟墩、削高地、填水洼，整田园，面貌焕然。20世纪60—70年代，村域道路、公共设施、社员住房建设等逐步推进，村庄面貌不断出新，尚缺整体规划。20世纪80年代开始，村容村貌建设提上经济社会发展的重要议事日程，村民建房纳入规划，新建住房迅速增多；结合开展“五讲四美”活动，“四旁”绿化得以提倡，雨污排放始用地下管道，环境脏乱差得到整治，文明创建成效显著，1986年，浦联村被命名为萧山县文明村。1987—1994年，新建村庄道路18条近5千米。自来水普及村民家庭，河道污染得到有效治理，村域绿化面积进一步扩大，主要道路全部埋设雨污排放地下管道；村民建房实施新农村定点联建，房屋层高统一，外墙装饰统一、围墙式样统一，道路、绿化配套统一。同时开建农民公寓9幢。1992年，浦联村被授予“杭州市文明单位”称号；1993年，被授予“浙江省文明单位”称号。

城市社区建设

村域划属滨江区以后，村容村貌建设开始向城市化迈进。1998年，全村新建住房119户，村庄面貌明显改观。2002年，华家庄46户因环境污染实现整体搬迁；全村开展灭鼠、护绿等爱国卫生活动；投入35万元用于自然村建造公共厕所、增设垃圾箱和垃圾清扫清运。2003年后，在各自然村道路陆续安装路灯。2005—2007年，对全村150多个朝天垃圾箱进行改造，对来家墙门、杨家里、蒋家里、畈里虞等自然村的路边阴沟全部进行清理疏通；增加绿化面积3300平方米；新建自然村公园6个，建设一批停车场，2007年，浦联村被评为杭州市卫生村。2013年，新增30盏路灯和5个停车场；疏通地下污水管700多米，增补窨井40多口。全村25座公厕、11个池塘、6870平方米绿化面积、79只垃圾箱修缮维护到位。全村实现规划优化、路面硬化、村庄绿化、卫生洁化、河池净化，美丽乡村转身成为现代化城市社区。

第二节　基础设施

江塘　水利

沿江堤塘　浦联村域内有西江塘，有文献记载最早为明洪武年间（1368—1398）筑成，为泥塘。至清乾隆十二年（1747），大部分泥塘改建为石塘。其后，西江塘外滩涂逐渐淤涨，又经历代筑堤围垦，南沙大堤渐成，西江塘沦为备塘。中华人民共和国成立后，人民政府有计划地将南沙大堤连接整理、加高培厚。农业集体化以来更是将其陆续改建为石砌堤塘，村域内有200多米。后南沙大堤外又陆续淤涨新涂，1964—1965年，浦联大队组织社员筑堤围地120多亩。自此，村域内南沙大堤除半爿山一段临水外，其余退为二线堤塘，20世纪90年代后期又建成百年一遇标准大堤。

涵、闸水库　明万历四十二年（1614），村域蒋家里人蒋国恩凿山建闸拦水。20世纪60年代初，有回龙庵大湖水库，筑有湖塘，建有水闸。1987年3月，新浦闸建成，位于华家庄，排涝流量为每秒4立方米。涵洞有太平庵涵洞、横塘涵洞、棉场涵洞等，均建于20世纪60年代中期。

机埠河渠　1953年、1954年，分别在洞桥胡畈、王家畈各建机埠1座。至20世纪90年代初，村域先后建成后端机埠、庙下机埠、半爿山机埠、汤家机埠、洋桥机埠、富前机埠、小章家机埠、潘家机埠、外江机埠等机埠。同时，配套开展河、渠建设。1992年，全村有渠道21条17.12千米，其中永久性“三面光”渠道402米。有排水沟28条13.98千米。1993年，村域内新浦河砌石护岸。1998年，新修筑路、渠、沟3.03千米，其中“三面光”渠道705米。

此后土地大量征用，农业消退，农田水利设施以维护为主。2002年，全村农业水利支出近16万元。

交通

官塘大路　旧时，村民外出所走西江塘及其他石板路，皆称为“官塘大路”。浦联村域主要有5条：到闻家堰，往南沿西江塘，经潭头村（闻堰黄山村）至闻家堰街市；到长河，往东经破塘缺（属冠一村），过花园周（属长河街道长一村）至长河集镇；到西兴，过长河经襄七房，入西兴塘头街或过铁岭关至西兴集镇；到萧山，过长河后或沿浙赣铁路，或经湘湖入萧山县城；到杭州，过杨家墩，早先至联庄乘渡船过钱塘江，后经钱塘江大桥入城。

公路　萧闻公路于民国30年（1941）始建，途经村域。民国35年（1946）春，开通江边至浦沿的客车。民国37年（1948）初停开。20世纪60年代中叶，开行萧山至闻堰班车，村域设浦沿、龙山2个停靠站。后因路窄影响安全停开。1982年拓宽后恢复客运中巴车（招手即停）。公交K326路线在村域萧闻公路设4个停靠站。杭闻公路出杭州城区过钱塘江大桥，途经村域再往闻堰。1970年开行杭州三廊庙至闻堰公交，后增开至义桥公交，村域有杭州电化厂、浦沿、龙山3个停靠站。1993年，开通杭州至义桥的中巴车，经停村域。20世纪90年代后期起，村域城市公路建设加快，浦沿路、新浦路、明德路、西浦路、东冠路（富前路）、闻涛路、汤吴家路、南浦路等宽敞亮丽。至2013年，经停村域的城市公交有113路、112路、176路、822路、230路、326路、352路等近10条。

村道　村域道路得到大发展始于20世纪80年代。道路布局以浦沿街为中心，辐射村域，沟通杭闻、萧闻公路。至20世纪90年代后期，建成的主要道路有富前路(后纳入东冠路)，东起龙山路，西至之江水泥厂，全长1.57千米；龙山路，南起杭州龙山化工厂，北至富前路，长2.95千米；大浦路，南起龙山路，北至富前路，长953米；化工路（后称“镇前路”），东起龙山路，西至杭州电化厂，路长1.04千米；新浦路，南起化工路，北至富前路，长400米。20世纪90年代中期，各自然村内有道路18条总长4.98千米。2002年浇筑水泥路面近万平方米，2005年后浇筑3万余平方米，全村道路实现路面硬化。

桥梁　至20世纪90年代末，村域有桥梁10座。慈济桥，位于华家庄，相传建于南宋咸淳年间（1265—1274），系石桥。1957年前后拆除重建，

1970年再次拆建并加宽。桥身半月形，为水泥石砌。周家桥，坐落周家里，建于明末清初。原为小石桥，1958年拆迁过一次，1992年重新拆建为钢筋水泥桥。后端桥，位于王家里西，始建年代不详，清初此桥即塌败，1957年拆除重建。大浦桥，桥梁原为3块大石，民国《萧山县志稿》有载。1982年拆建为钢筋混凝土桥。浦沿桥，位于化工路东段，1958年建成。1987年扩建化工路时翻建加宽，钢筋混凝土结构。富前桥，位于富前路东段，1990年建成，钢筋混凝土结构。

水运　20世纪60年代前，村域大宗货物进出主要靠水运。内河水运主道为大浦河，货物大多在大浦河船埠装卸。至20世纪70年代末，村域与绍兴、萧山以及围垦区大宗货物和农副产品往来尚需这条水道。外江航运，村民俗称“撑外江船”，主码头为钱塘江边半爿山码头，溯江而上至闻堰“三江口”，入浦阳江直抵义桥、临浦；进富春江则往富阳、桐庐、建德；顺钱塘江而下可抵杭州。另有太平庵渡口可摆渡至对岸转塘、袁浦。然江患难测，外江航运历代不旺。国营杭州电化厂一度在临江处投资数十万元建码头，水运产品和原材料。

公共事业

邮政电信　20世纪50年代初，村域有供销社百货部设信箱代售邮票，方便村民寄信。1955年，浦沿邮政代办所成立后，信件、电报、报纸等送至合作社。1964年，浦联大队有1部电话。1989年，3户村民家庭安装电话。1993年，全村有电话165部（其中私人电话115部）。1994年，程控电话联网。此后BP机（无线传呼机）、“小灵通”风靡。2000年后手机流行，固定电话趋冷，电脑进入农户家庭。至2013年撤村建居时，成年人手机人均超1部，互联网终端基本普及家庭。

电力　1961年1月，浦联大队正式通电。1964年，全大队55个生产队全部通电。20世纪80年代村办企业发展，用电大量增加，1985年建立村电管组统一管理电务，1993年电管组有13人。1994年全村用电量451.5万千瓦时，2010年增加到3376万千瓦时。2013年，改造4个自然村（片）低压线路，新增变压器容量1400千伏安。同年，全村用电2657万千瓦时。

广播电视　1964年，浦联大队安装高音喇叭，并配置扩音机、唱机、话筒等。1993年，全村1758户村民家庭有1665户安装有线广播。同年，安装坂里虞、楼下虞、周家里、王家里等片（自然村）有线电视，1998年，全村有线电视普及。2003年，有线广播和有线电视实现共缆传输、同步收看收听。

给水排水　因20世纪50年代开始浸洗络麻，以及20世纪60年代杭州化工区建成，导致村域河水污染，生活用水全凭墩郎桑大池等几个池塘。20世纪70年代，杭州龙山化工厂、杭州电化厂有少量自来水接出厂外供应附近社员，但难解困局。1988年，浦沿联合自来水厂建成，村民饮用水基本解决。20世纪80年代，村域开始埋设雨污合流地下排水管道，至1994年，大浦路、化工路、富前路等主要道路完成地下排水管道埋设。2002年埋设地下管道1.84千米。2005—2007年，对来家墙门、杨家里、蒋家里、畈里虞等自然村的路边阴沟全部进行清理疏通。2013年增补窨井40多口，疏通地下污水管700多米。

公共用房　1956年浦二高级社将楼下虞虞氏祠堂（承裕堂）作为办公用房，浦联高级社、浦联大队一直沿用。1966年，在承裕堂南侧建成大队大会堂，占地面积1300平方米，成为大队及浦沿公社大型会议主场所（20世纪80年代后改为企业厂房）。1983年，拆除承裕堂，改建为3层砖混结构楼房作为村办公楼。1995年，新建村委会办公大楼（浦联工贸大厦），建筑面积3000平方米。2000年后，加强村级服务用房建设。2013年，对村委大会堂屋面、老年活动室、计生服务室进行改造。

第三节　土地使用

土地所有制

中华人民共和国成立前，浦联村域大多数土地集中在少数地主手里，部分自耕农占有一定数量土地，大多数贫困农民缺地少田成为佃户甚至雇农。

1950年秋，浦联村域开始实行土地改革。没收地主(17户)、富农(11户)多余土地分配给贫、雇农。土地改革后贫、雇农每人得地0.9亩；中农每人不超过1.2亩，不低于0.9亩。1953年，村域组建14个初级农业社，99%的贫下中农自愿入社，土地入股参加分配，但仍属农户私有。

1957年，村域3个高级社加上原有1个初级社合并成立浦联高级社，土地全部入社，自此，村域土地集体所有制确立。1958秋人民公社成立后，一度对土地进行平调。1961年缩小人民公社规模，确定生产资料“三级所有、队为基础”的方针。1962年，浦联大队有耕地2698亩土地，属大队集体所有。1985年开始，浦联村土地全面实行家庭联产承包责任制，土地集体所有制始终未变。

土地经营

民国及以前时期，村域少数地主占有大多数土地，以出租方式经营，盘剥贫苦农民。佃农一年劳作，除去交租，所剩无几。部分有一定数量土地的自耕农则自主经营，但生产落后。

土地改革后，农民分得土地，自主经营。贫苦农民缺乏大型农具和生产资金，生产困难。特别是一些家庭或劳动力不足，或因贫病，重新出现土地典卖等现象。村域5个村响应党和政府号召，发动农户开展互助合作，从伴工组、临时互助组发展到1952年的14个常年互助组。土地仍为家庭经营，自负盈亏。年终按照互助内容，结算找补。1953年，以14个互助组为基础办起14个初级社，社员土地入股，由初级社集体经营。

1956年5月，13个初级社组合成浦二、浦三、浦四3个高级社，土地入社，集体经营。1957年，3个高级社加上原有1个初级社合并成立浦联高级社，土地集体经营体制确立。人民公社初期，土地经营和集体生产一度实行军事化管理，村域编制为1个连7个排组织生产。1961年缩小人民公社规模，村域土地以生产队为基本单位经营，土地集体经营体制持续20多年。

浦联村实施家庭联产承包责任制晚于萧山县大部分大队（村），1985年，全村土地承包到户。1992年，打破村民小组界限，由村统一确定每人的口粮田、责任田承包面积以及自留地、宅基地等，开始土地有偿经营、有偿使用。1997年，实行第二轮土地承包责任制，建立"统分结合"的双层经营机制。1999年，将第二轮土地承包期延长到30年，向农户发放承包土地使用权证并实施土地使用权流转机制，土地主要由专业大户开展集约经营。这一时期，村域土地陆续被征用。至2013年，全村尚有土地510亩（其中围垦312亩），村域土地由农户承包经营，域外围垦土地实施使用权流转，开展集约经营。

土地变动

1961年，浦联大队有耕地2471亩，此后，通过围垦，域外顺坝、东江围垦增加部分土地，全大队土地最多年份为1978年的3234亩，后逐年减少。土地减少原因以国家征地为最，1969年以前，杭州龙山化工厂、杭州电化厂两家征用732.31亩。其次，村域系浦沿集镇和政府机关所在地，公共设施建设以及镇村（社队）企业等集体用地多于其他村（社区）。1969—1993年，全村减少土地1091亩，其中国家征用402亩、集体建设用地358亩、兴修水利用地120亩、村民建房211亩。此后，土地减少主要是国家征用。滨江区成立后，随着城市化推进，土地征用更多。2003年，村域内尚有耕地404亩，至2013年，只剩150亩。

村级留用地

国家征用土地时，按政策给浦联村留置一部分三产开发用地，以保障村级集体经济的发展和农民利益。2006年，浦联村利用其中30.5亩，引进江南美院自考部等学校教学机构，当年即为村集体经济增收300万元。2013年，投资1.7亿元，开建三产综合楼谷丰大厦（2015年完工）。同年，将老华家庄40亩村级留用地，调整到地铁口周边。随着智慧新天地建设项目落户村域，在项目核心区块落实40多亩村级留用地。这些留用地三产发展区位优势明显，地面物拆迁全部完成，随时可以投入开发建设。

第四节　围垦土地

历史上，村域土地除西、南部山地外，其余为钱塘江滩涂，均系元末以来历代乡民围垦而成。20世纪50年代，村域实行农业集体化后，社员（村民）多次参加江涂围垦，先后增加土地850多亩。

棉场圩（铁船沙）　位于钱塘江大桥南端东侧。20世纪30年代，此处有一大型铁船沉江，阻淤泥沙形成江涂，人称铁船沙。1957年，冠山乡、浦沿乡以及闻堰乡黄山高级社联合在此围地1409.45亩。人民公社初期作为长河公社棉花试验地，称“万斤棉场”，故名棉场圩。1961年复分给原参加围垦的单位，浦联大队得地130亩。1993年，全部被钱江外商台商投资区之江区块征用。

浦联小围　位于原杭州电化厂段南沙大堤西。1964—1965年围成，面积120亩。1970年，该地块被杭州电化厂征用50亩。后，队办杭州南郊化工厂、电镀厂、预制场先后建于此。1986年，除企业用地外其余改建为渔场，由专业大户承包。1993年归并为村山林队经营管理。

顺坝、东江围垦　此二处围垦皆在萧山区境域钱塘江边。20世纪60年代末至20世纪80年代中期，浦联大队（村）多次参与萧山县及城北区组织的顺坝和东江的江涂围垦。分得土地700亩，其中顺坝110亩、东江590亩。由大队（曾建有围垦队）、生产队分别经营。初，主种棉花、水稻、络麻，但受土质、水质及其他耕作条件所限，产量甚低。后，转向水果、杂粮种植，也曾养羊及其他畜禽，但经济效益仍然不佳。1983年开始挖塘养鱼，至1987年有鱼塘100多亩。此后，因国家建设、兴修水利、基础设施建设等占用部分土地，至1989年围垦土地减少至430亩，由本村农业大户承包经营。2003年，域外围垦尚有耕地312亩，主要种植蔬菜瓜果和单季晚稻。2013年年报中已无晚稻数据。

第三章　村域经济

民国及以前，浦联村域农业基本为原始耕作，农作物产量低下。除养鸡外，少数殷实人家养有“年猪”，部分宗姓家族池塘放养“年鱼”。村域浦沿街头有零星手工作坊，亦有几户人家在集市“泥鳅街”开店营商，多有贫苦农民在集市以脚班、苦力为生。

中华人民共和国成立后，农业集体化推进了生产条件改善，耕作制度由一年两熟改为三熟，主要农作物长期稳产高产。1980年、1981年，生猪饲养量连续2年超过4000头，平均每户3.3头。滨江区成立后，村域农业转向效益型、城郊型，后随土地征用迅速消退，2013年农业仅存域外围垦，收入占总收入的0.14%。

20世纪70年代，浦联大队集体工业受域内杭州化工“三大厂”影响和帮助，形成以化工为龙头的工业格局。1981年，工业产值位居浦沿公社9个大队之首。1995年后，集体企业逐步完成经营机制转换，1998年，工业产值比转制前的1994年增长70.88%。进入21世纪，先后形成杭州金盛集团等一批强优骨干企业。2013年全村工业收入8.71亿元，占全村总收入的54.4%。

20世纪80年代初，个私工商业恢复，1984年，浦联村商饮、服务业劳动力有15人，2003年发展到290人。这一时期，商贸服务业传统与现代相互交融，业态多样。2013年，村民家庭商饮服务业收入超过1.78亿元，占家庭经营总收入的75.26%。浦联村集体运输业历史较久，1952年，组成浦沿搬运组。1995年，浦沿运输公司有大小汽车43辆并附设加油站。此后，个体运输户、合伙运输户、企业附属运输队（组）陆续涌现。2010年，全村运输业收入1.33亿元，仅次于工业收入。

第一节 农业

民国及以前，村域种植业基本为原始状态，一年两熟，产量低下。20世纪50年代实行农业集体化，水利改善，耕作制度水稻片为春粮—早稻—晚稻三熟；棉麻片（以络麻为例）或春粮—络麻两熟，或在络麻收剥后多种一熟蔬菜（萝卜为主）称三熟。20世纪60年代中期开始，推行稻、麻轮作，增产效果明显。此后，生产条件不断改善，种植业持续高产稳产。20世纪80年代中期家庭联产承包责任制推行后，农民自主经营。20世纪90年代后期，种植业转向效益型、城郊型。20世纪90年代末，村域土地被征用所剩无几，种植业主场在围垦，耕作制度主要为蔬菜—单季晚稻。2003年农业收入仅占总收入的0.68%。2013年降至0.14%。

村域养殖业、林果业所占比重一直不大。农业集体化后，养殖业以养猪为主，20世纪50年代末至20世纪80年代前期，贯彻“公养为主、私养为辅”的方针，集体畜牧场红火。大队（村）还建有兽医站，开展畜禽疫病防治。家庭联产承包责任制实行后，养殖业全由农户家庭经营。20世纪90年代末，养殖业全部转向围垦或外地。村域林业主要在南部山地，果业主场在域外围垦。

农作物

早、晚稻　1958年村域早稻面积501亩，1969年突破1000亩，1978年后平均亩产连续5年超500千克。1994年为1232亩。后，粮食敞开供应，早稻因多为籼米口感较差种植面积迅速减少。晚稻种植素来多于早稻，1958年为846亩，1962年突破1000亩，1994年高达1530亩。此后土地逐年减少，种植面积下降，2003年仅在围垦种植85亩，2013年年报中已无早、晚稻数据。

大麦、小麦　20世纪50—60年代，大麦种植面积多数年份在500～600亩。1970年，啤酒厂收购大麦，1972年扩大到1000多亩。后啤酒厂不再收购，种植面积恢复原状。20世纪90年代后很少种植，1996年面积126亩。小麦作为口粮，种植面积历年多于大麦，最大面积为1969年的近900亩。20世纪90年代粮食敞开供应后，1996年，小麦面积降至110多亩，此后土地被征用，仅在围垦少量种植。2003年，年报已未见大、小麦记载。

蚕（豌）豆　向来不当主食而作为蔬菜食用。20世纪60年代初因用粮困难而种植较多，1962年曾超过千亩。20世纪70年代迅速下降，1982年仅种植21亩。20世纪90年代初，作为多种经营作物一度增加至100多亩。20世纪90年代后期，仅偶见于村民自留地。个别年份，围垦尚有少量种植。

棉花　1949年以前村域即有种植。1958年种植面积为641亩，同年10月，《人民日报》曾报道“浦联生产队4.323亩试验棉田，棉花空前大丰收”。1961年棉花种植面积为371亩。1965年，棉花计划种植面积调整为络麻，棉花面积仅存13亩。1980年开始在围垦种植棉花，当年种植近300亩。后逐渐下降，1996年尚有175亩，此后消退。

络麻　1961年，浦联大队种植络麻近930亩。同年9月，浦联大队“络麻细收细剥工作”在《人民日报》刊登。1965年棉花计划面积调整为络麻，络麻面积增至1480亩。直至1985年，每年种植面积始终在1200亩以上。20世纪90年代络麻种植计划取消，面积锐减。1996年后，不再种植。

油菜　20世纪50年代以前种植很少。1961年，浦联大队种植油菜288亩，此后至1991年，一半年份种植面积在200亩以上，其余年份多在140～200亩。20世纪90年代初油菜经济效益较好，面积猛增至460多亩。1994年回落为200多亩，2003年仅在围垦种植50亩，2007年年报已无油菜种植记载。

蔬菜　农业集体化以前，村域农户种植蔬菜主要为自给。农业集体化后，1962年种植1200多亩，至1985年实行家庭联产承包责任制，其间一半年份种植1000亩以上，其余年份不低于600亩。20世纪90年代后期开始土地减少，其他种植作物消退，蔬菜成为主栽作物，2003年播种面积为630亩，2013年为410亩。

花卉苗木　1985年，浦联村有个别农户试种苗木，面积约30亩。此后多年无有发展，年报亦未见统计。20世纪90年代初村域一度发展盆栽茉莉花，1992年产花约500千克，1995年后不再培植。20世纪90年代后期苗木种植有所发展，但不稳定。2003年有近400亩，至2013年仅剩20亩。

烟叶　旧时，村域属萧山四都，所产烟叶称“四都烟叶”，民国7年（1918）获巴拿马太平洋万国博览会烟叶一等奖。1957年后，烟叶种植执行国家计划。1964年，种植面积最多，为85.26亩。1965年后，不再种植。

养殖

生猪　农业集体化前，村域少数殷实人家养有“年猪”。人民公社成立后，浦联大队鼓励社员家庭养猪，并创办集体猪场。至1979年，大队有猪场4个，26个生产队各有1个猪场。1980—1981年，生猪饲养量连续2年超过4000头，平均每户3.3头。实行家庭联产承包责任制后，集体猪场仅存大队山林队养殖场，其余解散，养猪以农户家庭为主，饲养量下降，1996年不足1500头。2002年后，村域内禁养畜禽，养猪业转向围垦。2007年饲养量恢复到2000多头，后因经济效益不高，2013年饲养量不足500头。

牛、羊、兔　1969年浦联大队有耕牛29头。1970年后，拖拉机逐渐替代耕牛，1981年已不见耕牛。1963年，社员家庭养羊430多头，1969年达到690头。1974—1978年，大队在域外围垦饲养绵羊。1982年，大队山林队亦养过绵羊。1987年，浦联村从福建引进优质绵羊100头。此后养羊锐减，1992年仅为15头，1993年年报已无年终存栏记载。农业集体化后，少数社员家庭饲养菜兔，1965年饲养量320只。此后至1973年，年报中无养兔统计。1974年，大队山林队开始饲养长毛兔。1981年后，零星有农户饲养。饲养量最多年份为1986年的252只，此后逐年减少，1993年后不再养兔。

家禽　村域家禽养殖历史悠久，主要为养鸡（鸭）。所产肉、蛋多为自家食用，也有少量售市以换取油盐酱醋。1962年家禽年终存栏2550羽，1982年为5000多羽。1983年，大队山林队建立养禽场，饲养肉鸡、野鸭，孵化苗鸡，培育种鸡。1987年，全村年终家禽存栏2.3万羽，1989年达到9.5万羽。后逐渐回落，1996年仅为1.2万羽。2002年村域不再养禽。

渔业　历史上，村域多有宗姓家族池塘放养家鱼，品种主要为鲢鱼、鳙鱼（胖头鱼），春节前捕捞，按人丁分发给各户，俗称分“年鱼”。农业集体化后，池塘为集体所有，“年鱼”由集体放养、分配。20世纪60年代初，浦联大队一度办过集体渔场。20世纪70年代，部分池塘归生产队养鱼，20世纪80年代初又收归大队统一经营。1986年，部分土地改建为鱼塘，由个人承包经营。1988年，全村鲜鱼产量30吨，1992年达到93.75吨。1994年下降为28吨，2003年仅为3吨，2007年已无渔业。

蚕茧　历史上浦联村域养蚕很少。农业集体化后，部分生产队一度植桑养蚕，数量不多。西江塘上原栽有桑树，杭州化工区建成后，桑树受污染逐渐枯死。1971年后，不再植桑养蚕。

林茶水果

林木　旧时，村域山地大多为荒山，由虞、王、吴、汤各姓家族划片管理。中华人民共和国成立后，村域山地由农会管理，开始封山育林。1958年浦联大队山林队成立，开始在山上培育毛竹、杉、松等。1987年，有用材林123亩、防护林57亩、其他林110亩，毛竹蓄积量4万株，另有村落“四旁”植树3万株。1996年林业收入为20万元。2000年后下降，2013年仅为3万元。

茶叶　1958年大队山林队始辟茶园。1962年可开采茶园3亩，产茶296.5千克。1970年，国家下给浦联村茶叶投售任务800千克，1980年为4.25吨。1988年，有可采茶园96亩，产茶13吨。此后产量逐年下降，1996年为2.35吨，2007年为2吨，2013年降至1吨。

水果　20世纪60—70年代，大队山林队曾在回龙山南坡种植杨梅、桃、梨。因受社办企业铸造车间污染和采石场损害，20世纪90年代仅剩杨梅树四五棵。1990年，围垦有柑橘、桃、葡萄等72亩，1991年毁于冻害。1996年，围垦有果用瓜49亩。后，各年种植面积波动很大，2013年为160亩。

第二节　工业

发展过程

旧时，村域浦沿街头有零星手工作坊，村民中有少数木匠、铁匠、篾匠、泥水匠、箍桶匠。1959年始有村域工业数据记载，手工业产值1.6万元。1971年，浦联大队创办浦沿石灰厂，集体工业自此起步。村域杭州化工区“三大厂”对浦联的工业影响颇大，丰富干部社员的工业意识，给浦联发展集体工业提供直接的扶持和帮助，使浦联大队在20世纪70年代形成以化工为龙头的集体工业格局。至1981年，有队办企业8家，总产值位居浦沿公社9个大队之首。1988年，浦联村组建政企合一的浦联实业总公司，下设政治处、行政处等以及5家公司，其中有2家工业公司（化工公司、五金机械公司），相关工业企业纳入公司统筹管理。但终因运行不佳，1989年下半年政企重新分开，浦联实业总公司作为经济经营单位，实行承包经营。1994年，全村工业产值1.58亿元，占全村各业总产值的87.78%，全村80%以上劳动力就业村办企业。

1995年，浦联村集体企业开始转换经营机制，分别采取组建集团公司、组建股份合作制或有限责任公司、不动产租赁动产拍卖、除土地外固定资产拍卖等方式，逐步完成转制或所有权变更。1998年，全村实现工业产值2.7亿元，比转制前的1994年增长70.88%。此后村级工业生产不断发展。2002年工业收入5.61亿元，2007年，增至8亿余元。其间，先后形成杭州金盛集团有限公司、杭州南郊化学有限公司、浙江岚盾混凝土工程有限公司、杭州恒贸化工有限公司等一批强优骨干企业。2013年，全村工业销售收入8.71亿元。

主要工业企业

自1971年创办浦沿石灰厂起至1995年集体企业转换经营机制，前后20多年，浦联大队（村）先后创办过10多家集体工业企业，另有多家市属企业落地村域，包括杭州龙山化工厂、杭州电化厂和杭州油脂化工厂等。

萧山之江建筑装潢材料厂　前身为浦沿石灰厂。1984年分别析出萧山金刚石拉丝模厂、浦沿包装品厂。1986年，增挂“萧山浴缸厂”厂名。1990年，又增挂“萧山煤制品厂”厂名。1991年开始生产化花岗石、大理石、水磨石，改厂名为萧山之江建筑装潢材料厂，并取消“萧山浴缸厂”“萧山煤制品厂”厂名。

浦沿金属板厂　1976年创办，初为杭州龙山化工厂加工、维修铁皮漏斗。1980年析出油桶车间建立萧山油桶制造厂；1984年分别析出萧山梭子配件厂、萧山钢伞零件厂；1987年拉丝模车间并入萧山金刚石拉丝模厂。1993年与中外合资杭罗机械工业有限公司配套，生产输送机配件。

萧山市油桶制造厂　1980年建成，原为浦沿金属板厂1个车间。1993年与香港健隆公司、上海市化工进出口公司、浙江省化工进出口公司、浙江省包装进出口公司联营，更名为杭州钱江金属制品有限公司。产品销往新加坡等地，并从新加坡引进外资。曾被评为杭州市重点乡镇骨干企业、萧山市特级工业企业。

萧山市浦沿电镀厂　前身是浦联大队搬运队1个车间，1982年建厂。1986年增挂“萧山仿金工艺厂”牌子，仿金工艺主要产品为灯具零件。

杭州曲轴总厂第一分厂　1985年创办，系浦联村与浦沿镇办杭州曲轴总厂联办企业，主要为杭州曲轴总厂加工单缸机曲轴半成品。1990年，增挂“萧山市喷气纺织机厂”牌子，生产的AZ-90喷气平绒织机销往浙江省及四川、江苏、吉林、上海等地。

萧山市之江化工实业公司　前身为1987年创办的萧山第二化工厂，当年生产氯化钙3350多吨。1991年改称萧山市之江化工厂；1992年称萧山市之江化工实业公司，产品销往本省及闽、赣、沪等地。

杭州金盛集团有限公司　前身为萧山市油桶制造厂，1993年称杭州钱江金属制品有限公司。1998年组建为杭州金盛集团有限公司，产业经营领域包括金属制品、塑料制品、实业投资等，2010年实现产值1.68亿元。

杭州南郊化学有限公司　前身为1979年创办的萧山县浦沿化工厂。1987年改名萧山漂白粉厂，增挂“杭州电化厂氯化钾分厂”牌子。1992年，改名杭州南郊化学厂，1999年，改建为杭州南郊化学有限公司，为杭州市一级工业企业。产品畅销本省及江、京、沪、粤、赣、鲁等省（市）。部分产品出口美国、韩国等，2010年完成出口交货值8494万元。

杭州恒贸化工有限公司　2000年成立。前身为1987年创办的萧山第二化工厂，1995年转制为民营公司。2010年主营业务收入8509万元。

浙江岚盾混凝土工程有限公司　1997年成立，2010年销售收入8785万元，产品销售率100%。

杭州龙山化工厂　杭州市市属企业，前身为杭州合成氨氮肥厂，1959年，从余杭县临平镇迁至浦联。1966年，改名杭州支农化工厂，1977年，复称杭州龙山化工厂。主要产品有合成氨、纯碱、工业硝铵和硝酸钠等，其中3个产品获化工部优质产品奖，1个项目获化工部科技成果奖，1项技术获浙江省科技成果奖。1992年，占地面积19.58万平方米，建筑面积11.79万平方米。1994年，成立杭州龙山化工总厂，1997年，改制为杭州龙山化工有限公司。2009年，完成产值3.73亿元，有从业人员960人。2009年底，搬迁至杭州江东工业园区。

杭州电化总厂　杭州市市属企业，前身为公私合营杭州大同电化厂。1965—1968年10月，陆续迁入。主要生产电石、烧碱、聚氯乙烯、液氮、氯酸钾、压缩氢、氯化石蜡、乳化剂、匀染剂、氧气、氮气、渗透剂、柔软剂、阻垢剂等。1991年，改名杭州电化总厂，被认定为国家大型一级企业。工厂占地面积2.92万平方米，建筑面积13.6万平方米，有职工2283人，其中工程技术人员178人。1994年，成立杭州电化集团公司，2000年，改制为杭州电化集团有限公司。2009年完成工业产值5.46亿元，2009年底，搬迁至杭州江东工业园区。

杭州油脂化工厂　杭州市市属企业，1973年1月建厂。至1992年，占地面积4.6万平方米，有职工802人，其中工程技术人员120人。产品有工业硬化油、金属盐类、塑料内外润滑剂、乳化油、食用专用油、香料稳定剂等。其中菜油食用硬化油，曾获浙江省1984年科技成果四等奖，“六和”牌一级硬脂酸被评为轻工业部优质产品。2000年转制为杭州油脂化工有限公司。2009年完成工业产值1.91亿元。2009年底，搬迁至杭州江东工业园区。

第三节　商贸服务业　运输业

商贸服务业

清代中叶，浦联村域已有商业街约150米，街道两边店铺檐口相吻，村民称之为“泥鳅街”。民国时期，街上蒋恒兴土布行、蒋恒兴米店、蒋凤华布杂店、蒋杏炳烟糖店、蒋惠昌布店、蒋佩兰茶店、虞福林茶店、虞兴盛油烛店等，皆为浦联村人开设。亦有村民挑货郎担游走周边村落。平日里，村民就近将农副产品拎上街头售卖。

20世纪50年代初，浦沿乡供销合作社成立，驻浦沿老街。1956年实行工商业社会主义改造后，村域村民在集市所开商店被纳入合作商业。后，合作商业陆续在离集市稍远的自然村设立下伸点、代销店。20世纪60—70年代，虽严厉打击投机倒把，但大队社员自产农副产品仍可在“泥鳅街”自由交易。这一时期，大队办有棉麻集产站、粮食加工场、煤球场、弹花场、铜匠修理铺等服务项目，经济效益虽不高，但为社员提供了方便。

20世纪80年代初，恢复个私工商业，1984年，浦联村至少有15人从事商饮服务业。此后，集体、个私、合伙，各种经济成分商贸服务业持续发展，1985年，村办加油站建成投运，第二年营业收入近127万元。1988年成立浦联实业总公司化工经营部，从事氯化钾等化工产品经销贸易。1990年，全村商贸服务业从业劳动力扩大到110人，实现商贸、饮食、服务业收入801万余元。1996年农村家庭收入统计显示，浦联村村民家庭经营的商贸、饮食、服务业收入为647.07万元，占家庭经营总收入的42.37%。

滨江区成立后，随着城市化的推进，浦联村的商贸服务业迅速发展。1998年，组建杭州金盛集团有限公司，除工业生产，兼营金属包装制品、塑料包装制品等的零售、批发。进入21世纪，农业衰退，商贸易加速崛起，2003年，全村商贸、饮食、服务业收入3736.54万元，从业劳动力290人。这一时期，村域除传统商贸业、服务业外，出现广告装潢、家政护理、中介租赁、文化服务、教育培训等新型服务业。2006年，引进教育培训机构，为村集体经济增收300万元。2013年，全村村民家庭商业饮食业、服务业收入超过1.78亿元，占家庭经营总收入的75.26%。同年，投资1.7亿元的商贸服务业综合楼谷丰大厦开建（2015年完工）。

运输业　浦联村运输业历史较久，在浦沿地区独树一帜。清代中叶，浦沿已有街市。“泥鳅街”虽短，但店铺毗连，交易旺盛。浦联各自然村分布在街市四周，各商店的货物水陆装卸主要由浦联村域村民承担。

1949年，周树清、蒋金源等8人自发联合，组成脚班，在浦沿街埠头（大浦桥边）从事货物装卸、搬运。浦沿供销合作社成立后，1952年，组成以浦联地域村民为主的浦沿搬运组，主要承担供销社货物搬运业务。1959年，浦联大队将搬运组纳入集体经济轨道，购置人力车等运输工具，并争得杭州龙山工厂建设所需建材在钱塘江半爿山码头的装卸业务。1963年8月，经萧山县批准，搬运组办理企业注册登记手续，定名为浦联大队副业搬运队，是为浦联大队的首家正式集体企业，有员工33人。此后，除传统业务外，杭州化工区三大厂的相关搬运业务基本也由浦联大队承担。进入20世纪80年代，社队（乡镇）企业快速发展，运输业务大增。1985年，浦联村将搬运队扩建为浦沿运输公司，从业人员452人，1993年增至735人。1994年，组建出租车公司，1995年拥有各种汽车43辆。小到小轿车，大到16吨超重装载车，运输能力413吨。1996年，浦联村运输业收入2904.23万元，是农业、林业、畜牧业、渔业总收入的5.98倍。

滨江区成立后，随着城市化推进，各项基本建设加快，运输业务大增。除原有运输公司外，个体运输户、合伙运输户、企业附属运输队（组）陆续涌现，2003年，浦联村运输业总收入为6146万元，是1996年的2.12倍。村民家庭经营运输业收入1760万元。2007年，全村运输业收入1.06亿元，仅次于工业收入。2010年，运输收入1.33亿元。此后，城市基本建设完善，浦联村运输快速下滑，2013年，全村运输业收入859万元。

第四章　社会事业

清代，村域来家墙门曾先后出过18位太学生，名噪乡里。晚清至民国初，村域曾有过私塾，但绝大多数村民生计艰难，无力供养子弟读书。民国时期村域办有小学，但时局动荡，时办时停。旧时，村域传染病流行严重，贫苦农民缺医少药。文体活动有年规戏、宣卷、说书、高跷等，但甚少为之。

中华人民共和国成立后，幼儿教育、学校教育、成人教育不断发展提高。普及九年制义务教育，2010年，义务教育段在校学生625人。农业科技、工业科技从无到有。20世纪50年代起，村域开展爱国卫生运动、疫病防治工作，绝大多数流行性传染病绝迹，新的疫病得到严格控制。自20世纪60年代初大队建立保健站始，合作医疗、村级公费医疗、新型合作医疗、城乡居民基本医疗保险，制度逐步完善，全体村民人人享有基本医疗保障。20世纪50年代，村域农民扭秧歌、打腰鼓庆祝翻身解放。此后，俱乐部、文宣队、电影放映、文艺创作、卡拉OK、校园体育、全民健身、文化节、运动会，群众文体活动与时俱进，传统与现代融合。进入21世纪，历史遗迹得以保护、传承。2013年，浦联村作为滨江区第一个杭州市农村文化礼堂建设示范村，通过考核验收。

第一节　教育　科技

幼儿教育

20世纪50年代农业合作化时期，办有浦联幼儿园。1958年，浦联幼儿园被评为省级幼托先进集体。1961年浦联大队幼儿入园吃、住全托，有教养员9人。1962年停办。

1978年复办幼儿园。1984年幼儿园新建，定名浦沿镇中心幼儿园。1985年8月，联合国世界卫生组织官员、博士杜尼到访。1991—1993年，幼儿园加层扩建，全村4周岁以上幼儿全部入园，并招收浦沿镇机关企事业单位员工子女，浦沿街居民以及“三大厂”部分职工子女。1995年浦联村各企业、单位为迁建新幼儿园落实捐款37万元。1998年，幼儿园获市、区、镇奖项20多个。2003年，入园幼儿304人，教职工31人。2006年，幼儿园多个素质教育项目获得市、区一、二等奖。2012年浦联村幼儿教育被纳入浦沿街道学前教育集团下属中心幼儿园和浦联分园。

小学教育

民国16年（1927），浦沿小学创办于村域蒋家桥坂。民国26年（1937）日本侵略军侵占杭州后停办，半年后因家长要求复学。民国29年（1940）浦沿沦陷，学校停办。民国31年（1942），浦沿街陆顺成米店店主离乡避难，浦沿小学利用空房复学，日伪强迫实行奴化教育。民国34年（1945）抗日战争胜利，国民政府接收该校并更名为长兴乡中心国民小学。后在浦沿街西荒地新建校舍，经费来源为“政府筹措、按户摊派”。次年落成，教学用房13间，有2个班级学生50多人，教师2人。民国36年（1947）长兴乡被撤销，学校改称第12、第13保校。

中华人民共和国成立后，设浦沿乡，小学改名浦沿乡中心小学。1954年改称长河区第五小学。20世纪60年代初称浦沿公社中心小学，20世纪60年代末改称浦联五七学校。1978年改名浦沿公社中心学校，1984年称浦沿中心小学。1993年底，占地总面积3950平方米的新校舍在村域落成，总投资360万元，其中浦联村及企业、个人共资助83万元，浦联村学龄儿童全部就读该校。1996年后，称杭州市浦沿镇中心小学。2003年，更名为杭州市浦沿小学，2008年，改称杭州市浦沿小学教育集团浦沿校区，浦联村小学教育亦纳入其中。

中学教育

1958年，浦联新凉亭办有浦沿乡初中班，村域学生就读，一年后并入长河初中，此后，村域小学毕业生考读该校。1968年始，浦沿中心小学附设初中班，浦联大队学生应读皆读。1970年浦沿公社初中在杨家墩落成，浦联大队初中生全部转入。1976年，浦联五七学校开办高中班，当年招生46人，多有浦联大队学生。1979年后高中停办。此后，村域初中毕业学生一直参加萧山县（市）、滨江区高中入学统一招考。2010年，全村包括初中在内的义务教育阶段在校学生625人。

成人教育

1950—1953年，村域开办冬学、夜校和扫盲班。人民公社初期，发动学生给家长、路人送字块等方式开展扫盲。1964年，浦联大队夜校有识字班3个，并开办高小班、初中班，共有学员300多人。20世纪70年代末组办文盲学习班、半文盲学习班，1982年基本扫除文盲。1986年创办浦联村家长学校。1991年，村民委员会主任、副主任、农技员、植保员等参加中级农业技术专业培训班业余学习，为期1年并取得结业证书。20世纪90年代初，不少村民参加浙江电大、萧山燎原广播电视学校、浦沿镇成人文化技术学校等的学习。1991年，有45名退休人员参加杭州老年大学浦沿分校学习，占分校学员近一半。2002年起，组织村民参加农民素质培训、富余劳动力培训、失地农民就业技术培训和农函大学习。2005—2007年，通过就业培训帮助80多人次实现就业。2007年，浦联村加入区、街道、社区（村）三级社区学院网络。2013年，全村完成就业再就业培训125人，创业培训、高技能培训14人。

农业科技

1959年，浦联生产队建有科学种田试验场。1960年2月，村域周家里人周锡林到北京出席全国昆虫学术报告会，作消灭棉花红铃虫的报告。1964年，浦联大队夜校传授水稻科学栽培技术和棉花红铃虫科学防治知识。1970年建立大队农科队。1981年制订浦联大队八年发展规划，农业科技建设列为发展规划重要内容。大队建立科学领导小组，生产队建立科技试验田、种子田。以农科队为基础创办农业科技业余学校。20世纪80年代以后，农科队不断引进农业新品种、新技术。实行家庭联产承包责任制后，农科队继续存在至1993年。其间，先后引进美国青蛙、古巴牛蛙、美国王鸽等养殖品种；引进杜竹栽培成功并在浦沿全镇推广。引进的水稻良种“舟优903”成为承包户种植的当家品种，覆盖全村水稻面积的83%。这一时期，浦联村有7人获得农民技术职称，其中农民高级经济师1人。此后，农业科技推广应用由村委会农业办公室负责。20世纪90年代末，农业科技主要转向蔬菜栽培新技术推广。

企业科技

1989年，村办杭州南郊化学厂试制成功省级新产品苯甲酰氯，获杭州市科技成果奖；1991年，试制新农药AMBT三环唑获得成功，后出口到美国、韩国。1998年，村办杭州金盛塑料包装有限公司主导产品通过ISO 9002质量体系认证。2005—2007年，村域强优骨干企业中，金盛科技1个项目获杭州市科技成果二等奖，杭州南郊化学有限公司1个新产品获杭州市科技成果三等奖。至2013年，杭州南郊化学有限公司拥有包括高级顾问及工程师在内的各类技术人员45人，并成立专门从事新产品研究与开发的厂办研究所。

第二节　卫生

卫生防疫

民国及以前，浦沿地区流行的传染病有10多种，浦联村域亦深受其害，多有染病者，亦有不治之人。

20世纪50年代初，人民政府号召开展爱国卫生运动，浦联村域乡人整治环境卫生，参与流行病防治和疫苗接种，村域根绝古典霍乱、天花和回归热。20世纪60年代初，浦联大队开展社员家庭清洁户评比活动，每家每户根据检查分别评定为“清洁”“尚清洁”“不清洁”，张贴标签于门枋，下期检查评定更换。1965年后村域消灭斑疹伤寒。20世纪70年代后期始，结合计划生育工作和妇幼保健工作，开展妇科病防治和儿童健康保护，全面实行婚前体检和妇女孕产期保健。1977年后基本消灭白喉、脊髓灰质炎（小儿麻痹症）。20世纪80年代始，把环境卫生、家庭卫生作为文明创建活动的主要内容。至1993年，村域未见钩端螺旋体病。1996年后，开展农户无害化厕所建设，消灭露天粪坑和简易茅厕。2000年后，浦联村参与“洁美滨江”“清洁滨江”等活动，2005年创建成为浙江省卫生村。2003年后，配合区、镇卫生防疫部门开展“非典”、高致病性禽流感等新传染病的预防。2010年后，将手足口病、甲型流感、结核病等纳入重点防控。

医疗保障

民国时期，浦沿集镇“泥鳅街”虽有药店与坐堂郎中，但村域贫苦农民居多，一旦患病，大多无力延医赎药，唯求巫咒神佑。

1953年，浦联村域开始实行新法接生。1956年1月，浦沿老街设有浦沿乡联合诊所，村域居民就医相对近便。20世纪60年代初，浦联大队保健站创办。1969年建立合作医疗制度，大队保健站有6名“赤脚医生”。时，提倡“以预防为主、中草药为主”，赤脚医生自采自制中草药很受社员欢迎。1980年，大队赤脚医生参加萧山县组织的统一考核，全部合格。1987年，卫生部部长陈敏章到浦联村保健站视察。1988年，村保健站有9名医务人员，8人参加全省医务人员考核并获得合格证书。1983—1993年，村（大队）集体支付村保健站资金累计近40万元，用于购买医疗器材、培训医务人员以及村民报销50%的医药费。1993年，村保健站设有西医、中医、化验、注射、观察、配药6个科室。站长韩水木被卫生部医政司、健康报社、全国农村卫生协会评为优秀乡村医生。1994年开始，实行《浦联村公费医疗制度》。1995年将公费医疗列入村民自治章程。按照章程，村属企、事业单位职工（含退休职工），户籍在村的务农村民和少年儿童，在本村企业（单位）工作的外请老师傅和长期合同工，均可按规定报销50%医药费。1998年，保健站门诊4万人次，报销医药费65万余元。2002年，村民医药费报销额近207万元。

2003年开始，滨江区实行新型农村合作医疗制度，浦联村村民基本实现应保尽保。2004年，滨江区改革村级卫生室管理运行机制，浦联村卫生保健室改称卫生服务站，纳入浦沿街道卫生服务中心统一管理。2006年，为全村1780户家庭建立健康档案，定期上门对617名高血压病人、98名糖尿病人进行健康检查。同年底始，村域征地“农转非”人员陆续参加杭州市城镇基本医疗保险。2009年，新型合作医疗参保率100%。2013年，将村域城乡居民纳入大病统筹医疗体系。

第三节　文化　体育

群众文化

旧时，浦联村域一些自然村在春节期间有舞龙队走演，也会邀请戏班子演年规戏，虞氏祠堂等处曾搭戏台。平日里，浦沿集市上茶店会有艺人坐堂说书；村域也有宣卷坐唱，也能见到“的笃班”演唱。若遇迎神赛会，有“竖高照”“跳无常”等活动。

中华人民共和国成立后，村域青年农民组织秧歌队、腰鼓队庆祝翻身解放。20世纪50年代初，用小演唱等形式宣传《中华人民共和国婚姻法》，宣传土地改革和抗美援朝。20世纪60年代初，浦联大队俱乐部成立，排演一些表演唱、三句半、越剧或绍剧清唱等小节目。王家里青年王家安创作的顺口溜《收稻草》参加杭州市会演并获奖。1966年起，大队俱乐部改称毛泽东思想文艺宣传队（简称“文宣队”），学唱革命歌曲和“样板戏”。20世纪70年代中后期，组织乘凉晚会等丰富群众文化活动。20世纪80年代初，大队俱乐部重新建立，群众文化活动再度活跃，1982年，杭州市政协24名委员考察大队俱乐部并给予赞赏。20世纪50—70年代，萧山县电影管理站的流动放映队不定期到村域放映电影。1975年浦沿公社电影队建立后，村域电影放映场次明显增多。1980年浦沿公社影剧院落成使用，浦联大队社员就近往观。此后，电视机普及，基本取代电影。实行家庭联产承包责任制后，村党、政组织不定期组织党员、干部等观看爱国主义教育影片和重大历史题材影片。

进入20世纪90年代，村域群众文化活动主要由村团总支（团支部）、妇联、工会、俱乐部牵头，组织春节、三八国际妇女节、五四青年节、国庆、中秋等节庆文娱活动，形式有卡拉OK比赛、环镇长跑赛等。图书室等群众文化活动设施逐步增多。组建文艺、写作、体育3支骨干队伍。增加《浦联报》的发行量。20世纪90年代末，“家庭影院”热起。2002年，村集体组办文化活动有征文比赛、知识竞赛等。2006年，新建村图书室，增加图书2000多册。2009年后，加大村文化中心建设力度。2013年，村文艺宣传队组织多场文艺演出获得群众好评。同年底，邀请省文联、省书法家协会组织近百名会员到村里为村民写春联。同年，浦联村有图书室、电子阅览室、综合活动室680平方米。同年，浦联村作为滨江区第一个杭州市农村文化礼堂建设示范村，通过考核验收。

文艺创作

20世纪60年代开始，村域有一批业余文艺作者参与各类文艺创作活动，多有作品在国家、省、市、区（县）刊物发表或获得奖项。1965年，王家里村民王家安创作的《王老头练武》《叠笠帽》等在《广西文艺》《杭州文艺》发表。蒋家里人蒋荫焱，中华诗词学会、浙江省作家协会会员，1964年以来，在《人民日报》《浙江日报》《江南》《东海》《诗词月刊》等发表诗词作品近万首（篇），2013年，中国文艺出版社出版发行蒋荫焱的《近梅斋吟稿》系列7部。楼下虞人虞海灿，是中国书法家协会会员，作品多次入选中国书协、浙江省书协举办的全国、全省大展并获奖。1991年，坂里虞村民虞观翔与萧山画家邵观松合作的国画集由海南美术摄影出版社出版，2009年，虞观翔作品《幽谷清泉》发表于文化部、中国艺术研究院主办的《美术观察》杂志。2009年以来，蒋家里人蒋金岳有3部书法作品集分别由天津人民美术出版社、湖南美术出版社、中国文联出版社出版。坂里虞村民虞建乐是中国楹联学会会员，诗歌作品获《当代文坛》主办的全国首届文学作品选拔赛一等奖，诗词、楹联作品入选《两浙百家三万联》《世界舜帝纪念特刊》。

群众体育

清代，村域来家墙门多有习武之人，康熙朝出过武生、武举；道光朝，来氏有获军功者。民国时期，村域或有走高跷、舞龙灯、背炉子、耍锐叉等体艺表演。最常见的体育活动为棋类、游泳和爬回龙山。

20世纪60年代，大队俱乐部建立后，结合民兵训练，组织青年社员开展一些小型体育活动。杭州化工区“三大厂”落户村域后，工厂的篮球场等体育场所也有浦联社员(村民）的身影。1990年，浦联村开展环镇长跑赛。1997年，村域杭州龙山化工厂代表滨江区参加浙江省“大桥杯”拔河比赛，获第一名。1998年，浦联村妇女腰鼓队组建。2006年，浦联村组队参加浦沿镇全民运动会，获得团体总分第二名。2005—2007年，浦联村新建健身点3个，添置健身器材28件，新建室内健身室、乒乓球室，组织参加登山比赛等体育活动。2009年，开建村民文化健身公园。2013年，浦联村获浦沿街道全民运动会获得团体总分第三名，乒乓球、篮球、田径、象棋等单项成绩夺目。同年，新建健身点5个，全村有健身小广场500平方米、文体综合活动室600平方米。

校园体育

民国时期，村域国民小学也曾组织学生做一些简单的体育游戏。

20世纪50年代初，村域小学设体育课。1954年起，小学推行广播体操。1966—1976年，学校体育课改为军体课。1979年，村域学校开始学生体育达标和广播体操、眼保健操活动。1988年，村域小学学生获浙江省学校传统项目田径赛男子跳高第一名；杭州地区中小学田径赛小学组女子200米第二名。1997年，村域小学学生打破杭州市中小学生田径运动小学女子组60米、100米跑纪录。2003年，村域小学学生体育达标率98.4%。2005年，村域小学的大众健美操获杭州市中小学三跳比赛一等奖。2006年，村域小学获第九届滨江区中小学运动会总分第一名。2012年，村幼儿园设有玩沙池、攀岩墙、风雨运动场、戏水池等体育设施，获浙江省幼儿体育特色园称号。2013年，村域小学武术队获浙江省武术集体项目锦标赛2个项目一等奖、1个项目二等奖。

第四节　历史遗迹

遗迹与古树

鸡鸣山与慈济寺　鸡鸣山，汉以前称鸡鸣墟。《越绝书·越绝外传记地传第十》载：“句践将降，西至浙江，待诏入吴，故有鸡鸣墟”，是为钱塘江古渡。历史上，山南有慈济寺，寺东有鸡山道院。慈济寺，俗称大庵，据嘉靖

《萧山县志》载，建于南宋咸淳年间（1265—1274）。鼎盛时，有屋宇90多间，沿中轴线依次递进为山门、万年台（戏台）、长兴福主殿、大雄宝殿和文昌阁；两厢为诵经楼、梳妆楼、斋堂、香积橱；正中为山门，额题“慈济寺”，为清嘉庆年间（1796—1820）岁贡生、萧山人陆成栋手迹。两旁各有门，额题“功崇慈济”“德并鸡山”。慈济寺毁于1966年，遗址后为浦沿镇属企业厂址。1995年，于原址建起老年活动室。2005年，在室内增佛像3尊，称“新大庵”。2013年扩建大殿，复名“慈济寺”。

半爿山与西江塘　半爿山在钱塘江南岸海塘建筑史上具有重要的地位，是西江塘南段（临浦麻溪至半爿山）与西江塘北段（半爿山至西兴）的连接点。西江塘后因塘外建成南沙大堤，逐渐被平毁为田或路。在高见黄大池北尚有西江塘遗迹依稀可辨。半爿山，古曾为观潮胜地。颇如北宋许道宁所作《高秋观潮图》（藏美国波士顿美术馆）所绘之景。画中潮涌江面，松掩木阁，渔人奋力划舟，雅士凭栏远眺。

回龙山与回龙庵　回龙山，北面仰望山形似龙，故名。亦说以浦联虞姓第一世虞芽之号“龙山”得名。山北原有回龙庵，山南原有紫云庵，均毁于1964年。回龙庵坐南朝北，沿轴线为弥勒殿、大雄宝殿，各为五开间，旁有厢房，庵前有池。建于明崇祯年间（1628—1644），遗址曾为镇办杭州曲轴总厂厂址。

百柱墙门与古银杏　相传楼下虞旧时有百柱墙门，系虞姓聚居处。“百柱”，足见当年房屋建筑气势宏伟。百柱墙门虽早已不再，但不远处有一古银杏树（俗称“白果树”）高约25米，胸径1.3米，此树1956年虽遭强台风损伤，却依然虬曲苍劲。树身斑驳沧桑，树梢喜鹊常驻。2004年杭州市园林部门考证确认此株银杏树龄逾700年，被列入全市古树名木档案。

历史建筑

虞氏宗祠　名承裕堂，坐落楼下虞自然村。建于清嘉庆二十三年（1818），坐北朝南，两进五开间。一进为正门，上立“虞氏宗祠”匾额。二进为正堂，门额立“承裕堂”匾。清咸丰十一年（1861）部分建筑毁损，族人虞自得着力修复。20世纪50年代始，历为村农民协会、农业合作社、浦联大队办公地。1983年拆除，改建为浦联村委会办公楼，后为浦联社区卫生服务站。

王家里香火屋　位于王家里西边墙门，始建年代不详，然大门外河岸两侧各有1株大槐树，有300多年。紧靠香火屋竖有3对旗杆石，高160厘米

（约50厘米埋入地下），上有石刻文字，因年代久远，风雨剥蚀，已模糊不清。墙门因边上竖有旗杆，故称为旗杆墙门。20世纪50年代初，香火屋成为扫盲教学点，20世纪60年代为耕读小学教室，后成为青年、民兵活动场所。2013年此屋尚存。

清代老宅　位于楼下虞北、大浦桥南10多米处。清光绪三十三年（1907）乡人来近鉴建。主体正屋为5间一排开口楼房，高7.6米。第二层檐前为第一层檐之瓦盖；东、西两边各筑3阶挑角，俗称“飞起马头”。第一层檐下阶宽2米多，6根屋柱上镶有雕刻戏曲人物的樟木雕板，20世纪60—70年代被毁。门窗上雕刻梅花或古代戏曲人物。地面全用石板铺基。左、右两旁各建平屋厢房3间与正屋相通。后，左边3间厢房被来姓子孙拆建为三层楼房，其余保存基本完整，20世纪90年代后期仍为来姓居住，为浦联村所存最华丽的一座古民宅。

第五章　生活民情

中华人民共和国成立前，浦联村域的多数贫困农民靠租种地主土地或外出做脚班苦力为生，收入微薄，难得饱暖。住房大多为破旧平屋甚至草舍，生计艰难。

中华人民共和国成立后，浦联人走上农村社会主义集体化道路，生产不断发展，经济分配多劳多得，粮、油等生活资料分配兼顾公平。村民收入不断提高，20世纪80年代后，实行家庭联产承包责任制，工业和第三产业成为村民收入主渠道，人均收入快速增长，2013年，超过2万元。昔日农人成为市民，追逐时代浪潮，唯勤劳淳朴宽仁之民风传承不息。

第一节　分配与村民收入

中华人民共和国成立前，浦联村域大多数农户依靠租种地主土地谋生，深受压迫剥削，交完租粮，自家收入所剩无几。外出打短工做挑脚者收入今朝不知明日。

中华人民共和国成立后，村域实现农业集体化，社员（村民）主要凭劳动工分参加集体经济分配，坚持多劳多得。人均收入稳步提高。口粮与食油分配、计划商品分配基本按人定量体现公平，至20世纪80年代末90年代初商品市场放开。浦联村划入滨江区后，随着城市化进程，村民收入结构变化巨大，人均收入快速增长，2013年达到2.01万元，其中来自第三产业收入占95.87%。

粮油分配

1961年起，浦联大队社员口粮由国家供应的统销粮和生产队自产粮两部分组成。自产粮原则上70%按人口、30%按劳动工分分配，但生产队之间各不相同。社员口粮以岁定量，全大队标准统一。以1965年为例，主要劳动年龄段的18～45周岁男性社员每人每年265千克，女性社员255千克。此后，随着生产发展，口粮标准总体趋于提高。1981年，18～45周岁社员男性每人每年340千克，女性300千克。口粮分配后所剩部分称为超产粮，各生产队超产粮均按劳动工分分配。1985年家庭联产承包责任制后，村民口粮中自产粮部分以口粮田形式承包到户，国家统销粮部分则延续到1992年粮食市场放开。

农业集体经营时期，村域各生产队收获的油菜籽，在完成国家统购任务、提留种子以及集体其他用需用部分后，其余送到榨油厂榨成油后分配给社员，油饼生产队留作肥料。菜油分配原则：每人每年1千克，其余按工分分配。但实际操作中，因油菜生产年景不同，分配数量很不平衡，有的年份还不到人均0.5千克，最低的为1973年人均不足0.25千克。最高的是1979年，人均超过2千克。这一分配方式一直延续到1985年家庭联产承包责任制后国家食用油市场放开。

国家计划商品分配

20世纪50年代初，除粮油实行国家统购统销外，1954年起，对棉布实行按人按年定额分配布票。1957年，凭票供应扩大到食糖、煤油等，猪肉仅分配给非农业人口。农户生猪自宰数受到限制。1960年，几乎所有日用针棉织品实行凭票或凭购货证供应。此后，除粮票、油票、布票外，浦联村民先后使用过糖票、煤油票、火柴票、肥皂票、香烟票、肉票、酒票等。所持票证既有全国统一的、省规定的，也有县(市)自行决定印发的。草席、棉絮、自行车、铁丝、部分铁木农具、缝纫机、胶鞋等也曾需凭票或凭证限量购买。1979年后，大部分商品逐步放开供应。直至1993年1月取消粮油购销凭证，自此各种票证成为浦联村民的记忆。

工分与社员经济分配

20世纪50年代农业集体化后，浦联村域劳动力开始按劳动工分计算报酬。年终，社员家庭以全家工分总值参加决算、分配。

低级社时期，社员以土地入股占40%、劳动工分占60%的比例参加年终分配。高级社、人民公社化后，土地集体所有，社员主要以工分参加分配，实现按劳分配、多劳多得。劳动力的每个劳动日工分由生产队社员评议决定。男劳动力18～45周岁为正劳动力，一般分为12分、11分、10.5分3个档次，女劳动力减半。社员投给集体的土肥也折算成工分。决算时，将10个工分折换成1个劳动日，生产队根据生产状况和经济收入，再折算每个劳动日的报酬。由于生产和收入各有差异，生产队之间日劳动报酬亦各不相同，但总体差异不是很大。1959年，社员日劳动报酬不足0.53元，年终人均经济分配现金收入88.18元。1961年浦联大队建立时，社员日劳动报酬为1.05元，年终人均经济分配现金收入为172.8元。20世纪70年代起，在大队集体企业工作的社员也以工分参加生产队分配，大队则把企业从业社员的工资发给社员所在的生产队。社办企业职工、农村“五匠”等也得缴工资给生产队折算成工分。这一办法一直实行至1983年，该年，全大队年终人均经济分配现金收入上升为399元，名列浦沿公社前茅。

实行家庭联产承包责任制后村民收入

实行家庭联产承包责任制后，工分制取消，村民的收入结构发生变化，货币收入成为村民收入的主要形式。村民除在镇、村企业就业外，从事个体运输业、商贸业、服务业的越来越多。村民的主要收入来源于第二、第三产业，农业已经成为副业。1985—1994年，在村民分配收入中，来自村办企业和村集体经营的占50%以上。但家庭经营收入占比不断提高，1985年为35.9%，1994年上升到46.68%，1994年，村民年人均纯收入3326元，是实施家庭联产承包责任制前的8.34倍。

滨江区成立后，浦联村域逐步走向城市化，村民收入结构发生变化。2003年，浦联村农民家庭经营总收入中，种植业仅占9.64%，运输业、商业饮食业以及其他服务业等收入占比88.85%。同年，村民年人均纯收入9200元，是1996年的2倍。2010年，村民家庭经营收入中农业收入降至2.51%，以服务业为主的第三产业占比上升到95.87%，同年，村民年人均纯收入1.43万元。2013年达到2.01万元，是1996年的4.36倍。

第二节　村民生活

衣着

民国时期，浦联村域除少数地主富绅能穿上洋布、绸缎外，家境尚好的家庭过年能穿一身土布新衣已很不错。绝大多数贫苦农民是“新三年、旧三年、缝缝补补再三年”。成年男子出门劳作，脚上“箬壳草鞋”算是草鞋中的“精品”，腰间系一块本色长土布垫肩则尽量将补丁处叠入内里，免示他人。邻里亲朋间有件“士林布衫”往往互借为“出客衣”。结婚时或租或借一袭长衫拜堂并非鲜见。

中华人民共和国成立后，浦联村域居民的衣着随着生活改善不断升级变化，时代印记鲜明。20世纪50—60年代前期，中青年人群以中山装、列宁装为时髦，质地较好的布料为卡其布、灯芯绒，一般的为斜纹布。夏装以白色府绸布为主。土布开始减少，一是因为棉花由国家统购，二是土布织机和织妇只减无增。20世纪60年代后期，青年男女以穿绿色军便装为时尚，中年人服装色彩则以蓝灰色、卡其色为主。解放胶鞋成为鞋类主流。20世纪70年代中期，的确良、尼龙、腈纶、涤毛混纺服装抢手，穿棉布的略显“土气”，年轻姑娘穿细花衣衫已觉“亮眼”。

20世纪80年代开始，浦联村人随着观念改变和生活改善，衣着服饰发生巨大变化。青年男子西装革履似为标配，姑娘少妇花裙子、高跟鞋自是常饰。牛仔服掀起流行风，中山装已成老年装。20世纪90年代，羽绒服、裘皮装、毛呢大衣、丝绸小衫各竞风流。进入21世纪，村民服饰追求时尚，讲究品牌，张扬个性，质地以棉、麻、毛、丝绸为好。

饮食

民国时期，浦联村域有俚语：“菜饭饱，算享福”，可见其时人们想吃饱很是困难。村域大多数家庭早、中餐吃饭以应对一天劳作，煮饭时则根据季节不同，拌入萝卜、蚕豆、麦粞、番薯等。晚餐喝粥，粥中加入青菜等。下饭几乎全是自产蔬菜、腌菜，偶尔买点豆制品，或加一碗水波蛋。荤腥甚是难得，过年亲戚来家，桌上鱼、肉只是摆摆样子。

中华人民共和国成立后，村域走上农业集体化，社员口粮供应充足。20世纪60—70年代，社员饲养的生猪须完成国家派购任务，自宰食用较少。逢年过节以及夏收夏种等农忙季节，才会买点猪肉、鱼鲞改善一下伙食。家中养鸡、产蛋则大多为自食。

20世纪80年代，大多数家庭都嫌早籼米口感不好，改吃晚粳米。菜肴主要来源由自留地转为浦沿街上的农贸市场，鱼、肉、鸡、鸭已是常餐。20世纪90年代，亲朋聚餐筵席丰盛与婚宴、寿宴无别。走亲访友，不乏提上名烟名酒。孝敬长辈有营养保健品，抚慰小孩有健体乳制品。进入21世纪，餐桌上荤腥已嫌油腻，买个鸡、鸭要求家养，吃个鱼、鳖贪图野生，就连蔬菜素食也要问问是否有机；随意走进哪个家庭，总能看到桌上有当鲜水果，案头置零食糖点，玻璃柜内有名酒佳酿。

住房

民国时期，浦联村域农户住宅主要为平屋瓦房，有部分二楼开口楼房，另有少量草舍。

中华人民共和国成立后，浦联大队农户生活条件逐步改善。20世纪60年代后期，一些居住拥挤又拥有一定经济实力的社员家庭开始建造新屋，但皆为平房。20世纪70年代后期，队办企业发展，社员收入增加，开始出现铺有水泥预制板的两层楼房。20世纪80年代改革开放后，经济发展加快，浦联村出现建房热潮，新建房屋都为钢筋混凝土结构的两三层楼，也有少量四层楼。屋内水、电、卫生间等设施齐全，装潢考究。

20世纪90年代初，按照村庄建设总体规划，村民新建住宅进入新农村点，每个点内村民新屋式样统一，层高统一，水、电、道路、广播、通信等基础设施统一。室内装修更是豪华与个性兼具。村域划入滨江区后，村民住宅建设按照城市化要求进一步规范。新建住宅不断增加，1998年，全村就有119户新建或翻建住房。2000年后，滨江区不再审批农户家庭新建住宅，开始实施多层、高层农民公寓建设，浦联村村民陆续入住新型农民公寓，还有部分村民在萧山、滨江甚至杭州其他主要城区购买商品住宅。

出行

民国及以前，浦联村域除个别富豪出门能坐轿外，其他村民出行全凭双脚。外出做脚班苦力者更是“想要有口饭吃，全靠两脚骨健”。

20世纪50年代，浦联的村干部到萧山县里开会还全靠步行。20世纪60年代中期，一部分社员开始拥有自行车，令人羡慕。20世纪70年代，社队企业发展，社员收入增加，买自行车的社员越来越多。但名牌车紧缺，为搞到一张“凤凰”牌或“永久”牌的自行车票，往往托三亲六戚还不一定能成。20世纪80年代中期，部分村民开始购买摩托车、三轮卡车、小轿车。1994年，全村有自行车4500多辆、摩托车30辆、小汽车50多辆。

进入21世纪后，富裕的家庭经济，发达的城市道路，激发村民购买小汽车的热情，村民家庭轿车基本普及，有的已更新换代不止一次，还有的家庭甚至有2～3辆。妇女、老人的自行车已被电动车取代。村民出远门办事、出国出境旅游，坐高铁、乘飞机极为平常。

第三节　民俗　风情

浦联村域历史上长期隶属萧山，村落各姓又大多来自萧绍一带，民风习俗、宗教信仰、方言俚语自为一脉相传。但因长期生产、生活积累，以及受钱塘江对岸的人文影响，也形成些许不同之处，略记二三。村域各姓家族旧有修宗谱者，后有传承。

节庆习俗

剃过年头　村域居民每到农历年底，都会剃头理发。理发既是卫生所需，更寓将晦气甩脱，不带入新年之意。

拜年　旧时，正月初二开始拜年，成家男子先得去外婆家，然后才可去岳父家。

元宵节炒白果　村域有正月十四炒白果以迎元宵的传统。旧时，楼下虞有一株几百年的银杏树，最多年份可收获白果500千克，分发给虞氏族人，故炒白果一事虞氏最为热衷。

七月十二祭鬼　坊间有“七月十二，野鬼放出”之说。农历七月十二日晚，村域家家户户设米团子和水果、清茶以祭野鬼，望其吃后行善降福、不再作祟。

俚语俗语

村域乡人素来谦和勤劳，格言“一家之计在于和，一生之计见于勤”是为共识。各姓乡民宗族观念颇深，旧时宗族祠堂祭祖、议事，敲锣开祠堂门，进祠堂者皆为同宗共祖，有“铜锣一记响，坐拢一窠生”之俚语。村民劳作起早贪黑，旧时有俗语“出门黑洞洞，回屋点灯笼”。村域民风朴实，对虚头花脑、不切实际且喜张扬者以俚语“外头敲铜鼓，屋里喝菜卤”讥之。旧时重男轻女，村域亦不例外，生女儿的有“养囡空捞捞，养大变‘强盗’”之俗语，意即女儿出嫁了还得娘家陪嫁妆。生儿子的则有俗语“儿子羊肉冻，人财满房红”，意为儿子好比“冻羊肉”人人喜欢，结婚了又人财两丰。满房红，“红”即嫁妆。随着时代的发展，村域有俗语“养儿子吃力费心，养女儿懂事贴心”。也有一些俚语、俗语，随着时代进步已不再为年轻人所知，如歇后语“木莲豆腐晒干——呒有花头”。木莲豆腐俗称“石花”，旧时一种清凉饮料，年轻人多不知为何物。如农谚“人要桂圆荔枝，田要河泥草子”，意即人补身体可吃桂圆荔枝，田增肥力要用河泥与草子（紫云英）浆合腐熟的沤肥。这种沤肥20世纪70年代后期已经绝迹。

宗族家谱

村域来氏、虞氏、吴氏旧存家谱，进入21世纪后又有续修。有宗族家谱3部，分别为：

《萧山虞氏宗谱》 谱籍地楼下虞自然村。草创于清乾隆年间（1736—1795），道光十一年（1831）重修付梓，同治十二年（1873）、光绪二十四年（1898）、民国13年（1924）重修。2008年再修，共17卷，承裕堂藏。

《萧山回龙庵前吴氏宗谱》 始修年代不详，上届续修为民国23年（1934）。2012年再次续修，全1册，贤和堂藏。

《萧山来氏家谱浦沿来家墙门四房续谱》 2012年修，会宗堂版，全8册，滨江区档案馆藏。

宗教及民间信仰

旧时，浦联村域乡人大多信佛，也有信道者。信佛、信道者多为老年人群，无正式的佛教徒、道教徒。有少量村民信奉基督教。

佛教 村域老太太多有念佛者，常应村民家庭邀约，举行十二生肖佛会、观世音生日佛会、祝寿报福佛会、丧事追祭佛会、还愿补缺佛会等。届时，由“佛头”召集老太太，一般12人1桌，依事主所需，或设2～3桌，坐诵“阿弥陀佛”。事主设中餐（素斋）、点心招待，并付给酬资。村域鸡鸣山，南宋时有慈济寺（坊间称“大庵”），后毁。2005年，村民在旧址旁设屋称“新大庵”，置佛像3尊供人礼拜。

道教 村域虽无道教徒，但遇丧事，大多请“道士先生”做“法事”。此等“道士先生”亦非正式道人，仅是以此为兼业。20世纪60年代后，道士活动被取缔。20世纪80年代后，又有市场。村民家中或遇丧事，或追祭先人忌年、做“阴寿”，请来“道士先生”，吹吹打打，诵经念咒，插烛烧纸，很是热闹。但也有人讥之为“替活人绷体面”。

基督教 20世纪50年代初，坂里虞、王家里自然村有少部分人信仰基督教，每逢周日去长河、闻堰等地的教会活动场所做礼拜。此后，村域一度没有信仰基督教群众。20世纪90年代初，又有少数村民信奉基督教。

专 记

“泥鳅街”与新浦社区

“泥鳅街”即浦沿集市老街，形成于清代中叶。街长约150米，宽1.5米左右，街路铺有石板，两旁店铺屋檐相吻。因街短而狭，乡人称之为“泥鳅街”，亦称“烟管街”。清同治年间（1862—1874），街上多家米行、丝店、铁铺、酱酒点、棺材铺已颇有声名。清末民国初，集市繁华。布行、药店、南货店、油烛点、茶肆饭铺、日杂百货以及铁、木、粮、棉加工作坊等一应俱全。民国26年（1937）冬，日本侵略军侵占杭州，浦沿遂成战时前线，“泥鳅街”顿时衰落。民国29年（1940），浦沿沦陷，集市更遭劫难。抗战胜利后稍有恢复，然终难复原，民国末，已甚是萧条。中华人民共和国成立后，集市才得以万象更新，成为现代化城市繁华街区。

以“泥鳅街”为中心形成的浦沿自然镇，一直是长兴乡、四都、浦沿乡（公社、镇）治所。20世纪60年代后，居民以原杭州龙山化工厂、杭州电化厂、杭州油脂化工厂以及当地党政机关、企事业单位职工、家属为主。1971年，设居民委员会。1984年，设居民村。2001年12月成立新浦社区（因社区地处新浦路而得名），常住人口3725人。社区成立后，先后获浙江省文明社区、浙江省文化示范社区等称号。

杨家墩村

杨家墩村位于浦沿街道中心位置，东至东冠村，西至新生村，南至浦联村，北至联庄村，面积2.5平方千米。

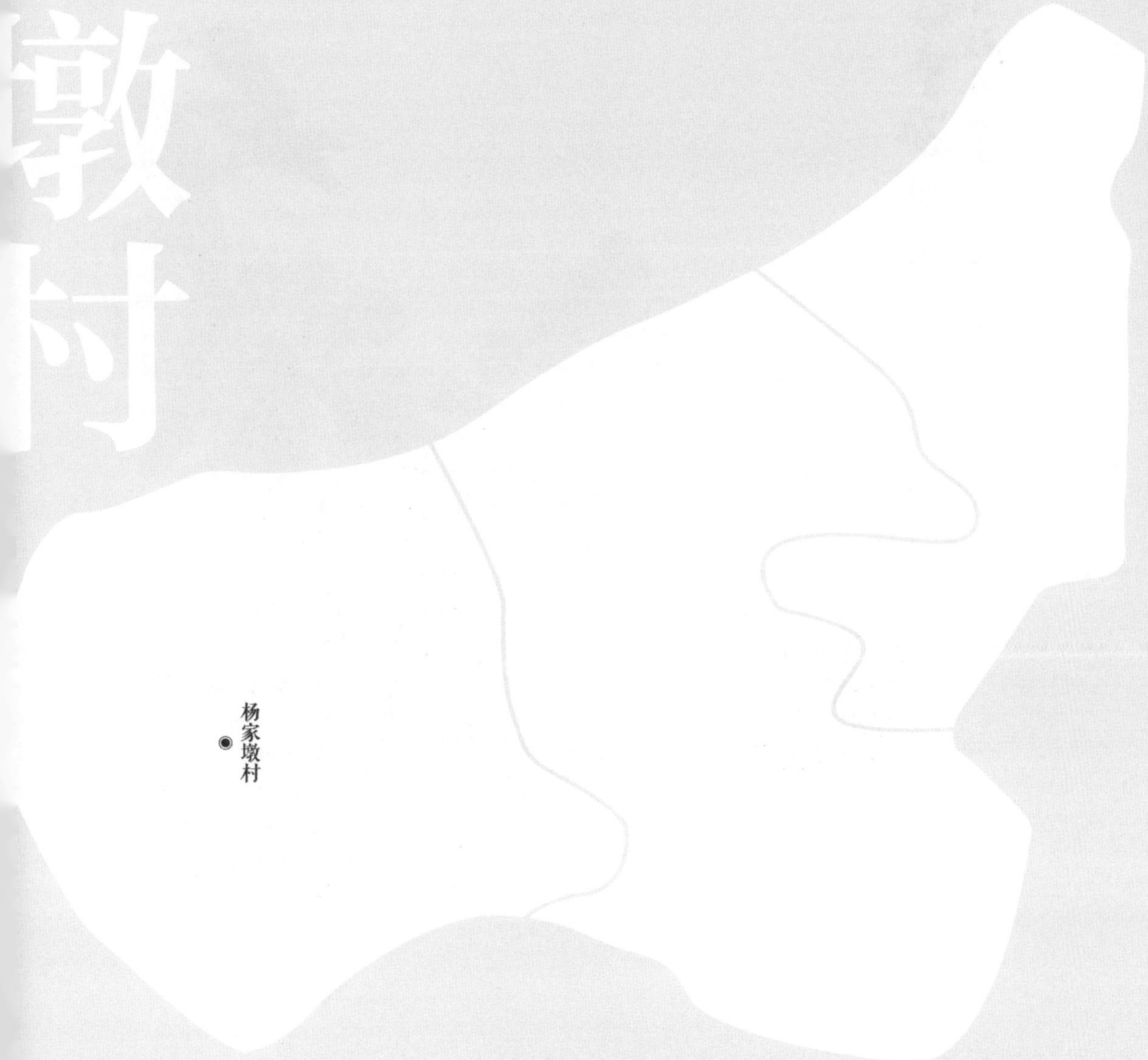

杨家墩村在滨江区的位置

来楚生　枇杷

第二十三编　杨家墩村

概　述

杨家墩村位于浦沿街道中心位置，与杭州六和塔风景区隔江相望。村域面积2.5平方千米。2004年，有户籍人口4138人，分属100多个姓氏；除个别外地嫁入的少数民族女性外，其余均为汉族。

杨家墩村自明正统年间（1436—1449）有先人迁徙定居。明清时，村域属萧山县四都。民国36年（1947）属长河镇。中华人民共和国成立后，村域属临桥乡。1956年称冠山乡新庄高级社。1961年称浦沿公社新庄大队，1981年改名杨家墩大队，1984年称杨家墩村。1997年起，隶属滨江区浦沿镇（街道）。2005年改设杨家墩社区。

土地私有制时期，村域耕作制度基本处于原始状态，农业生产落后。村域无工业，仅有几家小店，经营惨淡。村落散布无序，村民大多居住草舍平屋。

中华人民共和国成立后，杨家墩经济和社会事业不断发展巩固提高。

农业集体化后，杨家墩村域农业水利化、机械化逐步实现。20世纪60年代后，主要农作物持续稳产高产。6次围垦增加耕地近600亩。实行家庭联产承包责任制后，农业效益显现。20世纪90年代后，村域土地被大量征用，农业转到围垦集约经营。20世纪60年代后期起，集体工业从无到有不断发展，1985年，工业产值超过农业产值，1995年，工业产值是农业产值的4.1倍。进入21世纪，涌现出一批规模以上骨干企业。2013年，全村工业收入2.3亿元。20世纪80年代，村域个私商户迅速增多。1998年后城市建设加快，省级高教园区落户村域带来极大商机，仅明德路一条街，就有大小店铺500多家。2003年，“华润万家”超市开张，村级三产用房开建（2005年竣工）。村民收入随着经济发展增加。1990年，人均纯收入1330元，成为萧山市标兵村。1996年，划属滨江区后，城市化进程中村域经济多元，村民收入猛增。2005年，人均纯收入1.1万元。

20世纪50年代起，杨家墩村邮政、电力、道路交通、教育文化、医疗卫生、广播电视、自来水、互联网，各项公共事业不断发展更新。20世纪90年代，绝大多数村民住进小洋楼、新农村，吃、穿、行讲究品质，追求时尚。进入21世纪，杨家墩村城市化进程加速。2005年，改设城市社区。

第一章　基本村情

杨家墩村地处浦沿街道辖区中心位置，村域东西宽1.5千米，南北长1.6千米，总面积2.5平方千米。西江塘自西至东横穿村域，塘南土地保水保肥性较好，宜栽水稻；塘北土质含沙量高，俗称“夜潮地”，适种棉花、络麻等。自明正统年间（1436—1449）始，各姓乡人陆续徙居村域，渐成9个自然村落，至清末，均属萧山县四都（长兴乡）。民国末撤长兴乡，村域属长河镇。中华人民共和国成立后，村域各级基层组织健全。20世纪50年代初，村域属临桥乡（后分设塘外乡）。1956年，称冠山乡新庄高级社。人民公社化后，1961年称浦沿公社新庄大队。1981年更名为杨家墩大队。1984年称杨家墩村，1996年12月划属滨江区。2004年，有村民小组21个，户籍人口4138人（农业人口仅占30%），姓氏超过百个。2005年4月，改设杨家墩社区。

第一节　区位　地貌　村落

区位

杨家墩村曾名新庄大队，地处浦沿街道辖区中心位置，东至东冠村所属宣家路、蔡何家、芝麻墩，西至新生村潘家里、高家里、七甲、八甲、机场圩，南至浦联村汤家里、吴家里、周家里，北至联庄村上沙埠、跳板桥、野鸭圩。钱塘江大桥位于村北，沪昆铁路杭州绕行线（原浙赣铁路萧山段）傍村而过。村域东西宽1.5千米，南北长1.6千米，西江塘自西至东横穿村域。

地貌

村域土地属于杭州湾堆积平原。以西江塘为界，塘内因开发较早，土地肥沃，保水保肥性较好，宜种水稻。塘外土地表面平坦，一般高程5～6.3米，土体松散，渗透性强，俗称“夜潮地”，抗旱能力强，适种棉花、络麻等旱地作物。

村域地表水表现形式为河道、池塘。西兴河（杨家墩河）是村域主要排灌河道。西江塘外的新开河道修成于1968年，全长1.2千米。杨家墩村与新生村之间有新浦河，开挖于1987年。村域有池塘30多个，多为历史上钱塘江潮水冲刷而成，是旧时杨家墩农业灌溉、村民饮用的依靠。

村落

杨家墩村名来自村域杨家墩自然村。明正统年间（1436—1449），有杨姓先人徙此垦荒，择西江塘南端地势稍高之土墩，卜居发族，渐成村落。此后几百年间又有陈、俞、孙、褚、金、张、吴、戴等姓陆续迁入，逐渐形成9个自然村。1958年，人民公社化时将9个自然村划成5个排（又称“片”）。

杨家墩与金家里　东起原东沿桥和外头房（以吴家潭路为界），西至西兴河（杨家墩河），南与浦联村接壤（至东冠路止），北紧连陈家里自然村。人民公社初称为新庄大队三排（后习惯称“三片”）。为第8～13组共6个村民小组。

陈家里　处于村域中心位置。东有咸潭池与吴家潭隔池相望，西临杨家墩河，南靠杨家墩自然村域，北边以西江塘为界，中有大路起自陈家塘埠（因陈氏聚居而名），穿村而过可达浦沿。人民公社初划为新庄大队四排（后习惯称“四片”）。为第14～16组共3个村民小组。

塘外张家和塘外俞家　坐落西江塘外。东为潮冲池（村域最大池塘）及上沙庙，西贴杭闻公路（浦沿路），南以西江塘为界，北靠老坎塘（后北塘）。人民公社初划为新庄大队一排（即“一片”）。1968年，有新开河道，河东为塘外张家，河西为塘外俞家。为第1～5组村民小组。

戴家里和塘里俞家　位于村域最西边，原称“塘缺里”。村落东为杨家墩河，西至新浦河，与新生村潘家里隔河相望，南为淼兜、洋桥头，与浦联村接壤，北以西江塘为界。人民公社初划为新庄大队二排（又称“二片”）。为第6组、第7组、第21组村民小组。

褚家潭和吴家潭　坐落村域最东。东至宣家路蔡何家（属东冠村），西为叉浜池和咸潭池，南紧贴杨家墩通往长河方向的老路，北靠西江塘。村落中有一池潭，褚姓最早在此定居，褚家潭地名由此而来。1950年为临桥乡政府驻地。人民公社初称新庄大队五排（后习惯称“五片”）。为第17～20组共4个村民小组。

第二节　建置沿革

杨家墩村域自明正统年间（1436—1449）有拓荒者徒入始，至清末，均隶属萧山县四都。民国36年（1947），村域属长河镇。

1956年，村域为新庄高级社，此后村域区划、隶属稳定。1958年，为新庄大队，1984年，后称杨家墩村，1996年属滨江区，2005年4月，改设社区。

1956年11月，中共新庄高级社党支部成立。同年，高级社替代村。人民公社化以后各个历史时期，新庄大队管委会（革命委员会）、杨家墩大队管委会、杨家墩村民委员会，在同级党支部（党总支）的领导下，主持村域各项生产、建设、行政管理事务，开展村民自治。1991年，成立杨家墩村经济合作社，负责全村集体资金、资产、资源的运行管理和保值增值。2005年4月，杨家墩村改设城市社区，原21个村民小组改称居民小组。

区划设置

杨家墩村域自明正统年间（1436—1449）有拓荒者迁徙而入始，至清末，均隶属萧山县四都。清宣统二年（1910），萧山县划分为28个乡，村域隶属长兴乡。民国初，村域内杨家墩为二十图，塘里俞家为二十一图，褚家潭、戴家里为二十二图。民国17年（1928），推行村里制，杨家墩村域时为第二区长兴乡联合村。民国19年(1930)，塘里俞家属浦沿乡，其他自然村属傅许乡。民国23年（1934），推行保甲制，杨家墩村域有3保（约25甲）。民国36年（1947），撤长兴乡设长河镇，村域属长河镇第14、第15、第18保。

1949年5月，萧山县人民政府建立，下设区、乡、村。1950年4月，村域属长河区临桥乡，建有3个村：褚家潭、吴家潭为十四正村；杨家墩、陈家里、戴家里、塘里俞家为十五村；塘外张家、塘外俞家为十七副村。1952年，增设塘外乡，十七副村划归塘外乡。1954年6月，村域相继成立7个初级社。1956年4月，浦沿、临桥、塘外、冠山4个乡合并为浦沿、冠山2个乡，村域胜联、胜和、协兴3个初级社联合为冠山乡新庄农业生产合作社。同年冬，又与永增、永联、优胜、明达4个初级社合并成立新庄高级社。1958年9月，以长河区地域组建长河人民公社，村域称长河公社浦沿管理区新庄大队。1961年7月，缩小公社行政区域，撤销管理区改设小公社，新庄大队隶属浦沿人民公社。1981年7月，萧山县更改重名、同音大队，新庄大队更名为杨家墩大队。1984年，人民公社撤销后，改称浦沿乡（镇）杨家墩村。1996年5月，随浦沿镇划归杭州市西湖区管辖。1996年12月，划入滨江区。2003年，浦沿镇改设浦沿街道，2005年4月，杨家墩村改设浦沿街道杨家墩社区。

基层组织

中共基层组织　1953年6月，杨家墩村域有杨朴初、杨煜康加入中国共产党，为村域最早的中共党员。1954年4月，成立中共临桥乡党支部，杨朴初任书记。同年，中共党员发展至8人。1956年11月，中共新庄高级社党支部成立，陈永根为书记。1959年5月，改称中共新庄大队党支部，有党员31人。1966年起，党组织活动停止。1968年3月，成立大队革命委员会，实行“党政一元化领导”。1970年5月，恢复党组织活动，同年，有党员44人。1985年4月，中共杨家墩村党支部升格为党总支，下辖4个党支部，有党员67人。2005年，杨家墩村撤村建居，村党总支改名为中共杨家墩社区委员会，下辖6个党支部，有党员167人。

行政管理组织　中华人民共和国成立初，杨家墩村域分属3个村，分别建立农会和行政小组，一起负责土地改革、动员抗美援朝等重大工作和具体村务管理。1956年，新庄高级社成立，取代村。1958年秋，实行“政社合一”的人民公社体制，新庄高级社改设新庄大队，成立大队管理委员会（简称“大队管委会”），设大队长和副大队长。1967年，中国人民解放军毛泽东思想宣传队（军宣队）进驻浦沿公社，新庄大队驻有军代表。1968年3月，成立大队革命委员会，实行“党政一元化领导”。1978年10月，取消大队革命委员会，民主选举产生大队管委会。1984年，取消人民公社体制，杨家墩大队改设杨家墩村，成立村民委员会，为村民自治组织。村民委员会由村民代表大会选举产生，每3年换届1次。2002年，改由村民直接选举产生。

经济管理组织　合作化时期和人民公社时期，初级社、高级社、生产大队和生产队负责集体经济管理和社员经济分配。1991年冬，杨家墩村经济合作社成立，负责全村集体资金、资产、资源的运行管理和保值增值。经济合作社管委会、社长、副社长由社员代表大会选举产生。1999年，第三届经济合作社换届选举时，同时选举村资金管理小组。2002年5月，经济合作社换届选举与村党总支、村民委员会换届同步进行。同时选举产生民主理财小组、村务公开监督小组。2005年，村经济合作社改称社区经济合作社。

生产队（村民小组）　1956年初，杨家墩村域新庄合作社，下辖14个生产小队。同年底，新庄高级社成立，有41个生产队。1958年秋，实行人民公社化，新庄高级社改设新庄大队，下辖51个生产队。1961年夏，确立人民公社“三级所有，队为基础”的方针，生产队为基本核算、分配单位。时，新庄大队有生产队24个。此后，基本稳定，至1982年，为21个生产队。这一时期，生产队一般设队长、妇女队长各1人，由社员民主选举产生。1984年春起，21个生产队改为21个村民小组，组长由村民民主选举产生。

第三节　人口　姓氏

杨家墩村域自明中叶杨氏先人落脚后，数百年间，未见完整的人口数据统计记载。1957年，始有完整人口统计记载，村域人口为587户2230人，全为农业人口。2004年，增加到1283户4138人，农业人口仅30%。全村人口性别比正常，老龄化趋向明显。2000年，大专学历以上104人，而1982年前尚无一人。2004年，全村姓氏超过100个，杨、陈、俞、金、张、褚、徐、孙、虞、韩、朱、汪、华、吴诸姓人口数占总人口的70%以上。

人口构成

性别构成　自1965年至2005年，村域户籍人口中，大多数年份女性多于男性，其中最高年份为2022年，全村总人口4022人，女性占比为54%。

年龄构成　据1982年、1990年、2000年3次全国人口普查资料，由于20世纪70年代推行计划生育，杨家墩村0～24周岁年龄段人口逐年减少，1982年为1755人，2000年为1331人；25～54周岁年龄段人口有所增加，1982年为1279人，2000年为2106人；人口老龄化趋向明显，2000年，55周岁以上人口占总人口的14%。

文化构成　1982年，杨家墩村无大专学历以上人口，1990年为8人，2000年上升到104人；高中（含中专）学历人数由1982年的84人上升到2000年的401人，增加3.77倍。

户籍构成　1973年前，杨家墩（新庄）大队户籍人口中有非农业人口17人，此后20年间增加不多，1993年，非农业人口共40人。20世纪90年代开始，土地被陆续征用。1994年，非农业人口骤升至835人。2004年，全村非农业人口2957人，占总人口的70%以上。

姓氏概况

最早落脚杨家墩村域的姓氏当为杨姓，明正统年间（1436—1449）由西兴迁入。至清同治年间(1862—1874)，相继有陈、俞、褚、金、孙、张、华、韩、来、戴、吴、汪、徐、虞、朱等姓迁入定居。从清末、民国到中华人民共和国成立初，又有王、孔、周、林、劳、李、曹、傅、汤、章、何、陶等姓迁入各自然村。20世纪80年代后期起，婚姻圈扩大，来自云南、广西、贵州、湖南、江西等省、自治区的婚嫁女络绎不绝，姓氏增加。滨江区成立后，众多高等院校、企业落户村域，户籍制度相应调整、适度放宽，众多从业人员入籍，杨家墩村的姓氏增加。2004年，全村姓氏超过100个。

主要姓氏

杨家墩村总人口中，杨、陈、俞、金、褚、孙、华、张、吴、朱、韩、虞、汪诸姓人口占总人口的70%以上，以入域时序简记如下：

杨姓 周武王少子叔虞第15世伯乔受封为杨侯，后世子孙以杨为氏。杨次山随宋室南渡临安(杭州)，官至会稽郡王。后迁居萧山西兴，为萧山杨氏始祖。明正统年间（1436—1449)，第九世杨孟华迁入村域西江塘内垦荒，择高墩定居繁衍，村落遂名杨家墩，至2005年撤村建居时，传至33世，为村域第一大姓。杨家墩杨氏于清嘉庆年间（1796—1820）建有祠堂，称“四知堂”。

陈姓 源出虞舜之子商均。杨家墩陈氏系南北朝时陈宣帝陈顼后嗣。元末，陈氏79世陈志宁为避乱，徙浙江海宁凰冈里（海宁丁桥镇），有四子：仁、忠、义、德。明正德年间（1506—1521），德有孙子3人迁居西江塘堰（即陈家塘埠头），后裔尊此3人为杨家墩陈氏始祖。至2005年撤村建居时，传17世，为杨家墩村第二大姓。

俞姓 俞氏世居河间（属河北沧州）。南宋理宗年间（1225—1264），俞钝自婺州迁居萧山浦阳江西俞村，为萧山俞氏“永思堂”一世祖。明嘉靖年间(1522—1566)，11世俞大经，因浦阳江新江口洪水塌江，携子沿钱塘江至杨家墩塘外上沙落脚。俞氏先人原居西江塘外，后因塘外洪水成灾，搬入戴家里和塘内，故塘里俞家与塘外俞家为一脉相承。至2005年撤村建居时，传至28世。

金姓 原为汉刘之后。西晋立，刘氏20世刘川为避“诛刘之诏，乃去卯刀改姓金”，并嘱后世子孙，生前姓金，葬后以刘姓祀（“活金死刘”源出于此）。宋室南渡后，31世金袍徙居钱塘六和塔下。明弘治年间（1488—1505)，40世金茂（秀才）迁至萧山六都开善里（义桥北坞金阶殿），为开善里金氏始祖。明万历三十三年（1605）前后，开善里金氏第6世子伦、子顺由金阶殿迁居杨家墩村域褚家潭，至2005年撤村建居时，已传至23世。其中一支从褚家潭迁草荡池边金家里。

褚姓 杨家墩村褚姓为唐人褚遂良后裔。约400年前，有褚姓从杭州忠清巷迁徙至杨家墩村域西江塘内一水潭北侧结庐定居，定潭名为“褚家潭”，后成村落名。杭州忠清巷曾建有褚姓祠堂，堂号“忠清堂”。中华人民共和国成立初，村域尚有褚姓后人到此祠堂祭祀。至2005年撤村建居时，村域有褚姓100多人。

孙姓 孙武后裔。周敬王十四年（前506）吴王阖闾拜孙武为大将军征破强楚，封孙武于浙江富阳，赐富春堂号。杨家墩孙氏为三国吴帝富春龙门孙权后裔。南宋嘉熙四年（1240），龙门孙氏曾五迁萧山湘湖，为湘湖孙氏一世祖。明万历四十四年（1616），湘湖孙氏12世继魁迁居杨家墩。至2005年撤村建居时，传至26世。

华姓 萧山华氏，来自无锡。北宋神宗朝（1068—1085）进士华镇，官至朝奉大夫，爱萧山之风俗淳厚，徙居渔浦里（属萧山区义桥镇），为萧山华氏始祖。11世华克勤，明洪武十九年（1386）为山西布政使。次子华宁四，自渔浦里徙闻堰潭头（属萧山区）。27世孙“成德公”于清雍正年间（1723—1735），由潭头华家庄迁杨家墩，居处遂称华家道地。至2005年撤村建居时，传至37世。

张姓 张姓源出轩辕黄帝，世居青阳（河北清河县）。清乾隆十五年（1750）萧山闻堰老虎洞湾里张第7世张东显，视西江塘昌、泰两围已成规模，土地甚多，遂迁居杨家墩西江塘外、老坎塘内定居，世人称“塘外张家”。至2005年撤村建居时，已繁衍11代传至18世。

吴姓 商末，西岐泰伯（周文王姬昌伯父）为让贤，奔梅里（江苏无锡），立吴国，以国为氏，为吴氏始祖。南宋景炎元年（1276），82世吴坚拜左相（右相为文天祥）。宋亡，守墓隐居萧山湘湖沿河荡，为萧山砾山吴氏一始祖，堂号“贤孝堂”。生四子，长子贤，为提举司，移居砾山（闻堰小砾山）。14世宗羲于清嘉庆元年（1796）携妻儿至褚家潭定居。至2005年撤村建居时，传至23世。

朱姓 杨家墩朱姓源出江西婺源紫阳郡。清嘉庆二十五年（1820）前后，朱氏“积善堂”14世朱有恒迁徙西江塘外定居，子孙繁衍。16世朱维森在父辈基业上，种植棉、桑，贸易丝蚕，于民国初期建造坐东朝西开口大楼屋8间。世称塘外八间头。至2005年撤村建居时，传至21世。

韩姓 宋仁宗、英宗、神宗三朝宰相韩琦之曾孙韩膺胄，南宋绍兴十年（1140）知饶州府，后以端明殿大学士致仕，安家于峡下里（萧山区义桥峡山头），是为湘南（湘湖之南）韩氏第一世，建祠“昼锦堂”。清道光年间（1821—1850），湘南韩氏18世韩礼贵由义桥峡山头徙居杨家墩西江塘内，买田置业，繁衍生息，至2005年撤村建居时，已传至25世。

徐姓 据清嘉庆《萧山徐氏家谱》载，杨家墩徐姓为西汉张良后裔。元时，定兴（属河北）张景哲出任东海右道肃政廉访使，居绍兴。长子宗定入赘仁和（杭州）县尹萧山娄梅庵家。生三子：素、寿、焘。为避“三丁抽戎”，素改姓葛，焘改姓徐后又改名为福。萧山徐氏尊徐福（张氏47世）为一世祖，世居县城南街。后，其中一支迁浦沿。该支徐氏18世徐思林，于清咸丰年间（1851—1861），由浦沿九甲里举家迁入杨家墩戴家里。至2005年撤村建居时，已传至第25世。

虞姓 虞舜后人。元至正二十三年（1363），义乌五都华溪里虞芽，携妻、子至杭，途经萧山病殁，葬浦沿回龙山南坡。次子元贞就近筑屋守墓，繁衍发族，形成坂里虞、楼下虞两村落（属浦联村），尊虞芽为萧山虞氏始祖。清同治年间（1862—1874），15世虞继春携五子自楼下虞迁至杨家墩戴家里，至2005年撤村建居时，已传至21世。另有塘外俞家虞姓，系民国初期由沙浪虞（属新生村）迁入。

汪姓 春秋时，鲁成公（姬姓，周公旦后人）庶子公子汪，食邑平阳。汪子诵，以父字“汪”为姓。清同治年间（1862—1874），浙江武康汪氏22世汪凤仪（汪大彩，秀才），因西江塘塌，从鲶鱼嘴天打池头（属新生村）携子迁吴家潭，买杨姓墙门正屋4间定居发族。至2005年撤村建居时，传至29世。

第二章 村庄建设

民国及以前，杨家墩村域绝大多数农民缺地少田。村域少数富绅建有深宅大院，绝大部分村民居所为草舍陋屋。村落道路泥泞，交通近乎闭塞。无力抵御灾患，无公共事业。

中华人民共和国成立初，杨家墩村域实行土地改革。20世纪50年代后期，土地集体所有、集体经营。此后，依靠集体的力量，挖河培塘，围涂辟田，修渠建闸，机耕机灌，农业设施不断新建巩固；开邮路，接电力，造桥梁，修道路，建新校舍，开保健站，公共事业从无到有发展提高。20世纪80年代起，土地使用制度变革，农户自主承包经营。村庄建设整体规划，村民建房集中统一，户户用上自来水，家家庭院有绿植，新农村名副其实。1992年后，土地被国家大量征用，村域城市化进程加快。进入21世纪，普及有线电视，架通互联网络。26.4千米村道路面硬化，家庭轿车直达门院。主干道路公交通达，村庄环境洁美绿化，杨家墩村显现城市新貌。

第一节　建设规划与村民建房

20世纪50年代初及以前，杨家墩村域居民近水择隅，建筑住所，村落自然成形，散乱无序。村民新建住房始于20世纪60年代，数量不多，且多在村庄外围。

村庄建设规划

20世纪70年代，社队工业兴起，社员收入提高，改善住房成为新需求，新庄大队村庄规划起步。1977年，大队对旧村进行规划。先是在西江塘以南、西兴河（后称“杨家墩河”）以东的桃园地上，建起一幢10间三层楼，设想作为社员住宅楼，后改作企业及办公用房。尔后，在毛蜞塘头原有队办企业厂房基础上，开辟零星杂地，建设队办企业厂房；并对农田水利、卫生保健、文化娱乐等基础设施建设进行初步设想和规划。1980年，邀请省设计院拟订村庄建设整体规划，并对社员建房作出“一个儿子二间，二个儿子三间”的规定。20世纪80年代中期，对村庄住宅、村容村貌建设作出新的规划，杨家墩向南发展，塘外俞家向西发展，褚家潭向北发展。村民建房在向位一致的基础上，做到路通、水通、电通，户户地基相平，屋顶层高统一。1994年，制定新农村建设总体规划，房屋建筑面积、工业区、商业区、教育区、绿化区、道路广场以及排水排污管沟、供电线路均有详细规划。分2个片区，分别划出耕地73.72亩和84.15亩，列为村民新建农居房规划区。同年，在褚家潭南，设东新一区、东新二区，安排新建住宅75户；在杭闻公路（浦沿路）西，设西新区，安排新建住宅107户。新建房屋统一楼高、檐高，统一道地、余地，统一户与户的间隔距离。实行两户联建，通透式围栏，给排水管网到户，道路两旁植树绿化，新农村名副其实。

多层住宅

滨江区成立后，1998年，杨家墩村的村庄规划又作新的调整，农居房建筑占地面积不超过100平方米，层数为二层半至三层，建筑前后间距保持1∶1.2，左右间距为2米。农居间道路宽度为4米，并沿道路设绿化带，农房外不建围墙，仅以绿化带相隔。闲置地作为公共绿化地。2001年，对全村的供水管网系统、雨污水的分流、农宅建筑高度和前后间距及绿化布置等作出详细规定。同年，浦沿镇在杨家墩西南角（浦沿路“鞋城”西），规划建造新浦苑9幢农村多层住宅楼。2004年，除少数村民的危房修建外，停止批地建房，全面推行农村多层住宅，融入城市化进程。

第二节　基础设施与公用事业

民国及以前，杨家墩虽有浙赣铁路（沪昆铁路杭州绕行线，下同）傍村而过，然难为村民所用。村中道路均为泥路，有9座小桥沟通自然村落，外联交通不畅。农田灌排、生活用水全凭池塘。村中杨家祠堂为宗姓所有，别无公共设施。

中华人民共和国成立后，杨家墩村域公共事业、基础设施建设不断发展。20世纪50年代，通公路，通邮路，接电力，建机埠。20世纪60年代，造涵闸，开新河，学校搬进新楼。20世纪70年代，广播基本普及。20世纪80年代，自来水接入农家。20世纪90年代，灌溉明渠改成暗沟。进入21世纪，有线电视全面普及，互联网进村入户。全村26.4千米村庄道路，地上为水泥路面，地下为排水管网。城市道路四通八达，庭院河道洁美绿化。

道路　桥梁

浙赣铁路　过钱塘江大桥南端后，由西往东傍杨家墩村而过，设有钱塘江站（旧称“静江站”，坊间称“新站”）。民国26年（1937）12月，为阻止日本侵略军南进，国民政府军炸断钱塘江大桥，路、站停运。民国32年（1943），大桥修复后，恢复运行。后曾有短暂中断，至2005年改设社区时，一直运行。

浦沿路（杭闻公路）1953年，从钱塘江大桥南端上沙埠（联庄村）至浦沿修成等外简易公路3.99千米，穿越杨家墩村域。后，此路通达萧山闻堰。2003年，拓宽至36米，沥青路面。

明德路 1998年，由原太围塘改建而成，两车道，沥青路面。后拓宽，称明德路。

滨文路 原为村域中东西向机耕路（称“青年路”），于2000年改建成双向四车道，沥青路面。

村道 旧时，村域有6条泥路。其中古道2条：塘外张家—陈家里—周家里，长640米；西江塘古道（褚家潭—塘里俞家横路），长929米。其余村道皆为中华人民共和国成立后不同年代所建。早先均为泥路，后逐步改为砂石路。1994年后，在东新一区、东新二区、西新区3个新农村点新建横路3条。2001—2002年，将主要村道以及部分村落小路、弄堂拓宽至4～4.5米，全村108条大小道路全部建成水泥路，总长26.4千米，绝大部分家庭轿车可直达门院。

桥梁 村域有公路桥2座。明德路桥始建于民国时期，为石板桥。20世纪60年代“农业学大寨”中拆除重建。1999年，拆除重建为公路桥。洋桥为浦沿路（杭闻公路）村域段南北向主要公路桥，20世纪60年代始建，1998年，浦沿路拓宽时拆除重建。有小桥10数座，其中建于民国及以前的有锁澜桥、东沿桥、陆家桥、门前桥、华家桥、徐家河桥等9座，均为小石桥。中华人民共和国成立后至20世纪90年代末新建的有西新桥、杨家墩桥、塘外张桥、老浦沿中学桥、环村南路桥、塘外俞家桥等。

江塘　水利

堤塘 明洪武元年至十一年（1368—1378），西江塘四都（长河、浦沿）至渔浦（义桥）7.5千米原分段建成的土塘得以整修连接。其中杨家墩村域段长约1.3千米，主要地段用松木塘桩护堤。后，钱塘江主流北移，西江塘外淤沙成滩，村域乡人陆续筑堤围垦，形成太围、昌围、大围、横舍圩、野鸭圩、高家圩等垦区，所创筑之堤塘则名太围塘、大围塘、昌围路、宣家路、水牧塘、老坎塘等。清晚期，南沙大堤渐成，中华人民共和国成立后又不断培高加固，西江塘沦为备塘，杨家墩村域段则成村民出行大路。

水运 村域唯一水运河道为杨家墩河（原称“西兴河”），南出戴家里与浦沿河相连，村域段水道长500多米，宽窄深浅甚不规则，仅能进出小吨位木船、水泥船。20世纪60年代末，随陆路交通发展，此河水运消失。

排灌　民国及以前，杨家墩村域有众多池塘赖以蓄水排灌，耕作原始，旱涝不保。中华人民共和国成立后，贯彻“水利是农业的命脉”方针，村域水利事业不断发展。1958年，新庄大队首个抽水机埠建于金家里木桥头。1968年冬，建造西江塘排涝节制闸，在低洼易涝畈、圩，新开河道1.2千米以利排水。1969年开春，又翻建原有机埠给予配套。此后，1977—1990年，先后建造太围畈机埠、永福庵机埠、西兴桥机埠、九甲机埠、三角兜机埠、西边河机埠等。这一期间，全村修建大小渠道69条计17千米，其中暗渠2条1.4千米。修建排水沟37条16千米。并参加开挖杨家墩村至新生村之间新浦河工程，改善戴家里、塘里俞家、杭闻公路（浦沿路）西等区块农田排灌条件。

公用事业

邮政　中华人民共和国成立前，杨家墩村无邮政电信。1956年，村域陈家里小店设有浦沿邮政代办所信箱1只。村民发电报、取邮包则须上浦沿邮电所。20世纪80年代，邮路通达各村落和村民小组，报刊、信件均由乡邮员直接送达。进入21世纪，快递业兴起，村民寄递邮件多元选择。

电信　1953年，临桥乡政府设褚家潭劳家墙门，曾配设人工电话交换机1台。1957年，新庄高级社用木杆架设电话线。1958年，新庄大队安装第一台手摇电话机。1987年，改为程控电话。1991年全村有电话机3台，2001年增加到920台。1993年，全村有BP机（无线寻呼机）15只，1997年增加到800多只。1998年，“小灵通”流行，BP机消失。1993年，全村有手持电话（“大哥大”）3部，发展到2001年，全村有移动电话400多部；2002年，村域开始出现电脑宽带互联网，至2005年撤村建居时，全村青壮年人群智能手机以及家庭宽带互联网基本普及。

电力　1958年下半年，新庄大队在金家里机埠安装20千伏安变压器1台及配套设施，用于抽水机、碾米机、轧棉机。1959年上半年，社员家庭接通照明用电。20世纪60年代中期，变压器扩容为100千伏安。1977年，各自然村照明电线实行地埋式改造。20世纪80年代始，队办企业发展，用电增加。新庄村变压器不断增量、扩容。20世纪90年代初，主要村道装上路灯。至1998年，全村总装变压器为945千伏安。1999年，全村电力线路全面提升改造，430根短电杆换成长杆，外线加粗。2001年，全村电力扩容为2150千伏安。

广播电视　1959年，新庄大队成立广播室，分别在各自然村安装喇叭，音量最大的25瓦喇叭挂装在塘北张家白果树上。20世纪60年代末，大队开始为社员家庭安装小喇叭，广播入户率始终处于高位，20世纪80年代末达100%。这一时期，黑白电视机开始进入杨家墩村域农家，1984年，全村有黑白电视机169台。此后，彩色电视机迅速替代黑白电视机，1985年，彩色电视机仅19台，1998年达1350台，黑白电视机已成古董。2000年，全村普及有线电视，2005年由模拟电视升级为数字电视。

给水排水　20世纪80年代以前，村域居民日常用水一直为池水、河水，个别家庭有井水。1982年，新庄大队挖成直径3米、深4米大水井1口，供社员取水，同时鼓励社员家庭挖井。浦沿联合水厂建成后，村民家庭于1989年用上自来水，1999年，全村总装自来水管道38.93万米。1994年起，先后建成排水沟3.94千米（宽、深各为2米），双面砌石，绝大部分为暗沟。2000—2001年，全村108条水泥村道地下，铺设直径400～600毫米水泥管近2.64万米作为排水管网，配置大小窨井4372只。

公共用房　1958年前，新庄高级社在“杨家祠堂”办公，无固定办公用房。1958年下半年，新庄大队建造机埠时，在西江塘边建造平屋1排，大队办公室搬入其中。1963年，大队出资建造新庄小学，设6间教室、2间办公室。1959年前，大队保健站一直“东搬西迁”，1978年落定西江塘北一楼东侧，楼上为老年活动室。1983年，在西江塘北建成杨家墩小学，用地3733.35平方米，建筑面积1336平方米。后，又在西江塘边建造坐北朝南10间三层楼，作为杨家墩村办公用房。1996年，建成幼儿园用房1636平方米。村办公用房则一直沿用。

环卫绿化　20世纪80年代起，整治村庄环境，实行“四旁”绿化，改善村容村貌，1985年创建为萧山县文明村。20世纪90年代末，各自然村建有半露盖板式生活垃圾倾倒点。2000年，拆除1000多个“茅坑所”和“粪坑”。2002年，建立由58人组成的保洁队伍，负责道路清扫和垃圾清运。2003年后，陆续建造公共厕所11座。1994—2002年，全村在西新区、吴家潭新区、东新一区、东新二区等新农居房前屋后设置绿化带，绿化覆盖率30%以上。在杨家墩河两边1.5千米河岸，种植观赏乔、灌木和花卉。

第三节 土地使用

土地制度与经营

中华人民共和国成立前，杨家墩村域多数贫苦农民只有少量土地，不得不租种地主土地以维持生计，有的甚至靠做长年、打短工为生。

1950年10月，杨家墩村域开始实行土地改革。按当时政策，地主富农按人均保留1亩土地，其余全部分配给贫苦农民。上中农、中农亦人均保留1亩，多余的或出租的土地也要划出。贫农、下中农、雇农按人均0.9亩补足。1951年11月，村域农民领到萧山县人民政府颁发的土地证，开始自主经营。土地改革后，党和政府引导翻身农民组织起来，克服土地单家独户经营的困难。1952年，村域出现伴工组、互助组，土地仍为农民私有，系家庭个体经营。1954年，村域有7个初级社，农户以土地入股形式参加分配，生产集体经营，土地仍为农民私有。

1956年下半年，村域7个初级社合并成立新庄高级社，按照第一届全国人大三次会议通过的《高级农业生产合作社示范章程》，社员土地除少量自留地外，其余全部转为合作社集体所有，“不再允许土地自由买卖和出租”，土地集体所有制就此确立。自此，土地经营体制发生根本变革，由个体私人经营转变为以生产小队（时新庄高级社将土地、农户就近就便划分成41个生产小队）为单位集体经营，社员主要以劳动工分参加分配，真正开始实行按劳分配的社会主义原则。1958年人民公社化后，经营主体和基本核算单位扩大，杨家墩村域9个自然村原有41个生产小队合编成军事化体制的5个排。社员自留地收归集体，兴办公共食堂，按劳分配制度改成供给制，严重挫伤农民积极性，影响土地集体经营的质量和效益。1959年，开始纠正这一错误。1961年，停办食堂，新庄大队社员重新分得自留地（共169亩）。1962年，正式确定以生产队为基本核算单位，新庄大队有生产队24个，土地由各生产队集体耕作经营，并严格执行国家下达的种植计划。1966—1976年，新庄大队推行以大队为单位“统一经营、统一分配”，但终因群众反对，未有真正实行。此后，新庄（杨家墩）大队土地由生产队集体经营一直延续到1983年全面实行家庭联产承包责任制。

土地政策调整及利用

1983年，杨家墩大队全面实行家庭联产承包责任制，1049亩口粮田、1442亩责任田（劳力田）全部分配到户承包经营，农户必须完成国家农产品交售任务和上缴农业税，向集体上缴承包费，土地所有权仍属集体。1992年，杨家墩村对承包土地进行调整，全村口粮田为1000亩，劳力田为928亩，劳力田中270亩交由专业大户经营。1997年，对土地承包经营再次做调整，在留好国家集体征用规划用地，产业开发建设规划用地，道路建设、水利建设、新农村住宅建设规划用地的基础上，其余土地打破组界，由村经济合作社统一发包，并推行土地承包使用权流转机制。同年，调整农户住宅、杂边地、自留地（简称“三基地”），确定每人80平方米。

1992年始，杨家墩村土地陆续被国家征用，至2003年，除域外东江围垦尚有土地377亩外，村域内仅存村级发展三产留用地150亩、耕地100亩。

第四节　围垦土地

区内围垦

杨家墩村域西江塘北面，原是钱塘江古道。明、清时期，钱塘江主流北徙，西江塘外淤沙成陆，滩涂不断向外伸展。各姓乡人在滩涂上陆续围堤垦殖，形成村域内太围、昌围、大围、六甲、七甲、八甲、九甲、横舍圩、野鸭圩、高家圩等垦区。

中华人民共和国成立后，村域实行农业集体化，始有力量开展较大规模的江涂围垦。1957年春，冠山、浦沿两乡和闻堰乡黄山村，组织包括新庄高级社在内的多个高级社在钱江大桥东“铁船沙”（因此处原有一铁船沉江，故名）筑堤2.04千米，围得涂地1409.54亩。1958年，“铁船沙”围垦土地由长河公社（大公社）开设棉花种植试验场，时称“万斤棉场”（简称“棉场”）。1961年，新庄大队分得此处土地113亩，并分配给各生产队耕种。

顺坝围垦

1970年后，新庄大队先后参加萧山县、城北区组织的2次“顺坝围垦”，共出动劳动力1600多人，分得土地57.83亩。1971年，大队成立垦种队，负责此块土地的改良培肥，种植水稻、棉花、油菜、花生等作物。因此块土地离村域太远，于1982年出租给当地萧山县宁围公社宁北大队社员种植。2002年，因杭甬高速公路建设，土地被征用。

东江围垦

1976年后，新庄大队先后参加萧山县、城北区组织的3次“东江围垦”，共出动劳动力2850多人，分得土地519.64亩。20世纪80年代，东江围垦土地分配给各生产队耕种，每个生产队一般派1～2人长驻管理，农忙时抽调村内劳动力，或组织团员、民兵突击收种。1985年，杨家墩村在此块围垦低洼地上挖塘养虾、养鱼，池塘周边种植笋竹。1996年下半年，其中295.77亩土地承包给村民经营。至2003年，东江围垦尚有土地377亩。

第三章　村域经济

自明代有乡人落脚以来，杨家墩村域向为小农经济，生产落后。民国时期，村域有两三家小店，无工业。

中华人民共和国成立后，杨家墩村域发展集体经济。随着农业生产条件不断改善，20世纪60年代中期起，棉花、络麻、水稻等主要农作物稳产高产。20世纪80年代初家庭联产承包责任制实行后，农民放开手脚，种植业、养殖业多元发展，农业持续增产增收。20世纪90年代后期起，土地被大量征用，农业消退。

20世纪60年代中期，杨家墩村域集体工业起步。20世纪80年代后期，逐渐取代农业，成为村域经济的主要支柱和村民收入主要来源。20世纪90年代，私营企业发展，集体企业转制，村域工业焕发出全新活力，涌现出一批规模以上企业。

1956年，村域几家小店完成私营商业社会主义改造后，商品供应由集体商店和浦沿供销社保障。20世纪80年代初，个私工商业恢复，村域商贸业、服务业迅速崛起。1998年，省级高教园区落户村域。此后，万余师生入驻，各路商贾云集，仅明德路杨家墩商业街（啦嘻街，原名垃圾街）就有店铺500多家。2003年，村集体持股的“华润万家”超市开张，村级三产用房开建（2005年竣工），杨家墩村第三产业与城市化融为一体。

第一节　农业

中华人民共和国成立前，杨家墩村域农民单家独户耕作，生产落后。主要农作物为棉花、络麻和水稻。唯民国前期有“四都烟叶”和蚕桑业一度显名。中华人民共和国成立后，杨家墩村域农业生产条件不断改善，以农科队为依托，引进主要农作物优良品种，开展科学栽培试验活动，并将成功经验推广至大田，主要农作物产量持续稳产高产。1966—1996年，棉花平均亩产皮棉保持在60千克以上；络麻亩产最高年份有491.5千克。1978年，早、晚稻亩产实现“双过千”。家庭联产承包责任制实行后，农民积极性空前高涨，主体农业持续稳定，种植业、养殖业多元经营，效益农业长足发展。1990年后，杨家墩村土地征用加速。进入21世纪，农业消退。

主要农作物

棉花　民国时期即为杨家墩村域主要农作物之一，品种为亚洲棉（亦称“杜棉”），纤维粗短，产量很低。20世纪50—70年代，不断引进棉花新品种，推广营养钵育苗移栽等新技术，促进棉株早发。20世纪80年代，推广塑料薄膜覆盖提高地温，棉株早发早结铃效果更加明显。1985年后，品种以“浙萧棉1号”“中棉12号”为主，纤维长、衣份高，产量亦高，1988年，亩产皮棉66.5千克。1993年后，村域不再种植棉花。

络麻　1949年前，村域种有少量杜麻，产量不高。1960—1980年，不断引进、改良品种。1985年，全村络麻面积1207亩，为历史最高年份。1987年后大面积种植早熟品种“浙萧麻1号”，以利于下茬萝卜、白菜早栽早收后再种春粮。1993年后，国家取消络麻种植计划，村域不再种植。

水稻　1950年前后，村域主要种植单季晚稻。1961年始，推广“双季稻”。同年，早稻面积47亩。后，水利条件改善，1963年，早稻面积猛增到223亩，是1961年的4.74倍。此后，不断引进优良品种和先进栽培技术，产量逐年提高。1978年，早稻亩产526.5千克，晚稻亩产达543.5千克，均为历史最高。种植面积不断扩大，1996年，早稻面积820亩，为历史最高；晚稻面积1010亩，为历年第三。此后，土地被征用，水稻面积迅速减少，2002年后，不再种植。

春粮　杨家墩村域大麦、小麦亩产最高年份为1980年，分别为531千克、494千克。1997年后，土地减少，村域几乎不再种植。蚕豆可作辅粮，1961年，自然灾害时粮食紧张，种植面积近500亩。后终因经济效益不及其他作物，1990年仅种植29亩。1995年后，只是作为休闲食品偶见于村民自留地、杂边地。油菜按国家计划种植，1966—1985年，面积为140～160亩。油菜种植于1987年向围垦转移后，面积翻倍增加到1988年的近320亩。1993年，国家放开粮油市场后，杨家墩村油菜种植迅速减少。

杂粮　村域杂粮主要有玉米（六谷）、小米、番薯。六谷有夏秋之分，夏玉米春播夏收，色白质糯，可替代糯米用以搡年糕。秋玉米夏栽秋掰，色黄质粗，亩产250千克左右。小米产量很低，亩产100千克已觉不错。玉米、小米大多在杂边地、自留地种植，面积不多。1968年以前，新庄大队每年种植番薯100亩以上，以弥补粮食不足。1970年以后，随着水稻面积扩大和产量提高，番薯种植逐渐减少。1979年后，偶见于村民自留地。

土特产

烟叶　明末清初，杨家墩村域始种烟叶，称“四都烟叶”（时村域属四都），民国7年（1918）年获巴拿马太平洋万国博览会烟叶一等奖。1957—1959年，国家取消烟叶种植面积，改种粮食。1960年，萧山县政府重新下达烟叶种植计划，并改晒烟为烤烟，新庄大队各片均建起烤烟房。1963年，全大队集体种植烟叶90亩，社员自留地种植76亩。后因市场卷烟供应逐渐充足，1967年后，不再种植。

蚕桑　民国前期，村域西江塘内外有大面积桑园，养蚕几及每家每户。民国26年(1937）底，日本侵略军占领杭州，茧行、丝厂歇业。日机轰炸村域，2名村民遇难，多人受伤，大片桑园遭毁，自此村域蚕桑业一蹶不振。1957年，新庄高级社集体养过蚕，但成效不佳。此后，养蚕业淡出村域。

瓜果　民国及以前，村域有在房前屋后或庭院内种植果树者，然为数不多。1958年，新庄大队西江塘南石坟平整后种过扁桃，称“桃园里”。1964年，全大队有甘蔗20亩、黄金瓜26亩、雪梨瓜24亩。20世纪70年代初，大队种植番茄投售给杭州罐头食品厂，1975年，改种菜瓜投售给杭州景阳观酱菜厂。1978年在昌围畈南建立葡萄园。1982年，大队在顺坝围垦种植柑、橘、桃。分发给每户社员黄岩蜜橘苗2株种植于庭院。

花卉苗木　1979年起，新庄大队每个生产队都利用杂边地培育盆栽茉莉花，20世纪80年代初盛极一时，1994年起，因工烦利薄逐渐淘汰。1983年，部分社员在自留地、杂边地种植水杉、龙柏、四季青、夹竹桃等。1986年，在昌围畈建立杨家墩村苗木场，种植花卉苗木几十个品种。后，土地被征用，苗木场停办。

家畜

生猪　民国及以前，村域贫苦农民温饱未着，无力养猪。仅少数富裕人家能够养上一头年猪。中华人民共和国成立后，政府鼓励养猪，1956年，饲料粮列入“粮食三定”指标。人民公社化后，实行公养为主、私养为辅的养猪方针。1964年，新庄大队各片均建立集体猪场，1966年，出栏生猪528头。1977年，大队创办“百猪场”，繁育的仔猪供应给社员家庭，各生产队均建有猪场。1979年，全大队生猪饲养量3180头，为历史最高年份。1983年，实行家庭联产承包责任制后，集体畜牧场停办，养猪以村民家庭和专业大户为主。1998年后，随着城市化推进，养猪逐渐减少，并转向围垦地域。不久，村域内养猪绝迹。

羊　1950年后，作为家庭副业，村域有许多家庭养羊，品种多为山羊、湖羊。1965年，新庄大队建立绵羊配种场，引进优良绵羊品种，一年可剪两次羊毛。这一时期，提倡羊多肥多，新庄大队几乎家家户户养羊，1966年，饲养量为447头。1980年初，化肥供应充足，养羊逐渐消失。

兔　1985年，杨家墩村农户家庭养有长毛兔1493只。1990年后，兔毛价格大跌，养兔迅速消退。

第二节　工业

发展过程

杨家墩村（新庄大队）集体工业始创于1965年。同年，创办“劳动布加工厂”（废花厂），将布角料弹成花絮，发放给女社员纺成纱后，交给织布厂织成劳动布销售出厂。同年，创办柳条加工厂，利用河、沟、池塘边插种的柳条，编织成藤斗等出售。20世纪70年代初，通过下乡知青的人脉渠道，推行“厂社挂钩”发展队办企业。新庄大队与杭州市小百货公司挂钩，招聘国营企业退休的技术工人指导生产，利用牙膏壳等废铝，经冶炼、翻砂、冲压，制成铝梳、瓢羹、锅盆、饭盒等铝制品，交杭州市小百货公司经销。1973年后，先后创办机绣厂、服装厂、针织厂、电镀厂、棉油加工厂、纸木包装箱厂、水泥预制场等。1979年，全大队企业职工455人。工业总产值150万元、利润22.1万元，均居全公社首位，分别占浦沿公社队办企业总产值的34.8%、总利润的35.4%。

1983年，杨家墩大队13家队办企业实行承包制，推行“联利计酬，包定基数，超奖亏赔”的责任制，推动生产发展。1984年，工业产值613.29万元，是1983年的1.75倍。1985年，工业产值859.16万元，首次超过农业总产值。工业利润36.67万元，企业职工1516人，发放工资89.38万元。1988年，成立大新庄实业总公司。至1993年，杨家墩村有村办企业19家，年产值3646.69万元，年利润78.73万元，职工人数1086人。1994年，杨家墩村采取“不动产租赁、动产拍卖”的方式，将十几家村办集体企业转制成私营企业。此后，历经近10年发展，至2003年，杨家墩村当年工业收入2.3亿元。

主要村办企业

新庄量具五金厂（萧山有色金属制品厂）1973年6月创建，主要产品有不锈钢尺，精确程度符合国际标准，由上海泥木工商店经销全国及国际市场。1979年，改称萧山有色金属制品厂，主要从事铝制品制作、加工。产品由杭州市小百货公司经销。1991年，被萧山市人民政府命名为市二级工业企业。

机绣、服装厂　1973年5月创建，为杭州机绣厂联营企业。从事枕套镶边、整熨加工制作，劳动布服装、手套制作以及普通衬衣制作等，解决妇女劳动力就业，最多时职工500人。

新庄电镀厂　创建于1975年，设镀锌车间、镍铬车间和仿金车间。主要为杭州制钉厂、杭州铰链厂、杭州自行车厂、杭州乘风电扇厂等国营企业以及有关灯具厂配套服务。

新庄包装厂　创建于1983年，主要产品为木箱、纸箱，为杭州齿轮箱厂和钱江啤酒厂以及杨家墩村和周边企业提供包装用箱。1993年，产值252万元。

棉油加工厂　1983年，新庄大队与浦沿供销社联合创办，主营棉花收购，轧花剥绒、榨油炼油等。1990年，产值328.59万元。1991年后，棉花种植面积减少，收购停止。

之江灯具厂　原为村民张法坤私人企业，1991年转为村办企业。同年，被萧山市人民政府命名为市二级企业。1993年，产值910万元，税利55万元，职工180人。

六桥内衣厂　前身为1986年2月创建的杭州内衣厂第一分厂。主要生产中、高档衬衣，产品行销全国各地，1990年，产值1328.6万元，有本地员工320多人。

第三节　商贸服务业

变迁过程

民国时，杨家墩村域西江塘毛蜞塘头西，有来姓长河人开设“来兴盛”豆腐店，村域有“来兴陈”地名即源于此店名。后，转给杨雪正开米店。另有几家小店，小本经营，生意清冷。

中华人民共和国成立初至1955年，村域戴家里俞韵福（阿福店王）、金家里金祖根分别在杨家墩和金家里开有副食品店和茶店。还有陈家里陆文花(志根嫂）、前杨家墩蒋阿炳、褚家潭梧桐树塘埠头劳金寿、褚勤宝等开设的几家小店。这些小店，有民国时延存下来的，也有新开的。主要经营烟、酒、糖、油、盐、茶、糕点及淘箩、筅帚、畚箕、扫帚等生活用品。另有褚家潭田畈墙门郭福兴（湖南人）和劳金寿的货郎担、货郎车，穿梭坊间村头。服务业有李雪根的“钉秤”、李照根的裁缝店、陈初贵的理发店以及褚勤宝兼营的弹花店等。1956年私营商业社会主义改造完成后，陈家里等小店改变为合作商店。1966—1976年，几乎没有个体商业，合作商店由浦沿供销社接管。

20世纪80年代初，个私工商业恢复，供销社实行体制改革，村域合作商店由杨家墩村参与联合经营，店址从陈家里迁移至村排涝节制闸东。一些村民则在店门前摆起地摊，兜售蔬菜等农副产品。后“摊多拢市”，相继开设有面粉加工、豆制品加工、粮油副食品、餐饮熟食、服装加工、理发、修车等多家店铺。2003年，杨家墩村与永康明珠建设有限公司联营建成“华润万家”超市开张营业。2004年，杨家墩村占股45%的滨江加油站建成投运。2005年，投资763万元的三产用房（五层）6335平方米竣工。

杨家墩商业街

滨江区成立后，1998年，省级高教园区落户杨家墩村域，上万名师生涌入，带来极大商机。各路商贾云集，在褚家潭西江塘和村庄道路两侧开设服装鞋帽、日用杂货、电信手机、快递配送、饭店酒吧、浴室旅社、美容美发店、宠物交易等各种商店（铺）500多家，形成杨家墩商业街（啦嘻街，原名垃圾街）。仅餐饮业就有羊肉串、鱿鱼串、小笼包、大肉粽、东北水饺、兰州拉面、山东大饼、沙县小吃等全国各地烧烤熟食，风味小吃。商品价廉物美，号称“百元吃遍整条街”，成为杭州餐饮特色街，备受大学生青睐。

第四章　社会事业

民国及以前，杨家墩村域传统文化活动有庙会、宣卷、舞龙灯、竖高照等。村域缺医缺药，贫苦农民无力治病，唯有听天由命，更无公共卫生一说。

民国后期，有私塾5所。中华人民共和国成立后，村域广泛开展扫盲教学。1953年，设立公办小学。1958年，开办幼儿教育。1992年，普及九年制义务教育。1998年，省级高教园区落户村域。至2004年，有6所高等院校入驻。

1965年，新庄大队俱乐部成立。1986年，杨家墩村俱乐部被评为杭州市一级红旗俱乐部。被省委宣传部、省军区政治部命名为先进“民兵之家”。进入21世纪，逐步落实项目、场地、经费，群众文体活动常态化。

20世纪50—60年代，村域持续开展建设清洁家庭为主要内容的爱国卫生活动。1958年，新庄大队保健站设立。1969年起实行合作医疗制度。1983年，成为萧山县正规化、系统化儿童保健工作试点单位。2002年，杨家墩村获“浙江省卫生村”称号。

第一节　教育

民国后期，杨家墩村域有私塾5所，每塾学童10～20人，多为男童。教学内容为读书、写字和算术。

中华人民共和国成立后，杨家墩村开展扫盲识字教学。1953年，村域有上沙庙小学，为公办初级小学。1958年，开办幼儿教育。1963年，新建小学校舍，更名新庄小学，为完全小学。1971年，增设初中班。1990年是“国际扫盲年”，杨家墩村扫盲指标完成率为100%。1992年，普及九年制义务教育。1997年，新建杨家墩幼儿园，有教育楼1600多平方米。1998年，省级高教园区落户村域。至2004年，驻有6家高等院校。

学前教育

1958年，新庄大队为鼓励妇女参加集体劳动，解决家中没有人照顾小孩的困难，在戴家里俞祖望家墙门内办起幼儿园，共设大、中、小3个全托班，时有幼儿60多人，教育员16人。20世纪60年代初，幼儿园停办。1972年，为解决队办企业职工子女无人照看的实际困难，由新庄量具五金厂牵头创办幼儿班，地点设在机埠。后随大队工业企业的发展和村民的需要，在新庄小学内开设幼儿班2个。20世纪80年代，部分年份以片为单位，农忙时举办托管班。

1993年，杨家墩小学内幼儿班增设到5个，有幼儿192人，教师7人。1996年，投入资金76.7万元，动用土地2200平方米，在杨家祠堂南新建幼儿园，有教育楼1636.65平方米。1997年，挂牌“杨家墩幼儿园”，设班级6个，有幼儿教师14人。

学校教育

1951年，杨家墩村域5所私塾编并为3所简易小学，分别设在杨家祠堂、褚家潭、塘外张家。1953年下半年，3所小学合并到上沙庙，称上沙庙小学，为公办小学，设1～4个年级（班）。学生来自村域各自然村以及邻近宣家路、蔡何家（属东冠村）、十九村（联庄村）等，钱塘江火车站职工子弟也入读该校。1954年，上沙庙小学改名为临桥小学。1963年，拆除上沙庙殿宇，新建校舍，临桥小学改名为新庄小学，为完全小学，设6个年级（班），学生约260人。1964年下半年，新庄大队办起耕读小学，5个片（由自然村组成）各有1所。学生多为历年来因参加生产队劳动或家务劳动等原因的失学儿童，年龄7～12周岁。初为半天读书、半天劳动，1968年后纳入全日制学校。1969年开始，贫下中农管理学校，部分公办教师下放到生产队参加劳动，接受贫下中农再教育。赤脚教师走上讲台，时，新庄大队有教师16人，其中12人为赤脚教师（后大多转为民办教师）。同年，浦沿公社初中在新庄大队地域建成，新庄大队学生优先入读。1971年，新庄小学增设戴帽初中（在小学的基础上增设初中的教学模式）班2个，以满足更多孩子入读初中的要求，学制2年。学生来源以新庄大队为主，也接收联庄、冠三等大队的学生。1978年，民办教师队伍整顿后，加强业务培训并提高报酬。1984年，杨家墩小学迁入西江塘边新建的校舍。1992年，普及九年制义务教育。1996年，浦沿初中迁入东冠路新校舍，杨家墩村学生随读。2002年，杨家墩村投资30多万元，整修小学校舍，购置电脑等设施，建成多媒体教室。2003年，全面建成校园绿化带。后，滨江区教育局整体规划中小学布局，2005年，杨家墩小学被撤销。

成人教育

杨家墩村域成人教育始于20世纪50年代初。其时，村域“上沙庙”小学内办起成人夜校，村（合作社）建立识字班，开展扫盲教学。此外，组织小学生送字块、送卡片，在家中教父母识字、写字，实行包教包会；组织人员到田边、地头、路口拦人送字。主要扫盲对象为男女青年，脱盲标准为认字800个左右。这一时期，扫盲成绩相当显著，扫盲率70%左右。此后，各个年代也都在一定年份分期分批对文盲、半文盲进行教学培训，考试合格者，发给脱盲证。至1990年国际扫盲年，包括杨家墩村在内，浦沿镇扫盲指标完成率达100%。

20世纪70年代，队办企业兴起，根据行业特点，组织管理人员、技术人员开展经营管理和技术业务培训。20世纪80年代，有部分村民自发参加上级各类成人教育机构的学习。20世纪90年代后，村域土地征用增多，杨家墩村组织失地农民参加就业再就业技术培训。进入21世纪，杨家墩村有退休老人和书画爱好者参加老年大学学习。

第二节　文化　体育

文化活动

旧时，杨家墩村域春节期间有舞龙灯、做戏文的传统。村域上沙庙有庙会，竖高照、跳白神（跳无常）最为热闹。跳白神还应邀加盟杭州闸口、水澄桥等处庙会。村域另有宣卷（由识字人照本坐唱）颇受乡人欢迎。

中华人民共和国成立初，舞龙灯、竖高照等依旧相延。秧歌队、锣鼓队兴起，翻身农民欢欣鼓舞庆颂新社会、新生活。时褚家潭有“长胜锣鼓”远近闻名，锣鼓队一直延续到20世纪60年代。1965年，新庄大队成立俱乐部，自编自演一些反映农村新面貌的文艺节目。1966年起，俱乐部改称“毛泽东思想文艺宣传队”（简称“文宣队”），学唱“革命样板戏”等，创作表演一些具有本地风格的小戏、小演唱节目。每年春节还在杨家道地搭起戏台，与周边大队文宣队相互交流演出。举办乘凉晚会，到各自然村用文艺形式，宣传时事政治、好人好事以及计划生育等。

1976年后，恢复俱乐部。俱乐部里开设图书阅览室、投影电视室、乒乓球活动室、棋类活动室等。1982年，杭州市政协组织24名委员，参观杨家墩大队俱乐部并给予赞赏。萧山县奖给俱乐部投影电视1台。1986年，杨家墩村俱乐部被评为杭州市一级红旗俱乐部，后又被省委宣传部、省军区政治部命名为先进“民兵之家”。

体育活动

20世纪80年代以前，村域体育活动主要在学校开展。20世纪90年代始，杨家墩村组成篮球队、拔河队、田径队、乒乓球队、羽毛球队、象棋队等参加浦沿镇（街道）举办的各届运动会，取得较好成绩。进入21世纪后，文体活动进一步落实项目、场地、经费。文体爱好者组成各种活动团队，或唱歌跳舞，或习书练字，或参与广场舞、排舞和太极拳等健身活动。2001年，滨江区首届全民运动会上，杨家墩村获得趣味体育项目中的踩石过河第一名。2003年，杨家墩小学186名学生中，体育达标183人，达标率98.4%。

第三节　卫生与医疗保健

公共卫生

民国及以前，杨家墩村域无公共卫生可言，传染病、流行病常有发生，贫苦农民一旦得病，根本无力医治。

中华人民共和国成立后，人民政府十分重视公共卫生和医疗保健工作。20世纪50年代初，杨家墩村域各级组织发动群众开展以消灭“五毒”（苍蝇、蚊子、老鼠、跳蚤、臭虫），倡导“五净”（饮水食物净、身体衣服净、家具房屋庭院净、厨房厕所阴沟净、牛棚猪栏鸡舍净）为中心的爱国卫生运动。1956年，开展除“四害”[苍蝇、蚊子、老鼠、麻雀（后改为臭虫）]为中心的除害灭病工作。1958年，新庄大队组织社员捕杀老鼠，以上缴老鼠尾巴数量衡量工作成绩；各自然村指定地点集中安放露天粪坑，定期投放药物消杀粪蛆；清理阴沟排除积水，消灭蚊蝇孳生地。20世纪60年代，定期开展清洁户、尚清洁户、不清洁户评定，并将标签贴于受检户门枋，下次检查根据评定结果予以更换。20世纪80年代后期，家家用上自来水，户户都有封闭式化粪池。2001年，杨家墩村获评杭州市爱国卫生先进集体，2002年，获评浙江省卫生村。

合作医疗

1958年，新庄大队保健站设立，开展一些常见病的治疗以及创伤包扎等，担负全大队儿童蛔虫病调查防治，卡介苗、麻疹疫苗接种等工作，1962年底停办。1964年，重建保健站，浦沿公社卫生所派医生驻站。1968年，保健员改称“赤脚医生”。1969年，实行合作医疗制度，保健站改称新庄大队合作医疗站，社员医药费报销比例为20%。1976年起，实行公社、大队联办合作医疗。1978年，合作医疗站迁至毛蜞塘头西江塘沿北，设有门诊室、收费室、注射室、配药室、观察室和仓库。有“赤脚医生”、护理人员各2人。1983年，杨家墩大队合作医疗站作为萧山县试点单位，在省儿童保健院的指导下，开展正规化、系统化儿童保健工作，“四苗”（卡介苗、脊髓灰质炎苗、百白破疫苗、麻疹疫苗）接种率100%。儿童保健工作趋向保健与教育、优生优育相结合。1985年8月，世界卫生组织官员考察杨家墩合作医疗站。1989年9月，卫生员杨彩香获全国优秀助产士称号。2002年下半年，根据滨江区政府的部署，推行镇、村两级卫生组织一体化管理。2004年，杨家墩村合作医疗站改称为社区卫生服务站，纳入浦沿街道社区卫生服务中心管理。

第五章　生活民情

杨家墩村域自明代中叶有先人徙居始，经500多年，绝大多数农民世代贫困，生活艰难。

20世纪50年代后期，杨家墩人主要生活资料按国家计划凭票供应，保障社会公平和基本生活保证。集体化后，生产水平逐步提高，人均收入随之一步一个台阶。此后，随着改革深化，社会主义市场经济使得杨家墩人经济来源多元，收入大幅增加，2005年，年人均纯收入1.1万元，是1985年的13.55倍。

村域素来民风淳朴优良，几百年来得以很好地传承发扬，特别是中华人民共和国成立以来，随着时代节拍，不断充入新内容。

第一节　收入与分配

村民收入

20世纪50年代农业合作化初期，杨家墩村域各合作社社员按照入股土地、入股农具的股金和劳动工分、土肥投入参加年终分配。劳动工分一般一年评定一次，男正劳动力每出工一天记10分，妇女劳动力一般为6.5～7分。1957年，新庄高级社社员人均收入为52元。1958年人民公社化后，以“军事化”管理组织劳动，社员在公共食堂吃饭，群众戏称“出工一直头，吃饭一钵头”。1962年，确立以生产队为基本核算单位，农业分配走上正确轨道。同年，新庄大队年终决算，社员年终人均经济分配现金收入96元。1968年，新庄大队实行“二级所有制”，以大队为单位核算，同年，社员年终人均经济分配现金收入为115元。此后，社队企业兴起，务工社员和农村“五匠”必须向生产队缴纳部分工资，折算成工分（俗称“买工分”）参加分配，以兼顾务农、务工社员之间的公平。这一时期，随着农业持续稳产高产和社队企业对农业的反哺增加，社员现金分配收入不断提高，1982年达到340元。1983年，实行家庭联产承包责任制后，实行20年的原有分配方法不再继续。“交足国家、集体的，余下全是自己的”，提高村民积极性，1988年，年人均纯收入上升到1209元。进入20世纪90年代，特别是滨江区成立后，城市化进程促进村域第三产业发展，成为村民主要收入来源。2005年，年人均纯收入1.1万元。

粮油分配

合作化初期始，杨家墩村域农业种植严格执行国家指令性计划。粮食定产、定购、定销，称“三定粮”。口粮分年龄定量供应，村域19～50周岁社员，男性年口粮305千克，女性275千克，幼儿为50千克，年人均口粮225千克。村域为粮棉麻混作区，粮食种植面积受限，自产粮无法满足口粮，不足部分（3～5个月）口粮由国家供应，凭粮票或购粮证购买。各生产队自产粮在留取口粮、种粮、贮备粮、饲料粮后，余为超产粮，按工分分配，直至实行家庭联产承包责任制。1993年国家放开粮油市场，粮票取消，“三定粮”成为历史名词。

1955年，村域人口油（菜油）定量为每月187.5克。1962年后实行食油包干制，生产队在完成油菜籽投售国家任务后，多余部分作为社员口油按人头分配。1983年，杨家墩大队创办“棉油加工厂”，提供部分棉油分配给社员。1986年，杨家墩村民人均分得菜油和棉油共1.83千克。1993年，粮油市场放开，购销自由。

计划商品分配

中华人民共和国成立后，人民生活改善，购买力提高，但物资供应紧张。为保障公平，1958年起，棉布、五金交电等计划供应商品以及火柴、肥皂、煤油等日用百货品凭票或凭《购货证》供应。20世纪60年代初，食品、副食品供应趋紧，社员购买肉、糖、酒、烟、干果、鱼鲞都得凭票。1963年，新庄大队社员凭票、凭证购买的商品有30多种。至20世纪70年代后期，票证种类开始减少。1979年后，除棉布、棉絮尚须凭票购买外，其余商品敞开供应。1983年后，布票、棉絮票已成历史。

第二节　村民生活

自明正统年间至民国末500多年间，杨家墩村域绝大多数贫苦农民吃的是糠菜半年粮，穿的是土布百衲衣，出门赤脚草鞋，回家破屋漏舍。

中华人民共和国成立后，杨家墩人生活天天向上。20世纪60年代吃饱饭，20世纪70年代穿毛呢，20世纪80年代建新楼，20世纪90年代开轿车。进入21世纪，讲究营养保健。

住房

明清时，杨家墩村域各姓先人垦荒至此，沿西江塘南北以草棚、草舍栖身，聚居成为村落。从直舍（草房，俗称“火筒舍”）到横舍，随后出现砖木结构的小堂屋，间或有几间大堂屋、楼屋。至民国末，90%以上农户住的是平房、披屋或草舍。较大宅院仅俞家、劳家、孙家、陈家等几家，墙门内前厅后堂、左右厢房，中置天井、青石铺地。

中华人民共和国成立后，人民生活逐步改善，20世纪60—70年代，陆续有社员新建房屋，但仍是小堂屋为主。改革开放后，农户经济收入翻倍增长，建房迅速增多。20世纪90年代中后期，杨家墩村实施有规划的新农村建设，新建农居皆为3～4层“小洋楼”，不锈钢大门，琉璃砖外墙。水、电、卫生设施齐全。室内装修用花岗岩铺地，用大理石贴墙，卧室铺木地板，极具个性化、时尚化。

衣着

民国及以前，杨家墩村域有穿长衫马褂者，已足以显摆其家境之殷实，仅极少数地主富绅方能穿上洋布、绸缎、呢绒、裘皮。大多数贫苦农民都是土布衣衫补丁压补丁。

中华人民共和国成立后，杨家墩村人衣着打扮随着生活改善，踏着时代的节拍一步步更新。20世纪50年代，男子流行中山装，妇女时兴列宁装，衣料以斜纹卡其布为高档。20世纪60年代后期，年轻男女以穿草绿色军便装为时尚。20世纪70年代中期，尼龙、的确良、涤毛、腈纶等化纤服装成为首选，棉布衣服略觉“背时”，毛呢大衣几成标配。20世纪80年代后，西装、夹克、皮衣成为常服。进入20世纪90年代，衣着追求多样化、随意化。年轻女子无不戴金佩玉。进入21世纪，村民服饰追求时尚，讲究品牌。

饮食

民国及以前，杨家墩村域生产落后，大多数贫苦农民食不果腹，常以杂粮、瓜菜充饥，一年吃不上几顿白米饭。

中华人民共和国成立后，推动生产发展，杨家墩村域农民吃饭问题逐渐得到解决。20世纪60年代初自然灾害过后，尽管粮食还比较紧张，但社员口粮得到国家和集体的保障，吃饱不成问题。20世纪80年代，随着改革开放深入，第二、第三产业崛起，农户收入多元化。手头有钱，餐桌自然丰富，鱼肉荤腥长年不断。20世纪90年代后，杨家墩人餐桌上大鱼大肉已觉腻烦，绿色有机成为时尚。

出行

20世纪50年代以前，杨家墩人出行，陆路靠双脚，水路靠木船。1959年，开通杭州龙翔桥到萧山县城的公交15路车，社员进城可到附近联庄站乘车。1970年，开通杭州南星桥到闻堰镇的22路公交车，设新庄站。20世纪60—70年代，自行车十分时髦，成为姑娘出嫁彩礼三大件（手表、缝纫机、自行车）之一，但都得凭票供应。20世纪80年代，摩托车进入农家。后，三轮卡车、汽车（货车）用来搞运输，替代原来的人力钢丝车。20世纪90年代开始，轿车进入普通人家。滨江区成立后，城市建设加快，省级高教园区在杨家墩村域建成，城市公交四通八达。这一时期，村民国内旅游已是常见，不少村民还坐上飞机出境、出国旅游。

第三节　信仰　习俗　俚语

信仰

杨家墩村域僧尼修持场所有永福庵和上沙庙2处。永福庵，位于塘外俞家，

1956年毁于台风。上沙庙，坐落于褚家潭西江塘外，旧时庙会颇盛，1953年辟为小学校（上沙庙初小）。学校迁建后，一度为队办企业用房。1978年，乡人自发筹资在原址重建“上沙庙”（后又修葺、扩建），奉祀“张老相公”、观世音、纯阳祖师、土地、文昌、财神等，佛、道、地方神合一，常年有各种“香会”祭祀活动。至2005年撤村建居时，村域无僧尼或职业佛教徒，佛教信众多为中、老年人。

1949年前后，村域有少数道教徒，出现拜“九皇斗”活动，为反革命分子所利用，被政府取缔。

清同治六年（1867），有基督教到杨家墩村域传教。至2005年撤村建居时，入教人员不多。

习俗

杨家墩村域自明正统年间（1436—1449）有人落脚以来，500多年隶属萧山县（市），与萧山同为越地。诸姓先人绝大多数自萧山各地迁入，因而与萧山传统稻作地区基本是同风同俗。但也有个别节俗受长期生产生活影响，略有村域特色。如中元节（农历七月十五），旧时会请和尚、道士念佛诵经或请戏班子演《目连救母》等，以超度亡魂。又因村域乡人耕作习惯、居住环境略有不同，村落之间四时八节礼仪习俗也有细微差别，如同为祭祀护塘治江有功而奉为神者，居住于西江塘内的人家“请年菩萨”（祝福）时，祭请“黄山西南”，而塘外人家则祀奉“张老相公”（张夏）。还因与杭州仅一江之隔，而杭州又曾为宋都，故而亦有一些北方习俗融入，如吃长寿面。

俚语

杨家墩村域方言俚语，当属于萧、绍方言群。村域与杭州仅一江之隔，也有些许杭州话融入其中。中华人民共和国成立后，随着村域产业结构的改变，经济社会的进步，俚语中许多农谚已无人再说。一些俚语方言所述之物事，所寓之意蕴，已少有人知。如“裁缝师傅买田——千真（针）万真（针）”“托老鼠管蚕——信错人”等。年轻人对家乡的许多俚语土话，大多听不懂，也不太会说。倒是有些外来词、网络语成为他们的日常“俚语”。外地人口大量涌入村域，带来一些各地俗语，经过数年、十数年的日常交流，丰富杨家墩村域的俚语，如“老乡见老乡，两眼泪汪汪”“煞煞渴渴麻辣烫”等。

专　记

滨江高教园区

滨江高教园区主体位于杨家墩村域。1998年开始兴建，园区用地规模134公顷，总建筑面积82.6万平方米，总投资16亿元。2000年建成，为浙江省最早建成的省级高教园区。随即，杭州市区部分省属高等院校相继迁入，至2004年，园区内已有6所高等院校，其中5所位于杨家墩村域。

浙江中医药大学　始创于1953年6月，时名为浙江省中医进修学校。1959年6月，成立浙江中医学院，校址位于杭州市庆春街原浙江大学旧址。2000年3月，整体迁至杨家墩村域（2006年2月更名为浙江中医药大学）。

浙江警察学院　前身为浙江省公安干部学校。1982年，建立浙江省人民警察学校，1985年，创建浙江公安专科学校，1994年，更名为浙江公安高等专科学校。2000年，浙江省人民警察学校并入浙江公安高等专科学校，迁至杨家墩村域（2007年升格更名为浙江警察学院）。

浙江艺术职业学院　前身为创建于1951年11月的浙江省电影学校和1955年5月成立的浙江艺术学校，曾5次被评定为国家级重点艺术学校。1999年，两校合并，筹建浙江艺术职业学院。2002年，在杨家墩村域建院。

浙江机电职业技术学院　前身是创办于1952年的杭州工人技术学校，1953年，更名为杭州工业学校。1958年，升格为浙江机械专科学校。1961年，并入浙江大学。1964年，重新组建浙江工业学校。1975年，更名为浙江机械工业学校。2002年，成立浙江机电职业技术学院，在杨家墩村域设滨江院区。

浙江商业职业技术学院　前身为创办于清宣统三年（1911）的杭州中等商业学堂。2000年10月，在杨家墩村域（部分位于东冠村域）开建新校，2001年9月建成启用。

联庄村

联庄村位于浦沿街道北部，东起伟业路，南依南环路，西至沪昆铁路杭州绕行线，北连之江社区，面积2平方千米。

联庄村在滨江区的位置

来楚生　松颠浴鹭

第二十四编　联庄村

概　述

联庄村位于浦沿街道北部，面积2平方千米。村域原为钱塘江滩涂，清光绪晚期，始有萧山多地农民迁此垦种、定居，渐成村落。20世纪50年代，村域先后属长河乡、临桥乡、浦沿乡。1961年为浦沿人民公社联庄生产大队。1984年后称联庄村。1996年属杭州市滨江区，2003年改设联庄社区，有人口2800多人，分属90多个姓氏。

至民国末，村域土地开垦历史尚不足50年，农业十分落后，更无工商业。村民大多食不果腹，居住多为茅棚草舍，土布破衣难以御寒。村域虽有钱塘江大桥、浙赣铁路、萧杭公路之利，然村民出行仍靠“赤脚草鞋”。战乱炮火叠加江潮水患，村庄多遭损折。民国35年（1946）村域短暂有过义学，别无文化教育之举，更无药铺郎中。唯淳朴崇礼之民风习俗与萧山其他地区一脉相承。

20世纪50年代中期，联庄村域走上社会主义农业集体化道路，推动水利、农业科技等进步，20世纪60年代后期起，棉、麻、粮、油、猪、禽等持续稳产高产。20世纪90年代发展城郊型农业，经济效益明显提升。1993年全村土地一次性征用后，农业仅存围垦飞地。20世纪80—90年代，联庄村工业发展较快，1996年工业收入占全村总收入的78.15%。此后，建筑业发展加快，2003年收入5838万元，占全村总收入的56.84%。这一时期，村域商贸服务业集体、个私、联营一起上，旅游度假餐宿业异军突起，涌现之江度假村等多家行业著名企业。

随着各个时期村域经济的发展，邮政、通信、电力、广播、供水、排污等公用事业、公共设施建设持续加强。教育、卫生、文化建设长足发展。1979年，联庄大队获评全国业余教育先进集体。1995年，投资180万元，新建联庄学校。2003年，村民应保尽保参加滨江区统一实行的新型合作医疗，全村居民公共文体活动场所超过1600平方米，城市道路四通八达，公交线路车水马龙。村域水清、路净、景绿、灯亮，高楼林立，小区静怡，昔日江滩沙地农作村落已成现代城市亮丽新区。

第一章　基本村情

联庄村域原为钱塘江滩涂，清代晚期，始有萧山多地农民迁此垦种、定居，逐渐形成上沙埠等5个自然村。民国时，村域先后属萧山县外沙乡、长兴乡、长河镇。20世纪50年代，村域先后属长河乡、临桥乡、浦沿乡。1956年，建立联庄高级农业生产合作社（简称“联庄高级社”）。人民公社时期称联庄生产大队（简称“联庄大队”）。1984年后，称联庄村。1996年，属杭州市滨江区，2003年，改设联庄社区。2000年，全国人口普查显示村域人口增长为负，老龄化程度高于国际衡量标准。2003年，村域有人口2800多人，分属90多个姓氏。

1956年，中共联庄高级社党支部建立，人民公社时期称联庄大队党支部，1984年，改称联庄村党支部，2003年7月，成立中共联庄社区委员会。

1956年起，联庄高级社、联庄大队，联庄村民委员会负责集体生产、经营并行使行政管理职能。1991年后，集体经济运行管理由村经济合作社负责。2003年改设联庄社区经济合作社。

第一节　区位　地貌　村落

区位

联庄村位于浦沿街道北部，村域东起伟业路，西至沪昆铁路杭州绕行线（原浙赣铁路萧山段），南依南环路，北连之江社区。钱塘江大桥南堍坐落于村域西北境内，江南大道横贯东西。东距滨江区人民政府驻地6.5千米，东南离萧山区城区13千米。

地貌

联庄村域面积为2平方千米，原为钱塘江淤涨之滩涂，清代晚期始得垦种，耕作年代较近，为咸沙土，偏碱性。因质地偏沙，易漏水漏肥。村域无山地。地表水表现形式除村北钱塘江外，村域内有永久河（河面宽26米）贯穿全境，为人工河。另有部分池塘，其中较大的有大圩池，面积3亩，水深2米。

村落

相对于浦沿街道其他村，联庄村域内各自然村落形成时期较晚。清末，南沙大堤筑成后，周边贫苦农民陆续徙此开荒耕种，搭寮建舍，逐渐形成上沙埠、横舍圩、丰和圩、义渡埠、铁船沙等主要自然村。2003年联庄村改设社区后，各自然村落形态基本不再，取而代之的为4个居民小区。

上沙埠　原为清代钱塘江上沙渡泊船埠。后江滩淤涨，船埠外移，各地农人徙此垦种，逐渐形成村落，遂以埠名为村名，后为联庄村村委会驻地。

义渡埠　清代中叶，冠二村域北西江塘外有来姓乡贤所开中沙义渡，设渡埠（埠头）。此后江道北移，渡埠（埠头）随之北徙到联庄村域。后义渡不再，渡埠自无，唯留地名“义渡埠头”。乡人开垦定居，形成村落，义渡埠遂成村名。

铁船沙　民国26年（1937）12月，杭州沦陷前夕，国民政府当局将建成启用不足90天的钱塘江大桥炸断，并将建桥时所用之打桩机船（铁船）沉江，以免落日本侵略军之手。后，沉船被上游江洪冲移至大桥东500米处江流主道南侧。日积月累，泥沙淤积于此，形成大片沙滩，乡人称其为铁船沙。1958—1983年，此沙滩得以围垦开发。后成自然村，名以铁船沙。铁船沙亦称棉场，因20世纪50年代末长河人民公社在此种植棉花并建立“万斤棉场”而名。

第二节　建置沿革

区划设置

民国18年（1929），萧山县推行村里制，联庄村域属第二区外沙里。民国19年（1930），萧山全县9个区编制为7个区，改村里制为乡镇制，乡镇下设闾。村域横舍圩、丰和圩、义渡埠属第一区外沙乡。民国28年（1939），村域属东岳区长兴乡。民国34年（1945），萧山县重新编并乡、镇，乡、镇下属保、甲。联庄村域上沙埠、义渡埠时为长河镇第19保。

中华人民共和国成立时，村域属长河乡。1950年属临桥乡。1952年增设塘外，部分村域划属塘外乡。1953年10月，重新划归临桥乡。1954年，村域先后成立大桥、协和、信义、兴隆、钱江、中义6个初级农业生产合作社。1956年下半年，各初级社合并成立联庄高级社，意在“联合起来建设村庄”。1958年3月，浦沿、冠山两乡合并为浦沿乡，联庄高级社属浦沿乡。10月，长河人民公社（大公社）成立，浦沿乡沙地区组建为浦沿大队。联庄高级社改称浦沿大队联庄生产队。1959年，为长河人民公社冠山管理区联庄大队。1961年缩小公社规模，称浦沿公社联庄大队，辖生产队22个。1984年5月，撤销人民公社，恢复乡、镇体制，联庄大队改设联庄村，下辖村民小组16个。1996年5月，随浦沿镇划属杭州市西湖区。同年12月，隶属滨江区。2003年改设浦沿街道联庄社区，下辖居民小区有联庄一区、联庄二区、联庄三区、联庄四区和棉场。

基层组织

中共基层组织　1954年，临桥乡建立中国共产党支部，联庄村域党的活动受临桥乡党支部管辖。1956年4月，浦沿乡、临桥乡、冠山乡、塘外乡合并为浦沿乡、冠山乡。5月，两乡分别建立党总支，下属9个党支部，其中包括联庄高级社党支部。1958年3—9月，浦沿、冠山两乡合并为浦沿乡，建立浦沿乡党委，联庄高级社党支部属之。1958年10月，成立人民公社，联庄高级社改设浦沿大队联庄生产队，党组织隶属浦沿大队党总支。1959年，联庄生产队改称为联庄大队，党组织隶属长河公社冠山管理区党总支。1961年，建立浦沿人民公社党委，联庄大队党支部隶属。1984年，改称为联庄村党支部。2003年，改建为联庄社区党委。

行政管理组织　民国后期，联庄村域上沙埠、义渡埠为长河镇第19保，保长由上级委任。保下设甲，甲长大多由村民轮流担任，任期很短。

中华人民共和国成立后，村域建有农会和村行政委员会，一起负责土地改革、动员抗美援朝等重大工作和具体村务管理。1954年，初级社行使部分行政职能。1956年，联庄高级社成立，取代村级行政机构。人民公社化后，“政社合一”，联庄生产队（后称“大队”）行使行政职能。1961年，成立浦沿公社联庄大队管理委员会（简称“管委会”）负责属地的行政管理，管委会由大队长1人、副大队长及委员若干人组成。1968年3月，成立大队革命委员会，实行“党政一元化领导”。1978年10月，取消大队革命委员会，民主选举产生大队管委会。1984年，恢复乡（镇）、村建制，成立联庄村村民委员会（简称“村委会”），为村民自治组织。村委会设主任、副主任等，村委会每届任期3年，由村民代表大会选举产生。1997年后，由村民直接选举产生。2005年后，村委会选举不设候选人，由村民直接选举产生。2003年6月，联庄村改设联庄社区，村委会被撤销，成立联庄社区居民委员会。

经济管理组织　20世纪50年代初，村域有6个初级农业生产合作社，为村域最早的集体经济管理组织。1956年10月，联庄高级社建立，高级社管理委员会负责管理集体经济。人民公社化初期，经济管理一度实行配给制。1961年，纠正“共产风”后，联庄大队管委会负责集体经济管理，各生产队为基本（最小）经济核算分配单位。1968年起，大队革命委员会管理集体经济直至1978年大队管委会恢复。1984年，联庄村村民委员会成立后，负责全村集体经济运行管理。1991年联庄村经济合作社建立，负责村级集体资产、资金、资源的运行管理和保值增值。村经济合作社管理委员会由村民代表大会选举产生，由社长、副社长以及委员若干人组成。此后，村经济合作社任期及换届选举与村民委员会同步。1990年，全村集体固定资产263万元。2003年，改设社区，联庄村集体资产1.05亿元，是1990年的39.94倍。

第三节 人口 姓氏

联庄村域人口汇集，始于清代晚期钱塘江南沙大堤成形后。民国时期，村域虽有保、甲编制，但未见村域人口统计资料。中华人民共和国成立后，1953年，进行第一次人口普查。但由于联庄村域行政隶属关系变更颇多，有关人口资料大多散失。联庄村域人口统计资料始见于1961年的浦沿人民公社统计年报。

人口增长

1961年，联庄大队有321户1615人。此后人口增长较快，1964年为1893人。当年出生人口87人，人口出生率为45.96‰，自然增长率为36.98‰。1978年，增至2351人，比1961年增长42.4%。此后，计划生育成效显现，1982年总人口比1978年减少2人。1984年改设联庄村时总人口2358人，比1978年仅增加7人。1990年，全村人口出生率为15.49‰。2000年，第五次全国人口普查资料显示，联庄村总人口3421人，人口出生率为4.97‰，自然增长率为负数。

人口构成

性别构成 20世纪60年代初，联庄大队男性人口略多于女性人口，1961年性别比102.3（女性为100），1964年，男女性别比104.2。1978年，男性人口少于女性人口，男女性别比96.9。1990年，男女性别比94.5。20世纪90年代后期开始，村域外来就业人口增加，带来性别比的变化，男性人口超过女性。2000年，第五次全国人口普查资料显示，联庄村男性户籍人口1736人，女性户籍人口1685人，男女性别比为103。

文化构成　1961年，联庄大队劳动年龄段人口中在校学生5人。1990年，劳动年龄段人口高中（中专）及以上文化程度的有141人，其中大学1人。2000年，第五次全国人口普查资料显示，联庄村高中（中专）及以上文化程度人口437人，比1990年增加2.1倍，其中大学以上43人。

年龄构成　1961年，联庄大队正半劳动力占总人口比例44.6%。1984年，这一比例上升为77.4%，基本原因为20世纪60年代人口增长高峰期出生的人口进入劳动年龄段。此后这一比例开始下降，1996年为67.4%，比1984年下降10个百分点，但老龄化程度增加。2000年，全村65周岁以上人口占比7%以上，超过国际老龄化社会衡量标准。

姓氏

清晚期，钱塘江南沙大堤成形后，四周农民纷至垦种，颇具移民性质。故而姓氏甚多。2003年，全村2800多人分属90多个姓氏。其中，来、莫、陈、傅、周、杨为大姓，多来自原萧山区域。

第二章　村庄建设

旧时，联庄村域村民散落居住，村庄面貌脏乱无序。农业社会主义集体化后，村庄建设不断发展。20世纪50年代开通公交，至2003年，有10多条公交线路经过村域。20世纪60年代起，机埠、涵闸、沟渠等水利设施逐步配套完善，21世纪初建成百年一遇钱塘江标准堤塘。20世纪50年代，村域通邮、通电，1987年建立邮电分局。2003年，村集体及农户用电量190万千瓦时。20世纪60年代末，开通有线广播，至20世纪90年代后期有线电视普及。20世纪80年代，村民建房增多。20世纪90年代以后，新农居点环境优美，农民公寓设施配套，村容村貌焕然。新型食堂、自来水、老年活动室等公共设施为村民生产生活提供方便。21世纪初，互联网进入村域，昔日沙地农村接轨世界。

1951年春，联庄村域完成土地改革。1956年后，土地集体所有、集体经营制度基本建立，人民公社时期，这一制度更加巩固。家庭联产承包责任制后，土地所有制不变，经营机制灵活创新，推动生产发展和效益提高。

村域土地皆为历代村民围垦江涂所得，均为旱地。20世纪70年代后期水利改善，部分耕地实行稻麻轮作。20世纪50年代后期至20世纪80年代，联庄高级社（联庄大队）先后组织社员参加铁船沙、铁塔圩、顺坝、东江等多次围垦，增加集体土地807.5亩。1993年，建设钱江外商台商投资区之江区块，村域土地被一次性征用，域外围垦土地成为农业主场。

第一节　新农村建设

联庄村域，旧时村容衰败。中华人民共和国成立后，依靠国家和集体经济的力量，村域道路交通，江塘闸渠，邮政通信，电力广播，供水排污等公共设施建设和农户住宅建设不断加强，村容村貌持续更新。20世纪90年代后，村域城市化步伐加快。进入21世纪，昔日沙地农村，成为现代城市亮丽社区。

村容村貌

联庄村域原系钱塘江滩涂，清光绪后期南沙大堤形成后，始有各地农户迁此垦种，人们大多搭建草舍居住，慢慢形成上沙埠、横舍圩、丰和圩、义渡埠等自然村落，村容村貌散旧脏乱。

中华人民共和国成立后，20世纪50年代开始，村域农户响应人民政府号召，开展爱国卫生运动，积极治理村庄环境，面貌有所改善。1956年，村域遭强台风袭击，吹倒不少房舍，村庄严重受损。此后，依靠集体经济的力量，村庄基础设施有所增加。20世纪60年代联庄大队大会堂落成，是为村庄建设亮点。至20世纪70年代中期，有少数社员搭建平房小屋、改善居所，村容村貌有所改观，但总体格局依旧。

20世纪70年代后期至20世纪80年代初，社队企业发展提高社员的经济收入，联庄大队社员建房迅速增加，成为村庄建设的主要内容。1982年，社员建房纳入公社、大队统一管理。同年，联庄大队社员建房竣工186间6696平方米，其中楼房184间。1986年起，联庄村村民住房建设纳入浦沿镇村镇规划，安排联庄村新增农房建设点3处，用地1.5万平方米。这一时期，联庄村结合开展“五讲四美三热爱”（“五讲”：讲文明、讲礼貌、讲卫生、讲秩序、讲道德；“四美”：心灵美、语言美、行为美、环境美；“三热爱”：热爱祖国、热爱社会主义、热爱中国共产党）活动和文明创建活动，村容村貌明显改善。村域内之江度假村、上海仪表局疗养院、省地矿厅招待所等建筑投用，浙江美术学院在村域新建院舍，为村容村貌增色。

1993年，钱江外商台商投资区之江区块建设一次性征用村域所有土地，村民全部“农转非”。村庄建设进入全新模式。1995年，规划开建新农居点(A、B两区）。A区总用地9.98公顷，建造农居550户（其中公寓楼258户、单幢农居292户）。公建用地4200平方米。配套设施包括道路(三级）、防护绿化带、商店、公厕、幼儿园等。B区总用地18.5公顷，建造农居473户（其中公寓楼100户），公建用地1.17万平方米，配套设施包括道路（二级）、小学校、商场、变电所等。新农居点雨水、污水分流，分别纳入市政雨、污管道统一处理排放。2002年，中兴路(江南大道）拓宽整治、永久河绿化带、东信大道改造、之江公寓二期、联庄多层住宅等项目开工，村容村貌随之更新。

交通

沪昆铁路杭州绕行线（浙赣铁路萧山段）民国26年（1937）9月，钱塘江大桥铁路层通车，浙赣铁路自大桥南端进入联庄村域，往西南穿越村域经静江站（钱塘江站）后，过萧山东去宁波，南向金华。

杭萧公路　民国15年（1926），始筑自长河江边至萧山县城段，由浙江省道路局兴建。民国35年（1946）钱塘江大桥上层公路桥通车，新筑大桥南端至长河江边段公路，杭萧公路得以贯通，由西往东横穿联庄村全境3.1千米。1959年冬，杭州市公共汽车公司在此路开通延安路（龙翔桥）至萧山县城15路公交车（后改称315路、515路），村域设大桥南岸、联庄2个停靠站。1982年，杭萧公路由交通部纳入京福线国道公路，称“104国道”。1992年后，“104国道”改道经过彭埠大桥（钱江二桥），杭萧公路改称“03省道”。

杭闻公路(浦沿路)　南北向穿越联庄村域。初建于20世纪50年代前期，自钱塘江大桥南端通达浦沿，为县级公路。1970年拓宽路面至15米，为砂石路面，通达萧山闻堰。同年，杭州市公共汽车公司在此路开通杭州南星桥至萧山闻堰22路公交车（后改称222路），联庄村域设大桥南岸站。1998年拓宽至20米，2003年改为沥青路面，拓宽至36米。

江南大道　初名中兴路，自钱塘江大桥向东横穿村域及滨江区全境。2000年全线通车，双向六车道，中间设10米绿化带，为滨江区主干道。

东信大道　途经村域，路宽36米，双向四车道，沥青路面，1998年，建成通车，2002年，再次改造。

除前述杭萧公路、杭闻公路公交车外，此后，又陆续有197、139、116、

119、180、194、362、B支3、B支5、352路等公交线路途经联庄村域并设停靠站。

钱塘江大桥　铁路、公路两用桥，全长1.45千米。北端在杭州二龙山东麓，南端位于联庄村域上沙埠。民国23年(1934）开工兴建。民国26年(1937) 9月铁路层通车，同年11月公路层路面完成。杭州沦陷前夕，为阻止日本侵略军南犯，国民政府炸毁钢梁5节。至民国33年（1944）日本侵略军将其修复通行火车。日本侵略军投降后，民国36年（1947）3月，大桥上层的公路层正式开放。1949年初，国民党军队溃退时曾炸毁部分公路层路面，后人民政府旋即将其修复。

东信大道1号桥　位于村域江南大道与东信大道交叉口，横跨永久河，桥长23米，宽36米。

老桥　旧时，村域有一水沟南北相隔，有善举者购得上等松木两大根，置于沟上以成木桥，坊间称之为“老桥”。自此，乡人南北往来方便。经此桥南行，时为通往浦沿、龙山的唯一道路，故亦有乡人称此桥为“进龙桥”。1957年，此处开挖永久河，“老桥”得以重建，桥面为碎石公路，往南则通达浦沿、闻堰，北接杭萧公路。

伟业路桥　位于村域伟业路与江南大道交叉口，横跨永久河，桥长16米，宽40米。

水利设施

南沙大堤　成形于清光绪晚期。中华人民共和国成立后，对大堤进行连接、加固、培高。1956年大堤遭强台风袭击，修复后分批分期抛石筑坝，加固加宽，堤坝趋于稳定。20世纪60年代，村域段南沙大堤仍临江。1991年，采用浆砌护坡后称之为钱塘江大堤。2001年后，加固临江一线堤塘建成百年一遇标准塘，村域段南沙大堤被替代。

棉场小围堤　1957年筑成。西起钱塘江大桥上坡处，东至山二小围堤，总长2.76千米，穿越联庄村域。

联庄小围堤　位于钱塘江大桥西，1974年筑成。西与新生小堤接线，东至大桥警卫连，全长560米。

棉场闸　1967年6月建成，排涝流量为每秒2.2立方米，服务农田1400亩。

排灌机埠　中心机埠，建于1962年；丰和圩机埠，建于1972年；义渡埠机埠，建于1972年；农场圩机埠，建于1974年；12组机埠，建于1987年。1993年，村域有渠道38条13.1千米，有排水沟35条13.3千米。

公用事业

邮政电信　20世纪50年代中期，浦沿邮政代办所建立，联庄村域邮件、电报由代办所寄、发。20世纪60年代后期，报刊邮件送达大队办公室，信件寄发可由邮递工作人员代办，电报仍须去浦沿集镇拍发，或过钱塘江大桥到杭州拍发。1967年，联庄大队办公室安装电话机。20世纪70年代，当天报刊邮件基本能送达各自然村。20世纪80年代后期起，报刊邮件基本投递到户，电话机开始增多。1987年，萧山邮电局在联庄村域建立之江邮电分局，村域邮电事业借势加快发展，家庭私人电话开始出现。20世纪80年代末，无线寻呼机在村域比较时髦。20世纪90年代后期，无线市话“小灵通”流行村域。进入21世纪，手机逐渐替代小灵通，并基本普及到青壮年人手1部。2003年联庄村改设城市社区，计算机网络已在域内机关企事业单位出现。

电力　1959年，联庄大队通电。不久，社员家庭基本接通电灯，告别蜡烛、油灯照明。20世纪80年代初，联庄大队队办企业兴起，用电扩容增量。1995年开始，联庄村规划农居点建设，其中规划设立低压变电所3处，设计总用电负荷为512千瓦，单幢农户、多层公寓用电指标每户1千瓦，同时使用系数为0.5。1996年，全村集体与村民家庭实际用电113.85万千瓦时，2003年增至190万千瓦时。

广播电视　1968年，浦沿公社广播站成立后，联庄大队开始陆续为社员家庭接入有线广播，并建立大队广播室。20世纪70年代末，电视开始进入社员家庭。1984年，全村有电视机115台。1990年为412台，其中彩电87台。20世纪90年代初，配合镇广播站，对广播网络进行整顿，喇叭入户率80%以上。1998年，联庄村接通有线电视，2003年后，普及有线数字电视。

公共设施

1965年，联庄大队保健站组建。1967年，大队大会堂落成。1968年，大队机埠添置碾米机，社员家庭自此告别手工碾米。1978年，联庄大队有饲料粉碎机1台、碾米机2台、磨粉机1台（后又增加1台）。实行家庭联产承包责任制后，设立村肥药站，为农户提供化肥农药和技术服务。1984年，建造村食堂（40平方米），方便企业职工和村工作人员就餐，2000年，食堂扩建50平方米并翻建为二间三楼。1990年，筹集资金60万元，将自来水总管道接通至村域几个主点，供村民接水入户。1995年后，联庄新农居点开建，配备生活用水量每天716立方米，并配置消防设施。1997年，用于村老年活动室建设资金35.09万元。

第二节　土地使用

土地制度与经营

民国及以前，联庄村域土地虽为农户开垦而成，多数土地仍被少数地主、富农占有。除部分自耕农外，大多数贫苦农民靠租种地主土地维持生计，备受压迫剥削。若年景稍差，交完地租，收入所剩无几。

1951年春，联庄村域完成土地改革，地主、富农的多余土地，分配给贫苦农民，土地为农民家庭所有并自主经营。1953年，村域党政组织和农会引导农户建立多个互助组，帮助经济基础薄弱及劳动力、生产工具等不足的困难农户开展生产。互助组土地由农户家庭经营，农户间互帮互利，报酬或产品实行等价交换或找补。1954年，村域先后成立大桥、协和、信义、兴隆、钱江、中义6个初级农业生产合作社，土地由初级社统一经营，所有权仍属社员家庭，社员以劳动工分和土地入股参加分配。1956年下半年，各初级社合并成立联庄高级农业生产合作社（联庄高级社）。土地归高级社集体所有，由集体组织生产和经营，社会主义集体土地所有制基本建立，并允许农户家庭留有少量自留地。社员参加集体劳动，实行按劳分配。

20世纪50年代末，人民公社成立后，联庄村域社会主义土地集体所有制进一步巩固，但亦产生公社无偿平调土地等生产资料的问题。村域附近铁船沙1400多亩土地原为相关高级社围垦而成，长河人民公社（大公社）成立后，将此围垦土地收属公社，开办“万斤棉场”。1961年，“万斤棉场”土地重新分配给当年围垦参与单位。自此，联庄大队确立以生产队为基本经营核算单位，土地由生产队经营，主要按国家计划安排作物种植并组织生产。

1982年后，实行家庭联产承包责任制，联庄大队土地分给农户家庭经营。1984年，政府发给农户承包土地使用证。1989年，村域土地实行有偿承包，同年，收缴土地承包款3.8万元。1992年，推行“两田制”，由村统一确定人均口粮田、责任田的承包面积，确定承包期到1997年，并继续实行土地有偿使用。1993年，村域内土地被国家一次性征用，围垦土地继续实行承包经营。

土地状况与利用

1961年，联庄大队有耕地1375亩，均为旱地，其中社员自留地、饲料地87亩。至实行家庭联产承包责任制时，联庄大队内共有耕地1431亩，社员自留地82亩，土地状况与1961年相比较，20年间基本无变化。实行家庭联产承包责任制后的1984年，村域内耕地减为1333亩（含社员自留地62亩），比1983年减少118亩，其中用于兴修水利40亩、国家建设征地17亩、乡村基建用地61亩(含社员建房用地20亩)。此后耕地继续减少，其中1990年又减少130亩，用途分别为水利建设、乡村基本建设（道路建设、企业用地、农户建房等）。同年，全村共有耕地1665亩（含围垦），其中500亩为水田，其余均为旱地。1992年，有120亩土地被征用建设浙江美术学院。1993年，联庄村内土地被一次性全部征用（建设钱江外商台商投资区之江区块）。1996年，联庄村集体耕地仅剩萧山围垦飞地495亩，2003年，因国家建设征用29.5亩减为465.5亩。

第三节　围垦土地

联庄村域历史上为钱塘江滩涂。清光绪后期南沙大堤形成后，各地农民陆续迁此开荒耕种，因而村域土地皆可称为围垦土地。

铁船沙围垦　1957年，冠山、浦沿二乡组织所属高级社，联合闻堰乡黄山高级社，在钱塘江大桥东侧铁船沙筑堤围涂，围得土地1409.54亩，是农业集体化后萧山围垦面积最大的地块。1958年，长河人民公社（大公社）成立后，将此块土地收为公社所有，建设“万斤棉场”(故该处又称“棉场圩”)。1961年后，缩小人民公社规模，实行“三级所有，队为基础”的方针，生产队成为基本核算单位。棉场圩土地分配给原参加围垦的单位，其中联庄大队分得201.5亩。此块土地原先以种植棉花为主，后又种植络麻、甘蔗等。20世纪70年代末，水利改善，部分土地实行稻麻轮作。

铁塔圩围垦　1972年春，联庄大队与新生大队联合，在钱塘江大桥西侧铁塔圩围筑堤1177米，获得土地110亩。

顺坝围垦、东江围垦　20世纪60年代后期至20世纪80年代，联庄大队（村）多次出动劳动力参加城北区、萧山县组织的顺坝围垦、东江围垦，分别获得顺坝垦区土地38亩、东江垦区土地458亩，共计496亩。1983年前，此2处围垦土地由大队或生产队集体经营。此后交由农业大户承包经营。1993年，村域土地被全部征用，农业仅存于此2处围垦。

第三章　村域经济

联庄村域晚清时始有乡民迁此垦种。主栽农作物为棉花、春粮以及秋杂粮，产量低下。旧时，村民除养鸡外，其他畜禽养殖甚少。村中有少量手工艺匠人，无工业或作坊。偶有零星走商行贩兜售日用小商品于村域。

中华人民共和国成立后，棉、麻、油等主要农作物按国家计划种植。农业集体化推动水利等生产条件改善，20世纪60年代后期起，主要农作物产量稳步增长。养殖业以养猪为主，公养、私养并举，取得长足发展。20世纪80年代初，实行家庭联产承包责任制后，种植业、养殖业跃上新台阶并走上城郊型农业新路，经济效益明显提升。1993年，全村土地一次性征用后，农业用地仅存围垦飞地。

联庄村工业起步于20世纪70年代中期，20世纪80—90年代发展较快。1996年全村工业收入2842.24万元，占全村总收入的78.15%。这一时期，有多家镇办企业、外来企业入驻村域。1993年，钱江外商台商投资区之江区块设立后，入驻多家高新技术企业。村域建筑业起步较晚，发展较快，2003年，建筑业收入5838万元，是工业收入的2.87倍。

20世纪80年代，联庄村域商贸业、服务业快速发展，个私、集体、联营均有。利用钱塘江大桥两侧名胜古迹，旅游度假餐宿业异军突起，涌现之江度假村等多家行业内知名企业。20世纪90年代初，开创出口贸易。2003年撤村建居时，村集体资产1.05亿元。

第一节　农业

联庄村域耕地原系钱塘江滩涂沙土，土地成熟较晚，灌溉困难，且易漏水漏肥。民国时期，主要种植作物为棉花、大小麦、蚕（豌）豆以及秋杂粮等，间有少量络麻和烟叶。村域以养鸡为主，很少饲养家畜。20世纪50年代中期始，村域主要农作物按国家计划种植。社会主义集体经济的发展，推动农业条件的改善和先进技术的推广，主要农作物产量稳步增长。20世纪70年代后期，部分耕地开始种植水稻。养殖业以养猪为主。这一时期，大队农科队在农业新品种、新技术推广应用上起到重要作用。20世纪80年代初，实行家庭联产承包责任制后，农户主动性、创造性得以发挥，种植业、养殖业向多样化、城郊服务型发展，收成和经济效益跃上新台阶。1993年，村域土地被一次性征用后，种植业仅存域外围垦或农户外包土地，养殖业迅速消退。

经济作物

棉花　村域棉花种植历史较早，民国时期主要种植品种为亚洲棉（俗称“本棉”），质地较差，亩产籽棉75千克左右。20世纪50年代初，国家实行棉花统购，下达种植计划。棉花成为联庄村域最主要农作物，当家品种为以陆地岱字棉（源自美国，农户称其为“洋棉”），纤维长，产量也高。1961年，联庄大队种植棉花678亩。此后，品种和栽培技术不断更新、提高。1978年，面积为605亩，平均亩产65.55千克（皮棉，下同）。其中第一、第二、第四生产队的平均亩产超过100千克，大队奖励19英寸电视机各1台。此后，水利设施改善，部分土地实行稻棉麻轮作，部分棉花种植转向围垦。1984年，村域棉花面积减至323亩，平均亩产增至115.5千克。围垦棉花面积409亩，平均亩产80千克。1993年村域土地被征用后，围垦飞地成为农业主场。1996年，围垦有棉花311亩。2003年，联庄村转制为城市社区，统计年报无棉花记载。

络麻　民国时期，村域种植络麻较少。中华人民共和国成立后，络麻由国家统购，种植面积开始增加。1954年后，络麻种植根据国家计划安排，品种以青麻为主。1961年，联庄大队种植络麻305亩，品种以黄麻为主，平均亩产生麻310.5千克。20世纪70年代后，引进更为高产的红麻。1978年，络麻平均亩产478.5千克。1985年、1986年，国际麻类组织官员、联合国粮农组织官员先后到联庄村考察络麻生产情况与科研情况。1990年，全村有络麻539亩。1993年，村域土地被全部征用，不再有络麻种植。

油菜　农业集体化前，村域农户种植油菜不多。1959年开始，油菜列入国家种植、收购计划，种植面积增加。1961年，联庄大队种植油菜125亩，平均亩产油菜籽41.5千克。1978年，种植面积99亩，平均亩产油菜籽105.5千克。20世纪80年代初，国家出台油菜籽定购加价政策，农户种植积极性高涨。1984年，联庄村除村域内种植油菜123亩外，又在围垦种植409亩。后，食用油市场放开，供应充足，油菜面积下降，1990年为211亩。1993年，村域土地被征用。1996年，仅在围垦和外包地种植油菜76亩。2003年，年报已未见油菜统计。

蔬菜　联庄村域土地属沙性土，透气性好，适宜种植蔬菜。农业集体化前，农户种植蔬菜多为自家食用。1961年，联庄大队集体种植蔬菜274亩，主要为秋冬季菜。此后，强调粮棉麻主体农业，蔬菜面积急剧下降，1978年仅为87亩。20世纪80年代初实施家庭联产承包责任制后，农户种植种类相对自由，蔬菜种植经济效益较好，1984年，种植面积迅速扩大到400亩。1993年，村域土地被全部征用，但农户发展蔬菜生产劲头不减反增。1996年，利用域外围垦飞地和外包土地种植蔬菜743亩，2003年，扩大到807亩。

烟叶　村域旧属萧山四都，所产烟叶称“四都烟叶”，民国初期获巴拿马太平洋万国博览会烟叶一等奖，但受年景与市场影响，生产波动很大。20世纪50年代初、20世纪60年代初，国家两度下达烟叶种植计划。1961年，联庄大队种植烟叶92亩，总产4.59吨。1964年，烟叶种植减为27亩，总产4.55吨。1966年后，联庄大队不再种植烟叶。

粮食作物

春粮　历史上村域土地均为旱地，无法种植水稻。春粮（大小麦、蚕豆）是最主要的粮食作物。1961年，联庄大队春粮面积587亩，平均亩产153千克。此后播种面积基本稳定，产量提高较快，1978年，平均亩产372千克，比1964年增长136.2%。20世纪80年代初，家庭联产承包责任制后，农户生产热情高涨，1984年，春粮平均亩产418千克，并在围垦扩种春粮206亩。此后春粮面积基本稳定。1993年，村域土地被征用后，不再种植春粮。

夏秋杂粮　包括番薯、玉米以及小米、芋艿、绿赤豆等小杂粮。1961年，联庄大队有夏秋杂粮（番薯为主）面积268亩，平均亩产346.5千克。1964年播种面积为251亩，平均亩产330.5千克。此后播种面积下降，1978年为134亩（其中番薯122亩）。村域内夏秋杂粮面积被水稻取代，仅在围垦有少量种植。

水稻　20世纪70年代后期，村域排灌改善，部分旱地改作水田。1978年，联庄大队种植早稻189亩，晚稻63亩，另有杂交水稻5亩。20世纪80年代初，家庭联产承包责任制后，农户种植相对自主，种稻积极性提高。1984年，联庄村早稻面积增加到321亩，平均亩产373.5千克；晚稻面积猛增到427亩，平均亩产447千克。1992年，国家粮食市场进一步开放，1993年，联庄村土地被征用，全村仅在围垦飞地尚存少量水稻面积，1996年，仅剩27亩单季晚稻。

花卉苗木

联庄村花卉苗木生产起步于20世纪80年代末。20世纪90年代初，村域内曾建有浦沿花木市场，镇办之江水泥厂也在村域建立苗木基地（苗场）。1995年，联合新生村，在村域钱塘江大桥南端举办为期10天的全国花卉苗木展销会。2003年，联庄村在围垦有花木种植面积399亩，销售收入375万元。

家畜、家禽、渔业

20世纪60年代末以前，联庄村域家禽家畜均为农户家庭私养。20世纪60—80年代初，集体畜牧场发展。实行家庭联产承包责任制后，村域涌现一批畜、禽养殖和渔业专业户。

家畜　1961年，联庄大队年末存栏生猪94头、羊20头、家兔30只。1964年，养殖业复苏。同年，生猪存栏273头，养羊增加到125头，养兔突破100只。20世纪60年代末，集体畜牧场兴起。至1978年，联庄有大队畜牧场1个、生产队畜牧场10个，全年生猪饲养量966头（含社员家庭养猪）。全大队养羊减至46头，养兔降为69只（主要为长毛兔）。1982年，大队畜牧场停办，生产队畜牧场有16个，全年生猪饲养量1653头，户均3.18头，居浦沿公社各大队第二位。养羊、养兔继续衰退。实行家庭联产承包责任制后，联庄村集体畜牧场停办。1984年，生猪饲养量下降为1352头。此后，养猪业回升，1990年，全村饲养量为1645头，与1984年基本持平。菜兔、长毛兔养殖快速发展，饲养量增至450只。此后，村域土地被征用，畜禽养殖迅速衰退，1996年，生猪饲养量仅为435头。2003年，联庄村转制为社区，据年报养殖业统计，生猪饲养量652头。

家禽　1961年，鸡鸭1185羽。实行家庭联产承包责任制后，家禽养殖发展，全年饲养量2650羽，产蛋3.65吨。1990年，家禽年末存栏5590羽，全年，产禽肉21.2吨，产蛋11.5吨。此后，村域土地被征用，畜禽养殖迅速衰退，1996年，家禽年末存栏减为1800羽。2003年，联庄村转制为社区，同年农业年报，已不见家禽养殖统计。

渔业　1982年，联庄大队有鱼塘50亩，产淡水鱼2.5吨。1984年，实行家庭联产承包责任制后，发展多种经营，渔业兴起。同年，淡水鱼养殖产量

3.5吨；利用钱塘江水域等，捕捞野生鱼4吨。1990年，有集体渔场2个，产淡水鱼12.1吨，并出现多个渔业专业户。此后，村域土地被征用，畜、禽养殖迅速衰退，渔业仍有发展，养殖水面增加到75亩。2003年，农业年报统计全村淡水鱼产量8吨，是历史最高年份。

第二节　工业

联庄村域集体工业起步于20世纪70年代中后期，至1990年，全村工业从业人员超过总劳动力的54%，工业收入590.79万元，占全村总收入的54%。20世纪90年代后期集体企业转制后，多种经济成分的工业企业共同发展，1996年，工业收入占全村总收入的78.15%。2003年，联庄村转制为城市社区，村级工业收入为2036万元。建筑业发展更快，收入达5838万元，是工业收入的2.87倍。村域地理位置优越，吸引外来工业企业入驻。1993年，联庄村域建设成为钱江外商台商投资区之江区块后，陆续有多家高新企业入驻。

村级工业

联庄村属工业起步于20世纪70年中后期。1978年，工业和手工业收入17.74万元。进入20世纪80年代，联庄大队集体工业发展迅速。1982年，大队集体工业总产值57.45万元。主要工业企业有电子元件厂、五金配件厂、汽车配件厂、天鹅绒加工厂等，其中电子元件厂生产的“大桥牌”电容器市场声誉颇好。1984年，创建水泥沟管制品厂（联庄预制场）、浦沿日用五金厂一分厂等集体企业。这一时期，个私工商业恢复，有村民个人创办萧山熔炼五金厂。1985年，联庄村主要集体企业采取承包合同制，时有企业员工200多人。其中，五金配件厂员工95人，承包产值55万元，工资、利润10.8万元；水泥沟管制品厂员工40人，承包产值20万元，工资、利润3.9万元；电子元件厂员工69人，承包产值20万元，工资、利润5.7万元。1986年，联庄村与杭州链条总厂联办杭州链条总厂萧山联庄冷轧分厂。1987年，创办灯具厂。1998年又新办空调厂，同年，村办电子元件厂扩建并转为浦沿镇属企业。至1990年，全村镇、村工业从业人员超过总劳动力的54%，其中村办工业从业人员394人，村民联户企业从业人员89人。同年，联庄村工业收入590.79万元，占全村总收入的54%。此后，村域工业发展加快。这一时期，全村有杭州链条总厂萧山联庄冷轧分厂、萧山华美灯具厂、萧山进口汽车修理厂、萧山浦沿联庄机械配件厂、浦沿链条厂以及环保设备厂、汽车配件厂等集体企业。1992年，全村9家村办企业共有职工443人，固定资产240万元，工业产值803万元，实现利税61万元。1996年，全村工业收入2842.24万元，占全村总收入的78.15%。2003年，联庄村转制为城市社区，工业收入2036万元。

联庄村村属建筑业起步较晚，发展较快。1990年，建筑业从业人员167人，收入69.27万元。1993年后，区域内钱江外商台商投资区之江区块建设助推建筑业发展。1996年，联庄村建筑业收入增加到197.24万元。2003年，建筑业收入5838万元，是工业收入的2.87倍。

外来工业

联庄村地理位置优越，交通便捷，吸引外来工业企业入驻。

1973年，杭州自来水公司珊瑚沙水库工程浦沿农田修建队在联庄大队成立。1984年，改名萧山县市政公司浦沿市政工程队。1992年，有职工137人，固定资产55万元。1993年，实现产值806万元。

1984年，浦沿镇属萧山计量器具厂在联庄村创办，1992年，有职工187人，固定资产137万元。1993年，创产值813万元。

1988年，浦沿镇与上海天和电容器厂联营，在联庄村创办萧山电子元件厂。1992年，有职工140人，固定资产393万元。1993年，创产值275万元。

1993年，联庄村土地一次性被征用为之江开发区后，陆续有高新企业入驻。

著名产品

“银花”牌不锈钢直尺、角尺　萧山计量器具厂生产。直尺有100～1000毫米6个规格；角尺有150～500毫米等5个规格。质量符合JB 2546—79标准，通过杭州市标准计量局三级计量验收。产品销往江苏、福建、广东、浙江等地，并由外贸公司销往泰国、马来西亚等国家。

“大桥”牌电解电容器　萧山电子元件厂生产。“大桥”牌CD11型铝电解电容器共有1～33微法拉等60多个规格，产品主要用于电视机、收录机、收音机以及电子玩具。1987年5月，产品获机械电子工业部颁发的全国工业产品生产许可证。1990年5月，获省计划经济委员会、省对外经济贸易厅、省进出口商品检验局颁发的出口商品质量保证企业合格证。产品销往香港、上海、江苏和杭州、宁波、绍兴等地。

第三节　商贸服务业　运输业

中华人民共和国成立后，联庄村域商贸服务业得以发展。20世纪80年代初，改革开放深入，得益于优越的地理交通条件，联庄村域商贸服务业、运输业的迅速发展。2003年，转制为城市社区，商饮服务业收入是1990年的1.65倍；运输业收入是1990年的1.9倍、1978年的35.61倍。在该村集体、个私商贸服务业和运输业的发展的同时，吸引众多外来商贸服务业企业入驻，其中包括连续多年被评为“浙江省最佳星级饭店”的杭州之江度假村。

商贸服务业

民国时期，联庄村域有零星商户走村售卖日用小商品。村域老桥头偶有乡人出售自家农副产品。中华人民共和国成立后，商贸服务业得以发展。20世纪50年代后期，浦沿合作商业在联庄村域设有代销点。20世纪50年代末，开通杭州至萧山县城15路公共汽车后，联庄大队设有2个停靠站，社员外出购物或上杭州城区，或到西兴、萧山，相对便利。20世纪70年代初，开通杭州经浦沿至闻堰的22路公交车，社员上浦沿购物、销售农副产品比较方便。

20世纪80年代初，政策放开，商贸服务业渠道开始畅通。利用村域内104国道横贯、杭闻公路直穿等交通优势，1981年，联庄大队开设大桥旅馆、大桥饭店。1982年，开办五金交电店。1984年10月，大桥旅馆扩建。同年，联庄村从事餐饮业、服务业（含外出从事服务业的“五匠”）有60人。这一时期，联庄村属服务业企业还有之江饭店、停车场等。此后，联庄村利用紧贴钱塘江大桥以及与杭州六和塔、闸口白塔岭等名胜古迹隔江相望，与虎跑、西湖景区相距甚近的优势，寻求餐饮住宿疗养等服务业在村域发展。1984年，与上海仪表电讯工业局合作，在钱塘江大桥南堍沿海塘250米地段南沙大堤内，建设钱江旅游度假服务中心（上海仪表电讯工业局职工疗养院）。1985年，与浙江省地质矿产厅机械厂合作，建设五层楼的省地质矿产厅招待所。1986年，涉足金融行业，设立浦沿信用社之江分社。1987年4月，浦沿镇办杭州曲轴厂与北京炼焦化学厂在村域钱塘江大桥东南端联办的之江宾馆正式营业。同年，联庄村服务业又扩展到邮电行业，设立萧山邮电局之江分局。浦沿市心商场（浦沿合作商店）在村域开办联庄商店。1990年，联庄村商业饮食业、服务业从业人员70人，收入180.41万元。同期，村域建有浦沿花木市场。1993年前后，村域开创出口贸易，有“大桥牌”电解电容器、“银花牌”不锈钢直尺角尺2个工业产品（多个规格）通过外贸公司出口海外。1995年，开始建设的新农居点，在B区安排商场面积4200平方米。1996年，全村商饮服务业从业人员增加到97人。1997年，联庄村投资30.24万元，用于村菜市场建设。2003年，建成2130平方米的杭州市滨江区联庄农贸市场，有摊位63个。同年，联庄村商饮服务业收入298万元，是1990年的1.65倍。

运输业

联庄村域坐拥钱塘江大桥南堍和原浙赣铁路萧山段起点。民国35年（1946），钱塘江大桥南堍至长河江边公路建成，横贯村域，连接萧山，通达宁、绍、金、衢。20世纪50年代中后期，又开通钱塘江大桥南堍至浦沿、闻堰的公路。交通优势助推联庄村域运输业的发展。1978年，联庄大队交通运输业收入4.17万元，有大型拖拉机2台。1982年，增加农运载重汽车1辆。1984年，成立联庄村运输队，购置“跃进”牌、“青海湖”牌运输汽车各1辆。同年，全村运输业从业人员37人。1985年，村运输队购置“东风”牌载重汽车1辆。1990年，运输业从业人员增加到78人。1996年，运输业从业人员147人，运输业收入77.84万元。2003年，联庄村改设城市社区，当年全村运输业148.5万元，是1978年的35.61倍。

第四章　社会事业

旧时，联庄坊间乡人除少量棋、牌娱乐和儿童游戏外，无其他文化体育活动。村域常见病、传染病时有，但少医少药。民国35年（1946），村域跳板桥曾有小学（义学），不久停学。

中华人民共和国成立后，村域教育卫生文化体育事业不断发展。

20世纪50年代末，联庄村域始有幼儿班。2003年，村幼儿园有3个班级、110名幼儿。20世纪50年代初联庄初级小学创立，20世纪60年代中期设高小，20世纪70年代初增设初中班。1995年，投资180万元新建联庄学校。1979年，联庄大队获评全国业余教育先进集体。1993年后，成人教育重点转向失地农民素质培训、就业培训。

20世纪60年代，村域天花等多种传染病得以消灭。2003年，儿童防疫

“五苗”接种率100%。1981年起，孕产妇全部纳入围产期保健管理系统，每两月开展1次妇科病普查。21世纪起，实行老人和小学生免费体检。1965年，联庄大队建立保健站，1968年，创立合作医疗。2003年，村民参加滨江区新型合作医疗保障体系。

20世纪60年代初，联庄大队以俱乐部（文宣队）、民兵连为骨干，广泛开展群众文体和军民文体联谊活动。20世纪80年代，将俱乐部及文体活动纳入工作考核。1990年，第十一届亚运会（北京亚运会）火炬传递到联庄村。1998—2001年，浦沿小学联庄分校多次获杭州市中小学生艺术节奖项，2003年，学生体育达标率98%，综合得分居全区第三位。

第一节 教育

幼儿教育

联庄村域幼儿教育始于20世纪50年代末，时浦沿乡所属各村均办有幼儿园，1961年后停办。20世纪60年代末70年代初，允许小学生携带未到入学年龄的弟、妹在学校看管。20世纪80年代后，村幼儿园恢复。1993年，联庄村幼儿园有班级3个，入园幼儿141人，专职教师4人。1995年，联庄村规划建设新农居点，在新农居点A区内设幼儿园，规划用地1000平方米。1997年，投资93.49万元，用于幼儿园及宿舍建设。至2003年，联庄村改设社区时，联庄幼儿园有3个班级，入园幼儿110人，有教职工5人，其中专任教师3人。

学校教育

民国35年（1946）春，邻村七甲里人来者佛，在联庄村域跳板桥建四开间坐北朝南草房，创办义学，招收学生40多人，不收学费，只收书簿费。后因师资、生源、路途等原因停办。留下校舍1949年后成为农会驻地。1950年，在该处重开学校，称“跳板桥小学”。后改称联庄小学（初级小学），设1～3年级。高小段学生则就读浦沿乡中心小学或冠山完小（长寿庵小学，位于长河街道长一村祠堂前自然村）。1964年后，联庄小学开设高小平行班，毕业生升读初中则主要报考萧山县属长河初级中学。1970年后，初中学生主要入读位于杨家墩村的浦沿初级中学。1972年，联庄小学增设初中班，学制2年，共历3届，1978年停办。20世纪80年代后期，创办联庄小学校办企业联庄电子元件厂，向学校缴纳一定款项以补充学校经费。1989年，联庄村随浦沿镇列入普及九年义务教育行列，1994年，普及九年义务教育达到国家教委和省政府规定的指标。1995年，联庄村投资180万元，在新农居点内用地1万平方米，新建联庄学校，办学规模为18个班级。后，学校更名为浦沿小学联庄分校。1997年，全村福利事业开支中，用于学校的资金7.42万元，占福利事业总开支的24.4%。2003年，联庄分校有学生249人，并开始尝试小班化教学。

成人教育

20世纪50年代初，村域开办冬学、夜校、识字班，开展扫盲教学。人民公社初期，联庄小学组织学生为家长送字块、识字卡片等活动。20世纪60年代中期开始，扫盲工作主要由大队俱乐部、民兵连、妇代会承担。20世纪70年代后期，扫盲重点对象为12～40周岁人群。1979年，举办联庄夜校，开展业余教育和扫盲，340多人参加学习。同年，联庄大队获评全国业余教育先进集体。1985年，17～45周岁青壮年非文盲率87%。1990年完成扫盲指标。

1986年，按照浦沿镇部署，联庄村开办业余党校、团校。同年，联庄村家长学校成立。1987年9月，浦沿镇与杭州齿轮箱厂科协合作，在联庄小学举办财会培训班，招收学员48人，学制1年。通过全国统一标准的相关考试，42人合格毕业，被分配到企业工作。1989年，村域初中毕业生大多参加离校前的法律、人口、环保、镇情等社会知识培训。这一时期起，村域有青年分别参加电大、农函大等学习。1990年，杭州老年大学浦沿分校成立，联庄村有多人报名入学。1991年，组织村干部以及农技员、植保员、配药员等参加干部中级农业技术专业培训班，领到结业证书。1992年，组织部分村办企业负责人、村工办负责人以及校办企业负责人参加浦沿镇举办的企业管理培训班。同年始，组织农技人员、科技示范户参加萧山燎原广播电视学校浦沿分校学习。1993年，村域有多人参加上级成人教育机构举办的高中、中专文凭和大专毕业证书考试。此后，村域土地被征用，成人教育重点转向失地农民素质培训、就业培训。

第二节　卫生

疫病预防

旧时，浦沿一带有流行传染病12种，以病毒性肝炎、菌痢、麻疹、百日咳、出血热、肠炎为常见。联庄村域概莫能外，钩端螺旋体尤多。

20世纪50年代初，村域开始接种牛痘等疫苗，不久，天花、回归热等传染病消失。20世纪60年代初，斑疹伤寒绝迹。1978年起，大队合作医疗站配合上级防疫部门，开展儿童卡介苗、脑脊椎灰质炎、麻疹、百日咳、破伤风、流脑、乙脑等疫苗接种，并为参加田间劳动的社员接种钩端螺旋体疫苗。疫苗接种使上述疫病得以全面控制，白喉、脑脊椎灰质炎很快绝迹。1988年，疟疾消灭。20世纪90年代初，钩端螺旋体病不见新发。1998年，儿童卡介苗、脑脊椎灰质炎、麻疹、百白破、乙肝疫苗“五苗”接种率为99.2%～99.6%，2003年达到100%。同年，预防“非典”，未有病例发生。

卫生保健

20世纪50年代，村域开展爱国卫生运动。20世纪60年代，联庄大队开展社员家庭“清洁户、尚清洁户、不清洁户”检查评定，张贴标签于门枋，下次检查后评定更换。20世纪80年代初开始，结合“五讲四美”等活动，整治卫生死角。20世纪80年代末开始，对村域饭店、旅馆等行业从业人员进行定期健康检查。1995年起，结合新农居点建设，普及家庭卫生户厕。

20世纪50年代中期，村域开始推行新法接生。20世纪60年代初，联庄大队部分产妇临盆到邻村新生产院。20世纪60年代后期，产妇大多到医院生产。1972年，组织全大队妇女参加防癌普查。1981年起，孕产妇全部由公社（乡、镇）卫生院建卡纳入围产期保健管理系统。此后，每两月开展1次妇科病普查，不定期开展妇女更年期普查。1996年始，村域准备结婚的青年大多参加婚前健康检查。2002年始，对村域60周岁以上老年人进行免费体检。2003年，组织村小学学生参加健康体检，并开展婴幼儿疾病筛查与防治。

医疗保障

旧时，联庄村域既无药铺，又无郎中。乡人一旦得病，家境较好的或能延医请药，绝大多数贫苦人家只得听天由命。

20世纪50年代初始，村民有病可上集体性质的浦沿联合诊所诊治。人民公社化后，浦沿公社卫生院建立，联庄大队社员看病更加方便。驻扎村域的人民解放军部队卫生员也常为社员（村民）提供医疗服务。1965年，联庄大队建立保健站，落实专职医务人员为社员诊治小病和医疗服务，且不定期邀请公社卫生院的医生到保健站坐诊。1968年，联庄大队建立合作医疗制度，合作医疗基金在大队公益金中列支。社员在大队合作医疗站看病交费甚微，到公社卫生院或上级医疗机构看病经大队合作医疗站转院，可按规定报销医药费。1976年开始，合作医疗由大队、公社联办。20世纪80年代初，实行家庭联产承包责任制后，合作医疗停办，大队合作医疗站改称村卫生保健室，由医务人员承包经营。1990年后，恢复合作医疗，村民自愿报名参加并缴纳一定款额作为合作医疗基金后，可按规定报销医药费。村每年安排一定资金用于村民医药费报销。1997年，联庄村用于支付村民医药费32.9万元，又在村级福利开支中列支合作医疗支出9.66万元。2003年，村民应保尽保参加滨江区统一实行的新型合作医疗。

第三节　文化　体育

旧时，联庄村域几无文化活动。邻村若有社戏，附近上沙庙、义渡庙等若遇庙会有迎会、竖高招、跳无常等，村民往观。村民中除部分象棋、扑克牌、麻将、“车马炮”（自制纸牌）等爱好者外，偶有年轻人喜走高跷等。孩童则玩跳绳、抽陀螺、老鹰拖小鸡、老虎扑子等游戏。中华人民共和国成立后，村域群众文化和体育活动逐渐丰富。

群众文化

20世纪50年代初，村域青年农民开展扭秧歌、敲锣鼓等活动，欢庆翻身解放，宣传土地改革、抗美援朝。20世纪60年代初，联庄大队俱乐部成立，编、演一些文艺小节目。1966年起，俱乐部更名“毛泽东思想文艺宣传队”（文宣队），学唱“样板戏”、“语录歌”和革命歌曲，创作、表演小节目，宣传“农业学大寨”等。20世纪60年代后期，大队大会堂建成后，也邀请其他文宣队登台演出。20世纪60—70年代，县、公社电影放映机构常受邀到联庄大队放映露天电影。这一时期，大队俱乐部、文宣队、团支部、民兵连与驻联庄的中国人民解放军部队以及钱塘江大桥警卫连开展文化联谊活动较多。部队放映电影也常接纳联庄大队社员往观。20世纪80年代初开始，俱乐部落实兼职人员，开展图书借阅、黑板报、学习室等活动，并纳入工作考核。1990年，村域萧山计量器具厂与萧山宝石厂等联合举办“浦沿杯”钢笔书法大奖赛。此后，录像放映、卡拉OK、家庭影院等成为村民文化活动的新载体。20世纪90年代后期，村域校园文化亮眼。村域的文化设施增加较快，2003年后，联庄社区居民公共文化活动场所有1300多平方米。

校园文体

联庄村域学校体育开始于20世纪50年代后期，联庄小学有简易的体育课，主要内容为队列、课间操等，也曾组织学生参加春游远足活动。儿童节时，会有一些简单的趣味游戏。20世纪60年代末，学校开设音乐课、图画课。体育课改为军训课，有时邀请村域驻军指战员帮助指导。1976年后体育课恢复，体育教学项目增加。1979年后，推行学生体育达标，基本做到每周2节体育课，课间开展广播操和眼保健操。20世纪90年代后，校园文化活动频繁，除了常设的音乐、美术课教学外，还开展歌咏、舞蹈等活动。六一国际儿童节等节日，常有师生文体联谊活动。1998—2001年，浦沿小学联庄分校舞蹈队节目先后获杭州市中小学生艺术节二、三等奖。这一时期，学生体育达标活动深入开展，2003年，浦沿小学联庄分校体育达标综合得分居滨江区第三位，学生体育达标率98%。

群众体育

20世纪50年代至20世纪70年代后期，联庄大队群众自发体育活动有游泳、象棋、军棋、扑克牌等。有组织的体育活动结合民兵训练和俱乐部活动开展，形式有队列、投掷、越野、武装泅渡、拔河、棋类、乒乓球、篮球等。这一时期，驻军连队帮助大队开展青年民兵军体训练。逢年过节，军民联谊活动中亦有军体项目。1988年，联庄村加入浦沿镇体育协会。1990年9月4日，第十一届亚运会（北京亚运会）“亚运之光”火炬传递到联庄村，在之江宾馆作短暂停留后转往绍兴。1993年，联庄村在浦沿镇首届全民运动会上成绩不俗。20世纪90年代末，村民加入滨江区全民健身活动。此后，联庄村有健身小广场、文体综合活动室面积共300平方米。

第四节 文物与旅游资源

联庄村域最重要的文物与旅游资源为钱塘江大桥（2006年5月被列为全国重点文物保护单位）。杭州之江度假村曾为四星级度假型旅游涉外酒店，因城市建设而拆除。

钱塘江大桥

大桥南起村域上沙埠，北至西湖区六和塔虎跑路，是中国自行设计、建造的第一座双层铁路、公路两用桥。钱塘江大桥是杭州市著名的旅游景点，立于桥上，举世闻名的钱塘江大潮一览无余。位于村域的大桥南端桥头堡东墙，有“钱塘江大桥说略”碑，为钱塘江工程处撰文，民国25年（1936）5月立；桥头堡西墙，有“钱塘江大桥维修工程”碑，为杭州市人民政府撰文，2001年5月立。

杭州之江度假村

杭州之江度假村前身为之江宾馆，位于钱塘江大桥东南端。1985年，由浦沿镇属杭州曲轴厂与北京焦化厂联办，建筑为二层庭院式。1987年4月，之江宾馆正式营业。1993年2月，之江宾馆更名为杭州之江度假村，占地面积211公顷，建筑面积5000平方米。至2000年，杭州之江度假村已发展成集餐饮住宿、休闲娱乐、商务会议于一体的度假型旅游涉外酒店，挂牌“四星”后，连续多年被评为“浙江省最佳星级饭店”，先后获评“浙江省最佳休闲度假饭店”“浙江省首批绿色饭店”“中国十佳度假村”。杭州之江度假村于2009年10月28日停止营业，并开始拆除原有全部建筑。

第五章　生活民情

旧时，联庄村域土地贫瘠，潮患不息。贫苦农民生计艰难，日常饭食以杂粮瓜菜为主，春节期间能有点鸡鸭鱼肉待客，实为装点门面。大人小孩过年能穿上土布新衣新鞋已属相当讲究。村民居所多为草舍，出门谋事营生全凭双脚。村域土壤系沙土，虽不甚泥泞，但阴雨日久苔滑难行。

中华人民共和国成立后，社员以劳动工分参加集体经济分配，多劳多得，收入不断提高。实行家庭联产承包责任制后，村民收入多元，增长更快。2003年，全村人均收入是1964年的数十倍多。村民生活发生巨大变化。从旧时的食不果腹，到21世纪的吃腻荤腥，讲究营养保健、绿色有机。穿着打扮时髦、高档绝不亚于城里人，土布已成“古董”。草房早已绝迹，20世纪80年代起，村民建房全是楼房。1995年后，陆续入住新农居点，1000多套户单幢农家小楼、农民公寓楼，装潢考究。村民出行，家庭轿车、摩托车、出租车、公交车，随心随意，“赤脚草鞋”已是老人口中的传说。

村民祖上大多来自萧山，民风、习俗、语言一脉相承，仅因或来自萧山东片沙地或来自附近稻作区，而有个别些微不同。也有一些农谚、俚语体现长期在钱塘江边耕作生息的印记。

第一节　村民收入

收入稳定时期

中华人民共和国成立后，村域农民分得土地，生计有了保障。20世纪50年代后期开始，社会主义集体经济优越性得以发挥。合作社时期，农民以土地股和劳动工分参加分配，收入明显比旧时增加。1961年纠正“共产风”后，联庄大队以生产队为基本核算单位，社员以劳动工分参加集体经济分配，多劳多得。1964年，社员年终人均经济分配现金收入84元。此后，农产品产量稳步增长，社员人均收入逐年增长。20世纪70年代中期，社队企业兴起，务工社员和农村“五匠”必须向生产队缴纳部分工资，折算成工分（俗称“买工分”）参加分配，兼顾务工、务农社员间的公平，提高集体经济分配水平。这一时期，随着农业持续稳产高产和社队企业对农业的反哺增加，社员人均收入不断提高，1978年，社员年终人均经济分配现金收入144元。

快速增长时期

20世纪80年代初家庭联产承包责任制后，联庄村农户积极性、创造性充分发挥，生产经营自主权扩大，家庭和集体分配收入明显增长。1990年，全村人均纯收入居浦沿镇第三位，达到1580元。1993年，村域土地被一次性征用后，村民广泛就业于第二、第三产业，人均纯收入增长更快，1996年达到4243元，比1990年增长1.69倍。滨江区成立后，城市化进程拉动联庄村民的收入增长，2003年，改设社区，全村人均纯收入7277元，比1996年增长71.5%。

第二节　村民生活

饮食

农业集体化以后，联庄社员口粮按年龄定量，一半由国家供应，一半为自产粮。自产粮部分，除留取种粮、储备粮、饲料粮，补足国家供应后不足部分口粮外，其余按工分分配。食用油按人头分配。得益于国家保障，即便20世纪60年代初三年困难时期，联庄大队也无饥荒极端事例。此后，农业复苏，社员用粮水平开始提高。20世纪70年代后期，水利改善，联庄大队部分耕地实行稻麻轮作，粮食生产发展较快，社员用粮水平提高，1978年，联庄大队年人均口粮349.5千克，人均储备粮87.5千克，由吃饱转向吃好。这一时期，烟、酒、糖等主要副食品以及部分干果、干水产品实行分配供应、凭票购买，保障公平和基本需求。改革开放后，副食品逐步敞开供应。家庭联产承包责任制后，农户种植种类相对自由，水稻、油菜面积迅速增加，承包户转而向国家投售粮、油。自此，村民饮食消费结构开始明显变化，肉禽蛋、水产品成为餐桌主角，奶制品、水果、营养保健食品消费快速增长，酒水消费日趋高档，请客聚餐转向以宾馆酒店为主场所。

服饰

联庄村域为棉花种植区，乡人素以穿自纺自织的土布为主。20世纪50年代中期开始，国家发行布票，社员持布票购买卡其、哔叽、府绸等，开始穿着“洋布”。20世纪60年代后期，草绿色军便装风靡于青年群体。20世纪70年代中期，尼龙、的确良、涤毛、腈纶等化纤服装成为时尚。20世纪80年代初，成年男女毛呢大衣普及。随即，布票取消，针棉织品敞开供应。20世纪80年代后，西装、夹克、皮衣成为常服。进入20世纪90年代后，服饰追求多样化、讲究品牌。进入21世纪，联庄村人穿着打扮反显随意化，追求个性化。

住房

中华人民共和国成立初，联庄村民居住多为草舍。20世纪70年代，始有村民新建房屋，以平屋为主。改革开放后，社队企业发展，农户经济收入快速增长，改变居住条件要求迫切，建房迅速增多。1982年，联庄大队社员用于建房的投资18.6万元，竣工住房186间6696平方米，其中楼房184间，全为砖混结构。20世纪80年代后期，联庄村新增农房建设点3处，用地1.5万平方米。新建农居多为3～4层“小洋楼”，水、电、卫生设施齐全。1995年后，统一规划建设新农居点，A、B两区建造农居1023户，其中公寓楼358户，其余为单幢农居。入住村民室内花岗岩铺地，大理石贴墙，木地板卧室者为数众多。

出行

相对于浦沿镇其他村，联庄人出行比较方便。1954年，人民政府全面修复钱塘江大桥后，村民跨过大桥即入杭州城区。1959年冬，杭州公共汽车公司的15路公交车在联庄设2个停靠站，结束联庄人外出全靠步行的历史。20

世纪60年代中期，人力钢丝车迅速增加。1978年，490户社员家庭有人力钢丝车399辆，彻底改变以往驮物全凭肩挑手扛的状况。这一时期自行车开始出现，但须凭票供应，分配到社员家庭的很少。20世纪70年代末，数量逐渐增多。1984年，全村有自行车616辆，户均超过1辆，成为村民短途出行、运输的主要交通工具。20世纪80年代末开始，汽车、摩托车进入联庄村民家庭，1990年，农户家庭共有汽车4辆，三轮卡车9辆，二轮摩托车29辆。进入21世纪，村民出门，小汽车、摩托车、出租车、公交车，随心随意。坐火车、飞机去国内外旅游的也不乏其人。

第三节 民风 习俗

相比于浦沿镇其他村，联庄村域历史较短。清光绪后期，钱塘江南沙大堤形成，始有萧山各地农民徙此垦种定居。且村域一直隶属萧山，故岁时节庆、祈神祭祖、礼仪风俗、方言土话、农谚俚语等民风习俗与萧山一脉相承。最早到村域落居之人，既有附近长河、浦沿一带的，也有萧山东部沙地片者。100多年的共同生活，不同祖籍地人们的语言风格、习俗俚语已经基本融为一体，但也有微小区别。

称谓习俗

村民中，特别是年长者，祖上是萧山东部沙地片的，在语音与语言表述上多少还保留些许绍兴味，在生活习俗上与祖上是萧山稻作区的也还有点滴区别。其中，祖上是稻作区的人称伯父按排行唤“大伯、二伯”，称舅妈为“娘妗”，来自沙地的人则分别称“大爹、二爹”“妗姆”。祖上是东部沙地片者称前方为“南头”，南行为“直上”，北走为“直落”，东、西向均称“横过”。祖上是稻作区的人所打年糕为圆形，是沙地者所打年糕多有条形。其中祭江神，祖上是沙地片者祭“张老相公（张夏）”，是稻作区的祭“黄山西南”。村域与杭州有钱塘江大桥相连，在与江北居民的长期交往过程中，也相互融汇语言或习俗中的些许成分。

谚语俚语

村域地处钱塘江边，长期的生产、生活实践，产生一些自具特色的谚语、俚语，村民多因开垦滩涂立业兴家，有谚语“若要发，沿江踏”。旧时村民居住多为草舍，江边风大，常为所毁，有谚语“南风转北飑，横舍都吹倒，直舍像马跑”。村域长期种植番薯，有农谚“小满种薯用箩担，芒种种薯拎菜篮，夏至种薯像鸡蛋”。村域素来种植小麦、蚕豆（祖上是萧山东部沙地片者称之为“罗汉豆”），有农谚“豆勿下冬里，麦勿下雪里”“豆地年年调，收成年年好”“清明见荚，立夏好吃（蚕豆）”等。

名人

蔡永祥（1948—1966） 安徽省肥东县人。于1966年2月参军入伍，为浙江省军区3支队3连的一名守卫钱塘江大桥的哨兵。1966年10月10日凌晨，蔡永祥身披雨衣，手执钢枪，守卫在联庄村域钱塘江大桥南头的哨位上。2时34分，由南昌开往北京的“红卫兵”专列（764次列车）驰向大桥，蔡永祥发现离他40多米的铁轨上横着一根大木头，冲上去把木头推出铁轨之外。火车司机发现木头，采取制动，但列车因为巨大的惯性，依然向前，列车、乘客、大桥均脱险，但蔡永祥却献出年轻的生命。

蔡永祥牺牲后，原南京军区追认其为中共正式党员，记一等功。解放军原总政治部发出通知，号召全军和广大民兵向蔡永祥学习。《人民日报》发表社论，号召全国人民向蔡永祥学习。杭州市革命委员会在钱塘江大桥西北侧的月轮山建立蔡永祥烈士陈列馆，并塑像纪念。

专 记

钱塘江大桥收费站

1987年，浙江省人民政府为筹集资金建设钱塘江第二大桥，决定对过往钱塘江大桥的车辆征收通行费。8月，在大桥南104国道联庄村域段建成收费广场和收费站。经省政府办公厅浙政办〔1987〕73号文件批准，同年9月，钱塘江大桥开始收取车辆通行费。1999年12月31日，收费终止，前后共历时12年4个月，征收车辆通行费2.3亿元，全额上缴省公路局，作为建设钱江二桥（彭埠大桥）的投资。

东冠村

东冠村地处浦沿街道中部偏东，东接冠二村、岩大房村，西邻浦联村、杨家墩村，南临回龙山，北靠沪昆铁路杭州绕行线，面积1.2平方千米。

东冠村在滨江区的位置

来楚生　端午佳品

第二十五编　东冠村

概　述

东冠村地处浦沿街道中部偏东，面积1.2平方千米。西北离钱塘江大桥5千米，东北距滨江区政府5千米。

自明中叶有乡人落脚以来，形成天生房、安五房、蔡何家、芝麻墩、宣家路5个主要自然村。明清时，属萧山县四都。民国中期起属长河乡（镇）。1956年，为冠山乡第三高级农业生产合作社（简称“冠三社”），1961年，为浦沿人民公社冠三生产大队（简称“冠三大队”），1984年改称冠三村，1996年，更名东冠村，同年12月划属滨江区，2007年，改设城市社区，有人口2914人，姓氏近百个。

村域耕地原为钱塘江淤涨之滩涂，经历代乡人垦种而成。西江塘横穿村域，塘内为水田，主种稻、麦；塘外为沙地，主栽棉、麻，20世纪70年代起，改为稻、麻轮作。其间，通过围垦，获得域外耕地近320亩。养殖业主要为养猪，20世纪90年代开始耕地大量被征用，种养业转向域外围垦。2007年，农业仅存围垦165亩蔬菜。

集体工业起步于1975年，先后创办过各类企业20多家。1994年后，整合发展成东冠集团的6家骨干企业；建筑业起步于1984年。2003年的统计年报显示，全村工业总收入8.09亿元；建筑业收入1.88亿元。

劳务服务业起源于民国中期时，有近200位村民在铁路静江站（钱塘江站）和钱塘江大桥工地做脚班。自1968年冠三大队集体包揽劳务输出，至2002年，劳务业范围扩大到10多个省（市）的铁路、邮电系统。2006年，全村各行业19家企业共创造产值20.18亿元，占浦沿街道总量的25.6%。2007年，全村集体资产1.17亿元。

20世纪80年代始，东冠村经济社会事业发展始终处在全省前列。1995—1996年，连续2年被命名为浙江省文明单位。新农村建设更是亮眼，村民新建住房统一规划、统一式样。供水、排污、电力、道路、广播电视网络统一通达各户。1997年，东冠村被命名为浙江省社会主义新农村建设示范村、浙江省文明村。1999年，被中央文明委表彰为全国创建文明村镇工作先进单位。2006年，建成杭州市十佳最美村庄。

2007年，东冠社区建立，东冠村结束乡村历史，开展现代城市新区建设。

第一章　基本村情

东冠村位于浦沿街道中部偏东，面积1.2平方千米，西北离钱塘江大桥5千米，东北距滨江区政府5千米；村域坐拥铁路钱塘江站；村南西湘公路穿境，村西距杭闻公路不足千米，村北离03省道1.5千米。西江塘横穿村域，塘内为水田区，塘外为沙地。

明中叶有乡人徙此垦殖以来，先后形成天生房、安五房、蔡何家、芝麻墩、宣家路5个主要自然村。明清时，属萧山县四都。民国中期起属长河乡（镇）。中华人民共和国成立后，1956年，为冠三高级社。1961年，为浦沿公社冠三大队。1984年，改制为冠三村，1996年，更名为东冠村，同年划属滨江区。2007年，改设东冠社区，有15个村民小组2900多人近百个姓氏，来、徐为大姓。1957年，建立中共冠三高级社党支部，1996年，改建为中共东冠村委员会。1956年起，高级社（大队）管委会负责生产和行政管理。1984年建立村民委员会实行村民自治。1991年，成立村经济合作社，负责集体资产运行管理，2007年，全村集体资产总额1.17亿元。

第一节　区位　地貌　村落

区位

东冠村东接冠二村、岩大房村，西邻浦联村、杨家墩村，南临回龙山，北靠浙赣铁路萧山段（沪昆铁路杭州绕行线，下同）。距钱塘江大桥5千米，离滨江区政府驻地5千米。面积1.2平方千米。

地貌

村域南部回龙山北有10多亩山地，余均为平原。耕地原为钱塘江淤涨之滩涂，经历代乡人垦种而成，大部分位于西江塘内，为黏土、亚黏土，多呈饱水状，俗称里畈。少部分位于西江塘外，含沙量较高，略呈盐碱性，俗称沙地。

村域地表水表现形式主要为池塘、河道。

回龙山北曾有古霜江大湖，至2007年撤村建居时，仅存小池。池塘多系历史上钱塘江潮水冲塌西江塘后所成。人民公社化后不少池塘填平成田，至2007年撤村建居时，1亩以上的池塘尚存10多个。其中较大的有安五房大池（6.5亩）、曹家大池（4.8亩）、朱家潭老塘外潮冲潭（4.8亩）、宣家大池（4.5亩）、安五房汪家池（4.5亩）。

冠三河　南起山二村，北至冠二村，可通白马湖。河宽15米，长2.31千米，流经村域500米。该河旧称新店河，因流经岩大房新店自然村得名。1957年，冠三、冠二2个高级社发动社员将该河开阔挖深，遂名冠三河。

汤家河　为冠三河支河。经村域天生房自然村南，向西至浦联村汤家里。河宽12米，长1.86千米，流经村域1.1千米。旧时，河道狭浅。1957—1996年，3次开挖。

永久河　东起长河江边排灌闸，西至浦沿排灌闸，流经浙赣铁路北村域耕地。河宽26米，长3.9千米。

村落

据史料记载，至迟于明代中叶，村域即有来姓、徐姓先人至此垦种。后，陆续又有各姓人氏落脚繁衍，以成村落。至2007年撤村建居时，主要自然村有5个：

天生房　位于村域最南端。西湘公路（西兴—湘湖）穿村而过。据《萧山来氏家谱》记载：来氏17世来绍龙（1655—1729），字天生。其子孙居住于此，以其字名村，为天生房。后有章、戴等姓迁入，故村中有章家大道地、戴家大道地。至2007年撤村建居时，有村民小组2个，500多人。

安五房　位于村域最东面，西江塘内。安五房起先由来、徐两大姓所组成。来姓早于徐姓落脚安五房，居安五房老池南，徐姓居安五房老池北。村名来源主要有两说，一说安五房徐姓为明代徐大勋（1522—1566）后裔，徐大勋之曾祖号质安，排行第五，遂有安五房之名；另说徐姓最早居此有兄弟5人，故称安五房。至2007年撤村建居时，有村民小组4个，860多人。

蔡何家　位于村域最西端。清康熙年间（1662—1722），有诸暨檀溪牌轩何氏堂兄妹迁此垦荒立业，居住地即称何家。20多年后，萧山县城蔡家弄一蔡姓男子做裁缝寄居何家。何家见其勤劳俭朴，将女儿许配与他。何家就

有何、蔡两姓，村名遂叫“先何后蔡”，逐渐叫偏成“先何蔡家”。后，村东出现宣家里，“先何蔡家”常被人误为“宣何蔡家”，民国初期正名为蔡何家。至2007年撤村建居时，有村民小组4个，460多人。

芝麻墩　位于村域中部。此处原为傅姓人家北面一竹园高地。清末朝廷腐败，兵匪横行，传说有一王姓军官，率队伍驻金家池何家庙，欺压百姓，滥杀无辜，头颅抛于高地，黑发长辫，远望似芝麻黑沉沉一片，此高地就被称为芝麻墩。后，此处掘地挖沟常有骸骨挖出，此说似是可信。但也有说因高地多种芝麻而得此名。至2007年撤村建居时，芝麻墩自然村由宣家里、傅家里两聚落组成。

宣家路　位于村域最北面，紧挨钱塘江火车站（坊间称“新站”）。起初，此处有宣姓人家到西江塘外开垦走出的一条路，名宣家路，有一围堤名宣家塘。乡人（来姓为主）在此聚居，以路名为村名。附近又有朱家路、来四房、老舍（沙地）、新站等居民点。至2007年撤村建居时，有400多人，姓氏50多个，来姓最多。

第二节　建置沿革

行政区划

元世祖至元十六年（1279）实行都图制，东冠村域时属萧山县四都。明、清承袭元制，村域仍属四都。民国17年（1928）9月，萧山县下设区、村、里，不满百户者联合数村编成联合村，村域属第二区长兴联合村。民国19年（1930），改村里制为乡镇制，村域属萧山县傅许乡。民国23年（1934），推行保甲制，村域属萧山县东岳区长河乡，其中天生房为第23保，安五房为第24保。蔡何家与宣家路为第26保。民国36年（1947），村域属长河镇。民国37年（1948），村域安五房为第23保，辖7甲；天生房、宣家里、芝麻墩为第24保，天生房有4甲，芝麻墩有1甲；蔡何家称第14正保，辖3甲；宣家路属第26保，有4甲。

中华人民共和国成立后，1950年4月，村域宣家路、朱家路为临桥乡十四正村；安五房、蔡何家为临桥乡十四副村；天生房、芝麻墩、宣家里为冠山乡十三村。1952年，宣家里农民宣绥源带头建立村域第一个互助组。1953年，建立第一个初级社——冠山乡利民初级社，宣绥源为社长。至

1956年，村域共有7个初级社，分别为宣家里的利民社，天生房的新民社，宣家路的新江社、新建社，蔡何家的联新社，芝麻墩的规划社，安五房的和平社。1956年4月，临桥乡、冠山乡合并为冠山乡，村域属冠山乡。同年，村域7个初级社合并成立冠三高级社，社长徐助根。1958年3月，冠山乡与浦沿乡合并，村域属浦沿乡。同年，10个村域属长河人民公社，天生房属山河大队，安五房、蔡何家、宣家路、朱家路、芝麻墩、宣家里属浦沿大队。1959年5月，村域为长河公社冠山管理区第三生产队。1961年7月，缩小人民公社规模后，村域为浦沿公社冠三大队，大队长何永贤。1984年4月，浦沿公社改设浦沿乡，冠三大队改设冠三村。1996年3月，更名为东冠村。5月，随浦沿镇划属杭州市西湖区。12月，随浦沿镇划属滨江区。2003年，浦沿镇改设浦沿街道，东冠村隶属。2007年，东冠村改设东冠社区，隶属浦沿街道不变。

基层组织

中共基层组织　1927—1930年，浦沿汤家里建有中共地下党支部，领导当地农民运动。东冠村域安五房有徐永瑞（字芝香）参加中共领导的“二五减租”斗争。1954年3月，宣家里宣绥源成为中共冠山乡支部发展的第一个东冠籍党员。1957年10月，中共冠三高级社党支部成立，有党员8人，宣绥源任书记。1961年，中共浦沿公社冠三大队党支部成立。1968年7月，冠三大队革命委员会成立，实行“党政一元化”领导。1970年，大队党支部恢复。1984年4月，改称为中共冠三村党支部。1994年12月，改建为中共冠三村党总支，下设4个党支部。1996年9月，改建为中共东冠村委员会（章方祥为书记），下辖5个党支部，有党员116人。1997年6月，章方祥当选为中共十五大代表。9月，章方祥到北京参加中国共产党第十五次全国代表大会。1999年7月，东冠村党委被中共杭州市委授予“五好村”党支部称号。1999年、2000年，2次获评杭州市先进基层党组织。

行政管理组织　民国21年（1932），村域时属傅许乡，各自然村分别设有闾长、邻长。民国37年（1948），村域划为4个保，有21甲275户。保长由乡公所委任，仗势欺人，敲诈勒索之事时有发生。甲长无人要当，多由村民轮流担任，短则1～3个月，长则6～10个月，1年以上者寥寥无几。1949年5月，保甲制废除。

中华人民共和国成立后，东冠村域分属冠山乡十三村，临桥乡十四正村、十四副村。3个村均建立村行政委员会和村农会，村行政委员会设主任委员、副主任委员和农会主任，主持村务管理。1954年，改由选区人民代表推选代表主任、副主任负责村务管理。1956年，冠三高级社成立，取代村。

1958年10月，长河人民公社成立，全面实行“政社合一”体制，并一度实行军事化管理，村域为第五营第三连，5个自然村编为5个排。1961年，缩小人民公社规模后，村域为浦沿公社冠三大队，行政事务管理由大队管理委员会负责。大队管理委员会设大队长、副大队长，由社员代表大会选举产生。1968年，大队革命委员会取代大队管理委员会。1978年，恢复大队管理委员会。

1984年，撤销“政社合一”的人民公社体制，冠三大队改设冠三村，建立村民委员会，为村民自治组织。负责全村的行政管理和公共事业建设。村民委员会每届任期3年，设主任、副主任。由村民代表大会民主选举产生，1990年后，由村民直接选举产生。

经济管理组织　1953—1956年，村域7个初级农业生产合作社分别负责生产管理和经济分配。1956年下半年，成立冠三高级社，全面管理集体经济和社员分配。1961年，冠三大队建立后，大队管委会负责集体经济运行、管理，生产队为集体经济最小核算单位。1983年，实行家庭联产承包责任制后，生产队经济管理功能弱化。1984后，村民委员会负责集体经济管理。1991年，冠三村经济合作社成立，负责村级集体资产、资源、资金的运行管理和保值增值。重大经济决策由村经济合作社与村党支部（党总支、党委）、村民委员会共同讨论决定，提交村民代表大会通过。村经济合作社管委会设社长、副社长，由社员代表大会选举产生，换届选举与村民委员会同步。冠三村经济合作社成立前一年的1990年，全村集体固定资产369.18万元。至2007年改设东冠社区时，集体资产总额1.17亿元。

生产队（村民小组）　1958年，冠三大队有28个生产队，于1960年合并成11个。此后，生产队规模时有调整。1961年有生产队25个，1965—1968年为19个。1969—1970年，一度扩大生产队规模，将19个生产队合并为9个。于1971年改建为12个，此后12年未变。1983年，为15个生产队。1984年，冠三大队改设冠三村，15个生产队改建为15个村民小组。至2007年，全部改建为社区居民小组。

村民（社员）代表大会　人民公社时期，冠三大队虽有社员代表大会（社员大会）制度，但未能很好实行。20世纪60年代后期至20世纪70年代初，虽常有社员大会，但多为政治活动。1984年恢复乡、村建置后，冠三村建立村民代表大会制度。凡全村重大事项，首先由村党支部（总支、党委）、村民委员会、村经济合作社（1991年建立）讨论，制定草案，提交村民代表大会讨论、通过后组织实施。1996年，冠三村更名东冠村，村民代表大会同时更名。2007年，撤村建社区，东冠村村民代表大会成为历史。

第三节　人口　姓氏

人口数量

旧时，村域人口资料仅有《萧山徐氏宗谱》中徐姓男丁数的记载。据此记载，清乾隆年间（1736—1795），村域人口增长较快。清咸丰、同治年间（1851—1874）连年战乱，人口下降。民国时期略有回升。中华人民共和国成立后，国泰民安，政府鼓励生育，村域人口快速增长。1957年，冠三高级社年度统计为1261人。此后人口持续增长。1968年，冠三大队户籍人口2016人，自然增长率为32.2‰。20世纪70年代开始，计划生育工作加强，人口增长速度放慢。1979年后，人口自然增长率长期低于10‰，1995年，出现负增长。由于人口基数较大以及迁入人口增多，人口数量总体仍趋增长，1996年，滨江区成立时，东冠村户籍人口2593人，2007年改设社区时为2914人，是高级社时的2.31倍。

人口迁移

历史上，村域人口迁移的主要原因为婚嫁。20世纪60年代初，有37名城市精简职工以及33名干部、职工家属迁回村域务农，另有支援宁夏的2人迁回。1969—1978年，有下乡知青28人迁入、迁出。20世纪60年代中期至20世纪90年代初，陆续有村民因招工（含子女顶替）、提干、入学迁出。1973—1995年，考入大中专院校而外迁55人。绝大多数年份村域迁入人口多于迁出，特别是随着村域经济社会发展繁荣，1996年后，村民入学、婚嫁大多不再外迁。迁入者逐年增多，1997年，迁入人口80人，此前30年间，迁入人口最多年份是43人。至2007年，村域人口为2914人，比1996年增加320多人，其中大多数是迁入人口。

人口构成

性别构成 村域人口性别构成合理。1957—2006年，男性人口少于女性的有40多年。性别比最高的为1958年110.88（女性=100），最低为1995年的88.06，与本地区其他镇、村无甚差异。

年龄构成 村域人口年龄构成逐渐趋于老龄化。1997年，全村61周岁及以上的户籍人口316人，占户籍人口总数的12.2%，略超国际公认的人口老龄化社会标准。村民平均寿命延长，20世纪90年代以来，村域80周岁以上老人基本保持在30人左右，曾有百岁老人3人。

文化构成 根据2000年第五次全国人口普查资料，村域6周岁以上户籍人口中，初、高中（含中专）以上学历占比47.91%，大学及以上学历为3.75%。

户籍构成 1964年，冠三大队有非农业户籍人口4人，1982年有22人。1992年，之江开发区征用村域土地，684人转为非农业户籍。后随土地征用增加，2003年，全村非农业户籍有1328人，占总人口半数以上。2007年，农业户籍人口有146人。

姓氏分布

明嘉靖、万历年间（1522—1620），安五房徐姓先祖徐大勋徙居回龙山嘴，娶当地来氏女，生子繁衍。据此，来姓当早于徐姓落根东冠村域。此后，又有其他姓氏陆续徙此拓荒落脚，但从无举族外迁现象。至清末，虽有众多姓氏落户村域，但户主姓氏一直以来、徐、何、章、傅、蔡、戴、宣八姓为主。1965年4月，“冠三大队阶级登记表”显示全大队有姓氏68个。1990年增至82个。1996年滨江区成立时，全村有姓氏95个。姓氏增加的主要原因是婚姻圈扩大。

境域主要村落大多有两姓集中居住，如来姓与徐姓主要集中居住在安五房，何姓与蔡姓主要居住在蔡何家，天生房主要为来姓与章姓、戴姓聚居。但各村落又为多姓混居，故未有一姓能占本村落的人口半数以上。

1994年，芝麻墩北新农村开建，第一次打破传统的以姓氏聚居为主的村落形态。1996年底，入住新农村127户村民以户主姓氏划分，分属17个姓氏。至2007年，大部分村民入住新农村或农民公寓，东冠村改设城市社区，480多年来以姓氏聚居为主的传统村落形态不再存在，故将新农村5条道路分别命名为天生房路、蔡何家路、安五房路、宣家路、朱家路，以资纪念。

主要姓氏

来姓　来自长河。尊南宋直龙图阁学士、绍兴知府河南鄢陵人来廷绍（上任途中病殁萧山）为始祖。元末明初，长河来姓已成萧山望族。最迟于明嘉靖、万历年间（1522—1620），来姓由长河进入东冠村域，至2007年撤村建居时，已传至29世，640多人，占村域人口的25%，为村域第一大姓。主要聚居地按人口多少依次为安五房、宣家路、天生房、芝麻墩、蔡何家。

徐姓　原为西汉张良后裔。元代，张良第45世孙张景哲出任浙东海右道肃政廉访使，居绍兴。景哲长子张招，入赘仁和（杭州）县尹娄梅庵（萧山人）家，居萧山县城南街，张招生素、寿、焘3个儿子。为避"三丁抽戎"，素改姓葛，寿仍姓张，焘改姓徐（故徐、葛、张三姓互不通婚）。焘后又改名为福，生一子名汞，在家谱中自称萧山县前徐。明嘉靖年间（1522—1566），县前徐第7世徐大勋徙居四都回龙山嘴头，娶当地来氏女，为安五房徐姓始祖。至2007年撤村建居时，已传至22世，为村域第二大姓，430多人，90%以上聚居于安五房。

何姓　战国时，韩国为秦国所灭，国人逃亡江淮一带，以国为姓。当地方言"韩"读若"何"，遂成何姓。清康熙年间（1662—1722），诸暨县"檀溪"牌轩何氏有堂兄妹至钱塘江南岸的海涂开垦种地，成家立业，居住地称何家。从原籍辈分起算，至2007年撤村建居时，已传26世，180多人，为村域第三大姓，90%居住地为蔡何家。

章姓　清康熙年间（1662—1722），村域章姓从上虞道墟迁来。一说是来此做鸭蛋生意，另说居此放养蛋鸭。落脚杨树河的章家河兜西北，称此地为鸭蛋章；繁衍发族后，有子孙搬迁至杨树河南，称前章家；后又析居地称后章家；析居浦联村汤吴家处的称小章家。从祖籍道墟起算，至2007年撤村建居时，已传至28代，150多人，为村域第四大姓，绝大多数居天生房。

傅姓　村域傅氏尊五代（907—960）末傅衍为始祖。南宋嘉熙四年（1240），11世孙傅巍为"避蒙古乱"，迁居萧山县桃源"横山之阳"。元初，15世孙傅畿徙居萧山北干山之阳北街弄。明初，20世祖傅舍"卜居荷溪西"（冠二村十间楼一带）。其后裔析居芝麻墩，从源头算起，至2007年撤村建居时，已传至40世，为村域第五大姓，近150人，60%以上居芝麻墩。

蔡姓　公元前447年，蔡国为楚国所灭，百姓离散，以国名"蔡"为氏。

村域蔡姓祖籍山东济阳，后析居临淄。迁会稽，卜居新昌蔡岙。南宋嘉定年间（1208—1224），蔡恽季入赘萧山县许贤。传11世，徙居萧山县城蔡家弄和城南戚家池。清康熙年间（1662—1722），蔡家弄蔡氏15世孙到村域何家做裁缝。何家见其勤劳朴实，嫁女儿为其妻，至2007年撤村建居时，已传至26世。为东冠第六大姓，120多人，90%以上居住蔡何家。

戴姓　来自萧山戴村，相传皆为南宋时入境。据戴氏长者回忆，从戴村析居于此者为戴姓18世祖。初居于天生房之东，戴家河兜之南。天生房有戴家大道地，素来有名。自18世传至27世，为村域第七大姓，至2007年撤村建居时，有近90人，主要聚居于天生房。

宣姓　村域宣姓原籍诸暨草塔，迁此已历10代。居住在宣家大池之东偏南，池东偏北曾有一个高墩，为竹笋园、枣子园。宣姓去西江塘外开垦土地，走出的路称宣家路，筑成的堤叫宣家塘，围成的地称宣家圩。宣姓为村域第八大姓，至2007年撤村建居时，有80多人，绝大多数居于芝麻墩的宣家里。

陈姓　陈姓祖籍河南颍川。南宋时，陈千二迁居义乌县大陈为义乌陈氏始祖。第10世陈义三，率兄弟迁诸暨。后迁萧山，居临浦柏山陈、高田陈。后又有分支外迁，其中一支迁闻堰东山陈。清嘉庆年间（1796—1820），有陈姓19世自东山陈迁居东冠村域老塘外宣家路。至2007年撤村建居时，已传至26世，50多人，为村域第九大姓，绝大多数居住在宣家路老塘外以及钱塘江火车站南面的老舍。

蒋姓　村域蔡何家西原有蒋姓大户，系蒋家里（属浦联村）析居至此。蔡何家西尚有池塘名蒋家池（亦称“蒋家大池”）。传说，蒋家鼎盛时，有堂兄弟36人。后来，蔡姓居此，人丁兴旺，蒋姓则日渐衰落，至2007年撤村建居时，蒋姓人数仅20多人。

第二章　村庄建设

民国及以前，东冠村域乡人临水搭寮、择隅筑舍，凌乱无序。村域有零星数段石板路，余皆为泥路。民国时有县道（黄包车路）横穿村南，一度开行汽车。村域偏西北有浙赣铁路静江站（钱塘江站）。村域大多数土地为地主占有，众多农户成为佃农、长工。

中华人民共和国成立初，村域农民分得田地，自主耕种。1956年，冠三高级社建立后，土地集体所有、集体经营。1961年后，土地经营以生产队为基本单位。1957—1979年，通过围垦，获地近320亩。1983年，全村土地实行家庭联产承包责任制。1992年后，土地被大量征用，2006年，仅存202亩，其中围垦165亩。

20世纪50年代，村域开邮路，通电话，始机灌。20世纪60年代，接电力，建会堂，通广播。20世纪70年代，社员建房渐起，打井改水、四旁绿化兴起。20世纪80年代末，冠三村被命名为萧山市文明村。1994年，开始规划并实施新农村建设。1997年，东冠村被命名为浙江省社会主义新农村建设示范村，被中央文明委表彰为全国创建文明村镇工作先进单位，2006年被评为杭州市十佳最美村庄。

第一节　新农村建设

村容村貌

民国及以前，东冠村域的村庄建设主要为村民住房建筑，分草舍、平屋、楼屋等。受土地、水源（池塘）、道路等制约，选址凌乱无序。

20世纪50年代后期，村庄面貌发生的最大变化是迁坟上山，平整高地，填部分池塘为耕地。20世纪60年代后期，逐渐有社员建筑新房，无整体规划。这一时期村域面貌变化较为明显的是泥路、石板路改成塘渣路。20世纪70年代初，村域“四旁”绿化兴起。20世纪80年代中期起，开展文明村建设。1988年，冠三村被命名为萧山市文明村。1990年，家家用上自来水。随后，各自然村及主要企业建立起专职绿化管理员、卫生保洁员队伍。1993年开始，陆续修筑村庄水泥道路和公共绿化点。1995年和1996年，东冠村（东冠集团）连续2年被命名为浙江省文明单位。至1997年，投资560万元修建成标准水泥路3条。建成大小公厕近40个，设置各类垃圾箱近百个。配置各类垃圾清运车和洒水车15辆。扩大保洁队伍，道路每日清扫，垃圾每日清运。成立由20多人组成的绿化队，负责村区的绿化养护。同年，东冠村被命名为浙江省卫生先进单位、浙江省文明村。1999年，被中央文明委表彰为全国创建文明村镇工作先进单位。2000年，全村绿化覆盖率28%，成为全国绿化千佳村。2003年起，实施“百村示范、千村整治”工程，通过3年努力，实现“布局优化、路面硬化、村庄绿化、卫生洁化、河道净化”。2006年，东冠村被评为杭州市十佳最美村庄。

村民建房

20世纪70年代中期以前，农户建房很少，都在自留地或老宅基上建造。20世纪70年代后期起，农户建房越来越多，1982年，竣工面积1200多平方米。1987年，冠三村先后制定《关于私人建房住宅和安排的若干规定》等政策措施。1994年，冠三村规划实施新农村建设，新农村分别设在宣家里、芝麻墩傅家、蔡何家北。凡冠三村农户提出申请，报村、镇批准，均可在新农村内建新住宅，村集体给每户无息借贷2万元，分5年还清。其老宅拆除，地基由村集体收回。所有准建住宅，每户落地建筑面积统一，式样统一，地基高低统一，房屋高度统一，楼层面统一，门窗规格统一，道地大小统一。自来水管道、照明动力线路管道、地下水道、地面道路以及有线广播电视网等由村集体负责通达到户。至1997年，有174户在新农村规划区内建房，占全村总户数的26.2%。同年，东冠村被评为全省4个村镇建设先进村之一，被中共浙江省委、省人民政府命名为浙江省社会主义新农村建设示范村。同年，作为杭州市新农村典型，接待300多批次2.15万名市民参观。1998年5月，浙江省新农村建设示范村经验交流会在东冠村举行。1997—2000年，李瑞环、宋平、尉健行、刘华清等多位党和国家领导人先后视察东冠新农村。至2003年，东冠村用于新农村建设资金累计2000多万元。至2006年，已有500多户村民入住新农村。

第二节　基础设施

村道　桥梁

明清时期，西江塘上的石板路，以及各村落与西江塘联通的石板路统称“官塘大路”，可连通浦沿、长河、西兴等地。20世纪50年代以前，村域内道路大多为泥路。安五房、天生房各有部分石板路。20世纪60年代，人力钢丝车普及，村域修路以铺塘渣为主。1988年，原有冠三路拓宽至8米。20世纪90年代以后，村域道路建设加快，主要道路有：

东冠路　由原冠三路扩建而成，并更名为东冠路。全长899米，路面总宽28米，中间为四车道，两边为行人道和路灯绿化带。

冠三南路　南起沿山，北至东冠路，宽12米，长740米。

冠三中路　南起东冠路，北至西江塘（老塘），宽6米，长600米。

冠三北路　南起西江塘（老塘），北至预制场，宽6米，长560米。

邮电路　绕东冠集团十层大楼，东为冠三南路，南为通信路，长660米，宽18米。

通信路　东起冠三南路，西至邮电路，长260米，宽15米。

环西路　南起东冠路，北至安五房路，长280米，宽15米。

天生房路、蔡何家路、安五房路、宣家路、朱家路　位于新农村中，总长2.64千米，路宽3.5～5米。

机耕路　全村有机耕路18条4.7千米，路宽5米，两边砌石。

孙家桥　位于安五房南端。

冠三桥　原名华家桥，位于天生房南端。两桥原均为石桥，20世纪80年代重新修建，为混凝土结构。

公路　水运

西湘公路　始建于民国30年（1941），为黄包车路。东西向穿越境域南部300米。民国35年（1946），开通江边—长河—浦沿蒋家客运汽车，2年后停驶。20世纪60年代，开通萧山至闻堰客运班车，后因路窄停开。1982年，路面拓宽班车恢复。1987年后，改为客运中巴车（招手即停）。

杭闻公路　由杭州出钱塘江大桥，经联庄、新生、杨家墩、浦联至闻堰。1990年，开通闻堰至杭州南星桥22路公交车，公交车虽不经过村域，但杨家墩、电化厂2个车站离村仅1千米。

03省道　即杭萧公路。原称104国道。钱江大桥南端至长河江边段建于民国35年（1946）。1959年冬，开行杭州龙翔桥至萧山县城的15路公交车，其中大桥南岸和联庄2个车站离东冠村域约1.5千米。

公交车停靠站　1998年1月1日起，杭州公交公司的301路班车改道东冠村，村域有东冠集团、东冠村2个停靠站，东冠集团站为永久性停靠站。2005年，建成东冠公交始末站，为113路、176路、901路、115路等公交线路的始末站。另有112路、354路公交车途经村域并设有蔡何家停靠站。

内河水运　1957年以前，村民须先走陆路至孔家岐（属山二村）方可下船，经白马湖可去往绍兴。1957年，冠三河开宽挖深后，船只可直抵村域安五房孙家桥机埠。

外江水运　或走陆路至上沙埠或义渡埠乘船渡过钱塘江。或经孔家岐（属山二村），转瑛珠桥（属萧山闻堰街道）过潭头闸可入钱塘江。

江塘　水利

西江塘　村域段西江塘东与冠二村宣十房自然村交接，西与杨家墩村褚家潭自然村为界。有塘埠（俗称“老塘埠头”）3个：安五房塘埠、宣家路塘埠、朱家路塘埠。旧时，有石板阶梯可上埠顶，埠头两侧植有楝树等，并置有石凳供路人歇息。后，塘外江涂淤涨，各地乡民陆续围垦、筑堤。清光绪后期，形成南沙大堤，西江塘沦为备塘。

机埠　1957年冬，冠三高级社在孙家桥西侧建成安五房机埠，用白炭煤气机作动力抽水，1960年改为电动机。1983年，为适应家庭联产承包责任制，建成宣家路二级翻水机埠、天生房机埠、蔡何家临时机埠（1990年改建成固定机埠）。1973年，冠三大队在永久河圩潭北建有机埠1座，使得浙赣铁路北300多亩耕地由旱作改为稻麻轮作。1993年，因土地被征用而拆除，1994年，在利用该块征而未用土地，兴办农场时重建。

渠、沟　1996—1998年，兴建“三面光”永久性渠道4.44千米；石砌排水沟3.54千米。

公用事业

电力　1960年下半年，冠三大队装有50千伏安变压器1台（与岩大房机埠合用），在天生房畈使用电犁耕田。同年，安五房机埠用电动机抽水、碾米。社员家里开始安装电灯。1972年，始用电动打稻机。1973年，冠三大队用电5.45万千瓦时。1980—1996年，先后4次对全大队（村）电力线路进行整修扩容。至1996年底，全村有动力电力线路1.64万米，有变压器10台总容量2455千伏安，当年用电量432.64万千瓦时。2003年，达到850万千瓦时。此后，随着土地征用和产业（特别是工业）转型，用电逐渐减少，2007年，全村用电123万千瓦时。

邮政通信　早先，村域居民寄取信件、发电报，须步行1.5～2.5千米到长河或闻堰集镇。1955年，浦沿邮政代办所建立，村民可就近拍发电报。报纸、信件由邮递员投送到村域几家小店。后设立邮政信箱，村民投寄信件不再出村。1958年10月，第一部电话安装于大队办公室。1990年7月，村域电话全部改为程控电话机。1993年，村设立50门程控交换机，1996年，改为1000门程控自动交换机。至1997年底，村民装电话526门，占总户数的93%。东冠集团配置有传真机8台、移动电话（大哥大）184个、传呼机304个。2000年后，移动电话迅速普及，宽带互联网进入村民家庭。至2006年，村域青壮年移动电话人手超过1部，互联网基本普及村民家庭。

水务　1960年8月，位于闻堰镇的国营小砾山电力排灌站建成，钱塘江水引入冠三河，村域水质明显提升。20世纪70年代，开展生活用水设施改造，在社员房前屋后挖掘一批水井。1989年下半年，村域开始安装自来水，至1991年，村民全部用上自来水。1996年，用水量近40万吨，并预埋内径为200毫米的备用管网以应对用水量逐年增加。20世纪90年代，东冠路等主要道路开始埋设地下排水管道。1997年后，开始实施“雨污分排”。至2003年，基本实现“雨水排入河道污水通过管道纳入镇污水总管”。

广播电视　1957年，冠三高级社在安五房来利恒小店的草屋屋柱上装上第一台广播。20世纪60年代初，冠三大队购置1台既可收音也可放唱片的收放两用机；1969年初，掀起社员户户装有线广播的热潮，线路费用由大队公益金开支，喇叭费用由各户承担。1996年，有500户家庭通上有线电视。2003年，有线广播和有线电视实现共缆传输。

公用建筑　1956—1968年，冠三高级社、冠三大队办公用房6次易址，或借民房，或在机埠。1968年，大队大会堂建成，建筑面积为1008平方米，大队办公室搬入其中。1985年，新建村委会办公楼（三层）。1995年，新建村保健站（二层）。1996年，东冠大楼建成，村委会搬入。1999年，东冠公园建成使用。2006年，总投资1500万元，建筑面积为2290平方米的东冠大楼二期扩建工程开工。

第三节　土地使用

土地制度与经营

20世纪50年代土地改革前夕，村域1448亩土地，地主、富农占有803亩，占比55.46%。占村域人口60%以上的贫雇农仅有土地141亩，占比不足10%，人均占有量仅为萧山县贫雇农人均土地占有量的30%。除自耕农外，村域各大姓还拥有部分族田；紫心庵、张神会、五圣会等有少量会田。地主的土地经营方式主要是出租获利。除自耕农外，大多数贫苦农民靠租种地主土地以求生存。族田或出租经营，或由族人按辈分轮流种植。会田大多出租经营。

1951年土地改革结束，族田、会田取消。占村域人口59.7%的贫雇农，拥有村域土地的53%，实现“耕者有其田”，并自主经营。1952—1953年，村域各自然村相继出现农业生产互助组（仅为帮工性质），土地仍为农户私有，家庭经营。1953年下半年至1955年，村域建立7个初级社，社员土地入股，由初级社经营，所有权仍属社员家庭。

1956年下半年，建立冠三高级社，土地全部入社，由高级社经营，土地集体所有制确立。人民公社初期，一度对土地“平调”并实行大锅饭、军事化、平均主义的经营方式。1962年后，正式确立人民公社“三级所有，队为基础”的基本体制，土地集体所有制进一步巩固，生产队为土地经营的基本单位。1983年，冠三大队推行家庭联产承包责任制，土地按人口分包到户，由农户家庭负责经营，但仍为集体所有。1984年，将土地承包期延长至15年。1994年，对农户承包土地、宅基地、杂地、自留地重新作了调整，进一步明确土地均为集体所有。1996年，推行土地适度规模经营，全村700多亩集体土地由村经济合作社建立的农业综合发展公司以法人资格签订发包合同，发包给74户大户经营。1999年，以5年为间隔分段延长土地承包期至30年，并实行土地承包使用权流转机制。至2006年，全村仅存耕地202亩(主要为围垦土地)，其中180亩土地使用权流转机给农业企业，开展集约经营后，集体所有制性质保持不变。

土地类别与利用

村域土地主要分为耕地、非耕地。

耕地　包括集体耕地和村民（社员）自留地，分水田和旱地。1957年，冠三高级社有耕地1624.6亩，其中水田563.7亩，旱地1060.9亩。1961年时，冠三大队有集体耕地田1455亩，其中水田494亩、旱地961亩；社员自留地101亩。此后30年，这一格局基本稳定。1993年，因国家征地，东冠村集体耕地面积骤降至856亩。至2007年改设社区时，尚存耕地202亩（村域内水田37亩、围垦旱地165亩）。

非耕地　20世纪60年代以前，村域非耕地主要为原有居民住宅用地、池塘养殖水面以及回龙山北10多亩柴山。20世纪60—70年代，有少量耕地因水利、道路等公共设施建设转为非耕地。20世纪70年代后期至90年代初，非耕地略有增加，主要用于基础设施建设、村民建房、兴办工业、发展三产以及水面养殖、林果开发等。根据全村建设用地规划，1996年，有85亩土地转为非耕地，用于水利和道路建设，村民建房和企业用地。此后，东冠村大量土地被征用，耕地急剧减少，非耕地未增加。

土地征用与补偿

20世纪60年代末，浙赣铁路萧山段铺设双轨征用冠三大队部分土地。1974年4月，杭州铁路分局线桥大修队征用冠三大队土地4.28亩，安排9名冠三大队社员就业（不再发放土地补偿费）。此后，直至20世纪90年代，冠三大队（村）除集体企、事业建设动用极少量土地外，几无土地被征用。1992年，萧山市人民政府征用冠三村土地498.86亩，用于钱江外商台商投资区之江区块建设。1996年，村域划属滨江区后，随着城市化进程加快，土地征用陆续增加。至2001年，全村被征用土地1159.1亩，其中省级杭州高教园区征用409亩。2003年，杭州高教园区再次征用村域土地67.44亩。土地被征用后，国家向村集体和农民支付土地补偿金、青苗赔偿费等。失地农民转为非农业户口，以货币方式安置。留存一定数量村级留用地发展第三产业，保障村级集体经济和农民利益。

第四节　围垦土地

东冠村域1.2平方千米土地除回龙山北少量山地外，历史上皆为钱塘江主道北移后淤积而成的滩涂，为历代乡人艰辛垦殖所成。农业集体化后，社员(村民）参加公社（乡、镇）以及区、县组织发动的多次围垦，在村域外获得土地318.8亩。20世纪90年代后，村域土地被大量征用，至2006年，村域仅存耕地37亩，围垦成为东冠村农业主阵地。

棉场圩围垦　位于钱江大桥东侧，亦称铁船沙围垦。1957年，由冠山、浦沿两乡联合闻堰乡黄山高级社共同围成。共得土地1409.54亩，冠三高级社分得90亩。1958年10月，长河人民公社“平调”该块土地作为棉花试验场，名“万斤棉场”。20世纪60年代初，土地复分给原参加围垦的单位，冠三大队分得96.8亩。1978年开挖永久河后，排灌改善，该块土地由旱作改为稻、棉、麻轮作。

顺坝围垦　距村域20千米，位于萧山区宁围街道地段。1968年，冠三大队参加萧山县城北区组织的顺坝第一期围垦（老围垦），分得围垦土地41亩。1986年，冠三村参加顺坝第二期围垦（新围垦），围成土地由镇办骨干企业创办农业车间。

东江围垦　距村域70千米，位于绍兴市柯桥区马鞍街道北。1976年，冠三大队参加东江“一万五千亩”围垦；1979年，参加东江“二万三千亩”围垦。2次围垦，冠三大队分得东江围垦土地181亩（为1976年所围土地）。1986年，冠三村参加东江“五万二千亩”围垦，浦沿镇所得土地未分到村，成为镇副业基地。

围垦土地利用

棉场圩围垦素来纳入生产队耕作安排。顺坝、东江围垦土地，由大队、生产队集体派人耕种。1978年，种植粮食175亩，总产17.1吨。1982年，种植棉花105亩、络麻70亩，开辟果园44亩（后改种苗木）。1983年后，改由农户承包经营。1985年，顺坝、东江围垦土地交由专业大户承包经营。1993年，棉场圩围垦为钱江外商台商投资区之江区块建设所征用。1996年起，围垦土地由村农业综合发展公司推行集约经营，发展“一优两高”农业。2000年后，主要开发蔬菜生产，2003年，围垦蔬菜收入占全村种植业收入的70%以上。2006年，全村202亩耕地中165亩系围垦土地，为农业主场。

第三章　村域经济

民国及以前，东冠村域西江塘内种植春花、水稻，塘外沙地主要种植棉花、杂粮、烟叶。村域家庭养鸡较普遍，其他养殖较少。村域有零星几副铁匠、铜匠、箍桶担，无作坊、商店，但在铁路做脚班的不下200人。

中华人民共和国成立后，村域农业生产条件不断改善。20世纪60年代后期开始，粮、棉、麻等主要农作物持续稳产高产。20世纪70年代末，养猪业鼎盛。这一时期，农业是冠三大队经济收入主源。20世纪80年代开始，劳务业、工业、建筑业成为村域经济支柱，商贸业形态由传统向现代发展。1994年，东冠集团成立后，不同产业统筹谋划，互相促进，配套发展，经济建设驶入快车道。2006年，村域19家企业共创造产值20.18亿元，销售收入16.06亿元，实现利润9035万元。

第一节　农业

民国及以前，东冠村域西江塘内水田一年二熟（春粮、中稻或晚稻），高地及坟前坟后种植番薯、小米、蔬菜等。西江塘外沙地，种植棉花，小米、六谷、番薯、芋艿、烟叶、油菜。棉花品种为本地棉花，也称“杜棉”。烟叶收成受气候影响较大。村域养殖业除养鸡较普遍外，其他养殖较少。

中华人民共和国成立后，水利等农业生产条件不断改善，耕作制度发生巨大变化。20世纪50年代末，水田由一年二熟改为三熟（春粮、早稻、晚稻）。20世纪60年代后期，灌溉水渠延伸，西江塘外沙地开始推广稻、麻轮作。1976年，围垦土地开始种植络麻，1978年后，“棉场圩”围垦种植水稻，三熟制全面推广。1981年起，域外围垦土地开始种植棉花。实行家庭联产承包责任制后，农户自主经营权扩大，1984年，开始发展苗木生产。1992年后，国家种植计划取消，村域不再种植棉、麻。随后，耕地被大量征用，剩余土地转型城郊农业、效益农业，发展蔬果苗木生产。2003年后，种植业仅存围垦地块，主要种植蔬菜。

农业集体化以后，村域农户一般都养猪。人民公社时期，集体畜牧场与社员家庭养猪并举，养猪业鼎盛。耕牛被拖拉机取代。家禽及其他养殖业起色不大。20世纪80年代初，实行家庭联产承包责任制后，劳动力得以解放，特别是第二、第三产业发展，农户收入渠道增加，家庭养猪、养鸡趋于减少，养鱼稍有发展。1997年，东冠农业开发有限公司中标承包国家级萧山现代农业开发区1000多亩围垦土地，发展水产养殖。不久，毁于强台风和钱塘江特大潮汛。此后，城市建设加快，注重环境保护，村域内养殖业迅速消退，成为历史。

种植业

早稻　20世纪50年代以前，仅天生房周围田块零星种植。1958年，水利改善，面积扩大至60亩左右，亩产约200千克。20世纪60年代后期推广稻、麻轮作，1970年，种植面积541亩。此后，面积基本稳定。平均亩产最高年份为1981年，亩产535千克。家庭联产承包责任制实行后，1985年，种植面积扩大到673亩，1992年增加到840亩。随后土地减少，种植面积逐年下降，

1997年为450亩，2003年，统计年报中已无早稻。

晚稻　“三熟制”后，晚稻面积历年多于早稻。1966年为542亩，此后种植面积、平均亩产相对稳定。1983年，实行家庭联产承包责任制后，平均亩产越过500千克，1984年达564.5千克，为历史最高。此后，种植面积陆续扩大，1992年为1057亩。后因土地征用，种植面积逐年下降，1997年为655亩，2003年，统计年报已无晚稻。

小麦　种植历史先于早稻。1967—1976年，种植面积基本稳定在300亩左右。实行家庭联产承包责任制后，1985年，种植面积为562亩。1992年，在土地被大量征用后，种植面积迅速下降，1995年仅有150亩，2003年，统计年报中村域已无小麦。

大麦　种植历史相近于小麦。1966年，种植面积223亩。20世纪70年代，粮食部门扩大收购，1972年，村域种植面积扩大到410亩。此后15年间，种植面积时起时落，1987年为625亩，为历史最高年。后因经济效益不佳，面积逐年减少，1995年仅81亩，2003年，统计年报中已无大麦。

棉花　民国时期，村域67%沙地种植“杜棉”，亩产籽棉75千克上下。中华人民共和国成立后，各级政府加大棉花奖售力度，鼓励引进、改良棉花品种。1966年，冠三大队棉花种植面积355亩，平均亩产皮面49.5千克。1971年，与盈丰公社对调棉麻计划面积，冠三大队200亩棉花改种络麻。1992年，村域耕地被大量征用，棉花种植转向围垦，1996年，种植119亩，平均亩产皮面76千克。2003年，统计年报中已无棉花。

络麻　民国时期村域即种络麻，面积极少，所产麻皮主要为农户自用。中华人民共和国成立后，1954年起，络麻实行指令性计划种植。1966年，冠三大队种植络麻441亩，平均亩产355千克。1971年，与盈丰公社对调棉麻计划面积，冠三大队200亩棉花改种络麻，络麻面积扩大到690亩，此后20年间基本稳定。1992年村域土地被大量征用，络麻种植转向围垦，面积骤降为113亩，1994年仅存10亩。1996年，已不再种植。

番薯　民国时期曾是村域沙地村民主粮之一，种植普遍。中华人民共和国成立后，高级社时期以及人民公社前期，番薯虽为杂粮，但仍将其折算成口粮分配给社员。1966年，冠三大队种植番薯84亩，此后10多年间，面积最多年份为100多亩，最低年份为1979年，不足20亩。后，仅社员（村民）自留地偶有种植。

油菜 农业合作化后，把菜油列为计划种植作物。1966年，冠三大队油菜种植面积91亩，后逐步扩大，1981年为234亩。1983年，开始逐年减少，1987年有87亩。后因油菜种植省工省事，经济效益较好，1989年开始，连续4年达到276亩。1997年，耕地大量减少，油菜仍有247亩。2003年，统计年报已不见油菜面积。

蔬菜瓜果 1961年，冠三大队有蔬菜瓜果面积361亩。后，因片面强调“以粮为纲”，蔬菜瓜果面积下降，1978年，仅有155亩。实行家庭联产承包责任制后，蔬菜瓜果生产作为多种经营项目有所发展。1984年，种植面积近400亩。20世纪90年代后期，土地大量被征用，粮、棉、麻种植急速消退，唯有蔬果面积不减反增，2003年扩大至541亩，2007年，达到650亩。

花卉苗木 1985年，村民家庭栽有茉莉花2.47万盆。1994年，减至2000盆。1996年，供销社停止收购茉莉花，村民将茉莉花逐盆出售，不再种植。1984年，冠三村创办园艺场，种植苗木20亩。后，在围垦有苗木40亩，2007年扩大至60亩。

烟叶 始种于明末清初。村域旧时为萧山四都属地，所产烟叶称“四都烟叶”。民国7年（1918），“四都烟叶”获巴拿马太平洋万国博览会烟叶一等奖。1957—1959年，萧山县取消烟叶种植任务，1960年，恢复种植并改晒烟为烤烟。1961年，冠三大队种植烟叶46亩，1964年，减为21亩，后不再种植。

养殖业

生猪 民国及以前，村域绝大多数农民无力养猪。中华人民共和国成立后，农民生活逐步好转，养猪逐渐增多。人民公社初期，冠三大队在安五房办起集体畜牧场，并对社员养猪实行奖励，生猪饲养量很快增加。20世纪60年代初期，生猪饲养量锐减。20世纪60年代后期，经济好转，养猪复苏。20世纪70年代，冠三大队有集体畜牧场6个，社员家庭养猪由集体畜牧场提供仔猪。1979年，全大队生猪饲养量2119头，户均4.3头。1984年，家庭联产承包责任制实行，集体畜牧场解散，养猪以村民家庭为主。20世纪90年代以后，村民收入渠道增多，养猪业开始衰退。20世纪90年代末，推进城市建设，注重环境保护，村域不再养猪，转向围垦或域外。2003年，饲养量为520头，2007年，增加到1379头。

耕牛　20世纪50年代初村域有耕牛5头。至1969年，冠三大队共有耕牛11头。20世纪70年代开始，拖拉机逐渐取代耕牛，至1977年，耕牛仅剩1头。进入20世纪80年代，村域不见耕牛。

羊、兔　村域养羊农户不多，大多为家传习惯。20世纪60年代后期主要为积肥，养羊一度增多，但最高年份的1969年，也不足80头。1978—1981年，个别集体畜牧场养过羊，数量甚少。1982—1987年，养羊数为空白。此后年份也只零星数头。1996年后，不再养羊。20世纪70年代以前，少数家庭养菜兔。20世纪70年代中期，有农户饲养长毛兔作为家庭副业。1985年，全村有29户村民家庭饲养长毛兔共264只。此后，长毛兔年饲养量100～150只，1995年后，不再饲养。

鸡、鸭、鹅　村域历史上，几乎家家养鸡；养鸭不多，主要是临近池塘的人家；养鹅更少。所养鸡、鸭、鹅，主要为自家食用。20世纪80年代以后，为数不多的养殖重点户有商品鸡、商品蛋售市。据1994年年报统计，全村出栏家禽1.2万羽，禽蛋产量1.52吨。20世纪90年代后期，村民讲究卫生环保，养鸡养鸭减少。特别是入住新农村的家庭，都不再养鸡养鸭。

淡水鱼　农业集体化以前，村域自然村落大多有各姓家族祖传的养鱼池。年初放养鱼苗，年底捕捞(俗称“炣年鱼”)，分发给族人家庭。农业合作化后，池塘归集体所有，由生产队放养鱼苗，年终捕捞后分配给社员家庭。放养品种一直以鲢、鳙、青、草“四大家鱼”为主，产量不高。1985年起，有村民在承包地里筑堤拦水养鱼，面积12亩。1987年，试验稻田养鱼，未果。同年，连同池塘养鱼39亩，共有养鱼面积54亩，年产淡水鱼5吨。20世纪90年代后，土地（含池塘）被征用，养鱼减少，1996年，养殖面积只剩11亩。2003年，统计年报养鱼已是空白。

蚕茧　20世纪50年代以前，村域养蚕农户颇多，高墩、沙地、池边、地头，每三五步即可见桑树。20世纪50年代初，养蚕业淡出，高级社时已无人种桑养蚕。个别家庭尚存蚕柱、蚕匾等老物件，依稀可见当年养蚕之盛。

第二节　工业　建筑业

中华人民共和国成立前，村域有铁匠1人，铜匠担5副，箍桶担1副。有人力轧花机、弹花机各3台。有少数家庭妇女用手工摇袜机织袜。另有1王姓锡匠在岩大房开手工作坊。

工业

1975年，村域集体工业起步，同年4月，创办冠三大队纺织厂，利用废棉废纱生产土布。1980年12月，纺织厂转为塑料编织厂。1976年4月，创办冠三大队农机修配管道厂。此后陆续有多家工业企业建立，主要有1979年建办的冠三抛光厂和冠三机绣厂。1980年11月，筹建冠三纸盒厂和冠三矿烛厂。1981年，兴办冠三蚊香厂。1982年6月，兴办冠三包装家具厂。1983年，办起冠三被胎厂和冠三天鹅绒厂。1984年，创办冠三电器五金厂。1987年8月，塑料编织厂压机车间析出建立萧山浦沿塑料厂。1991年1月，创办萧山之江钢窗厂和萧山华艺伞厂。同年3月，创办杭州江南通信器材厂。1992年10月，开始筹建杭州钱江通讯电缆厂。1993年7月，萧山通讯器材厂正式建成投产。1994年6月，兴办杭州万隆通信器材有限公司。

1994年12月，杭州东冠通信集团公司（简称“东冠集团”）建立，村办工业企业分别融入集团下属相关公司。创办于1992的杭州钱江通讯电缆厂发展成为集团电缆有限公司，近50个规格的市话通信电缆产品，畅销近20个省、自治区、直辖市；创办于1993年的通讯器材厂发展成为集团器材有限公司，且兼并了2家同类型企业。近30个品种的产品，畅销全国近百个县（市）以及解放军部队；创办于1976年的冠三大队农机修配管道厂发展为集团水泥制品有限公司，成长为专业生产通信管道及其配套产品的浙江省邮电管理局定点推荐厂，产品畅销江浙沪铁路、邮电系统；创办于1985年的萧山县通信塑料五金配件厂发展成为中外合资杭州东冠塑料制管有限公司，外资方为德国尤尼克莱恩熟料机械股份有限公司。近40个品种的产品，除配套供应集团通信有限公司外，还销往沪、甬等地。1997年，电缆有限公司、塑料制管有限公司、器材有限公司、水泥制品有限公司、空调器材有限公司、索带具有限公司等总计产值2.71亿元。1999年后，上述企业改制成为村经济合作社参股企业。2002年初，又全部转制为民营企业。同年，东冠集团在浙江海宁购买土地，建立东冠海宁工业园区。2003年，东冠村工业总收入8.09亿元。

建筑业

村域建筑业起步于1984年。同年，有村民创办萧山浦沿建筑安装工程队，1985年，承建上海粮油贸易中心8层改建工程。1992年后，业务长足发展，

1995年，组建为杭州东冠建设工程有限公司，同年，实现产值1120.76万元。1998年12月，公司企业资质升为二级。2002年12月，东冠创业大厦破土动工，开始发展楼宇经济。2003年4月，公司获得建筑工程总承包一级资质。同年9月，上海华亭雅居房产项目动工。2006年，先后开建东冠恒鑫大厦以及第一个居住楼盘——东冠逸家。同年，在上海成立分公司拓展市场。2007年，东冠村建筑业收入1.88亿元。

第三节　劳务业

铁路劳务

东冠村劳务业，可追溯到民国时期。民国23年（1934），钱塘江大桥动工兴建，钢梁队（亦称“大修队”）设在村域。同年，杭江铁路静江站（钱塘江站）建成，并在村域设立煤场。于是，出现为火车站和大桥建设装卸货物的脚班，领班人为村域安五房人徐元顺。其时，村域做脚班者不下200人（安五房人居多）。钱塘江大桥通车后，杭江铁路改称浙赣铁路，静江站货运转至江北闸口站，货运脚班大部随转。然钢梁队仍在村域。至民国末，钢梁队两次招考装吊工，村域宣家路有30多人应招，故钢梁队装吊工宣家路人最多。

中华人民共和国成立后，村域脚班人员全部转为铁路装卸工。20世纪50年代，铁路部门2次到村域招收装卸工。20世纪60年代中后期，冠三大队不少社员通过老乡介绍到铁路部门做临时工。1968年，大队将铁路钱塘江站的一些临时劳务业务包揽下来。1975年，大队将外出做临时工的社员全部组织起来，成立副业临工队（亦称“副业队”），劳务输出范围主要为杭州铁路部门以及铁路上海电务工程队。1979年，向铁路部门输出劳务2.02万工。

电力电信工程劳务

1979年，冠三大队成立浦沿公社电力安装工程队（简称“安装队”），劳务输出（包括汽车运输）以上海为主阵地，从铁路系统扩展到电信行业。1980年，全大队劳务收入15万余元，其中60%以上来自上海邮电系统。1987年，在安装队基础上组建的萧山邮电安装队，经营方针由原先单纯的工程施工改变为包工包料，产值比上年增长5.7倍。1989年，企业改名为萧山邮电安装工程公司，冠三村的劳务业务范围也从上海、浙江向全国多个省、市扩展。

1993年，仅萧山邮电安装工程公司1家，劳务产值7275.43万元，是1987年的87倍。包工包料经营方针催生多家器材生产工厂和器材经营贸易企业。同年，以萧山邮电安装工程公司为核心，组合萧山市通信预制品厂、萧山市通信塑料五金厂、杭州江南通信器材厂、萧山市通信器材厂、萧山市钱江通信电缆厂5家配套工厂，成立萧山市通信建设总公司（后改为通信有限公司）。

1994年，杭州东冠集团组建通信有限公司为集团核心企业，劳务业仍为主业。工程施工业务逐步扩展到江、浙、沪、鲁、皖、闽、赣。1996年，施工资质晋升为通信工程总承包二级资质（全国民营施工企业首家）。1997年，通信有限公司作为东冠村劳务业的主力军，销售收入和利税分别占东冠集团的50%。2002年，公司转制为民营企业。2006年初，公司在上海成立分公司，劳务业务进一步拓展。

第四节 商贸业

20世纪50年代前，东冠村域没有商店，偶有外地的货郎担游走村区。村民购买油、盐、酱、醋以及日用小商品得去邻近岩大房小街，购买大宗用品，必须到浦沿（街）、长河（街）、闻堰（街）。农副产品出售，大多驮到长河、闻堰。20世纪50年代初期，浦沿、长河街上有货郎担挑到村域售卖油、盐、酱、酒、糖果、糕饼、香烟、火柴、针线、腐乳等，可用钱买，也可用鸡蛋等换购。1955年，浦沿街道货郎担来礼恒租用安五房徐永来的柴房开设小店，是村域第一家商店。后，宣家路来慎琪、天生房来德潮在村落交通要道口开出小店。20世纪60年代初，村域小店成为浦沿合作商业的分（代）销店。

东冠路商业街

20世纪80年代初，个私工商业恢复，有村民在自家居住地开设小店，也有外出开店经商的。1992年，村属邮电安装公司第一幢大楼以及冠三大路（东冠路）改为水泥马路后，沿路南北两边陆续开出一批商店。有食品店、香烟摊、缝纫店、服装店、冷饮批发店、面店、饭店、电器修理店、车辆修理铺、玩具和书店、皮鞋店等。1992年，建立冠三菜市场，面积250平方米，1995年扩大至450平方米，设有25个摊位。1996年，位于东冠路西端的浦沿镇农贸市场开业。1997年，全村共有50家店面，其中东冠路上有42家。2005年，引进杭州新燕忠大酒店。2006年，总投资450万元在东冠路北新建的东冠农贸市场投运，东冠路亦成为浦沿街道最主要的商业街。

通信器材贸易

20世纪90年代，东冠村开始进军现代商贸领域。1994年，在杭州开设通信器材市场经营部，成为专业经营通信建设工程配套材料、设备及专用工具的流通贸易企业，1995年，变更为杭州东冠通信器材经营公司，此后经营活动范围扩大到10多个省、自治区、直辖市。同年，东冠通信集团贸易发展有限公司开业，经营商品包括通信工程各类原辅材料、各种规格的金属材料、化工产品、煤炭产品，并在上海、杭州等地设立市场部。1997年后，业务活动范围扩大到北京、天津、河北、贵州、江苏、黑龙江等地。2002年，村集体贸易企业全部转制为民营企业。2007年，农村集体经济收益分配情况统计显示，东冠村商贸业收入3444万元。

第四章　社会事业

旧时，东冠村域短暂有过私塾。村域缺医少药，病疫殇人。春节、元宵，间或邀舞龙队、请戏班子进村。其他岁时，偶有“迎会”竖高照、跳“无常”、背“炉子”等活动。

中华人民共和国成立初，村域文化活动有扭秧歌，唱新词等。20世纪60年代后，成立俱乐部、文宣队，建设篮球场、排球场，文体活动有队伍、有场所。20世纪70年代电影常入村，20世纪80年代舞龙更闹猛。进入20世纪90年代，歌舞演唱、运动健身、文艺创作等文体活动广泛开展。

1951年，开办安五房初级小学。1988年，冠三、冠二、岩大房3个村联建新的冠三小学。1998年，募资100万元成立东冠村教育基金会。2000年，投资550万元新建东冠小学。2000年后，注重失地农民就业技能培训。2006年，通过培训，有近百人上岗就业。

1958年，村域建立保健站。1969年创办大队合作医疗。1995年开始，凡东冠村属企、事业单位人员，无论本村人还是外来者，均可享受村级公费医疗。2003年起，全村农业人口加入滨江区统一实行的新型合作医疗，“农转非”人员参加杭州市城镇居民基本医疗保险。

第一节　教育

幼儿教育

1959年上半年，冠三生产队在安五房自然村创办幼儿园，入园幼儿50～60人。幼儿园实行全天入托，生产队为小孩办小食堂。各小队还交纳番薯、玉米等给孩子们当点心。1961年停办。1964年后，以生产队为单位办过农忙托儿所、幼儿班。

20世纪90年代，随着村办企业发展，创办幼儿园重上议事日程。1994年，冠三村投资70万元，建成三层教育楼幼儿园。1997年，杭州市开展“我看杭城新变化”活动，有1.3万人次参观东冠村，幼儿园成为必到之处。10月，拉脱维亚共和国对外友协率“绒线团”儿童歌舞访问团到访东冠幼儿园。2000年，投资160万元，建设总建筑面积2300平方米的东冠幼儿园。2003年，幼儿园扩大到9个班，幼儿306人，教职员工11人。2006年，投资60万元用于东冠幼儿园改扩建。

学校教育

民国时期，村域零星有过私塾，历时很短。经济略好的少数人家，会送男孩到上毛寺（属岩大房村）私塾就读。

中华人民共和国成立后，人民政府十分重视农村教育。1951年，开办安五房初级小学，没收地主的房屋作教室，有2个年级近30名学生，教师1人。1956年，安五房初级小学改名为冠三小学，在宣家里建造草房5间作为校舍，增加民办教师1人。1962年，学生增至100人左右，年级增至4个，教师增至4人。原有校舍不够，利用原紫兴庵（即何家庙）厢屋充当教室。20世纪60年代中期，又借用天生房一社员房屋增设班级1个。但就读高小须到设在祠堂前长寿庵（属长河街道长一村）的冠山完小。1968年，冠三小学各年级教室分布在宣家里、紫兴庵、农会旧址3个地方。1969年，又新增2个教育点。同年，在宣家里校舍东南平坟辟地，建成13间砖瓦结构新校舍。1970年9月，班级扩大到8个，学生200多人。大队挑选文化素质较高的年轻社员充实教师队伍，当时全校教师中，75%为民办教师。1973年，在安五房借用民房增设1个班级。1978年，邻村岩大房小学毕业班并入冠三小学。1983年后，计划生育成效显现，学龄儿童减少，外村学生不再入读冠三小学。不久，高年级学生并入岩大房小学。至1988年，冠三小学仅有1～3年级3个班级129名学生，教师4人。同年，教育部门提倡合并村校，冠三、冠二、岩大房3个村联合建办新的冠三小学，新校园占地面积5824平方米，建筑面积1614平方米，有1～6年级10个班409名学生。1992年，基本普及九年制义务教育。1996年，学校更名为东冠小学，1997年，成为杭州师范学校教育基地。1998年1月，成立东冠村教育基金会，共募集教育基金100万元。至1999年，共发放奖学金近10万元。2000年，投资550万元新建东冠小学，占地面积1.67万平方米，总建筑面积6100平方米。2002年后，滨江区教育局整体规划中小学布局，东冠小学成为浦沿小学东冠分校。2005年，学校有12个班级579名学生，专任教师24人。

1970年，冠三小学开办初中班，学制2年。同年，招收1个班级，学生40人，生源为冠三大队以及附近五一（冠一村）、新联（岩大房村）、永丰（冠二村）、山二（山二村）等大队的小学毕业生。1978年秋开始，只设一年级班，二年级均转入浦沿公社中学。1985年上半年，时有4个班级216名学生，教师8人（民办教师为主）。下半年，初中班停办。村域小学毕业生入读浦沿镇初中。

成人教育

20世纪50年代初，村域办有冬学，在冬闲时节开展扫盲教学。后，又举办长年文化夜校，并开办速成识字班，脱盲率很快提高。20世纪70年代后期，冠三大队再度重抓扫盲，基本扫除12～45周岁人群中的文盲。

20世纪80年代以后，成人教育重点转向村民文化程度的提高和技能培训。不少年轻村民参加函授教学或各级成人教育机构的学习，东冠村有35名村民获得大、中专文凭。此后，创办东冠职工业余学校，加强对企业员工的文化素质、技术素质的教育培训。各企业又结合自身行业特点，或举办培训班，或邀请国内外专家、教授到企业授课，或组织人员参加国家部委及省、市、县（区）有关部门举办的短期培训，或派员到上海等地的大型企业轮流实习。1997年，东冠集团为文化层次为小学及以下的130多名员工举办为期半年的业余文化补习班。1998年，组织20多名管理骨干到中国企业管理干部培训中心接受培训。2000年后，组织村民参加区、镇（街道）举办的失地农民就业技能培训班。2003—2005年，村域有部分中考落榜生参加街道成人学校举办的学历与技能“双证制”培训。2007年初，创办村老年大学。

第二节　科技

农业科技

20世纪70年代，冠三大队建有农科队，生产队配有技术员，负责开展农业技术项目试验与推广；大队专设植保员、生产队有配药员，负责农作物病虫害的调查与科学防治。20世纪80年代，家庭联产承包责任制实行后，农科队解散，农业科技推广主要依靠科技示范户和专业大户。20世纪90年代初，组织14户农户参加根外肥喷施试验。此后，又先后组织农户参加省市区农业、农资部门的多个农科对比试验项目。1995年，推广使用塑料盘板育秧、抛秧技术。20世纪90年代后期，开始发展城郊型农业，东冠村农业科技推广转向蔬菜种植。1996—1998年，建立现代农业丰产园区200亩，引进科技兴农项目120个。

工业科技

20世纪70年代初，冠三大队队办企业兴起，科技力量主要依靠引进或借助国营单位的科技人员。20世纪70年代末开始，采取“派出去培训，请进来指导”的方法，培养科技力量。1994年，村属萧山市通信器材厂生产的旋转式全色谱通信电缆交接箱获萧山市科技进步三等奖。1995年，组建东冠集团研究所。1996—1997年，村属电缆公司、器材公司等有多个产品分获评杭州市科技进步奖，杭州市新产品新技术二、三等奖，浙江省名优科技产品，以及中国技术监督情报研究所、中国标准情报中心颁发的荣誉证书。1997年，东冠集团通过省科委与全省多家科研院所建立网络联系。1998年9月，与浙江大学控制系签订科技合作协议。同年，塑料制管有限公司UPVC（以聚氯乙烯树脂为主要原料）双壁波纹管国家级星火计划项目通过专家级验收。空调器材有限公司生产的卡式商用空调获浙江省优秀科技产品称号。2005年，选送村里8名高中毕业生到南京邮电学院、北京邮电学院进修3年。

第三节　医疗保健

卫生防疫

民国及以前，村域缺医少药。流行病更是无法防治，小孩出天花致死较多，西江塘边、高地、坟墩地上多有小坟；成年人则有死于伤寒、丝虫病（大脚疯，也称“流火脚”）者。

中华人民共和国成立后，为儿童免费接种牛痘。20世纪50年代初，村域天花绝迹。这一时期，实行免费防疫政策，防疫针上半年、下半年各打1次。霍乱、回归热、伤寒等被消灭。1952年，为配合解放定海战役，萧山县举办首期农村医护人员培训班，安五房徐叶根被选派参加培训后，义务为解放军伤员包扎伤口。回村后，为村民种牛痘、打防疫针；遇村民有皮破出血，义务给予包扎，村民第一次知道红药水（汞溴红溶液）能止血。

保健站

1958年，在安五房来汝龙小屋建立保健站，徐叶根、宣建荣为保健员，并先后轮流到浦沿联合诊所、长河公社医院培训3个月。1959年10月，保健站随大队会计室迁至徐方泉小屋。同年起，每个生产队配有1名卫生员。1962年后，保健站两次易址。1969年，冠三大队大会堂竣工，保健站迁入。创办合作医疗，保健站亦称合作医疗站。保健员称“赤脚医生”，轮流去杭州第四人民医院培训、实习。每个社员不分年龄大小每年缴费1元，医药费全由大队报销，1970年改为报销60%。1972年起，调整为每人每年缴费2元，医药费报销40%。1977年后，医药费报销政策有几次调整。1981年，保健站迁新址并扩大规模，分别设有门诊室、药房、敷料注射室。1984年，家庭联产承包责任制实行后，合作医疗停办。村卫生室（保健站）由医务人员承包经营，自负盈亏，村集体给予适当补贴。

合作医疗制度

1992年，冠三村重建合作医疗制度，凡冠三村村民，务农者每年每人交费3元；村办企业员工、个体户每人每年交费15元，即可按规定报销医药费。1995年起，凡东冠村属企事业单位职工（无论户籍）以及村委会办公人员，40%的医药费由村负担；无业在家的村民（包括老人小孩）在村保健站就医，村集体承担医药费40%。村成立医疗卫生管理委员会，负责制定相关制度并监督实施。2003年起，全村农业人口加入滨江区统一实行的新型合作医疗；征地“农转非”人员参加杭州市城镇居民基本医疗保险。2004年，村保健站改建为社区卫生服务站，纳入街道社区卫生服务中心统一管理。2006年，全村报销村民医药费55.49万元。

第四节　文化　体育

民国及以前，村域体育、文化活动不多。春节至元宵期间，有舞龙灯习俗，但村域无灯队，皆邀附近村坊灯队举灯；各自然村会请戏班子做戏文，称“做年戏”。演戏的地方称“戏文道地”，主要有安五房老池东南道地，天生房前章家、后章家道地，蔡何家老香火道地，蔡家的长道地等。日常岁时，一些村落有宣卷活动，有识字者3～4人，晚间聚在某家，照卷宣吟，旁听者随声附和。另有“迎会”（相当于游行），“迎会”时，竖高照以祈风调雨顺，跳“无常”以驱鬼邪，亦有背炉子者，比谁力气更大。

文化

20世纪50年代初，村里有儿童团、姐妹团唱儿歌、扭秧歌，自编自演小节目，宣传土地改革和抗美援朝，宣传婚姻法和男女平等。村域内有4架留声机，乡人称之为“洋皮戏”。20世纪60年代初，邀请浙江越剧二团等专业剧团到大队演出。后，创建大队俱乐部，自编自演的节目有“三句半”、杨柳青调等。1966—1976年，俱乐部改称文宣队。20世纪60年代末，成立冠三大队报道组，向公社、县广播站发送稿件。20世纪70—80年代，公社电影队常到大队（村）放映电影。文艺创作开始兴起，部分青年在县、公社群文刊物发表文艺作品。学校教师李伟兵有多个音乐作品（歌曲谱曲）在县及县级以上刊物发表，有的还被搬上舞台。

1995年，创办《东冠报》，开辟文化副刊，刊登村民、员工的诗歌、散文、摄影、书法等作品。同年五四青年节，举办“东冠杯”浦沿、长河、闻堰三镇卡拉OK大奖赛。1996年3月，举办庆“三八”文艺座谈会。1996年以后，东冠小学先后成立体育、器乐、舞蹈、美术、书法等兴趣小组，学生有30多人次在全国或省级征文、书画比赛中获奖。1997年，东冠集团（东冠村）举办乒乓球、羽毛球、拔河、珠算等比赛；与冠一、冠二、山二、岩大房等村200多名团员青年联合举行大型联欢会；举行“庆七一，迎回归、颂祖国、爱家乡”卡拉OK大赛；《东冠报》举办“我看东冠”征文比赛；拉脱维亚共和国“绒线团”儿童歌舞访问团一行30多人访问东冠村；东冠小学红领巾广播站开播；开展“我为东冠捐本书”活动，建立图书室，有藏书1000多册。同年，浙江省“好新闻奖”评选活动在东冠村举行。1998年，东冠村首届迎春联欢晚会举行，举办国庆49周年晚会，邀请著名书法家郭仲选等到东冠村进行创作活动。《东冠报》获评省优秀企业报。1999年，举行“三八”联欢晚会、“七一”歌咏比赛和知识竞赛、迎千禧联欢活动等。2000年6月，《东冠村志》由中华书局正式出版发行，全志共三卷五编160万余字，被列入浙江省名村志集成。2005年，承办“金鸡报晓·东冠之春”滨江区大型元宵灯会和烟花晚会。

体育

1968年，冠三小学建有操场，设有篮球架、排球场、乒乓球桌。除学校师生外，青年社员争先恐后参与活动。20世纪80年代，舞龙重新出现，且更为隆重。交谊舞开始在一些青年中流行。蔡家里一村民建起100平方米的露天旱冰场，接待村域旱冰爱好者。2001年，东冠村在滨江区首届全民运动会上，获趣味接力赛第三名、男子足球赛第三名。2003年，东冠小学345名学生实现体育达标，达标率95.8%，其中达标优秀率83.5%。这一时期，滨江区全民健身活动兴起，东冠村公共健身点、健身设施逐渐增加。村民参与健身活动，参加区、镇(街道)组织的健身舞（操）等比赛。

第五节　历史遗存

自明代中叶有乡人落脚村域起，沧海桑田，世事变迁，村域尚有部分历史遗存。

古迹

回龙山纤道绳痕　村域乡人祖祖辈辈有一传说：村域古为钱塘江水域航道，江中行舟须纤夫背纤，临江回龙山上有纤道，纤道转角处山石留有纤绳磨嵌之痕迹。

霜江湖碗船　村域古有霜江大湖，可通航钱塘江。传说该湖附近有一满装瓷器的大船沉没，乡人称其船为“碗船”。20世纪90年代末，霜江大湖尚存一汪小池。

紫兴庵　即何家庙，清乾隆年间（1736—1795）乡人何襄义所建。传何襄义生有二女，其小女一再恳求父亲不要将自己嫁出去，何襄义遂在金家池南面建坐北朝南庙宇3间，名紫兴庵。正殿供奉观音，上方画额为“有求必应”四字。再将庙宇周围10多亩田划归紫兴庵收租，以供小女养老终身。因紫兴庵系何姓所造，后人称其为何家庙。民国23年（1934），何氏22世孙何友生

出资，在紫兴庵东侧扩建辅助房3间1弄。民国29年（1940），续建卫生间1间。1969年，新建冠三小学时，将何家庙拆除。

九婆桥 旧时，从村域蔡何家去回龙庵要经汤家河，河上有桥，名九婆桥。传说清嘉庆年间（1796—1820），蔡何家有9个老婆婆为方便去回龙庵念佛烧香而集资建造此桥，故名。桥梁为两块石板拼成，约有0.8米宽、3米长。1958年，土地平整时，汤家河改道，九婆桥拆除。

安五房老楼屋 老楼屋总共5间，阔而深，坐北朝南，墙门围住，内有宽敞的天井。原为徐姓人所有。

“颂晋华封”匾额 清光绪二十三年（1897），村域徐氏有人在朝为官，与光绪帝言及本村族长徐斯忠为人一身正气，断事公正持礼。光绪帝钦赐徐为“迪功郎”，并赐“颂晋华封”匾额一块，责成绍兴府办理。绍兴府制成匾额，敲锣打鼓送挂于徐家大门。此事《萧山徐氏宗谱》有载。20世纪60年代中后期，匾额被毁。

回龙山凉亭 旧时，从许家里老店（山二村许家）经东冠村域至浦沿回龙山尾，沿路无人家，路人无处歇脚。抗日战争胜利后，天生房人与许家里人出资在天生房西南建成两开间、坐北朝南的凉亭1所，凉亭内北侧置有石凳以供行人小憩。1985年5月，凉亭毁于火。1990年，冠三村出资在现煤气站东南另造新凉亭。1992年，浦联村出资在火毁旧址重建凉亭。

宗谱

《萧山徐氏宗谱》 村域安五房徐姓，明中叶入域，为萧山县前徐第7世徐大勋后裔。徐氏祠堂原建在萧山县城，称承德堂。村域徐氏藏有清光绪二十五年（1899）承德堂木刻活字本《萧山徐氏宗谱》。

第五章 生活民情

民国及以前，东冠村域贫苦农民以租种地主土地为生，一年收成交租后，所剩无几。外出抬轿做脚班者工钱微薄。大多数人半饥不饱，破衣旧衫，出门赤脚草鞋，居家草舍陋屋。

中华人民共和国成立后，村域贫苦农民分得土地，生活有了保障。1964年，冠三大队社员年终人均经济分配现金收入87元。20世纪70年代后，社队企业发展，社员收入增加，1982年，年终人均经济分配现金收入247元。实行家庭联产承包责任制后的1984年，人均纯收入达到539元。20世纪90年代后，第二、三产业成为主业，村民年人均纯收入快速增加，1997年为6318元。2006年，达到1.08万元。

村域民风淳朴，礼仪风俗、方言俚语与萧山中片、南片基本一致。长期农耕实践，部分农谚略具地域特色。但有不少俚语随时代进步、生活方式变更和老物件的消失已不再为年轻人所知。

第一节　收入与分配

村民收入

中华人民共和国成立后，村域农民分得田地，收入有了根基。人民公社初期，一度实行半供给制，吃“大食堂”，无家庭经济收入统计。20世纪60年代初，确立生产队为基本核算单位，社员以工分（含土肥投入折合工分）参加分配。1964年，冠三大队社员年终人均经济分配现金收入87元。20世纪60年代中期至20世纪80年代初，为保护务农社员积极性并兼顾公平，冠三大队社队企业人员，外出劳务工、临时工，农村“五匠”都要向生产队交钱买工分参加经济和实物分配。1982年，年终人均经济分配现金收入247元。1983年实行家庭联产承包责任制后，按工分分配成为历史。

实行家庭联产承包责任制后，农户经营自主权扩大，收入渠道增加。1984年，冠三村年人均纯收入539元。20世纪90年代，在镇、村企业就业成为大多数村民的主要收入来源。1997年，东冠村人均纯收入6318元。此后，土地迅速减少，村民收入绝大部分来自第二、第三产业。至2003年，村民人均纯收入为9480元，2006年达到1.08万元。

粮油分配

中华人民共和国成立初期，政府调节粮食购销价格，村民凭供销社《社员股金证》可买到低于市价的大米。1953年，实行粮食统购统销，村民持村、乡证明书可到供销社购粮。1955年，实行粮食“三定”（定产量、定口粮、定销售）政策。村域为粮棉麻混作区，社员口粮“以岁定量”，由生产队自产粮和国家统销粮两部分组成。1966年，冠三大队19～50周岁的男劳动力口粮为287千克（稻谷），女劳动力为261.5千克。老人、小孩酌减。生产队所产粮食留起口粮、种粮、储备粮、饲料粮后，多余部分称“超产粮”，按工分分配。同年，冠三大队人均用粮为288千克（稻谷）。此后随生产年景不同，用粮水平有增有减，总体波动不大。1978年后逐年递增，1982年为401.5千克。推行家庭联产承包责任制后，实行27年的口粮“以岁定量”制度成为历史。

历史上，菜油、棉油为村民主要食用油，大多自产自销。1956年，国家实行油脂统购后，除留取人均1千克食用油外，其余所产油菜籽全由国家统购。食用油分配方法各年份有所不同，或国家发给油票，或直接分配成油。以完成国家任务为前提，年景不同社员人均食用油油量亦有所不同，基本1～2千克。1993年，粮油市场放开。

计划商品分配

中华人民共和国成立初，市场商品供应不足，国家为保障社会公平，20世纪50年代初开始，对部分生活必需商品实行计划供应，凭证、凭票购买。1954年起，村民购买棉布以及蚊帐、被单、汗衫等其他针棉织品须持布票，直至1983年。这一时期，供销社还发放过购货证，先后凭票、凭证供应的生活商品有香烟、食糖、黄白酒、食盐、肥皂、棉絮、铁丝、煤油、胶鞋、自行车、缝纫机等。其中部分商品限量时有调整或暂时取消票、证。20世纪60年代前期，部分铁木农具凭票供应，社员亦可持旧铁换取相同分量的铁制农具。1979年后，黄白酒等敞开供应，1983年，布票取消，20世纪90年代初，凭票证购买生活资料成为历史。

第二节　村民生活

饮食

民国及以前，村域贫苦农民糠菜杂粮充饥尚不得饱。村民中有外出抬轿挑脚者，觅得今餐愁明餐。

中华人民共和国成立后，使得村域农民有了自己的土地，特别是农业集体化后，吃饭渐有保障。即使20世纪60年代初期，虽不得不以杂粮瓜菜补充主粮，但人人有吃基本实现。20世纪70年代末，村民已是餐餐白米饭。20世纪80年代，餐桌上已是荤腥、酒水不断，营养品成为孝敬长辈的礼物。20世纪90年代，亲朋聚餐，不上酒店菜馆已觉“寒酸”。进入21世纪，餐桌上大鱼大肉过腻，换成海鲜时蔬。年轻人吃西餐、品洋酒由时髦转为常态。

服饰

民国时期，村域绝大多数居民穿的是土布且难以御寒。小孩衣服是“新大、旧二、破阿三”，成年人是“百纳布衫木拖鞋”，年轻人娶妻拜堂或租或借一件长衫已是很“绷体面”。

20世纪50年代初，村民凭布票可以买到府绸、花布、卡其、哔叽等城里人的布料。其时，村域有人在铁路工作穿中山装回家，村人很是羡慕，青年男子努力配上1件，女子则以列宁装为时髦。20世纪60年代后期至20世纪70年代初，军便装流行。穿土布的基本限于老年人（已很少有能织土布之人）。20世纪70年代后期至20世纪80年代初，村域年轻人崇尚的确良、涤卡、腈纶、涤毛等化纤服装。此后，连衣裙、喇叭裤、蝙蝠衫、滑雪衣、牛仔服、夹克装先后流行。20世纪80年代后期，西装革履成为中、青年男子标配，中山装成为老年人“专属”。20世纪90年代，丝绸、毛呢、裘皮、羽绒为应时常服。进入21世纪，村民服饰追求高档，讲究品牌。更有许多人或为返璞归真、或曰与时俱进只穿棉布。

住房

1949年初，东冠村域有瓦房433间，草舍121间。贫苦人家住草舍，一般人家住平房，几代人挤住一祖宅是为常事。20世纪60年代后期，冠三大队出现社员新造平房。20世纪70年代后期，开始建造两层预制板屋。20世纪80年代中期，开始造二三层楼房。1994年，冠三村新农村规划开始实施。新房式样统一，外墙用马赛克或瓷砖贴面，铝合金门窗加金属栅栏；室内厨卫设施一应俱全，有的人家用大理石、花岗石装饰。全部新房实现“五通”（路通、自来水通、污水沟通、电通、通信电缆通）。进入21世纪，新农村住户房屋装潢更为讲究，配置的家具、家电尽显高档。

出行

旧时村域乡人外出，陆路步行，水路木船。1957年，冠三高级社买入一辆永久牌自行车，用于公务。20世纪60年代中期，冠三大队开始有个人购买自行车，至1982年，全大队545户家庭有自行车532辆。1997年，全村有摩托车95辆；汽车150辆（面包车、轿车110辆）。进入21世纪，电动车替代自行车，且数量大增。村域公共交通方便，村民购买轿车增多。至2006年，家用轿车基本普及。

第三节　习俗　俚语

东冠村域自明代中叶有先人落脚，至1996年前为萧山县所辖。各姓村民大多来自萧山中片或南片地区，故岁时节庆、祈神祭祖、礼仪风俗、方言土话、农谚俚语与萧山中片、南片稻作区基本一致。本节择部分稍有不同者以记之。

习俗

拜坟年　村域素有正月初一拜坟年习俗，与别地略有不同。正月初一早饭后，人们先到池埠头焚香、烧纸元宝，祭水仙五圣。后去自家田地焚香、烧纸元宝，祭拜田公地母，最后再去祖先坟前祭拜。

公婆鸡　旧时村域男女双方定亲之日，女方媒人会将女方家里的一对小鸡送至男方家，称公婆鸡。男方把公婆鸡养大后，不能自家宰食，只能卖钱，所产的蛋也是只能卖不能吃。所得之钱用以购买碗盏，以示添丁增口。

抢亲　旧时，村域有男方因家境实在困难，娶亲时为卸去聘礼、聘金负担，遂用“抢亲”之法。抢亲前，男方先与女方村里较有势力的人家打好招呼，防止抢亲时出现阻力。抢亲的时间不让女方知道，届时，男方派几个身强力壮的男子，到女方家夺下姑娘，背披垫肩，将姑娘反背，迅速奔出村庄。女方家人象征性地阻拦一下，姑娘和家人要哭，出村就不哭了。旧时天生房有户人家的媳妇就是“抢亲”来的。中华人民共和国成立后，此俗消失。

禁忌　旧时村域有一禁忌：有家人起早出街或到集市售卖，早餐饭桌上的菜盘要成双数（2碗或4碗），忌单数。

俚语

村域种麦历史悠久，产生多条相关农谚，如“寸麦怕长水，长麦怕寸水”“大麦勿吃小满水”“大麦带青割，小麦摇铃割”。村域有农历七月十二祭祖习俗，有俚语：“七月十二祭祖宗，西瓜老藕瞎莲蓬”（嫩莲在莲蓬上还未绽壳“开眼”称瞎莲蓬）。随着时代变迁和老物件的消失，村域有的俚语仅一些老人知晓，面临失传。如“镬里勿滚，汤罐里先滚”（意即当事人不着急，旁人先急），旧时农村大灶（柴灶）在大镬边上置一小铜罐（汤罐），以灶肚之边火加热罐中水，正常情况应是镬里水先开，然后才会汤罐里的水开。

专　记

钱塘江火车站

民国18年（1929），经时任浙江省政府主席张静江的倡导，浙江省政府决定筹款兴建省办铁路。起点为钱塘江南岸江边（属长河街道江二村），终点为江西省玉山县。民国19年（1930）2月，铁路建设动工。浙江境内段由杭州至江山县，故定名杭江铁路。同年9月，江边到诸暨段通车，与江北沪杭铁路南星桥站通过轮渡对接，南行旅客轮渡到江边站再坐火车续行。民国20年（1931）9月，新建江边至浦沿支线，民国22年（1933）启用，全长5.1千米，在东冠村域设禾塘站（后为纪念张静江主持修筑杭江铁路而更名为静江站）。同年9月，江边站被江潮冲塌后废弃，杭江铁路起点站向西南移至静江站，是为“新站”（坊间老人仍称其为“静江站”“新站”）。当时钱塘江大桥还未修建，南星桥火车站车厢由轮船运到浦沿（轮渡由铁路部门自运营），在静江站内再把车厢连接，继续行驶。钱塘江大桥通车后，静江站与沪杭铁路直接连通，轮渡取消。

静江站区位属东冠村地域范围，建成运行后，村域在车站做脚班的200多人。中华人民共和国成立后，静江站改名钱塘江站，为四等站，客、货兼运。村域脚班人员也全部转为铁路装卸工，这对于后来东冠村的劳务业发展具有特别重要的影响（见第三章第三节）。

冠二村

冠二村位于浦沿街道东部，东邻长河街道长一村，西至火炬大道，南达东冠路，北至沪昆铁路杭州绕行线，面积0.4平方千米。

冠二村在滨江区的位置

来楚生　秋艳

第二十六编　冠二村

概　述

冠二村位于浦沿街道东部。东邻长河街道长一村，西至火炬大道，南达东冠路，北至沪昆铁路杭州绕行线（原浙赣铁路萧山段，下同）。面积0.4平方千米。1949年，境域属长河乡。1950年，属冠山乡。1954年，成立永丰、永兴2个初级农业生产合作社。1956年，境域与破塘缺、岩大房合并成立冠二高级农业生产合作社。1959年，为长河人民公社冠山管理区第二生产大队。1961年7月，属浦沿人民公社。冠二大队分为永丰、新联、五一3个大队。1984年5月，为冠二村。1993年，全村有10个村民小组，572户，1754人，有75个姓氏，其中百人以上有傅、来两姓。全村有耕地950亩，其中围垦138亩。2004年5月，撤村建居后的冠二社区，仍沿用冠二村的名字。

民国时期，村民种植桑、烟、棉、麦。中华人民共和国成立初，种植业基本格局未变，根据市场需求自由种植。1964年，经济收入15.73万元，其中，农业收入14.53万元。村域集体工业兴起于20世纪70年代，有队办企业2家。20世纪80年代初，个私工商业恢复后，村域商业饮食业、服务业、运输业快速发展。20世纪90年代末，转变农业结构，发展以蔬菜为主的城郊服务型效益农业。1992年，全村有村办企业9家，职工275人，固定资产123万元，工业产值2117万元，利税167万元。进入21世纪，城市化推进，土地逐年减少，冠二村村民收入主要来源于第二、第三产业。2003年，农业收入320.9万元，工业收入2292.96万元，建筑业收入218万元，运输业收入260万元，商业饮食业收入1158万元，服务业收入163万元。

20世纪50—60年代，村域设有小学。20世纪70年代，增设村小学班级。20世纪80年代末，九年制义务教育基本普及。20世纪90年代后，兴起卡拉OK、艺术沙龙、电竞游戏、网络文学，村域群众文化活动与载体与时俱进，形式丰富多彩。滨江区成立后，村医务室达到甲级村卫生室的标准，实现“人人享有初级卫生保健”的目标。2003年，村民新型合作医疗参加率100%。

中华人民共和国成立前，村民收入低下，生活水平很低。中华人民共和国成立后，村民生活不断改善，消费水平逐年提高。20世纪80年代初，社队企业发展，社员收入提高，建房迅速增加。1986年，《浦沿镇土地管理和村镇规划实施条例》施行，冠二村村民住房建设纳入村镇规划。滨江区成立后，经济快速发展，村民收入提高，消费向教育文化娱乐、交通通信、医疗保健和城市居住等方面倾斜。2003年，冠二村加入“百村示范、千村整治”行列，逐步实现布局优化、路面硬化、水体净化、路灯亮化、卫生洁化和村庄绿化，成为“浙江省卫生村”。

第一章　基本村情

冠二村位于浦沿街道东部。东邻长河街道长一村，西至火炬大道，南达东冠路，北至沪昆铁路杭州绕行线。面积0.4平方千米。1949年，村域属长河乡。1950年，属冠山乡。1954年，成立永丰、永兴2个初级农业生产合作社。1956年，与破塘缺、岩大房合并成立冠山乡第二高级农业合作社，简称“冠二社”。1959年，为长河人民公社冠山管理区第二生产大队。1961年7月，属浦沿人民公社。时冠二大队分为永丰、五一、新联3个大队。村域称永丰大队。1981年，更名为冠二大队。1984年5月，为冠二村。1996年，户数599户，人口1860人，村民小组10个。傅姓、来姓、周姓为大姓。2004年5月，撤村建居，成立冠二社区。沿用老冠二村村名，辖十间楼、方陆盛、宣十房、楼下里、关帝庙前、大后房等自然村，均为农村居民点。

第一节　区位　地貌　村落

区位

冠二村位于浦沿街道东部。东邻长河街道长一村，西至火炬大道，南达东冠路，北至沪昆铁路杭州绕行线。面积0.4平方千米。

地貌

冠二村地貌主要为平原，地势平坦，海拔6.2～6.8米。地表土质为潮土。地表水表现形式主要为河流、池塘。

许家河　河长2.31千米，河宽15米。旱时，许家河通过小砾山排灌站引钱塘江水灌溉农田；涝时，又经冠三河及时排水，许家河成为沿岸农田排涝、灌溉的主要河流，对当地粮食丰收起到较大的作用。

沙河　位于浦沿街道东部偏南。北起浦沿街道冠二社区宣十房，流经冠二、岩大房、山二等社区，南至山二社区许家里。明清时期，中沙一带(冠二、岩大房西江塘外地域）水都经该河流出。因该河地处中沙，故名沙河。

厅前池　位于楼下里，面积1.5亩，水深2米。

章河大池　位于十间楼西、楼下里东，面积6亩，水深2.5米。

康陆旁池　位于后十间楼，面积4亩，水深2米。

十间楼大池　位于前十间楼，面积4亩，水深2米

潭池　位于前十间楼，面积2亩，水深2米。

清明池　位于十间楼路东，面积4亩，水深2米。

庙前池　位于关帝庙北，面积3亩，水深2米。

双连池　位于十间楼，面积1.5亩，水深2.5米。

方家池　位于方陆盛东，面积3亩，水深2米。

双池　位于方陆盛西，面积2亩，水深2米。

村落

1985年，冠二村辖十间楼、方陆盛、宣十房、楼下里、关帝庙前、大后房6个自然村。1994年，冠二村村民委员会设在楼下里东边。

第二节　建置沿革

区划设置

北宋太平兴国三年（978），冠二村域属萧山县长兴乡。元世祖至元十六年（1279），村域属四都。明、清沿袭元制，村域仍属四都。清宣统二年（1910），四都复称长兴乡，村域属之。民国20年（1931），十间楼、宣十房属一都二十二图。

民国36年（1947），撤长兴乡，村域划入长河镇，十间楼为长河镇第12保。中华人民共和国成立初，冠二村域属长河乡。1950年，属冠山乡。1954年，成立永丰、永兴2个初级农业生产合作社。1956年11月，冠二境域、冠一境域、岩大房境域的高级社合并组建冠二高级农业生产合作社，简称冠二高级社，也称冠二社。1958年3月，冠山乡与浦沿乡合并，境域隶属浦沿乡；9月，以长河区辖范围成立长河人民公社，原冠二高级社范围组成长河人民公社浦沿

大队第二生产队，境域为第二生产队一部分。1961年3月，第二生产队改名为第二生产大队，简称冠二大队；4月，第二生产大队析分为永丰、新联、五一3个生产大队，永丰大队驻地十间楼、大后房（属冠二社区）。1981年7月，永丰大队更名为冠二大队。1984年5月，为冠二村。1984年5月撤销人民公社，恢复乡（镇）建制，冠二大队改称为冠二村。1996年5月，随浦沿镇划属杭州市西湖区，12月属滨江区。2003年12月，浦沿镇改设浦沿街道，冠二村隶属浦沿街道。2004年5月，撤村建居后的冠二社区，仍沿用冠二村的名字，辖十间楼、方陆盛、宣十房、楼下里、关帝庙前、大后房等自然村，均为农村居民点。

基层组织

中共基层组织　1954年10月至1958年9月，村域中共党员的活动归属冠山乡党支部管辖。1961年7月，村域为浦沿公社永丰大队，建立中共永丰大队党支部，隶属中共浦沿公社委员会。1968年，大队革命委员会取代大队党支部，实行“党政一元化”领导。1970年初，党组织活动恢复正常。1984年，恢复乡(镇)、村建制。中共冠二大队党支部改称中共冠二村党支部。1990年，改称中共冠二村党总支。2004年，改称为中共冠二社区委员会。

行政管理组织　民国后期，村域属长河镇。镇下设保，村域各保设有保长，由上面委任。保下设甲，甲长大多由村民轮流担任，任期很短。中华人民共和国成立后，废除保甲制，村域各村建立村行政委员会，设主任委员（村长）和委员若干人，与农会一起负责各项行政管理，开展土地改革、镇压反革命、支援抗美援朝等活动。1954年，取消村长制，由选区人民代表推举代表任主任。同年，村域先后成立9个初级农业生产合作社，代行部分行政管理职能。1956年10月，村域建立冠二高级农业生产合作社，高级社管理委员会替代村职能。1961年，建立永丰生产大队管理委员会（简称“大队管委会”），负责行政管理。1968年，大队管委会由大队革命委员会取代，直至1978年恢复建立大队管委会。1984年，恢复乡（镇）、村建制，成立冠二村村民委员会（简称“村委会”），为村民自治组织。村委会每届任期3年，设主任、副主任等，由村民代表大会选举产生。1990年后，由村民直接选举产生。2004年，冠二村村民委员会被撤销，成立冠二社区居民委员会。

经济管理组织　20世纪50年代初，村域建立初级农业生产合作社，为村域最早的集体经济管理组织。1956年10月，冠二高级社建立后，社管理委员会负责集体生产和经济管理。人民公社化初期，经济管理一度出现“共产风”。1961年，永丰大队管委会负责集体经济管理，各生产队为最小经济核算分配单位。1968年起，大队革命委员会管理集体经济。1978年，大队管委会恢复。1984年，冠二村村民委员会成立后，负责全村集体经济运行管理。1991年，建立村经济合作社，负责村级集体资产、资金、资源的运行管理和保值增值。村经济合作社设管理委员会，由社长、副社长以及委员若干人，由村民代表大会选举产生，任期及换届选举与村民委员会同步。1996年，村组级股份合作制企业11个，总收入2361.14万元。2003年，生产性固定资产原值358.78万元，集体资产总额9033.98万元。

第三节 人口 姓氏

人口

中华人民共和国成立前，村民生活水平低下，医疗条件极差，人口自然变动呈高出生、高死亡的状态。中华人民共和国成立后，村民生活条件不断改善，医疗水平日益提高，人口自然变动情况出现高出生、低死亡的状态。1964年，户数273户，人口1298人，其中男658人、女640人。出生55人，其中男27人、女28人。死亡15人，其中男8人、女7人。迁入11人，迁出9人。1982年，户数402户，人口1616人，其中男810人、女806人，迁入9人，迁出15人，出生17人，死亡8人。1996年，户数599户，人口1860人，其中男897人、女963人，劳动力1481人，从事第一产业人数399人。村民小组10个。2003年，户数624户，总人口1992人，农业人口754人，分配人口1972人。10个村民小组，农村劳动力629人。

姓氏

1994年，冠二村有80个姓氏，人口1869人，其中傅姓人口最多，有768人，主要聚居在十间楼。其次为来姓人口，有305人。第三大姓为周姓，人口91人。

傅姓 傅姓源于商朝武丁时期。当时有位叫“说（悦）”的圣贤，因其居于傅岩，故称傅说。后被武丁任用为相，天下大治。萧山傅姓原籍义乌，五代末年迁居山阴县。北宋时，傅氏第6世孙傅崧卿得中进士，授考功员外即兼太

子舍人。至南宋绍兴元年（1131），以直龙图阁学士出任绍兴府太守。傅崧卿为人耿直，力主抗金，诗人陆游赞“大姿英粹，忠义绝人”。至第7世傅国兴时，由山阴迁居诸暨直埠。传到11世傅巍，为避战乱，于南宋嘉熙四年(1240)又从直埠迁居萧山横山之阳，此后子孙繁衍，遂成村落，定名为“横山傅”。明初，第20世傅永宁，见浦沿冠二村十间楼一带“左盼固陵，右挹西江”环境幽雅，便卜居定宅，先后又分支析居，至浦沿冠一村等地发族繁衍。

来姓 来姓村域为第二大姓，源自长河，至2004年撤村建居时，已传至31世，有800多人。

第二章 村庄建设

中华人民共和国成立前，境域百姓困苦，村容萧条。中华人民共和国成立后，通过土地改革，农民生活有了保障。1964年，集体耕地面积859亩。20世纪70年代，全村安装上电灯，广播。20世纪80年代，实行家庭联产承包责任制经营，收入得到较大提高，村民将草房改建成平房。20世纪90年代，土地被陆续征用，由农业龙头企业和专业大户承包，开展集约经营。1996年，耕地面积713亩。21世纪初，滨文路、东冠路、火炬大道等城市主干道通达村域，多条公交线路在村域设多个停靠站。2003年，加入“百村示范、千村整治”行列，逐步实现布局优化、路面硬化、水体净化、路灯亮化、卫生洁化和村庄绿化，成为“浙江省卫生村”。2004年5月，全体村民户口性质完成“农转非”。土地拆迁主要用于建设彩虹快速路、诚业南路、冠新路等。

第一节 新农村建设

村容村貌

中华人民共和国成立前，境域百姓生活困苦，村容萧条。中华人民共和国成立后，通过土地改革，农民分到土地，生活有了保障。农业合作化后，村民依靠集体经济，生活逐步改善。20世纪70年代，全村安装上电灯，广播。20世纪80年代初，社队企业发展，社员收入提高，建房迅速增加。1982年，浦沿公社被列为萧山县农房建设试点公社，冠二大队农户建房纳入公社、大队统一管理。1983年，冠二大队通过对村民住宅面积测量等，与岩大房大队共绘

1：2500现状图和规划图，即《浦沿公社岩大房、冠二大队示意图》《浦沿公社岩大房、冠二大队规划图》。1986年，《浦沿镇土地管理和村镇规划实施条例》施行，冠二村村民住房建设纳入村镇规划。1994年，村庄规划编制完成，规划内容包括农民住宅、村庄公共活动场所、村庄绿化、道路交通、电力通信等。

滨江区成立后，随着城市化建设加快推进，大量集体土地转为建设用地，农民转为市民。2001年后，不再审批农户单独或联建住宅，开始全面推行农村多层（高层）建设。2003年，冠二村加入“百村示范、千村整治”行列，强化村容村貌的整治和建设。持续开展兴修道路、新增绿地、安装路灯、创建绿色环保家庭等一系列活动。同年6月，支持建设滨文路、高教河及高教后勤项目需要，第1组村民在新农村完成整体拆复建。撤镇改街道建制后，传统商贸业迅速向现代商贸服务业转变，出现品牌餐饮、超市、便利店等。2004年，冠二村推进整村拆迁，改设城市社区。

交通

火炬大道　于2007年建成，双向四车道，路宽50米，中间隔2米绿化带。起自钱塘江岸闻涛路，往南过岩大房村域后，经冠二村域和“十五间头”与时代大道连接。村域东与长河街道接壤处有时代高架，接钱塘江复兴大桥(钱江四桥)，南可入时代大道，进入萧山区闻堰镇至湘湖路。

滨文路　西起钱塘江标准塘（南沙大堤），东至风情大道，全长8.9千米，宽40～50米。原名青年路。双向四车道，中隔绿化带。2005年建成。

东冠路　从浦沿路至闻涛路段，原叫富前路。东起龙山路（浦沿路），西至时浦沿镇办企业之江水泥厂门口（工业遗址），全长1.57千米。其中自东向西至杭州油脂化工厂门口一段路宽18米，中间设有绿化带。1988年5月动工，1990年9月全线竣工。从东往西，路北有“浮力森林”门店、教工宿舍、浦沿镇中心小学、浦联社区居委会办公大楼、富园路，南为周家里、坂里虞、浦沿信用社、大同公寓等。

水利

1968年，建造永久河南（五图）灌溉机埠。1982年，建造沙河灌溉机埠。1982年，建造永久河北灌溉机埠。1986年，建造三角池老塘灌溉机埠，建造铁路边排灌机埠。1993年，冠二村有10条渠道，总长度7.2千米，排水沟10条，总长度8.55千米。

冠二小围堤　1964年筑成，西与棉场小堤为邻，东与长河长一小围堤交界，全长535米。

冠二小圩　1964年围成，位于棉场圩东，面积102亩。主要种植棉花、络麻、番薯等。

公用事业

邮政电信　20世纪50年代中期，浦沿邮政代办所建立，冠二村邮件、电报由代办所寄、发。20世纪60年代后期，报刊邮件送达大队办公室，信件寄发可由邮递工作人员代办，电报仍须去浦沿、长河集镇拍发，或过钱塘江大桥去杭州拍发。1967年，冠二大队办公室安装电话机。20世纪70年代，当天报刊邮件基本能送达各自然村。20世纪80年代后期起，报刊邮件基本投递到户，电话机开始增多。1987年，村域邮电事业借势加快发展，家庭私人电话开始出现。20世纪80年代末，无线寻呼机在村域兴起。1998年，无线市话“小灵通”开始在村域流行。进入21世纪，手机逐渐替代小灵通，并基本普及到青壮年。2004年，冠二村改设城市社区，家用电脑开始进入农户家庭，之后迅速普及。

电力　1964年，冠二大队通电，社员家庭基本接通电灯，告别蜡烛、油灯照明。20世纪80年代初，队办企业兴起，用电扩容增量。高压线路长河线为冠二村提供电力。1996年，农村用电量58万千瓦时，其中排灌用电6万千瓦时，村办企业用电27万千瓦时，家庭用电25万千瓦时。2003年，农村用电量78万千瓦时。

广播电视　1966年，浦沿公社广播站成立后，冠二大队开始陆续为社员家庭接入有线广播，并建立大队广播室。20世纪70年代末，电视开始进入社员家庭。1984年，每百户村民有电视机20台。20世纪90年代初，配合镇广播站，对广播网络进行整顿，喇叭入户率达80%以上。1998年，村域接通有线电视。2004年，每百户村民有彩电90台。

自来水　20世纪80年代前，境域村民主要饮用水是池塘水、“天落水”（天然雨水）。1988年，浦沿联合自来水厂建成。1990年，筹集资金将自来水总管道接通至村域几个主点，供村民接水入户。1996年后，随着村民进入小区居住，用水由水务公司管理，实行“一户一表”管理。

村办公房　20世纪50年代初，村域办公场所设在土地改革时没收的地主家中。1968年8月，把没收房子、义渡庙、楼下里大厅拆除，建造永丰大队大会堂、办公楼。1994年，冠二村办公用房设在楼下里。2000年后，扩建村办公用房，面积500平方米。2004年，村办公用房设有村委会办公室、党建活动室、老年活动室、青少年活动室、人民调解室。

第二节　土地使用

土地制度

中华人民共和国成立前，冠二村土地被地主、富农或官绅占有，多数贫困农民缺田少地。1951年10月，境域开展土地改革运动，没收地主阶级的土地归农民所有。在高级社和人民公社时期，境域土地归集体所有，农民把“土地证”交给集体。20世纪80年代，推行家庭联产承包责任制后，农户以家庭为单位，向村集体经济组织承包土地等生产资料和生产任务，村集体将土地等按人口或劳动力比例分给农户自主经营，其经营收入除按合同规定上缴一部分给集体及缴纳国家税金外，全部归于农户。1996年，承包农户数599户，承包土地面积674亩。农业劳动力399人。2003年，家庭承包经营3户，耕地面积71亩。

土地类别与利用

境域土地类型可分耕地、园地、林地、宅基地、工矿用地、交通用地及未利用土地7类。1956年，农民土地收归集体耕种，为解决村民日常蔬菜用地，高级社允许各生产小队将社员房前屋后零星杂地分配给社员家庭种植，称“自留地”。1964年，集体耕地面积859亩，其中水田114亩、旱地745亩。自留地78亩。1993年，耕地面积833亩，其中村域内671亩、围垦138亩、自留地24亩。1996年，耕地面积713亩，其中集体689亩、自留地24亩。村域内耕地面积608亩，集体584亩、自留地24亩。围垦飞地105亩全部为集体。乡村基建占地15亩，全为农户建房占地。

土地征用

1958年1月始，《国家建设征用土地办法》规定，土地补偿费标准为该耕地征用前3年平均产值的4～5倍，征用非耕地的按耕地的50%补偿。1991年6月后，根据萧山市土地管理规定，征用耕地补偿费标准为该耕地征用前3年平均产值的3～5倍，征用非耕地按耕地的50%补偿。2000年7月后，滨江区土地补偿费用标准分为一般项目和城市基础设施项目两类。冠二村一般项目的土地补偿标准为每亩2.03万元，城市基础设施项目补偿标准为每亩1.74万元。冠二村青苗补偿费用标准为每亩1450元。地上附着物分一般地上附着物补偿和重大地上附着物、苗木补偿。其中，一般地上附着物按征地总面积2500元每亩的标准一次性补偿到村里。重大地上附着物、苗木由街道会同被征地单位、建设单位进行现场清点、核实、确定后报区国土分局，由国土分局按政策规定审核确定补偿金额，报经区政府批准后补偿到街道和村，由街道和村逐一落实到所有权人。冠二村一般项目安置和城市基础设施项目补助费用标准为每亩7.2万元。2001年7月，沪昆铁路杭州绕行线以北至钱塘江边村集体土地全部完成征用。冠二村土地房屋拆迁主要用于建设火炬大道、诚业南路、冠新佳苑等。

第三节　围垦土地

南沙大堤外围垦

南宋时，钱塘江逐渐北移，江南开始淤涨，西江塘外出现部分沙涂，面积不大，涨坍无常。明末，江南淤塞成陆，成陆的沙地，因在钱塘江南，故称“南沙”。清光绪二十八年（1902），山阴、会稽、萧山三县在北海塘、西江塘外把沙民们修筑临江土堤加阔加高，连成一体，筑成南沙大堤。此后，沿江农民大规模垦殖，带来养殖业的兴起。村民种植棉花、络麻以及各种蔬菜，尤以萝卜、芥菜为多。1958年春，又在铁船沙临江地块，与闻堰乡黄山高级社、浦沿乡、冠山乡各高级社联合围垦，筑临江大堤2.04千米，共围滩涂1409.54亩。长河公社在此开设棉花试验田（又称“万斤棉场”）。20世纪60年代初，缩小人民公社规模后永丰大队（冠二村）分得该处土地94.4亩。

顺坝围垦

顺坝围垦又称先锋围垦或五堡围垦，分内线、外线两期进行。内线围于1970年11月，外线围于1986年冬。冠二村从顺坝围垦分得土地。1997年，为处理历史遗留问题，经滨江区政府与萧山市政府协商并签订协议，将顺坝围垦土地划归萧山市，从此冠二村在顺坝再无土地。

东江围垦

东江围垦又称12工段围垦，由萧山县统一指挥、浦沿镇组织领导，共4

期，分一围（又称“老围”）、二围（新围）围于1976年、1977年、1978年。到1978年底，全镇共围毛地按投工多少分给永丰大队。1981年，围垦土地相继承包给承包大户耕种，村每年向承包户收取一定承包金，每亩每年10～20元。1991年，每亩土地承包金最高40元。2003年后，承包户相继退出。

第三章　村域经济

境域历史上种植粮食作物有水稻、大麦、小麦、玉米。中华人民共和国成立后，村域走上集体化道路，农业水利化使得耕作制度由水稻、麦子一年两熟改为一年三熟。经济作物主要有烟叶、油菜、棉花、络麻、蔬菜等。村域集体工业兴起于20世纪70年代初，有队办企业2家。20世纪70年代后，农业种植业、养殖业长期稳产高产。家庭联产承包责任制后更上新台阶。20世纪80年代，村域传统建筑业开始活跃，个私工商业恢复后，村域商业饮食业、服务业、运输业快速发展。1982年，劳动力874人，总收入46.87万元。

20世纪90年代末，转变农业结构，发展以蔬菜为主的城郊服务型效益农业。1992年，全村耕地面积950亩，其中围垦138亩。农作物以水稻、大麦、小麦、络麻、油菜为主。农副业总收入243.22万元。村办企业9家，职工275人，固定资产123万元，工业产值2117万元，税利167万元。人均纯收入1816元。1996年，工业劳动力452人，其中，乡镇办工业劳动力129人，村办工业劳动力288人，村办以下工业35人。建筑业劳动力97人，交通运输、仓储业及邮电通信业劳动力172人，批发、零售贸易业、餐饮业74人，其他287人。

21世纪后，村域跨入城市化行列，仅剩少量农业于域外围垦。2003年，农村劳动力中农业15人、工业283人、建筑业113人、交通运输仓储业及邮电通信业79人、批发零售贸易业59人、餐饮业32人。总收入4461.03万元，其中农业收入320.9万元、工业收入2292.96万元、建筑业收入218万元、运输业收入260万元、商业饮食业收入1158万元、服务业收入163万元。

第一节　农业

境域种植业历史，可追溯到明末清初，时钱塘江流主槽北移，南大门淤塞成陆。民国时期，村民根据生活需要、市场需求，自发种植。中华人民共和国成立初，种植业基本格局未变，根据市场需求自由种植。20世纪60年代，全村有耕地950亩，其中围垦138亩。1964年，粮食作物播种面积596亩，棉花播种面积384亩，络麻播种面积362亩，烟叶播种面积17亩，油菜播种面积82亩。经济收入15.73万元，其中农业收入14.53万元。1982年，生产队10个，集体耕地面积947亩，自留地面积55亩。粮食播种面积1660亩，络麻播种面积507亩，油菜播种面积76亩。围垦面积152亩。农业收入27.19万元，副业收入17.03万元。1996年，农作物总播种面积2202亩，其中粮食作物播种面积1346亩，油菜播种面积255亩，棉花播种面积77亩，蔬菜播种面积380亩，瓜类播种面积28亩。种植业收入383万元，畜牧业收入257.37万元，渔业收入1.8万元。2003年，耕地面积95亩，其中围垦71亩。农作物播种面积354亩。

种植业

粮食作物　境域主要粮食作物有小麦、大麦、玉米、水稻等。1964年，粮食作物播种面积596亩，亩产218.5千克，总产量130.3吨。1982年，粮食播种面积1660亩，亩产318千克，总产量527.68吨。1996年，粮食作物播种面积1346亩，亩产量373千克，总产量502吨。2004年后，境域土地被国家征用，粮食种植逐渐退出历史舞台。

蔬菜水果　境域蔬菜品种有青菜、菠菜、芹菜、冬瓜洋葱、茄子、大白菜、包心菜等。1996年，蔬菜播种面积380亩，亩产3吨，总产量1140吨。瓜类播种面积28亩，亩产2.89吨，总产量81吨。2003年，蔬菜播种面积492亩，亩产2.5吨，总产量1230吨。

经济作物　境域经济作物主要有棉花、络麻、油菜。1964年，棉花播种面积384亩，亩产133.5千克，总产量51.3吨。络麻播种面积362亩，亩产346.5吨，总产量125.35吨。烟叶播种面积17亩，亩产195千克，总产量3.35吨。油菜播种面积82亩，亩产77千克，总产量6.5吨。1982年，络麻播种面积507亩，亩产378.5千克，总产量191.94吨。油菜播种面积76亩，亩产86千克，总产量6.53吨。1996年，油菜播种面积255亩，亩产115千克，总产量30吨。棉花播种面积77亩，亩产65千克，总产量5吨。进入21世纪，棉花、络麻、油菜种植面积逐渐减少。2003年，苗木播种面积219亩。

养殖业

历史上，境域畜牧业以养猪、养鸡为主。中华人民共和国成立后，由于受饲料的制约，除养猪外，其他养殖均不发达。农业集体化后，养殖业较大发展。1964年，生猪存栏141头，均为社员私养。肥猪出售58头，社员自宰91头。私养山羊16只，私养绵羊20只。家禽874羽，家兔67只。淡水鱼养殖面积22亩，均为内塘，产量1.15吨。20世纪60年代后期，为解决农业肥源和社会用肉，养猪业被列为畜牧业之首，除家庭养殖外，生产队、大队均先后办过畜牧场。其他家禽家畜只局限于村民家庭中。改革开放后，养猪、养鸡、养鸭、养鱼等养殖业空前发展。1982年，生猪存栏510头，肥猪出栏560头，全年饲养量1070头。淡水鱼养殖面积18亩，产量1.7吨。1996年，生猪存栏223头，肥猪出栏882头，饲养量1105头。家禽存栏6000羽，出栏1.4万羽。肉类产量78.77吨，其中猪肉57.77吨、禽肉21吨。禽蛋产量1吨。淡水养殖面积34亩，产量14吨。2002年开始，滨江区实行畜禽禁养限养。2003年，冠二村生猪存栏123头，肥猪出栏452头，全年饲养量575头。猪肉产量32吨。家禽存栏600羽，出栏2000羽。禽肉产量3吨。淡水鱼养殖面积15亩，淡水鱼产量13吨。

第二节　工业　建筑业

20世纪60年代，境域工业开始出现，以手工业作坊为主。20世纪70年代初，开始创建队办企业。20世纪80年代，村域集体工业蓬勃发展。1992年，有村办企业9家，职工275人。1996年，工业收入1476.48万元，建筑业收入40.3万元。2003年，工业劳动力283人，建筑业劳动力113人。工业收入2292.96万元，建筑业收入218万元。

工业

村域集体工业兴起于20世纪70年代。1976年3月，创办萧山铸造厂。1982年，联营创办村级企业杭州南方建材有限公司。1992年，全村有村办企业9家，职工275人，固定资产123万元，工业产值2117万元，税利167万元。1993年，萧山浦沿冠二五金瓶盖厂有职工24人，实现产值21万元，利润9300元。1993年，萧山浦沿冠二五金塑料厂有职工12人，实现产值31万元，利润1900元。1995年9月，萧山铸造厂、农机厂、建机厂等一批村办企业相继完成转制、征迁。1996年，工业收入1476.48万元。2003年，工业劳动力283人，工业收入2292.96万元。2004年，村属杭州滨文工贸科技园工业园区建成并投入使用。

建筑业

村域历史上有泥瓦匠、木匠，手艺大多为父子相承、叔侄传带，建筑业素有传统。20世纪70年代后期，社队工业发展，社员收入增加，家庭建房初兴。村域泥瓦匠、木匠等建筑匠人开始活跃，师徒组合，泥木搭帮，承揽业务，组团施工。进入20世纪80年代，农村住宅建设热起，实行家庭联产承包责任制后，劳动力得以解放，1996年，建筑业劳动力97人，建筑业收入40.3万元。21世纪初，新农村建设、工业和城市基础建设加速，冠二村建筑业蓬勃发展。2003年，从事建筑业113人，建筑业收入218万元。

第三节　服务业

1949年前，因土地贫瘠、旱涝频繁，村民生活贫困，农民生产棉花加工织成的棉布（土布），以自己穿用为主，也有到集市出售，换取生活所需的各种用品。1953年，粮食实行统购统销，根据生产情况实行定额购销，统购数字一般一定3年。1956—1976年，私营商业实行社会主义改造，生产资料实行计划分配。由于物资缺乏，日用消费品一律凭票供应。20世纪80年代，改革商业体制，鼓励农民经商，商品呈现繁荣景象。生猪价格放开，允许个体屠商购销。20世纪90年代，商品取消票证，全部敞开供应。外来人口增多，餐饮业迅速发展，各类饭店、面馆、小吃店等相继开业。1996年，交通运输、仓储业及邮电通信业劳动力172人，批发、零售贸易业、餐饮业74人，其他287人。21世纪初，随着滨江区城市建设发展，出现一定规模的超市、酒店、农贸市场。2003年，交通运输仓储业及邮电通信业79人，批发零售贸易业59人，餐饮业32人。运输业收入260万元，商业饮食业收入1158万元，服务业收入163万元。

商业饮食业

中华人民共和国成立后，村域商业逐渐复苏。大队划归浦沿公社后，人流、物流增加，商业供应点、代销店、服务业摊点借势发展。大队范围内商店、代销店归属浦沿供销站（社）统筹管辖。1982年后，冠二大队个私工商业恢复。

1996年，冠二村批发、零售贸易业、餐饮业劳动力74人，其他劳动力287人。商业饮食业收入68.46万元，服务业收入11.78万元。这一时期，村中农贸市场逐渐形成，成为各自然村村民售、买农副产品的首选地。进入21世纪后，随着城市化的推进，村域商饮服务业发展更快，传统服务业向新的领域拓展。2003年，批发零售贸易业59人，餐饮业32人。商业饮食业收入1158万元，服务业收入163万元。

运输业

1978年，村域运输业快速发展。1984年，实行家庭联产承包责任制后，村域劳动力得以解放，从事运输业村民家庭开始增多。1996年，交通运输、仓储业及邮电通信业劳动力172人，运输业收入80.6万元。2003年，交通运输仓储业及邮电通信业劳动力79人，运输业收入260万元。此后，城市基础设施建设逐渐完备，冠二村以运送建筑材料为主的运输业开始消退。

第四章　社会事业

20世纪50—70年代，村域设有小学。1984年，学龄儿童入学率98%以上。20世纪90年代，民办幼儿园逐渐兴起，管理主体随之多元，但业务上由所在地镇中心幼儿园辅导。

旧时，人民群众缺医少药，健康状况堪忧。20世纪60—70年代，村域有合作医疗站和赤脚医生。滨江区成立后，村域设有100平方米的村医务室，配备1名医务人员，达到甲级村卫生室的标准，实现“人人享有初级卫生保健”的目标。

20世纪50—60年代，村域有秧歌班、俱乐部、文宣队等文艺团队，放映露天电影、举行乘凉晚会等。20世纪70—80年代，创建活动阵地，培养文艺骨干，配合各个时期中心工作，开展各种文体活动，丰富群众文体生活。20世纪90年代后，兴起卡拉OK、艺术沙龙、电竞游戏、网络文学，村域群众文化活动与载体与时俱进，形式丰富多彩。进入21世纪，小学学生体育达标率100%，群众体育、全民健身活动落实项目、场地、经费。2004年，全村有健身小广场、综合活动室等200多平方米。境域遗迹有关帝庙、方盛路、奉宪禁碑，“非遗”项目有浦沿绞面。

第一节　教育

幼儿教育

20世纪50年代末，落实浙江省关于“社社队队建立托幼组织，解放农村妇女劳动力”的要求，冠二大队办有托儿所。20世纪60年代初，进入三年困难时期，幼儿园停办。20世纪60年代末，永丰大队办有农忙幼儿班。20世纪80年代，幼儿园恢复，冠二大队幼儿园设在冠二小学内。1996年，冠二村幼儿园有2个班级，教职工2人。2004年，冠二幼儿园有3个班级，教职工3人。

中小学教育

清代，境域设有私塾，规模不大，学生有几人到几十人不等，是以识字教育为主的蒙学。招收学童年龄5～13周岁。民国37年（1948），民国政府在村域设有国民小学。当时有1间教室，进行复式教学。中华人民共和国成立初期，村域有1所初级小学。此后，村域学龄少年全部到村东长寿庵冠山中心小学就读。1965年，小学入学率达80%以上。20世纪70年代，大队筹资自建校舍办学，教师工资全由大队自负。1984年，学龄儿童入学率达98%以上。1989年，冠二大队随浦沿镇基本实现九年制义务教育。1989年后，村校合并到冠山小学。1996年，在校中小学生170人。2004年秋起，滨江区启动义务教育新课程改革，小学一年级和三年级全面实施《杭州市义务教育新课程》。冠二村中小学生课程按九年一贯制设置，小学阶段以综合课程为主，低年级（一、二年级）开设品德与生活、语文、数学、体育、音乐、美术等课程；中高年级（三至六年级）开设品德与社会、语文、数学、科学、外语，体育、音乐、美术、信息技术，劳动技术、综合实践活动等课程。

成人教育

中华人民共和国成立前，因经济等原因，村民文化程度普遍较低。中华人民共和国成立后，不少青壮年参加扫盲班、夜校学习文化。村域有夜校、冬学、识字班等，教村民识字、认字。村小学教师除业余担任扫盲教员外，还发动学生给家长或路人送卡片认字。20世纪60年代，扫盲教学工作主要由青、妇组织以及俱乐部、学校合作担任。20世纪80年代初，重点扫除党员干部和青壮年中的文盲、半文盲。有的青年参加浙江电大、成人自学考试，并获得相应学历，有的青年参加上级成人教育机构举办的各类实用技术和岗位技能培训。1985年，冠二村随浦沿镇通过萧山县扫盲验收。20世纪90年代初，村域应届初中生参加离校前的社会知识培训，主要学习法律、环保、人口理论、本土乡俗等知识。滨江区成立后，冠二村成人教育的任务和重点是岗位培训，实用技术培训，基础教育、初等和中等职业技术教育、社会文化和生活教育、法制和职业道德教育等。2004年后，随着土地征用加快，失地农民就业再就业培训成为成人教育重点。

第二节 医疗卫生

疫病防治

旧时，浦沿、长河一带流行的传染病多达12种。冠二村域乡人贫困，一旦染病，大多无力延医赎药。中华人民共和国成立后，人民政府强力推进防疫接种。20世纪50年代初，村域霍乱、天花根绝。20世纪60年代，斑疹、伤寒消灭。20世纪70年代后期，消灭白喉病。1978年起，大队保健站配合浦沿公社卫生院为全大队儿童接种“四苗”（卡介苗、麻疹疫苗、脊髓灰质炎疫苗、百白破三联疫苗）。1990年，全村儿童“五苗”(原“四苗”+乙肝疫苗）接种率100%。20世纪90年代初，消灭脊髓灰质炎、钩端螺旋体病。20世纪90年代后期起，村保健站（卫生室）配合上级医疗卫生机构，开展各类肠道传染病、呼吸道传染病的防治。2003年后，做好“非典”、高致病性禽流感等的预防工作。

健康检查

20世纪50年代，村域开始推行新法接生。20世纪70年代后期，冠二大队产妇大多去医院生产。20世纪70年代初，对全大队妇女进行防癌普查。20世纪80年代起，孕产妇全部纳入公社（乡、镇）卫生院的孕产妇产前检查及围产期保健管理系统。2002年起，对村域60周岁以上老年人免费体检。2003年，组织村小学学生参加健康体检，村域孕、产妇保健卡建卡率100%。2005年，在坚持对村域育龄妇女定期开展妇科疾病普查的基础上，将外来妇女的计划生育与保健纳入管理。

医疗保障

20世纪60年代后期，境域派人参加萧山县农村卫生员培训。回村后，在村委会里用1张桌子和简单的医疗器械，开展卫生保健工作。1969年，永丰大队（冠二村）建立合作医疗制度，合作医疗主要经费在大队公益金中列支，社员看病自己负责50%医药费。1976年开始，合作医疗由大队、公社联办。20世纪80年代，实行家庭联产承包责任制后，合作医疗停办，大队合作医疗站改称村卫生保健室，由医务人员承包经营。保健室面积100平方米，有医务人员1人，设诊疗室、药库、药房、输液室、急诊病床。20世纪90年代初，合作医疗重建，村民自愿缴费参加合作医疗后可按比例报销医药费，村集体每年安排3万～4万元用于该项开支。20世纪90年代末，冠二村卫生医务室达到甲级标准。2003年，滨江区建立新型合作医疗制度，冠二村村民参加率90%。2004年，村卫生医务室改设社区卫生服务站，纳入浦沿街道社区卫生服务中心统一管理。2005年，村集体出资帮助全村农业户籍村民参加新型合作医疗。

第三节　文化　体育

文化活动

旧时，村域文化活动以春节、元宵节期间的舞龙表演最为热闹。春节前后，各自然村雇戏班子演戏，称“做戏文”，剧种主要是绍剧（乡人称其为“绍兴大班”）。遇重要节日、祭日和庙会，或有迎会、竖高照、跳无常等活动，既为祈神保宁，亦为娱乐趋趣。中华人民共和国成立后，村域文体活动赋以新社会文明新风。20世纪50年代初，村域青年男女扭秧歌、唱新曲、敲锣鼓、打“莲湘”棒，欢庆翻身解放，宣传《中华人民共和国婚姻法》、宣传抗美援朝。20世纪60年代初，大队俱乐部建立，编、演一些反映农村新面貌的文艺小节目。1966年起，俱乐部更名“毛泽东思想文艺宣传队”(文宣队），学唱“样板戏”“语录歌”和革命歌曲。20世纪60年代后期，大队大会堂建成后，常邀其他大队、学校文宣队登台演出。1975年，浦沿公社电影队建立后，轮流到各个大队放映电影。20世纪80年代初，俱乐部开展图书借阅、出黑板报等活动。1997年，冠二村与东冠、岩大房等村200多名团员青年联合举行大型文艺联欢会。进入21世纪，不少村民，特别是年轻人热衷于电竞游戏、网络文学、艺术沙龙等。2004年，有村（社区）图书室50平方米。

体育活动

中华人民共和国成立初，村域学校设体育课，每周1节，由于设施简陋、条件有限，体育课主要是跑步、体操、跳高、跳远、跳绳、球类等活动。20世纪60年代，村域体育设施有所改善。1966年起，体育课改为军训课。1979年后，开展学生体育达标活动。20世纪90年代起，冠二村组织运动队参加浦沿镇（街道）举办的历届全民运动会。进入21世纪后，群众体育、全民健身活动逐步落实项目、场地、经费。2003年，冠二村小学生体育达标率100%，其中优秀率超过80%。2004年，建有面积200多平方米健身苑，购置10多种健身器材，开辟乒乓球活动室、羽毛球活动场地。

第四节　古迹　非遗

古迹

方陆盛　方陆盛位于浦沿街道冠二村境内。东起南川路2099号，西至火炬大道，东西向，路长1.1千米，宽20米。以方陆盛古村庄这个老地名来命名。方陆盛村名的来源有3个不同版本：一是据《浦沿镇志》，以聚居着方、陆、盛3个姓氏而得名。二是该地在明末清初时期，方氏是迁徙来此垦荒种地的第一家，方氏在此建房定居，宅院、耕作仅六丈见方，生活极其艰苦。因钱塘江不断北移，江南大片涨沙，围垦者逐年增多，方家园周边陆续迁入陆家、盛家、何家。由于各姓勤俭持家，数年后都家业兴旺，人口骤增，遂形成村落，称为“方六丈”，以传承艰苦创业之精神。方六丈人辛勤耕种沙地，饲养家禽家畜，劳作不辍；且又乐善好施，方便过江行人。因钱塘江堤十分脆弱，经常发生决堤。4个家族紧密团结，互相帮扶，共同护堤，保护家园，称“天天方乐（陆）和（何）盛，人人护堤治水”。三是明清时期，该地长满杂草，曾为清兵放马场。后来的方陆盛曾经被圈为放鹿场地，故该村又呼“放鹿场”。从当地方言判断，“方陆盛”“放鹿场”与“方六丈”为近音，故有3种说法。

关帝庙　关帝庙位于冠二村境内，坐南面北，庙宇黄墙青瓦，殿内宝相庄严，庙的西面和北面各有一个水池，建造年代失考。因纪念关公，故称关帝庙，也叫关王庙。正殿神龛上供奉关圣帝君的高大神像，金盔银甲，红脸长须，手执一把青龙偃月刀，十分威武。关公像，更多是作为关公文化的基本载体，集关公典故、民间传说、戏曲形象以及祭祀活动等于一体，用雕塑

的形式表现。关帝庙两侧供奉着观世音菩萨、张老相公以及文昌帝君、土地尊神等佛像。

非物质文化遗产

浦沿绞面　浦沿绞面为区级其他类“非遗”项目，讲述人张顺英，冠二村人。绞面是一种民间美容法。始于南宋，是堕民（北方叫“吹鼓手”）女眷的一种职业，后传到江南。旧时女子出嫁时进行第一次绞面，谓“开面”。此后，逢过年过节或重大节庆日，均要请人来绞面。这种美容习俗20世纪60年代初渐渐消失。具体做法是绞面师在被绞面者脸上擦上鹅蛋粉，抹均匀，取出一根棉纱线，绕成“8”字形的活套，右手拇指与食指撑着一端，左手拉着线的一头，用牙齿咬住线的一端，右手拇指一张一合，咬着线的牙与左手配合右手，在脸上绕来绕去，一松一紧。把脸上的汗毛绞掉，使之白净。相关原料需鹅蛋粉、棉线、水。绞面不仅能拔掉脸上汗毛，使脸变白净，而且还会起到活血作用，绞时增强血液循环，使脸面变得红润美丽。

第五章　生活民情

中华人民共和国成立前，村民收入微薄，生活消费水平很低。中华人民共和国成立后，村民生活不断改善，生存所需要的基本消费水平逐年提高。改革开放后，城乡居民人均生活消费水平提高较快。1982年，农民年人均纯收入1816元。20世纪80年代中期，居民消费特点由数量扩张向质量提高转变。滨江区成立后，经济快速发展，村民收入提高，消费明显向教育文化娱乐、交通通信、医疗保健和城市居住等方面倾斜。2000年始，实施多层农民公寓房建设，高楼大厦拔地而起。2003年，农民年人均纯收入8485元。大多数家庭拥有高档电器，少数村民还有小轿车，基本达到小康生活水平。境域建有关帝庙、义渡庙，主要名物为霉干菜、霉毛豆、甜面浆、浦沿腌缸白菜。

第一节　经济收入

收入稳定时期

中华人民共和国成立后，境域经过土地改革和互助组合作化时期，农业生产基本得到恢复和发展。农村居民收入来源，主要依靠农业生产从集体分配得到实物和现金两种收入。1956年，冠二高级社建立，土地入社，集体经营生产获得发展。社员主要以劳动工分参加分配，多劳多得，收入开始增加。1958年，人民公社化后，一度实行“供给制”“食堂饭”，未见收入分配资料。20世纪60年代初，以生产队为基本核算单位，冠二大队社员以劳动工分、土肥投入折算工分参加分配。1964年，社员年终人均经济分配现金收入52元。此后随生产发展收入逐步增加。20世纪70年代至20世纪80年代初，社队企业下拨利润反哺农业。在社队企业工作的社员、长年外出的劳务人员和“五匠”等，都向生产队缴纳相应的工资折算成工分参加经济和实物分配。这一分配方式一直延续到实行家庭联产承包责任制时终止。

收入快速增长时期

1982年，村民年终人均经济分配现金收入181.6元。1983年后，实行家庭联产承包责任制，农民先后进入第二、第三产业，由社员变为企业职工，报酬与企业的经济效益直接挂钩，特别是镇、村企业转制后，个体私营经济快速发展，村民劳动力大批转向第二、第三产业。村民收入呈现多层次结构，除在村级企业就业外，还有一部分从事个体运输、工商服务等，有的到村外企事业单位工作。滨江区成立后，农村工薪收入、财产性收入、转移性收入占比增加。2003年，冠二村村民年人均纯收入8485元。

第二节　村民生活

饮食用具

中华人民共和国成立后，农民生活得到不断改善。1956年起，农户口粮实行以人定量。1963年，冠二大队人均口粮250千克。1978年，冠二大队社员人均口粮375千克。20世纪80年代后，时兴置办新式家具或组合家具，电视机也开始进入农户家庭。1987年，村民每百户拥有电视机36台、收音机25台、缝纫机45台、自行车130辆、电风扇80台、手表192块。有民谣说：“吃讲营养、穿讲漂亮，住讲宽敞，用讲排场，走讲车辆”。20世纪90年代，一般人家鲜鱼、河虾等荤菜也四季不断。喝的有白酒、黄酒、啤酒和各种饮料，五粮液、茅台往往上桌。2000年，村民的家庭生活用品及服务的年人均消费支出163元，每百户拥有电冰箱46台、洗衣机34台、空调器8台、彩色电视机86台。2005年，村民的家庭生活用品及服务的人均消费支出300元。

住房

1982年，社员新建住宅竣工89间，面积3382平方米。1987年，建房户数114户，建房面积9460平方米。1999年，冠二村建房户数60户，平均每户占地面积120平方米。21世纪初，境域新建许多三层及以上的住宅楼，采用钢筋混凝土结构，现场预制。室内铺设彩色水磨石板、油漆木地板、大理石板或彩色地砖。楼内卧室、厅堂、会客室、厨房、卫生间、浴室、自来水设施配套，装有电话机和空调。

第三节　民间故事　物产

民间故事

十间楼村来历　明朝末期，钱塘江的江面比现在要宽，水势比较大。当时人要过江，只有乘渡船。风平浪静，晴天尚可，如遇上狂风恶浪，非得在船里搁两三天，才能到达对岸。

当时，有一个老婆婆，在江岸渡船码头边搭了个草棚，摆了个粥摊。这年3月的一天，有个在外地收账归来的客人，想要过江去。他肩背钱褡子，兴冲冲地走进草棚，把沉甸甸的钱褡子往粥棚的正柱上一挂，顺便要了一碗粥，坐下慢慢地喝了起来。还没有喝完，就听到摇渡船的艄公在喊："开船啦，开船啦！"收账客人拔脚就往船上奔去。当船开到江心，才记起自己把钱褡子忘在了粥棚的正柱子上。

船到江心，忽然天色大变，乌云铺天盖地而来，随即瓢泼大雨一阵紧过一阵。这时，船在江心是不能返回来了。过了两天，船才到达对岸。收账客人想：如果再乘船转回去，那钱褡子也肯定给老婆婆拿去了，而且自己也口说无凭，到官府打官司也不一定能打得赢。只能自认晦气，他就垂头丧气地回家去了。

大概过了3年，这位收账客人又到江岸边来乘渡船。粥棚依然在，老婆婆仍摆摊卖粥。他心里感到奇怪，走进粥棚就说："老大娘，我以为你已经造起了楼房，发大财咯，怎么还照旧摆粥摊卖粥？"白发老婆婆笑哈哈地说："你这位客人倒会讲笑话，我这个穷卖粥的，能够过得去算不错了，哪会发大财呀！"收账客人说："3年前，我在这里喝粥，把钱褡子忘在粥棚里，里面的铜钱足足可以盖20间楼房，买100亩田地呢，这笔钱你难道还没有用掉？"老婆婆说："呵，原来这个钱褡子是你忘在这里的。"她用手往正柱上一指："喏，它不是还在老地方吗!”收账客人往正柱上一看，果然钱褡子还在，原封不动，连忙走过去，只见上面积了厚厚的灰尘，忙拿下来掸去灰尘，打开一看，发现里面的铜钱分文不少。收账客人激动得眼泪也流了下来，“老大娘，你的人品真好啊!”老婆婆说:“人家的东西怎么可以随便动呢？人要做得清清白白，穷要穷得有志气!”为了答谢这位清清白白做人的卖粥老婆婆，收账客人特地为老大娘造了十间楼房，以表深深的敬意，也为了颂扬诚实做人的美德。后来，这个地方造屋的人越来越多，渐渐地形成一个村庄。人们就把这个村庄叫作“十间楼村”。

物产

霉干菜　冠二村祖传有制霉干菜（乌干菜）习惯、霉干菜由芥菜经腌制晒干而成，是旧时境域农家的家常菜。乌干菜，乌，指它的颜色；干菜，指它的样子，此菜须经晒干方成；陈干菜，则是指放的时间，隔年的干菜才叫陈干菜。腌制乌干菜需用芥菜，芥菜有大叶芥和细叶芥之分。大叶芥菜适宜分批披叶，至来年三四月才整株拔起备用。芥菜须经晒瘪、堆黄、洗净、晾晒、切碎等几道工序。晒时避免烈日猛晒，堆时须经常翻动散热。腌时，撒盐拌匀，揉软至微微出水。若大批腌制需入缸脚踏，压实；若腌少量则用老酒坛，坛口小，脚踩不进，便用木制的“腌菜脚”伸入坛内将菜揿实，封口。旬日启封，但见表层出现汁水，挖之色泽黄亮，闻之香气扑鼻，这便是腌芥菜，俗称“水芥菜”。将“水芥菜”用晒箕晒干，变成黄褐色，就成乌干菜了。根据工艺不同分为长条干菜、刀切干菜等，上面讲的就是刀切干菜。制作刀切干菜时若加入煮熟了的淡竹笋，拌和晒干就是“笋干菜”，味道尤佳。至2013年，少数老年人家还晒制霉干菜。

专　记

祖孙三代修护义渡

清代，冠二村北钱塘江西江塘外曾有中沙渡，为村域楼下里乡绅来森所创，是为有文字记载的钱塘江最早的义渡。

据《萧山来氏家谱》记载：来森（字守君），生于清顺治七年（1650），来氏二支16世孙。自小行文兼优，乐穷经史，有好义之志，怀利济之心。康熙三十五年（1696），来森视乡邻往返杭州渡江艰难，捐金数千，购地筑路，置船7艘，于中沙埠地段建义渡埠，开设义渡。渡费每人二文，一文用于修船，一文给水手工食，自家分厘不取。又于路侧建义渡凉亭、义渡庙（尚存）各一。再捐税地20多亩，除给庙僧口粮外，余下做夏施凉茶冬给蓑衣及草鞋灯烛之用。义渡建成后，勒石立两碑，一置于北岸上城区美政桥吴元弄对面，一立于南岸楼下里村北、西江塘北侧。义渡通航后，上接金、衢、严、处各府，下通临浦、义桥、闻堰等地，成为渡杭要渡。后，来森老去，其子若龄接承义渡。

来若龄，字六吉，来森幼子，生于清康熙二十九年（1690）。《萧山来氏家谱》载，来若龄体貌魁梧，秉性耿介，好持风节。乡人欠租，来若龄折券免除；浙东灾荒，他捐米赈饥；港窄桥低，他出资修疏；文昌祠倾废，又独任修葺。如此等等，所在多有。康熙四十八年（1709），渡碑破损严重，刻字残缺，来若龄买石重刻。康熙五十五年（1716），有不法者聚众霸埠索钱，危及义渡。来若龄即呈文县府，对簿公堂。肇事者被绳之以法，霸埠船只悉数归公，用于径游乡尖山浮桥。乾隆六年（1741），来若龄复捐资千金，再添渡船3艘，并扩建义渡庙。又于江北杭州美政桥吴元弄处购屋1间，砌石造埠，方便两岸旅行者免受风雨之苦。乾隆二十二年（1757）来若龄去世。乾隆二十七年（1762）九月，萧山县府立奉宪永禁碑于两岸码头，以护义渡。

来若龄后，其次子来宇清继续义渡之事。《萧山来氏家谱》载：传至宇清时，家产已去其大半，家道日趋中落。然来宇清传承祖德矢志不移。其时，两岸渡埠每逢阴雨便路滑难行，往来行人失足频频。来宇清再出百金，地方乡邻亦各助金出力，砌造石路，构筑码头，以惠行人。为避行船事故，又立规数条：每船至多装载30人，不得超载；每人渡费二文，毋许额外多取等。经钱塘、萧山两县准许，来宇清用坚好太湖之石，重刻渡碑，再立两岸码头。南岸渡碑，风雨300多年，由来氏裔孙保存。昔日义渡埠区域，已入驻众多高新企业。

冠一村

冠一村位于浦沿街道东南部，东接长河街道，西达火炬大道，南至冠山路，北到滨文路，面积0.6平方千米。

冠一村在滨江区的位置

来楚生　墨荷

第二十七编　冠一村

概　述

冠一村位于浦沿街道东南部，面积0.6平方千米。村域土地大部为平原(水田)，向以种植水稻、春花作物为主，山地约占25%。中华人民共和国成立后，村域完成土地改革并实现农业集体化。1950年，村域属冠山乡，1954年，先后成立建华、来兴初级农业生产合作社。1958年10月，境域为五一大队，属浦沿人民公社。1984年5月，改名破塘缺村。1993年，改名为冠一村。该村由破塘缺、傅家、下毛寺3个自然村组成。1996年，户数502户，人口1533人，其中男753人、女780人，劳动力1234人。村民小组10个。2013年11月，撤村建居成立冠一社区。有常住户501户，总人口1986人，其中男973人、女1013人。有姓氏64个，200人以上大姓有来、傅两姓。

20世纪60年代末始，种植业、养殖业持续稳产高产。20世纪70年代，队办工业起步。20世纪80年代，商饮服务业、运输业恢复发展。1982年，粮食播种面积1361亩，总产量519.55吨。络麻播种面积338亩，总产量135.58吨。油菜播种面积62亩，总产量6.48吨。20世纪90年代中期，发展城郊服务型效益农业，开展规模经营、集约经营。2003后，土地被陆续征用。2010年，实现工业产值7420万元。2013年，仅剩少量农业于域外围垦土地。农村经济总收入8564万元，其中农业收入215万元、工业收入5255万元、商业饮食业收入370万元、服务业收入550万元、其他2174万元。

20世纪50年代农业集体化以来，村域邮政通信、水利电力、广播电视、道路交通、公共用房等各项基础设施建设和文化教育、医疗卫生事业不断进步。20世纪80年代末，基本普及九年制义务教育。20世纪90年代后，兴起卡拉OK、艺术沙龙、电竞游戏、网络文学，村域群众文化活动与载体与时俱进，形式丰富多彩。2010年后，全村有健身小广场、综合活动室等1000平方米。2013年，居民基本医疗保险参保率98%。

中华人民共和国成立前，村民收入微薄，生活消费水平很低。中华人民共和国成立后，村民生活不断改善，基本消费水平逐年提高。20世纪80年代中期，居民消费特点由数量扩张向质量提高转变。村民建房纳入村镇建设规划。滨江区成立后，经济快速发展，居民收入提高。居民消费向教育文化娱乐、交通通信、医疗保健和城市居住等方面倾斜。推进新农村建设和农村多层（高层）建设，开展“百村示范、千村整治”活动，村庄建设逐步实现布局优化、路面硬化、水体净化、路灯亮化、卫生洁化和村庄绿化。2010年，农民年人均纯收入1.46万元。2013年，实施整村拆迁，改设城市社区，新建住宅有火炬小区、冠新佳苑。

第一章　基本村情

冠一村位于浦沿街道东南部。东接长河街道，西达火炬大道，南至冠山路，北到滨文路。面积0.6平方千米。1949年，境域属长河乡。1950年，属冠山乡。1956年，与冠二村、岩大房村合并成立冠二高级农业生产合作社。1961年7月，归属浦沿人民公社。1984年前，称五一大队。1984年5月，改名破塘缺村。1993年，改名为冠一村。该村由破塘缺、傅家、下毛寺（下茅墅）3个自然村组成。1996年，户数502户，人口1533人。2013年，农村常住户501户，总人口1986人。有姓氏64个，200人以上大姓有来、傅两姓。同年11月，撤村建居，成立冠一社区。社区居委会驻冠一村三区1号。境内新建住宅有火炬小区。

第一节　区位　地貌　村落

区位

冠一村位于浦沿街道东南部。东接长河街道，西达火炬大道，南至冠山路，北到滨文路。面积0.6平方千米。

地貌

冠一村地貌主要为平原，地势平坦，海拔6.2～6.8米。地表土质为潮土。南部为冠山的西北山岭。平原（水田）为潮土、黄松田、粉泥田、烂塘田。低丘山地为黄泥土、黄泥沙土。地表水表现形式主要为河流、池塘。

弄堂河　北起冠一村，南至山一村，全长2.1千米，河宽6～30米。

大家池　位于下毛寺，面积1.5亩，水深2米。

门前池　位于下毛寺，面积1.5亩，水深2米。

弄方池　位于下毛寺，面积7.5亩，水深3米。

白果池　位于下毛寺，面积3亩，水深2.5米。

新岩池　位于下毛寺，面积3亩，水深2.5米。

后头池　位于下毛寺，面积1.5亩，水深2.5米。

来家池　位于傅家，面积3.5亩，水深2.5米。

老沙池　位于傅家，面积3.5亩，水深2.5米。

石门池　位于傅家，面积2.5亩，水深2.5米。

油车池　位于傅家，面积1亩，水深2.5米。

村落

1985年，村域辖破塘缺、傅家、下毛寺3个自然村，村民委员会设在下毛寺。据《萧山县地名志》记载："以大队内破塘缺（村）得名。"境内原有个自然村落叫破塘缺，曾与傅家、下毛寺自然村组建破塘缺村，村委驻地设在破塘缺。曾名五一大队。因破塘缺称呼不雅，也与村南有座冠山有关，1993年5月，改为冠一村，村委会设在下毛寺。

第二节　建置沿革

区划设置

北宋太平兴国三年（978），冠一村域属萧山县夏孝乡许村里。元世祖至元十六年（1279），村域属四都。明、清沿袭元制，村域仍属四都。清宣统二年（1910），四都复称长兴乡，村域属之。民国36年（1947），撤长兴乡，村域划入长河镇。中华人民共和国成立初，冠一村域属长河乡。1950年，属冠山乡，1954年，先后成立建华、来兴初级农业生产合作社。1956年，与冠二、岩大房合并为冠二高级农业生产合作社。1961年，浦沿人民公社成立，境域为五一大队。1984年5月，撤销人民公社，恢复乡（镇）建制，五一大队改为破塘缺村。1985年4月，浦沿乡改为浦沿镇，破塘缺村隶属关系不变。1993年5月，破塘缺村改为冠一村，属浦沿镇。1996年5月，浦沿镇划属杭州市西湖区，12月属滨江区。2003年12月，浦沿镇改设浦沿街道，冠一村隶属浦沿街道。2013年11月，冠一村撤村建居，改为冠一社区，境内住宅小区有冠一一区、冠一二区、冠一三区、冠一四区，社区居委会驻冠一村三区1号。

基层组织

中共基层组织　1954年10月至1958年9月，村域中共党员的活动归属冠山乡党支部管辖。1961年，建立中共五一大队党支部，隶属中共浦沿公社委员会。1968年，大队革命委员会取代大队党支部、管委会，实行“党政一元化”领导。1970年初，党组织活动恢复正常。1984年，恢复乡（镇）、村建制。中共五一大队党支部改称中共破塘缺村党支部。2010年，共有党员77人，4个党支部。2013年，改称为中共冠一社区委员会。

行政管理组织　民国后期，村域属长河镇。镇下设保，村域各保设有保长，由上面委任。保下设甲，甲长大多由村民轮流担任，任期很短。中华人民共和国成立后，废除保甲制，村域各村建立村行政委员会，设主任委员（村长）和委员若干人，与农会一起负责各项行政管理，开展土地改革、镇压反革命、支援抗美援朝等活动。1954年，取消村长制。同年，村域先后成立2个初级农业生产合作社，代行部分行政管理职能。1956年10月，村域建立冠二高级农业生产合作社，高级社管理委员会替代村职能。1961年，建立五一生产大队管理委员会（简称“大队管委会”），负责行政管理。1968年，大队管委会由大队革命委员会取代，直至1978年恢复建立大队管委会。1984年，恢复乡（镇）、村建制，成立破塘缺村民委员会（简称“村委会”），为村民自治组织。村委会每届任期3年，设主任、副主任等，由村民代表大会选举产生。1990年后，由村民直接选举产生。2013年，冠一村村民委员会撤销，成立冠一社区居民委员会。

经济管理组织　20世纪50年代初，村域建立2个初级农业生产合作社，为村域最早的集体经济管理组织。1956年10月，冠二高级社建立后，社管理委员会负责集体生产和经济管理。人民公社化初期，经济管理一度出现“共产风”。1961年，五一大队管委会负责集体经济管理，各生产队为最小经济核算分配单位。1968年起，大队革命委员会管理集体经济。1978年，大队管委会恢复。1984年，破塘缺村村民委员会成立后，负责全村集体经济运行管理。1991年，建立村经济合作社，负责村级集体资产、资金、资源的运行管理和保值增值。村经济合作社设管理委员会，由社长、副社长以及委员若干人，由村民代表大会选举产生，任期及换届选举与村民委员会同步。2003年，生产性固定资产原值1.6亿元，集体资产总额4.65亿元。2010年，所有者权益1276万元。2013年，经济合作社总收入382万元。资产总额2591万元，所有者权益2150万元。

第三节　人口　姓氏

人口

中华人民共和国成立前，村民生活水平低下，医疗条件极差，人口自然变动呈高出生、高死亡的状态。中华人民共和国成立后，村民生活条件不断改善，医疗水平日益提高，人口自然变动情况出现高出生、低死亡的状态。1964年，户数233户，人口1098人，其中男性564人、女性534人。出生38人，其中男性22人、女性16人。死亡10人，其中男性2人、女性8人。迁入8人。1982年，户数326户，人口1382人，其中男性687人、女性695人，迁入14人、迁出6人，出生28人，死亡12人。1994年，冠一村有10个村民小组，户数501户，总人口1522人。1996年，户数502户，人口1533人，其中男性753人、女性780人。劳动力1234人，其中从事第一产业人数291人。村民小组10个。2010年，户数505户，人口1963人，农村劳动力1195人。2013年，农村常住户501户，总人口1986人，其中男性973人、女性1013人。常住户中，外来住户45户，人口数145人。

姓氏

1994年，冠一村姓氏67个，有1522人。其中，来氏最多，有797人，主要聚居在下毛寺。其次为傅姓，有264人。第三大姓为许姓，有55人。至2004年撤村建居时，有姓氏64个，200人以上大姓有来、傅两姓。

来姓　来姓为村域第一大姓，源自长河，至2004年撤村建居时，已传至31世，800多人。

傅姓　傅姓源于商朝武丁时期。至2004年撤村建居时，有傅姓人口200多人。

第二章　村庄建设

中华人民共和国成立前，境域百姓困苦，村容萧条。中华人民共和国成立后，通过土地改革，农民生活有了保障。1964年，集体耕地面积781亩。20世纪70年代，全村安装上电灯，广播。20世纪80年代，实行家庭联产承包责任制经营，收入得到较大提高，新建住宅增多。20世纪90年代，土地被陆续征用，由农业龙头企业和专业大户承包，开展集约经营。1993年，耕地面积877亩。滨江区成立后，农户建房安排在新农村点内，房屋规格、式样、层高统一，公共设施统一配套。21世纪初，滨文路、冠山路、火炬大道等城市主干道通达村域，多条公交线路在村域设多个停靠站。2003年，加入“百村示范、千村整治”行列，逐步实现布局优化、路面硬化、水体净化、路灯亮化、卫生洁化和村庄绿化，获评“浙江省卫生村”。2013年，实施整村拆迁，改设城市社区。土地拆迁主要用于建设冠山路、信诚南路、火炬小区等。

第一节 新农村建设

村容村貌

中华人民共和国成立初，通过土地改革，农民生活有了保障。农业合作化后，村民依靠集体经济，生活逐步改善。20世纪70年代，全村安装电灯，广播。20世纪80年代初，社队企业发展，社员收入提高，建房迅速增加。1982年，浦沿公社被列为萧山县农房建设试点公社，冠一大队农户建房纳入公社、大队统一管理。1986年，《浦沿镇土地管理和村镇规划实施条例》施行，冠一村村民住房建设纳入村镇规划。1994年，村庄规划编制完成，规划内容包括农民住宅、村庄公共活动场所、村庄绿化、道路交通、电力通信等。

滨江区成立后，随着城市化建设加快推进，大量集体土地转为建设用地，农民转为市民。撤镇建街后，传统商贸业迅速向现代商贸服务业转变，涌现出品牌餐饮、超市、便利店等。2003年，冠一村加入“百村示范、千村整治”行列，强化村容村貌的整治和建设。持续开展兴修道路、新增绿地、安装路灯、创建绿色环保家庭等一系列工作。2010年，村域设有卫生服务室、劳动保障室、帮扶救助室、图书馆、老年活动室、篮球场、村民健身场所等，全村道路四通八达，配装路灯。新建住宅有火炬小区、冠新佳苑等。

交通

萧闻公路　建于民国30年（1941），经过冠一村、山二村等地。

火炬大道　2007年建成，双向四车道，路宽50米，中间隔2米绿化带。起自钱塘江岸闻涛路，往南过岩大房村域后，经冠一村域与时代大道连接。村域东与长河街道接壤处有冠山隧道，上隧道北进即为时代高架，接钱塘江复兴大桥（钱江四桥）入杭州城，下隧道南出则为时代大道，进入萧山区闻堰街道至湘湖路。

滨文路　西起钱塘江标准塘（南沙大堤），东至风情大道，全长8.9千米，宽40～50米。原名青年路。双向四车道，中间隔绿化带。2005年建成。

水利

1958年，建造破塘缺排灌机埠。1981年，建造永久河排灌机埠。1984年，建造六图塘排灌机埠。1987年，建造长寿庵排灌机埠。20世纪90年代，冠一村有57条渠道，总长度7.54米。排水沟34条，总长度4.6千米。

公用事业

邮政电信　20世纪50年代中期，长河、浦沿邮政代办所建立，冠一村邮件、电报由代办所寄、发。20世纪60年代后期，报刊邮件送达大队办公室，信件寄发可由邮递工作人员代办，电报仍须到浦沿、长河集镇拍发。1967年，五一大队办公室安装电话机。20世纪70年代，当天报刊邮件基本能送达各自然村。20世纪80年代后期起，报刊邮件基本投递到户，电话机开始增多。1987年，村域邮电事业借势加快发展，家庭私人电话开始出现。20世纪90年代末，无线寻呼机在村域兴起。1998年，无线市话“小灵通”在村域流行。进入21世纪，手机逐渐替代小灵通，并基本普及到青壮年。2013年，冠一村改设城市社区，家用电脑及互联网普及每家每户。

电力　1959年，冠一大队通电，社员家庭基本接通电灯，告别蜡烛、油灯照明。20世纪80年代初，队办企业加快发展，用电扩容增量。高压线路长河线为冠一村提供电力。1996年，农村用电量78.7万千瓦时，其中排灌用电2.5万千瓦时，村办企业用电55万千瓦时，家庭用电20万千瓦时，其他用电1.2万千瓦时。2003年，农村用电量323万千瓦时。2010年，农村用电量296万千瓦时。2013年，农村用电量351万千瓦时。

广播电视　1968年，浦沿公社广播站成立后，五一大队开始陆续为社员家庭接入有线广播。20世纪70年代末，电视开始进入社员家庭，1984年，每百户村民有电视机20台。20世纪90年代初，配合镇广播站，对广播网络或进行整顿，提高喇叭入户率至80%以上。1998年，村域接通有线电视。2000年，每百户村民有彩电80台。

自来水 20世纪80年代前，境域村民主要饮用水是池塘水、“天落水”（天然雨水）。1988年，浦沿联合自来水厂建成。1990年，筹集资金将自来水总管道接通至村域几个主点，供村民接水入户。1996年后，随着村民进入小区居住，用水由水务公司管理，实行“一户一表”管理。

村办公房 20世纪50年代初，境域基本上没有专门的办公用房，一般设在村民家中。20世纪60年代，建造大队办公用房，村民称“大队舍”。1986年，新建村委会办公楼，面积300平方米。2000年后，扩建村办公用房。2010年，村办公房设有村委会办公室、党建活动室、村警务室、老年活动室、青少年活动室、人民调解室。2013年，村办公用房1000平方米。

第二节 土地使用

中华人民共和国成立前，境域土地被地主、富农或官绅占有，多数贫困农民缺田少地。1950年10月，境域开展土地改革运动，没收地主阶级的土地归农民所有。在高级社和人民公社时期，境域土地归集体所有，农民把“土地证”交给集体。20世纪80年代，推行家庭联产承包责任制后，农户以家庭为单位，向村集体经济组织承包土地等生产资料和生产任务，村集体将土地等按人口或劳动力比例分给农户自主经营，其经营收入除按合同规定上缴一部分给集体及缴纳国家税金外，全部归于农户。1996年，承包农户数502户，承包土地面积758亩。农业劳动力291人。2003年，家庭承包经营420户，耕地面积250亩。2010年，家庭承包经营耕地面积195亩，承包户315户。2013年，家庭承包经营耕地面积171亩，家庭承包经营农户数180户。

土地类别与利用

境域土地类型可分耕地、园地、林地、宅基地、工矿用地、交通用地及未利用土地7类。1956年，农民土地收归集体耕种，为解决村民日常蔬菜用地，高级社允许各生产小队将社员房前屋后零星杂地。1964年，集体耕地面积781亩，其中水田404亩、旱地377亩；自留地64亩。1982年，生产队10个，集体耕地面积807亩，自留地面积78亩。围垦面积138亩。1993年，耕地面积877亩，其中村域内746亩、围垦131亩；山林面积125亩。1996年，全村耕地面积808亩（集体778亩、自留地30亩），其中，村域耕地面积682亩（集体652亩、自留地30亩），围垦126亩（全部为集体）。乡村基建占地面积18亩，其中兴修水利占地面积5亩、农户建房6亩、道路占地面积7亩。2010年，耕地面积552亩，林地140亩。2013年，集体耕地面积343亩，林地面积140亩。

土地征用

1958年1月始，《国家建设征用土地办法》规定，土地补偿费标准为该耕地征用前3年平均产值的4～5倍，征用非耕地的按耕地的50%补偿。1991年6月后，根据萧山市土地管理规定，征用耕地补偿费标准为该耕地征用前3年平均产值的3～5倍，征用非耕地按耕地的50%补偿。2000年7月后，滨江区土地补偿费用标准分为一般项目和城市基础设施项目两类。冠一村一般项目的土地补偿标准为每亩2.03万元，城市基础设施项目补偿标准为每亩1.74万元。冠一村青苗补偿费用标准为每亩1450元。地上附着物分一般地上附着物补偿和重大地上附着物、苗木补偿。其中，一般地上附着物按征地总面积2500元每亩的标准一次性补偿到村里。重大地上附着物、苗木由街道会同被征地单位、建设单位进行现场清点、核实、确定后报区国土分局，由国土分局按政策规定审核确定补偿金额，报经区政府批准后补偿到街道和村，由街道和村逐一落实到所有权人。冠一村一般项目安置补助费用标准为每亩6.12万元，城市基础设施项目补助费用标准为每亩6.12万元。

2009年5月，执行《滨江区征收集体所有土地补偿实施办法》，规定土地补偿费和安置补助费实行“征地区片价”，执行开发性安置补偿标准，冠一村为四级区片，区片价为每亩13万元。按照“以村（社区）定苗、统一补偿”的原则进行青苗补偿。冠一村的水田、旱地每亩2200元；茶园、果园、特种水产等青苗按实际种植情况进行补偿。地上附着物分一般地上附着物补偿和重大地上附着物、苗木补偿。其中，一般地上附着物按征地总面积每亩2500元的标准一次性补偿到各村（社区）。冠一村土地拆迁主要用于建设冠山路、信诚南路、火炬小区等。

第三节 围垦土地

南沙大堤外围垦

南宋时，钱塘江水域逐渐北移，江南开始淤涨，西江塘外出现部分沙涂，面积不大，涨坍无常。明末，江南淤塞成陆，成陆的沙地，因在钱塘江南，故称“南沙”。清光绪二十八年（1902），山阴、会稽、萧山三县在北海塘、西江塘外把沙民们修筑临江土堤加宽加高，连成一体，筑成南沙大堤。此后，沿江农民大规模垦殖，带来养殖业的兴起。村民种植棉花、络麻，以及各种蔬菜，尤以萝卜、芥菜为多。1958年春，又在铁船沙临江地块，浦沿乡、冠山乡各高级社联合闻堰乡黄山高级社联合围垦，筑临江大堤2.04千米，共围滩涂1409.54亩。1961年，五一大队分得33.3亩。

顺坝围垦

顺坝围垦又称先锋围垦或五堡围垦，分内线、外线两期进行。内线围于1970年11月，外线围于1986年冬。冠一村从顺坝围垦分得土地。1997年，为处理历史遗留问题，经滨江区政府与萧山市政府协商并签订协议，将顺坝围垦土地划归萧山市，从此冠一村在顺坝再无土地。

东江围垦

东江围垦又称第12工段围垦，由萧山县统一指挥、浦沿镇组织领导，共4期，分一围（又称“老围”）、二围（新围），分别围于1974年、1976年、1977年，1978年。到1978年底，全镇共围毛地按投工多少分给冠一村。20世纪80年代，围垦土地相继承包给承包大户耕种，村每年向承包户收取一定承包金，每亩每年10～20元。1991年，每亩土地承包金最高40元。2000年后，承包户相继退出。

第三章 村域经济

境域历史上种植粮食作物有水稻、大麦、小麦、玉米。中华人民共和国成立后，村域走上集体化道路，农业水利化使得耕作制度由一年两熟改为一年三熟。经济作物主要有烟叶、油菜、棉花、络麻、蔬菜等。1964年，经济收入11.25万元，其中农业收入11.05万元。20世纪70年代后，种植业、养殖业长期稳产高产。实行家庭联产承包责任制后更上新台阶。1982年，总收入41.99万元，其中农业收入24.58万元。20世纪90年代末，转变农业结构，发展以蔬菜为主的城郊服务型效益农业。1992年，全村农副业收入243.85万元。1993年，全村耕地937亩，其中围垦131亩，种植水稻、大麦、小麦、油菜等作物。

21世纪后，村域跨入城市化行列，仅剩少量农业于域外围垦。个体商店、超市、饭店遍布小巷，形成多种经济成分、多种经营方式的现象。2003年，总收入3.71亿元，其中农业收入429.5万元、工业收入3.55亿元、建筑业收入390万元、运输业收入210万元、商业饮食业收入340万元、服务业收入250万元。2013年，农业收入215万元，渔业收入2万元，工业收入5255万元，建筑业收入390万元，运输业收入350万元，商业饮食业收入370万元，服务业收入550万元。

第一节　农业

境域种植业历史，可追溯到明末清初，时钱塘江流主槽北移，南大门淤塞成陆。民国时期，村民根据生活需要、市场需求，自发种植。20世纪50年代初，种植业基本格局未变，根据市场需求自由种植。1993年，全村耕地937亩，其中围垦131亩，种植水稻、大麦、小麦、油菜等作物。1992年，全村农副业收入243.85万元。1996年，种植业收入288.49万元，畜牧业收入120万元，渔业收入5.5万元。2010年，有耕地面积450亩，其中村域内250亩。

种植业

粮食作物　境域主要粮食作物有小麦、大麦、玉米、水稻等。1964年，粮食作物播种面积1166亩，亩产210.5千克，总产量245.2吨。1982年，粮食播种面积1361亩，亩产381.5千克，总产量519.55吨。1996年，农作物总播种面积2116亩，其中粮食作物播种面积1494亩，亩产量381千克，总产量569吨。2003年，耕地面积209亩，其中围垦86亩。农作物播种面积941亩。其中粮食播种面积160亩，亩产494千克，总产量79吨。2010年，农作物播种面积773亩。其中，粮食播种面积15亩，亩产200千克，总产量3吨。此后，境域土地被国家征用，种植业逐渐消失。

蔬菜水果 境域蔬菜品种有青菜、菠菜、芹菜、冬瓜、洋葱、茄子、大白菜、包心菜等。1996年，蔬菜播种面积261亩，亩产3.1吨，总产量809吨。瓜类播种面积24亩，亩产2.88吨，总产量69吨。2003年，蔬菜播种面积708亩，亩产3吨，总产量2120吨。2010年，蔬菜播种面积708亩，亩产3吨，总产量2124吨。水果总产量15吨。2013年，农作物播种面积549亩，蔬菜播种面积505亩，亩产2.6吨，总产量1313吨。

经济作物 境域经济作物主要有棉花、络麻、油菜。1964年，棉花播种面积195亩，亩产137.5千克，总产量26.35吨。络麻播种面积169亩，亩产352.5千克，总产量59.55吨。烟叶播种面积21亩，亩产135千克，总产量3吨。油菜播种面积104亩，亩产67.5千克，总产量7.05吨。1982年，络麻播种面积338亩，亩产401千克，总产量135.58吨。油菜播种面积62亩，亩产104.5千克，总产量6.48吨。1996年，油菜播种面积112亩，亩产98千克，总产量11吨。棉花播种面积86亩，亩产93千克，总产量8吨。茶园面积3亩，产量140千克。进入21世纪，棉花、络麻、油菜种植面积逐渐减少。2003年，苗木播种面积160亩。2010年，苗木播种面积40亩。2013年，苗木面积36亩。

养殖业

历史上，境域畜牧业以养猪、养鸡为主。中华人民共和国成立后，由于受饲料的制约，除养猪外，其他养殖均不发达。农业集体化后，为解决农业肥源和社会用肉，养猪业列为畜牧业之首，除家庭养殖外，生产队、生产大队均先后办过畜牧场。其他家禽家畜只局限于村民家庭中。1964年，生猪存栏162头，均为社员家庭私养。肥猪出售73头，社员自宰90头。私养山羊21只。家禽953羽，家兔43只。集体饲养水牛7头。淡水鱼养殖面积13亩，均为内塘，产量1.3吨。改革开放后，养猪、养鸡、养鸭、养鱼等养殖业空前发展，适度规模经营。1982年，生猪存栏327头，肥猪出栏475头，全年饲养量802头。羊存栏11只。家兔存栏14只。淡水鱼养殖面积13亩，产量0.7吨。1996年，生猪存栏227头，肥猪出栏910头，饲养量1137头。家禽存栏5100羽，出栏1.8万羽。肉类产量86.15吨，其中猪肉59.15吨，禽肉27吨。禽蛋产量3.8吨。淡水养殖面积18亩，产量2吨。2003年，生猪存栏110头，肥猪出栏450头，全年饲养量560头。猪肉产量34吨。家禽存栏700只，出栏2700只。禽肉产量4吨。淡水鱼养殖面积20亩，淡水鱼产量6吨。2010年，肥猪出栏71头。猪肉产量5吨。家禽存栏71羽，出栏248羽。淡水鱼产量4吨。2013年后，不再进行养殖。

第二节　工业　建筑业

20世纪60年代，村域工业开始出现，以手工业作坊为主。20世纪70年代初，开始创建队办企业。20世纪80年代，村域集体工业蓬勃发展。1992年，村办企业6家，职工484人。1996年，工业收入1896.86万元，建筑业收入228万元。2003年，工业收入3.55亿元，建筑业收入390万元。2010年，工业375人，建筑业190人。工业收入7555万元，建筑业收入360万元。2013年，工业劳动力358人，建筑业劳动力242人。工业收入5255万元，建筑业收入390万元。

工业

村域集体工业兴起于20世纪70年代，有队办企业2家。20世纪80年代，村域集体工业蓬勃发展。1992年，村办企业6家，职工484人。固定资产99万元，工业产值1060万元，税利42万元。1993年，全村有村办企业6家，职工484人。1996年，工业劳动力533人，其中乡镇办工业劳动力136人、村办工业劳动力397人。2003年，农村劳动力中农业62人，工业284人。2010年，全村实现工业产值7420万元，营业收入7345万元。2013年，冠一村改设城市社区，有私营企业9家。

萧山球墨铁铸厂　1993年，萧山球墨铁铸厂职工人数176人，产值786万元，利润13.5万元。1995年，企业通过拍卖方式进行转制，改称杭州球墨铁铸有限公司。公司注册地址位于杭州市滨江区浦沿街道风尚蓝湾2幢1单元1207室，法人代表来国根，经营范围包括批发、零售球墨铸铁、铝铸件、灰铸铁、小五金。

杭州青松皮业有限公司　2005年6月成立，企业法人孙利松。地址位于杭州市滨江区浦沿街道冠一村（村委北侧原村小学校地）。是一家以从事皮革、毛皮、羽毛及其制品和制鞋业为主的企业。2010年，杭州青松皮业有限公司出口交货值完成613万元，比2009年增长37.8%。

杭州冠一文化用品有限公司　2004年10月成立，注册地址于杭州市滨江区浦沿镇冠一村一区17号，法定代表人陆军。经营范围包括加工、装订学校练习本，批发、零售文化用品、办公用品、纸张、纸制品、办公自动化设备、焦炭、生铁。

建筑业

村域历史上有泥瓦匠、木匠，手艺大多为父子相承、叔侄传带，素有建筑业从业传统。20世纪70年代后期，社队工业发展，社员收入增加，家庭建房初兴。进入20世纪80年代，农村住宅建设兴起。实行家庭联产承包责任制后，劳动力得以解放迅速涌入建筑业。1996年，建筑业从业人员152人，建筑业收入228万元。20世纪90年代末至21世纪初，新农村建设、工业和城市基础建设加速，冠一村建筑业蓬勃发展。2003年，建筑业从业人员170人，建筑业收入390万元，从业人员和经济收入仅次于工业。2010年，建筑业190人，建筑业收入360万元。2013年，建筑业从业人员242人，建筑业收入390万元。

第三节 服务业

1949年前，因土地贫瘠、旱涝频繁，村民生活贫困，农民生产棉花加工织成的棉布（土布），以自己穿用为主，也有到集市出售，换取生活所需的各种用品。1953年，粮食实行统购统销，根据生产情况实行定额购销，统购数字一般3年不变。1956—1976年，私营商业实行社会主义改造，生产资料实行计划分配。由于物资缺乏，日用消费品一律凭票供应。20世纪80年代，改革商业体制，鼓励农民经商，商品交易呈现出繁荣景象。生猪价格放开，允许个体屠商购销。20世纪90年代，商品取消票证，全部敞开供应。外来人口增多，餐饮业迅速发展，各类饭店、面馆、小吃店等相继开业。1996年，运输业收入516.1万元，商业饮食业收入36.3万元，服务业收入88.3万元，其他收入103.7万元。21世纪初，随着滨江区城市建设发展，出现一定规模的超市、酒店、农贸市场。2003年，运输业收入210万元，商业饮食业收入340万元，服务业收入250万元。2010年，交通运输仓储业及邮电通信业85人，批发零售贸易业89人，住宿和餐饮业28人。运输业收入260万元，商业饮食业收入380万元，服务业收入420万元。2013年，运输业收入350万元，商业饮食业收入370万元，服务业收入550万元。

商业饮食业

中华人民共和国成立后，村域商业逐渐复苏。20世纪60年代，人流、物流增加，商品供应点、代销店、服务业摊点借势发展。划归浦沿公社后，五一大队范围内商店、代销店归属浦沿供销站（社）统筹管辖。1982年后，个私工商业恢复。1996年，商业饮食业收入36.3万元，服务业收入88.3万元。全村商饮服务业从业劳动力24人。这一时期，村中农贸市场逐渐形成，成为各自然村村民售、买农副产品的首选地。进入21世纪后，随着城市化的推进，村域商饮服务业发展加快，传统服务业向新的领域拓展。2003年，商业饮食业收入340万元，服务业收入250万元。2010年，批发零售贸易业89人，住宿和餐饮业28人。商业饮食业收入380万元，服务业收入420万元。2013年，商业饮食业收入370万元，服务业收入550万元。

运输业

1978年后，国家允许并鼓励待业青年、闲散居民和农村富余劳动力从事商业、服务业。1984年，实行家庭联产承包责任制后，村域劳动力得以解放，从事运输业村民家庭开始增多。1996年，交通运输、仓储业及邮电通信业劳动力98人，运输业收入516.1万元。进入21世纪，城市基础设施建设逐渐完备，冠一村以运送建筑材料为主的运输业开始消退。2003年，运输业收入210万元。2010年，运输业收入260万元。2013年，运输业收入350万元。

第四章　社会事业

中华人民共和国成立初，村域设有小学。1984年，学龄儿童入学率98%以上。20世纪90年代，民办幼儿园逐渐兴起，管理主体随之多元，但业务上由所在地镇中心幼儿园辅导。2010年，义务教育在校生188人。

20世纪60—70年代，村域有合作医疗站和“赤脚医生”。滨江区成立后，村域设有100平方米的村医务室，配备2名医务人员，达到甲级村卫生室的标准，实现“人人享有初级卫生保健”的目标。21世纪初，预防“非典”、手足口病等。2013年，全村人城乡居民基本医疗保险参保率98%。

20世纪50—60年代，村域有秧歌班、俱乐部、文宣队等文艺团队，放映露天电影、举行乘凉晚会等。20世纪70—80年代，创建活动阵地，培养文艺骨干，配合各个时期中心工作，开展各种文体活动，丰富群众文体生活。20世纪90年代后，兴起卡拉OK、艺术沙龙、电竞游戏、网络文学，村域群众文化活动与载体与时俱进，形式丰富多彩。进入21世纪，小学学生体育达标率100%，群众体育、全民健身活动落实项目、场地、经费。2013年，全村有健身小广场、综合活动室等1000平方米。境域“非遗”项目有浦沿马灯糊制、浦沿“连响棒”制作。

第一节　教育

幼儿教育

20世纪50年代末人民公社初期，村域落实浙江省关于“社社队队建立托幼组织，解放农村妇女劳动力”的要求，境域办有幼儿园。20世纪60年代初进入三年困难时期，幼儿园停办。20世纪60年代末，五一大队办有农忙幼儿班。20世纪80年代，幼儿园恢复，大队幼儿园设在冠一小学内。1996年，冠一村幼儿园有2个班级，教职工2人。2013年，冠一村幼儿园有3个班级，教职工3人。

中小学教育

清代，境域设有私塾，规模不大，学生有几个到几十人，学龄5～13岁，多属以识字教育为主的蒙学。民国37年（1948），民国政府在村域设有国民小学。在1间教室进行复式教学。中华人民共和国成立初，村域有1所初级小学。1965年，小学入学率80%以上。1984年，学龄儿童入学率98%以上。1989年，基本实现九年制义务教育。1996年，在校中小学生215人。2004年秋起，滨江区启动义务教育新课程改革，从小学一年级和三年级起始学科全面实施《杭州市义务教育新课程》。冠一村中小学生课程按九年一贯制设置，小学阶段以综合课程为主，一、二年级开设品德与生活、语文、数学、体育、音乐、美术等课程；三至六年级开设品德与社会、语文、数学、科学、外语、体育、音乐、美术、信息技术、劳动技术、综合实践活动等课程。2010年，义务教育在校生188人。2013年，义务教育在校学生数256人。

成人教育

中华人民共和国成立前，村民文化程度普遍较低。中华人民共和国成立后，不少青壮年参加扫盲班、夜校学习文化。村域有夜校、冬学、识字班等，教村民识字。村小学教师除业余担任扫盲教员外，还发动学生给家长或路人送卡片认字。20世纪60年代，扫盲教学工作主要由青、妇组织以及俱乐部、学校合作担任。20世纪80年代初，重点扫除党员干部和青壮年中的文盲、半文盲。有的青年参加电大、成人自学考试，并获得相应学历，有的青年参加上级成人教育机构举办的各类实用技术和岗位技能培训。1985年，破塘缺村随浦沿镇通过萧山县扫盲验收。20世纪90年代初，村域应届初中生参加离校前的社会知识培训，主要学习法律、环保、人口理论、本土乡俗等知识。滨江区成立后，冠一村成人教育的任务和重点是岗位培训，实用技术培训，基础教育、初等和中等职业技术教育、社会文化和生活教育、法制和职业道德教育等。2000年后，随着土地的征用，失地农民就业再就业培训成为成人教育重点。

第二节 医疗卫生

疫病防治

旧时，浦沿、长河一带流行的传染病有12种。冠一村域百姓贫困，一旦染病，大多无力延医赎药。中华人民共和国成立后，人民政府推进防疫接种。20世纪50年代初，村域霍乱、天花根绝。20世纪60年代，斑疹、伤寒消灭。20世纪70年代后期，消灭白喉病。1978年起，大队保健站配合浦沿公社卫生院为全大队儿童接种“四苗”（卡介苗、麻疹疫苗、脊髓灰质炎疫苗、百白破三联疫苗）。1990年全村儿童“五苗”（原“四苗”+乙肝疫苗）接种率100%。20世纪90年代初，灭绝脊髓灰质炎、钩端螺旋体病。20世纪90年代后期起，村保健站（卫生室）配合上级医疗卫生机构，开展各类肠道传染病、呼吸道传染病的防治。2003年后，做好“非典”、高致病性禽流感等的预防工作。2009年，重点防治手足口病等。此后，村域外来流动儿童纳入免疫接种范围。

健康检查

20世纪50年代，村域开始推行新法接生。20世纪60年代后期，产妇大多去医院生产。20世纪70年代初，对全大队妇女进行防癌普查。20世纪80年代起，孕产妇全部纳入公社（乡、镇）卫生院的孕产妇产前检查及围产期保健管理系统。2002年起，对村域60周岁以上老年人进行免费体检。2003年，组织村小学学生参加健康体检，村域孕、产妇保健卡建卡率100%。2005年，在坚持对村域育龄妇女定期开展妇科疾病普查的基础上，把外来妇女的计划生育与保健纳入管理。2006年，对全村参加合作医疗的村民进行体检，并建立健康档案。2009年，督促卫生服务站做好服务工作，定期设置量血压、自我保健咨询服务。做好计划生育工作，特别是外来人员的动态管理工作，做到计划生育率100%。定期进行健康讲座，以科学的方法倡导健康生活方式。2011年，村域60周岁以上老年人健康档案纳入区级“多位一体”电子档案动态管理。

医疗保障

20世纪50年代，境域派人参加萧山县农村卫生员培训。回村后，在村委会里用1张桌子和简单的医疗器械，开展卫生保健工作。1969年，五一大队建立合作医疗制度，合作医疗主要经费在大队公益金中列支，社员看病自己负责50%医药费。1976年开始，合作医疗由大队、公社联办。20世纪80年代，实行农业家庭联产承包责任制后，合作医疗停办，大队合作医疗站改称村卫生保健室，由医务人员承包经营。保健室面积100平方米，有医务人员1人，设诊疗室、药库、药房、输液室、急诊病床。20世纪90年代初，合作医疗重建，村民自愿缴费参加合作医疗后可按比例报销医药费，村集体每年安排3万～4万元用于此项开支。20世纪90年代末，冠一村卫生医务室达到甲级标准。2003年，滨江区建立新型合作医疗制度，冠一村村民参加率100%。2004年，村卫生医务室改设社区卫生服务站，纳入浦沿街道社区卫生服务中心统一管理。2005年，村集体出资帮助全村农业户籍村民参加新型合作医疗。2013年，全村人城乡居民基本医疗保险参保率98%。

第三节　文化　体育

文化活动

旧时，村域文化活动以春节、元宵节期间的舞龙表演最为热闹。20世纪50年代初，村域青年男女扭秧歌、唱新曲、敲锣鼓，欢庆翻身解放。20世纪60年代初，建立大队俱乐部。1966年起，俱乐部更名“毛泽东思想文艺宣传队”（文宣队），学唱“样板戏”“语录歌”和革命歌曲。1975年，浦沿公社电影队建立后，轮流到各个大队放映电影。20世纪80年代初，俱乐部开展图书借阅、出黑板报等活动。1997年，冠一村与东冠、岩大房、冠二等村200多名团员青年联合举行大型文艺联欢会。进入21世纪，不少村民，特别是年轻人热衷于电竞游戏、网络文学、艺术沙龙等。村里建有排舞队、书法协会、篮球俱乐部。2010年，利用村文化广场，组织开展一系列群众喜闻乐见的节庆文化娱乐活动。在村文化活动室不定期举办健身操、秧歌舞学习班等村文化活动，依托村文艺队伍，利用村晨晚练点、小区广场、健身路径开展小型、多样、内容丰富、贴近村民的村文体活动。2013年，有村（社区）图书室50平方米、文化活动室460平方米。

体育活动

中华人民共和国成立初，村域学校设体育课，每周1节，由于设施简陋、条件有限、体育课主要是开展跑步、体操、跳高、跳远、跳绳、球类等活动。20世纪60年代，新校舍落成，体育设施、运动条件明显提升。1979年后，开展学生体育达标活动。20世纪90年代起，冠一村组织运动队参加浦沿镇（街道）举办的历届全民运动会。进入21世纪后，群众体育、全民健身活动逐步落实项目、场地、经费。2004年，建有面积200多平方米的健身苑，购置10多种健身器材，开辟乒乓球、羽毛球活动场地。2006年4—6月，滨江区举行第一届社区运动会，设乒乓球、拔河、中国象棋、登山、健身跑、室外健身器械、门球、太极拳（剑）、趣味运动、健身舞（操）10个项目，冠一村组建队伍参加比赛。2011年4月8日至8月6日，滨江区举行第二届社区运动会，开幕式在滨江沿江景观钱江龙广场举行。运动会设乒乓球、羽毛球、柔力球、网球、拔河、中国象棋、沿江长跑、登山、室外健身器械、趣味、排舞、太极拳（剑）、定点投篮13个比赛项目，冠一村组建队伍参加比赛。2013年，全村有健身小广场、综合活动室等1000平方米。

第五章　生活民情

中华人民共和国成立前，村民收入微薄，生活消费水平很低。中华人民共和国成立后，村民生活不断改善，生存所需要的基本消费水平逐年提高。改革开放后，城乡居民人均生活消费水平提高较快。20世纪80年代中期，居民消费特点由数量扩张向质量提高转变。1996年，农民年人均纯收入4879元。滨江区成立后，经济快速发展，村民收入显著提高，消费明显向教育文化娱乐、交通通信、医疗保健和城市居住等方面倾斜。2000年始，实施多层农民公寓房建设，高楼大厦拔地而起。2010年，农民年人均纯收入1.46万元。大多数家庭拥有高档电器，部分村民还有小轿车，基本达到小康生活水平。境域主要土特产为腌白菜。

第一节　经济收入

收入稳定时期

中华人民共和国成立后，境域经过土地改革和互助合作时期，农业生产基本得到恢复和发展。农村居民收入来源，主要依靠农业生产从集体分配得到实物和现金两种收入。1956年冠二高级社建立，土地入社，集体经营，生产发展。社员主要以劳动工分参加合作社分配，多劳多得，收入开始增加。1958年人民公社化后，一度实行“供给制”“食堂饭”。20世纪60年代初以生产队为基本核算单位，五一大队社员以劳动工分、土肥投入折算工分参加分配。1964年，社员年终人均经济分配现金收入52元。此后随生产发展收入逐步增加。20世纪70年代至20世纪80年代初，社队企业下拨利润反哺农业。在社队企业工作的社员、长年外出的劳务人员和“五匠”等，都向生产队缴纳相应的工资折算成工分参加经济和实物分配。1978年，五一大队社员年终人均经济分配现金收入130元。这一分配方式一直延续到实行家庭联产承包责任制时终止。此后，村民收入明显增加。

收入快速增长时期

1982年，村民年人均纯收入1800元。1983年后，实行家庭联产承包责任制，农民先后进入第二、第三产业，由社员变为企业职工，报酬与企业的经济效益直接挂钩，特别是镇、村企业转制后，个体私营经济快速发展，村民劳动力大批转向第二、第三产业。村民收入呈现多层次结构，除在村级企业就业外，还有一部分从事个体运输、工商服务等，有的还到村外的企事业单位工作。1996年，村民年人均纯收入4500元。此后城市化推进，土地逐年减少，冠一村村民收入主要来源于第二、第三产业。2010年，农民年人均纯收入14581元。

第二节　村民生活

饮食

中华人民共和国成立后，农民生活得到不断改善。居民计划供应口粮，1956年起，实行以人定量，定量标准按工种、年龄大小分等核定。1963年，五一大队人均口粮250千克。1978年，人均支出110元。改革开放后，随着经济的发展，收入的增加，农民的饮食消费逐渐由“吃得饱”向“吃得好”转化。1983年，农村居民人均食品消费支出320元。20世纪90年代后，村民生活水平持续提高，食品种类呈现多样化趋势，逐渐由过去的地头产品转变为市场选购食品；由过去以素食为主转变为荤素有机搭配随意食用；山珍海味时常出现在普通农家餐桌上。农民开始讲究吃、穿、住、行。

用具

20世纪80年代后，时兴置办新式家具或组合家具，电视机开始进入农户家庭。1987年，农村居民每百户拥有电视机32台、收音机25台、缝纫机45台、自行车130辆、电风扇80台、手表190只。20世纪90年代，寻常百姓家庭逐步用上燃气灶、电饭煲、电冰箱、不锈钢餐具和新型卫浴设备，以及沙发、席梦思、空调、电脑等。部分收入较高的家庭开始购置家用汽车作为代步工具。滨江区成立后，农村居民日用消费品逐步高档化。

21世纪初，境域新建许多三层及以上的住宅楼，采用钢筋混凝土结构，现场预制。室内铺设彩色水磨石板、油漆木地板、大理石板或彩色地砖。楼内卧室、厅堂、会客室、厨房、卫生间、浴室、自来水设施配套，装有电话机和空调。2000年，农村居民的家庭生活用品及服务人均消费支出160元，每百户拥有电冰箱42台、洗衣机34台、空调器8台、彩色电视机80台。2005年，农村居民家庭生活用品及服务的年人均消费支出300元。2010年，农村居民家庭生活用品及服务年人均消费支出500元，百户拥有电冰箱98台、洗衣机85台、热水器85台、空调器110台、彩色电视机180台。每百户家庭拥有汽车15辆，摩托车60辆。

第三节 俚语 非物质文化遗产

俚语

村域素为水稻耕作区，兼有山地，亦有部分村民世代为商，长期的生产、生活实践与经验，在乡谚俚语中多有体现。如“稻麦草子（绿肥）轮流种，九成收成变十成”“燥麦烂蚕豆，油菜韧久久”“夏至杨梅满山红，小暑杨梅要出虫”“卖货要卖真，生意勿用兜”“和气勿蚀本，嫌憎是买主”“庙好不嫌山路远，酒香不怕弄堂长”等。村域民风淳朴良善，崇礼尚义，在日常俚语中多有劝学循道、敬老尊长之句，如“补漏趁天晴，读书趁年轻”“饭勿吃肚饥，书勿读脑虚”“檐头水一滴接一滴，好子孙一代传一代”“烧香要烧三宝殿，好事要做眼门前”“前邻后舍将心比心，天塌落来有人会顶”“脚正不怕鞋歪，心正不怕动雷”等。

非物质文化遗产

腌白菜　又叫“腌缸白菜”。乡谚云：“夫妻长淡淡，腌缸白菜长下饭”，意思是腌缸白菜是家常菜，伴着夫妻居家过日子。过去境域内农家包括不少集镇居民，每年都要腌一缸白菜，从冬天吃到来年夏初。腌白菜色泽黄亮，亦酸、亦辣、亦咸、亦鲜，松脆上口，风味独特。可炒、可蒸、可凉拌，更可作佐料与别的菜配在一起烧。腌白菜用长梗白，也叫长茎白。菜的叶柄特别长，叶瓣小，俗称长梗白菜，用来腌的菜特别好吃。其中有叫壶瓶种的白菜，菜梗特别粗壮，外形像壶瓶。民国《萧山县志稿》说白菜：“八月种，九月熟，以瓮腌之，曰腌白菜。有壶瓶种、长茎白、浑瓷白、雪里青诸名。春初播种，俟芽长数寸，不移植即入馔者，曰小白菜。”霜降后收割白菜，不洗，整株晒两三天，使茎叶干瘪柔软。削去蔀头，小些的两株用稻草扎捆成把，密集地铺一层在缸底，每层撒盐、辣椒，男人爬入缸里，赤脚踩踏，踏出汁水，撒上一层盐，再加一层菜踩踏，直到与缸沿齐平。白天忙，踏菜多在晚上。三五天后，缸面出现汁水，须再踏一次，浦沿一带叫“转缸”，使菜全“服”，然后架上竹爿，用石柱础或石块压实。个把月后闻到腌白菜独有的香味，便可启缸挖菜吃了。2006年12月，“浦沿腌缸菜”被列入滨江区第一批非物质文化遗产保护名录。至2013年，村域少数老年人家还腌制白菜以供自用。

浦沿马灯糊制 为杭州市级工艺类“非遗”项目，传承人许水泉，冠一村人。浦沿历来有张灯结彩闹元宵之习俗，挂彩灯是庆元宵的主要内容，其中“走马灯”历代受人青睐，流传不衰，彩灯制作应运而生。多为民间自发糊制。一些爱好者出于个人兴趣，在春节前夕糊制彩灯，或挂在家里和街头巷尾迎春节，或参加元宵灯会展出。糊制马灯相关材料为毛竹、纸、桃花纸、颜料、糨糊，相关工具有锯、刀、画笔、毛刷。第一步扎骨架即扎灯壳，用刀将毛竹剖劈成所需的竹丝或竹片，根据尺寸大小扎成箍，按灯的形状扎成骨架。传统材料以毛竹丝为主，不用钢丝或铁丝。第二步裱糊，用韧性好，半透明的桃花纸在骨架上裱糊、晾干。用桃花纸成本低，纸质柔韧，富有弹性，易裱糊，制出来的半成品形象逼真，故很少用薄纱或帛。第三步着色装饰，用各种粉彩颜料涂到灯坯上，给动物灯画上眼睛、嘴巴、羽毛、鳞片等；有的灯要画上山水、花鸟、人物等；有的要贴剪纸作品，在灯底还须装上蜡烛盘（点蜡烛用），系上彩球或须头。进入20世纪后，年轻人中很少有人制作彩灯，节日需要彩灯一般由专营企业进行制作。

浦沿“连响棒”制作 为区级工具和机械制作类“非遗”项目，传承人许水泉，冠一村人。“连响棒”（又称“莲湘棒”）是民间舞蹈“打连响”的必要道具。“打连响”是北方民间自娱自乐的群众文艺活动，已有数千年历史。旧时，北方一些艺人前往南方卖艺，尤其春节期间，走村串街进行表演，乡人给一些钱物作酬劳。滨江区境域在20世纪50年代初一度盛行，其时乡村，除腰鼓队、秧歌队外，还有连响队。表演时，数十人排成方队，统一服装，每人手拿“连响棒”，在指挥员统一口号声中跳出轻快舞蹈，时而用脚踢，时而用肩托，时而用肘抵，发出清脆的声响，跳出优美的舞姿。“打连响”一度成为春节、庆典等节日和重大活动的文艺表演形式，深受百姓喜爱，制作“连响棒”的艺人应运而生。制作工艺：选1米左右长、直径5厘米左右粗的竹竿1根，两端各开3个口子，钻上孔，每个孔穿上4个铜钱。为使“连响棒”更加美观，棒上贴上彩色条纹纸或涂上彩色油漆，两端挂上红须头装饰。基本特点是原材料到处都有，制作工艺简单，使用方法简便。表演起来响声优美，动作好看，容易学，场面热闹，最适合用于大型娱乐活动。至2013年，滨江区已无人开展“打连响”活动，也少有人制作“连响棒”，技艺濒临失传。

专　记

破塘缺沟变迁

破塘缺沟，在浦沿街道破塘缺、老许家等自然村（属冠一社区）境内，南起萧闻公路车站附近，北至老西江塘，全长约1.5千米，以破塘缺地名命名。据破塘缺九旬老人许水泉讲述，破塘缺沟南北走向，南面从朝西的五间头楼屋起，经孙三房，往北经过下毛寺至老西江塘十间楼。沟的两侧，有破塘缺、傅家、下毛寺3个自然村。沟的最南端有古塘缺，乡人来寿田，清光绪六年（1880）贡生，撰写《古塘缺记》。以前破塘缺沟南端的埠前连着大家池，撑船可由山二孔家峧通向外面。

破塘缺古村落的名称由来，在地方志中有详细记载。据民国《萧山县志稿》载，来寿田撰《古塘缺记》："长河镇迤西三里，土名破塘缺，古塘缺口也。有桥一座，未详所自。道光三年，众姓集款重修，长十二尺，阔十三尺，比大路略高。有闸门可用板束水。桥上可造神堂镇风水，后以众议不合而止。每逢大雨时行，路北来水俱由此桥下落弄堂河，汇山南百丈江、赵婆湖等水，源头渐大，经白马湖出村口闸，闭闸后潴以灌溉田禾，洎秋，湘水接济闸上，田称膏腴以此。尔孔家峧以内河道浅狭，非随时疏浚不为功。仆生长于斯，粗知利弊，因志桥并及之，何此中人勿谡去。"何时破塘成缺，已无考记。

岩大房村

岩大房村位于浦沿街道东部，东部与冠一村、冠二村相交，西面与东冠村相连，南与山二村为邻，北又与冠二村相接，面积0.9平方千米。

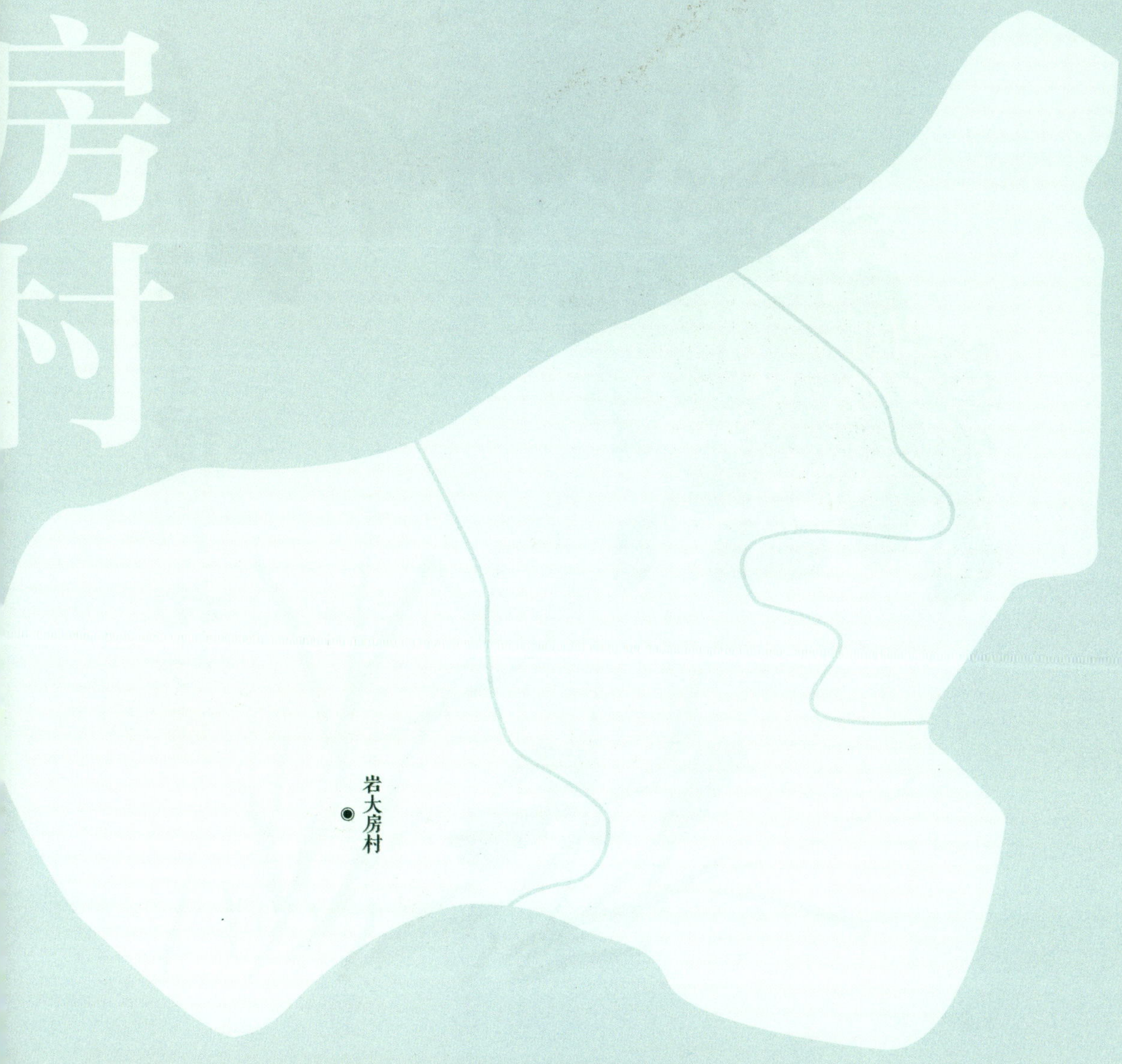

岩大房村在滨江区的位置

来楚生　秋英

第二十八编　岩大房村

概　述

岩大房村位于钱塘江南岸，浦沿街道东部。境域土地原为明清时钱塘江主道北移后逐渐淤涨之滩涂，呈南高北低状。面积0.9平方千米。域内池塘棋布，为江潮冲击滩涂而成。河道皆为人工河。

境域内有上毛寺、岩大房等7个自然村落，明清时期成形，属萧山县四都。民国时，分属长河乡第12、第13、第14保。中华人民共和国成立初，分属长河区冠山乡第12、第13村。1956年属冠山乡第二高级农业生产合作社（简称“冠二社”），人民公社初期属冠二大队。1961年冠二大队分成3个大队，境域为新联大队，1984年改称岩大房村。1996年12月，划入滨江区。2007年改设岩大房社区，有户籍人口521户1837人。

岩大房村耕地西江塘南为水田，主种稻、麦；塘北系旱地，主栽棉、麻，20世纪70年代后期，水利改善，实行稻麻轮作。养殖业主要是养猪。进入20世纪90年代后，耕地开始陆续征用，农业模式转为城郊型。2003年后，境域整村拆迁。村属飞地东江围垦成为农业综合开发主阵地。

岩大房村集体工业始于1962年。至1995年，全村有集体工业企业7家。20世纪90年代中期，私营企业发展，2006年，全村10家主要私营企业总产值8585.66万元。村域被国家征用的土地上，工业企业主要属高新科技和医药生物领域。

清代，岩大房已有街市，石板铺路，店铺毗连。另有许姓人家以开店为业，子孙传承，形成村落名新店里。抗日战争时期境域沦陷，街市倒闭。中华人民共和国成立后，街市复兴。工商业社会主义改造后，合作商业下伸至各自然村。1993年，村办岩大房市场建成开业，为岩大房商业最繁盛的时期。21世纪，境域内物业管理、劳务承包等现代商贸服务业兴起。

中华人民共和国成立后，村容村貌逐渐改善。改革开放后，村庄建设加快。20世纪80年代，制定村庄发展规划，新农村开建，全村有318户建造新房。滨江区成立后，村庄建设趋向城市化。2007年，岩大房村改设岩大房社区后，跨入现代化城市行列。

第一章　基本村情

岩大房村位于浦沿街道东部，东北距滨江区政府驻地6千米。境域属平原（萧绍平原）地势南高北低，原为西江塘（泥塘，俗称“老塘”）以及塘外逐渐淤涨之滩涂，经历代乡人垦种成为田地。田土腴润，足以农耕；河池泓沛，润滋生民。明清以后，7个自然村落相拥相簇，融汇乐聚，一直隶属萧山县。1961年，成立新联生产大队，隶属浦沿人民公社。1984年，称岩大房村。1996年5月，由萧山市划入西湖区。同年12月，划属滨江区，2007年改设岩大房社区，有人口1837人；姓氏113个，傅、来、何、华四大姓占全村人口的50%以上。

第一节　区位　地貌　村落

区位

岩大房村位于钱塘江南岸，浦沿街道东部，西北距钱塘江大桥（钱江一桥）5千米，东北距滨江区政府驻地6千米，面积0.9平方千米。村域东部由南而北依次与冠一村下毛寺和冠二村十间楼、庙前等村落相交，西面由北而南与东冠村（旧称“冠三村”）安五房、天生房相连，南与山二村许家里（老店里）为邻，北与冠二村楼下里、褚家里、宣十房相接。

地貌

村域土地原为明清时期钱塘江主槽北移后，西江塘之泥塘段以及塘外逐渐淤涨之滩涂，地势南高北低。老塘（西江塘之泥塘段，乡人俗称“老塘”）南为潮土，老塘北为轻咸沙土。

村域内池塘棋布，大多为历史上钱塘江潮冲击滩涂所成。当地乡民祖辈用来灌溉、饮用、养鱼。人民公社初期，平荒墩，迁坟茔，填池塘，增加耕地。至20世纪90年代，境域内尚有戴家池、黄家池、岩大房大池、门前池、汤家池、毛寺大池、严家池、上坟池、安四房池、葛婆池、曹家池、杨梅池、长池、东沿池等大小池塘近20处。

村域内河道皆为人工河。老塘南有长沙河、断沙河、新店河。断沙河至长沙河可通船。新店河，因流经新店得名，坊间称为新河或新店河。1957年，新店河开阔挖深，与长沙河相接，河面宽15米，总长2.31千米。1997年后，滨江区将长沙河、断沙河、新店河列入许家河综合治理工程，统称为许家河。老塘北有永久河，1957年始挖，排灌两用，流经沪昆铁路杭州绕行线（原浙赣铁路萧山段）以北岩大房村所属耕地，耕作制度因此由原先的单一旱作改良为水、旱轮作。

村落

岩大房村域内有何家里、新店里、岩大房、三十二房、上毛寺、沙河沿、华家里7个自然村落。

何家里　也称小何家，坐落于村区西北，东北靠岩大房，东接三十二房，西北临长沙河，南连上毛寺。何家里，因何氏聚族而居得名，萧山何氏第15世何汉臣为何家里何氏始祖，至2007年撤村建居时，已繁衍至第27世。

新店里　原为许氏聚居地，大约18世纪时，梓湖（亦称“子湖”，属山二村）许家许氏第10世许崧迁居至此，其子孙主要从事开店经商，村名新店里（梓湖许家有老店里）。20世纪50年代，土地改革分得土地，遂弃商务农。2005年，新店里因火炬大道建设需要，整体征迁。

岩大房　坐落村区北端。东、北与冠二村相邻，西至火炬大道，南接三十二房、何家里，村落中有岩大房大池。岩大房得名主要有两说：1990年10月版《萧山地名调查记录》称，相传很早以前，有一严姓大妈居住于此，故称严大房。“严”与“岩”谐音，后演变成岩大房；另据《萧山县地名志》：“相传明朝年间，有岩姓大房迁居于此，后成村落，故名岩大房。”

三十二房　位于村区东端。东、南与冠一村相连，东北与冠二村相交。西与上毛寺、何家里相接，西北与岩大房相连。相传很早以前，有垦种者建32间平房于此，故名三十二房。村落西有西大路，北有石板大路。明隆庆年间（1567—1572）至万历二十年（1592），有傅姓移居于此，渐成村落大姓。

上毛寺　坐落村区西南。东与三十二房相邻，南与沙河沿隔田畈相望，西至新店河，北与何家里相交，村落正中有大池，名毛寺大池，亦称门前池。土地以旱地为主。1949年前，乡人多以做锡箔元宝（冥品）为业，与何家里一起，通称“元宝村”。相传明嘉靖年间（1522—1566），有长河来氏迁徙至严家墩，后人口繁衍，移居茅草墩，以成村落。民国7年（1918）《萧山华氏宗谱》载其为“上茅墅”，民国24年（1935）《萧山县志》卷一载为“上茅寺”。方言“茅”与“毛”、“墅”与“寺”同音，且又图书写方便，村落名遂成“上毛寺”。

沙河沿　坐落村区南端。其东北有一呈“7”字形河道名沙河，乡人沿河而居，故名沙河沿。村落南抵萧闻路，东与华家里、沙河相交，西南隔田畈与新店里、老店里（属山二村）相望。清嘉庆初期，长河来氏第20世来云茂从孔家岐迁居至此，渐成来氏聚居村落。

华家里　又称石桥华家。坐落村区东南端，东与冠一村下毛寺相邻，西接沙河沿，南与山二村相交，北依沙河。据民国7年（1918）《萧山华氏宗谱》记载推算，最早定居此地者，当为闻堰潭头华氏11世华莲溪，在明万历、泰昌、天启、崇祯年间（1573—1644）。后子孙繁衍，渐成村落，名华家里。

第二节　建置沿革

岩大房村域建制，明清为都图，民国设保甲。民如蝼蚁，备受欺凌。中华人民共和国成立后，农民翻身，当家作主。村域农户在各级党、政组织引领下，历经互助组、合作化、人民公社、村民自治、建立社区，一路创业，昔日之老旧乡村，已成现代化城市小区。

行政区划

明代行政区划承袭元代都图制，永乐年间（1403—1424），岩大房境域属萧山县四都。清承明制，时萧山有24都，境域属四都二图。清宣统二年（1910），萧山全县分28乡，四都二图属长河乡。民国17年（1928），村域属萧山县第二区，民国23年（1934），分属长河乡第12保、第13保、第14保。民国34年（1945），改属第11保、第12保。民国36年（1947），村域属长河镇第12保。

中华人民共和国成立初，境域分属长河区冠山乡第12村、第13村。1953—1954年，按照“自愿互利，等价交换，民主管理”的原则，岩大房境域先后成立8个互助组，其中何家里、三十二房、上毛寺各有2个组，岩大房、沙河沿各有1个组，由牵头农户任组长。1954年至1955年10月，境域建有光明、红星、永久、新兴4个初级农业生产合作社(简称“初级社”)。11月，4个初级社合并成立新联高级农业生产合作社（简称“新联社”）。与此同时，境域内沙河沿成立红星高级农业生产合作社（简称“红星社”）。1956年11月，新联社、红星社与邻近其他高级社合并组建为冠山乡第二高级社（简称“冠二社”）。

1958年9月，以长河区范围成立长河人民公社，冠二社组建为长河人民公社浦沿大队第二生产队，岩大房境域为第二生产队一部分。1959年5月，公社下设管理区，第二生产队改名为长河公社冠山管理区第二生产大队（简称“冠二大队”），境域为冠二大队一部分。1961年4月，冠山管理区、浦沿管理区合并成立浦沿人民公社。原新联、红星两高级社区域从冠二大队分出，组成浦沿人民公社新联生产大队（简称“新联大队”）。1981年，更名为岩大房大队。1984年，撤销“政社合一”的人民公社体制，岩大房大队改设岩大房村。

1996年5月，岩大房村随浦沿镇划归杭州市西湖区管辖。12月，随浦沿镇划入滨江区。2003年，浦沿镇撤销，建立浦沿街道，岩大房村隶属浦沿街道。2007年7月，岩大房村被撤销，建立岩大房社区，隶属不变。

基层组织

民国前，岩大房境域内的基层社会管理组织无从查考。民国19年（1930），境域村落设有闾长，闾下设邻，置邻长，详情无考。民国23年（1934），推行保甲制，乡下设保，保下设甲，置保长、甲长以治村理事。保、甲长皆无俸薪，故愿为者不多，因而更迭频繁，尤以甲长为甚，一些村落由乡人按季度或按月轮流担任，俗称“轮流甲长”。1949年5月，保甲制废除。

中共地方组织　1953年3月，中共冠山乡党支部发展何家里农民何先根加入中国共产党，是岩大房境域加入中国共产党的第一人。

1957年10月，中共冠二高级农业生产合作社党支部委员会成立，书记何先根，其中岩大房境域有党员8人。1959年5月，改称中共长河公社冠山管理区第二生产大队党支部委员会。

1961年4月，新联生产大队建立，即成立新联大队党支部，有党员13人，书记来海祥。7月，长河公社分成长河、西兴、山河、浦沿、闻堰5个公社，新联大队党支部隶属浦沿公社党委。1968年3月，大队革命委员会成立，实行“党政一元化领导”，党支部停止活动。1970年5月，党支部活动恢复。1981年7月，更名为岩大房大队党支部。1984年4月，改称岩大房村党支部，2006

年9月，升格为岩大房村党总支，有党员69人。

行政管理组织 1949年5月，中共萧山县委派南下干部到岩大房境域发动农民组建农民协会（简称“农会”）和村。建立村行政委员会，与农会一起负责各项工作的开展。村行政委员会设村长、副村长及治安委员、财粮委员、行政委员、妇女委员等。时沙河沿属长河区冠山乡十二村，村长华宝庆。上毛寺、何家里、岩大房属十三村，村长来海祥。

1954年至1955年10月，境域先后建有4个初级社：何家里永久初级社，社长何先根；三十二房光明初级社，社长傅欣祥；岩大房红星初级社，社长傅汝根；上毛寺新兴初级社，社长来海祥。各社设管理委员会，村行政委员会的行政职能由此弱化。1955年11月，冠山乡打破自然村界限，合并初级社组建高级社，岩大房境域内原永久、光明、红星、新兴4个初级社合并组建为新联高级社。其时，又有红星高级社在沙河沿自然村成立。1956年11月，“小社并大社”，新联、红星2个高级社与附近其他高级社合并组建为冠二高级社。高级社设管理委员会，村行政委员会职能由高级社管委会取代。

1958年9月，建立“政社合一”的人民公社后，岩大房境域属长河公社浦沿大队第二生产队，后改称长河公社冠山管理区第二生产大队（简称“冠二大队”），建有生产大队管理委员会（简称“大队管委会”），行使行政管理职能。1961年4月，缩小公社规模，长河公社分成长河、西兴、山河、浦沿、闻堰5个公社，境域从原冠二大队分出，组成浦沿公社新联生产大队（简称“新联大队”），成立大队管委会，负责行政管理事务。大队管委会由大队长、副大队长、委员组成，首任大队长来炳法。1968年3月，大队管委会由大队革命委员会（简称“革委会”）取代，实行“党政一元化领导”。1978年10月，恢复建立大队管委会。1981年12月，更名为岩大房大队管理委员会。

1984年，撤销人民公社，岩大房大队改设岩大房村。同年4月，岩大房村民代表大会选举产生村民委员会（简称“村委会”），为村民自治组织。村委会设主任1人、副主任及委员若干人，首任村委会主任来灿福。村委会工作部门有人民调解委员会、治安保卫委员会、文教卫生委员会、工业办公室、农业办公室、财务办公室。村委会成员每3年换届1次，由村民代表大会选举产生，1990年后，由村民直接选举产生。至2007年，撤销村建立岩大房社区，共历8届。

经济管理组织　1954年至1955年10月，境域4个初级社设有管理委员会，由社长、会计、经济保管员（出纳）等成员组成，负责管理集体经济和社员分配。1955年，村域属冠二高级社，高级社设管理委员会，负责集体经济管理和社员经济分配。人民公社成立后至1961年4月，村域属冠二大队。此后村域单独设立浦沿公社新联大队（1981年更名为岩大房大队），成立大队管理委员会（1968—1978年由大队革命委员会取代）直至1983年，负责大队集体经济管理，生产队为经济核算分配单位。1984年，岩大房村民委员会建立，负责村级集体经济管理。

1991年11月，岩大房村经济合作社成立。村经济合作社管理委员会由社长、副社长、委员若干人组成，首任社长来明冠。社长负责全面工作，副社长分管农业，各委员分别分管工业、副业、经营。村经济合作社每届任期3年，换届选举与村民委员会同步，至2006年共历5届。其间，村重大经济决策，由村党支部（党总支）、村民委员会、村经济合作社管委会共同讨论确定。

村民代表与村民代表会议　按照《浙江省萧山市浦沿镇岩大房村村民自治章程》，岩大房村村民代表会议由村民代表组成，村民代表由各村民小组村民选举产生，名额依据村民小组规模确定，大组5人，小组3人。村民代表任期每届3年，凡涉及全村性的重大事项，均提交村民代表会议讨论通过。至2006年，岩大房村村民代表会议共历8届。

生产队（村民小组）　1961年4月，新联大队成立，下设16个生产队。此后，生产队规模时有变化，最多时为18个（1962年），最少时为5个（1968年）。生产队常设队长、副队长和妇女队长，由社员选举产生。队长一般由男性社员担任。1984年4月，岩大房大队改设岩大房村，10个生产队同时改设村民小组，每组设男、女组长各1人，由本组村民选举产生。2007年，岩大房村被撤销，建立岩大房社区，村民小组不复存在。

第三节　人口　姓氏

岩大房境域，明清时即有乡人卜居垦种或坐贾行商。社会生产落后，时世动荡，民生艰难，人丁不旺。中华人民共和国成立后，人民安居乐业，人口快速增长。20世纪70年代，开始推行计划生育，人口出生率长时期处于低位。

但人口基数较大，平均寿命增加，人口总量依然缓慢增长。20世纪90年代后，城市化进程加快，境域富裕，人口不愿外迁，且迁入人口不断增加。至2007年，全村户籍人口1837人，姓氏113个，傅、来、何、华四大姓总人数占全村人口的50%以上。

人口变动

人口出生　20世纪50年代初，政府鼓励生育，境域曾经评选“光荣妈妈”。1961年，岩大房境域从冠二大队分出，建立新联大队，全大队有257户992人，1962—1968年，新联大队人口出生率在30‰以上。20世纪70年代，开始推行计划生育，尤其是1979年实行独生子女政策后，人口出生率明显下降，2007年，岩大房村改建为社区时人口出生率为6.56‰，为历年最低。

人口死亡　1964年，人口死亡率为10.54‰；随着人民生活和医疗保健水平的不断提高，人口死亡率明显下降。2007年为6.03‰。

迁入人口　主要以婚嫁女为主，来源地以浙江省市县为主（至2007年有30人来自10个不同省份）。20世纪60年代初期，有新安江库区移民7人迁入。1969—1977年，先后有22名知识青年迁入插队落户。2003年起，原先因入学等原因迁出者又大多迁回。

迁出人口　亦以婚嫁为主。另有因招工、入伍（退伍后大多迁回）、知青返城、考取大中专院校等迁出人口(2003年起入学人口未见迁出)。2007年，全村有521户1837人，与1961年相比，户数增长103%，人口增长85.2%。

人口构成

性别构成　根据20世纪60年代以来统计，除1970年男性人口多于女性人口外，其余年份均为女性人口多于男性人口，男女性别比最低年份为82.92(女性=100)，最高年份为95.94。但新生儿总体上男孩多于女孩。

年龄构成　1990年的统计资料表明，16周岁以上人口占总人口79.14%。2007年统计的总人口中，劳动年龄段人口为1116人，占比60.42%。人口老龄化趋势明显，1984年，全村79周岁以上老人占总人口3.21%，2014年上升到7.52%，已超出国际通行的65周岁以上人口占比7%老龄化标准。

文化程度构成　户籍人口中以男性人口为例，20世纪50年代出生的，小学文化程度占56.52%，无大学生。20世纪60年代出生的，初高中占84.33%。20世纪70年代出生的，大中专、大学本科及硕士研究生占16.41%。

20世纪80年代出生的，小学文化程度仅1人，大中专、大学本科及硕士研究生占66.99%。

姓氏概况

岩大房境域延续下来的曹家池、戴家池、严家池、严家城、严家坂田、严家地、孙家桥、杜家桥、徐家庙前、汤家地、汤家池等这些以姓氏命名的历史地名表明，曾经有严氏、孙氏、杜氏、徐氏、汤氏等在此繁衍生息。由于种种原因，这些姓氏已不再是境域大姓或已在村域绝嗣。据家谱和口碑资料，明清时期，傅、来、何、华等姓人丁相继至此垦殖，繁衍成族。20世纪50年代以前，定居在此的除傅、来、何、华四大姓氏外，还有许、黄、张、方、应等姓氏，且绝少再迁他乡。20世纪50—90年代，境域人口迁入的主要原因是婚嫁，而这一时期村民的婚姻圈较小，主要在浦沿、长河、西兴、闻堰等周边乡镇，因此姓氏增加不多。20世纪90年代以后，特别是滨江区成立后，城市化进程加快和户籍政策改革，村域姓氏大量增加，主要原因有村民与省内其他地区户籍、外省人员通婚大幅递增；该村女性出嫁多不迁出户口，且将自己的子女（大多随父姓）迁入该村；村民自身户口迁出，而孩子的户口以“投靠”的形式落户在村；部分外来创业者落户入籍。1992年，村域有姓氏67个。2007年，撤村建立社区后，有姓氏113个，比1992年增长68.7%。傅、来、何、华仍为大姓。

主要姓氏

20世纪70年代以前定居岩大房境域并繁衍成族的姓氏，按入住时间依次为傅、来、何、华、许、黄、方、张、应、孙10个姓氏。

傅氏　境域内第一大姓，501人，占境域总人口的27.3%，主要聚居村落为三十二房、岩大房。境域傅氏遵五代（907—960）末傅衍为始祖。萧山傅氏始迁祖为迁居萧山临浦镇横山傅村的11世傅巍。明天顺年间（1457—1464），20世傅舍从萧山县北干山之阳迁至荷溪（中沙），定居于祠堂前（村落名，属长河街道长一村，此处建有傅氏祠堂，故名祠堂前）。傅舍有傅祺、傅祯二子。21世傅祯向西析居十间楼（属冠二村），为十间楼傅氏始祖。傅祯有傅濡、傅滔二子。

三十二房自然村傅氏皆为傅滔长子23世傅惠后裔，称惠公派。约明隆庆（1567—1572）至万历二十年（1592），傅惠由十间楼析居于三十二房。其中东片为26世傅起麟后裔，小桥头及以西为其弟傅起蛟后裔。

岩大房自然村傅氏分3支：第一支是傅滔次子23世傅德后裔傅岗（29世）于清乾隆五十四年（1789）前，从庙前析居岩大房中部，后向东发展，人口居岩大房傅氏首位；第二支是傅滔长子傅惠后裔傅禹明（32世），于清道光十五年（1835）至民国11年（1922）间析居岩大房，向西南扩展，人口居岩大房傅氏第二位；第三支是傅滀第四子（23世）傅電后裔于岩大房开店经商，先后在境域定居繁衍。

来氏　境域内第二大姓，413人，占境域总人口的22.5%。岩大房来氏尊南宋龙图阁学士来廷绍为始祖，是长河来氏第八世来仪后裔，分两支，分别定居上毛寺、沙河沿。

上毛寺来氏为来仪长子来英（四房）后裔。相传，明嘉靖年间（1522—1566），长河来氏移居严家墩（新店里前），后人口繁衍。据会宗堂《萧山来氏家谱》资料，清乾隆年间（1736—1795），来氏14世来孔仁由严家墩移居茅草墩，即上毛寺（上茅墅），至2007年撤村建居时，已传至28世。

据会宗堂《萧山来氏家谱》资料，沙河沿来氏为来仪次子来雍（五房）后裔。据五房25世、26世孙所编撰的《家堂录》载：清嘉庆初，20世来云茂从孔家峧（属山二村）迁至沙河沿边，至2007年撤村建居时，已传至28世。沙河沿来氏尚有来叶杉支、来利生支，均迁自孔家峧，来叶杉支已传至29世。

何氏　境域内第三大姓，174人，占境域总人口的9.5%，主要居住在何家里。岩大房村何氏尊南宋末自浦江县迁居萧山县的何宗矩为第一世。何宗矩仕宋为朝奉大夫。萧山何氏第15世何汉臣为何家里何氏之祖。何汉臣生泰期、佳期二子，何泰期出继周臣。何佳期居住四都义渡埠。至2007年撤村建居时，何家里何氏系何泰期、何佳期后裔，已繁衍至第27世。

华氏　境域内第四大姓，158人，占境域总人口的8.6%。系潭头（萧山区闻堰街道黄山村潭头）华氏集五房后裔，主要聚居在华家里，尊华克勤为始祖。华克勤，字无逸，明洪武十九年（1386）以孝悌力田科聘山西左布政司。潭头华氏9世华孟轩约于明嘉靖、隆庆、万历年间（1522—1620），迁居破塘缺（属冠一社区），后析居沙河沿南，即华家里。华孟轩之孙华莲溪，为华家里华氏始祖，在明万历、天启、崇祯年间（1573—1644），定居华家里。莲溪生刘福、刘运二子。至2007年撤村建居时，华家里华氏为刘福、刘运后裔，已传至第15代。

许氏 境域内许氏系东晋名士许询后裔，主要聚居上毛寺新店里。许询后裔在萧山境内有5支，其中1支居梓湖（亦称“子湖”，山二村许家里），始迁祖为许氏第14世许通。岩大房许氏大多为梓湖许氏第9世许大章后裔。约清嘉庆年间(1796—1820)，许大章幼子许崧，迁居新店里。其子孙学艺、营商，或酿酒，或开米店，或教私塾，或行药医。后，许氏子孙因经商、读书多有外迁，分布在杭州、金华、嘉兴、萧山以及中国台湾等地。留居新店里者，仅为四房、五房、八房中部分后裔。2005年，新店里因火炬大道建设整体征迁。

黄氏 境域内三十二房黄茂荣支，为南宋绍兴年间（1131—1162）诸暨县孝义乡人黄榥后裔。时黄榥任官两浙提举，途经萧山县竹塘村（又名埭上村），喜其地，遂迁此建宅定居，是为萧山竹塘黄氏始祖。埭上又名埭上黄，在萧山区石岩史家桥、新庄、老屋一带。清乾隆年间（1736—1795），黄榥20世孙黄茂荣从埭上黄移居三十二房，至2007年撤村建居时，已传至29世。

方氏 祖籍诸暨湄池（诸暨市湄池），清末迁居上毛寺，入赘来姓，生一子，取男女双方姓氏，起名方来端，世代以泥工为业，至2007年撤村建居时，已传6代。全村方姓中，70%是方来端后裔。

张氏 民国初期，萧山县长河孙家埭（属长河街道汤家桥村）张氏第24世迁居岩大房境域上毛寺，至2007年撤村建居时，已传至28世。

应氏 祖籍绍兴县平水（属绍兴市柯桥区平水镇）。民国23年（1934），篾匠应阿法携家眷迁至许家里(属山二村)。民国30年(1941)，迁入上毛寺，至2007年撤村建居时，已传4代，全村应姓均为应阿法后代。

孙氏 富阳龙门（富阳区龙门镇）孙氏后裔，先祖迁居萧山县湘湖上孙村。分支迁居西兴马湖村坂里孙（属西兴街道）。清光绪年间（1875—1908），坂里孙20世孙德润迁居淳安县港口镇开灯笼店；1960年，因建造新安江水库，港口镇沉入库底，孙德润一家与当地村民集体移居汾口镇。1962年，孙德润夫妇携子、媳、孙共7人从汾口镇迁居新联大队（岩大房村），以油漆、木作为业。至2007年撤村建居时，已传至第24世，有24人。

第二章　村庄建设

中华人民共和国成立前，岩大房村域生产落后，村民生计艰难，村庄发展缓慢。中华人民共和国成立后，生产生活持续发展，村庄建设不断推进。20世纪50—60年代，村庄通邮、通航、通电，新建校舍会堂。20世纪70年代，实现水利化、电气化、机械化。通过围垦，增加土地。20世纪80年代，实行土地家庭联产承包责任制，村民生产热情高涨。村民亦工亦农，收入多元，生活宽裕，农家新楼成排成片。20世纪90年代中期，城市化进程加快，土地陆续征用，村域内新型城市道路密布，高楼大厦陆续取代自然村落。2003年，村庄整体拆迁。村级留用地上建造三产服务业大厦，村民入住多层住宅。

第一节　新农村建设

中华人民共和国成立后，岩大房境域公共事业日益发展。改革开放后，随着经济社会发展，村庄建设提档升级。滨江区成立后，城市化进程推动新农村建设加速。进入21世纪，村庄布局优化、路面硬化、村庄绿化、卫生洁化、河道净化，城市道路密布，村容村貌得到提升。

村容村貌

明清以后，除岩大房街市一度繁华外，村落发展迟滞。数百年间，仅极少数乡民建造住房，且多为草舍、平屋，结构简陋，布局凌乱。

中华人民共和国成立后，特别是农业社会主义集体化后，村庄面貌日益变化。合作社和人民公社初期，扩大可耕地，开通河道水路。20世纪60—70年代，随着农业水利化、电力化、机械化的基本实现和队办工业兴起、集体经济壮大，村容村貌不断出新。20世纪80年代初，村区道路通，河渠水流畅，社员新屋多，家家广播响，村头路灯亮。

1983年起，《浦沿公社岩大房、冠二大队规划图》实施，内容包括农民住宅建设、文化教育设施建设、道路水利建设等。1985年，扩大村民建房用地，形成冠三大路北、村委会办公楼北3排住宅和冠三大路南沿河区块住宅，称之为新农村。至1991年，全村有318户建造新房。同年，萧山市城乡建设局同意调整岩大房村村庄规划，其中新增农房建设点2处1.66万平方米。1995年12月，制定《浦沿镇岩大房村“九五”发展规划（1996—2000年）》，改水改厕、污染物处理成为村庄建设的重点之一。把三格式化粪池、每个自然村建好一个垃圾箱等项目列为“九五”期间办好实事重要内容，并如期实现。

1998年起，岩大房村执行由浦沿镇人民政府统一编制的村庄规划。2003年，结合开展“百村示范、千村整治”工程，全村实施整修村庄道路，新建公厕，清理卫生死角，拆除露天粪坑，改建室内户厕，清除道路堆积物，改建新建垃圾箱，新增绿地，河道保洁等项目。同年，滨江区农村多层住宅第十区块选址岩大房村域，村民住宅开始拆迁。2004年2月，5幢99间拆迁农户安置过渡房建成投用。同年10月，安置房火炬小区一期竣工，2005年10月，二期竣工。2006年，岩大房村拆迁户陆续入住小区，安置农户107户。同年，全村家家户户通上自来水，水源为钱塘江水；建成公共厕所6个，村民家中全部有卫生间；垃圾由区统一焚烧处理，生活生产污水集中纳管处理。全村实现布局优化、路面硬化、村庄绿化、卫生洁化、河道净化。

道路交通

村区道路　岩大房村区道路分两部分，一是各自然村内部及其相互连接的道路；二是通往耕地的道路。20世纪50年代及以前，除岩大房自然村有石板路外，其余皆为泥路。20世纪60年代，人力钢丝车兴起，村区道路适度拓宽。20世纪70年代，随着拖拉机等农业机械的购置，道路再次拓宽，并铺上塘渣。这一时期，通往耕地的机耕路有17条，总长3.4千米（路宽3米）。20世纪90年代以后，村民购置汽车逐渐增多，道路建设成为村庄建设的重点。1993—1994年，建成村庄内部可通汽车道路2.66千米，路面宽3～6米。1997年底开始，实施路面硬化。至2006年5月，村内道路硬化10.5千米，硬化率100%。

村际道路　20世纪50年代及其以前，岩大房境域通往外村的主要道路有6条，多为明清时期铺设的石板路。分别通往周边十间楼、祠堂前、杨家墩、天生房、下毛寺、破塘缺、桥头王、孔家峧等村落，然后到浦沿、闻堰、长河等集镇以及萧山县城。往北穿越浙赣铁路经义渡埠，或走钱塘江大桥，或乘渡船入杭州城区。20世纪50年代以后，陆续新增东西向、南北向道路各2条，经安五房、冠二等邻村，分别与104国道、萧闻公路接连。1988年，建有宽8米的冠三大路，与冠二村、冠三村(后称“东冠村”)连接，成为通往浦沿街镇的主要道路。

过境公路　萧闻公路（也称“西湘公路”），东西向穿越境域南部。始建于民国30年（1941），为黄包车路。民国35年（1946），在此路开通江边—长河—浦沿蒋家客运汽车，两年后停驶。20世纪60年代，开通萧山至闻堰客运班车，岩大房人可至破塘缺停靠站（冠一村境内）乘车。后因路窄停开。1982年，路面拓宽恢复通车，开行招收即停的中巴客车。03省道（1992年前称104国道），由西往东穿越境域北部耕地。1959年，开通杭州公交15路线，境域不远处设有联庄（义渡埠）站。

沪昆铁路杭州绕行线　原浙赣铁路萧山段。民国26年（1937）9月，钱塘江大桥铁路层通车，浙赣铁路经钱塘江大桥后，由西往东穿越岩大房境域。大桥南端与岩大房境域之间建钱塘江站(旧名“静江站”，坊间又称“新站”)，为四等站，客运货运并营。1961年，新联大队建立，大队部分耕地分布在铁路两侧。1972年，铁路扩建为双轨。

城市道路　20世纪90年代末，境域内城市道路建设加快，贯穿岩大房村域的主要城市道路有东冠路、环镇东路、滨文路、火炬大道。东冠路，原称冠三大路，1996年拓宽后改名东冠路；2003年，向东延伸至长河街道长一村，路宽28米（含绿化带），穿越何家里、三十二房、岩大房3个自然村。环镇东路，南起萧闻公路，北至国家粮库；1999年10月，岩大房村、冠二村段完工。滨文路，2000年建成，其中浙江商业职业技术学院南门至文耀大厦段原为岩大房村土地；岩大房村经济合作社的文苑大厦、文耀大厦坐落该路段北。火炬大道（南段），2006年动工建设，南北向贯穿村域西部。

桥梁　孙家桥，跨新店河、长沙河交接处，东冠村接壤，原为石板桥；20世纪90年代前，为上毛寺、新店里、许家里（属山二村）到浦沿街镇主干道桥梁；1993年12月，岩大房村与冠三村（东冠村）共同出资重建；2006年，建设火炬大道南段时再次拆除重建，为火炬大道桥梁。杜家桥，跨断沙河，原为石板桥，1995年重建；2003年前为何家里、三十二房、岩大房、十间楼（属冠二村）到浦沿街镇主干道桥梁。

水路　清康熙、乾隆年间（1662—1795），岩大房境域北有钱塘江中沙义渡，境域段西江塘有义渡塘埠（文苑大厦与冠二新农村间、过滨文路横道线北），乡人可在此摆渡入杭。境域内断沙河、长沙河，明清时即可通船，但不与域外水道贯通。村民水运均须旱驳至孔家峧(属山二村）方得下船。1957年，冠二、冠三2个高级社联合发动社员将境域内新店河开阔挖深，并与长沙河相接，自此，境域水道可直达孔家峧。然后，往西南转东过海山桥入白马湖，经萧山东门入浙东运河；往南折西至王家，过瑛珠桥再经潭头（属萧山区闻堰街道），可入钱塘江。

水利设施

清代，义渡塘埠西侧塘下有通水涵洞，为境域有记载之最早水利设施。1957年前，境域农业灌溉全靠池塘。此后，随着域内河道挖深拓宽，以及引钱塘江水入河，灌溉用水遂以河道为主。境域内先后有抽水机埠3处：

岩大房机埠　位于何家里北长沙河，1957年4月由冠二高级社所建，以柴油机为动力抽水，人力水车灌溉时代结束。灌溉的改善，使1958年水稻种植面积由1957年的65亩猛增到324亩。1961年，冠二大队分成永丰（冠二村）、五一（冠一村）、新联3个大队，此机埠为3大队共有。

社教机埠　坐落于断沙河北褚家河兜，1964年建造，时值开展社会主义教育运动，故名社教机埠。

永久河机埠　坐落永久河南岸义渡塘西。1973年建。1993年随土地被征用。

渠道　排水沟　20世纪80年代，萧山县（市）提倡“三面光”渠道，到1992年，岩大房村有“三面光”渠道9条8.64千米；排水沟9条5.62千米。此后，根据《浦沿镇岩大房村“九五”发展规划（1996—2000）》，实施建设“三面光”渠道和排水沟各1千米。

公用事业

民国及以前，岩大房境域无公共事业一说。中华人民共和国成立后，公共事业起步。

邮政电信　20世纪50年代初，报纸、信件投放到岩大房小店。后又设立邮政信箱，村民投寄信件可不再出村。1955年，村民拍发电报可到长河集镇或浦沿集镇的邮政代办所办理。1961年，新联大队建立后，在大队部安装村域第一部电话。1991年，升级为程控电话。1995年，全村有电话22部。这一时期，传呼机迅速增加，1993年仅有1部，1995年达到136部，后随手机的普及而自行消失。同年，境域有手机（大哥大）3部，2000年后手机成为人们最主要的通信工具。据2006年5月统计，全村有固定电话512部；互联网宽带布达村区，236户村民家庭拥有电脑。

电力　1961年，境域始通电。高压线路接入岩大房机埠，配50千伏安变压器，主要为机埠抽水动力用电以及社员家庭照明用电。20世纪70年代，队办企业开始发展，工业用电增加。20世纪80年代以后，生活用电增加。20世纪90年代，随着土地被征用，农业用电急剧减少。而家电普及，生活用电大幅增加。1992年，全村用电量为27.74万千瓦时。1995年，迅速增长到43万千瓦时，比1992年增长55.01%。此后，依照《浦沿镇岩大房村“九五”发展规划（1996—2000）》，将全村电力线路整改作为办好6件实事之一付诸实施。

水务　20世纪60年代以前，境域内居民饮用和农业灌溉均为池水、河水。排水均为明沟，雨水污水直排河道、池塘。1960年8月，钱塘江水通过新店河引至岩大房机埠，水质显著改善。20世纪70年代，鼓励村民在房前屋后挖井取水。1989年6月，境域开始接通自来水。1991年，自来水基本普及，实现生活用水、工业用水、农业用水分开。至2006年，全村安装自来水512户，通户率100%。20世纪90年代，东冠路东延至岩大房村区，该路埋设地下排水管道。此后，穿越境域的火炬大道建有排水管道，纳入城市排水系统。2004年起，村民陆续安置入住火炬小区，生活排污全部纳入市政排污系统。

公共用房　1963年前，境域内无公共用房，自农会、村行政委员会始，到合作社、生产大队，各时期村级组织办公、开会均借用村民住房。1963年，新联大队在岩大房小学西侧拼接平房1间作为办公室。1969年，建成大队大会堂，大队办公室、合作医疗站搬入。同年，建成投用大队粮食加工场6间（于2000年翻建为2层楼房），建成小学校舍14间。1976年，建成大队办公楼（10间2层）。1993年，开设老年活动室。1995年，建成岩大房幼儿园，面积420平方米。2002年，建成3层村办公楼（为岩大房社区办公楼）。2006年，建成200平方米的老年活动中心，配有电脑室、健身房、乒乓球室、阅览室等。

第二节　土地使用

岩大房境域土地，分布于老塘（西江塘）内、外，耕地以旱地为主。民国及以前，多数农民缺地少田。中华人民共和国成立初，完成土地改革。20世纪50年代后期，土地为集体所有，由集体经营。20世纪60年代，机械灌溉使得耕地改成以水田为主。1983年始，土地由家庭联产承包经营。1992年起，土地陆续被国家征用。1997年，完成第二轮土地承包。1999年，分段延长土地承包期，发放土地承包权证。2003年开始整村拆迁。至2006年，土地产权明晰到位，村级三产留置地开发起步。

土地所有制

封建土地所有制时期，岩大房境域多数农民向地主租种土地；一些无地农民则以打短工、做长年（长工）为生。境域内傅姓、来姓、华姓宗族组织，置有香火田，形式上为宗族共有，实质上仍为统治者掌控。

中华人民共和国成立初，岩大房境域实行土地改革。没收地主、富农多余土地，分配给缺地农民以及境域内原先以开店经商为业的无地居民。实现“耕者有其田”，土地为农民所有。1953—1954年，境域内出现农业互助组，土地仍为农户所有。

1954—1955年，境域内先后建立4个初级社，农民以土地入股参加分红，仍持有土地所有权。1956年，境域内建立2个高级社，社员土地除少量自留地外，全部入社，建立土地集体所有制。1958年，人民公社化后，高级社改为生产队，土地一度由公社平调，后统一分配给生产队，时境域为长河公社浦沿大队第二生产队一部分。1961年，组建为浦沿公社新联大队。

土地经营制度

1951年，土地改革完成以后，土地由农户个体经营。1953年，境域内先后成立8个互助组，属于互相帮工性质，本质上仍为农户个体经营。1954—1955年，境域内先后建立4个初级社，为土地集体经营之开端。1956年起，境域内2个高级社实行“土地入社、集体所有、统一经营、按劳分配”制度。1958年，人民公社化后，境域土地曾被“一平二调”。1961起，确定人民公社“队为基础，三级所有”，生产队为土地经营主体。

1983年开始，岩大房大队推行集体土地家庭联产承包责任制，大队将土地按人口比例分配到户，农户开始拥有土地经营权。1987年，针对土地3年承包期已满，对全村土地进行调整，一半按口粮一半按人口确定承包面积。1989年开始，实行土地有偿使用。1991年，将土地承包年限调整为6年。1997年，完成第二轮土地承包，推行土地承包使用权流转机制。1999年，以

5年为间隔，分段延长土地承包期30年，发放土地承包权证。土地由农业公司和专业大户开展集约经营。后因国家征用，至2001年，全村仅剩围垦土地，由村统一发包给经营者。2006年，完成集体土地产权明晰到位。

土地类别与分布

境域土地，原为钱塘江逐渐淤积成的海涂。明清以后，经乡人祖辈垦种而成。分布于老塘（西江塘）内、外，以旱地为主。20世纪50年代，农业集体化以后，土地分类为耕地、非耕地。非耕地包括集体公共场所、村区道路、居民宅基地与道地、杂边地、池塘沟渠等。20世纪60年代，实施机械灌溉后，耕地改为以水田为主。1961年，新联大队建立，共有耕地804亩。据1989年全村土地测量统计结果显示，实有土地1040.72亩，按地域分布：境域内浙赣铁路北至永久河388.55亩，占37.33%；铁路南至老塘144.13亩，占13.85%；老塘南及各村落周围298.21亩，占28.65%，境域外棉场圩、顺坝、东江3处围垦209.84亩，占20.16%。按用途分：1040.72亩土地中962亩为集体耕地，占92.44%，主要为农业用地；1992年起，土地陆续被国家征用，主要用途为高教园区、高新技术和生物医药企业、科技园、贸易和服务业、城市道路、住宅与安置房等建设以及中谷国家粮库用地。

自留地、住宅用地

1963年，新联大队有社员自留地65.6亩，至1982年增加到73.83亩。1983年，实行家庭联产承包责任制后不再有自留地统计。同年，《浦沿公社岩大房、冠二大队规划图》确定岩大房大队（村）居住用地为人均42.3平方米，并划定农房建设地块。1985年，稍作调整。1986年，打破组界，以自然村（片）为单位丈量分配，调整宅基地、自留地、杂地共11.16万平方米（167.3亩）。1991年，全村核定420户宅基地面积总计4.35万平方米。据《岩大房村“八五”总体规划（1991—1995)》，新增农房建设点2处1.6万平方米。1999年起，实施浦沿镇编修的包括岩大房村在内的农居点规划。2001年，推行农民住宅两户联建。2002年8月起，推行农村多层住宅建设，不再安排宅基地。2003年，开始整村拆迁。

土地变动

1969年、1979年，新联大队分别增加顺坝围垦土地39.29亩、东江围垦土地191.46亩，此后增减变化不大。1992年始，因国家建设征用土地，岩大房村耕地快速减少，当年被征用94亩。1994年，被征用443亩，为最多年份。至2003年，全村土地除通过整理增加70亩外，再无增加。而这一时期且因村民建房、自留地分配、水利和村庄道路建设、企业用地等减少土地205亩。同年，开始整村拆迁，至2006年，全村耕地仅有东江围垦约150亩。

村级留用地开发

岩大房村村级三产留用地共41.13亩，其中1999年中谷国家粮库征地给村级留置地4.13亩、2003年开始的整村拆迁给村级留置地37亩。2002年4月，经村民代表大会表决，确定利用村级留用地建设文苑大厦，发展三产服务业。文苑大厦于2011年11月竣工，建筑面积1.66万平方米，总造价1838.3万元。此后，利用村级留用地，于2014年建成文耀大厦，总建筑面积2.98万平方米，总投资6500万元。同年，滨文大厦、滨信大厦、滨文商汇大厦3个村级留置地项目一起规划建设。5座大厦全由村经济合作自行投资。

第三节　围垦土地

岩大房境域围垦，可追溯到明末清初。时萧山县署将西江塘、北海塘外沙地划为昌、泰、丰、宁、盛、盈6围，最西为昌围，岩大房村老塘（西江塘）外土地属昌围。1957年以后，境域合作社、大队发动社员，多次参加县、区、乡、公社组织的围垦，实得棉场圩、顺坝围垦、东江围垦3处土地269.04亩。

棉场圩

棉场圩又称铁船沙、万斤棉场，位于钱江大桥南端东侧。1957年冬，冠山、浦沿及闻堰乡黄山高级社联合围垦，共围土地1409.45亩。冠二高级社分得205.25亩。1958年10月，建立长河人民公社后，此块土地被公社作为棉花试验地，名为“万斤棉场”，遂称棉场圩。因新开荒地，土质差，不适宜种植棉花、络麻，只能种植毛豆、番薯等。20世纪60年代初，棉场分给原参加围垦的单位耕种，新联大队分得77.58亩。1977—1978年，永久河西段开挖并建造机埠后，棉场圩由旱地作物区改为稻、棉、麻轮作区。1993年，经丈量，实际土地为82.72亩，被国家征用，用于钱江外商台商投资区之江区块建设。

顺坝围垦

顺坝围垦距岩大房村20千米，位于萧山区宁围街道顺坝村钱塘江边，隔江与杭州市上城区七堡、九堡相望。1968年，萧山县城北区建立顺坝围垦指挥部，组织围垦。由大队、生产队自筹资金，生产队提供工具及生活用品，参加围垦。围垦成功后，新联大队实得土地39.29亩。因是顺坝第一期围垦，故称老围垦。1984年前，该围垦由大队建立顺坝围垦队统一经营，开展垦种。1984年起，承包给个人经营。1989年后，交由专业大户开发。1991年，14.63亩土地被国家征用，用于建设高速公路。2001年，征用6.67亩，用于大学城建设。2007年1月，尚存土地租赁使用。

东江围垦

东江围垦在绍兴市柯桥区马鞍街道以北之钱塘区境域，距村70千米。1976年，新联大队组织社员参加萧山县组织的东江“一万五千亩”围垦：1979年，参加东江“二万三千亩”围垦。2次围垦围成后，新联大队分到东江围垦土地119亩（实得147.03亩）。由大队统一经营，建立东江围垦队负责垦种。1984年起，实行承包制，承包给个人经营。1989年后，交由专业大户和农业龙头企业实施产业开发。2003年，成为订单农业基地。2008年，因杭州市萧山区临江工业园区管委会实施项目被征收。

第三章　村域经济

岩大房境域以农耕经济为主。清代开始，虽有岩大房街市一度繁盛，至民国中叶，又因日本侵略军入境而凋敝。

中华人民共和国成立后，农业走上集体化道路，逐步实现水利化、机械化，耕作制度由一年两熟发展为一年三熟。20世纪70年代后，主要农作物持续稳产高产。20世纪90年代，建设城郊型农业，后发展现代订单农业。

20世纪60年代起，村级集体工业发展。20世纪90年代后期，私营企业成为境域工业主体。2000年后，高新技术企业崛起。

1956年，工商业社会主义改造完成后，商贸业迅速发展，网点遍及各自然村。1993年，村办岩大房市场建成开业，商贸业一时鼎盛。滨江区和高新技术产业开发区合并后，境域内现代服务业兴起。

第一节　农业

岩大房村农业以种植业为主，粮棉麻为主要农作物。20世纪50年代初开始，按国家指令性计划种植。20世纪70年代后，农作物种植三熟制全面普及。养殖业主要是养猪，最高年饲养量1020头。20世纪90年代末，指令性计划种植取消，农业综合开发兴起，村域发展城郊型农业，围垦推行“公司+基地+农户”的订单农业。

种植业

岩大房境域土地原为钱塘江滩涂。由于耕种成地时间早晚，以及灌溉和水质差异，以老塘（西江塘）为界，南为水田，北为旱地。民国及其以前，种植无序。塘南水田，一年两熟，一熟为春粮、油菜，二熟为晚稻。水稻亩产100～150千克。高墩、坟地四周，种植杂粮、蔬菜。塘北沙地，冬种大麦、小麦、蚕豆，因畦中间播草籽作绿肥，故称沟边麦、沟边豆。夏秋作物为棉花、玉米、小米、番薯等。棉花、烟叶为主要经济作物。棉花品种为杜棉，即本棉，区别于“洋棉”。境域旧属四都，所种烟叶称“四都烟叶”，民国7年（1918）获巴拿马太平洋万国博览会赛会一等奖。烟叶种植多受社会时局影响和自然条件限制，面积、产量很不稳定。

20世纪50年代初，境域扩种络麻，形成以粮、棉、麻为主的种植业总体格局。1953年起，农作物种植严格执行国家指令性计划。20世纪50年代末，排灌条件改善，老塘南水田增加，耕作制由春花—晚稻“两熟”改为麦—早稻—晚稻“三熟”。塘北沙地，棉花品种改为“洋棉”，产量大为提高。并种植杂粮、瓜类及沟边春花。不久，引进种植台湾络麻。20世纪60年代末，开始推广稻、麻轮作。至1972年，境域棉花种植历史结束。随着水渠延伸，1978年，老塘北有分沙地及棉场圩开始种植水稻，三熟制全面推广。此后至20世纪80年代中期，粮食生产长期稳产高产，最高年份早稻亩产478.5千克、晚稻亩产512千克。20世纪80年代，发展茉莉花种植（盆栽），1985年达到6750盆。1992年后，土地陆续被国家征用，农作物种植面积减少。1995年，络麻种植历史结束。1997年、1998年，小麦、大麦种植历史结束。这一时期，国家取消农作物指令性种植计划，农民自由种植。后土地被大量征用，种植业迅速消退。

养殖业

岩大房境域养殖业主要是养猪。20世纪50年代前，绝大多数农户食不果腹，无力养猪。偶有宽裕家庭养猪，多为当年办婚事之需。

1956年后高级社时期，社员生活稍有好转，政府贯彻“私有私养公助”

养猪方针，社员养猪增多。1958年，人民公社化后，境域隶属的浦沿大队第二生产队创办集体养猪场。1959年，政府出台政策，鼓励社员家庭养猪，但须完成指令性生猪派购任务，俗称“派购猪”。家猪品种多为金华两头乌、龙游乌、浦江乌，俗称“本猪”。1960—1962年，生猪饲养量锐减。

1970年，提倡“猪多肥多粮多”，新联大队各生产队均创办畜牧场。1979年，有集体畜牧场10个，加上社员家庭养猪，全年生猪饲养量1038头。1982年，有1308头，为最高年份。此后，饲养量波动不大，1997年，为1020头，品种主要是长白猪，俗称“洋白猪”。后，因城市环境污染治理，且经济效益太低，生猪饲养量剧速下降。至2006年，除围垦外，境域内不再养猪。

境域内其他家畜很少。所养水牛，皆为耕牛。1950年以前，有3～5头耕牛。农业集体化后，耕牛入社，数量无增。1973年开始，耕牛逐渐被手扶拖拉机取代。1979年后，境域再无耕牛。境域除个别家庭有传统养羊习惯，历来少有人为。20世纪60年代初期，主要为了积肥，养羊一度增多。1967年有69头，为最多年份。此后逐年减少，1981年仅有1头。20世纪70年代以前，少数人家养有菜兔。后，有社员将饲养长毛兔作为家庭副业。1981年始有统计，当年养兔16只，1986年为25只，此后再无记载。

境域饲养家禽、家鱼，几乎与村落历史同步。鸡、鸭皆为房前屋后散养。除20世纪80年代初有两户专业户分别养鸭100只以上外，无较大发展。20世纪90年代后，鸡、鸭养殖迅速减少。20世纪50年代前，有各姓家族祖传池塘养殖家鱼。农业集体化后，池塘为集体所有。年初放养鱼苗，品种主要为鲢鱼、鳙鱼（包头鱼）。年终捕捞（俗称“舸年鱼”）起来分配给社员。至2007年撤村建居时，境内已无池塘养鱼。

农业综合开发

20世纪90年代初，国家种植计划由指令性改为指导性，农民种植作物相对自由，岩大房村效益型农业开发起步。1993年，蔬菜面积扩大到454亩，比20世纪80年代初增长50%。20世纪90年代后期，农民种植完全自主，岩大房村开发城郊型农业，为城市服务的蔬菜等经济作物种植面积进一步扩大，成为村域种植业主体，经济效益大幅度提高。进入21世纪，岩大房村内土地大部分为国家所征用，东江围垦成为农业综合开发主阵地。2003年起，发展订单农业。全村140.4亩东江围垦土地成为杭州农茂食品有限公司建立的“公司+基地+农户”的现代化蔬菜加工出口基地。产品出口到日本、新加坡等国家。“农茂”牌蔬菜获评浙江省绿色农产品。该开发模式直至2007年东江围垦土地全部被国家征用。

第二节 工业

岩大房村办工业起步于20世纪60年代初，20世纪90年代中期，村域内私营工业企业迅速发展，村办工业企业也都陆续转制为私营。同一时期开始，在国家征用的岩大房村域土地上，落户的工业企业主要为高新技术和医药生物产业。

集体企业

1962年，新联大队胶木五金厂投产，是为岩大房村队办工业之始，亦系浦沿公社第一家队办工厂。1963年，创办废花厂，纺土毛线，1969年，转入浦沿公社农机厂。1973年，创办浦沿织锦着色厂（1984年停办）。1975年，创办新联塑料厂、新联纸制品厂（1982年停办）。1976年，创办新联五金厂、新联抛光厂。1984年，新办浦沿织锦布厂(1992年，由杭州潇湘服装厂兼并)；1985年，引进外来人才，创办浦沿针织服装厂。1988年，与杭州无线电元件三厂联办杭浦联合搪瓷厂。1989年，创办萧山市浦沿岩大房工艺扇厂（1993年，并入新联校办五金厂）、萧山市浦沿电机配件厂、浦沿大明灯具厂（1991年并入镇办计量器具厂）。1991年，建成杭州曲轴总厂第六分厂。1992年，校办企业改制为萧山浦沿之江五金塑料厂。1995年，与萧山第八针织厂合作组建杭州针织制衣有限公司。同年，全村实现工业产值1122万元，村级集体经济收入35万元。此后，集体企业陆续转制为私营企业。

私营企业

20世纪90年代中期起，岩大房村域内私营企业迅速发展，一部分为本村村民创办，一部分是外来创业者租用岩大房村土地、房屋创办，还有的系集体企业转制而成。2006年，村域内主要私营工业企业有：杭州浦沿五金模具厂，1995年创办。杭州新浦五金配件厂，1999年创办。杭州红诚皮件有限公司，1999年创办。杭州明星工具制造有限公司，2000年创办。杭州顺达集装袋厂，2001年创办。杭州天添味精厂，2002年创办。杭州家佳塑业有限公司，2002年创办。杭州桥南五金工具厂，2005年创办。杭州利民建筑劳务承包公司，2006年入驻。杭州培生电子有限公司，2006年入驻。2006年，上述10家私营企业总产值8585.66万元。

1992—2007年，国家征用的岩大房村域土地上建设的工业企业，主要属高科技和医药生物领域。杭州大和热磁电子有限公司，其产品热电半导体制冷器国际市场占有率40%。杭州远方光电信息股份有限公司，系国家火炬计划重点高新技术企业。浙江大立科技股份有限公司，为“中国安防十大品牌”之一。另有浙江亚克药业有限公司、杭州奕科机电技术有限公司、杭州开源电脑技术有限公司、杭州德邦电子机械有限公司、杭州华纳仪表有限公司等重点企业。

第三节　商贸服务业

变迁过程

清代中后期，岩大房境域商贸业呈繁盛之状。店铺毗连，形成街市。清嘉庆年间（1796—1820），许姓人家迁居于岩大房街市西南约五六百米处，建造三进两边厢屋，开店经营米、酒，其后裔皆以开店为业，故形成村落名为新店里。民国26年（1937）7月，全面抗战爆发，至12月，日军占领杭城，战云弥漫村域，商事衰落。民国29年（1940）1月，境域沦陷后，街市迅速凋敝。抗日战争胜利后，逐渐恢复。

中华人民共和国成立后，村域商贸业得以发展，岩大房街市商店增加到17家，有货郎担游走街市、村落之间，其中，以蒋杏炳、来利衡两担最为著名。1956年，设立浦沿供销社岩大房供销站；工商业社会主义改造后，各小店并入合作商业，人员分配到各自然村开设下伸网点。20世纪60—70年代，先后新增农资供应和废品收购店、肉店、磨粉店、粮食加工场、合作社等。1982年，浦沿副食品百货店在岩大房建造二层楼房，开设岩大房副食品百货店。同年起，个私商业逐步恢复，陆续有村民在境域内开设小店。1993年，村办岩大房市场建成开业，设有水产、肉、禽、蔬菜、水果、茶饮、豆制品、副食品、理发、修理、服装加工等摊点20多家，是该村及附近冠二、冠一村村民就市首选，是为岩大房街市商业最繁盛的时期。后随各自然村个体工商户增多，附近村农贸市场新建，特别是东冠路商业街延伸至岩大房境域，岩大房街市很快衰退。

商贸服务

2000年后，境域内现代商贸服务业兴起，至2007年撤村建社区时，主要有杭州兴元物业管理有限公司、杭州利民建筑劳务承包公司、杭州久联机械租赁有限公司、杭州高新物业管理有限公司、杭州鲁沃夫货物进出口有限公司等。

第四章　社会事业

清代，岩大房境域曾有太学生、监生多人。民国时期，办有私塾。春节期间，有做戏文、舞龙灯等民间文化活动。

中华人民共和国成立后，岩大房境域各项文化事业不断发展壮大。1951年，创办岩大房小学。1995年，全村实现九年制义务教育。至2007年，境域居民历年就读大、中专院校的有210多人。成人教育从20世纪50年代扫盲起步，逐渐发展为职业技术培训、专业证书培训、老年大学教学以及21世纪的就业再就业培训。境域农业科技网络健全，农业技术双向承包取得成功经验。20世纪50年代初，天花绝迹。至2000年，儿童7种疫苗免费接种。1959年，岩大房设有医务室。至2005年，全村新型合作医疗参保率97%；1960年，大队创办妇产院，开展新法接生。到2006年，实行16～59周岁的村民免费体检制度。20世纪50年代以后，秧歌队、篮球场、俱乐部、文宣队、文化艺术节暨全民运动会，各个历史时期群众文体活动丰富多彩。1957年，开始安装广播。1998年，全村普及有线电视。2006年，开始发展数字电视、宽带网络。

第一节　教育　科技

岩大房境域居民历来崇尚书礼耕读。清代，上毛寺来氏第19世来立贤为太学生，其长子来成梁为监生；第22世来业恒为太学生。民国时期，上毛寺、岩大房、新店里3个自然村办过私塾。其中，上毛寺私塾先生有来海泉，新店里塾师先后有许慎先、许宝庆。

中华人民共和国成立后，岩大房境域教育事业面貌更新、发展加快。

教育

幼儿教育　1959年，冠山管理区第二生产队为鼓励妇女参加集体劳动，在原何家农会会址创办幼托班，20世纪60年代初停办。1990年夏收夏种期间，岩大房村曾办农忙幼儿班。1993年，岩大房幼儿园有1个班级，33名幼儿，教师1人。1995年9月，岩大房幼儿园新园舍竣工投入使用，建筑面积420平方米，教职员工3人。2002年，村幼儿园幼儿全部转入东冠村幼儿园，借用其优质师资和硬件设施，以提高教育质量。

小学教育 1951年，以徐家庙3间平房为校舍，创办岩大房小学。至20世纪60年代初，境域内高小生入读冠山完小，校址长寿庵（位于长河街道长一村祠堂前自然村）。1964年，开办半日制耕读小学5处，后逐渐转为全日制。1966年，岩大房小学改称新联小学，耕读小学并入。1969年，新联小学新校舍落成，共14间。全校设5个班级，有师生230多人。1974年，冠二小学并入新联小学。1981年，新联小学（含初中班）有教师14人。1988年秋，岩大房村、冠三村与冠二村联办冠三小学，岩大房村学龄儿童大多入读冠三小学（1996年后改名东冠小学）。2001年秋，东冠小学新校舍投用。

中学教育 1968年前，村域初中生为数甚少，主要就读于萧山县长河初级中学。1969年，始有浦沿公社初级中学，新联小学毕业生，升读该校。1975年下半年，新联小学开办初中班，学生小学毕业直接就读初中。1981年，初中班停办后，学生入读浦沿公社初级中学。1995年，实现九年制义务教育。

1975年以前，境域初中毕业升读高中者寥寥无几。1975年，浦沿初级中学开办高中班（至1979年共招生3届），境域初中毕业升读高中人数增多。1979年后，境域初中毕业生根据萧山县（市）高中招生政策升读高中。真正普遍升读高中是在1996年5月境域划入杭州主城区以后。2007年，境域内18～27周岁年龄段人群中，高中以上文化程度占89.83%。

大、中专教育 1965年，新联大队第二生产队傅水清毕业于浙江大学机械系，是境域内第一个大学本科毕业生。1966年起，全国高等院校停止招生。1977年高考制度恢复后，至1989年，全村共有16人考取中专。1990年，有2人考入大学本科。至2007年，全村历年就读大、中专院校的有210多人。

成人教育 境域内成人教育始于20世纪50年代，其时，村（合作社、大队）举办冬学、夜校、速成识字班，开展扫盲。1978—1979年，新联大队以共青团干部为骨干，掀起扫盲热潮。20世纪80年代开始，组织青年社员（村民）参加公社业余技术学校、镇成人文化学校（简称“成校”）举办的文化和职业技术培训。安排村办企业焊接工、气割工、电工、司炉工等分期参加县（市）劳动部门组织的学习培训。1990年，浦沿镇创办萧山市第一所老年大学，境域部分老年人参加学习。1993年，部分村民参加镇成校举办的三年制成人中专班。同年起，组织失地失业村民参加就业、再就业培训。2005年，全村该项培训190人次。

农业科技

20世纪60年代初，新联大队各生产队开始配设农业生产技术员。20世纪70年代，新联大队农科队成立，开展新品种、新技术、新农药的试验和推广。农科队还创办养猪场，探索科学养猪。实行家庭联产承包责任制后，农科队解散。1984年，岩大房村6名农业技术骨干成为浦沿乡科学技术普及协会会员。1985年，浦沿镇科学技术普及协会岩大房村分会设立。1990年，岩大房第5组、第6组共2个村民小组被列为农业技术集团承包试点，在全镇农业工作会议上介绍成功经验。20世纪90年代中期，岩大房村部分村办企业设有技术小组。

第二节　医疗卫生

疫病防治

中华人民共和国成立后，人民政府重视农村传染病防治。岩大房境域内入学儿童免费接种牛痘疫苗，20世纪50年代初，天花绝迹。1969年起，儿童疫苗接种由大队合作医疗站进行。1983年，开始实行计划免疫。1990年，实行儿童计划免疫保偿制，保偿期7年，接受卡介苗、小儿麻痹糖丸、百白破、麻疹等接种（简称“四苗”接种）。同年始，在四苗接种的基础上增加乙肝疫苗接种，称为“五苗”。2000年，增加乙脑、流脑，称为“七苗”。后，又对满18个月的儿童接种加强疫苗（麻腮风）。同年，全村严格措施，开展“非典”抗击工作，确保村域不受“非典”疫情波及。

合作医疗

1959年，冠二大队医务室设在岩大房，有医生2人。1961年，新联大队建立后，设立大队保健站。1969年，建立大队合作医疗站，也称保健站，设“赤脚医生”。社员不分年龄，每人每年缴费1元，医药费全由大队报销，后改为按比例报销。1976年，实行社、队联办合作医疗，新联大队建立合作医疗管理小组。农业家庭联产承包责任制实行后，合作医疗经费来源缺乏，1985年，合作医疗停办。“赤脚医生”改称乡村医生，并经培训考核获得乡村医生证书。村合作医疗站改名村卫生室，由医务人员承包经营。2002年开始，推行新型合作医疗制度。2004年，村卫生室纳入街道卫生服务中心统一管理。2005年，新型合作医疗参保人数1751人，参保率97%。2006年后，失地农民参加杭州市城镇基本医疗保险。

健康保障

1960年，冠二大队创办妇产院，由杭州派来的产科医生指导新法接生，新生婴儿死亡率下降。1961年，新联大队建立后，大队有接生员1人。20世纪80年代起，实行妇女围产期保健卡制度，大队（村）保健站女医生进门入户开展孕妇围产期探访，并实行产前及产后一周内访视。21世纪初以后，对独生子女病残儿童进行医学鉴定，并进行矫正和医治。2005年，组织60周岁以上的村民免费体检。2006年，全村253名60周岁以上老年人体检率80%以上。同年，首次开展16～59周岁的村民免费体检，共1000多人参检。

第三节　文化　体育

群众文体

1949年前，岩大房境域文化活动仅有春节期间做戏文、舞龙灯等。中华人民共和国成立初，妇女组织秧歌队，青年组织鼓乐队等。20世纪50年代初期，境域曾组织业余剧团，三十二房西大路东建有篮球场。20世纪60年代，篮球场成为新联大队文体活动场所。20世纪60年代中期，大队建立俱乐部。20世纪60年代后期，组织毛泽东思想文艺宣传队，除在本大队演出外，还到其他大队演出《红灯记》等“样板戏”。20世纪70年代前，村民到附近省地质水文队驻地、驻军部队看电影。后，公社（乡、镇）由电影队定期到大队（村）放映电影。20世纪80年代后期，有村民自发联系外地剧团在秋天以后、春节前后到村做戏文，每年15场左右。20世纪90年代开始，组织村民参加区、镇（街道）举办的文化艺术节暨全民运动会等。1997年在全国第十届双龙杯少儿书画大赛中，村域有1人获优秀作品奖。9月，在中国少年儿童第二届书画大赛中，2人获书法类二等奖。

广播电视

1957年，境域内高级社开始安装广播。1968年12月，浦沿公社广播站建立，新联大队开始掀起社员家庭安装广播热潮。广播线路所需费用由大队公益金开支，喇叭费用由各户承担。1970年，大队设播音室，多处公共场所装有高音喇叭。多数社员家庭安装有线广播。1995年，把户户安装好有线广播列为岩大房村“九五”期间办好6件实事的一部分。1980年初，全村有黑白电视机37台，1995年，发展到460台，其中彩色电视机259台，占56.52%。1998年，全村普及有线电视。2006年，入住火炬小区的村民开始安装数字电视宽带网络。

文物遗迹

岩大房境域各主要村落，大多形成于明清时期，历史上，傅、来、何、华、许等大姓，或耕读传家，或营商经世。亦曾有过文华辉煌，宗祠巍峨，街市鼎盛，楼堂敞亮。然世事沧桑，或天灾，或战乱，已难觅踪迹。至2006年，境域南端沙河沿村落中尚有600多年白果树（银杏）1株。旧时，白果树西北角设有来氏老香火，后无存。清代中后期形成的岩大房街市，尚存一段老街，亟待保护。此外，村中还有始建于清末的关帝庙，以及1处民国时期所建老屋。

第五章　生活民情

民国及以前，岩大房境域生产落后。多数居民缺地少田，温饱无着。

中华人民共和国成立后，村域生产发展，生活不断改善。20世纪80年代前，消费支出主要用于吃饭、穿衣等生活必需品。20世纪80年代，消费结构开始发生历史性变化，住宅消费猛增，共318户建造新房。20世纪90年代，汽车、衣着、家电消费支出快速增长。进入21世纪，教育文化娱乐旅游消费、交通通信消费、医疗保健消费成为消费支出的主要构成内容。2006年，村民年人均纯收入1万元。

岩大房村自古民风淳朴，习俗优良。进入新社会，优良的民风习俗得以较好地传承与提升，并不断改良、充实新的内容。随着时代的发展，不少方言土语已渐少人识。

第一节　收入与分配

村民收入

中华人民共和国成立后，居民收入逐步增加。人民公社时期，新联大队社员主要以参加大队、生产队集体劳动所得工分计算报酬。社员日劳动工分底分，男最高10分、女最高6分。1968年，按全大队每分工分的平均分值计算，一个男壮劳动力一天10个工分，报酬只有0.88元。1961年，新联大队社员年终人均经济分配现金收入为66元，1980年，为128元，20年间增加不足一倍。20世纪80年代，在镇、村企业务工成为岩大房村民主要经济收入来源，人均收入大幅增长，1983年为295元，3年增长1.3倍。20世纪90年代后，经济社会发展加快，村民经济收入多元，2006年，年人均纯收入达到1万元。

粮油分配

1960年，人民公社时期的公共食堂解散后，社员口粮以“按人口为主，按工分为辅”原则分配，按人口部分以稻谷计算，分年龄确定口粮（俗称“定粮”），全大队统一标准，生产队不作调整。以主要劳动年龄段的19～50周岁为例，男定粮305千克，女275千克。生产队所产粮食，除去口粮、种子粮、饲料粮、储备粮等外，即为超产粮，按工分分配。1963年，新联大队人均用粮水平200.5千克，1981年，达到403千克。社员食用油主要是菜油。生产队按指令性计划种植油菜，完成油菜籽统购任务后，社员每人每年可留存菜油1千克，受面积制约及气候影响，大多数年景不足此数。这一粮油分配制度一直延续20多年，到实行家庭联产承包责任制后终止。

计划商品分配

1978年以前，大部分生活资料商品实行计划分配，凭票购买。分配到村域社员的主要票证有粮票、布票、糖票、酒票、香烟票、肥皂票等。另有部分商品则凭购货证购买。这一时期，自行车、缝纫机等大件生活用品也都凭票供应，但分配给农村社员的数量很少。有的票证长期定量不变，如布票，1963年确定为每人5.33米，20年“一贯制”，直至1983年棉布敞开供应，布票取消。也有的如糖、酒、烟等，虽长期凭票，但定量时有变化。20世纪80年代起，计划供应商品逐步敞开供应，各种票证陆续停止使用。

第二节　村民生活

住房

旧时，诸姓先人到岩大房境域拓荒，搭草舍以栖身，以成村落，上毛寺旧称“上茅墅”可以证明（茅墅即草舍）。至1949年，岩大房境域共有瓦屋321间，包括平房195间。有草舍56间。

中华人民共和国成立后，农业社会主义集体化推动经济社会的发展。20世纪70年代后期，新建房屋开始增多，大多为平屋。20世纪80年代中期，皆为二至三层小楼。1982—1991年，全村共有318户建造新房。20世纪90年代开始出现“七”字形三楼半或四层的“别墅楼”，且装修精致。进入21世纪，随着土地征迁，村民入住生活设施配套完善的农民公寓多层住宅。

出行

20世纪50年代前，村民出行均系步行。20世纪60—70年代，一部分社员开始拥有自行车，1987年拥有量突破1187辆，自行车成为村民出行的主要交通工具。此后，摩托车、三轮卡车逐渐进入普通村民家庭。1991年，开始有村民购置汽车。至1995年，全村有汽车26辆。进入21世纪，电动自行车逐渐普及，居民出门大多坐车，坐高铁、飞机出行旅游已成时尚。

消费

20世纪70年代以前，居民消费支出主要用于吃饱穿暖。20世纪80年代，吃饱穿暖彻底解决。20世纪90年代开始，居民消费发生较大变化。食品消费：粮食消费下降，肉食、蔬菜、水果、保健品、营养品消费快速增加。衣着消费：开始讲究服饰质地、款式和品牌，并逐步追求个性化、时尚化。生活用品消费：彩电、空调、洗衣机等大小家电普及。进入21世纪，居民生活的教育消费、文化娱乐消费、旅游消费、交通通信消费、医疗保健消费大幅增加，成为消费支出的主要构成。

第三节　习俗　俚语　信仰

历史上，岩大房村域向来隶属萧山，方言属长河话，为萧山方言；先民基本来自萧山中片、南片稻作区，民风习俗与故土一脉相承。长期的生产生活实践，亦产生些许自具特色的习俗、俚语。居民年长者信佛居多，信奉基督教者为数不多。

习俗

岩大房村民风习俗与浦沿镇其他村大体相同，但也有一些节庆习俗自有特色。如：清明前吃的螺蛳，把壳留着。待清明早上开门，毛手（不洗手）将螺蛳壳撒于屋檐上，民间说法是屋瓦上发出的滚动声能吓跑老鼠；毛毛虫会钻进螺蛳壳，不再出来扰人。清明节，门插柳、头簪柳，以驱鬼辟邪驱虫。立夏日，除了给小孩称重，还教育小孩不坐门槛，否则会影响脚力。端午节，用雄黄酒在小孩额头写一"王"字，以驱秽辟邪祛病。重阳节，旧时，岩大房有南货店出售重阳糕，上插三角形粉彩小旗，孩童特喜欢。冬至日，出嫁的女子不能在娘家过夜。

俚语

岩大房村方言属吴语方言片，声母、韵母、声调体系与1987年出版的《萧山县志》所列萧山方言相符。境域俚语大致与萧山稻作区相同，但相当部分已有失传之虞。如称呼脑力劳动者或外行人为"白脚膀"（方言音pang）；旧时称商店老板，或称财主、东家为"店王"等，年轻人已知之甚少。境域俗语和日常口语中有不少是人们长期以来惯用的固定词组，多由四字或三字组成，从形式上看，类似成语，语义上又近似古汉语。如"哭烛糊蜡"，即一副哭泣流涕的样子；"泰悠悠"，指慢慢来；"特为之"，即故意为之。境域俚语中还有许多歇后语，颇具生活特色，但有不少已濒失传，如"灯草拷铜锣——一声勿响""宁波钉鞋刺，笃起碗裂丝（瓷碗碎片很锋利）——都厉害""叉袋（麻袋）装车骨（水车骨架）——勿服帖"等，年轻人多已不知"灯草""钉鞋""车骨"为何物。

信仰

村域居民年长者信佛颇多，每年举办4期佛事，借村中关帝庙为四大菩萨进香致礼：四月十二日（农历，下同）敬奉五台山文殊菩萨；六月廿二日敬奉峨眉山普贤菩萨；八月廿二日敬奉九华山地藏王菩萨；十月廿二日敬奉普陀山观世音菩萨。每逢是日，众人通宵在庙里念佛，称"宿山"。关帝庙每月皆有多个庙会，如月香会、三官会、龙华会等，或奉神，或礼佛，各不相同。村域人家有丧事，或为已故之人祭周年、做阴寿，大多请民间道士做法事，有时与念佛共同进行；村域信奉基督教者为数甚少，每逢礼拜天则去长河、闻堰做礼拜。

专　记

岩大房街市

明代，西江塘外已淤涨成陆，西江塘已成官塘大路。岩大房自然村坐落于官塘大路三岔道口，地处浦沿、长河之间，南可通达闻堰、北可渡江入杭州，素为往来客商歇脚辗转之所。清代中后期，逐渐形成岩大房街市（街路由石板铺成），已有200多年。其时，街上久盛米酒店、成春堂药店、义顺兴豆腐店等生意兴隆。因有官塘石板大路，又有断沙河河埠可泊船运货，水运便利，后又引得多家酒米店、茶店、铁匠店、油烛锡箔店等开设，商事一直繁盛。直至民国26年（1937）12月底日本侵略军占领杭州，境域成为抗敌前沿，商事衰落。民国29年（1940）1月，境域沦陷后，街市倒闭。抗日战争胜利后，岩大房街市逐渐恢复，先后开设酒浆烟什店5家、豆腐店1家、潮面店1家、茶店2家、剃头店2家、铁匠店1家、锡匠店1家、油烛锡箔店3家、弹花店1家（轧花车1部、弹花车2部，均系人力脚踏）。茶店、剃头店门前则常有人摆摊兜售鱼、螺、蟹、虾。此外，还有金生脚担，每天乘义渡往返杭州，为各小店配货。

中华人民共和国成立后，岩大房街市除茶店式微外，其他商店有所增加，20世纪50年代前期达到17家。1956年，工商业社会主义改造后，各小店并入合作商业，人员分配到各自然村开设下伸店。

山二村

山二村位于浦沿街道南部，东起时代大道，西至山南陈，南靠紫红岭与萧山区闻堰街道相接，北抵萧闻公路，面积2.05平方千米。

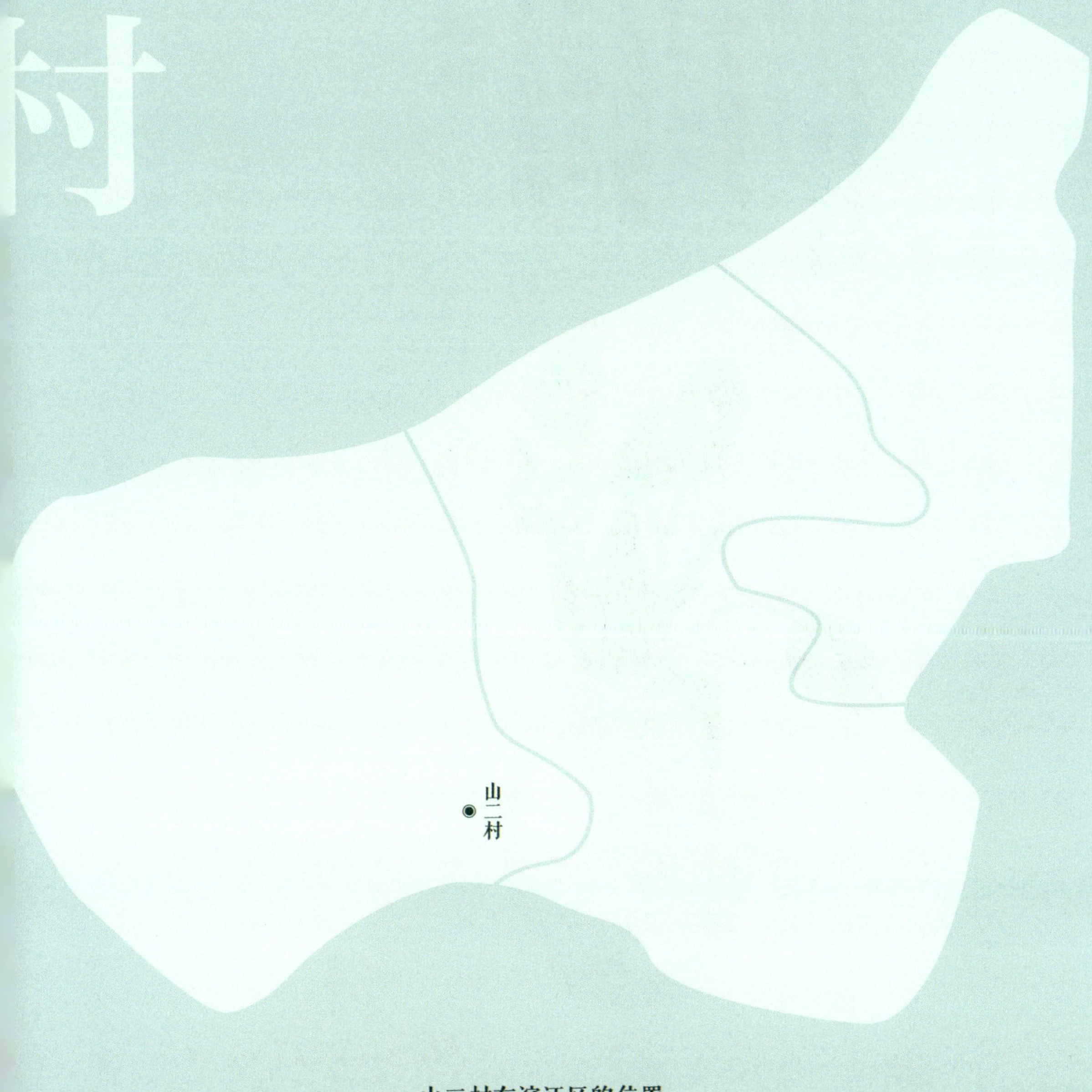

山二村在滨江区的位置

向群英大會致敬
波斯詩人曾經把我們
比成酒杯但他錯誤地
只用來作自我陶醉我
們今天是要為大跃进
而干杯高呼中國共產
党和毛主席万岁
书郭沫若先生郁金香诗
一九五九年十月来楚生并记

来楚生　郁金香

第二十九编　山二村

概　述

山二村位于浦沿街道南部，面积2.05平方千米。东晋时期，村域即有先民活动，明清以后，逐渐形成孔家岐、许家里等6个自然村。民国后期，村域属长河镇。中华人民共和国成立后属山河乡。1969年为浦沿公社山二大队，1984年，称山二村，1996年，属滨江区，2013年，改设山二社区，有常住人口3247人，姓氏80多个。

村域土地大部为平原（水田），山地约占25%。中华人民共和国成立前，村域生产落后，村民生活贫困。村域有少量泥工、木工等匠人，无工业。唯许姓家族历代有人经商。村域极少数富绅官宦人家建有深宅大院，绝大多数乡人居住破陋平房。村域有数条步道、一条县道（黄包车路）、两条水路连通外埠集镇，别无公共设施。旧时，村域脏乱，流行病不断，医疗匮乏，病患艰难。村域旧有学塾，亦有科举致仕之人，民国时有国民小学。

20世纪50年代，村域完成土地改革并实现农业集体化。20世纪60年代末始，种植业、养殖业持续稳产高产。20世纪80年代实施家庭联产承包责任制后，农业发展加快。这一时期，新增内外围垦土地380多亩。20世纪90年代中期，发展城郊服务型效益农业，开展规模经营、集约经营。2003年后，土地被陆续征用，2013年，仅剩少量农业土地于域外围垦。20世纪70年代，队办工业起步。2013年，全村工业收入1.26亿元，占总收入的48.8%。20世纪80年代起，商饮服务业、运输业恢复发展，2013年，第三产业收入9088万元，占全村总收入的35.2%。同年，村级集体资产总额6991万元，村民年人均纯收入1.91万元。

中华人民共和国成立后，各项基础设施建设和文化教育、医疗卫生事业不断进步。20世纪60年代中期，新建山河公社小学。20世纪80年代末，基本普及九年制义务教育。20世纪50年代以来，群众文体活动载体与时俱进，内容丰富多彩。以村域许家里为主传承的浦沿布龙，于2006年被列入区级非物质文化遗产名录。1969年，山二大队建立合作医疗制度。2006年，实现全体村民健康检查并建立健康档案。2011年，居民基本医疗保险参保率98%。

第一章　基本村情

山二村村域面积2.05平方千米，大部分为平原（水田），约25%为低丘山地。明代，村域即有周、来、许等姓先人定居繁衍。至清代晚期已形成孔家峧、许家里等6个村落，隶属萧山县四都。民国36年（1947），属长河镇。中华人民共和国成后设山河乡，村域隶属。1956年，为山河乡第二高级农业合作社（简称“山二社”）。1961年，称山河公社山二大队。1969年2月，划归浦沿公社。1984年，称山二村，2013年，改设山二社区，常住人口3247人，分属80多个姓氏，其中来、许为第一、第二大姓。

1927年，中共孔家峧党支部建立。1990年，杭州市民政局批准山二村为革命老区村。2013年，建立中共山二社区委员会，辖6个党支部党员150人。农业合作化后，高级社、大队管委会负责行政和集体经济管理。1984年后，实行村民自治。1991年后，村经济合作社负责集体经济运行管理。2013年，改设社区时，村级集体资产为6991万元。

第一节　区位　地貌　村落

区位

山二村位于浦沿街道南部，东起时代大道，西至山南陈，南靠紫红岭与萧山区闻堰街道相接，北抵萧闻公路。西北离钱塘江大桥5千米，东北离滨江区人民政府驻地7千米，东距萧山城区10千米。

地貌

山二村域总面积2.05平方千米，大部分为平原（水田），约25%为低丘山地。东南部有门前山，主峰海拔108.1米，与长河街道、萧山区闻堰街道分属；西南部紫红岭海拔44米，与萧山区闻堰街道分属。西北有回龙山，主峰海拔84.2米，与浦联村、东冠村分属。据《浦沿镇志》载，山二村平原(水田）为潮土、黄松田、烂塘田；低丘山地为黄泥土、黄泥沙土。

村域地表水表现形式主要为河流、池塘。流经村域的河道主要有弄堂河、山北河、许家河、沙河。

弄堂河　北起冠一村破塘缺，向南经村域孔家峧自然村之丁家桥后，延伸至长河街道山一村。河长2.1千米，河宽6～30米。该河清代即有，光绪六

年（1880）贡生、里人来寿田所撰《古塘缺记》称此河为“衖塘河”。《滨江区地名志》载，该河“河流形似弄堂般狭小而细长，故名”。

山北河　西起浦联村华家庄，东流入山二村域，接弄堂河。河长2.7千米，宽16米。因位于紫红岭、石塘河山等山北，故名。2011年12月，经杭州市人民政府批准，更名为福源河。

许家河　连接山北河与高教河，总长1.92千米，宽15米。2011年12月，经杭州市人民政府批准，将许家河及山北河部分命名为古越河。

沙河　长2.5千米，宽11米。北起冠二社区宣十房自然村，流经岩大房社区后，进入山二村域许家里自然村，过萧闻公路涵洞，连通许家河。明清时，冠二、岩大房一带称中沙，故此河名沙河。

山二村域池塘众多，散布于各自然村。其中：桥头王有荷花池、大池，许家里有缸塘池、牛压池，孔家峧东有缺嘴池，顾家里有顾家大池，许家老店有五月池，十五间头有高池。池塘面积1～3亩，水深2～4米。

村落

至迟于明中叶，村域即有周姓、来姓等先人迁入定居繁衍。晚明时期，村域许姓先人由钱清（绍兴市柯桥区钱清街道）迁入村域繁衍发族，称梓湖（子湖）许家，即许家里。至清代晚期，村域已形成6个村落。以居住人口数量为序，孔家峧为最大自然村，后依次为许家里、桥头王、紫红岭、赵家里、山南陈。2013年11月，山二村改设山二社区后，原有孔家峧、许家里、桥头王、十五间头、山南陈自然村成为农村居民点。

第二节　建置沿革

行政区划

元世祖至元十六年（1279），改乡、里为都、图，村域属萧山县四都。明、清沿袭元制，村域仍属四都。清宣统二年（1910），四都称长兴乡，村域属之。民国23—29年（1934—1940），许家里为长河乡第14保，孔家峧为第15保，桥头王为第20保。民国36年（1947），撤长兴乡，村域划入长河镇，孔家峧为长河镇第9保，许家里、桥头王为第11保。

中华人民共和国成初，山二村域属长河乡。1950年，改属山河乡。1954年，先后成立繁荣、富强、红星、协兴、华星、明星、荣星、合心、齐心等初级农业生产合作社。1956年，各初级社合并组建为山河乡第二高级农业合作社（简称“山二社”）。1958年，山河乡并入闻堰乡。1958年10月，长河人民公社（大公社）成立，村域属山河大队。1959年，为长河公社山河管理区第二生产大队。1961年7月，缩小人民公社规模，从长河公社分出山河公社，村域为山河公社山二大队。1969年2月，山河公社撤销，山二大队划归浦沿公社。1984年5月，撤销人民公社，恢复乡（镇）建制，山二大队改称为山二村。1996年5月，随浦沿镇划属杭州市西湖区。同年12月，隶属滨江区。2003年12月，浦沿镇改设浦沿街道，山二村隶属不变。2013年改设山二社区。

基层组织

中共基层组织 1927年7—9月，中共孔家峧党支部建立，党员有孔水生、孔阿堂、来玉才、来银桂等人，以孔水生家为主要活动点。在中共萧山西乡区委领导下，开展农民运动，与国民党反动当局、反动军警开展斗争。1930年初，白色恐怖严重，萧山党组织与上级党组织失去联系停止活动，孔家峧党支部亦然。1990年，杭州市民政局批准山二村为革命老区村。

1954年10月至1958年9月，村域中共党的活动归属山河乡党支部管辖。1958年10月后，隶属长河公社山河管理区总支部。1961年7月，缩小人民公社规模，村域为山河公社山二大队，建立中共山二大队党支部，隶属中共山河公社委员会。1968年，大队革命委员会取代大队党支部、管委会，实行“党政一元化”领导。1969年，山二大队划归浦沿公社。不久，通过整党和“吐故纳新”，1970年初，党组织活动恢复正常。1984年，恢复乡（镇）、村建制。中共山二大队党支部改称中共山二村党支部。2002年，改为中共山二村党总支。2013年，改称为中共山二社区委员会，下辖6个党支部，有党员150人。

自治管理组织 民国后期，村域属长河镇。镇下设保，村域各保设有保长，由上面委任。保下设甲，甲长大多由村民轮流担任，任期很短。

中华人民共和国成立后，废除保甲制，村域各村建立村行政委员会，设主任委员（村长）和委员若干人，与农会一起负责各项行政管理，开展土地改革、镇压反革命、支援抗美援朝等活动。1954年，取消村长制，由选区人民代表推举代表任主任。村域先后成立9个初级农业生产合作社，代行部分行政管理职能。1956年10月，村域建立山二高级农业生产合作社，高级社管理委员会替代村职能。1961年，建立山二生产大队管理委员会（简称“大队管委会”），负责行政管理。1968年，大队管委会由大队革命委员会取代，直至1978年恢复建立大队管委会。1984年，恢复乡（镇）、村建制，成立山二村村民委员会（简称“村委会”），为村民自治组织。村委会每届任期3年，设主任、副主任等，由村民代表大会选举产生。1990年后，由村民直接选举产生。2013年11月，山二村委会被撤销，成立山二社区居民委员会。

经济管理组织 20世纪50年代初，村域有9个初级农业生产合作社，为村域最早的集体经济管理组织。1956年10月，山二高级社建立，社长来见吾。高级社管理委员会负责集体生产和经济管理。1961年起，山二大队管委会负责集体经济管理，各生产队为最小经济核算分配单位。1968年起，大队革命委员会管理集体经济（曾一度实行以大队为基本核算单位）。1978年，大队管委会恢复。1984年，山二村村民委员会成立后，负责全村集体经济运行管理。1991年，建立村经济合作社，负责村级集体资产、资金、资源的运行管理和保值增值。村经济合作社设管理委员会，由社长、副社长以及委员若干人，由村民代表大会选举产生，任期及换届选举与村民委员会同步。村经济合作社成立前的1990年，全村集体固定资产79.7万元。2013年，改设社区时，山二村村级集体资产为6991万元。

第三节 人口 姓氏

人口数量

至迟于明中叶，村域即有各姓先人定居繁衍。

1953年，进行第一次人口普查，因行政区划变更等原因，有关山二村域的资料大多散失。1964年，山二大队有437户2032人；出生人口84人，人口出生率为41.24‰，人口自然增长率29‰。1978年，山二大队总人口574户2582人；出生人口58人，人口出生率22.46‰；晚婚晚育政策效应初步显现，人口自然增长率降为19.4‰。1982年，山二大队有639户2543人，出生人口44人，人口出生率17.3‰；计划生育效应进一步显现，人口自然增长率下降为10.61‰。1984年，山二大队改设山二村，18个村民小组有636户2510人。2000年，第五次全国人口普查，山二村有人口2568人。此后，人口开始增加，2013年，山二村改设山二社区，全村有常住人口843户3247人。

人口构成

性别构成 1964年，山二大队有男性人口1003人、女性1029人，性别比为97.5。1978年，男性人口1267人、女性1315人，性别比96.35（女性=100，下同）。1982年，男性人口1252人、女性1291人，性别比97。1996年，常住人口中男性1231人，女性1222人，性别比100.7，男性超过女性。2000年，第五次全国人口普查资料显示，男性1264人、女性1304人，性别比为96.93，男性又少于女性。此后，这一差距继续拉大，2013年，山二村改设山二社区时，常住人口中男性1549人、女性1698人，性别比为91.22，与当地其他村（社区）无大差异，主要原因为长寿女性多于男性。

年龄构成 1978年，山二大队有正、半劳动力1493人，劳动年龄段人口占总人口的57.8%。1984年，山二大队改设山二村，劳动年龄人口1500人，占总人口的59.8%。1996年，山二村划属滨江区时劳动年龄段人口有所增加，占总人口的68.8%，主要原因为外来居住人口中青壮年居多。这一时期开始，村域户籍人口老龄化进程加快，2000年，第五次全国人口普查资料显示，全村65周岁以上人口为258人，占总人口的10.05%，而国际上通常把65周岁以上人口占总人口比重达到7%作为老龄化社会的标准。2013年，山二村改设山二社区时，全村劳动年龄段人口占总人口比例下降为55.9%，是历史最低，老年人口占14.5%。

文化构成 1990年，全村高中（中专）及以上文化的人口为69人，占总人口的2.7%。2000年，第五次全国人口普查资料显示，全村高中（中专）及以上学历的人口208人（其中大学以上21人），占总人口的8.1%。

姓氏

山二村常住人口中，有姓氏80多个，其中来、许、杨、陈、顾5个姓人数最多。周姓是村域最早落户的姓氏，但具体年代无考。另外，顾、陈、杨、孔、金等诸姓入域始于何时无史料可查考。唯有来姓、许姓入域年代虽不甚精确，但尚有见于宗谱的记述。

来姓 为村域第一大姓，源自长河。明中叶，有来氏第10世者葬山二村域紫红岭，其子孙守墓，落居村域，繁衍生息。后陆续又有来氏各房后裔迁入村域聚居发族，至2013年撤村建居时，已传至31世，有800多人。

许姓 为村域为第二大姓，尊河北高阳（河北蠡县一带）人、东晋会稽内史许归为萧山许姓始祖。许归次子许询虽为当时文华名流，却终生不就朝廷征召，旨在山水，隐居萧山，为萧山许姓二世。南宋绍兴年间（1131—1162），萧山许姓第30世许希贤徙居钱清（属绍兴）。明晚期，第40世许通（字达之）自钱清迁居梓（子）湖（山二村），繁衍发族形成村落称许家里。尊许通为梓（子）湖许姓一世。后人中，梓（子）湖许姓第11世许铿川为清嘉庆十三年（1808）恩科举人；第14世许廑父为现代小说家，民国时期名噪沪浙。至2013年撤村建居时，村域有许姓人口400多人。

第二章 村庄建设

旧时，山二村域虽有商绅、仕宦建有深宅大院，但绝大多数乡人住所为平房陋屋。村庄布局无序，面貌落后老旧。有多条道路（多处为石板路）通往附近长河、浦沿、闻堰集镇，民国时期有县道（黄包车路）过境村域。另有水道可经白马湖、湘湖进入浙东运河，或经闻堰潭头闸进入钱塘江。

20世纪50年代中期开始，山二村域土地归集体所有、由集体经营。20世纪60—90年代，村域集体耕地基本维持在1240亩左右（95%为水田）。其间，新增域外围垦耕地200多亩。20世纪80年代初，开始实行家庭联产承包经营，土地集体所有制始终不变。1996年后，土地被陆续征用，至2013年剩380亩（含围垦234亩），由农业龙头企业和专业大户承包，开展集约经营。

农业集体化以来，山二大队（村）邮政通信、水利电力、广播电视、公共用房、给水排水、广场公园、健身站点等村庄基础设施建设与时俱进不断加强。20世纪60年代初，村域通行客运班车。至21世纪，火炬大道、时代大道等城市主干道通达村域，多条公交线路在村域设多个停靠站。2001年后，推行农村多层（高层）建设。2013年，改设山二社区后，各项建设又有推进。

第一节 新农村建设

村容村貌

民国及以前，山二村域乡人大多依水建寓，或临河或傍池，也有零星几户依山而居。各村落虽早已形成，但都为自然状态，脏乱无序。村域来氏、许氏、孔氏中有个别大户人家或因经商收入颇丰或为仕宦家底殷实，建有开口楼房或高堂大屋，其中“孔家峧大墙门”“九十九间头”“十五间头”较为著名。绝大多数乡人生计窘迫，住所多为平房陋屋，几代同堂挤居一室。

20世纪50年代开始，村民响应人民政府号召，开展爱国卫生运动，治理村庄环境，面貌有所改善。特别是农业集体化后，依靠集体经济的力量，对路、河、池、桥等屡有修缮，村庄基础设施也有所增加。20世纪60年代，山河公社小学在村域新建二层楼校舍、山二大队大会堂落成，时为村庄建设亮点。至20世纪70年代中期，有少数社员搭建平房小屋、改善居所，村容村貌较有改观，村庄总体格局变化不大。

20世纪70年代后期至20世纪80年代初，社队企业发展，社员经济收入增加，山二大队社员建房迅速增加，成为村庄建设的主要内容。1982年，浦沿公社被列为萧山县农房建设试点公社，山二大队农户建房纳入公社、大队统一管理，同年，建房竣工78间2496平方米，其中楼房56间。1986年，山二村村民住房建设纳入浦沿镇的村镇规划。1994年，村庄规划编制完成，并绘制现状图、规划图，制订规划说明书。规划内容包括农民住宅、村庄公共活动场所、村庄绿化、道路交通、电力通信等。这一时期，山二村结合开展“五讲四美三热爱”活动和文明创建活动，村容村貌明显改善。

村域划属滨江区后，1997年，开展新一轮村庄建设。山二村根据区、镇统一编制的村庄建设规划，农户建房安排在新农村点内，统一规格、式样、层高，由村里统一配套道路、绿化、水电、通信、广播、电视等公共设施。2001年后，不再审批农户单独或联建住宅，开始全面推行农村多层（高层）住宅，山二村的村庄建设向“住宅公寓化、道路标准化、小区园林化、生活城市化”发展。2003年以后，山二村加入“百村示范、千村整治”行列，进一步强化村容村貌的整治和建设。持续开展兴修道路、新建公厕、改造户厕、清理卫生死角、拆除露天粪坑、新建垃圾箱、整治沟池，清除路障、新增绿地、安装路灯、创建绿色环保家庭等一系列活动。其间，配合浦沿镇对村域内回龙山东坡进行生态改造，建龙庵塔、筑环翠亭，将坟山改造为景观公园。2013年，对村域段许家河、山北河、弄堂河（龙塘河）等主要河道实施综保工程，全村基本实现规划优化、路面硬化、水体净化、路灯亮化、卫生洁化和村庄绿化的目标，并创建成为“浙江省卫生村”。

交通水利

公路　萧闻公路（亦称“西湘公路”）位于村北，村域段自东往西紧挨冠一村破塘缺、岩大房华家里，穿越村域许家里、老店里自然村后沿回龙山北，经东冠村、浦联村折南至萧山区闻堰街道。此路始建于民国30年（1941），原为黄包车路。民国35年（1946）开通江边—长河—浦沿蒋家客运汽车，两年后停驶；20世纪60年代，开通萧山县城至闻堰镇客运班车，山二大队社员可至破塘缺停靠站乘车，后因路窄（砂石路面）停开。1982年，路面拓宽恢复通车，1987年后，改为通行客运中巴车（招手即停）。

火炬大道位于村南，2007年建成，双向四车道，路宽50米，中间隔2米绿化带。起自钱塘江岸闻涛路，往南过岩大房村域后，经山二村域“十五间头”与时代大道连接。

冠山隧道位于村域东与长河街道接壤处。上隧道北进即为时代高架，接钱塘江复兴大桥（钱江四桥）入杭州城，下隧道南出则为时代大道，进入萧山区闻堰街道至湘湖路。途经村域公交线路有4条：117M路（可至滨康路地铁站）、112路（可达杭州云栖小镇）、354路（可经钱塘江大桥抵杭州西湖区转塘）、230路（可达杭州龙翔桥），分别在村域设老店里、许家里、十五间头、桥头王等停靠站。

外联步道　早先，村域外联步道主要有5条。

到长河集镇：出村往东走冠山南，过毛家堰、柴家坞（均属长河街道），由冠山东经水沟沿进入集镇；或走冠山北，过破塘缺、花园周（属长河街道），沿冠山脚从山下里（属长河街道）到达集镇。

到萧山城区：或过长河后沿原浙赣铁路萧山段进入城区；或往东南经白马湖、湘湖进入城区。

到杭州城区：往北过萧闻公路，或入沙河沿，或入华家里（两地均属岩大房村），过岩大房越西江塘（老塘）跨原浙赣铁路萧山段后，到义渡埠（联庄村域内）坐船渡钱塘江或走钱塘江大桥入杭州城区；亦可过萧闻公路，经破塘缺、茅墅里（均属冠一村）过祠堂前（属长河街道）越西江塘后到大渡埠（长河街道）渡江入杭州城区。

到闻堰集镇：村东南从孔家岭经爵家里（属长河街道）入瑛珠桥、过裘家里（两地均属萧山区闻堰街道）后进入集镇；村西南经桥头王越紫红岭进入韩家埭水田坂（属闻堰街道黄山村）抵闻堰集镇。

到浦沿集镇：村南走回龙山南，过洞桥吴、楼下虞（均属浦联村）上浦沿街。村北主要走回龙山北萧闻公路入集镇。

上述步道除萧闻公路外，多处为石板路。20世纪60年代后，村北萧闻公路通行公共汽车，20世纪70年代初，与浦联村境内杭闻公路公交相衔接，山二村民出门更为便利。

村内道路 旧时，山二村域内道路多为泥路，20世纪50年代后期，孔家岐南有浙江省水文地质勘测大队落驻，有碎石公路可通行汽车，往北穿越村区至破塘缺与萧闻公路相接，为村域南北向主要道路。2013年，基本解决村域紫红岭区块交通问题，所有进出车辆直接沿回龙庵南路由浦乐路到火炬大道。

水路 旧时，水路为村域与外界连接的主要运输通道。孔家岐是周边冠一、冠二、岩大房、东冠等村以及长河街道长一祠堂前、赵华家等自然村的水上运输首末埠，上述诸村凡有水运货物均须在孔家岐上船下船。主要水道有2条：第一条从孔家岐下河，经爵家里，往西南转东，经竹山桥、黄新桥、海山桥，入白马湖，经萧山东门，入浙东运河。入运河后，往东过莫家港经衙前转南入钱清，再往东过柯桥，达绍兴。返西可至西兴运河起点。第二条由孔家岐发船，至闻堰王家，过瑛珠桥，再经潭头闸入钱塘江。此2条水道一直繁忙，直至20世纪90年代初仍有村民凭此运输建房所需砖瓦、砂石等大宗货物。此后，公路交通发展，水运减少。

水利建设 1954年，开挖村域十五间头至孔家岐洋桥头的新河；开挖村域许家里至安五房（属东冠村）的冠三河。1957年，建成桥头王机埠。1961年，建成田里湖机埠、紫红岭机埠。1984—1988年，建成新桥机埠、高牛车机埠、法华庵机埠，以适应实施家庭联产承包责任制后农户耕作需要。1987年11月，建成孔家岐闸，排灌流量为每秒4立方米，排灌面积5000亩。1992年，全村有渠道、排水沟25条，总长16.5千米，其中永久性“三面光”渠道260米。2010年，开展山北河护岸工程。2013年，实施许家河、山北河、弄堂河（龙塘河）清淤疏浚工程。

第二节　土地使用

土地制度与经营

中华人民共和国成立前，山二村域多数土地为少数地主（含工商业地主）、富农占有。除部分自耕农外，大多数贫苦农民仅有少量土地甚至寸土全无，主要靠租种地主土地以及打短工或者做长年维持生计，备受地主的压迫剥削。以民国中后期为例，当时的地租形式多为“定租”制，即无论年景如何，租额固定，水稻田一般每亩地租为9斗（72千克）上下，若年景稍差（正常年景水稻亩单产100～140千克），佃户交完地租，自己所剩无几。

1950年冬，村域开始土地改革，收缴地主、富农的多余土地和房屋，分配给贫苦农民。至1951年春，土地改革完成，几千年来的封建土地私有制彻底打破，农民领到萧山县人民政府颁发的土地证，自主经营。1953年，村域党政组织和农会，引导农户兴办起多个互助组。互助组土地由农户家庭经营，通过“自愿互利、等价交换”，帮助一些经济基础薄弱、劳动力和生产工具不足的困难农户。1954年，在互助组的基础上，村域先后成立繁荣、富强、红星、协兴、华星、明星、荣星、合心、齐心等初级农业生产合作社。土地由初级社统一经营，所有权属社员家庭，社员以土地入股和劳动工分参加分配。1956年，各初级社合并组建为山河乡第二高级农业合作社（山二社），除少量自留地外，土地全部归属高级社集体所有，由集体安排、组织生产和经营，社会主义土地集体所有制基本建立。

1958年10月，人民公社成立后，村域社会主义土地集体所有制得以巩固。1961年后，确立人民公社“三级”（公社、大队、生产队）所有，队（生产队）为基础的方针，山二大队的土地由生产队按国家计划安排种植、组织生产。实行家庭联产承包责任制后，土地集体所有制性质不变，土地分包给农户家庭经营。1984年，政府发给农户承包土地使用证。1992年后，山二村打破村民小组界限，由村统一确定每人口粮田、责任田的承包面积，实行土地有偿经营、有偿使用。1997年，实行第二轮土地承包责任制，建立“统分结合”的双层经营机制。1999年，将第二轮土地承包期延长到30年，向农户发放承包土地使用权证，并实施土地使用权流转机制，开展集约经营。2003年，全村农户家庭承包耕地面积937.6亩，土地使用权流转面积740亩，实行适度规模面积234亩。后土地陆续被征用，至2013年，有耕地252亩（其中围垦234亩），分别由承包大户和农业企业实行规模经营，土地集体所有制未变。

土地状况与利用

20世纪60年代初，确立人民公社“三级所有，队为基础”的方针，至1996年，山二大队的土地状况除增加围垦面积外基本稳定。1964年，全大队有集体耕地1242亩，其中水田1165亩、旱地77亩。社员自留地112亩(均为旱地）。至1978年，域内集体耕地基本不变（1245亩），另有域外围垦土地212亩。全村有山地1200亩，其中育林山614亩、柴山556亩、荒山30亩。实行家庭联产承包责任制后，集体耕地减少10亩（国家征用3亩、乡村基建用地6亩、村民建房用地1亩）。全村集体耕地1237亩，其中水田1165亩。自留地减至86亩，另有饲料地48亩。山地面积980亩，其中育林山610亩、柴山280亩、荒山90亩。1990年，减少耕地2亩（用于水利建设和村民建房），村内有集体耕地1219亩，均为水田；自留地77亩（旱地）；围垦有旱地210亩。

1996年，山二村划属滨江区，当年减少耕地41亩（村民建房23亩，镇村企业和道路建设18亩）。年末，有集体耕地855亩，均为水田；自留地63亩（旱地）；围垦有旱地208亩。2003年，国家征用山二村土地6亩。同年，有集体耕地709亩，其中水田427亩，旱地282亩。通过土地整理，在围垦地块增加土地37亩，达到245亩。此后，土地征用加快，至2007年，全村集体耕地仅348亩（均为水田），4年间减少近一半。围垦土地仍为245亩。2010年，全村有集体耕地483亩（含围垦），山地1135亩。至2013年，山二村实施整村拆迁改设社区时，全村仅剩耕地380亩（其中围垦234亩），山地仍为1135亩。

2003年以后，村域所减少的土地，主要用途为城市基础设施建设用地、工业用地、城市商品房和农村安置小区建设用地，以及第三产业发展用地，其中包括滨江水厂、冠山隧道绿地、向南路、火炬大道、信诚路、火炬小区等区级重点项目。

2013年，山二村被列入整村拆迁范围，除村级工业用地18亩外，三产留用地63亩。三产留用地中，33亩位于信诚路沿边火炬小区和火炬大道中间区域，30亩基本定位在江南大道与伟业路交叉口，由街道牵头，多村联建。

第三节　围垦土地

区内围垦

1961年，缩小人民公社规模，钱塘江大桥南堍东原长河大公社“万斤棉场”（即“铁船沙”围垦）土地分给各相关大队耕种，山二大队分得82.1亩。1964年，山二大队（时属山河公社）在“万斤棉场”东侧钱塘江滩涂筑堤塘344米，围得的土地80亩。该两块土地虽为围垦所得，但因均在区内，故不列入历年农业年报“围垦土地”统计范围，以区别于域外顺坝、东江围垦。1993年，该两块土地（162.1亩）均被征用于钱江外商台商投资区之江区块建设。

顺坝、东江围垦

20世纪60年代后期至20世纪80年代，山二大队（村）多次出动劳动力参加城北区、萧山县组织的顺坝围垦、东江围垦，分别获得顺坝垦区土地35.7亩、东江垦区土地172.3亩，合计208亩（1986年统计年报为212亩），由大队、生产队集体经营，20世纪80年代中期实行家庭联产承包责任制。后，分别由杭州龙茂食品有限公司及2名专业大户承包，开展集约经营。

第三章　村域经济

旧时，山二村域农业种植除稻、麦外，别无长物，产量低下；山地均为荒丘；除养鸡外，养牛、养猪寥寥无几。村域有个别手工业者和有少量泥工、木匠。村域许姓人家有人经商，来姓人家有开钱庄等。

中华人民共和国成立后，村域走上集体化道路，农业水利化使得粮食种植由一年两熟改为一年三熟。经济作物主要有烟叶、油菜、棉花、络麻、蔬菜等。山地得以利用，开发林果茶业。20世纪70年代后，种植业、养殖业长期稳产高产，实行家庭联产承包责任制后更上新台阶。20世纪90年代末转变农业结构，发展以蔬菜为主的城郊服务型效益农业。21世纪后村域跨入城市化行列，仅域外围垦尚剩少量农业。

村域集体工业兴起于20世纪70年代，至2013年，山二村改设城市社区，工业收入为1.26亿元，占全村经济总收入的50%。20世纪70年代，村域传统建筑业开始活跃，21世纪初进入发展高峰，2003年从业人员和经济收入仅次于工业。20世纪50年代至21世纪，有多家省、市、区、镇属企业和外来企业落户山二村域，包括多家高新技术企业。

20世纪80年代初，个私工商业恢复后，村域商饮服务业、运输业快速发展。1999年，建成规范化的“杭州山二农贸市场”，面积1200平方米。2003年，运输业从业人员近200人，收入850万元。服务业拓展至信息传输、计算机和软件服务领域。2013年，商饮服务业、运输业收入9088万元，占全村总收入的35.2%。

第一节　农业

山二村域作为传统的稻作区，主要农作物为水稻、春粮和油菜。20世纪50年代初开始，严格按国家指令性计划安排种植。20世纪50年代末，农业集体化推动农业水利化，村域农业耕作制度由原先的一年两熟改为一年三熟。20世纪80年代初，园田化建成，水稻、春粮等主要农作物持续稳产高产。村域有山地1300多亩，旧时多为柴山、荒山。农业合作化后，建立山二山林队，逐步蓄积竹、木，开辟茶林、果园。村域少数人家养有耕牛、年猪。养鸡较为普遍。一些家族池塘放养年鱼。20世纪70—90年代，畜禽养殖得以发展。20世纪90年代后期，国家指令性种植计划取消，村域农业综合开发兴起，发展城郊型农业，围垦推行集约经营，发展订单农业。2003年后，城市建设加快，土地锐减，环境保护强化，农业种植业、养殖业迅速消退。至2013年，农业剩围垦飞地，主要种植蔬菜。

粮食作物

历史上，山二村域农业种植向以粮食作物为主。一年两熟，一熟为春粮（大麦、小麦，蚕豆），二熟为水稻（早籼稻、迟中稻、晚稻或少量糯稻）。农业合作化前，农民单家独户经营，生产条件、生产能力低下，大麦、小麦亩产约75千克，水稻亩产100 ～ 150千克。20世纪50年代后期农业集体化后，水利等生产条件改善，耕作制度由“春粮—稻”二熟改为“春粮—早稻—连作晚稻”三熟；作物品种和栽培技术不断更新提高，粮食总产单产稳步提高。1964年，早稻亩产293.5千克，晚稻亩产273.5千克，小麦亩产达107千克；20世纪70年代末，早、晚稻亩产均超500千克，大麦、小麦亩产均达到200千克。

实行家庭联产承包责任制后，农户积极性提高，粮食播种面积2912亩，总产1203.2吨，比1982年增长20%。20世纪90年代后期，国家取消指令性种植计划，粮食生产有所下降，1996年，全村粮食产量为831.3吨。2000年后，发展效益农业，蔬菜等经济作物面积增加，加上土地征用加快，粮食种植迅速减少，2003年年报显示，仅有单季晚稻55亩，总产量27吨。至2013年改设社区时，粮食作物仅剩围垦40亩大麦、小麦，总产14吨。

经济作物

山二村域种植的经济作物主要有烟叶、油菜、棉花、络麻、蔬菜等。

烟叶　村域旧时属萧山县四都，所种烟叶称“四都烟叶”，民国时期名扬海内外。中华人民共和国成立后，20世纪50—60年代初，国家两度下达烟叶种植计划。1964年，山二大队种植烟叶94亩，产烤烟15.8吨。1966年开始，不再种植。

油菜　村域油菜种植历史较久，1958年前主要为农户自用，种植不多。1959年开始，油菜种植按国家统购计划安排，1964年，山二大队种植174亩，1978年，种植212亩。实行家庭联产承包责任制后，农民经营相对自由，且油菜种植效益较好，1990年，种植面积增加到335亩，产油菜籽33吨。1993年后，国家放开粮油市场，食油供应充足，山二村油菜种植逐年下降，2001年后不再种植。

棉花　1964年，山二大队在钱塘江大桥东侧围垦土地种植棉花76亩，平均亩产皮棉35.25千克。20世纪70年代后期水利改善后，实行稻麻轮作，不再种植棉花。1982年，在域外海涂围垦有棉花面积111亩，1984年，扩大到165亩，此后，种植面积相对稳定，1996年为150亩。2003年开始，发展效益农业，棉花不再种植，改种蔬菜。

络麻　络麻种植起步于20世纪60年代，主要在铁船沙围垦。1978年，有络麻面积100亩，生麻产量40吨。1984年，实行家庭联产承包责任制后，络麻面积转移到域外海涂围垦，面积为115亩。1990年，全村土地及围垦共种植络麻75亩，生麻产量32吨。此后，国家取消黄、红麻种植计划，山二村不再种植络麻。

蔬菜　村域蔬菜种植历史悠久，皆为农户自食。20世纪90年代，渐成产业规模。1990年，全村蔬菜种植面积为263亩，1996年，扩大到381亩。村域划属滨江区后，发展城郊型农业，蔬菜面积快速增加，2003年，有708亩，总产量4500吨。后因土地被大量征用，至2013年，蔬菜面积减至485亩。

林果花木

竹木　山二村域有山地1300多亩，农业集体化前，植被较为杂乱。1957年前后，山二高级社在紫红岭培育毛竹15亩。1963年，山二大队山林队种植杉树苗3亩，毛竹林扩展到30亩。1978年，毛竹蓄积量为3万株，木材蓄积量20立方米。至1990年，全村有用材林350亩、毛竹林460亩。21世纪后，竹林逐渐荒废。

水果　农业集体化以前，村域偶见香泡、柿子等果树。1957年，山二高级社在山地栽种杨梅，1959年扩大至20亩。1964年开始，山二大队山林队在扩种杨梅的同时，陆续栽种苹果、桃、梨、柑橘、柿子等。至1978年，有果园面积155亩。1985年后，又在围垦种植柑橘。至1990年，全村有果园245亩，其中可采摘182亩。2003年，果园减至80亩，产柑橘、杨梅共8吨。此后加强山林生态保护，果园逐渐荒芜消亡。

茶叶　旧时，农户零星种植茶叶。1957年农业合作化后，山二高级社在五圣堂建立茶场，年产茶叶275千克。1964年，山二大队山林队在紫红岭建成茶园15亩，1978年，扩大到154亩，产茶8.85吨。1996年，茶园面积为128亩，产茶7.67吨。2003年，茶园面积下降为108亩，产茶1吨。此后加强山林生态保护，山林不再开发。2010年，茶园仅剩35亩。

花木　山二村花木生产始于20世纪80年代末，1990年年报显示，有花木面积11亩，此后逐年增长。至2003年，花木销售额930万元。此后土地减少，花木生产减退，2007年销售额降至640万元，2013年仅剩130万元。

畜禽渔业

牛、羊、兔　旧时，村域少数大户养有耕牛。20世纪50年代农业集体化后，耕牛入社。1964年，山二大队有耕牛21头。20世纪70年代开始，农田翻耕逐渐使用手扶拖拉机，耕牛减少，1978年尚存10头，1984年仅剩1头，此后不再养牛。1964年，山二大队有山羊43只、家兔126只。1978年，全村养羊16只（集体畜牧场8只），有家兔256只，主要为长毛兔。1984年，家庭养羊10只。1990年，长毛兔存栏40只，此后不见羊、兔统计数据。

生猪 旧时，村域家境较好的人家饲养“年猪”，或备家中婚嫁喜宴之需。20世纪50年代农业合作化后，国家下达生猪派购任务。1964年，山二大队生猪饲养量为530头。20世纪60年代末，集体畜牧场重兴，至1978年，山二大队有大队畜牧场1个、生产队畜牧场11个，主要饲养母猪，繁育仔猪供社员家庭饲养。同年，全大队生猪饲养量1019头，户均1.7头。1982年，集体畜牧场增加到19个，全大队生猪饲养量1479头，比1978年增长37%。家庭联产承包责任制后，生产队畜牧场解散，集体畜牧场仅存村办1家，1984年，全村生猪饲养量降至967头。20世纪80年代后期，鼓励发展家庭副业。1990年，生猪饲养量上升到1885头，是1984年2倍。此后，饲养量稳中有降。2002年后，村域纳入畜禽限养、禁养区。2003年，生猪饲养量为130头。此后不再养猪。

家禽 旧时，村民养鸡较为普遍，多为自食。临水人家有养鸭者，主为产蛋。1964年，山二大队家禽饲养量1655羽。1978年，为7000羽。20世纪80年代后期始，鼓励发展家庭养殖业。1990年，山二村家禽饲养量1.59万羽。2003年，有2.5万羽。后，村域被列入畜禽限养、禁养区域，饲养量大幅减少。2007年，有家禽1550羽。

淡水鱼 旧时，村域池塘由各姓家族放养家鱼（鲢鱼、鳙鱼），过年捕捞，按人头分发给族人。农业集体化后，池塘由生产队集体放养鱼苗，年底捕捞分配给社员家庭。1984年，有养殖水面26亩的集体渔场1个。全村淡水鱼产量4吨，1990年为7.5吨，2003年下降至2吨，此后不再养鱼。

第二节 工业 建筑业

村域现代意义上的工业当始于20世纪50年代。其时，孔家峧自然村南端驻有浙江省水文地质勘查大队，后又增建浙江省地质局机械修配厂。进入20世纪70年代后，山二大队集体工业兴起，1978年，队办工业营业收入9.46万元，至2013年，工业收入为1.26亿元。至21世纪，有多家省、市、区、镇属企业和外来企业落户山二村域。

村属工业

进入20世纪70年代，山二大队队办工业兴起，至1978年，山二大队有队办企业3家（员工82人），合计年营业收入9.46万元，盈利1.12万元。

1982年，队办企业产值为35.07万元。此后，个体私营工业兴起，村域有几家农户联合创办工厂。1984年，山二村工业产值78.72万元，其中农户联办企业产值1.12万元。1990年，村工业销售收入324.13万元，其中农户家庭经营工业收入10万元。20世纪90年代初，有萧山浦沿山二五金厂、萧山浦沿山二学校电器五金厂等多家骨干村办企业，其中萧山浦沿山二学校电器五金厂1993年有员工100多人，创产值130万元。1996年，全村工业收入1299.24万元。此后，集体企业完成经济体制转换，2003年，全村工业收入4784.53万元，比1996年增长268%。2007年，全村工业收入6277万元。2010年，增至1.49亿元。2013年为1.26亿元，占全村各业总收入的48.8%。

建筑业

山二村域历史上泥瓦匠、木匠相对多于附近其他村庄，手艺大多为父子相承、叔侄传带，建筑业素有传统。20世纪70年代后期，农户家庭建房初兴。村域泥瓦匠、木匠等建筑匠人开始活跃，师徒组合，泥木搭帮，承揽业务，组团施工。进入20世纪80年代，农村住宅建设加速增加，1984年，山二村建筑业从业人员发展到57人，1990年，增加到125人，行业收入17.7万元。1996年，建筑业从业人员349人，收入257.41万元。20世纪90年代末至21世纪初，新农村建设、工业和城市基础建设加速，山二村建筑业迅猛发展，2003年，收入3100万元。此后，由于山二村建筑业皆以家庭或联户经营为主，规模、技术不适应市场竞争，2007年，全村建筑业收入降至1620万元，2013年为1500万元。

外来企业

自20世纪50年代浙江省水文地质勘查大队、浙江省地质局机械修配厂入驻始，村域先后有多家镇及镇以上机构所属工业企业和外来企业。主要有：

浙江省地质矿产厅机械厂　位于孔家峧，1971年2月创建，最初称浙江省重工业局修配厂。20世纪80年代，改称浙江省地质矿产局机械厂（也称“浙江省地质机械修配厂”）。后，变更为浙江省地质矿产厅机械厂。1984年，有职工157人，固定资产原值134万元。20世纪80年代后期，企业经济效益逐年下降。2002年3月，停产歇业。2003年12月，厂房及地块移交浙江省隧道工程公司作为仓库使用。

萧山软管厂　位于桥头王自然村，1989年1月创建，为浦沿镇镇属企业，建筑面积1634平方米。主要加工生产牙膏、鞋油、医用等各种规格的铝质软管以及各种规格的包装纸箱。1991年，被命名为萧山市级文明单位，被省人民政府命名为省级福利重点企业。1992年，有职工336人，固定资产219万元。萧山软管厂被萧山市人民政府命名为市二级工业企业。

杭州绿能环保发电有限公司　位于村域凤紫墩，占地面积4.23万平方米。由中国环境保护集团有限公司和杭州市环境集团有限公司联合组建，2004年10月投入运行。以城市生活垃圾为唯一燃料，配套7.5兆瓦（1兆瓦为1000千瓦）的汽轮发电机组发电，日焚烧处理垃圾450吨左右。杭州绿能环保发电有限公司的城市生活垃圾焚烧处理发电项目被列为国家高新技术产业化示范工程建设重点项目。

中兴通讯（杭州）有限责任公司　位于村域火炬南路，主营行业为计算机、通信和其他电子设备制造业。主要从事移动电话、无线固定终端，笔记本电脑及相关软件的研发、生产、销售以及相关进出口业务，为全球140多个国家和地区的电信运营商提供创新技术与产品解决方案。

泰宁智能科技公司生产分部　位于村域南部，主要从业电子产品、机械产品及配件的研发、制造、加工。产品在国内大中型智能化工程中得到有效应用和推广，并进入国外市场。

杭州高新（滨江）水务有限公司　公司主要承担杭州高新区（滨江）区域供排水设施建设及投融资管理，主营制水供应、污水处理及给排水工程设计、安装、维修和管道、配件的销售等。

第三节　商贸服务业　运输业

商贸服务业

清代中叶，山二村域梓湖许氏族人中，多有开店经商者。且后裔代代相传，扩展四周，以致远播省外。民国时期，尤其是抗战时期，村域商业衰退。

中华人民共和国成立后，村域商业逐渐复苏。20世纪50年代，长河供销社（长河合作商业）在村域孔家岐等处设有下伸店，各自然村或有小店坐商，或有货郎走卖，主要供应酱酒盐茶以及针线等各类日用小商品。20世纪60年代山河公社成立后，孔家岐、许家里作为山河公社卫生院、山河公社中心小学驻地，加上20世纪50年代即有省水文地质勘查大队、省地质局机械修配厂入驻，山二大队人流、物流增加，商业供应点、代销店、服务业摊点借势发展。1969年山河公社撤销，山二大队划归浦沿公社后，大队范围内商店、代销店归属浦沿供销站（社）统筹管辖。1982年后，个私工商业恢复。1984年，山二村商饮服务业从业人员为17人。1990年，增加到72人，同年，山二村农民家庭经营商饮服务业收入71.6万元，占家庭经营总收入的22.38%。此后商饮服务业快速发展，1996年，全村商饮服务业收入721.45万元，是1990年的9.52倍。其中村民家庭经营商饮服务业收入214.21万元，接近家庭经营总收入的25%。这一时期，村中农贸市场逐渐形成，成为各自然村村民销售、购买农副产品的首选地。1999年，在村委会驻地（许家里）建成规范化的“杭州山二农贸市场”，面积1200平方米，设摊位65个。规模扩大，设施更新，吸引附近岩大房、破塘缺（冠一村）等村的村民买卖。进入21世纪后，随着城市化的推进，村域商饮服务业发展更快，传统服务业向新的领域拓展。2007年，全村商饮服务业从业人员中，有10%从事信息服务传输、计算机和软件服务。全村商饮服务业收入2048万元。2013年，商饮服务业收入8968万元，是2007年的4.38倍。

运输业

村域孔家峧历来是周边冠一、冠二、岩大房、东冠等村以及长河街道长一村祠堂前、赵华家等自然村的水上运输首末埠，村域常有临时帮工搬运货物者。20世纪60年代，村域内石料场、地质局机械修配厂等有运输业务可揽，运输业一直是山二大队传统副业。1978年，全大队运输业收入6111元。1984年，实行家庭联产承包责任制后，村域劳动力得以解放，从事运输业村民家庭开始增多。主要运输工具有中型拖拉机1台、手扶拖拉机8台，运输收入1.21万元。此后，运输业发展加快，1990年从业村民增加到45人，运输业收入90.62万元。1996年，运输业从业人员192人，收入223.22万元，占农户家庭经营总收入的25.7%。2003年，运输业收入850万元。此后，城市基础设施建设逐渐完备，山二村以运送建筑材料为主的运输业开始消退，2007年，全村运输业收入降至314万元，从业人员35人。2013年，山二社区运输业收入120万元。

第四章　社会事业

旧时，山二村域塾学颇盛。清代，许家里许姓家族曾出过举人。民国时孔家峧有国民小学，但终与大多数穷苦农民无缘。村域疫病、流行病常发，然缺医少药。春节、元宵期间村域舞龙活动相对闹猛，其余文化活动零落可数。

20世纪50—60年代，山河乡（公社）中心小学设在村域。20世纪70年代村小学增设初中教学。20世纪80年代末，九年制义务教育基本普及。2008年，村学校成为浦沿小学教育集团山二分校，优质教育迈上新台阶。20世纪80年代后，幼儿教育发展迅速，2013年，在原有村幼儿园的基础上，开建新园招收外来创业就业人员子女入园。成人教育从20世纪50年代的扫盲开始，至2013年，开展电大、农函大等学历教育和职业技能教育、就业再就业培训，收获颇多。

20世纪50—60年代，山河乡联合诊所（山河公社卫生院）设在村域。20世纪60年代末，合作医疗推行后，社员（村民）医疗保障水平不断提高。2003年，村民新型合作医疗参加率90%。2011年，村域居民基本医疗保险参保率98%。20世纪50年代初至70年代，开展防疫工作，传统流行病基本消灭。1978年，开始儿童“四苗”接种。21世纪，开展预防“非典”、手足口病等防疫工作。村域妇女、儿童、老人健康保健措施不断增加，至2006年，实现全体村民健康检查并建立健康档案。

20世纪50年代初开始，秧歌班、俱乐部、文宣队、露大电影、乘凉晚会、卡拉OK、艺术沙龙、电竞游戏、网络文学，村域群众文化活动与载体与时俱进，形式丰富多彩。村域出土文物，古宅、古墓、古井等历史遗存令人瞩目。红色活动遗迹、非物质文化遗产得以保护传承。

学校体育与群众体育同步发展，进入21世纪，山二小学学生体育达标率为100%，群众体育、全民健身活动落实项目、场地、经费。2013年后，全村（社区）有健身小广场、综合活动室等文体活动场所总面积800平方米。

第一节　教育

幼儿教育　20世纪50年代末人民公社初期，山二大队办有幼儿园。20世纪60年代初，幼儿园停办。20世纪60年代末，山二大队办有农忙幼儿班。

20世纪80年代，幼儿园恢复，设在山二小学内。1993年，山二村幼儿园有2个班级，入园幼儿82人，教职工3人。2003年，山二幼儿园有3个班级，入园幼儿110人，教职工5人，其中专任教师4人。2013年，山二幼儿园有9个班级，入园幼儿近350人，教职工47人。开工新建浦乐幼儿园（2015年，浦乐幼儿园有4个班级，入园幼儿106人，教职工17人）。

中小学教育 清代，村域就有私塾，多有取得科举功名者。民国时期，村域有孔家峧小学。民国34年（1945），更名为长河乡中心国民小学。20世纪50年代初，村域小学没有统一的校舍，低年级分别在许家里、桥头王设班教学，高年级则在孔家峧大墙门（原地主家房子）里上课。彼时，村域属山河乡（公社），校名为山河乡中心小学（山河社小）。1964年，山河社小在许家里新建校舍，为7间2层楼房，配有操场、篮球架、体育活动室等，各年级段师生聚集在一块教学。同时接收附近五一大队（冠一村）、新联大队（岩大房村）部分高小段学生。这一时期，村域小学毕业生就读初中，须报考萧山县第五初级中学（长河初中）。1969年，山河公社被撤销，村域划属浦沿公社，学校更名为山二小学。20世纪70年代初，学校附设初中班，称“戴帽初中”，20世纪80年代初停办，学生全部并入浦沿初中。1989年，山二大队随浦沿镇基本实现九年制义务教育。2008年，学校称杭州浦沿小学教育集团山二分校。

成人教育 村域成人教育起步于20世纪50年代初的扫盲运动。其间，村域有夜校、冬学、识字班等，教村民识字。村小学教师业余担任扫盲教员，发动学生给家长或路人送卡片认字。20世纪60年代，扫盲教学工作主要由青、妇组织以及俱乐部、学校合作担任。20世纪80年代初，重点扫除党员干部和青壮年中的文盲半文盲。1985年，山二村随浦沿镇通过萧山县扫盲验收。20世纪80年代初开始，村域部分青年或参加浙江电大、成人自学考试，并获得相应学历。或参加上级成人教育机构举办的各类实用技术和岗位技能培训班。20世纪90年代初，村域应届初中生参加离校前的社会知识培训，主要学习法律、环保、人口理论、乡土知识等。后，有部分青年参加萧山燎原广播电视学校等学习或各类学历证书考试。2002年后，山二村重点组织村民参加农民素质培训、富余劳动力培训和农函大学习。2007年，发动村民参加滨江区举办的“全民终身学习周”活动。随着土地征用加快，失地农民就业再就业培训成为成人教育重点，2011—2013年，培训300多人，120多人通过培训实现就业再就业。其间，山二村获评杭州市充分就业村。

第二节 医疗卫生

疫病防治

旧时，浦沿、长河一带流行的传染病有12种。山二村域地处浦沿、长河交会处，病疫自不可免。

中华人民共和国成立后，人民政府强力推进防疫接种。20世纪50年代初，村域和附近地区一样，霍乱、天花、回归热灭绝。20世纪60年代斑疹、伤寒消失。20世纪70年代后期，消灭白喉。1978年起，大队保健站配合浦沿公社卫生院为全大队儿童接种“四苗”（卡介苗、麻疹疫苗、脊髓灰质炎疫苗、百白破三联疫苗）。1990年全村儿童“五苗”（原“四苗”+乙肝疫苗）接种率100%。20世纪90年代初，消灭灰脊髓炎、钩端螺旋体病。20世纪90年代后期起，村保健站（卫生室）配合上级医疗卫生机构，开展各类肠道传染病、呼吸道传染病的防治。2003年后，做好“非典”、高致病性禽流感等的预防工作，确保村域未受疫情影响。2009年，重点防治手足口病等。同年起，村域内外来流动儿童纳入免疫接种范围。

村民保健

20世纪50年代，村域开始推行新法接生。20世纪60年代后期，山二大队产妇大多去医院生产。20世纪70年代初，对全大队妇女进行防癌普查。20世纪80年代起，孕产妇全部纳入公社（乡、镇）卫生院的孕产妇产前检查及围产期保健管理系统。2003年，村域孕、产妇保健卡建卡率为100%。2005年，在坚持对村域育龄妇女定期开展妇科疾病普查的基础上，把外来妇女的计划生育与保健纳入管理。2013年，组织全村20～64周岁妇女接受妇科常见病普查。

2002年始，村域60周岁以上老年人享受每年一次免费体检。2003年，组织村小学学生参加健康体检。2005年，村域参加免费体检的老年人有280多人。2006年，对全村参加合作医疗的村民进行体检，并建立健康档案。2011年，村域60周岁以上老年人健康档案纳入区级“多位一体”电子档案动态管理。

医疗保障

20世纪50年代初，村域孔家峧开设集体性质的山河乡联合所，设内科、伤科，皆为中医。内科由地方名医来之琦主持。来之琦年轻时曾拜清廷御医李子牧为师。1958年，山河乡联合所更名为山河公社卫生院。1961年，改称联合医院。1969年，山二大队建立合作医疗制度，合作医疗主要经费从大队公益金中列支，社员看病自己负责50%医药费。1976年始，合作医疗由大队、公社联办。20世纪80年代初，实行家庭联产承包责任制后，合作医疗停办，大队合作医疗站改称村卫生保健室，由医务人员承包经营。20世纪90年代初，合作医疗重建，村民自愿缴费参加合作医疗后可按比例报销医药费，村集体每年安排3万～4万元用于此项开支。1998年，山二村卫生医务室达到甲级标准。2003年，滨江区建立新型合作医疗制度，山二村村民参加率90%。2004年，村卫生医务室改设社区卫生服务站，纳入浦沿街道社区卫生服务中心统一管理。2005年，村集体出资14.5万元，帮助全村农业户籍村民参加新型合作医疗。2011年，全村1052人参加城乡居民基本医疗保险，参保率98%。

第三节　文化　体育

文化活动

旧时，村域文化活动以春节、元宵节期间的舞龙表演最为热闹。春节前后，各自然村大多会雇戏班子演戏，称“做戏文”，剧种主要是绍剧（乡人称其为“绍兴大班”）。遇重要节日、祭日和庙会，或有迎会、跳“无常”等活动。平日里，或有“的笃班”（早期越剧）开唱，或有艺人“说大书”（评书）。乡人中喜爱象棋、扑克、麻将者颇多，孩童、少年常以走高跷、捉迷藏、抽陀螺等为乐。

20世纪50年代初，村域青年男女扭秧歌、唱新曲、敲锣鼓等，欢庆翻身解放。20世纪60年代初，大队俱乐部建立，编、演一些反映农村新面貌的文艺小节目。1966年起，俱乐部更名“毛泽东思想文艺宣传队”（文宣队）。20世纪60年代后期，大队大会堂建成后，常邀其他大队、学校文宣队登台演出。这一时期，驻孔家峧的省水文地质大队常有电影放映，山二大队以及周边大队社员往观者踊跃。1975年，浦沿公社电影队建立后，轮流到大队放映电影。20世纪70年代中后期，乘凉晚会成为山二大队群众文化活动的新形式。此后，俱乐部恢复。20世纪80年代初开始，俱乐部开展图书借阅、黑板报、学习室等活动。卡拉OK等成为村域青年人喜爱的文化活动形式。村域有许大伟等文学青年开始在镇、县刊物发表作品。1997年，山二村与东冠、岩大房、冠一、冠二等村200多名团员青年联合举行大型文艺联欢会。进入21世纪，村民文化活动趋向科技化、时代感。不少村民，特别是年轻人热衷于电竞游戏、网络文学、艺术沙龙等。2013年，有村（社区）图书室100平方米。

体育活动

20世纪50年代后期起，山河公社中心小学开设体育课，并推行广播体操。20世纪60年代初，开展乒乓球等活动。1964年，新校舍在许家里落成，体育设施、运动条件明显提升。操场等体育场所课余时间向社员开放。1966年起，体育课改为军训课。1979年后，开展学生体育达标活动，2003年，山二小学学生达标率100%，其中优秀率超过80%。山二学校有跳长绳、练武术两大体育特色，被确定为杭州市体育传统学校。20世纪90年代初起，山二村组织运动队参加浦沿镇（街道）举办的历届全民运动会，取得较好成绩。进入21世纪后，群众体育、全民健身活动逐步落实项目、场地、经费。2013年后，全村（社区）有健身小广场、综合活动室等800平方米。

第四节　历史遗存

出土文物

20世纪90年代初，村域紫红岭癞头山北坡出土东晋青瓷器，较完整的有6件：杯2件、四系罐1件、双系罐1件、小盏1件、托盘（残）1件，皆收藏于萧山区文管会。其中：四系罐沿四周各塑耳系，可通绳携带，为东晋时期越窑烧制之上品；双系罐肩部左右两侧塑有双耳系，系面印锦纹，为南方青瓷越窑系的典型。

古迹

法华禅院　是村域内红色遗迹。法华禅院又名法华阑庵，坊间称法华庵。位于村域癞头山。始建年代不明，现址为晚清遗存。占地面积459平方米，坐西朝东。由前殿、东厢斋楼和后殿组成，四合院式建筑。1927—1928年，为中共孔家峧党支部及其领导的农民协会活动场所。1985年，列为浦沿镇级文物保护单位。后被列为杭州市文物保护点。

十五间头　古民居。位于村域门前山北。有正屋5间，东、西厢房各5间，因而，乡人称之为“十五间头”。据滨江区民政局所编《滨江地名故事》载，清代，有孔家岐来姓兄弟俩，世以开钱庄为业。发迹后于门前山北的沿山池头建此“十五间头”。此宅外墙周围由上下3块阔幅石壁满砌，为典型的“石壁峭墙”。墙门门洞大于正大门，八人大轿可直入天井。墙门上方“旭景辉凝”四字仍清晰可见。

来日升墓　名人墓冢。位于村域紫红岭山西南营盘山腰，南向。墓已毁弃，尚存墓碑，上镌“顺”“宁”二字。来日升，字子旦，号三峰，长河人。明嘉靖十三年（1534）乡试，中举人第二名（亚魁），授官江苏兴化府通判，后改任云南师宗州知州，颇有政绩。著有《三峰诗文集》6卷、《三峰余业》4卷，已佚。

泉井塘　古井。位于村域门前山北，开凿年代无考。直径1米多，深1米左右。其形独特：非泉、非井、非塘，亦泉、亦井、亦塘，故名泉井塘。系门前山伏流泉眼。久旱不涸，久雨不溢。其水清澈甘冽，乡人多爱汲之烹茗、酿酒，名其为“虾涎”。

第五章　生活民情

民国及以前，村域虽为稻作区，但生产落后，产量低下。贫苦农民交完地租，所剩无几，不得不补以瓜菜。村民衣着多为土布旧衫，补丁叠压。居住多为平房小屋，拥挤破旧。出行全凭双脚。

中华人民共和国成立后，贫苦农民翻身解放，生活一天天向好。从吃饱穿暖逐步走向吃讲营养保健，穿讲名牌高档，住有洋楼别墅，行有轿车地铁。村民年人均纯收入从1964年的52元上升到2013年1.91万元。消费结构主体由吃穿转为通信居住、文化教育、旅游娱乐、养生保健。

村域民风淳朴，习俗礼仪与萧山大部分地区一脉相承，外来人口的涌入亦带来一些外省风俗融入村域。乡谚俚语与萧山大部地区无甚差别，多为生产、生活体验。村域历史悠久，一些大姓家族修有宗谱，建有家庙。历史上多有科举致仕之人，近现代更有先贤英烈名垂青史，亦有文化名人享誉社会。

第一节 收入与分配

经济分配

土地改革后，村域农民分得土地，自主经营，收入归己。1956年，山二高级社建立，土地入社，集体经营，生产发展。社员主要以劳动工分参加合作社分配，多劳多得，收入开始增加。1958年人民公社化后，一度实行“供给制”“食堂饭”。20世纪60年代初，以生产队为基本核算单位，山二大队社员以劳动工分、土肥投入折算工分参加分配。1964年，社员年终人均经济分配现金收入52元。此后随生产发展收入逐步增加。20世纪70年代至80年代初，社队企业下拨利润反哺农业。1978年，山二大队社员年终人均经济分配现金收入117元。这一时期，在社队企业工作的社员、长年外出的劳务人员和“五匠”等，都向生产队缴纳相应的工资折算成工分参加经济和实物分配。这一分配方式一直延续到实行家庭联产承包责任制时终止。此后，村民收入明显增加，1984年，人均收入超过500元，是1978年的4.27倍。进入20世纪90年代后，山二村民从业渠道由原先的农业种养业主要转向第二产业、第三产业。1996年，村域划属滨江区，全村总收入中，工业收入占比38.9%。农户家庭经营总收入中，农业种养业收入占22.1%，建筑业、运输业收入占比43.5%，商业饮食业和服务业收入占比24.7%。村民年人均纯收入4511元，是1984年的9倍多。此后城市化推进，土地逐年减少，2003年，全村农业收入仅占总收入的10.5%。村民年人均纯收入9018元，是1996年的2倍。2013年，农业收入已忽略不计（占总收入的0.5%），村民年人均纯收入1.91万元，是2003年的2倍。

粮油分配

1955年，国家实行粮食“三定”（定产量、定口粮、定销售）政策，山二村域作为产粮区，须向国家交售征购粮。1961年后，以生产队为单位交售征购粮，分配口粮。口粮根据年龄确定，全大队统一标准。1978年，山二大队完成国家粮食交售任务15.7吨后，再超售15吨。留取种粮、储备粮、饲料粮和其他集体用粮后，其余为口粮、超产粮。其中口粮分配629.5吨，超产粮按劳（工分）分配194.5吨，全大队人均用粮356.5千克。这一分配方式一直延续到实行家庭联产承包责任制时终止，1984年，山二村年人均用粮为453.5

千克。食油分配，各生产队在完成国家统购任务，留取种子与集体用油后，其余按人口分配。但受计划种植面积变动和年景收成影响，人均用油水平各年份之间不很稳定。1978年，山二大队年人均分配食油6千克；1984年，全村年人均分配食油2.5千克。此后家庭联产承包责任制实行，农户所产粮食、油料在完成国家征购、定购任务后，其余部分由农户自行支配。

计划商品分配

20世纪50年代初开始，国家对部分生活必需商品实行计划供应，凭证、凭票购买，以保障社会公平。1954年起，国家发行布票，村民购买棉布、被单及针棉织品，包括毛巾、蚊帐、汗衫等都得凭布票。20世纪60年代前期，部分铁、木农具凭票供应，铁制农具亦可用相同分量旧铁换购。供销社曾发放过购货证。直至20世纪70年代末，糖、烟、酒、盐、肥皂、煤油、胶鞋、棉絮、铁丝等，大多凭票、凭证供应。其中部分票证时或取消、时或恢复、时或调整限量。票、证由供销社负责分配、发放到大队。自行车、缝纫机等大件商品分配到大队很少。1983年，布票取消；20世纪90年代初，除粮、油外，其余生活用品村民均可自由购买。

第二节　村民生活

土地改革后，山二村域贫苦农民分得土地，收入归己，生活开始好转。农业集体化以后，随着收入逐步增加，生活消费水平不断提高，衣食住行发生巨大变化。

饮食

20世纪60年代初至20世纪80年代初，山二大队社员温饱问题得以根本解决。此后，饮食消费开始从数量趋向质量。村民膳食消费中，主食消费比重开始下降，肉、禽、蛋、水产、酒水等副食品消费比重逐步提高。20世纪90年代后，村民外出用餐开始增多，营养保健食品、奶制品、水果、高档酒水进入村民家庭。进入新世纪后，村民饮食讲究绿色、有机，请客聚餐多在宾馆酒店，亲友间相互馈赠不乏顶级烟酒和滋补品。

衣着

20世纪80年代以后，村民衣着消费比重开始提高，土布已成历史记忆，布料质地以卡其、哔叽、化纤为主，但服装款色还比较单调。20世纪90年代中期，村民衣着打扮趋向高档，毛呢、裘皮、羽绒服饰是为常物，成年女性普遍戴金饰玉。21世纪后，村域青年男女穿着打扮追求时尚化、个性化，接轨都市潮流。中年人服饰更青睐高档品牌，或返璞归真，喜爱棉、丝等天然织物。

住房

20世纪70年代后期开始，改善住房成为村民最大需求。1982年，新建农房78间2496平方米，其中楼房56间，投入资金13.4万元。20世纪90年代以后，住房消费投入更大，村民新建住宅全为楼房或小洋楼，内外装修考究甚至豪华，有些村民还在杭州、萧山城区购买商品房。2001年后，推行农村多层（高层）建设，山二村居民逐步实现“住宅公寓化”。

出行

20世纪80年代开始，村民出行已不再满足于自行车、公交班车，摩托车开始进入村民家庭，1990年，全村有摩托车10辆。进入21世纪，小轿车进入农家。2010年后，拥有小轿车的家庭不在少数，有的家庭还不止1辆。青年男女结婚，小轿车成为嫁妆开始趋热。有村民坐高铁、飞机出门办事、旅游。

第三节　人文　习俗

山二村域历史悠久，村中紫红岭出土文物证明，至迟在东晋时期即有先人在此生息。明代始，诸姓先人由各地陆续聚居村域，不乏世裔望族。历代乡人或事农桑，或行商贾，或为仕宦，或务学教。均皆情系家国，义行乡里，遵礼崇贤，举善恤功。来氏、许氏等大姓，更有家训族规教范子孙，宗谱典籍褒扬贤良。400多年来，村域民风笃厚恭谨、淳朴善良。近现代，更有英烈志士，名垂青史。

习俗礼仪

山二村域隶属萧山400多年，村落居民先人又多来自萧山各地，因而岁时习俗、礼仪风尚与历史上萧山大部分片区一脉相承。以岁时习俗为例：春节舞龙放鞭炮，正月十四炒年糕，正月十五吃汤圆，清明裹艾团祭祖，立夏吃蚕豆称小孩，端午包粽子插菖蒲，七夕女人用槿叶洗头发，中秋女婿送月饼给岳父母，冬至麻团重阳糕，腊月廿三祭灶，廿七廿八祝福，年卅点灯守岁等，与萧山区大部分区域基本无差别。20纪90年代以来，外来创业就业落户人口不断涌入，亦带来不少外省习俗融入村域坊间，如喜庆日子亲友团聚包饺子、吃饺子，逢本命年大人小孩“扎红”，即为北人习俗融入的典例。

乡谚俚语

村域素为水乡稻粱耕作区，兼有山地，亦有部分村民世代为商，长期的生产、生活实践与经验，在乡谚俚语中多有体现。如“稻麦草子(绿肥）轮流种，九成收成变十成”“燥麦烂蚕豆，油菜韧久久”“夏至杨梅满山红，小暑杨梅要出虫”“卖货要卖真，生意勿用兜”“和气勿蚀本，嫌憎是买主”“庙好不嫌山路远，酒香不怕弄堂长”等。村域民风淳朴良善，崇礼尚义，在日常俚语中多有劝学循道、敬老尊长之句，如“补漏趁天晴，读书趁年轻”“饭勿吃肚饥，书勿读脑虚”“檐头水一滴接一滴，好子孙一代传一代”“家中老人在堂前，拜佛勿必去冠山”“烧香要烧三宝殿，好事要做眼门前”“前邻后舍将心比心，天塌落来有人会顶”“脚正不怕鞋歪，心正不怕动雷”等。

宗谱家庙

村域来氏、许氏为最大姓，各修有宗谱。村域来姓，为长河来氏分支，虽未单独修谱，然长河来氏自明永乐十三年（1415）至民国11年（1922），举族修谱10多次。其间，村域来姓族人大多入录在谱。村域许氏则单独修有《萧山子湖许氏宗谱》。子湖，亦作梓湖(许家里）。此谱创修于清道光八年(1828)，许氏第11世许芾斋主事。共4卷，聚顺堂木活字本。光绪八年（1882）重修，许肇州、许其仁主事，辑而新之。旧时，许氏还有家庙，坊间称“五圣堂”。

历史人物

村域各姓乡人，素来注重耕读传家，鼓励族人科举取士。清代，许氏即出过3名举人，均届清正为官。近现代，村域有早期共产党员孔水生、孔阿堂、来玉才、来银桂等人，带领乡亲开展农民运动，反抗反动统治。有中国人民志愿军烈士来尧生等，名垂青史。

来尧生　来尧生（1929—1952），山二村人，1951年6月参加革命。1952年12月，在朝鲜平安南道战役中牺牲，遗体安葬于朝鲜平壤革命烈士公墓，牺牲时为志愿军炮兵第7师21团战士。

许廑父　许廑父（1891—1953），许家里人，现代文化名人。民国9年（1920）后居上海，为上海会文堂书局特约撰稿人。民国18年（1929），续写萧山临浦人蔡东藩未完之《民国通俗演义》后40回。后主编《小说日报》。

在沪时，许廑父招收“邀从弟子”（函授生），中国著名作家、编剧、导演、左联成员欧阳予倩即是。民国19年（1930），许廑父返杭任《东南日报》副刊主编。民国20年（1931），接办《浙江商报》，任主编、社长。抗日战争时期，许廑父所作讽刺小说《镜花新缘》，揭露当时社会病态、官场恶习，可谓淋漓尽致。许廑父文笔快捷，据说一夜可得万字，人称“许一万”。著有《武林秋》《南国佳人传》《历代剑侠》《沪江风月传》等小说20多部。1953年，许廑父病逝杭州。

专　记

区级非物质文化遗产——浦沿布龙

村域舞布龙始于清乾隆年间（1736—1795）。舞龙成员主要为许家里人。布龙由龙头、龙身、龙尾3个部分组成，共分为11 ～ 13轿（节）。龙头，龙尾各为1轿，其余各轿（节）皆为龙身，每轿长度为1米，舞龙时每人各持1轿。龙头前额后部饰有八仙剪纸牌，头上装有大、中、小杨梅球各40枚，头颈用2.67米大红绸围裹，龙嘴下沿有0.67米胡须1面；龙身内壳用竹篾编成。龙身背部用红色或黄色绸缎、肚底部用白灰色绸缎缝成。龙身均有龙鳞，为黄棕色。龙尾上翘0.5米左右，置大、小铃铛各3枚。舞龙前，有2人作为先告者，挨家挨户贴纸示告舞龙即至，示意人们“接龙”。随后，由10多人组成的乐队，用唢呐锣鼓吹吹打打，为舞龙队开道、助阵。舞龙分为5个大阵，即乌龙揭顶、里罗阵（外罗阵）、梅花阵、双龙入海阵、剪刀阵，外加盘滚、跪滚、走滚、站滚等。各阵还均可加上“甩五个元宝”的表演。舞龙一般自农历正月初一起，至正月十八日（落灯夜）告停。1949年后舞龙活动停止。1982年春节重新恢复。1983年农历正月初二，浙江省省长薛驹专程到浦沿观看。1986年农历正月十五日，龙灯队进入萧山城厢镇闹元宵，观者10万余人次。舞龙恢复后，参与区、镇（街道）重大节庆活动，每年应邀到各村巡回舞演。2006年，布龙灯制作，被列为滨江区第一批非物质文化遗产。

附　录

浦沿居民村（新浦社区）

浦沿居民村是新浦社区前身，地处浦沿老街，历史悠久。回龙、鸡鸣二山屏列东南，大浦河流贯境内。清道光十一年（1831），称浦堰，光绪八年（1882），改作浦沿。一直是长兴乡、四都、浦沿（乡、公社）镇的行政、文化中心。居民以原杭州市龙山化工厂、杭州电化总厂、杭州油脂化工厂职工及家属为主。1971年，设居民委员会。1984年，设居民村。2001年12月，成立新浦社区。社区内新建住宅区有浮力森林苑、浦沿公寓等。至2015年，获评全国综合减灾示范社区、浙江省文明社区、浙江省文化示范社区等，社区党组织曾获评杭州市先进基层党组织。

新浦社区位于浦沿街道西南部，东起浦联社区，西至闻涛路，南邻萧山区闻堰街道，北濒钱塘江，面积2.5平方千米。因社区地处新浦路，故名。社区居委会驻镇前路56～58号。1992年，有居民681户、1174人。2015年，常住人口3725人。域内有浦沿街、大浦路、硝铵路、化工路、富前路、龙山路、新浦路、宝石路、西江路、河沿路、之江路、青年路、富前东路、环镇东路。历来浦沿居民主要饮用河水、池水。20世纪70年代中期，由于河水污染严重，不能饮用，杭州龙山化工厂、杭州电化厂有自来水管道接出厂外，供居民饮用。1988年11月，浦沿联合自来水厂建成后，从根本上解决饮用水问题。

1964年，杭州电化厂、杭州龙山化工厂、杭州油脂化工厂在浦沿境内建成并投产，工厂的职工户口都落户浦沿居民区（新浦社区）。周边农民因土地征用进入工厂当了工人，同时催生劳务、装卸运输及其他副业，助力镇村工业的兴起，浦沿进入镇村企业、集镇区域发展的黄金期。改革开放后，开始出现私营企业。1992年，浦沿居民村域内有企业6家，分别是杭州龙山化工有限公司、杭州电化集团、杭州油脂化工有限公司、杭州南郊化学厂、杭州宏翔建筑材料厂、浙江岚盾混凝土工程有限公司，固定资产35万元，产值380万元，利税18万元。

新浦社区是浦沿集镇经济中心。清代中叶，大浦河西的居民有经营家酿酒和炒货等。此后，店铺增多，渐成街道（自东南至西北）。街长仅150米左右，又很狭窄，两边店屋檐口相吻，所以俗称“泥鳅街”。至民国22年（1933），浦沿街商业较为繁荣。抗日战争期间，一度衰微。抗战胜利后，商业有所恢复。民国36年（1947），街上有大小店摊30多家。1950年6月，浦沿供销社开业，少量吸收浦沿街上商业户入股。1958年11月，划归长河供销总部，易名为浦沿供销站。1960年6月，由浦沿供销站牵头，拓宽浦沿街东段，改造供销站店面，并在鸡鸣山北新建二层的百货大楼1幢。1978年4月，恢复浦沿供销社。改革开放后，浦沿供销社先后建造6幢大楼。至1992年底为止，浦沿供销社设财会、统计、物价、人事保卫、基建储运、办公室5个职能科室和农副产品、废畜品采购、生产资料、工业品、副食品、石油、建材等8家商店及1幢商业大楼。新浦社区域内有浦沿信用合作社、中国工商银行浦沿办事处、中国农业银行浦沿储蓄所等金融机构。

新浦社区域内有众多文化机构。1977年5月，建立浦沿人民公社文化站，设专职人员1人。1980年初，建立浙江省内第一家文化中心。下设文化站，影剧院、电影队、摄影组、招待所、打字室、工艺社等。1981年12月，浦沿公社文化中心被评为全国农村群众文化先进单位。1990年10月，浦沿文化站被评为全国农村群众文化先进单位。浦沿文化宫于1986年动工，1988年国庆节建成开放。文化宫为3层楼，总建筑面积1640平方米，总投资30万元，内设图书馆，档案资料室、协会活动室、展览厅、培训室、卡拉OK 舞厅、小剧场兼录像放映室、健身房和办公室等。室外有600平方米的灯光球场和250平方米的溜冰场。浦沿公社电影队于1975年12月成立，有放映员2人。浦沿影剧院于1977年8月动工，1980年1月落成，总造价为35万元，建筑面积为2000平方米。其中观众厅72平方米，化妆室57 平方米，舞台空间高度18米，深度15米，台口高度8米，有观众座位1574个，后减少到1551个。浦沿影剧院建成后，浦沿电影队并入浦沿影剧院。

后 记

杭州市滨江区于1996年设立，时辖西兴、长河、浦沿3个镇，3个镇共有29个建制村。2003年，撤镇改为街道建制；2005年，开始撤村建居；到2013年底，29个建制村全部完成撤村建居。随着城市化进程，到2020年，滨江区全部完成整村拆迁，设区时29个建制村成为“消失的村庄”。

滨江区原29个村承载着丰富生动的传统文化和历史记忆，在滨江区经济、社会、文化发展进程中发挥过重要作用。随着滨江区城市化发展，原有村所承载的重要历史文化信息、传统文化信息不断消亡，乡土文化和民俗文化不断流失。编纂微村志，记录已消失的村，以延续历史文化，留住乡愁、记忆，是一项抢救性的历史文化工程。2020年，《杭州市滨江区志》出版后，杭州高新区（滨江）地方志编研室、杭州高新区（滨江）档案馆提出编纂29个村微村志的想法，得到区委、区政府大力支持，中共杭州市滨江区委办公室印发《关于做好〈滨江微村志〉编纂工作的通知》，编纂工作全面启动。经过各方的配合和努力，《滨江微村志》终于付梓出版。

《滨江微村志》的编纂坚持以史实为准原则，对入志的资料进行实地调查，详加考证，存真求实。在前期资料收集和后续资料整理过程中，力求做到科学性、思想性和资料性统一，按照地方志编纂体例规范行文，努力编修出一部真实反映29个村的历史沿革、变化发展的志书。

本书由杭州高新区（滨江）地方志编研室、杭州高新区（滨江）档案馆主持编纂。感谢杭州史志专家周祝伟、李忠民、王苗、黄之镛、蔡建明、汪志华、黄建生等参与审读并提出宝贵意见。感谢各街道和社区（村）对本书编纂工作的大力支持。

因水平有限，时间仓促，本书难免有不尽如人意之处，敬请广大读者指正。

编　者

2024年3月